GW01606782

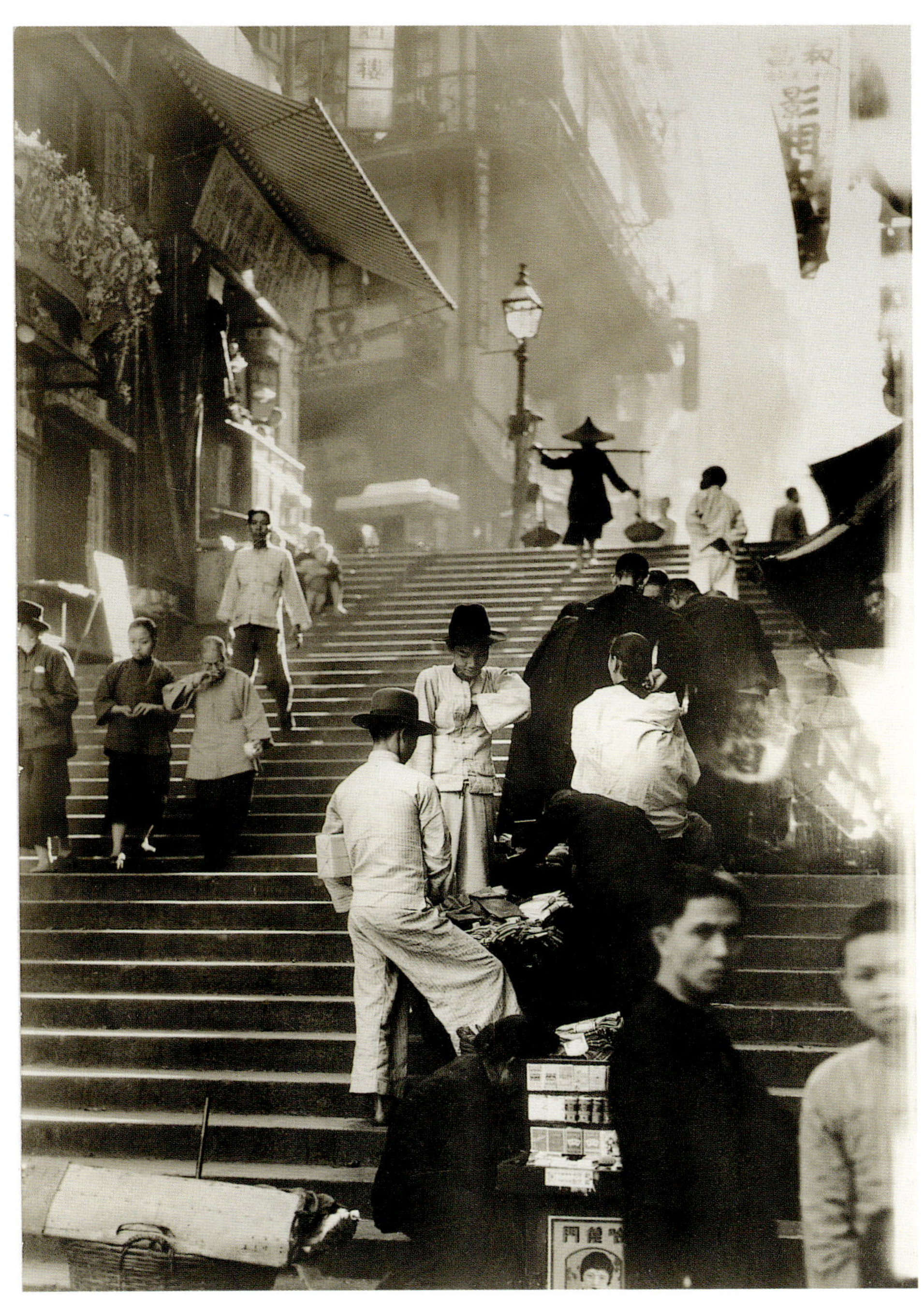

W. ROBERT MOORE | 1932 | HONG KONG *En Extrême-Orient*

NATIONAL GEOGRAPHIC

LA COLLECTION
120 ANS D'IMAGES

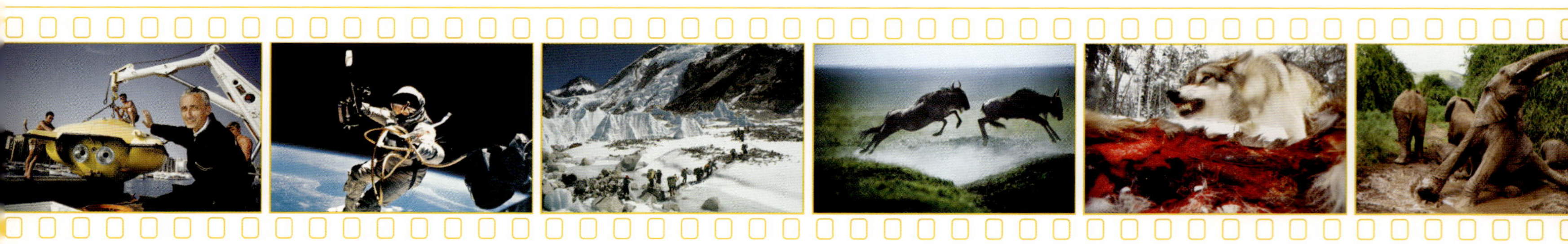

SOMMAIRE

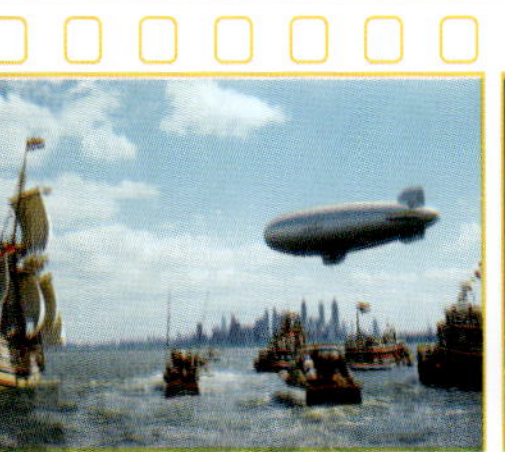
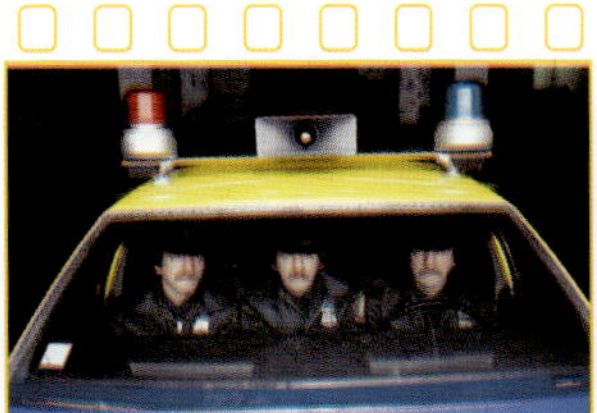
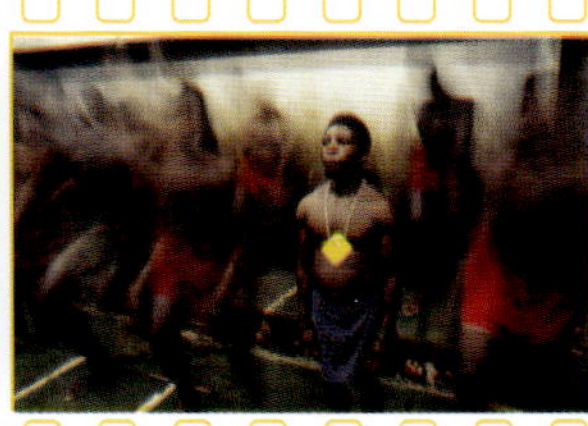
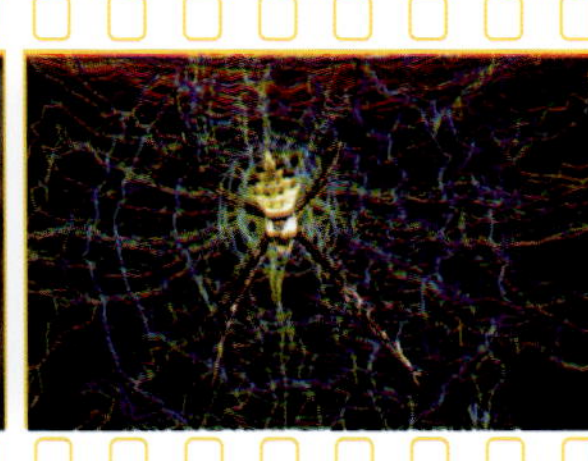
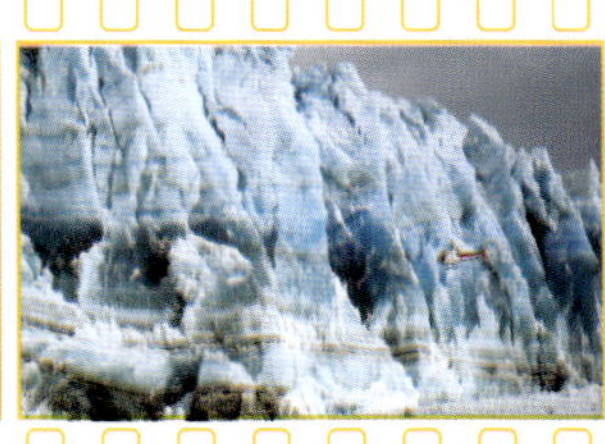
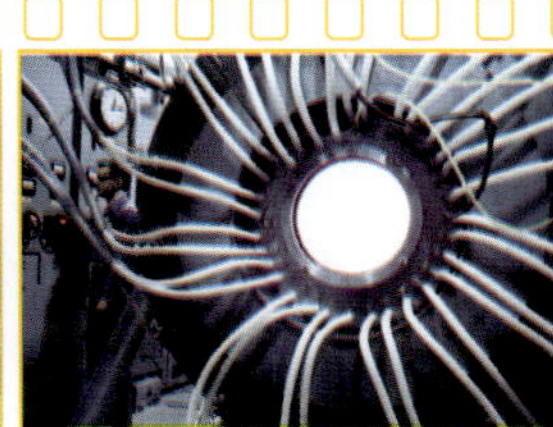

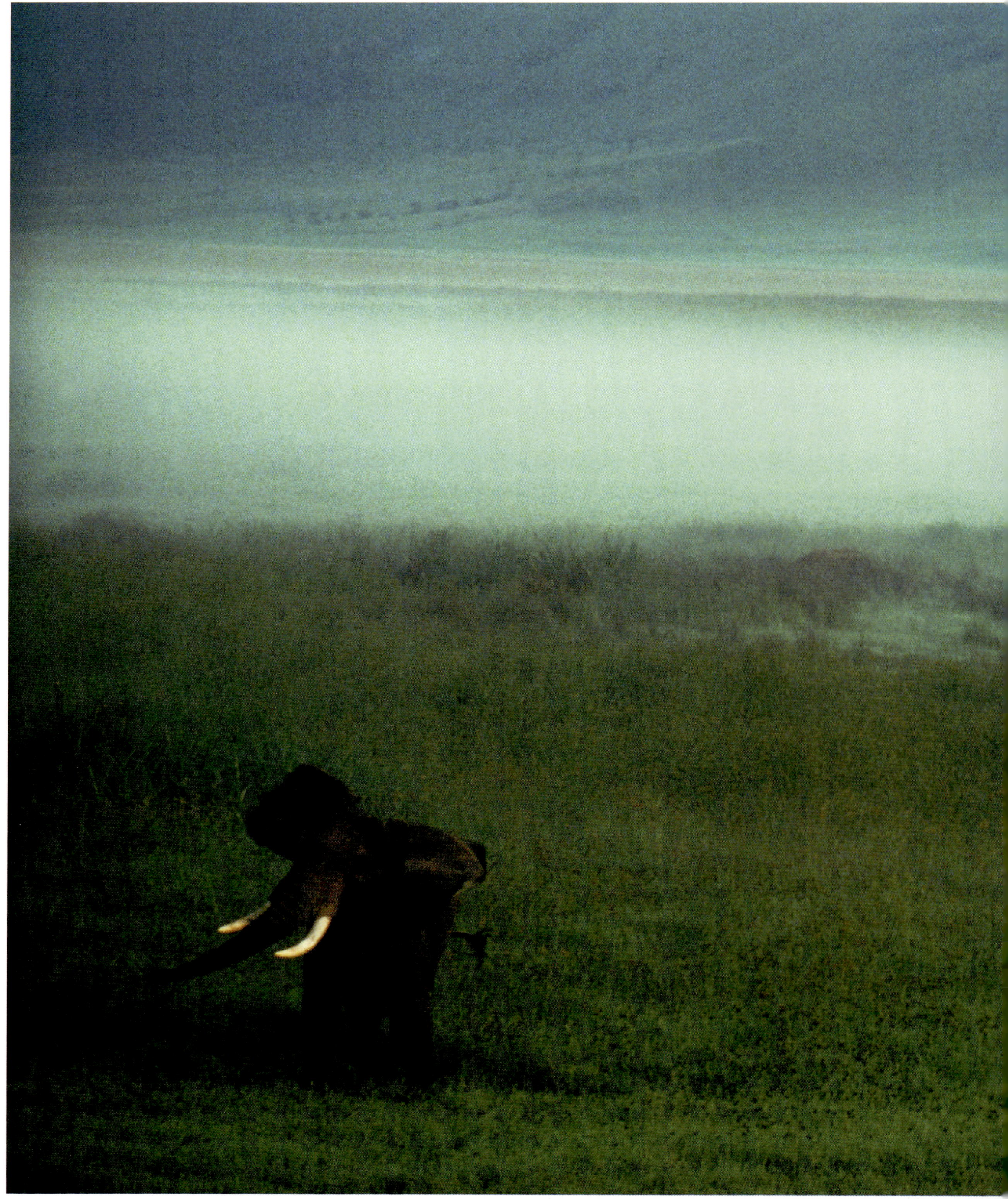

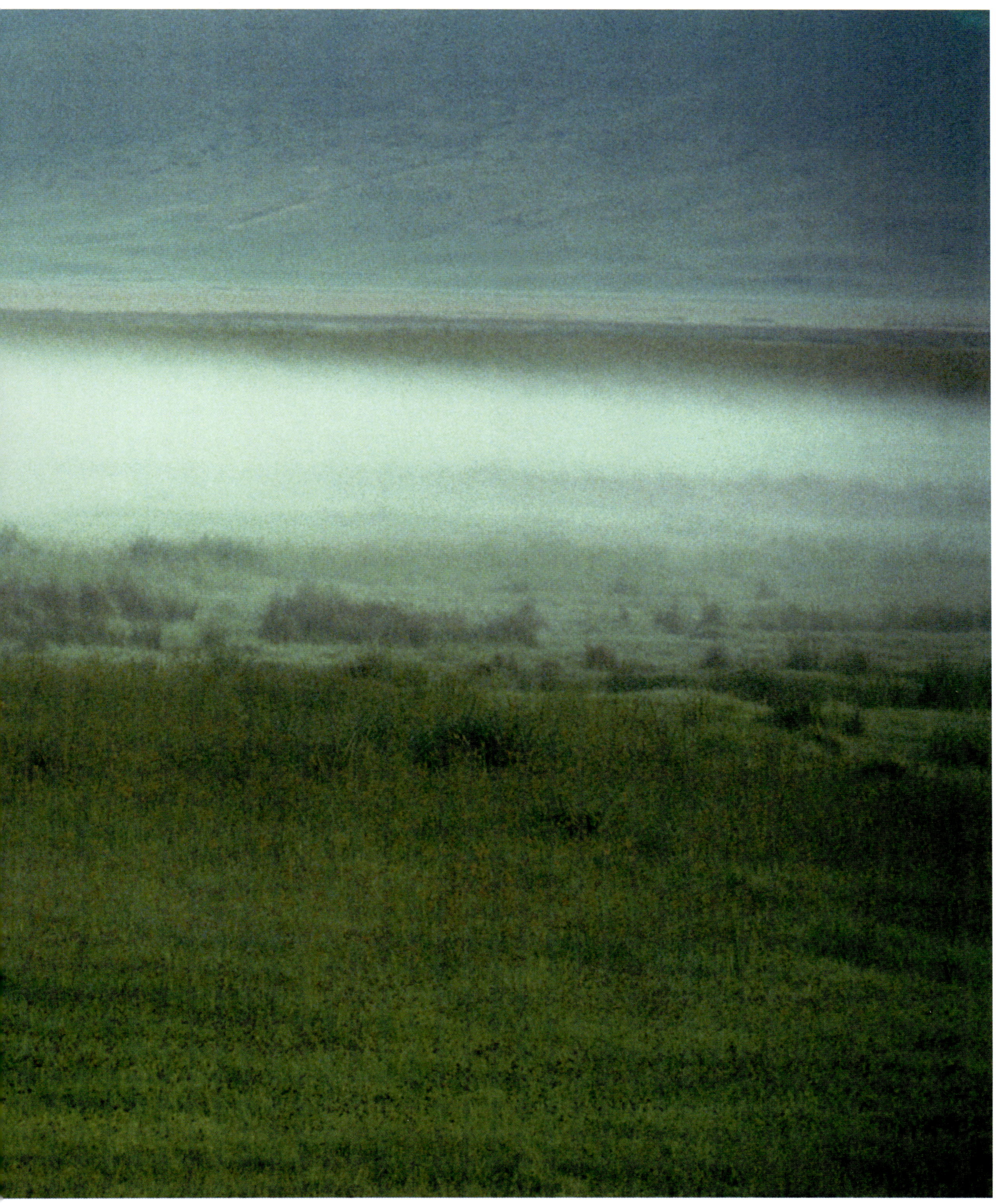

CHRIS JOHNS | 1988 | TANZANIE *Cratère de Ngorongoro.*

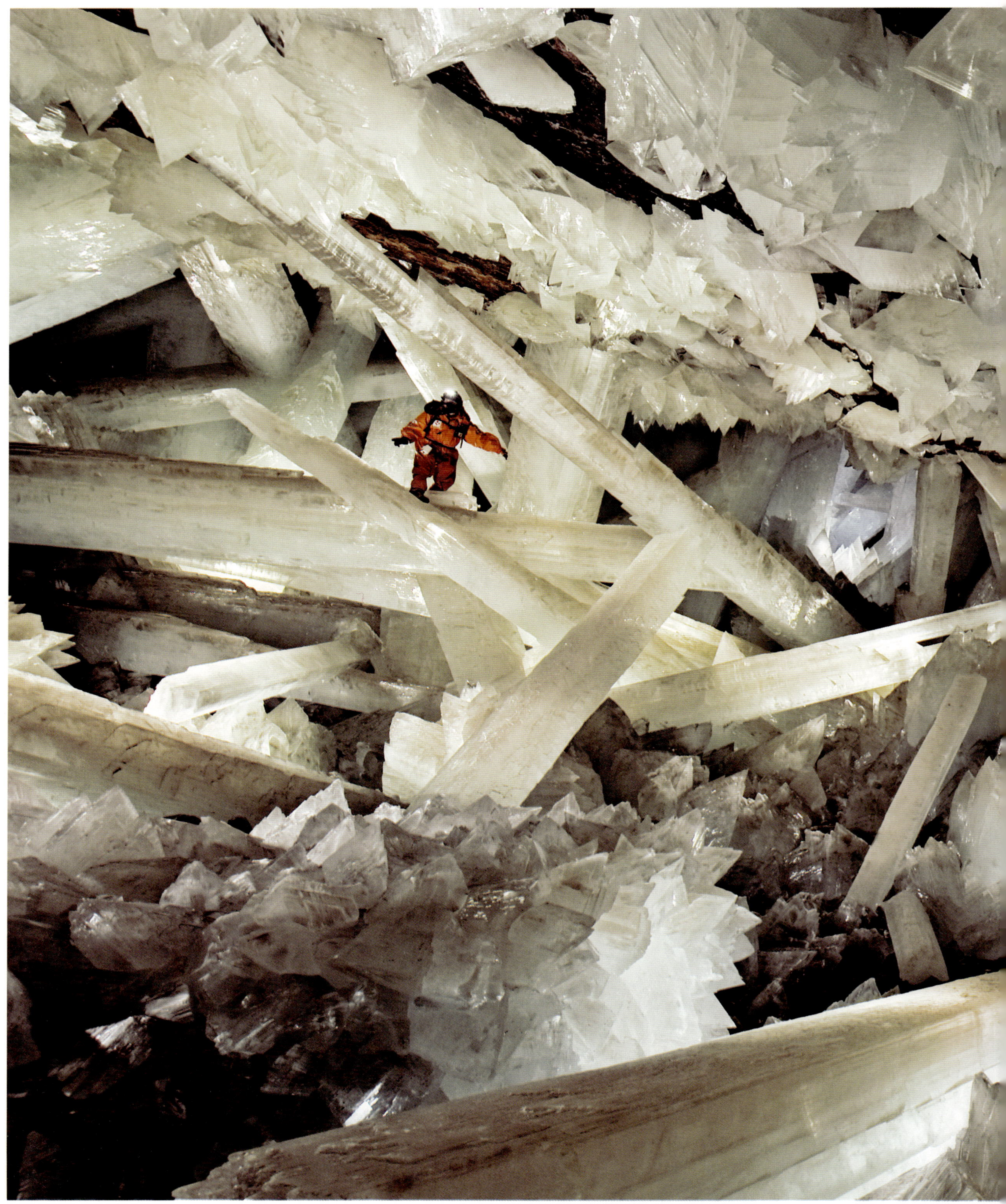

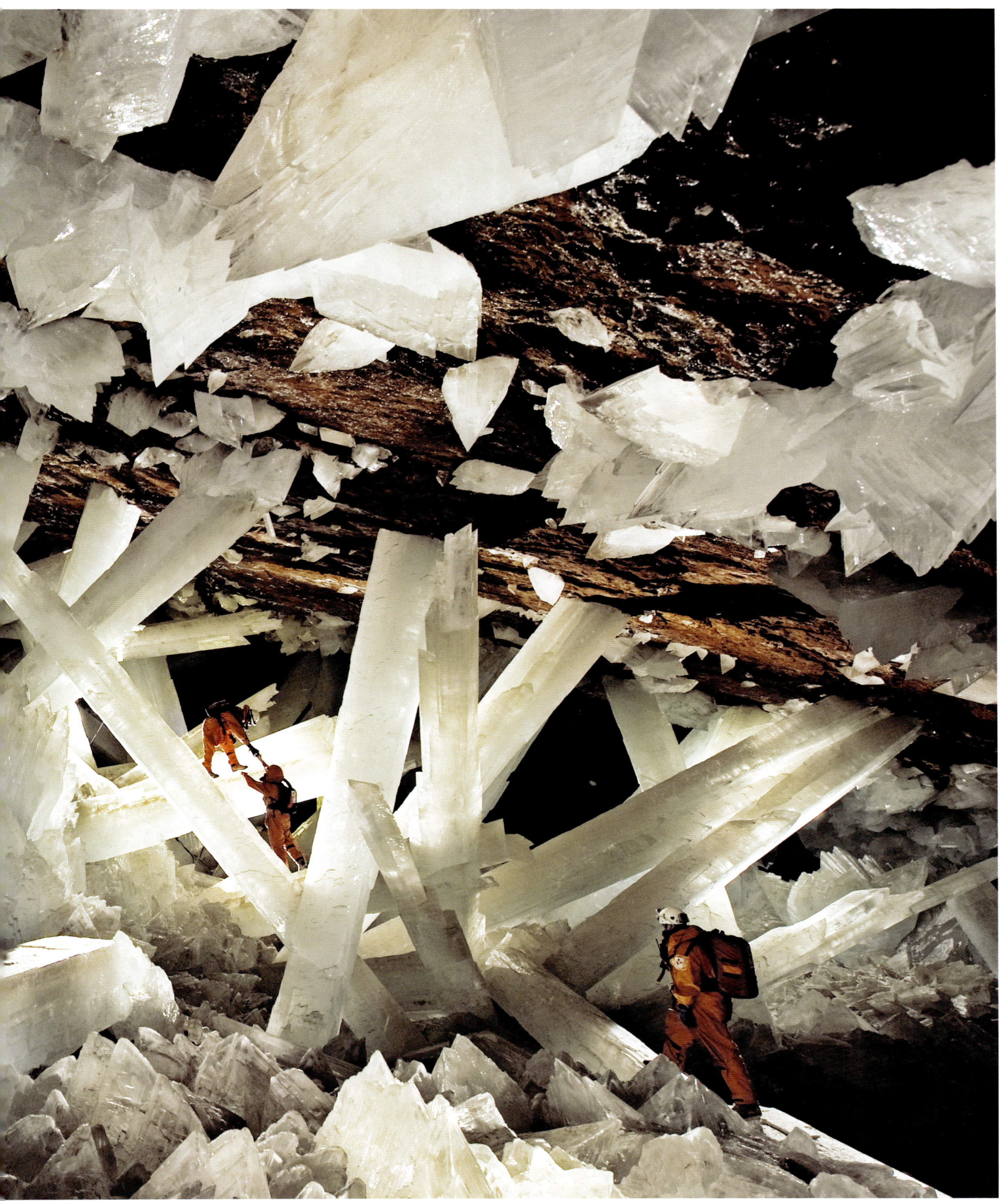

CARSTEN PETER | 2008 | MEXIQUE *Dans les grottes de cristal de Chihuahua.*

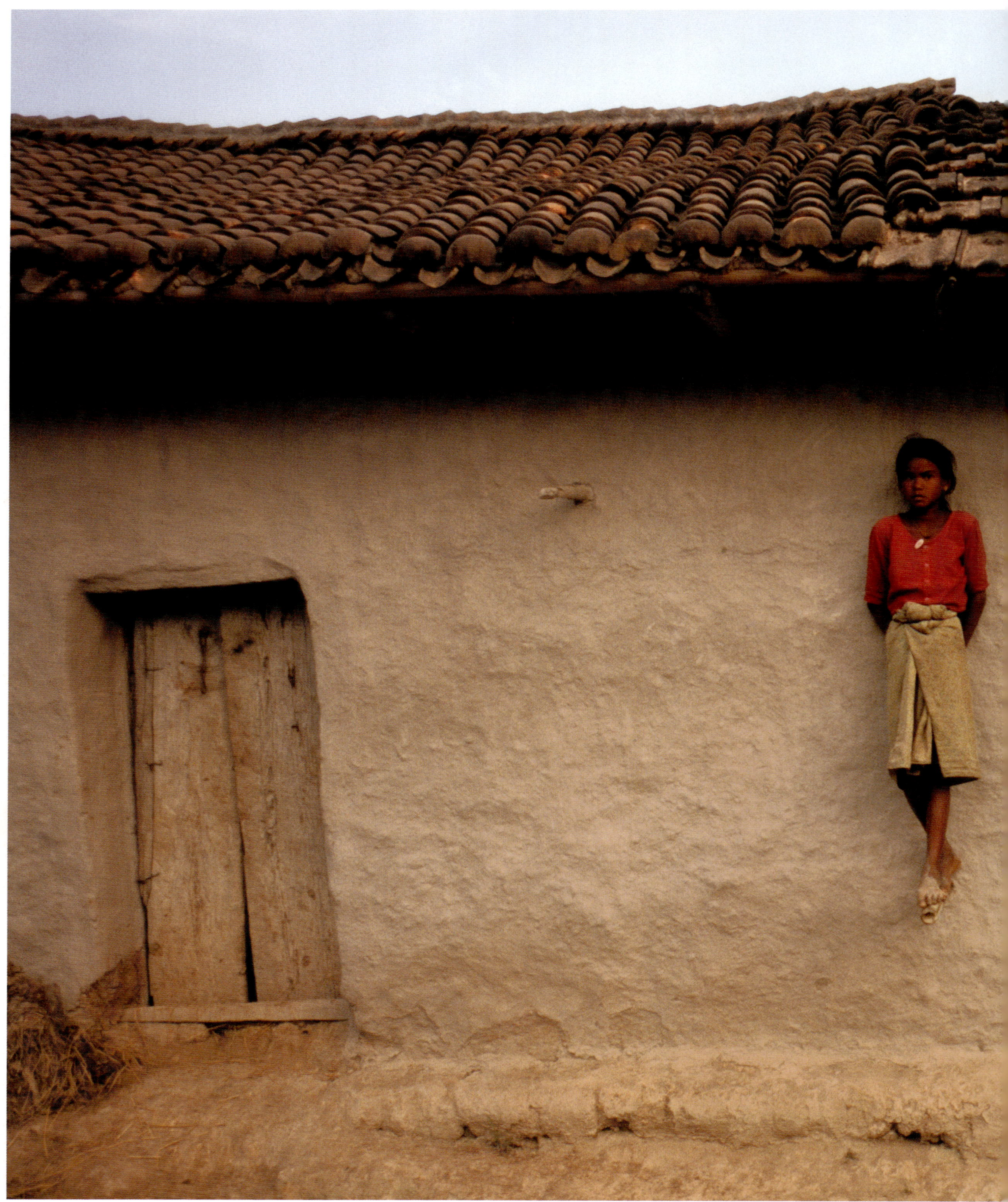

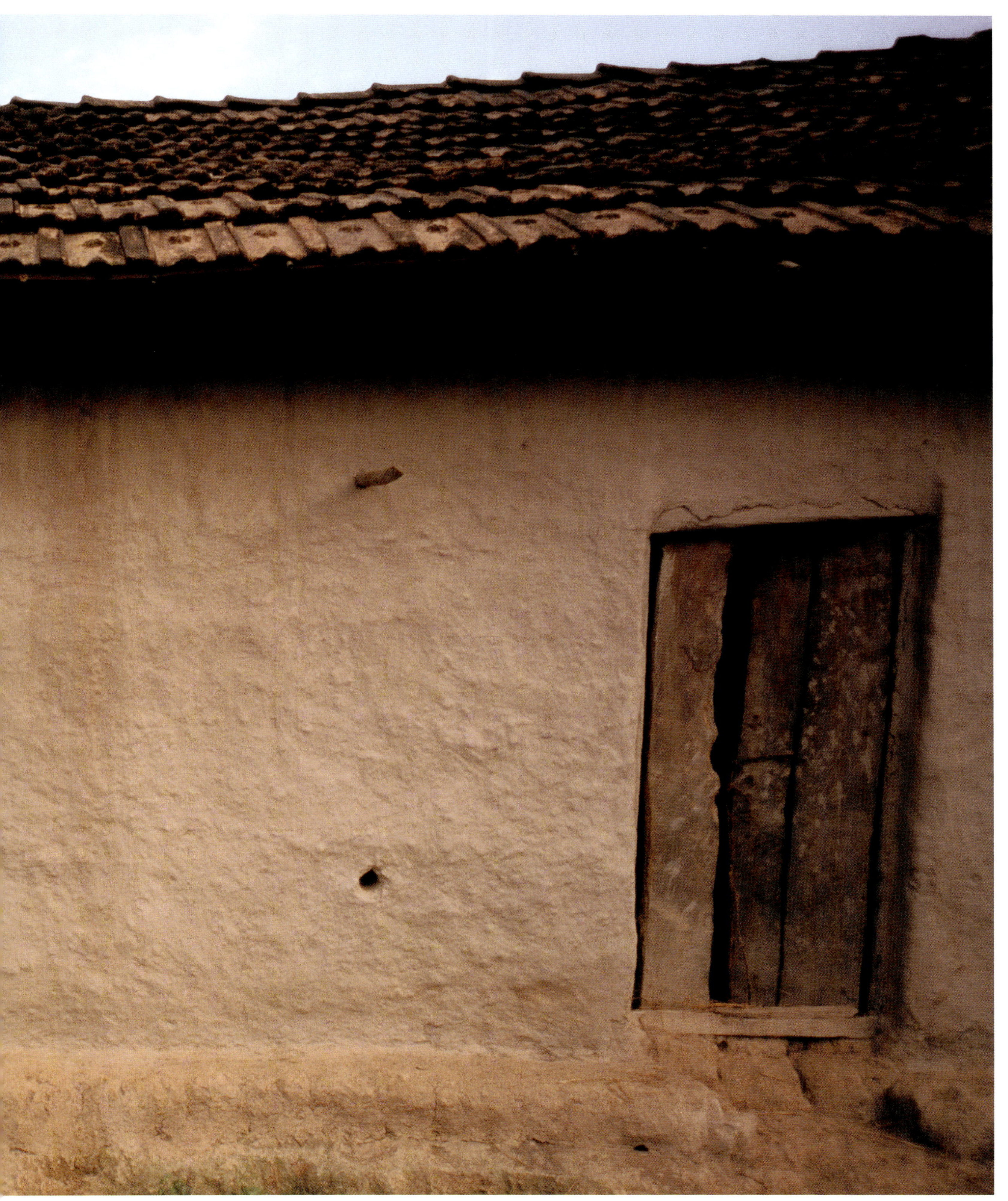

MAGGIE STEBER | 2000 | NÉPAL *Je m'envole.*

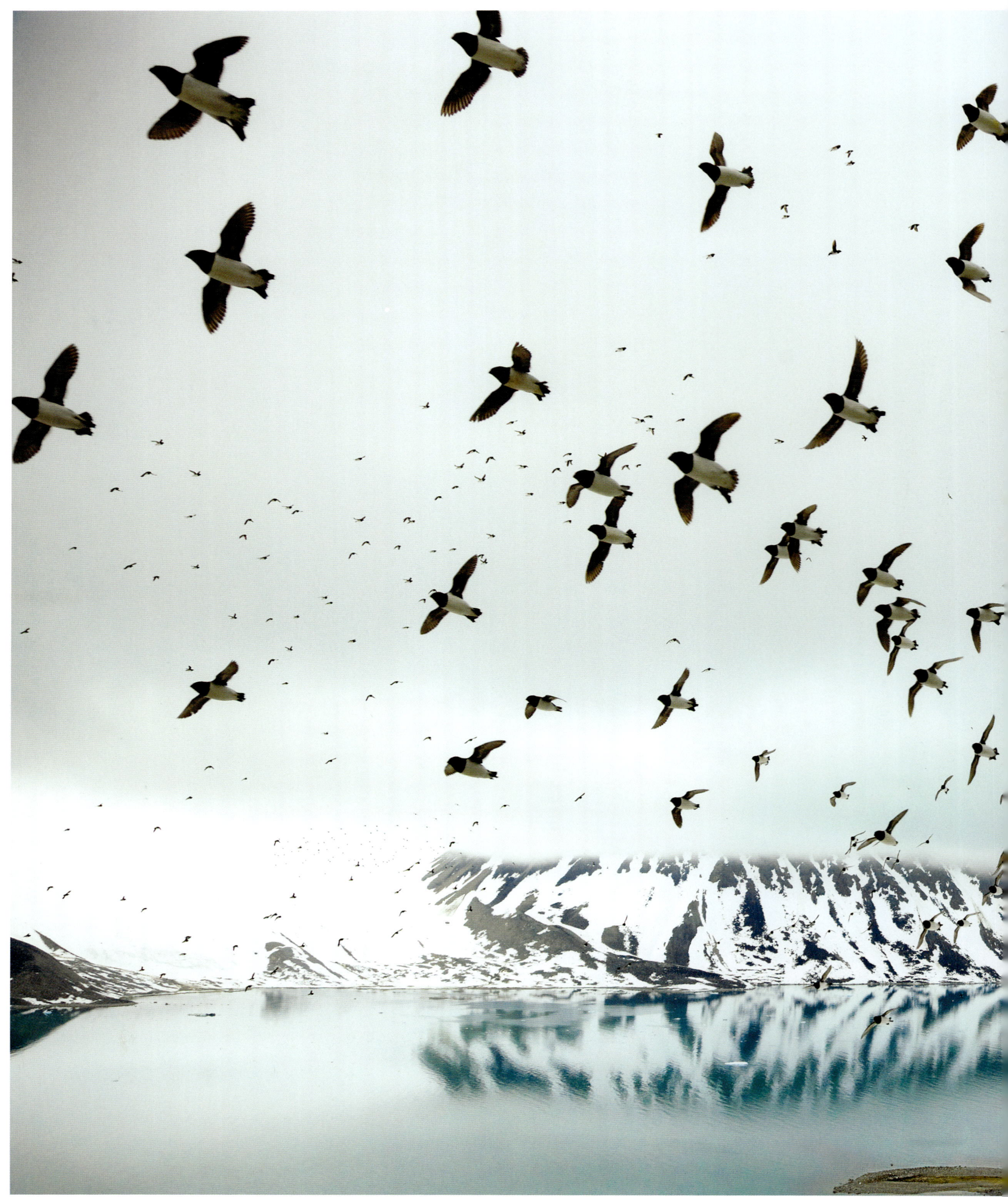

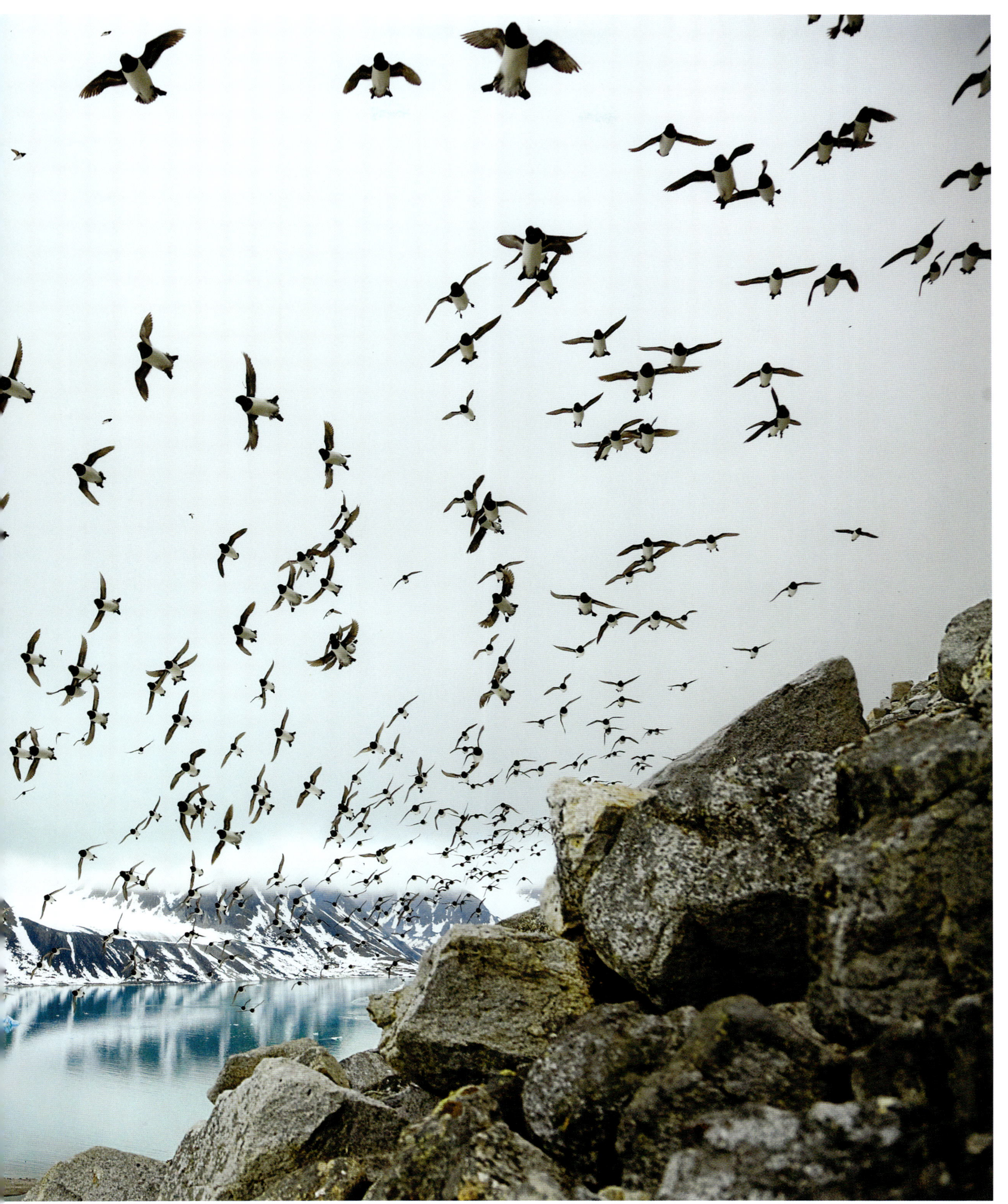

PAUL NICKLEN | 2009 | SPITZBERG *Guillemots rejoignant leurs nids.*

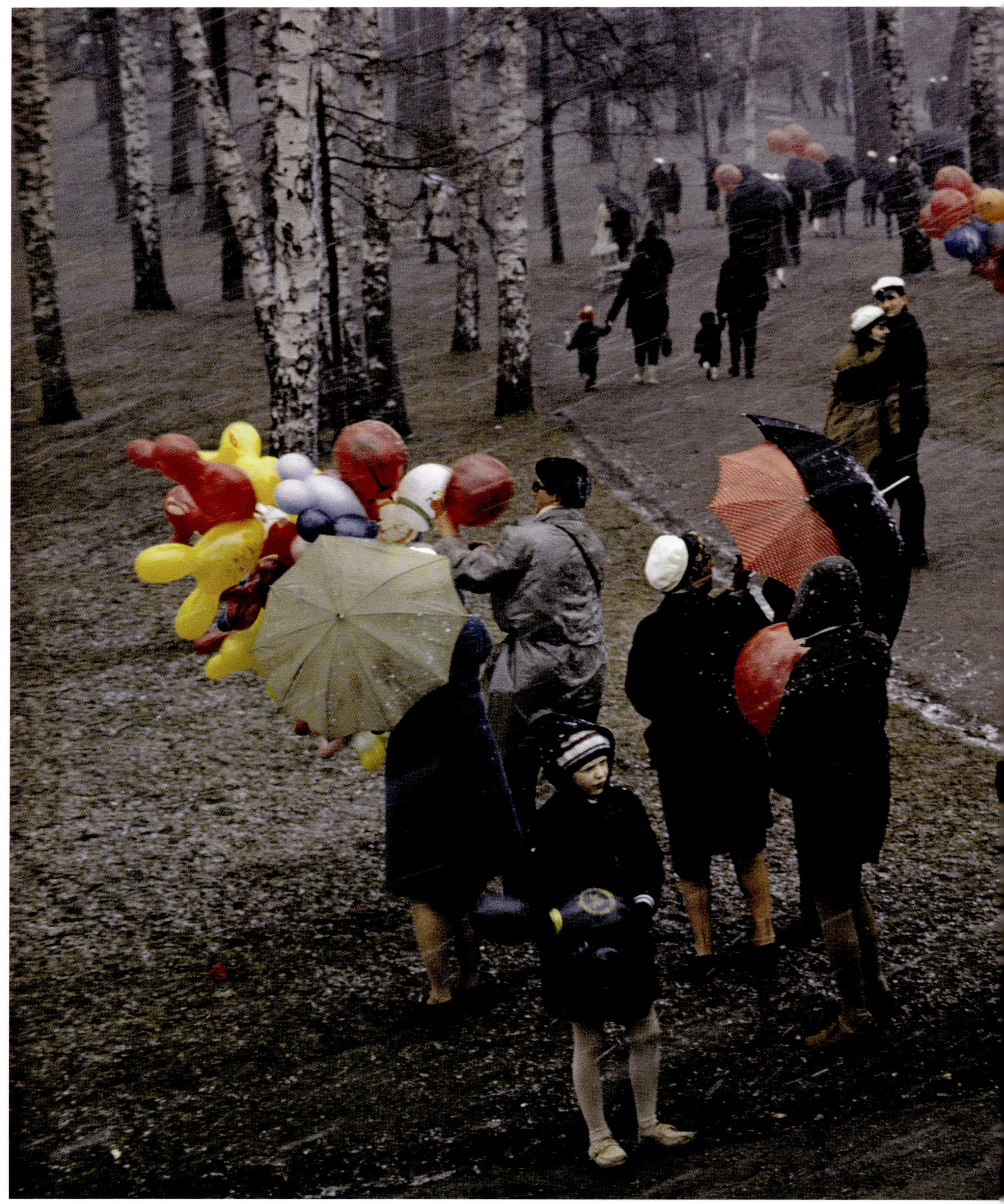

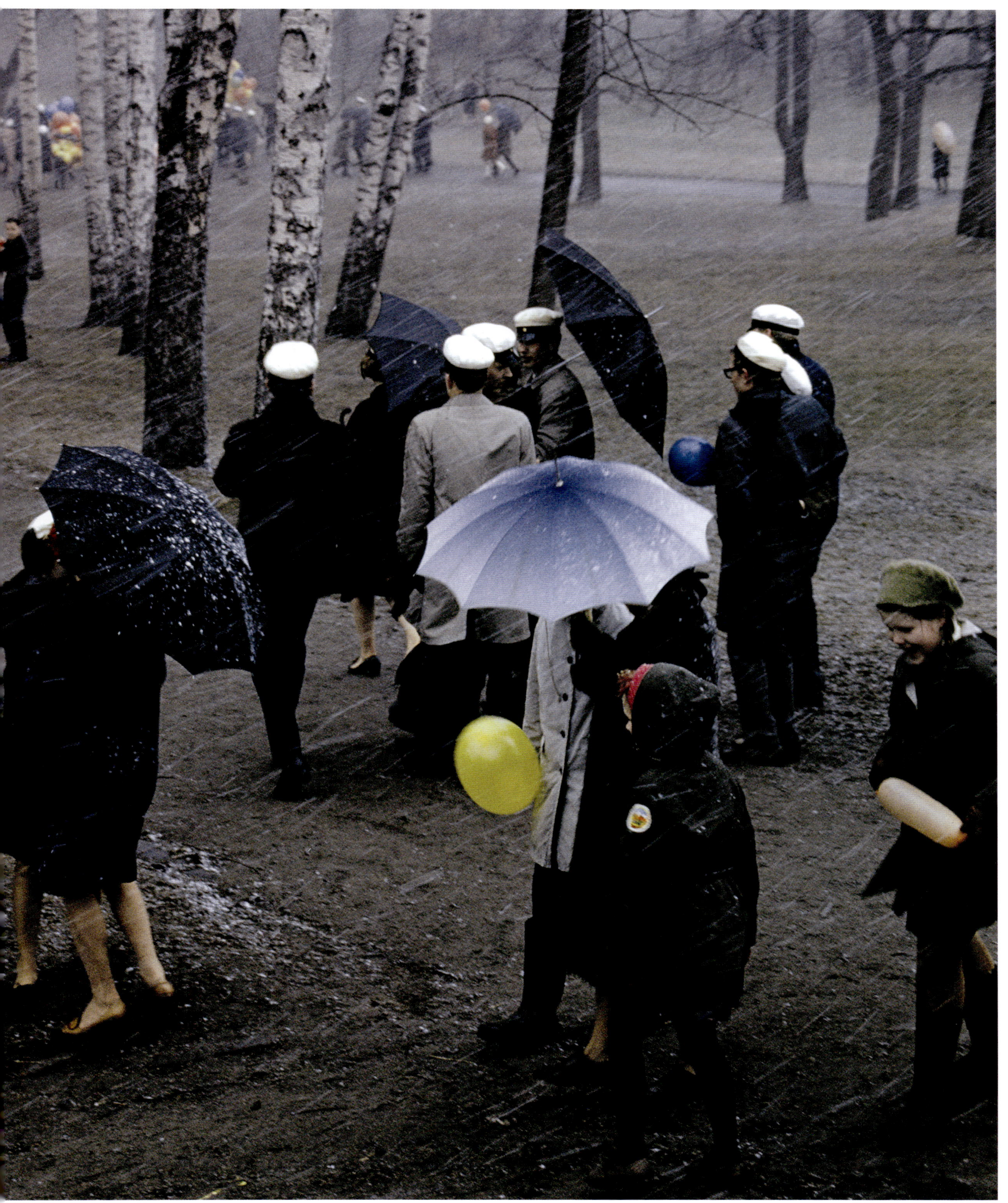

GEORGE F. MOBLEY | 1968 | FINLANDE *Tempête de neige.*

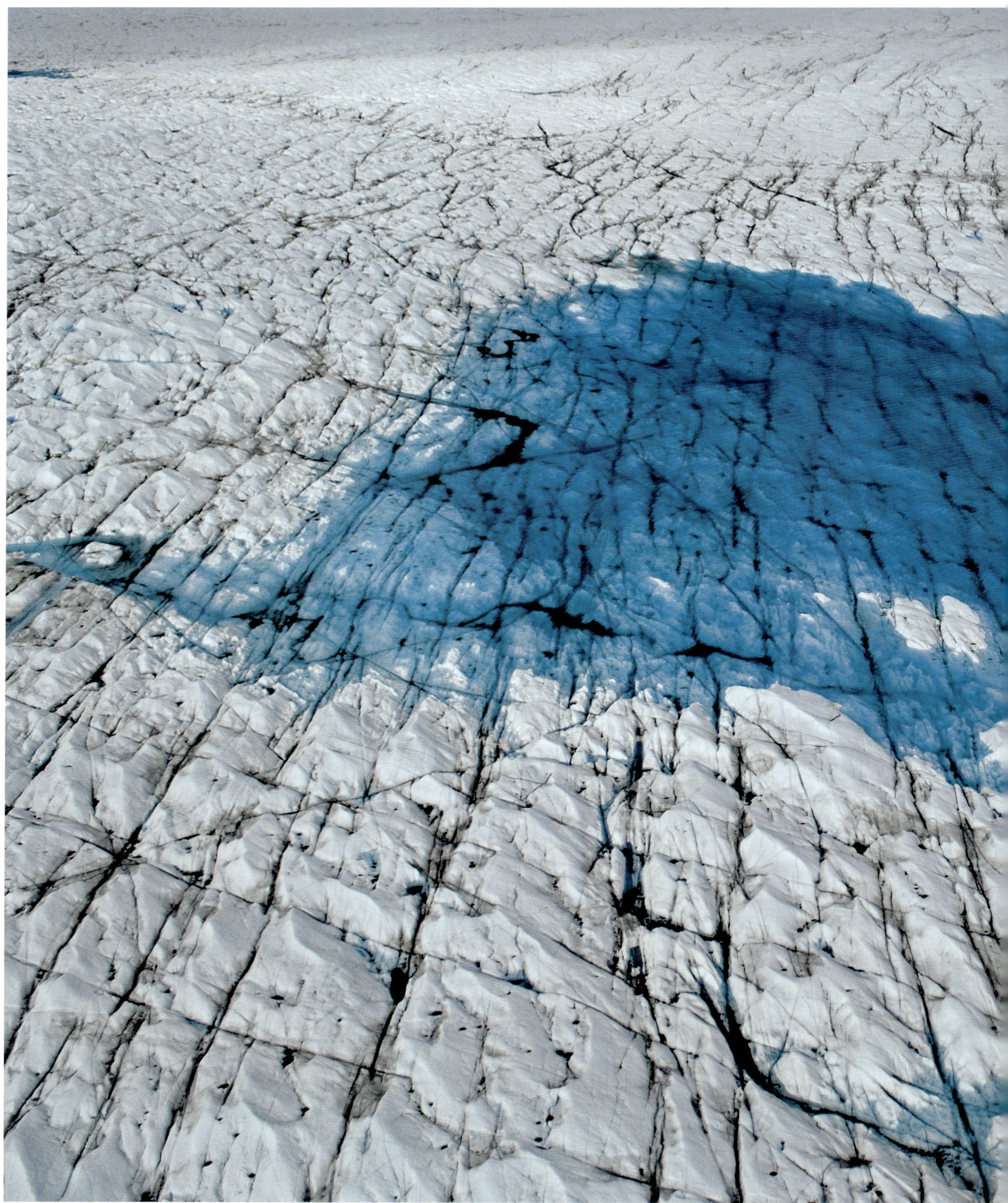

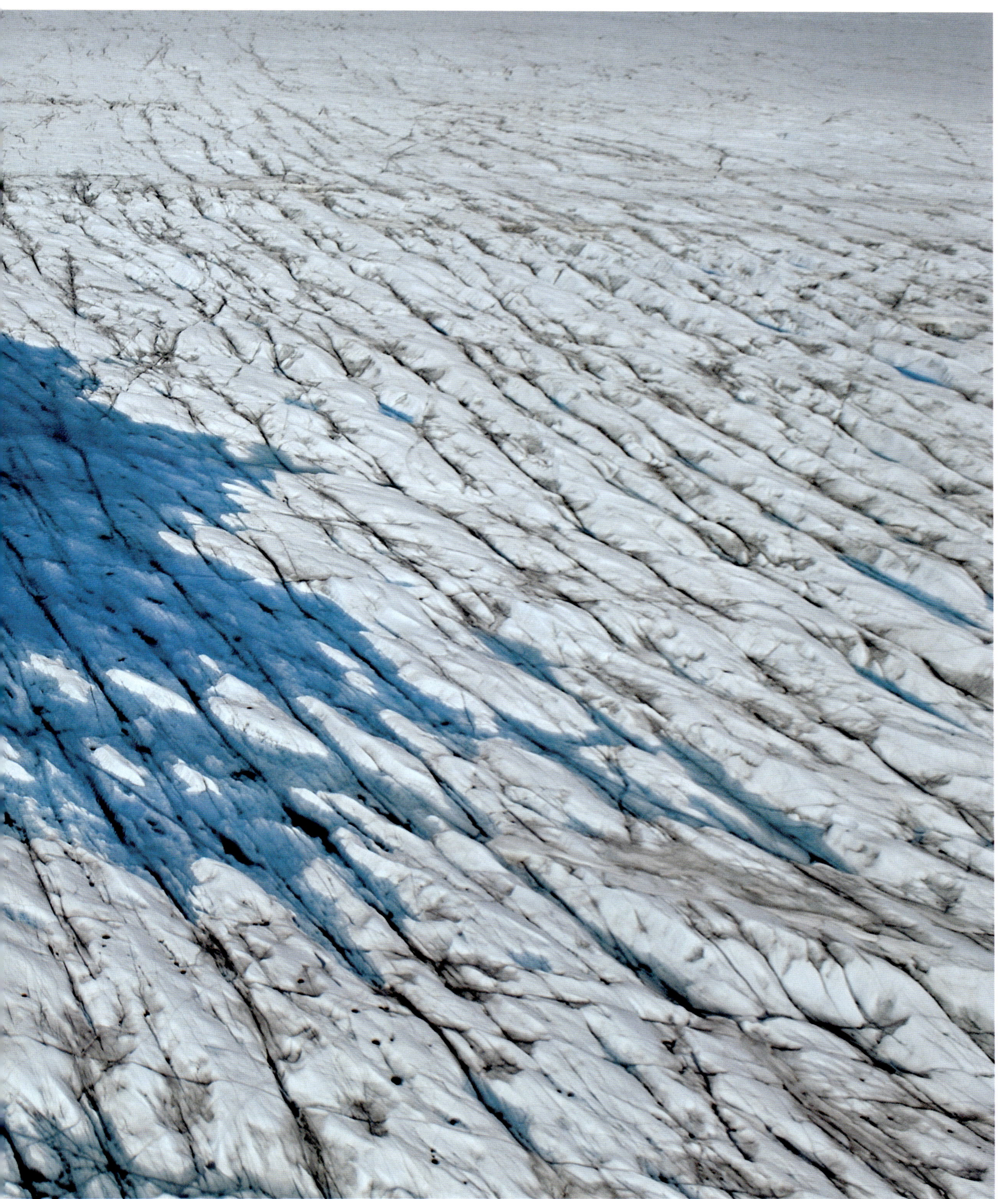

JAMES BALOG | 2007 | GROENLAND *La fonte des eaux provoque une fissure dans la calotte glacière.*

remerciements

C'est à la faveur d'un faisceau de multiples contributions que l'on doit la naissance d'un beau livre. Cet ouvrage ne déroge pas à la règle : il marque, en effet, l'apogée d'une collaboration spécifique entre les passionnés de photos et les trésors artistiques de la National Geographic Image Collection.

Sélectionner 450 clichés représentatifs parmi presque 11 millions, puis en expliquer le concept est une tâche stimulante quoique immense. Maura Mulvihill, directrice de la Collection, et son équipe ont travaillé en étroite collaboration avec notre comité éditorial, poursuivant de tout leur cœur un objectif commun : la conception d'un ouvrage précis et exhaustif, aussi extraordinaire que l'est la Collection elle-même.

Michelle Delaney, conservateur, a accepté de rédiger une texte offrant une perspective historique sur notre Collection. Adrian Coakley, rédacteur en chef chargé des illustrations, a consulté les iconographes Bill Bonner et Steve St. John, et étudié des dizaines de milliers de clichés. Melissa Farris, directrice artistique, a apporté une cohérence visuelle à la structure de l'ouvrage et aux sélections photographiques. Les légendes et les commentaires de Mark Jenkins ont contribué à l'ensemble, et Becky Lescaze a édité le texte. Tous ont généreusement consacré leur temps et leurs connaissances avec enthousiasme, à cet ouvrage.

Bien sûr, il a fallu faire des choix, laisser de côté des photos de qualité, tâche qui ne fut pas aisée. Le travail de chacun a été enrichi par celui de tous les autres. Nous espérons que, comme nous, vous serez séduits par le résultat.

Leah Bendavid-Val

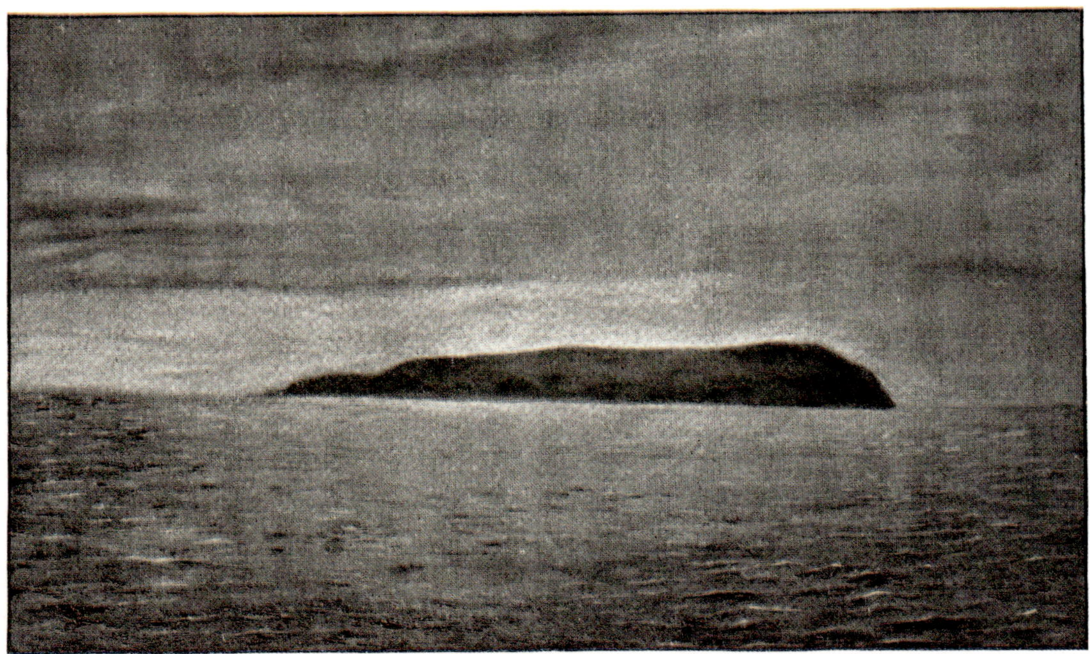

Herald Island, bearing about W. by S. (magnetic).
From a photograph by Assistant Paymaster J. Q. Lovell, U. S. N.

avant-propos par Leah Bendavid-Val

Cet ouvrage révèle, pour la première fois, le contenu de la National Geographic Image Collection, fonds tentaculaire de presque 11 millions d'images marqué, dans sa diversité, du sceau unique et reconnaissable entre tous qui caractérise le *National Geographic*. Il livre ainsi des histoires multiples, individuelles, professionnelles, chronologiques et thématiques. Nous avons pioché dans nos collections spéciales et choisi d'illustrer nos percées photographiques, faisant une large place aux clichés baroques, bizarres ou inattendus qui ont, par des biais divers, trouvé place dans ces archives extraordinaires. Au final, ces photos composent une histoire singulière et concrète, qui évoque notre monde de 1890 à nos jours.

Les fondateurs de la National Geographic Society n'avaient pas envisagé une collection photographique de pareille ampleur : sur les trente-trois honorables « gentlemen-explorateurs » qui se réunirent à Washington, un soir humide de janvier 1888, pour fonder une société destinée à « diffuser et à faire progresser les connaissances géographiques », aucun ne pensait en termes de photos.

Mais tous avaient l'esprit scientifique, joint à un goût irrésistible pour l'aventure. Leurs idées pour favoriser la diffusion des connaissances géographiques ne manquaient pas : ils imaginèrent ainsi des conférences et la création d'une revue dont le style serait apprécié des novices éclairés.

Neuf mois plus tard, en octobre 1888, paraissait le magazine *National Geographic* ; son succès, bien que modeste, fut immédiat. La première photo y apparut en juillet 1890 (voir ci-dessus) : Herald Island, petite île rocheuse et isolée dans la mer Chukchi (océan Arctique), émerge de la page, sinistre, telle une baleine à la surface de l'eau.

Alexander Graham Bell, 2e président de la Society, homme exubérant, vouait une passion à la photo – comme son gendre, Gilbert Hovey Grosvenor, âgé de 23 ans, le premier rédacteur en chef à plein temps du magazine. Dans une lettre du 5 mars 1900, Alexander Bell presse son gendre de publier « des photos plus dynamiques – évoquant la vie et l'action –, des photos qui racontent une histoire ». Le jeune homme n'avait pas besoin d'encouragements. À ses débuts, les fonds de la Society étant maigres, il profita de toutes les occasions pour acquérir des photos à bas prix ou gratuitement. Amateur de voyages, il aimait prendre des clichés partout où il allait, avec son encombrant Kodak 4A repliable. Il publia ses photos dans la revue, tout en cherchant d'autres moyens de s'en procurer : il acquit ainsi des images dans des galeries et auprès des voyageurs qu'il rencontrait lors de ses déplacements. De retour à Washington, il lança des appels de dons de photos, mettant à contribution les amis connus, les membres des clubs dont il faisait partie, ainsi que les départements ministériels – où étaient (et sont toujours) entreposées des photos remontant à la guerre de Sécession, toutes du domaine public.

Sa vaste collection permettait de disposer de plusieurs options en cas de besoin, mais nombre de ces clichés ne furent jamais publiés. Sa politique éditoriale était plus restrictive que celle de ses acquisitions : il souhaitait faire de la photographie le témoin oculaire objectif et efficace de tout type d'aventure humaine. En janvier 1905, le magazine publia 11 clichés spectaculaires de Lhassa, la capitale du Tibet, que deux explorateurs avaient offerts à Grosvenor. Personne n'avait jamais rien vu de tel. Dans un numéro de 1906, on pouvait également voir 74 « photos au flash » d'animaux sauvages, prises de nuit par George Shiras III, membre du Congrès. À l'époque, publier pareilles images était un pari audacieux : si les lecteurs les adorèrent, deux des membres du conseil d'administration donnèrent leur démission. « Vagabonder dans la nature n'est pas de la géographie », dirent-ils, furieux de voir leur revue réduite à un « livre d'images ».

Grosvenor obtint gain de cause. En 1908, les photos composaient plus de la moitié du magazine. Son approche en matière de publication exigeait un matériau délesté de la personnalité des photographes – ces deux aspects semblaient en effet dissociables au début de la photographie. Les images devaient se rapporter à la géographie, définie comme « le monde et tout ce qu'il renferme ». Le magazine devait se garder de toute intrusion dans le monde politique et de toute controverse. Cette vision excluait *de facto* nombre de thèmes intéressants mais permettait une couverture plus approfondie d'autres sujets.

Grosvenor, féru de photo et scientifique dans l'âme, souhaitait également défricher de nouveaux territoires sur le plan technique. Il investit donc, selon les besoins, dans les technologies de l'impression, le développement, la lumière et les gadgets. L'apport du *National Geographic* dans la publication en couleurs gagna en importance et les archives prirent de l'ampleur. Les rédacteurs en chef firent l'acquisition de dessins et d'illustrations en appui des textes et des photos, et l'on assista alors à l'essor d'une collection artistique, parallèlement à celle des photos.

Au fil des ans, le *National Geographic* vit se développer une culture photographique approfondie et durable. On recruta une équipe de photographes, que des pigistes réguliers enrichirent de leur vision. Le support technique était généreux et sensible à l'imagination et aux idées des photographes et des rédacteurs. Ceux qui rêvaient de grands espaces espéraient décrocher des reportages dans des lieux exotiques. Ils leur permettraient de témoigner de manifestations culturelles et naturelles encore jamais dévoilées au reste du monde et de dépasser tout ce qui avait été fait auparavant. Malgré ses principes de neutralité, le magazine accorda de plus en plus de place à la diversité des styles et des thèmes, et permit à des auteurs aux centres d'intérêt différents d'y trouver un foyer. Il apporta également une vraie contribution aux réalités sociales du monde moderne, en demeurant fidèle à sa mission originelle.

Ce livre, qui se veut factuel quant aux acquisitions de la collection photographique, vise aussi à en relater l'esprit et le caractère. Michelle Delaney, conservatrice de la Photographie au Smithsonian's National Museum of American History, propose sur celle-ci un regard extérieur ; Maura Mulvihill, vice-présidente et directrice de la Collection, nous offre, quant à elle, sa vision de l' « intérieur ».

Depuis les débuts de la photo, on s'émerveille des innovations techniques, tout en assistant à l'évolution des goûts et des valeurs. Mais, comme nous espérons le montrer dans cet ouvrage, les « bonnes » images gardent leur part de mystère et prennent leur sens avec le temps. Grâce à cela, et à tout ce qu'il nous reste à découvrir, la photo demeure un art vivant, créatif et passionnant.

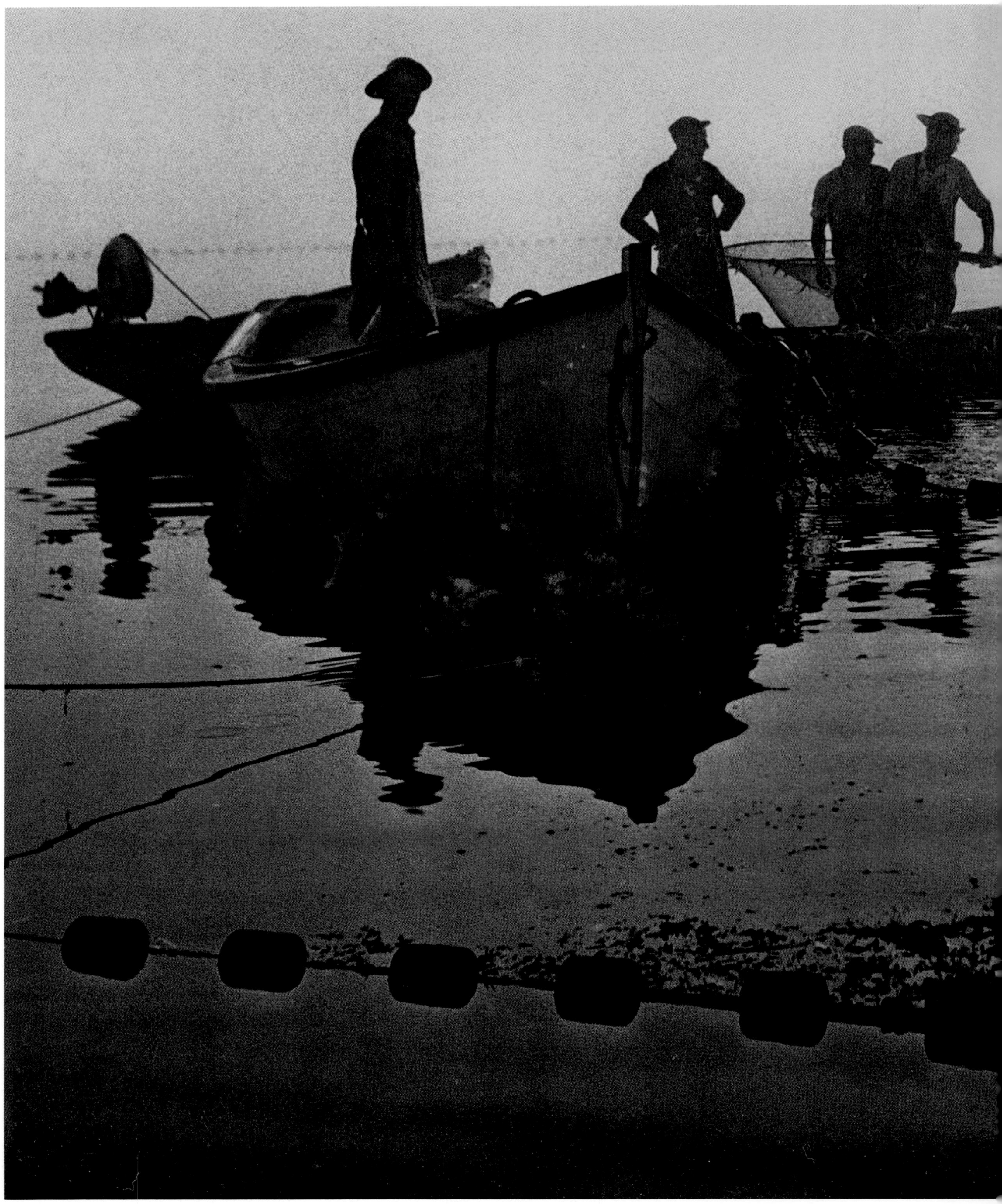

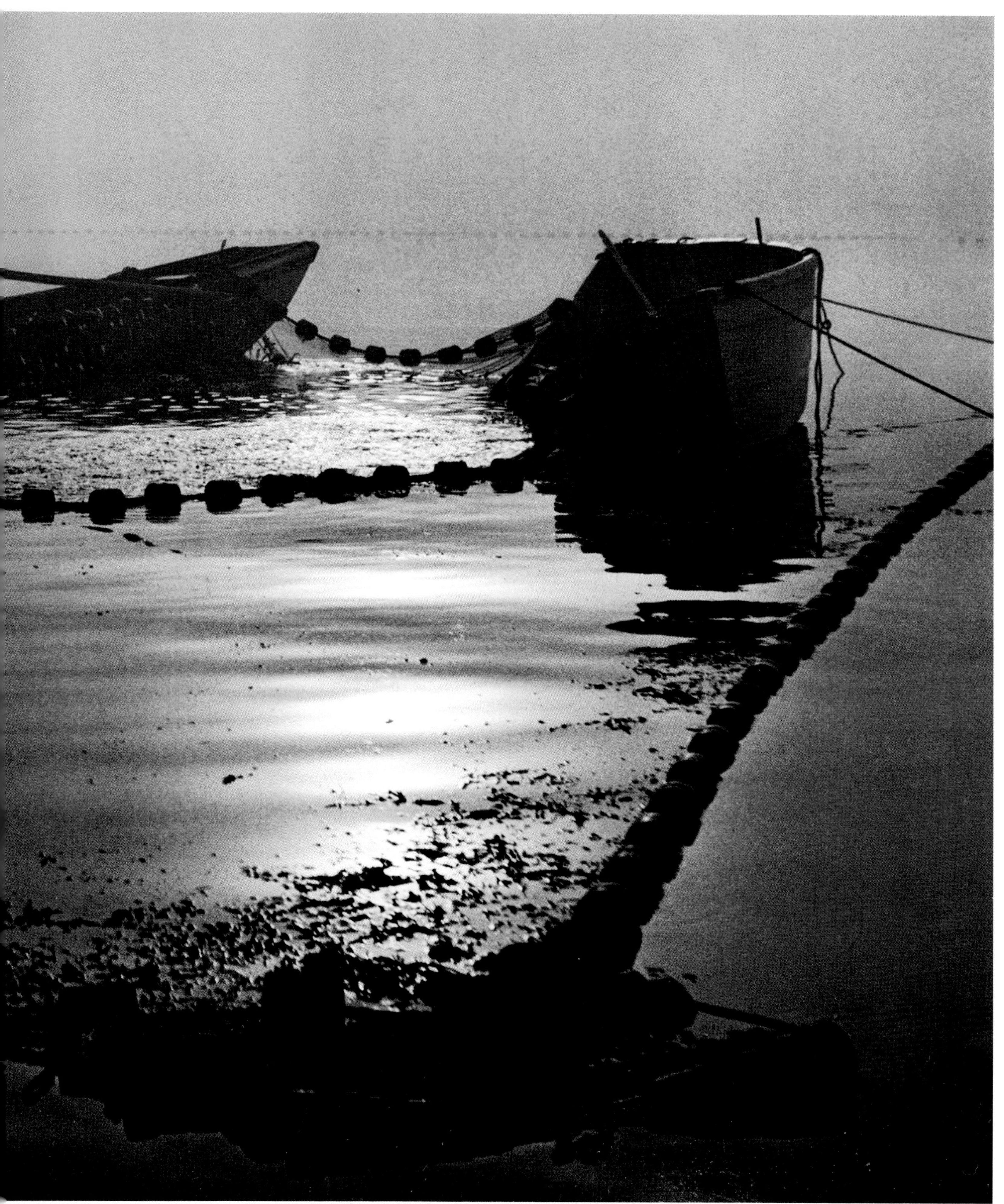

LUIS MARDEN | 1951 | MAINE *Un banc de sardines au crépuscule.*

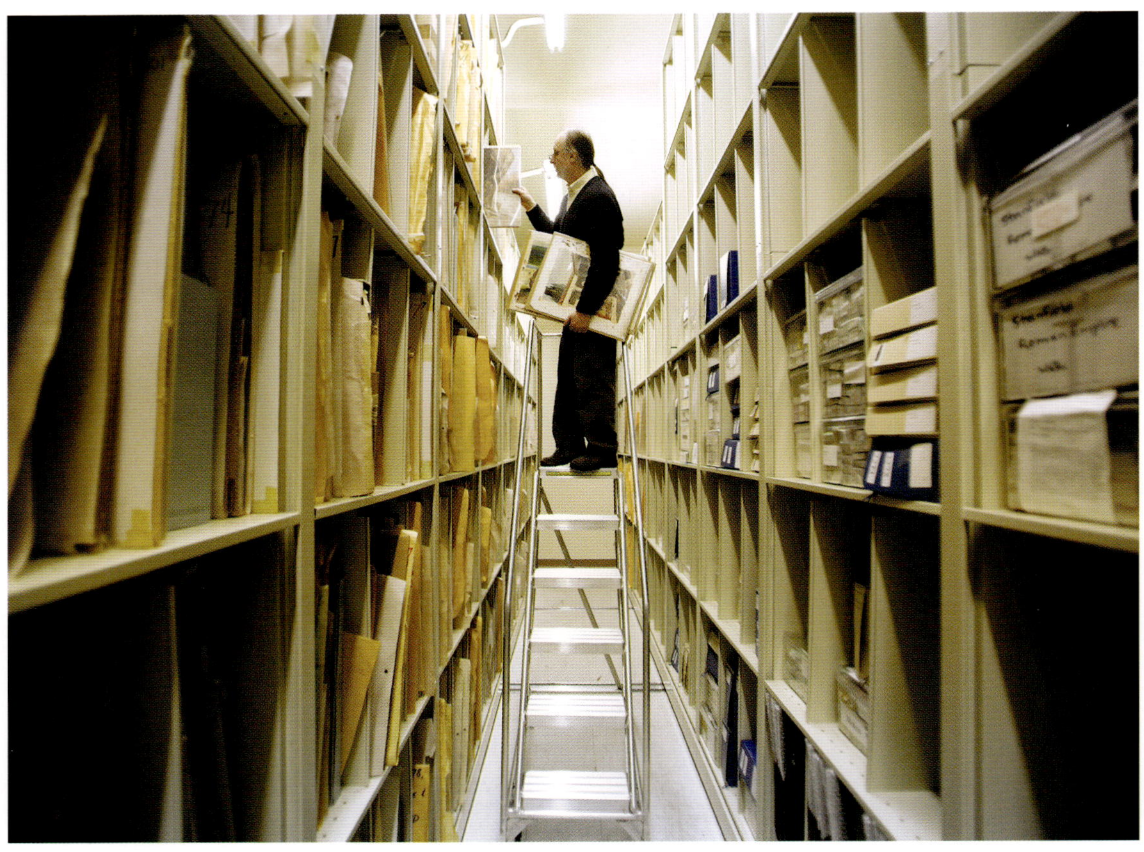

la National Geographic Image Collection : une perspective historique **par Michelle Delaney**

Washington abrite de nombreuses collections de photos historiques comptant parmi les plus prestigieuses au monde : ainsi, celles des musées du Smithsonian, de la bibliothèque du Congrès, des Archives nationales ou de la National Gallery of Art. Chacune renferme des millions d'images sur l'art et l'histoire du monde et conserve la mémoire de l'essor de la photographie comme instrument au service des sciences et des arts. Il existe cependant une collection spéciale, souvent négligée parmi les vastes ensembles du National Mall, entreposée bien au frais au sous-sol du siège de la National Geographic Society. Sa qualité et sa diversité sont extraordinaires : le magazine et son Image Collection documentent en effet plus d'un siècle de l'histoire de notre planète, offrant une perspective globale sur son évolution. Les photographes et acquisitions de la Society fournissent la représentation visuelle de notre monde – exploration, vie sauvage, science, peuples et cultures – ainsi que sa nature changeante.

La National Geographic Society Image Collection tire sa force de rédacteurs passionnés qui, pendant plus d'un siècle, ont recueilli et commandé des clichés à des photographes dans le but de décrire notre planète. Qu'il est donc flatteur, pour un conservateur chargé de l'histoire de la photo, de présenter cette collection dans une perspective historique ! Immédiatement, des souvenirs me reviennent, comme ces longues discussions avec mon ami Volkmar (Kurt) Wentzel, longtemps photographe pour le *National Geographic*. J'aimerais qu'il soit toujours parmi nous, pour poursuivre ses recherches sur cette Collection qu'il chérissait. Ensemble, nous avons longuement évoqué sa carrière – elle couvrait près d'un demi-siècle (1937-1985) –, ses reportages, ses voyages, et sa mission sans fin : préserver ces images que, dans les années 1960, le magazine destinait au rebut. Après le décès de Volkmar, en 2005, les clichés historiques qu'il avait sauvés de la destruction ont été réintroduits dans la Collection. Certains provenaient de sa série « Washington at Night », qui remontait

ADRIAN COAKLEY | 2009 | BONNERLAND *Bill Bonner, archiviste photographique.*

aux années 1930, d'autres, datant de près d'un siècle, étaient l'œuvre de Gilbert Hovey Grosvenor, premier président et photographe de la Society. Aujourd'hui, forte de presque 11 millions de clichés, aux thèmes et aux formats infiniment variés, cette collection d'images est l'une des meilleures au monde, même si elle est moins connue que les collections muséales américaines.

J'en ai découvert l'envergure en 1995, lorsque j'ai discuté avec Volkmar Wentzel de mon programme de recherche et du projet d'exposition sur les débuts de la Collection photographique historique du Smithsonian, aujourd'hui rattachée au National Museum of American History. Ensemble, nous avons passé en revue 50 photos achetées lors de l'Exposition de 1896, baptisée « Washington Salon and Art Photographic Exhibition », qui s'était tenue dans le prestigieux Cosmos Club de la capitale fédérale. Ces toutes premières acquisitions de photos d'art pour le compte du Smithsonian étaient l'œuvre de son premier photographe, Thomas Smillie, dont les efforts en ce sens remontaient aux années 1880. Parmi les relations professionnelles et personnelles que celui-ci avait nouées avec l'élite scientifique et artistique de Washington se trouvaient les « gentlemen explorateurs » qui allaient fonder la National Geographic Society. Volkmar me présenta alors cette histoire du point de vue de la Society. L'intérêt qu'il porta toute sa vie à l'histoire de la photographie, à la Collection, notre passion commune pour tous les recoupements possibles en la matière dans notre ville d'adoption, allaient cimenter notre amitié, qui dura toute une décennie.

Les collections de la Society et du Smithsonian sont étroitement liées à leurs débuts, à la fin du XIXe siècle, et dans leurs efforts pour créer de grandes collections dédiées à l'histoire de la photographie. Toutefois, tandis que le Smithsonian faisait connaître ses collections de recherche et ses acquisitions artistiques, la Geographic Image Collection demeura sous-utilisée pendant des années. Ces deux institutions, qui ont commencé par emprunter des voies parallèles, se partagent plusieurs dates clés. En 1888, année où Smillie démarrait sa collection de clichés et de matériel pour le Smithsonian, la National Geographic Society était créée. Peu de temps après, elle lançait sa revue. Une décennie plus tard, tous deux, reconnaissant l'importance croissante de la photo dans la société américaine, fondaient des collections historiques. En 1896, le Smithsonian créa officiellement une Section Photographie au sein de la Collection des Arts graphiques du National Museum. On décerna alors à Smillie un second titre, celui de conservateur honoraire de la Section Photo, commençant ainsi la plus ancienne collection de photos hébergée de nos jours dans un musée américain. Dès 1896, le magazine utilisait le nouveau procédé du demi-ton pour publier des photos : cette décision capitale modifia à jamais la nature de la revue et le mode de collecte propre à la Society.

Au début du XXe siècle, Washington était une ville dynamique qui offrait toutes les possibilités en matière de photo – scientifique, technologique, artistique –, faisant d'elle un média alors tout juste sexagénaire et en constante évolution. La Society et le Smithsonian profitèrent de la nature internationale du lieu pour collectionner les meilleurs clichés de professionnels et d'amateurs aptes à faire progresser la photographie. Les clubs de photo firent florès, et un petit cercle d'hommes fortunés se mit à expérimenter les dernières nouveautés en art et en technologie.

John Wesley Powell eut un apport décisif dans le lancement des deux collections : sous son égide, la Society et le Smithsonian nouèrent des liens étroits avec les photographes de l'U.S. Geological Survey. Powell, l'un des fondateurs originels de la National Geographic Society, comprit le potentiel énorme de la photo dans les activités gouvernementales, et l'intérêt du public. Les clichés tirés de ses premiers « Surveys of the American West » (Relevés de l'Ouest américain), dans les années 1870, vinrent renforcer les deux collections. De manière singulière, il inspira le concept du recueil de photographies en tant que support visuel des États-Unis et de son Far West, encore non documenté. Il fit venir à Washington les meilleurs des photographes avec lesquels il avait collaboré pour ses Geological Surveys (notamment William Henry Jackson), focalisant sur eux l'attention de la Geographic et du Smithsonian. Des publications comme le *National Geographic* firent découvrir aux Américains ces images en stéréoscopie, rendues en trois dimensions dans des visières spéciales – un passe-temps familial qui allait devenir très populaire à la fin du XIXe siècle. Powell prit ensuite la tête de l'U.S. Bureau of American Ethnology, où il géra une collection photographique de plus en plus importante, qui fut finalement transférée au Département d'Anthropologie et à la Section de Photographie du Smithsonian.

Ce nouveau média devint l'objet de collections enthousiastes pour de nombreux musées et fondations, plus rapidement d'ailleurs à Washington que dans les autres villes américaines. Dans les collections initiales du Smithsonian figuraient les appareils et plaques utilisés pour les daguerréotypes de Samuel F. B. Morse (années 1840) ; les « Animal Locomotion Studies » d'Eadweard Muybridge (1888), dont les brevets, appareils et matériel sophistiqués représentaient la technologie de pointe en matière de prise de vue et d'impression, depuis les fabricants comme George Eastman et G. Cramer ; de même que les images du Washington Salon de 1896, illustrant une nouvelle impulsion dans la photo d'art américaine. Cependant, le travail de collecte de Smillie au sein du Smithsonian demeura limité par rapport à celui de la Society.

L'essor de la collection d'images de la Society fut rapide et spectaculaire, au point d'occulter la portée de ses propres archives. Le critère d'excellence demeura la référence dans les premières collections et commandes de photos pour le magazine. Les images de l'expédition de Robert E. Peary au pôle Nord en 1906, les photos prises par Gilbert H. Grosvenor lors des premières expériences de pilotage en 1907, les prouesses techniques réalisées dans la photo couleur et sous-marine marquèrent les premières décennies en matière de collection et d'impression. La National Geographic Image Collection a toujours été considérée par la NGS, ainsi que par certains conservateurs, comme une simple collection d'illustrations, malgré les ouvrages et expositions venus contrecarrer ce point de vue. Comme Volkmar Wentzel l'a dit toute sa vie, la Society possède une collection photographique à la qualité muséale d'envergure internationale, significative au regard de l'histoire, de la science et de l'art de la photographie, allant de la fin du XIXE siècle à nos jours. Une simple visite à la National Geographic Image Collection atteste de la qualité et de la diversité des collections spéciales.

La plus exhaustive concerne sans doute les autochromes, qui totalisent près de 15 000 images. Cette technique, introduite sur le marché international par les frères Auguste et Louis Lumière en 1907, offrait aux photographes le premier procédé, commercialement viable, à même de reproduire les couleurs naturelles – malgré certaines restrictions. Outre sa lenteur, il obligeait les photographes à transporter pour leurs reportages un matériel lourd et encombrant (appareils photo, trépieds et caisses de matériel en bois) ; de plus, les plaques de verre, fragiles et sensibles à la lumière, se prêtaient mal aux expositions. Mais l'invention des frères Lumière (l'utilisation des grains de fécule de pomme de terre, teints et fixés avec de la résine) permettait d'obtenir des coloris subtils et de magnifiques clichés. Si nombre de grands musées artistiques et historiques possèdent des collections d'autochromes, celle de la Geographic Image Collection, exceptionnelle, va du jour de cette invention à la fin de leur production, dans les années 1930.

Le *National Geographic* a publié son premier autochrome en 1914 : sa première image en couleurs naturelles fut *A Ghent Flower Garden* de Paul G. Guillumette, qui expérimenta la technique des frères Lumière dès 1912 et fut un pionnier de la photo couleur. Sa fille Doris a conservé méticuleusement les effets personnels de son père : autochromes, stéréo-autochromes puis, par la suite, diapos en Kodachrome. Elle fit don de ses notes à la Photographic History Collection du Smithsonian en

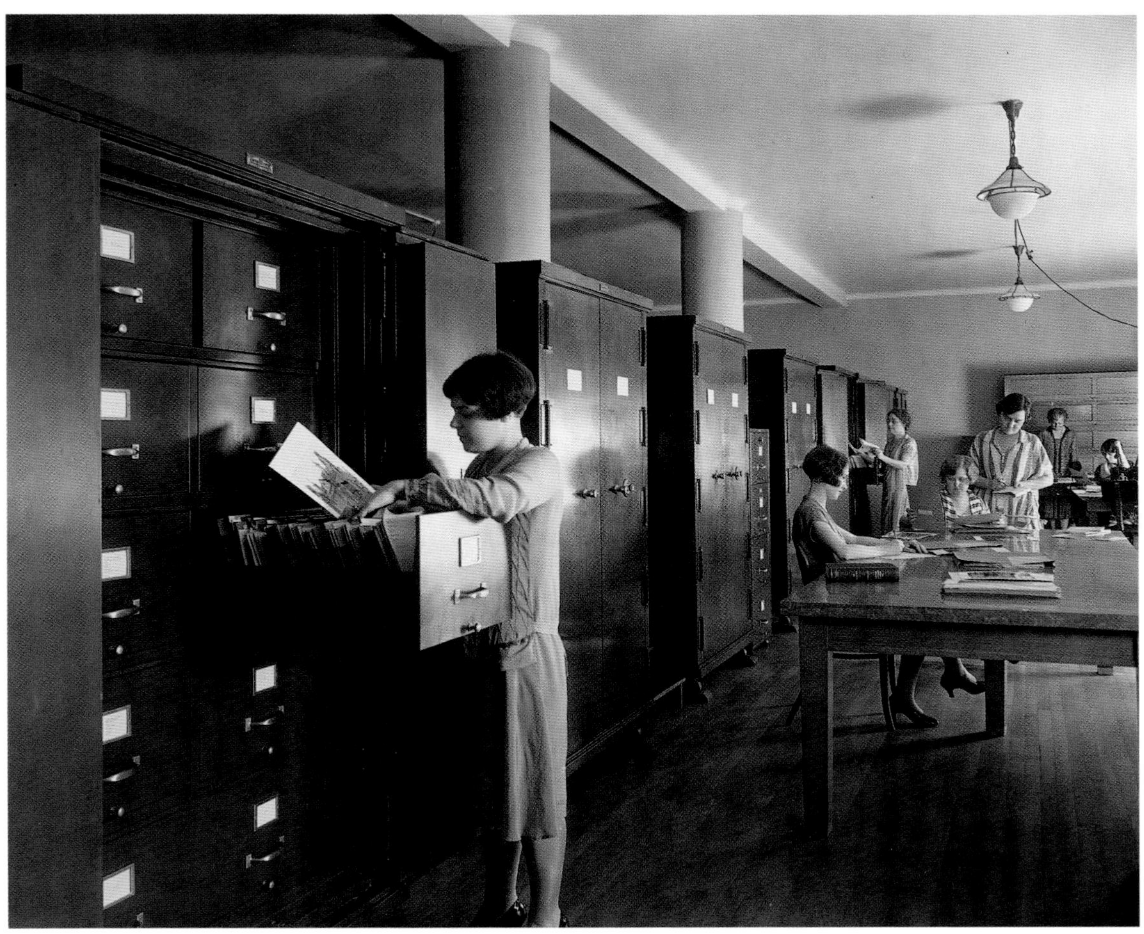

1995. On y découvre notamment la réaction de la section américaine de la société des frères Lumière, si impressionnée par son travail qu'elle l'engagea pour produire des échantillons (en vue d'une distribution mondiale) puis pour diriger le département couleur. Guillumette se retrouva ainsi en contact avec des organismes gouvernementaux, des agences, des instituts, des photographes professionnels et amateurs. Parmi les liens personnels qu'il tissa par ce biais figuraient Alexander Graham Bell, de la Society, et les maîtres photographes Alfred Stieglitz et Arnold Genthe. Mais ce fut sa rencontre avec Gilbert H. Grosvenor qui eut l'impact le plus durable sur sa carrière, grâce à la publication de ses autochromes couleur dans le magazine.

Remplacer les illustrations par des photos en couleurs naturelles intéressait Grosvenor. En 1913, Guillumette effectua de très nombreux reportages en Europe, photographiant des paysages, prenant des clichés à la Foire internationale de Gand. L'un d'eux fut sélectionné par le *National Geographic* pour paraître dans le numéro de juillet 1914 – l'image du hall horticole était accompagnée de cette légende : « La photo nous amène à nous demander ce qu'il faut admirer le plus : la beauté des fleurs, ou la capacité de l'appareil photo à capter fidèlement leurs couleurs fastueuses ? » Pendant de nombreuses années, Guillumette conservera son métier d'origine – dans le commerce de la fourrure – mais finalement, sa passion pour la photo l'incita à se consacrer à plein temps à son hobby. Selon Doris, l'inspiration de son père dépassait largement l'espoir de maîtriser la technique de la photo couleur, « celle-ci possédant le potentiel d'une nouvelle forme artistique ».

Paul Guillumette, à l'instar de nombreux photographes dont les œuvres parurent dans le *National Geographic*, choisit d'explorer les pays étrangers, notamment européens : la France, l'Italie, la Suisse, la Belgique et les Pays-Bas. Amateur de paysages naturels, il se consacra rarement au portrait. Plusieurs photos, qui se trouvent dans la collection du Smithsonian, sont des autoportraits. Doris Guillumette évoque son père avec tendresse : « [Il] était convaincu que la technique, le don

PHOTOGRAPHE INCONNU | DATE INCONNUE | SIÈGE DE LA NGS *Les premières photographies.*

artistique et l'inspiration étaient nécessaires pour faire une grande photo » – ce qu'atteste l'héritage de Guillumette dans la photo couleur. Nombre de ses contemporains espéraient que la technique autochrome serait amenée à perdurer et à attirer la photo couleur dans les expositions des musées et des galeries – mais ces images étaient trop fragiles, trop sensibles à la lumière. La National Geographic Image Collection a néanmoins conservé 40 autochromes identifiés comme faisant partie de l'œuvre de Guillumette. Pendant des décennies, le *National Geographic* a été le principal magazine à publier ces clichés uniques et désormais historiques. De nos jours, les milliers d'autochromes non publiés qu'a collectionnés la Society figurent parmi ces images, à la valeur inestimable, qui attendent encore l'exégèse des iconographes et des chercheurs.

Le *National Geographic*, fort de son succès et du nouveau lectorat qu'attirait l'utilisation de la photo, créa un labo et embaucha une équipe de photographes dans les années 1920 et 1930. Ceux-ci étaient considérés comme des explorateurs, qui apportaient au magazine un style particulier, mélange d'art et de technique. Charles Martin, le premier à être engagé au labo, devint le photographe en chef du *National Geographic*. Ses fonctions le conduisaient à effectuer des reportages spéciaux qui repoussaient les limites de la photo couleur et de la technologie. À la fin des années 1920, au cours d'un reportage sur les poissons en Floride, il collabora avec le Dr W. H. Longley, du Goucher College, pour créer les premiers autochromes sous-marins. C'est en 1918 que Longley avait utilisé pour la première fois un Graflex de 4 x 5 pouces avec une protection étanche pour la photo sous-marine. Pour l'expédition à Dry Tortugas, il ne se contenta pas de se servir de sa caméra étanche : avec l'aide de Martin, l'équipe déchargea une livre de poudre flash à base de magnésium sur trois ponts flottants et eut recours à un réflecteur pour éclairer les profondeurs marines. Cinq des meilleurs clichés illustrent l'article de Longley intitulé « First Autochromes Form Ocean Bottom » (*National Geographic*, janvier 1927). Le duo fit une série historique de clichés désormais conservée dans la Geographic Image Collection. Le matériel Graflex créé par le département Folmer et Schwing de la société Eastman Kodak – réunissant une protection étanche, un appareil photo et un support de plaque – fut donné à la Photographic History Collection du Smithsonian dans les années 1940 par Waldo L. Schmidt, conservateur de l'U.S. National Museum et spécialiste des invertébrés marins. La Society et le Smithsonian s'attelèrent sans relâche, dans les années 1940, à la création de leurs collections photographiques. Lorsque le magazine *National Geographic* célébra son 50e anniversaire, il embaucha de nouveaux photographes, renforçant ainsi son engagement en faveur d'un journalisme visuel, et investit beaucoup de temps et d'argent pour développer les reportages à l'étranger.

À la fin des années 1930, le jeune Volkmar Wentzel présenta sa série de photos « Washington at Night » pour postuler au *National Geographic*. Ses clichés impressionnèrent tant l'iconographe qu'il décrocha le poste convoité. Il consacra son premier reportage à Washington, sa ville d'adoption, mais excella dans les reportages à l'étranger. Il voyagea dans le monde entier pendant un demi-siècle. Influencé par Arnold Genthe, Brassaï et Frances Benjamin Johnston, il se servit de son appareil photo comme d'un outil d'exploration et d'éducation. Ses images dépeignent les États-Unis, l'Europe et l'Asie des années 1950. Volkmar, qui avait entamé sa carrière professionnelle au sommet de la Grande Dépression, montra à ses lecteurs, au cours des décennies suivantes, des scènes de la vie quotidienne dans la capitale fédérale, en Amérique rurale et à l'étranger. Il fit de ses premiers clichés, qui établissent un paysage visuel de la région mi-atlantique et de l'identité culturelle de ses habitants, une série baptisée « Vintage Americana » (1935-1960). Le reportage le plus important de sa carrière reste cependant son gigantesque « projet indien » : pendant deux ans (1946-1948), il voyagea à travers l'Inde et le Népal, dont il rapporta des images de territoires et de cultures que personne n'avait jamais observés auparavant. Cette expérience bouleversa sa vie. Il effectua ce long périple dans une ambulance reconvertie en camionnette et labo photo ambulant ; grâce à des caméras de petit format sur trépied ou à des appareils à main, il donna matière à huit albums photos qui figurent aujourd'hui dans la Geographic Image Collection. On peut regarder les pages d'histoire qu'ils renferment durant des heures. Volkmar s'était pris d'affection pour un pays ; il dépeint une nation en transition, des gens curieux du photographe étranger et *vice versa*.

Durant la seconde moitié du XXe siècle, les photographes du magazine se concentrèrent sur des reportages et essais photographiques documentaires de nature photojournalistique : Jodi Cobb et ses femmes saoudiennes ; Nick Nichols, ses éléphants et ses gorilles ; Jim Blair en Europe de l'Est et en Afrique, David Alan Harvey en Europe et aux Amériques ; Brian Skerry et ses œuvres numériques dans les eaux de Nouvelle-Zélande… Ils captèrent des images de pays en pleine transition vers la modernité, permettant à la Collection de montrer une histoire visuelle de cultures sous-représentées dans les musées nationaux américains d'art et d'histoire et d'illustrer la triste situation dans laquelle évoluent des cultures et des individus confrontés à l'apartheid, aux remous politiques, au trafic de drogue et aux difficultés du quotidien, loin de l'existence douillette des lecteurs du *National Geographic*. Cette tendance – accorder de plus en plus d'importance au photojournalisme et aux problèmes du monde – n'a pas empêché le magazine de continuer à passer commande d'articles et de photos sur des sujets qui lui sont traditionnels, comme le territoire et la faune sauvage. Ses rédacteurs en chef successifs ont simplement développé sa pagination (de même que la Geographic Image Collection). Blair et Harvey, les « anciens » du *National Geographic*, comptent parmi les photographes, nombreux et enthousiastes (salariés ou indépendants), qui continuent d'y exposer les dures réalités de notre planète.

En 1988, le *National Geographic* a célébré son 100e anniversaire ; il a rendu un vibrant hommage aux réalisations exceptionnelles de la Society et publié un numéro spécial sur sa vie au fil du siècle. L'histoire de la photographie y est abordée en détail ; nombre d'images sont reprises des collections particulières qui forment le noyau central de la Society. Depuis Alexander Graham Bell et les Grosvenor, en passant par les hommes talentueux qui ont dirigé le pôle iconographique et le labo photo, la Geographic Image Collection a tiré sa force d'un concept clair et omniprésent : la photo est le média le mieux à même de se faire l'écho des thèmes les plus couverts par le magazine – l'exploration, les sciences, la vie sauvage, les cultures. Le *National Geographic* a encouragé ses photographes à repousser les limites de la technologie et de leur vision du monde – des premières expéditions des années 1890 à aujourd'hui. L'aboutissement en est souvent fructueux, comme le montrent les millions d'images dénichées dans les prodigieuses archives de la Society – des millions de photos, rarement, voire jamais, exposées, mais conservées avec un soin méticuleux en vue de recherches et de publications futures. Quel que soit leur dispositif – un négatif sur une plaque de verre, un autochrome couleur des premiers temps, une diapo Kodachrome, un négatif 35 mm, un panorama, une photo petit format ou un document numérique moderne –, ces photographes explorent l'histoire et l'art international. Auparavant, les conservateurs accédaient sans doute facilement aux autres grandes collections photographiques nationales américaines, mais tel n'est plus le cas aujourd'hui – personne ne devrait donc ignorer les trésors cachés de la National Geographic Image Collection.

EXPLORATION

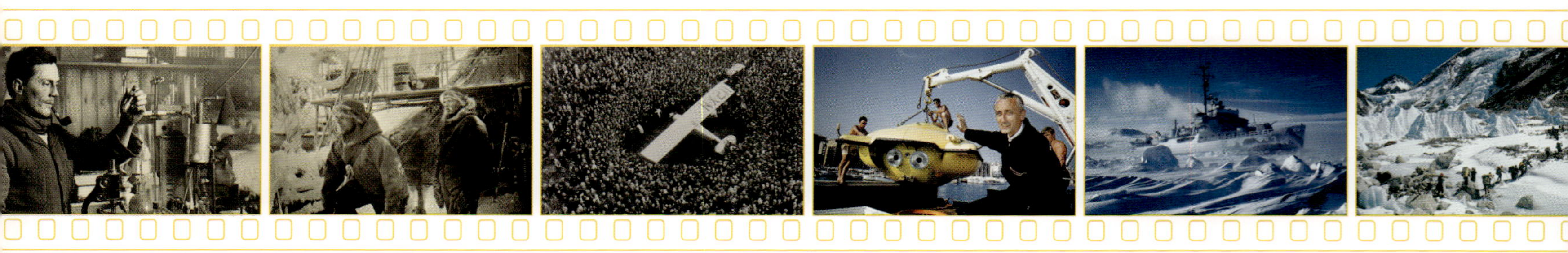

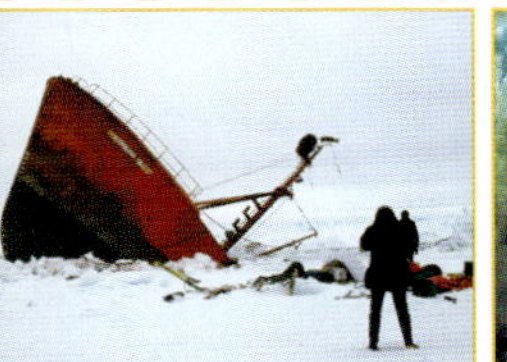
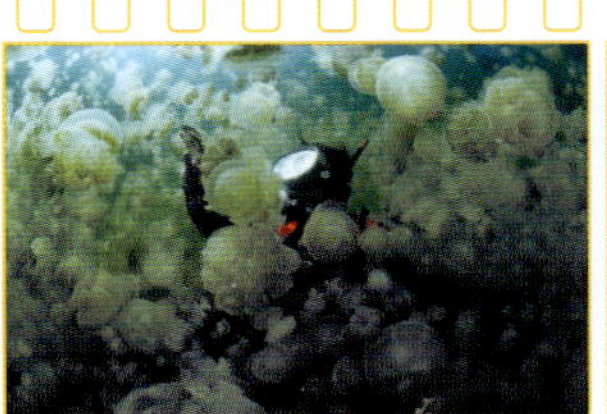
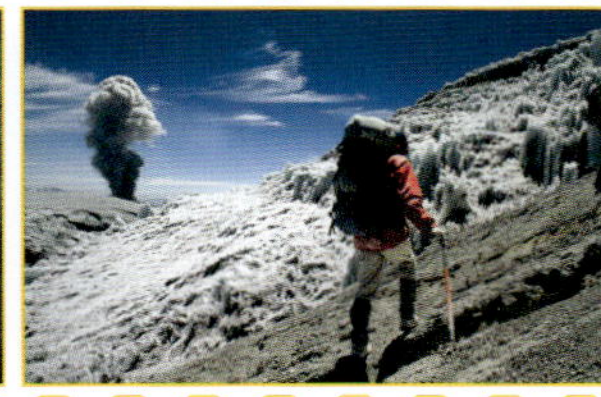
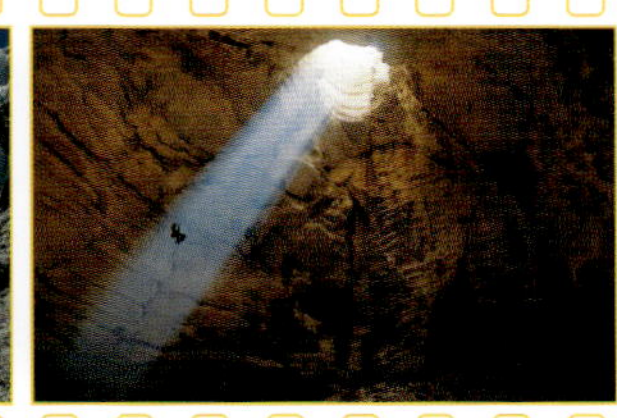
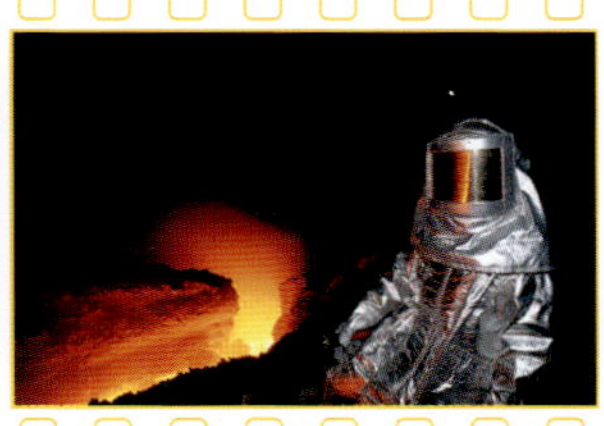
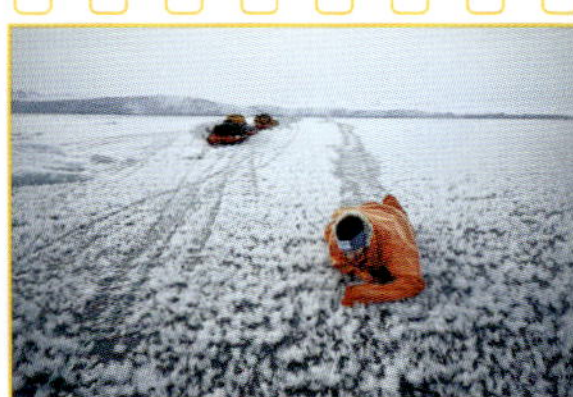

EN AOÛT 1911, PEU DE TEMPS AVANT DE QUITTER SON CONFORTABLE BUNGALOW des glaces de l'Antarctique pour son funeste périple en direction du pôle Sud, Robert Falcon Scott griffonnait dans son journal intime : « La folie de la photo bat son plein. La maîtrise d'Herbert G. Ponting est de plus en plus impressionnante et ses élèves s'améliorent chaque jour. Chacun de nous a fait de bons négatifs. » Produire de bons négatifs, à l'époque, était le but de toute expédition réussie. C'est pourquoi, l'appareil photo en bois dur cerclé de cuivre et ses accessoires (trépieds, plaques de verre, support de plaques, produits chimiques pour le développement...) étaient aussi importants dans l'équipement de voyage que la boussole, le baromètre ou la boîte à spécimens. Comme un passionné le conseillait aux apprentis explorateurs, de bons négatifs offrent, lors d'un reportage, « le seul moyen fiable d'obtenir de bonnes images ».

De bons négatifs, des tirages, des diapos couleur et à présent des fichiers numériques : parrainant l'exploration depuis plus d'un siècle, la National Geographic Society a amassé, de l'époque de Scott et Peary jusqu'à l'aventure spatiale, une superbe collection d'images qualifiées de « fiables ». Grâce à elles, par-delà la routine de la vie ordinaire, nous avons rêvé devant ces royaumes enchantés – dans les airs, sous la terre ou ailleurs : les pôles, la haute mer, la Lune. Ces images reflètent l'époque optimiste où hommes et machines surgissaient en des lieux improbables et où la civilisation semblait vouloir coloniser des contrées inconnues. Pour chacune de ces expéditions audacieuses, il existe des images montrant des personnes prêtes à franchir tous les obstacles afin d'effectuer des relevés, de tout peser ou mesurer – nous rapportant de ces « meilleurs des mondes » des témoignagnes des actes héroïques accomplis par l'homme. Mais ceux-ci ont leurs limites. Il existe en effet des lieux où l'être le plus courageux ne peut se rendre et où l'appareil photo est devenu l'ultime « explorateur ». Les télescopes dans l'espace, les sondes sans équipage éparpillées à travers le système solaire, nous transmettent désormais un flot de données ininterrompu – ces « négatifs » des temps modernes – qui offre des images de phénomènes stupéfiants *via* l'alchimie du développement numérique.

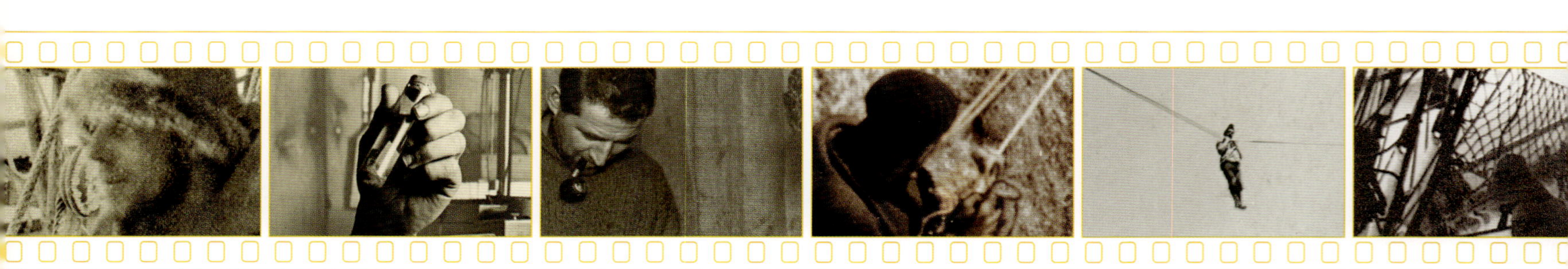

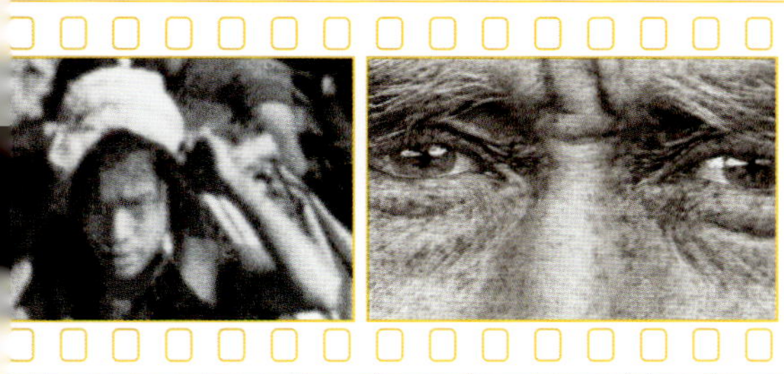

les premières photographies

L' « ÂGE HÉROÏQUE » DE L'EXPLORATION désigne l'époque où les machines ne s'étaient pas encore substituées aux muscles. Époque qui aurait pu également être surnommée l'âge héroïque de la photo d'expédition. En effet, il fallait bien que quelqu'un hisse le premier de lourdes caméras sur la banquise ou sur les montagnes, pour prendre des images si fortes.

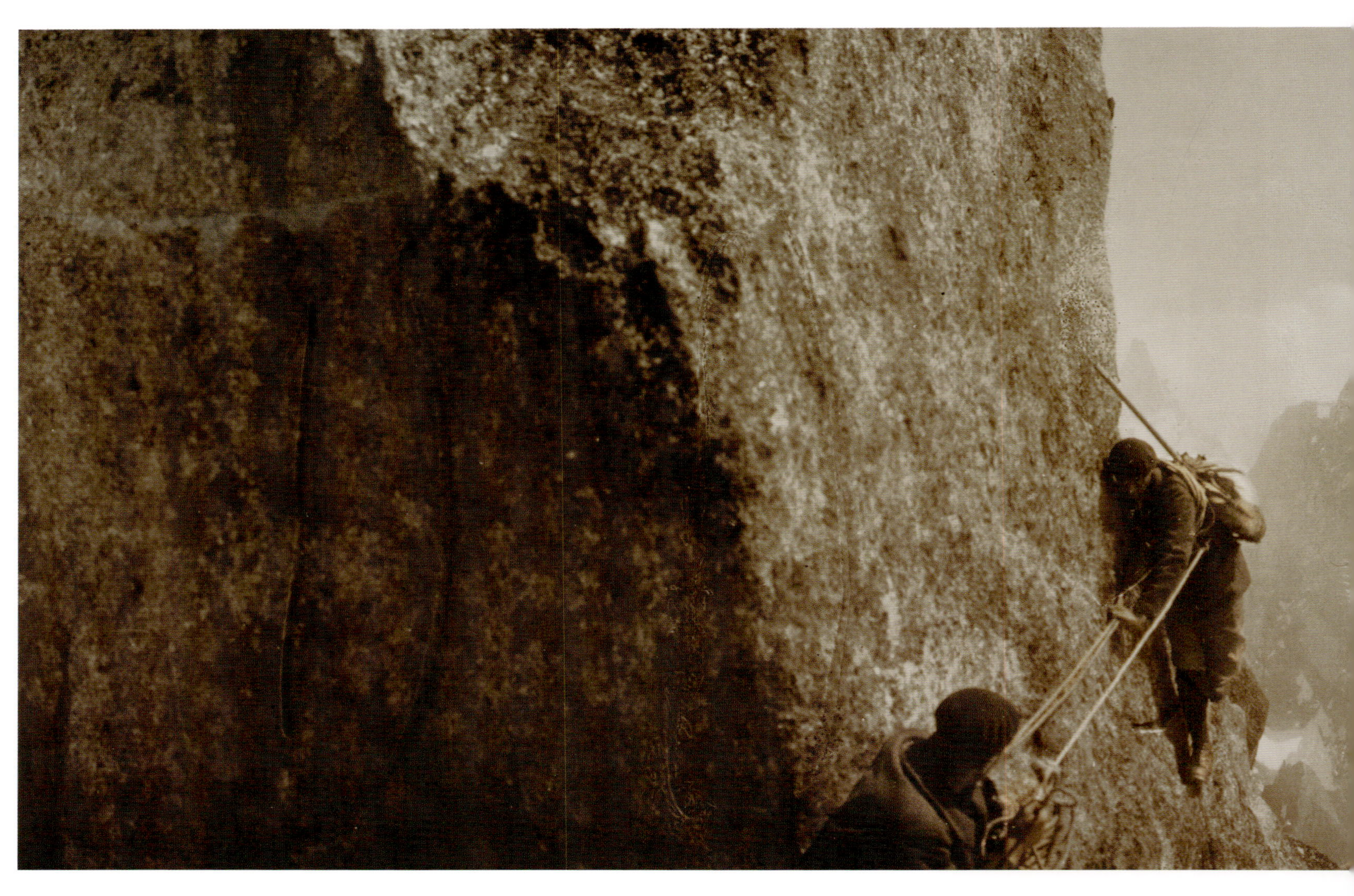

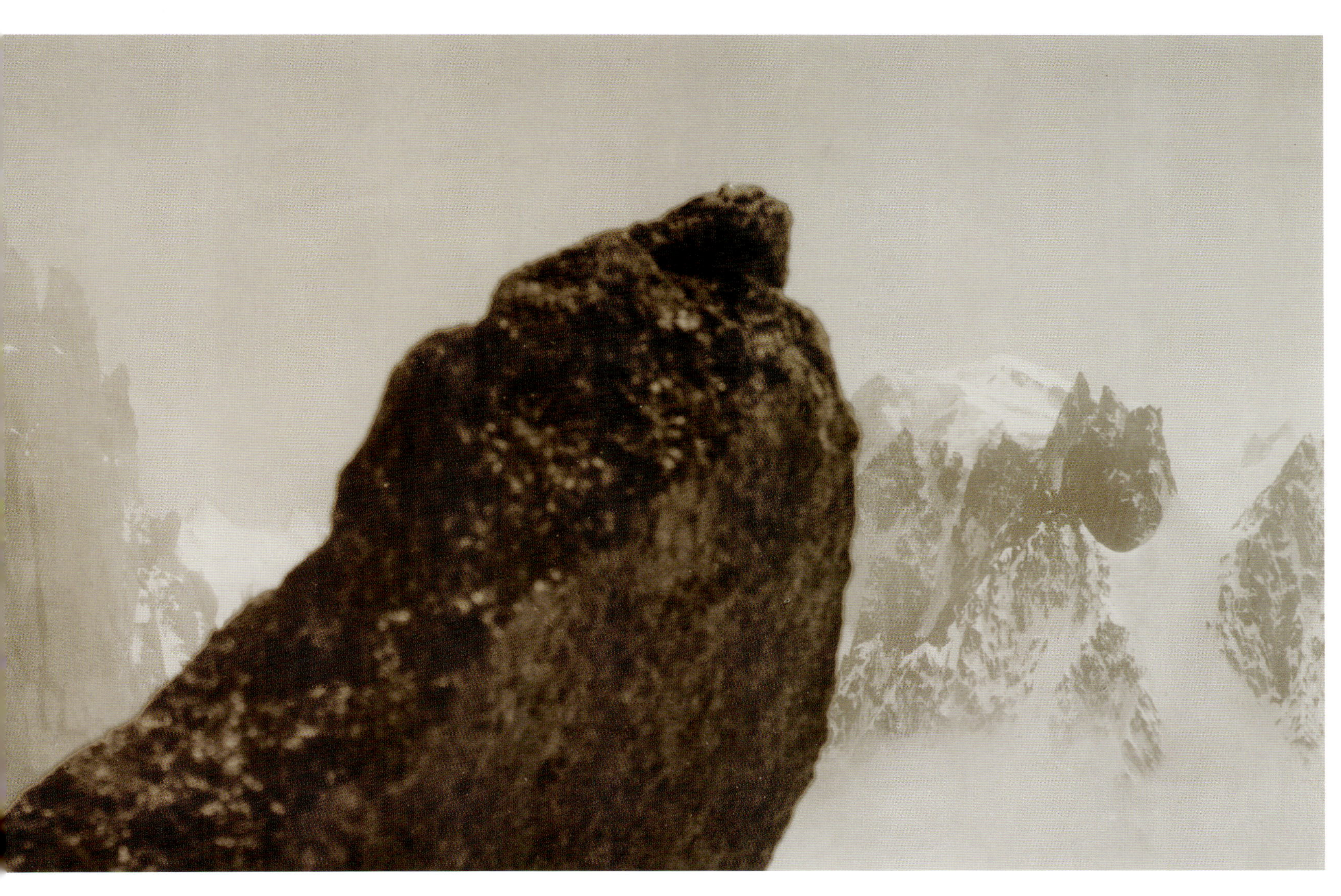

GEORGES TAIRRAZ | 1890 | FRANCE *Les premiers alpinistes dans les Alpes.*

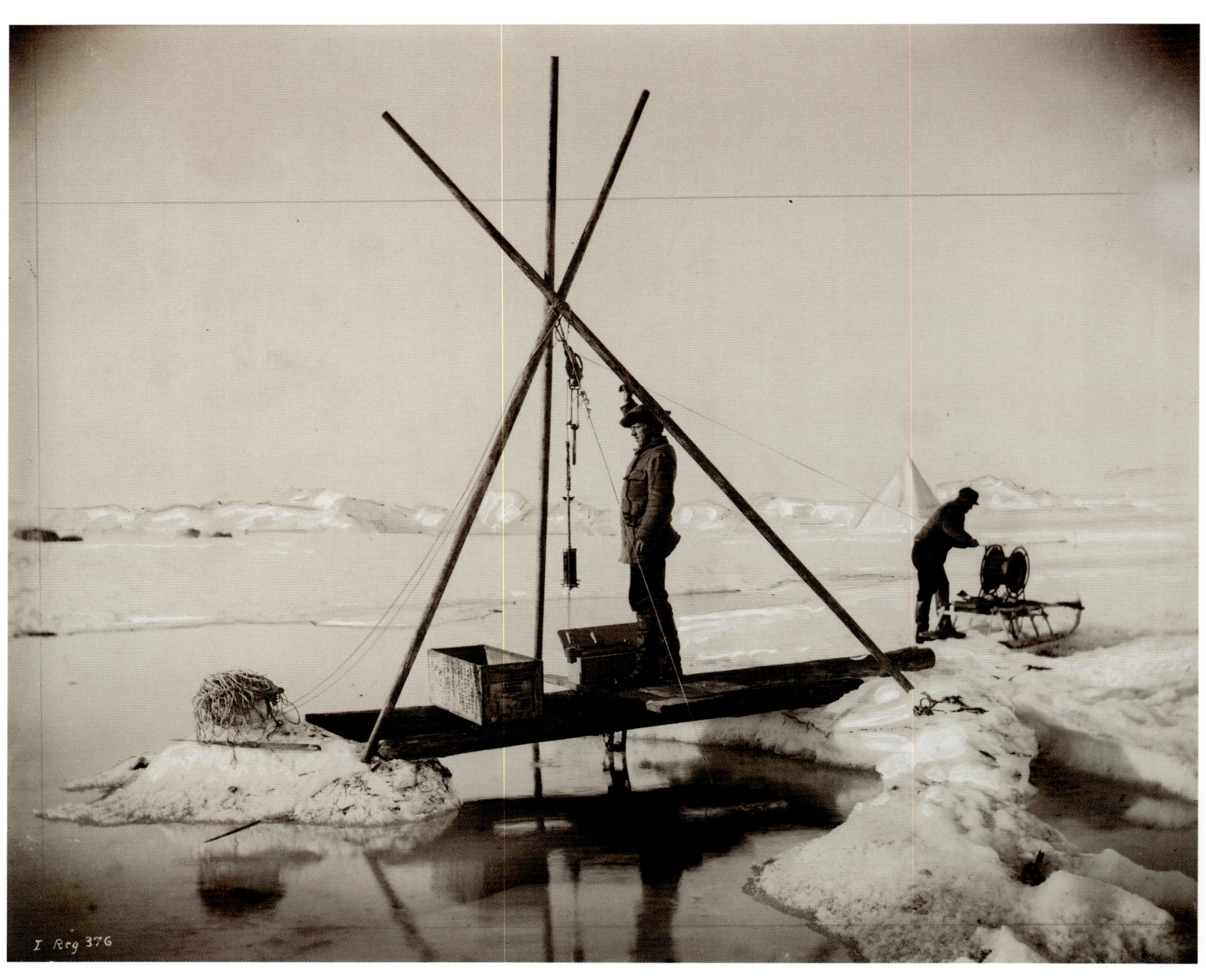

FRIDTJOF NANSEN | 1894 | OCÉAN ARCTIQUE *Prélèvements scientifiques dans l'Arctique.*

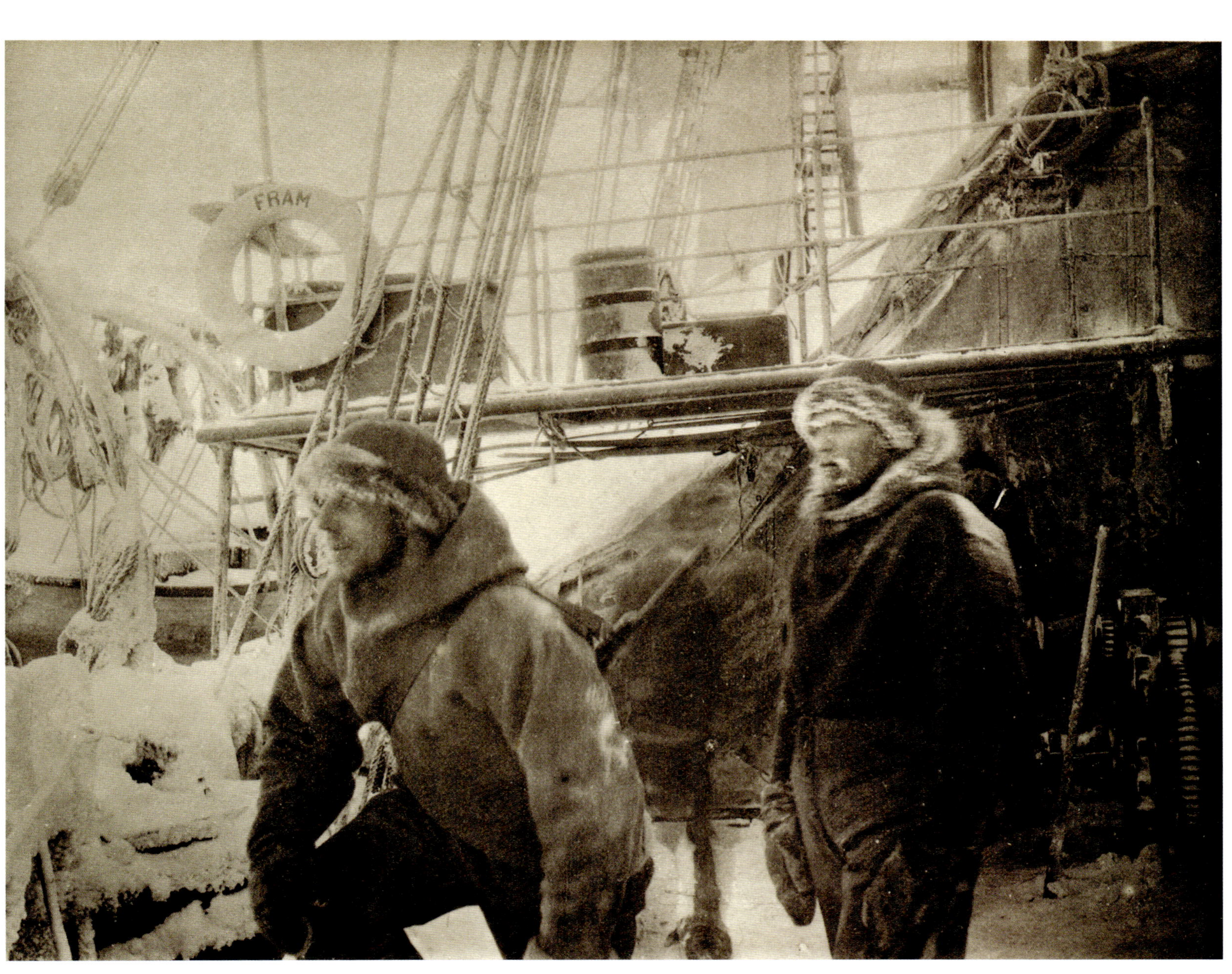

FRIDTJOF NANSEN | 1894 | OCÉAN ARCTIQUE *Yeux enflammés et barbes ourlées de givre.*

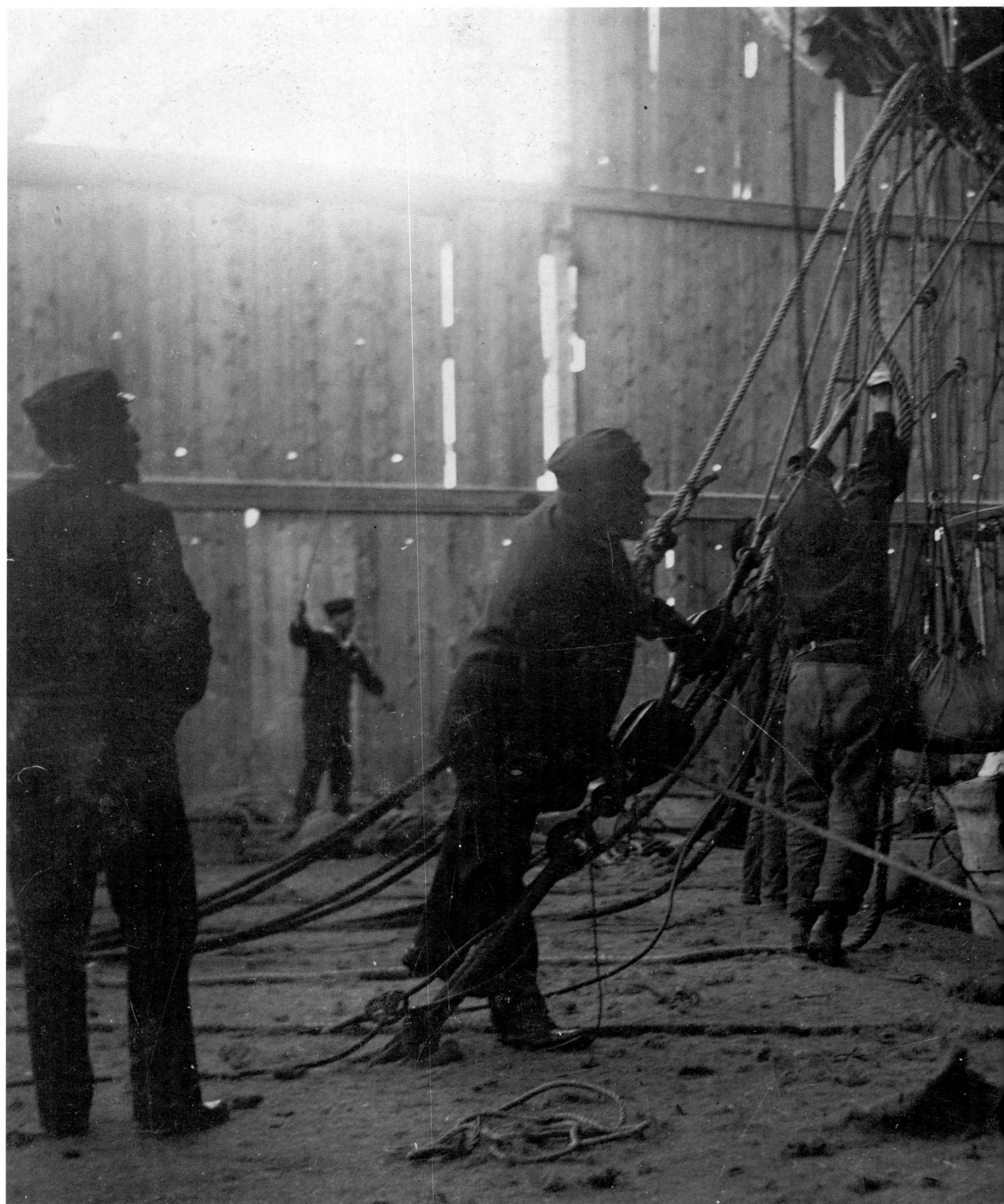

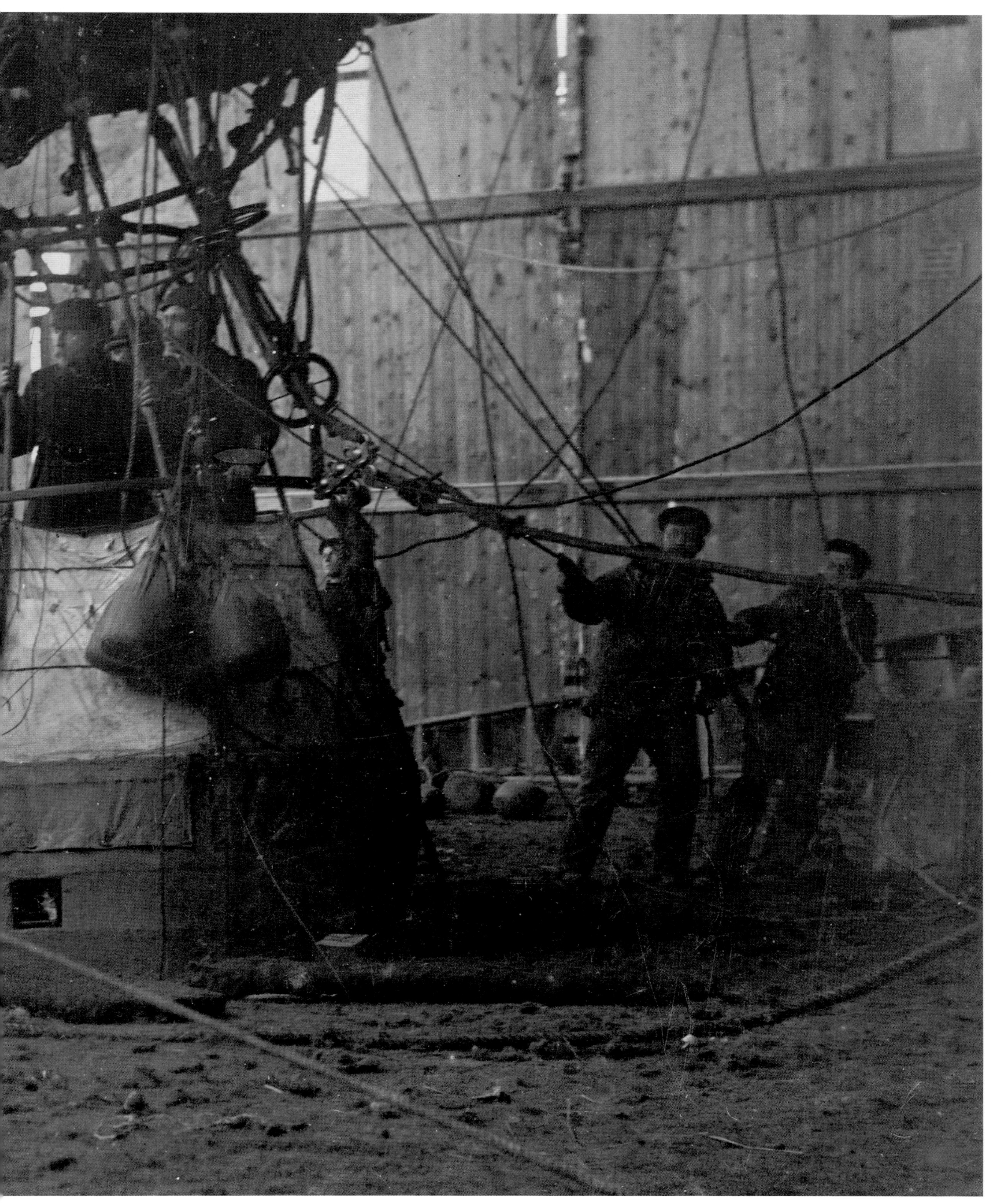

EXPÉDITION POLAIRE DE S.A. ANDRÉE | 1897 | SPITZBERG *L'aéronaute suédois S. A. Andrée décolle pour son vol fatal en direction du pôle Nord.*

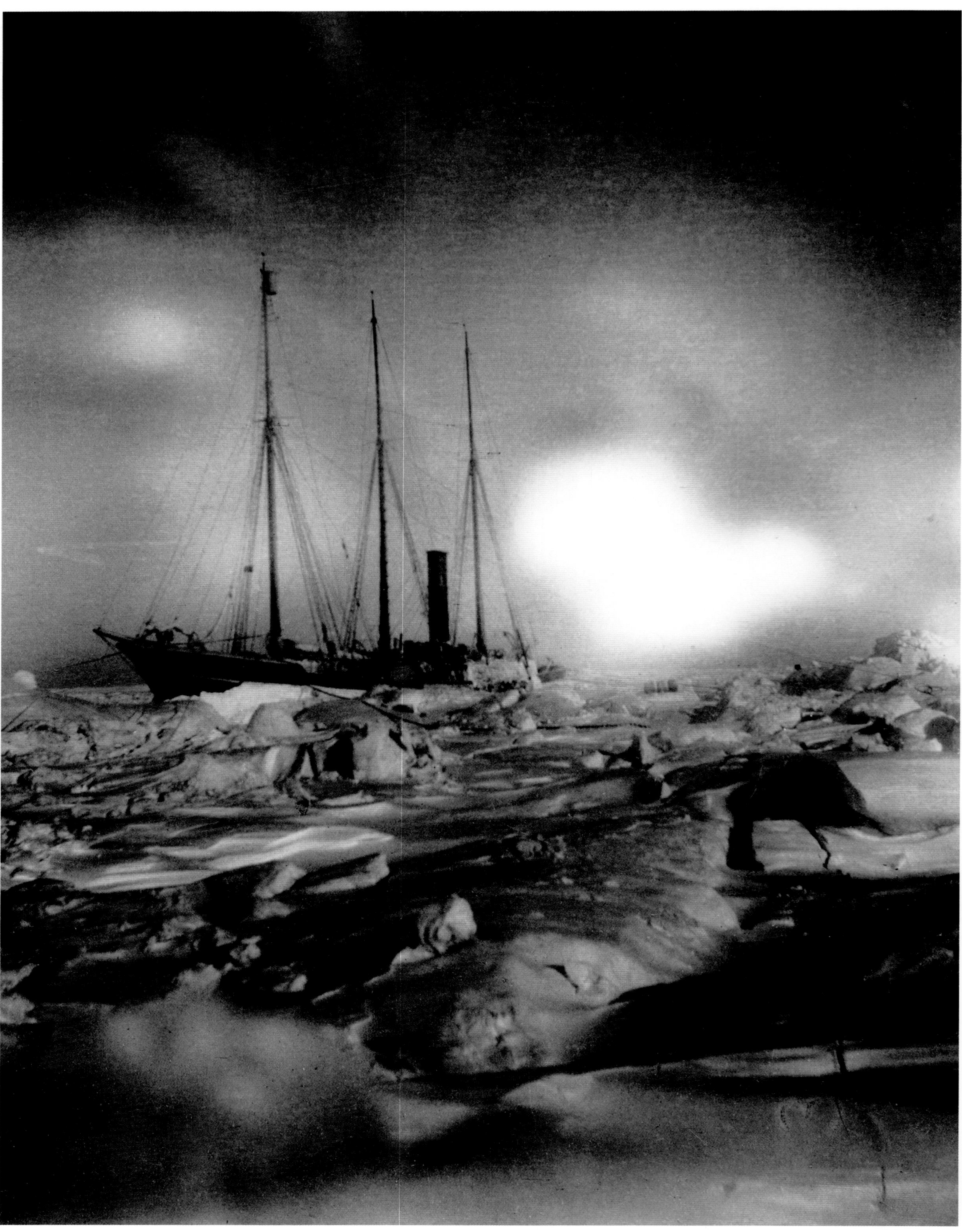

EXPÉDITION ARCTIQUE DE PEARY | 1905-1906 | OCÉAN ARCTIQUE *Bloqué par les glaces à l'aurore.*

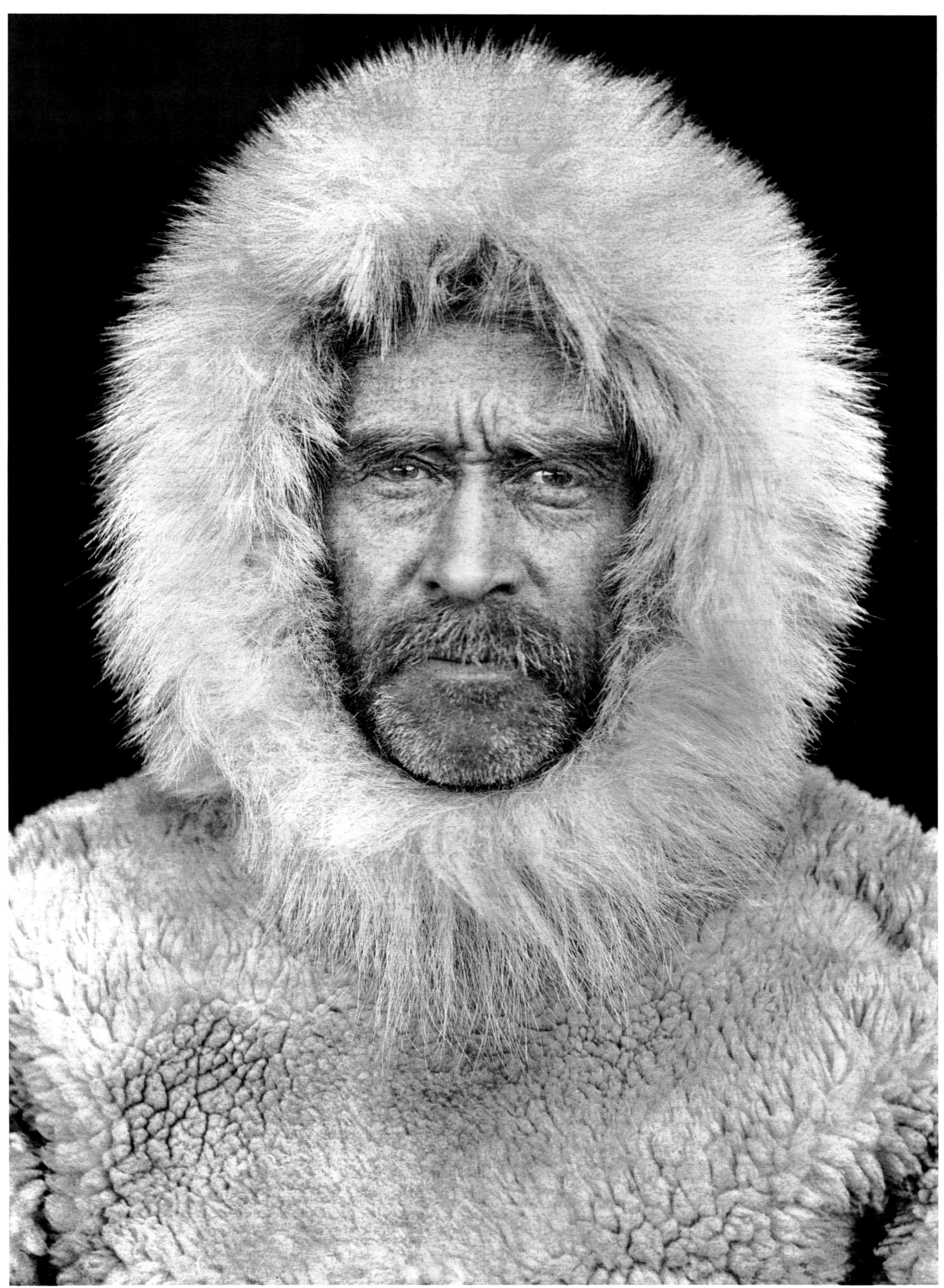

EXPÉDITION ARCTIQUE DE PEARY | 1909 | CANADA *Portrait de l'explorateur Robert E. Peary.*

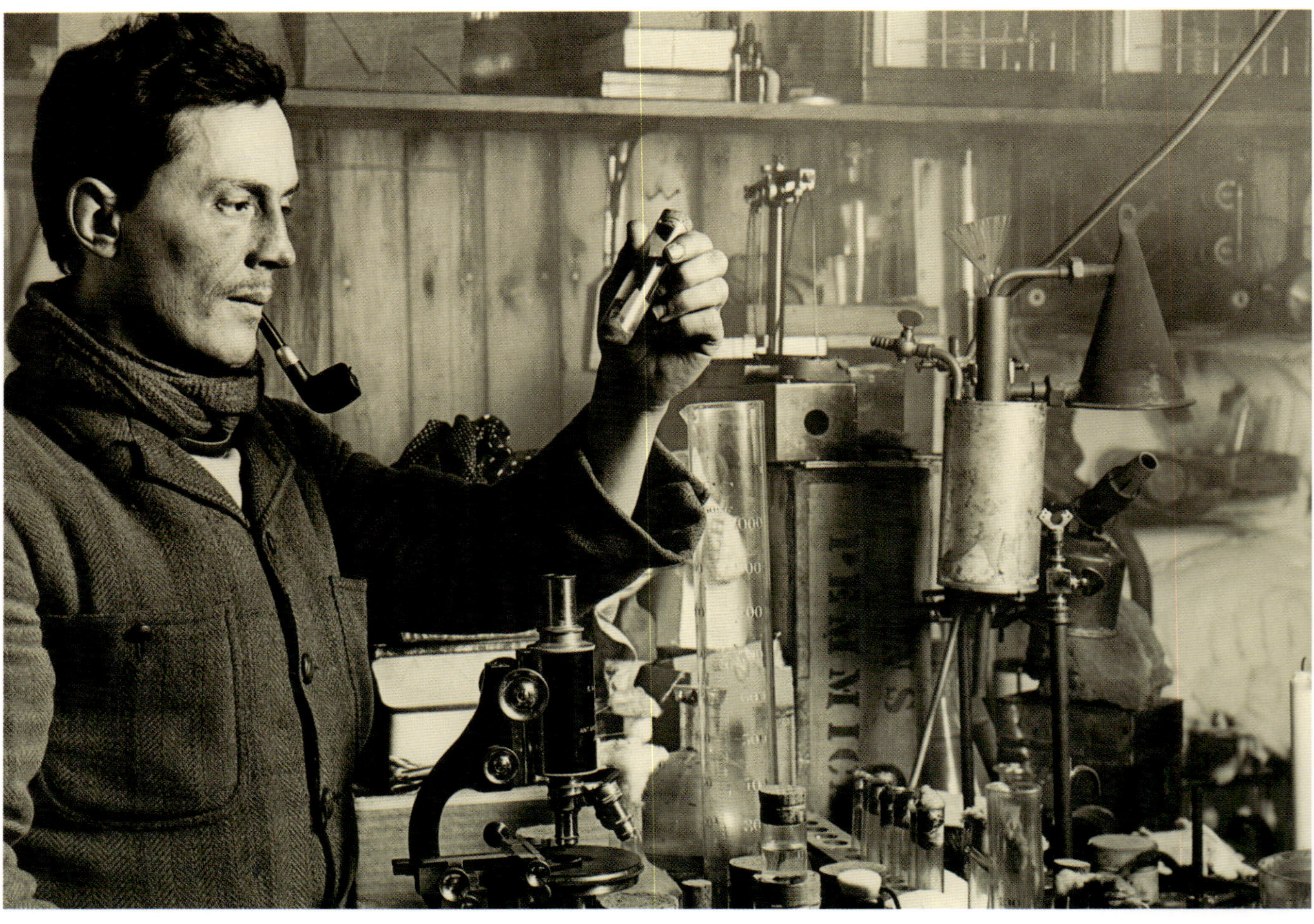

HERBERT G. PONTING | 1911 | ANTARCTIQUE *Le Dr Edward Atkinson dans son labo.*

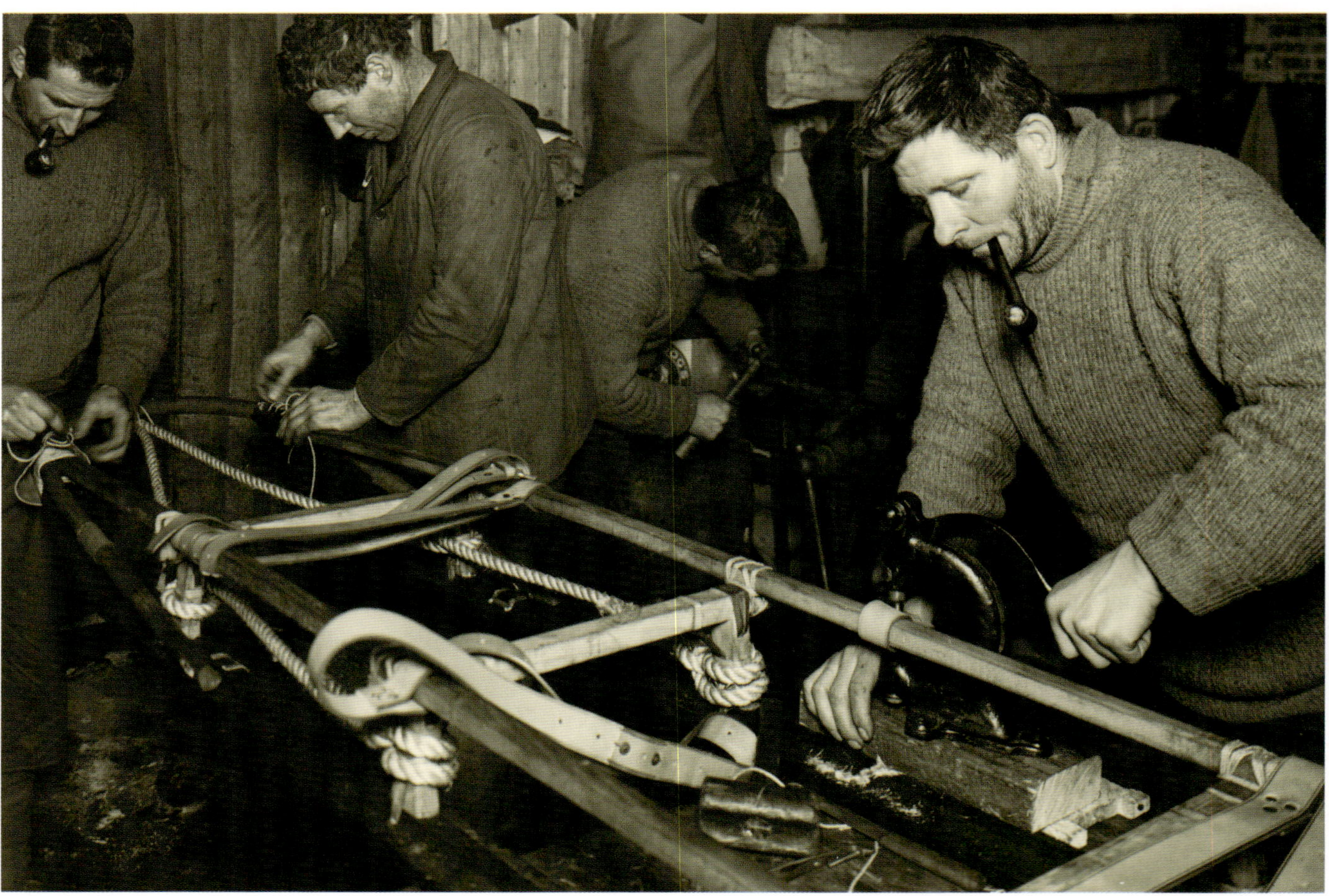

HERBERT G. PONTING | 1911 | ANTARCTIQUE *Montage d'un traîneau.*

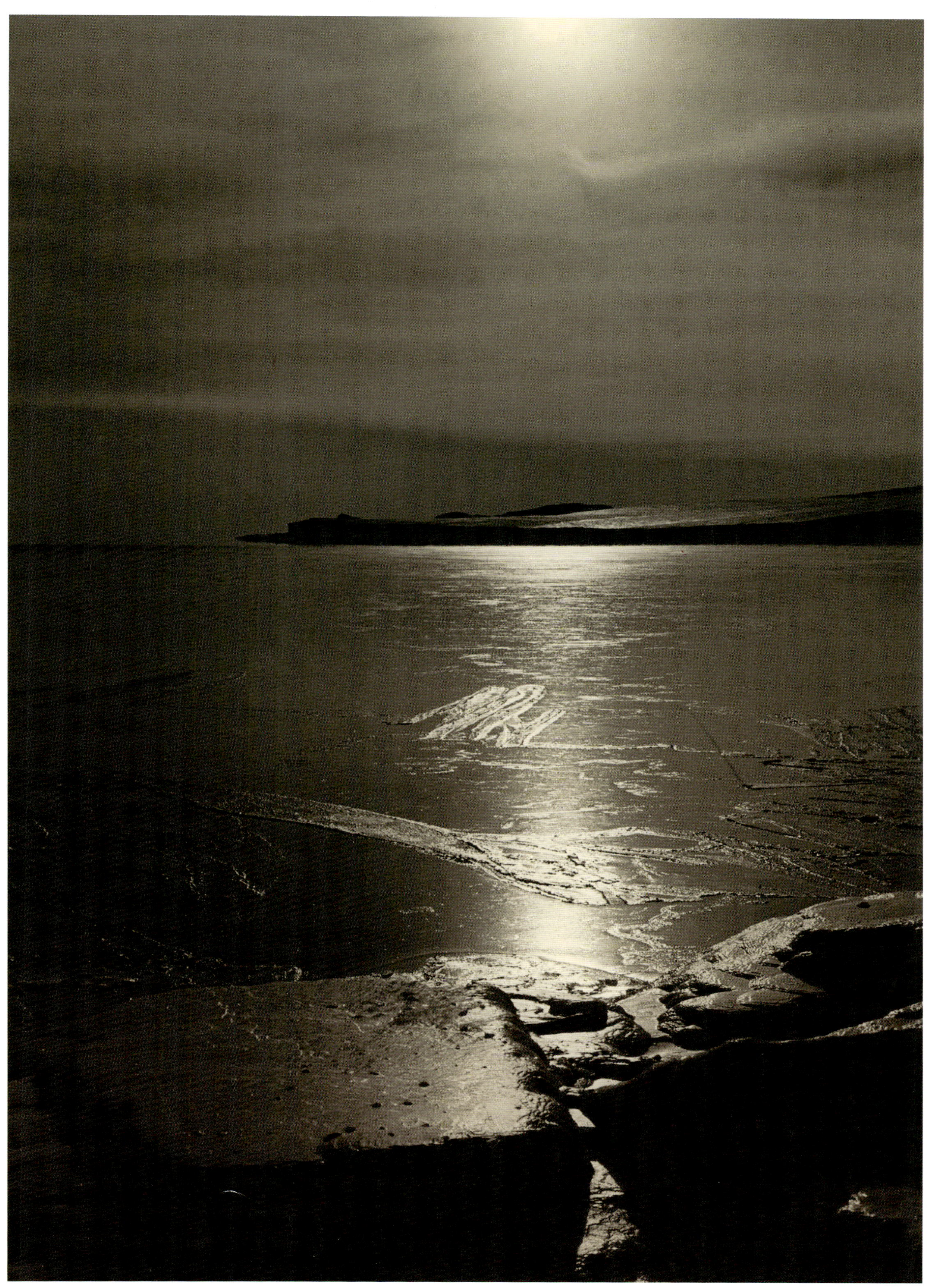

HERBERT G. PONTING | 1911 | ANTARCTIQUE *Crépuscule sur le McMurdo Sound.*

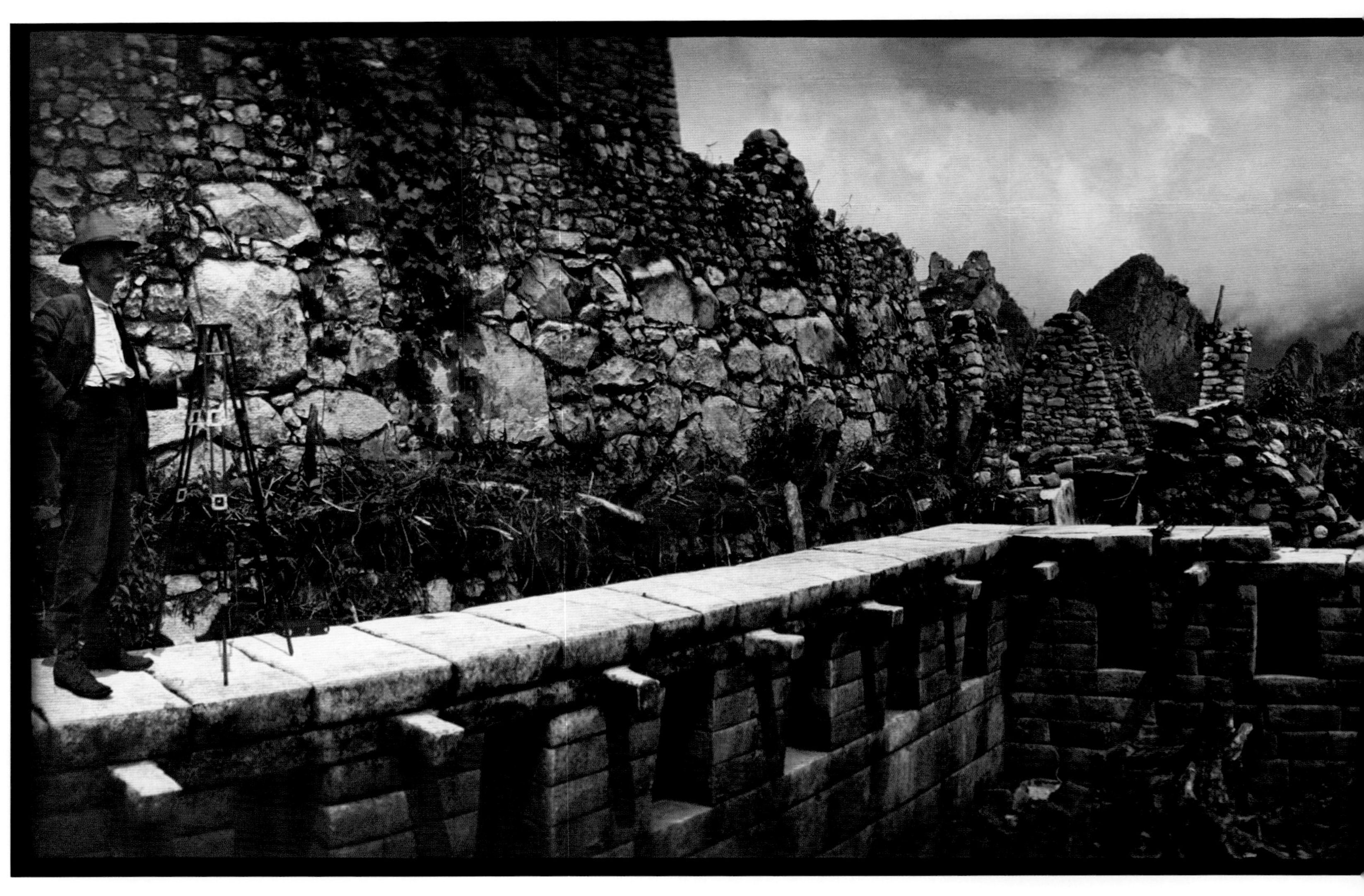

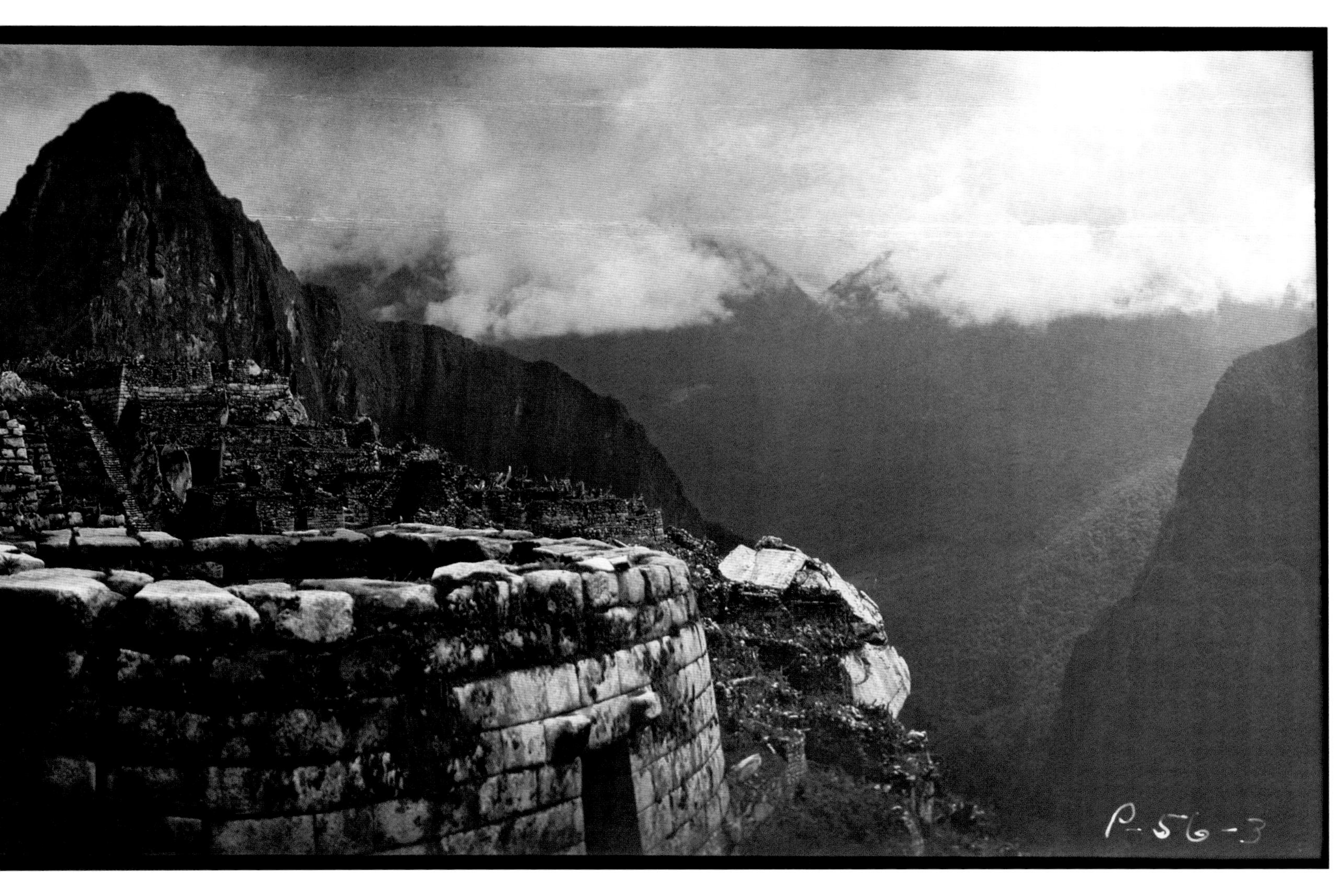

HIRAM BINGHAM | 1913 | PÉROU *Le Machu Picchu, la « cité perdue des Incas ».*

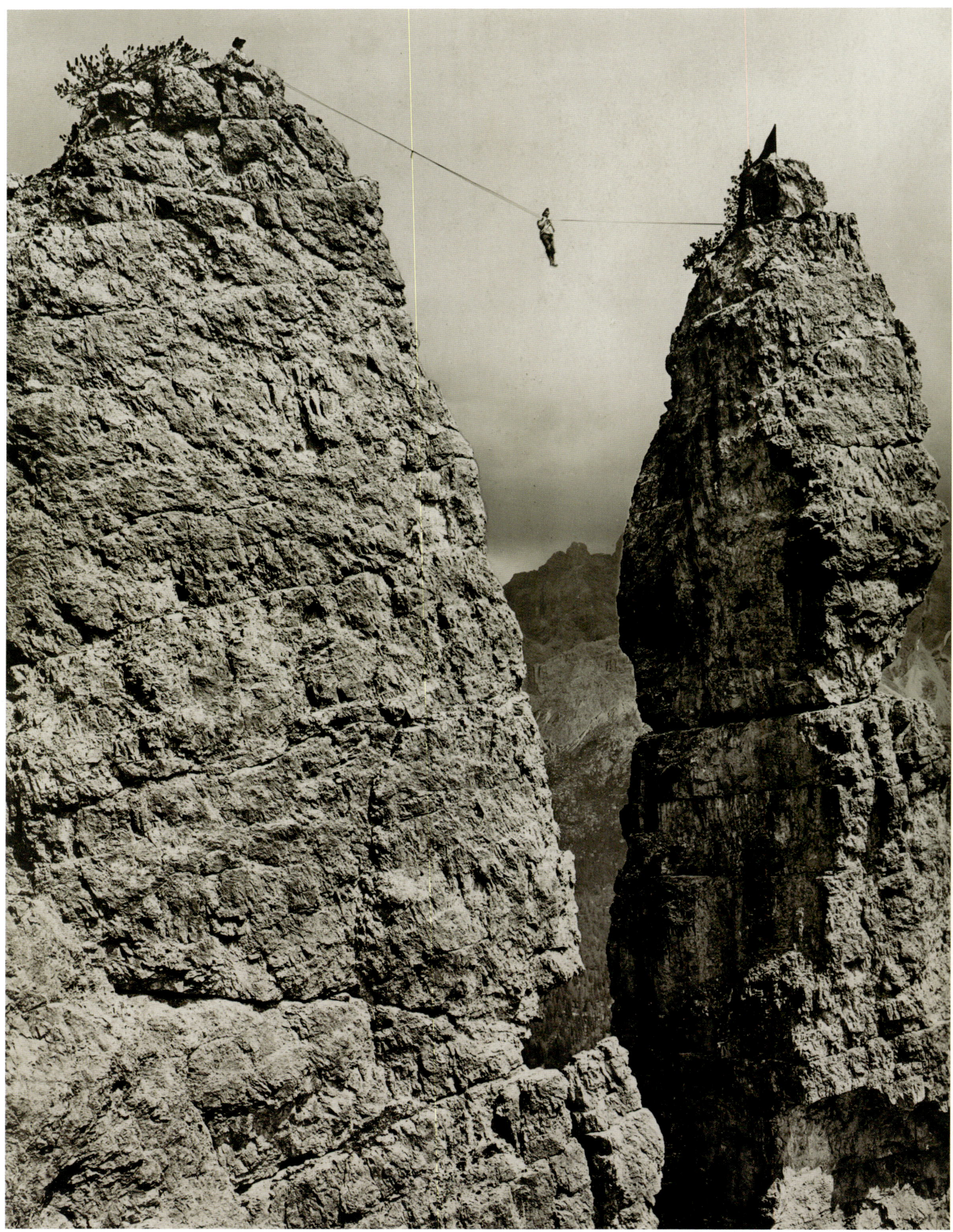

INCONNU | DÉBUT DU XXE SIÈCLE | ITALIE *Un casse-cou dans les Dolomites.*

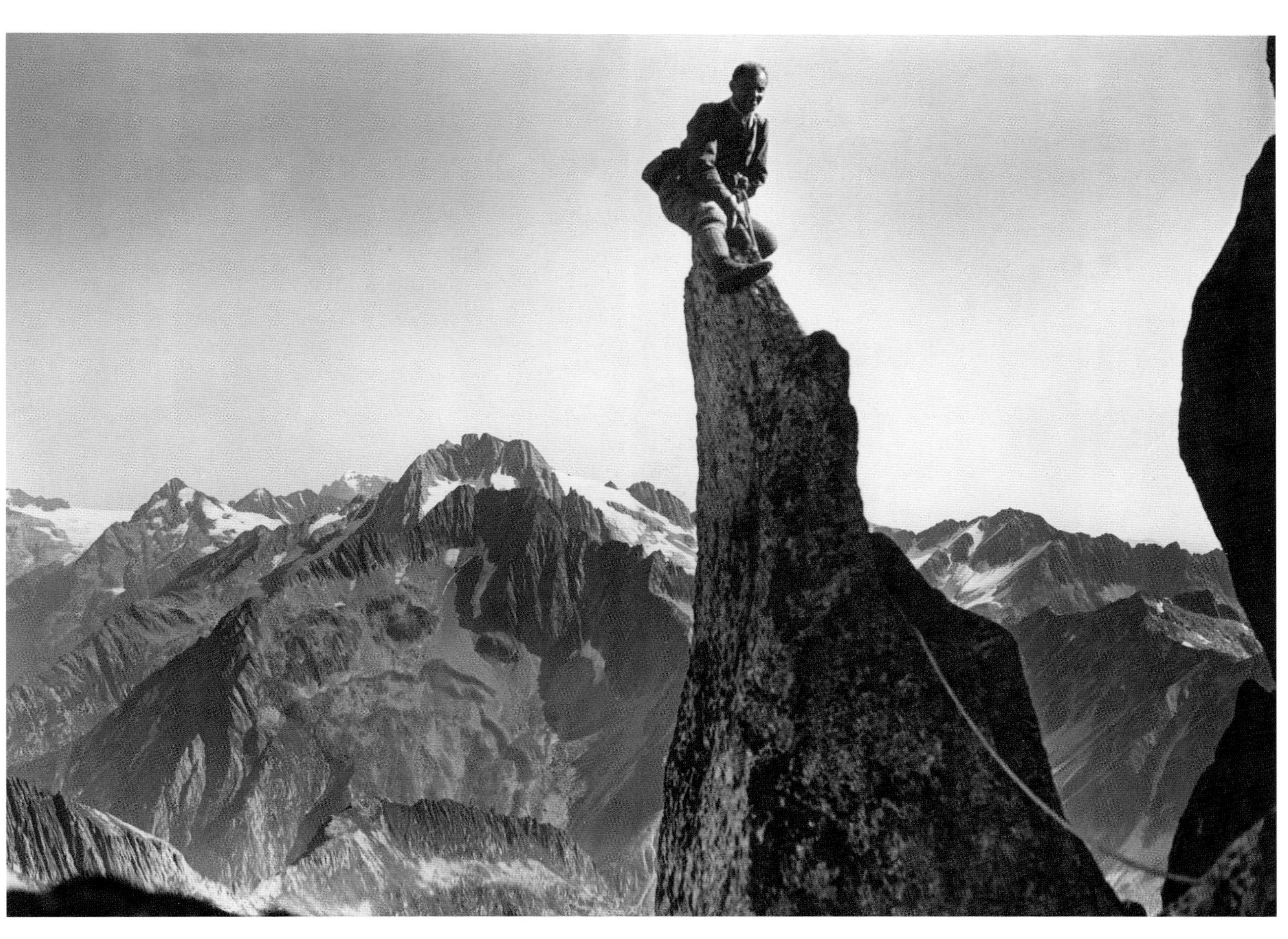

JEAN GABERELL | 1919 | SUISSE *À l'assaut d'un sommet majestueux.*

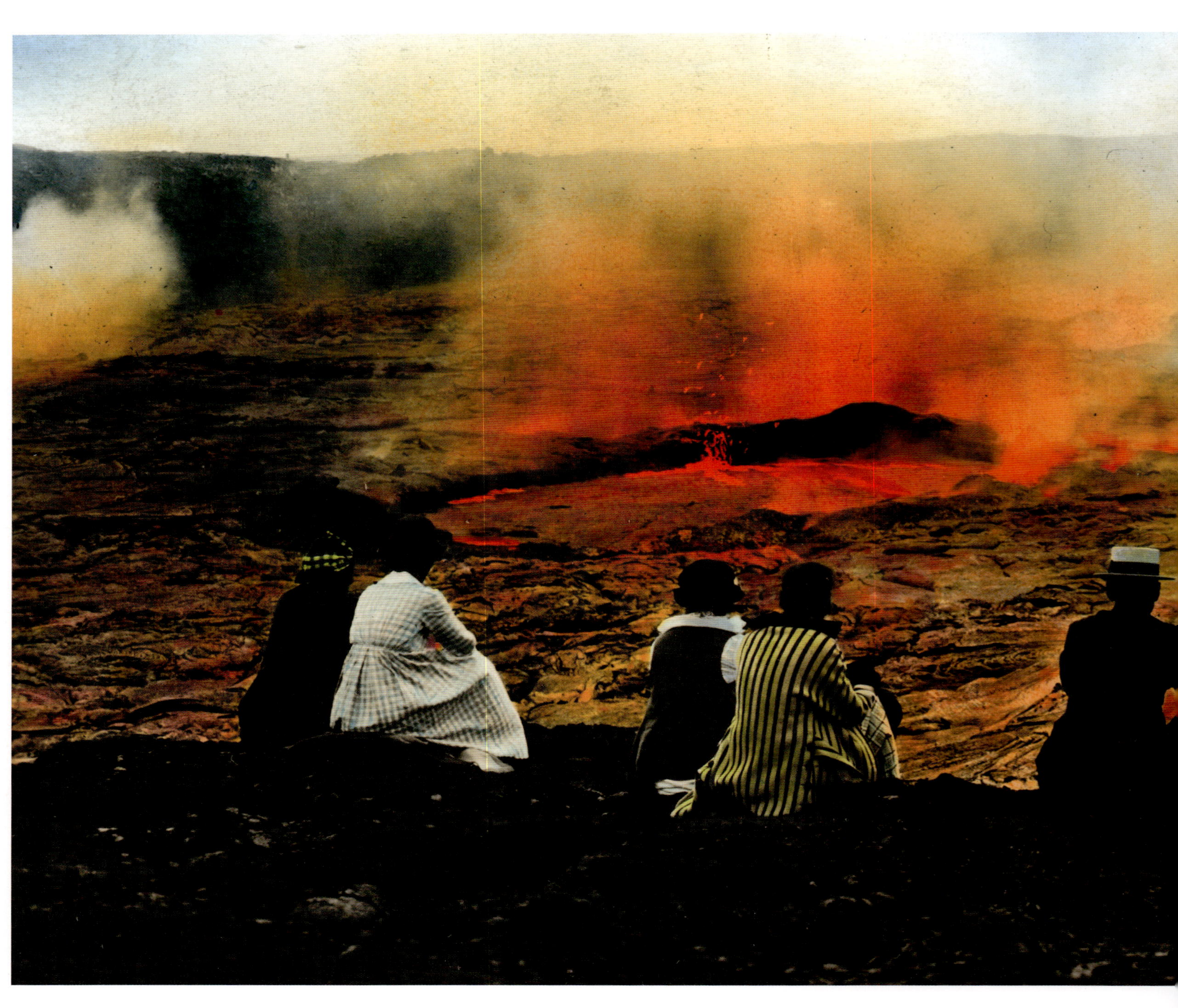

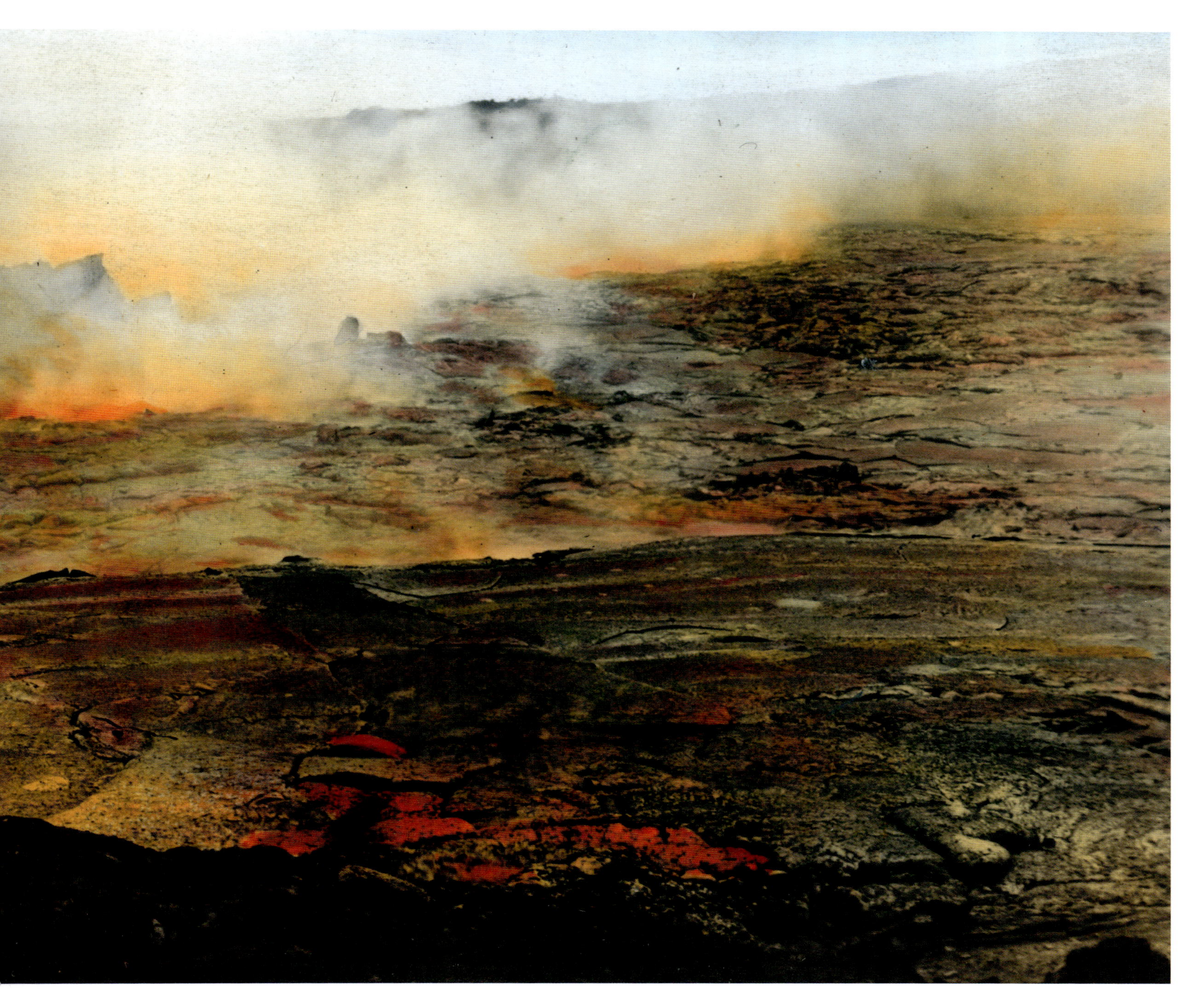

INCONNU | 1920 | HAWAII, HILO *Au bord du volcan.*

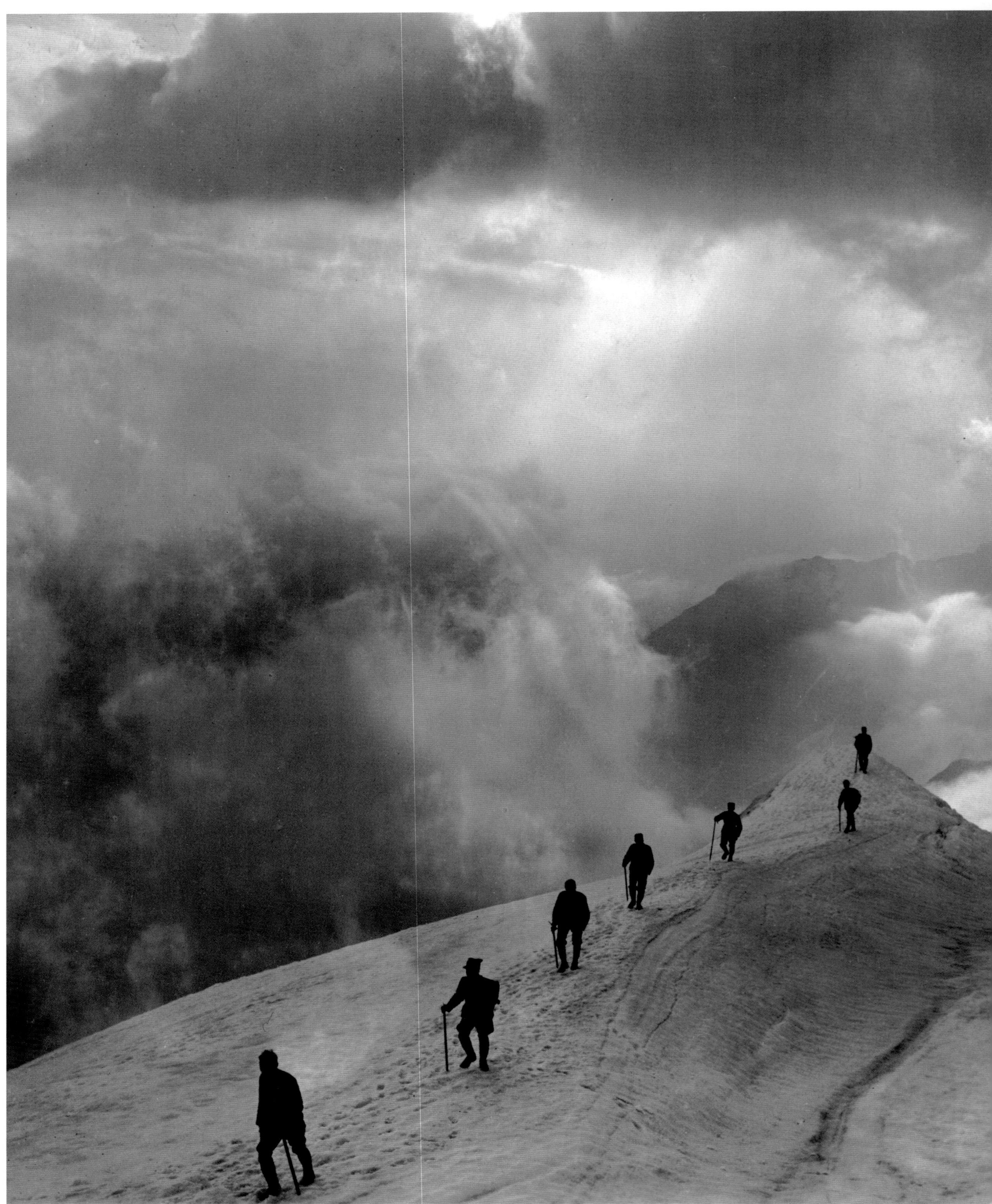

JEAN GABERELL | 1920 | SUISSE *Au-dessus des nuages.*

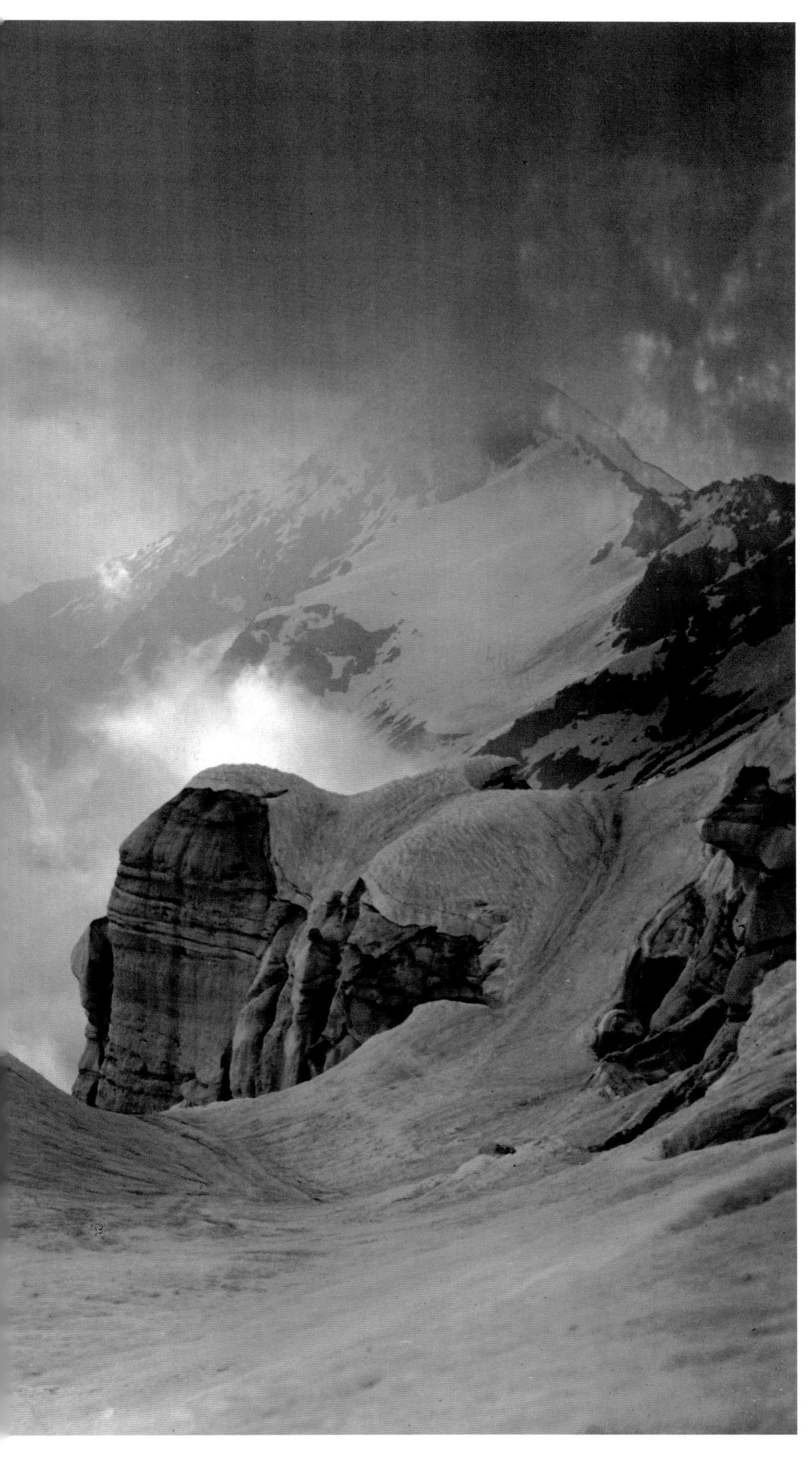

« L'alpinisme transcende le quotidien, écrivait l'alpiniste italien Guido Tonelli. Il transcende les frontières naturelles. Les alpinistes sont tous frères et forment un seul groupe sur une même cordée. »

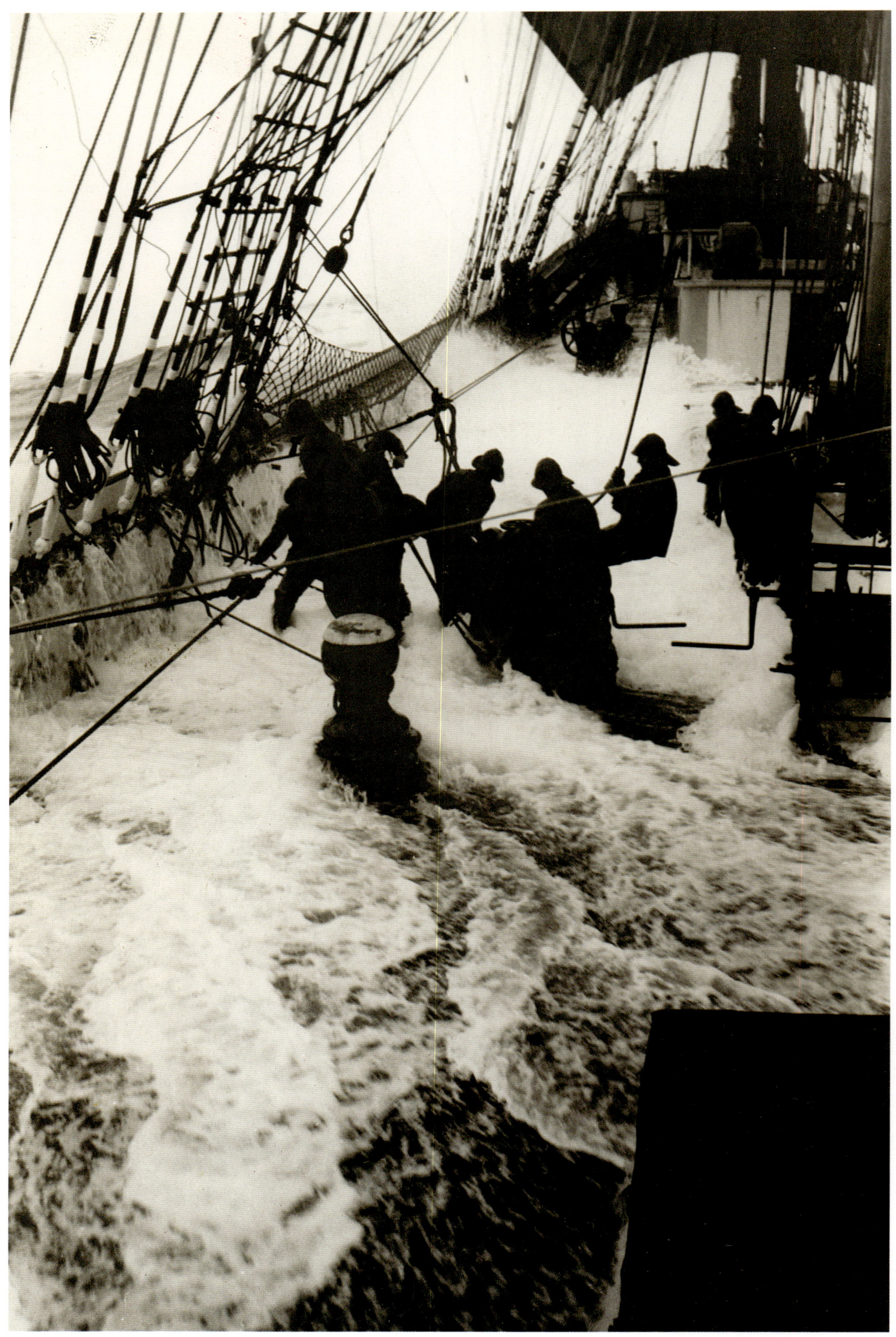

ALAN VILLIERS | 1933 | EN MER *Halage des ancres.*

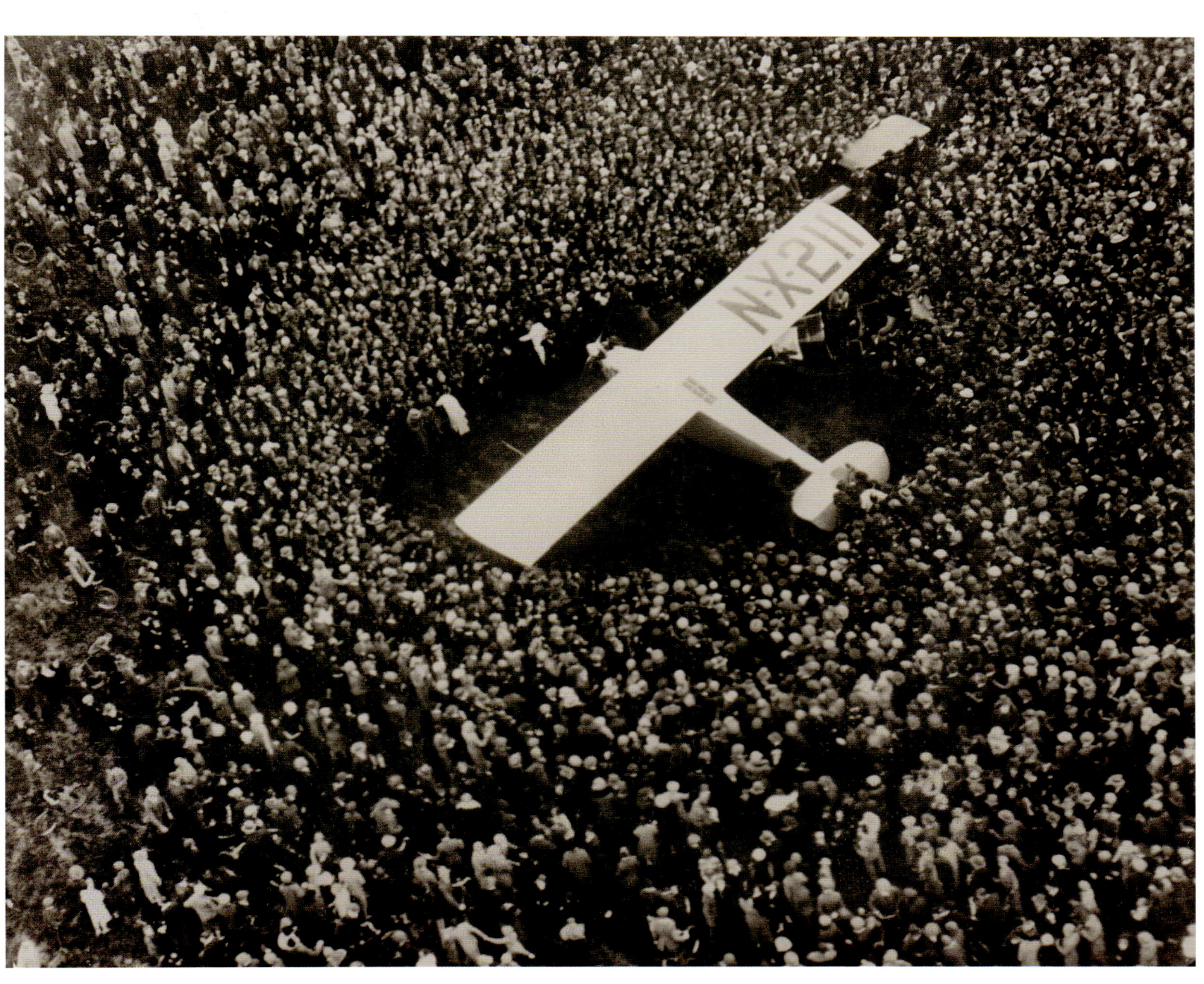

PACIFIC AND ATLANTIC PHOTOS | 1927 | PARIS *La foule applaudit Charles Lindbergh lors de son atterrissage au Bourget.*

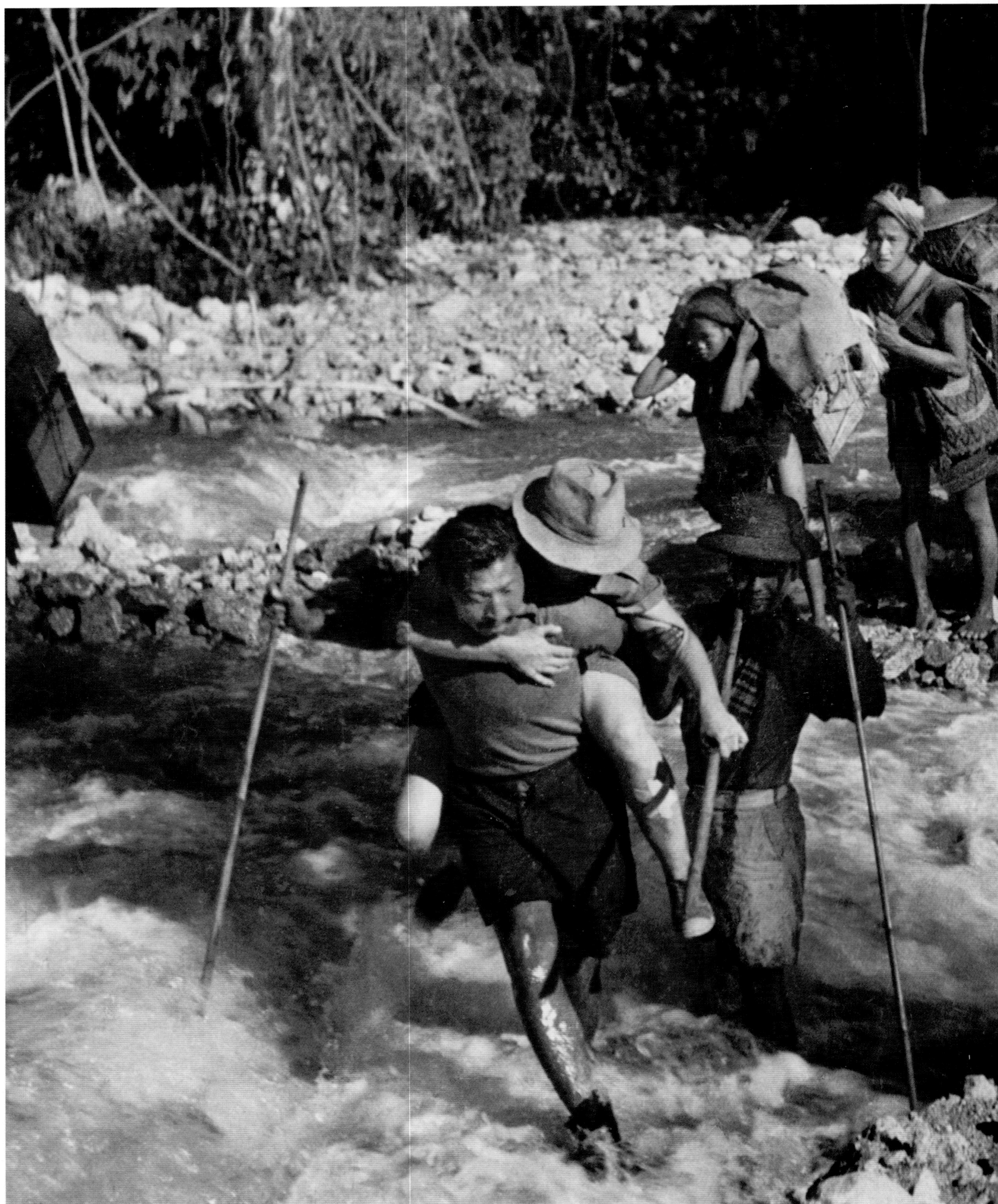

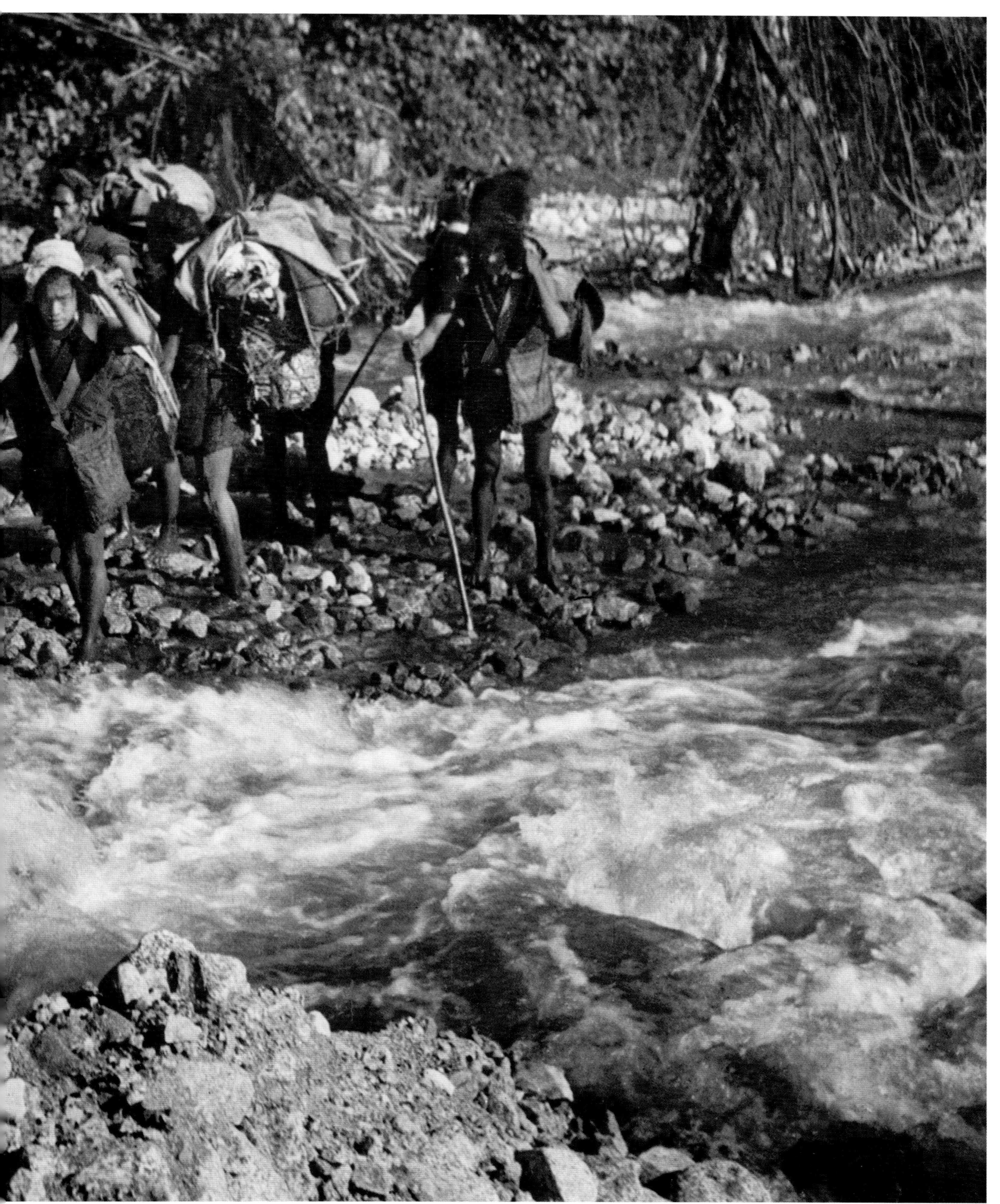

FRANK KINGDON-WARD | 1950 | INDE *Exploration à l'ancienne.*

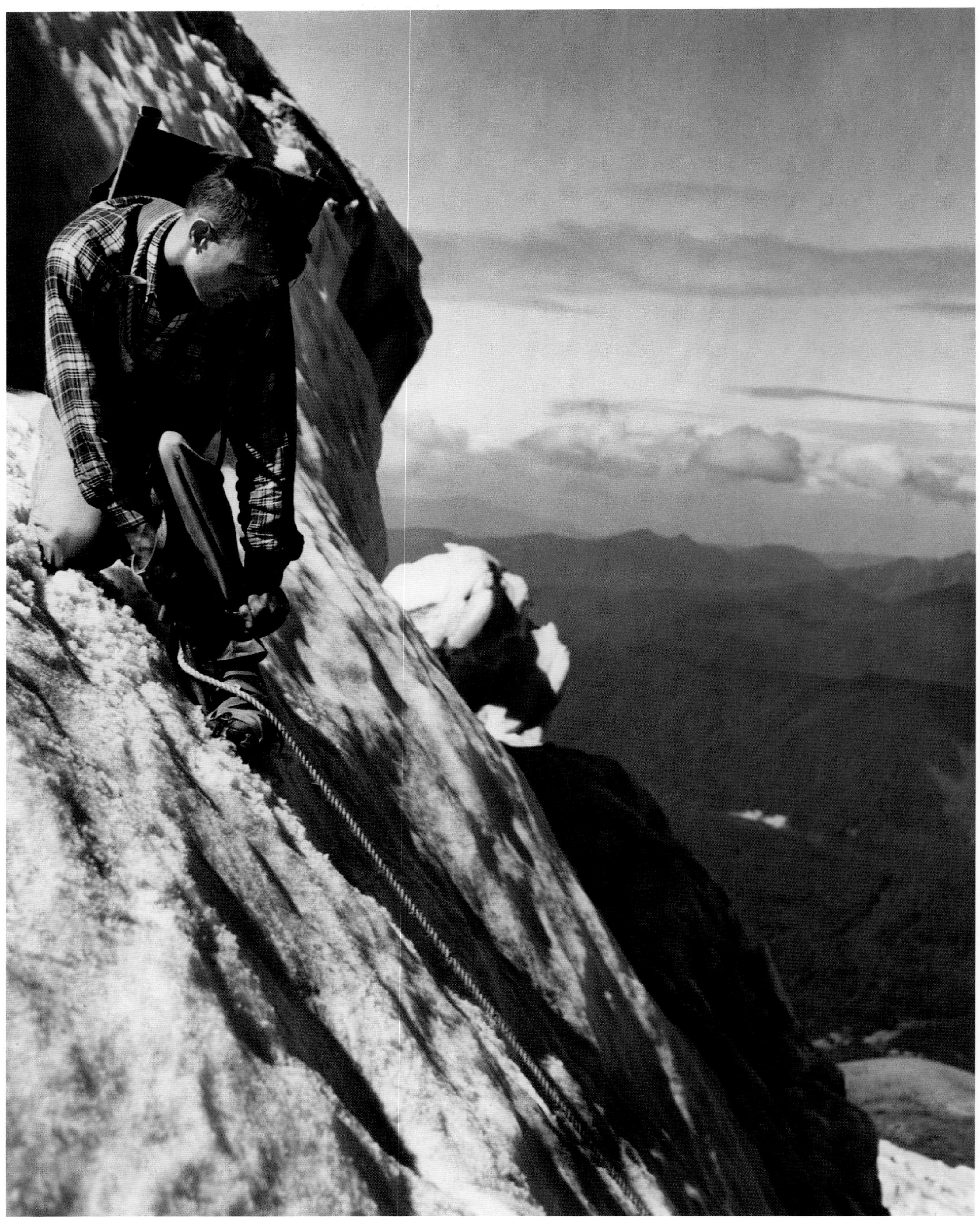

BOB ET IRA SPRING | 1952 | ÉTAT DE WASHINGTON, ÉTATS-UNIS *Ce mur rocheux domine le monde.*

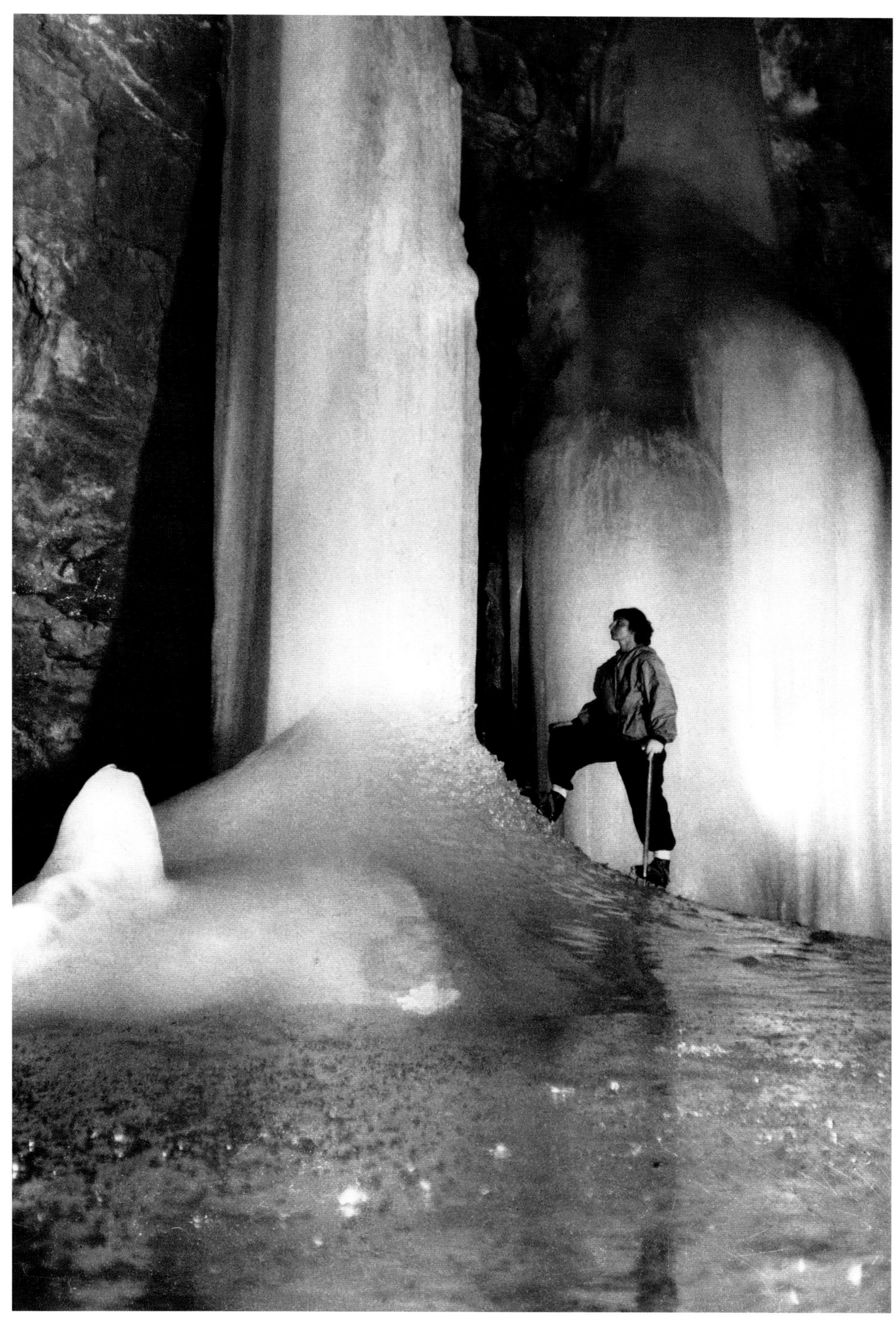

NORBERT CASTERET | 1953 | ESPAGNE *Une colonne de glace en dessous du monde.*

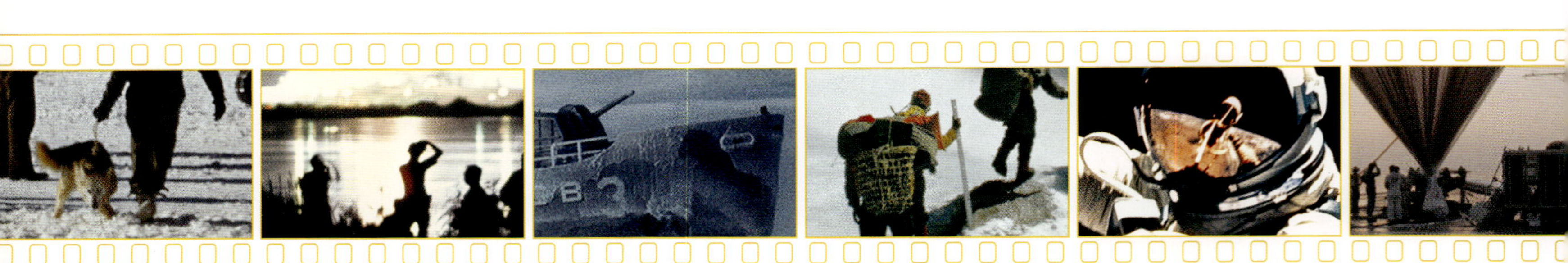

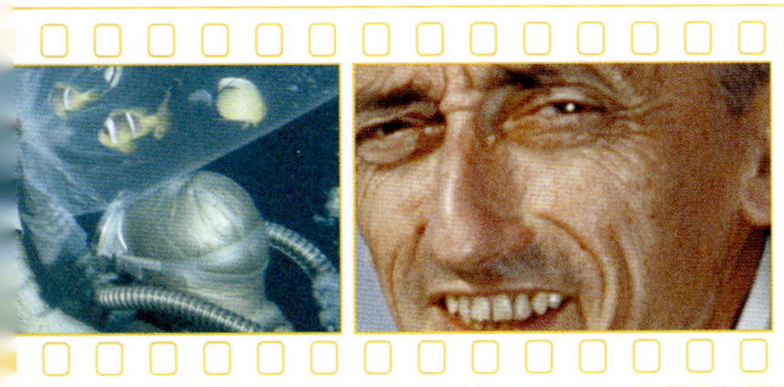

couleur et optimisme

L'APPARITION DE LA TECHNIQUE parut assurer la victoire. Après la Seconde Guerre mondiale, les explorateurs s'avancèrent dans des lieux inhospitaliers tels l'Antarctique, les océans et l'espace, aidés par la technologie moderne. Sur les clichés Kodachrome de l'époque, on observe des hommes vêtus de couleurs vives, à la recherche de lieux étranges, voire extraterrestres.

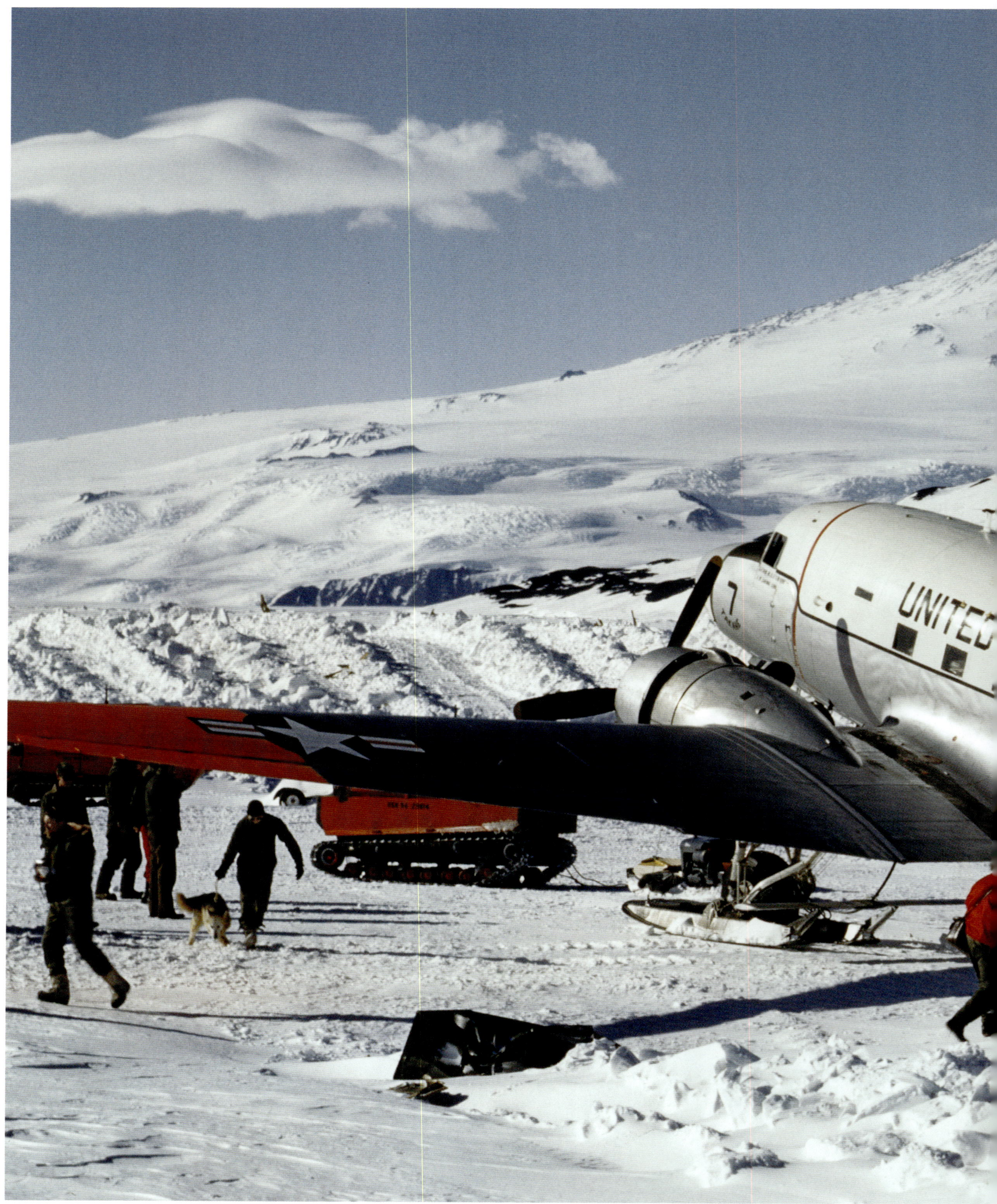
UNITED

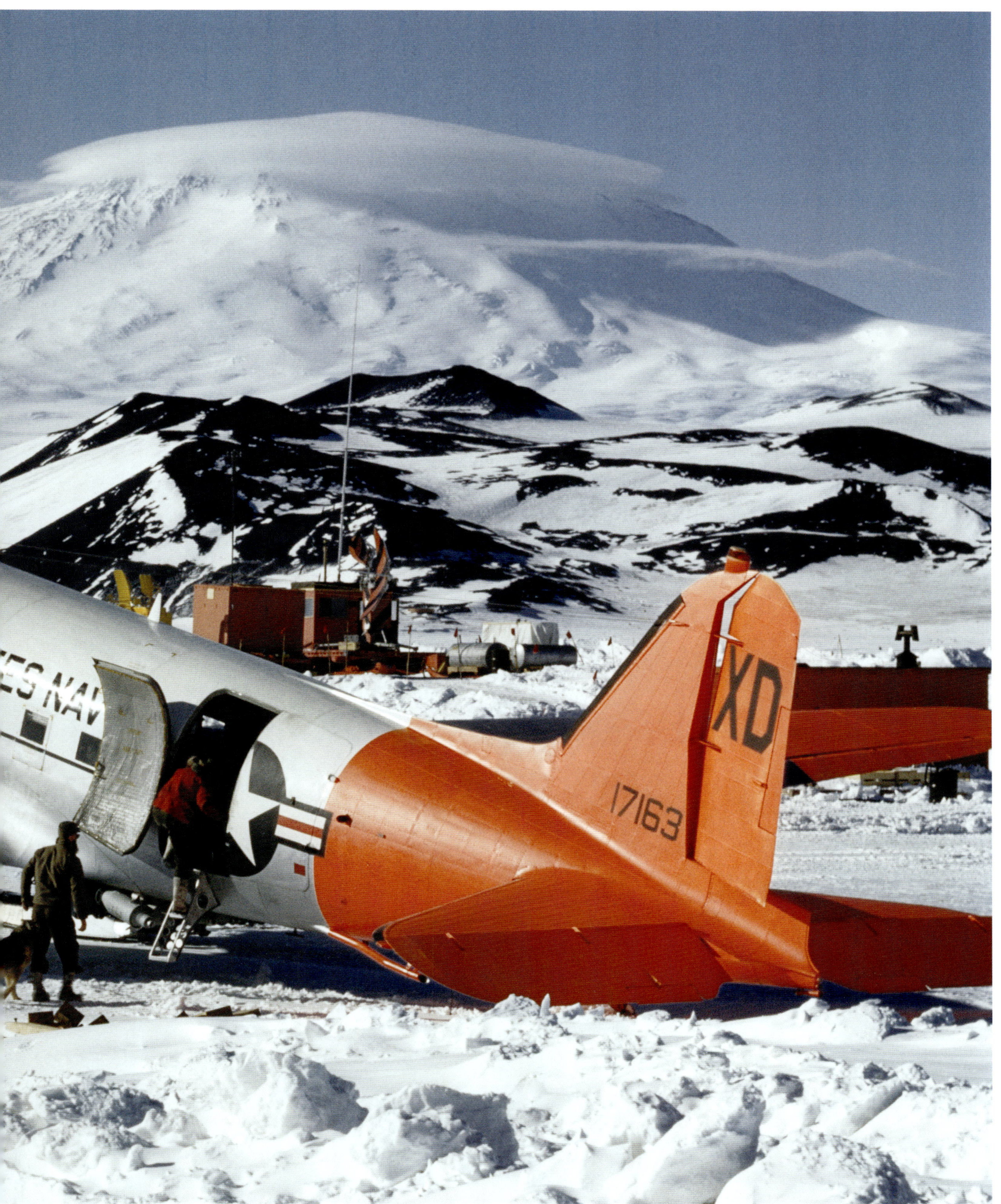

DAVID S. BOYER | 1957 | ANTARCTIQUE *Couleurs dans un monde en noir et blanc.*

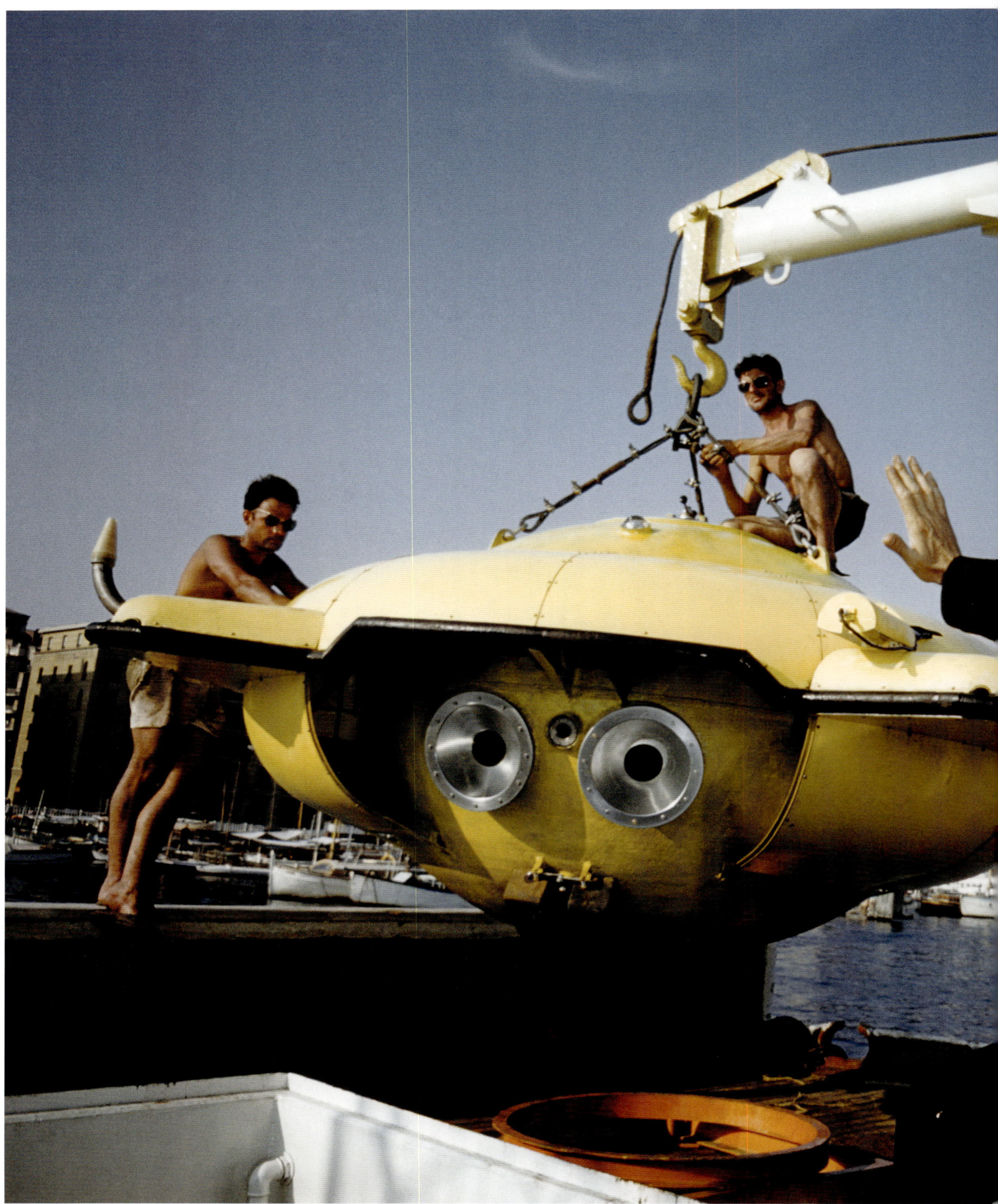

THOMAS J. ABERCROMBIE | 1960 | PORTO RICO *Jacques-Yves Cousteau et sa « soucoupe plongeante ».*

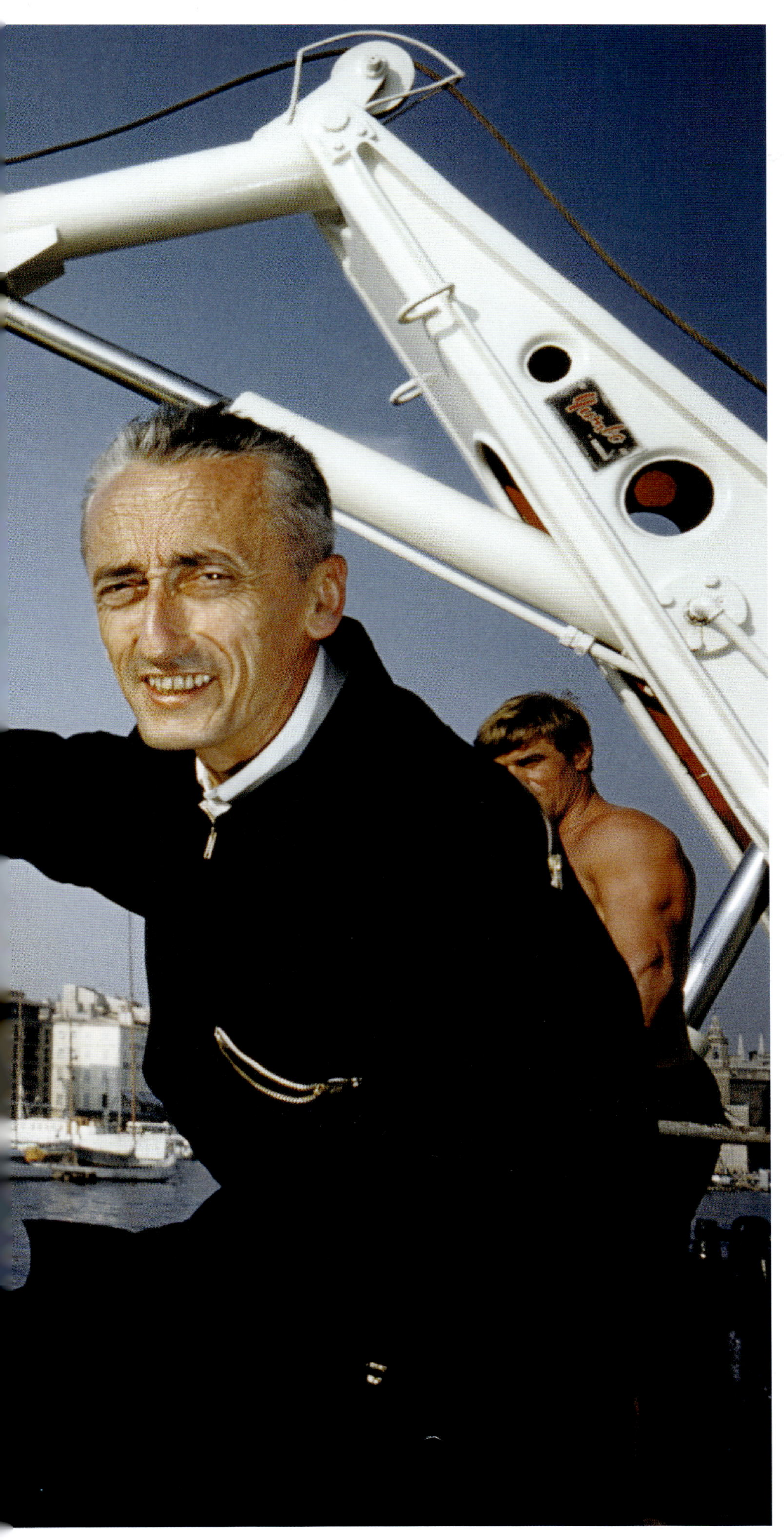

« Je lui parle en français, bien sûr », plaisantait Jacques-Yves Cousteau en évoquant Denise, sa soucoupe plongeante. Sous l'eau, cependant, il la considérait comme une « créature marine naturelle... bien en équilibre, comme un bivalve géant ou un crustacé bizarre ».

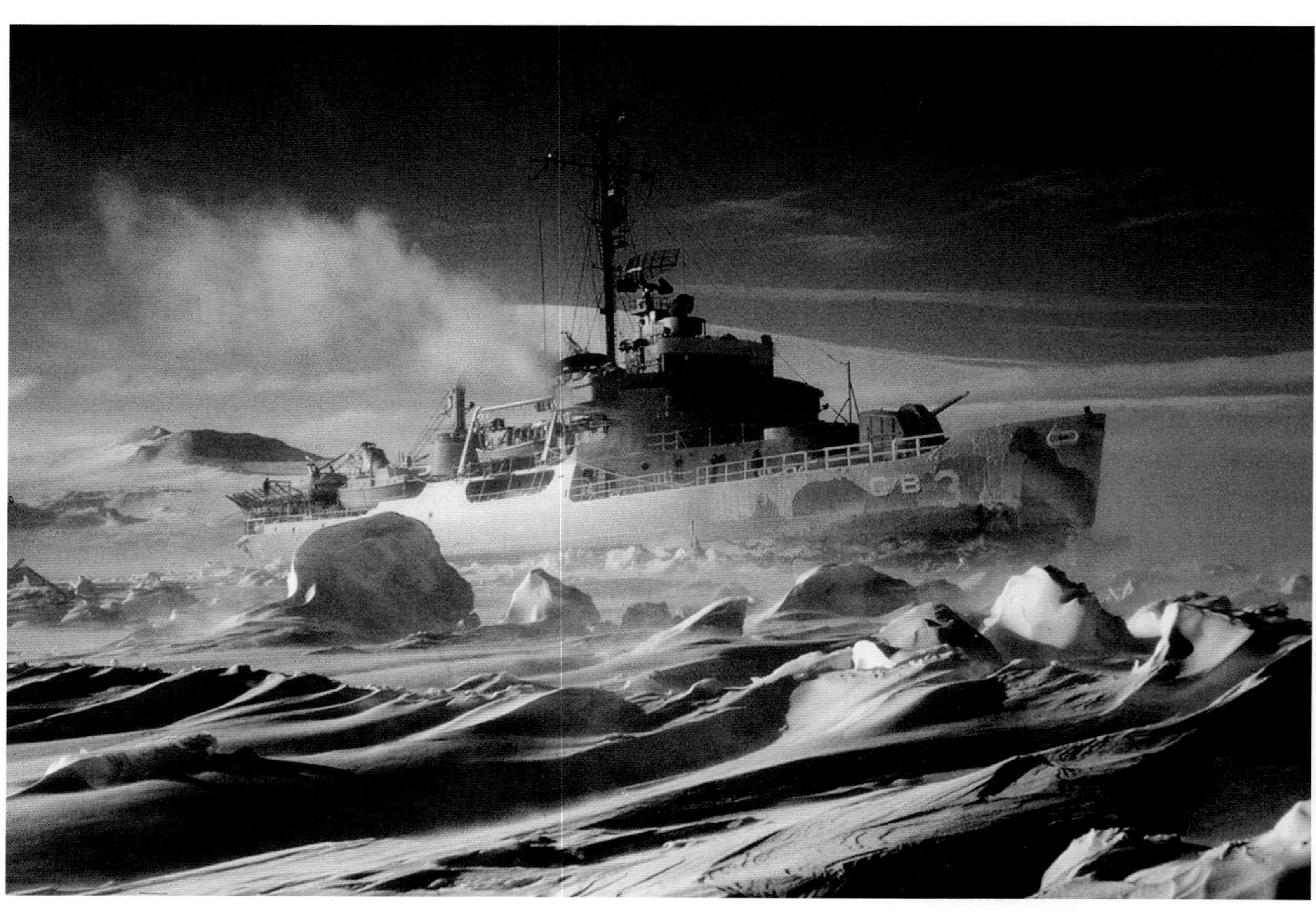

CHARLES SWITHINBANK | 1963 | ANTARCTIQUE *Brise-glace dans l'Antarctique.*

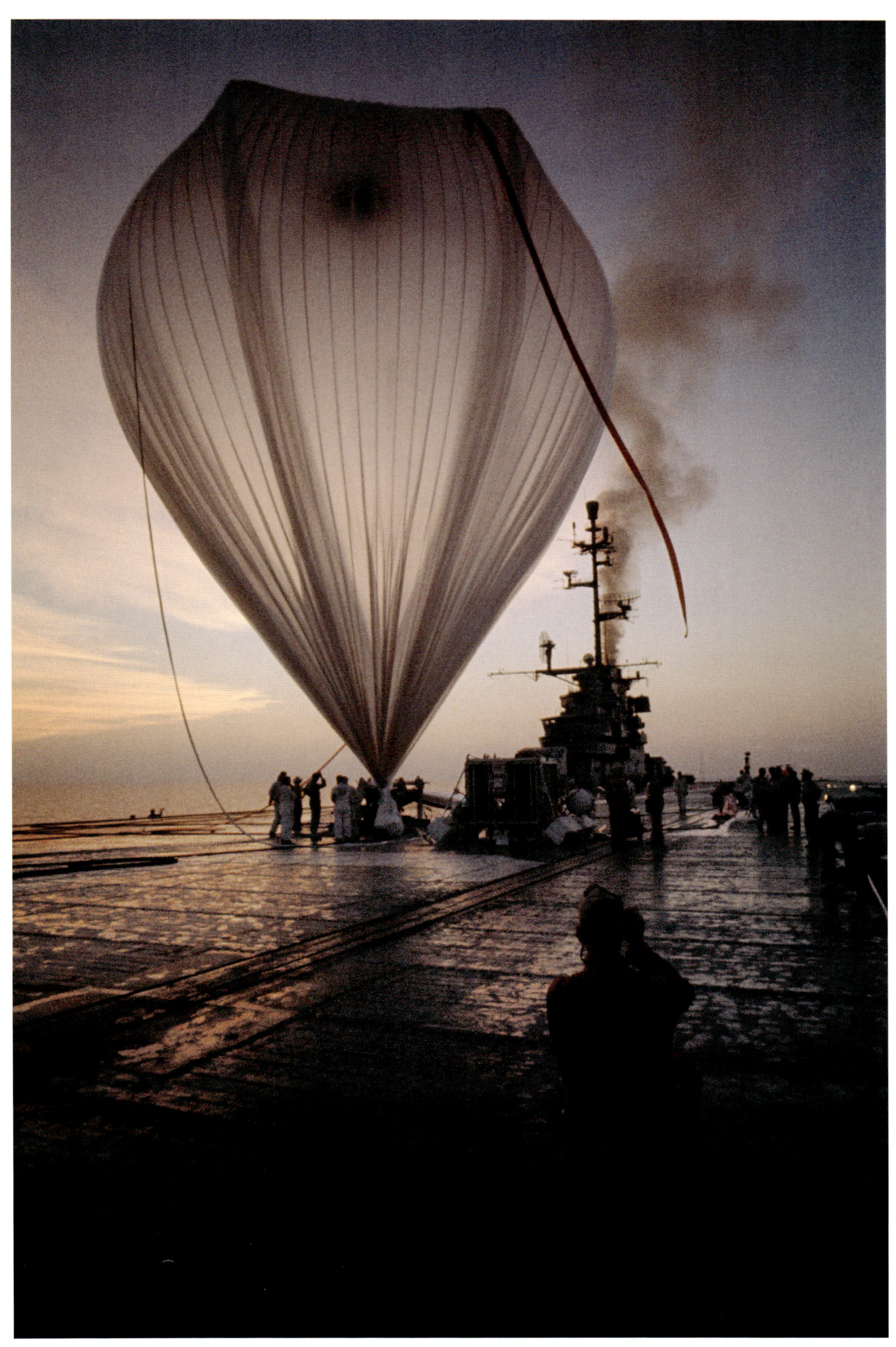

WALTER M. EDWARDS | 1961 | GOLFE DU MEXIQUE *Stratolab 5 : cette ascension battra un record.*

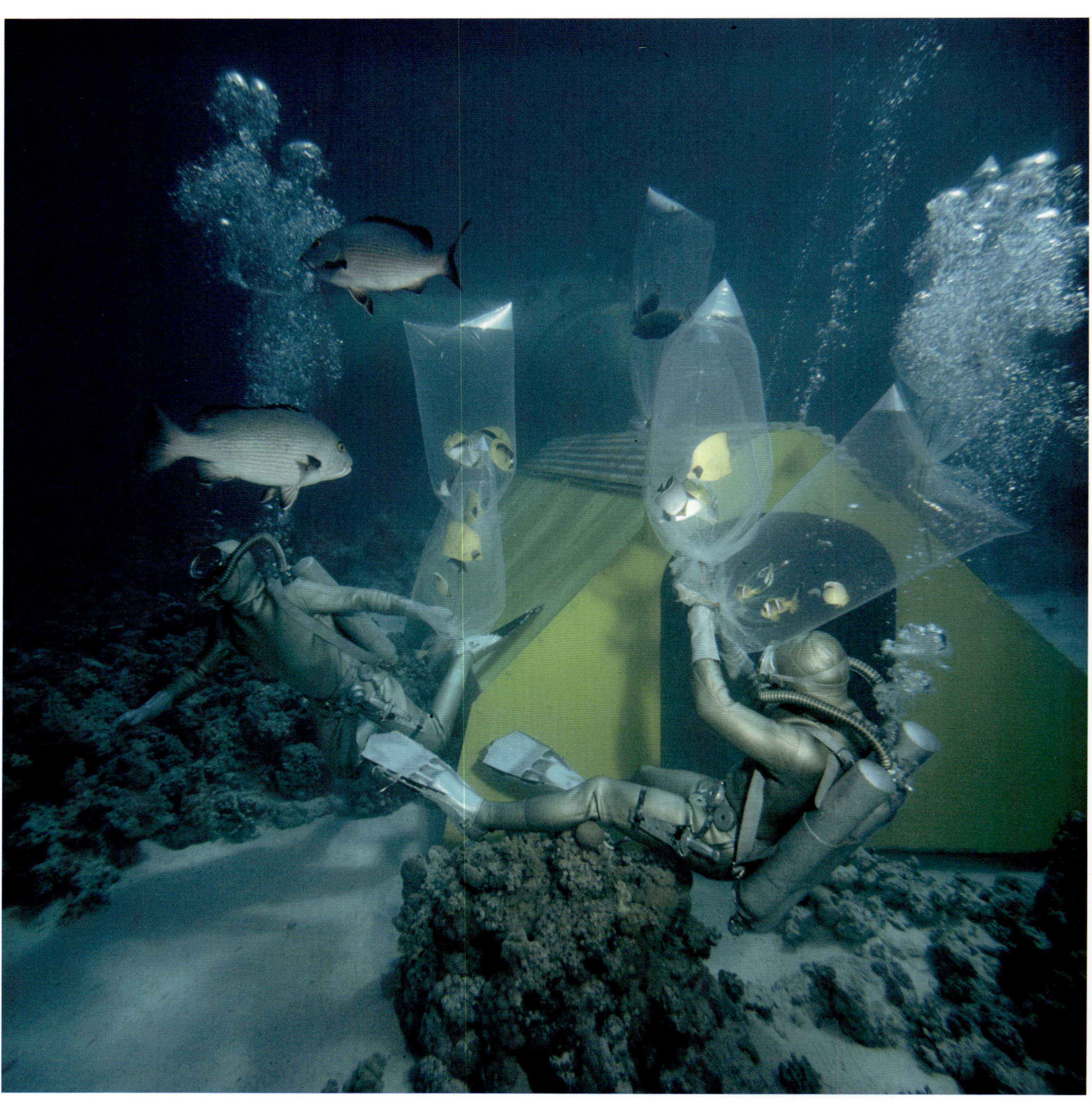

ROBERT B. GOODMAN | 1963 | MER ROUGE *Camping sous-marin.*

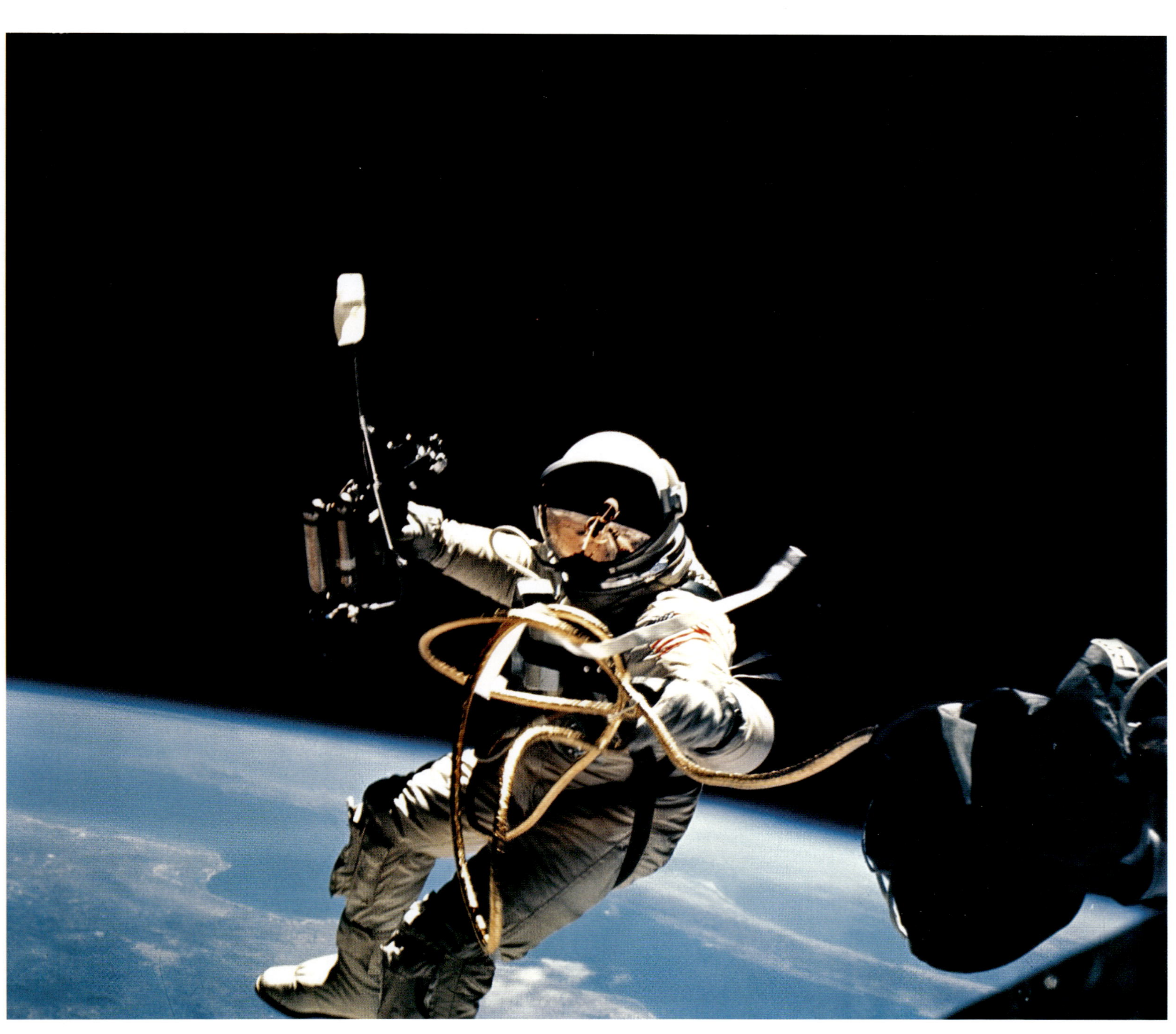

NASA | 1965 | ORBITE TERRESTRE *Flottant au-dessus des cieux.*

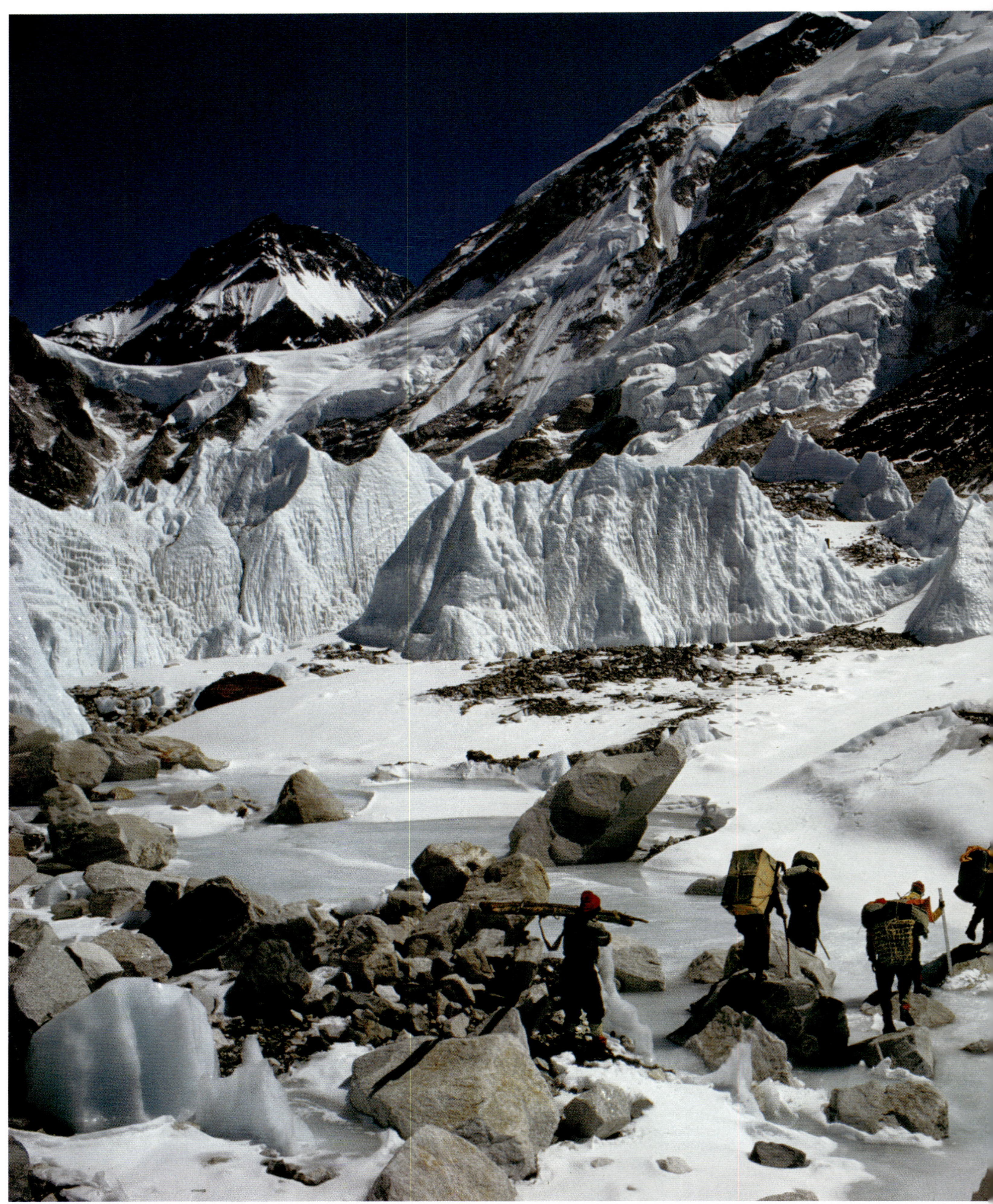

 BARRY BISHOP | 1963 | NÉPAL *Approche de l'Everest.*

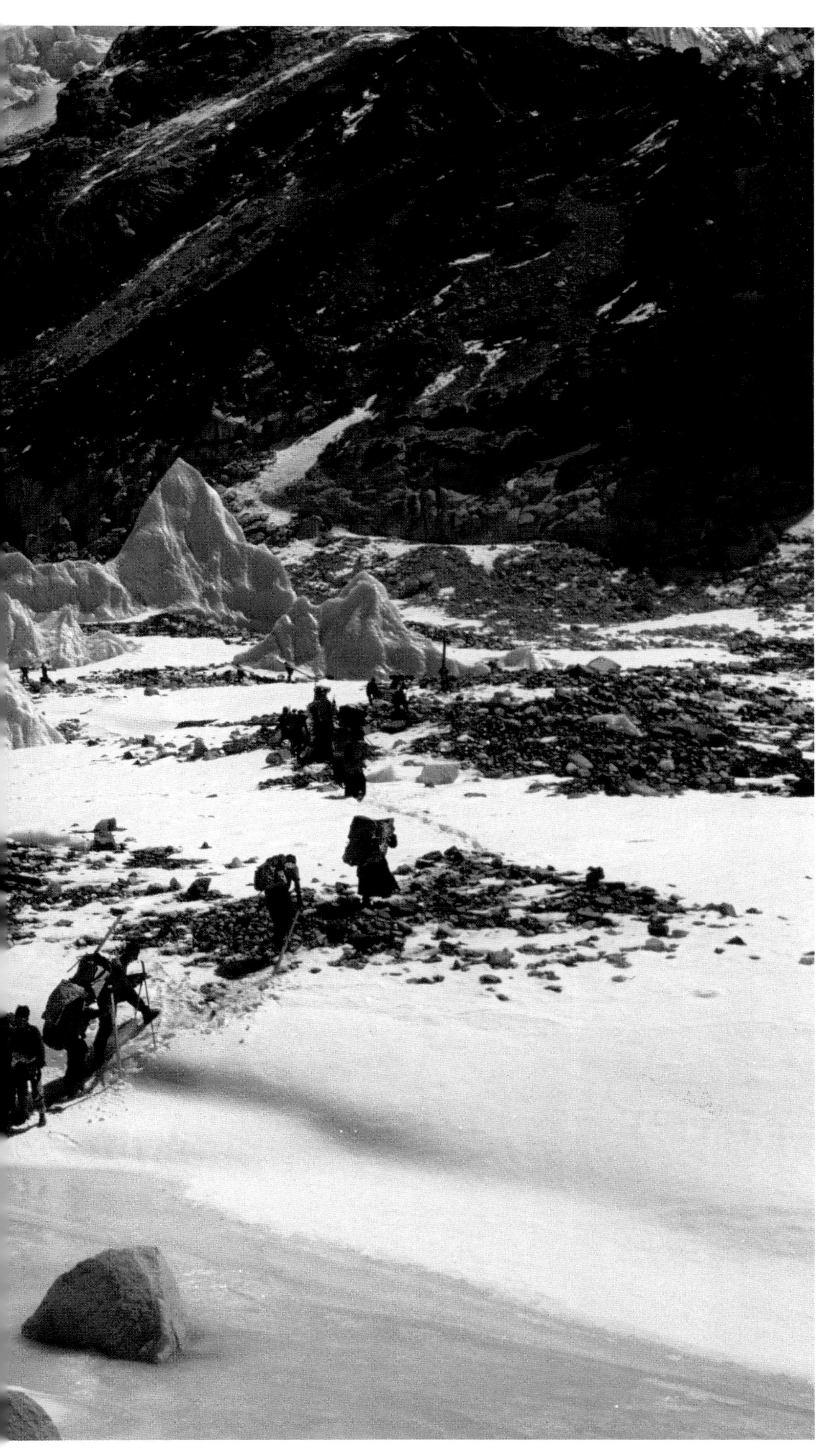

« L'idée d'atteindre l'inconnu, se souvient sir John Hunt, chef de l'expédition Everest de 1935, de parvenir au point le plus élevé du globe, tout cela nous stimulait. »

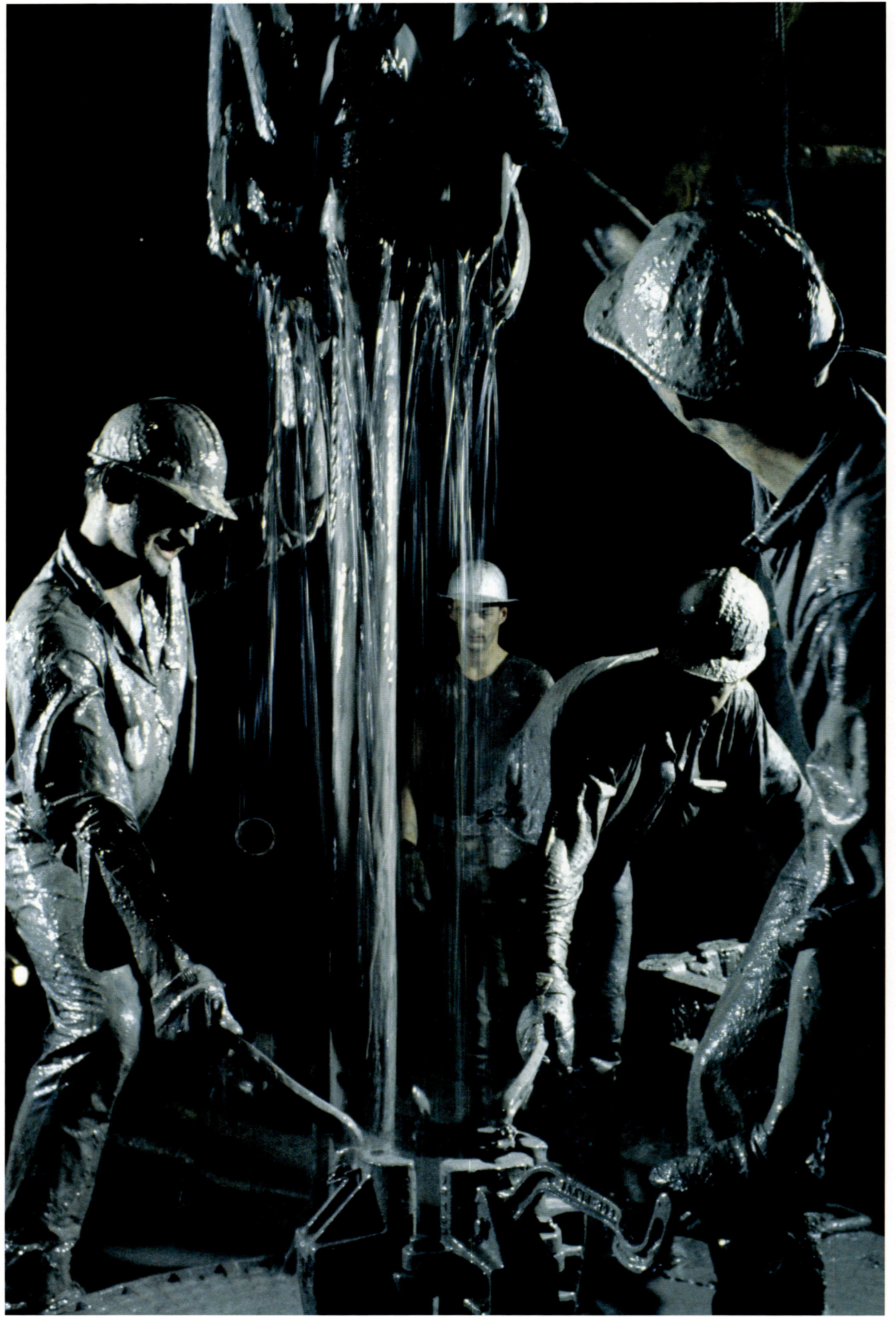

 DAVID S. BOYER | 1968 | CANADA *Voyage au centre de la Terre : des techniciens inspectent un forage.*

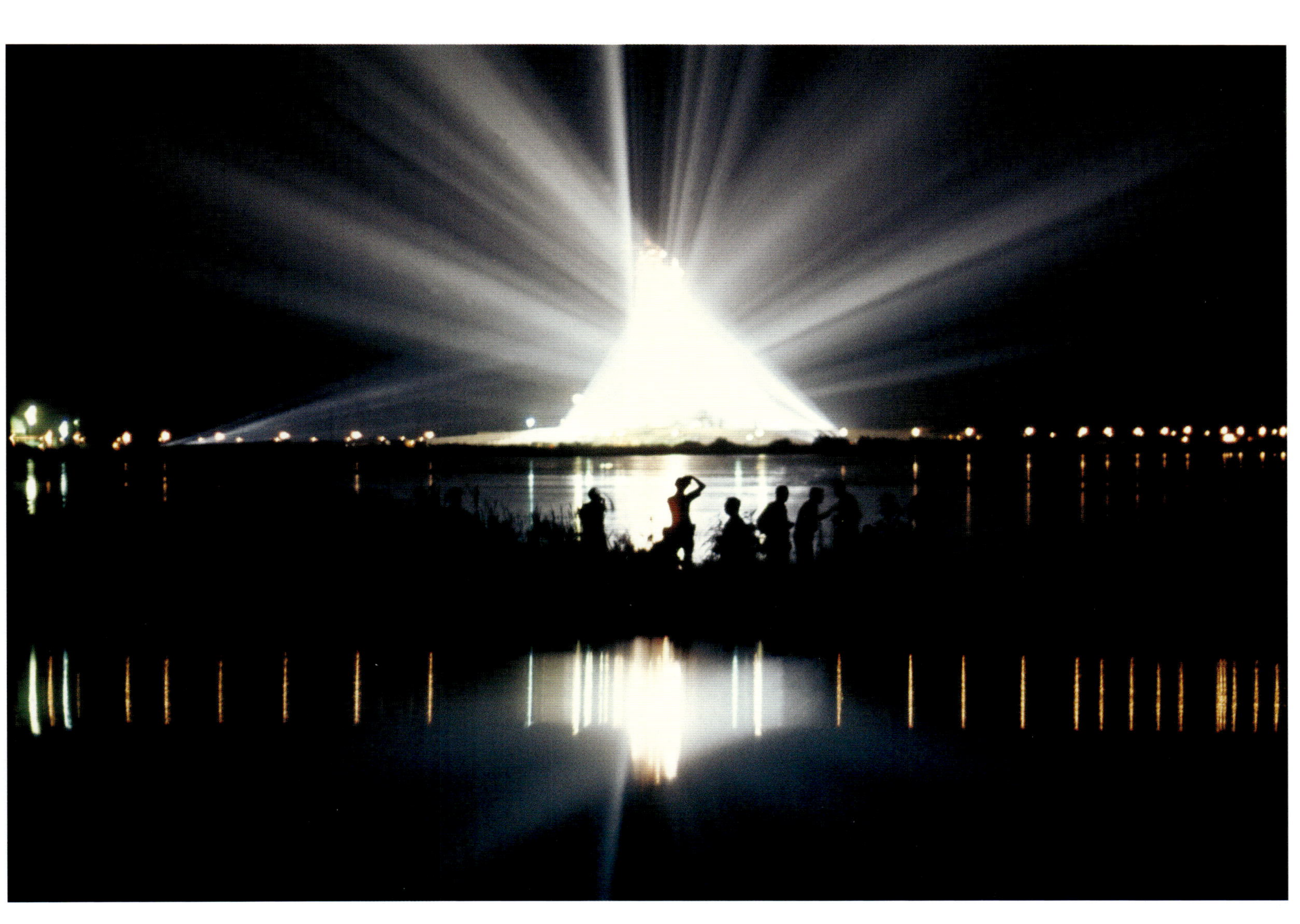

OTIS IMBODEN | 1969 | ÉTAT DE LA FLORIDE, ÉTATS-UNIS *Voyage vers la Lune : Apollo 11 sur sa base de lancement.*

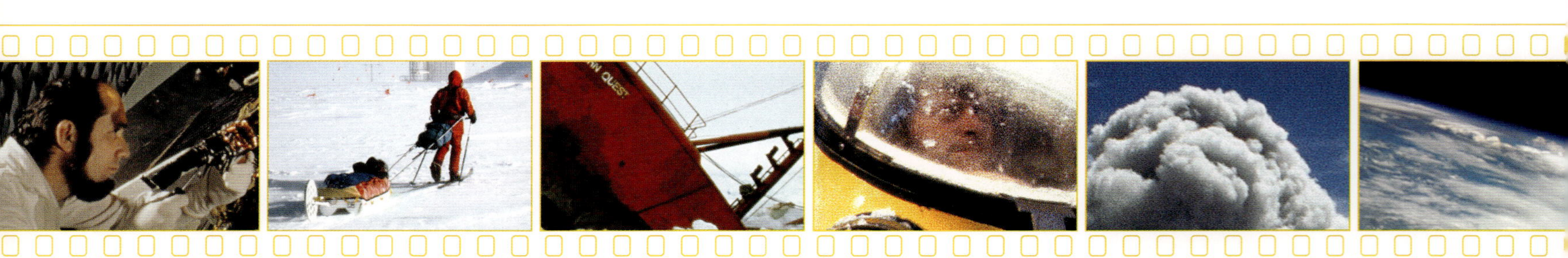

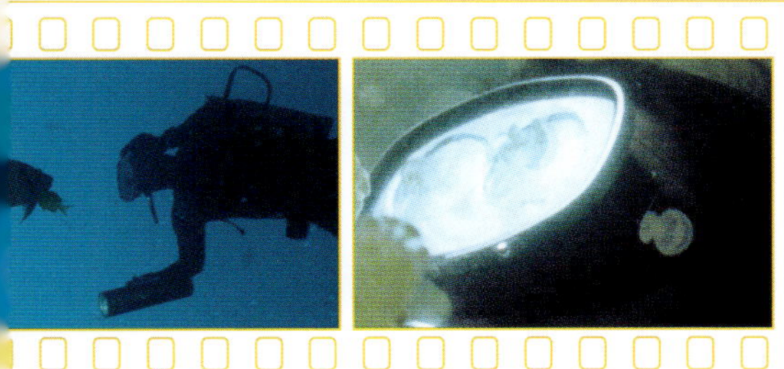

réalisme documentaire

DES HOMMES ONT MARCHÉ SUR LA LUNE, mais sur la Terre, alors que le XXe siècle se terminait, des photographes ont montré un autre type d'exploration, peut-être moins excitant, plus exigeant et parfois dangereux, mais qui offrait également de nombreuses satisfactions – voire des moments d'apogée.

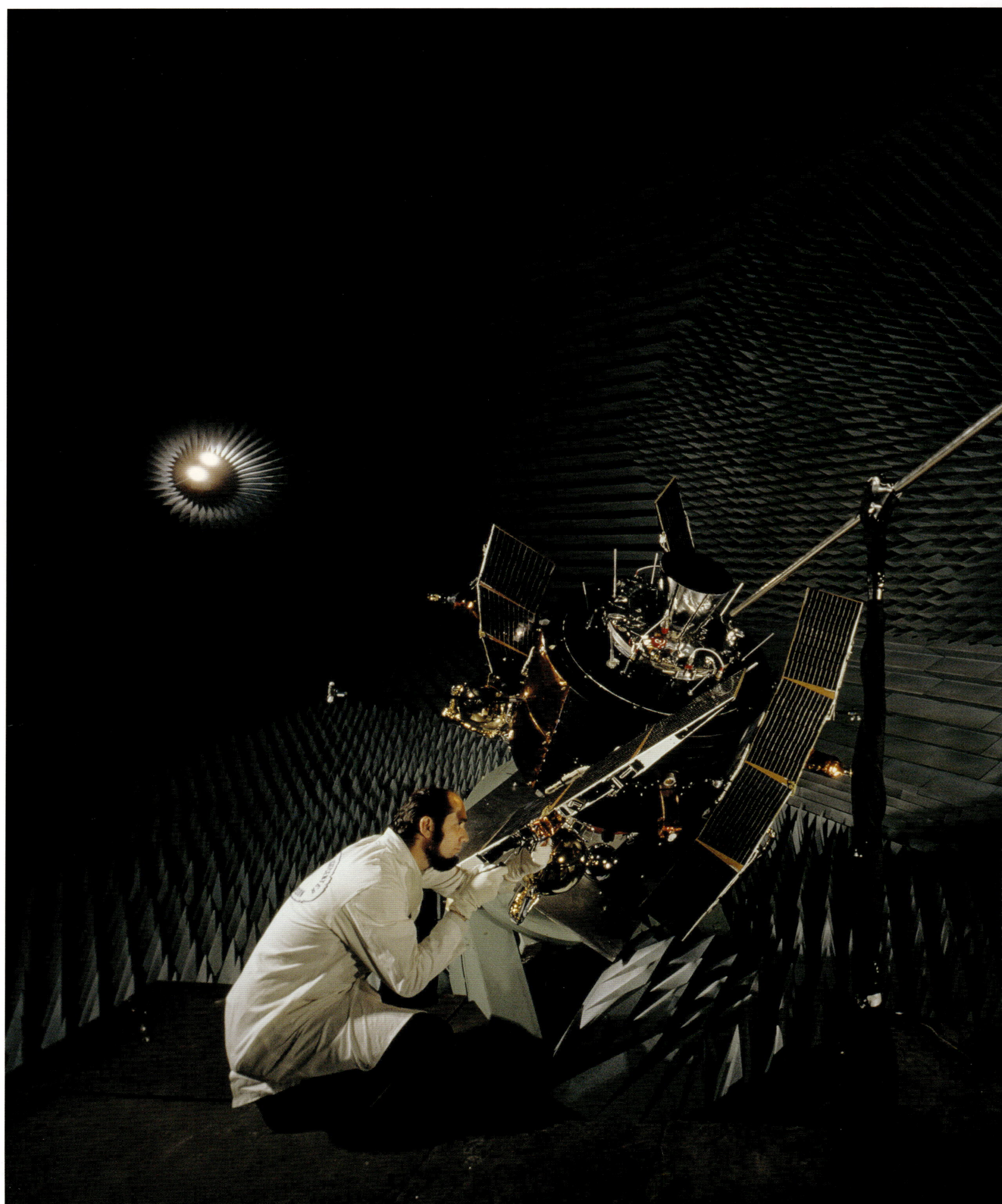

JAMES P. BLAIR | 1973 | ÉTAT DU MARYLAND, ÉTATS-UNIS *Test d'un système d'antenne satellite.*

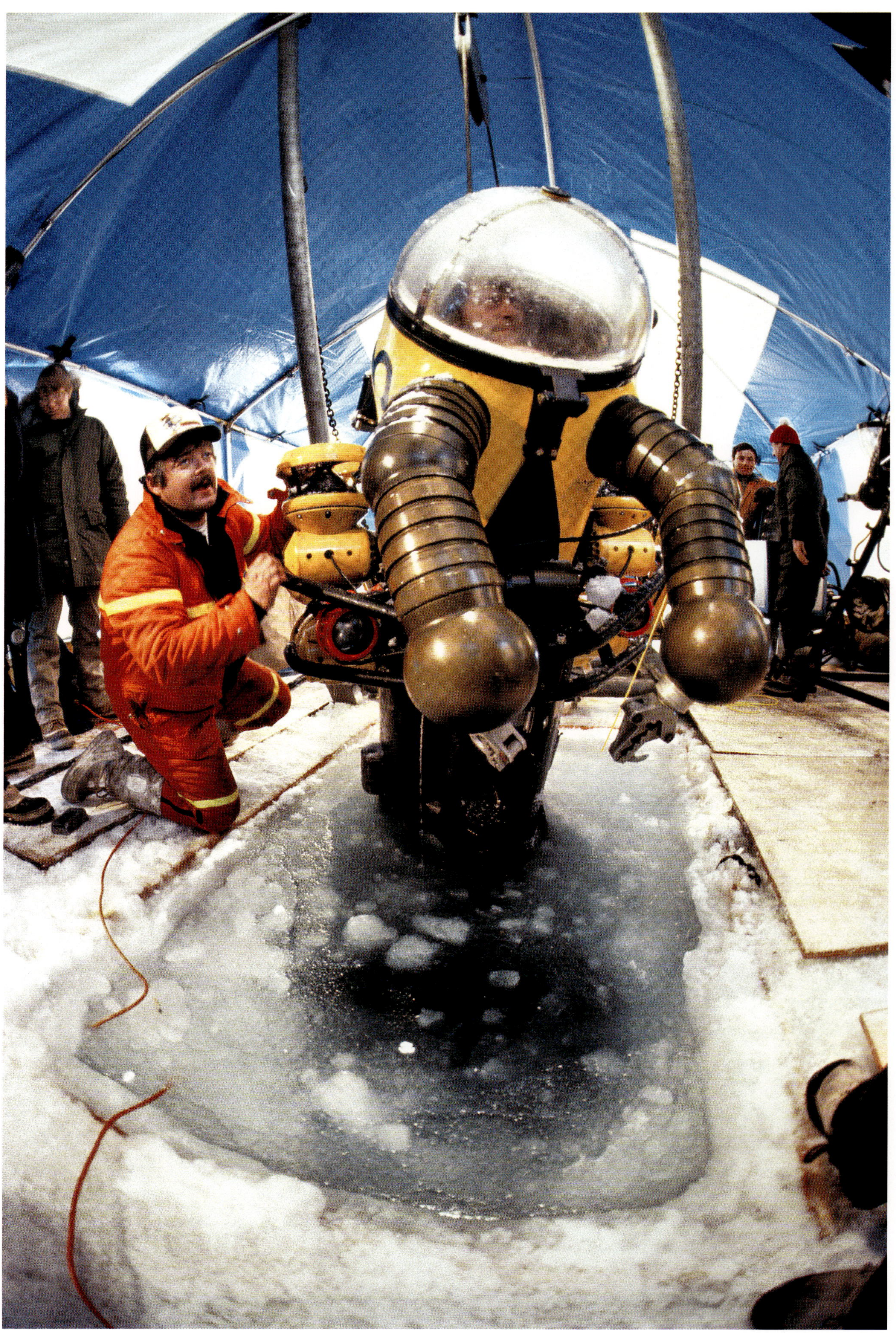

EMORY KRISTOF | 1983 | CANADA *À bord d'une épave dans le Barrow Strait.*

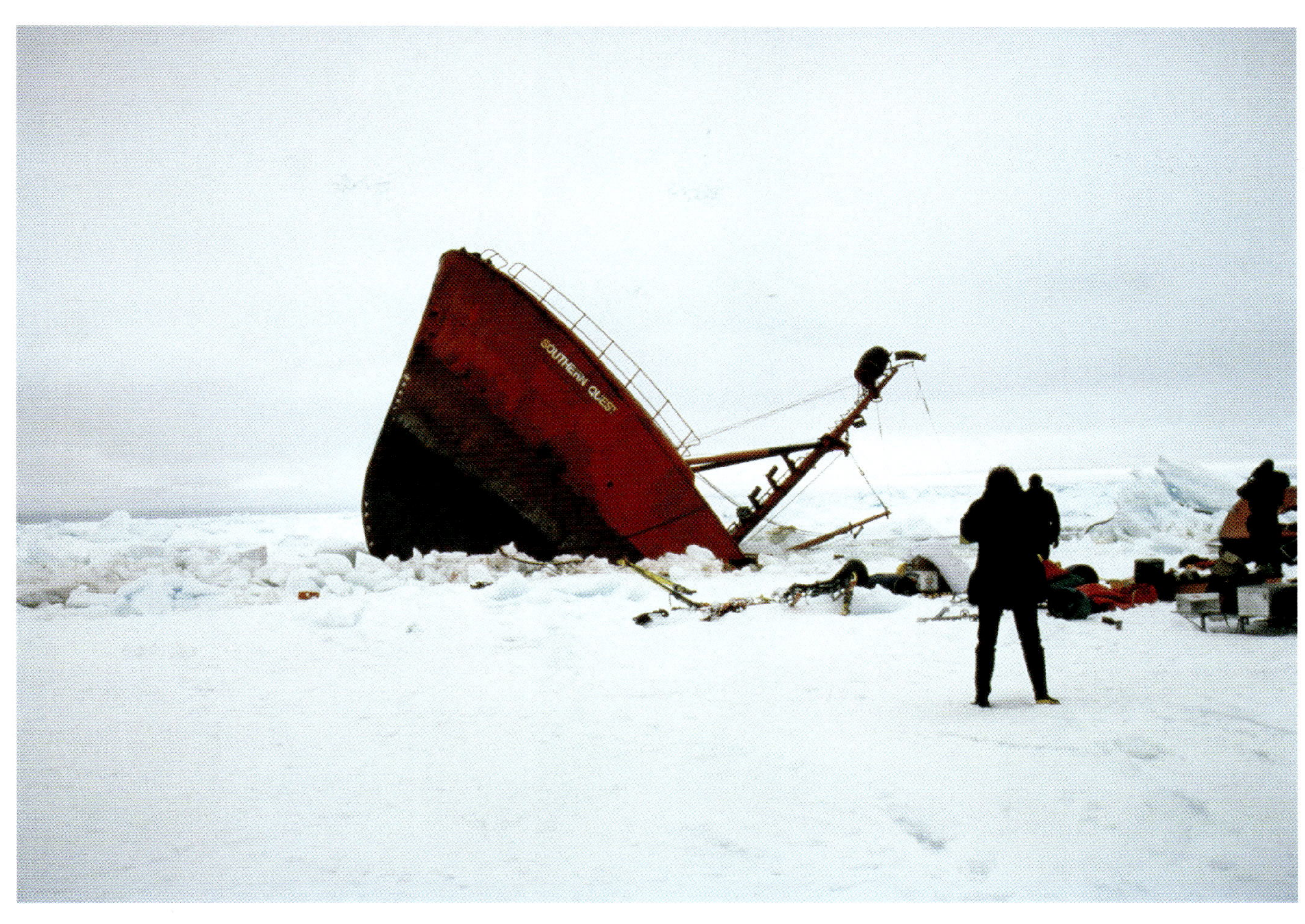

REBECCA WARD | 1987 | ANTARCTIQUE *Pris dans les glaces.*

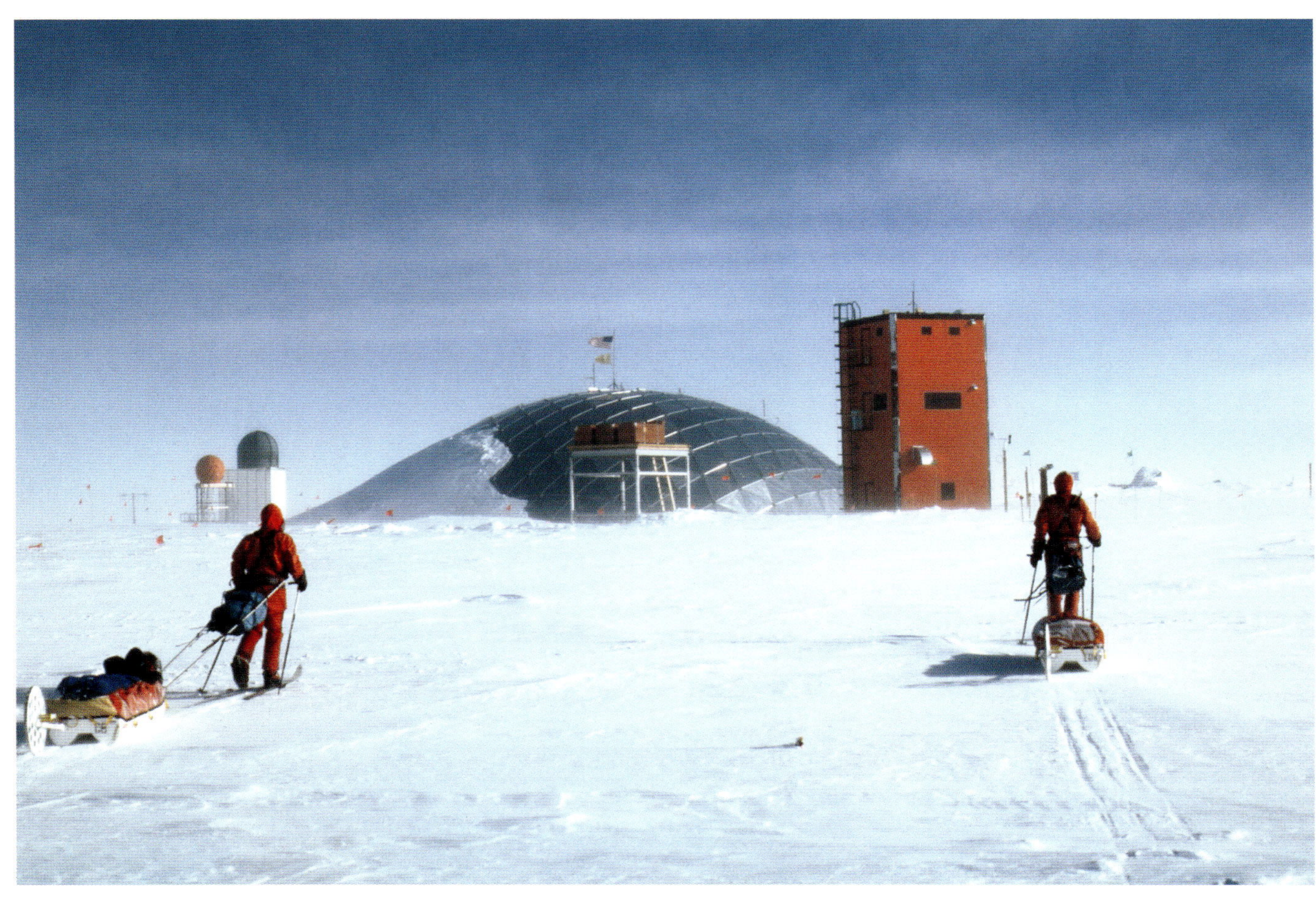

ROGER MEAR | 1986 | ANTARCTIQUE *Approche du pôle Sud après une expédition en traîneau de 1 600 km.*

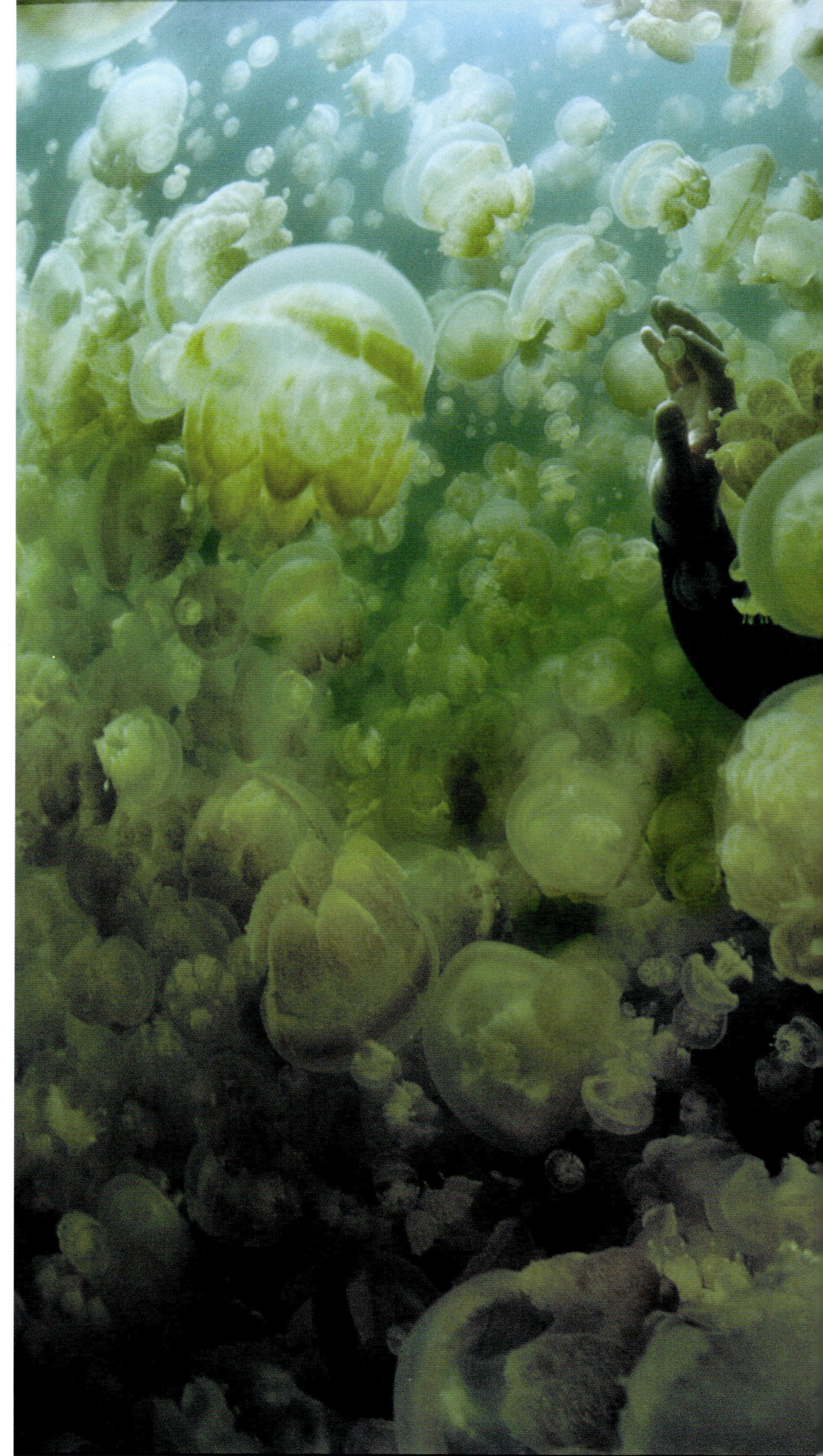

Plongeant parmi les méduses de Palau, le biologiste Bill Hamner et le photographe David Doubilet s'émerveillent de « la perfection délicate et de la profusion de ces créatures, qui n'ont ni besoin ni connaissance des êtres humains alors que nous, en revanche, ressentons le besoin de les connaître ».

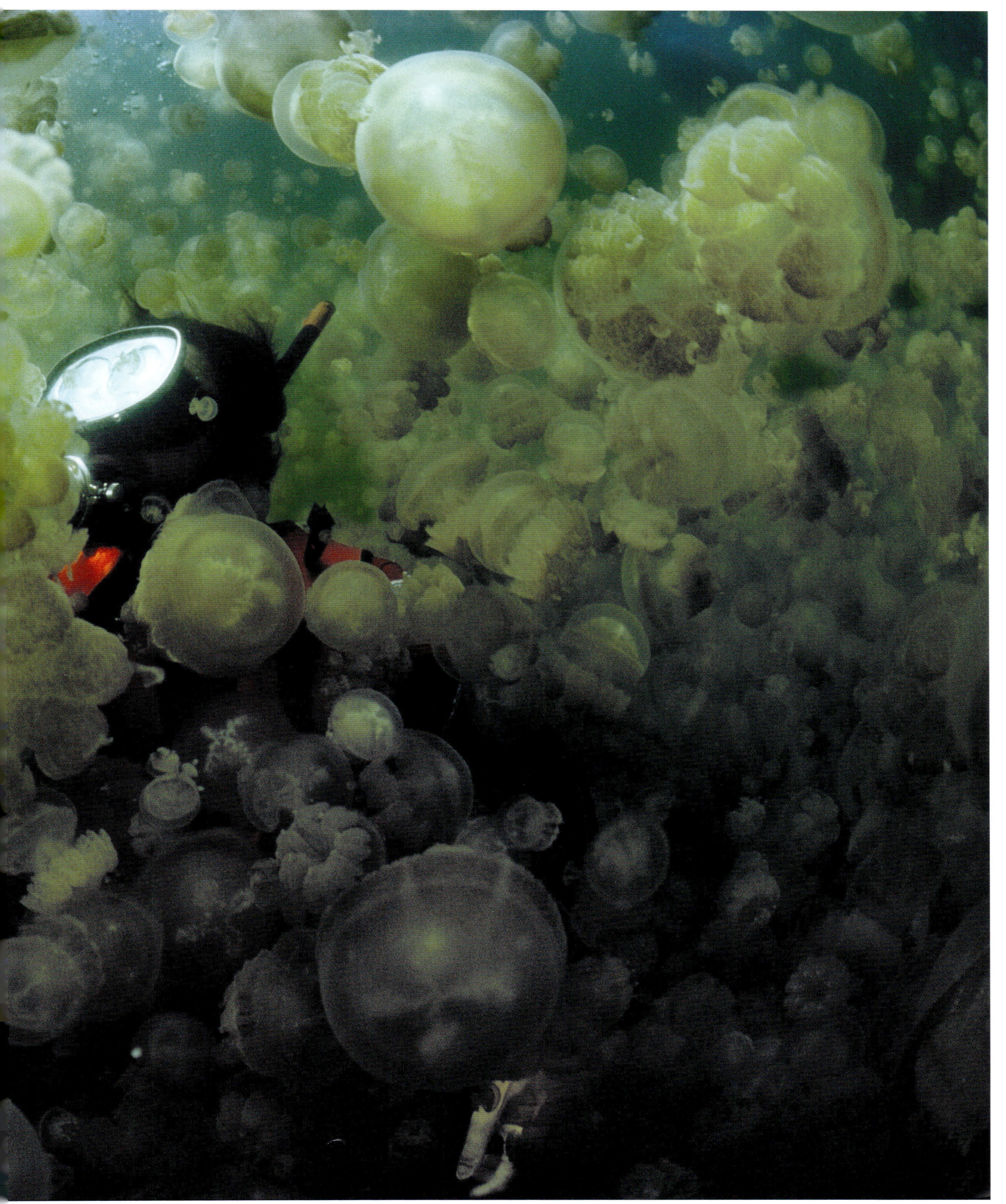

DAVID DOUBILET | 1982 | PALAU *Plongée parmi les méduses dans un lac salé.*

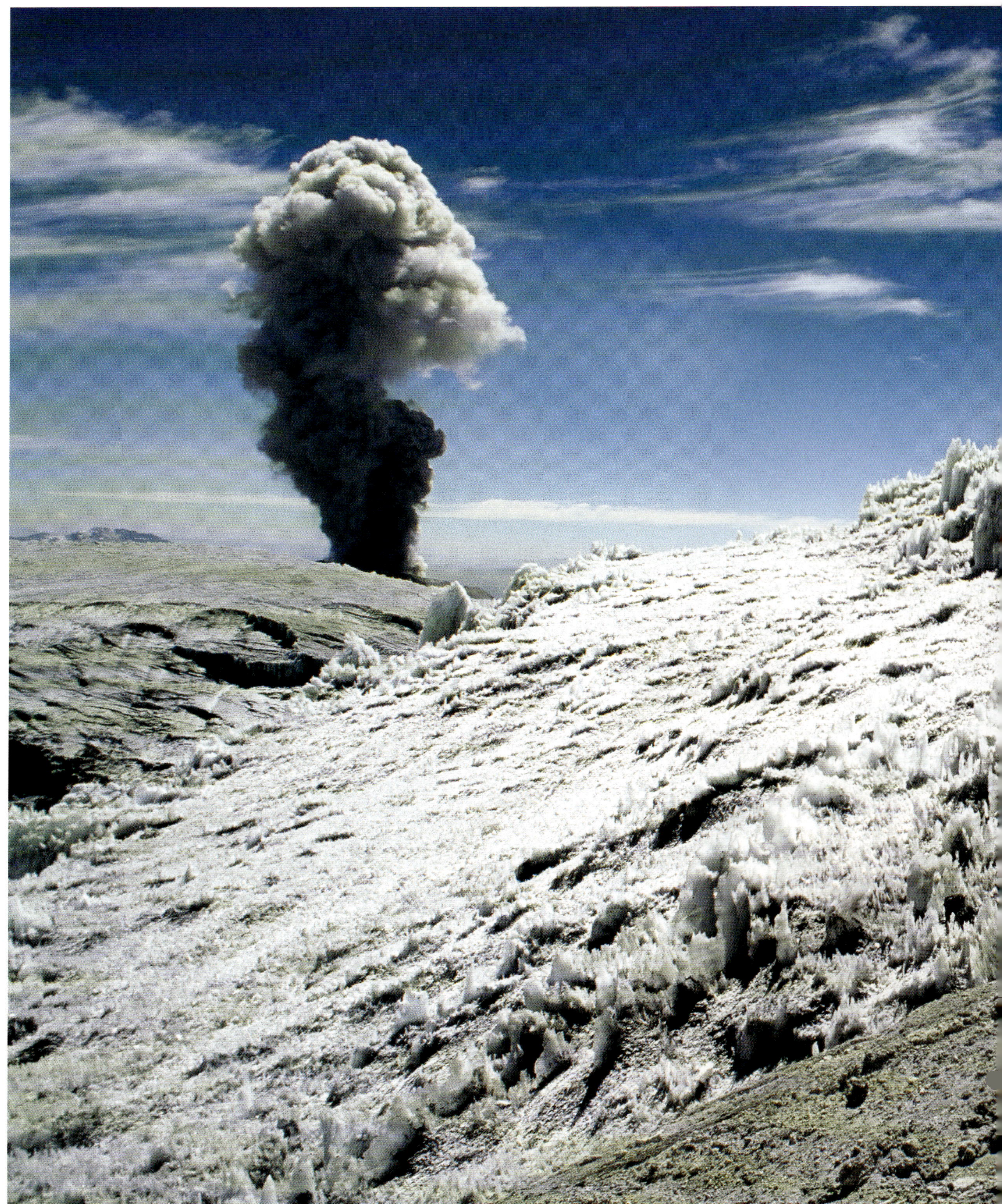

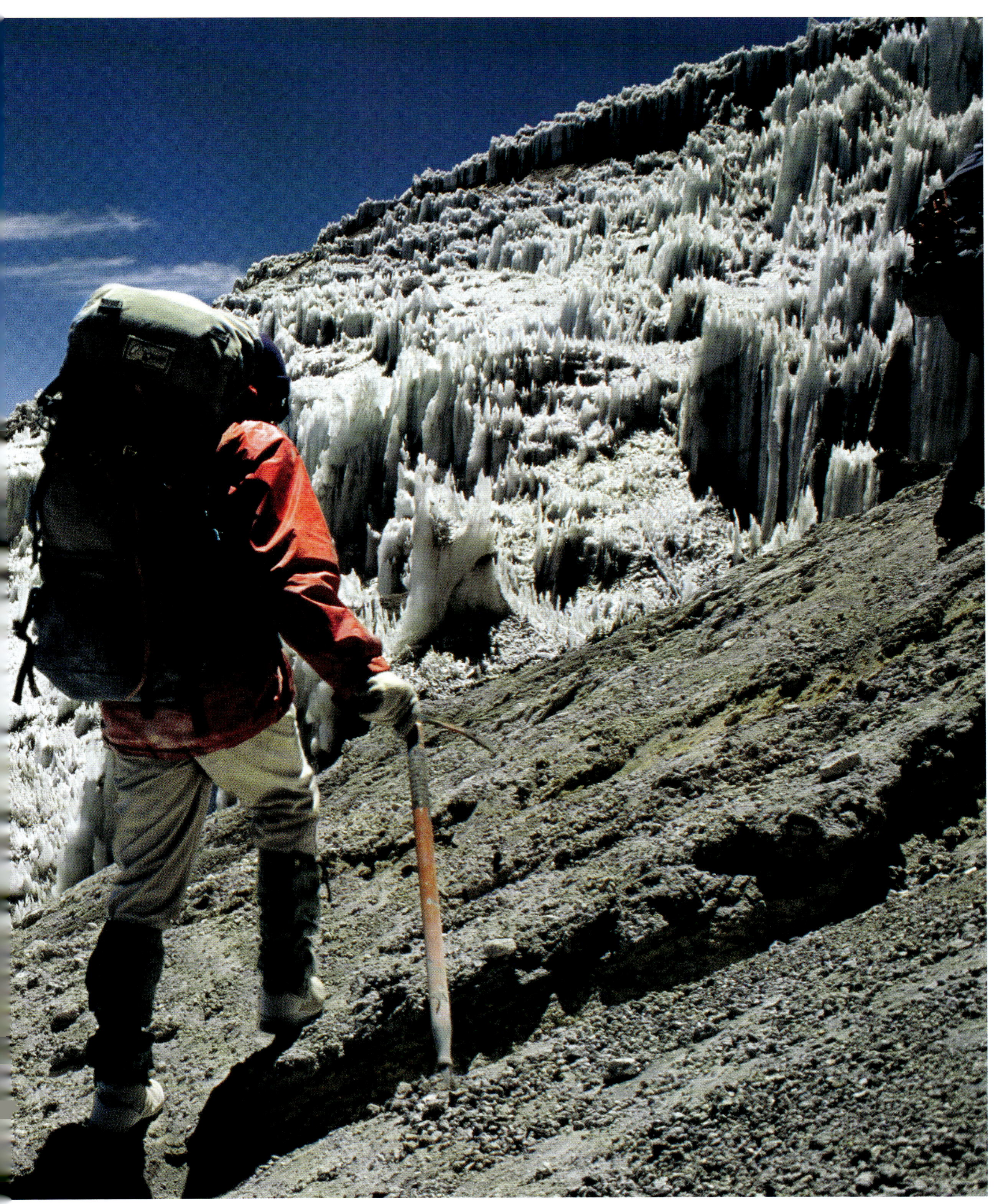

STEPHEN ALVAREZ | 1987 | PÉROU *Feu et glace dans les Andes.*

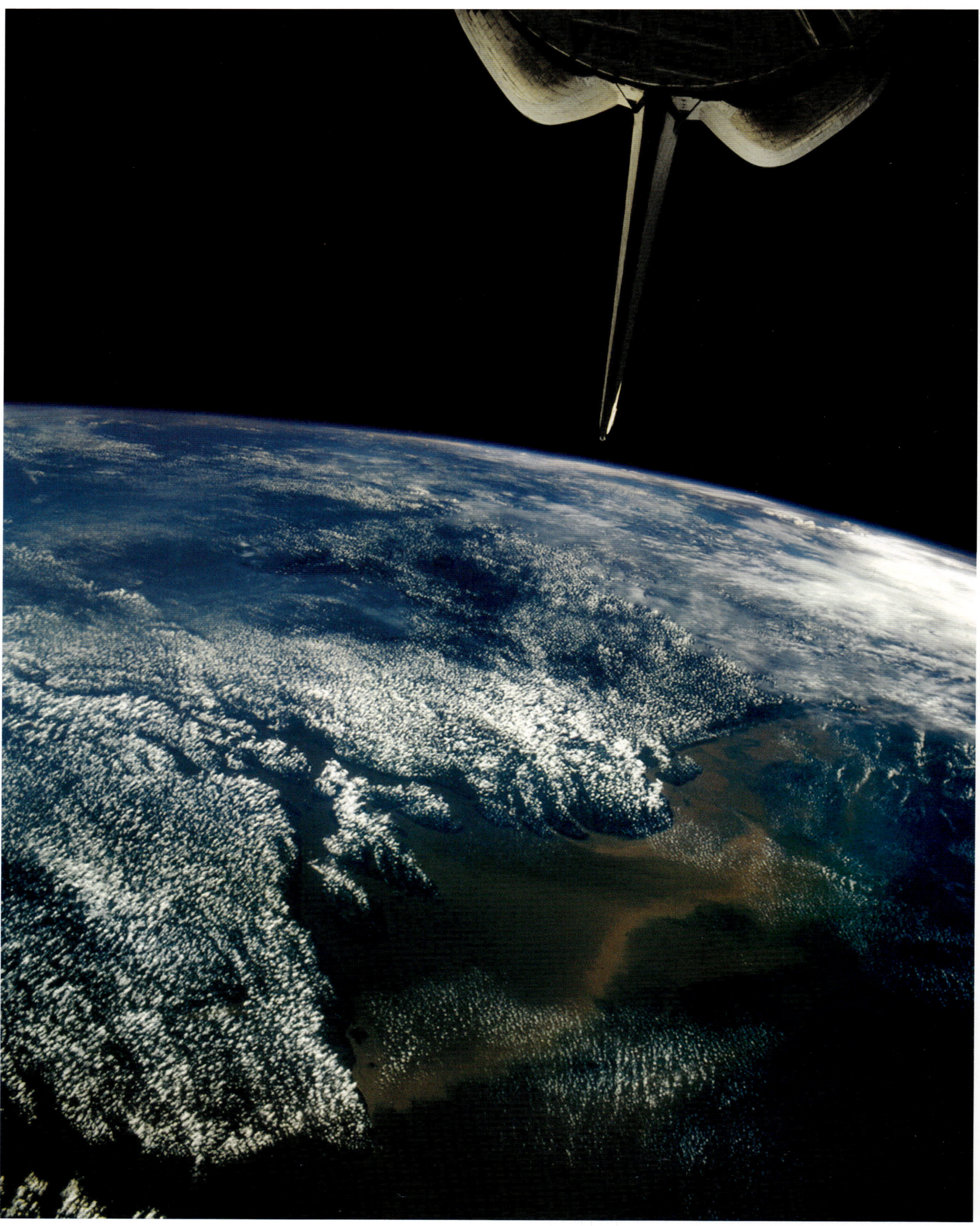

NASA | ROGER RESSMEYER | 1996 | ORBITE TERRESTRE *Embouchure du fleuve Amazone.*

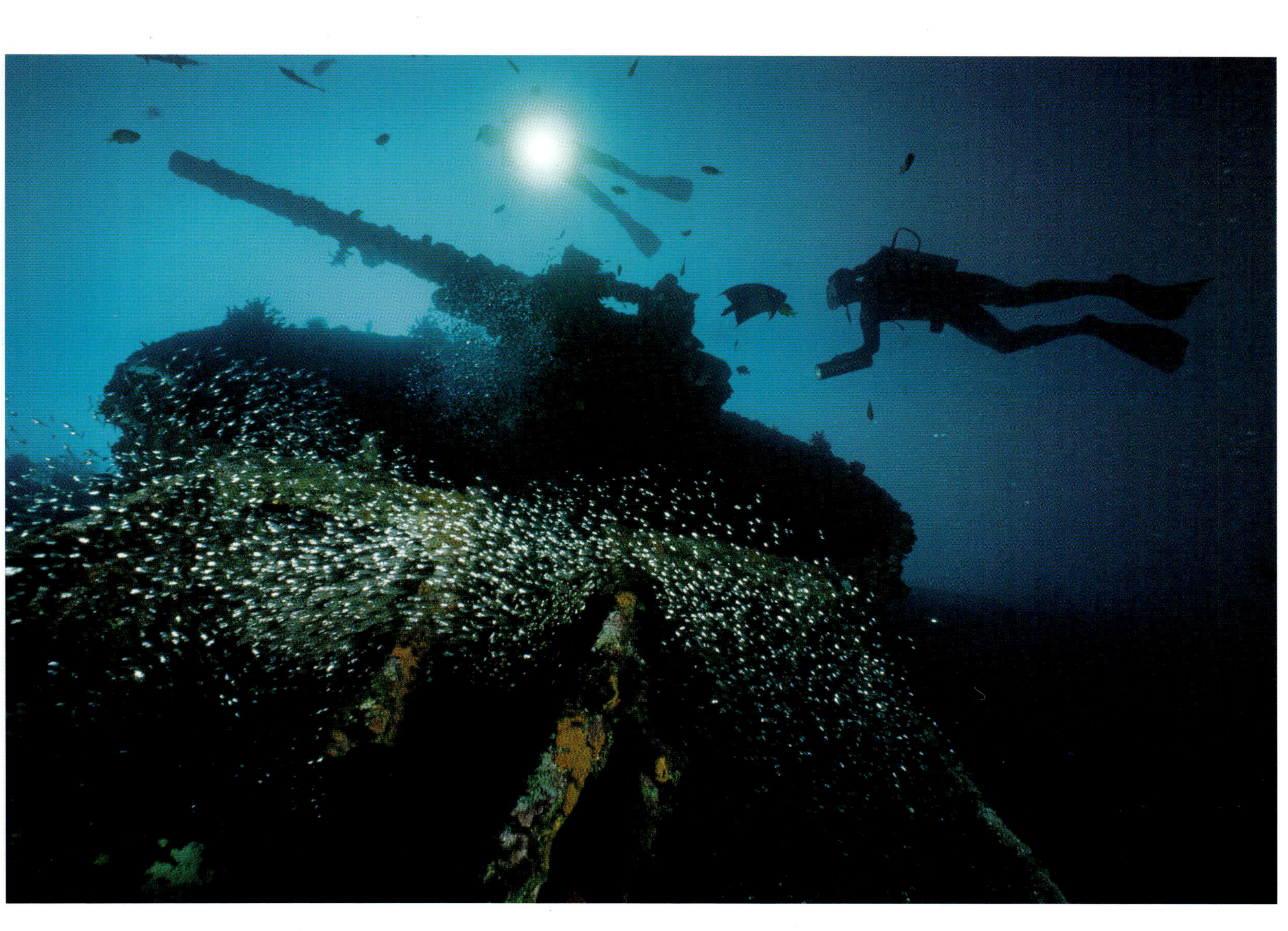

DAVID DOUBILET | 1988 | VANUATU *Épave d'un navire de la Seconde Guerre mondiale.*

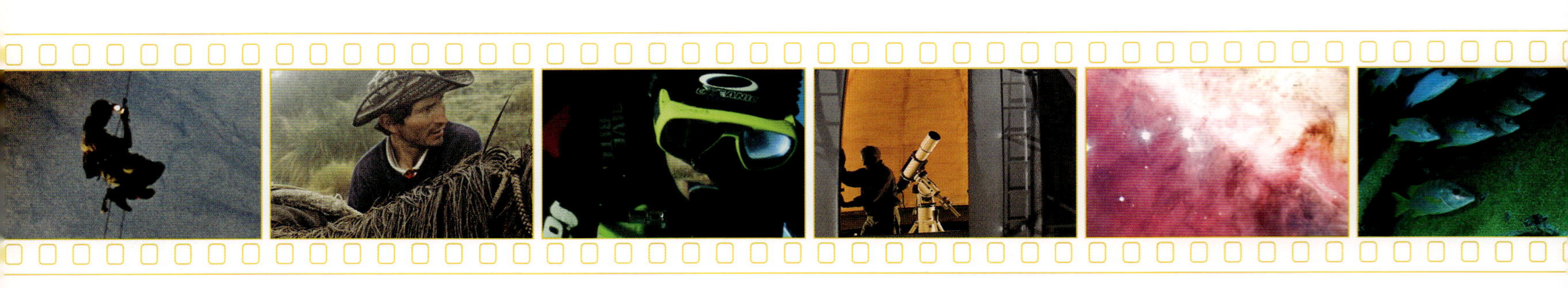

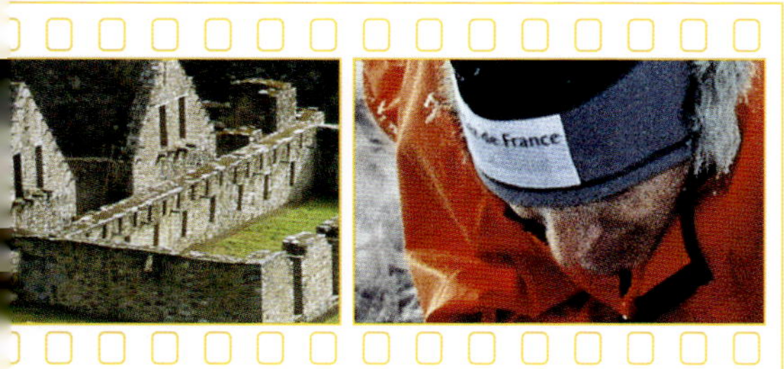

la gamme numérique

LA GRANDE DIVERSITÉ DES TECHNOLOGIES ACTUELLES a engendré une photographie d'exploration dont la souplesse et l'envergure sont sans égales. Des grottes, gouffres et autres béances obscures de la Terre jusqu'aux étoiles, l'image numérique nous offre une moisson de données à des fins techniques et scientifiques, ainsi que des clichés à l'esthétisme unique.

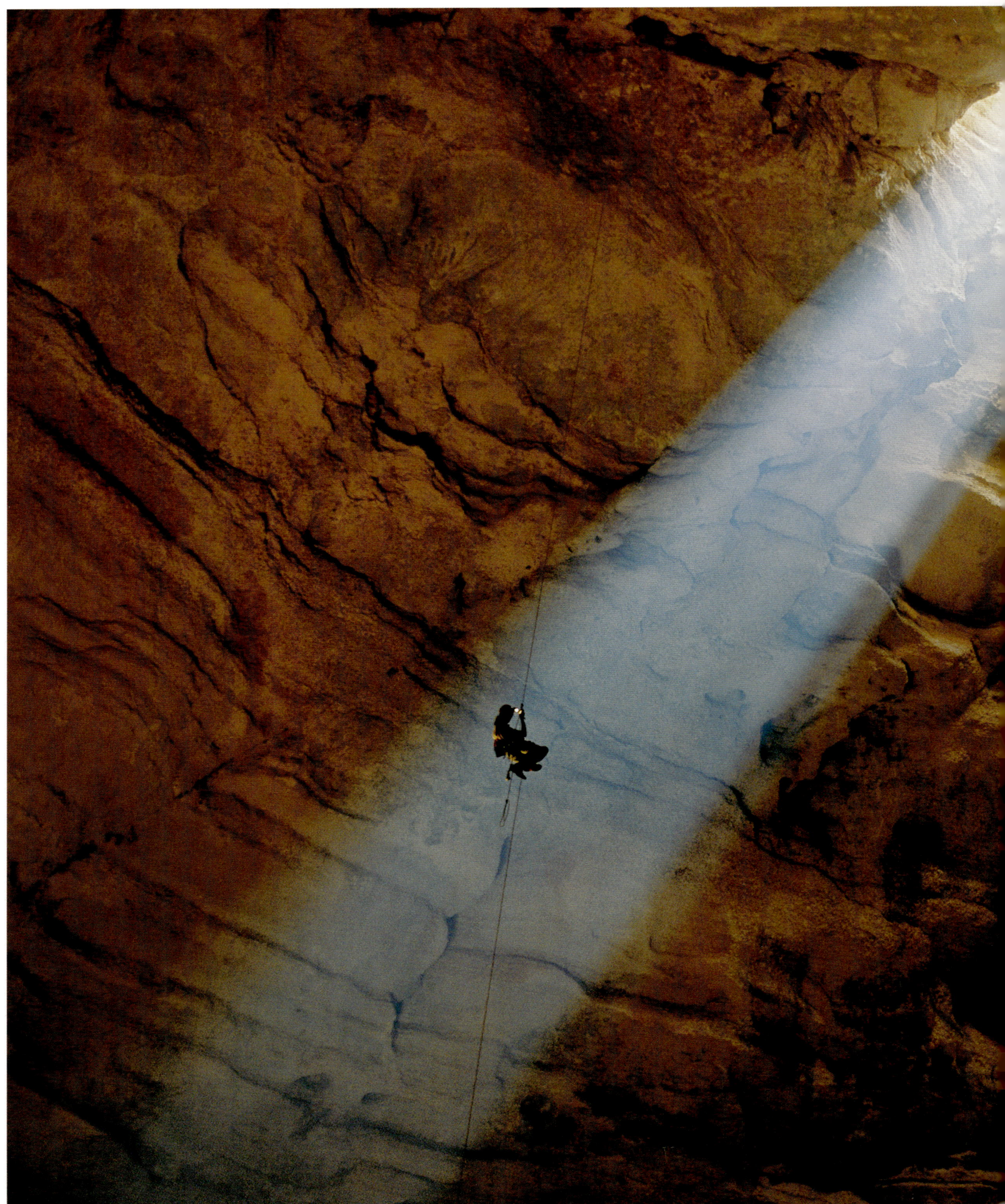

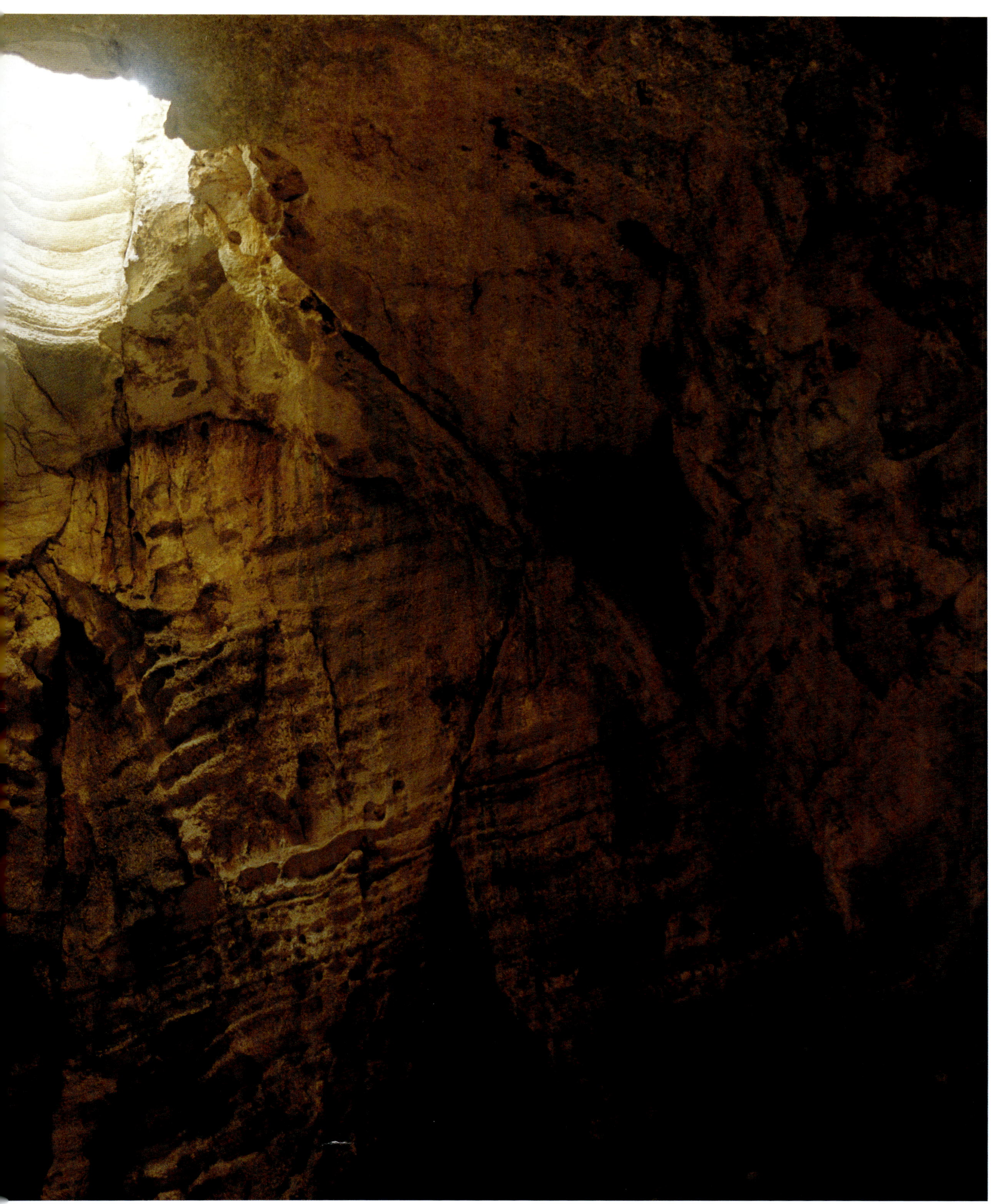

STEPHEN ALVAREZ | 2003 | OMAN *La grotte Majlis al Jinn.*

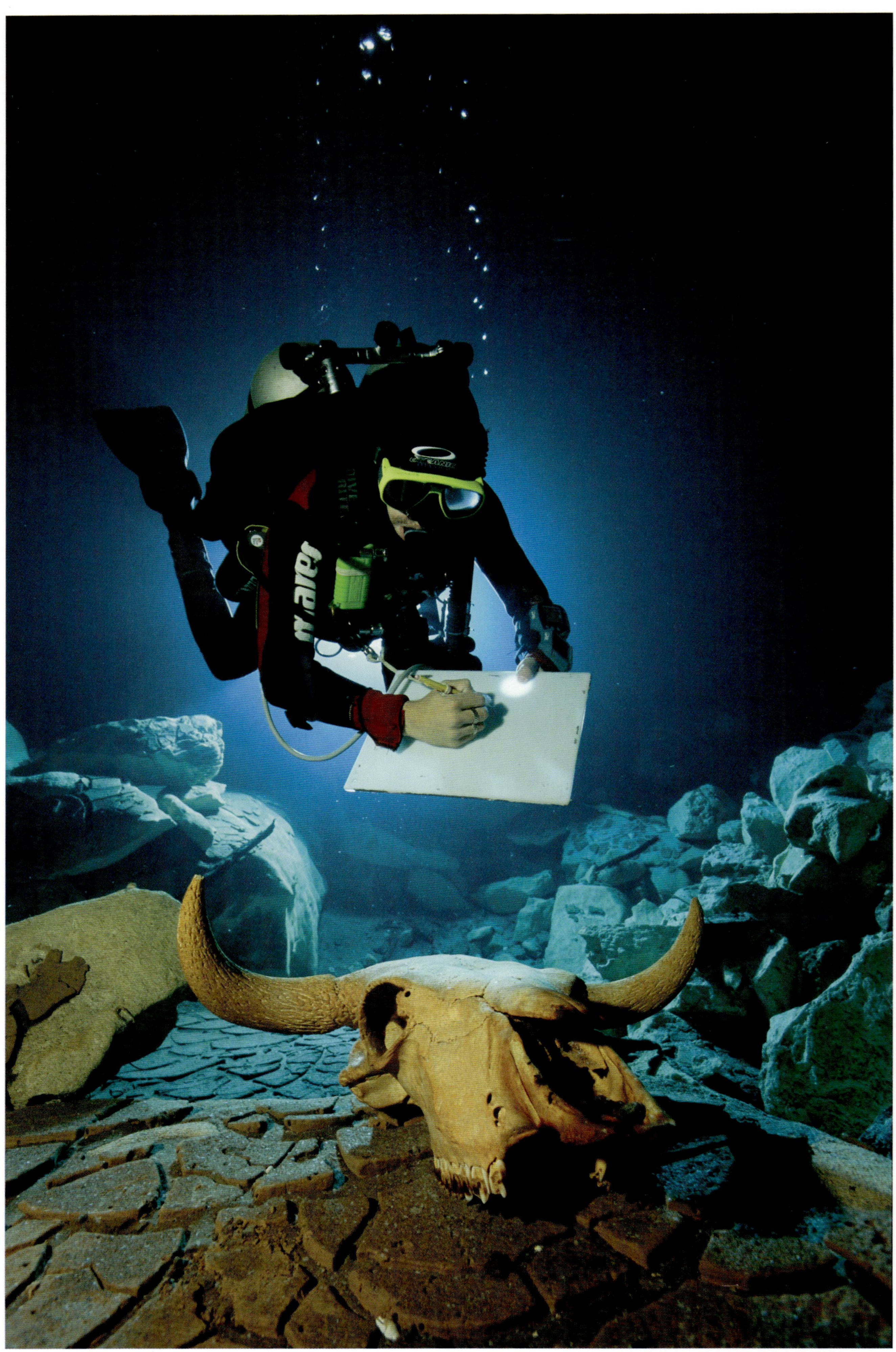

WES C. SKILES | 2003 | MEXIQUE *Une rencontre inattendue.*

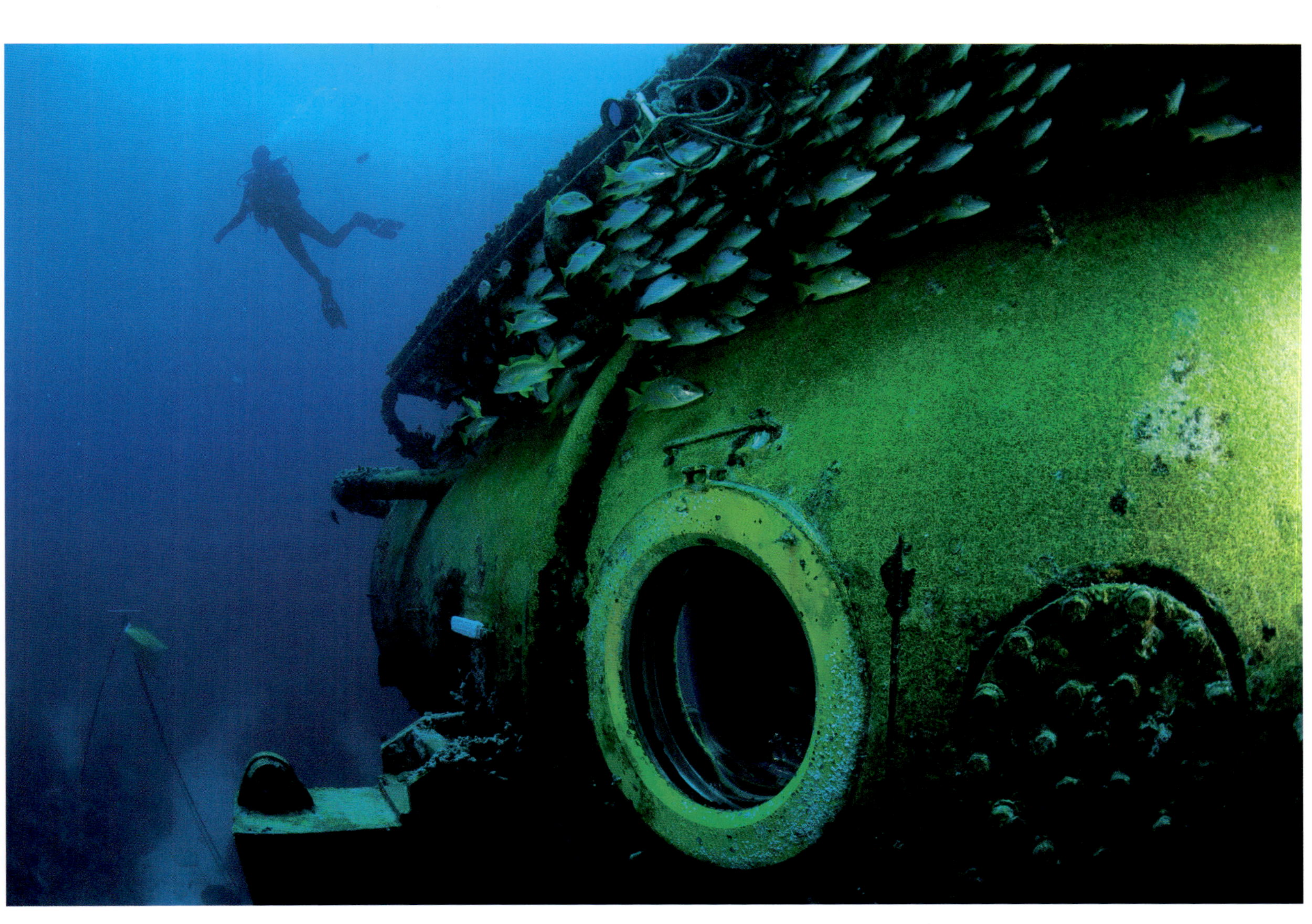

BRIAN SKERRY | 2004 | ÉTAT DE LA FLORIDE, ÉTATS-UNIS *À la recherche du sous-marin Aquarius.*

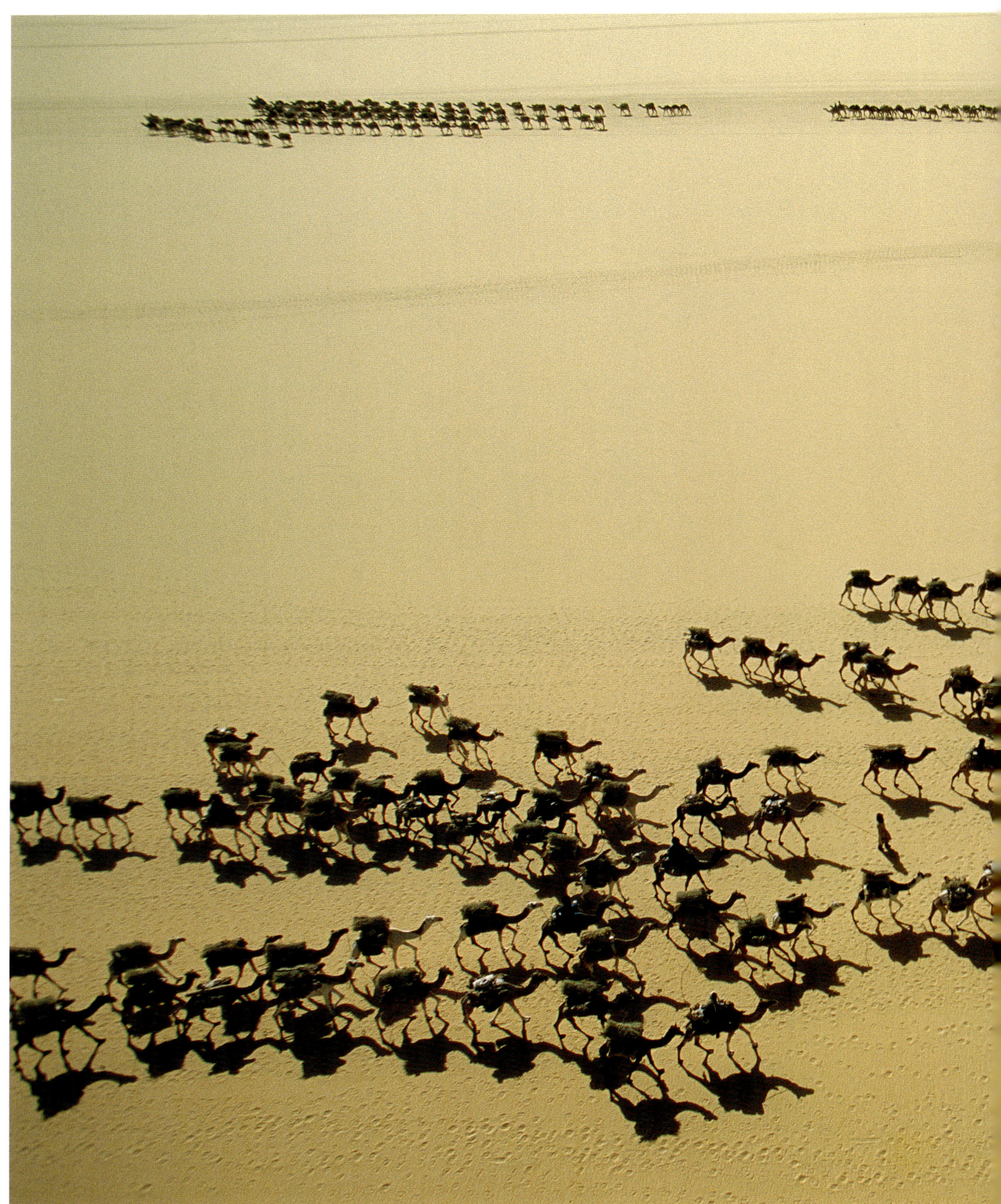

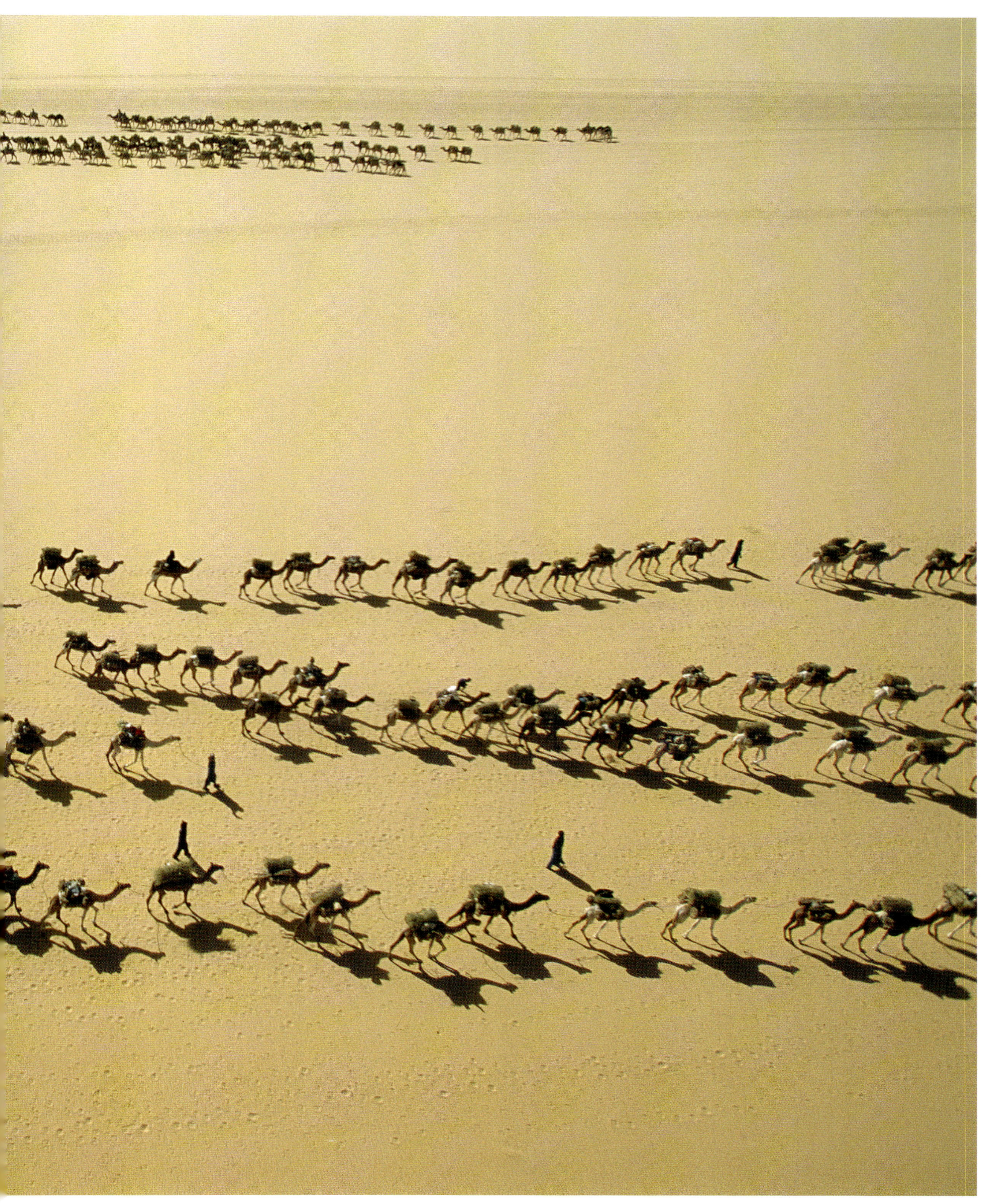

GEORGE STEINMETZ | 1999 | NIGER *Caravanes de sel dans le Sahara.*

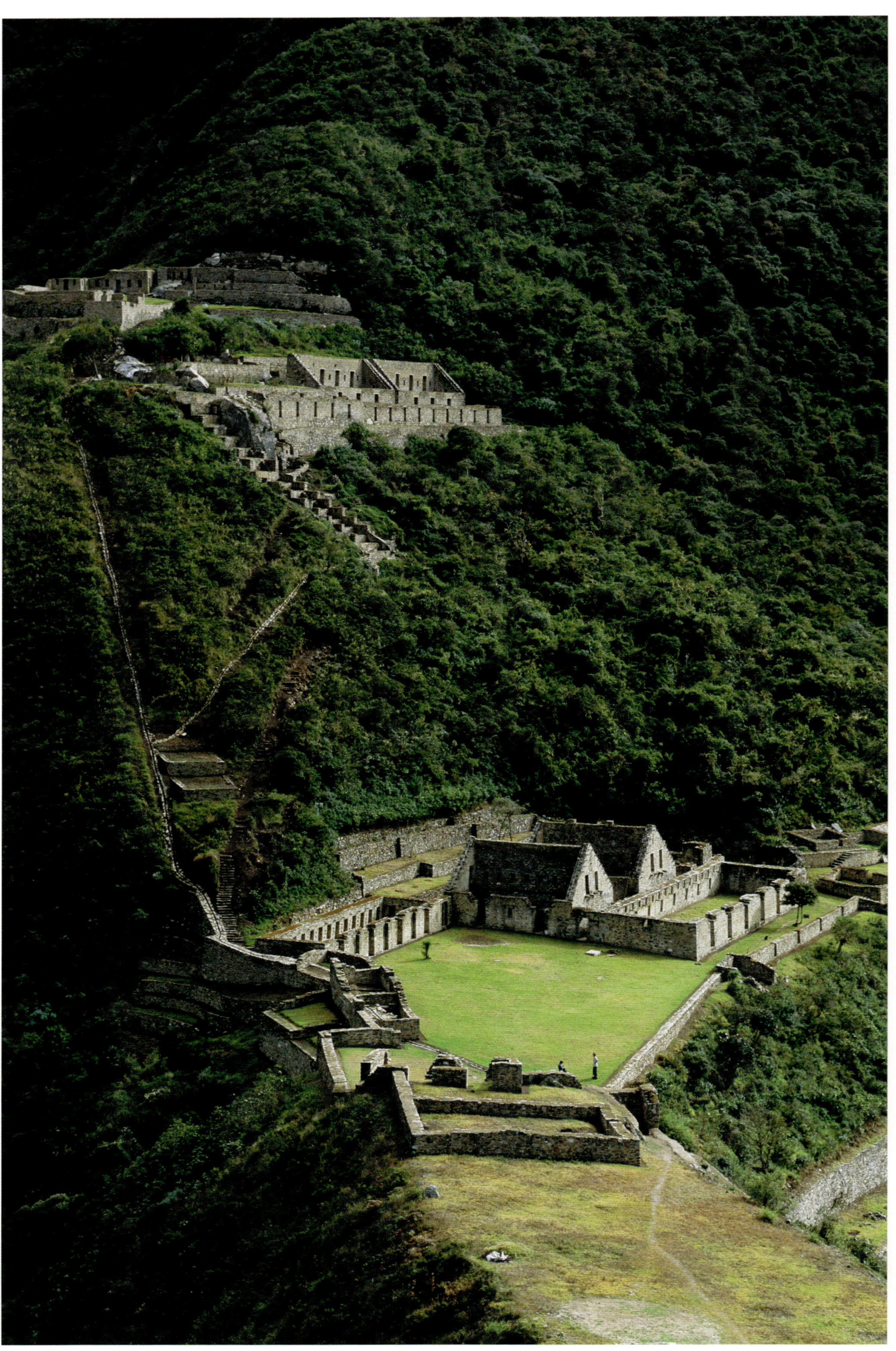

GORDON WILTSIE | 2004 | PÉROU *Théâtre de cérémonies incas.*

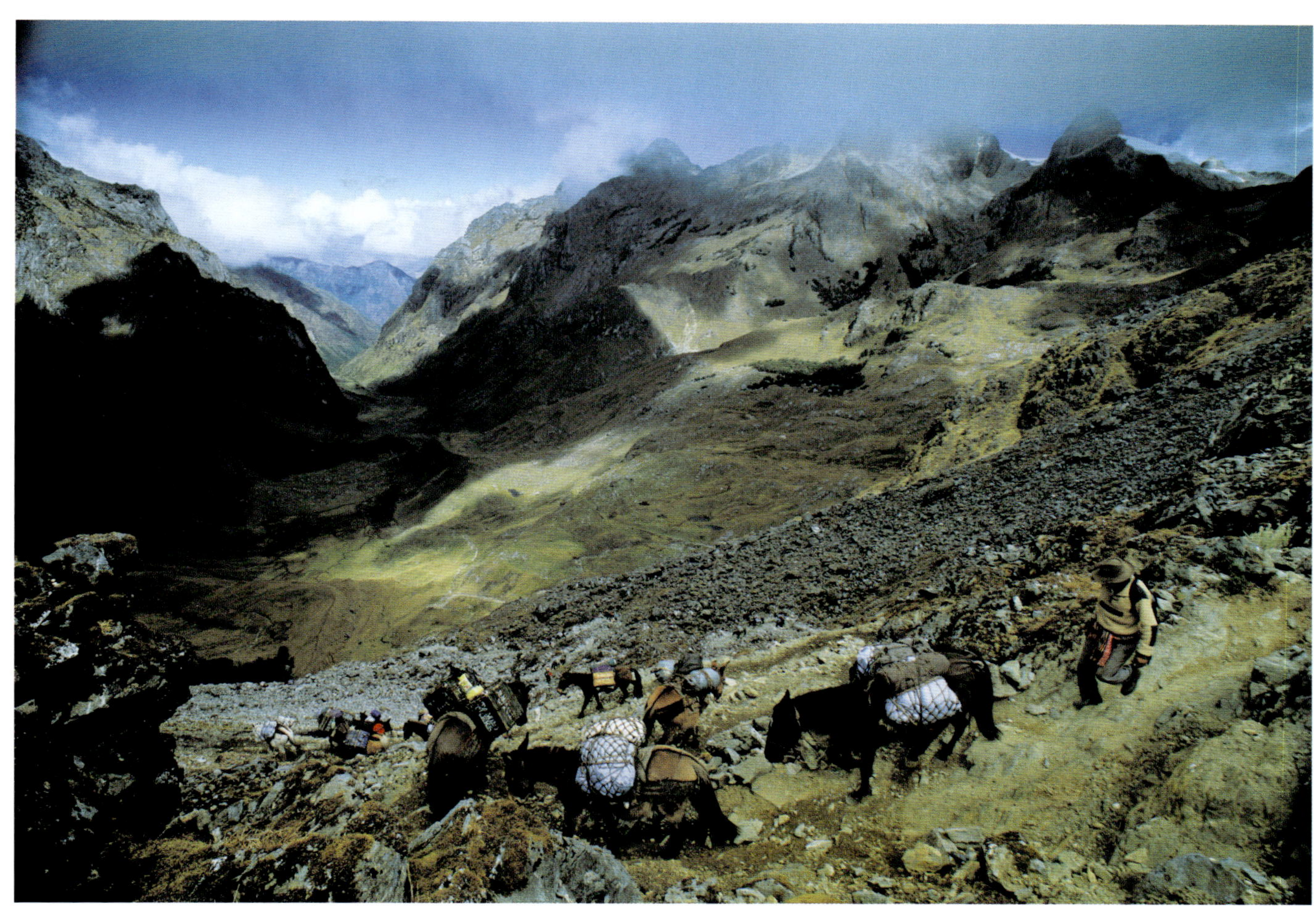

GORDON WILTSIE | 2004 | PÉROU *La chaîne montagneuse de Vilcabamba.*

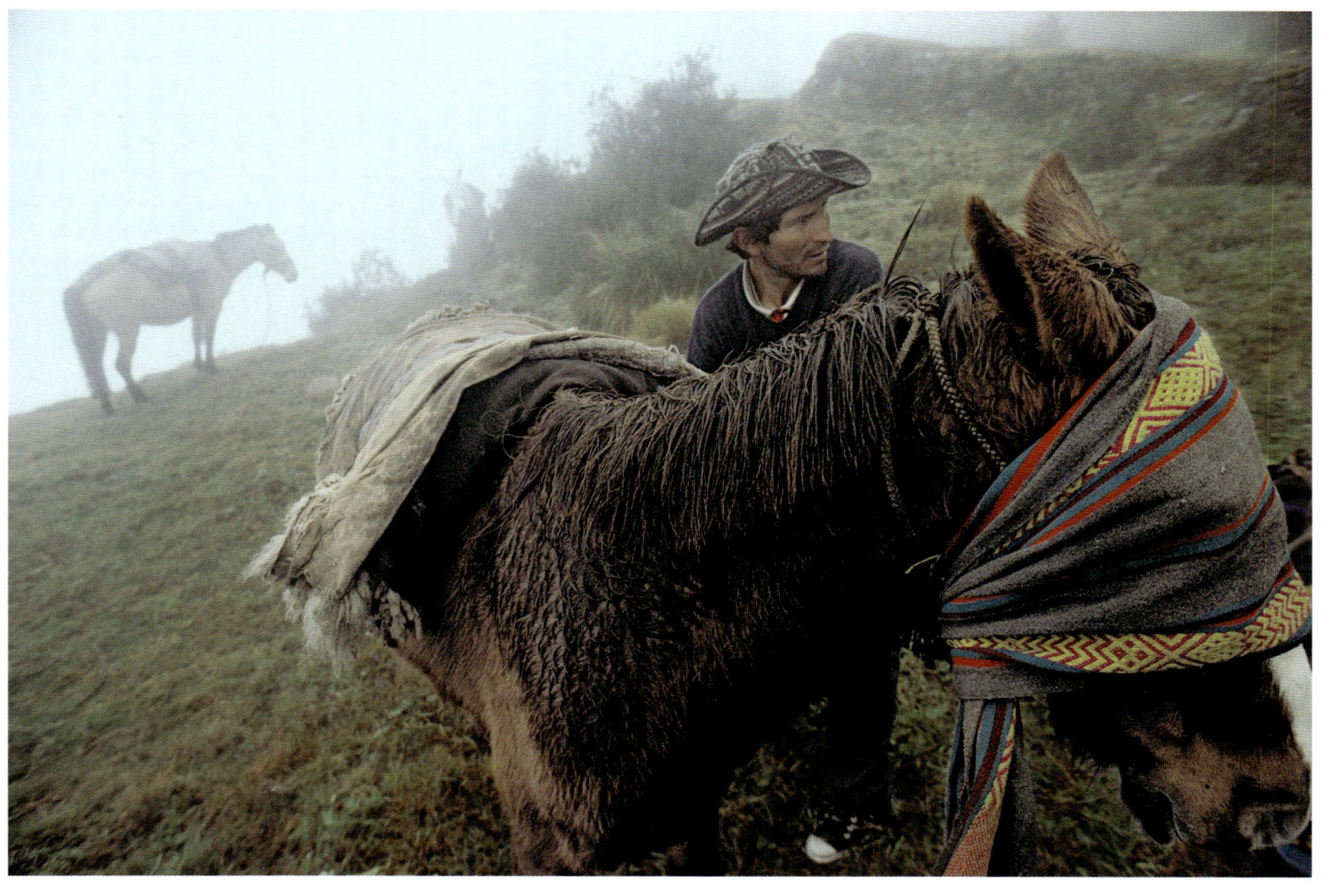

GORDON WILTSIE | 2004 | PÉROU *Pose d'œillères sur un cheval de somme particulièrement nerveux.*

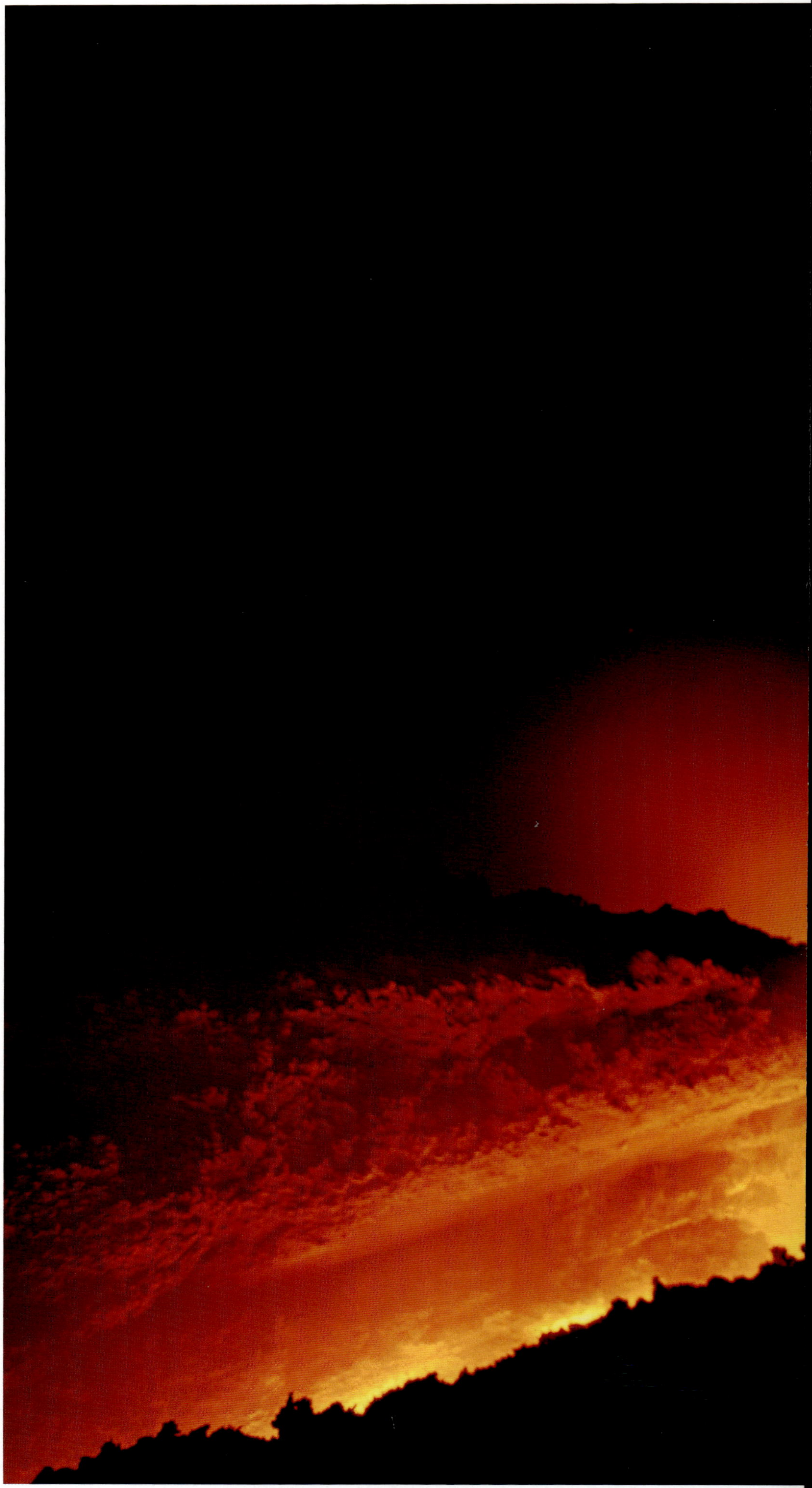

« Nous pensons avoir tout compris de la Terre et de sa géologie, explique l'intrépide photographe Carsten Peter, mais lorsque nous plongeons notre regard dans un cratère volcanique, nous savons que nous ne comprendrons jamais cette incroyable puissance. »

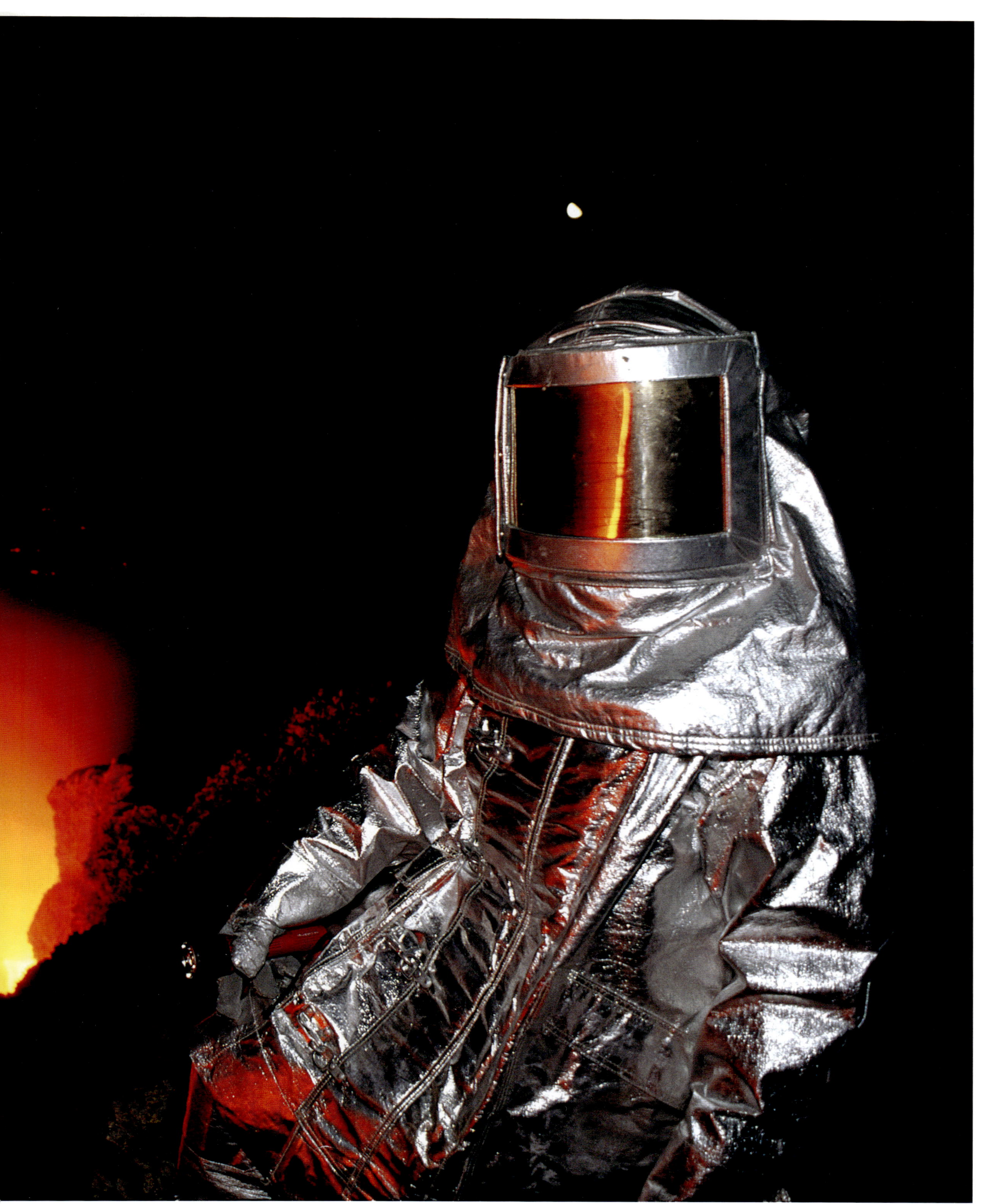

CARSTEN PETER | 2004 | ÉTHIOPIE *Sur les bords du volcan.*

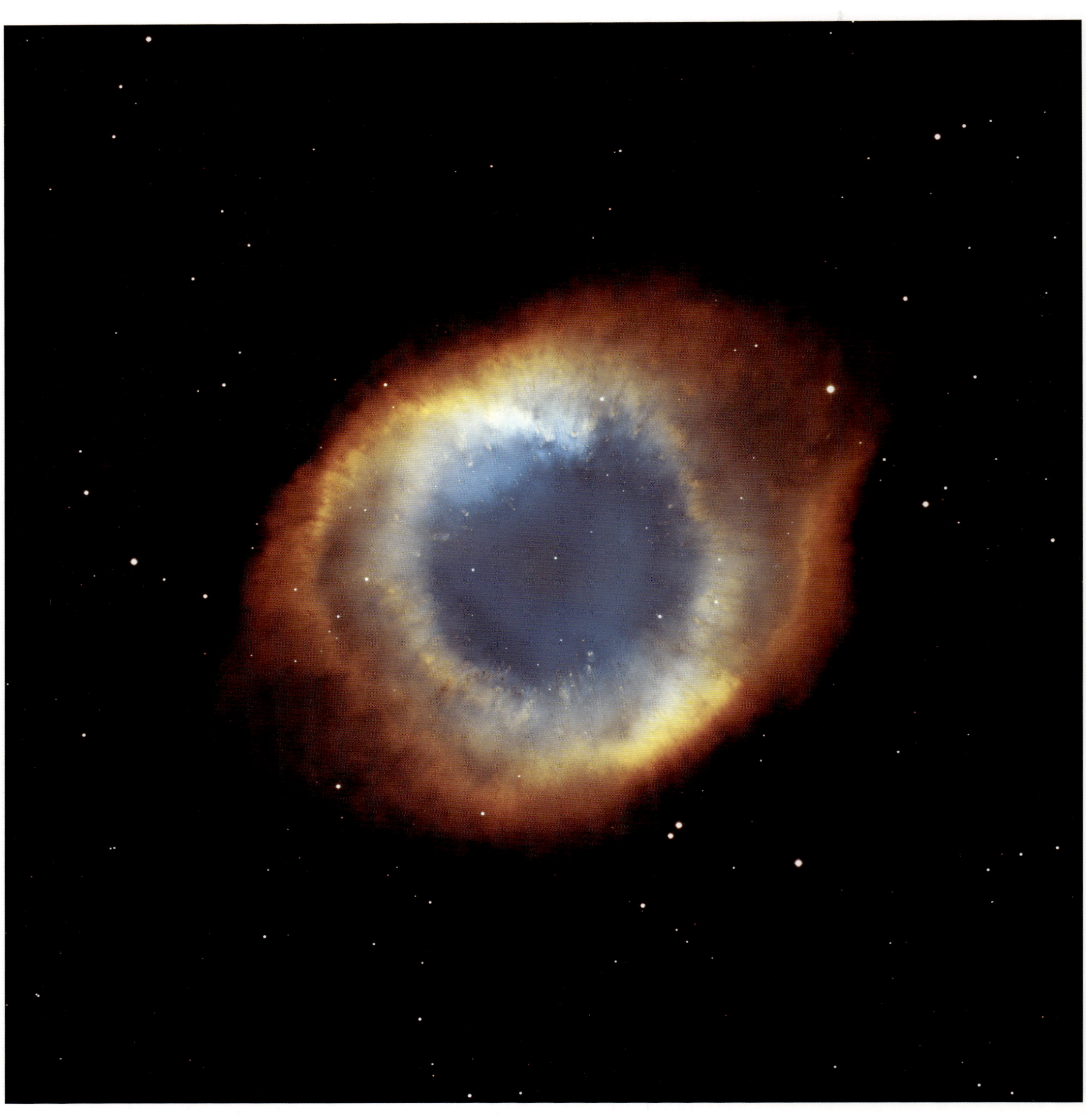

NASA | 2003 | LA VOIE LACTÉE *La nébuleuse Hélix.*

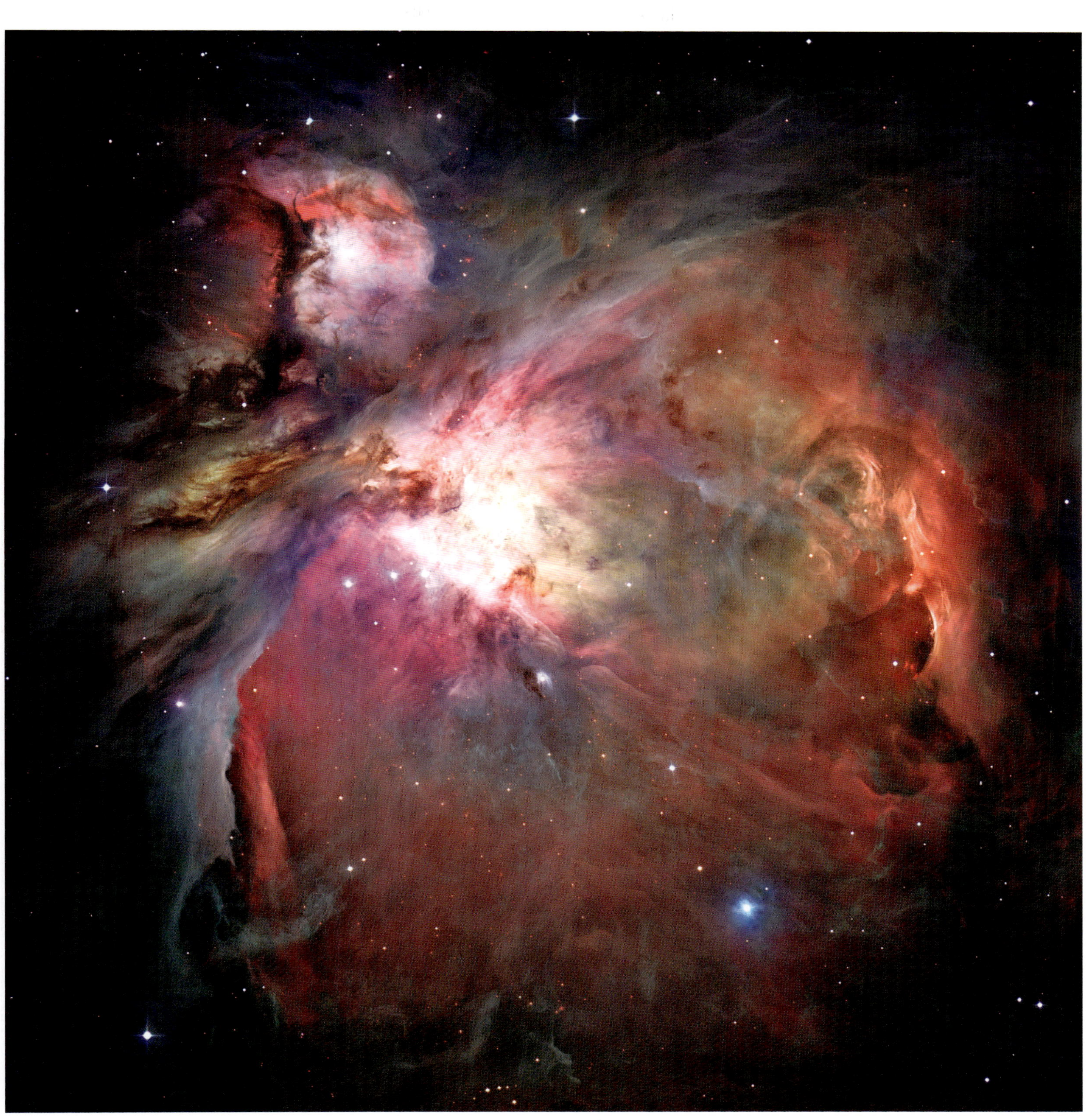

NASA | ESA | 2005 | LA VOIE LACTÉE *La nébuleuse Orion.*

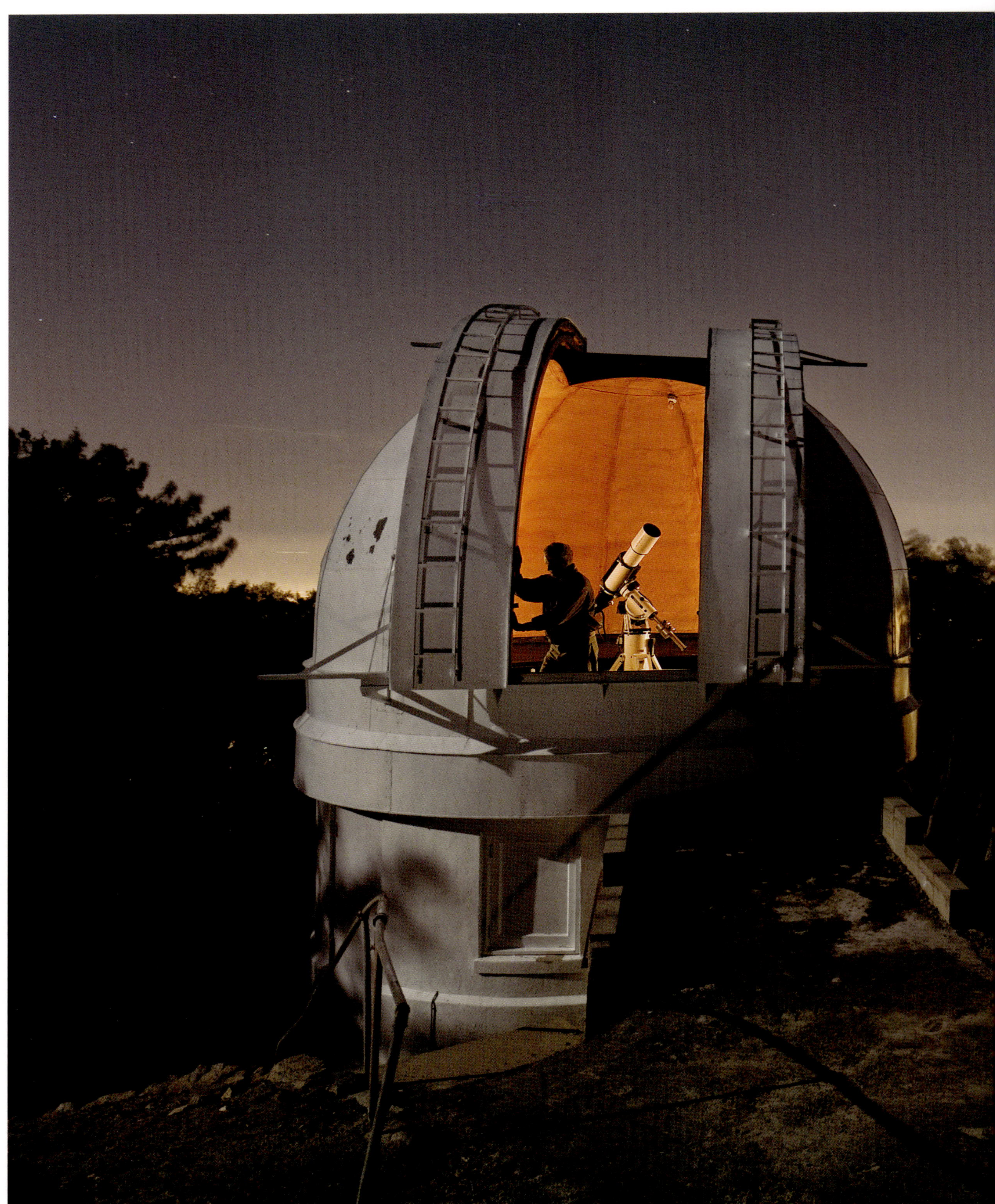

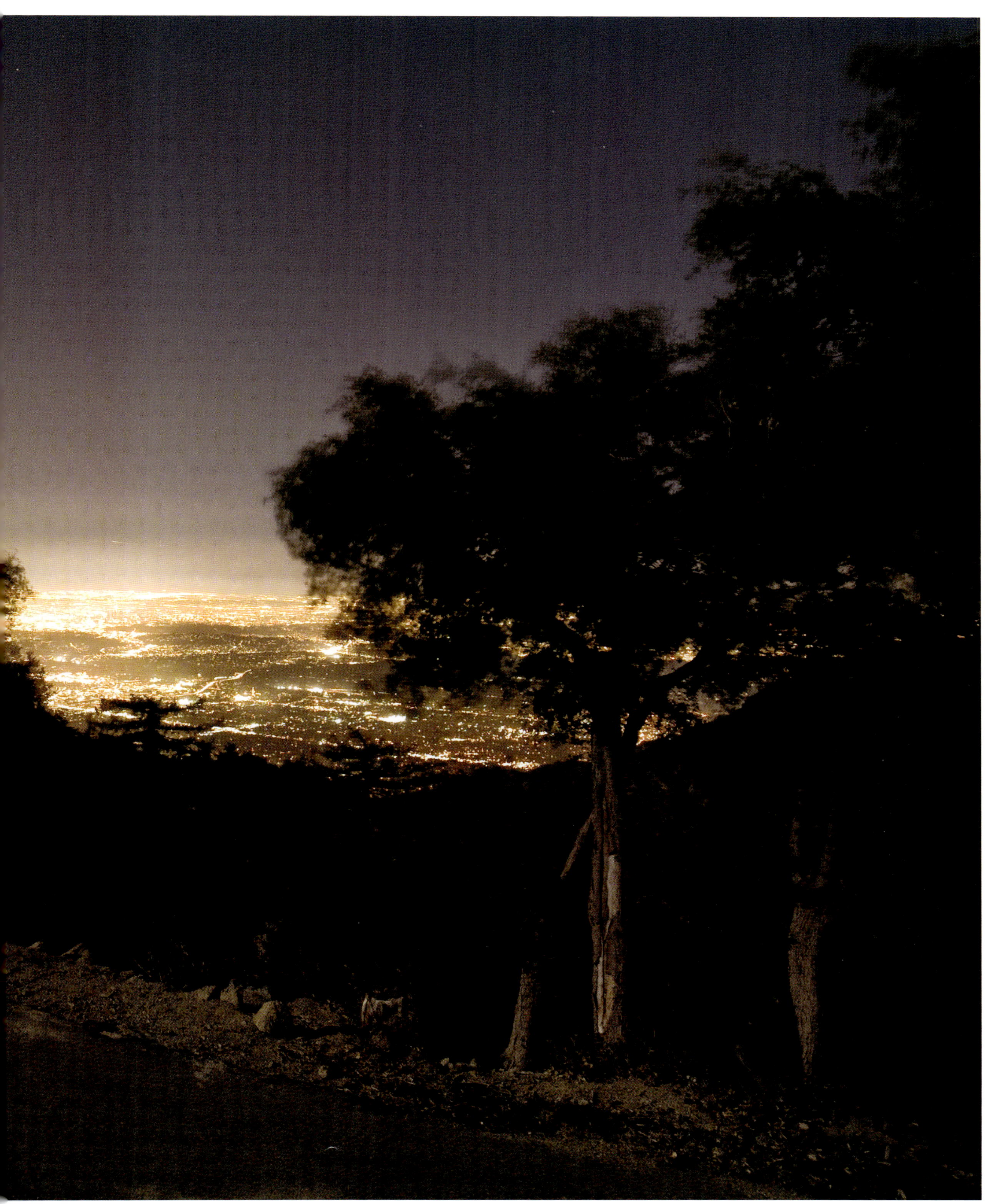

JIM RICHARDSON | 2008 | ÉTAT DE CALIFORNIE, ÉTATS-UNIS *Inventaire d'étoiles à l'Observatoire du mont Wilson.*

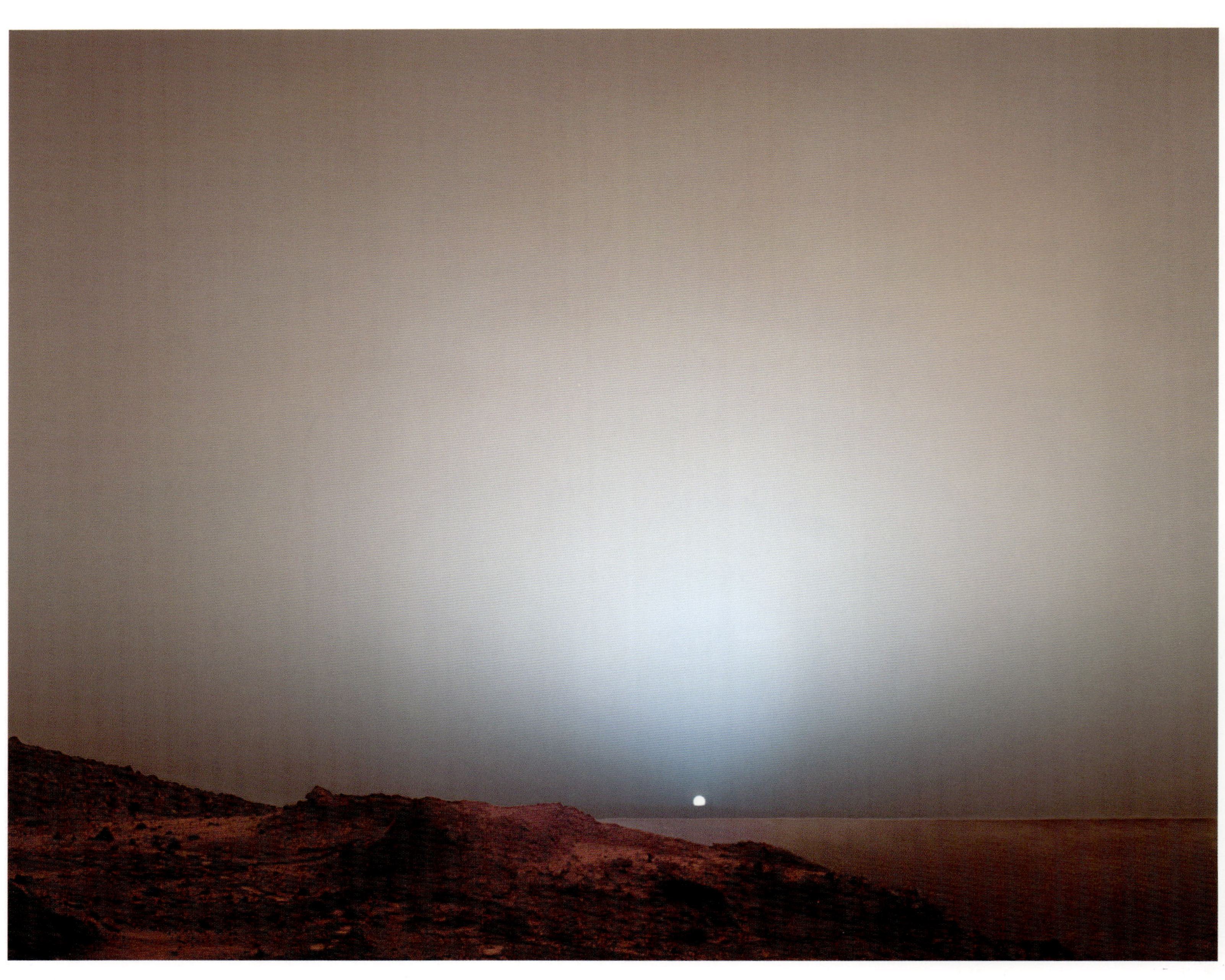

 NASA | 2008 | MARS *Crépuscule sur Mars.*

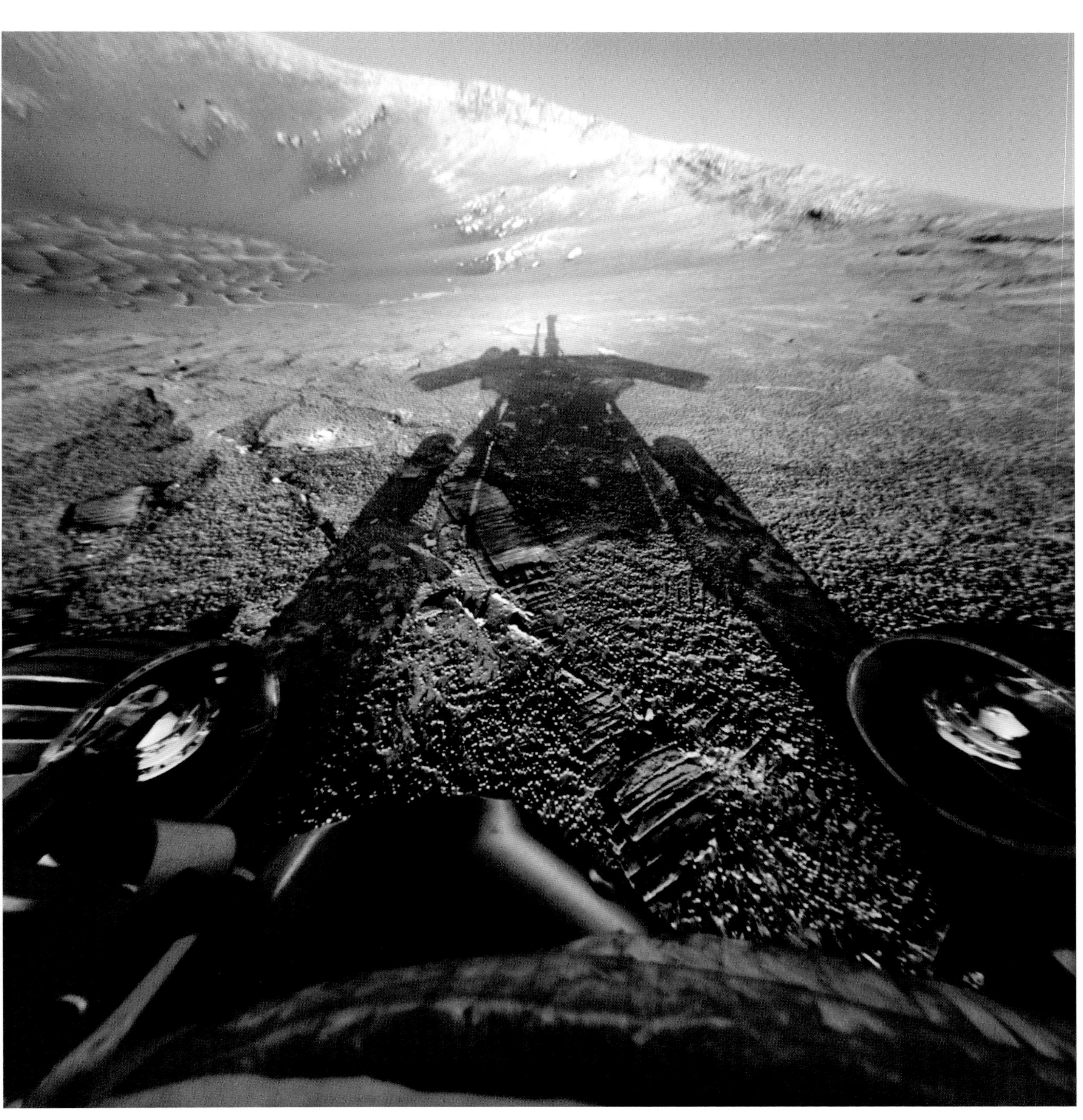

NASA | 2008 | MARS *Le robot* Opportunity *dans le cratère Endurance.*

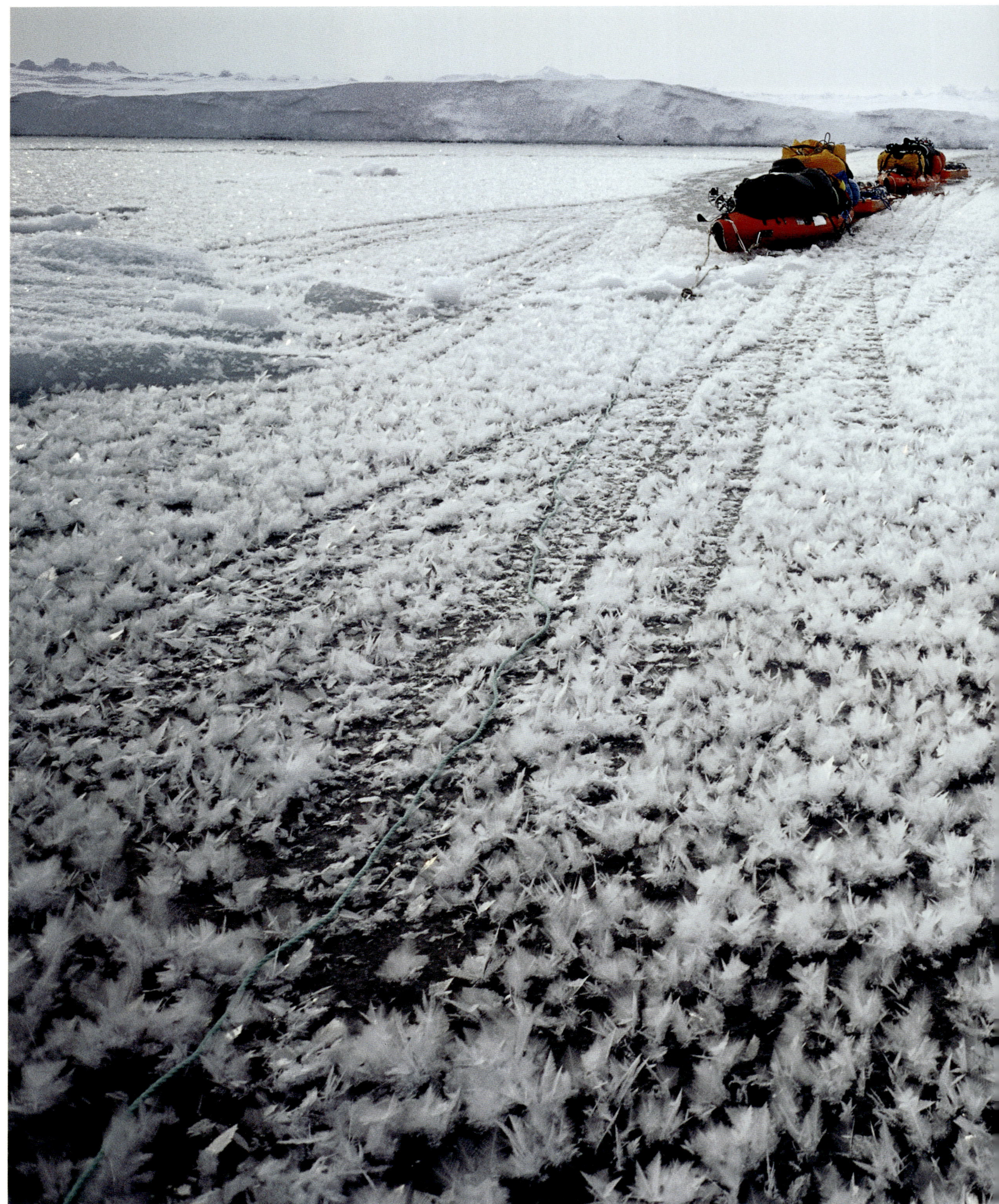

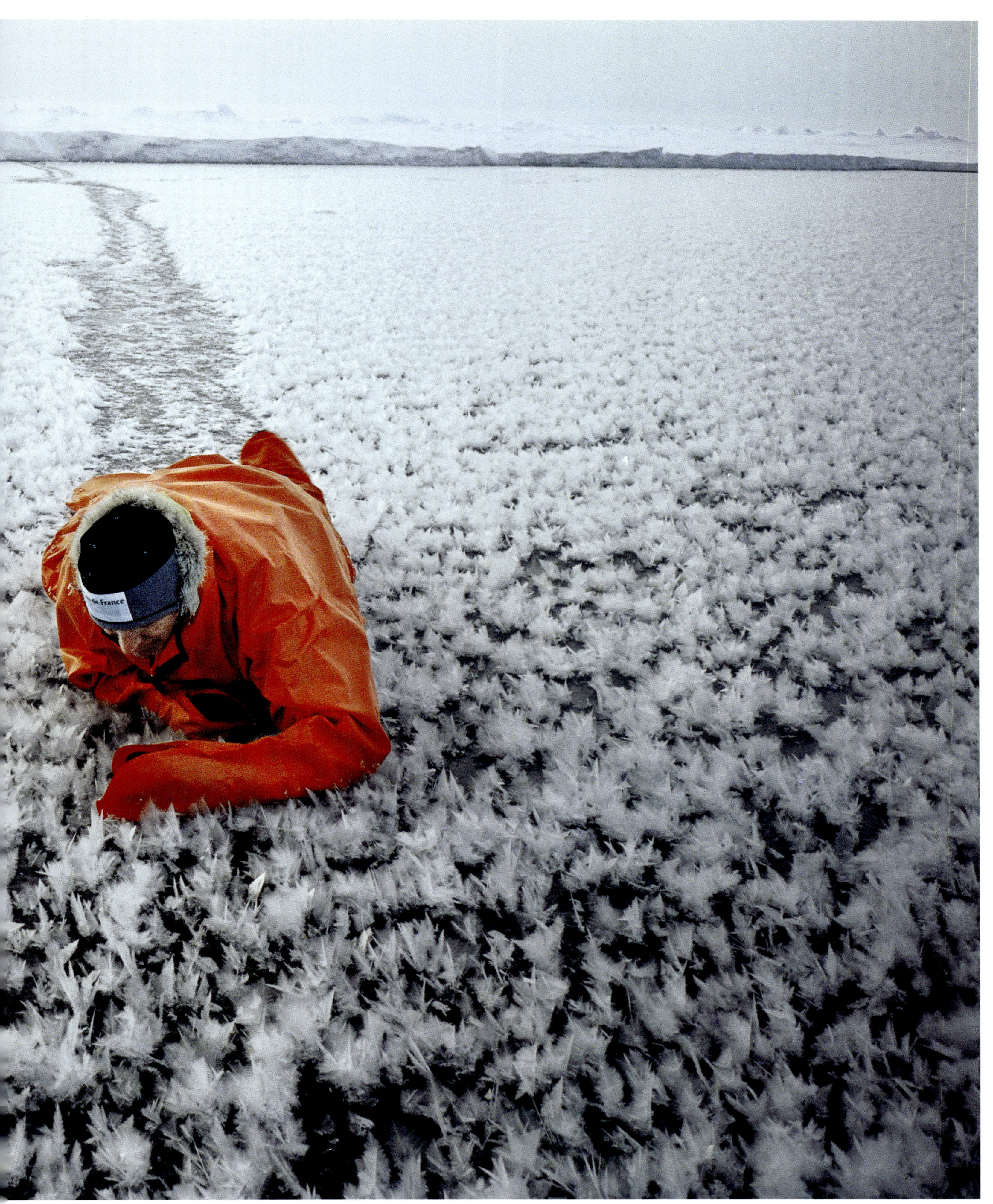

BORGE OUSLAND | 2009 | OCÉAN ARCTIQUE *Sur une mince couche de glace.*

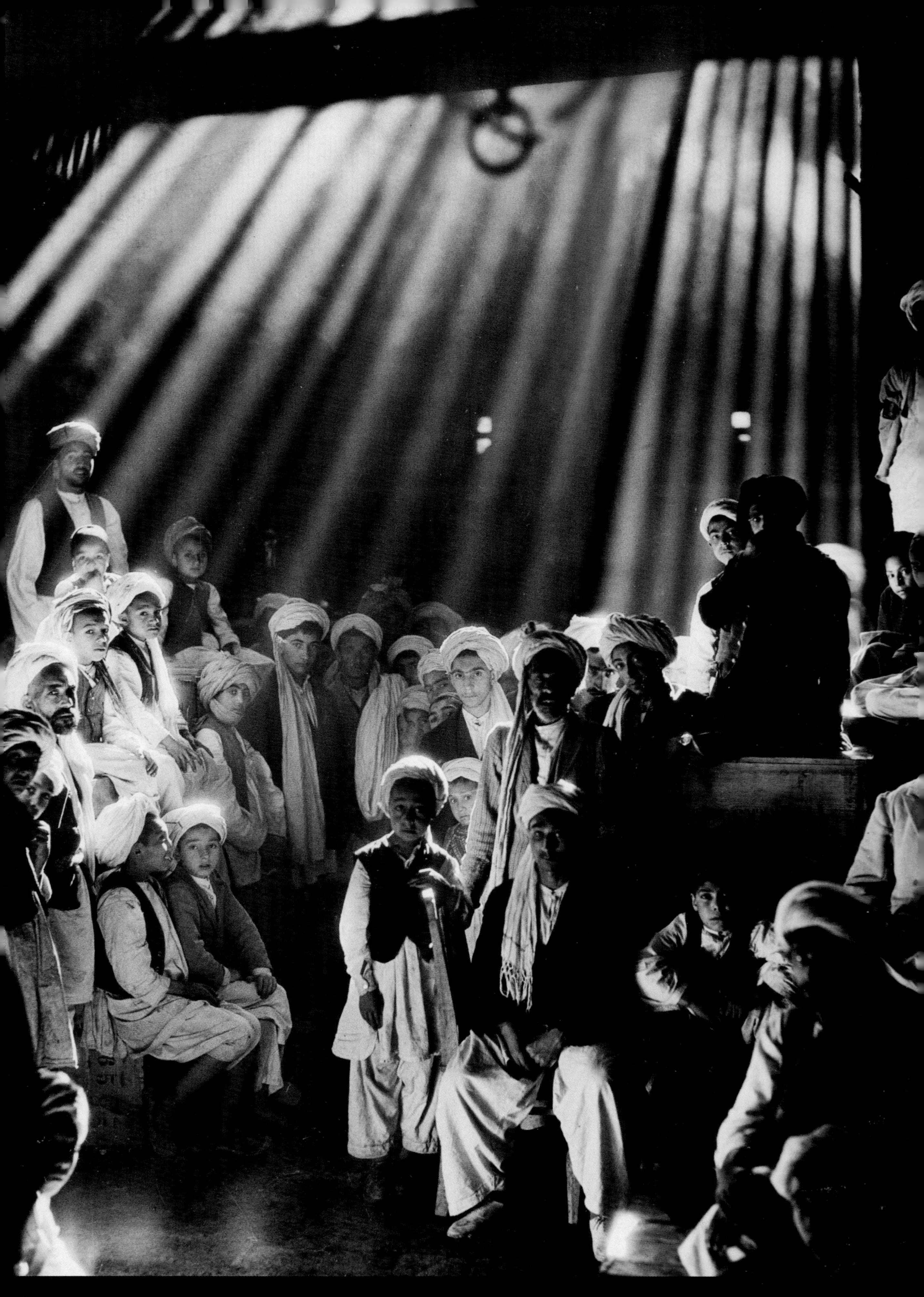

MAYNARD OWEN WILLIAMS | 1931 | AFGHANISTAN *Dans un entrepôt d'Hérat*

l'expédition citroën-haardt

MAYNARD OWEN WILLIAMS, DU NATIONAL GEOGRAPHIC, se souviendra toujours de la « grande aventure » de sa vie, d'avril 1931 à février 1932, où il accompagna en autochenille, cheval, chameau et yak l'expédition Citroën-Haardt (parrainée par la France) entre Beyrouth et Pékin : 13 000 km d'errances spectaculaires et pleines de couleurs.

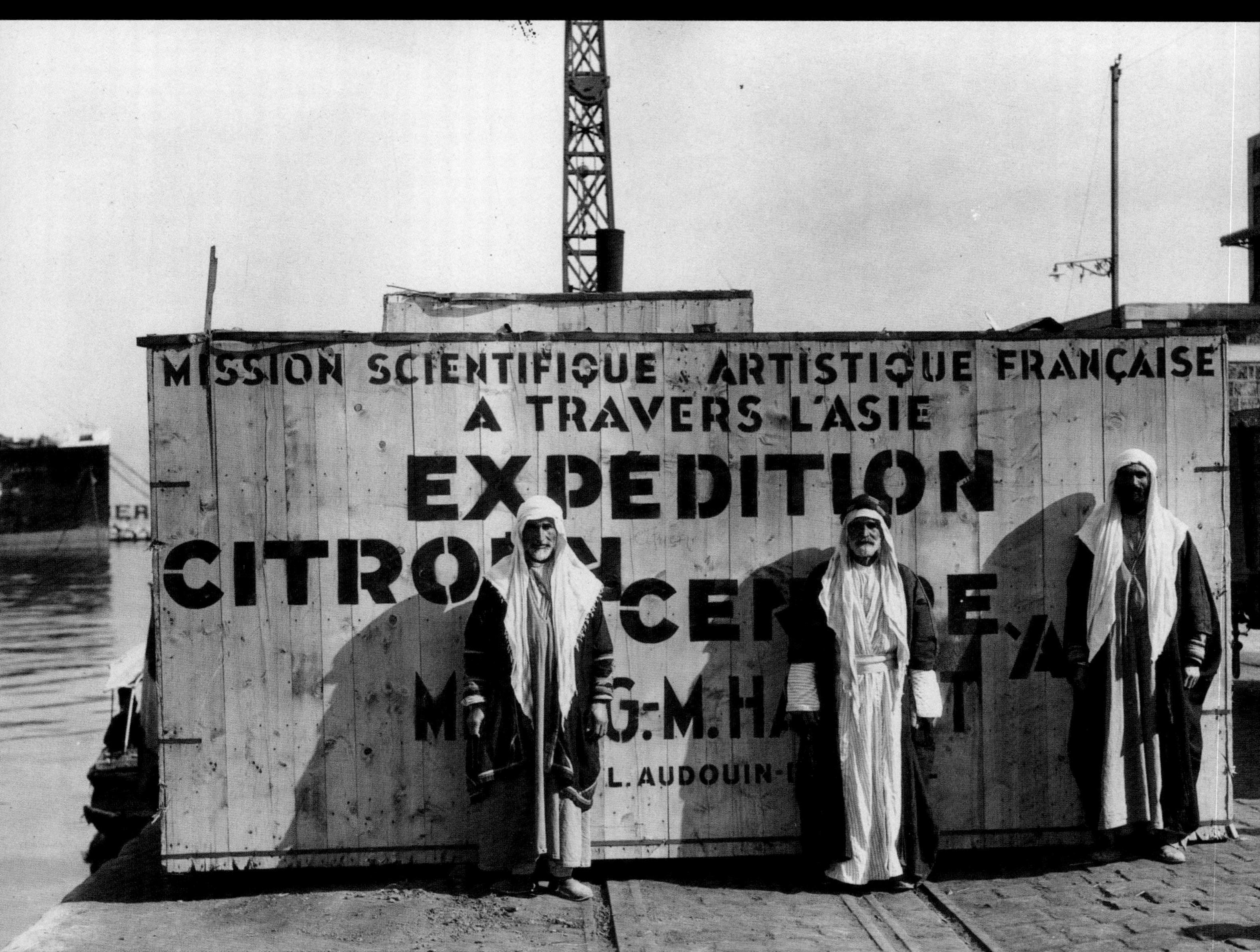

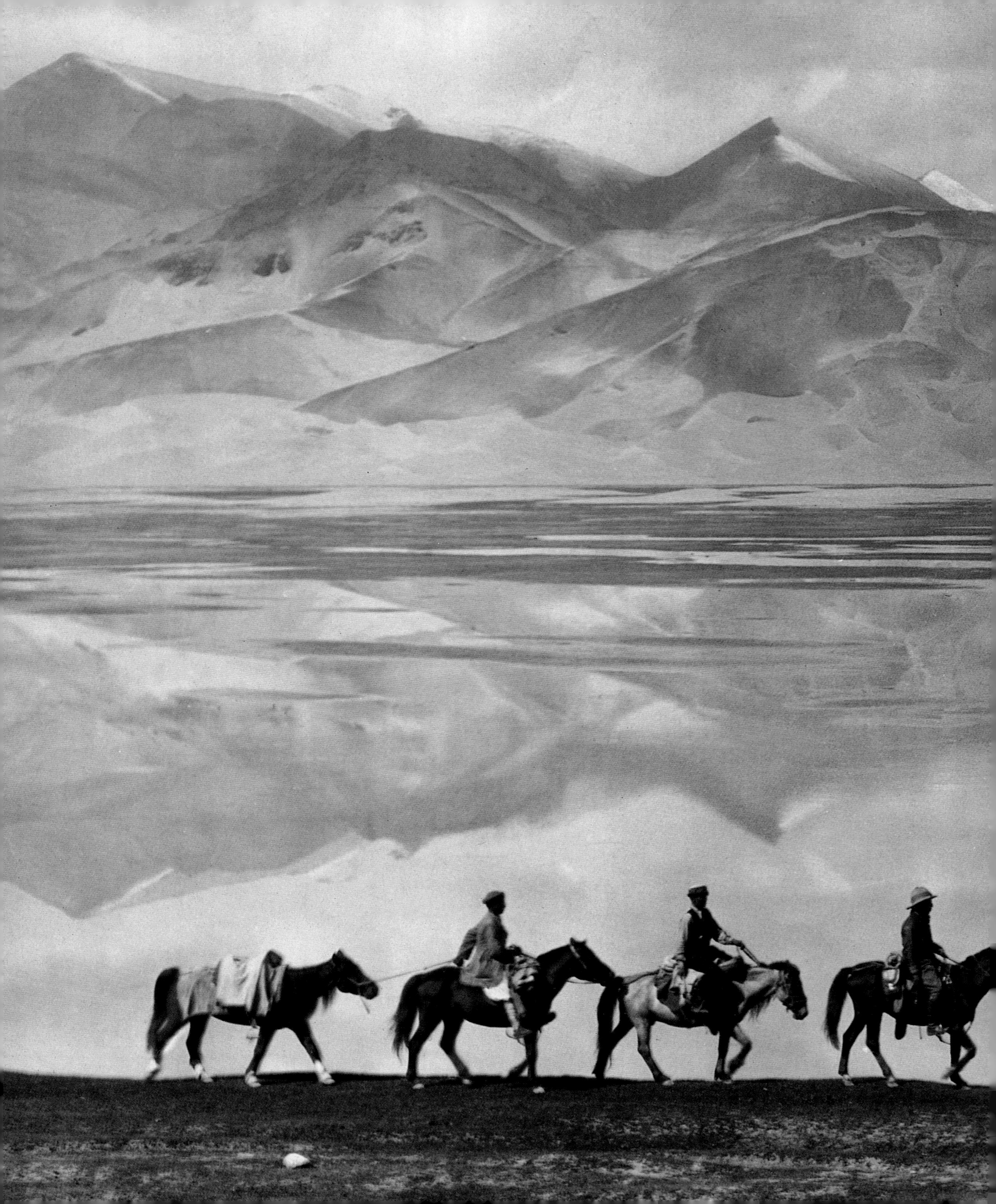

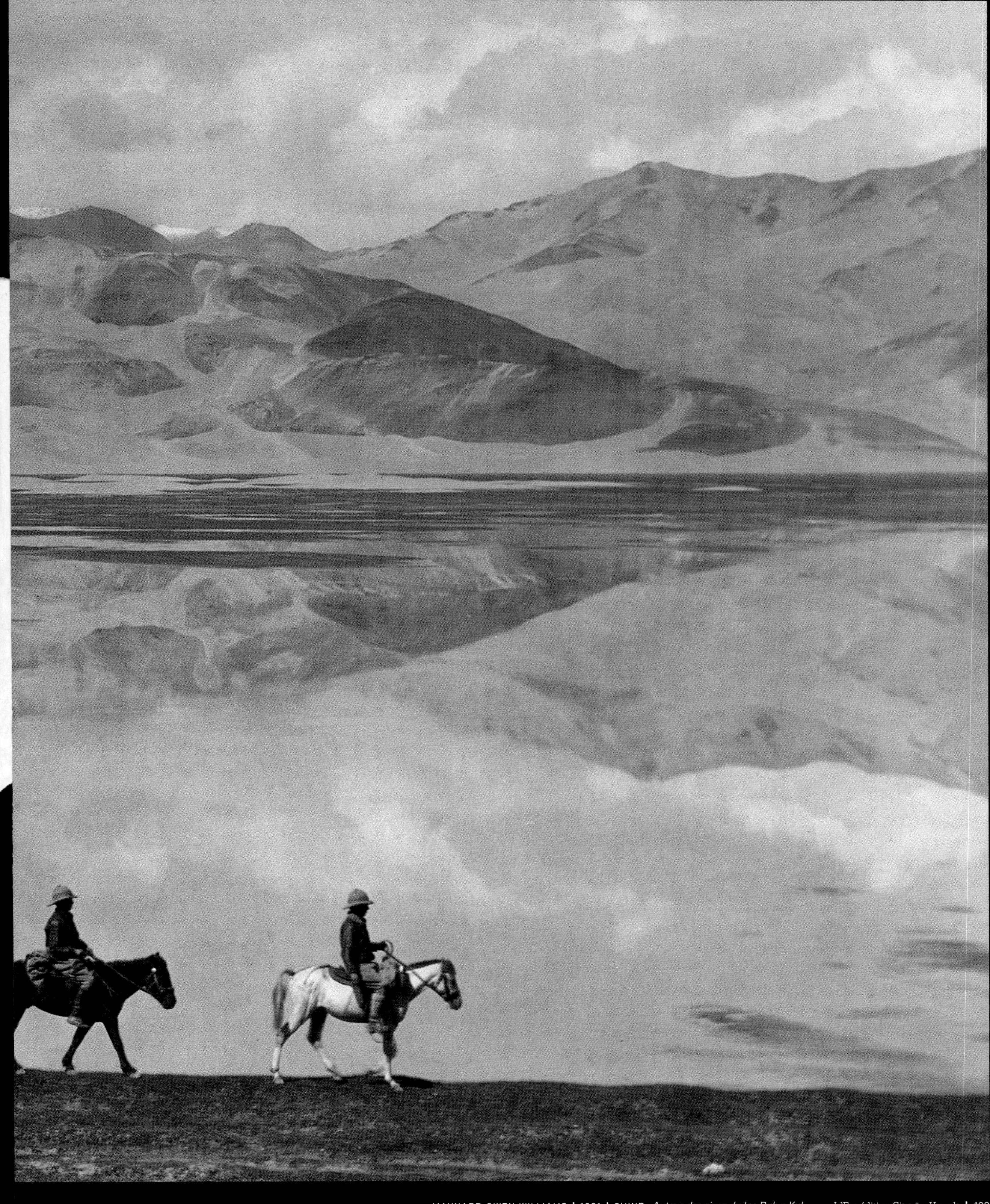

MAYNARD OWEN WILLIAMS | 1931 | CHINE *Autour des rives du lac Bulun Kul.*

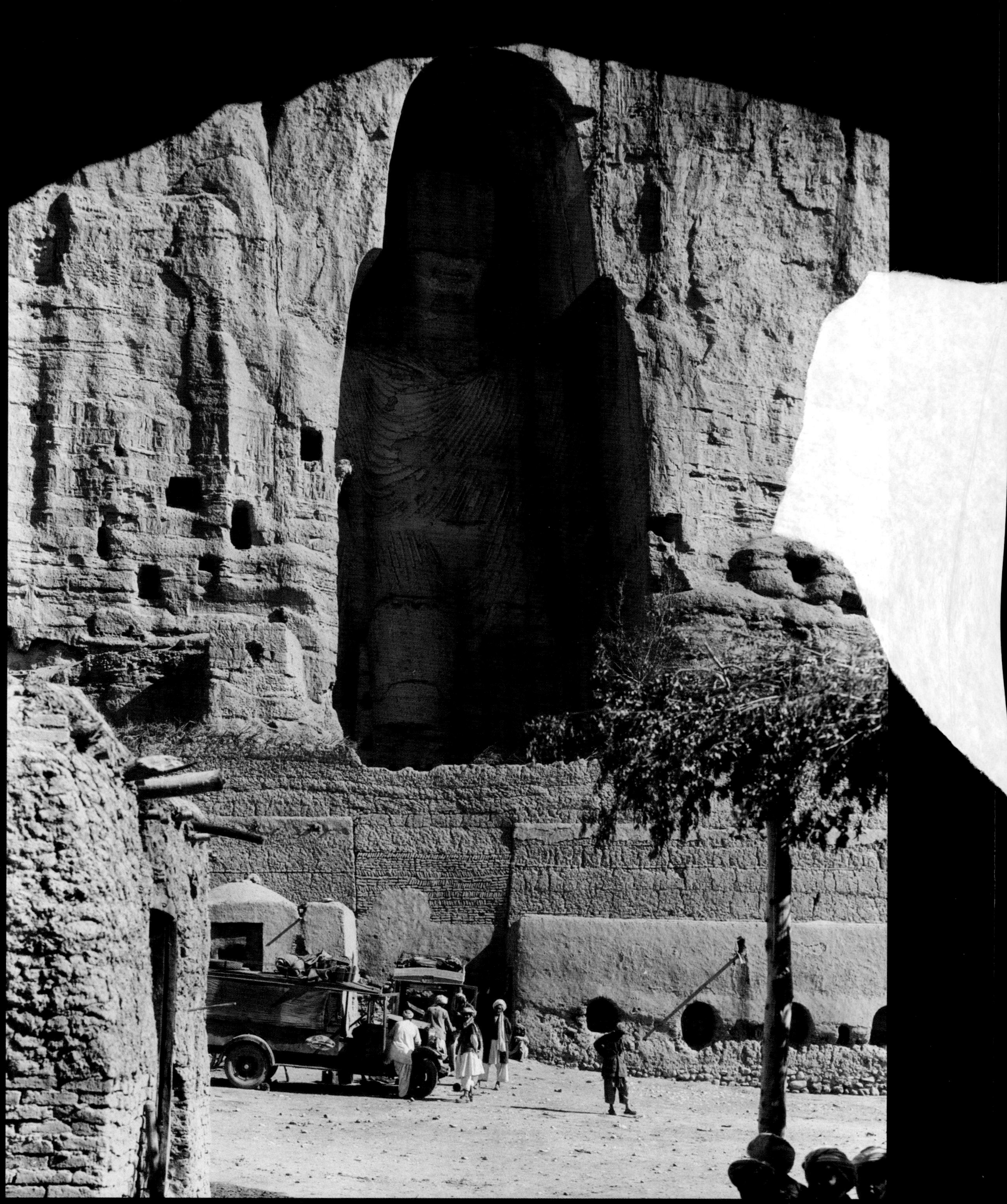

MAYNARD OWEN WILLIAMS | 1931 | AFGHANISTAN *Le Grand Bouddha de Bamian.*

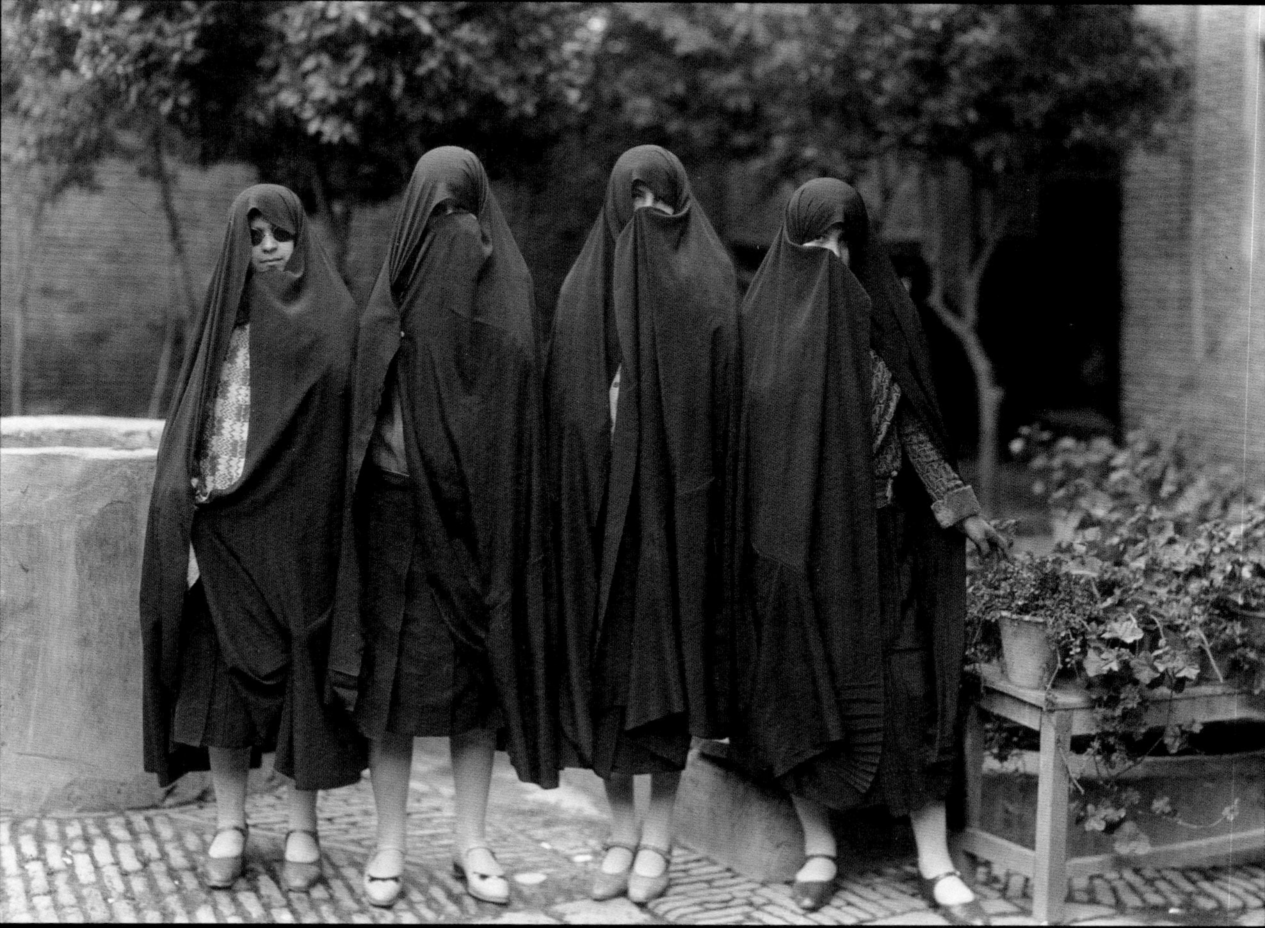

MAYNARD OWEN WILLIAMS | 1931 | IRAN *Écolières persanes.*

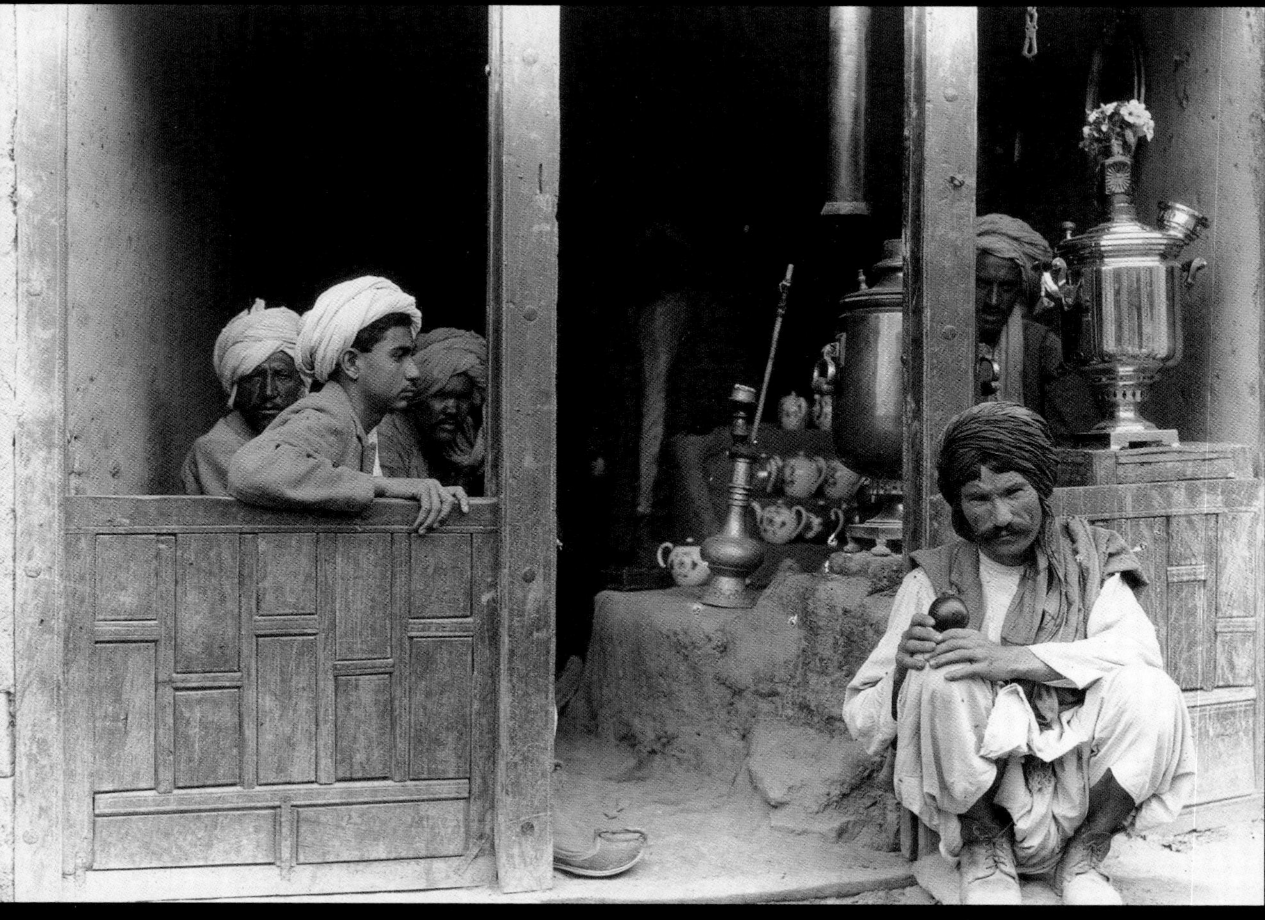

MAYNARD OWEN WILLIAMS | 1931 | AFGHANISTAN *Dans un bazar afghan.*

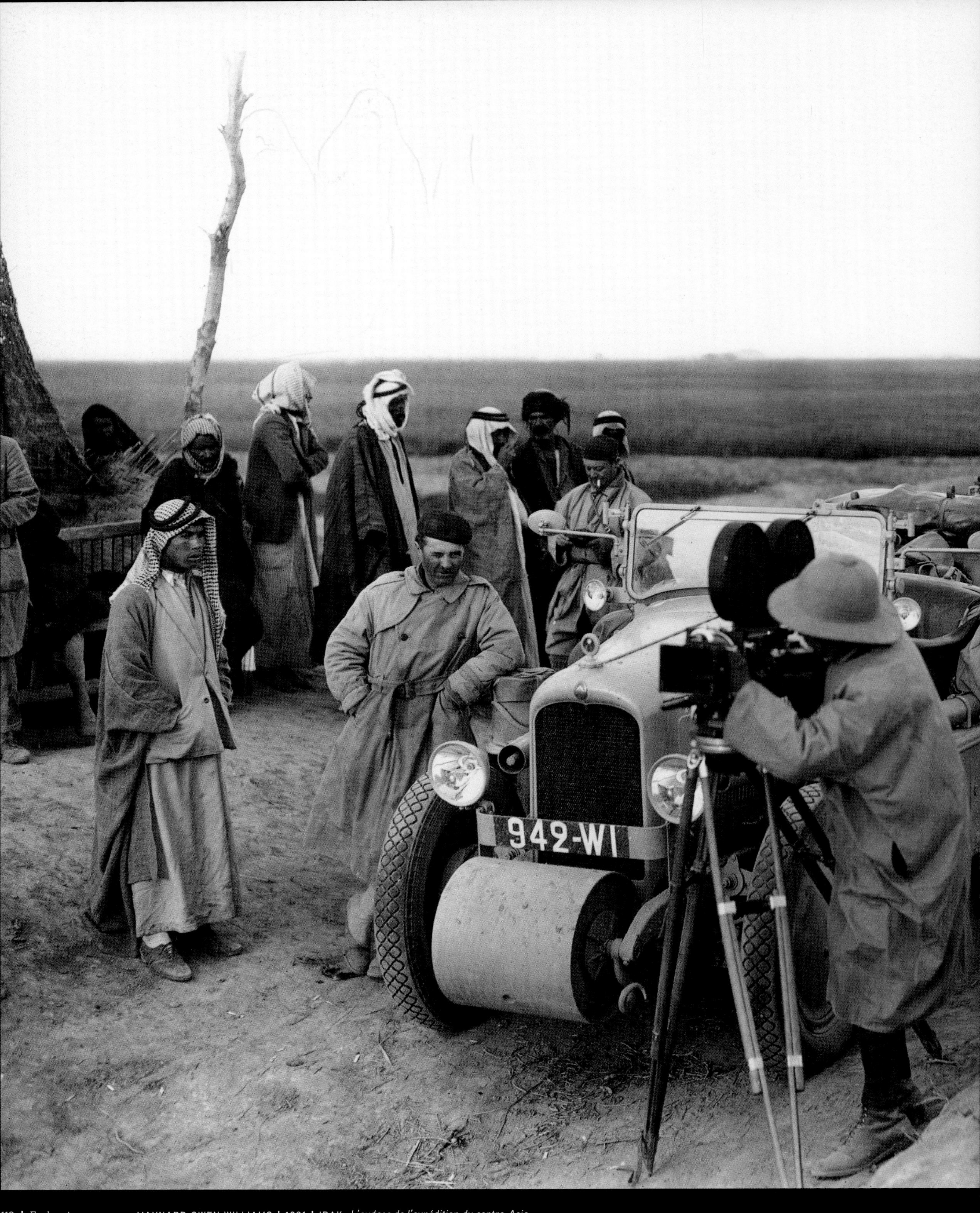

MAYNARD OWEN WILLIAMS | 1931 | IRAK *L'audace de l'expédition du centre-Asie.*

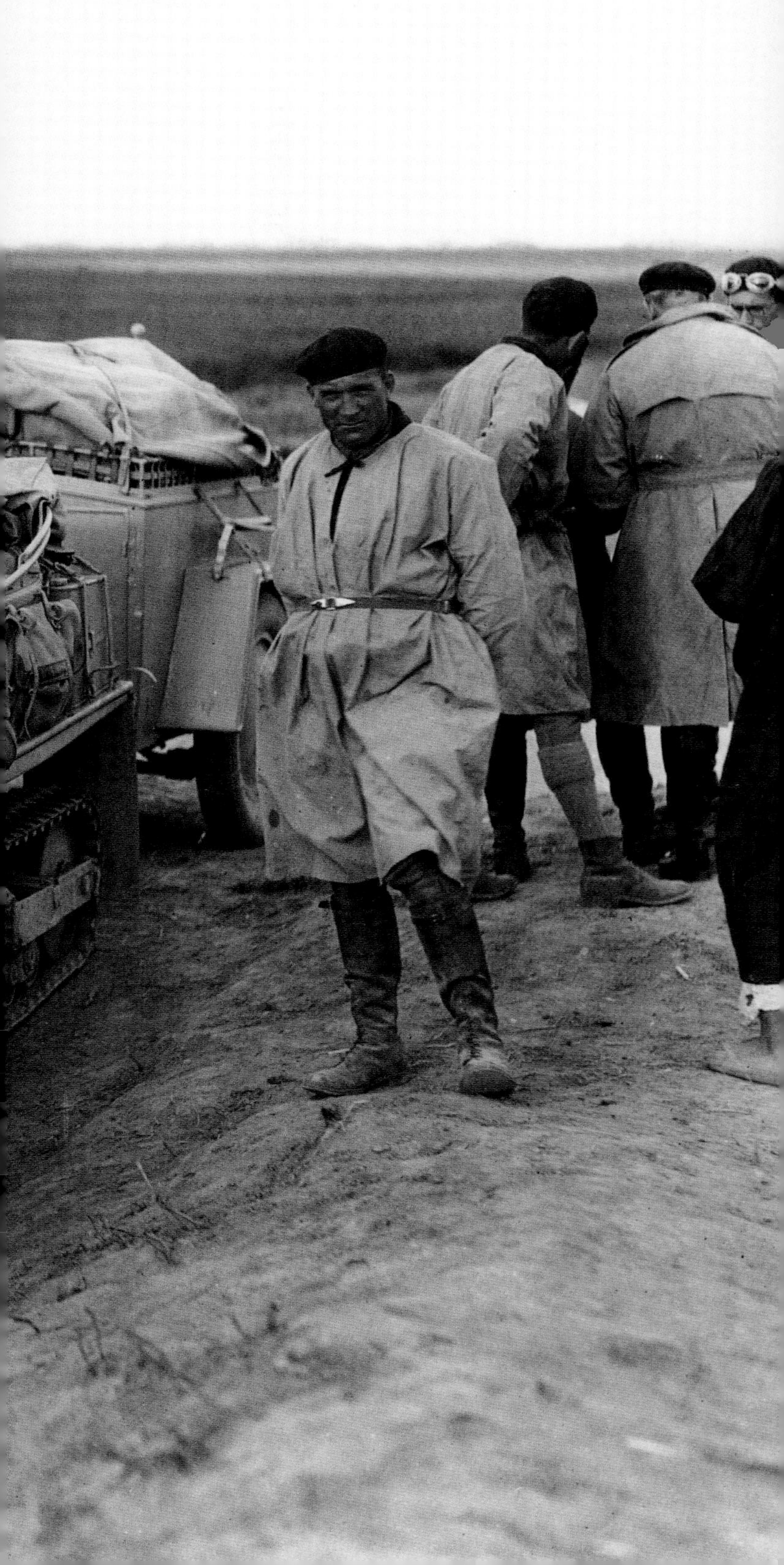

VIE SAUVAGE

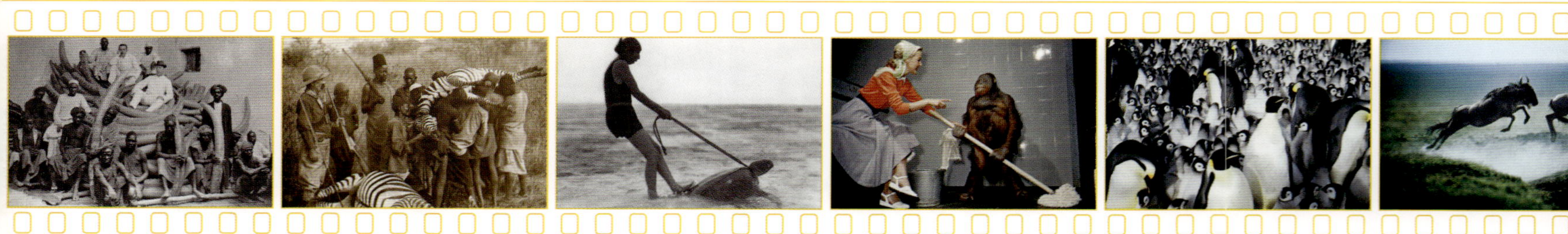

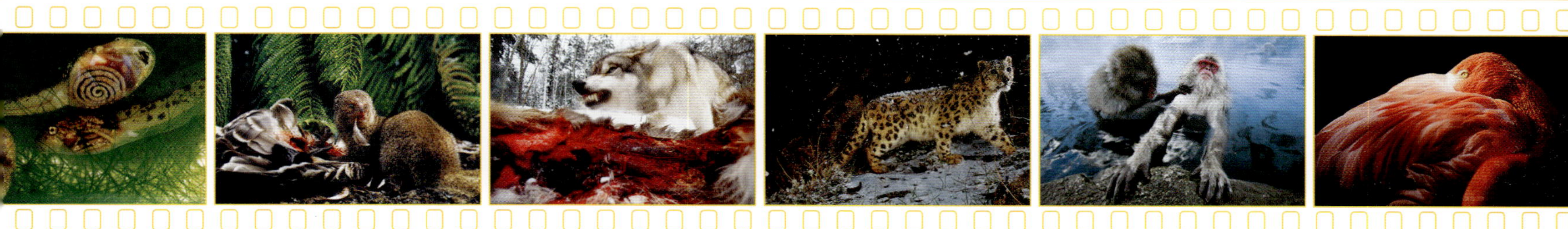

LES ANIMAUX SAUVAGES, IL Y A UN SIÈCLE ET PLUS, ÉTAIENT TRÈS difficiles à photographier dans leur cadre naturel. Il était plus facile de placer le lourd appareil photo sur un trépied et d'enregistrer des trophées de chasse que d'entreprendre une poursuite laborieuse ; cela, juste pour entendre s'enfuir sa « proie » dans un craquement de broussailles ou un bruissement d'ailes. Un photographe de l'époque baptisa ce type de reportage « À la recherche des occasions manquées ».

Cependant, dans d'autres branches du métier, les progrès de l'équipement et de la technique donnèrent lieu à des clichés de plus en plus artistiques. Dès 1906, le *National Geographic* publia 74 photos d'animaux nocturnes éclairés au flash. Depuis ce numéro historique, la Society parraine énergiquement tout perfectionnement en la matière. Les avantages apportés par les pellicules à grande sensibilité, les appareils portables ou la technologie numérique ont été exacerbés (notamment pour les photos sous-marines) par les perfectionnements ingénieux que les photographes et les techniciens du magazine mirent au point. Il en résulte aujourd'hui une somptueuse collection d'images où figurent des créatures de tous formats - de l'insecte microscopique à la baleine gigantesque.

Au cours des décennies, la qualité de ces images, leur réalisme et leur caractère spectaculaire ont ravivé l'intérêt du grand public pour la faune sauvage alors que le souci de préservation ne faisait que croître. Ces clichés rendent la grâce et la beauté de ces animaux mais aussi leur comportement, et témoignent de l'existence d'écosystèmes globaux. Beaucoup pensent que c'est là où excelle le *National Geographic* ; nous collaborons donc aujourd'hui avec la fine fleur des photographes du monde entier spécialisés en faune sauvage. Le défi est plus difficile à relever que celui de leurs prédécesseurs, qui pourtant eurent à vaincre tant d'obstacles pour enregistrer, en noir et blanc, ce qui fut et n'est plus aujourd'hui. Ils doivent en effet travailler encore plus dur, car chaque moment pénible passé à accomplir leur mission est consacré à la capture, avec un profond sens artistique, de ce qui demeure encore.

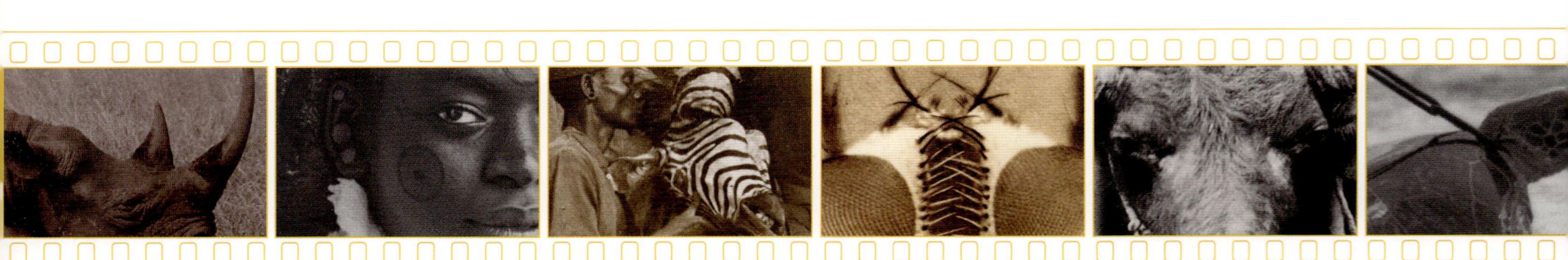

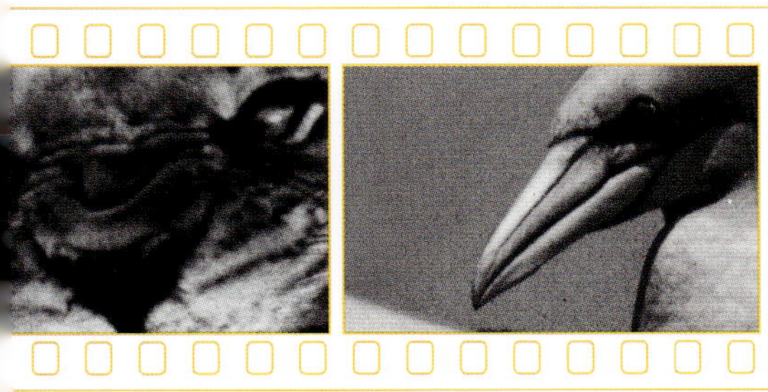

les premières photographies

LES PHOTOGRAPHES ÉTAIENT EMBARRASSÉS PAR UN ÉQUIPEMENT ET UNE technique encombrants, mais ils pouvaient toujours, s'ils n'avaient pas réussi à saisir des animaux vivants, se rabattre sur ceux qui avaient été tués au cours de la chasse. Ces images évoquent une époque où la faune sauvage abondait, tout en captant sur la pellicule les prémisses de son extinction.

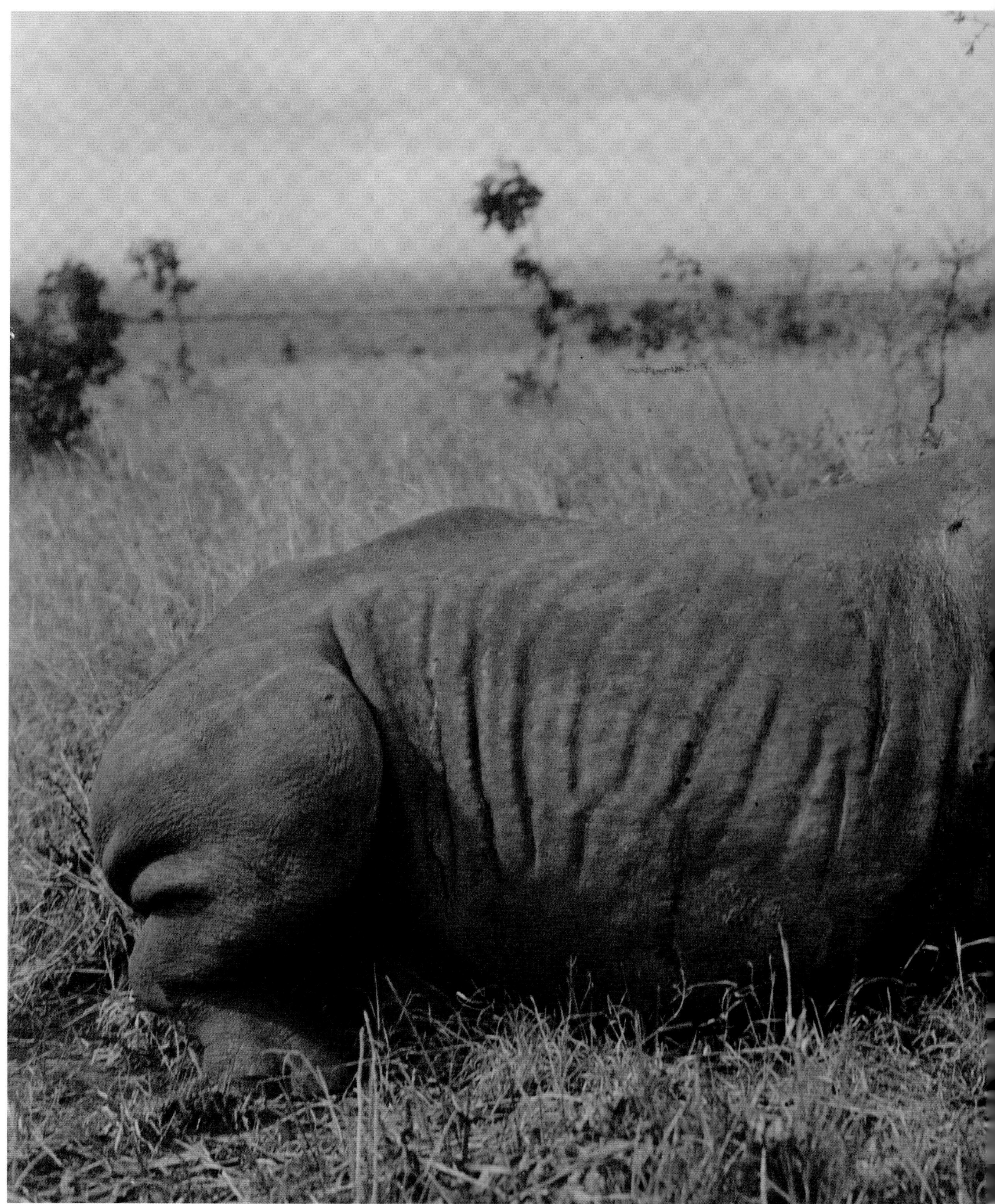

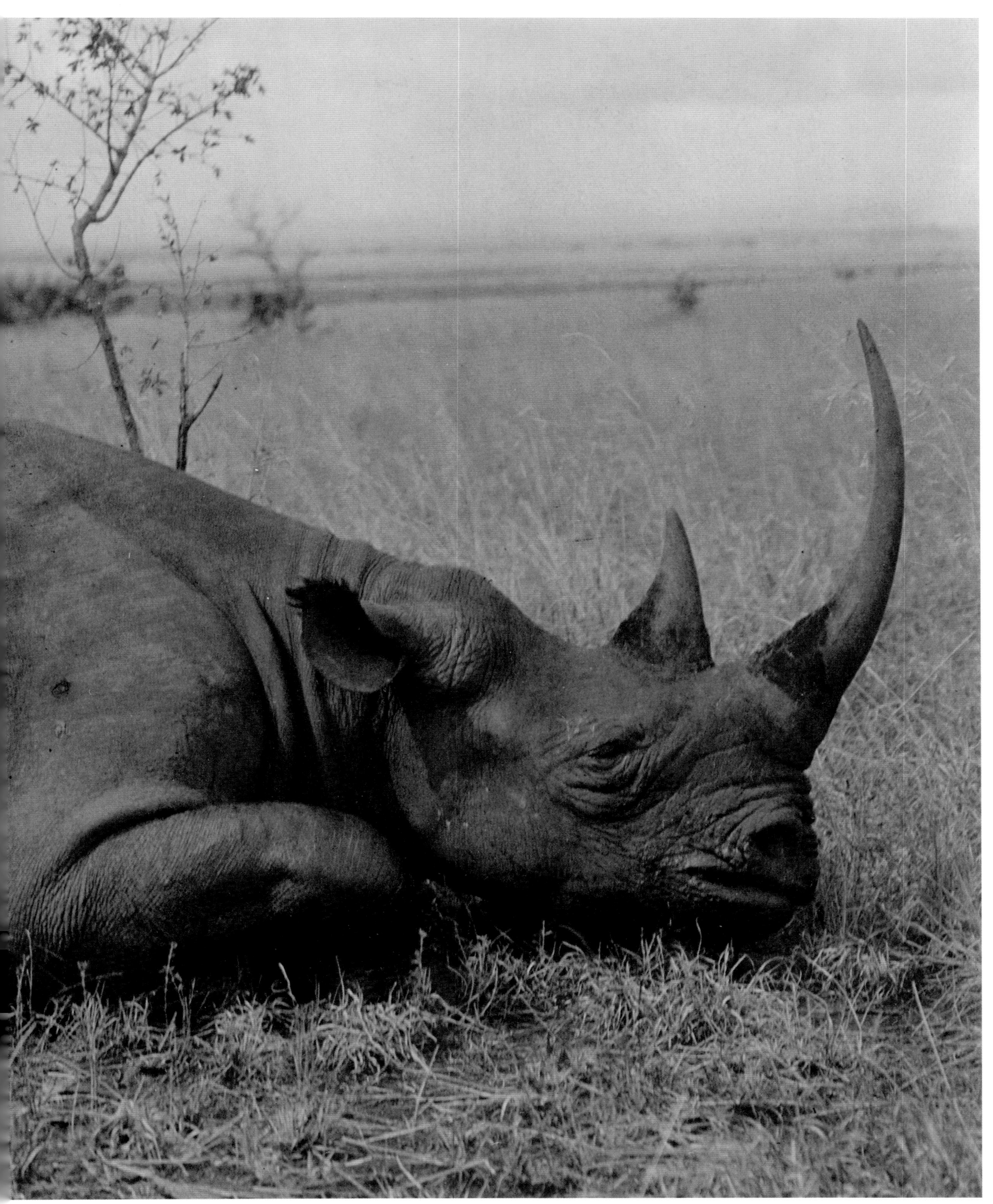

CARL ETHAN AKELEY | 1909 | AFRIQUE DE L'EST *Mort dans les herbes sèches.*

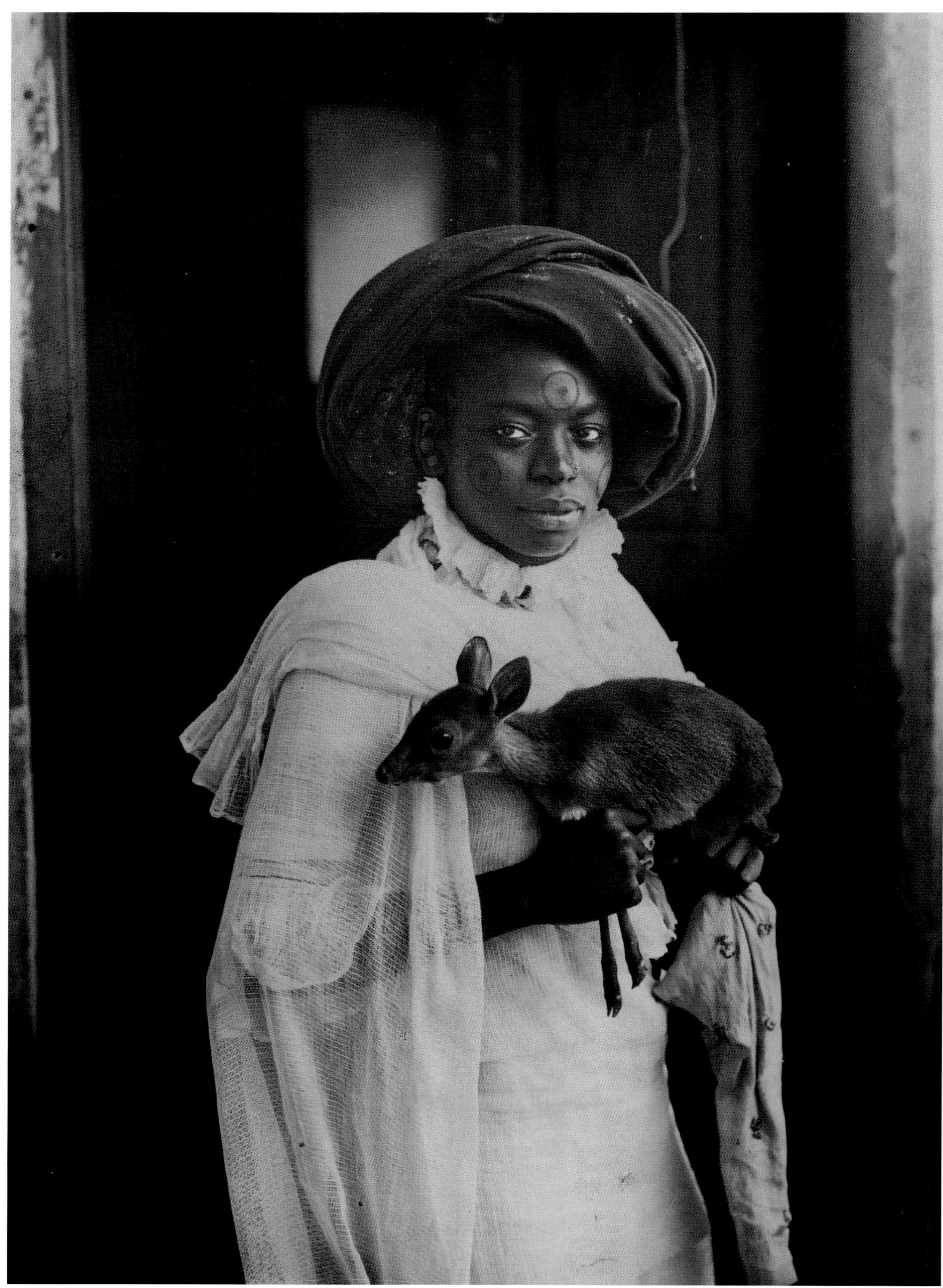

UNDERWOOD & UNDERWOOD 1909 | AFRIQUE DE L'EST *Femme et antilope.*

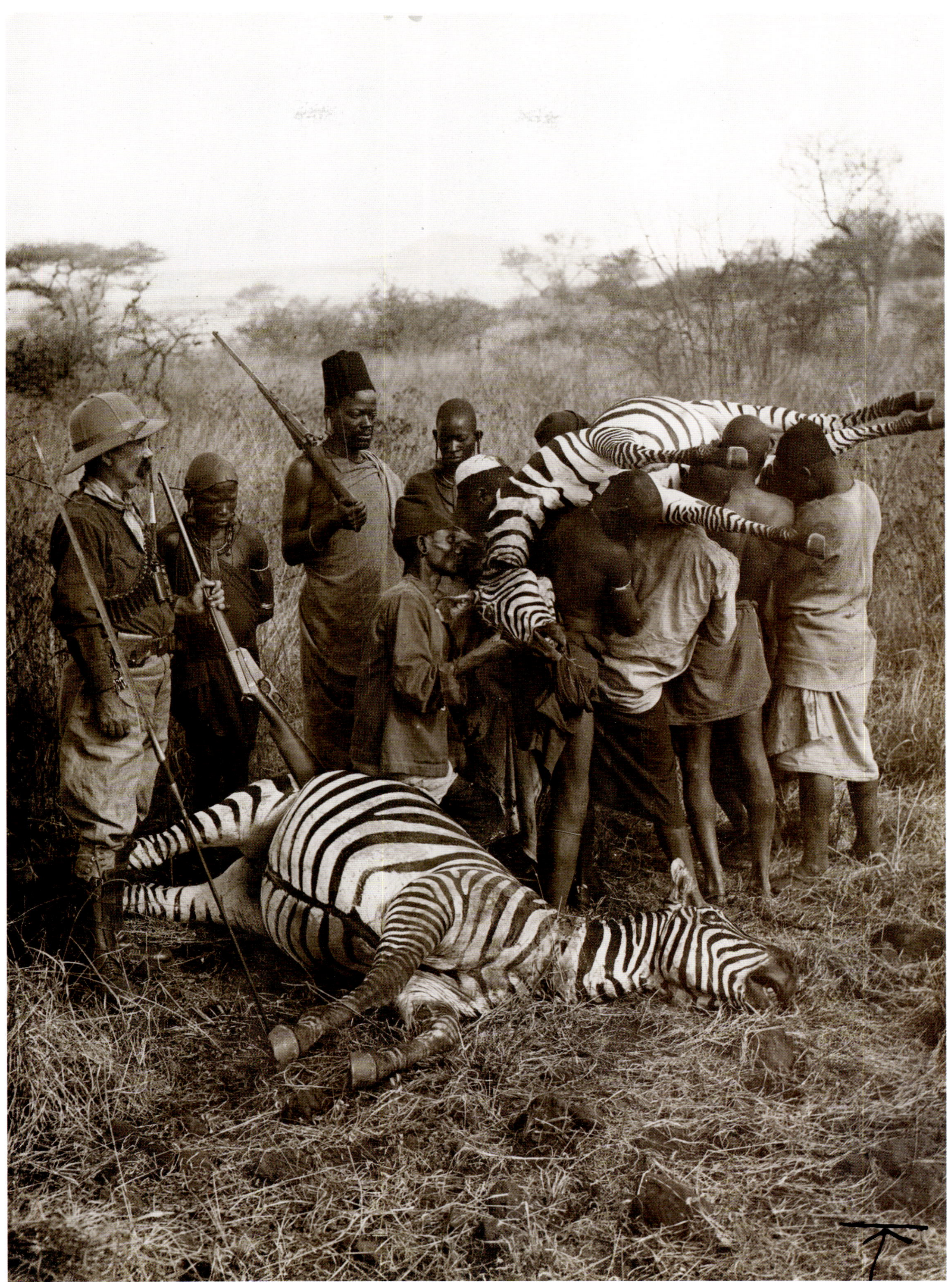

UNDERWOOD & UNDERWOOD | 1909 | AFRIQUE DE L'EST *Hommes et zèbres.*

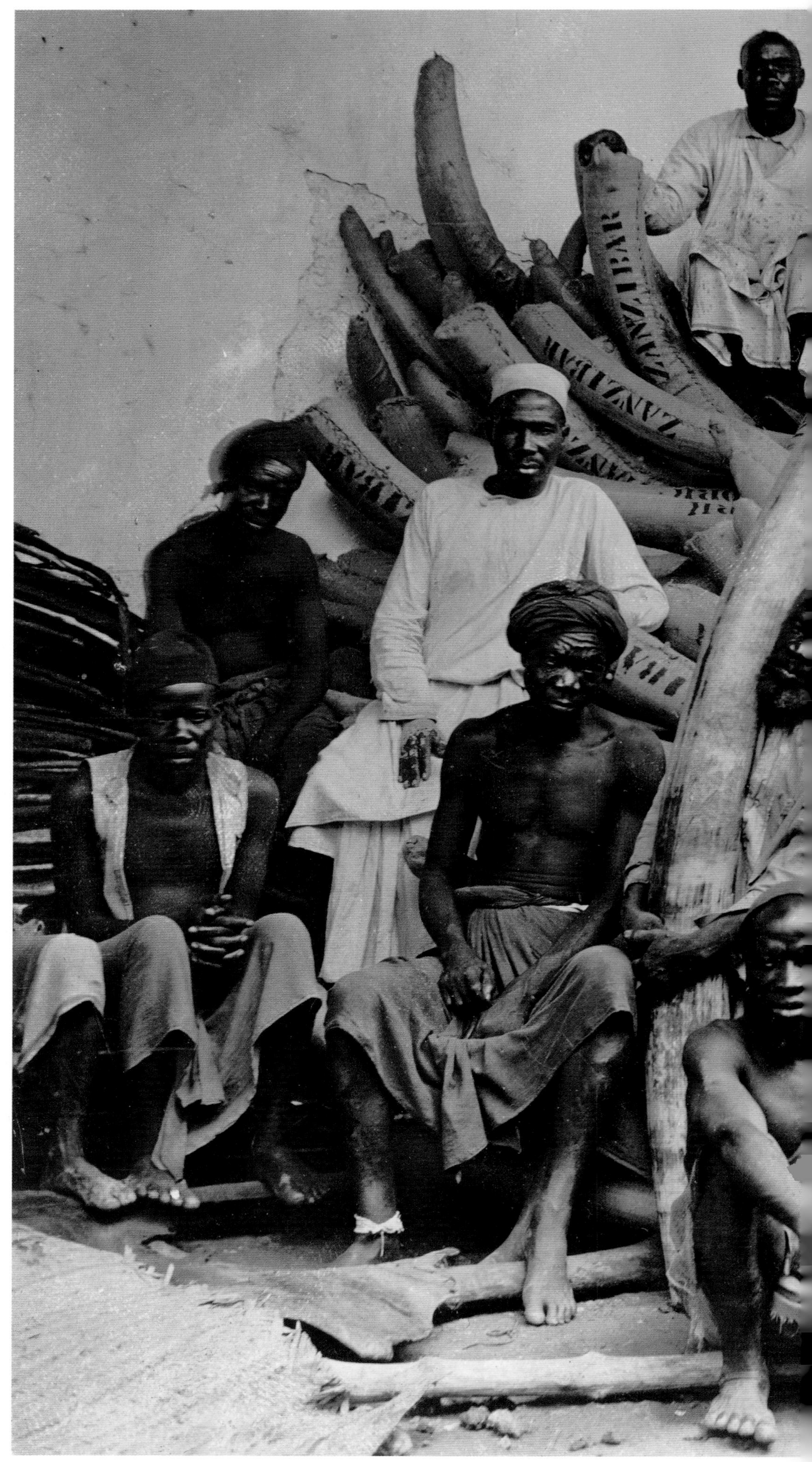

Dès 1910, Theodore Roosevelt constatait que l'ivoire de l'éléphant d'Afrique, « du fait de sa grande valeur, pourrait aussi en signifier l'éradication ».

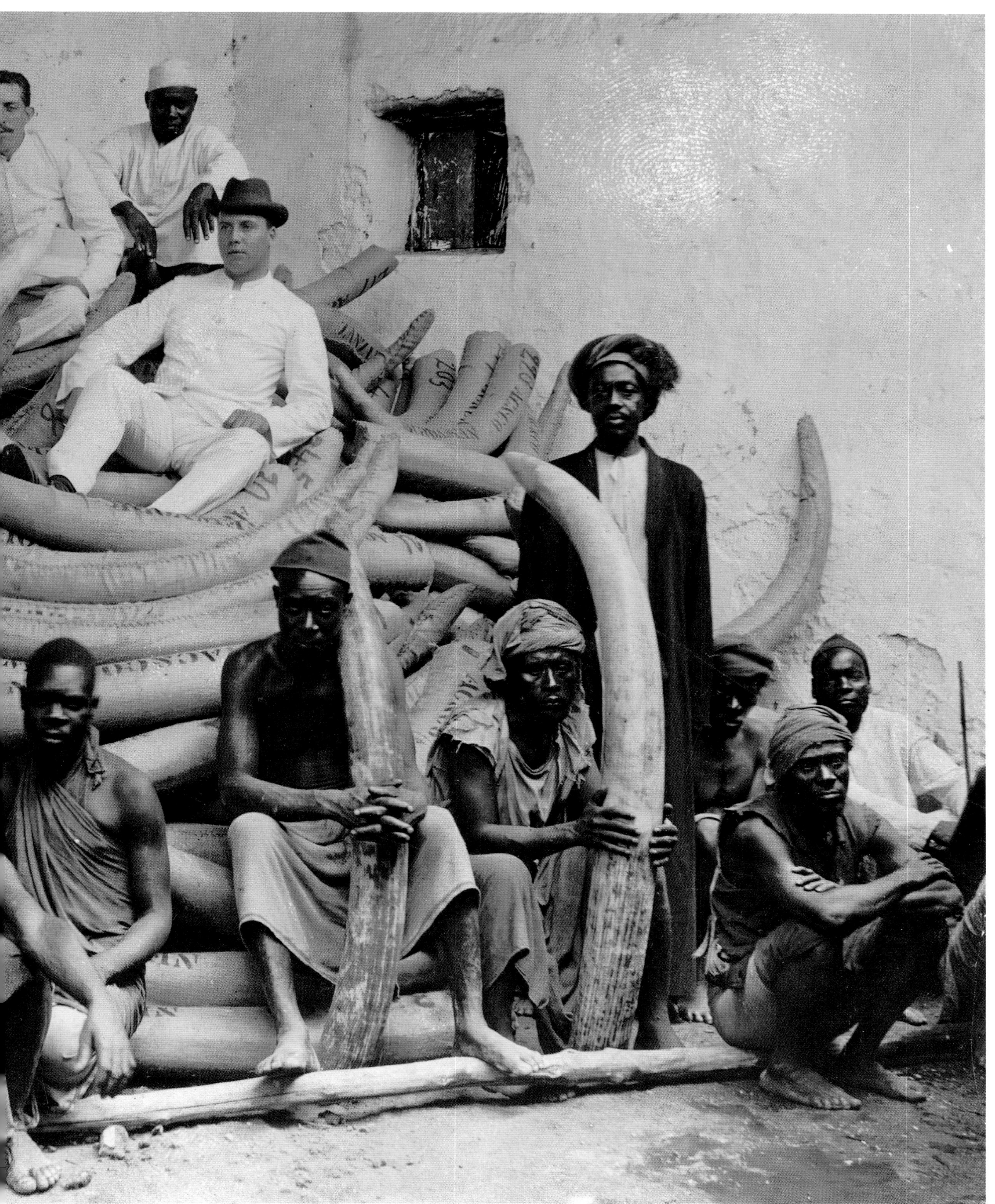

PHOTOGRAPHE INCONNU | DATE INCONNUE | ZANZIBAR *Défenses d'éléphants sur les étals d'un marché à l'ivoire.*

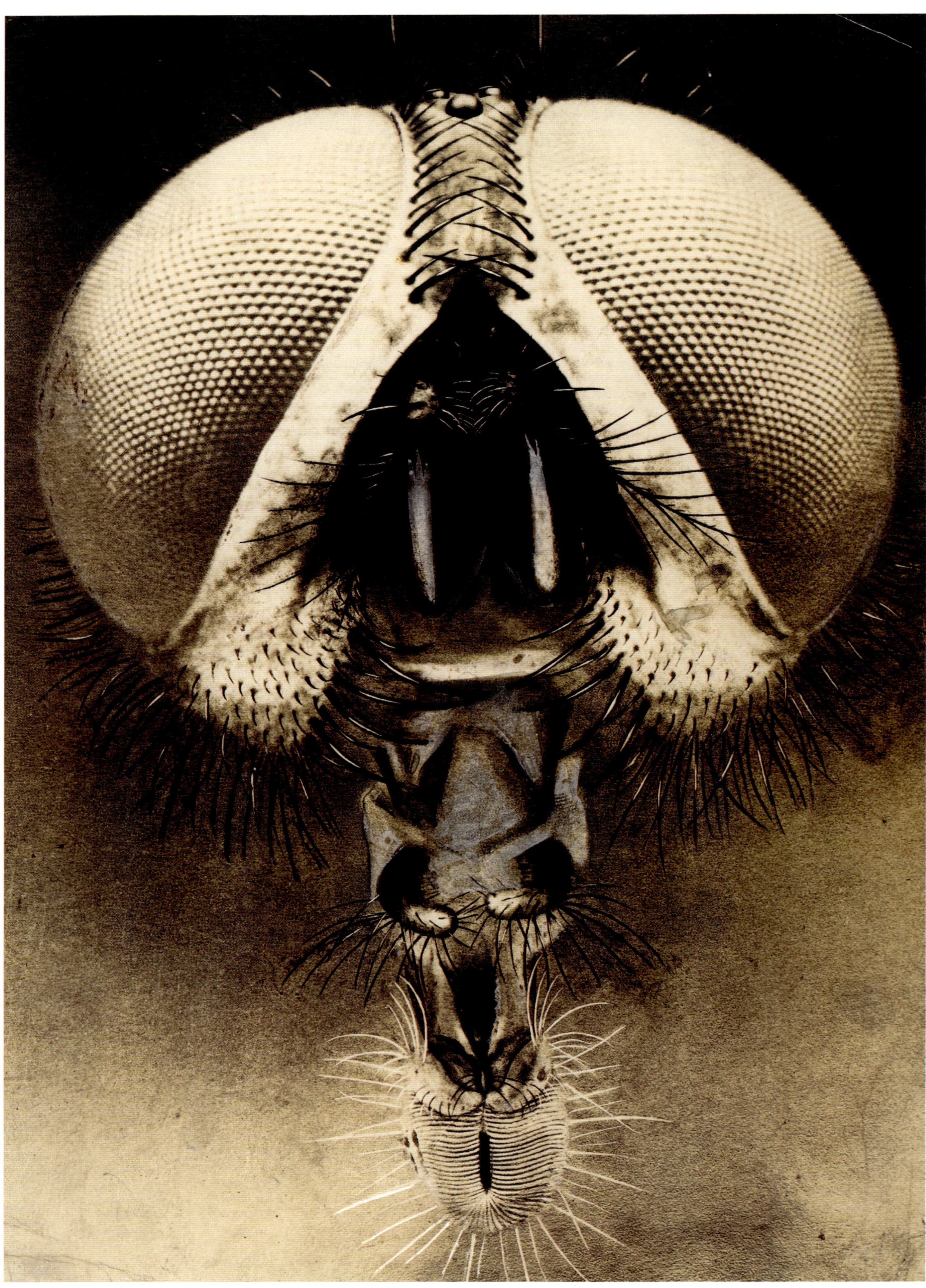

N. A. COBB | 1910 | LIEU INCONNU *Face d'une mouche.*

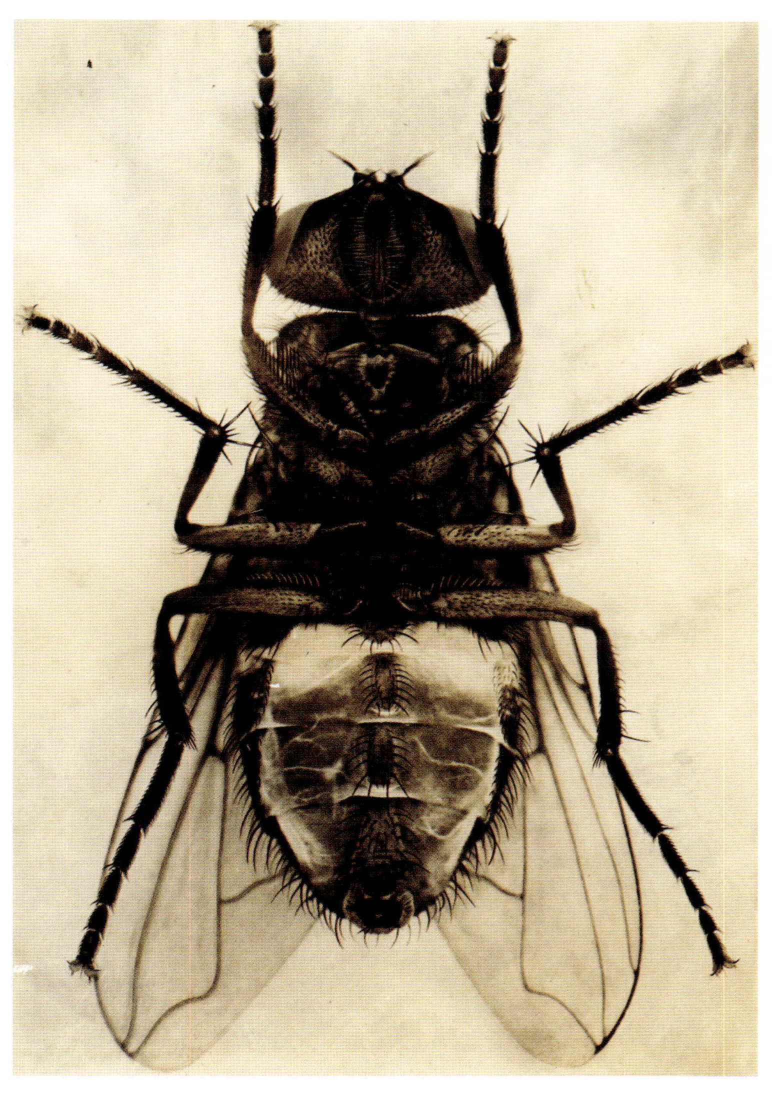

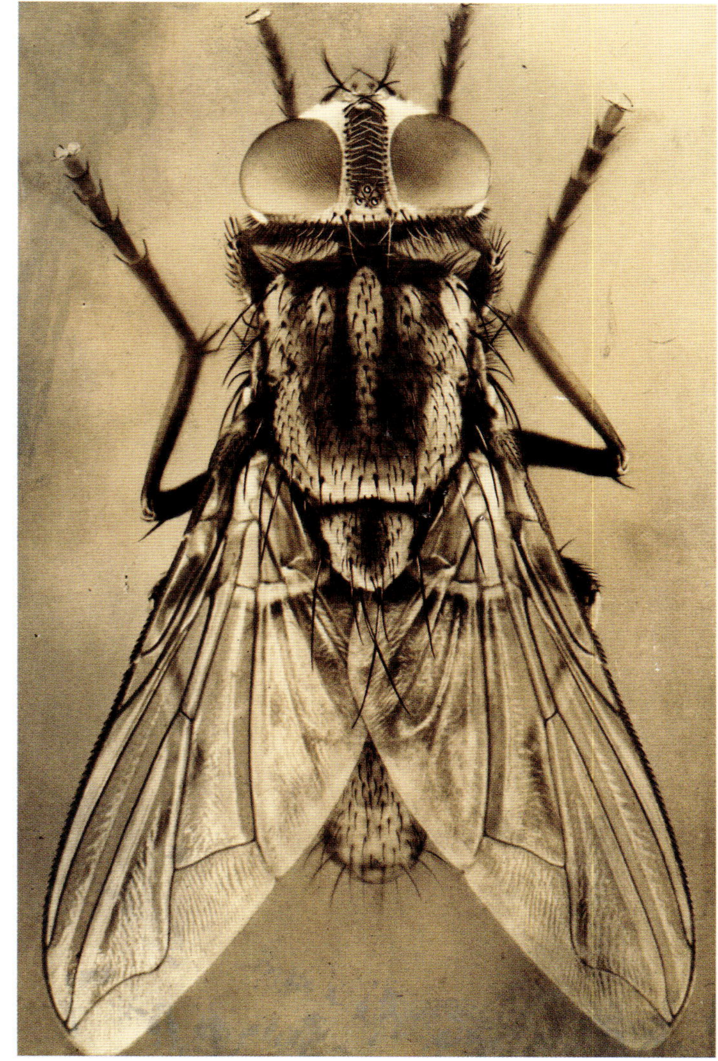

N. A. COBB | 1910 | LIEU INCONNU *Une mouche sous deux facettes.*

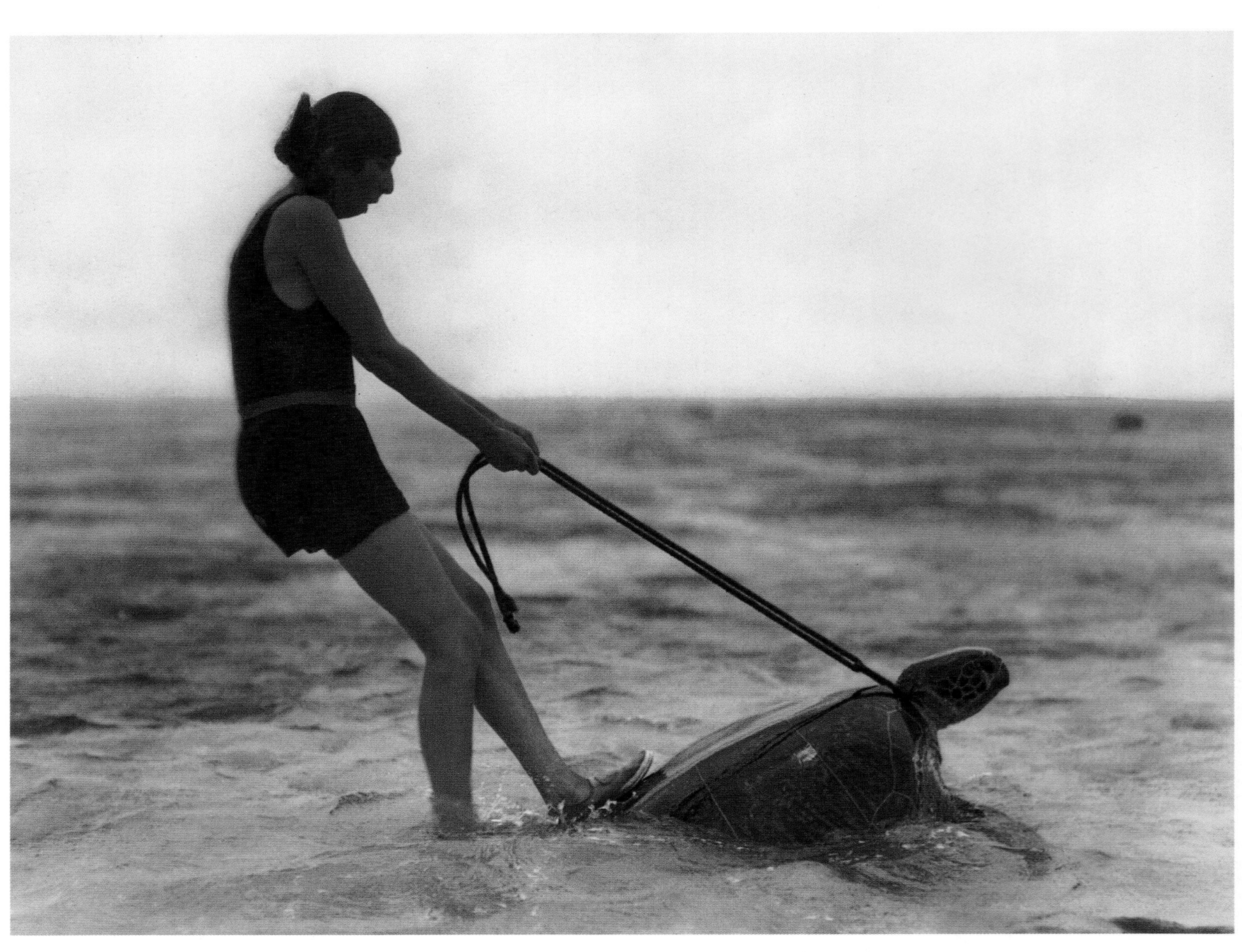

 OTHO WEBB | 1930 | AUSTRALIE *Un tour à dos de tortue de mer.*

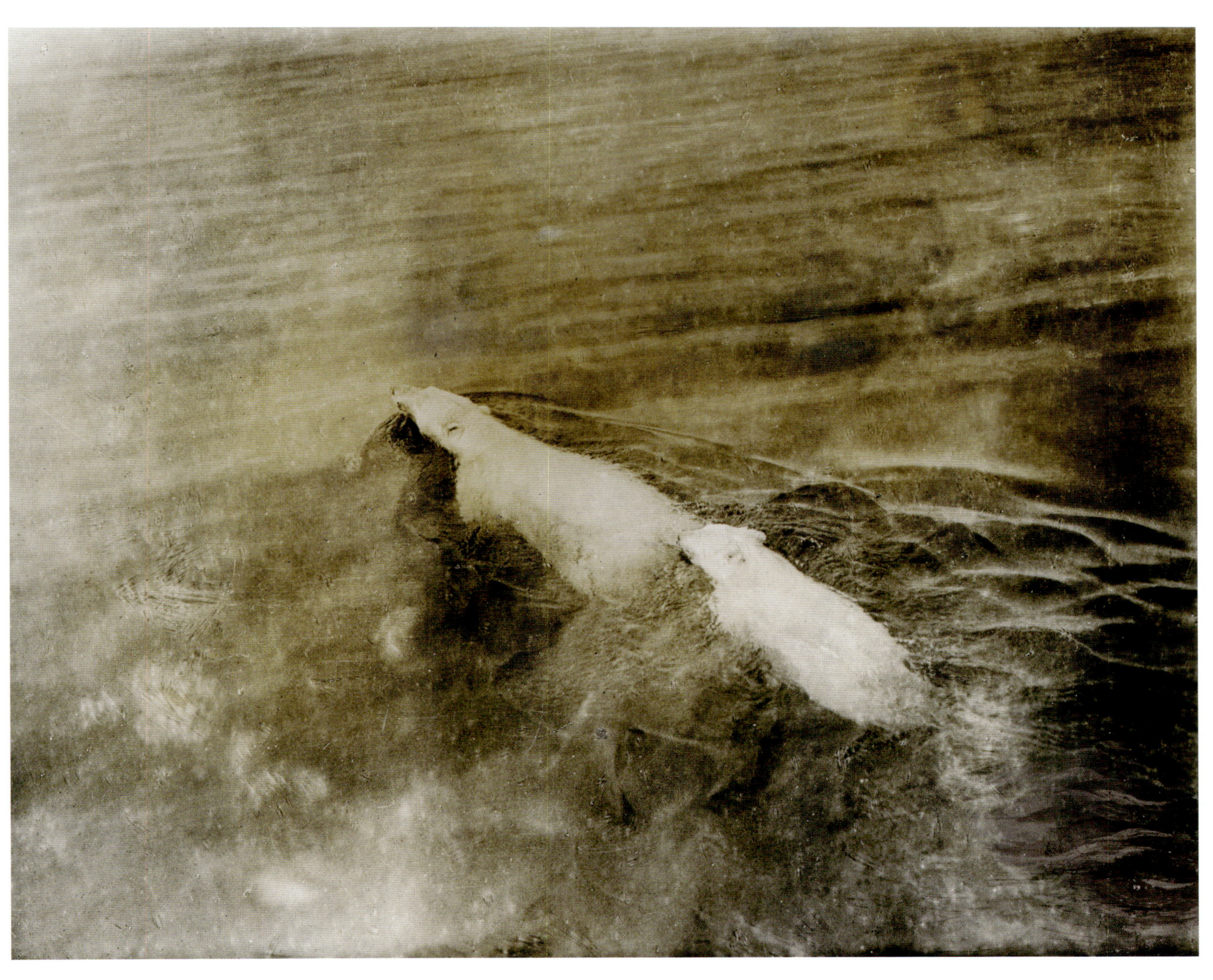

F. E. KLEINSCHMIDT | 1914 | ÉTAT DE L'ALASKA, ÉTATS-UNIS *Ours polaire et son petit.*

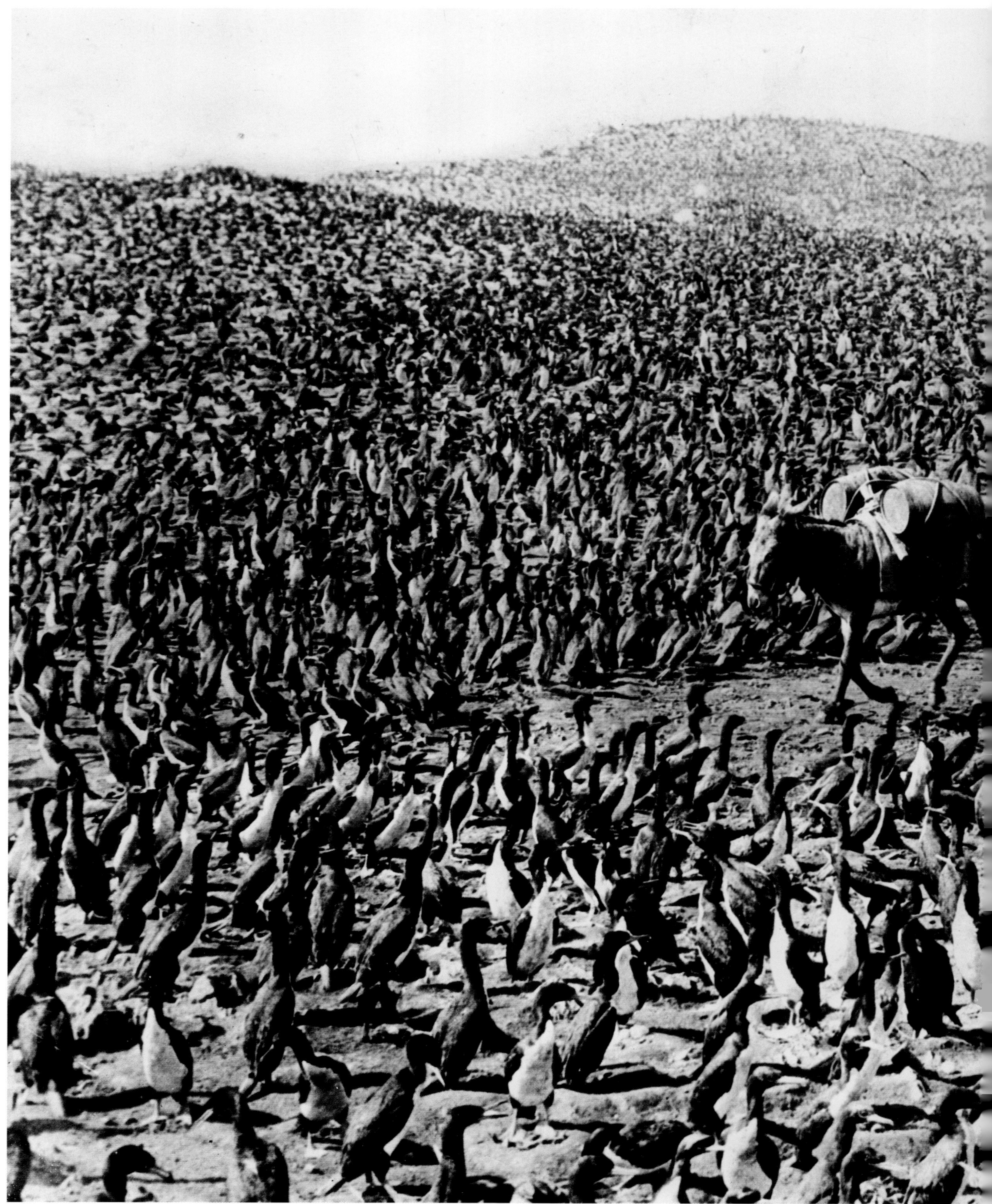

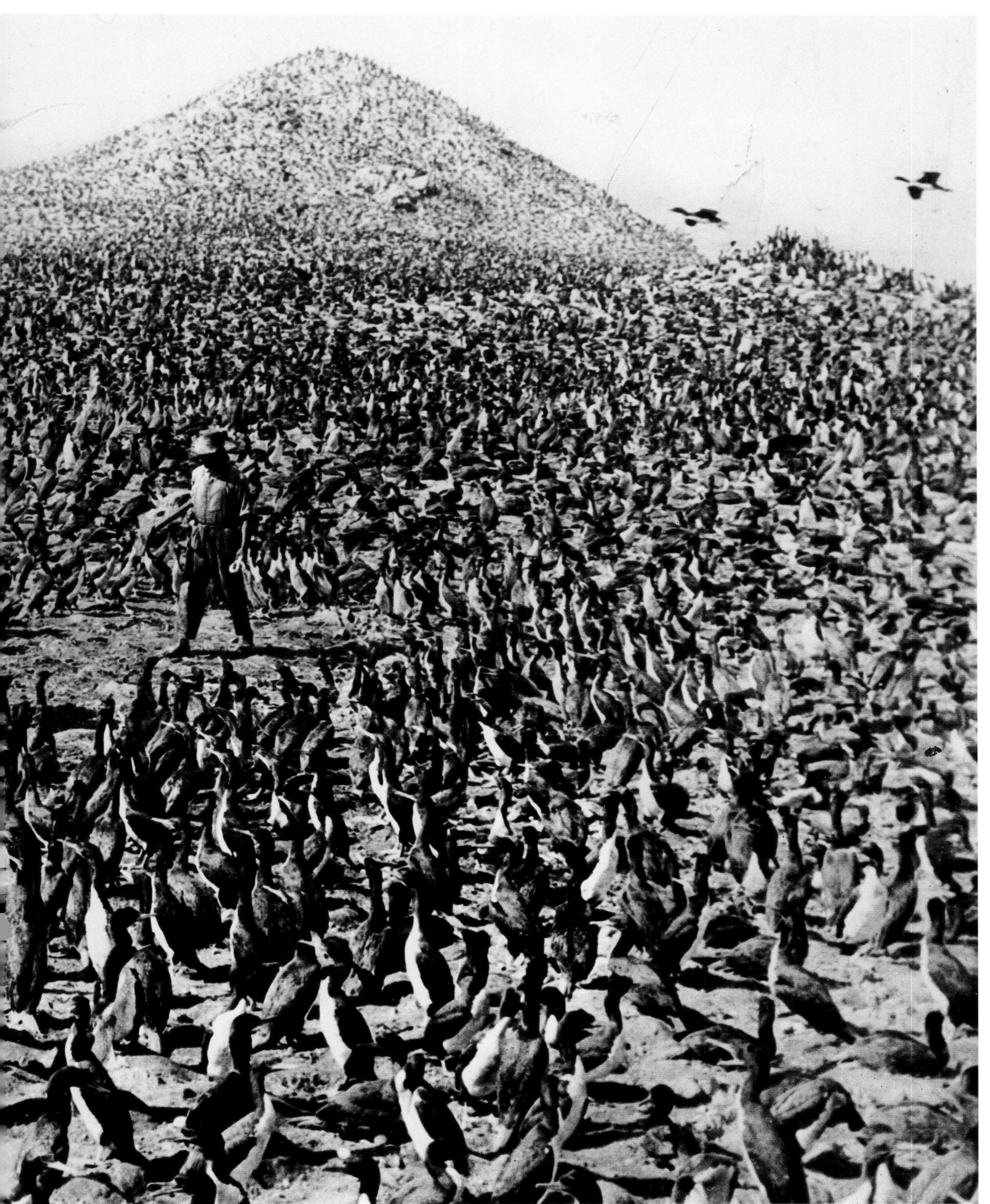

PACIFIC & ATLANTIC PHOTOS | 1927 | PÉROU *Une colonie de pingouins.*

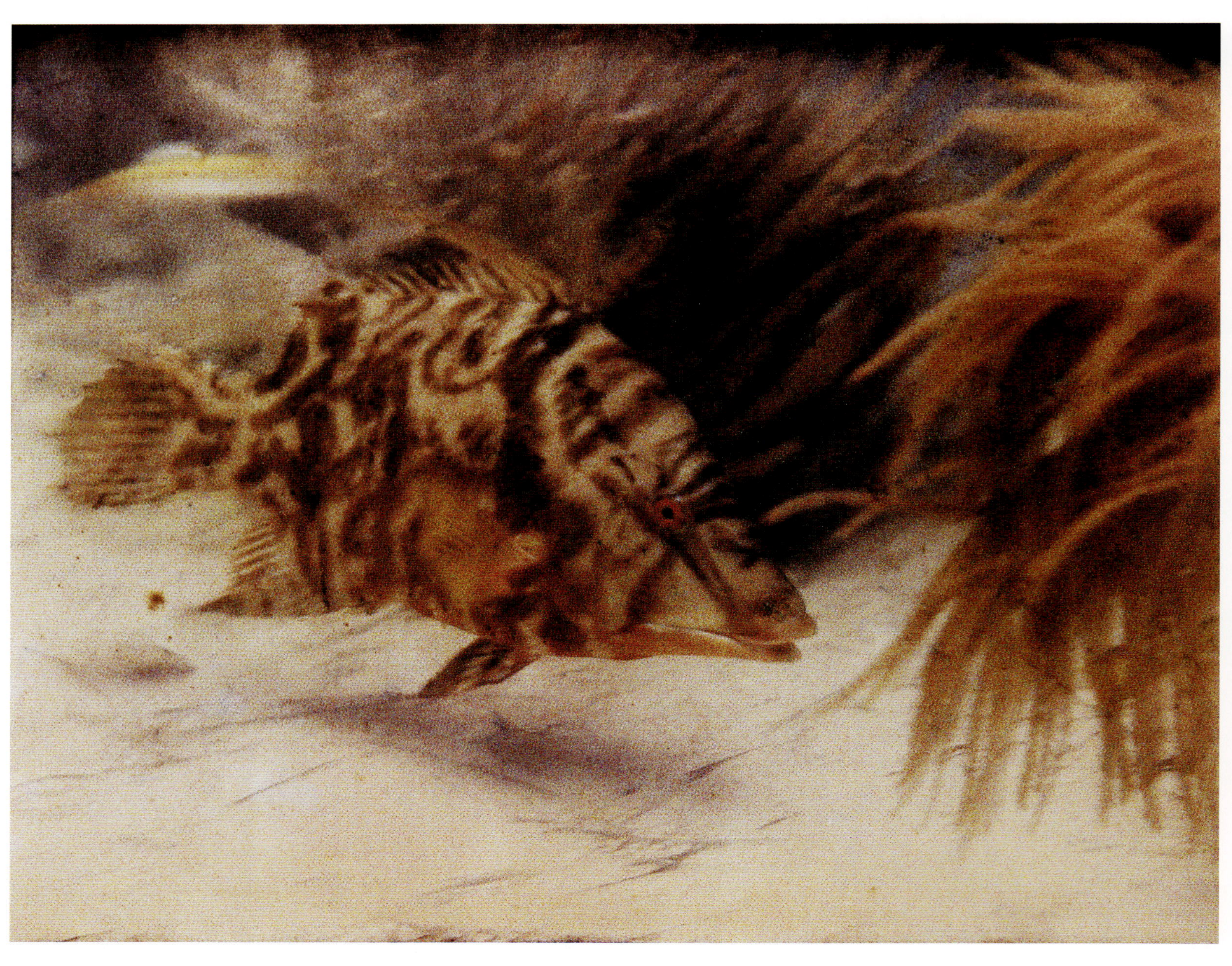

W. H. LONGLEY ET CHARLES MARTIN | 1926 | ÉTAT DE LA FLORIDE, ÉTATS-UNIS *Un capitaine – ce cliché est l'une des premières photos sous-marines en couleur.*

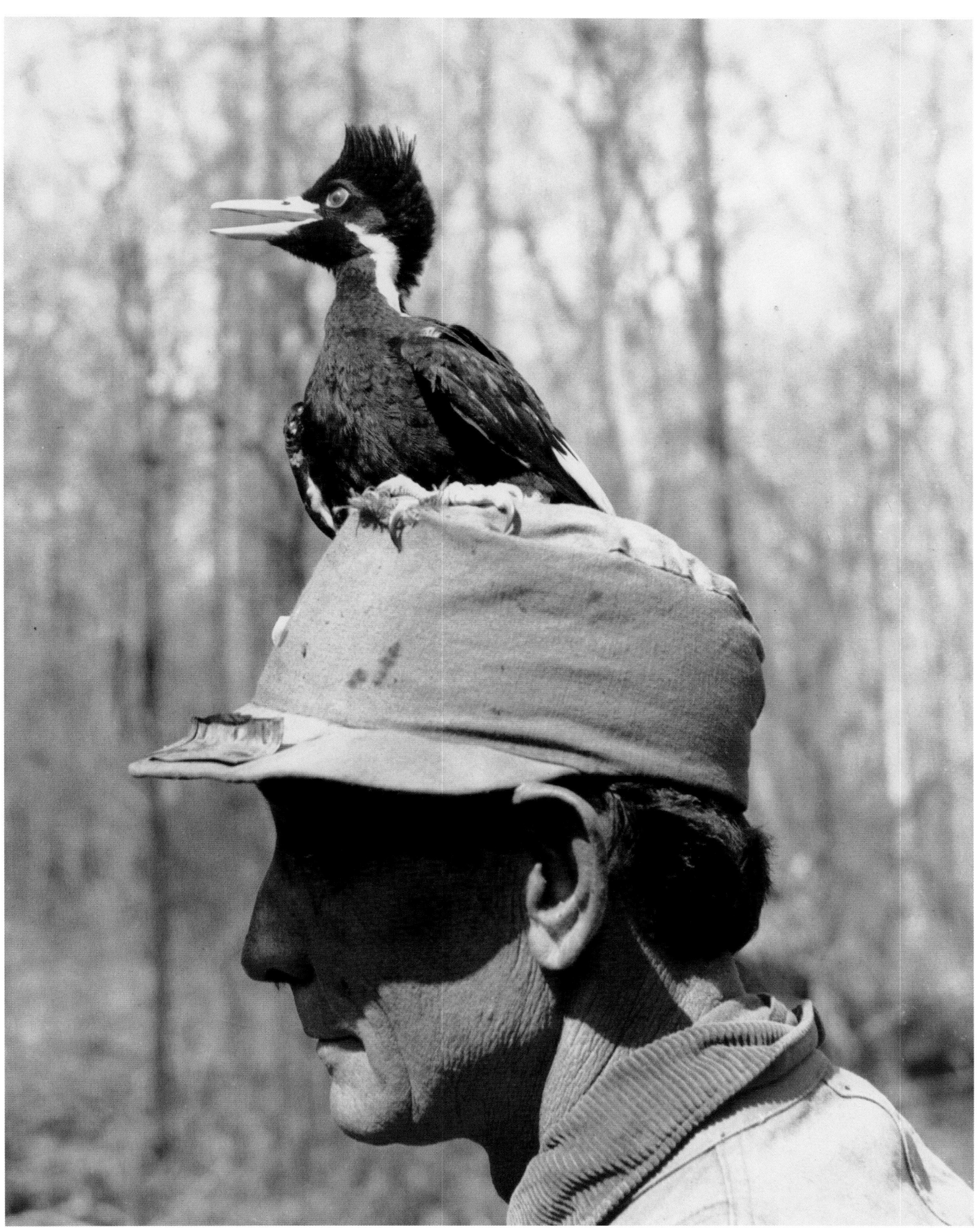

JAMES T. TANNER | 1939 | ÉTAT DE LA LOUISIANE, ÉTATS-UNIS *Pic à bec ivoire.*

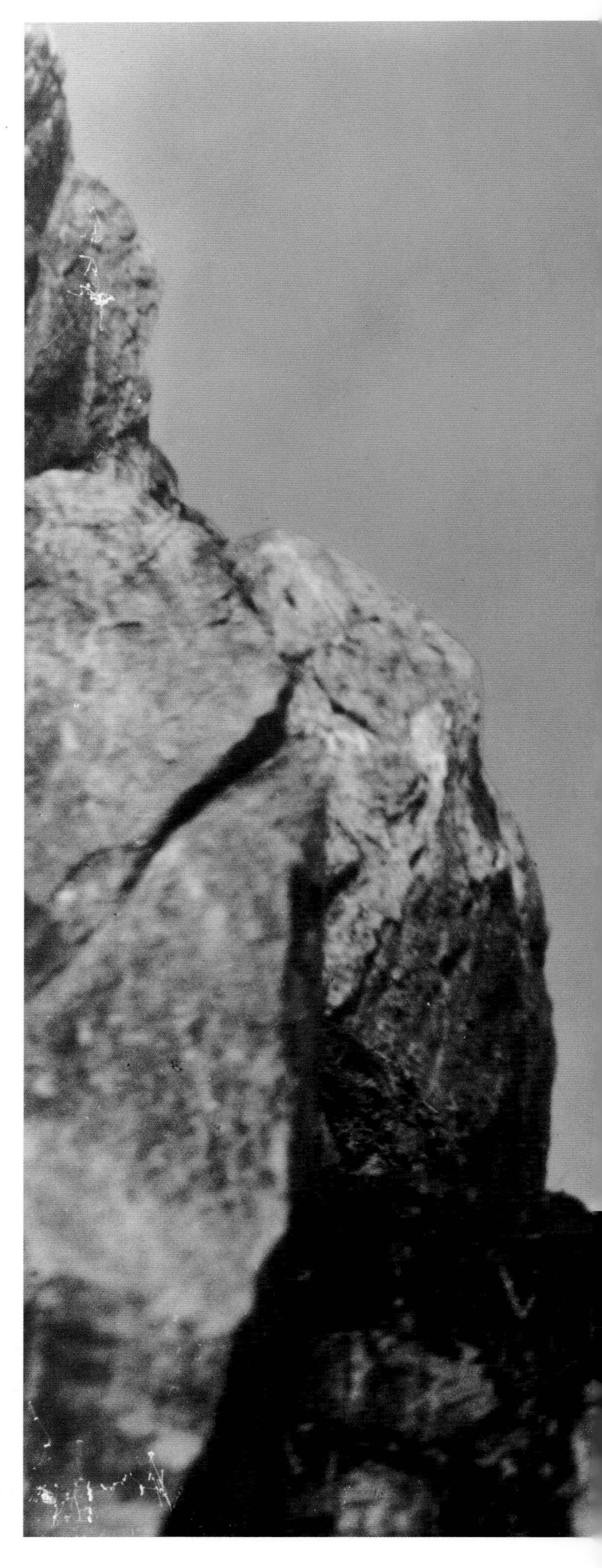

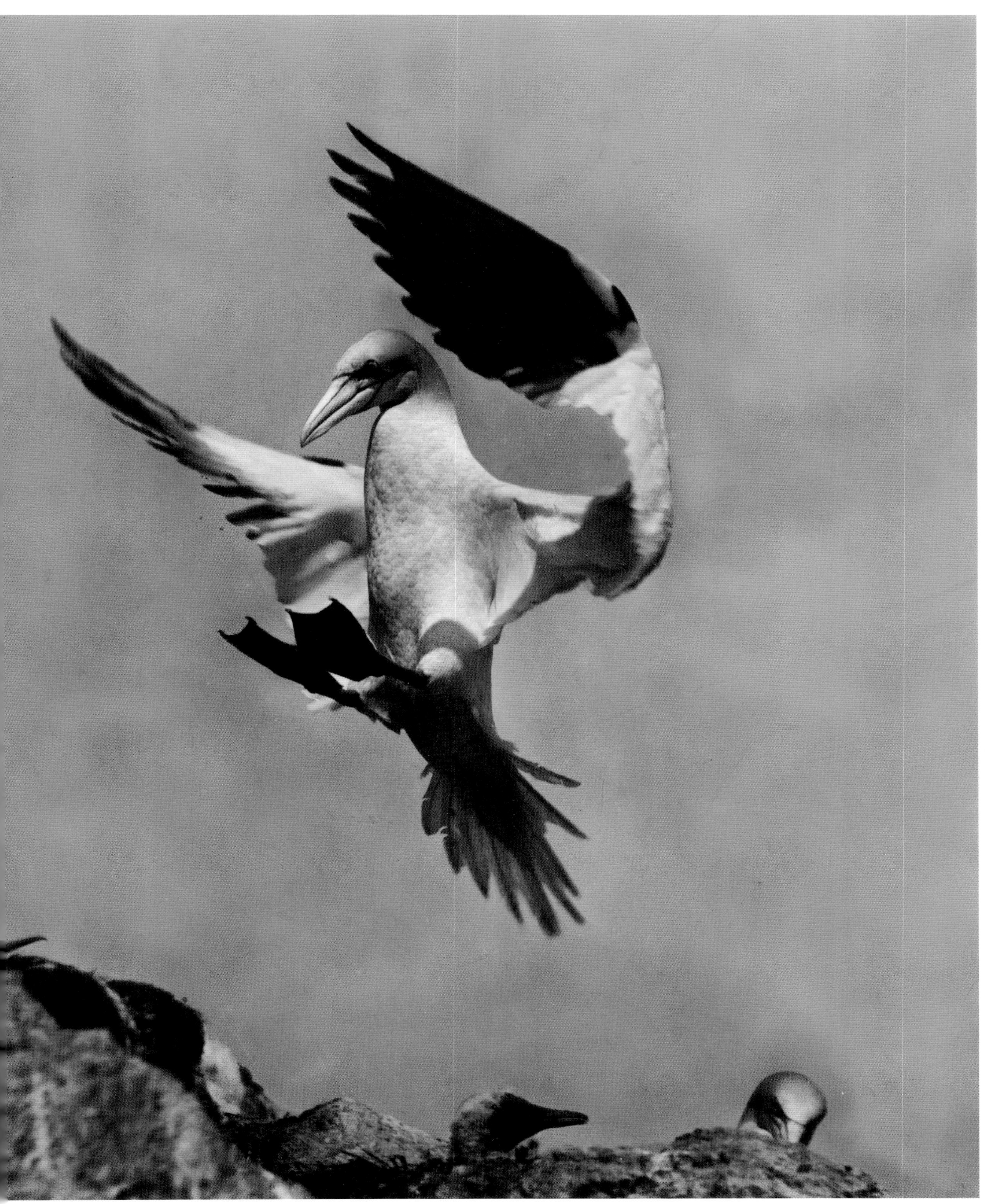

NIALL RANKIN | 1936 | LIEU INCONNU *Un fou se préparant à l'atterrissage.*

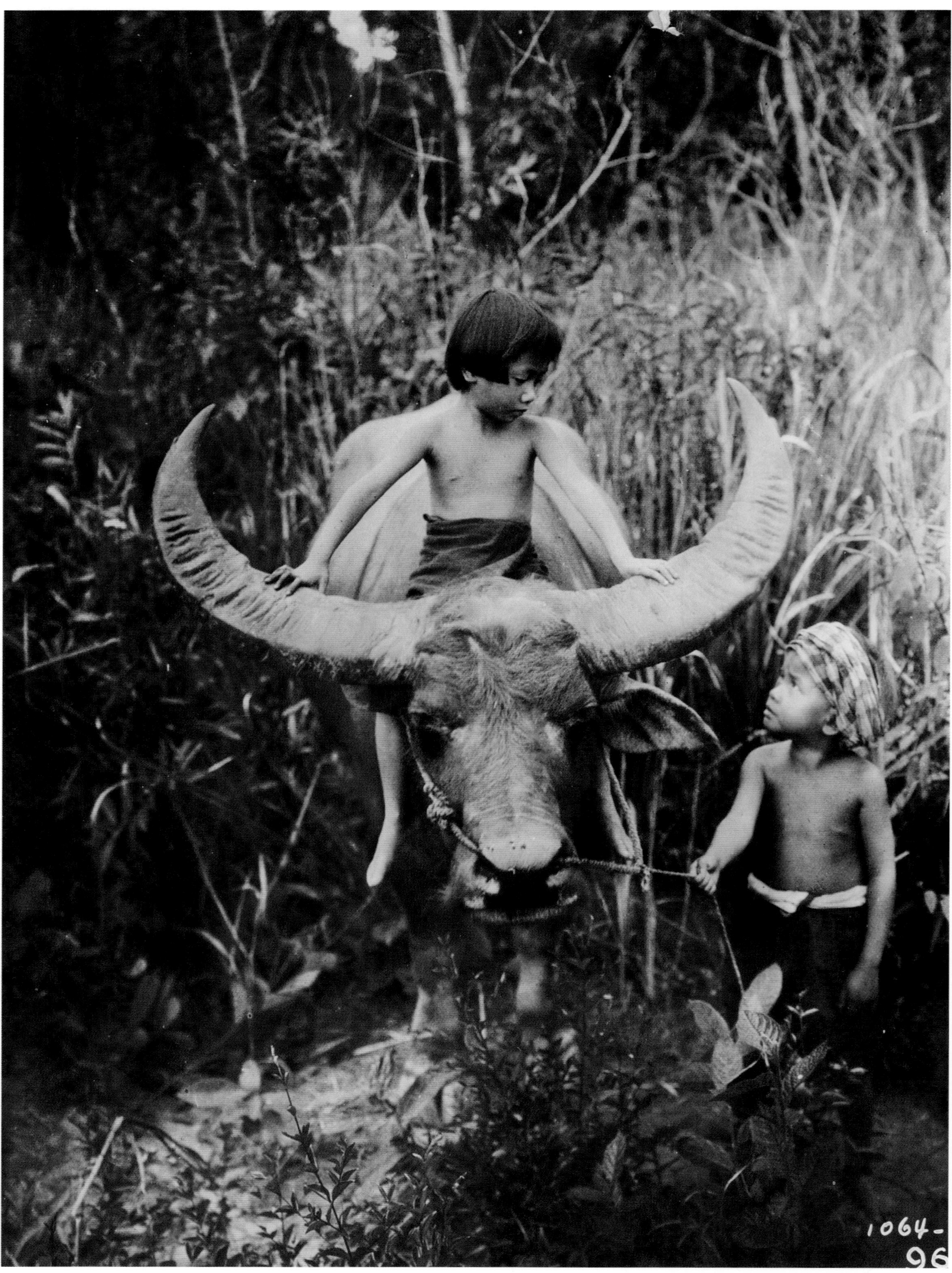

ERNEST B. SCHOEDSACK | 1927 | SIAM *Buffle d'Asie.*

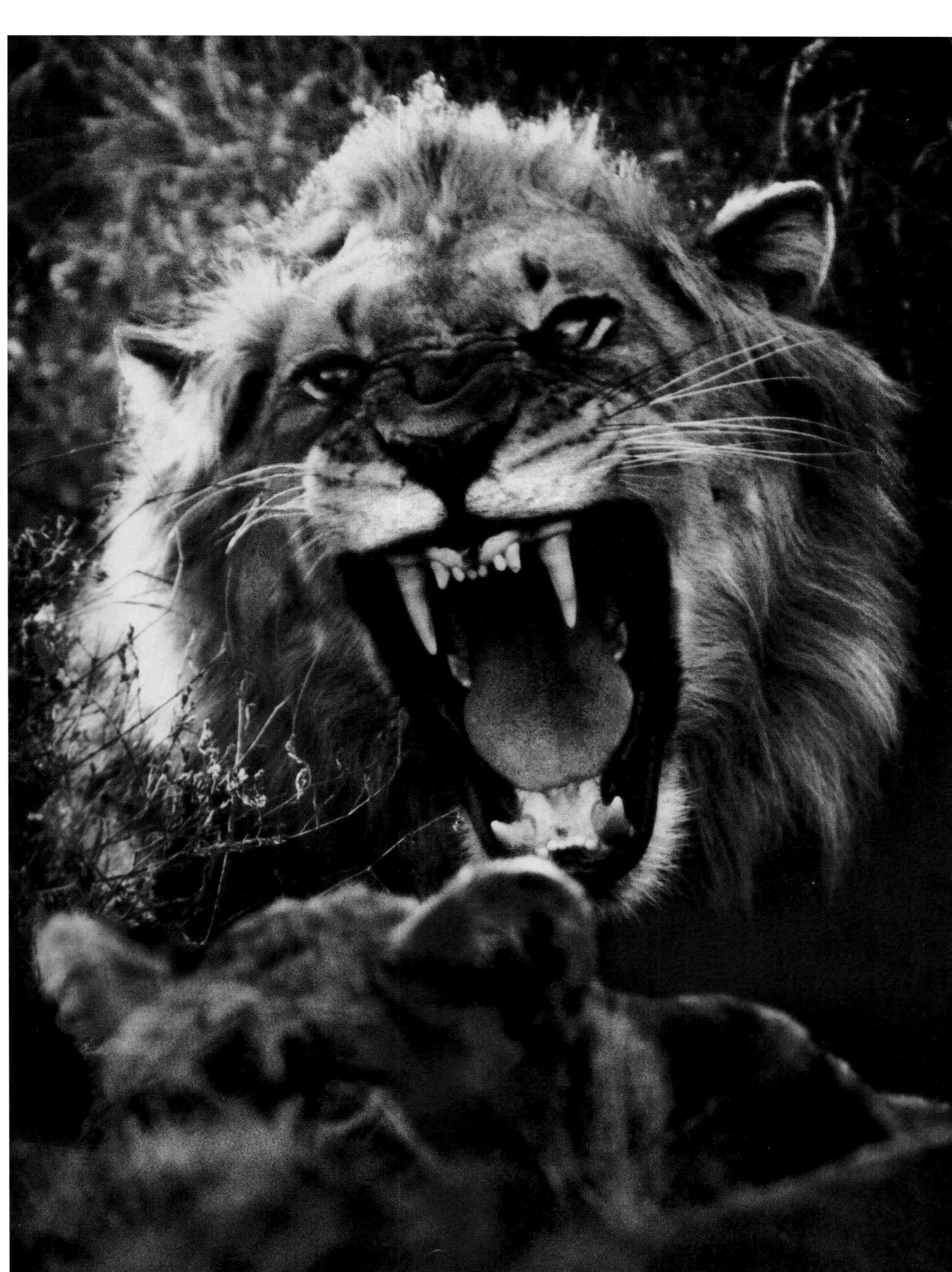

DICK WOLF | 1941 | AFRIQUE DU SUD *Lion d'Afrique.*

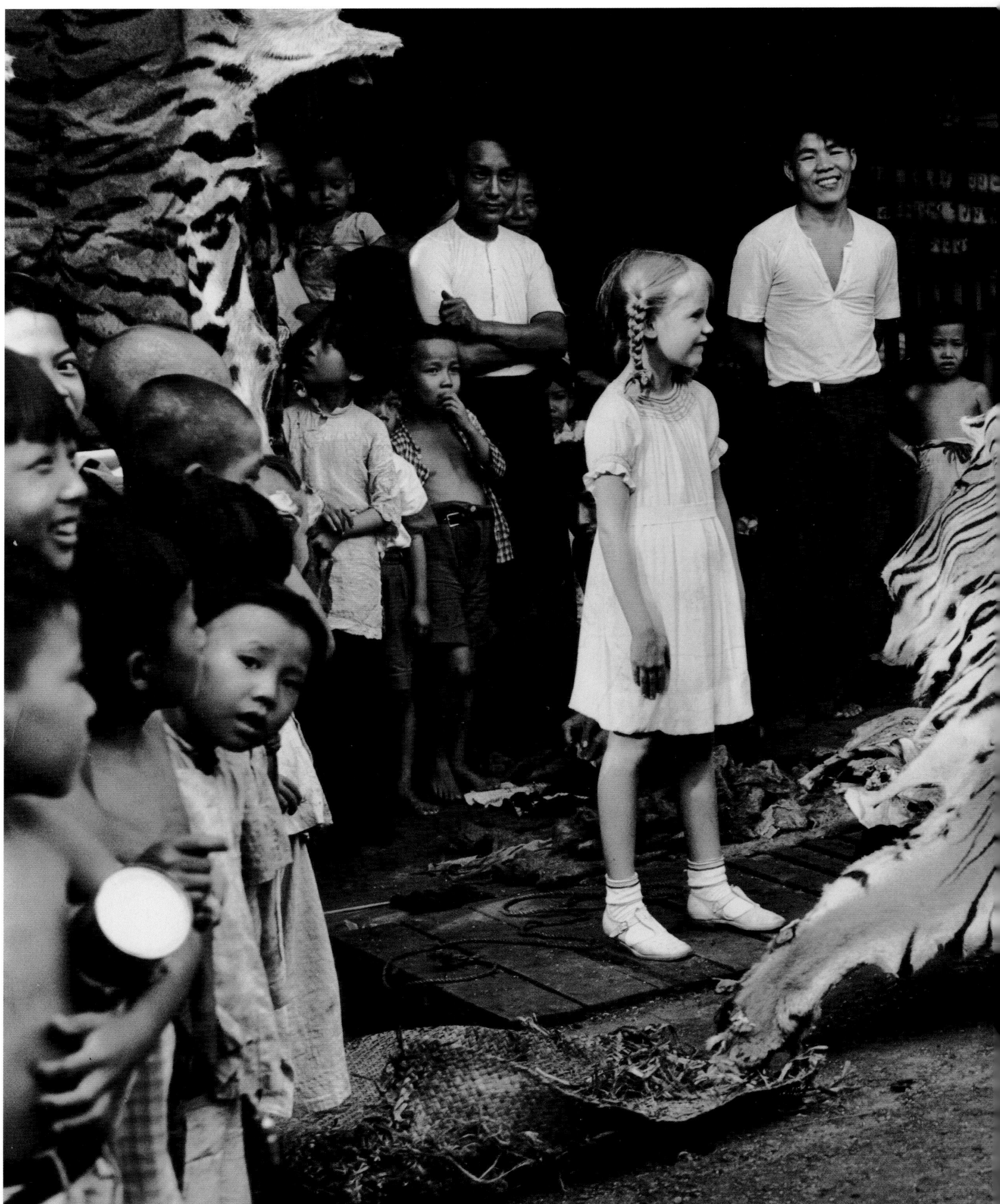

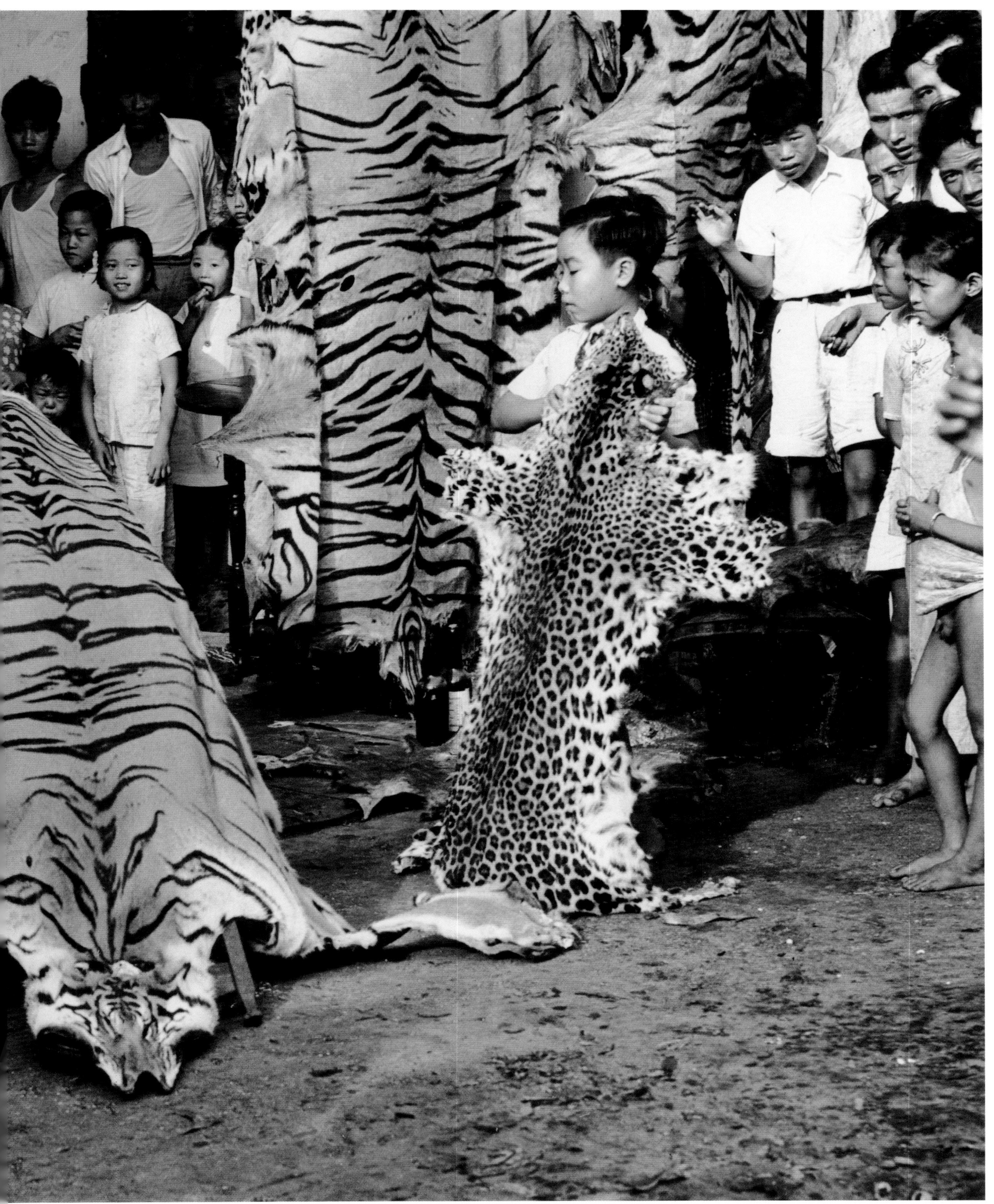

J. BAYLOR ROBERTS | 1939 | SINGAPOUR *Peaux de tigre et de léopard à l'étalage.*

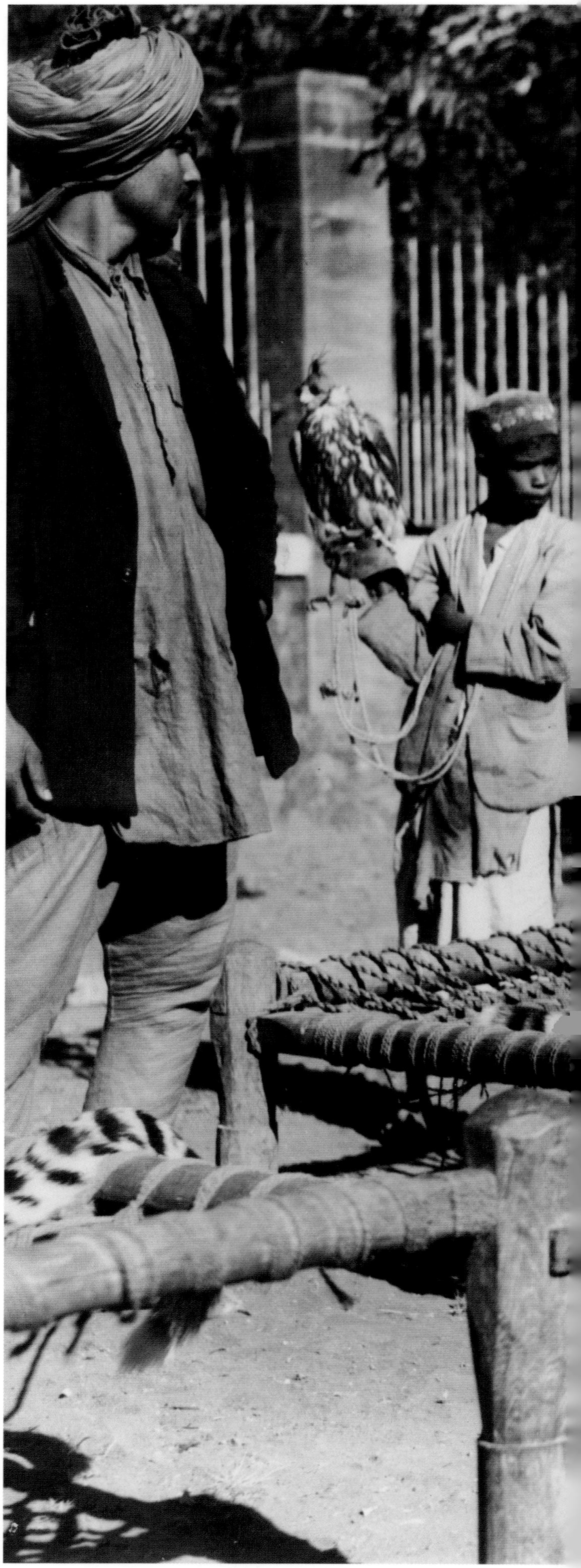

« À l'époque, rapportent John
et Frank Craighead,
un maharadjah possédait une
trentaine de guépards.
Il gardait ses préférés près
de lui au palais. Comme nos
chiens aujourd'hui. »

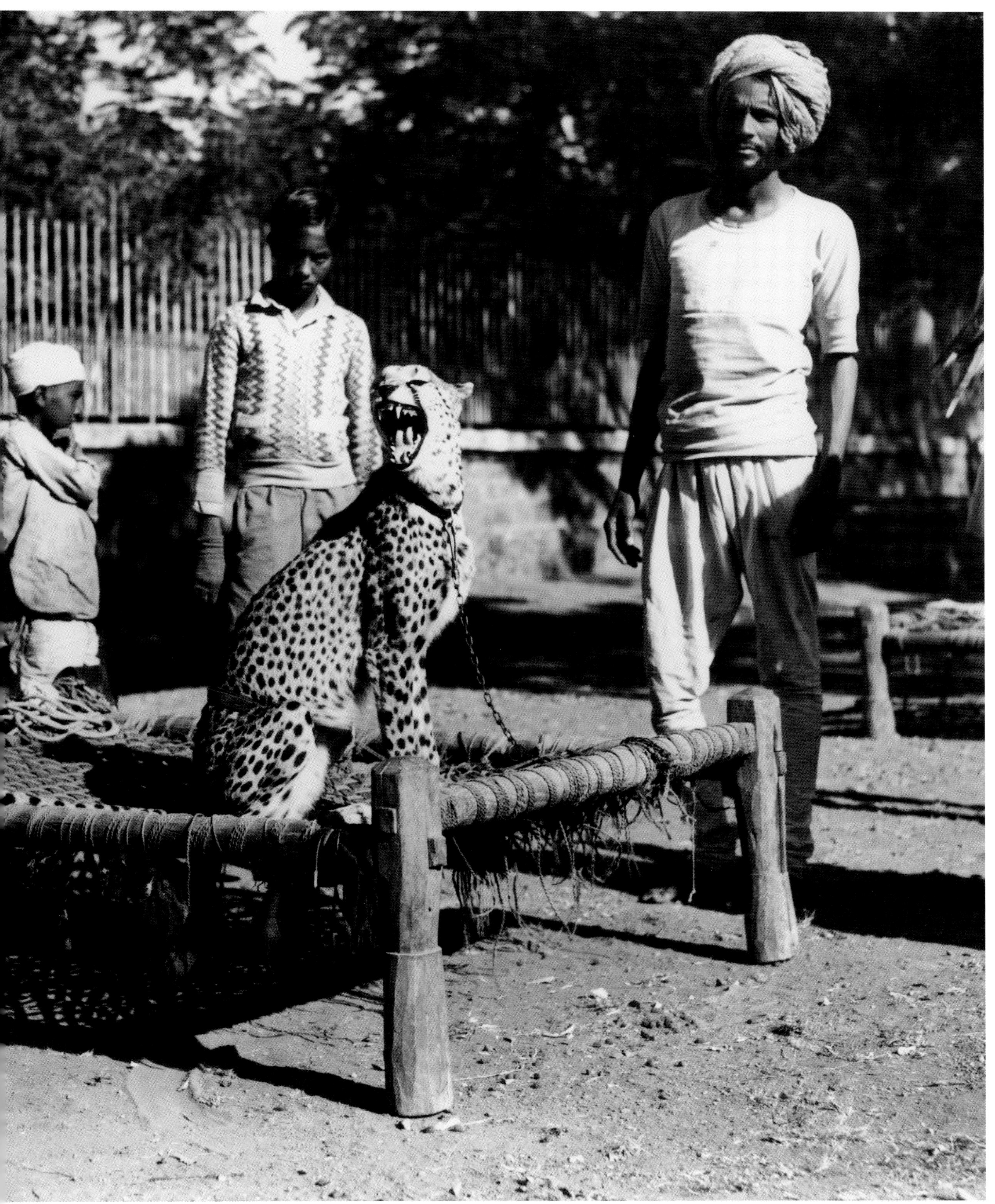

JOHN & FRANK CRAIGHEAD | 1941 | INDE *Le guépard de chasse d'un maharadjah.*

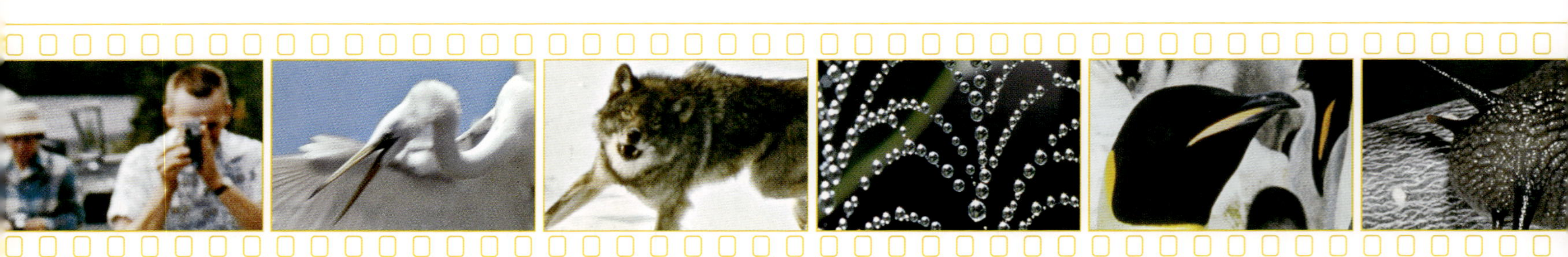

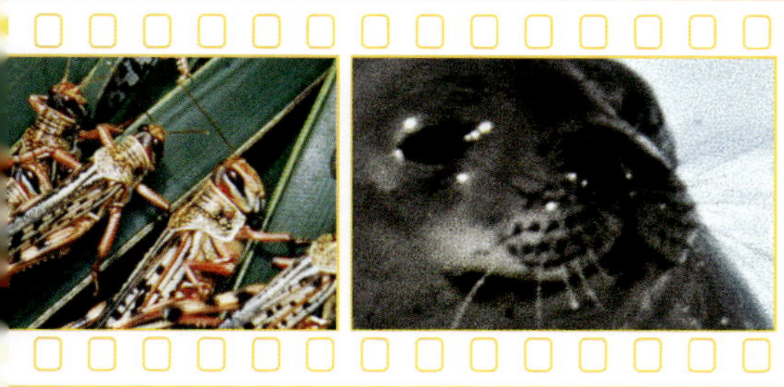

couleur et optimisme

L'AVÈNEMENT DES APPAREILS PORTABLES et des pellicules couleur à développement rapide libèrent les photographes de fardeaux encombrants. Mais ils montrent la faune sauvage comme un diaporama de musée : dans un cadre typique, sur un arrière-plan peint. La nature est alors considérée comme un parc zoologique, chaque espèce posant au cœur d'un environnement pittoresque.

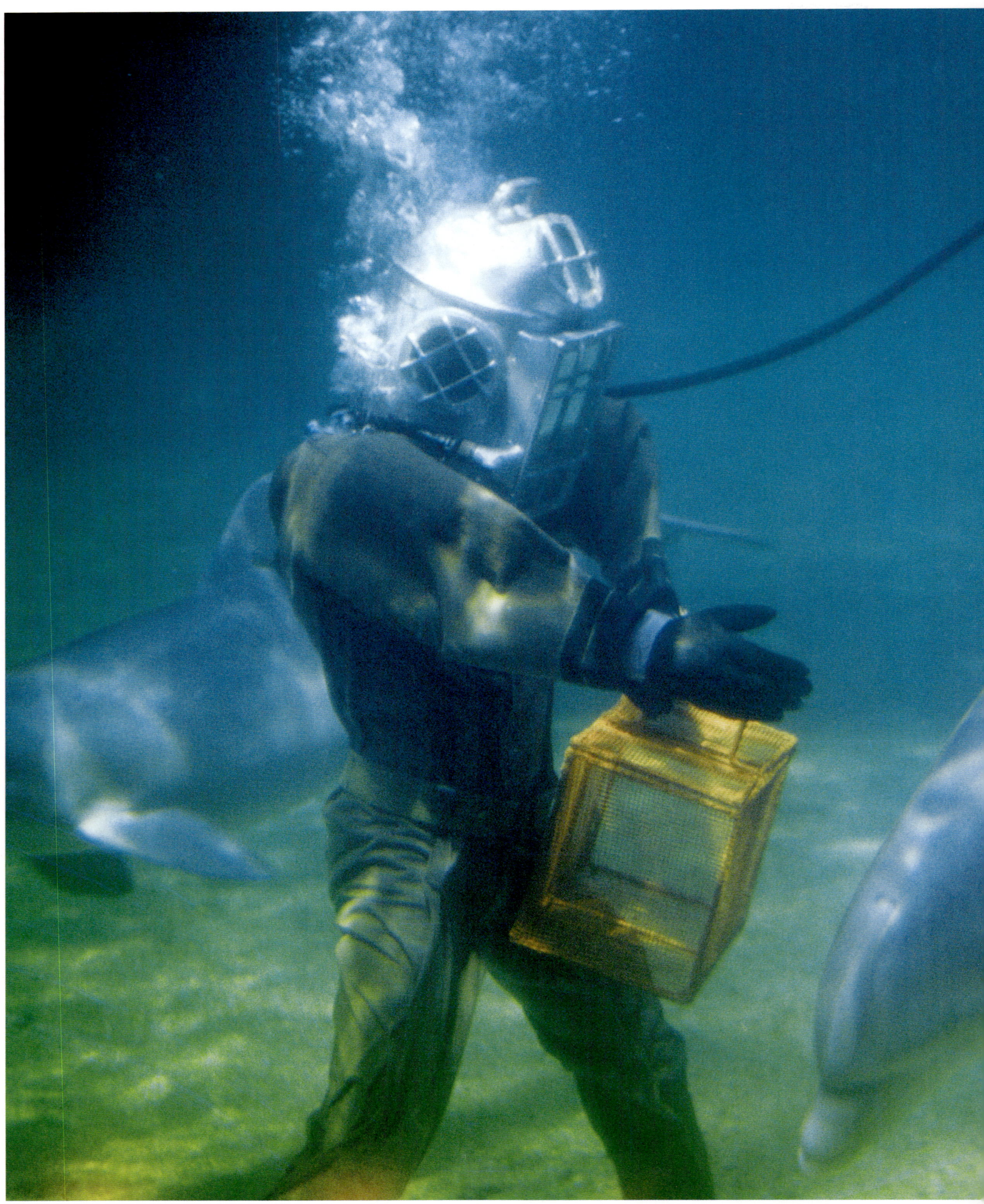

LUIS MARDEN | 1952 | ÉTAT DE LA FLORIDE, ÉTATS-UNIS *Homme en cage et dauphins évoluant en liberté au Marineland.*

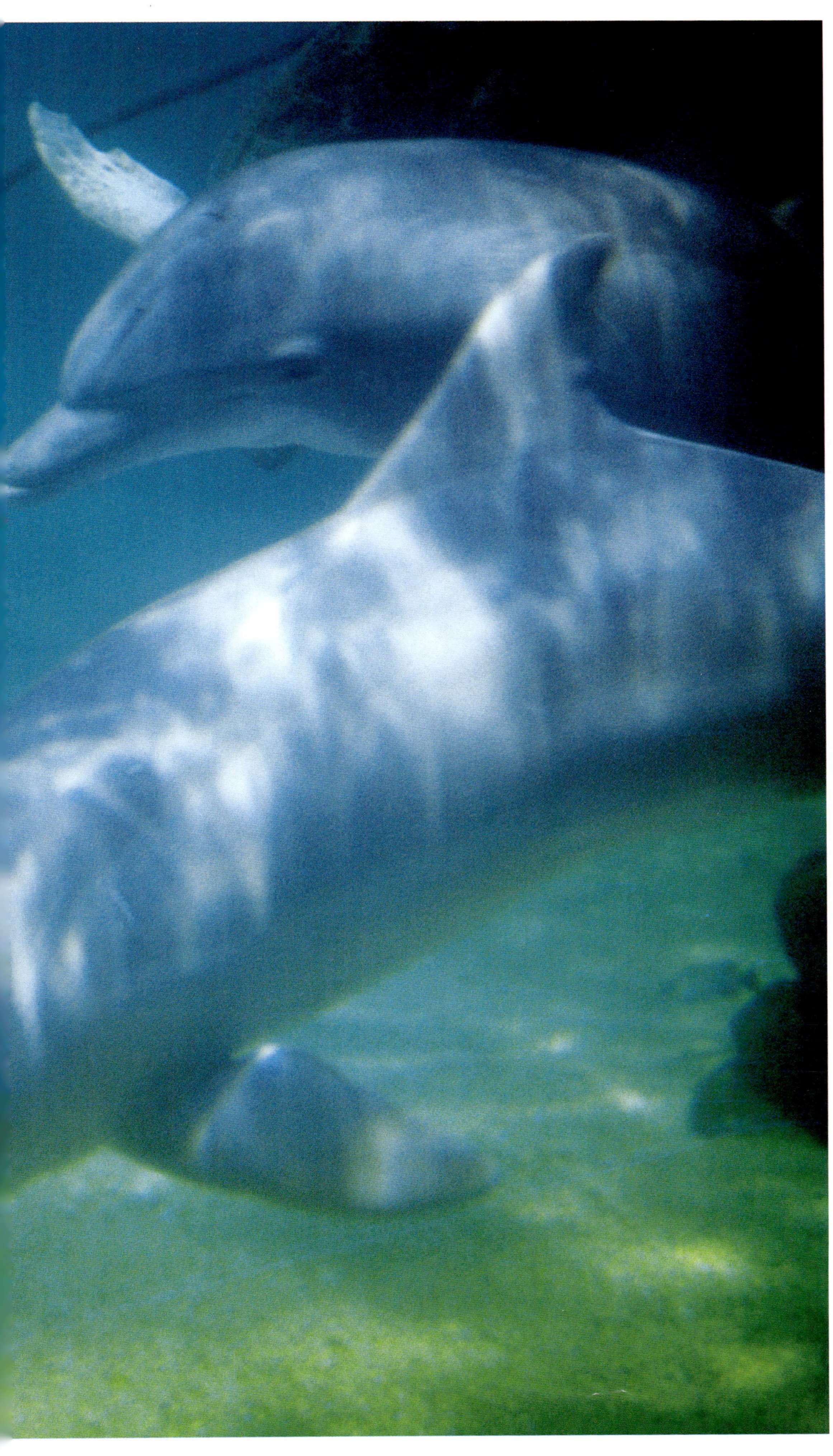

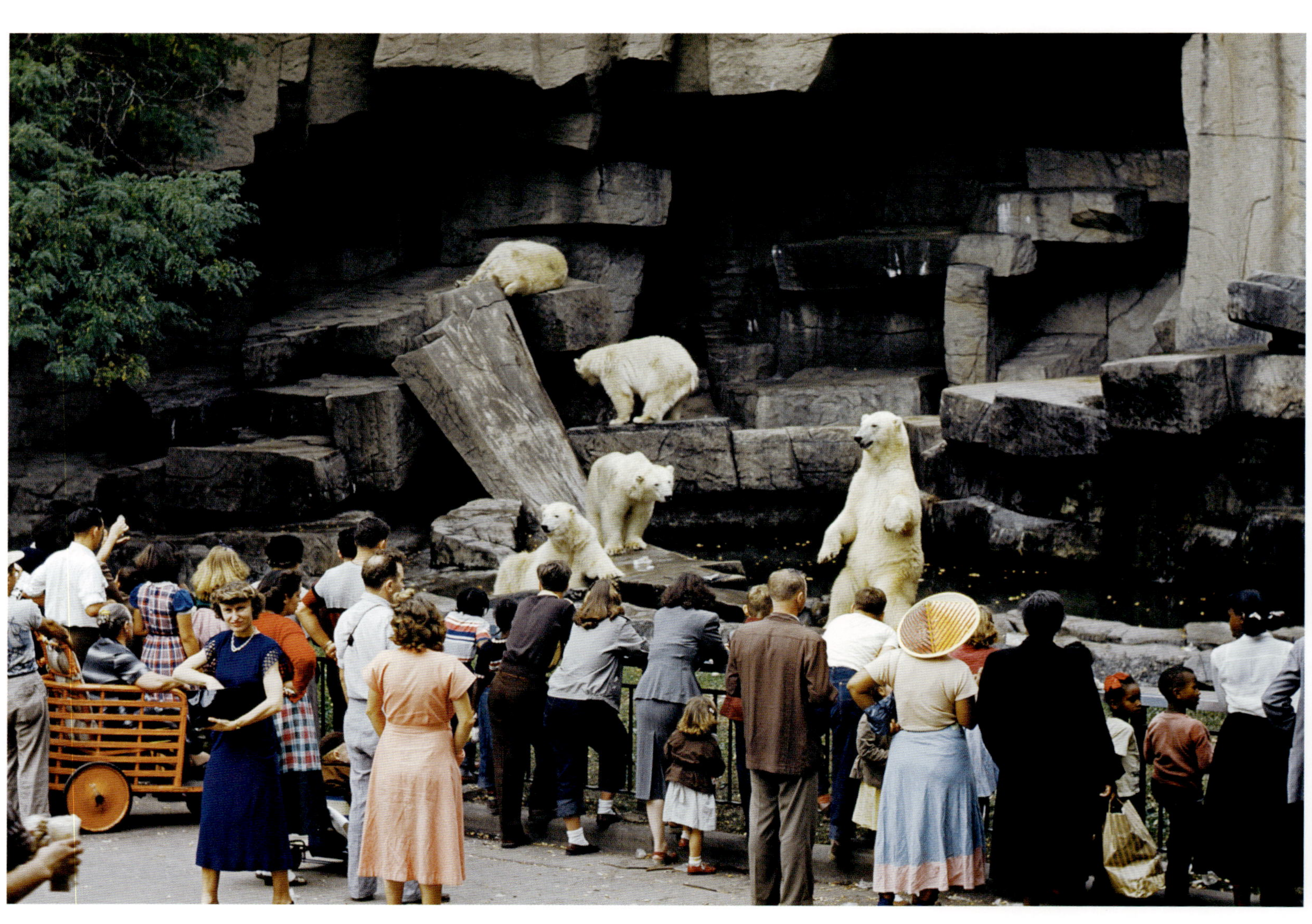

 B. ANTHONY STEWART | 1953 | CHICAGO *Les visiteurs d'un zoo à la rencontre des ours.*

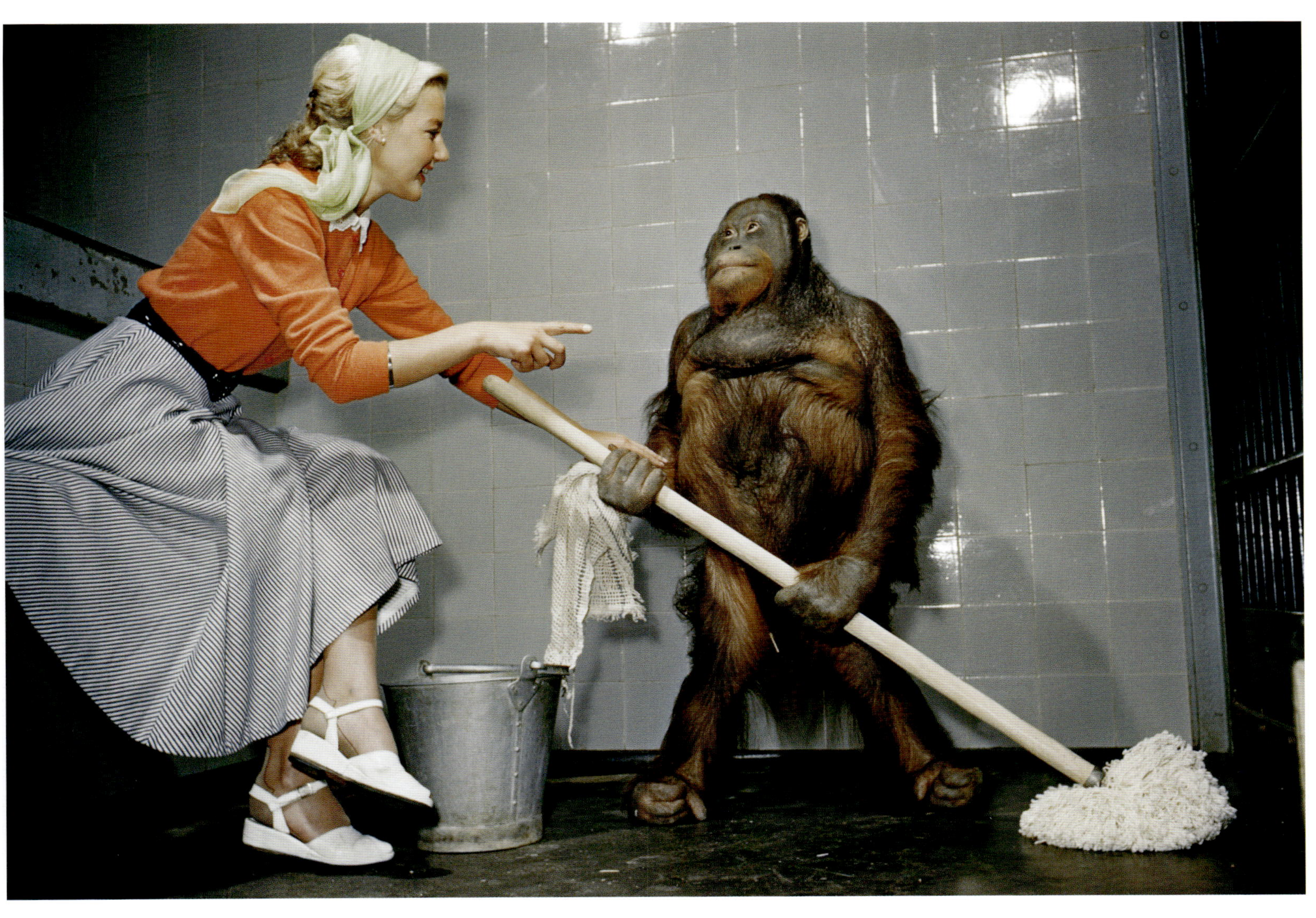

B. ANTHONY STEWART ET DAVID S. BOYER | 1953 | ANGLETERRE *Un orang-outan nettoie sa cage.*

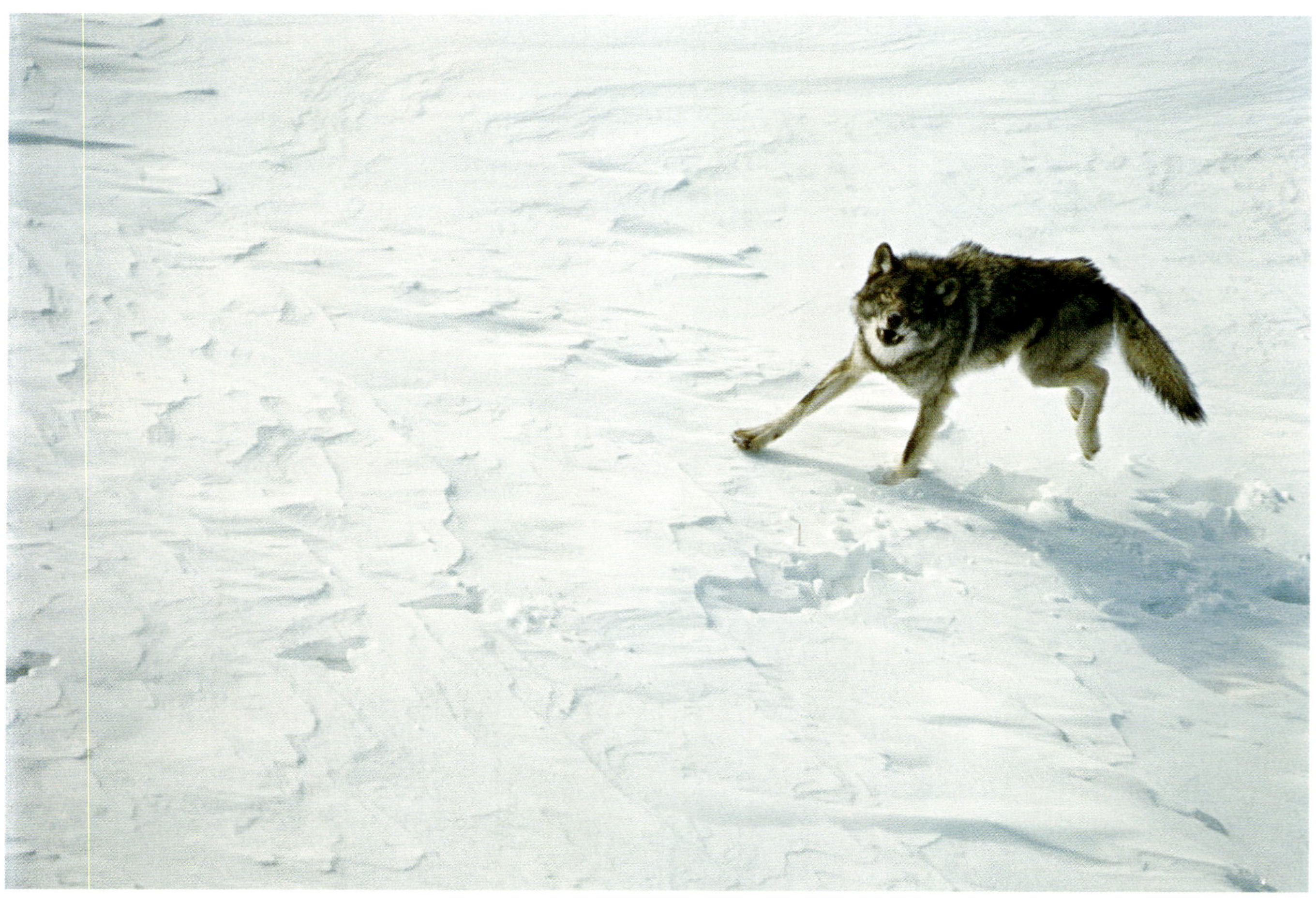

DR. DURWARD L. ALLEN | 1962 | ÉTAT DU MICHIGAN, ÉTATS-UNIS *Loup gris sur l'Ile Royale.*

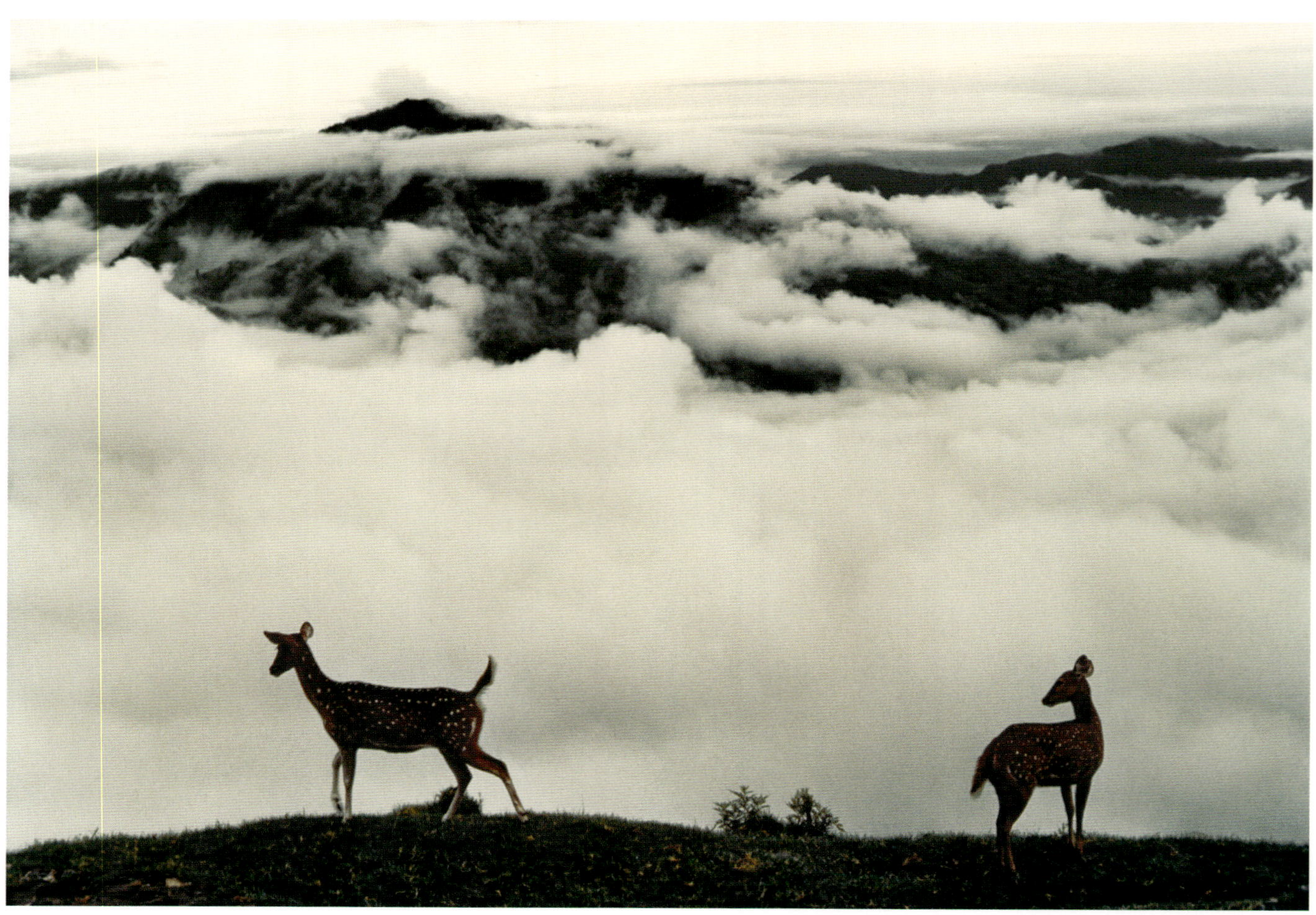

STEPHANIE DINKINS | 1963 | SIKKIM *Daims tachetés de l'Himalaya.*

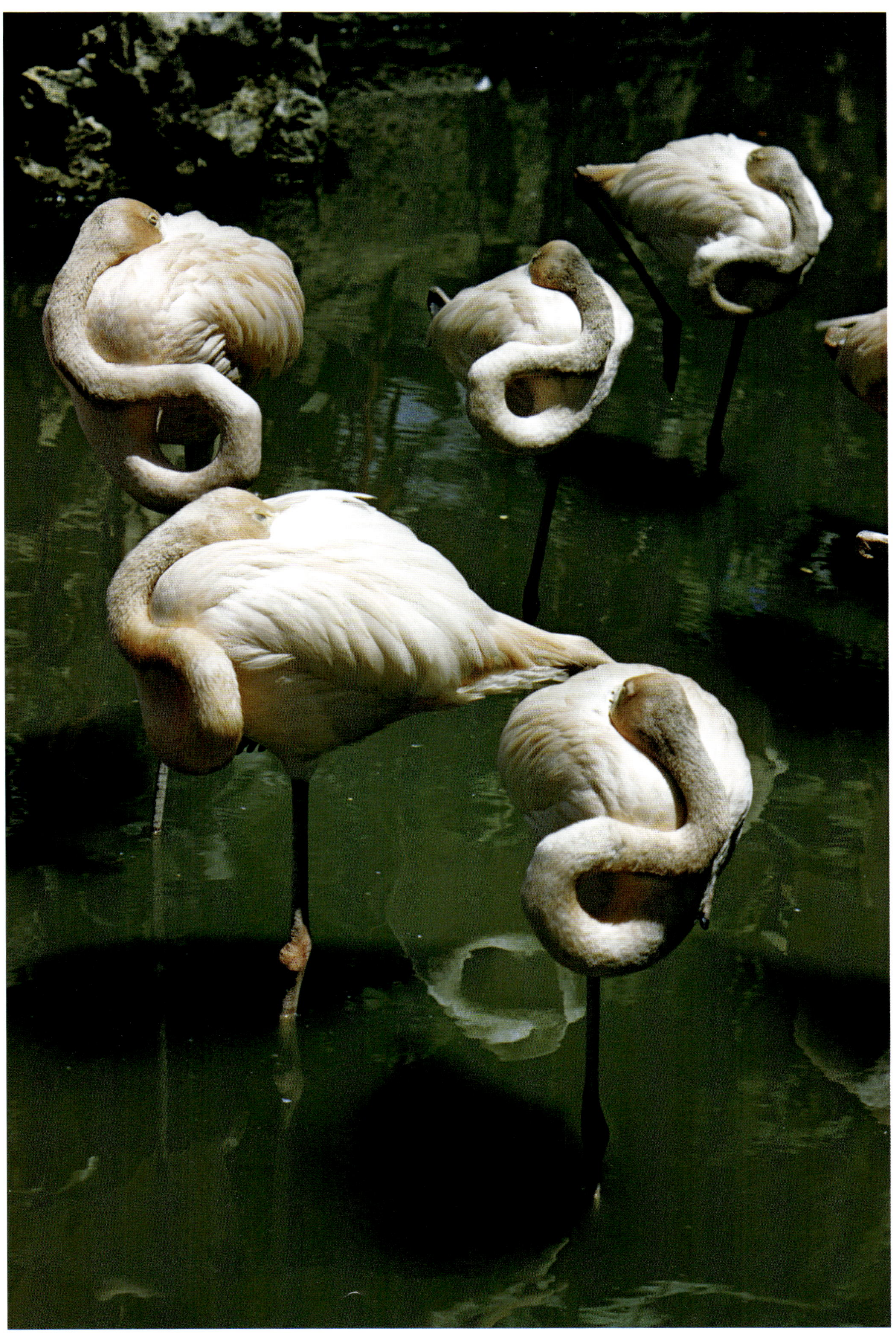

B. ANTHONY STEWART | 1957 | ANTILLES *Flamants roses assoupis.*

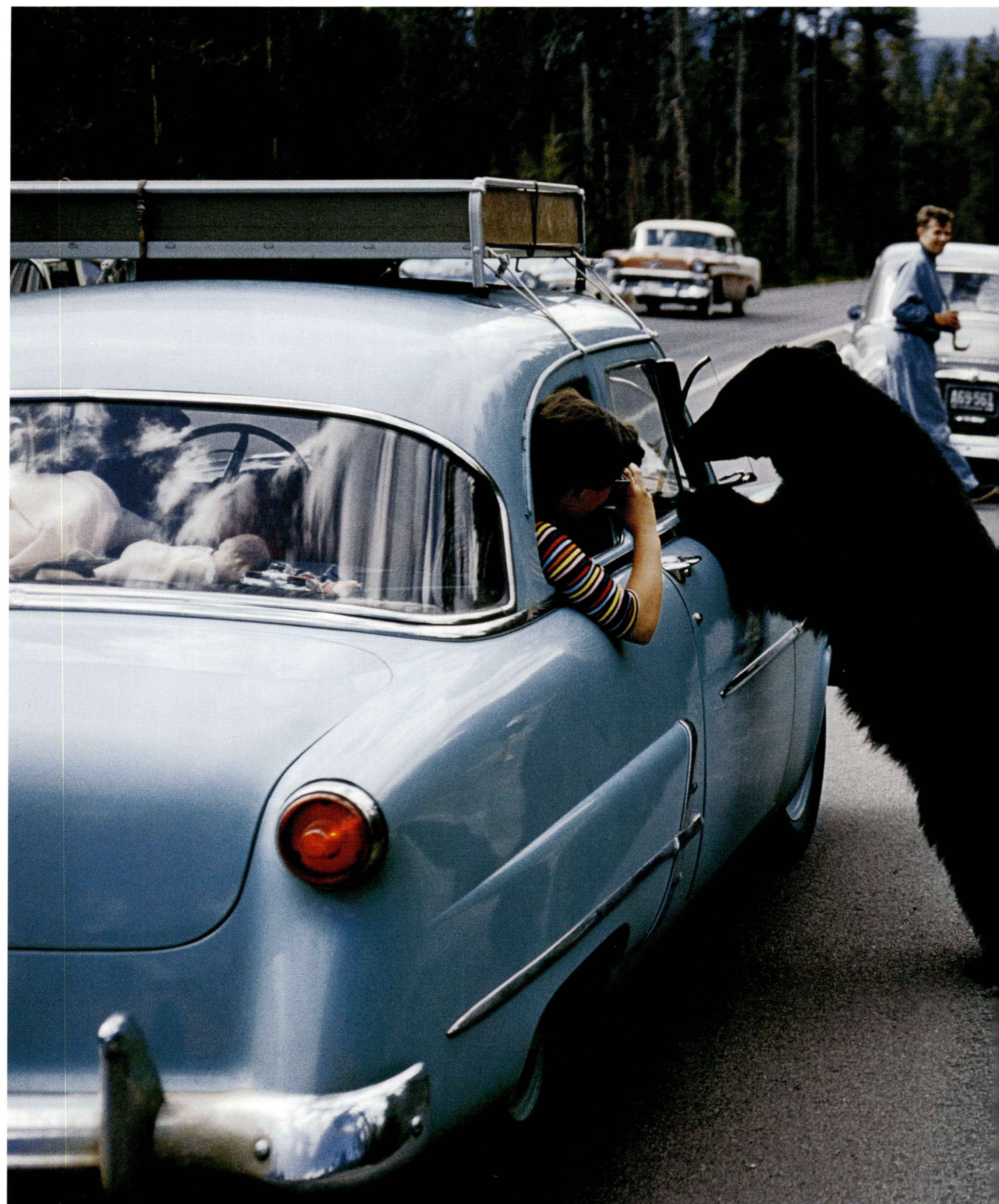

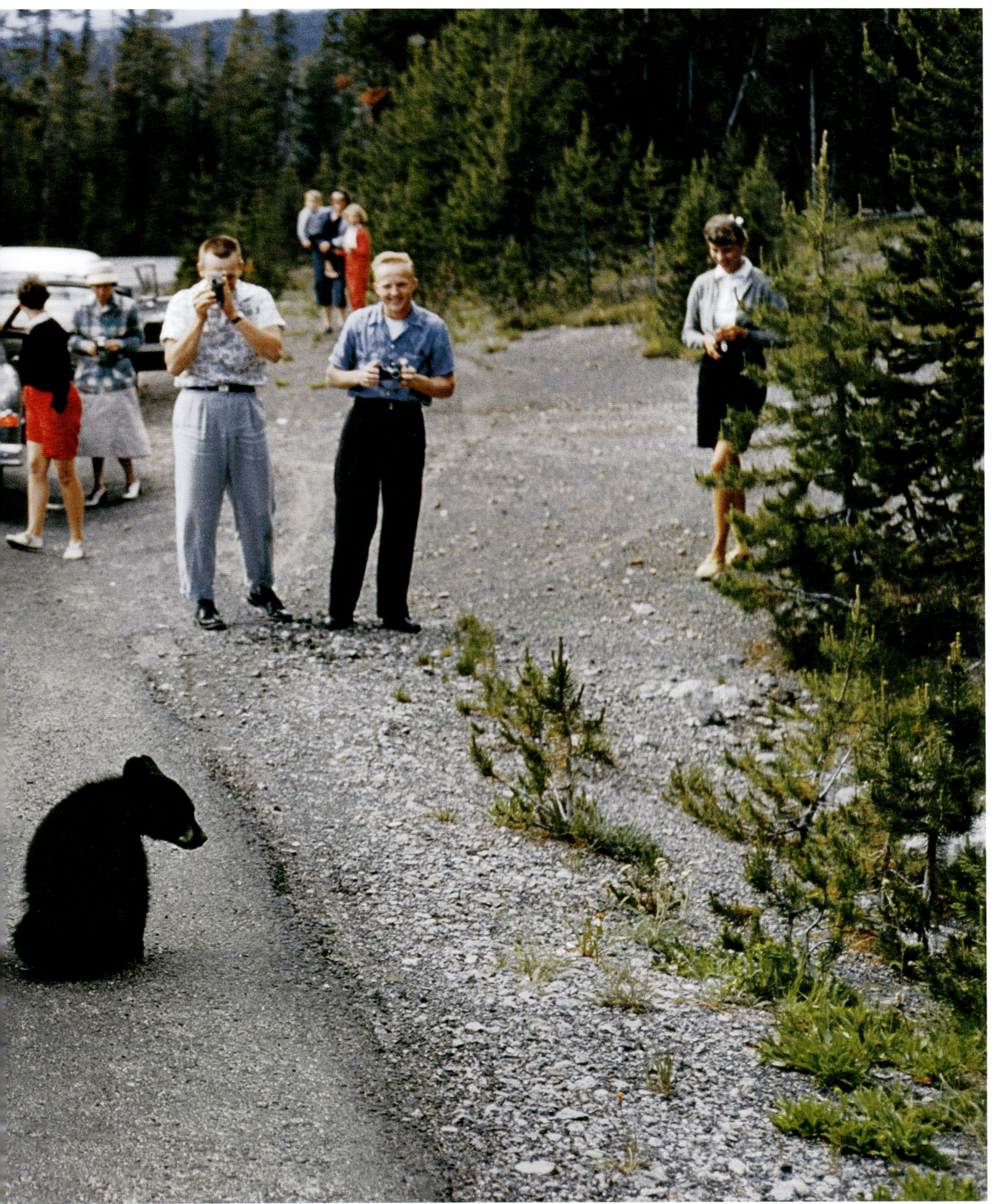

ANDREW H. BROWN | ANNÉES 1950 | ÉTAT DU WYOMING, ÉTATS-UNIS *Humains et ours se regardent dans le parc de Yellowstone.*

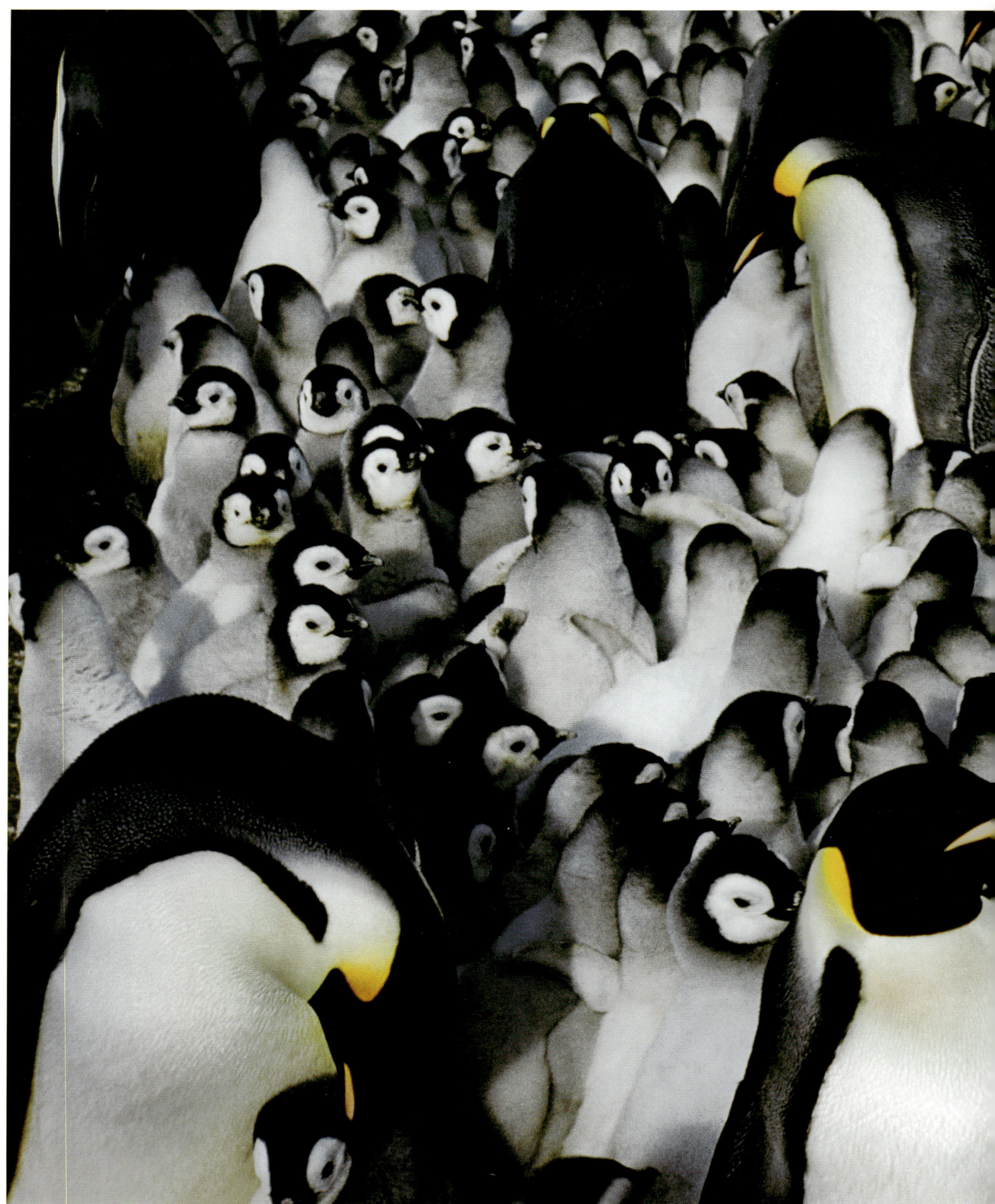

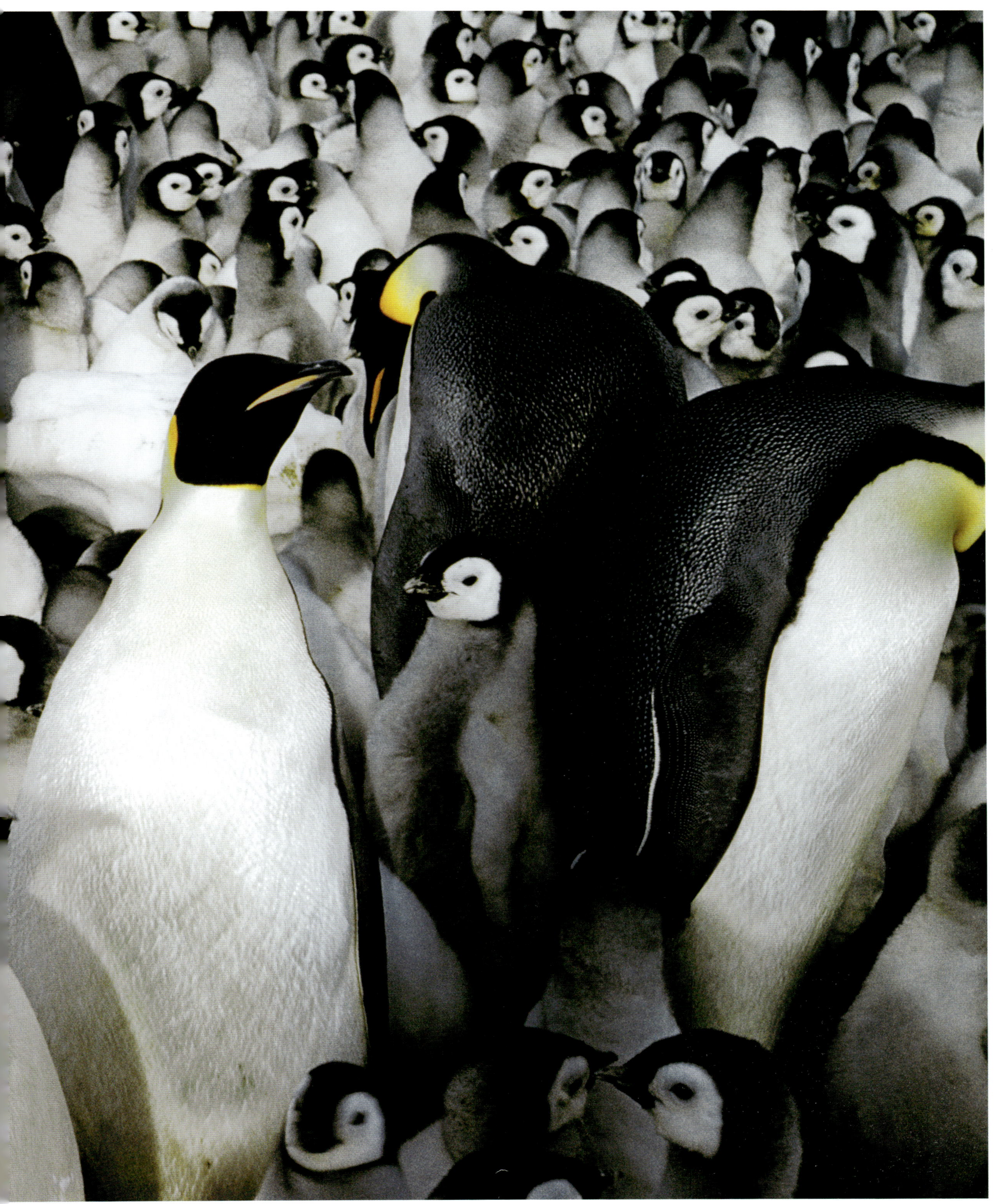

FRANK KAZUKAITIS | 1963 | ANTARCTIQUE *Des manchots empereurs de tous âges.*

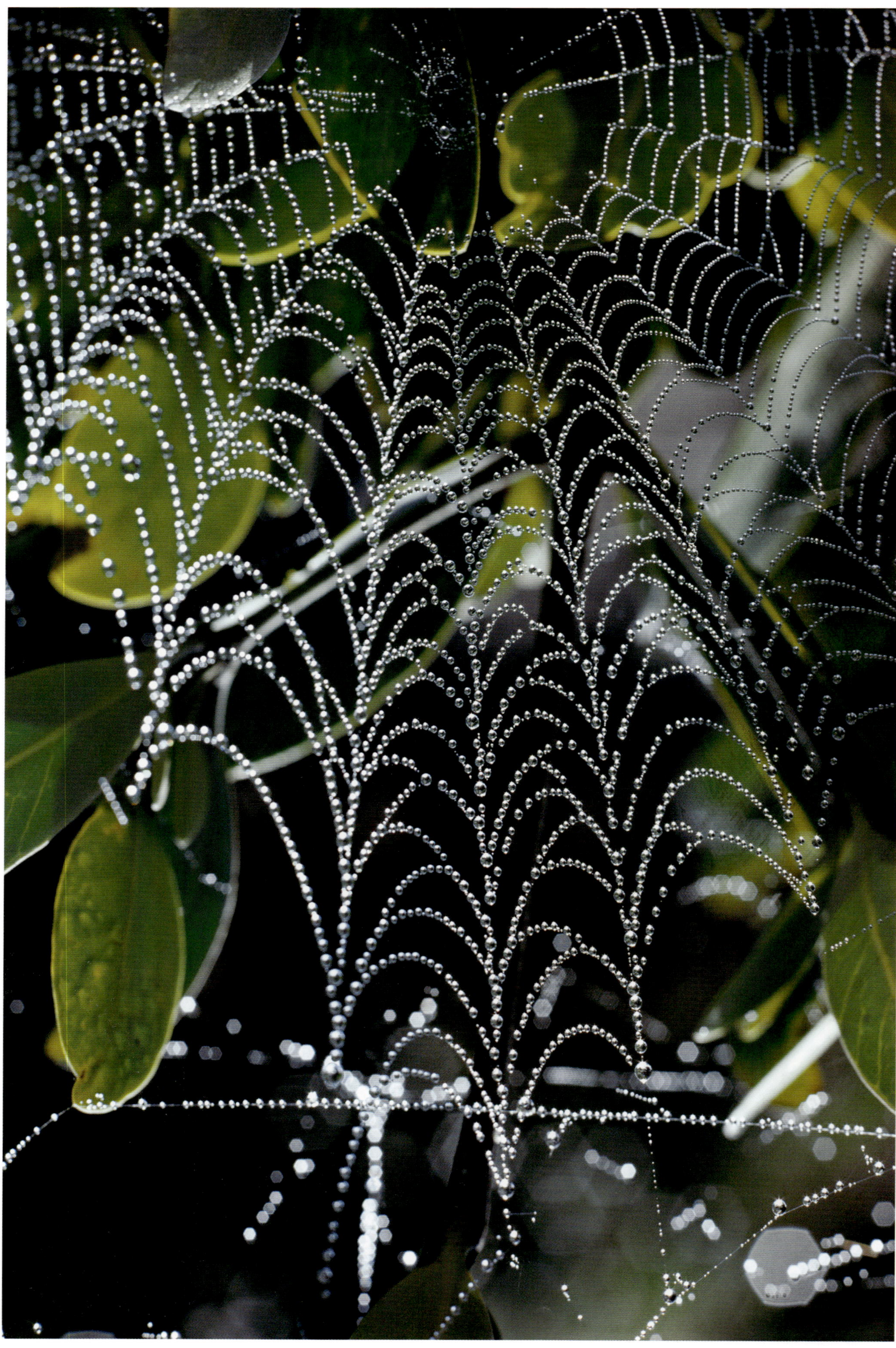

 JAMES A. KERNS | 1967 | ÉTAT DE LA FLORIDE, ÉTATS-UNIS *Une toile d'araignée dans le parc des Everglades.*

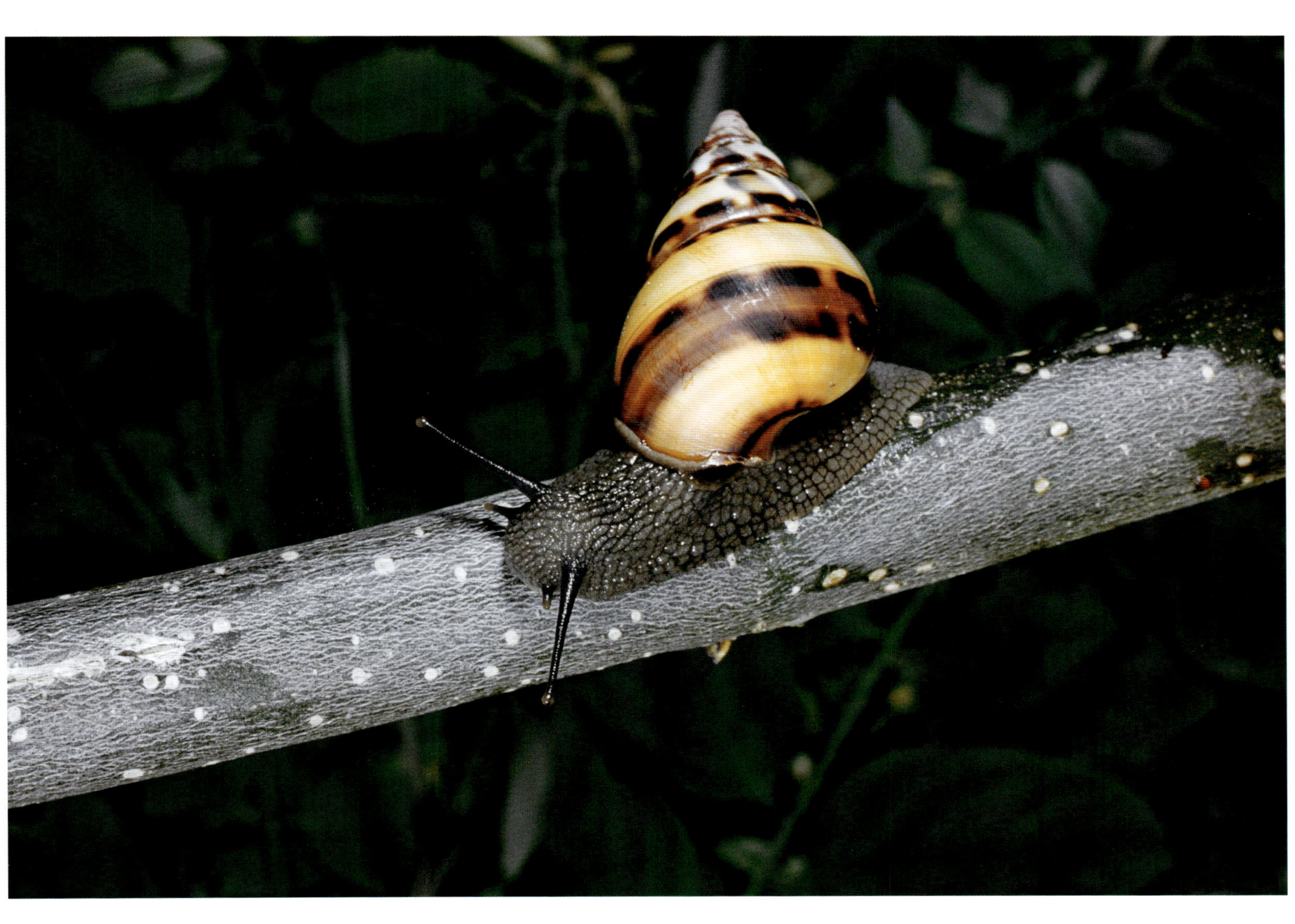

TREAT DAVIDSON | 1963 | ÉTAT DE LA FLORIDE, ÉTATS-UNIS *Escargot dans les Everglades.*

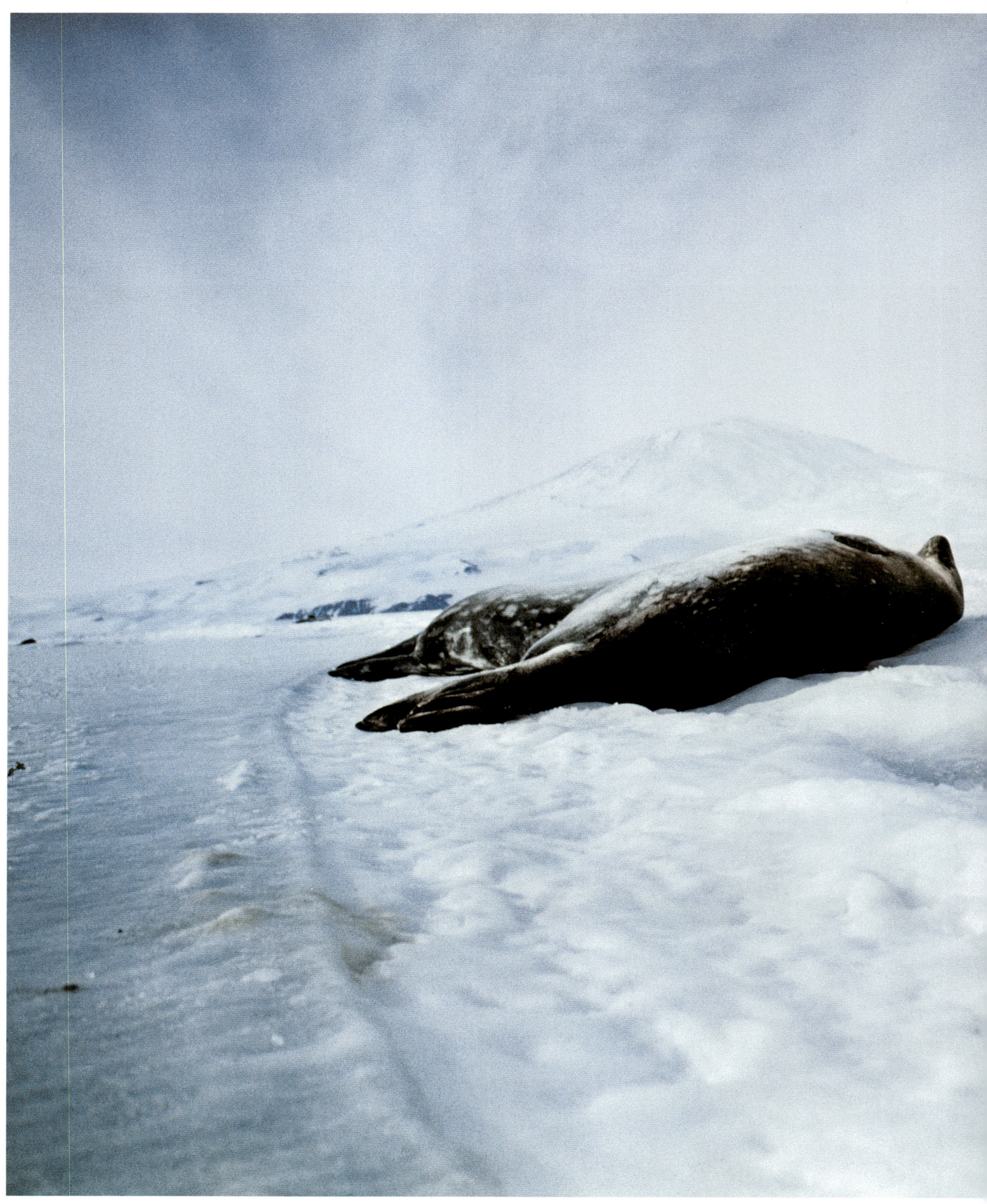

DAVID O. LAVALLEE | 1966 | ANTARCTIQUE *Phoques de Weddell par une belle journée.*

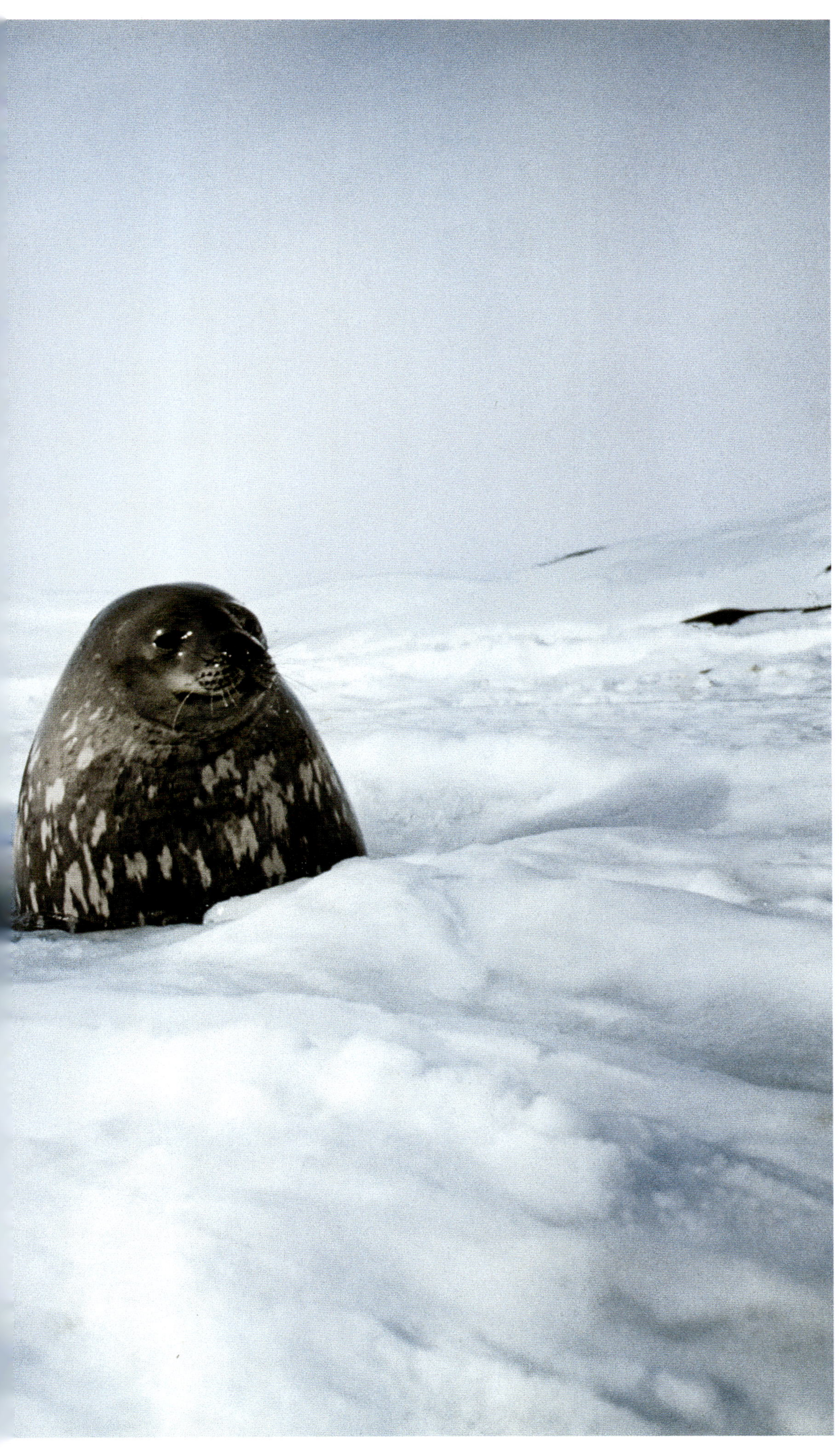

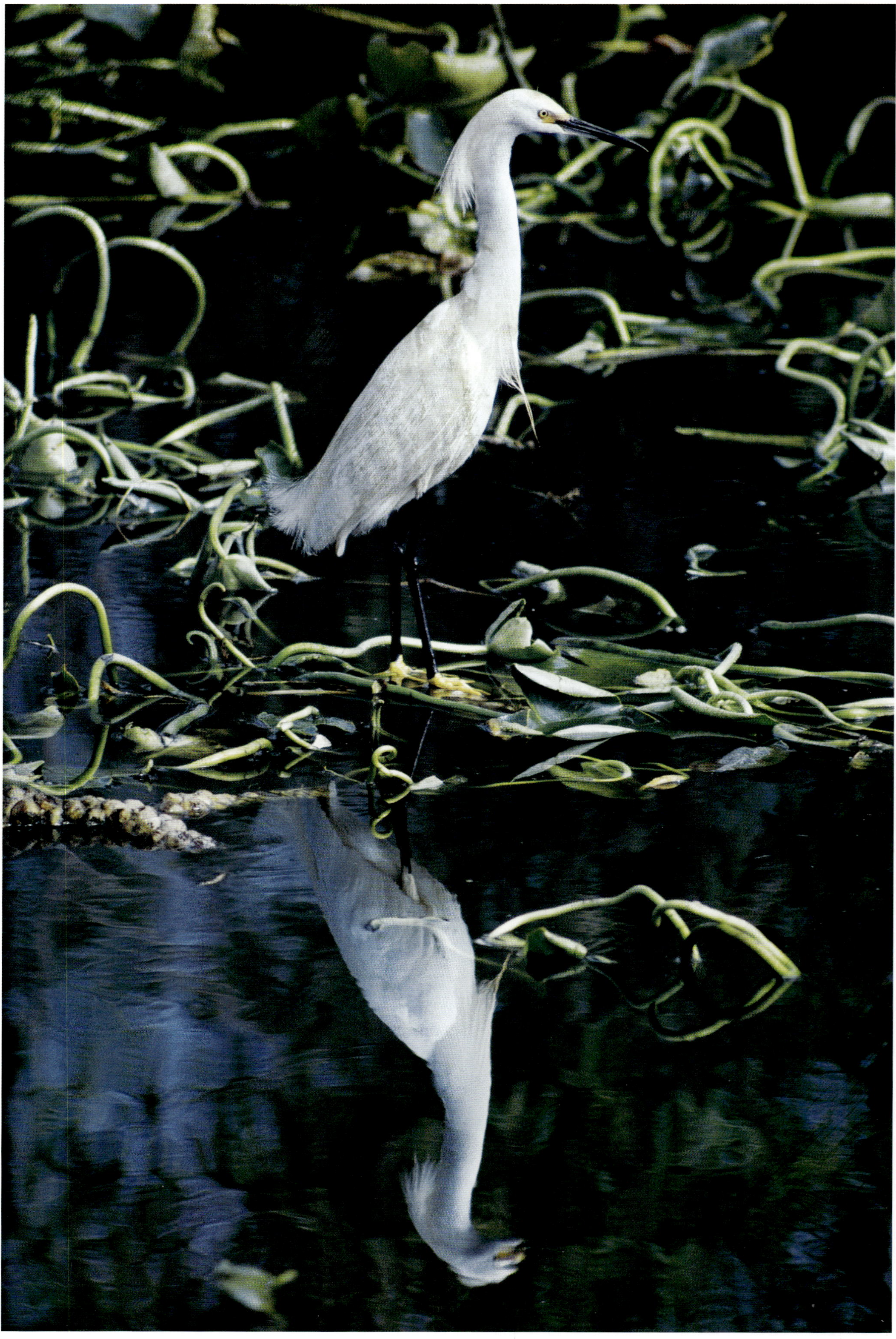

FREDERICK KENT TRUSLOW | 1967 | ÉTAT DE LA FLORIDE, ÉTATS-UNIS *Aigrette couleur de neige dans les Everglades.*

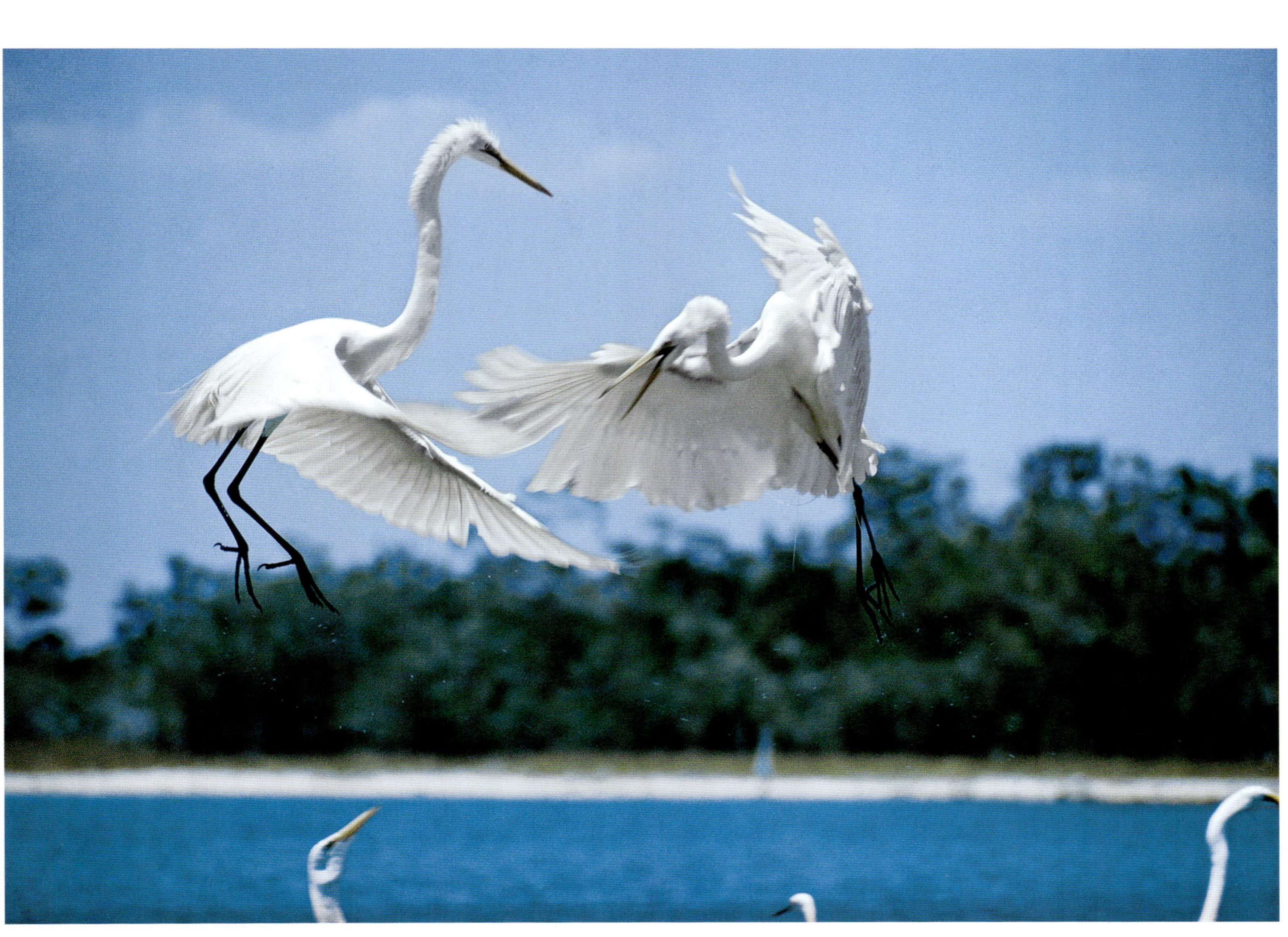

FREDERICK KENT TRUSLOW | 1967 | ÉTAT DE LA FLORIDE, ÉTATS-UNIS *Aigrettes d'Amérique dans les Everglades.*

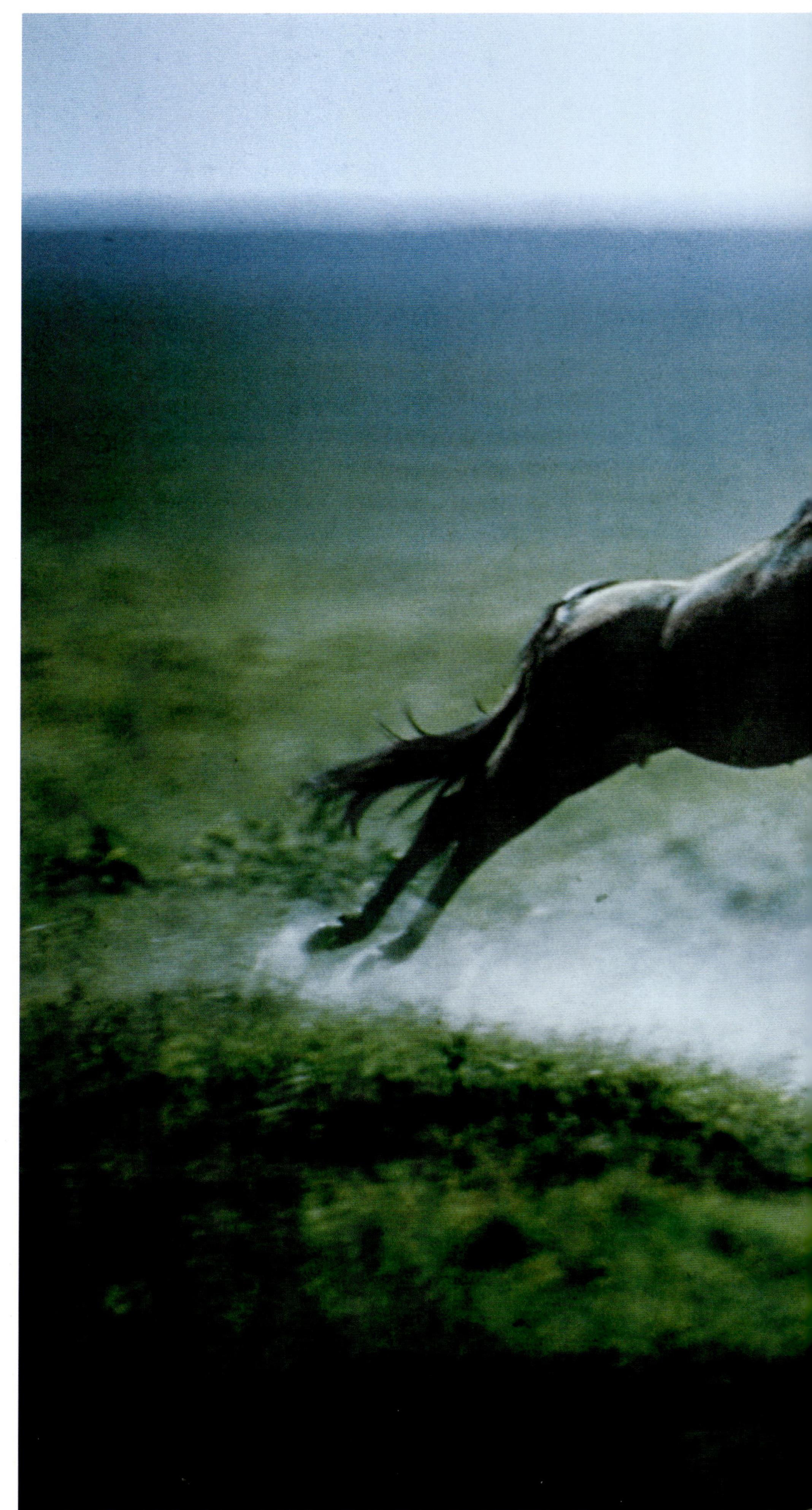

« Les premiers explorateurs ont dû trouver les gnous très étranges, disait la naturaliste Cynthia Moss à propos de ces animaux pataudς. Pourtant, la migration de leurs immenses troupeaux est l'un des plus extraordinaires spectacles des prairies africaines. »

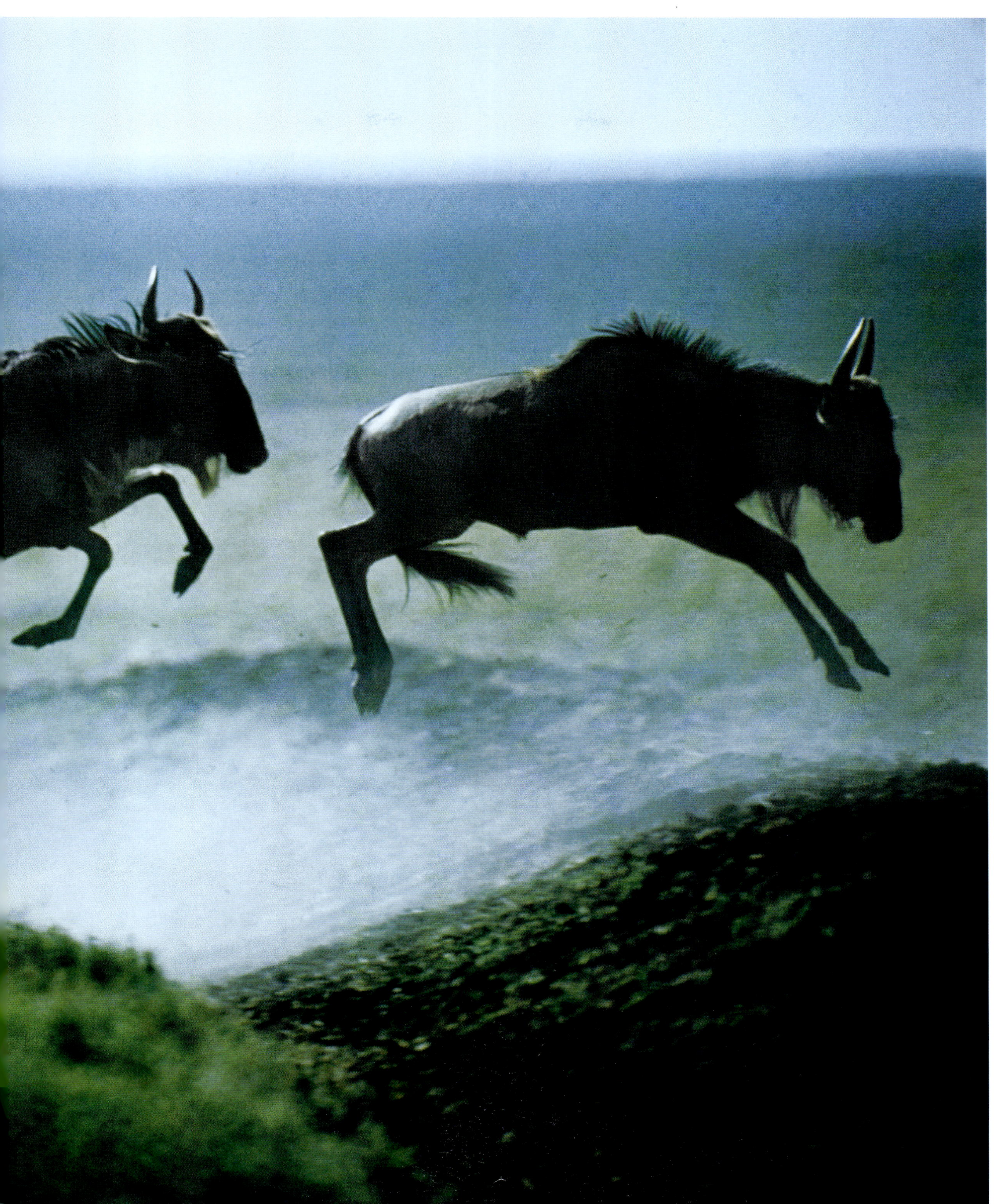

BRUCE DALE | 1969 | KENYA *Gnous galopant à travers la savane dans un bruit assourdissant.*

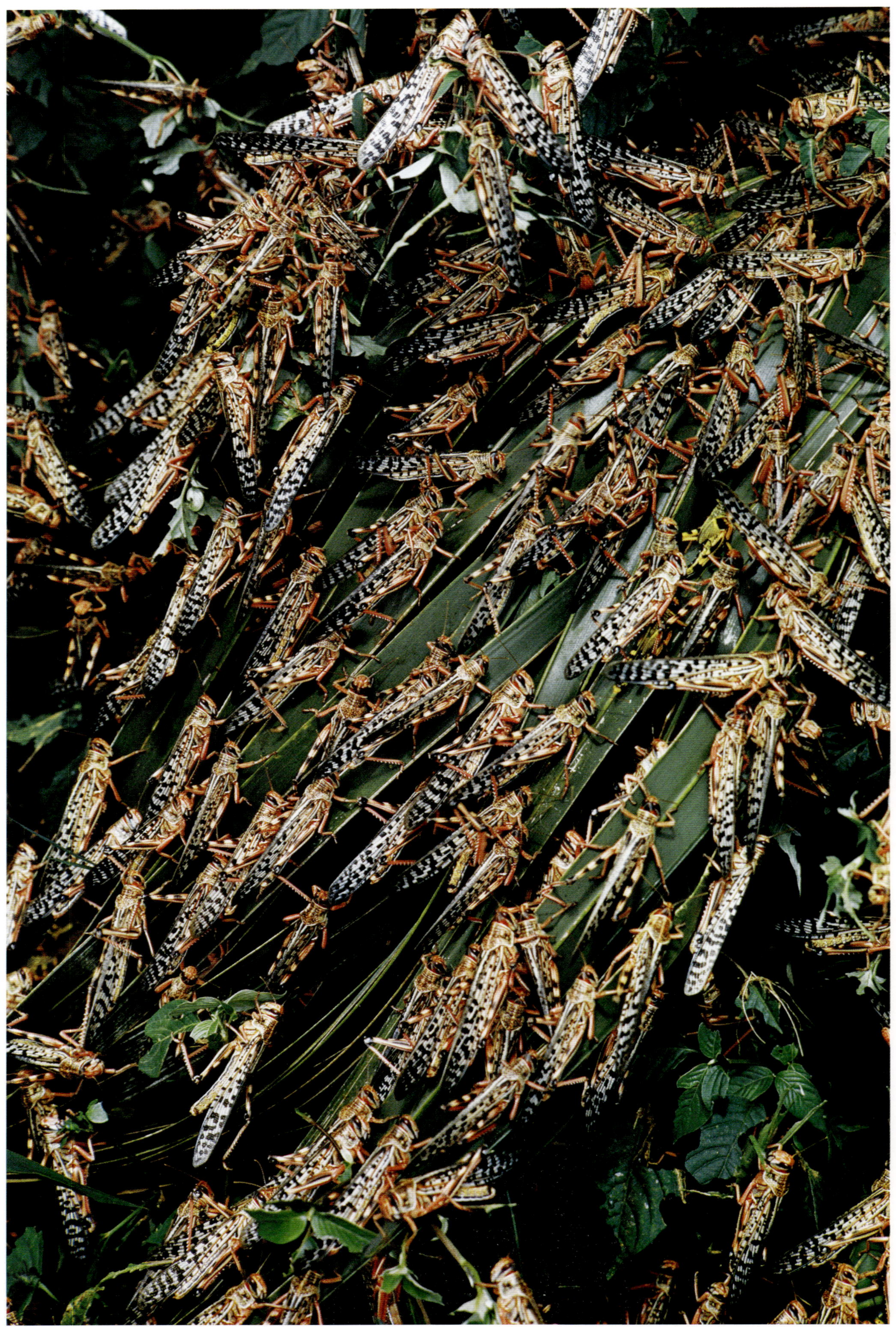

 GIANNI TORTOLI | 1969 | ÉTHIOPIE *Le repas des locustes.*

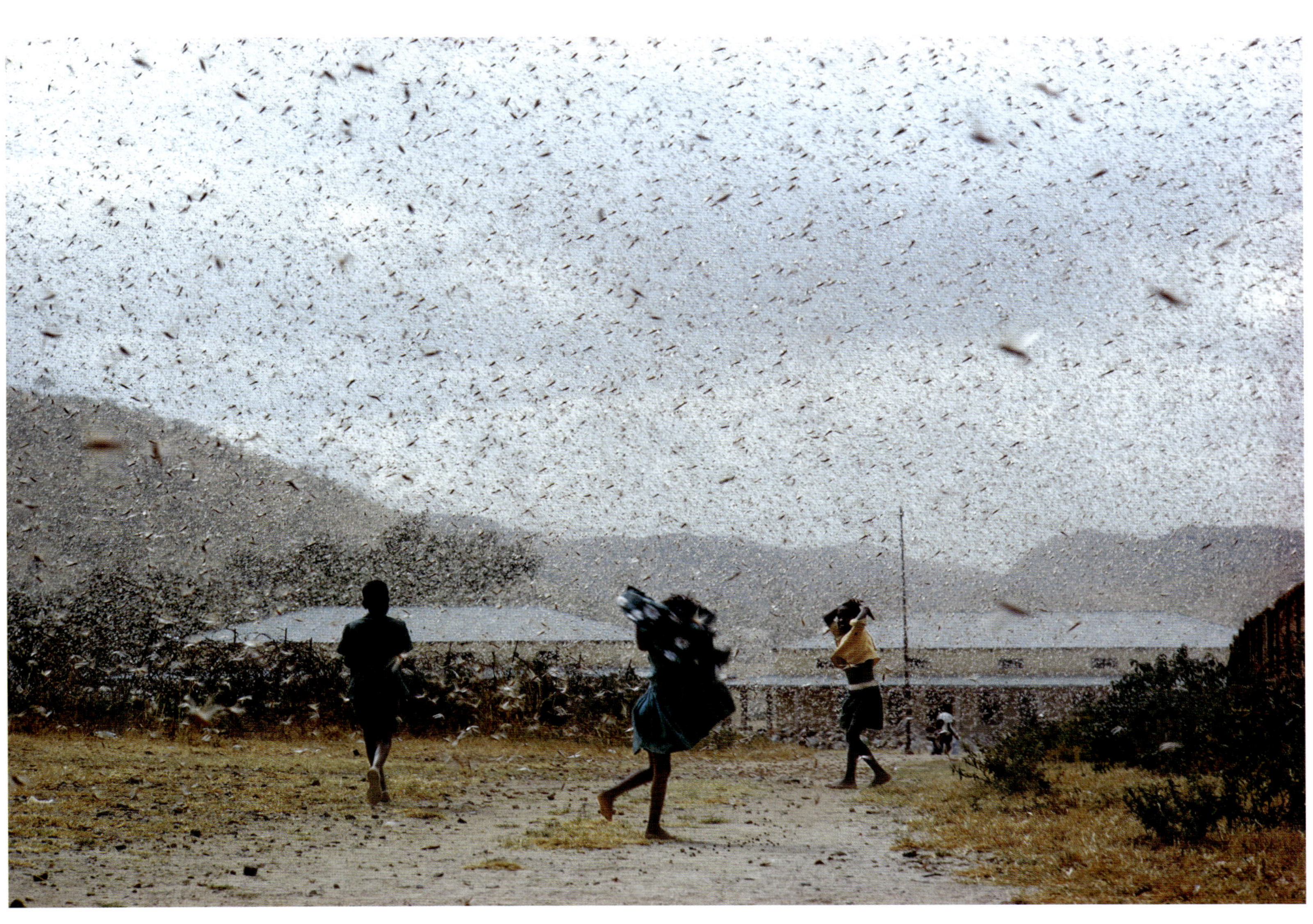

GIANNI TORTOLI | 1969 | ÉTHIOPIE *Essaim de locustes.*

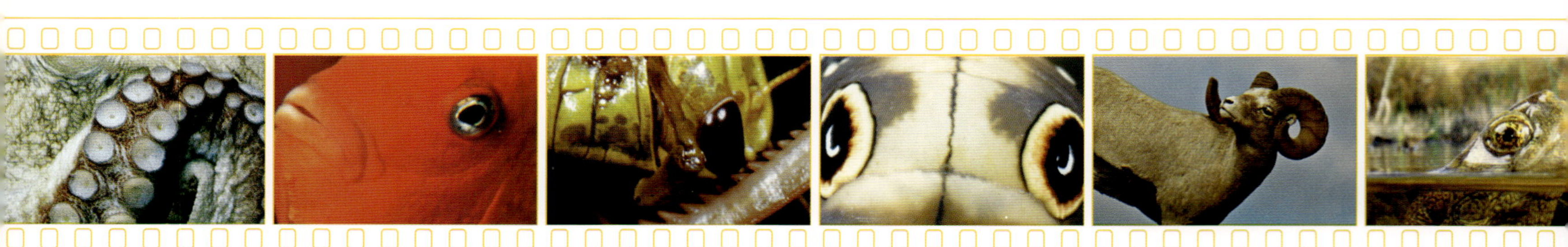

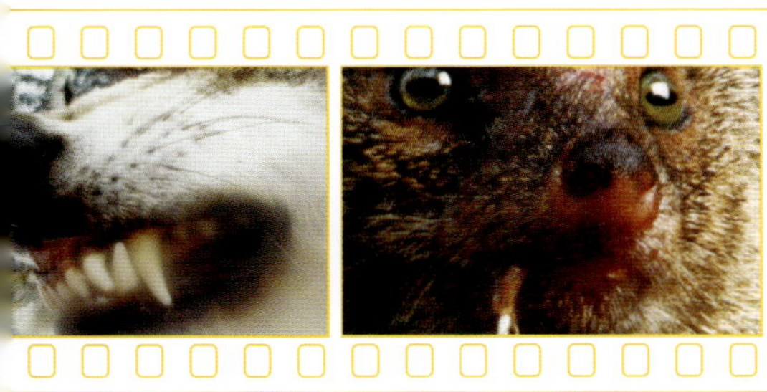

réalisme documentaire

LES ANNÉES 1970 FONT PLACE À UNE GÉNÉRATION de photographes plus consciente des enjeux écologiques. Ce nouveau regard du photojournalisme met l'accent sur la nature telle qu'elle lui apparaît : un univers suscitant, étroitement mêlés, émerveillement et répugnance, beauté et danger. Angles créatifs, lentilles hypersensibles et approche patiente et laborieuse prennent le pas sur la théâtralité.

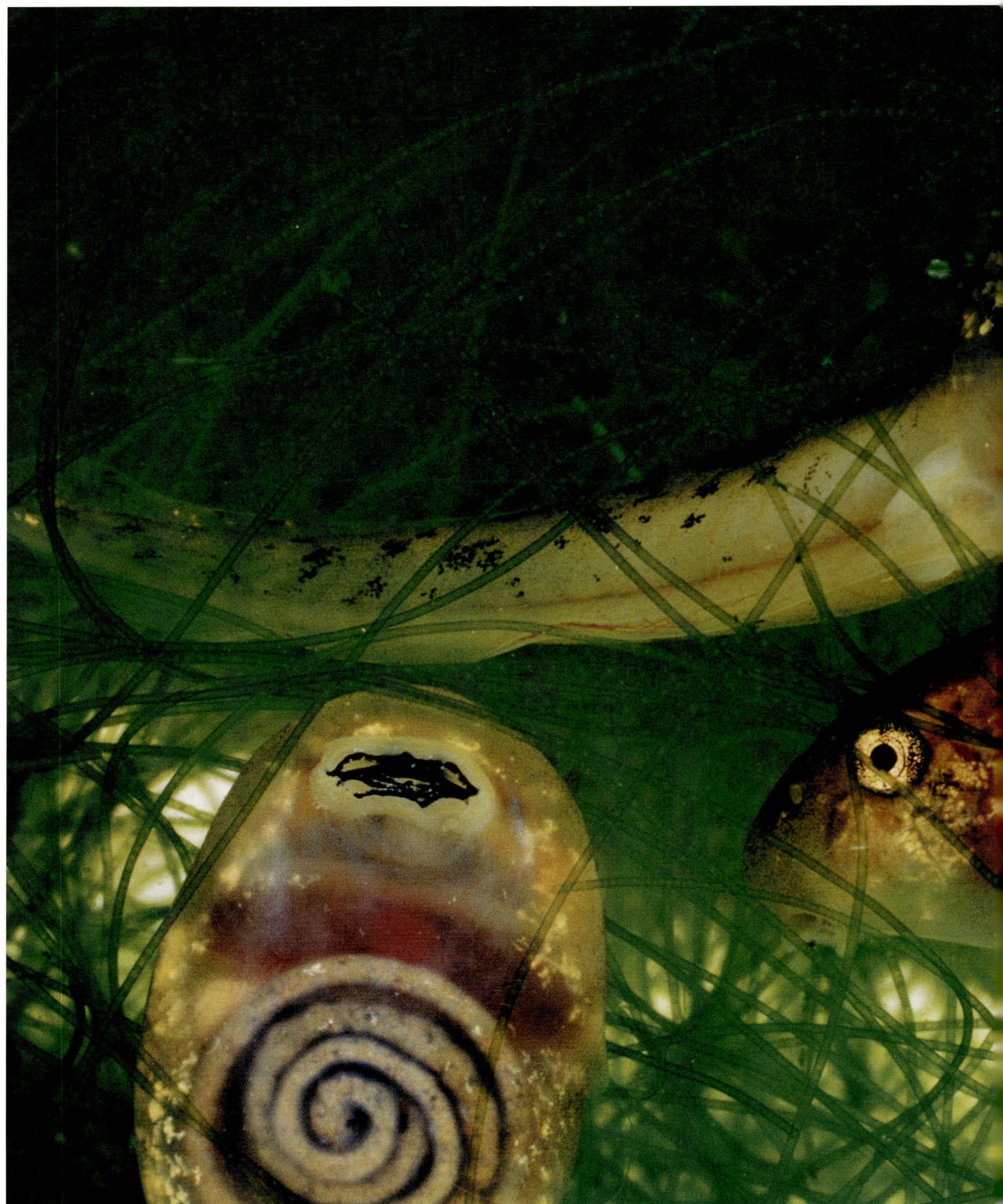

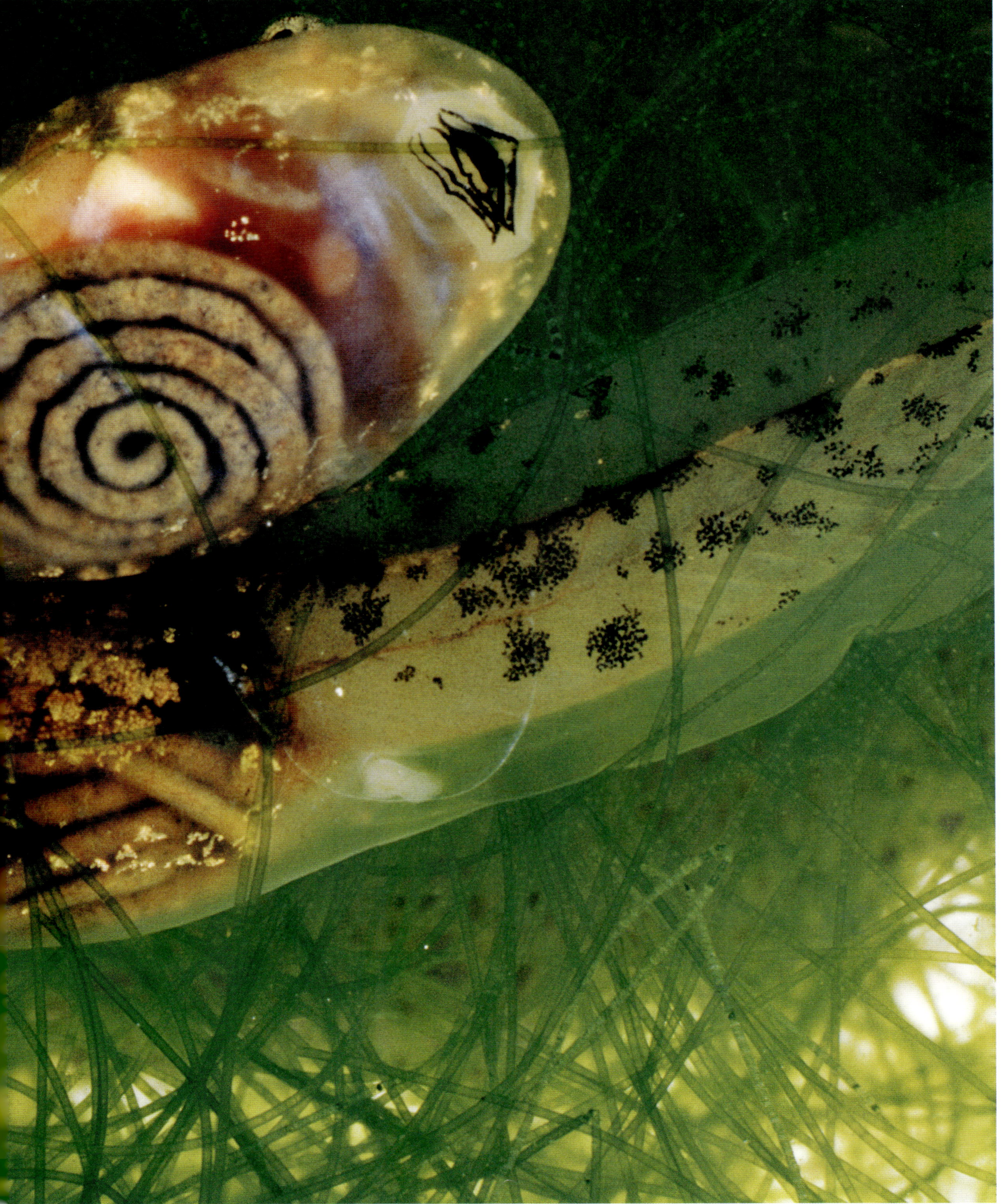

PAUL ZAHL | 1973 | COSTA RICA *Intestins enroulés du têtard, révélés par sa peau transparente.*

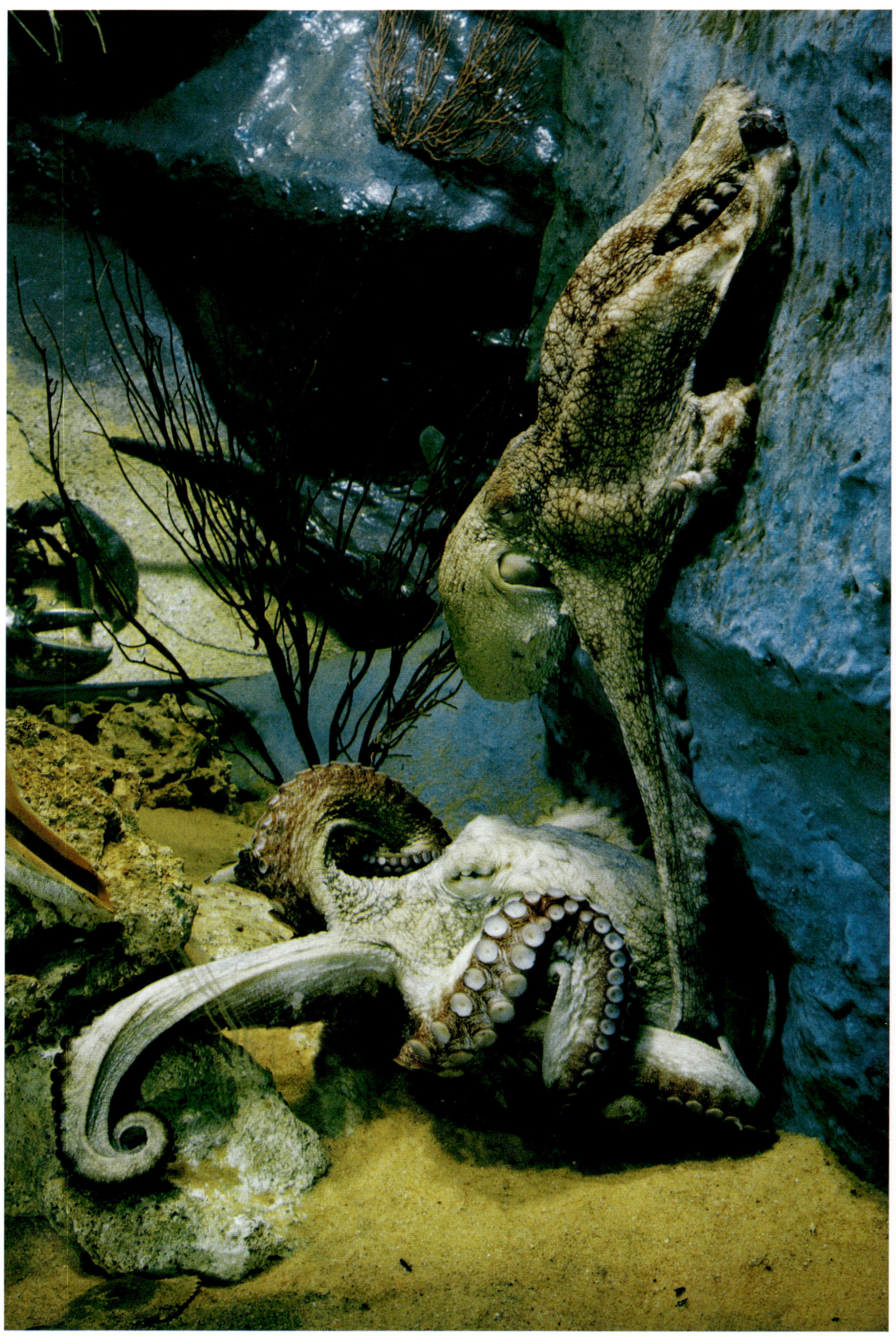

ROBERT F. SISSON | 1971 | ÉTAT DE LA FLORIDE, ÉTATS-UNIS *Accouplement de pieuvres.*

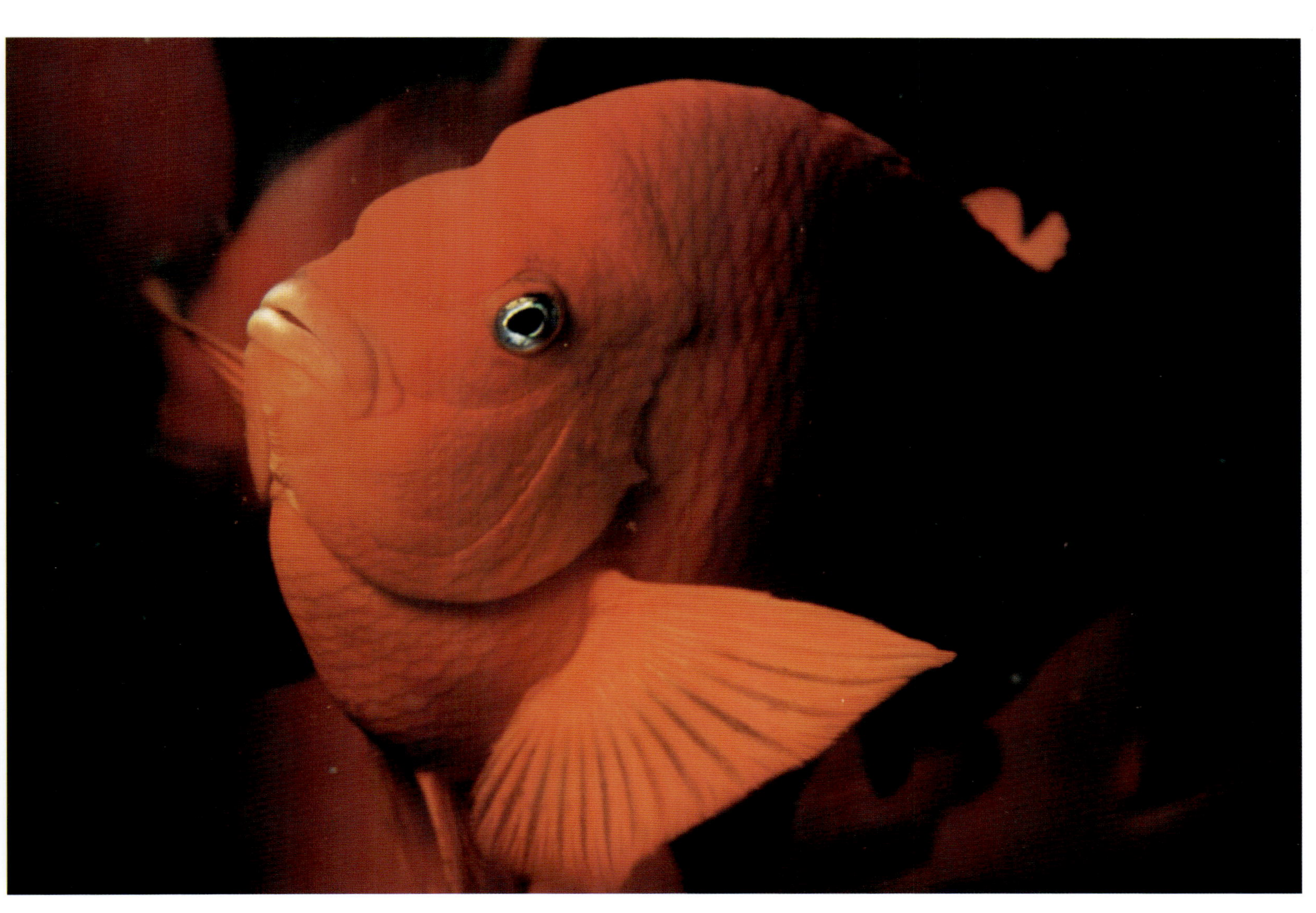

BATES LITTLEHALES | 1972 | OCÉAN PACIFIQUE *Demoiselle Garibaldi solitaire.*

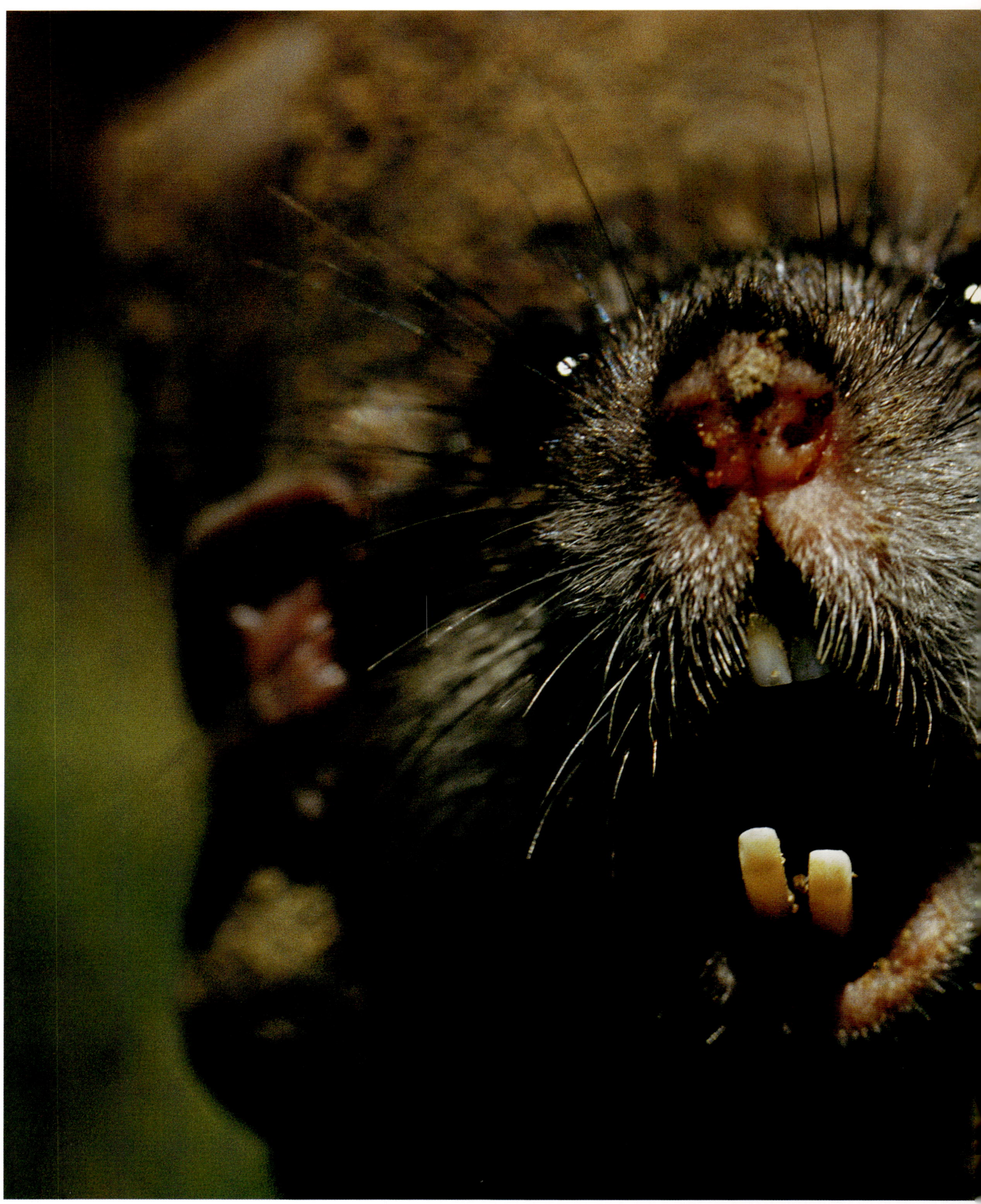

JAMES L. STANFIELD | 1975 | ÉTATS-UNIS *Portrait d'un rat.*

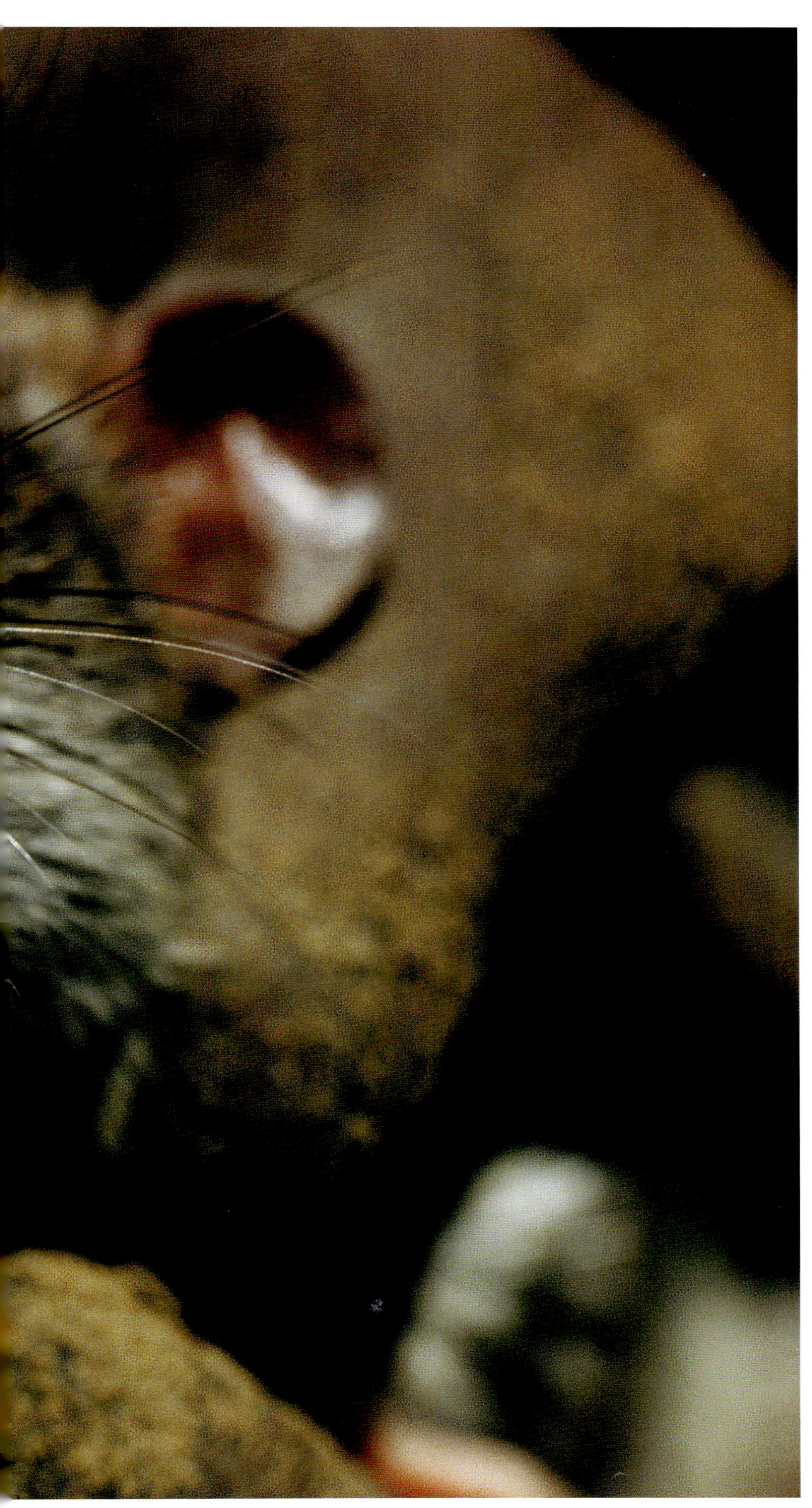

« Ronge ou meurs : des dents qui poussent aussi vite ont besoin de ronger sans cesse » : telle est la légende originelle de ce cliché. Sans cette activité incessante, les incisives supérieures de ce rat s'enrouleraient à l'intérieur de sa bouche, contre son palais.

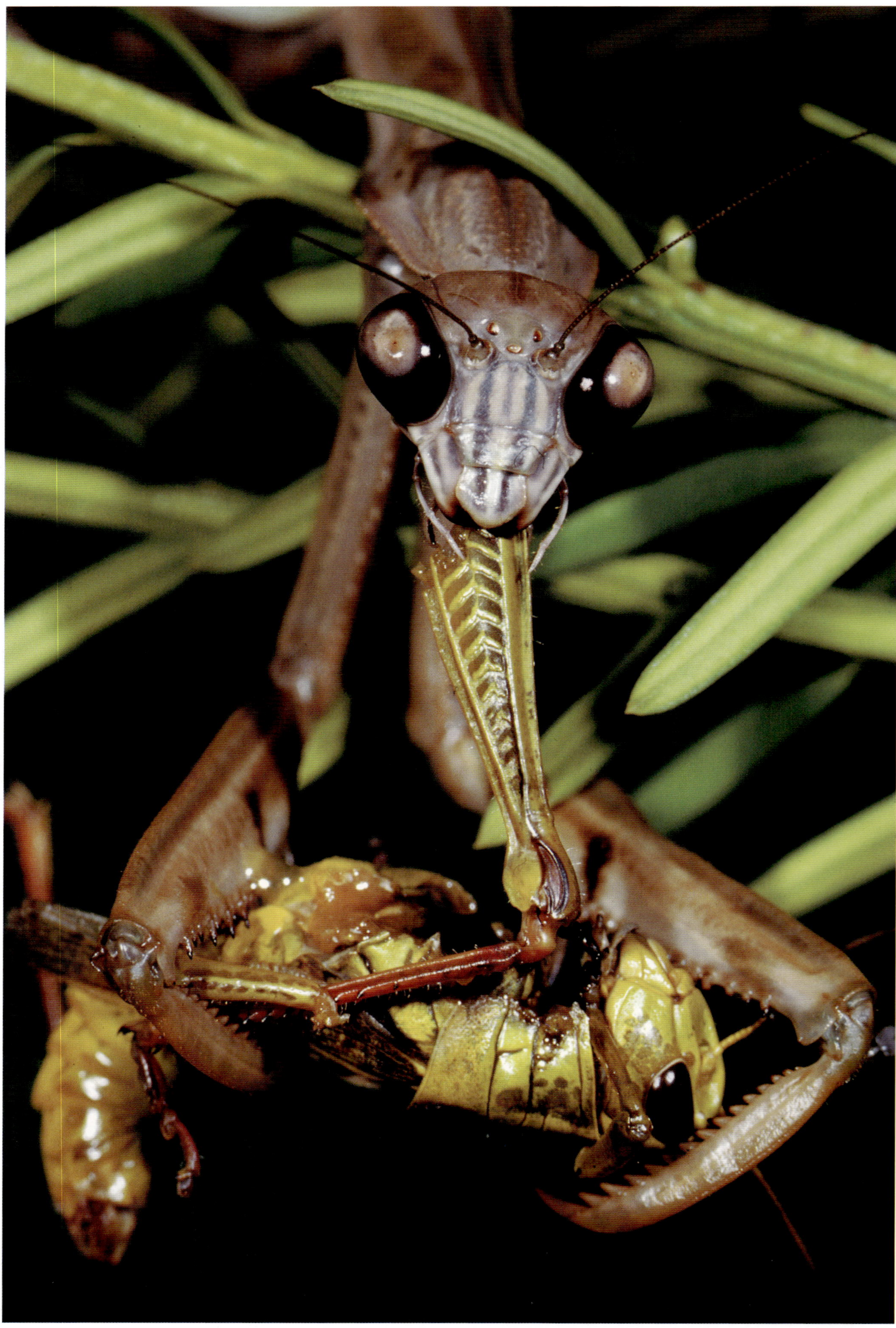

DWIGHT R. KUHN | 1984 | ÉTAT DU MAINE, ÉTATS-UNIS *Mante religieuse dévorant une sauterelle.*

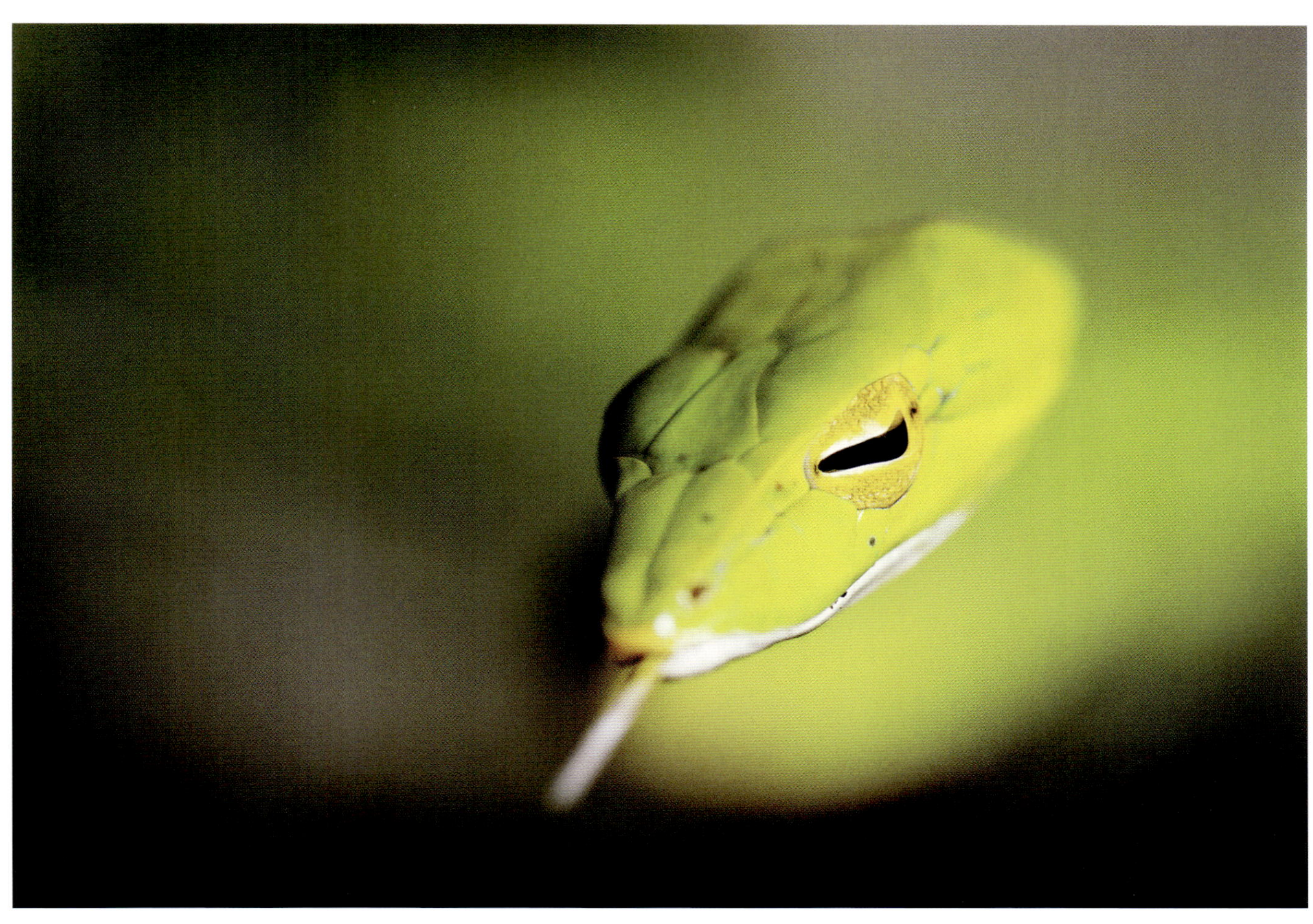

MATTIAS KLUM | 1985 | BORNÉO *Cobra vert.*

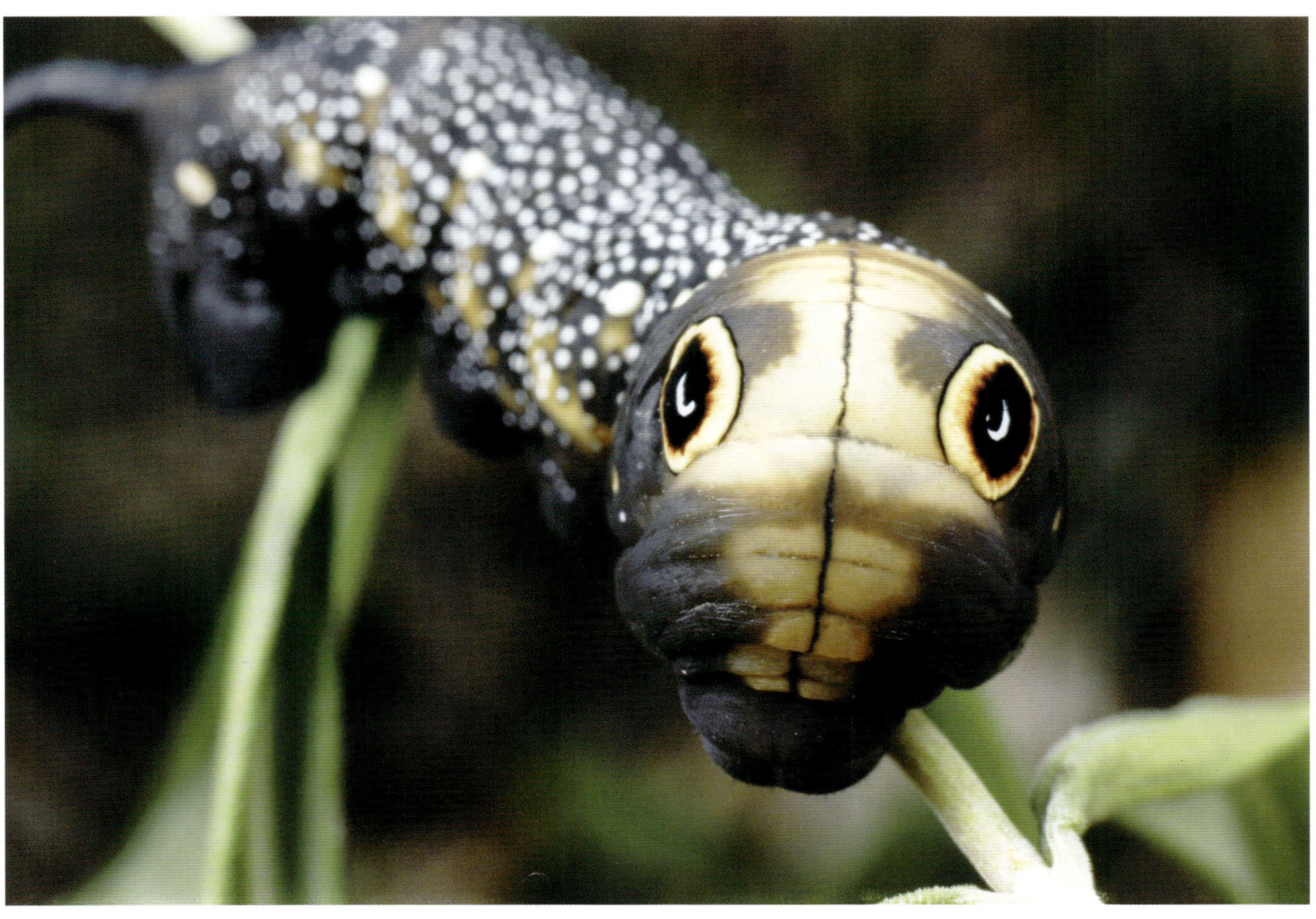

DARLYNE A. MURAWSKI | 1994 | MEXIQUE *Chenille de sphingidé.*

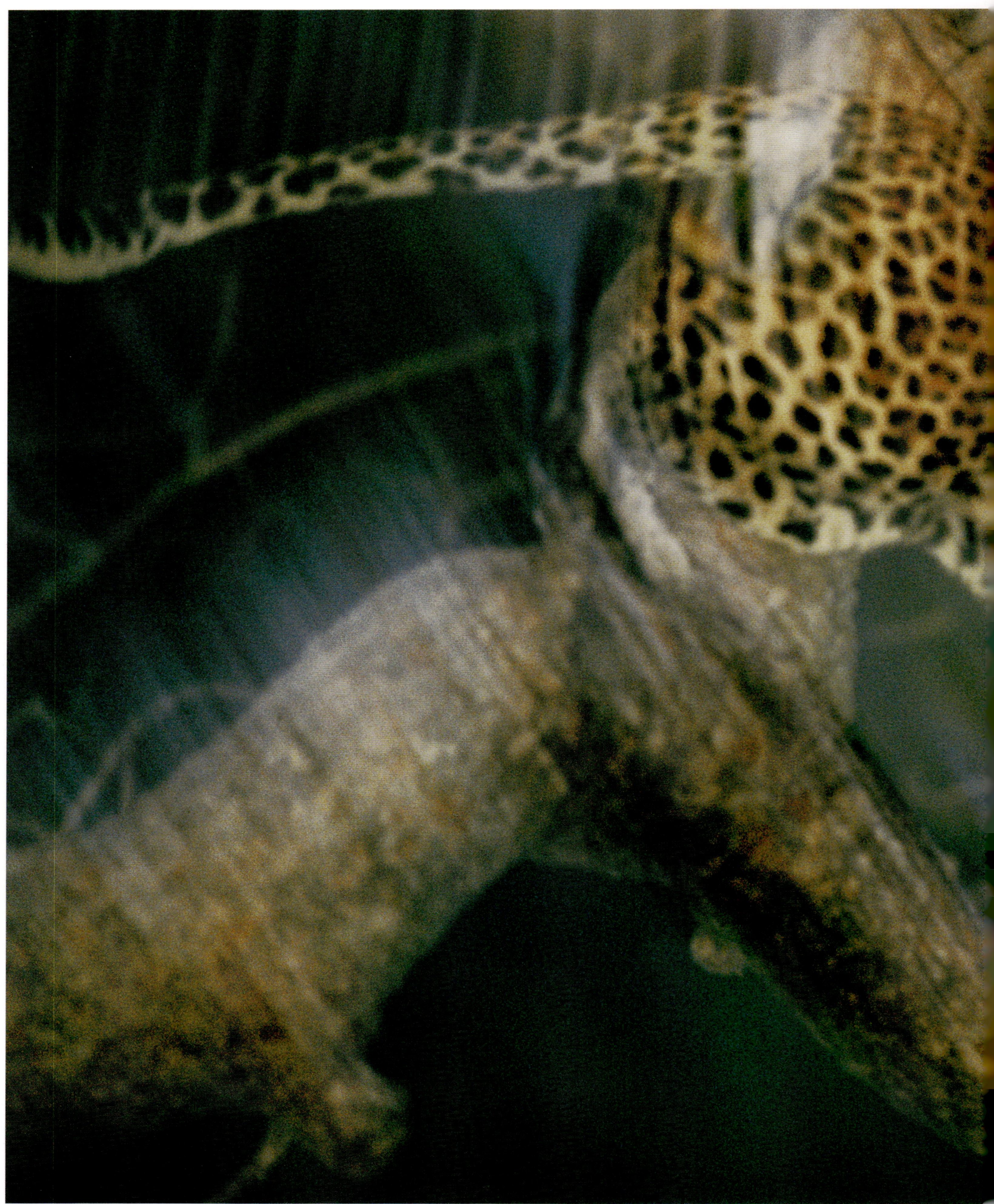

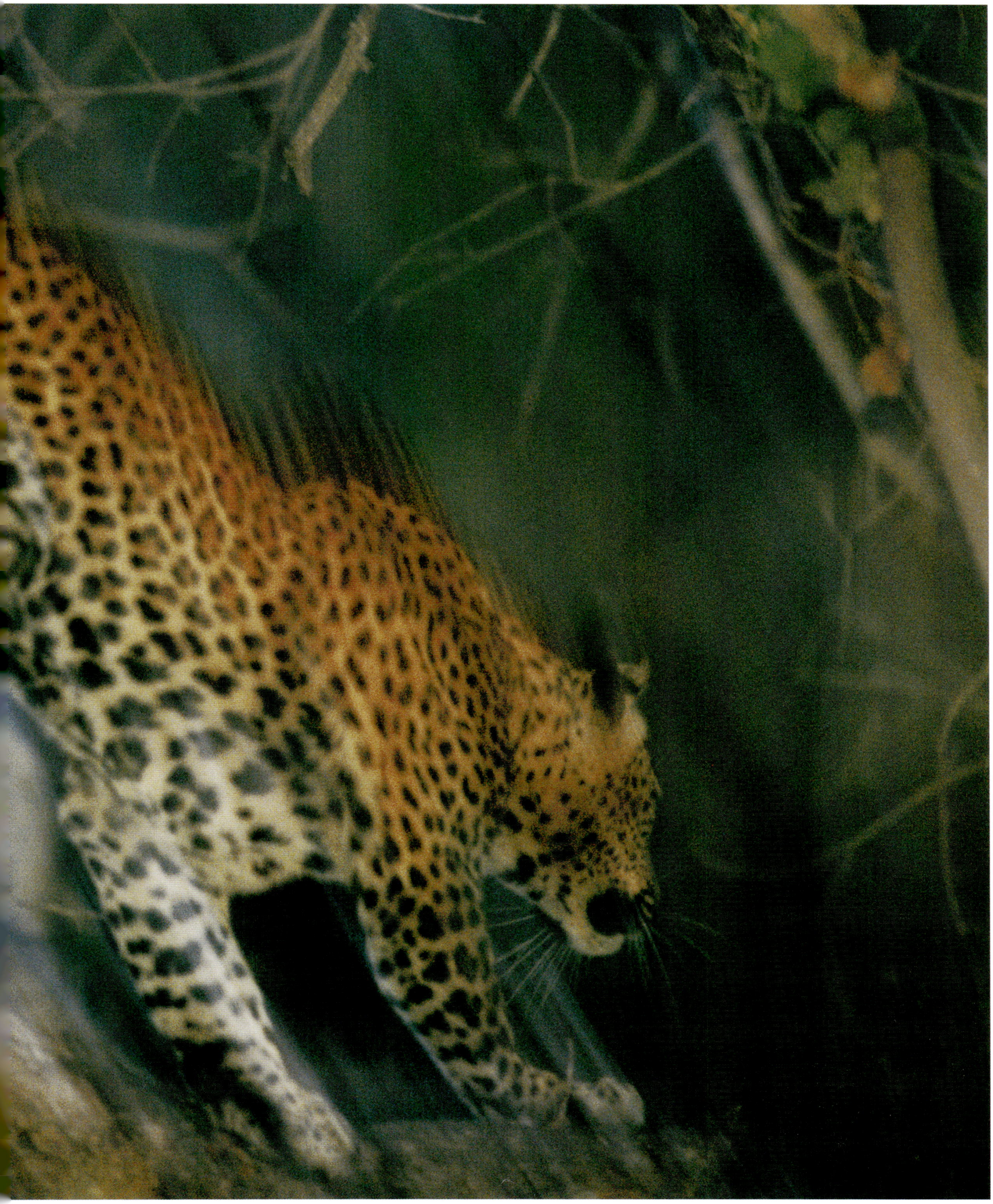

CHRIS JOHNS | 1988 | TANZANIE *Fuite éperdue d'un léopard.*

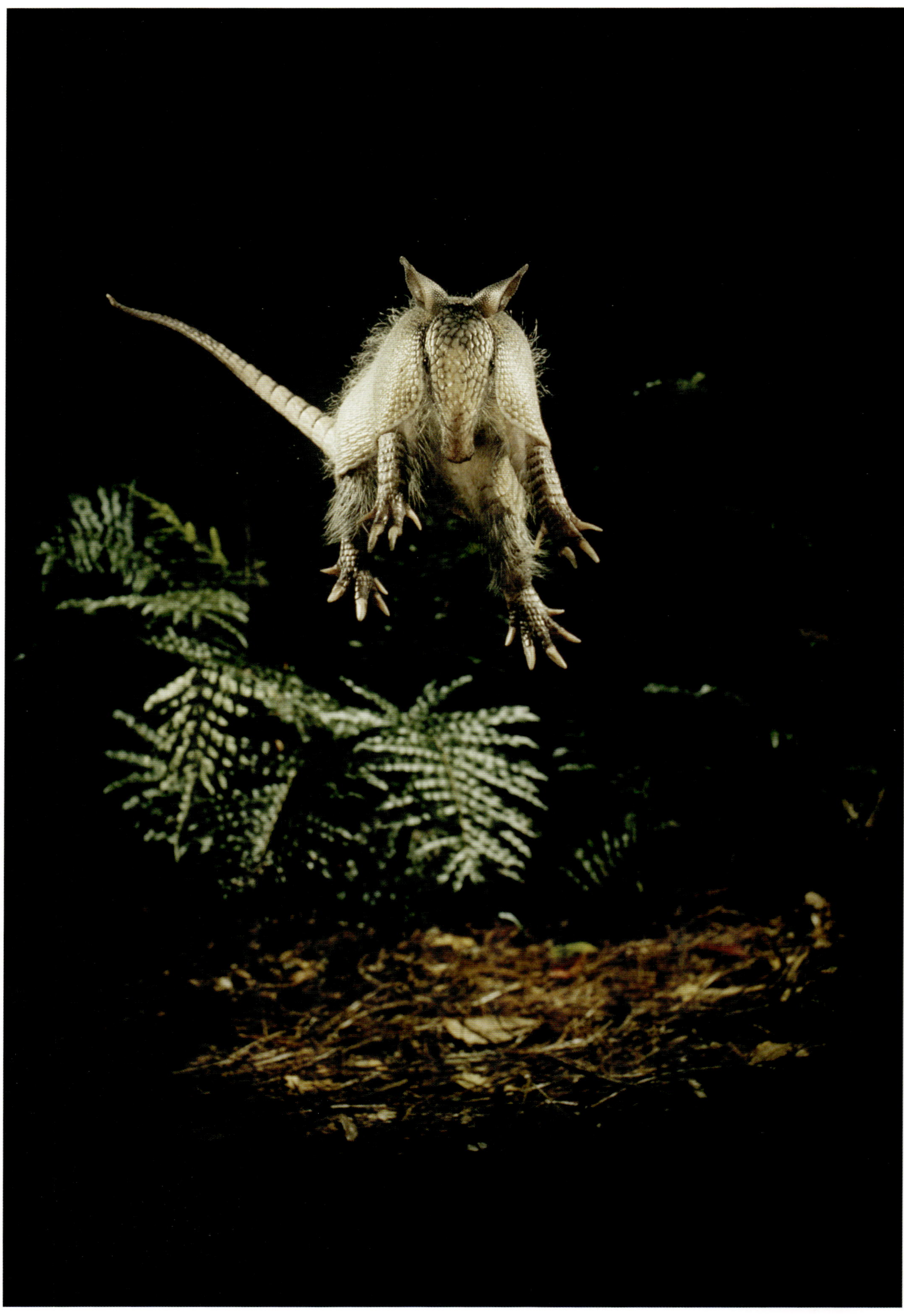

BIANCA LAVIES | 1982 | ÉTAT DE LA FLORIDE, ÉTATS-UNIS *Tatou bondissant.*

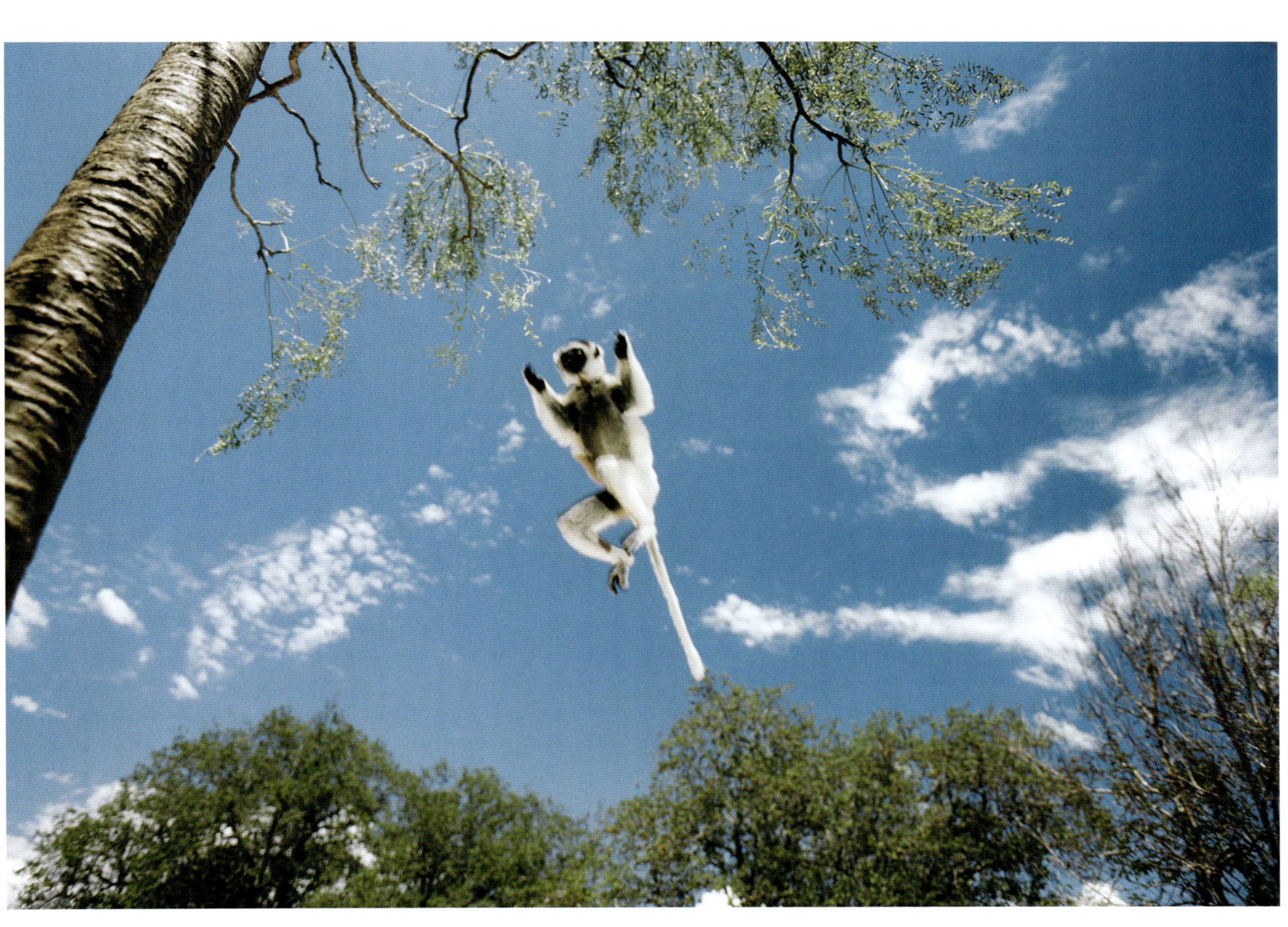

FRANS LANTING | 1982 | MADAGASCAR *Le saut du lémurien.*

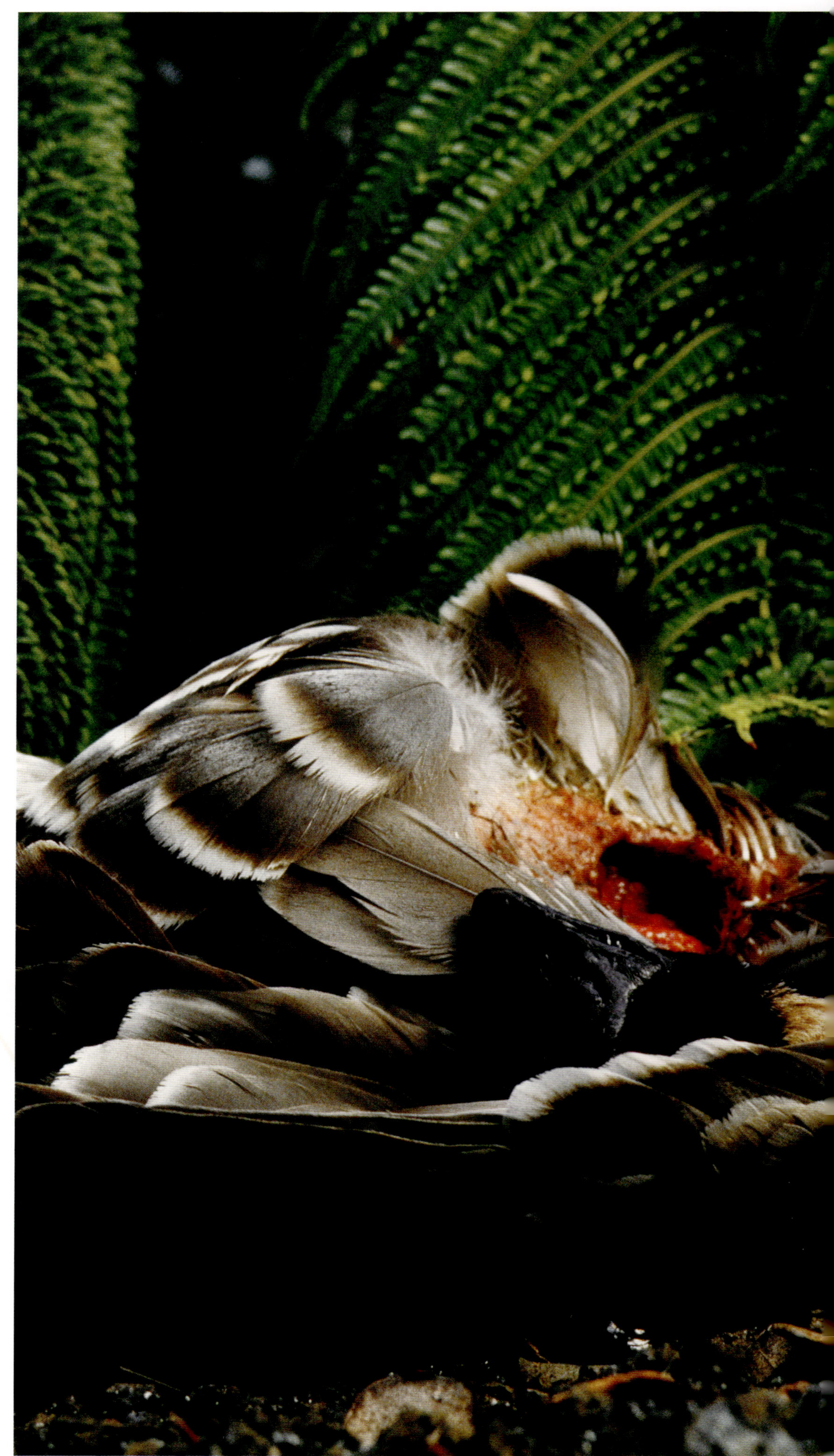

Rudyard Kipling : « Rien n'est plus ardu que d'effrayer une mangouste. » L'ancienne charmeuse de serpents est devenue, après son introduction aux Amériques, un véritable fléau en passe de ravager la faune indigène d'Hawaii.

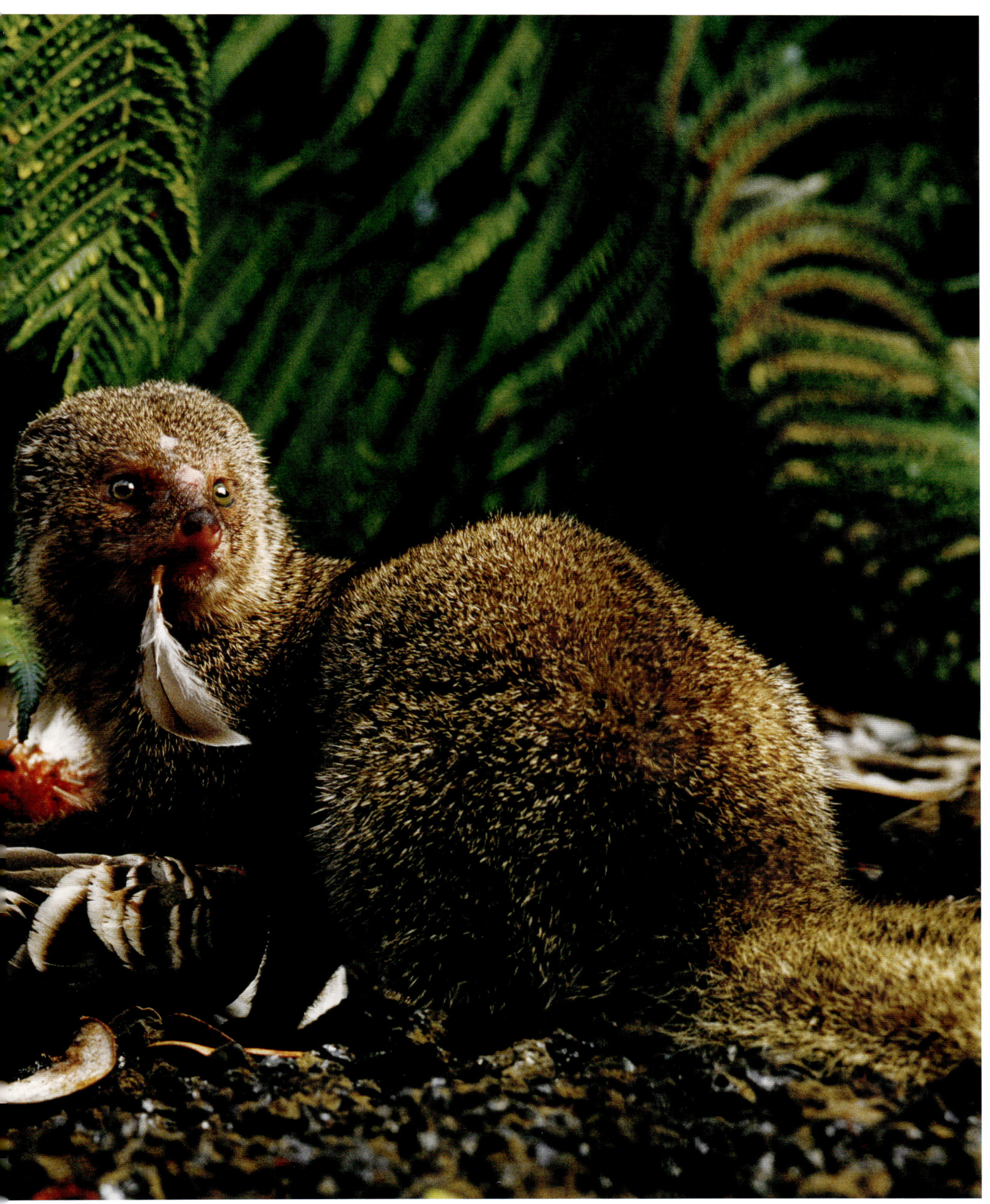

CHRIS JOHNS | 1993 | HAWAII *Cette mangouste dévore une bernache néné, une oie devenue l'emblème d'Hawaii.*

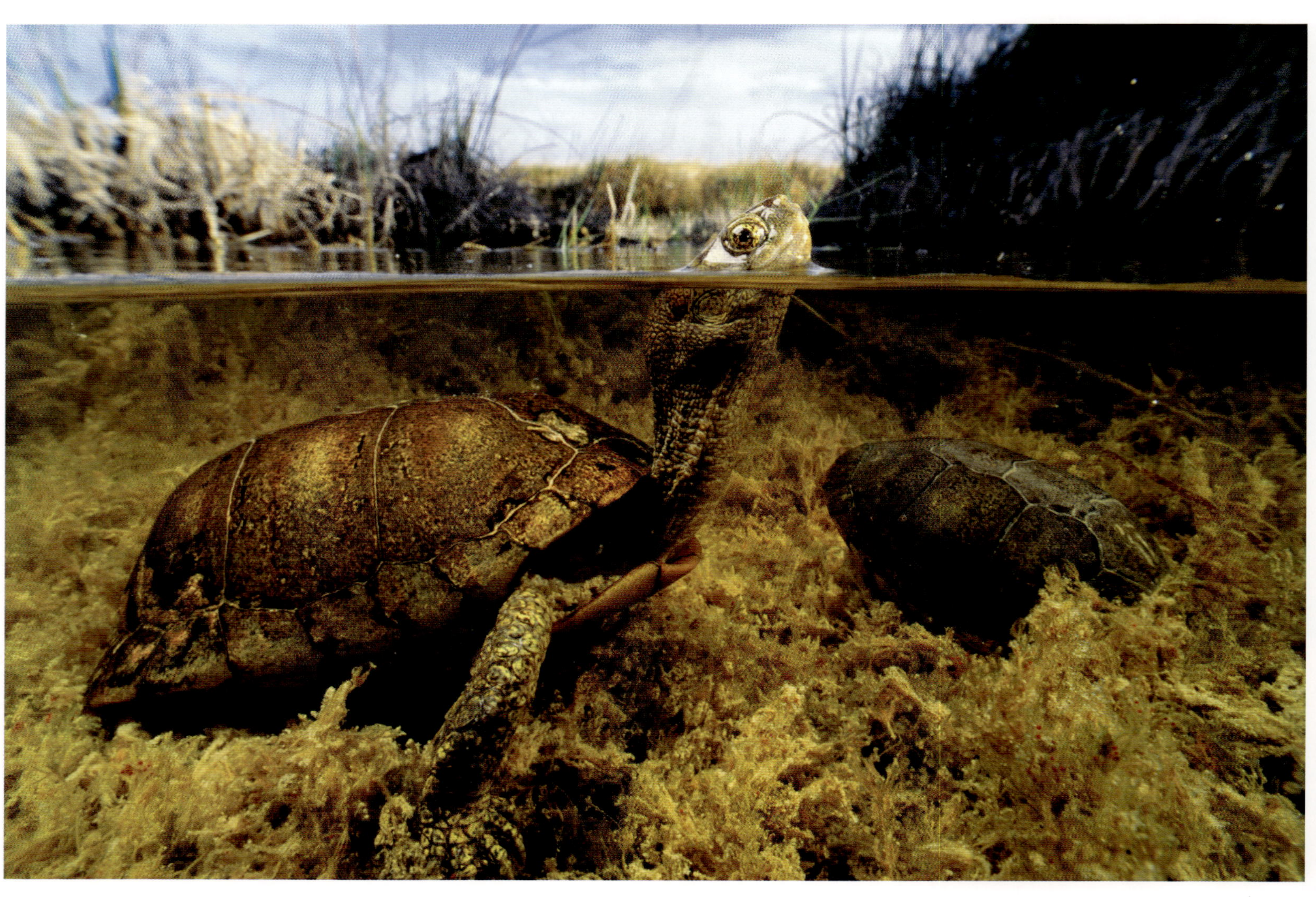

 GEORGE GRALL | 1995 | MEXIQUE *Tortue boîte de Coahuilan observant les environs.*

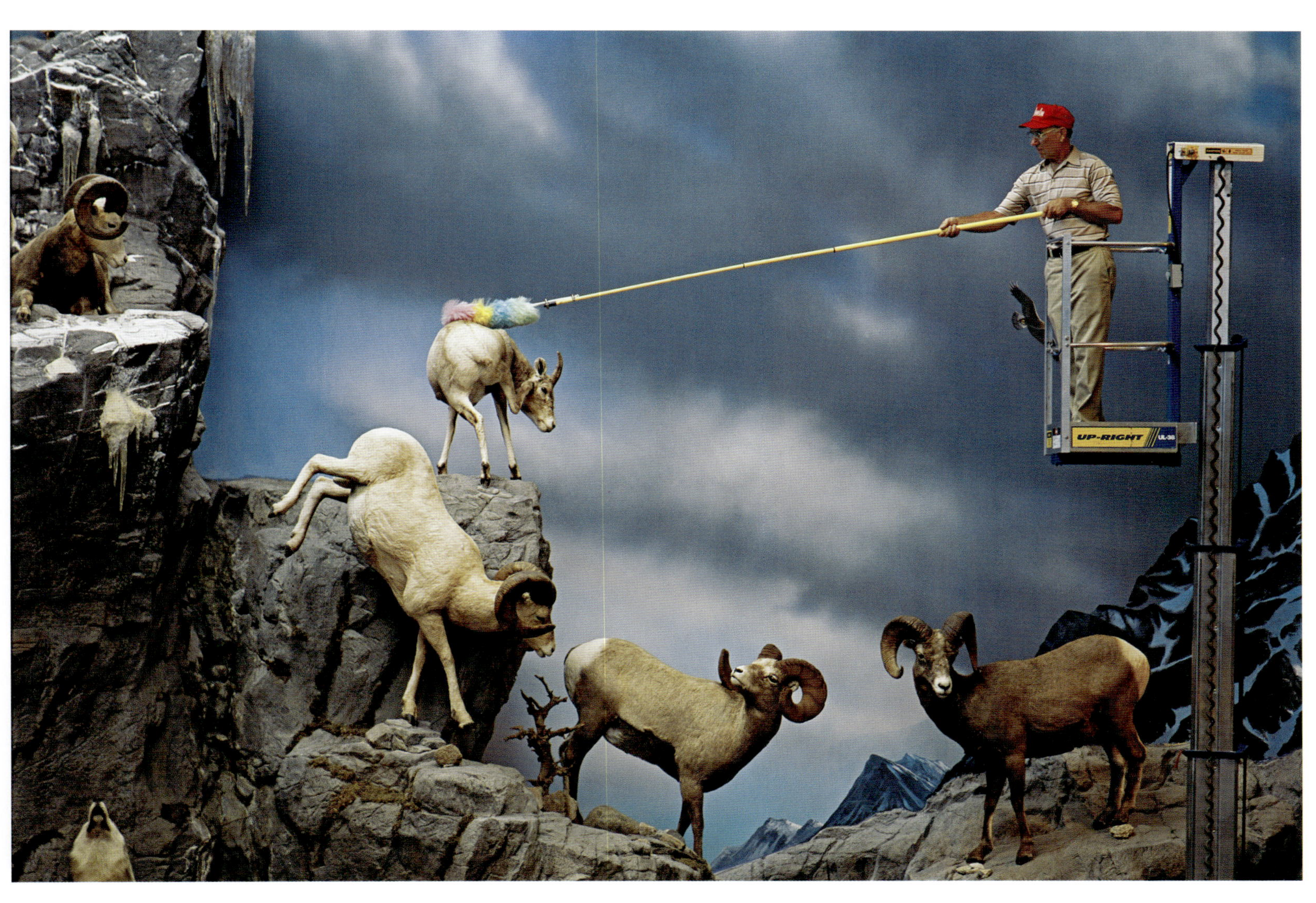

JOEL SARTORE | 1995 | ÉTAT DU NEBRASKA, ÉTATS-UNIS *Époussetage du diaporama consacré aux ovins, dans un magasin d'articles de sport.*

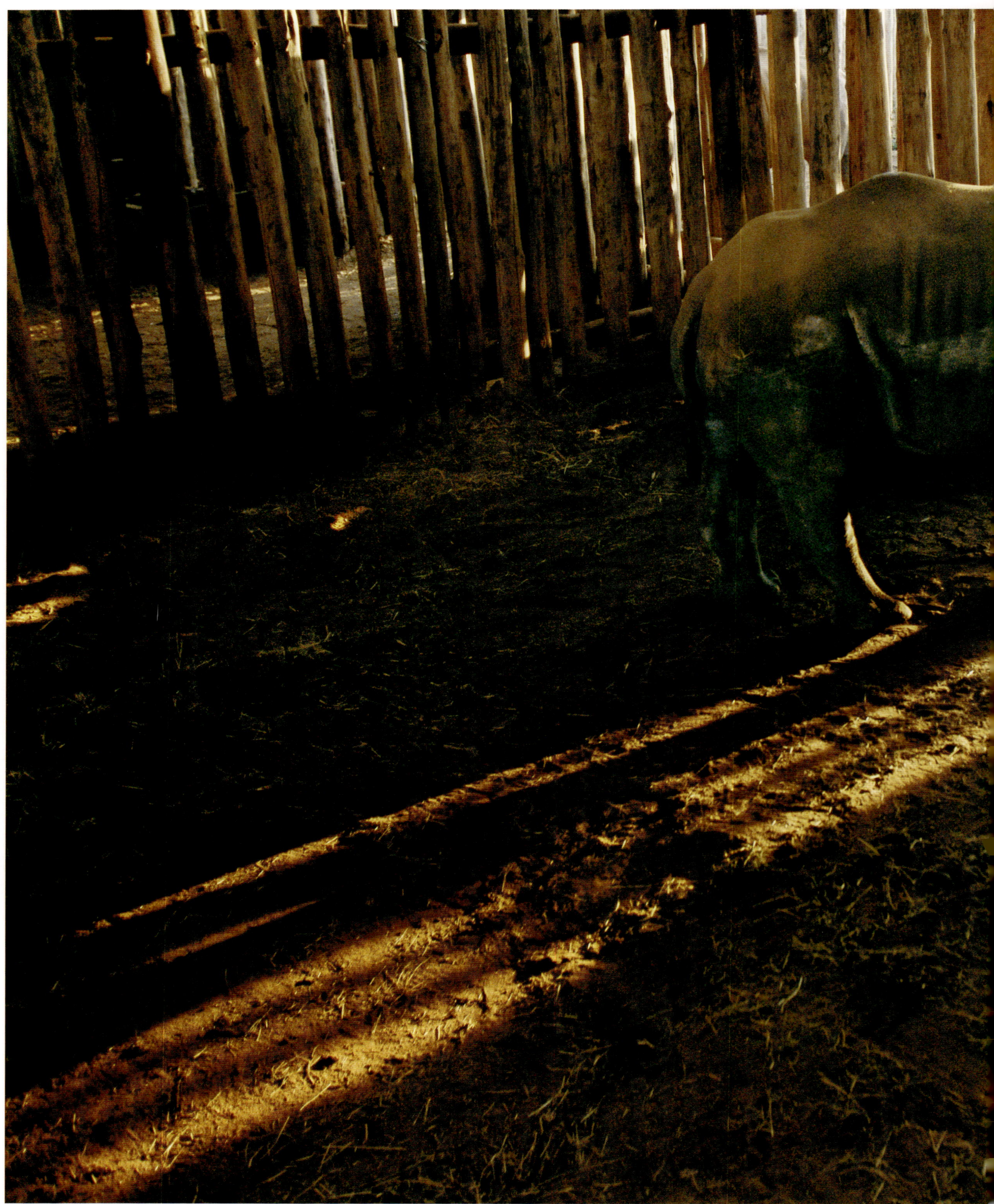

CHRIS JOHNS | 1995 | AFRIQUE DU SUD *Rhinocéros blanc à l'abri dans son enclos.*

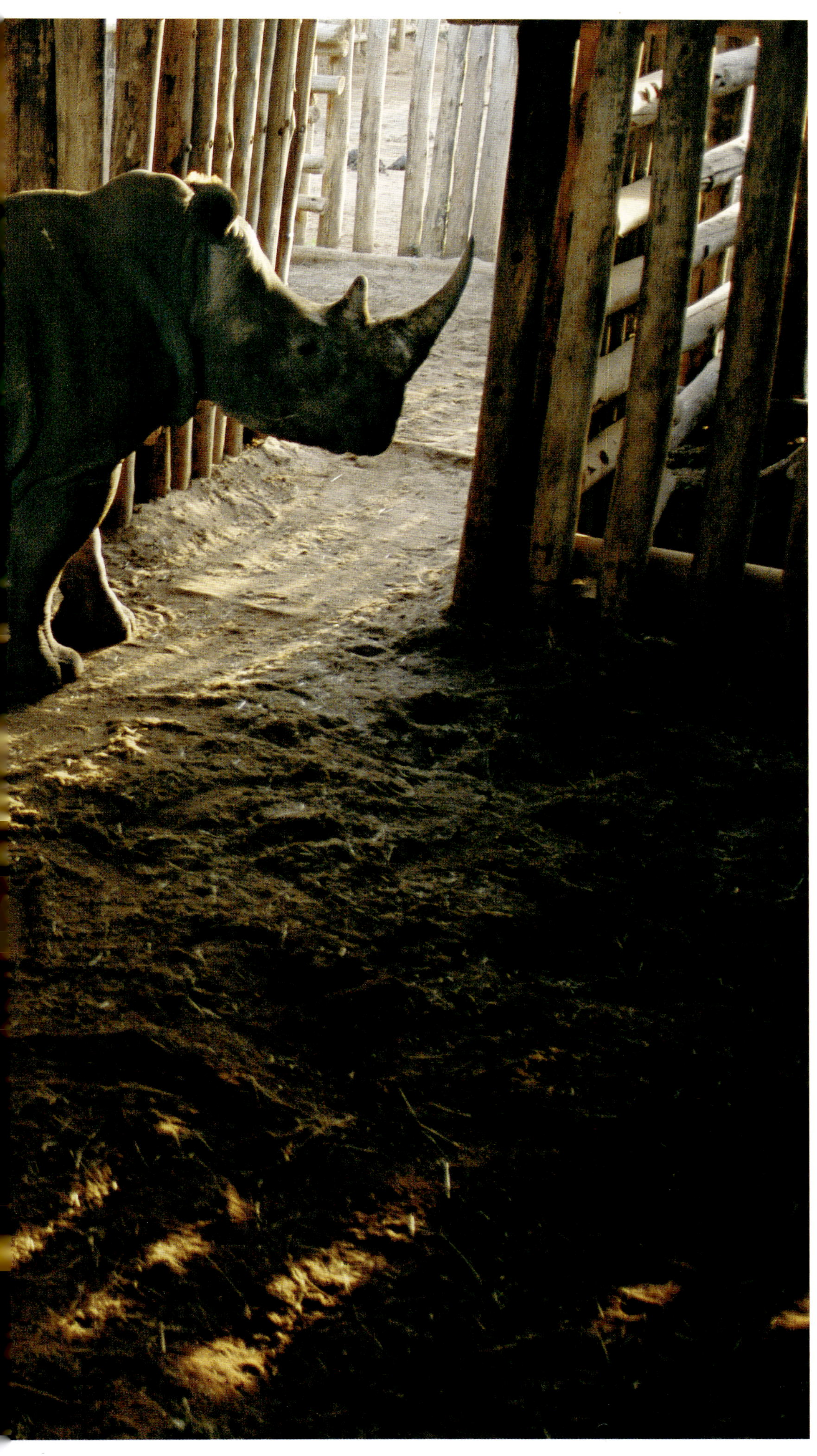

« [Les animaux] ne sont ni nos frères, ni nos inférieurs, écrit le naturaliste Henry Beston. Ce sont des pays étrangers, happés en notre compagnie dans le filet de la vie et du temps ; ce sont nos compagnons de cellule face à la splendeur et à l'évolution de la Terre. »

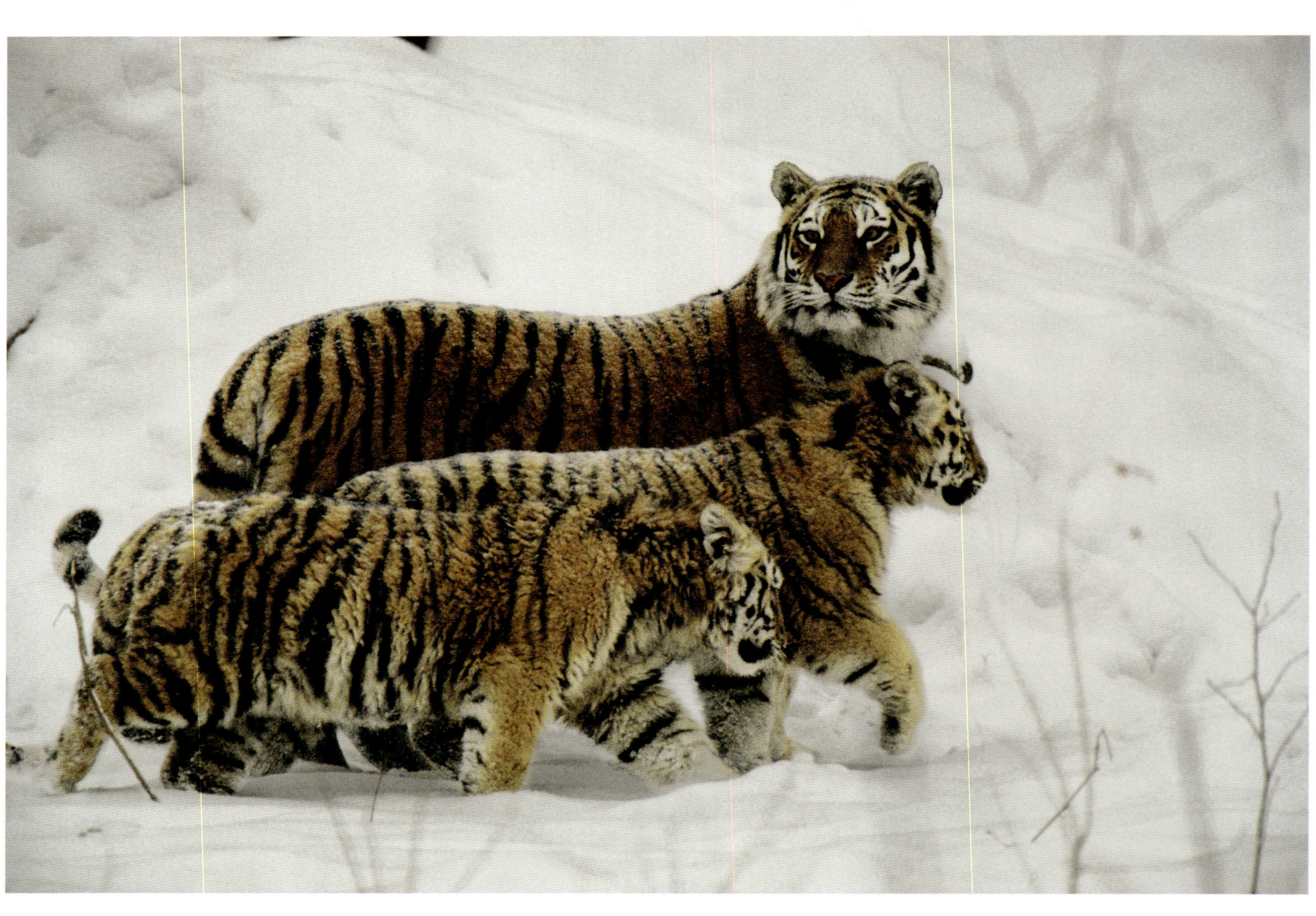

MICHAEL NICHOLS | 1995 | RUSSIE *Tigre de Sibérie et ses petits.*

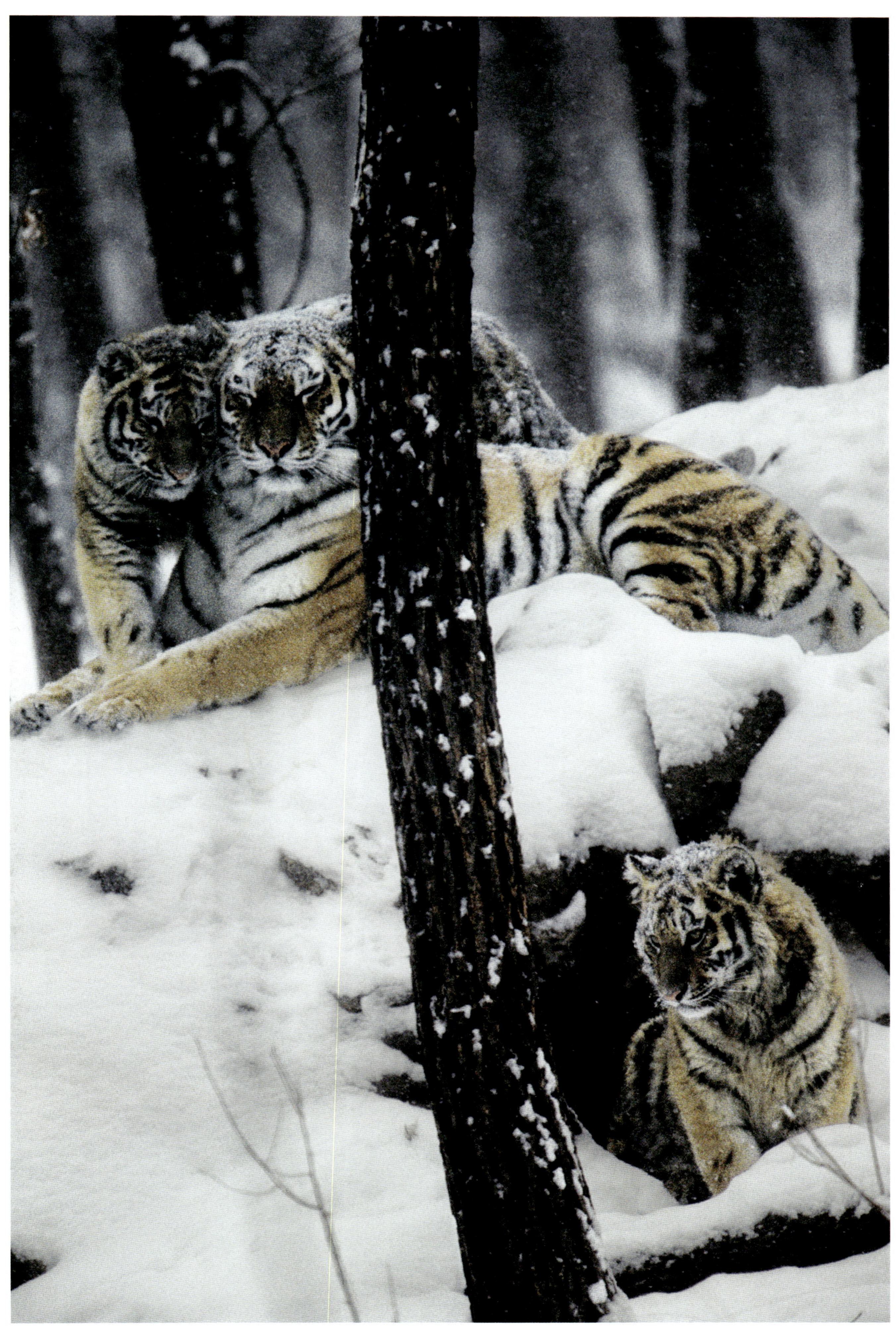

MICHAEL NICHOLS | 1995 | RUSSIE *Les tigres de Sibérie : une espèce menacée.*

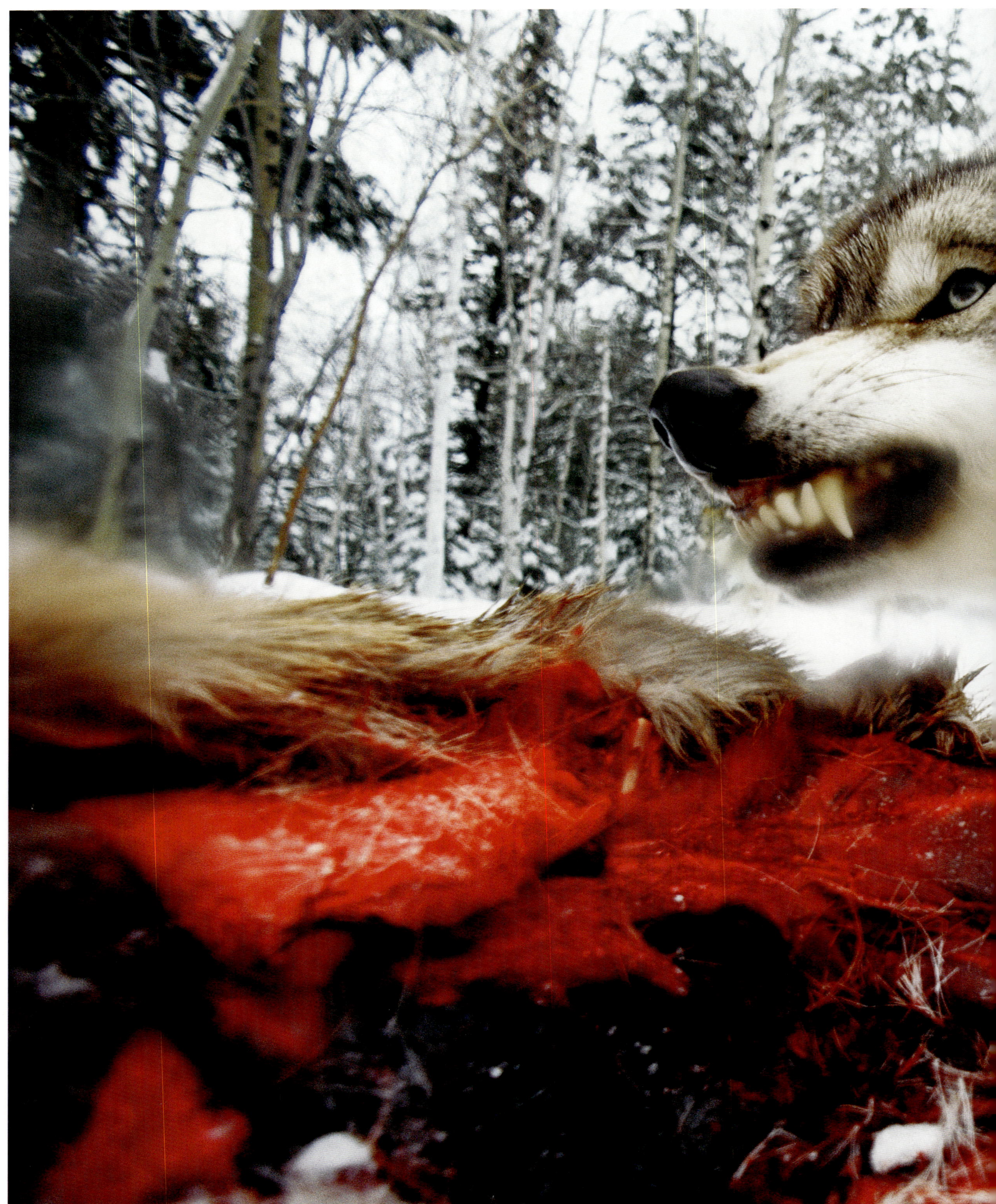

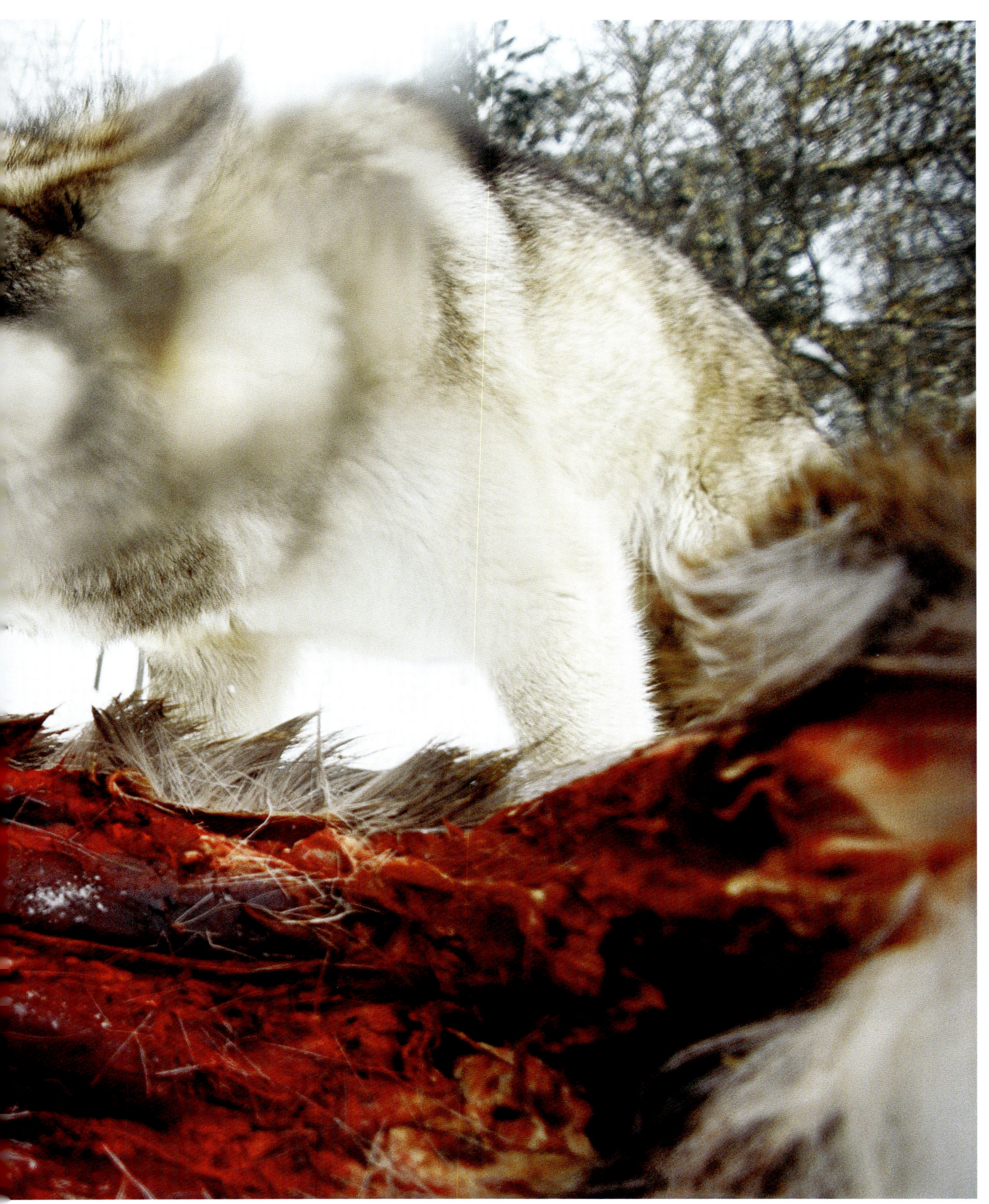

JOEL SARTORE | 1997 | ÉTAT DU MINNESOTA, ÉTATS-UNIS *Loup en captivité, instantané pris avec un appareil à déclenchement à distance.*

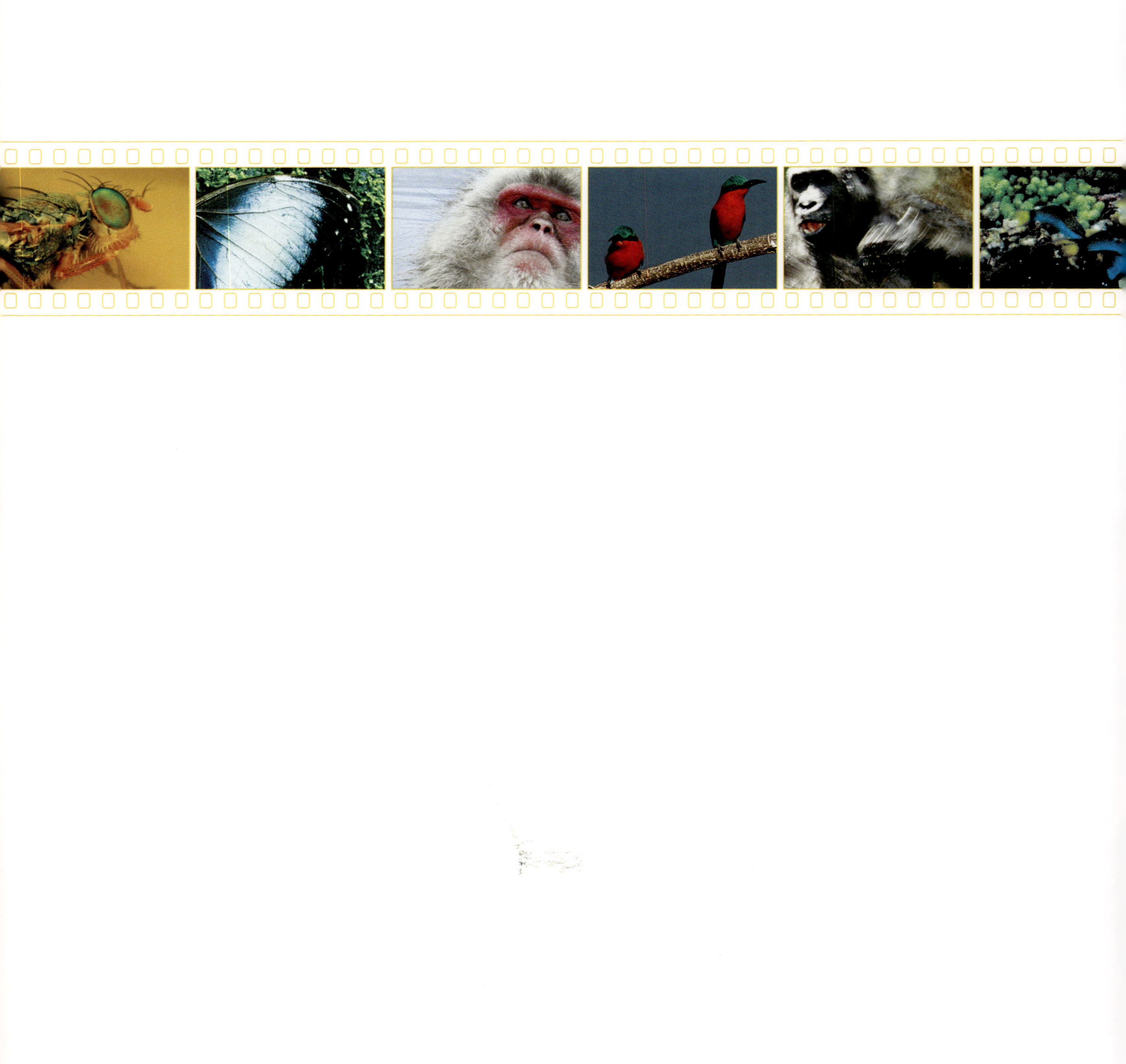

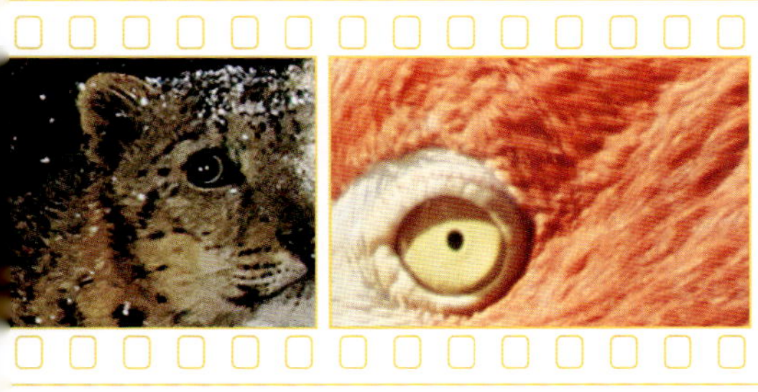

la gammme numérique

BÉNÉFICIANT D'UN ÉQUIPEMENT AUSSI PERFECTIONNÉ que celui de l'œil, les photographes actuels maîtrisent davantage la prise de vue, même dans la lumière la plus faible, avec une fidélité et une exactitude sans égales. Ils montrent ainsi la faune sauvage de façon imaginative et convaincante.

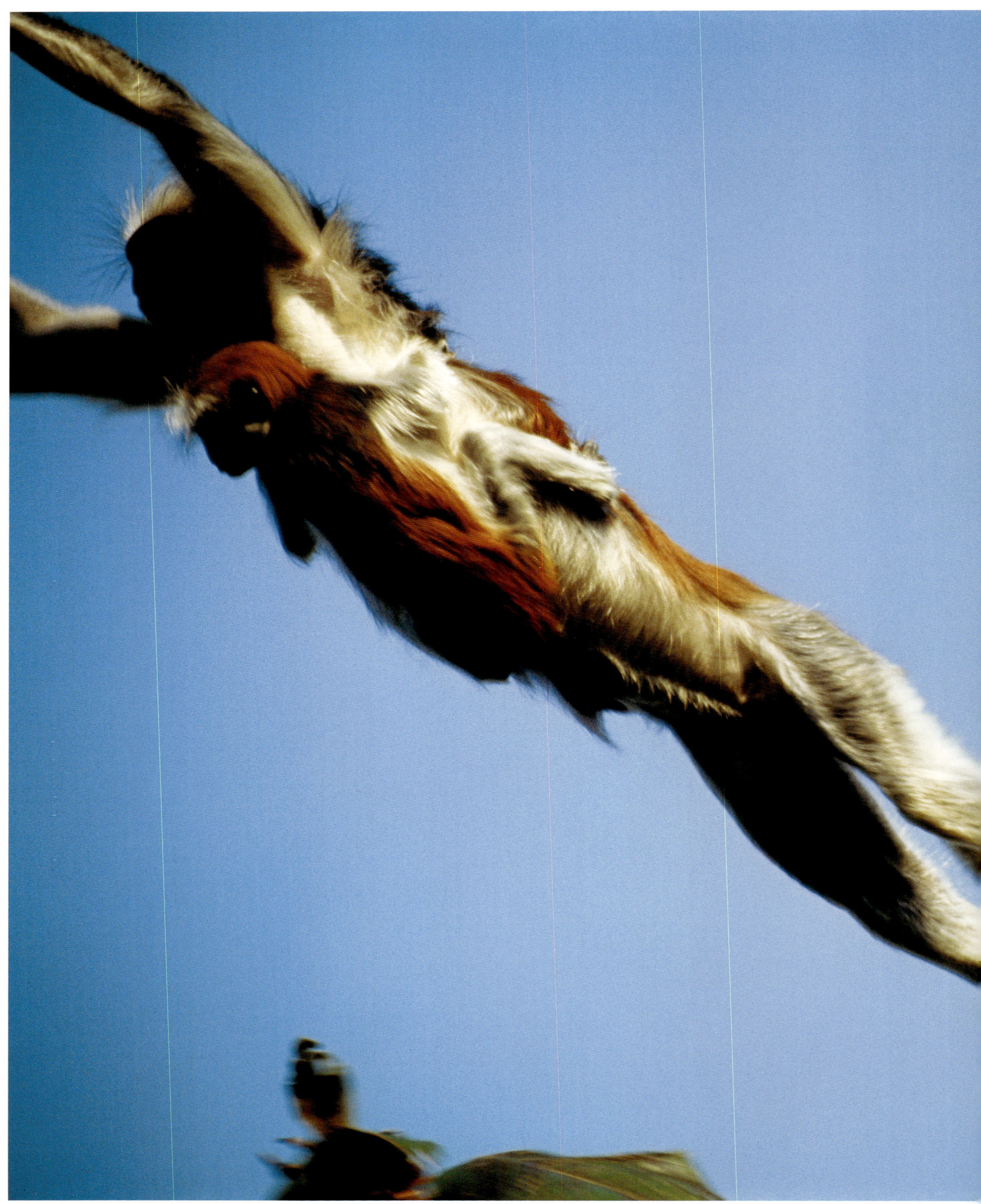

THOMAS T. STRUHSAKER | 1998 | AFRIQUE *Colobes roux : une espèce en péril.*

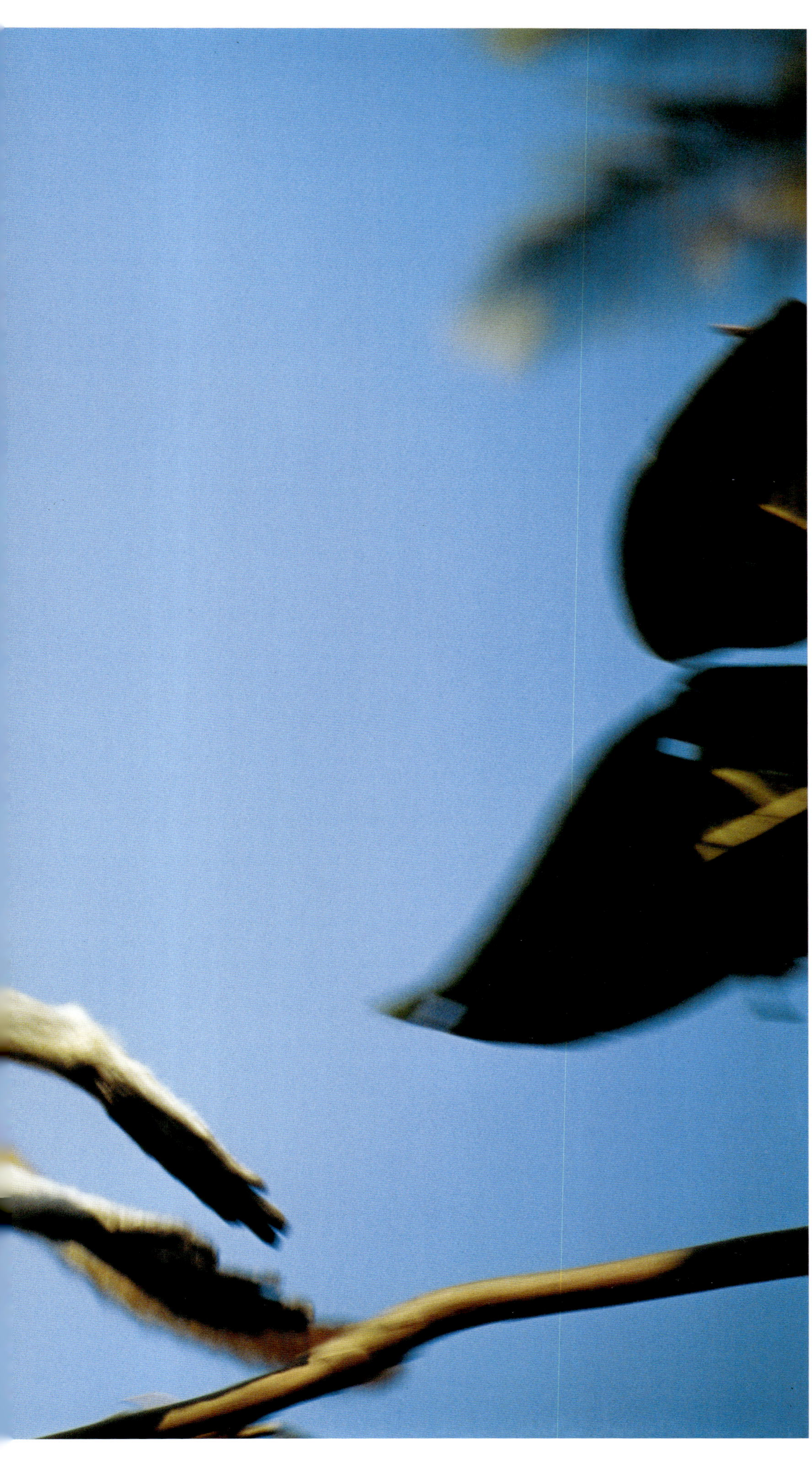

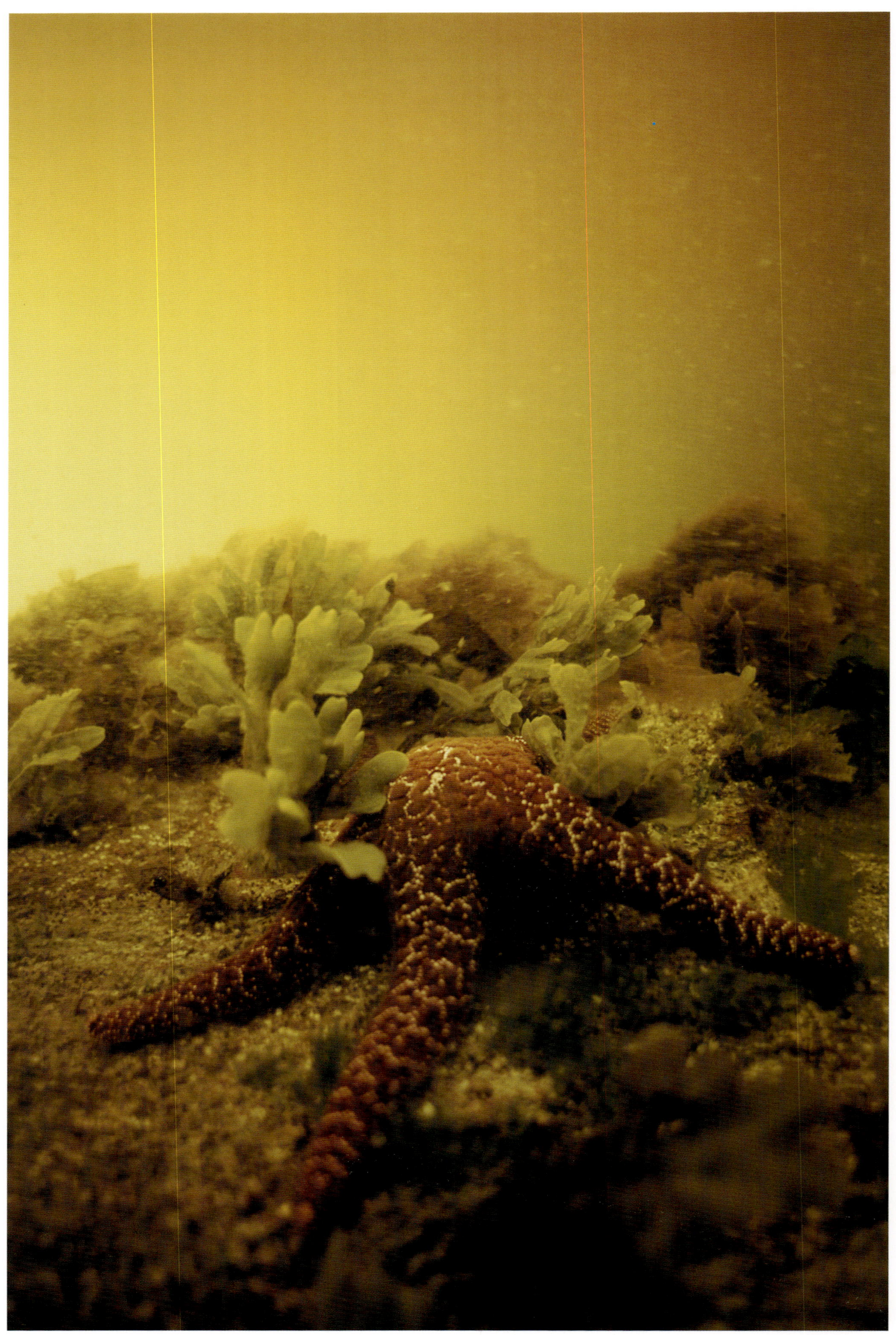

BILL CURTSINGER | 2003 | ÉTAT DE L'ALASKA, ÉTATS-UNIS *Étoiles de mer baignant dans une marée toxique.*

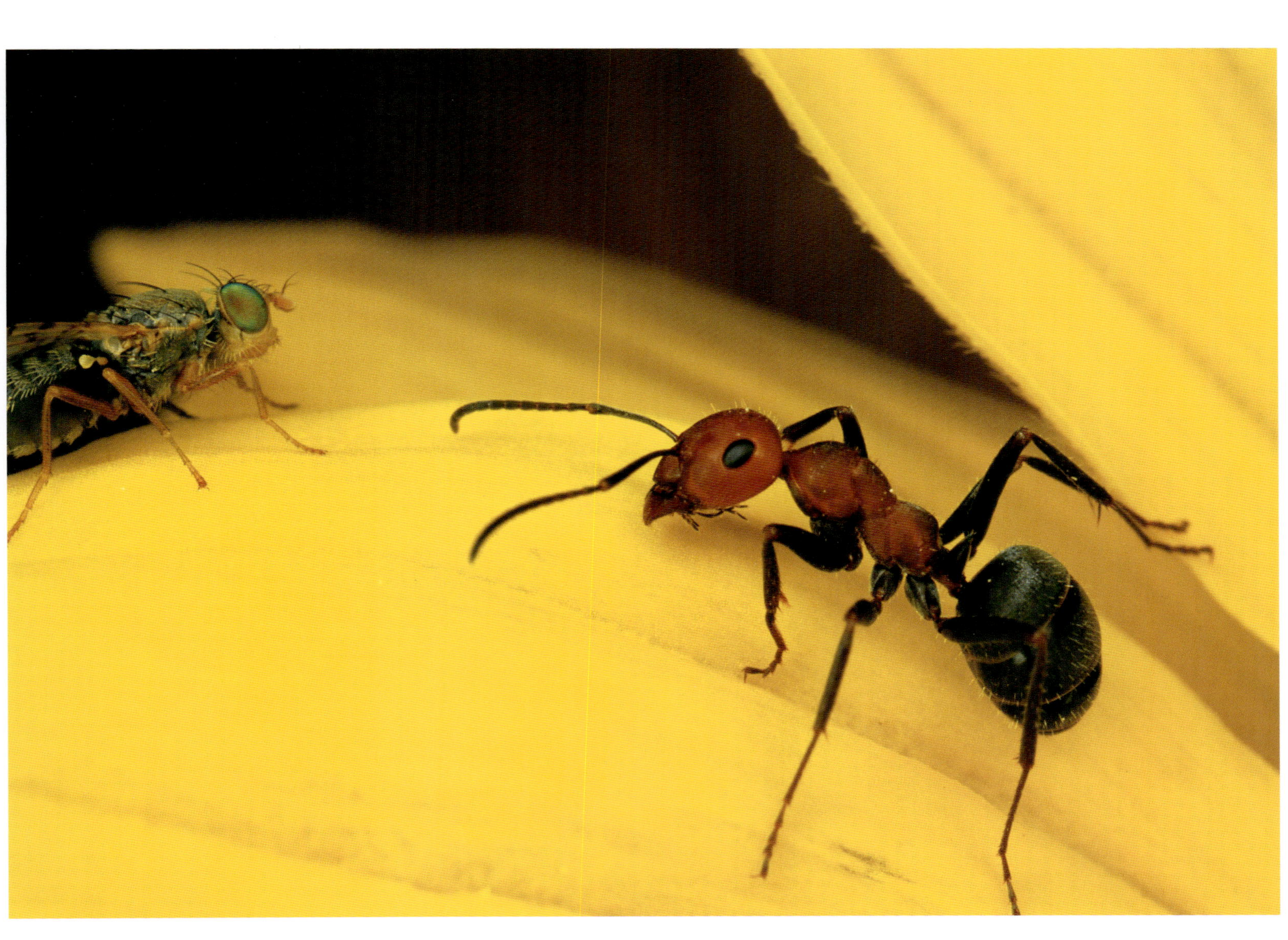

MARK W. MOFFETT | 2008 | ÉTAT DU COLORADO, ÉTATS-UNIS *Symphonie en jaune pour une rencontre.*

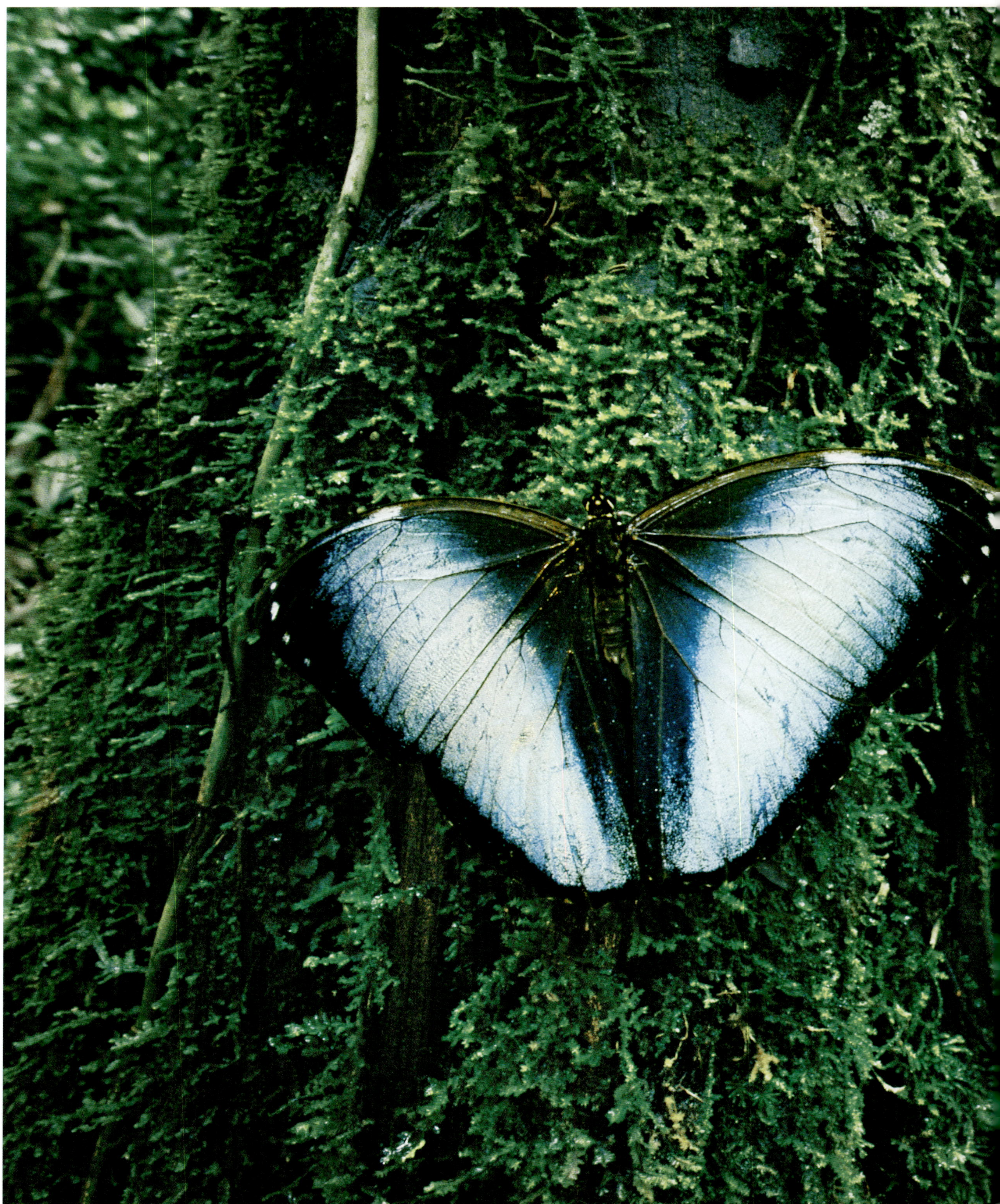

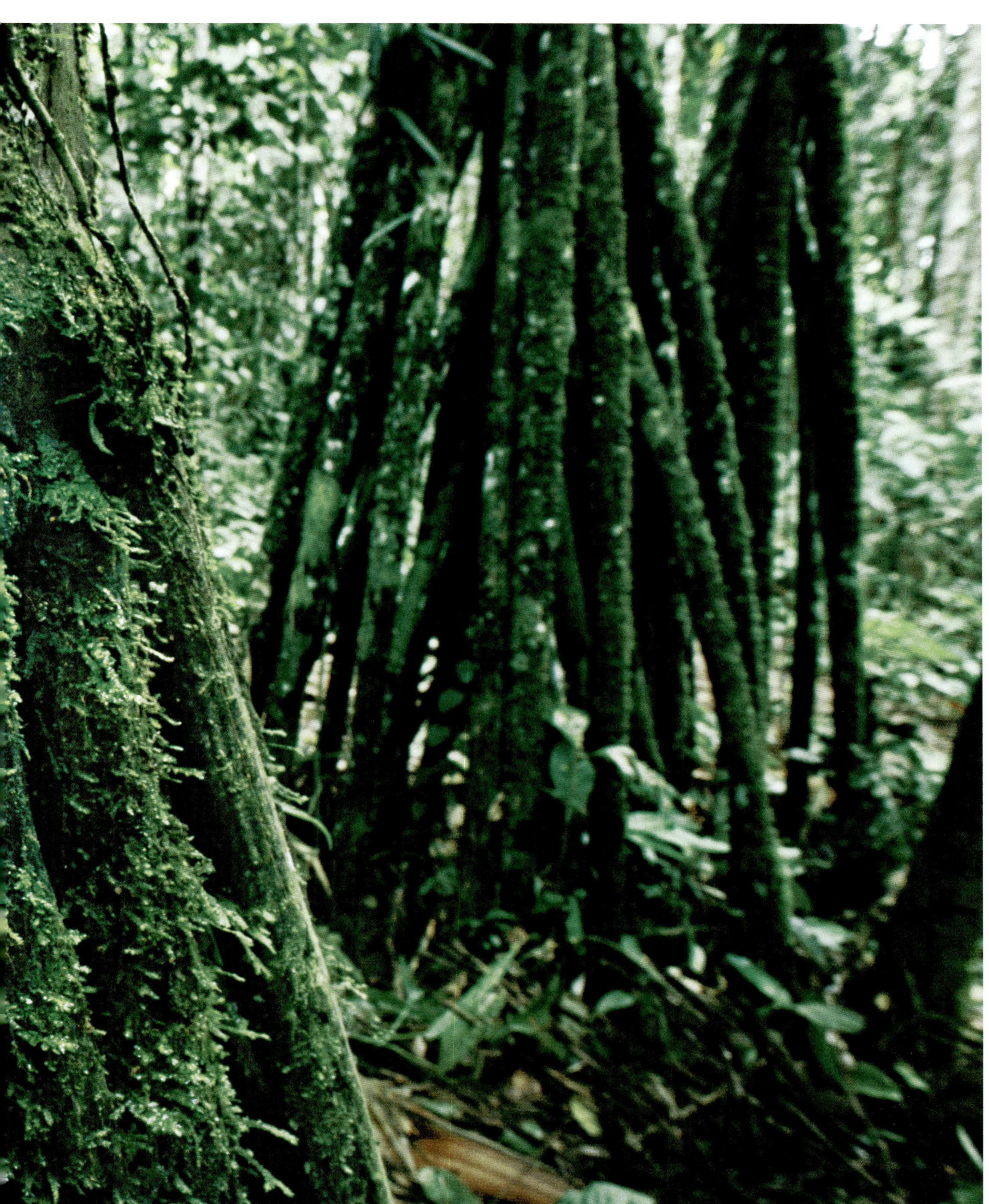

JOEL SARTORE | 2000 | BOLIVIE *Les "arbres marcheurs" du parc national Madidi.*

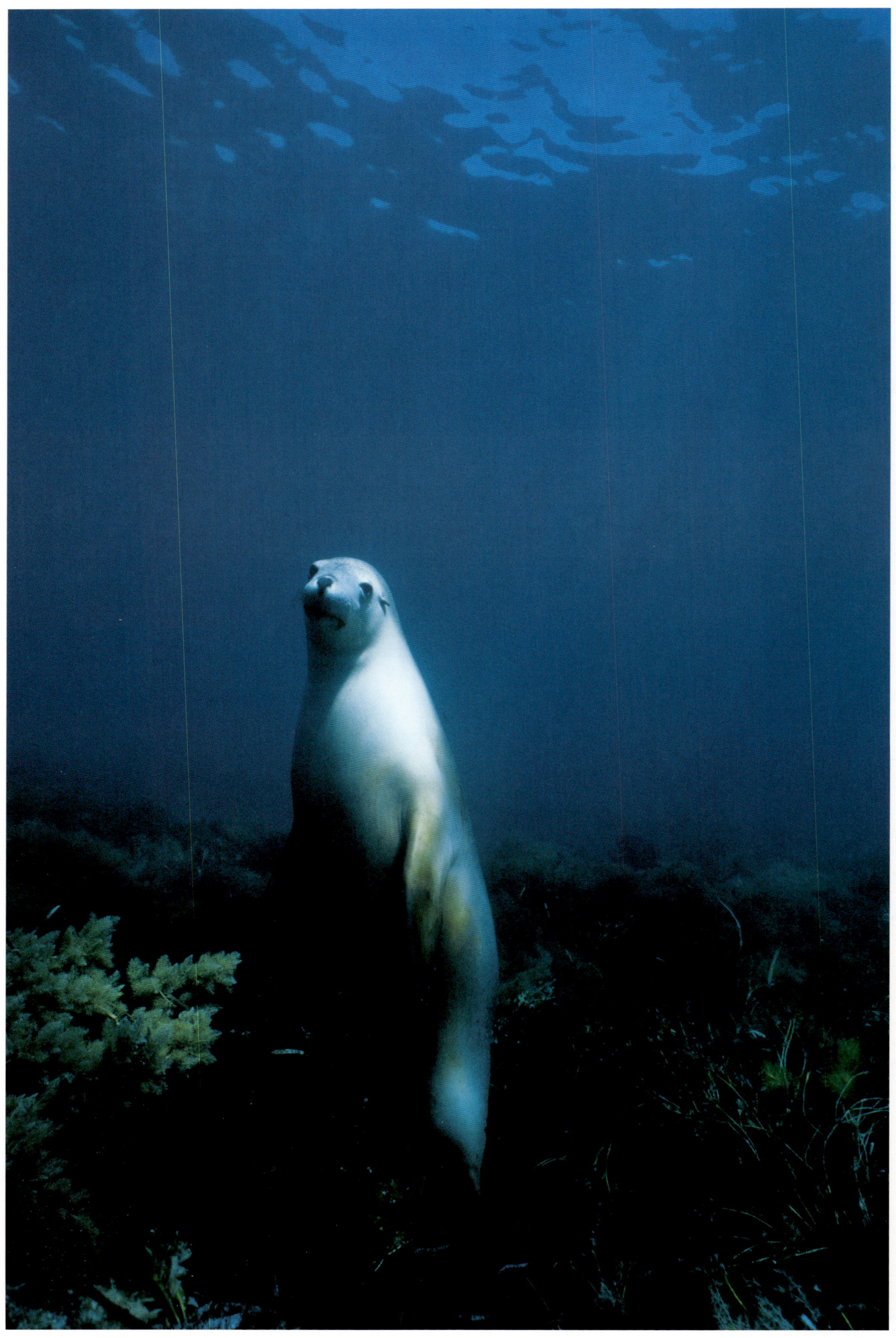

DAVID DOUBILET | 2000 | AUSTRALIE *Lion de mer d'Australie.*

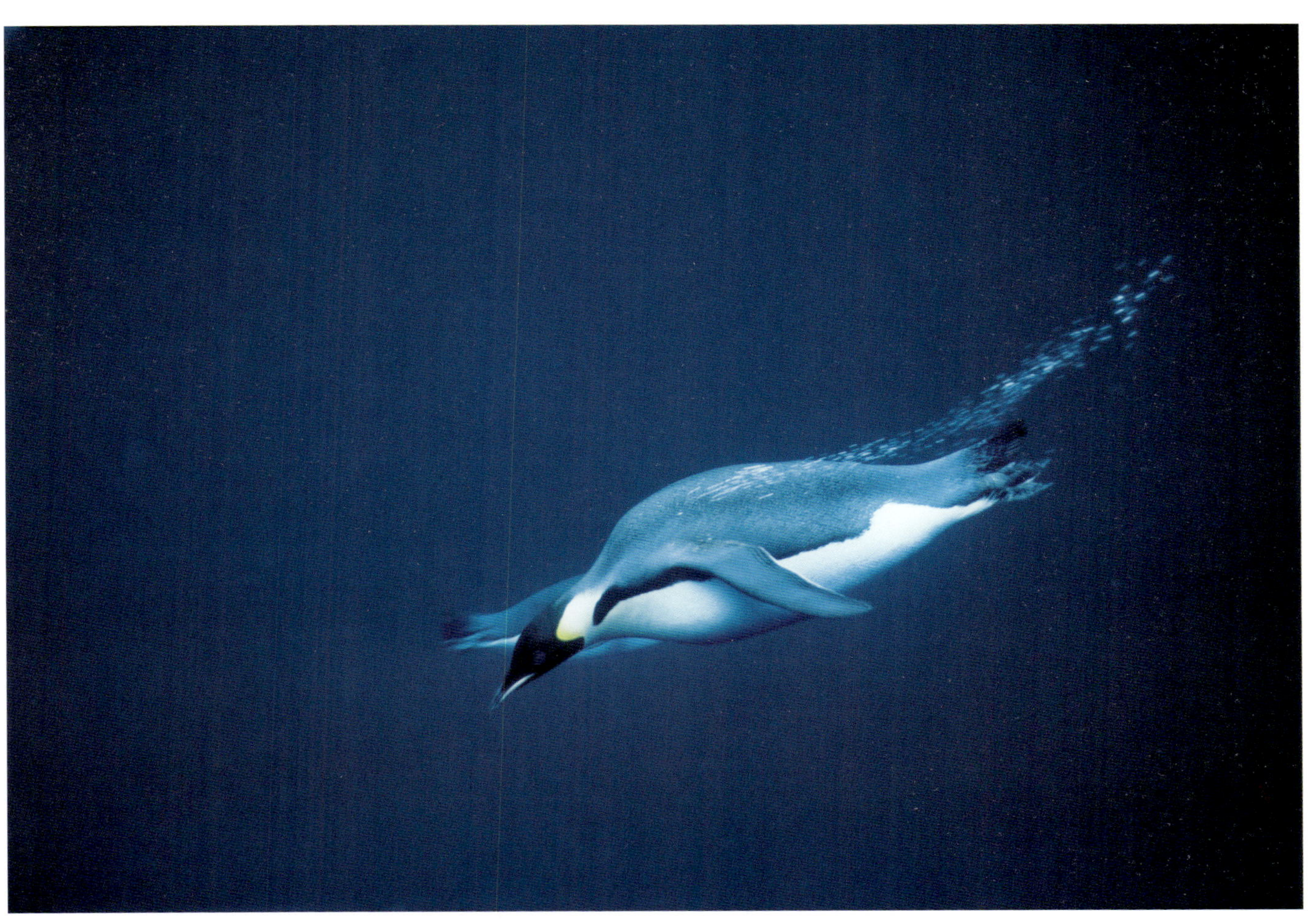

BILL CURTSINGER | 1999 | ANTARCTIQUE *Manchot empereur.*

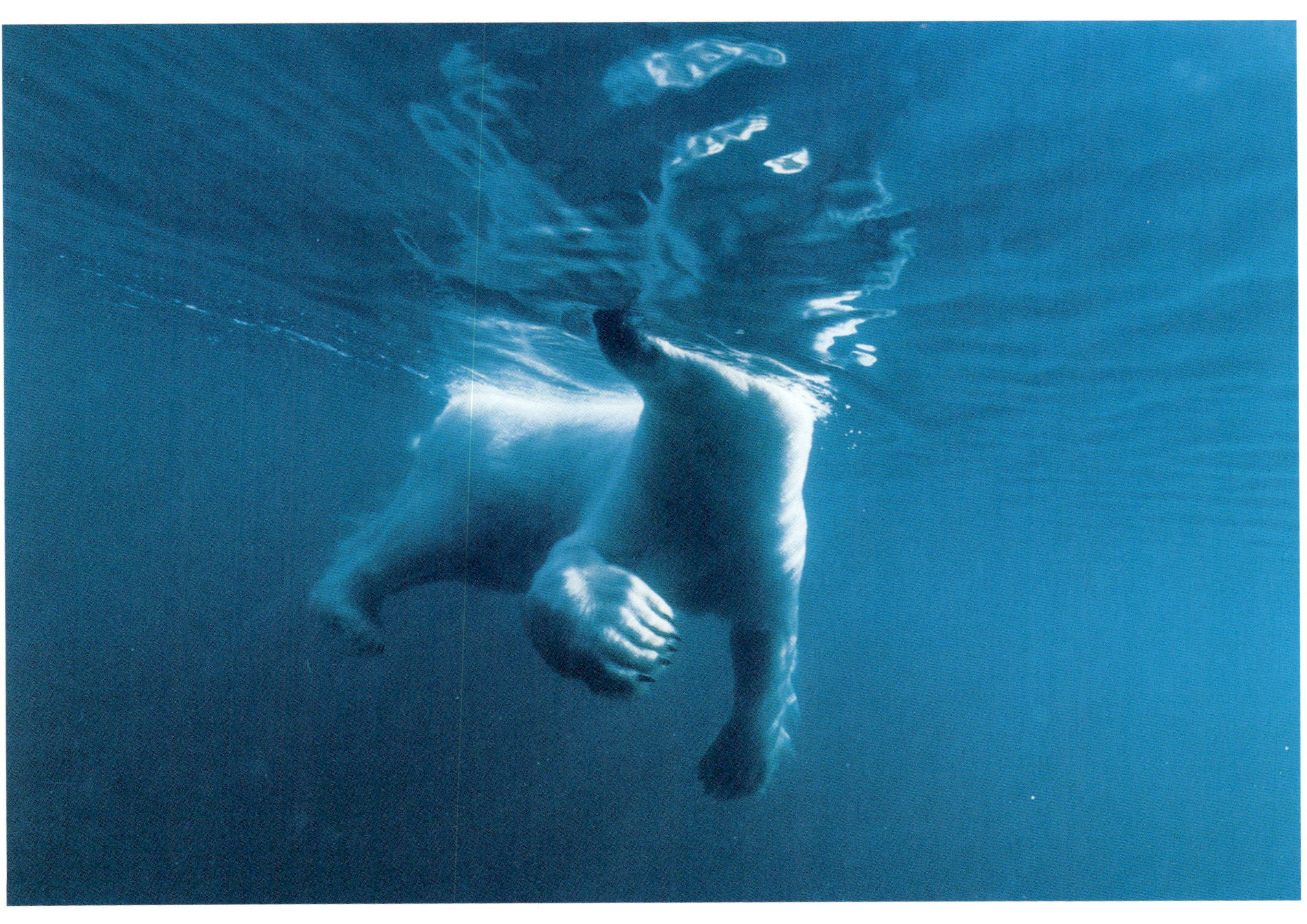

FLIP NICKLIN | 1998 | CANADA *Ours polaire.*

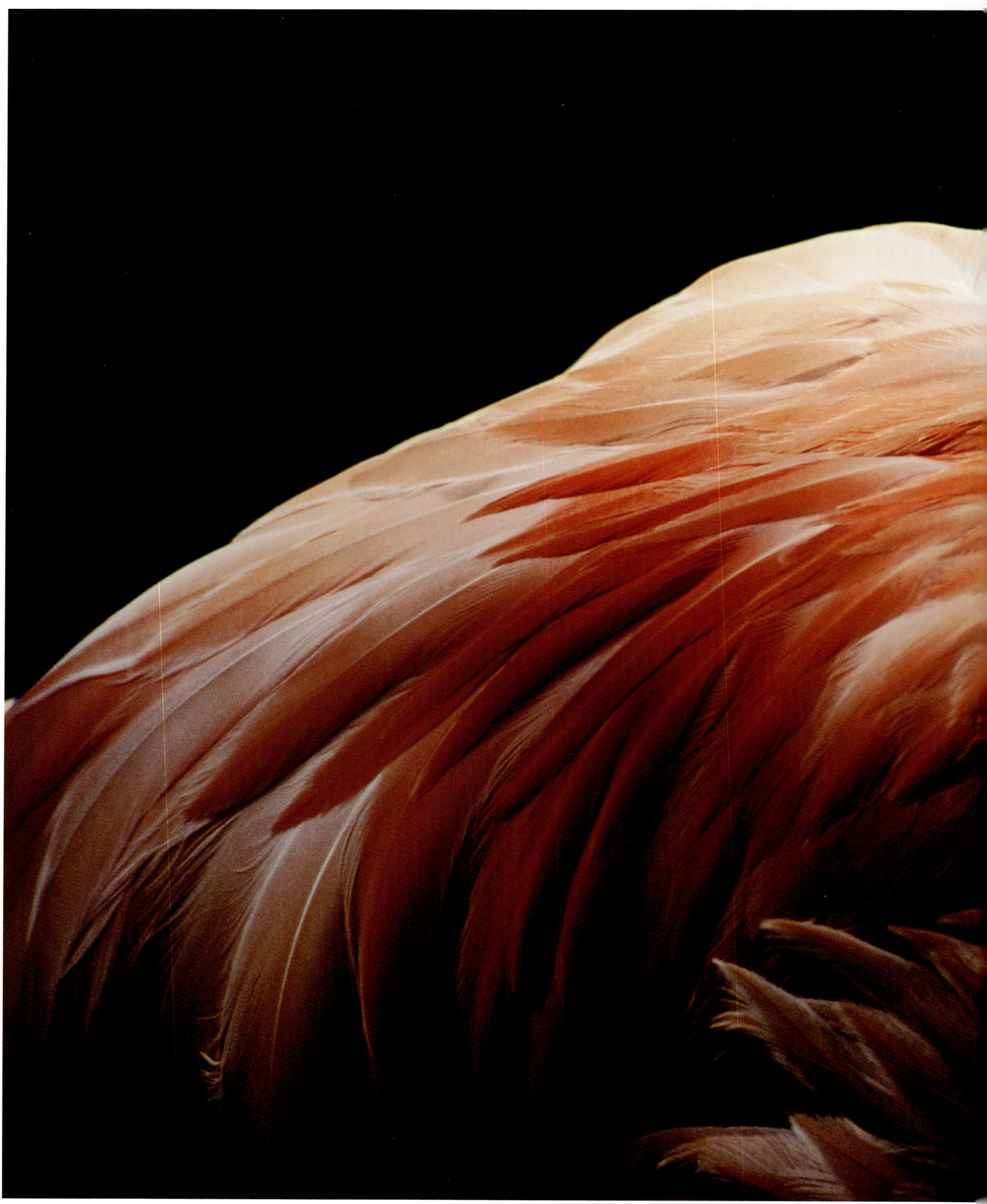

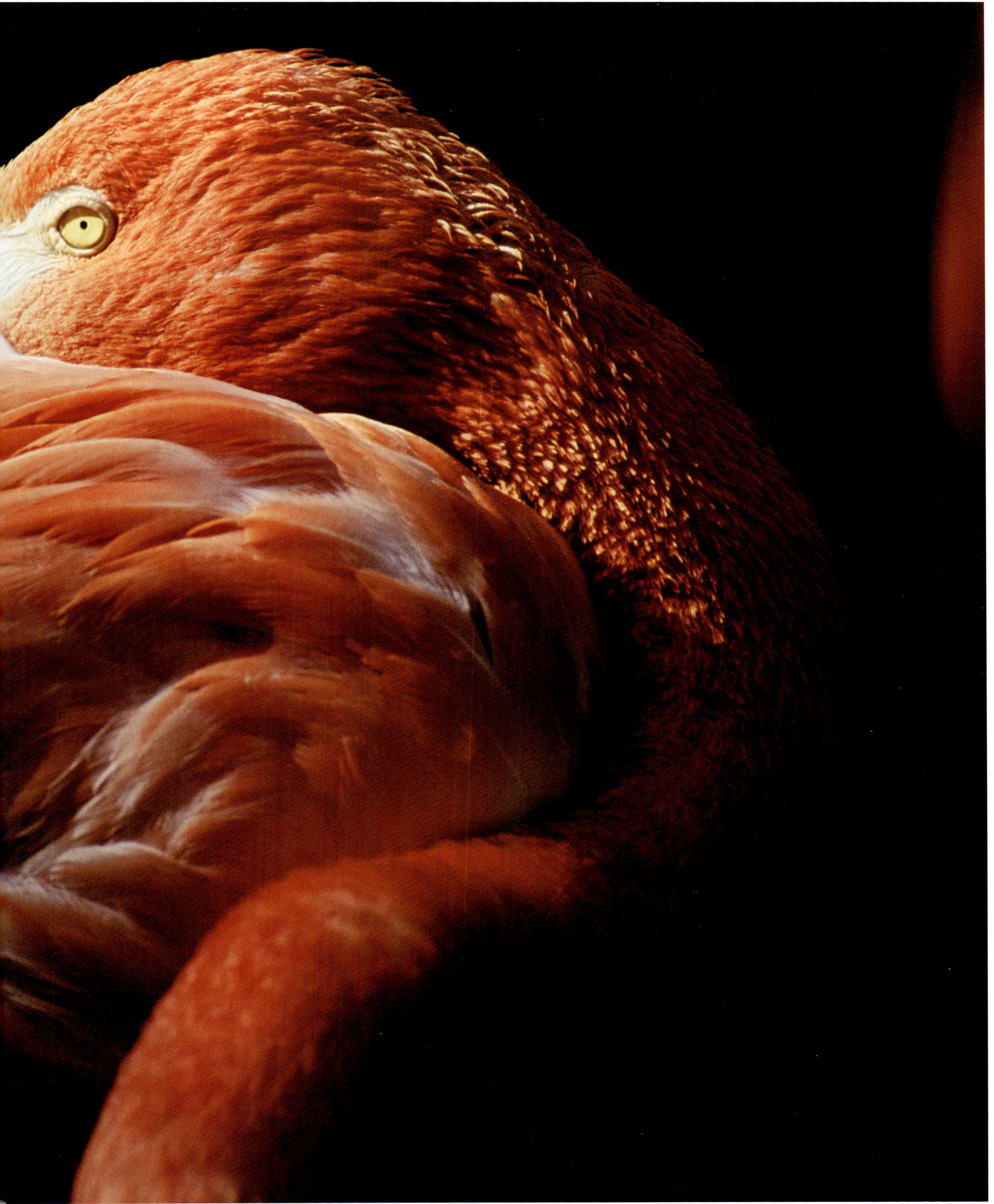

TIM LAMAN | 2001 | AFRIQUE *Flamant rose.*

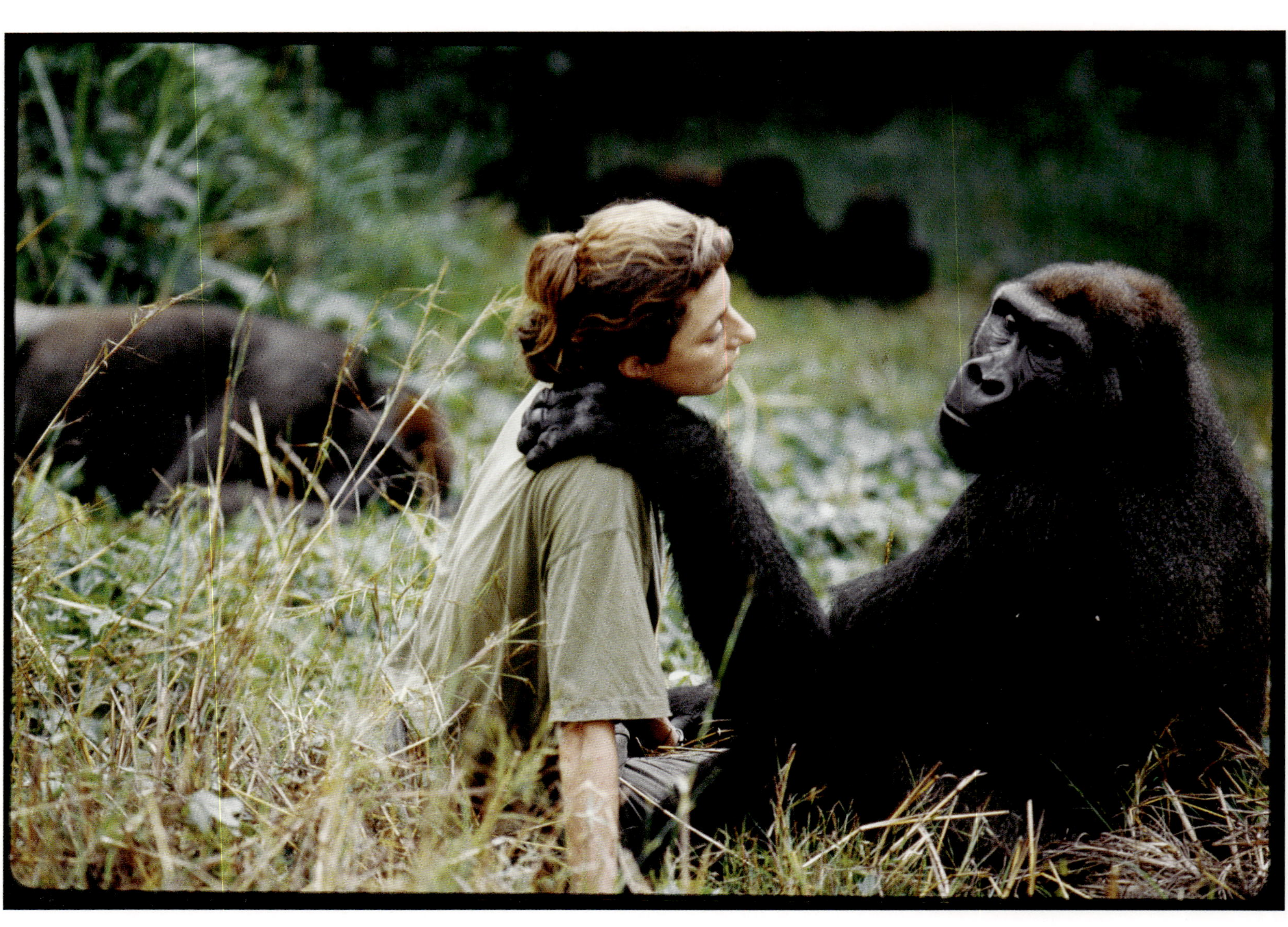

 MICHAEL NICHOLS | 2001 | RÉPUBLIQUE DU CONGO *Soins à des gorilles orphelins.*

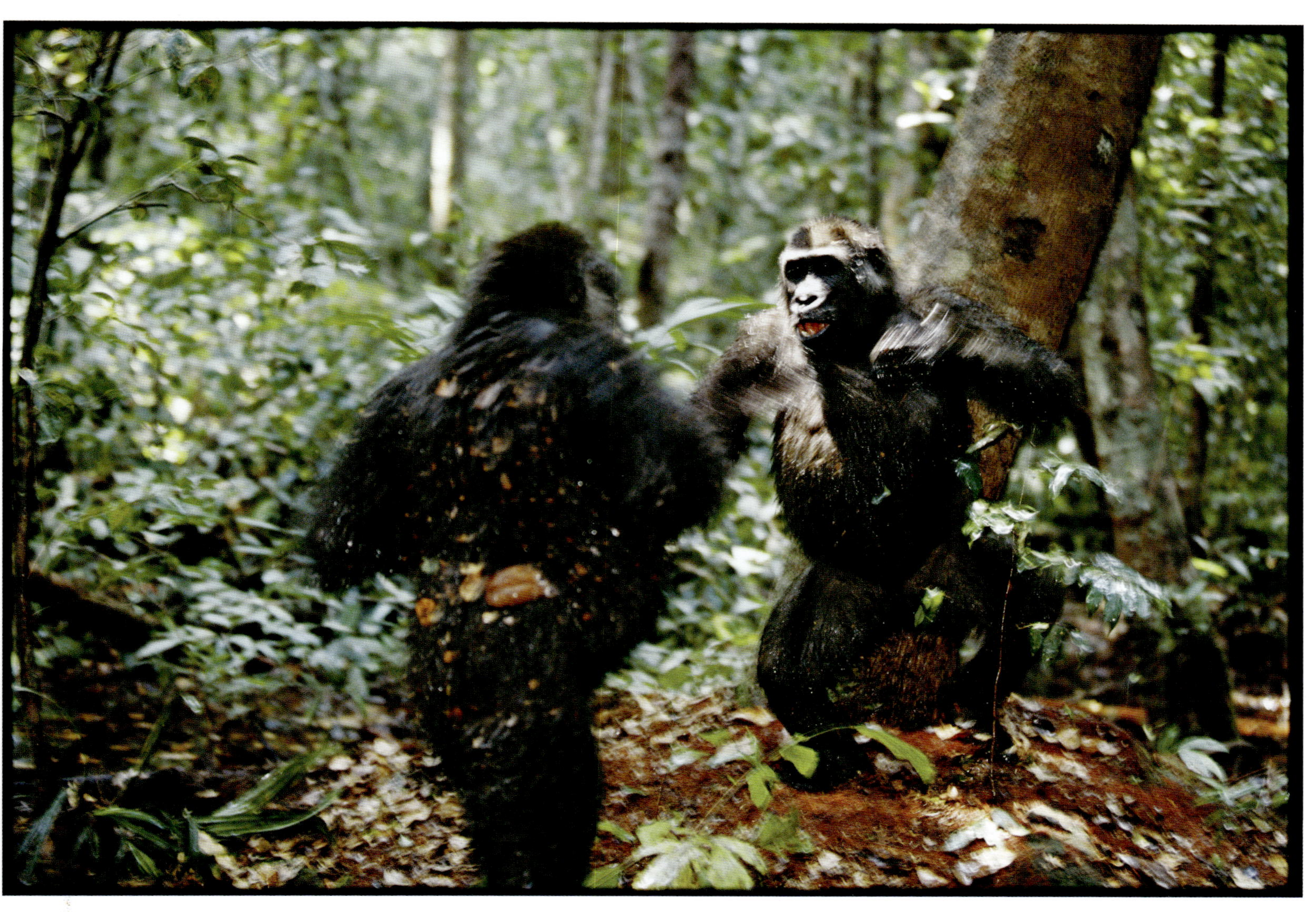

MICHAEL NICHOLS | 2001 | RÉPUBLIQUE DU CONGO *Jeunes mâles luttant pour la suprématie.*

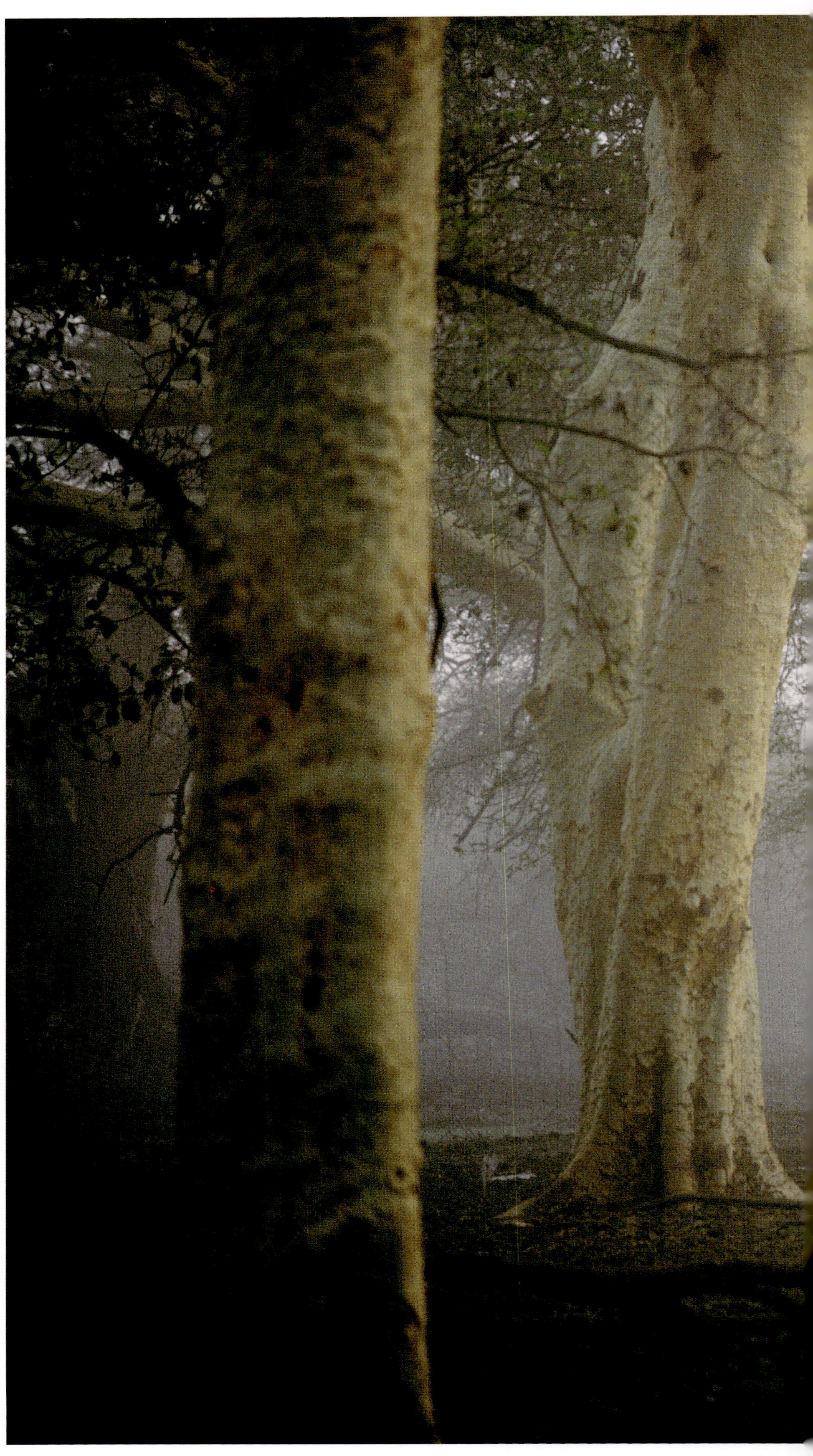

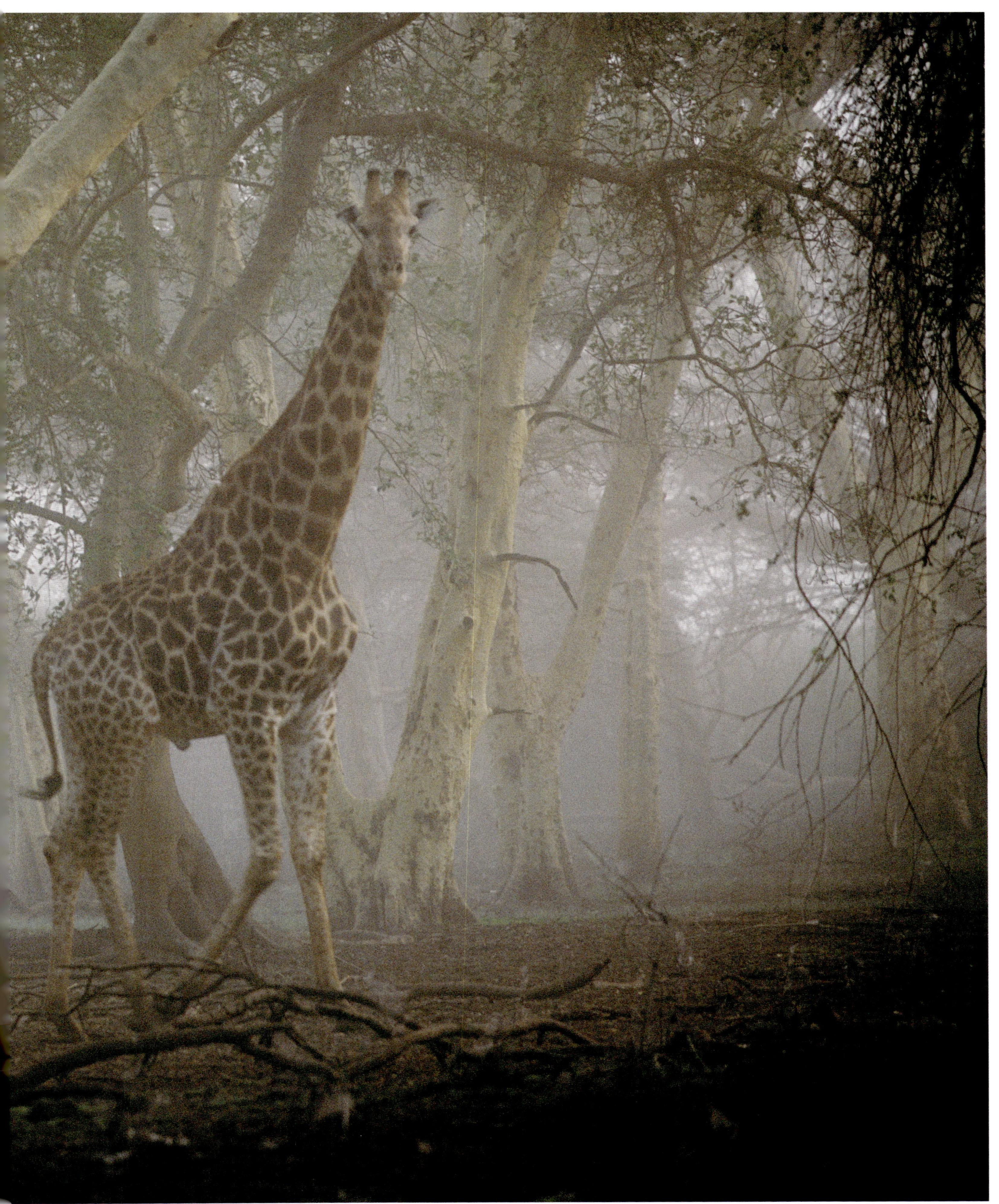

CHRIS JOHNS | 2001 | AFRIQUE DU SUD *Girafe dans la brume.*

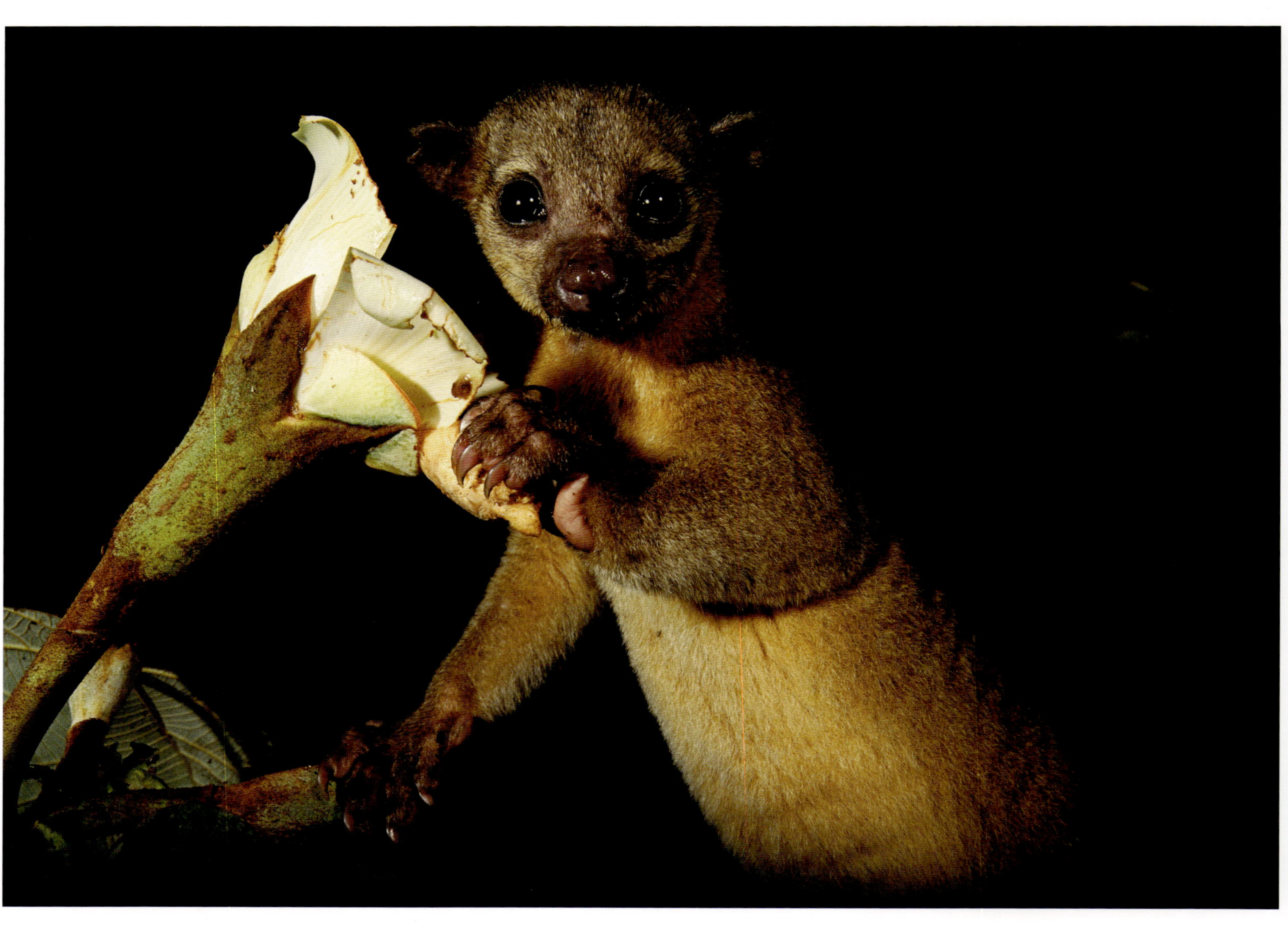

 MATTIAS KLUM | 2003 | PANAMA *Kinkajou avec une pousse de balsa.*

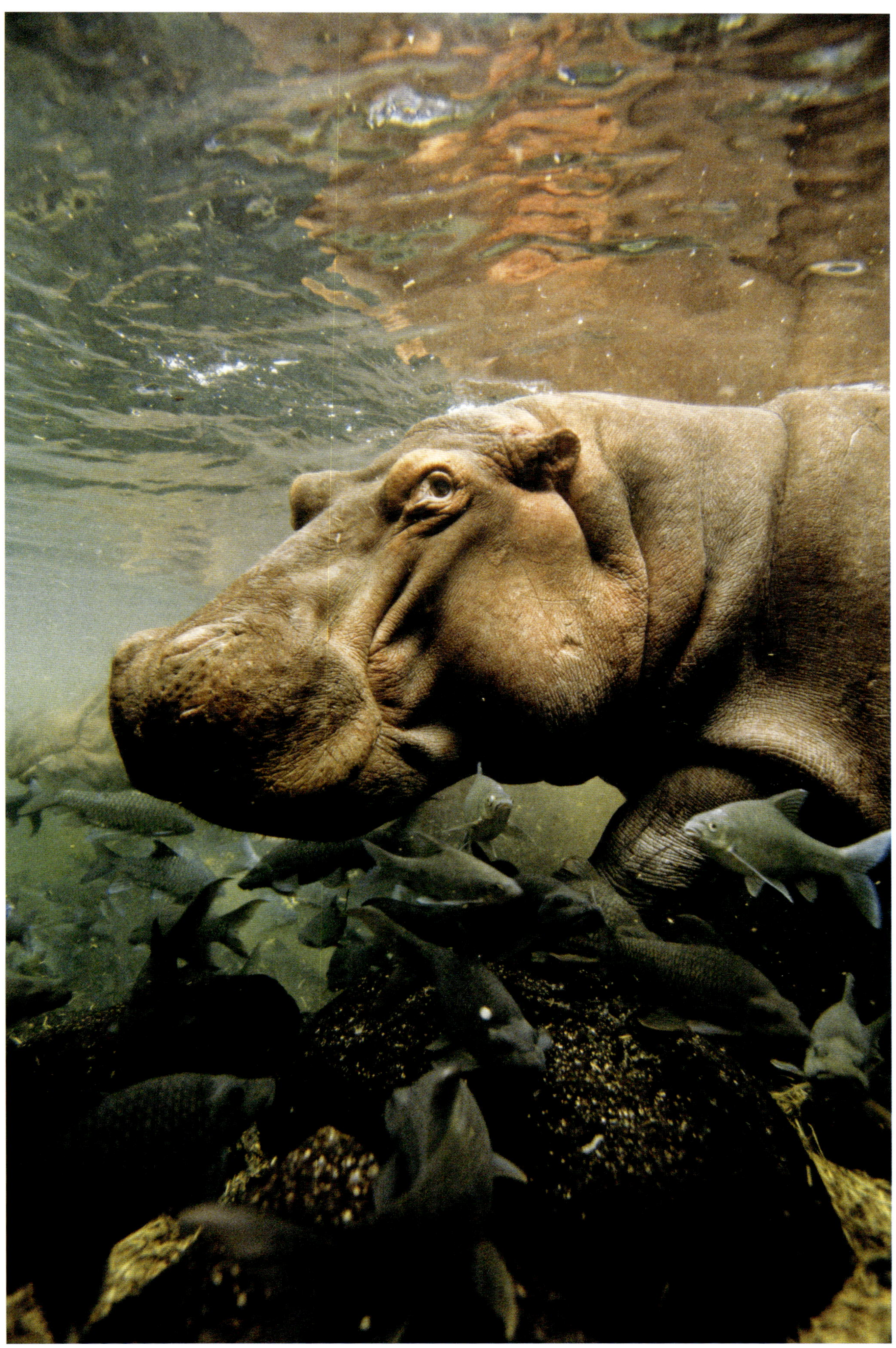

MARK DEEBLE | 2001 | KENYA *Hippopotame en chasse.*

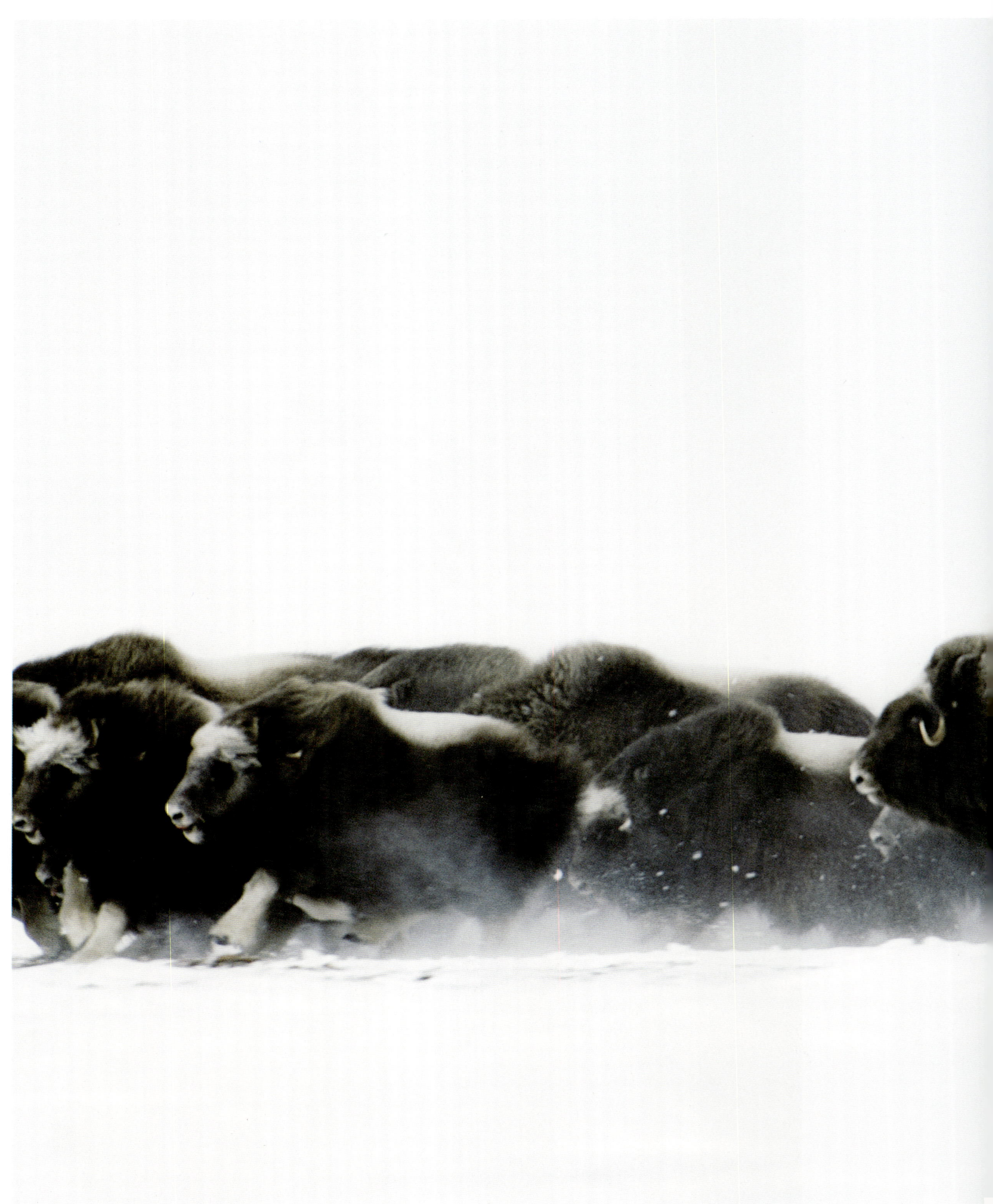

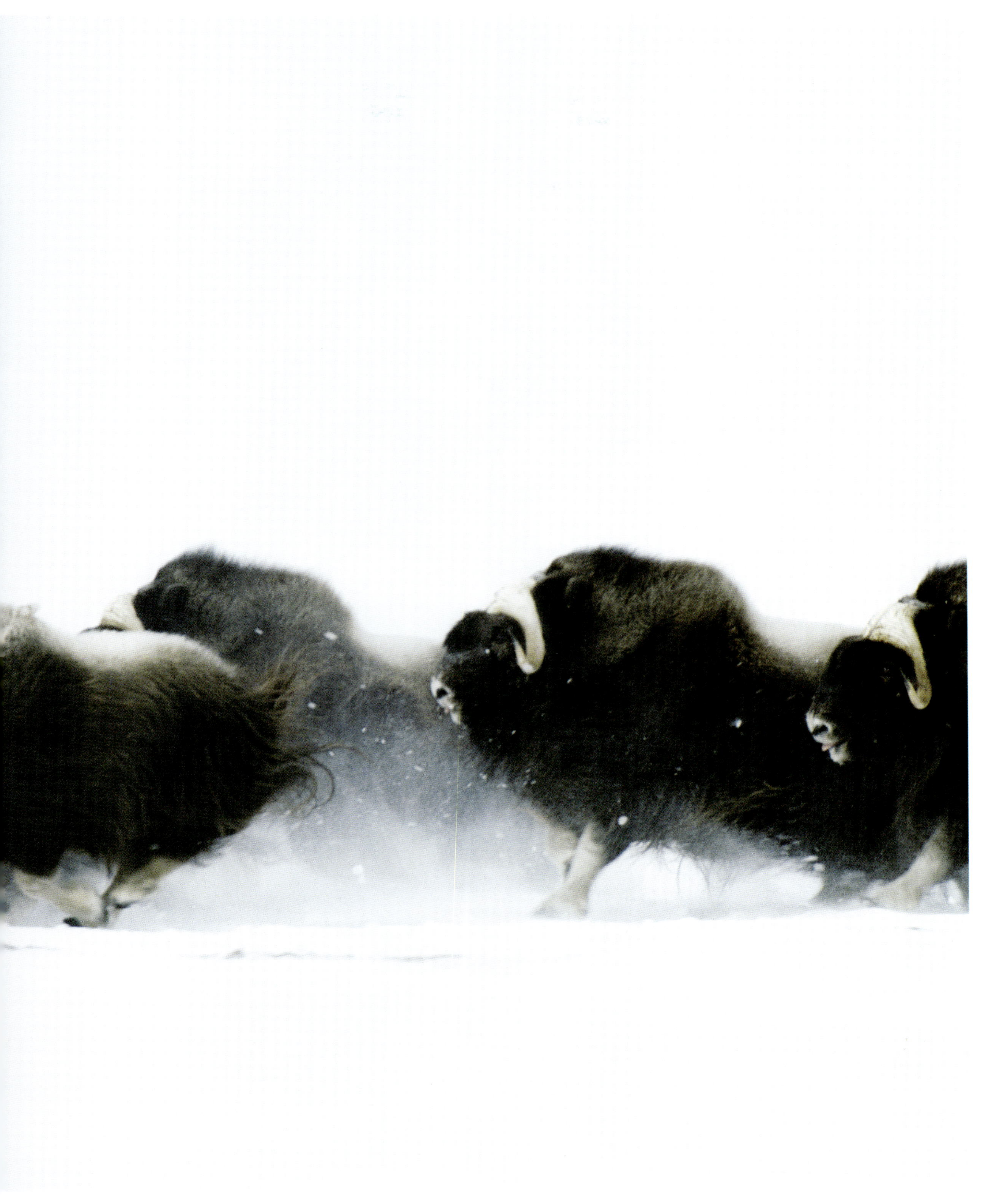

NORBERT ROSING | 2002 | CANADA *Bœufs musqués fuyant dans la toundra.*

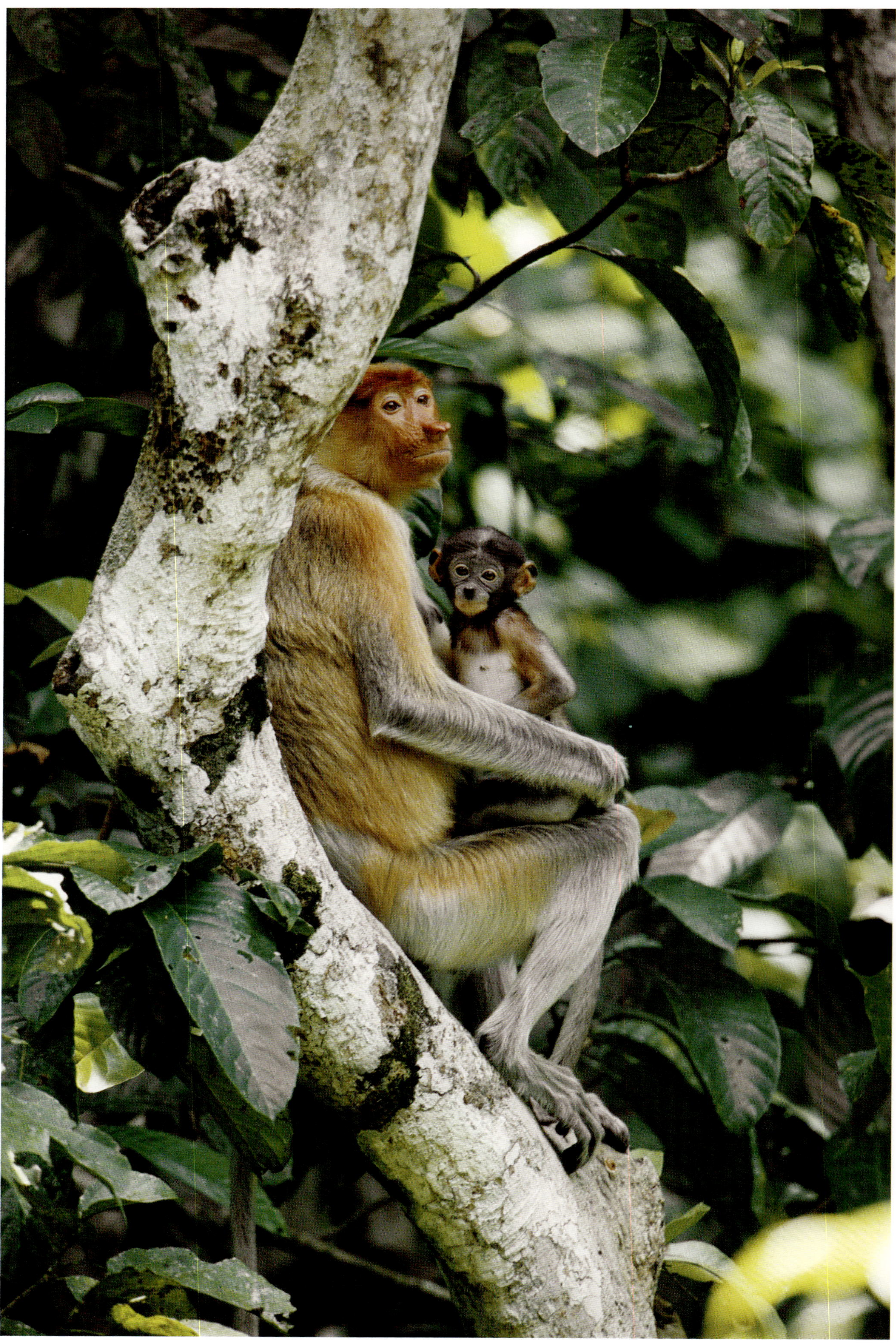

TIM LAMAN | 2002 | BORNÉO *Nasique et son petit.*

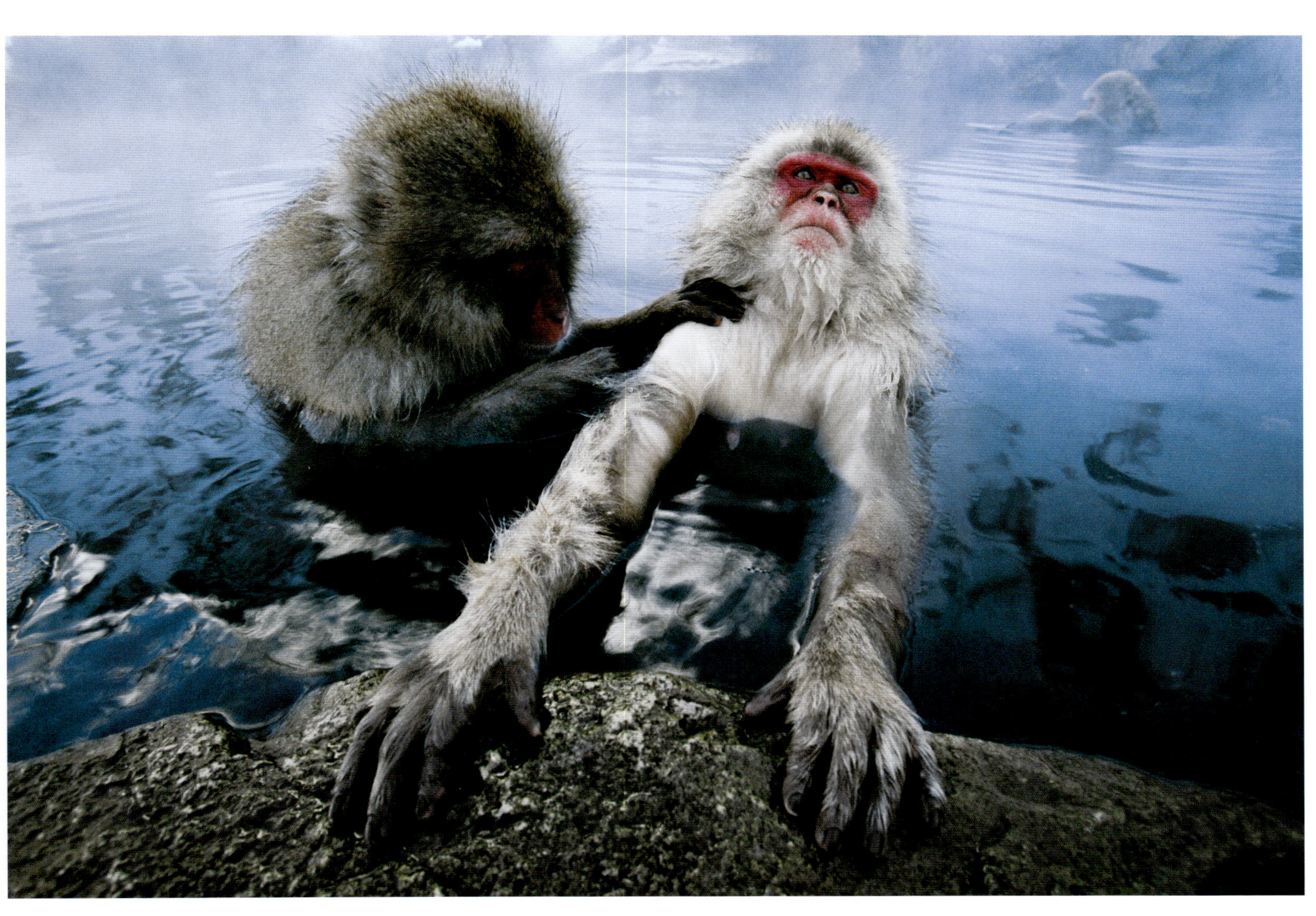

TIM LAMAN | 2003 | JAPON *Macaques dans une source chaude.*

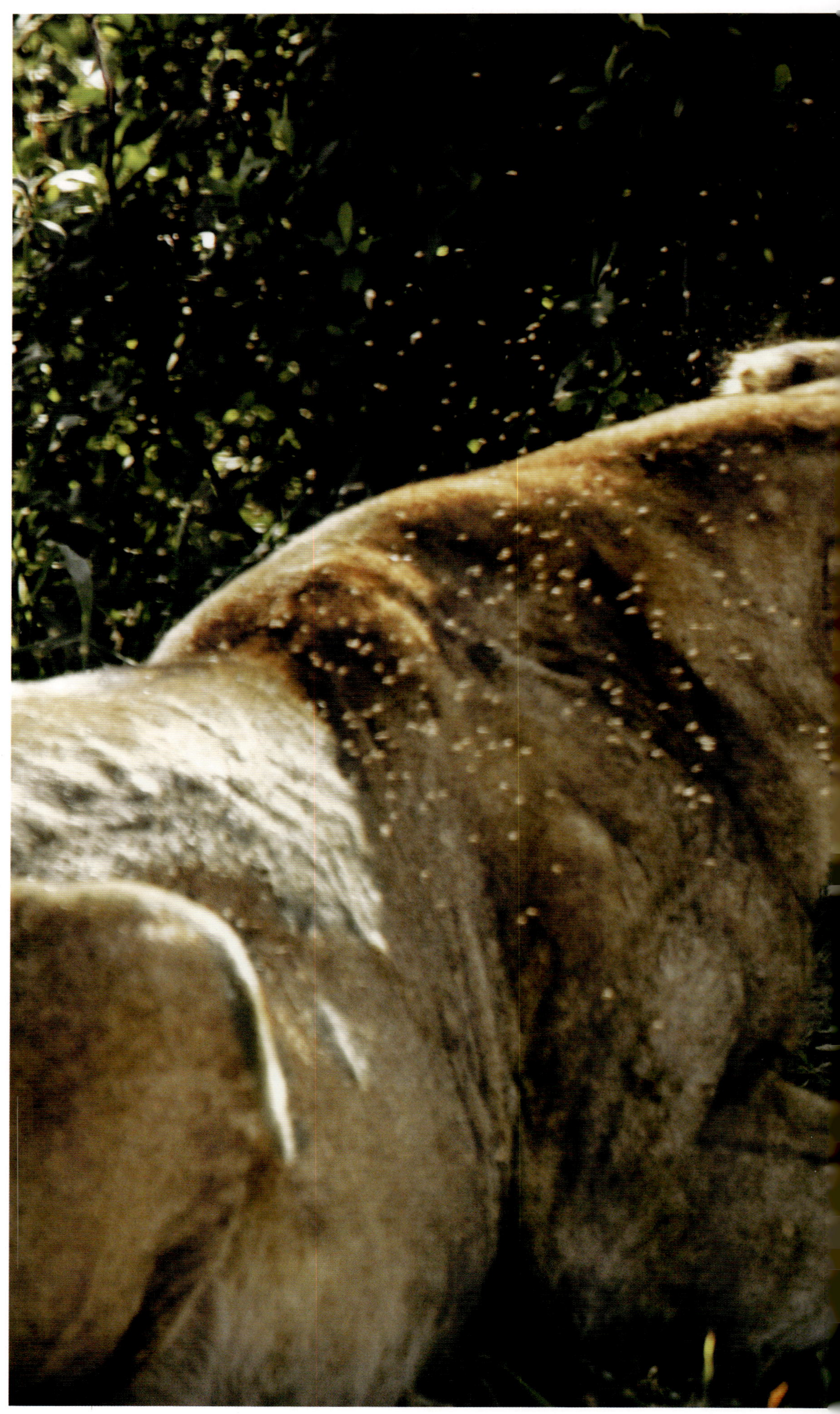

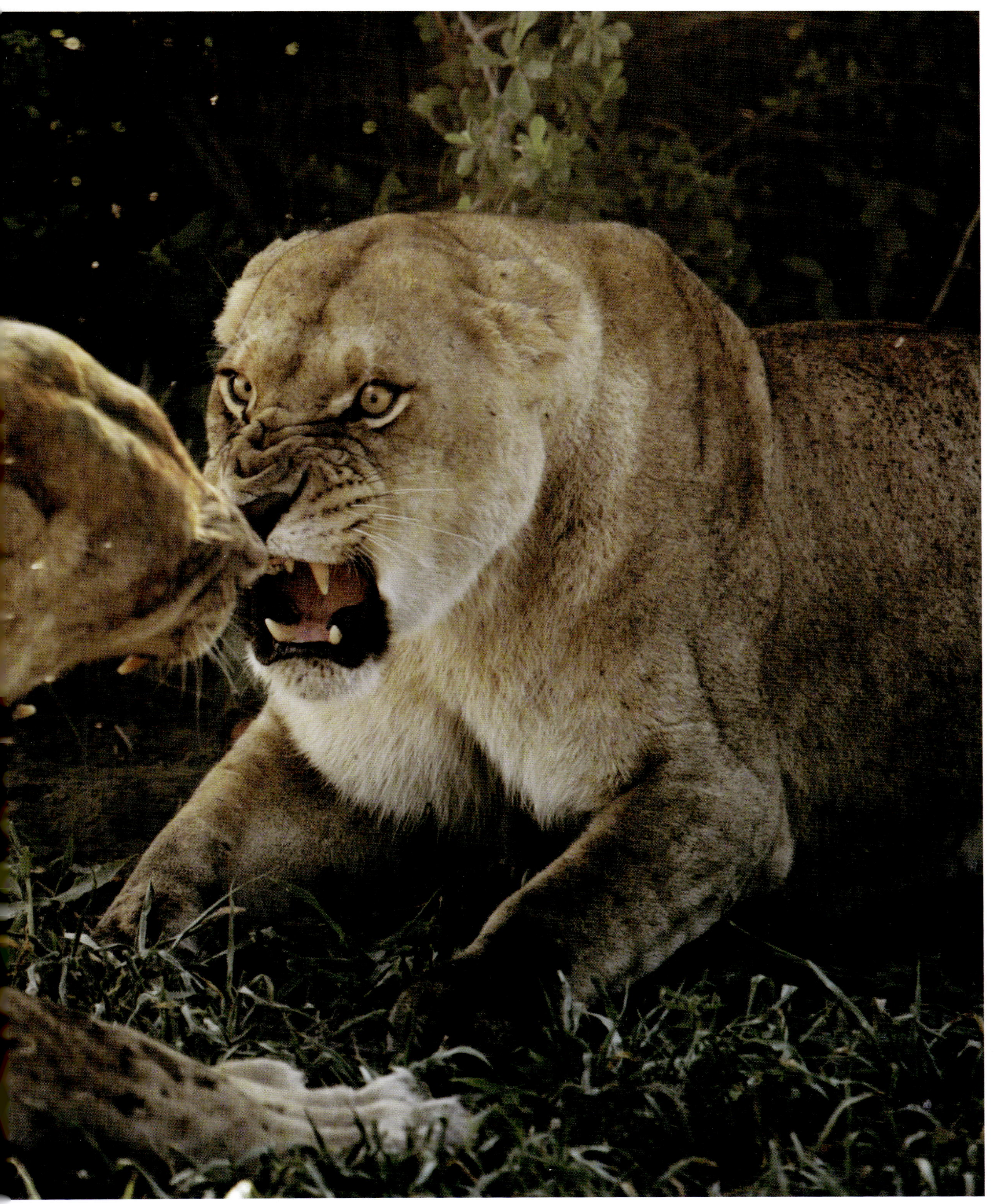

BEVERLY JOUBERT | 2007 | BOTSWANA *Querelle entre lionnes.*

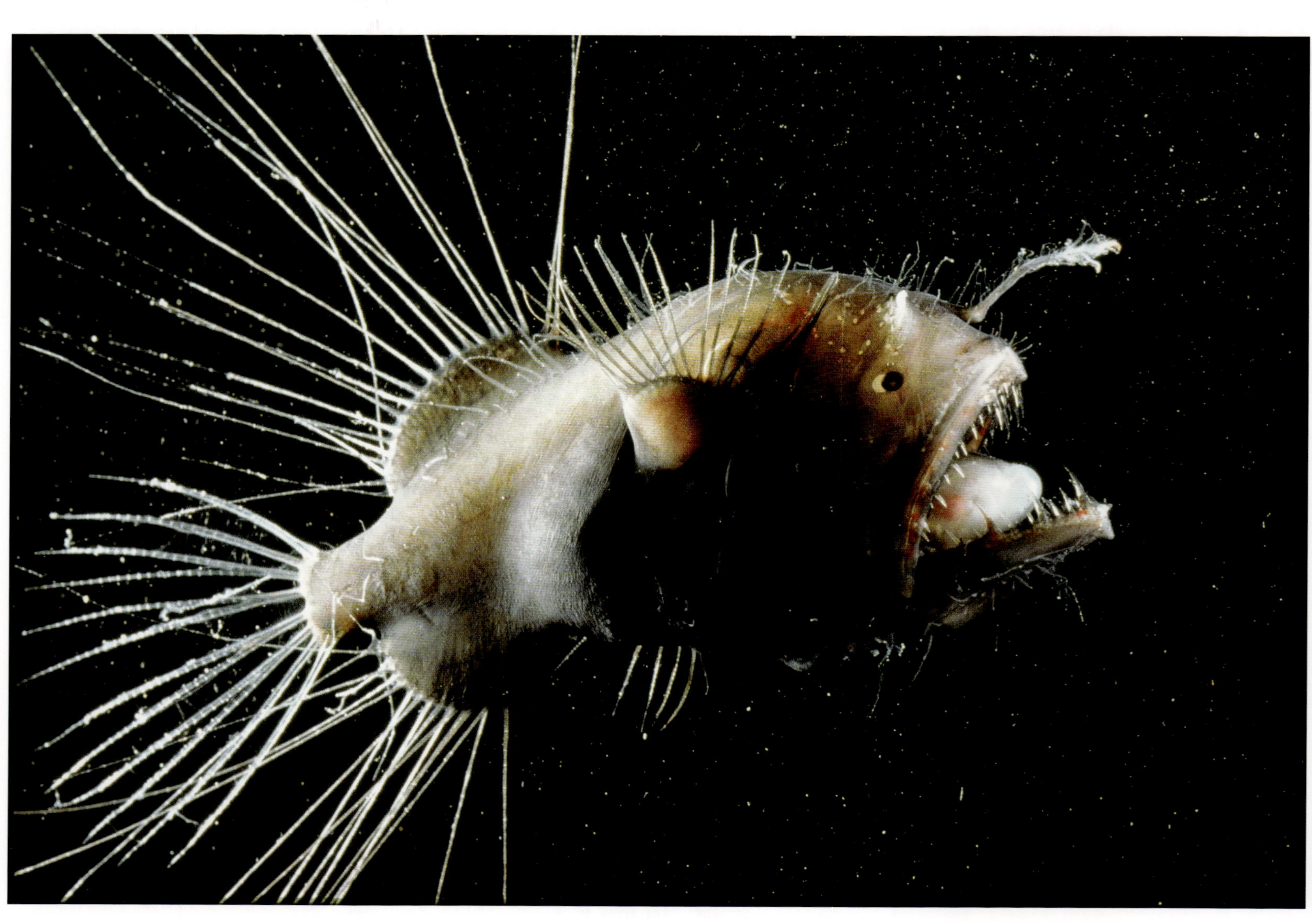

 BRUCE H. ROBISON | 2004 | ÉTAT DE CALIFORNIE, ÉTATS-UNIS *Baudroie.*

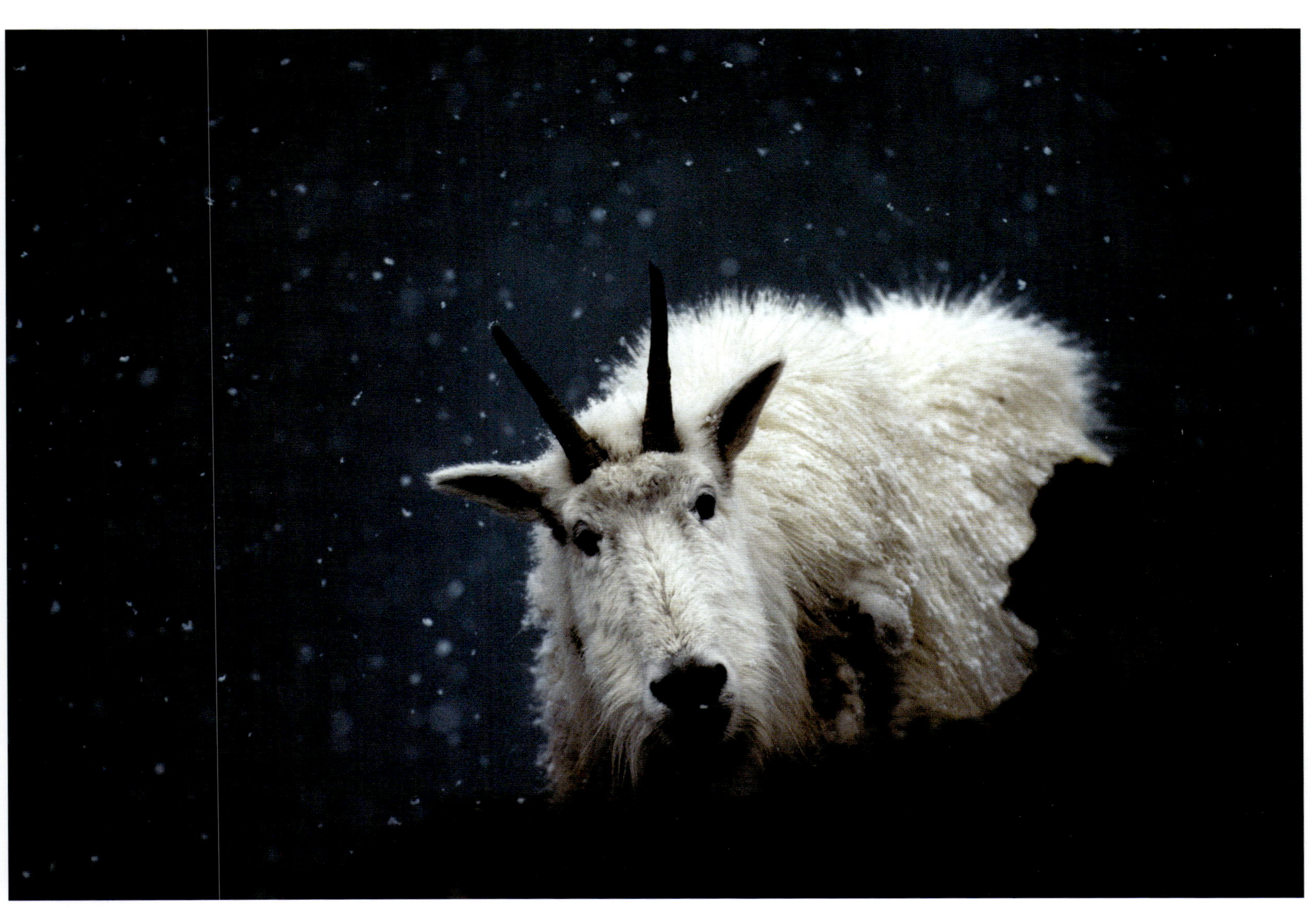

MICHAEL S. QUINTON | 2006 | ÉTAT DU MONTANA, ÉTATS-UNIS *Chèvre de montagne.*

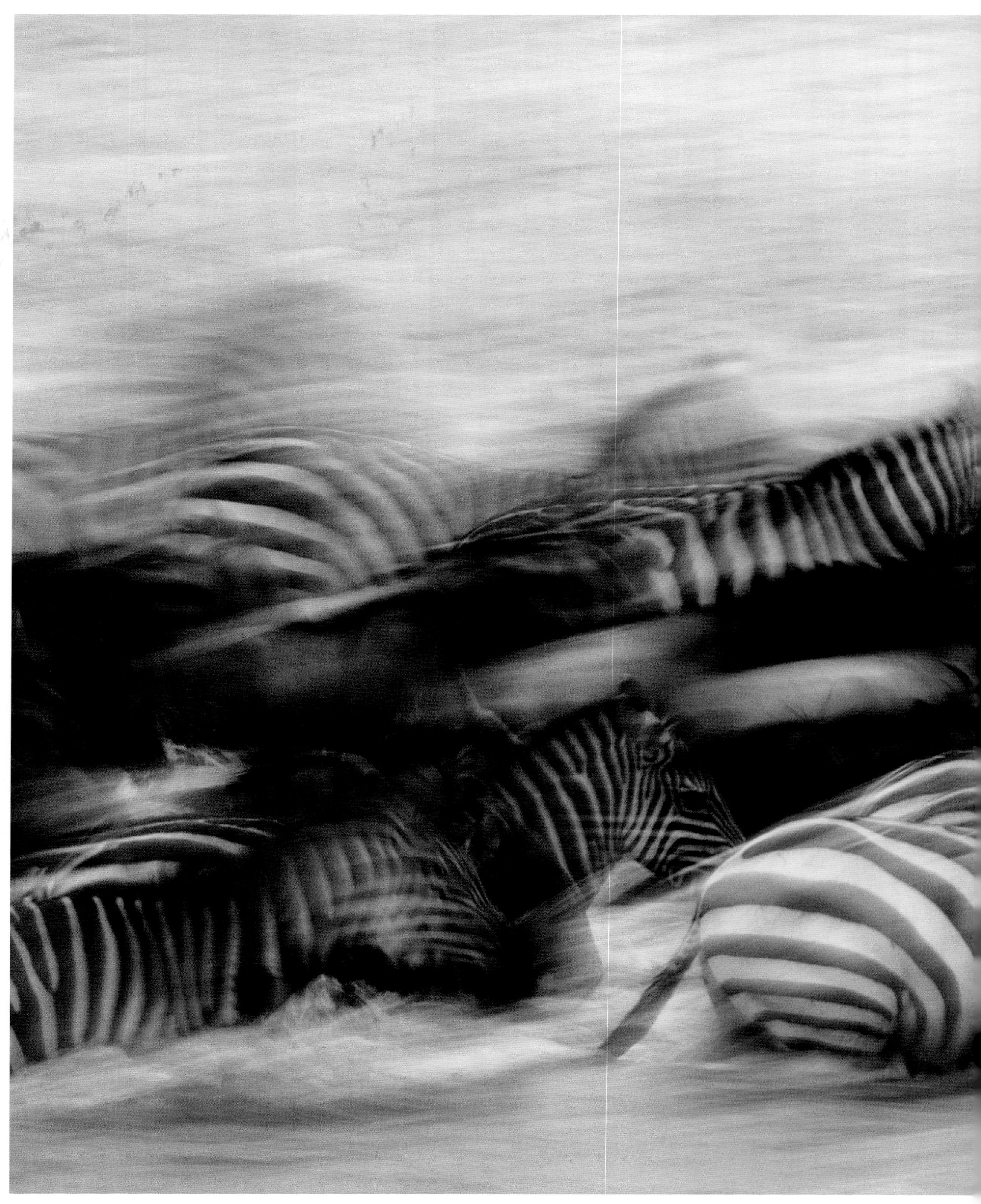

ANUP ET MANOJ SHAH | 2003 | KENYA *Zèbres traversant à gué une rivière peuplée de crocodiles.*

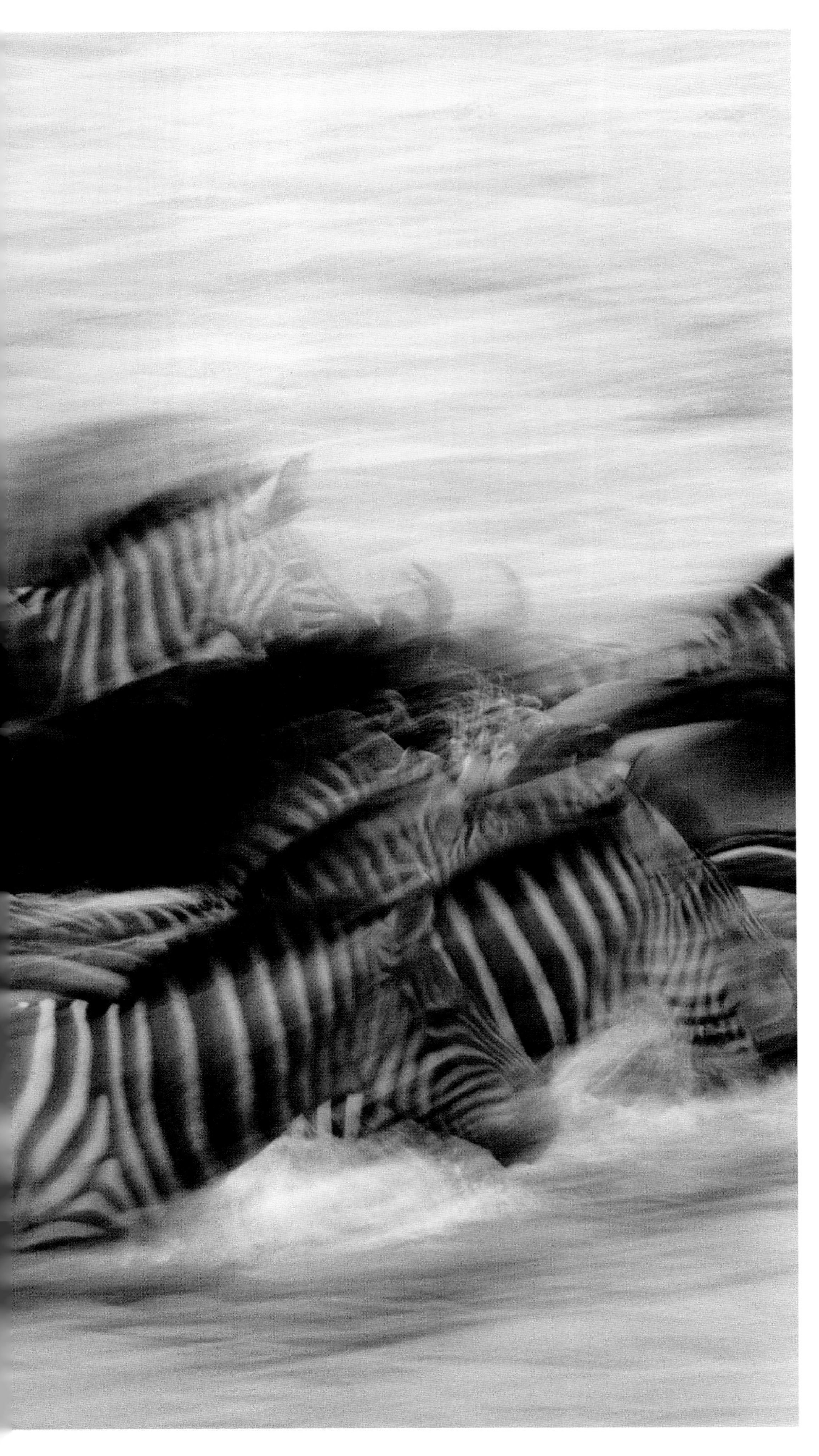

« Avec les zèbres, observe le photographe Anup Shah, il suffit de tenir l'appareil photo et, tout simplement, de capturer cet extraordinaire spectacle. » Fantastique, spectaculaire - mais bouleversant, car ces gracieux animaux sont la proie favorite des bêtes carnivores les plus redoutables d'Afrique.

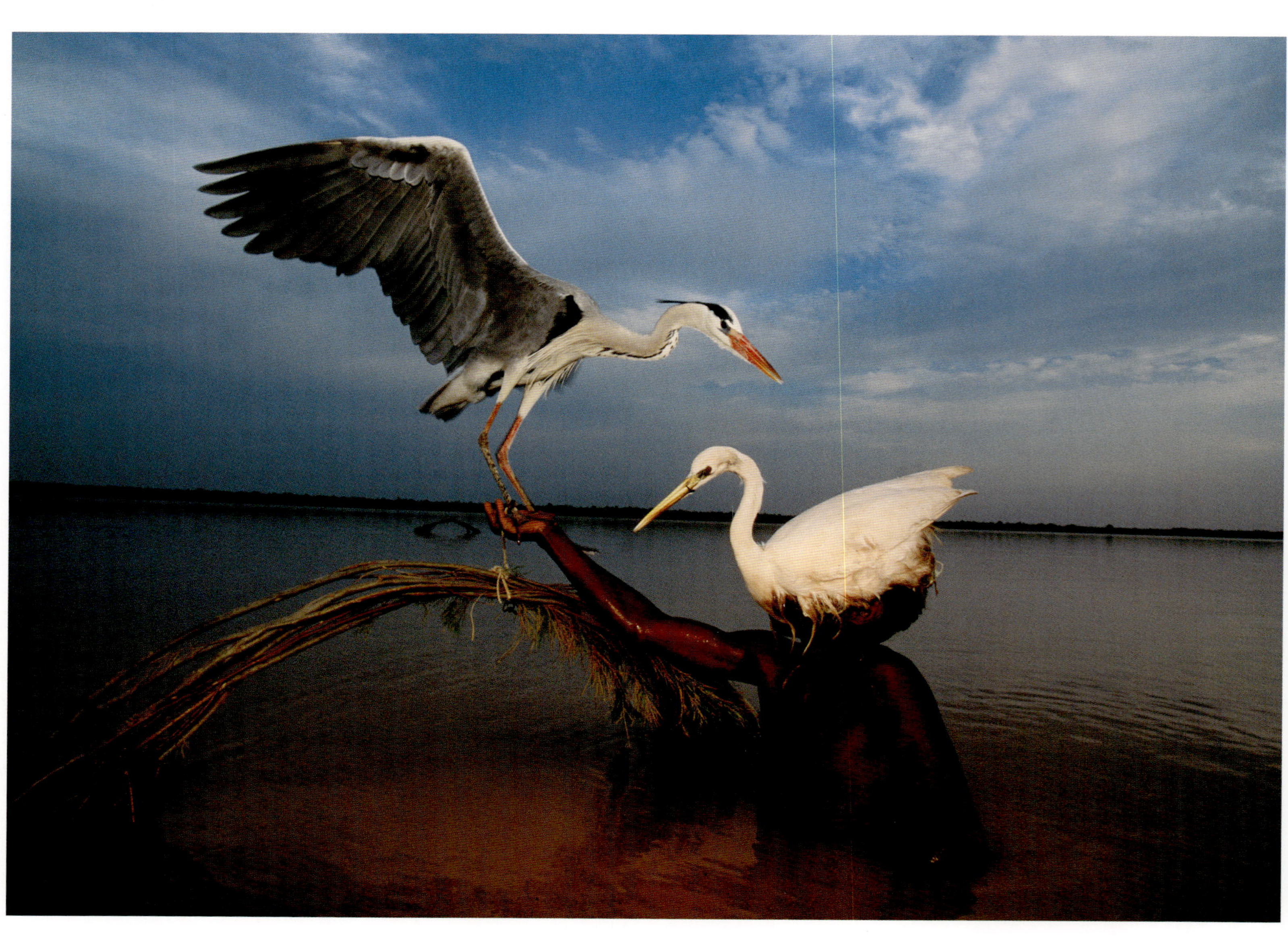

RANDY OLSON | 2007 | PAKISTAN *Leurre aux hérons le long de l'Indus.*

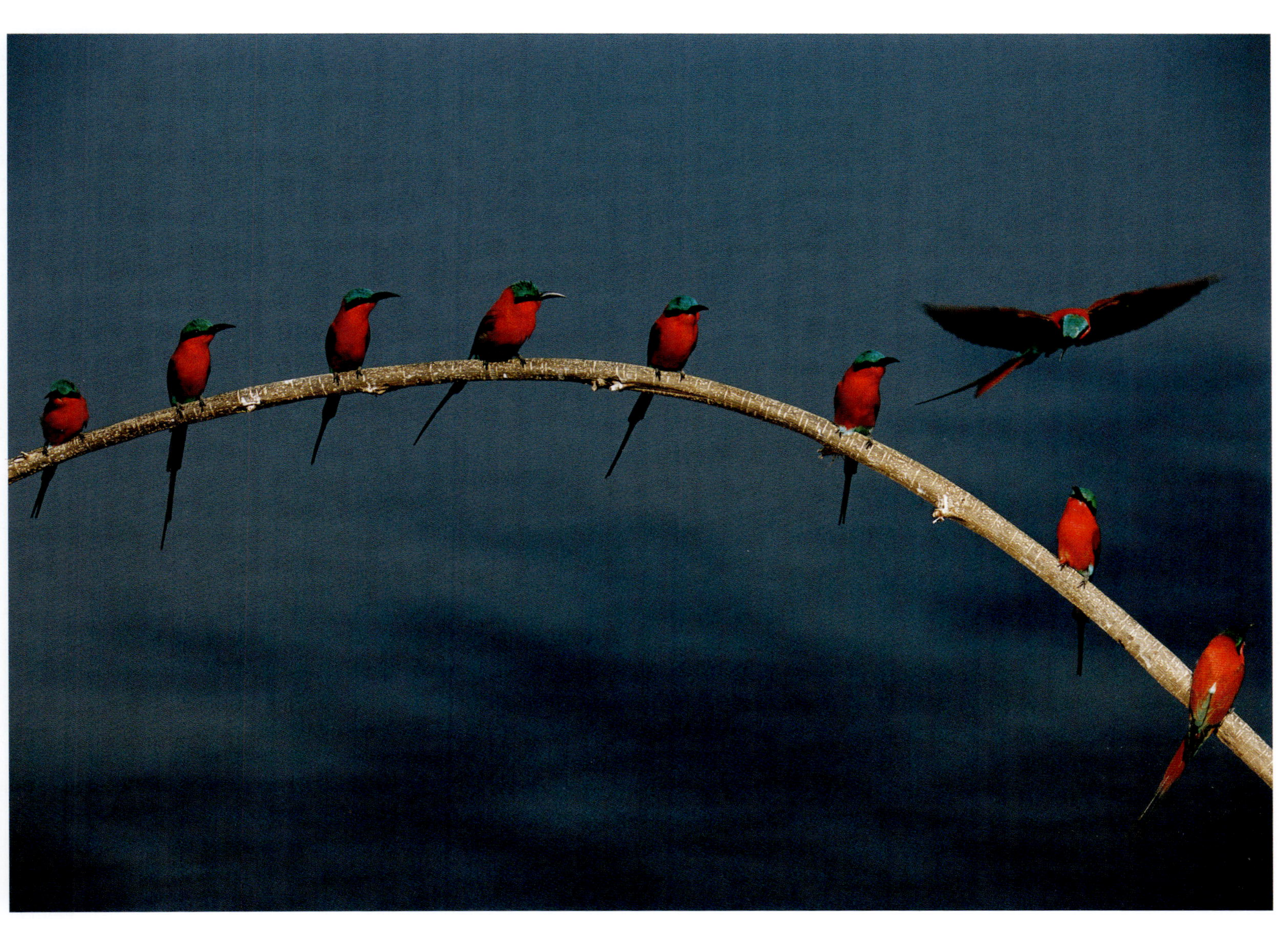

FRANS LANTING | 2007 | ZAMBIE *Guêpiers écarlates revêtus de leur plumage de reproduction.*

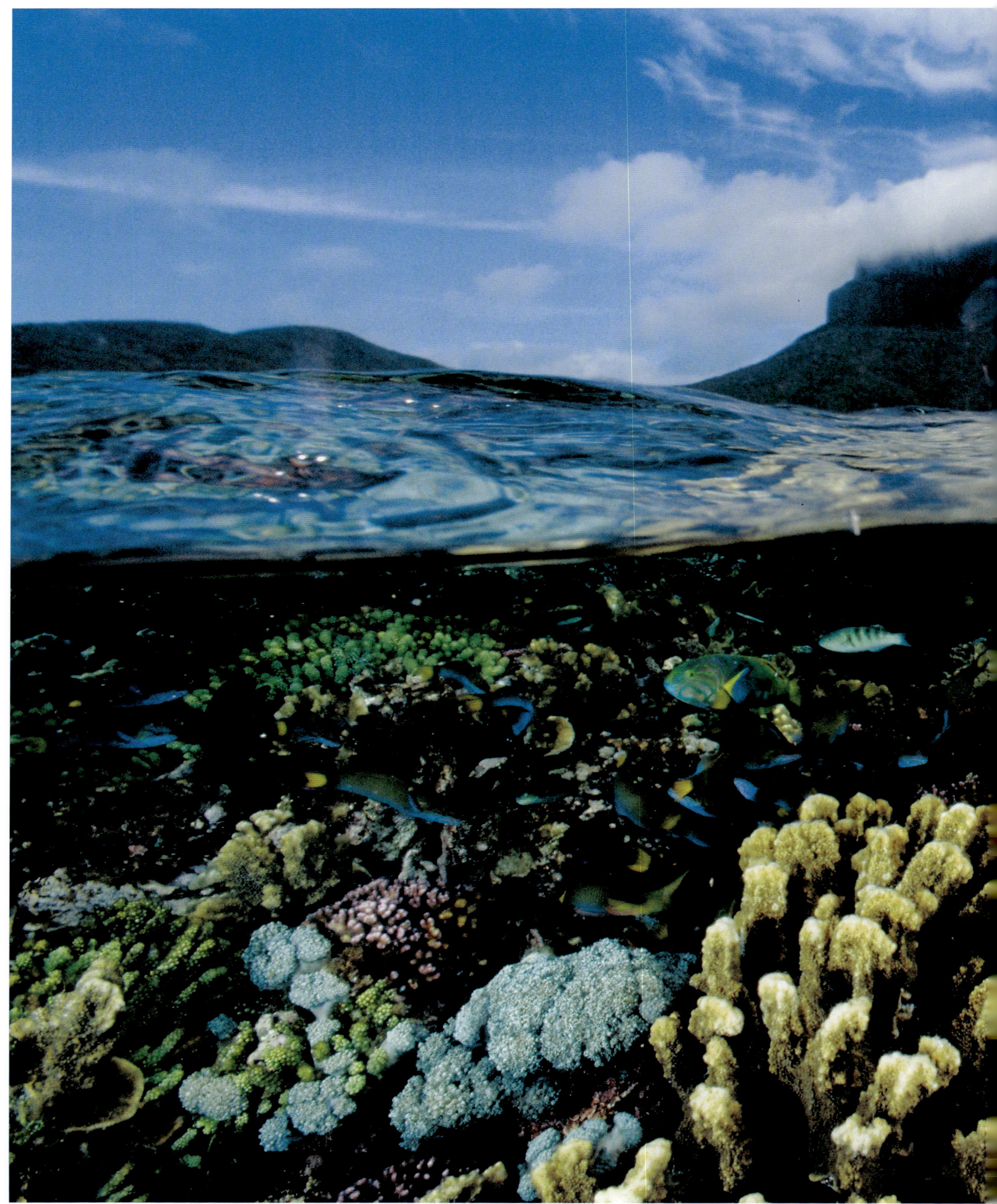

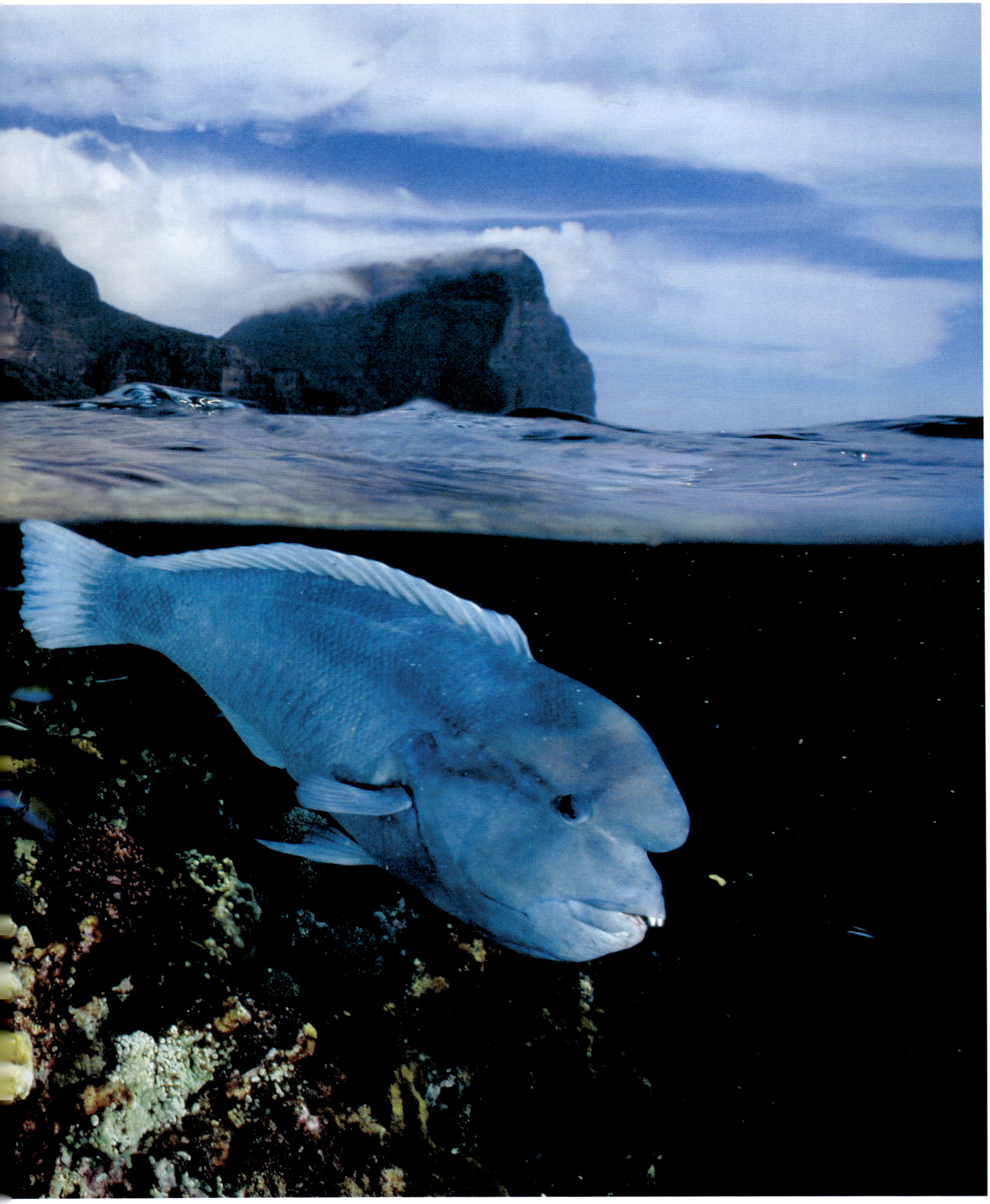

DAVID DOUBILET | 2007 | AUSTRALIE *Napoléons et récif de corail.*

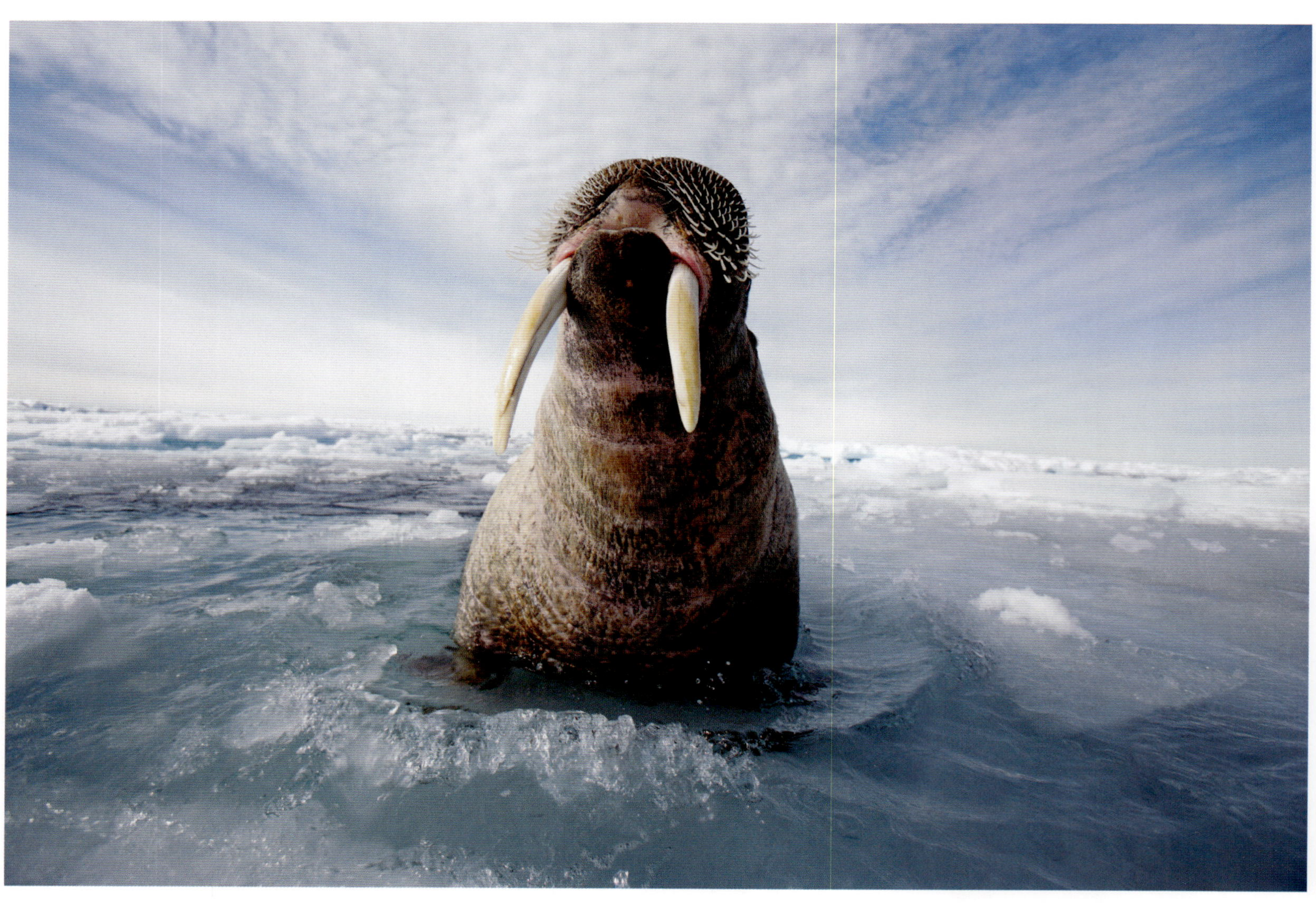

 PAUL NICKLEN | 2006 | CANADA *Morse.*

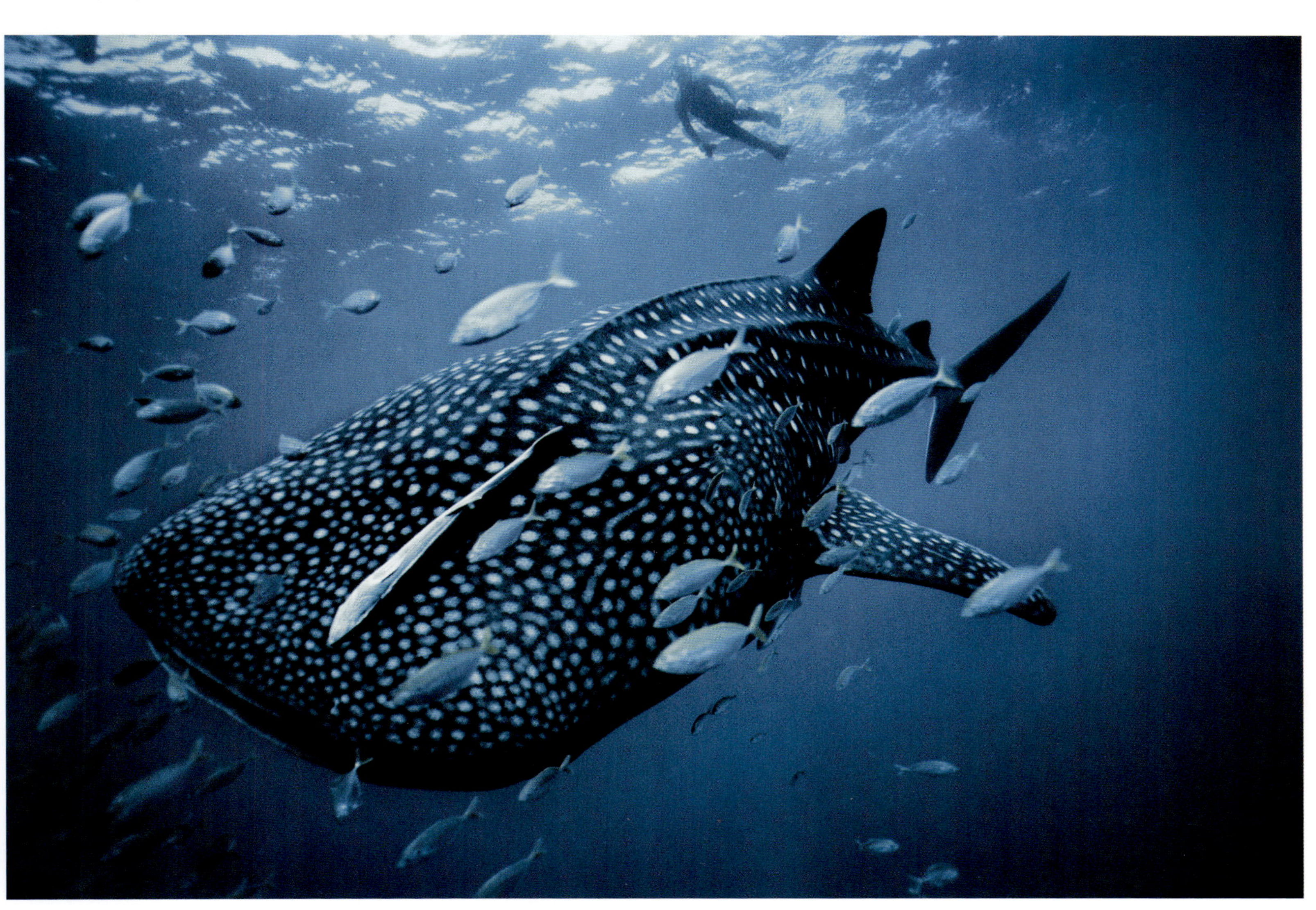

BRIAN SKERRY | 2007 | OCÉAN *Requin baleine.*

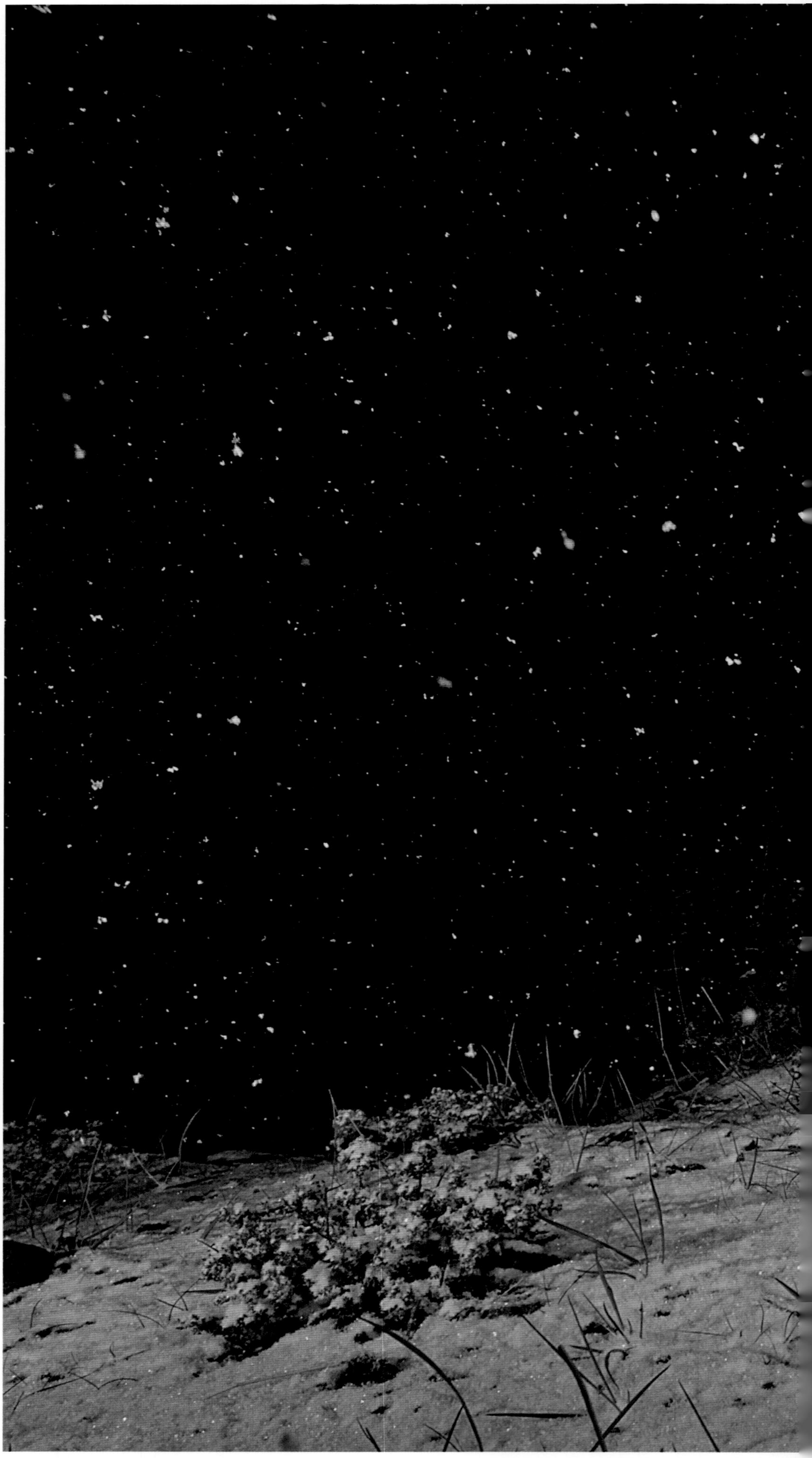

Lorsque le crépuscule enveloppa l'Himalaya, l'écrivain Doug Chadwick n'eut aucun mal à imaginer un léopard des neiges glissant le long de ses pentes. « Il se laisse tomber sur le sol, avec de grands yeux dorés et une fourrure évoquant la couleur du clair de lune pommelé par le givre. »

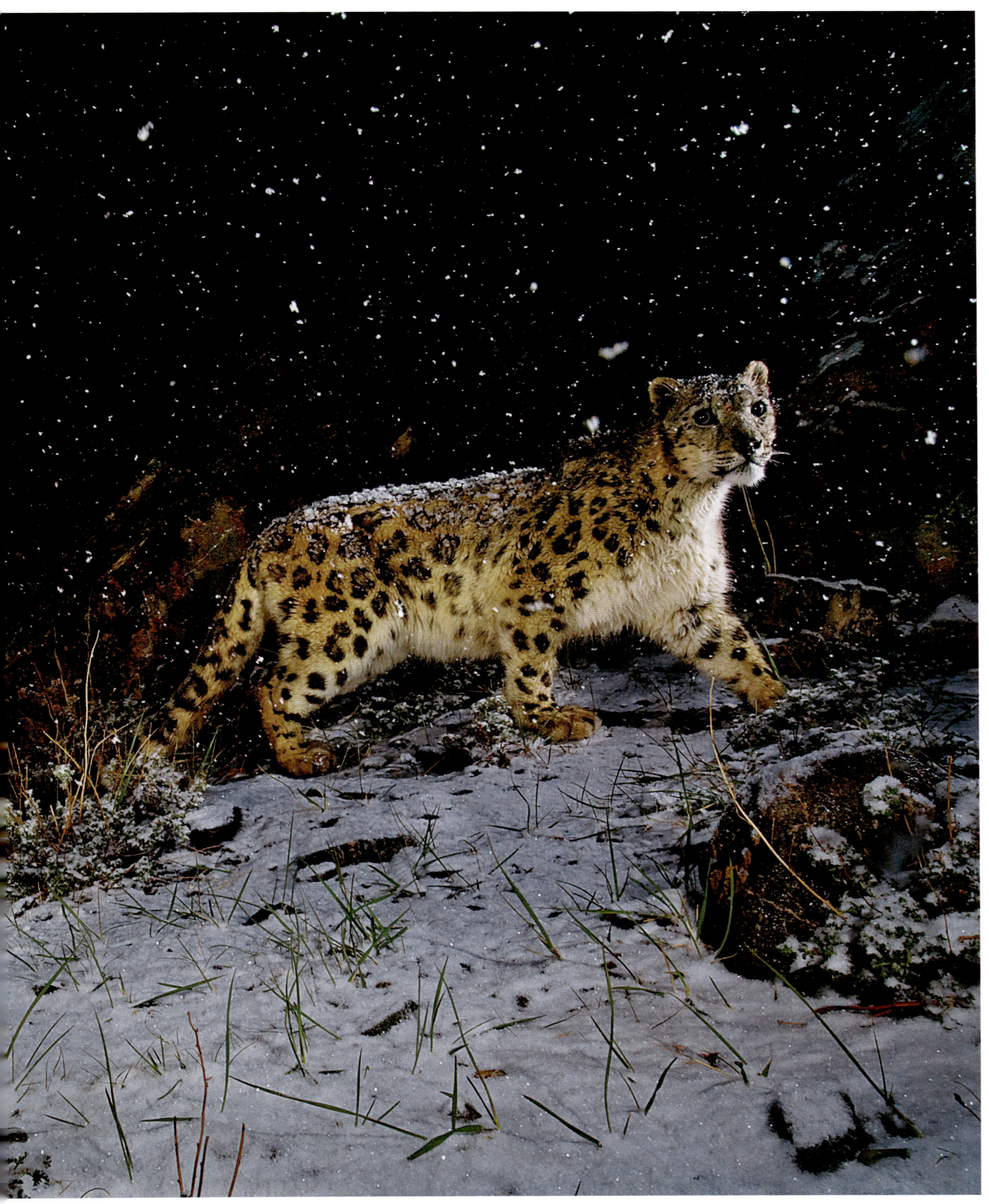

STEVE WINTER | 2008 | INDE *Léopard des neiges : pris en instantané par un appareil à distance.*

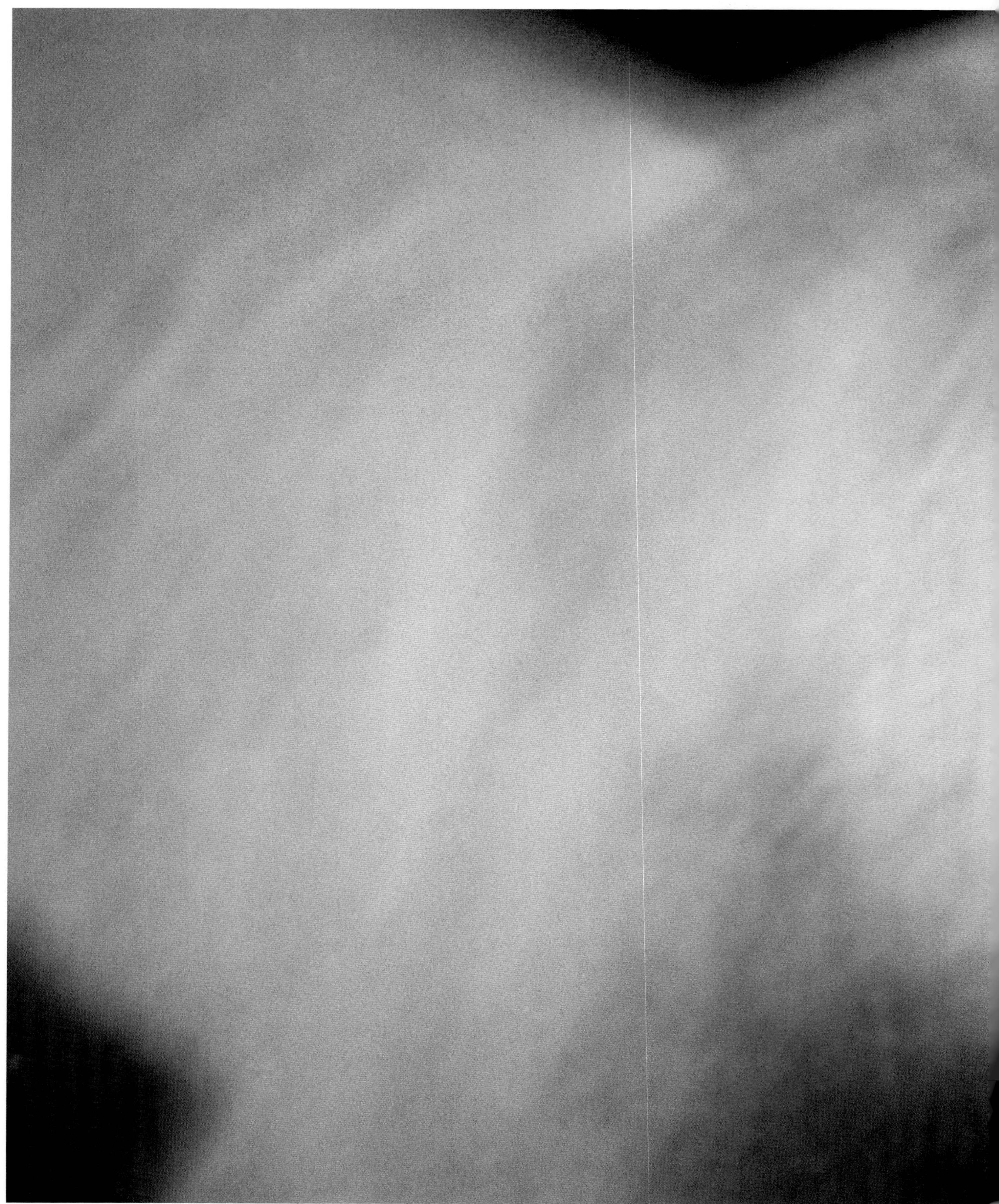

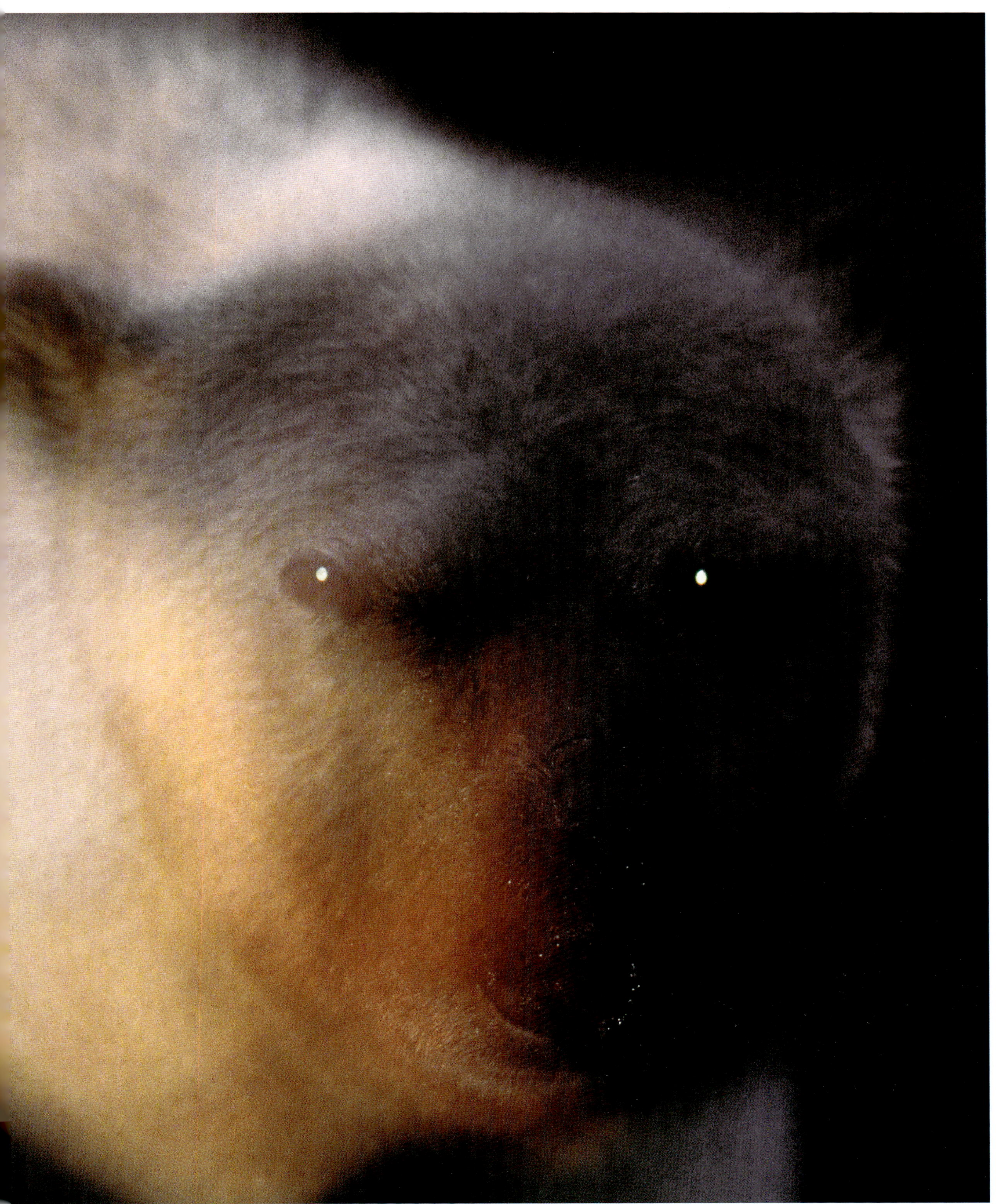

JOEL SARTORE | 2009 | ÉTAT DE L'ALASKA, ÉTATS-UNIS *Ours polaire dans le crépuscule arctique.*

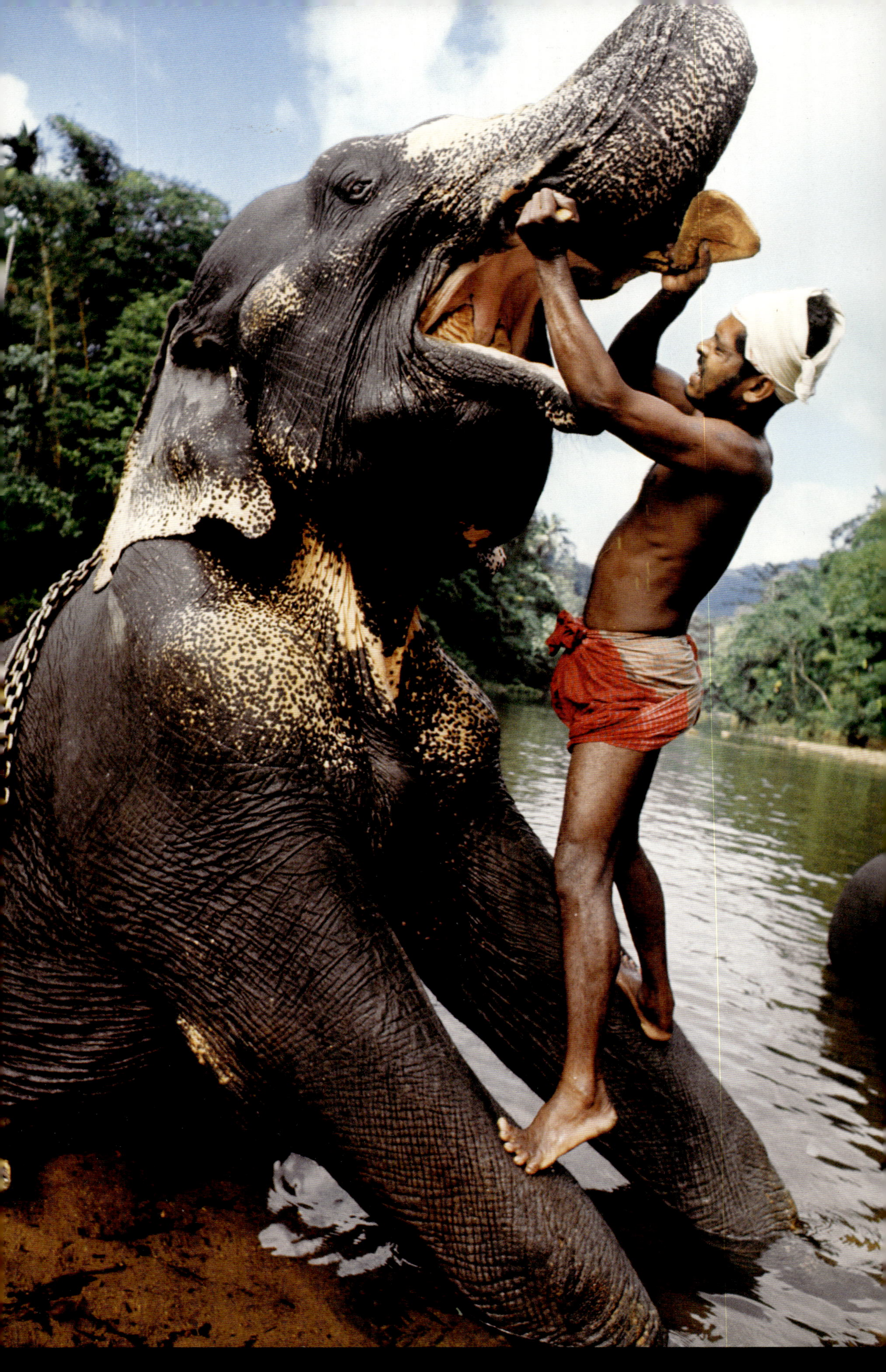

éléphants en gros plan

JADIS, SI VOUS POUVIEZ APERCEVOIR LE JAUNE DE LEURS YEUX, cela signifiait que vous étiez déjà bien trop près ; de nombreux chasseurs l'ont découvert à leurs dépens. Mais de nos jours, les meilleurs photographes nous amènent de plus en plus près des pachydermes sauvages, et nous dévoilent les secrets de l'une des espèces les plus fascinantes et impressionnantes de notre planète.

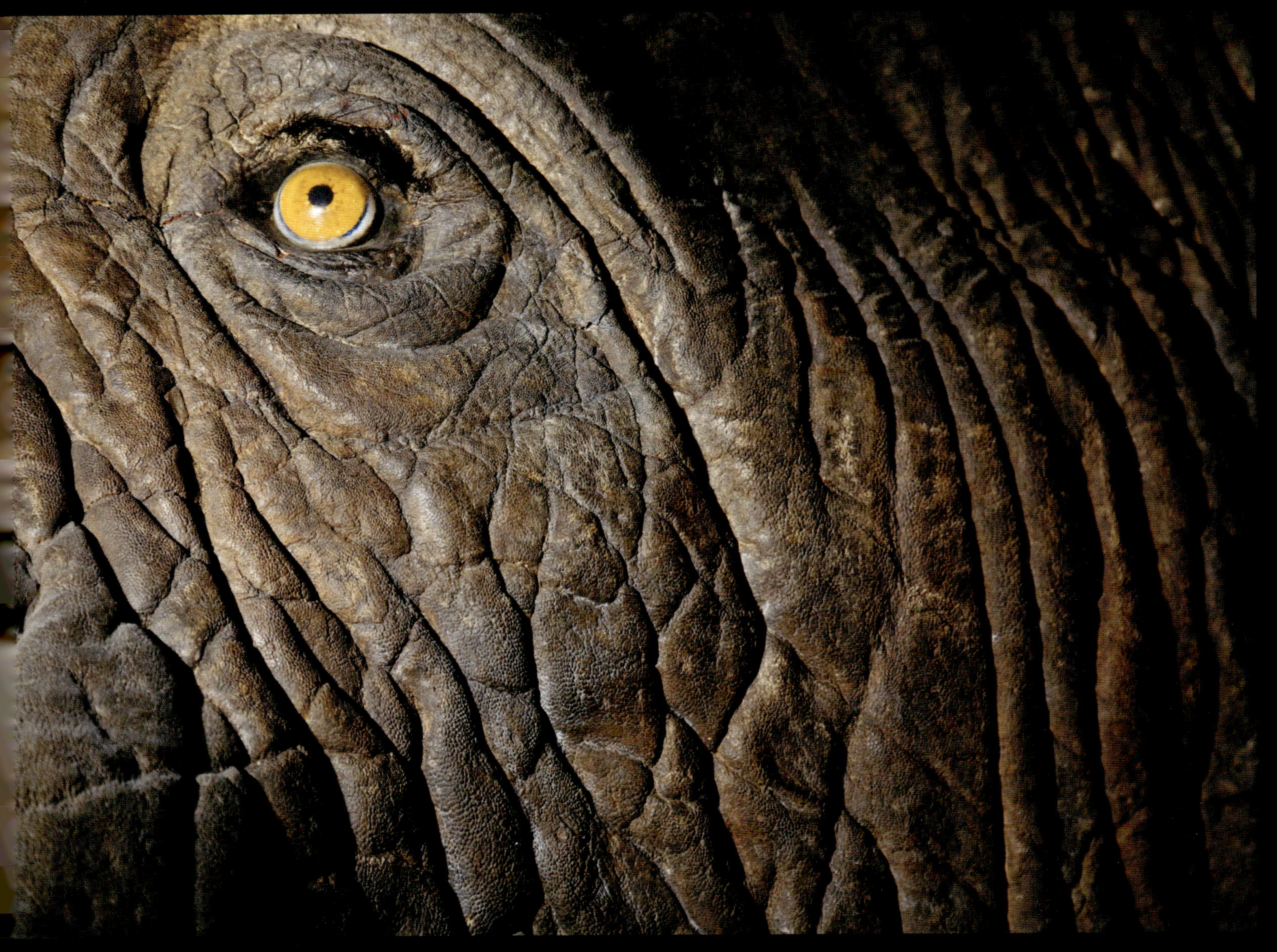

JOHN BURCHAM | 2006 | NEW YORK, ÉTATS-UNIS *Vraie peau – mais œil de verre – d'un spécimen de musée.*

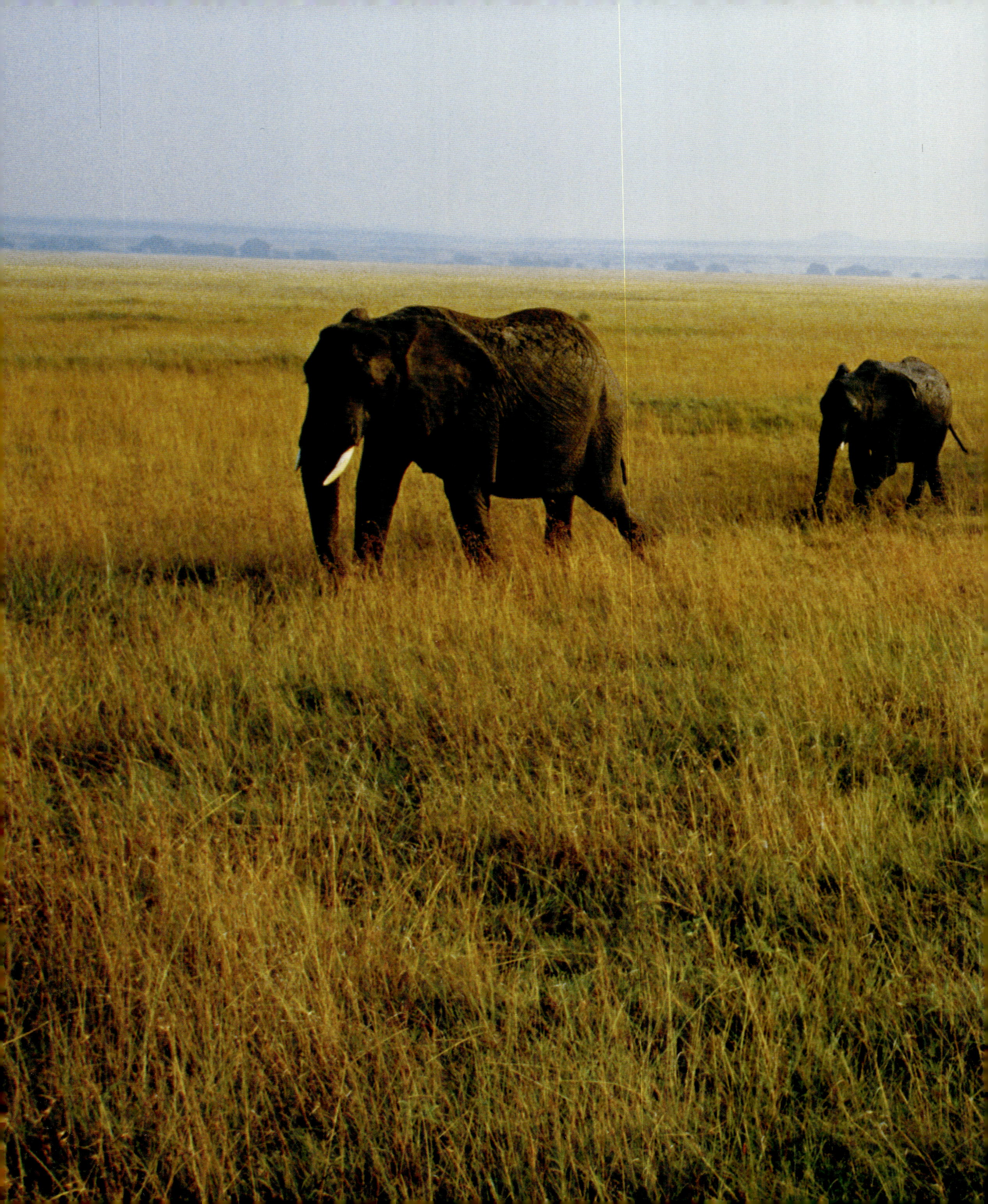

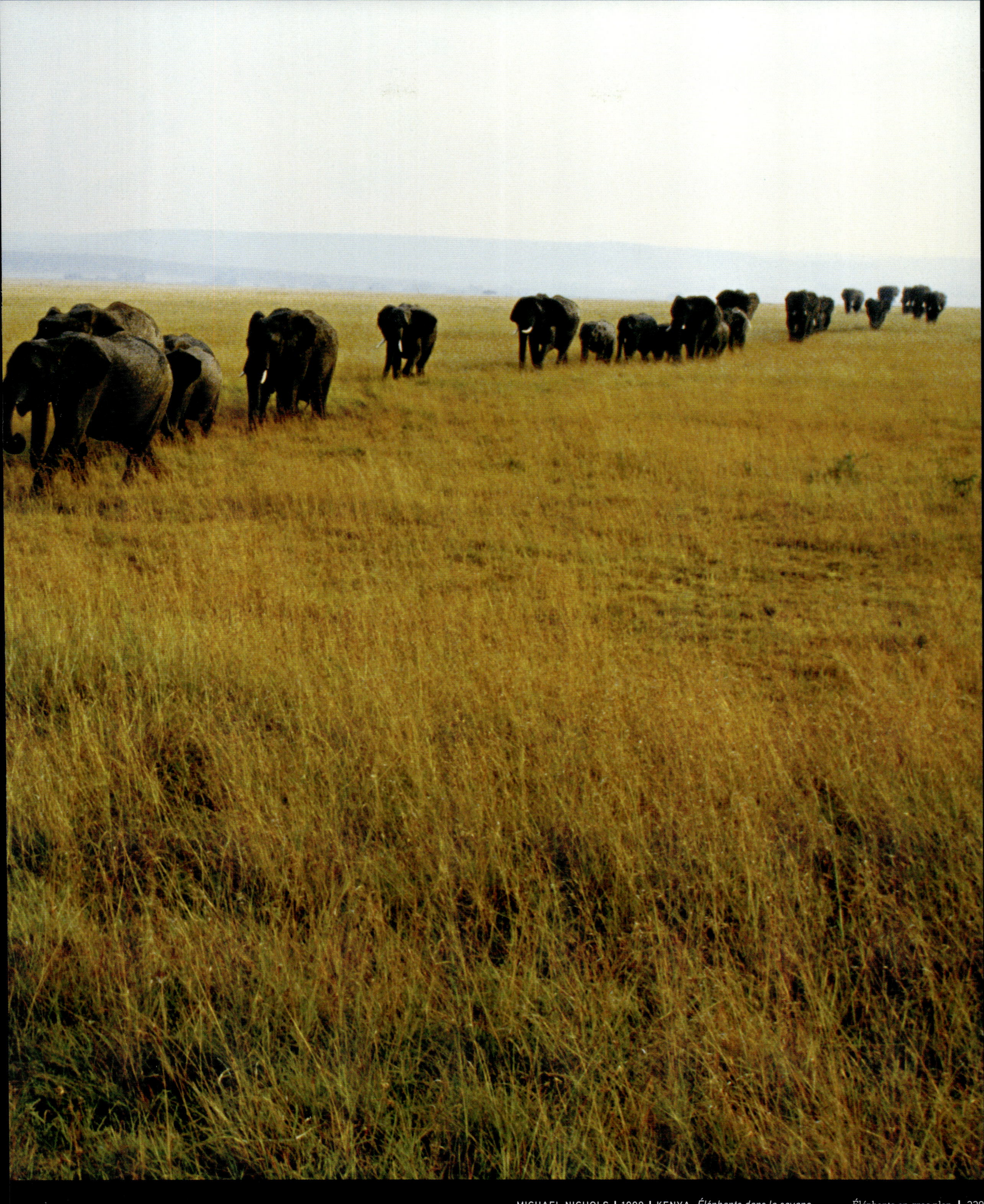

MICHAEL NICHOLS | 1999 | KENYA *Éléphants dans la savane.*

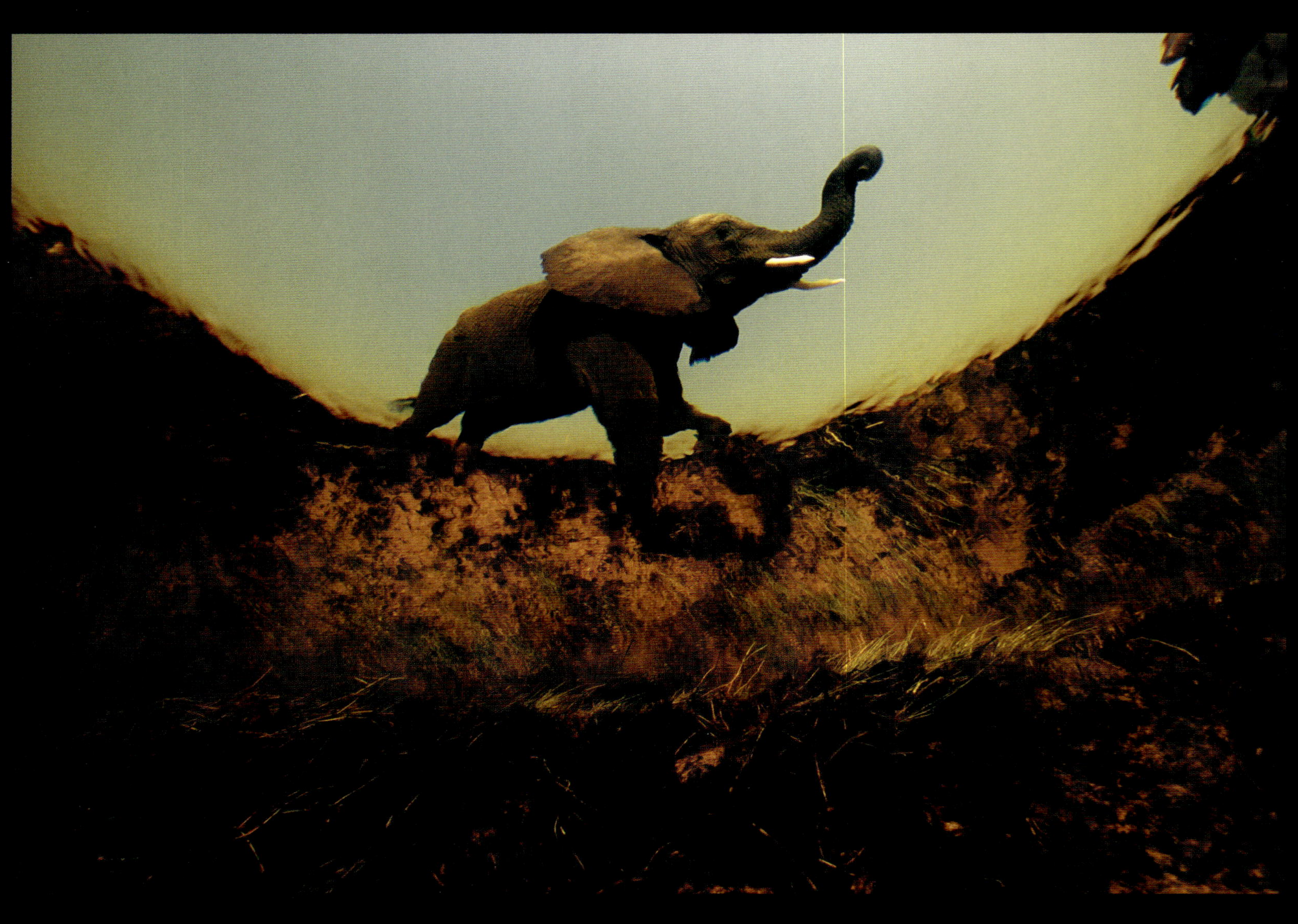

DAVID DOUBILET | 2004 | BOTSWANA *Un éléphant photographié depuis les fonds sous-marins.*

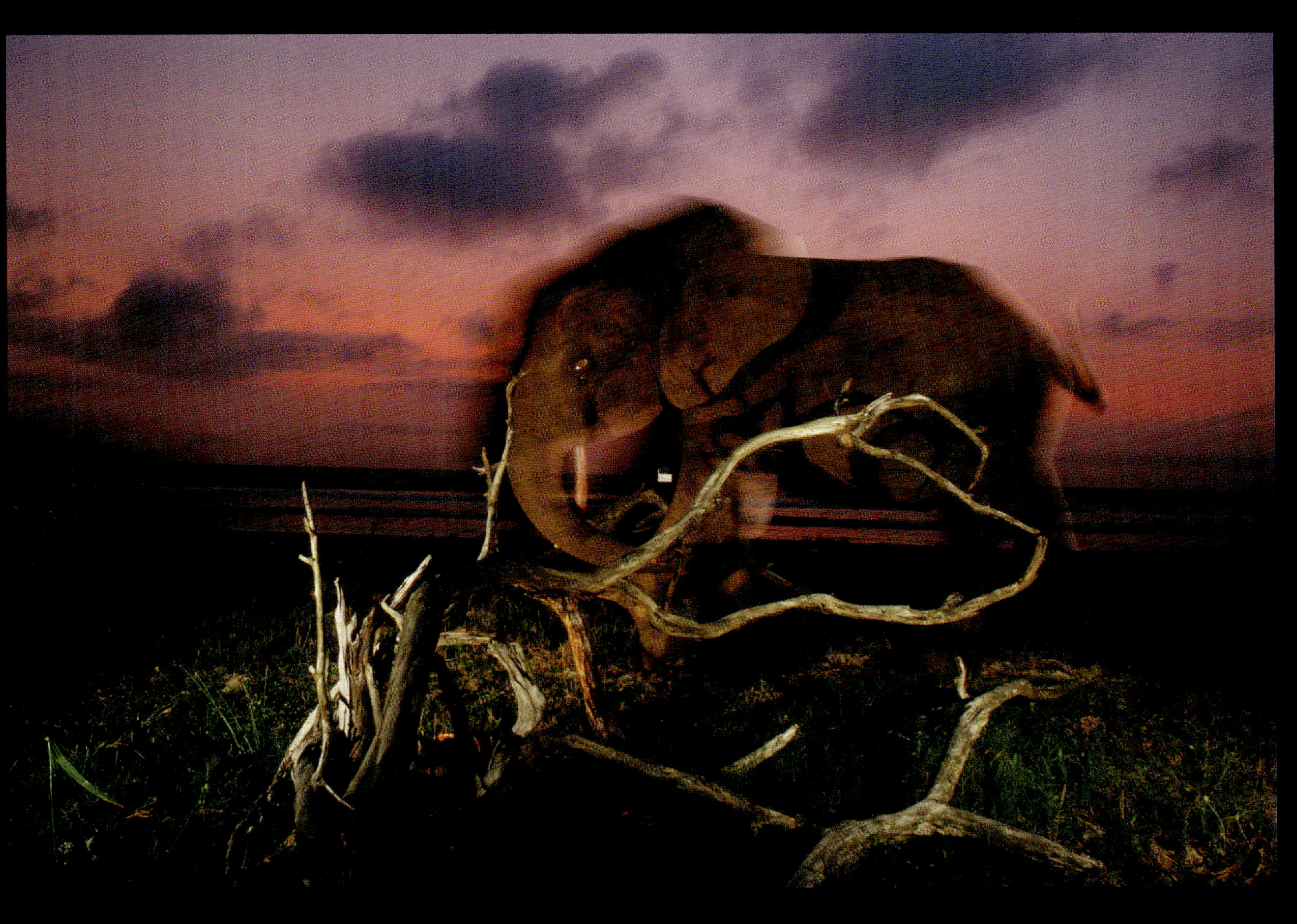

MICHAEL NICHOLS | 2001 | GABON *Éléphant saisi au téléobjectif.*

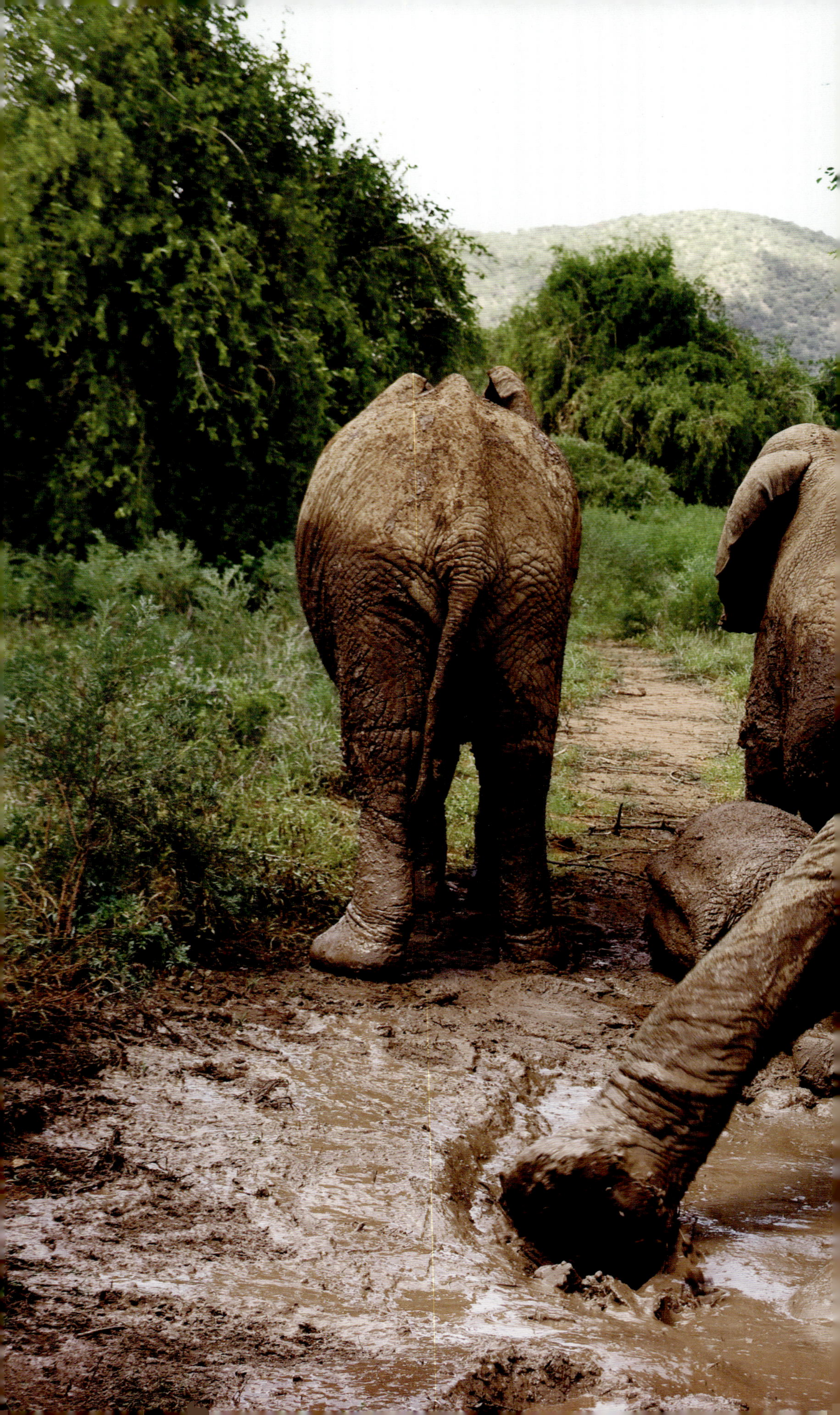

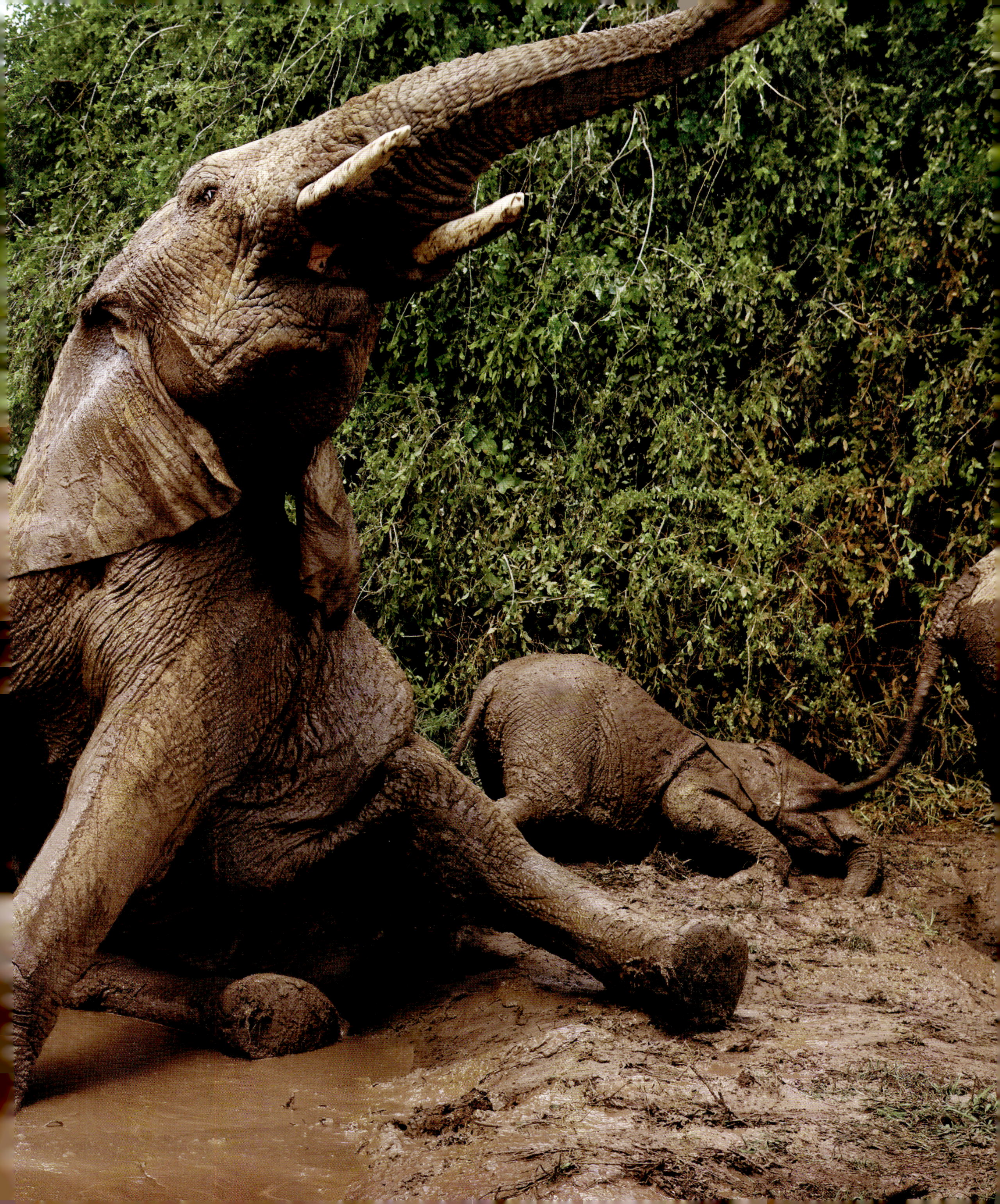

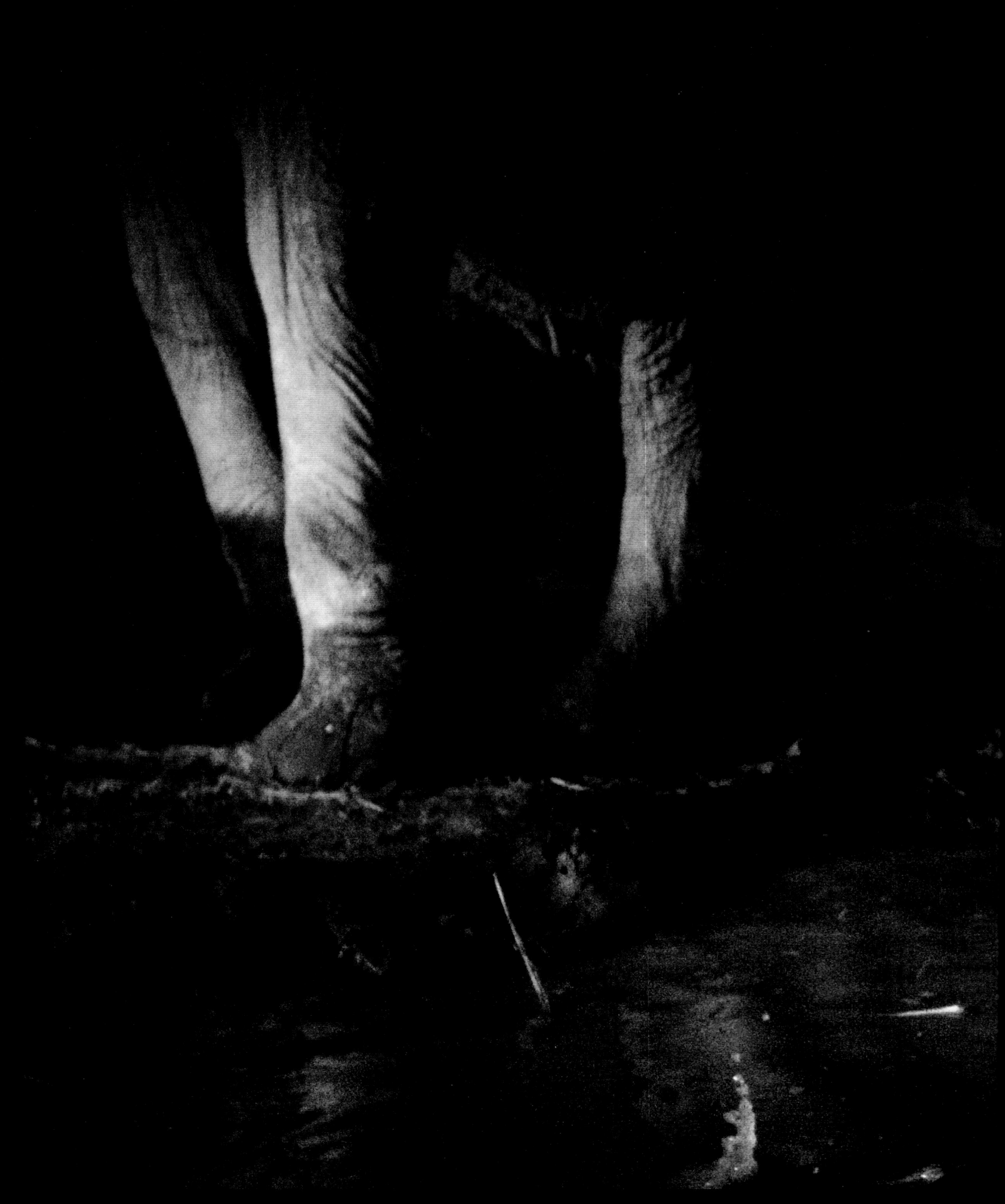

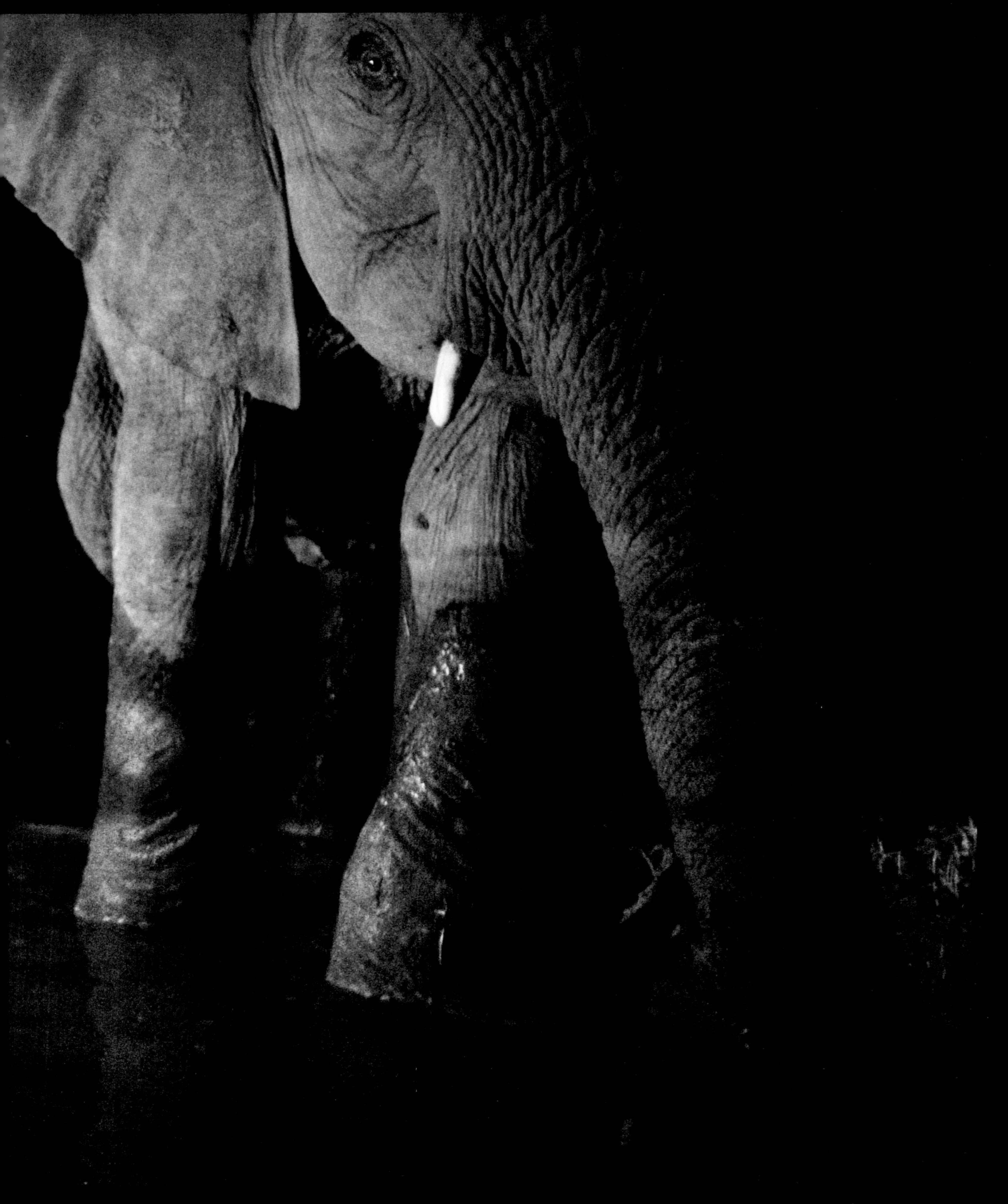

MICHAEL NICHOLS | 2007 | TCHAD *Véritable peau – et œil subtil – d'un authentique pachyderme.*

PEUPLES ET

CULTURES

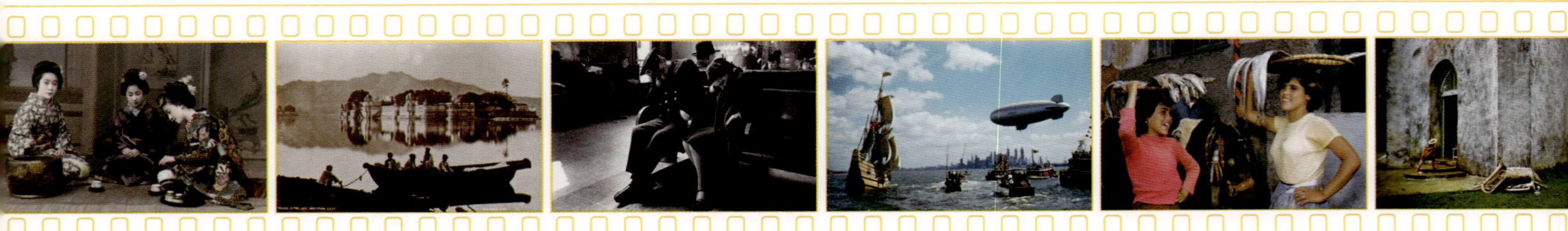

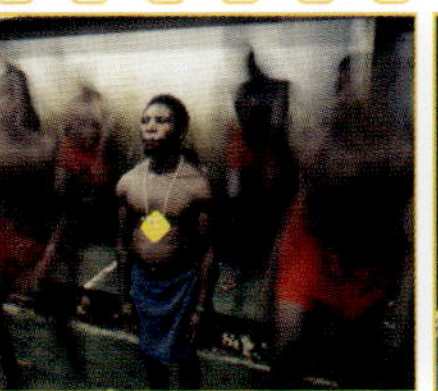
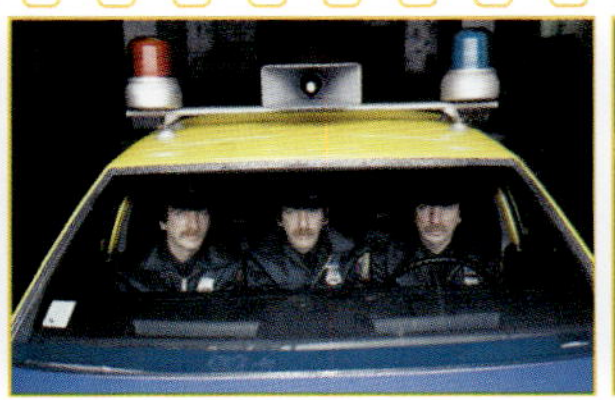
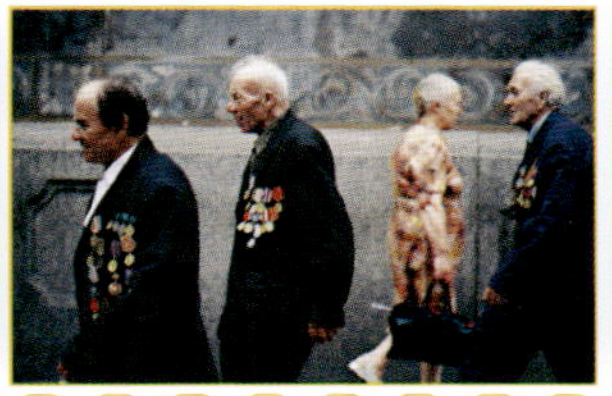
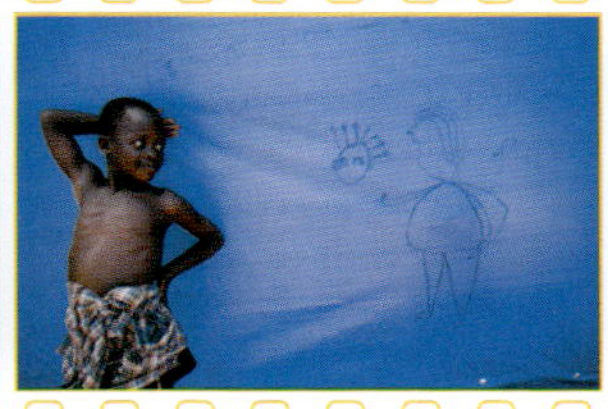
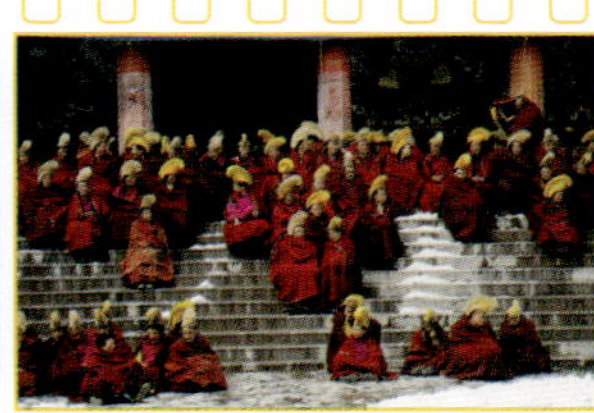
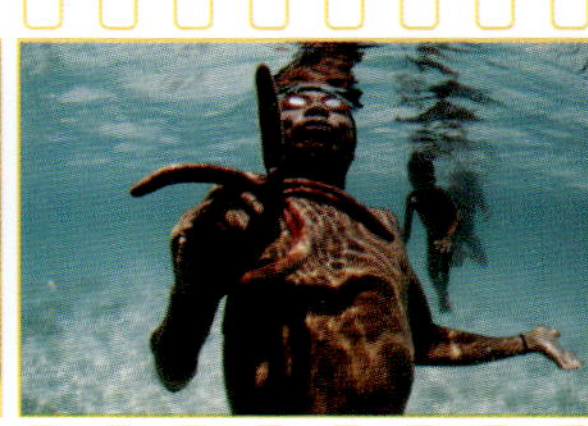

AU FOND DES COFFRES-FORTS DE LA SOCIETY SE NICHE une petite boîte, de la taille d'un étui à cigares. Des caractères cyrilliques en relief ornent son revêtement ocre uni. En l'ouvrant, on découvre à l'intérieur 50 photos rigides de Lhassa, en noir et blanc. L'Imperial Russian Geographical Society offrit ce trésor au *National Geographic* en 1904. À cette date, la capitale tibétaine, alors légendaire, comptait parmi les cités les plus mystérieuses du monde. Ces clichés aux teintes passées ne présentent aucun intérêt photographique particulier, sinon celui d'être probablement les premiers du genre. Lorsque certains parurent dans le numéro de janvier 1905, la NGS vit affluer de nouveaux adhérents, impatients de faire partie d'un organisme qui leur apporterait à domicile des lieux si lointains.

Ainsi commença la quête délibérée de l'exotisme pictural, qui aboutit à cette procession d'êtres humains aux corps peints, couverts de plumes, costumés et enturbannés, qui défila jadis dans les pages du magazine. Les cartes postales de cités lointaines, les portraits de « véritables indigènes » furent recueillis avec ferveur. Ils étaient de toute origine – certains achetés en gros à l'étranger, d'autres envoyés par des individus hétéroclites qui vivaient, travaillaient ou voyageaient à l'étranger : journalistes, diplomates, professeurs, militaires, nomades fortunés... Un corps itinérant de cameramen professionnels faisait parvenir, par camions entiers, des autochromes sur plaques de verre.

Cette description du monde vu à travers ses peuples et ses cultures fut appelée « géographie humanisée ». Sur ses fondations, des générations de photographes indépendants ou salariés, polyvalents, ont amassé l'une des plus riches collections des archives de la NGS. Si depuis l'exotisme a laissé la place au photojournalisme, cette sorte de « capsule temporelle » contient l'évolution du monde. Qu'ils se soient attachés aux thèmes classiques du documentaire de voyage en Kodachrome ou à l'âpre réalité de la rue, tous ces photographes ont vu leurs routes s'entrecroiser, dans le temps et dans l'espace. Ils sont ainsi devenus les témoins de changements que l'on pourrait oublier, notamment sur les modes de vie sur notre planète.

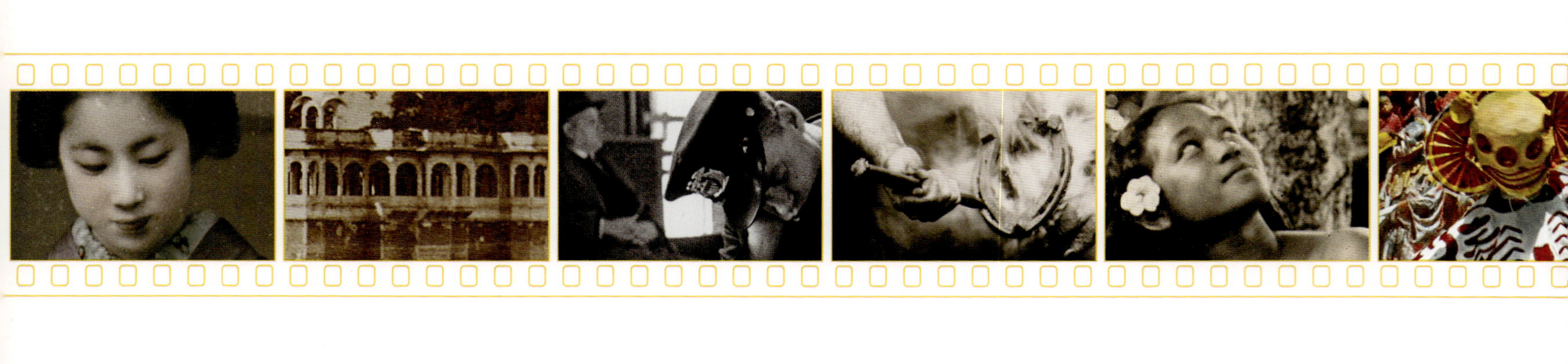

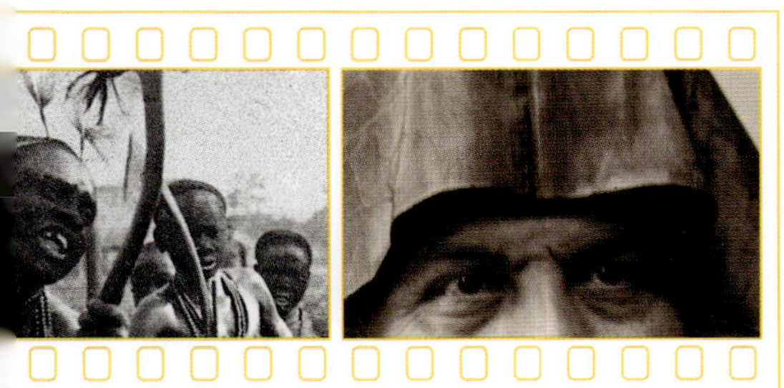

les premières photographies

CERTES, LEURS APPAREILS PHOTOS ÉTAIENT PLUS LOURDS, leurs trépieds plus volumineux, et leurs malles remplies de plaques de verre plus pénibles à porter, mais les photographes du premier quart du XXe siècle avaient un immense avantage sur leurs prédécesseurs : le monde était plus vaste et les spécificités culturelles des peuples pouvaient se repérer d'un seul coup d'œil.

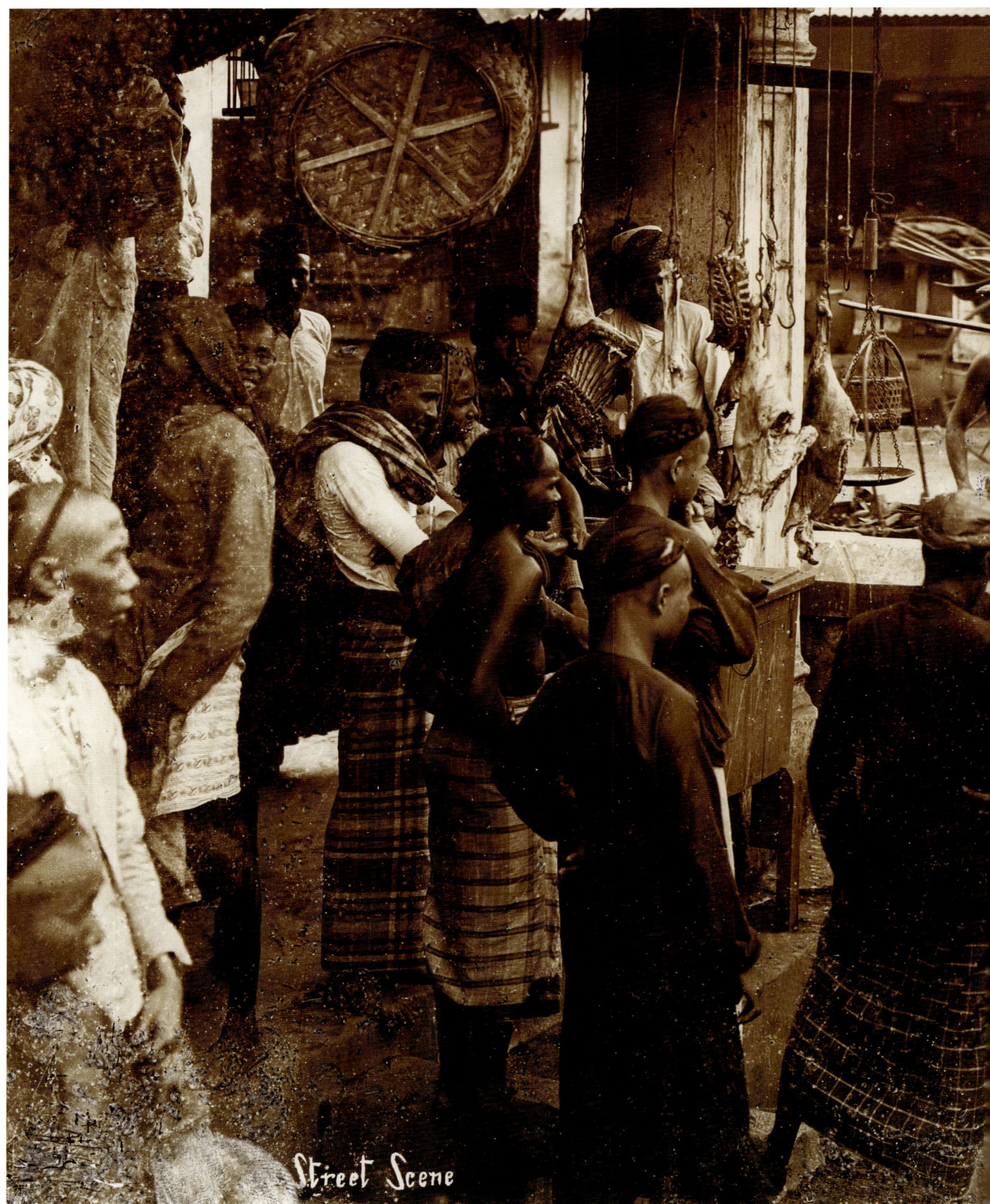
Street Scene

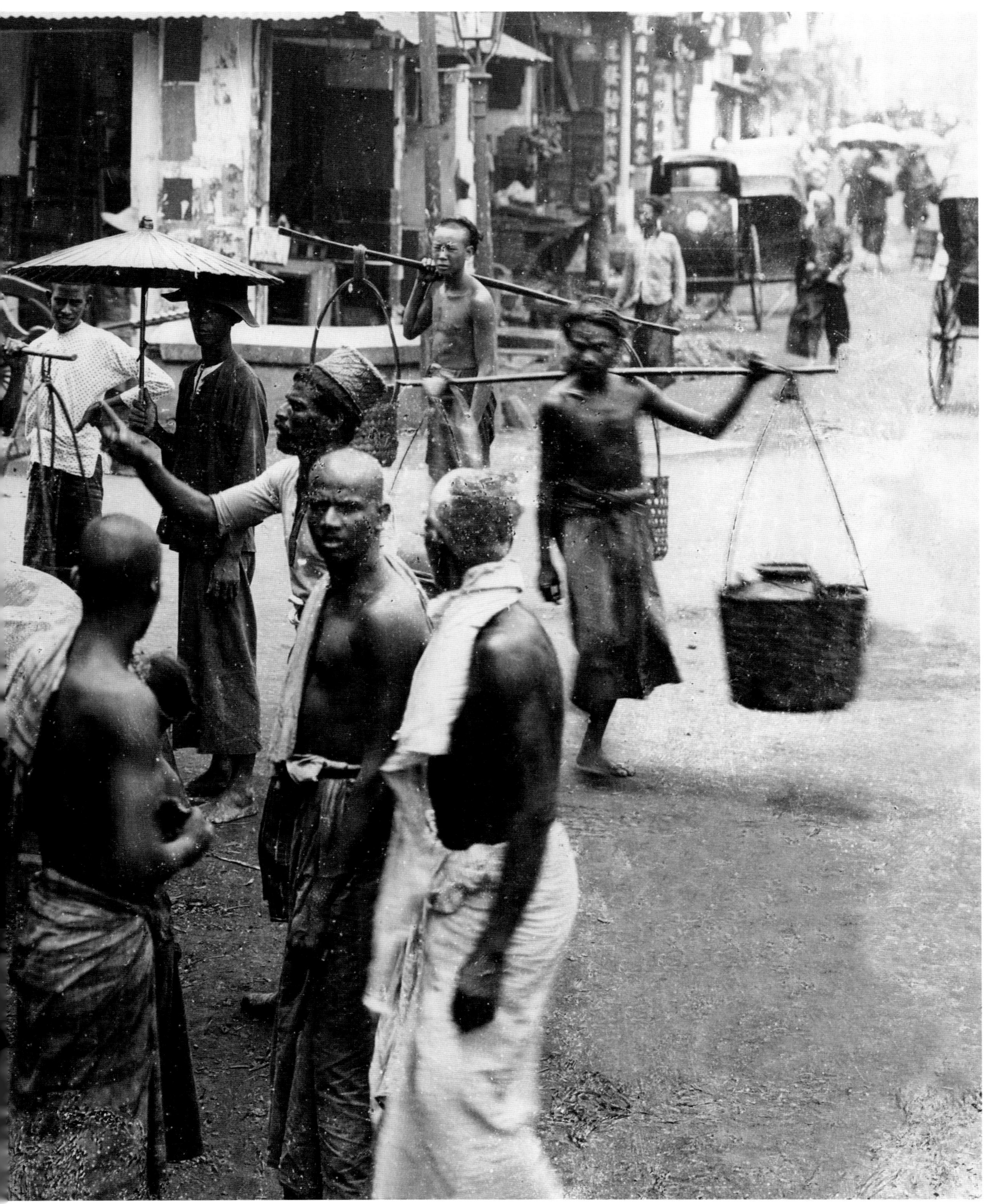

PHOTOGRAPHE INCONNU | 1911 | SINGAPOUR *Scène de rue en Extrême-Orient.*

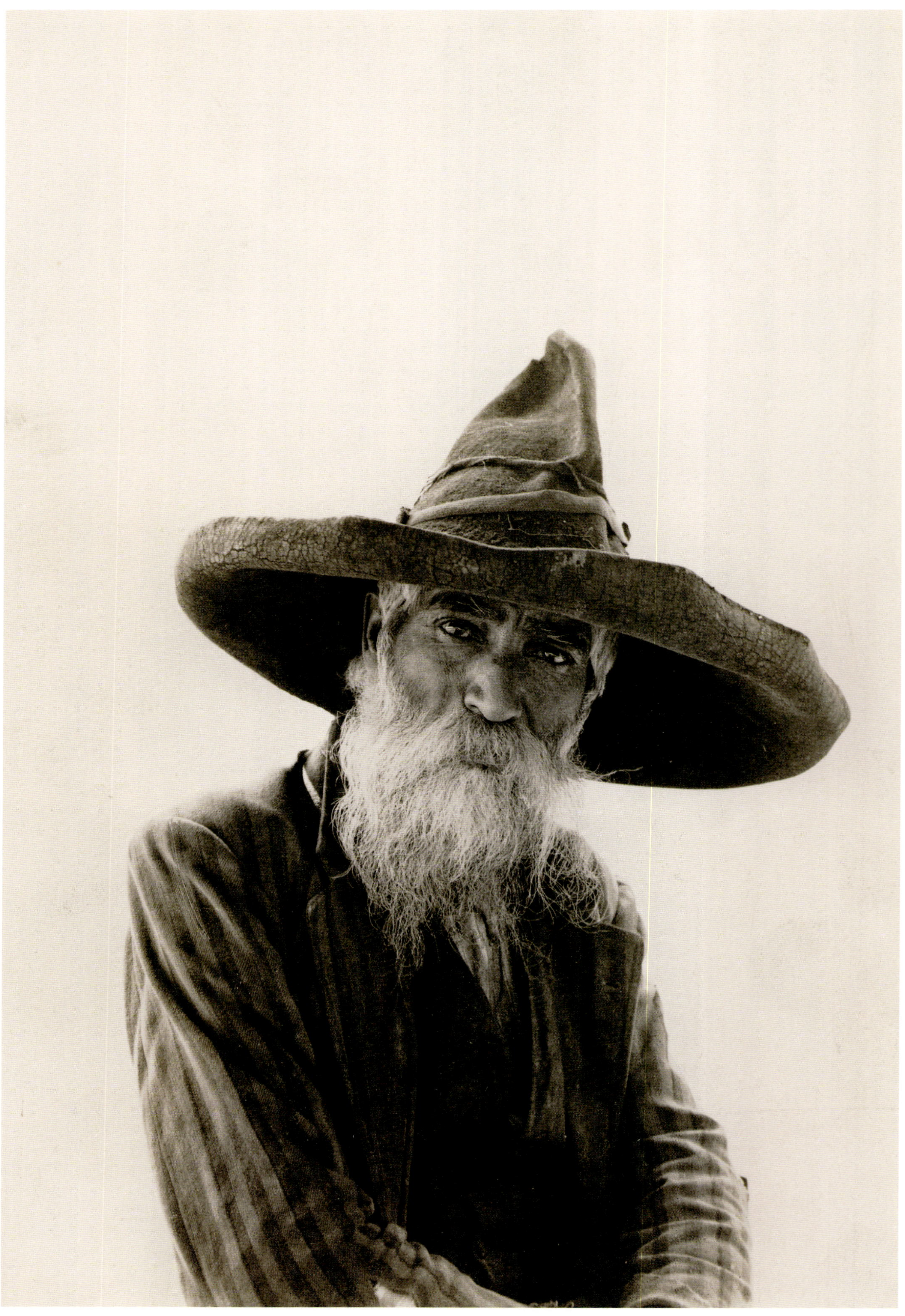

HUGO BREHME | 1916 | MEXIQUE *Portrait d'un paysan.*

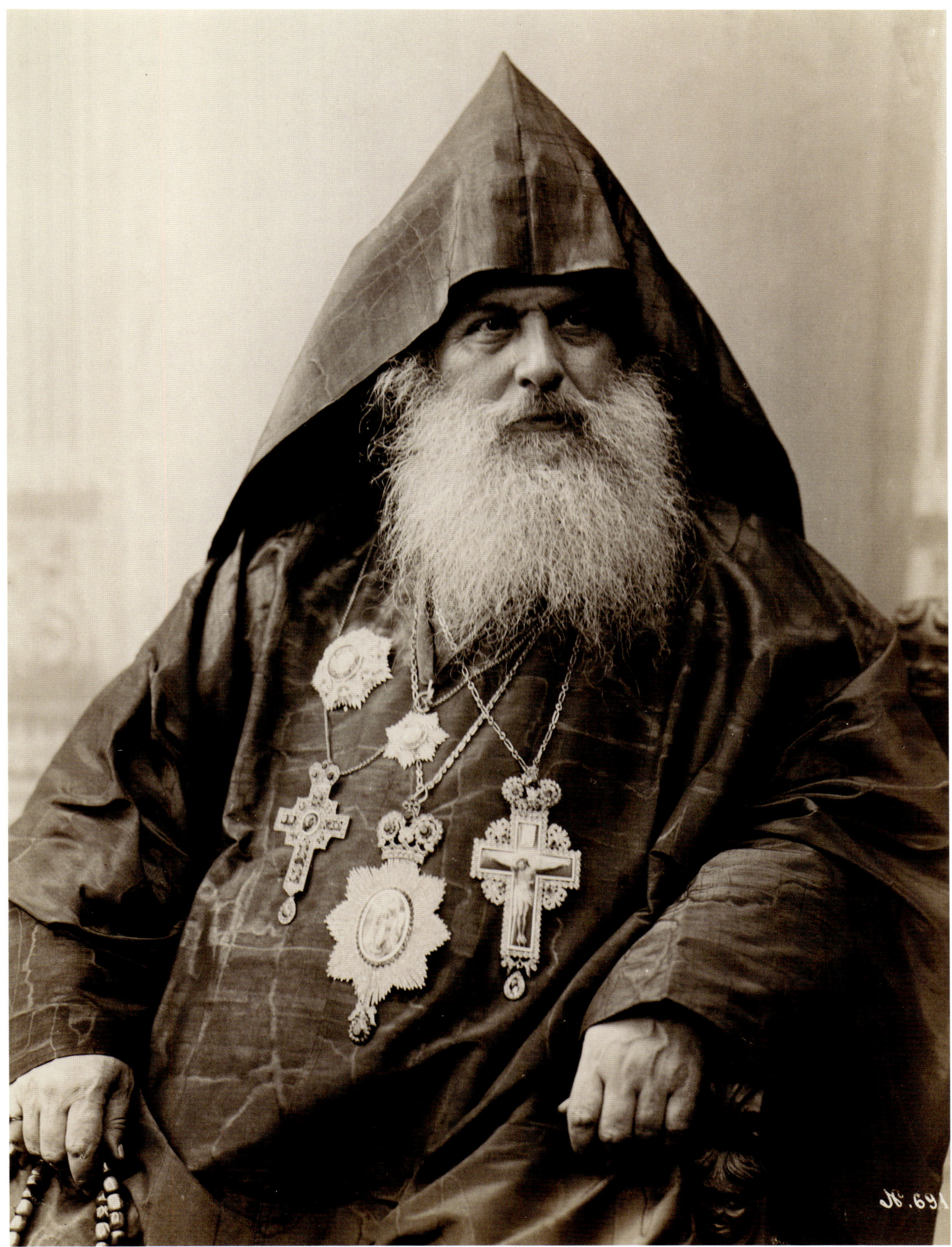

COLBY M. CHESTER | DATE INCONNUE | PALESTINE *Patriarche arménien à Jérusalem.*

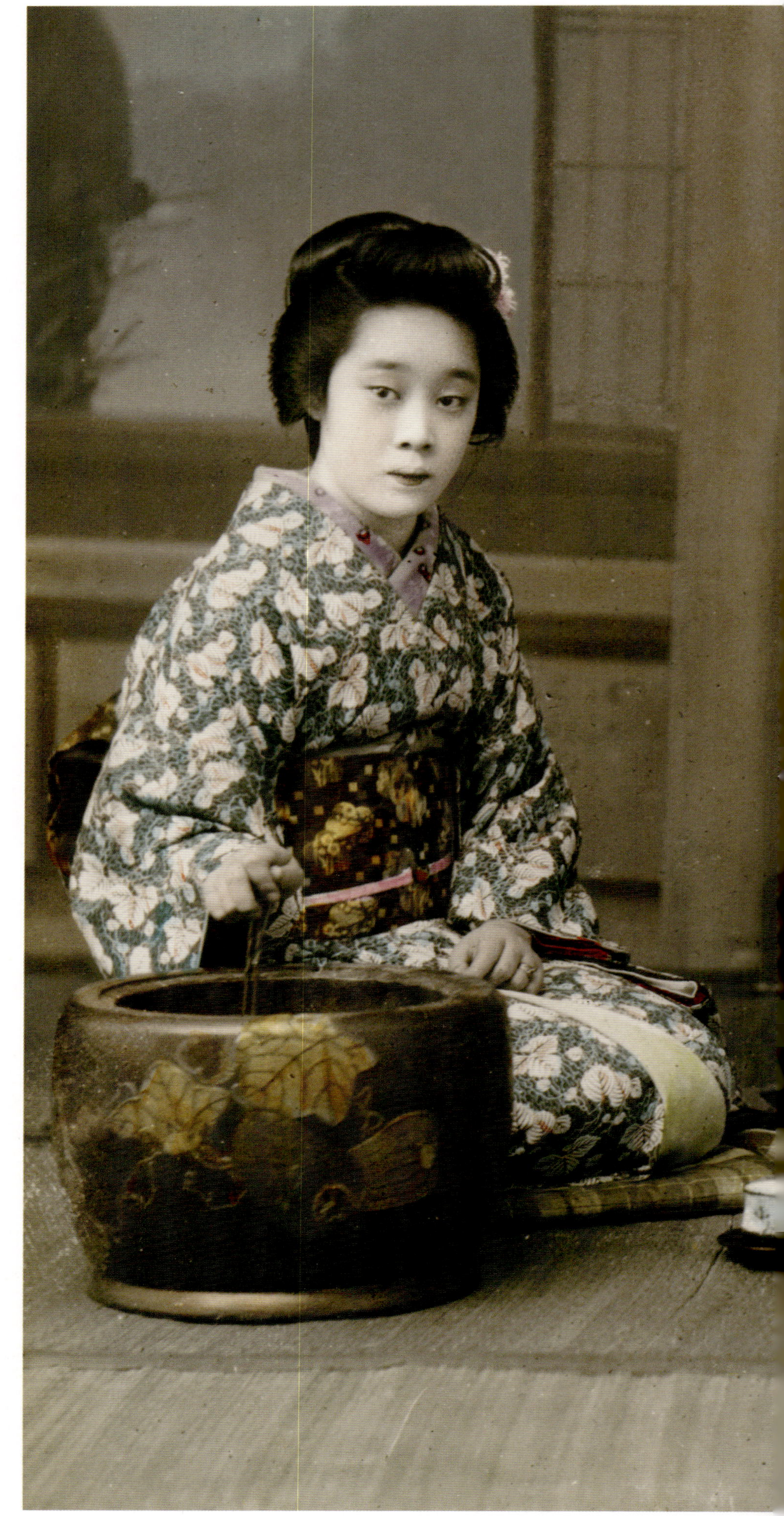

Au Japon, la cérémonie du thé impressionna tellement Eliza Scidmore qu'elle eut l'impression d'avoir « quitté notre siècle, voire notre planète ».

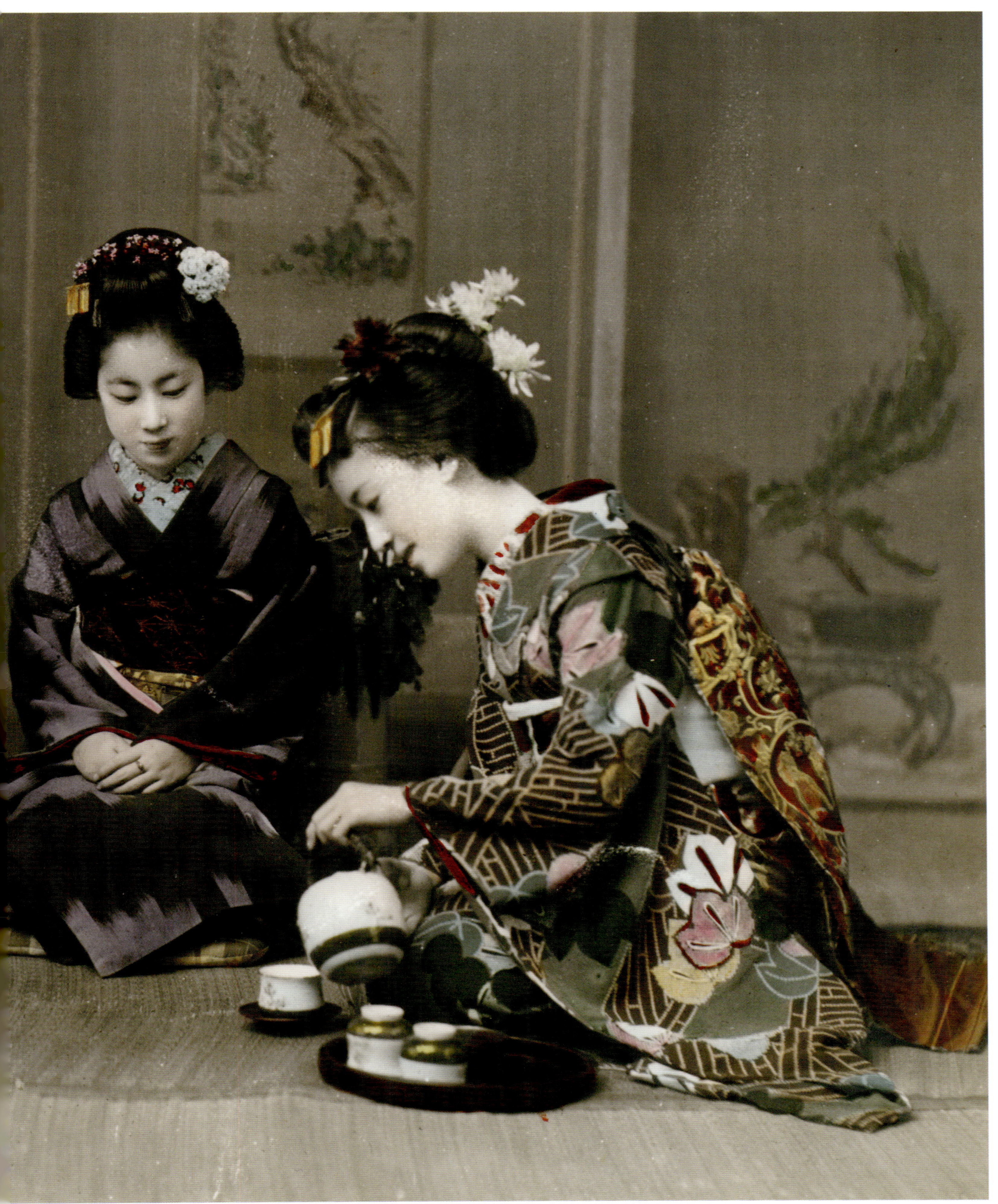

ELIZA R. SCIDMORE | 1918 | JAPON *Cérémonie du thé.*

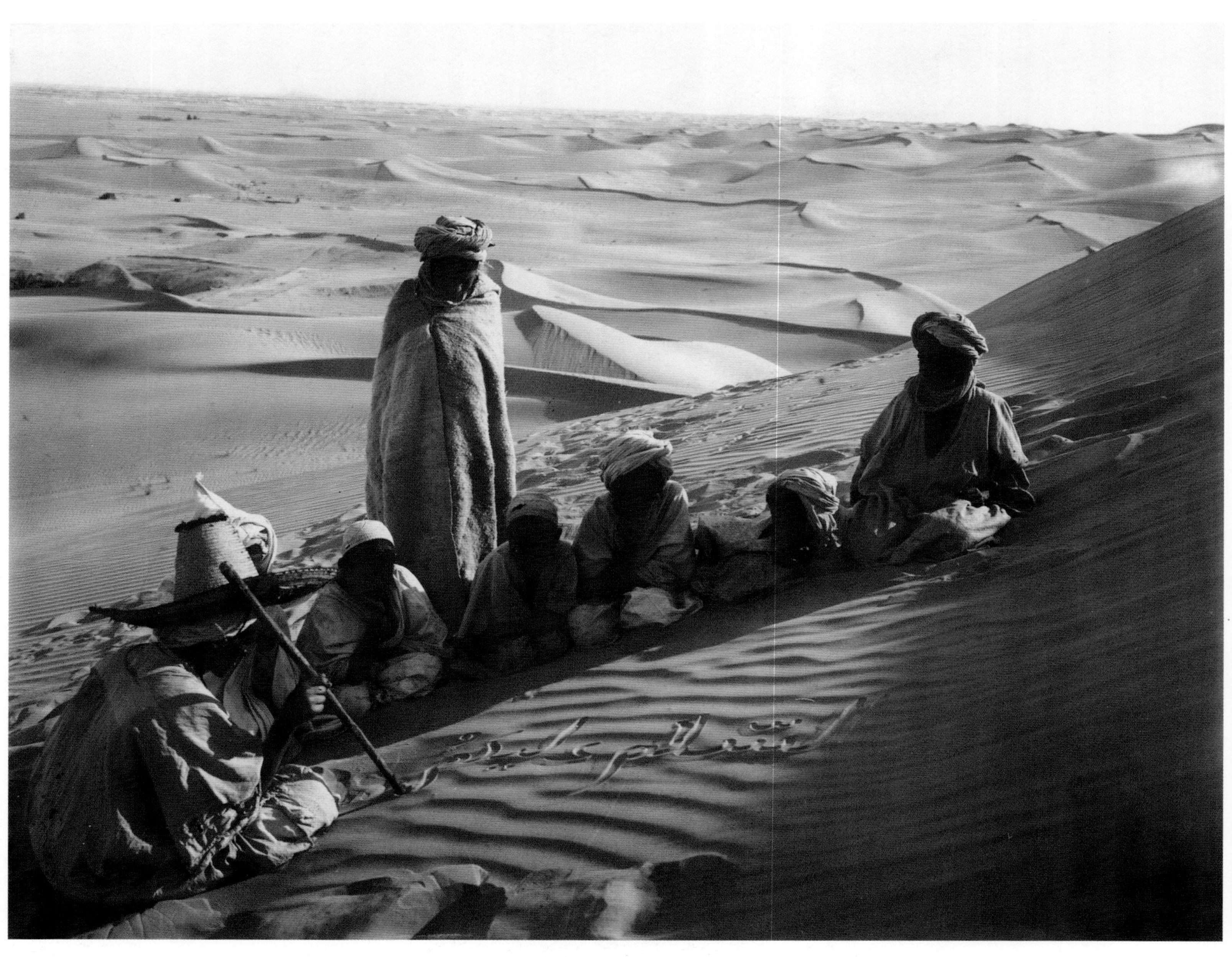

LEHNERT ET LANDROCK | 1914 | TUNISIE *Une école dans le désert.*

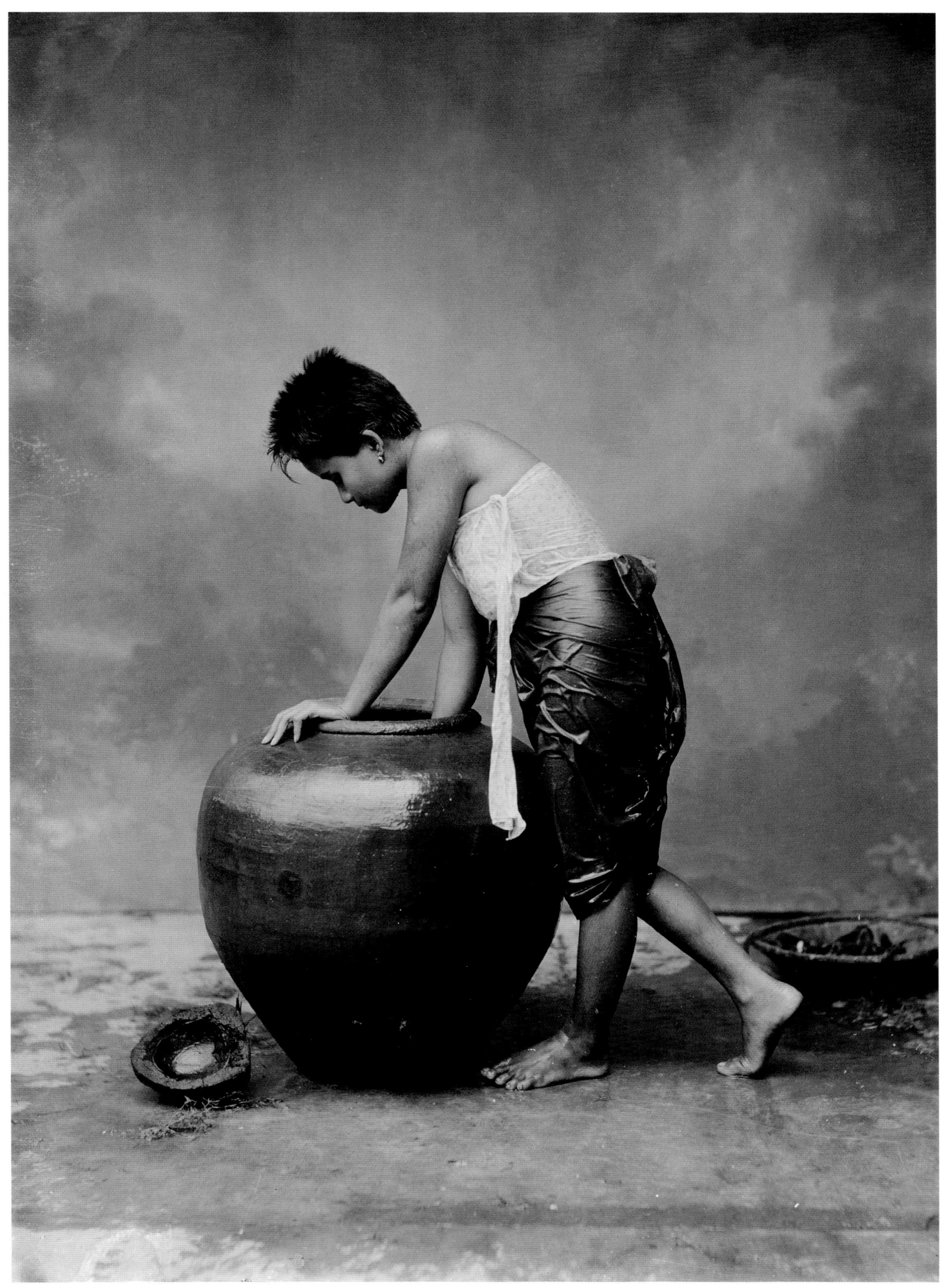

H. T. COWLING | DATE INCONNUE | SIAM *Siamoise.*

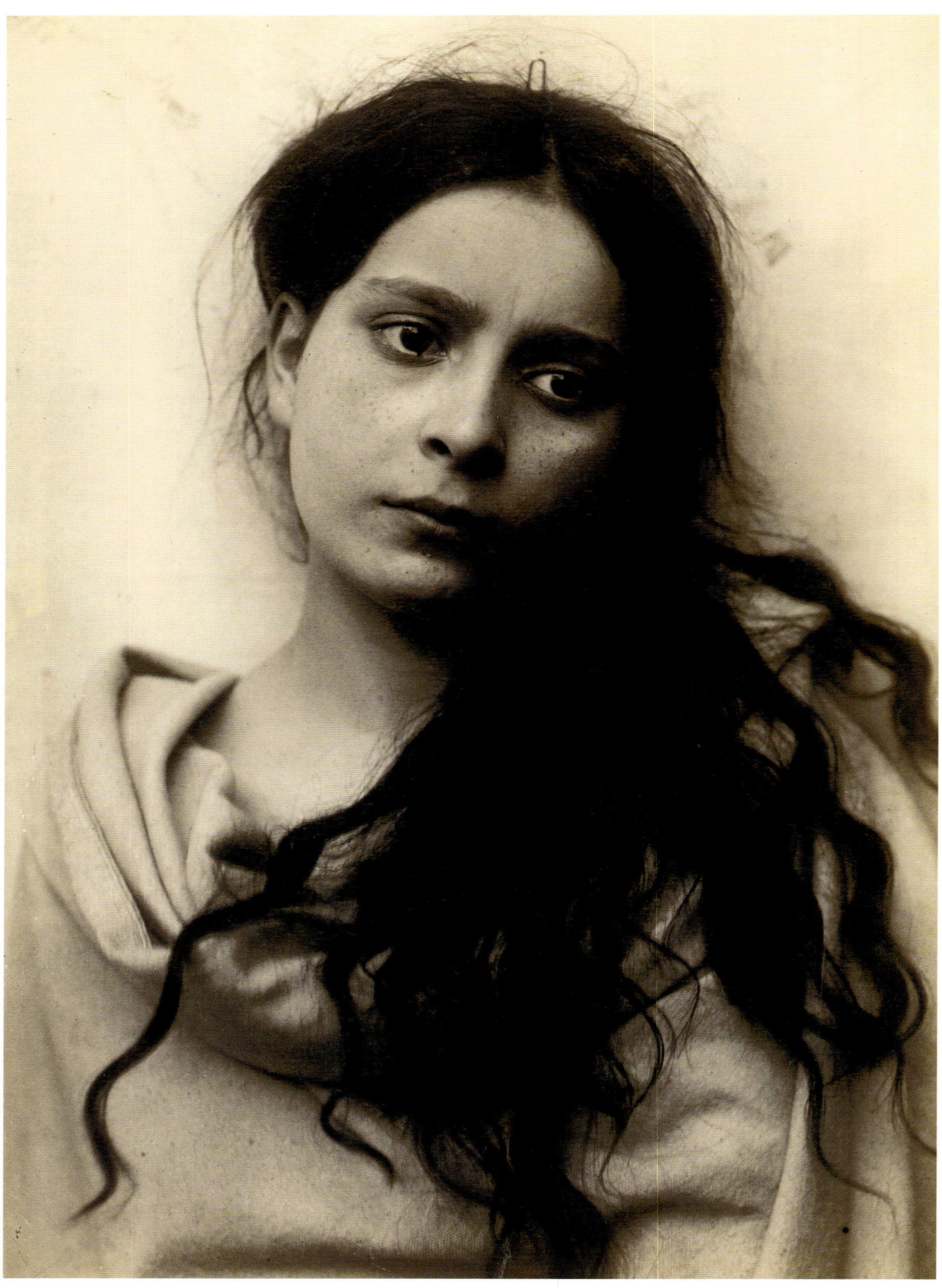

BARON WILHELM VON GLOEDEN | 1903 | ITALIE *Jeune Sicilienne.*

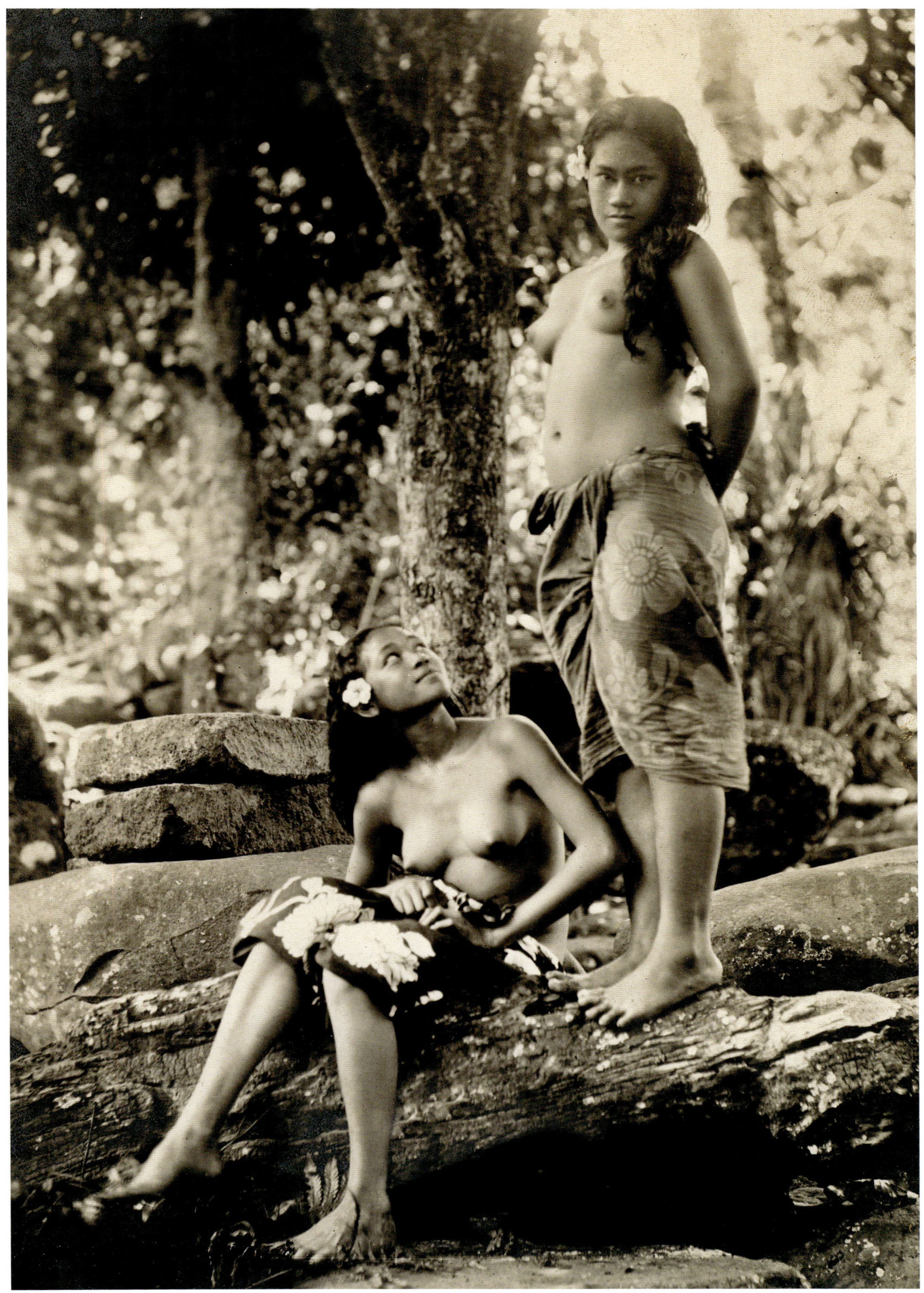

J. W. CHURCH | 1918 | POLYNÉSIE FRANCAISE *Aux îles Marquises.*

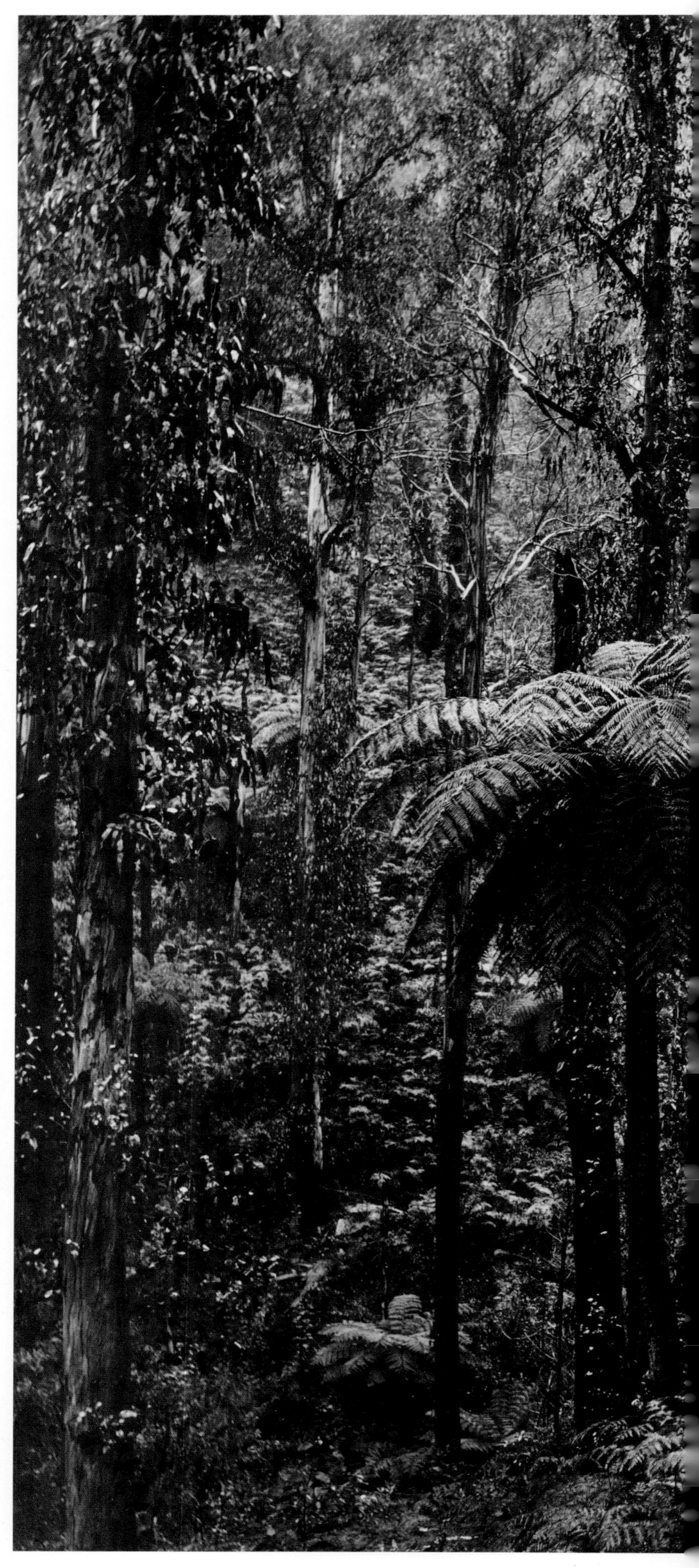

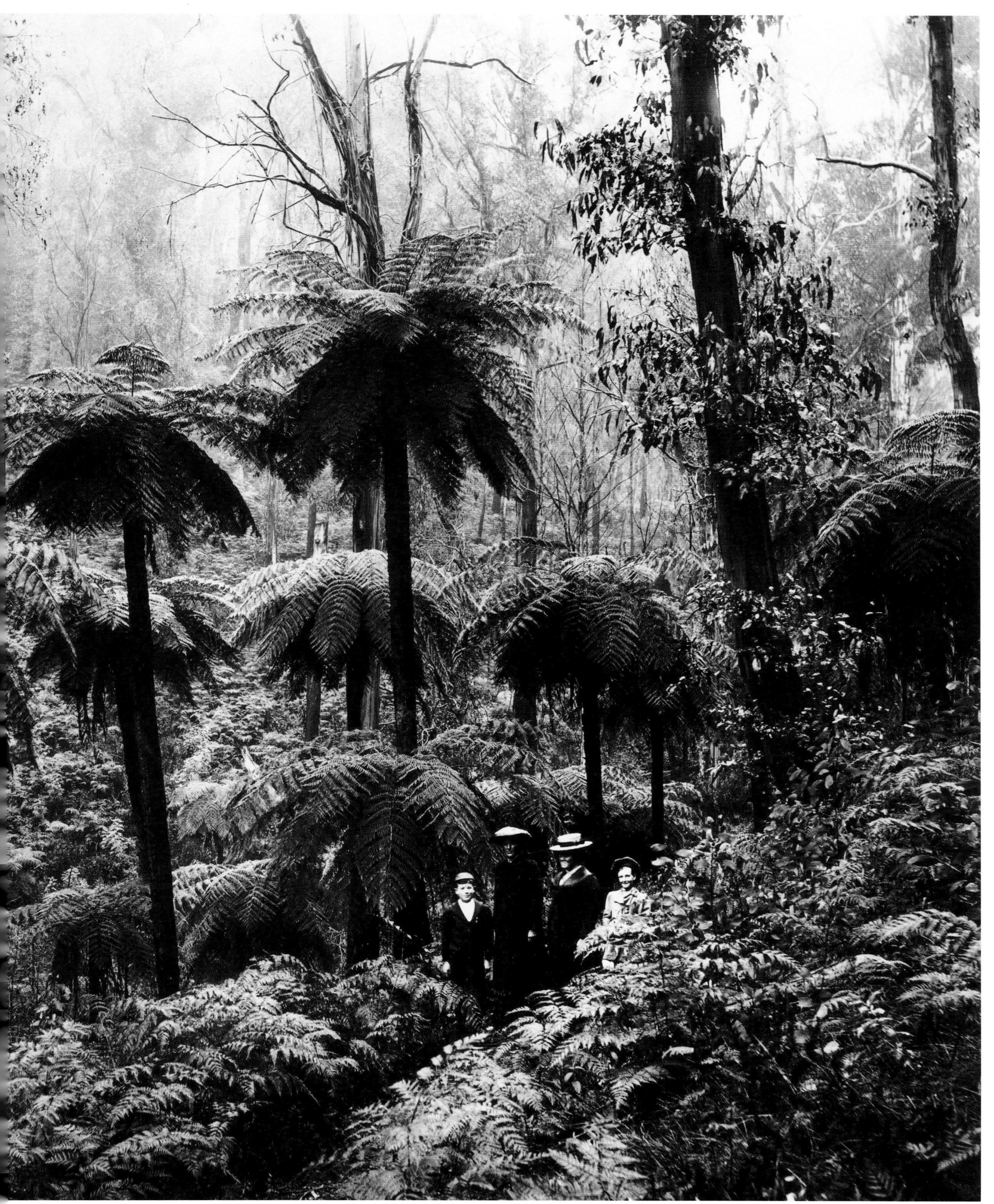

N. J. CLAIRE | DATE INCONNUE | AUSTRALIE *Sentier de fougères dans les montagnes.*

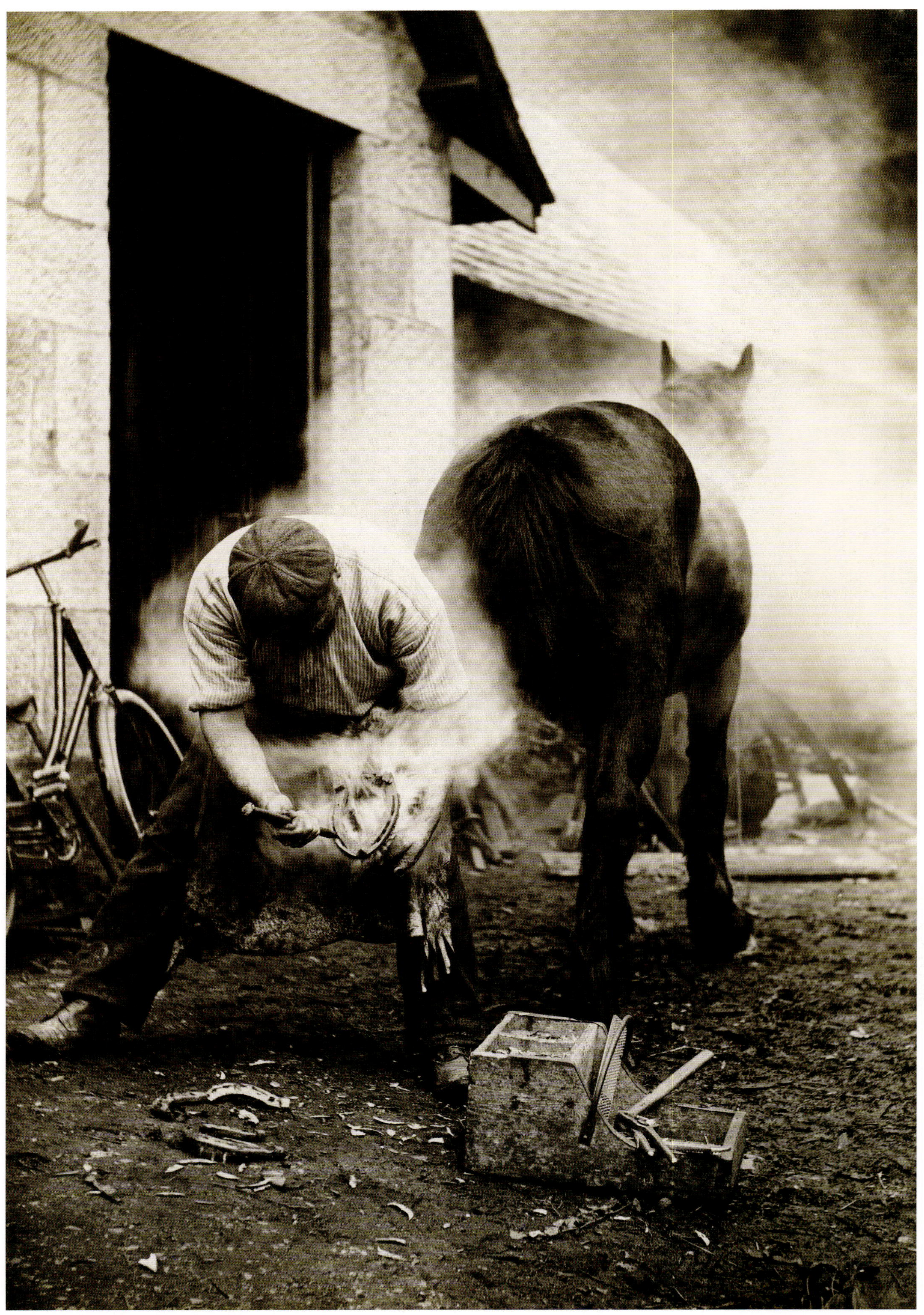

WILLIAM REID | 1921 | ÉCOSSE *Préparation du sabot avant la pose du fer.*

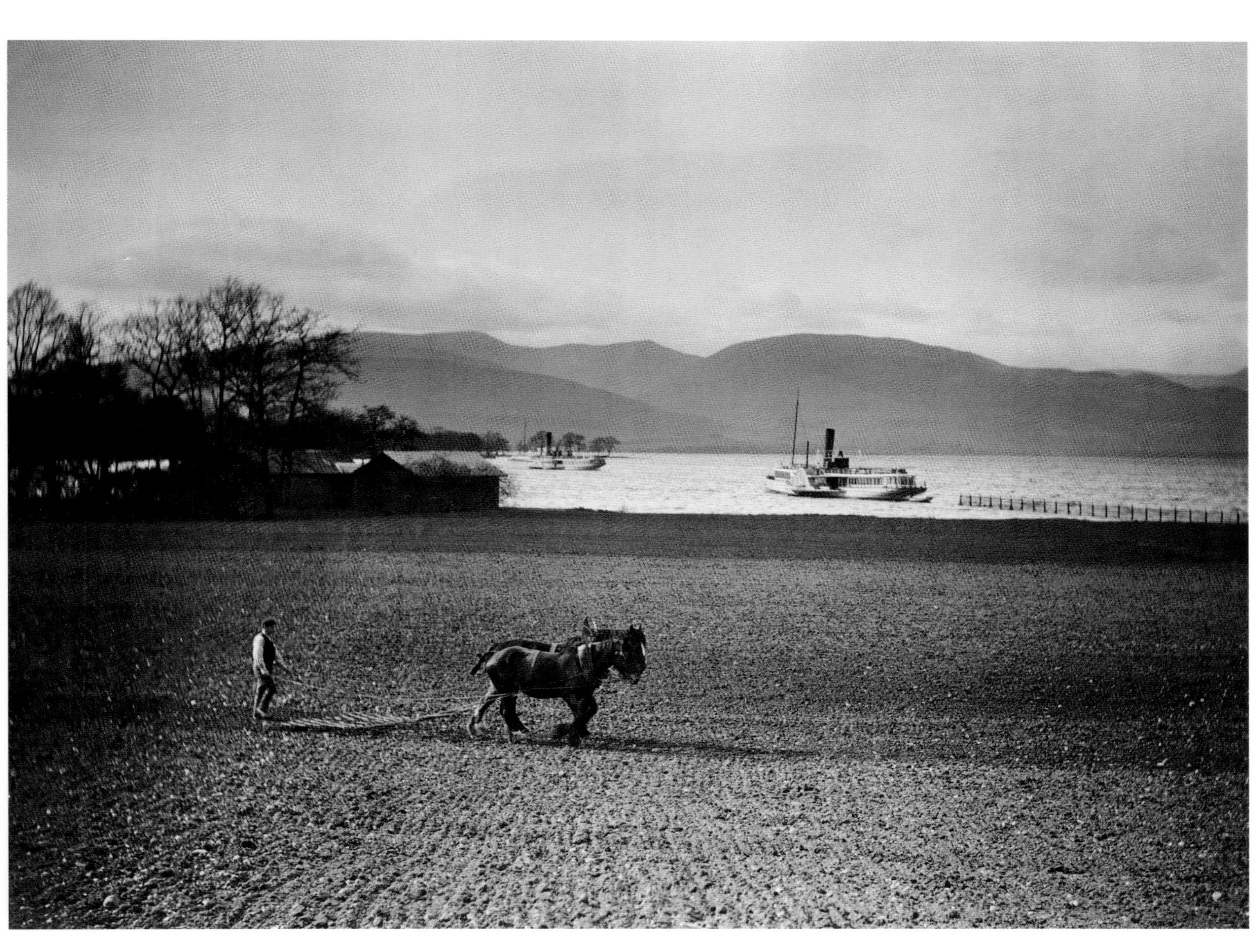

WILLIAM REID | 1921 | ÉCOSSE *Silhouettes dans le paysage.*

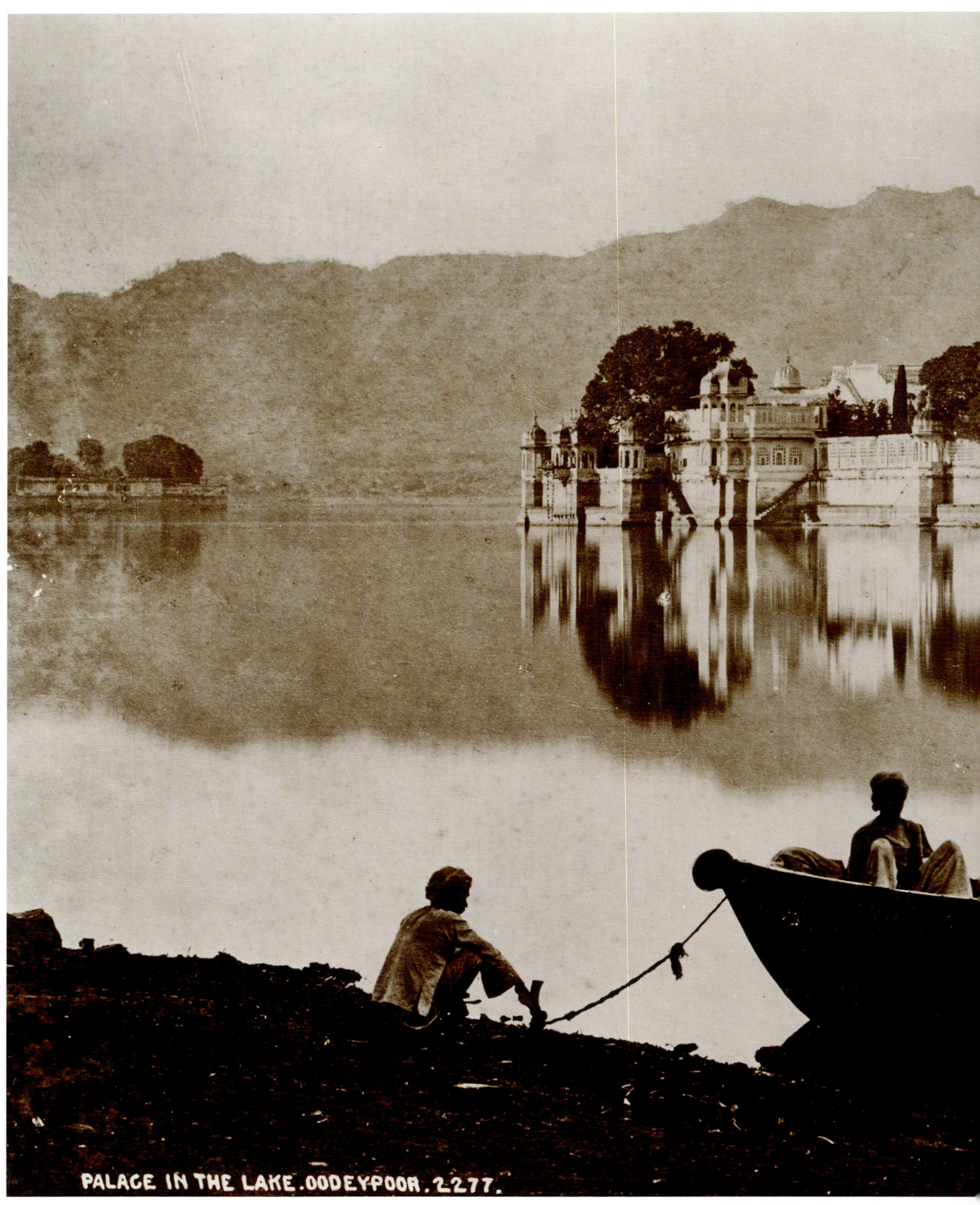
PALACE IN THE LAKE. OODEYPOOR. 2277.

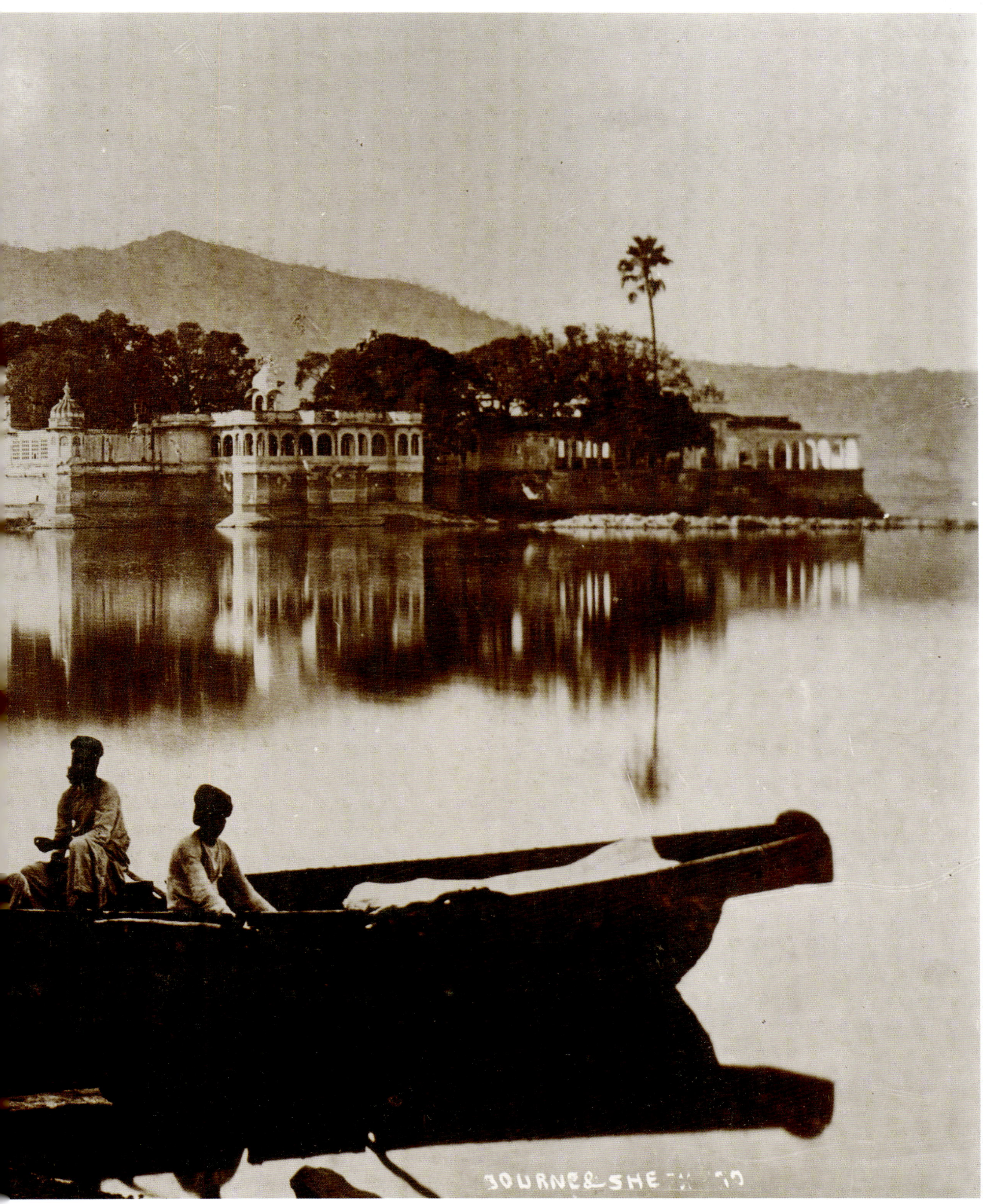

BOURNE & SHEPHERD | 1877 | INDE *Palace sur le lac Udaipur.*

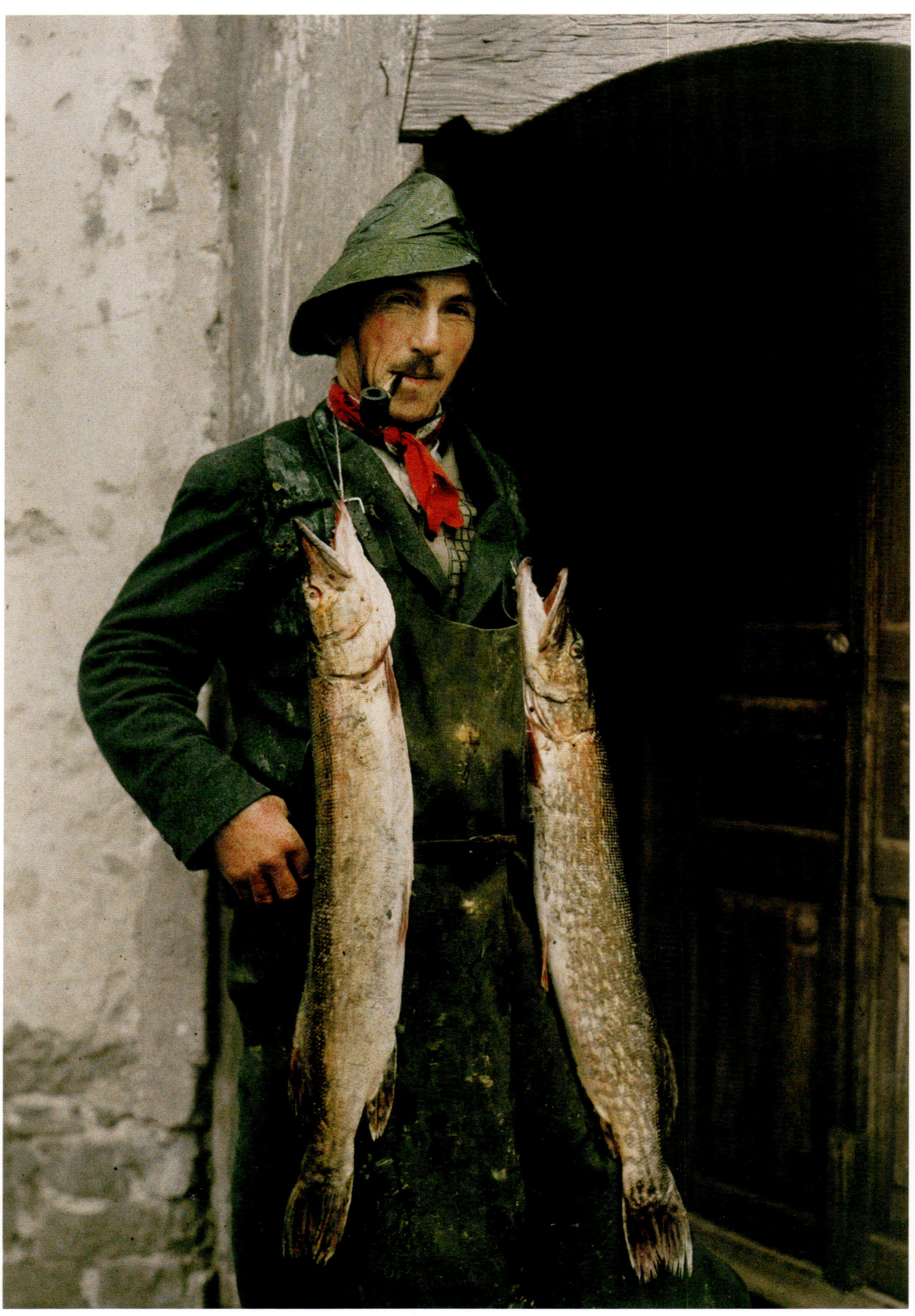

HANS HILDENBRAND | 1932 | SUISSE *Pêcheur et son harpon.*

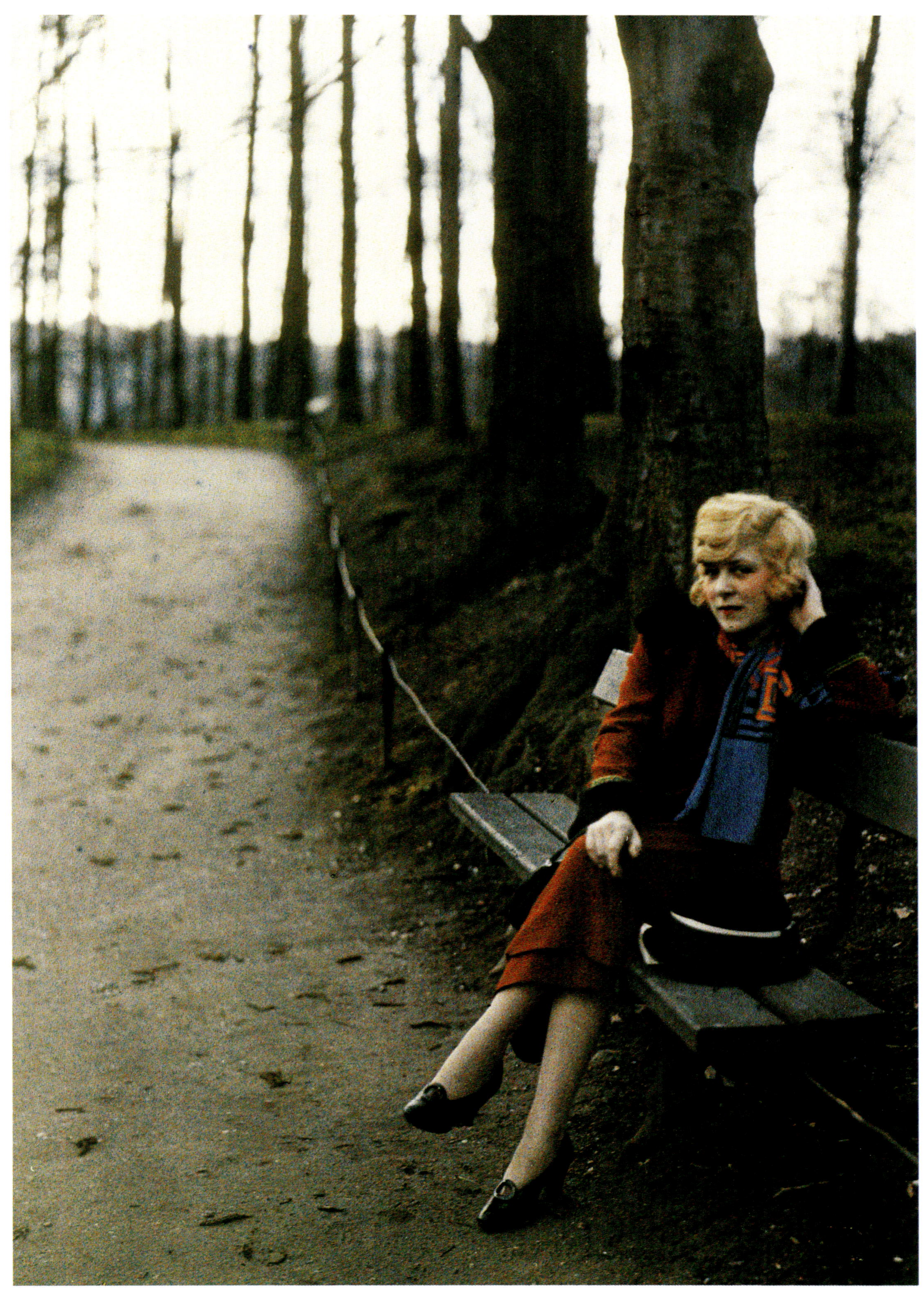

MAYNARD OWEN WILLIAMS | DATE INCONNUE | FRANCE *Une soirée à Lyon.*

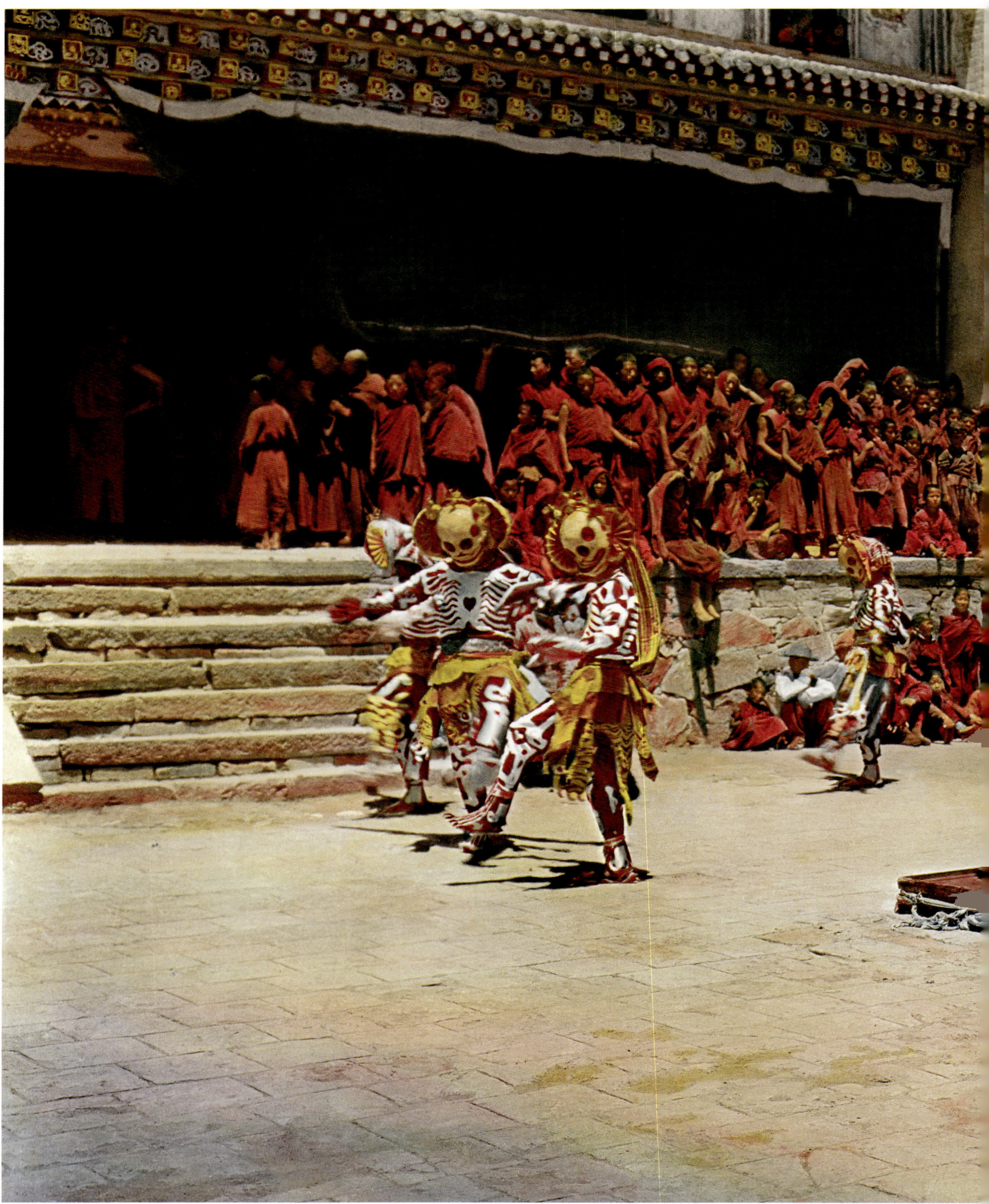

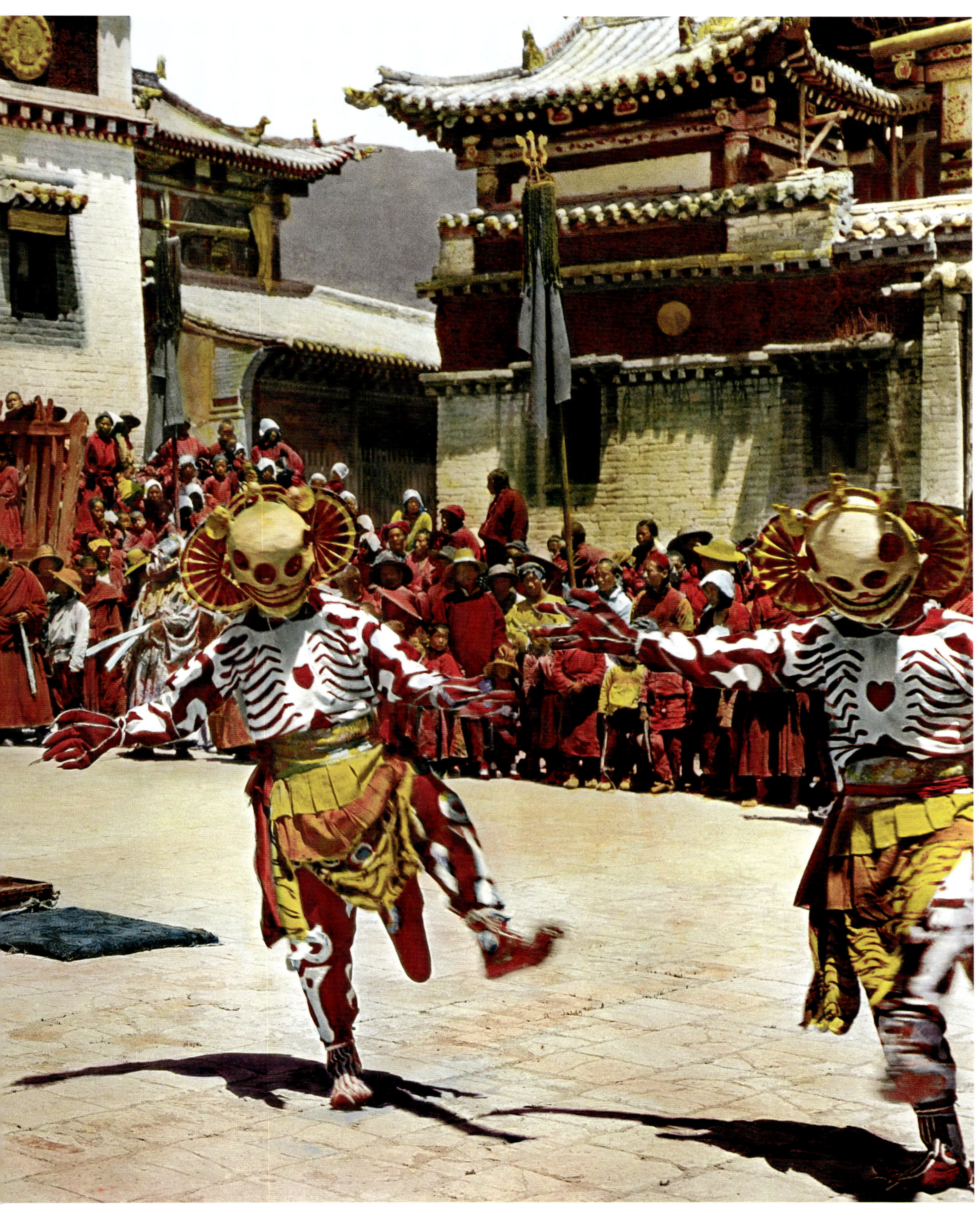

JOSEPH F. ROCK | 1928 | CHINE *Danseurs du diable tibétains, dans un monastère de Gansu.*

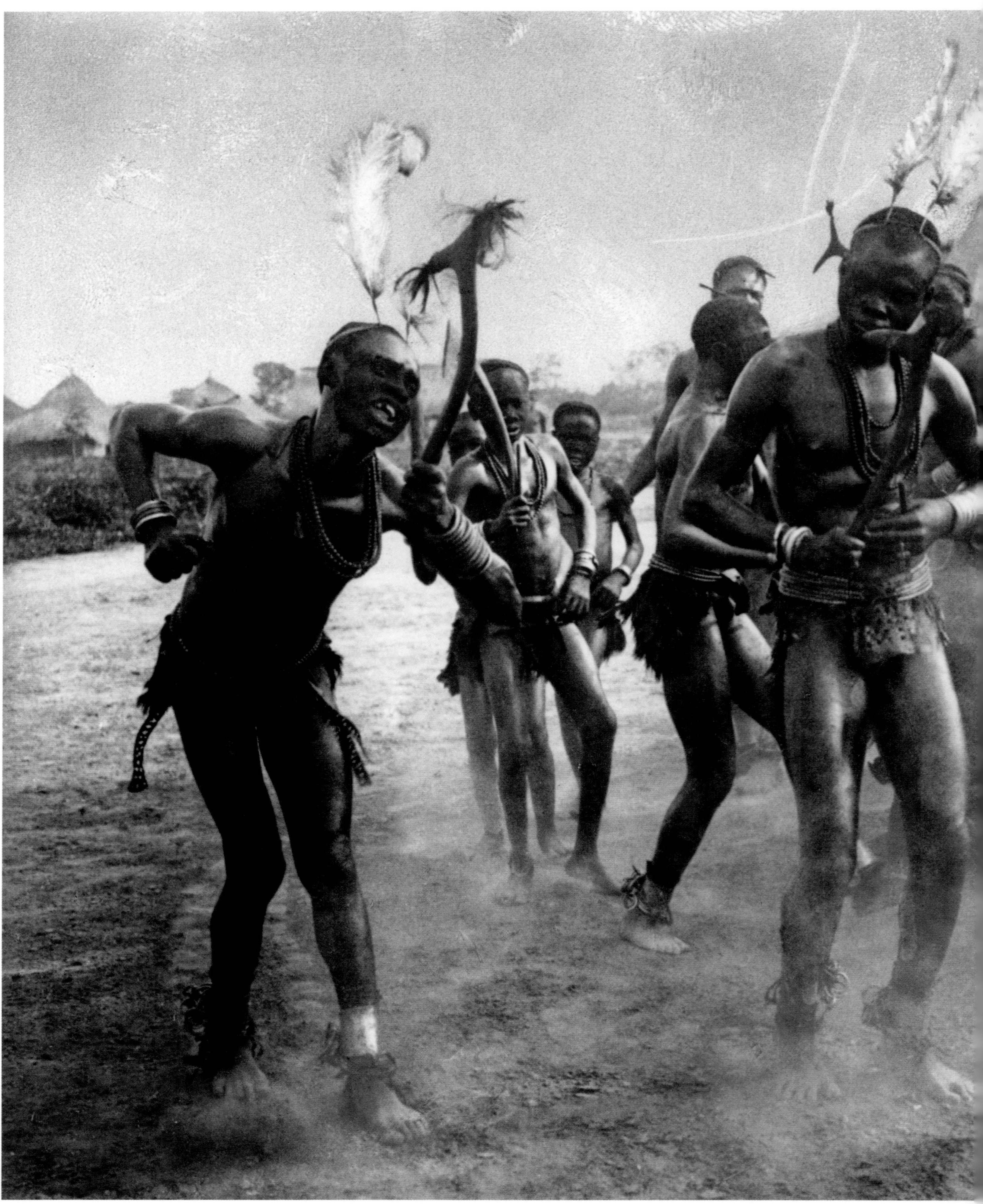

VALERIANO SALAS | 1934 | TCHAD *Célébration de sorciers Hyondo.*

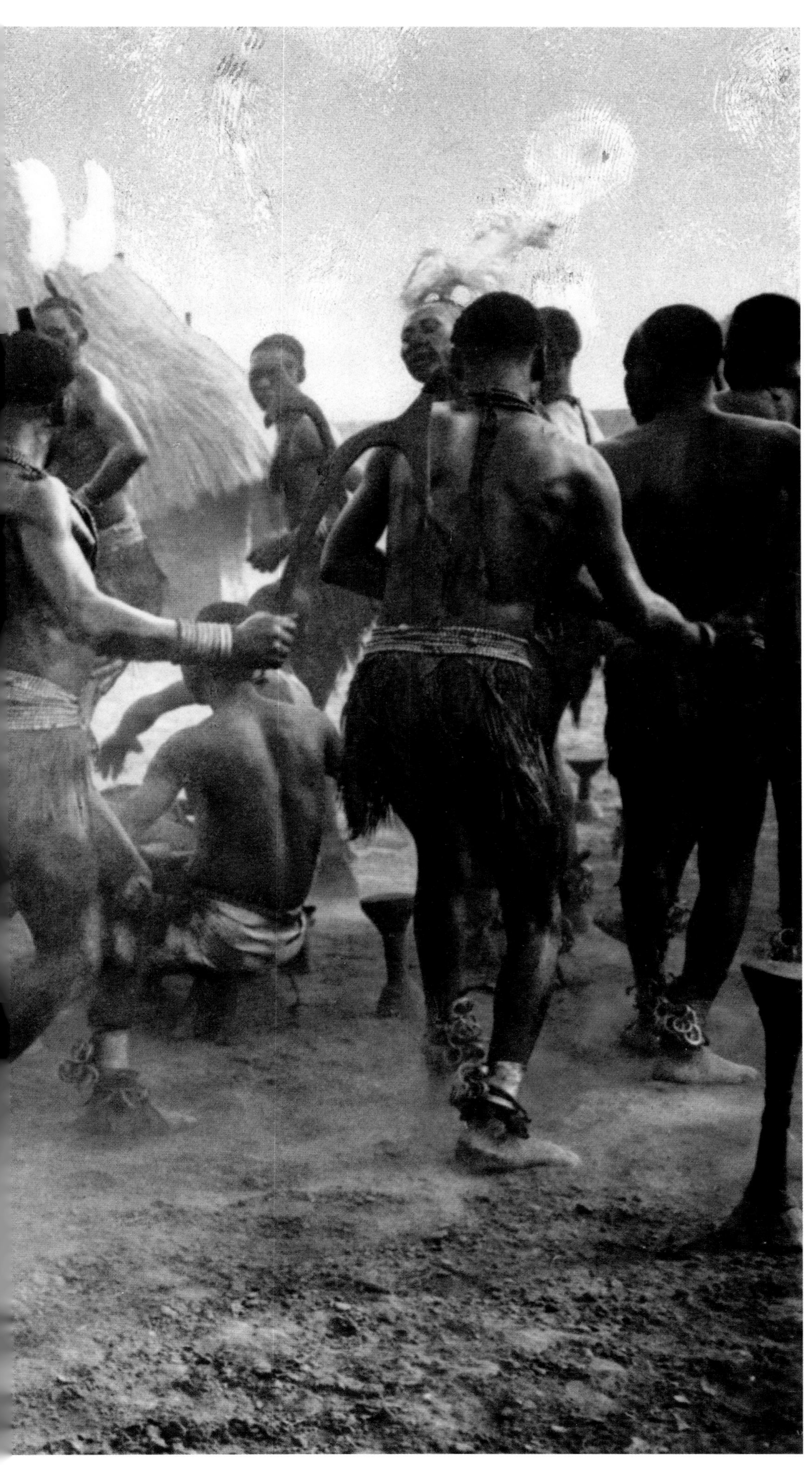

Après leur épuisante initiation dans le bush, les postulants Hyondo, de la tribu Sara, accrochent leurs vêtements aux arbres puis, selon l'expression d'un ancien, « se livrent à des réjouissances tapageuses ».

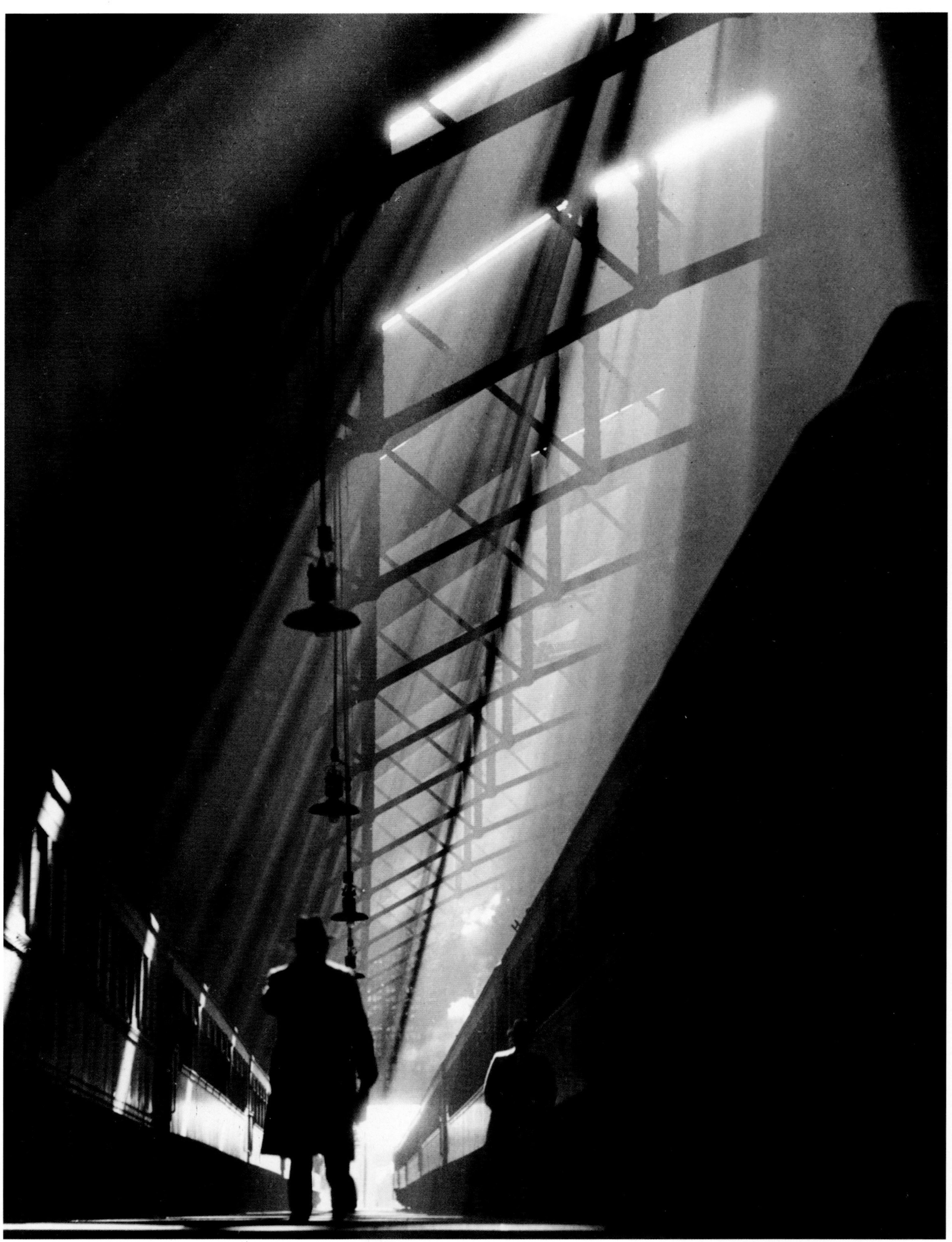

WILLIAM M. RITTASE | 1936 | ÉTAT DE L'ILLINOIS, ÉTATS-UNIS *Tombée de la nuit à Chicago.*

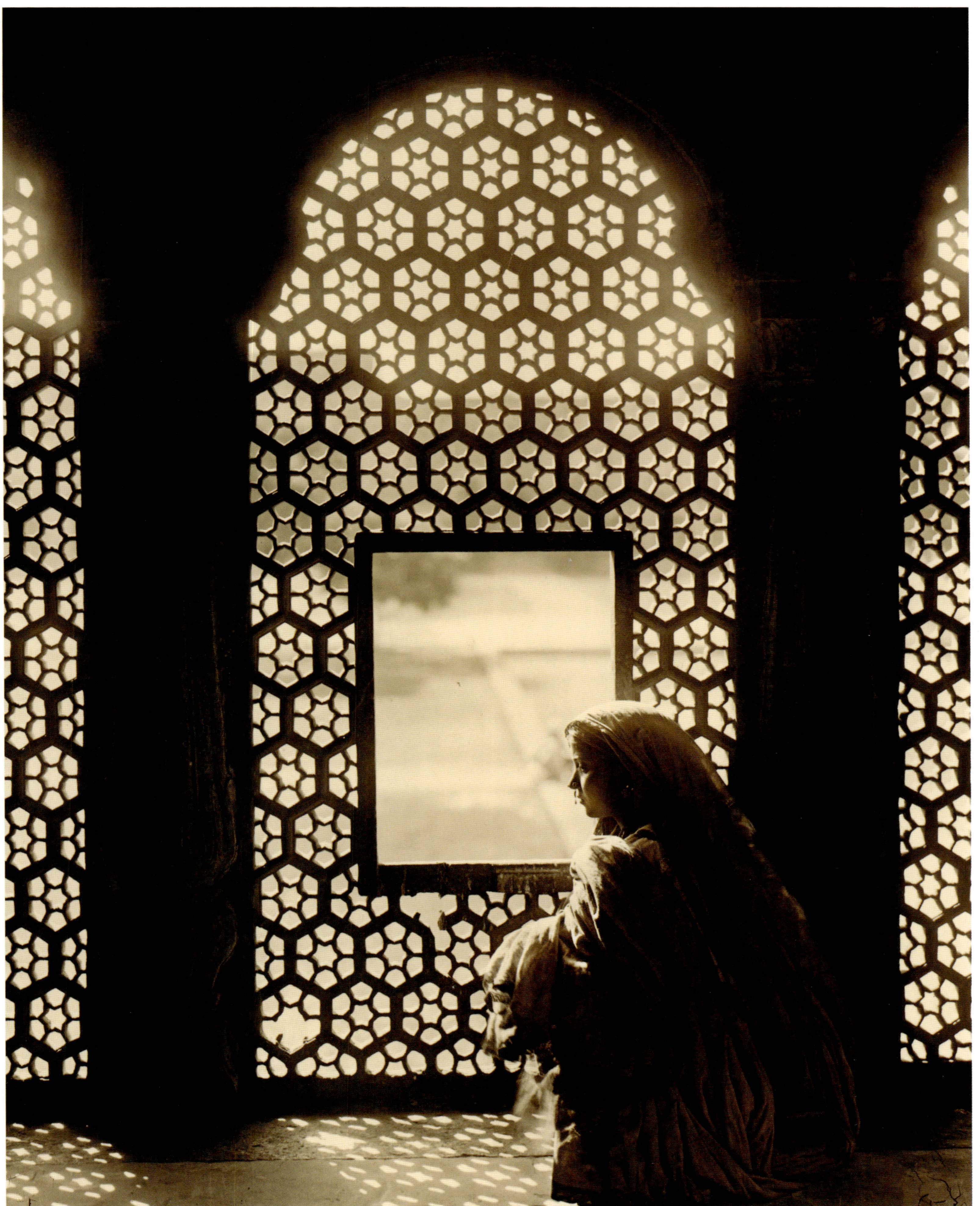

INDIAN STATE RAILWAYS | 1936 | INDE *Crépuscule à Agra.*

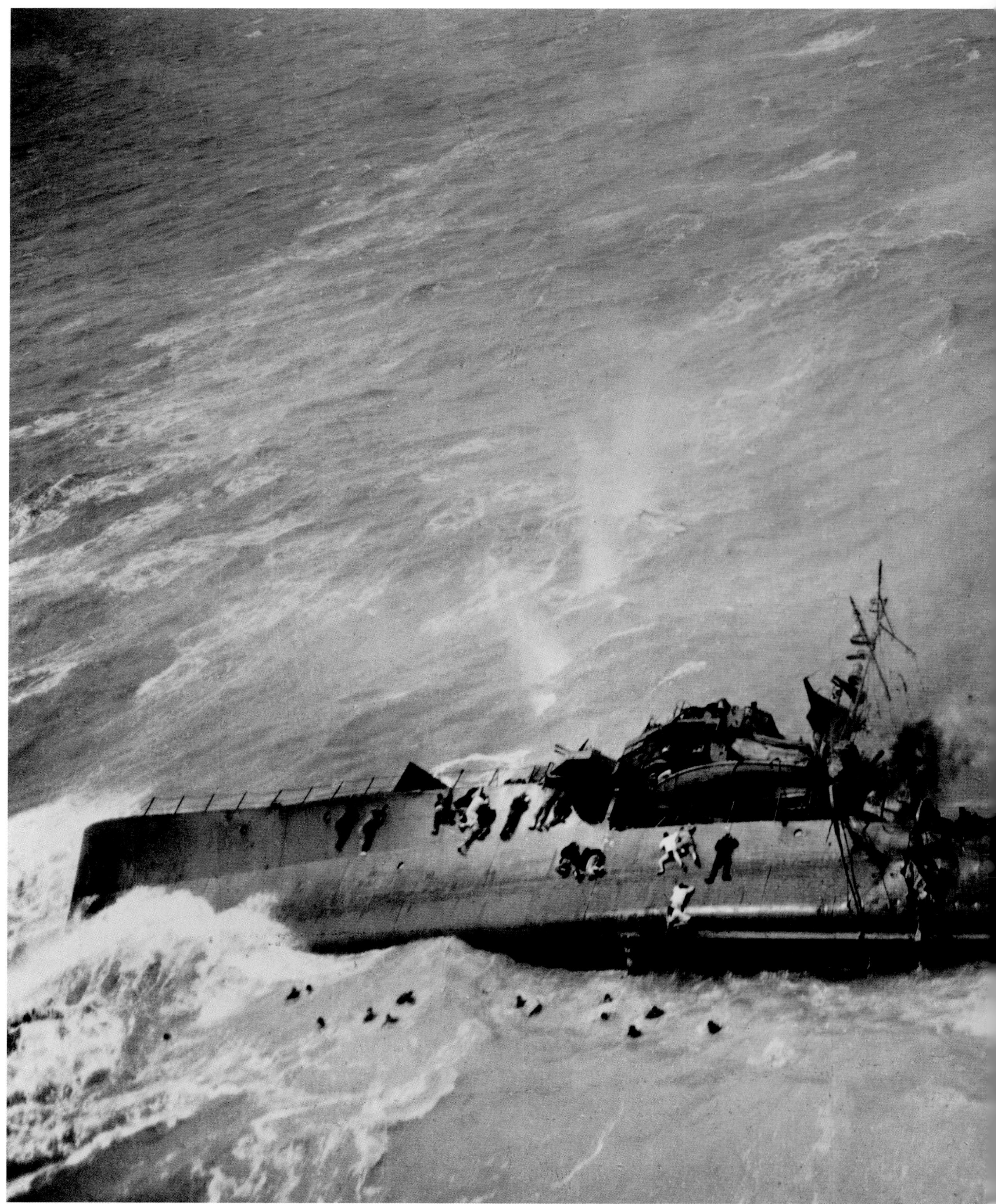

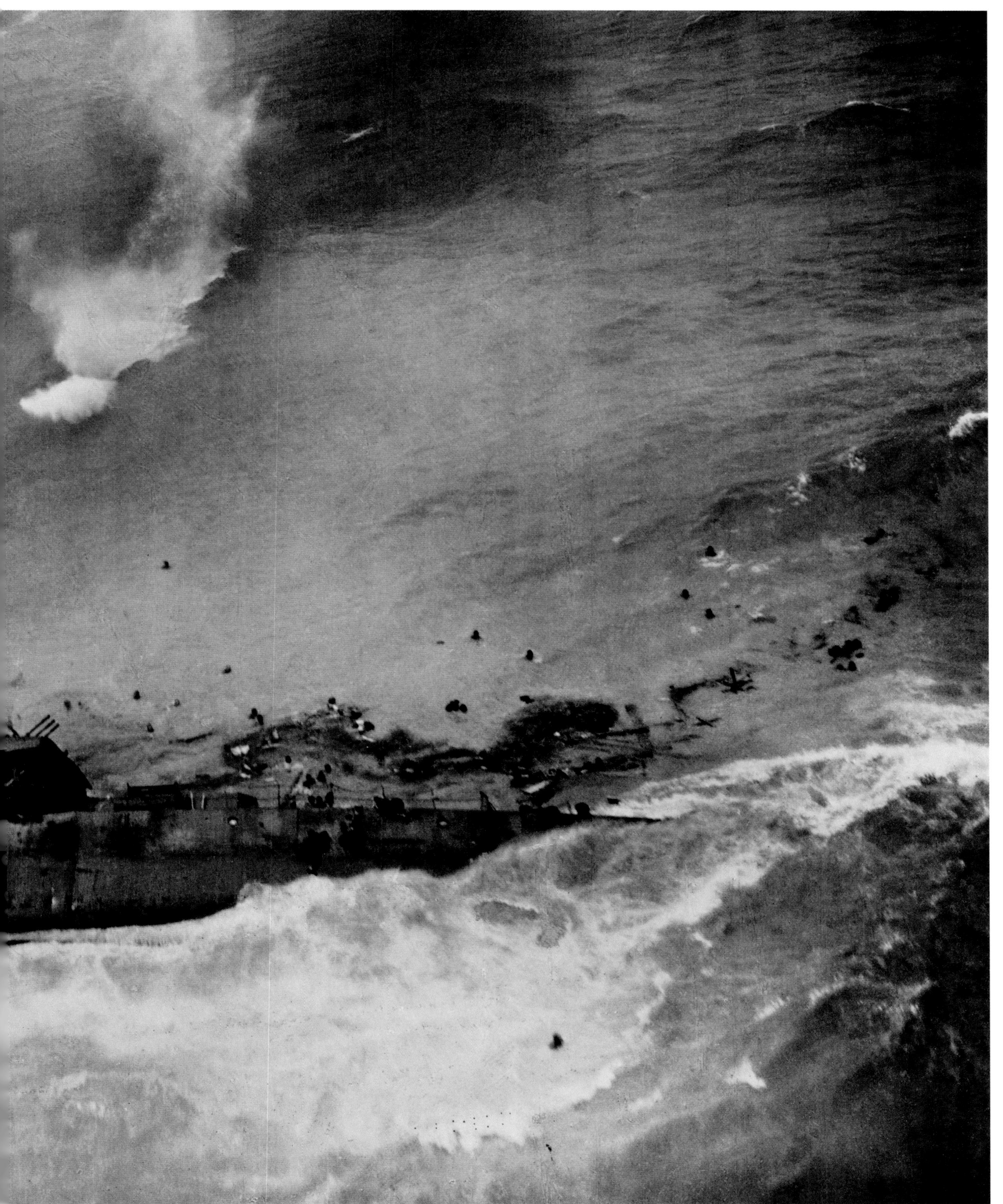

U.S. ARMY AIR FORCES | 1945 | OCÉAN PACIFIQUE *Derniers instants d'un destroyer japonais.*

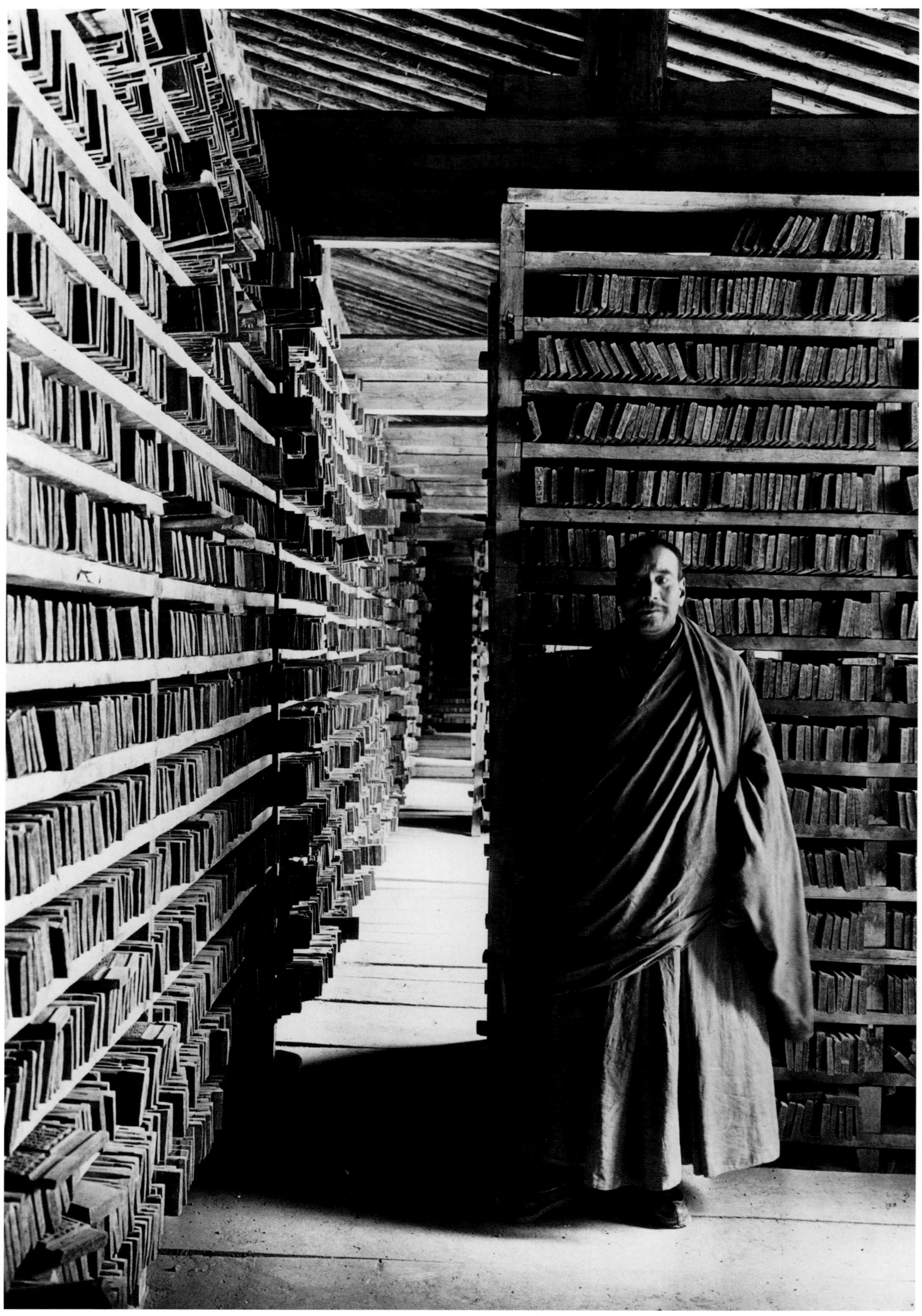

JOSEPH F. ROCK | 1925 | CHINE *Un douzième des caractères nécessaires pour imprimer la bible bouddhiste tibétaine.*

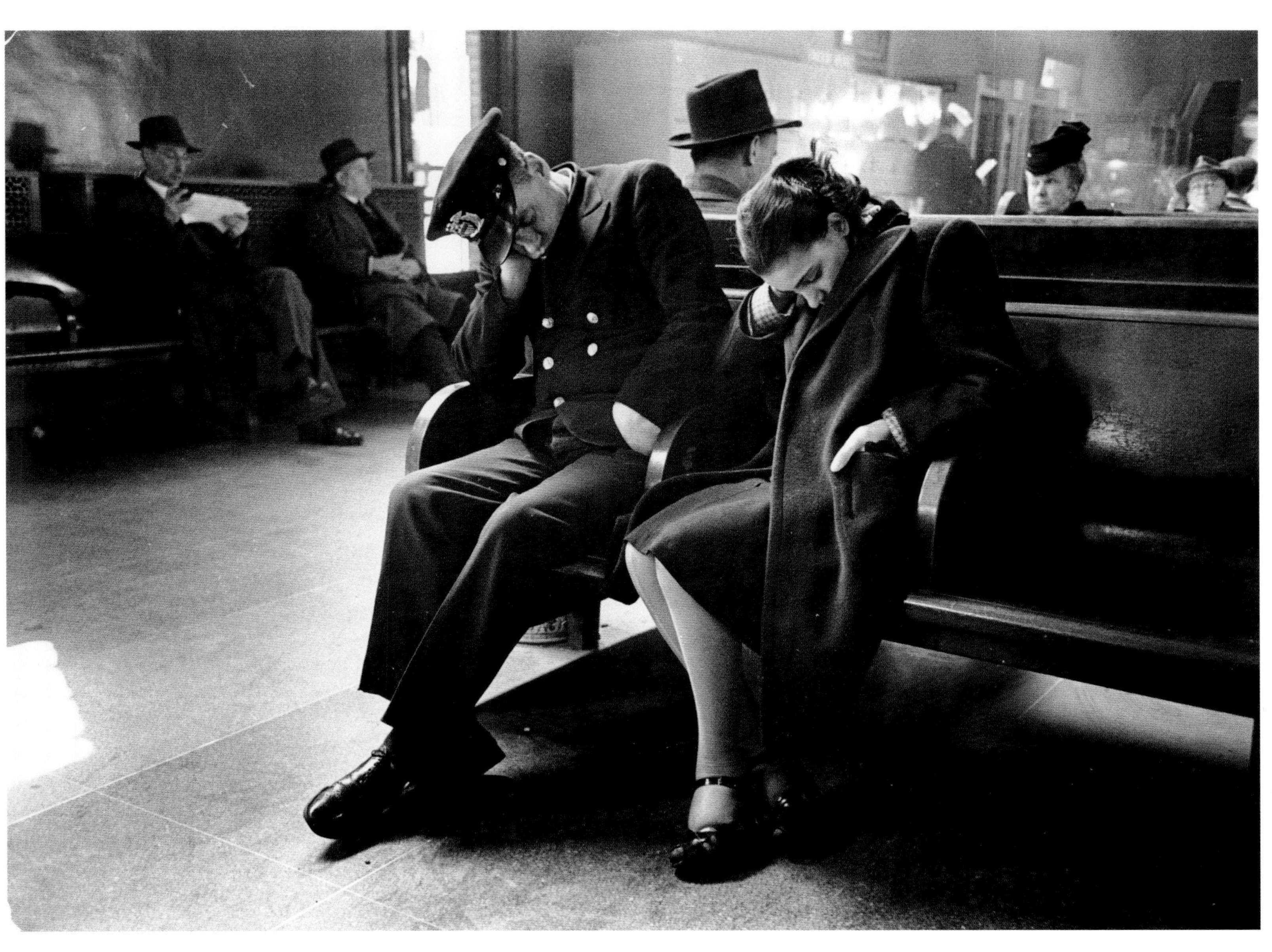

ESTHER BUBLEY | 1949 | ÉTATS-UNIS *Une attente interminable.*

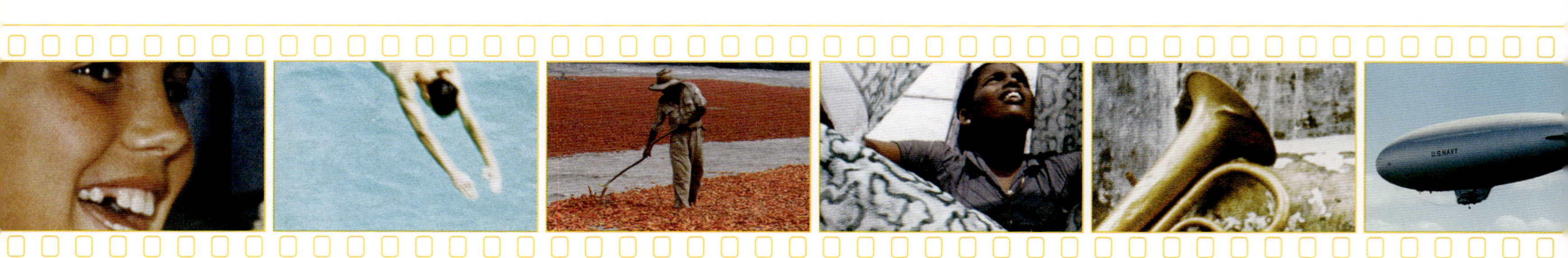
U.S.NAVY

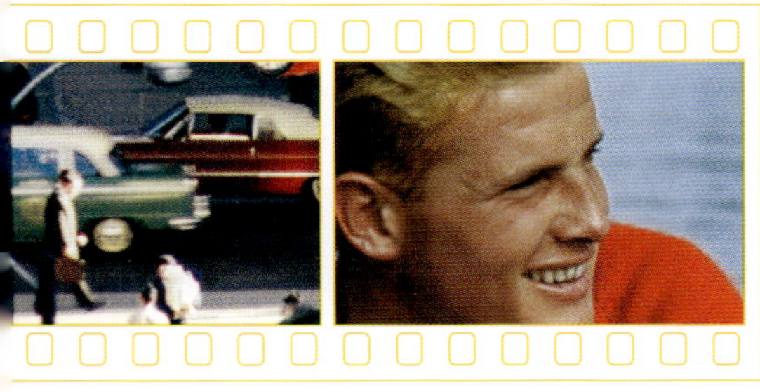

couleur et optimisme

AU DÉBUT DES ANNÉES 1930, LA CAMÉRA 35 MM ARMÉE DE PELLICULE Kodachrome permit à *National Geographic* d'offrir son regard exceptionnel sur le monde – grâce à elle, il devint plus riant, plus innocent peut-être, rendit les hommes plus élégants, les femmes plus belles, les sourires plus larges et illumina les chapeaux, pulls et écharpes d'un rouge plus vif.

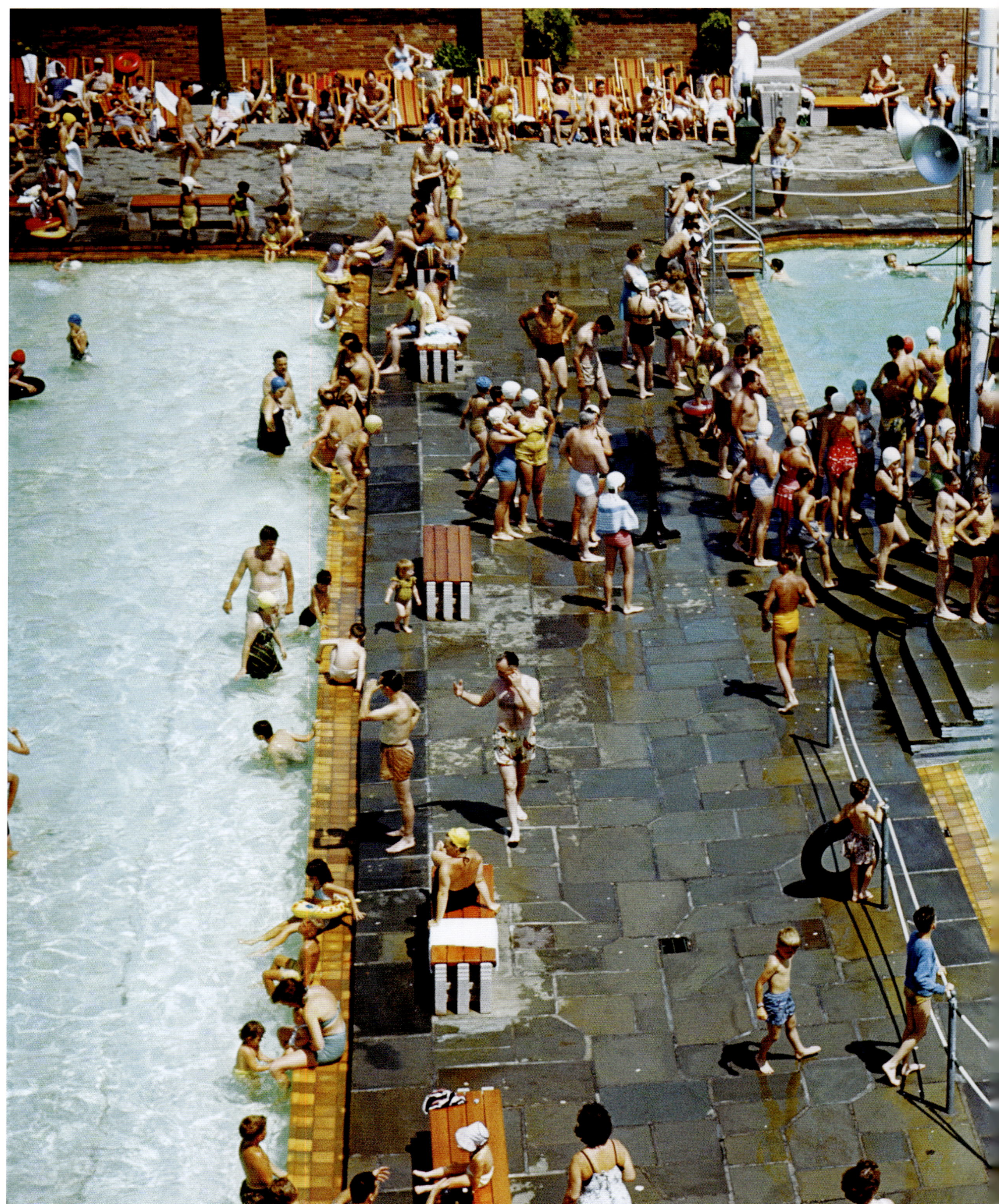

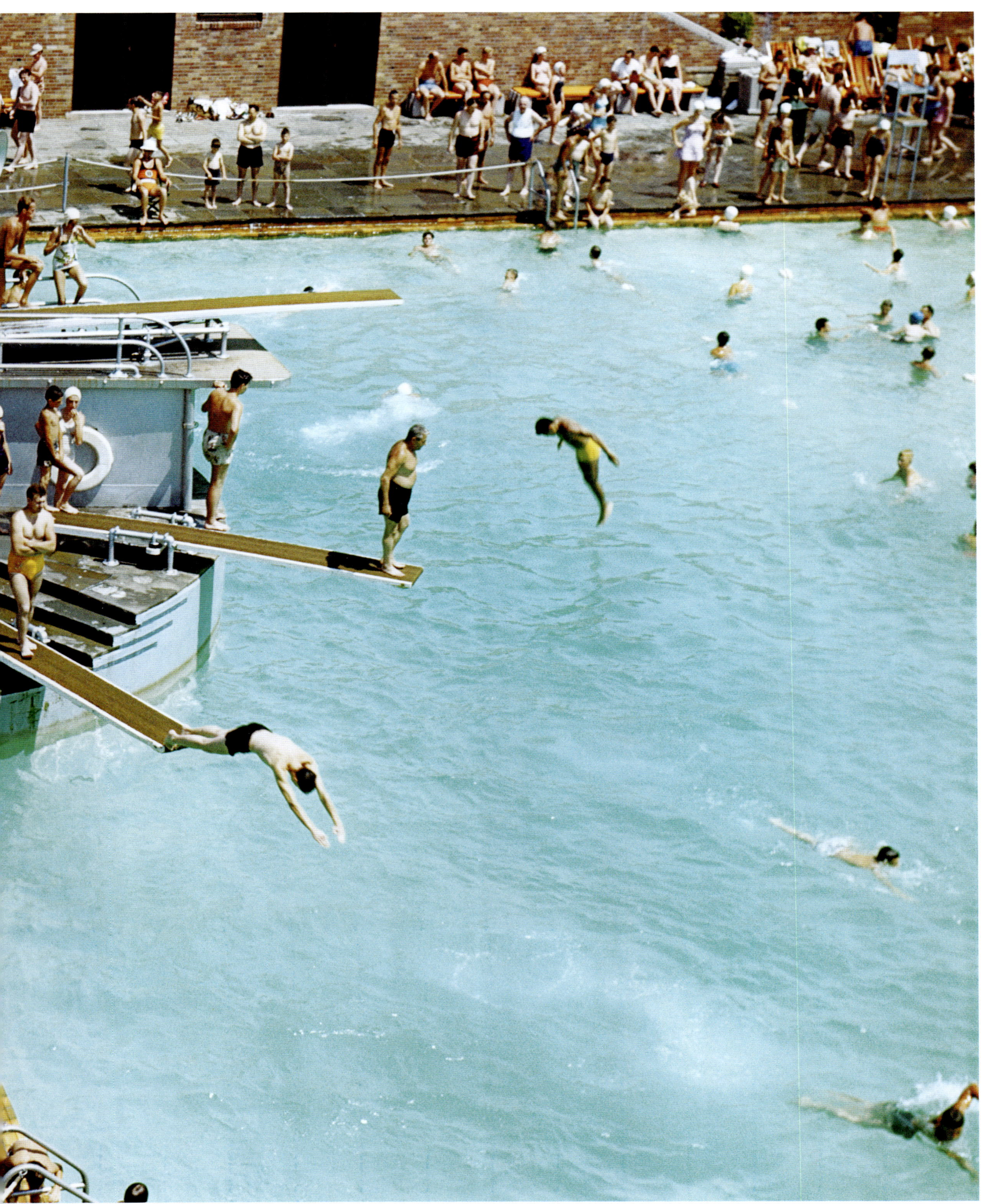

B. ANTHONY STEWART | 1950 | NEW YORK, ÉTATS-UNIS *L'été dans le Jones Beach State Park.*

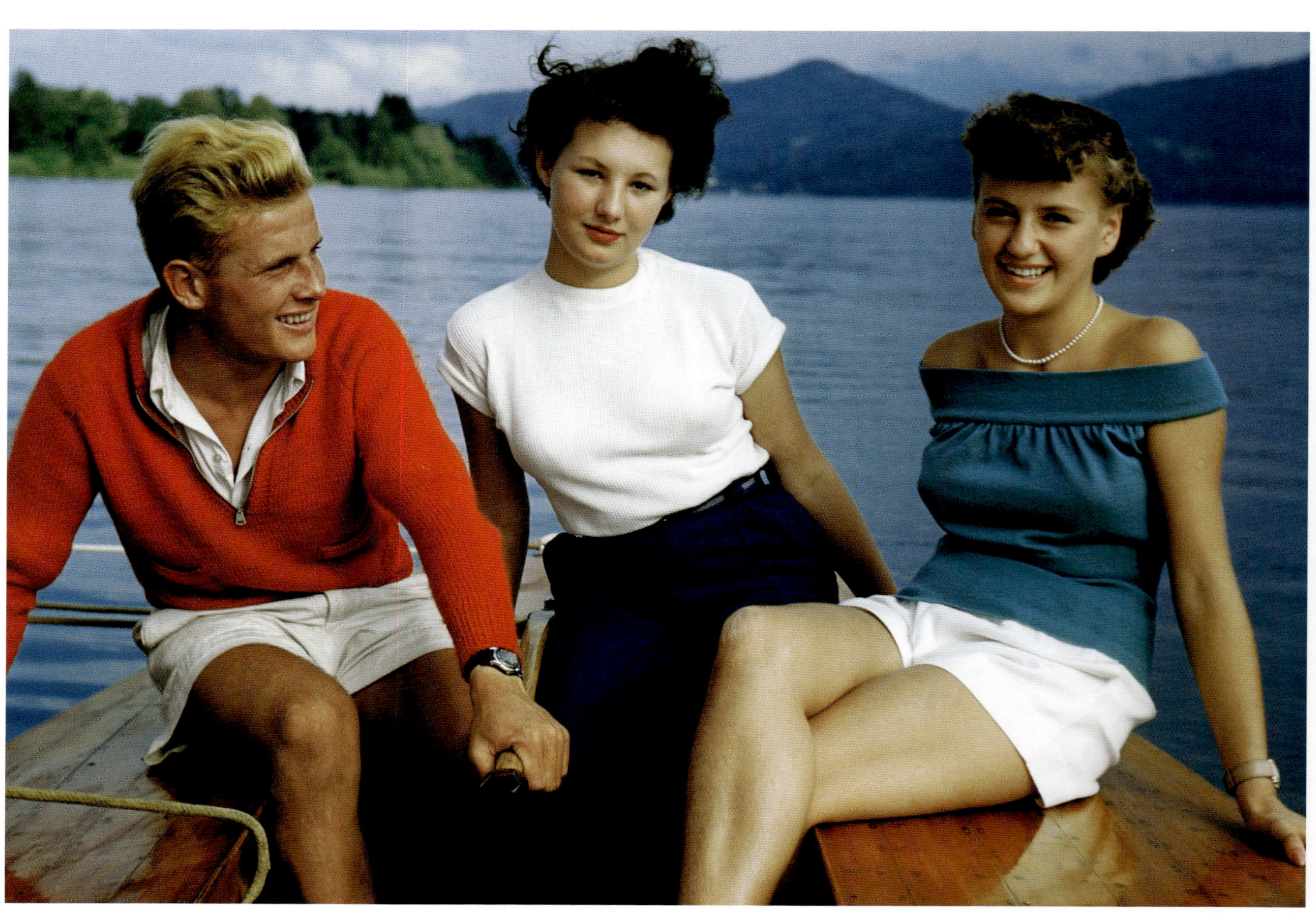

 VOLKMAR WENTZEL | 1951 | AUTRICHE *Sur le Wörthersee.*

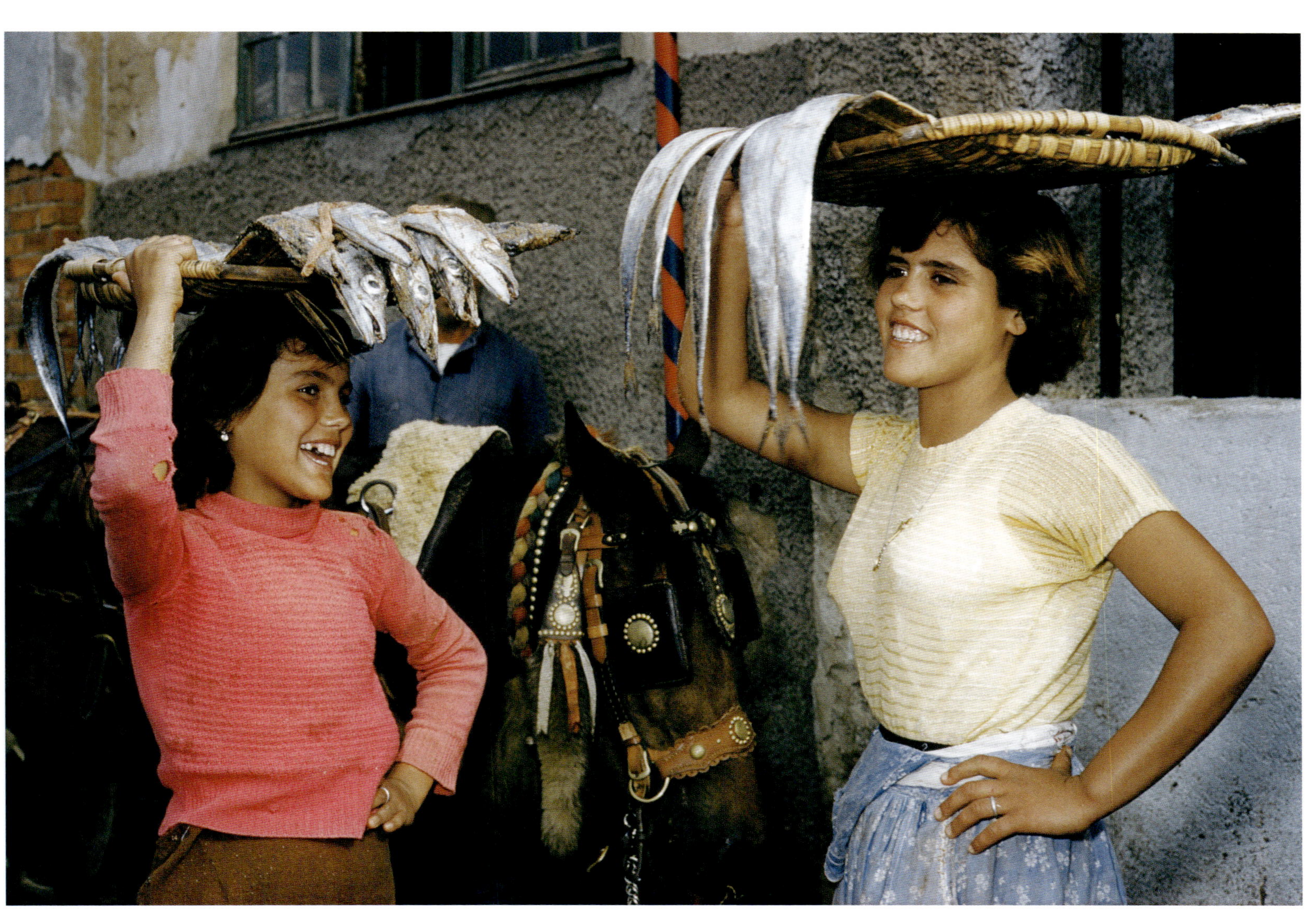

VOLKMAR WENTZEL | 1955 | PORTUGAL *Vendeuses de poisson lisboètes.*

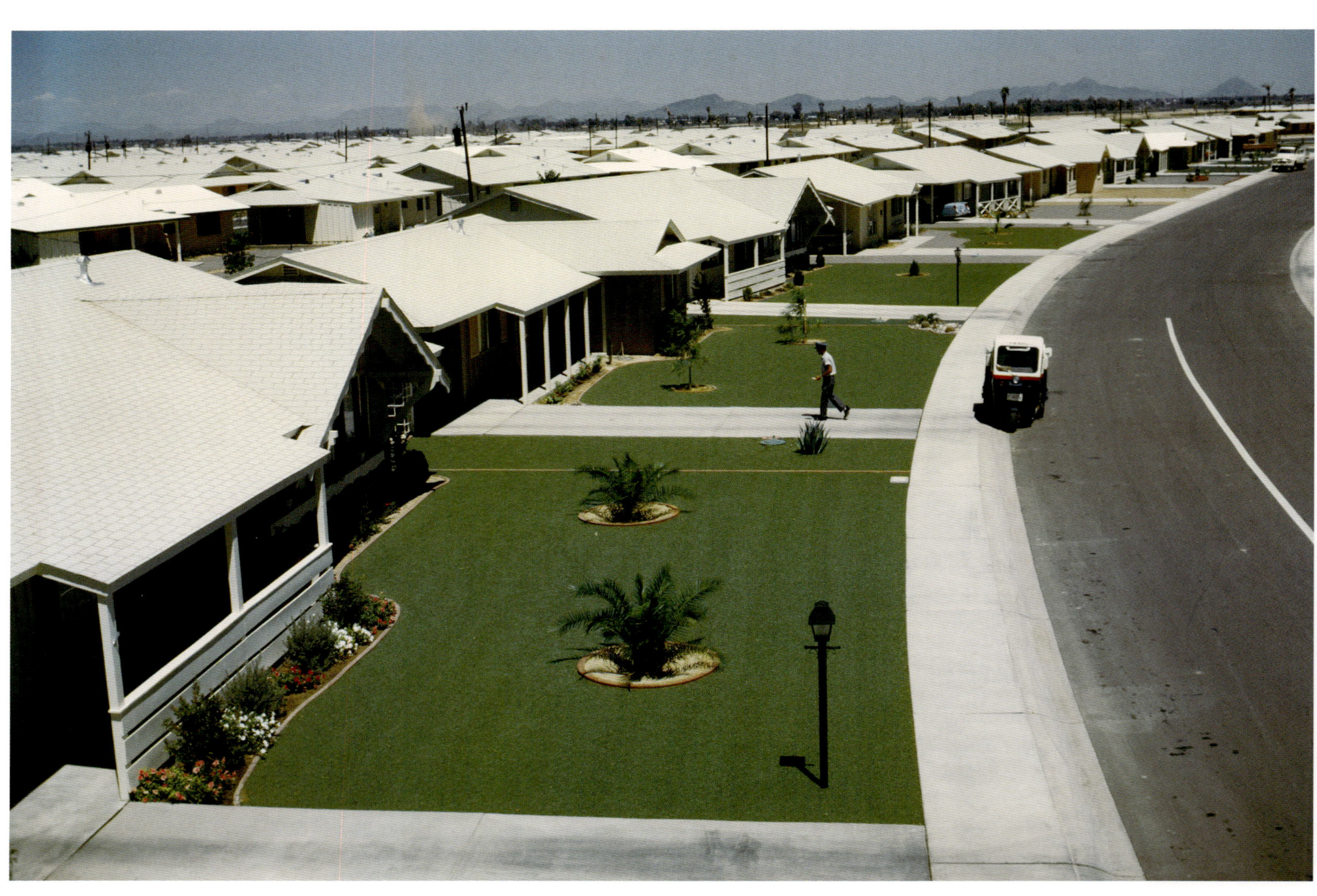

JAMES P. BLAIR | 1963 | ÉTAT DE L'ARIZONA, ÉTATS-UNIS *Là où même l'herbe se fait gravier.*

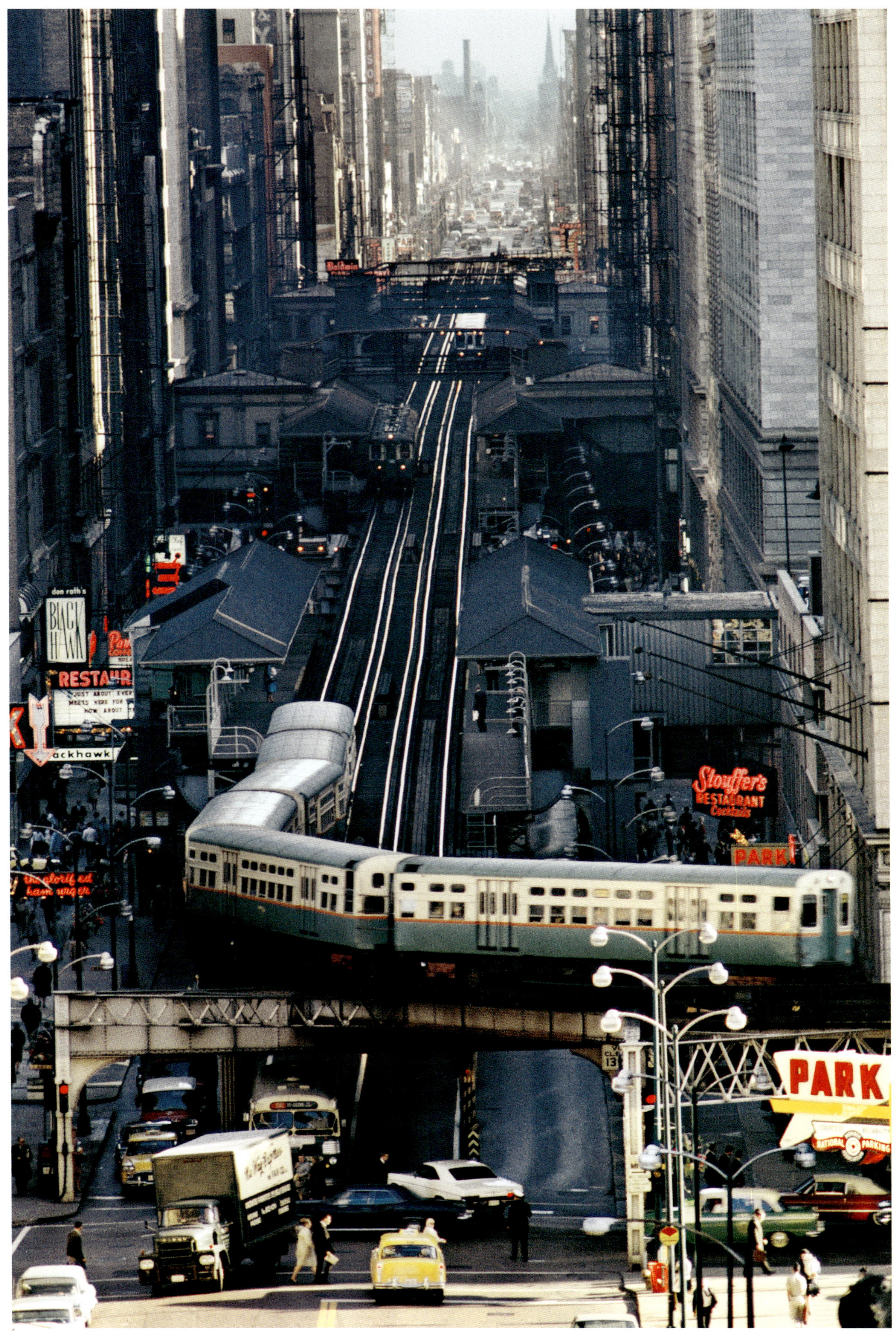

JAMES L. STANFIELD | 1967 | ÉTAT DE L'ILLINOIS, ÉTATS-UNIS *Le Loop de Chicago.*

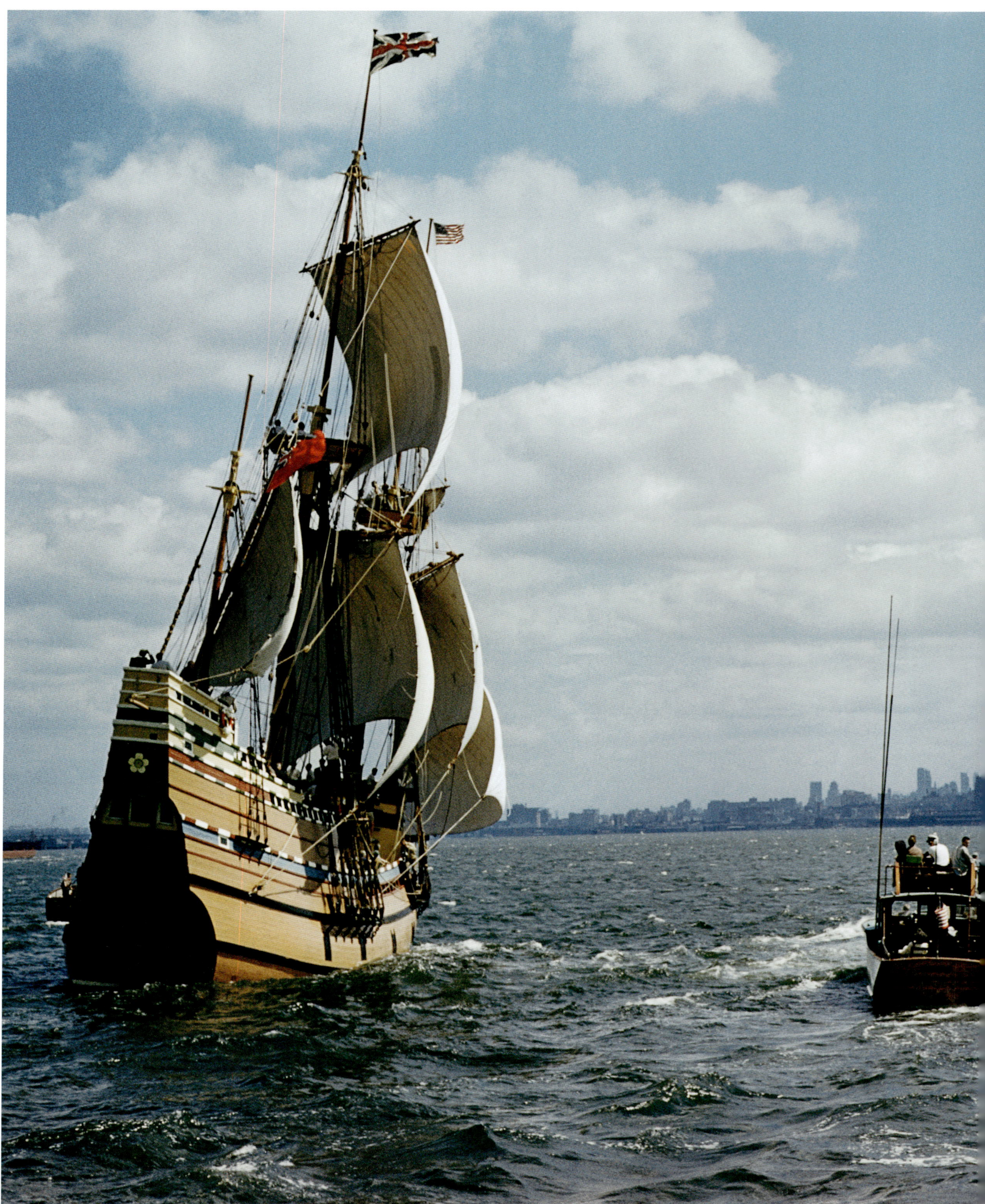

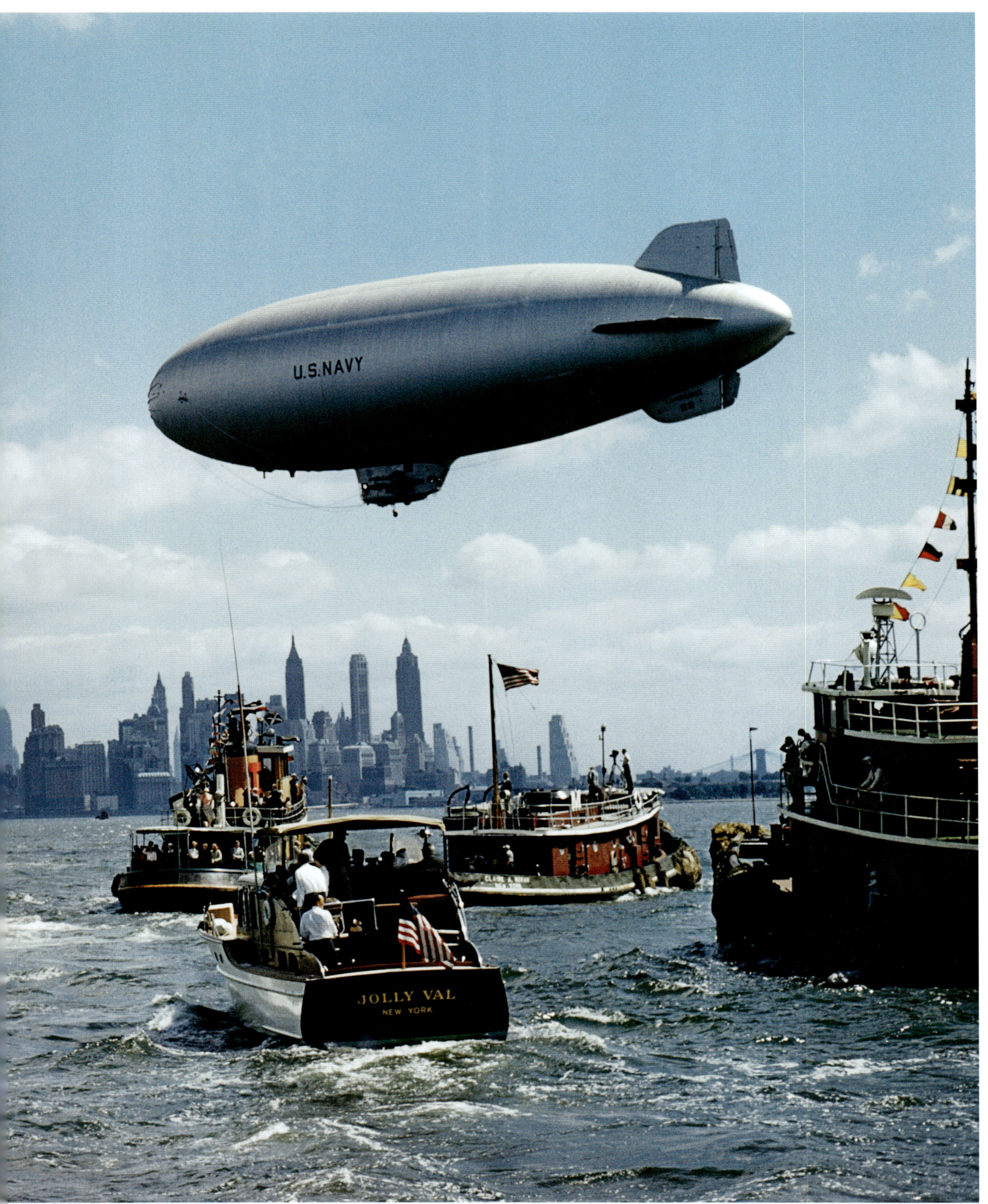

B. ANTHONY STEWART | ANNÉES 1950 | NEW YORK, ÉTATS-UNIS *Entrée du* Mayflower II *dans le port de New York.*

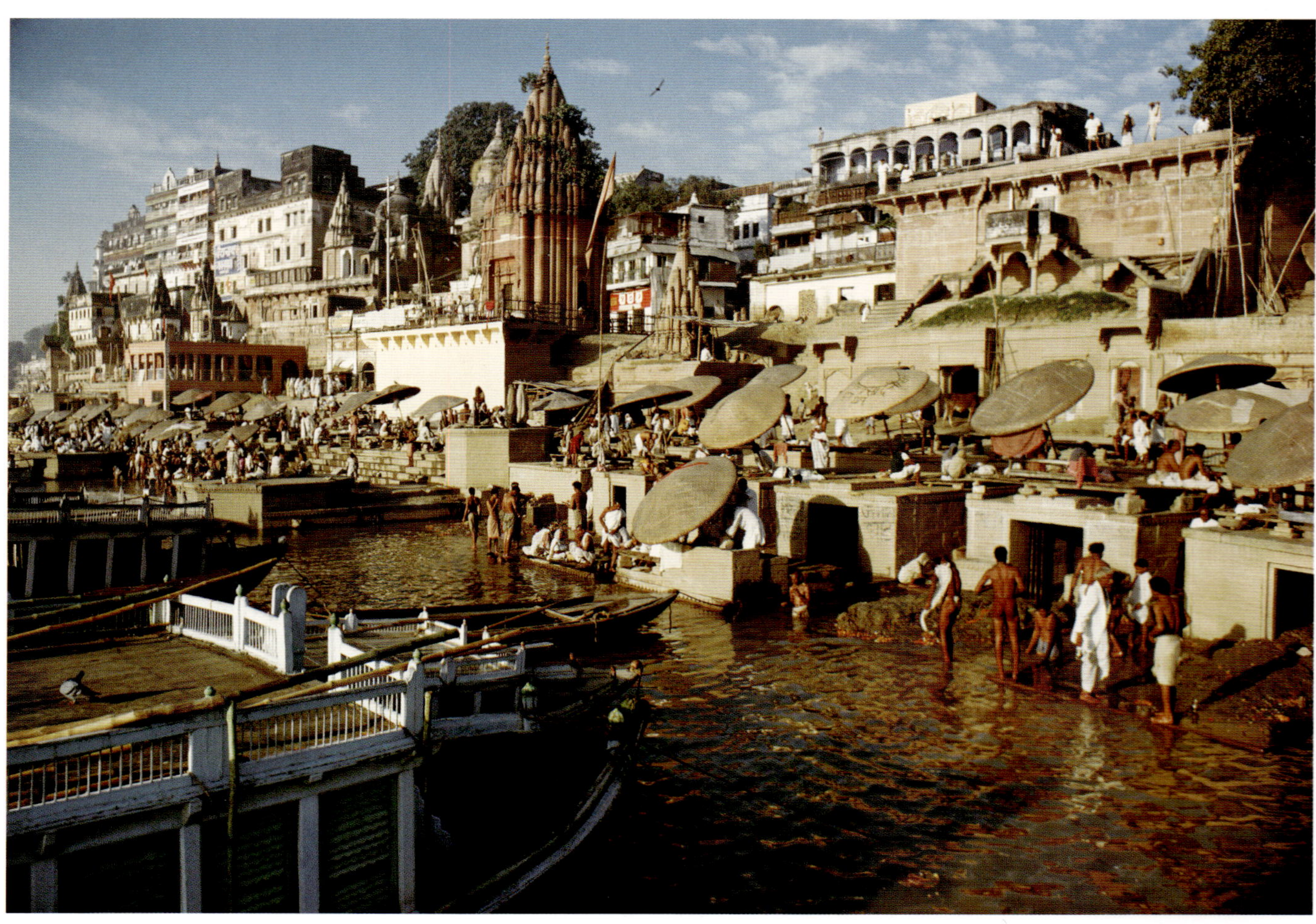

JOHN SCOFIELD | 1963 | INDE *Au bord du Gange.*

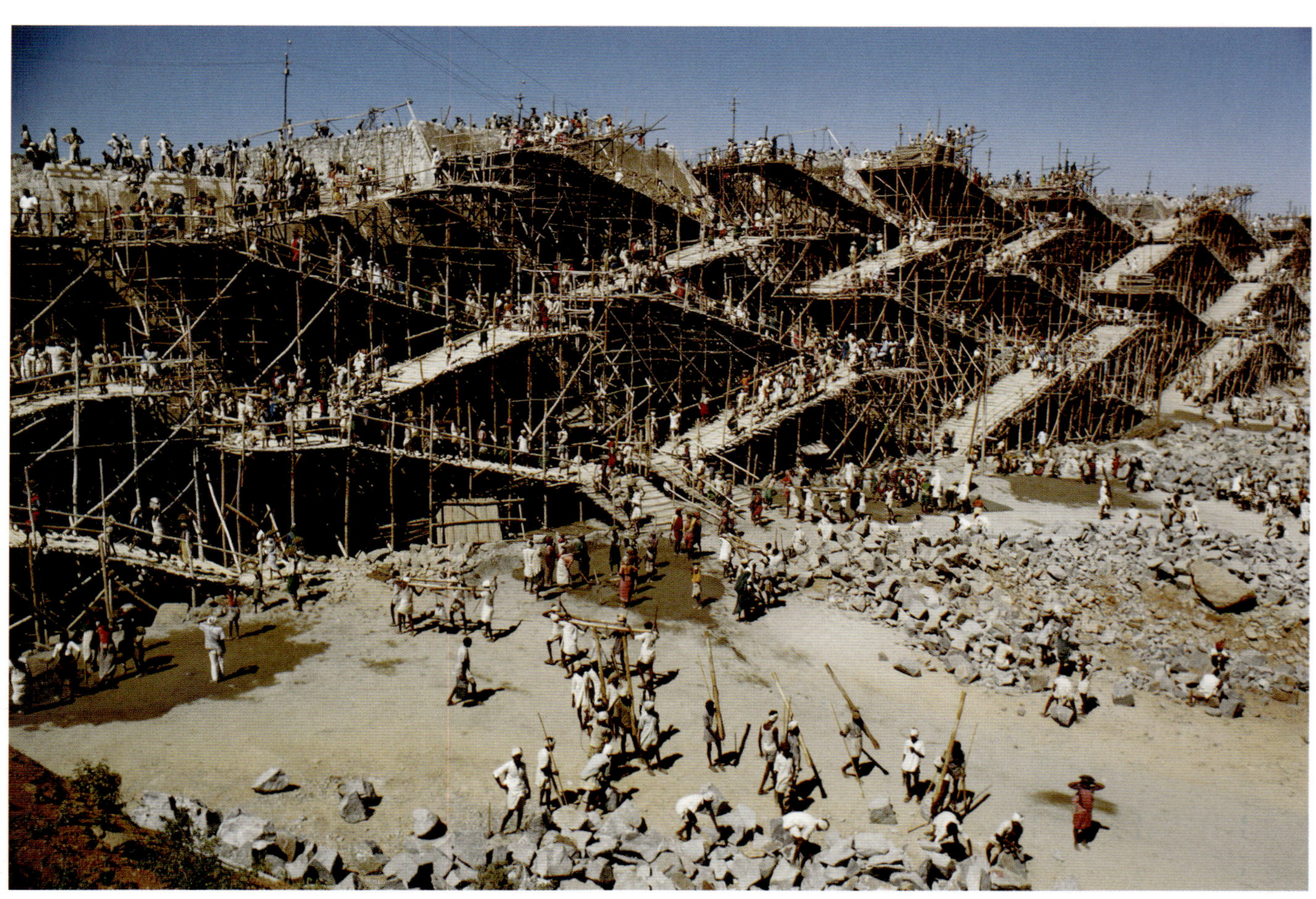

JOHN SCOFIELD | 1963 | INDE *Construction d'un barrage à l'ancienne.*

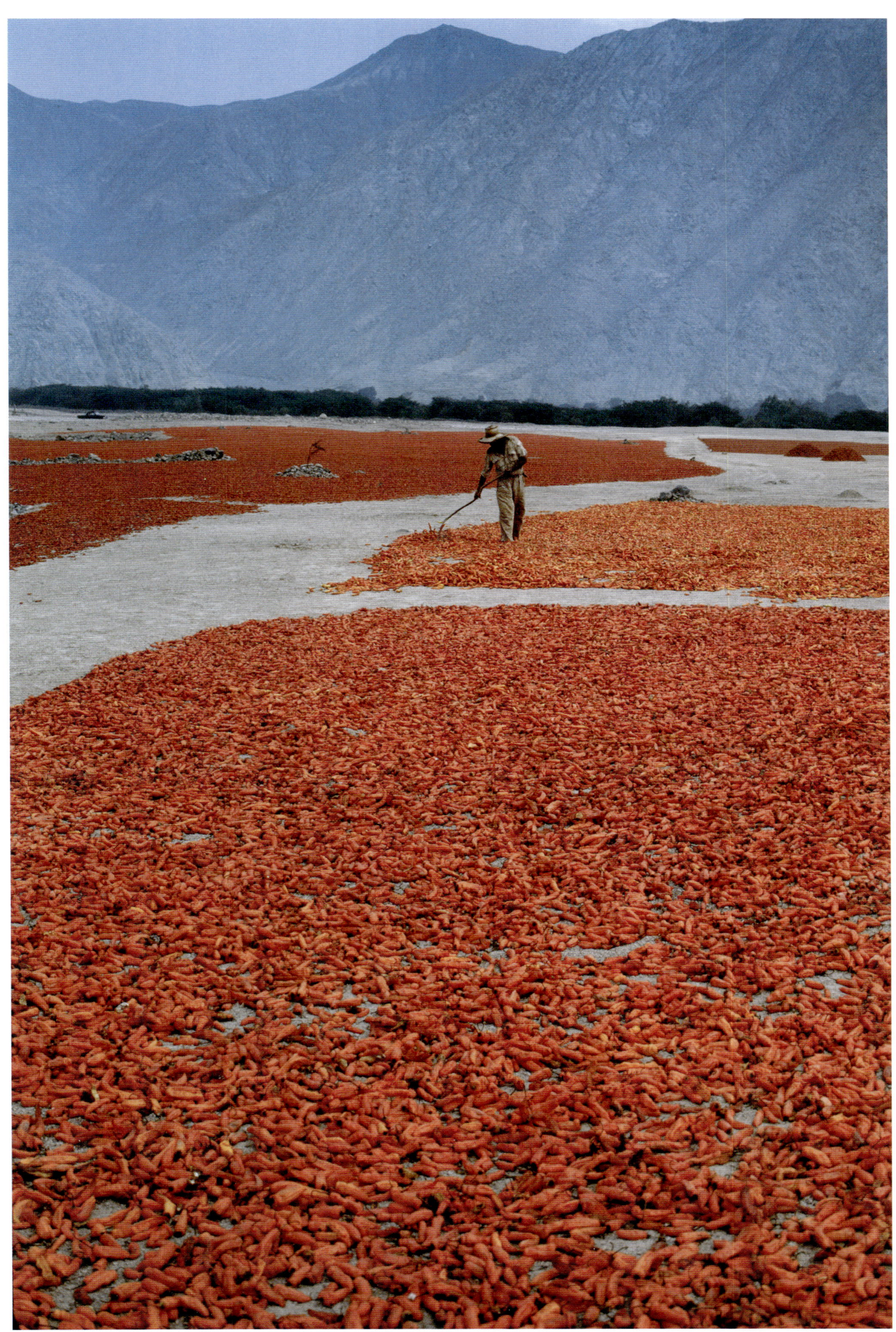

BATES LITTLEHALES | 1964 | PÉROU *Séchage de piments.*

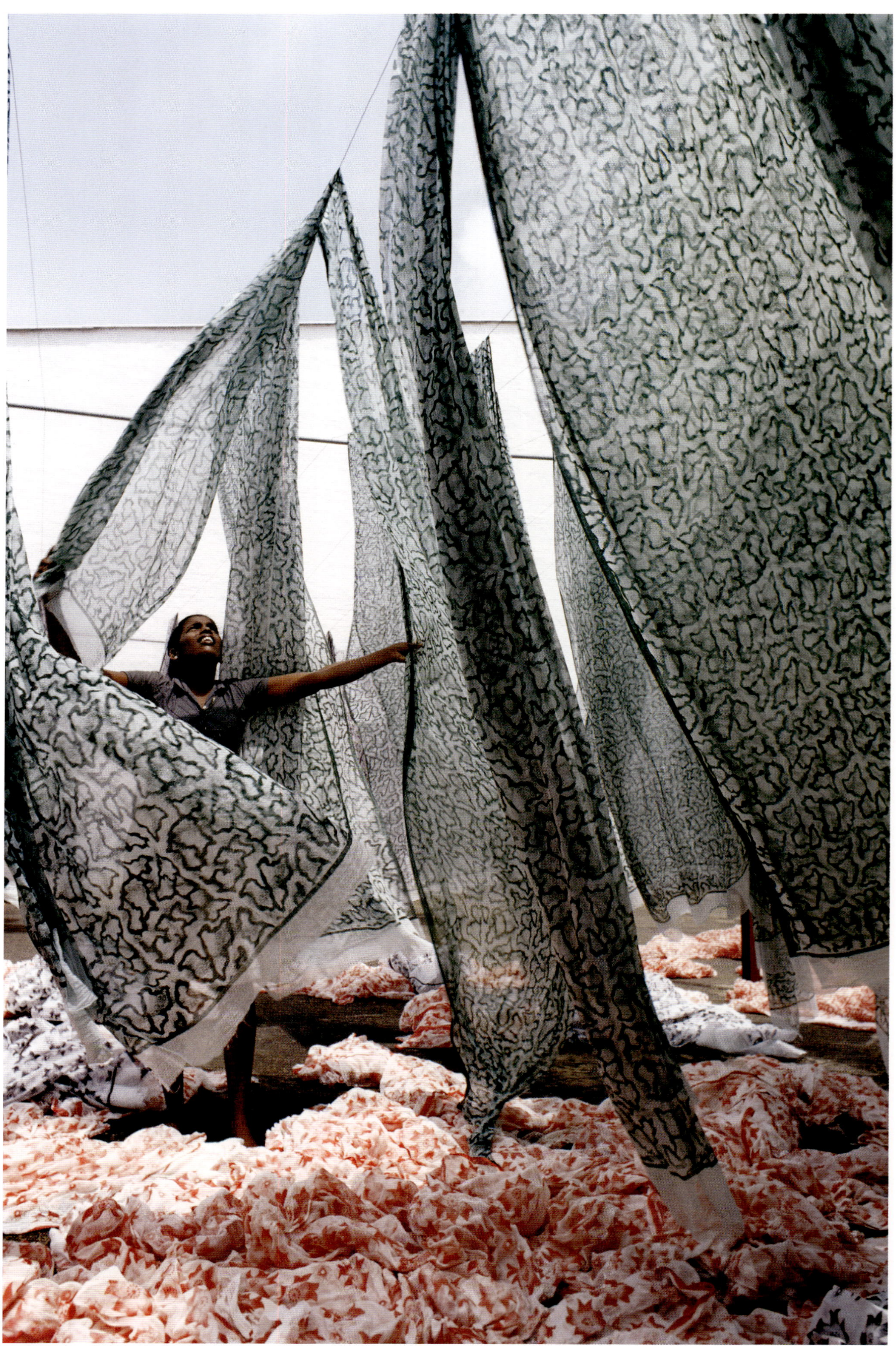

GILBERT M. GROSVENOR | 1966 | CEYLAN *Saris séchant au soleil.*

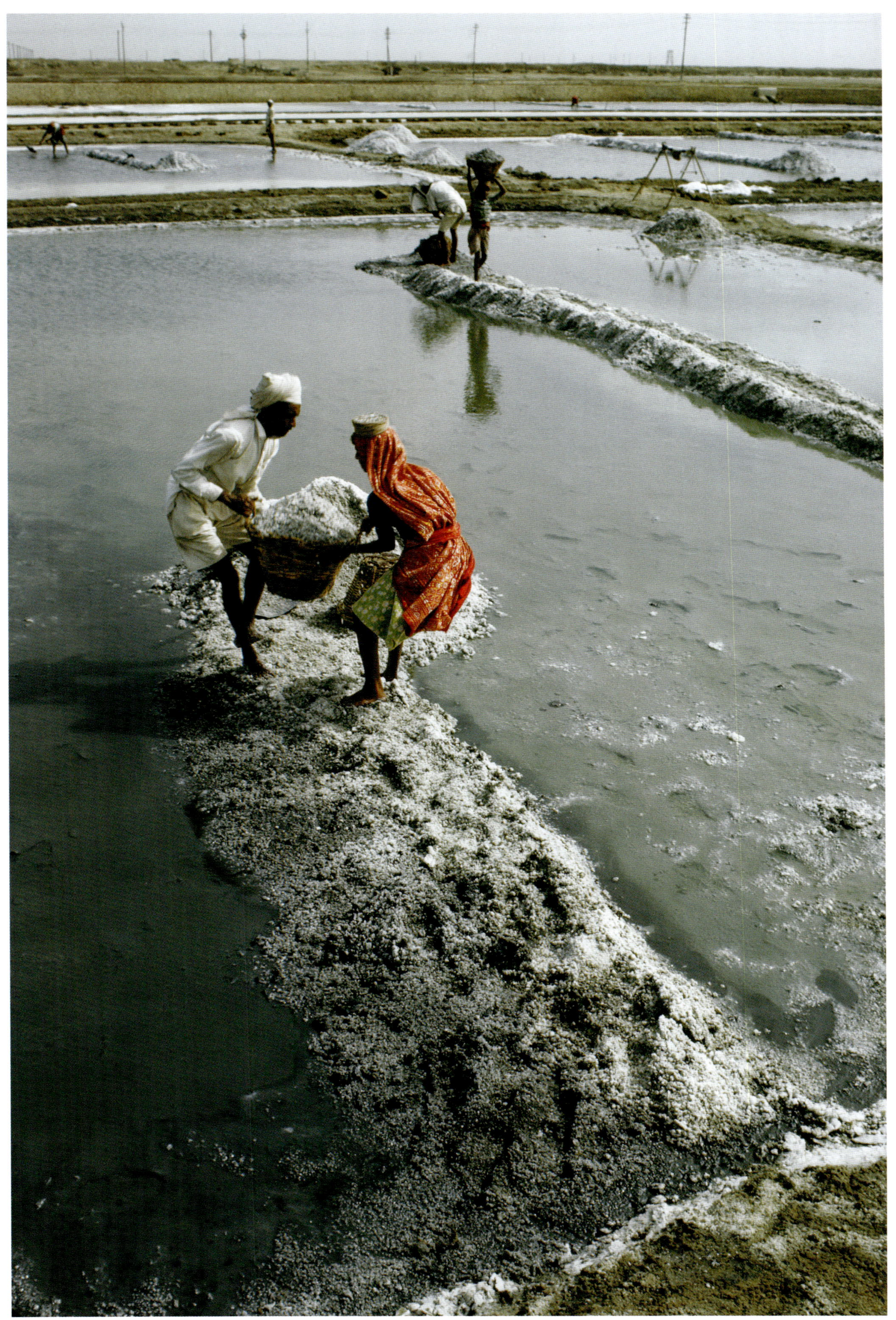

ROBERT F. SISSON | 1967 | INDE *Fabrication du sel.*

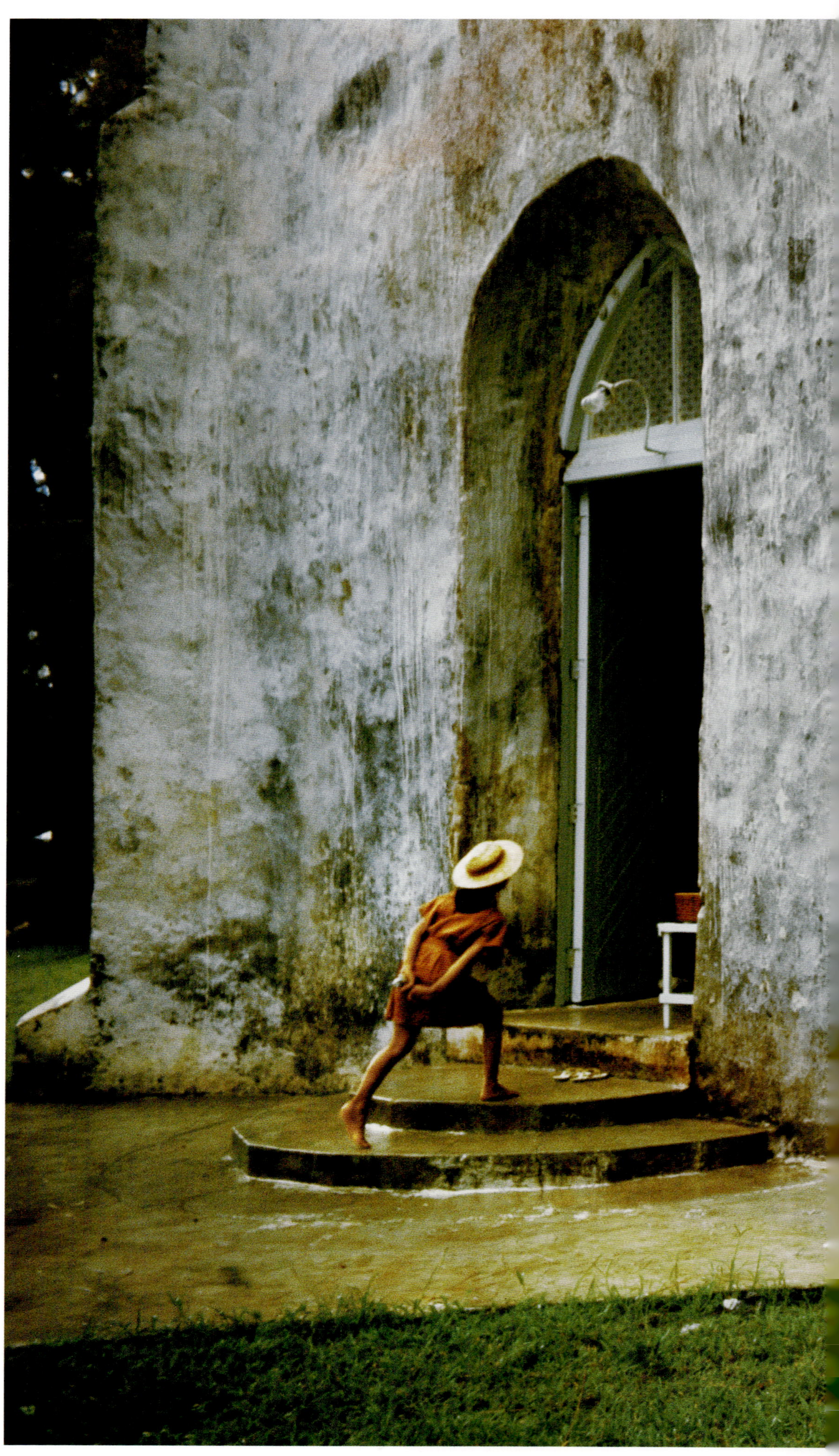

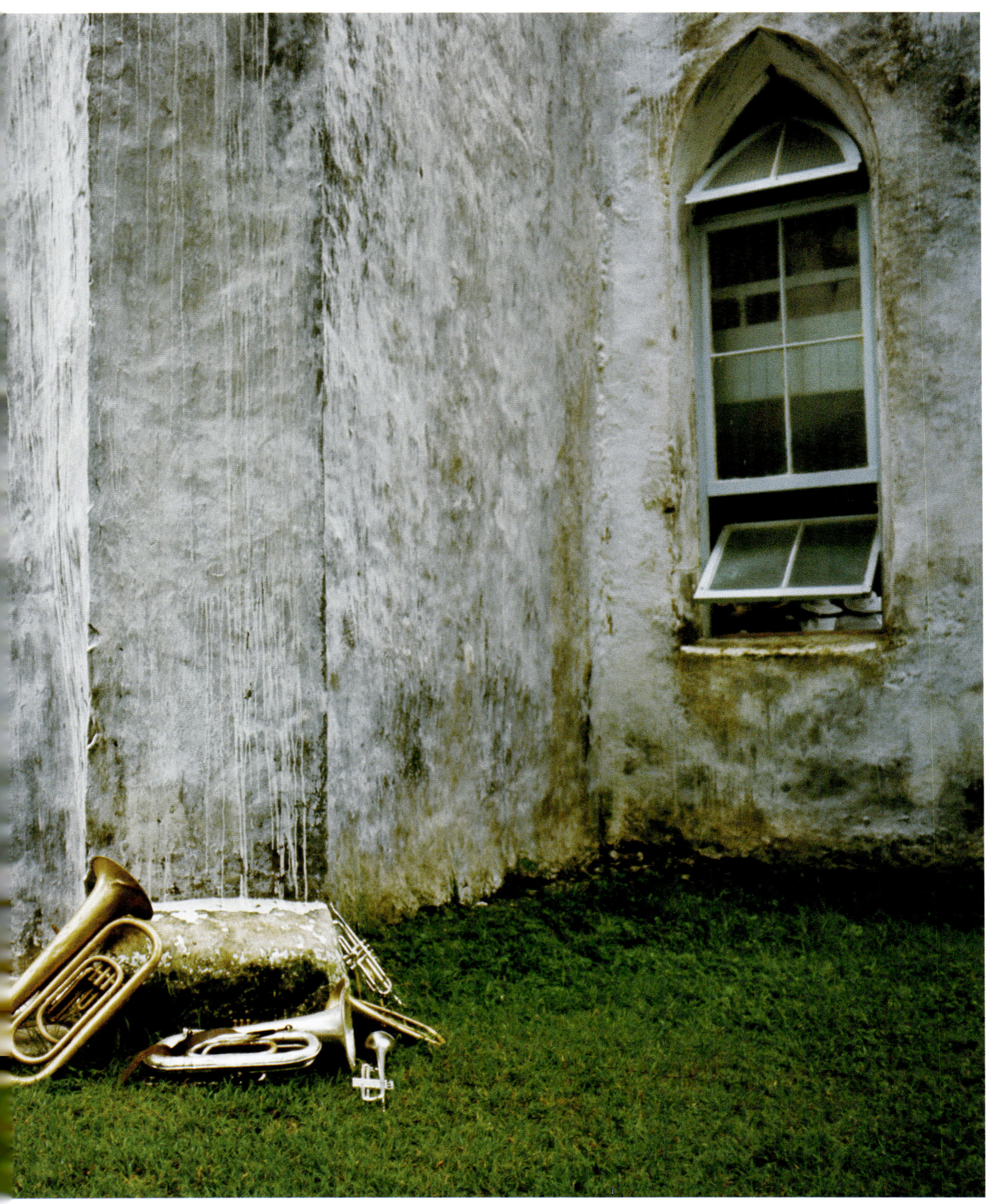

WILLIAM ALBERT ALLARD | 1967 | ÎLES COOK *Un retardataire à l'église privé de musique.*

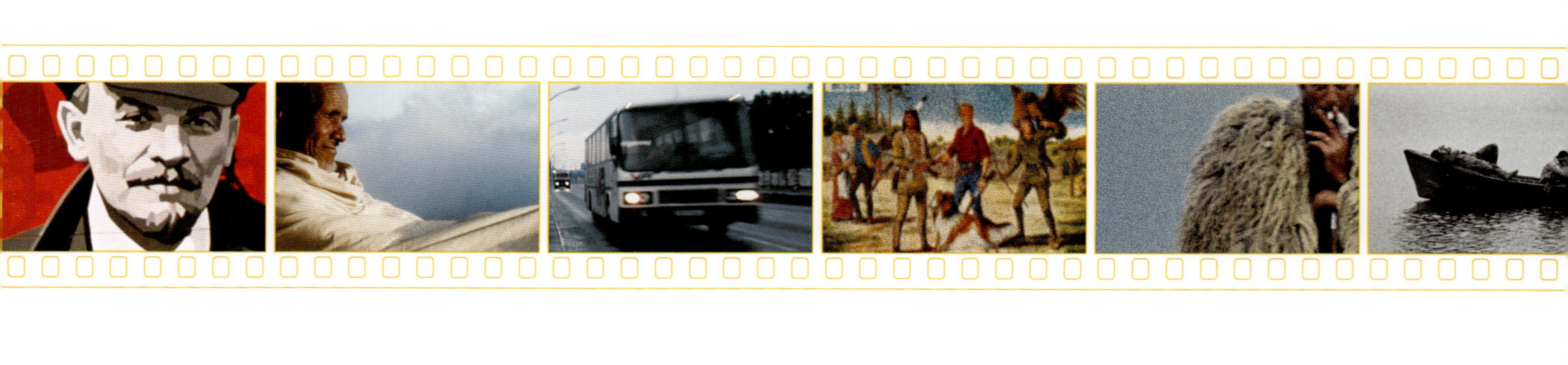

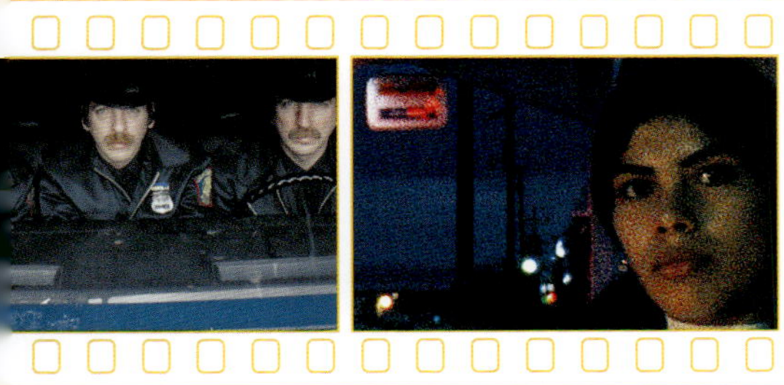

réalisme documentaire

AVEC L'ÉMERGENCE, AU *NATIONAL GEOGRAPHIC*, du photojournalisme accompli, les photographes retournent dans les rues et les villages, déterminés à montrer la planète sous un angle différent. Ils s'engagent infatigablement, parfois de manière espiègle, délibérément ironique, à dépeindre la vie quotidienne. C'est pourquoi leurs images donnent souvent l'impression d'un réalisme sans fard.

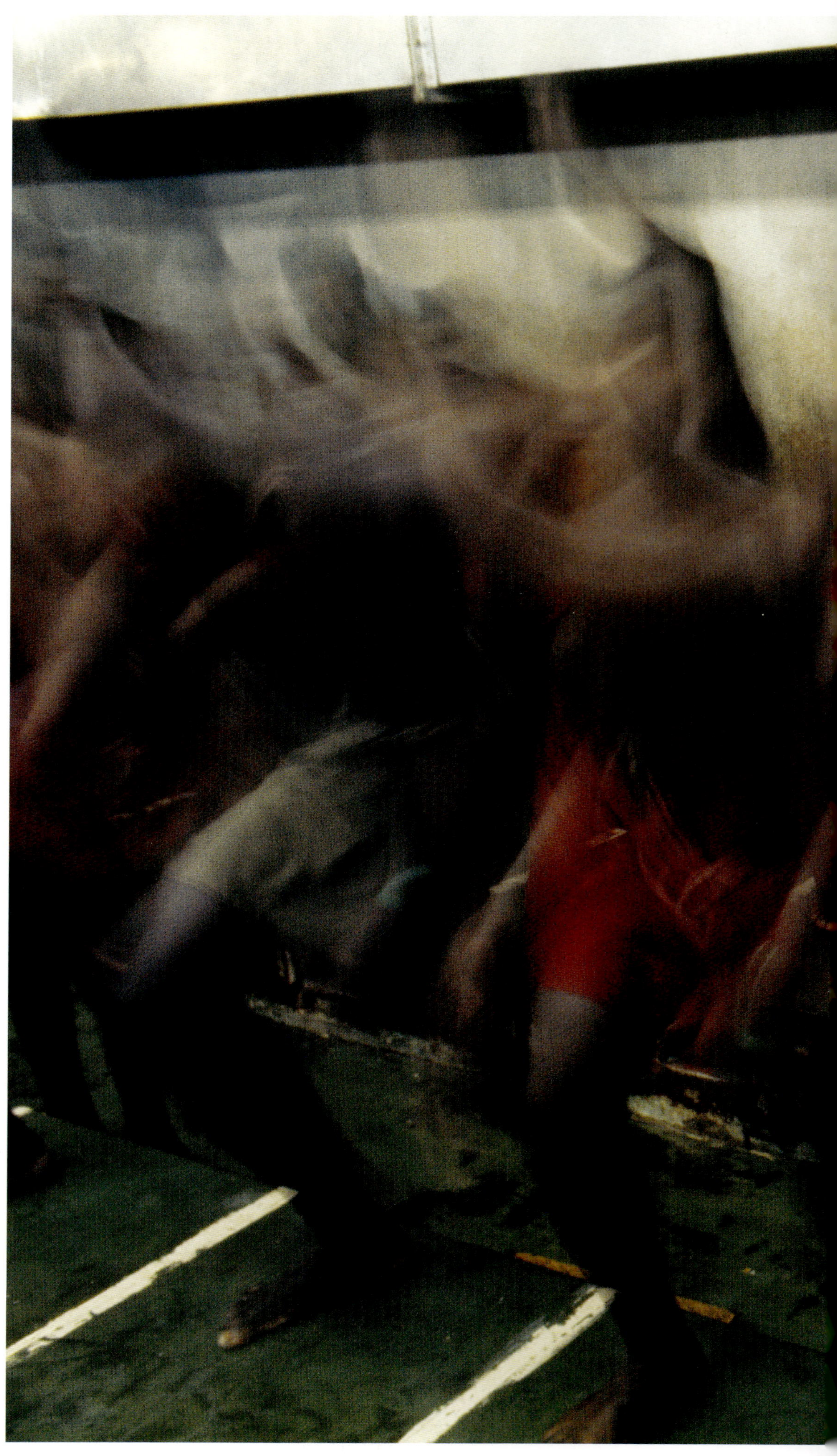

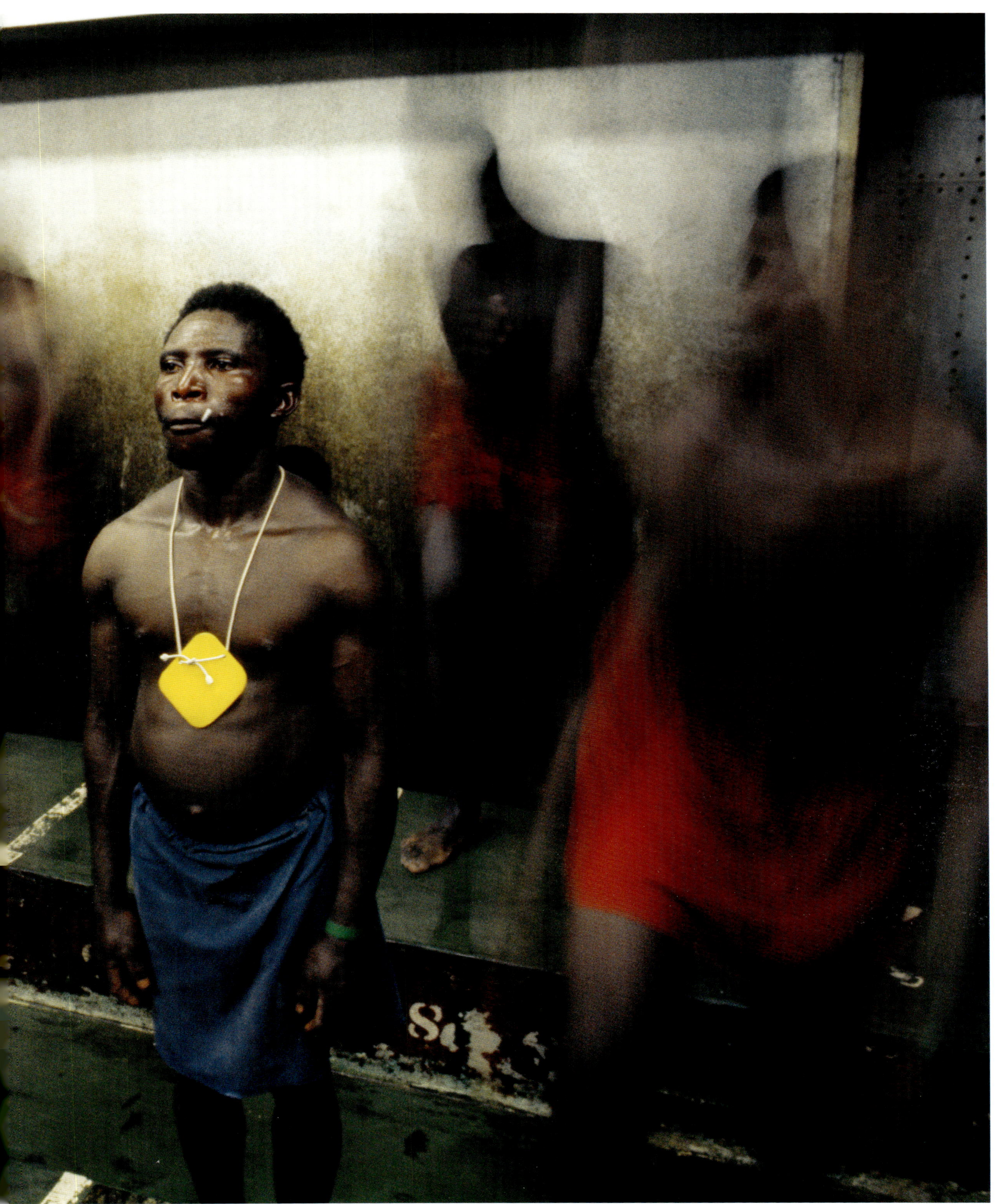

JAMES L. STANFIELD | 1974 | AFRIQUE DU SUD *Ouvriers des mines de diamant en formation.*

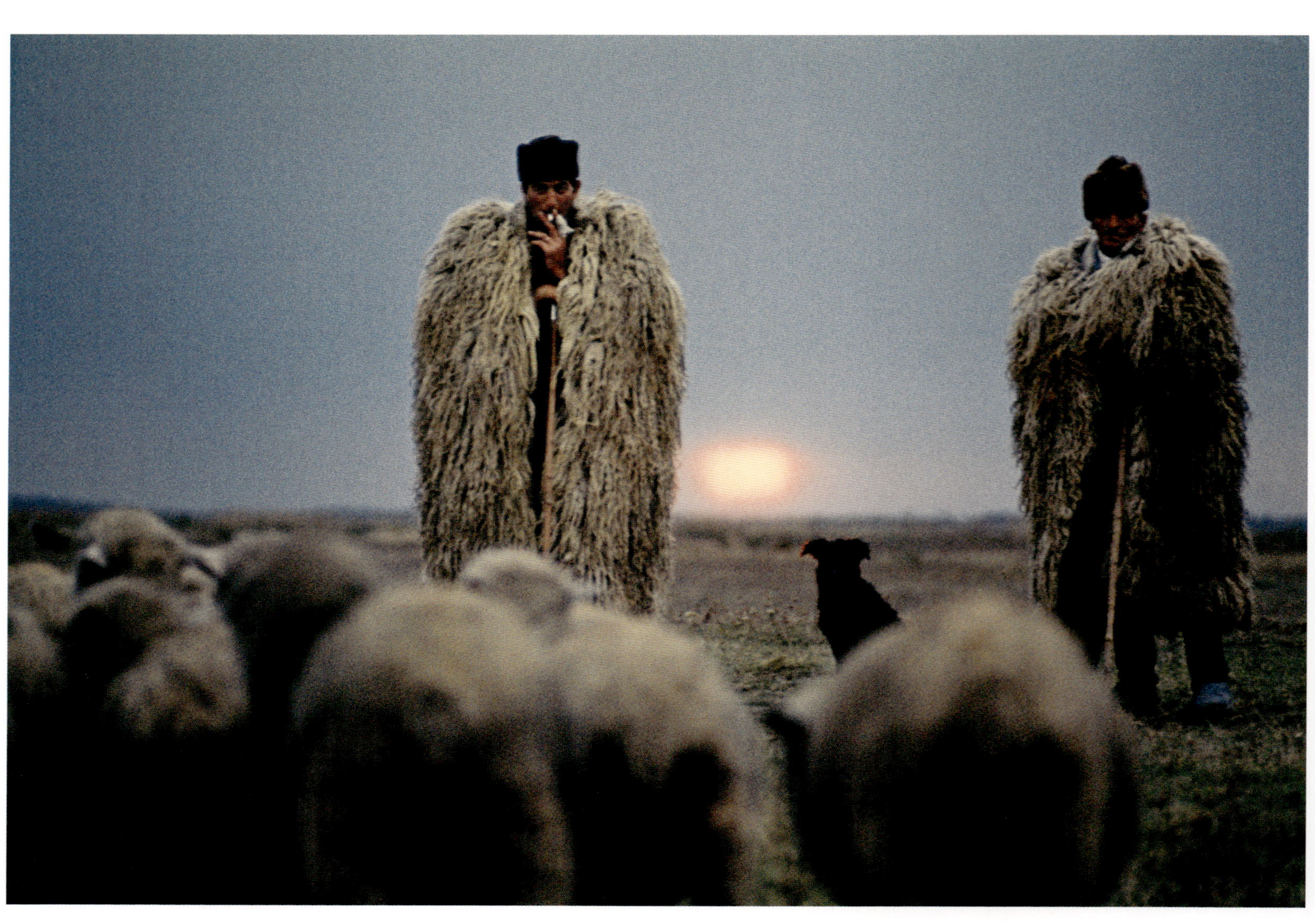

ALBERT MOLDVAY | 1971 | HONGRIE *Des bergers et leurs moutons.*

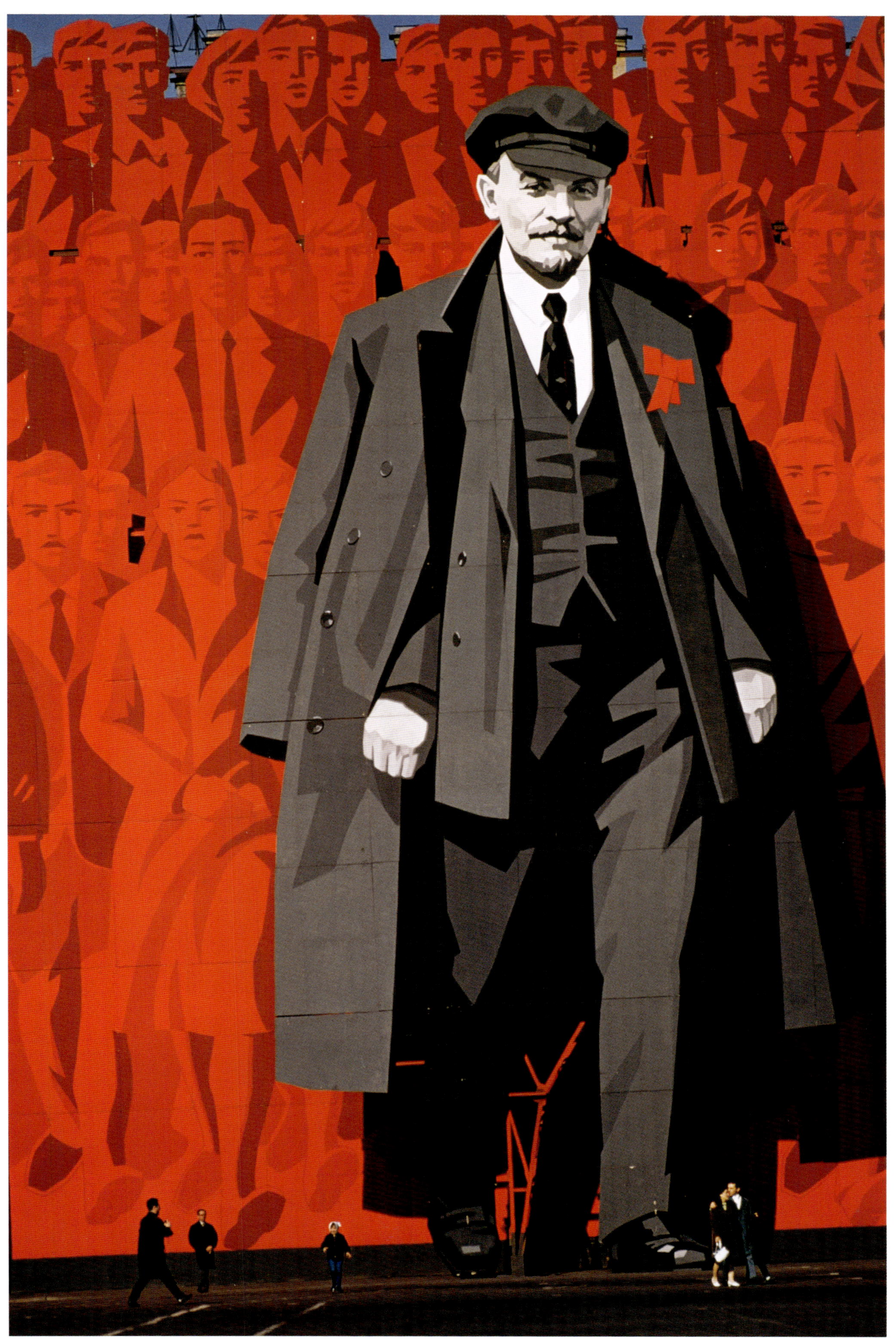

DICK DURRANCE II | 1971 | RUSSIE *Le paradis des travailleurs.*

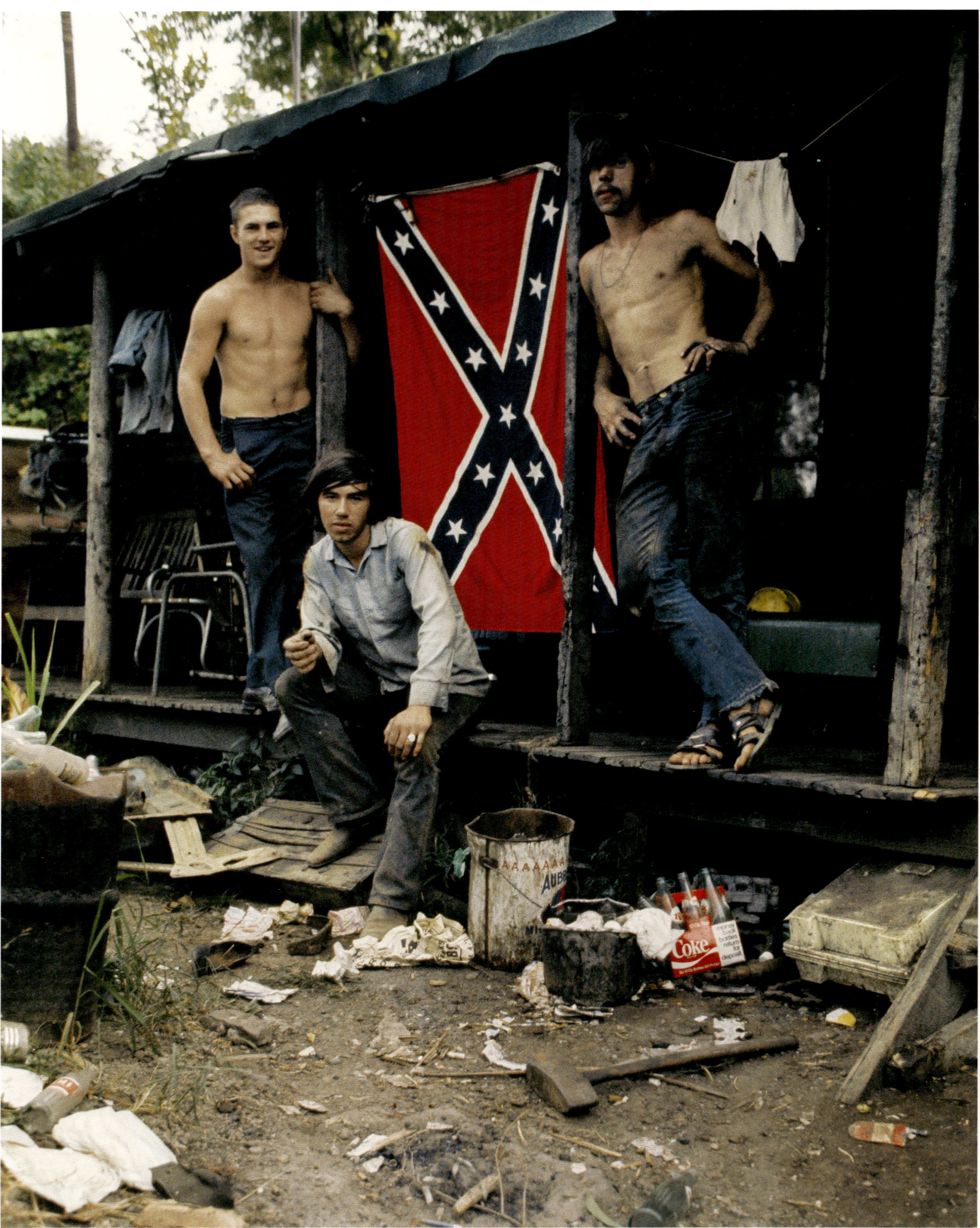

BRUCE DALE | 1973 | ÉTAT DU KENTUCKY, ÉTATS-UNIS *Mécaniciens en pause.*

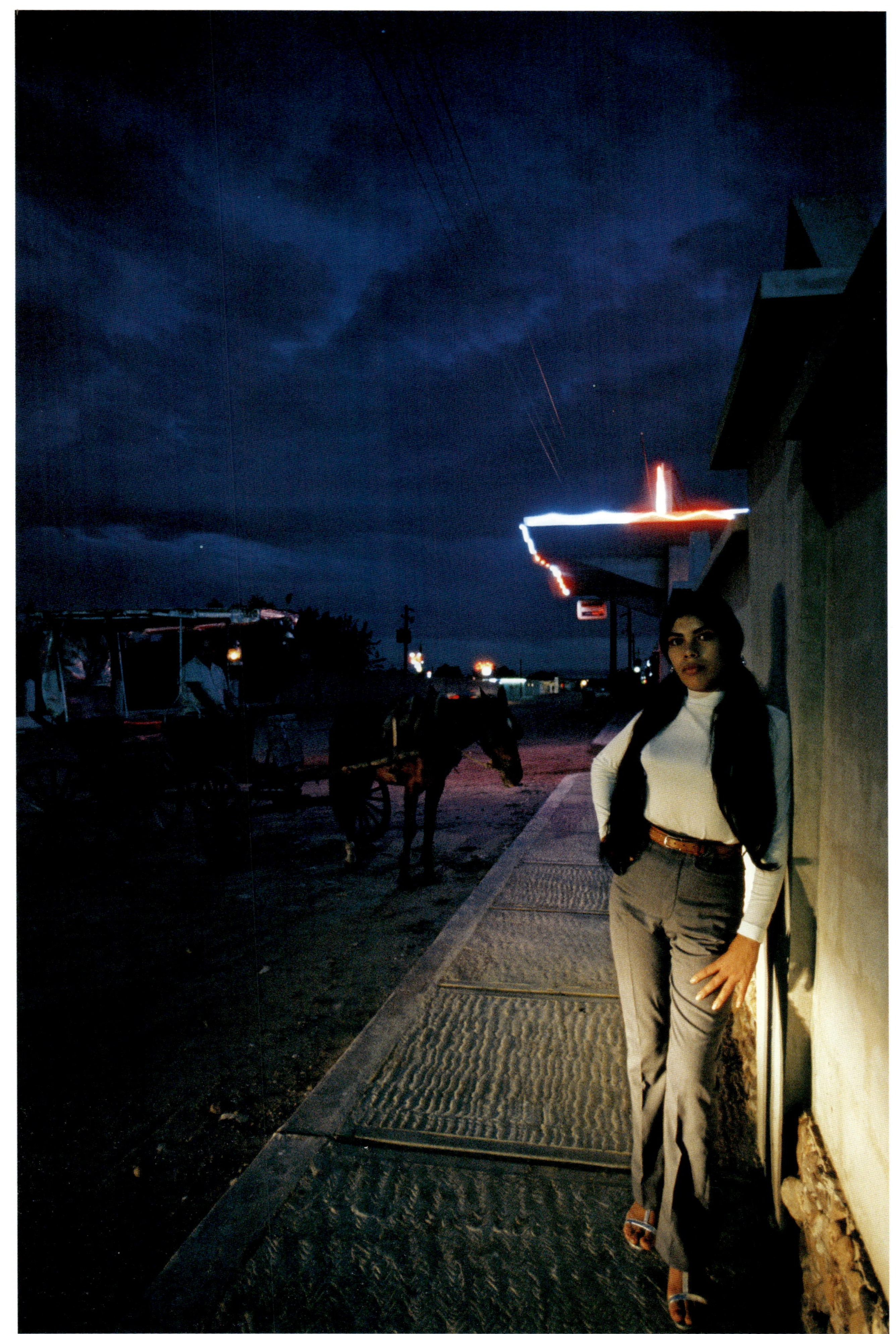

WILLIAM ALBERT ALLARD | 1971 | MEXIQUE *Nouvelle arrivante dans la grande ville.*

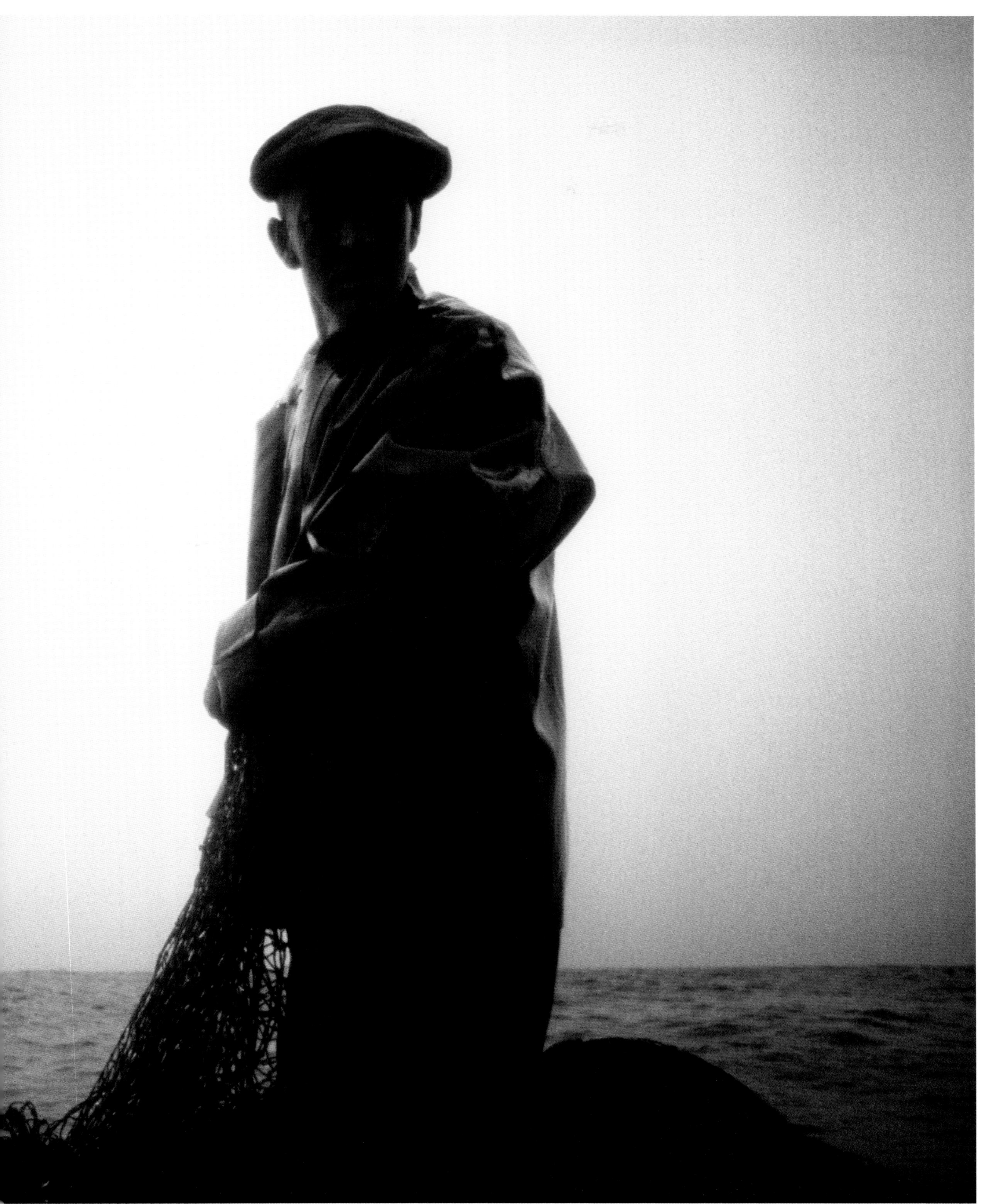

SAM ABELL | 1974 | CANADA *Au large de Terre-Neuve.*

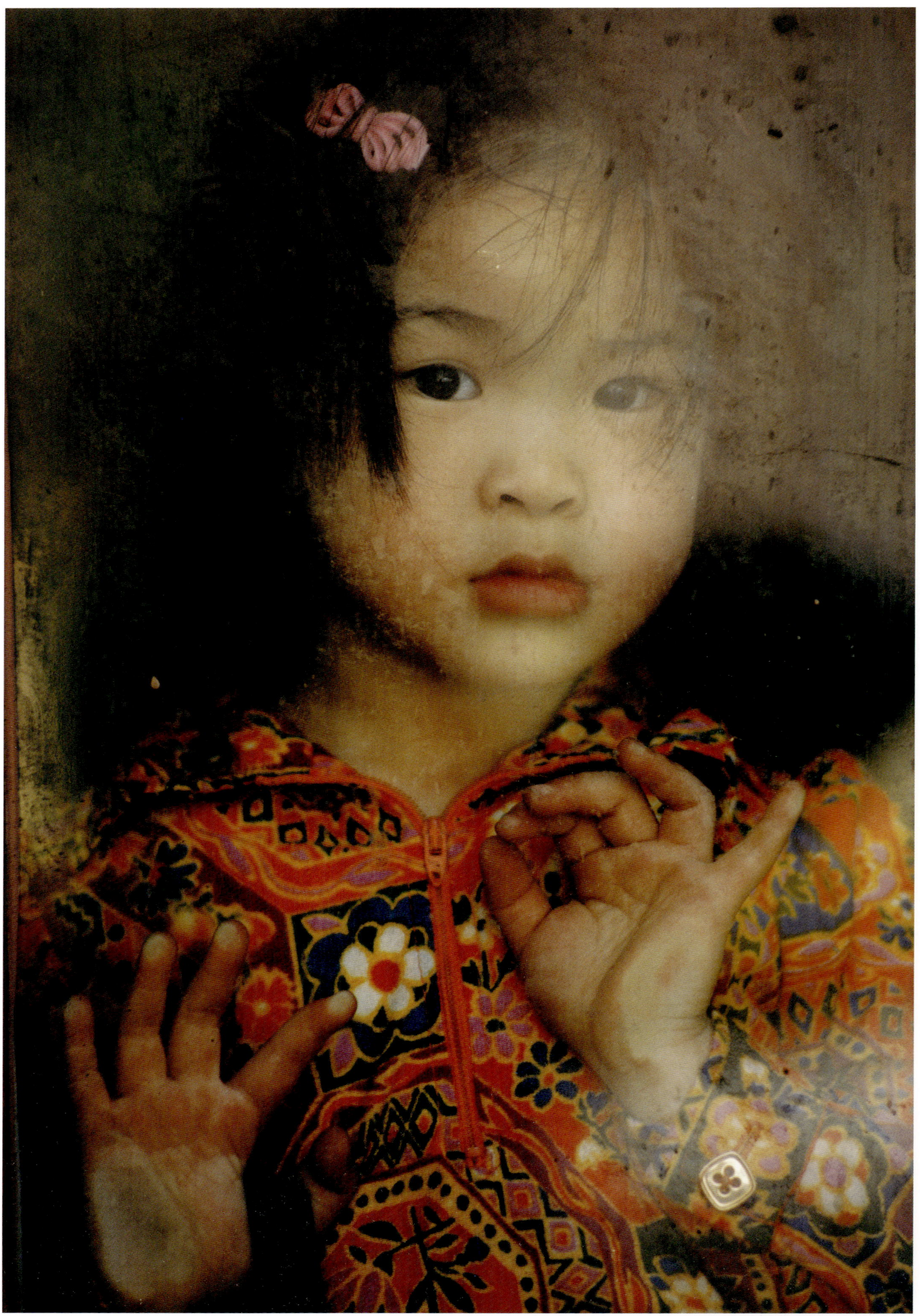

 WILLIAM ALBERT ALLARD | 1975 | ÉTAT DE CALIFORNIE, ÉTATS-UNIS *Une beauté de Chinatown.*

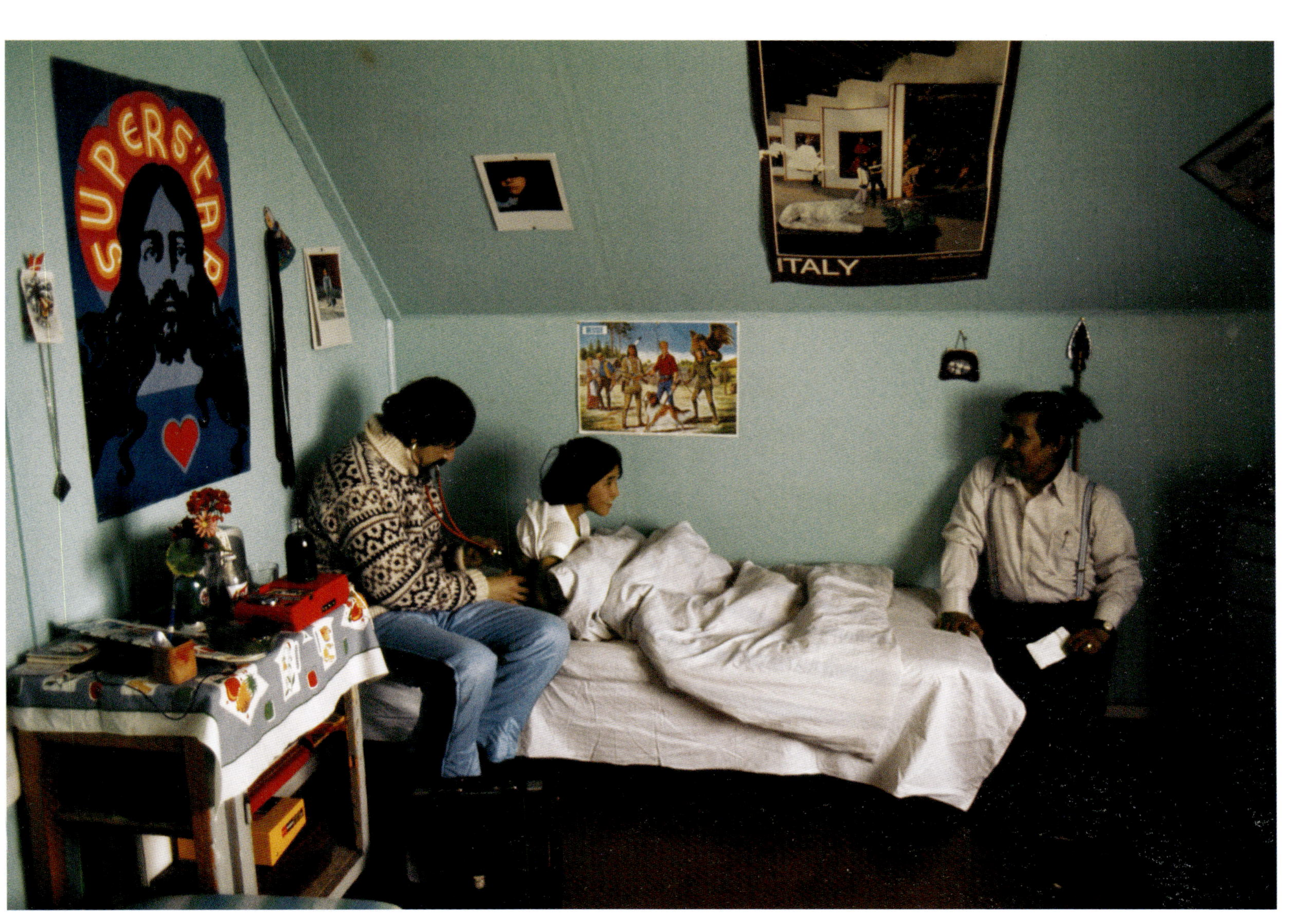

GEORGE F. MOBLEY | 1975 | GROENLAND *Un médecin effectuant une visite à domicile.*

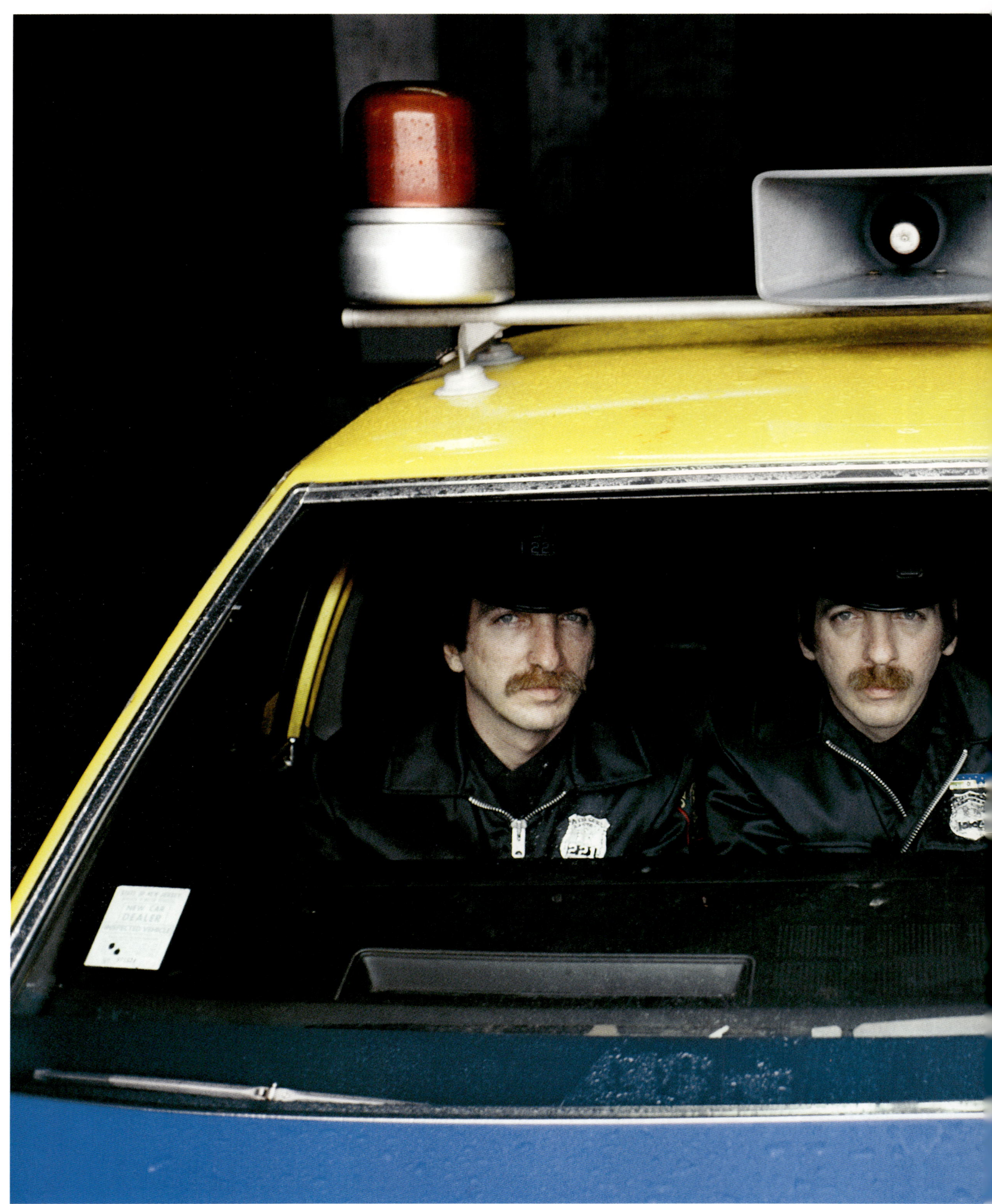

MICHAEL S. YAMASHITA | 1981 | ÉTAT DU NEW JERSEY, ÉTATS-UNIS *Trio de policiers triplés.*

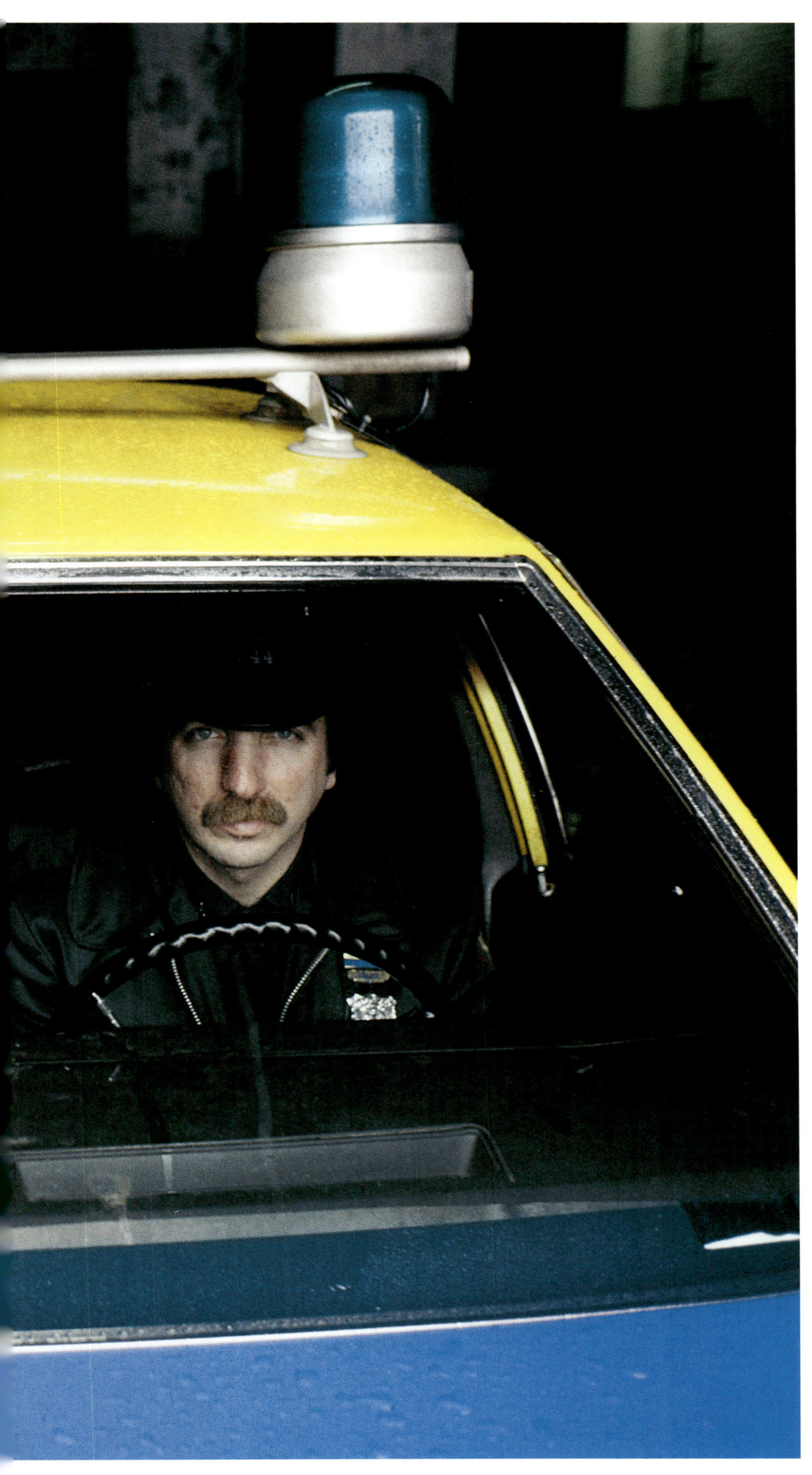

Selon William Carlos Williams, poète originaire de Paterson, dans l'État du New Jersey, « l'homme en lui-même est une ville, dont la vie commence, se cherche, s'accomplit et s'achève par des voies que les différents aspects d'une cité peuvent représenter. ».

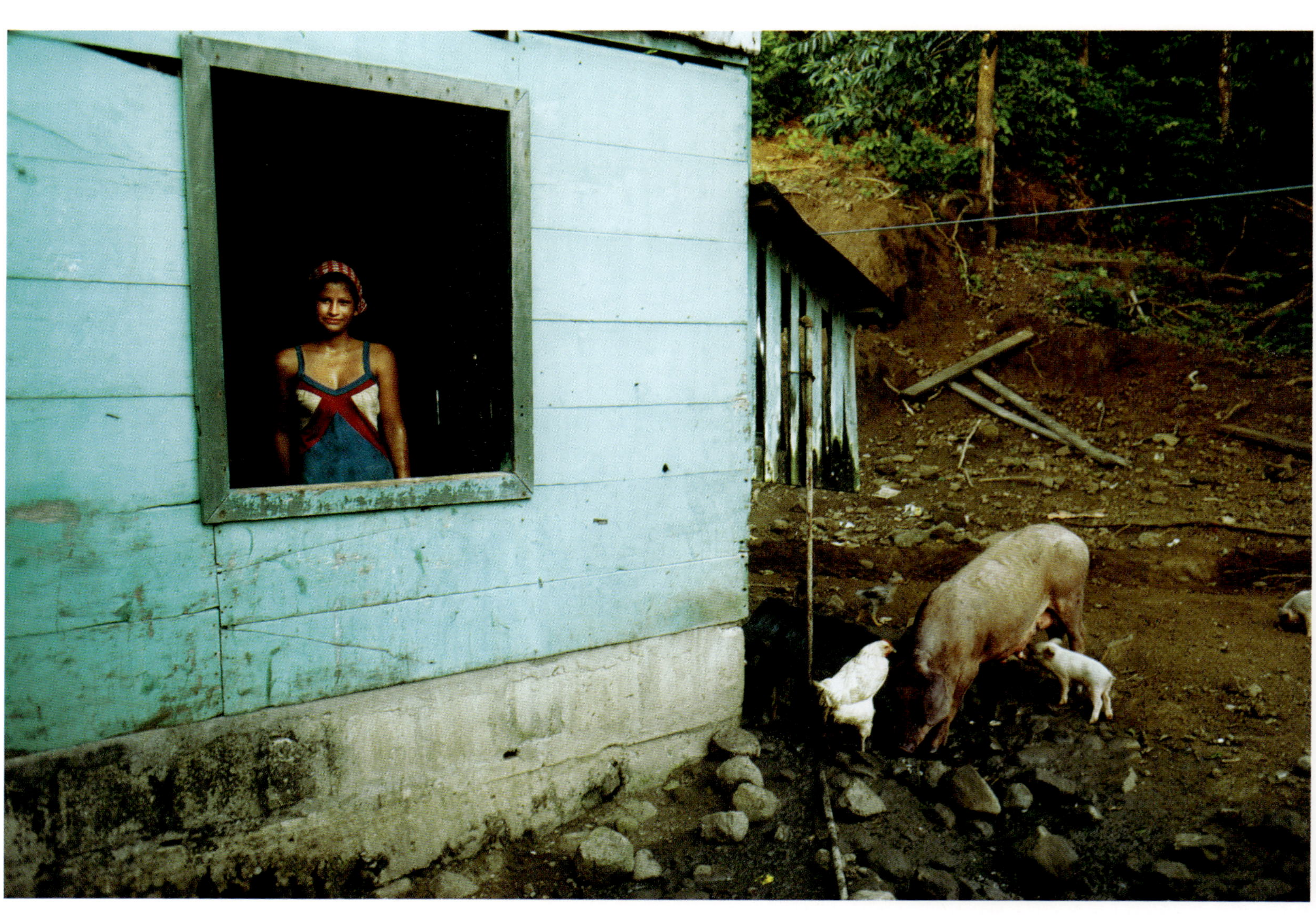

WILLIAM ALBERT ALLARD | 1981 | COSTA RICA *Une vie de bric et de broc.*

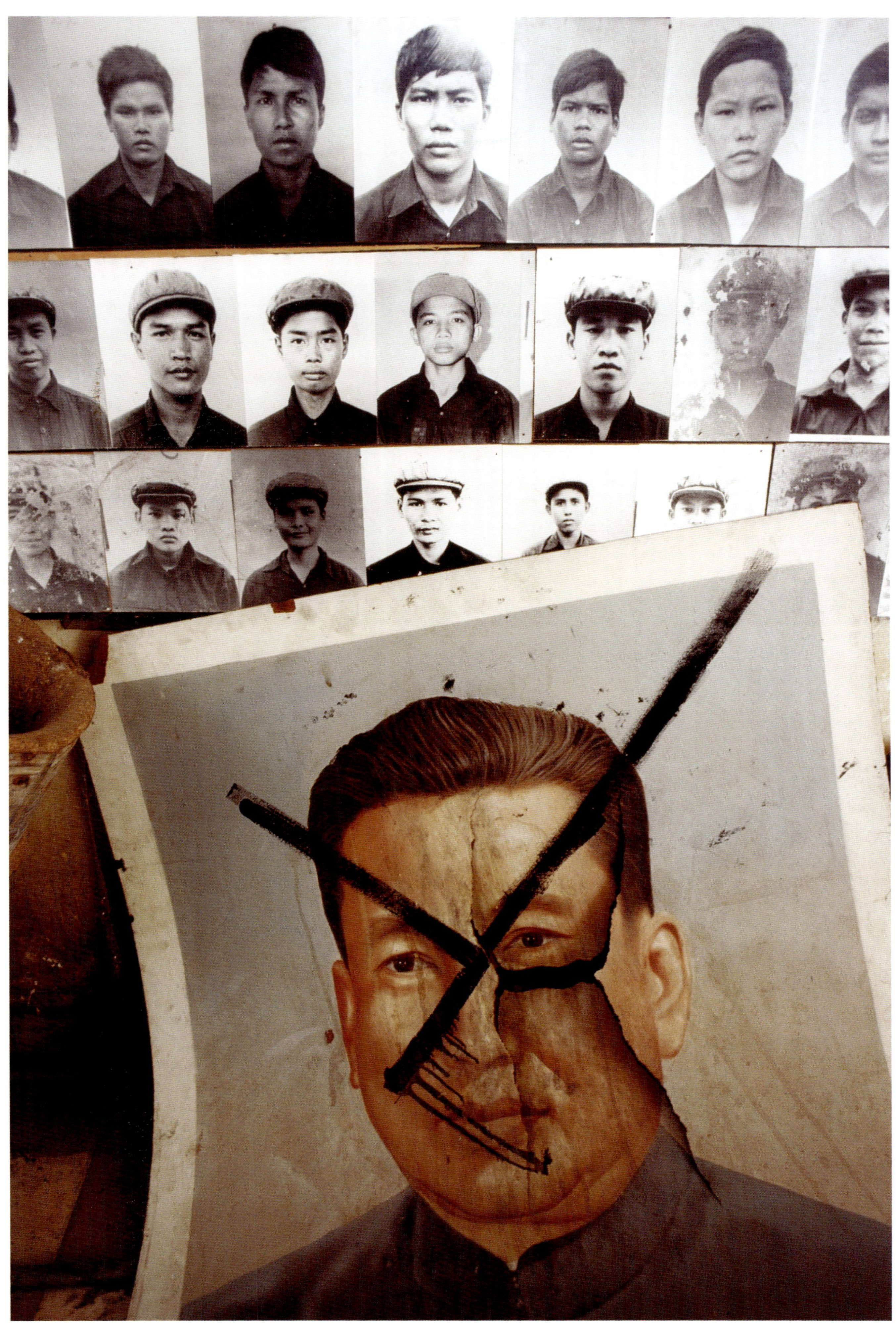

DAVID ALAN HARVEY | 1981 | CAMBODGE *Quand les enfants deviennent des tueurs : Pol Pot et bourreaux Khmers rouges.*

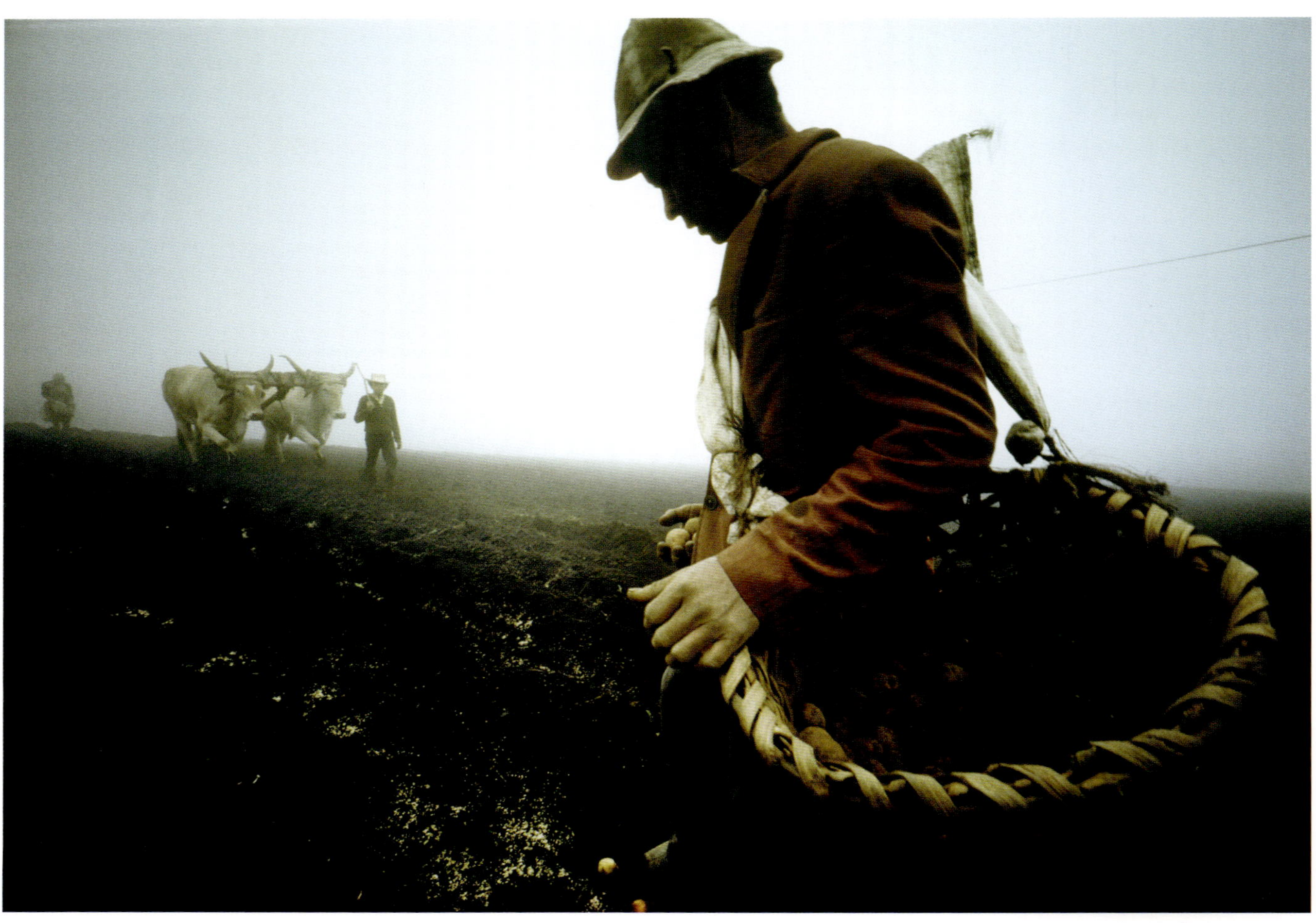

NICHOLAS DEVORE III | 1981 | COSTA RICA *Plantation de pommes de terre.*

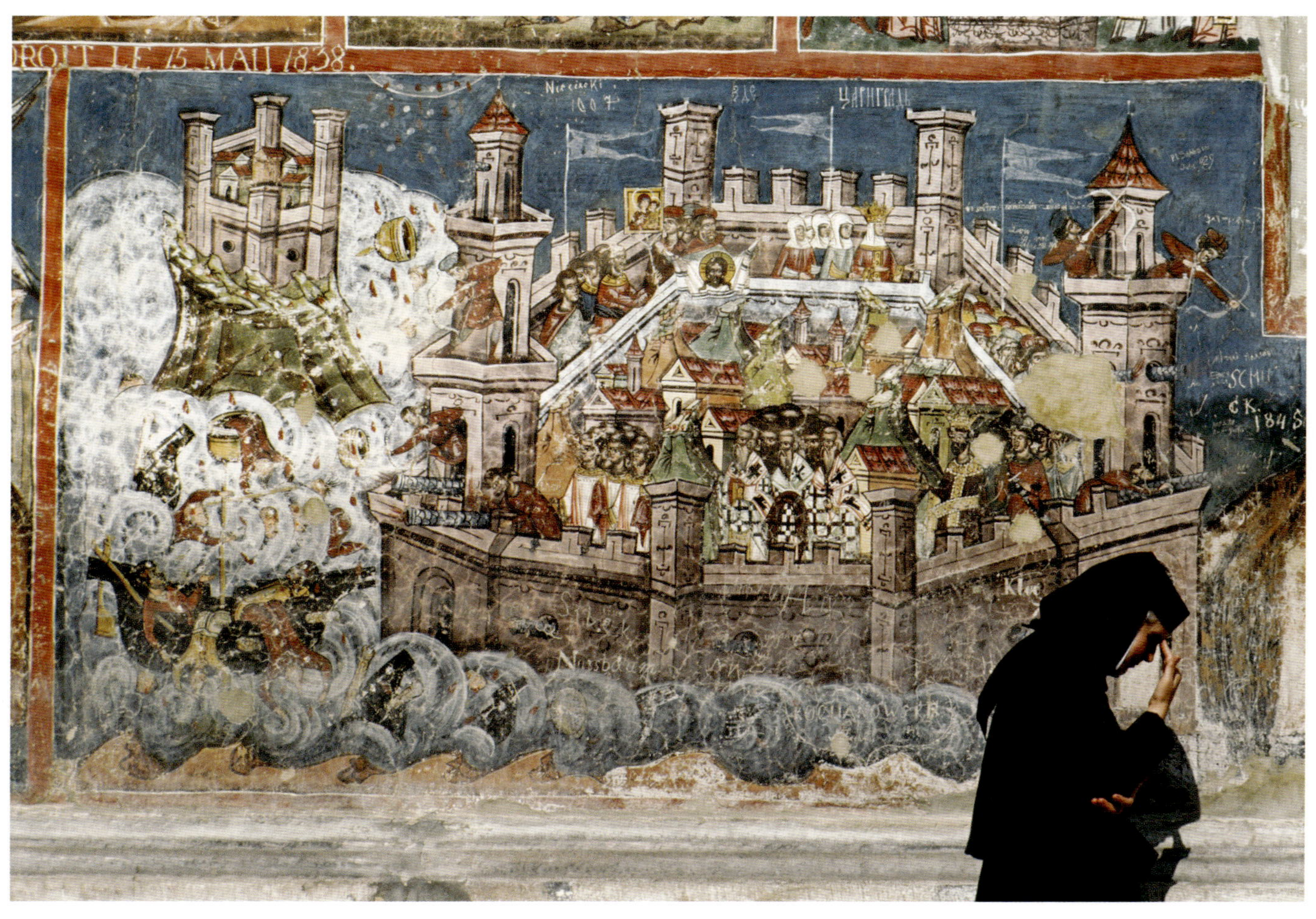

JAMES L. STANFIELD | 1983 | ROUMANIE *Peinture murale de Constantinople tombant aux mains des Turcs.*

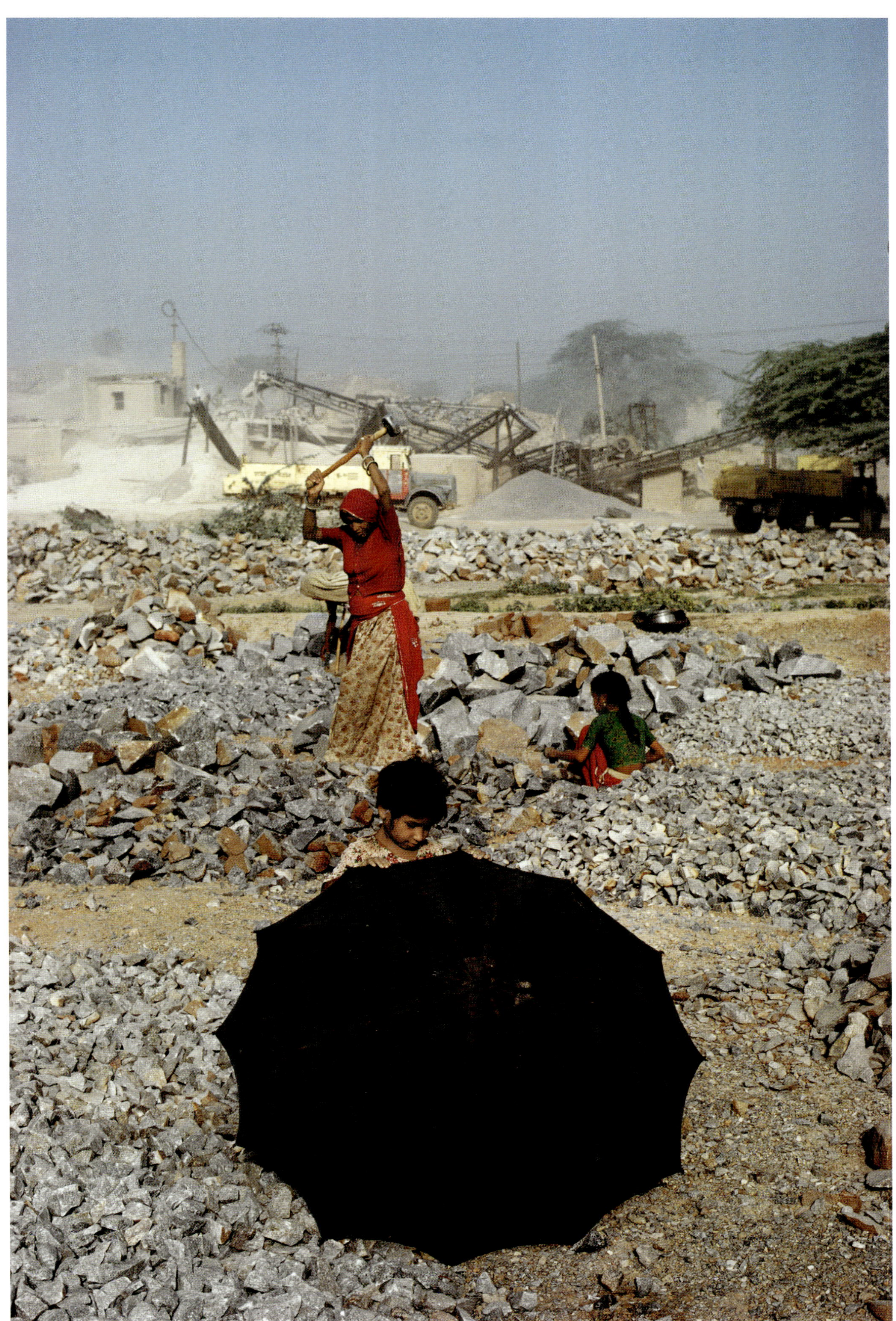

RAGHUBIR SINGH | 1985 | INDE *Intouchables.*

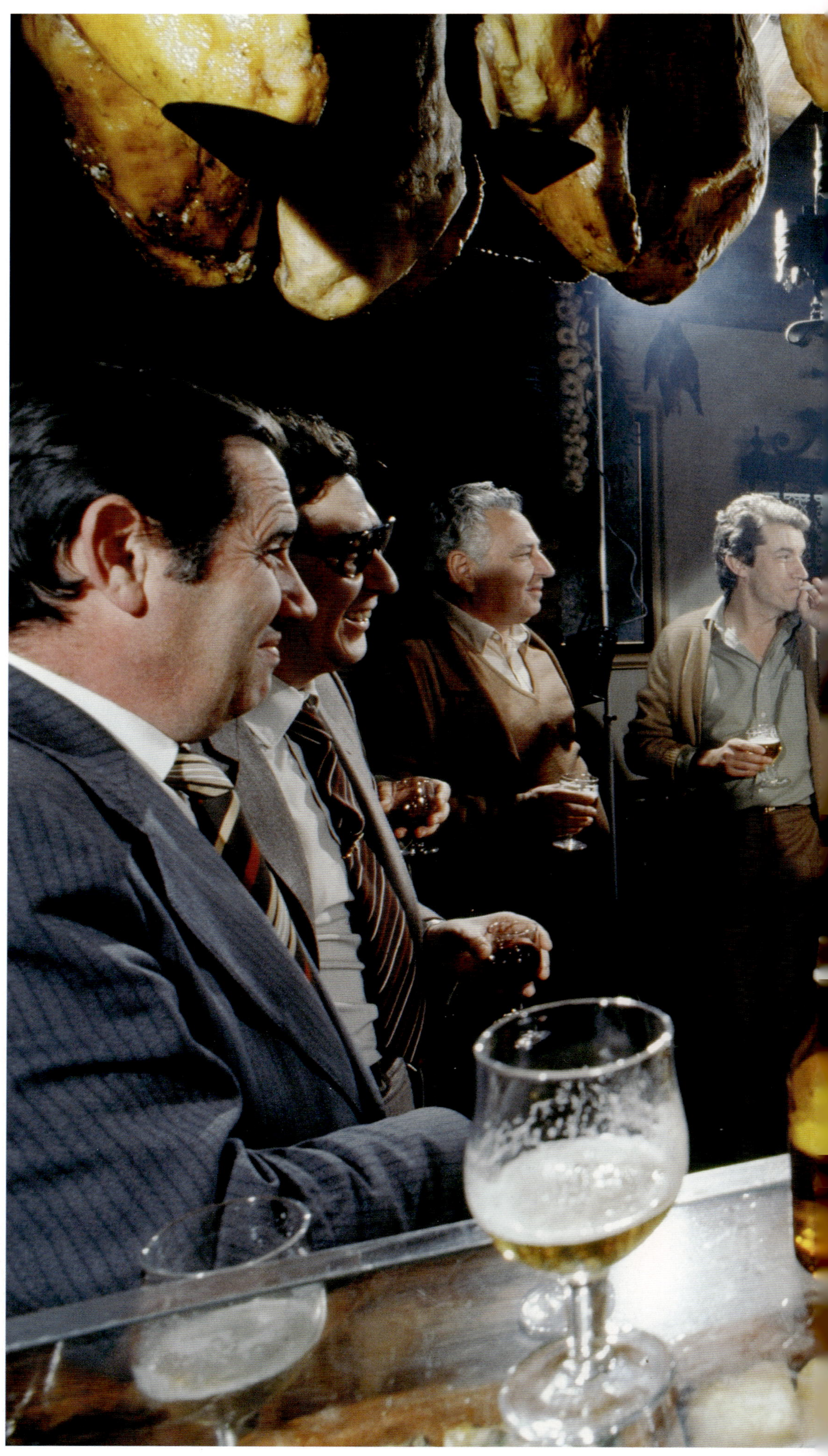

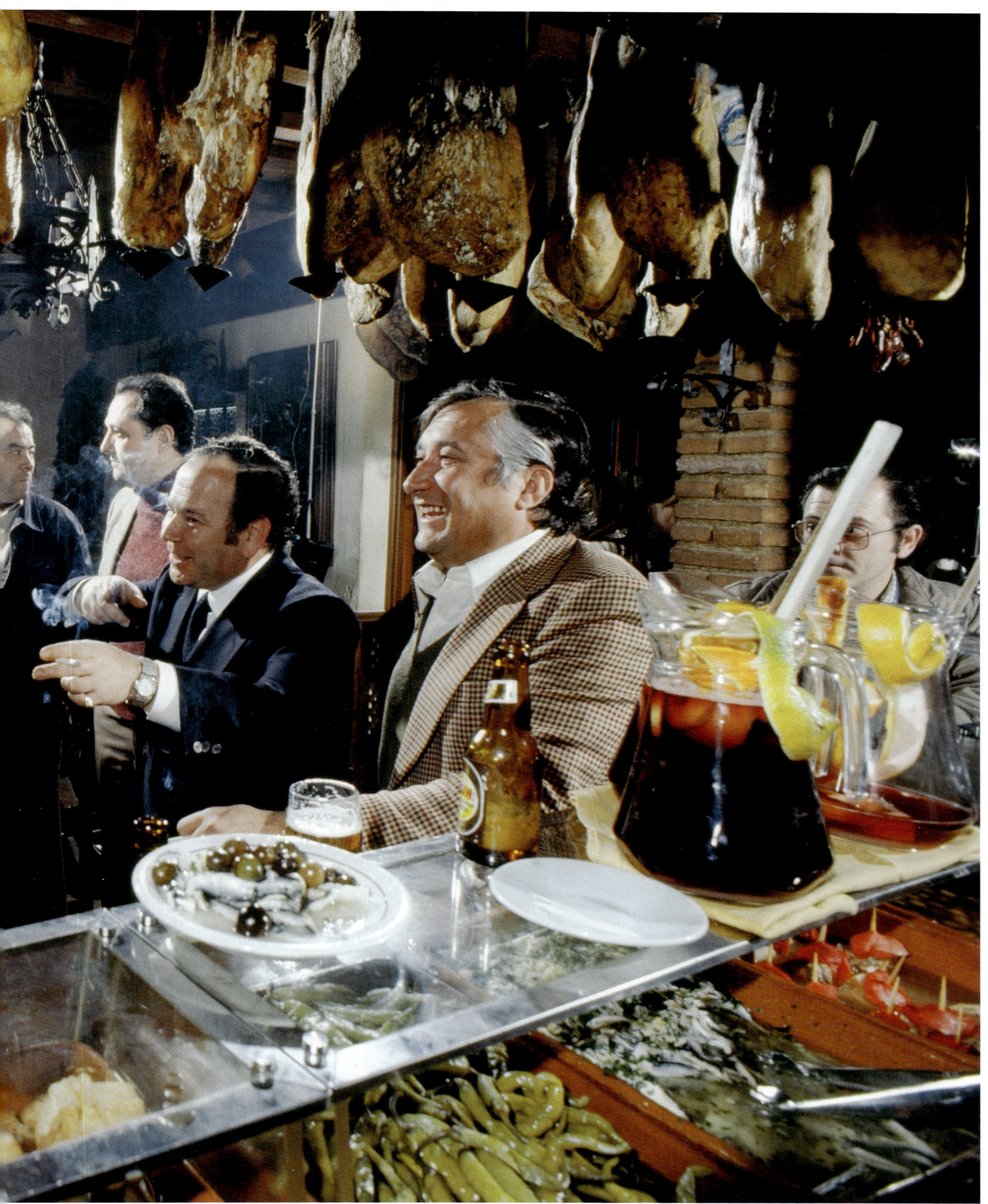

JAMES P. BLAIR | 1982 | ESPAGNE *Les tapas : l'heure magique à Tolède.*

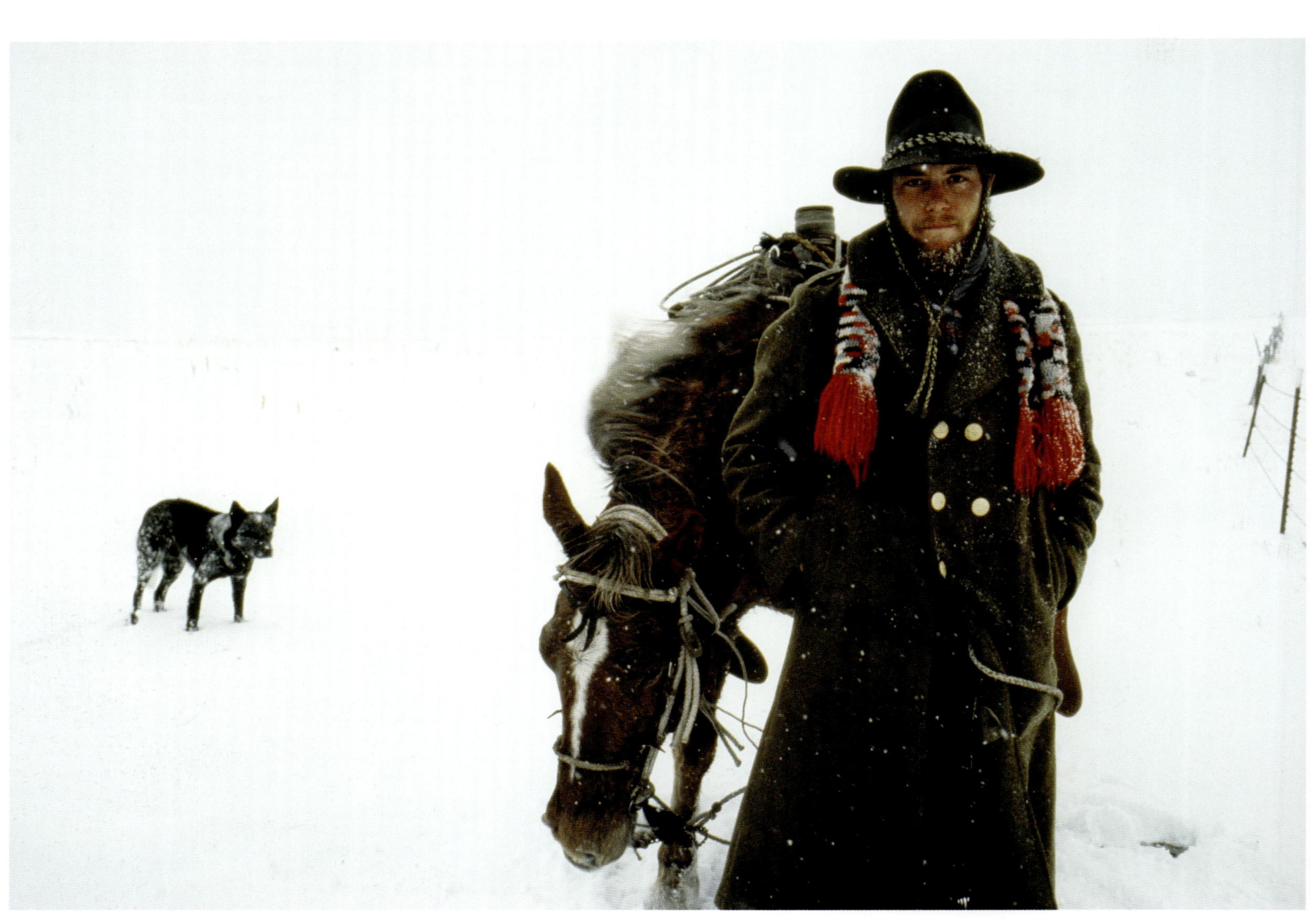

SAM ABELL | 1984 | ÉTAT DU MONTANA, ÉTATS-UNIS *Portrait d'un cow-boy.*

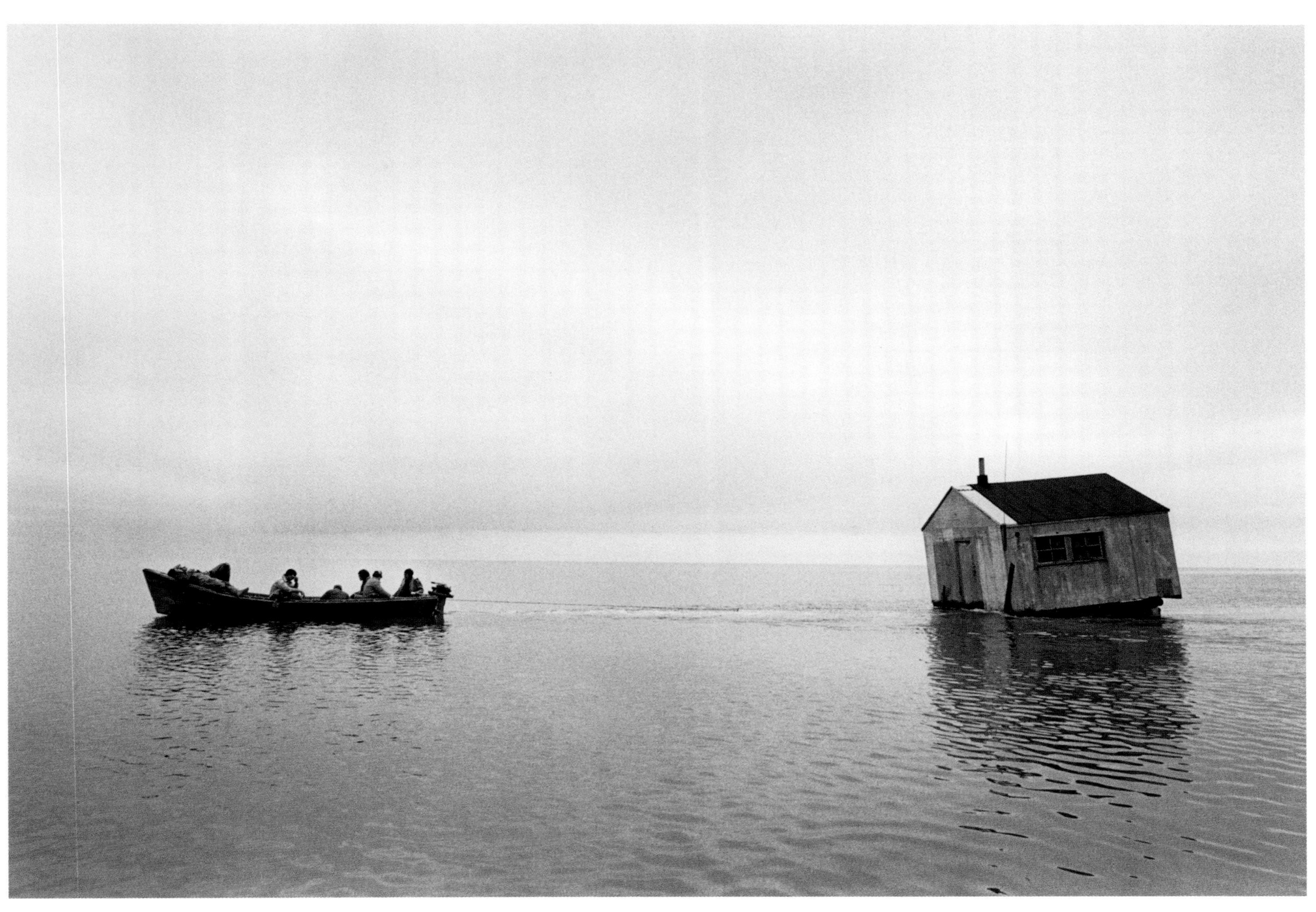

FATHER DON DOLL | 1984 | ÉTAT DE L'ALASKA, ÉTATS-UNIS *Trouver une maison grâce au voyage.*

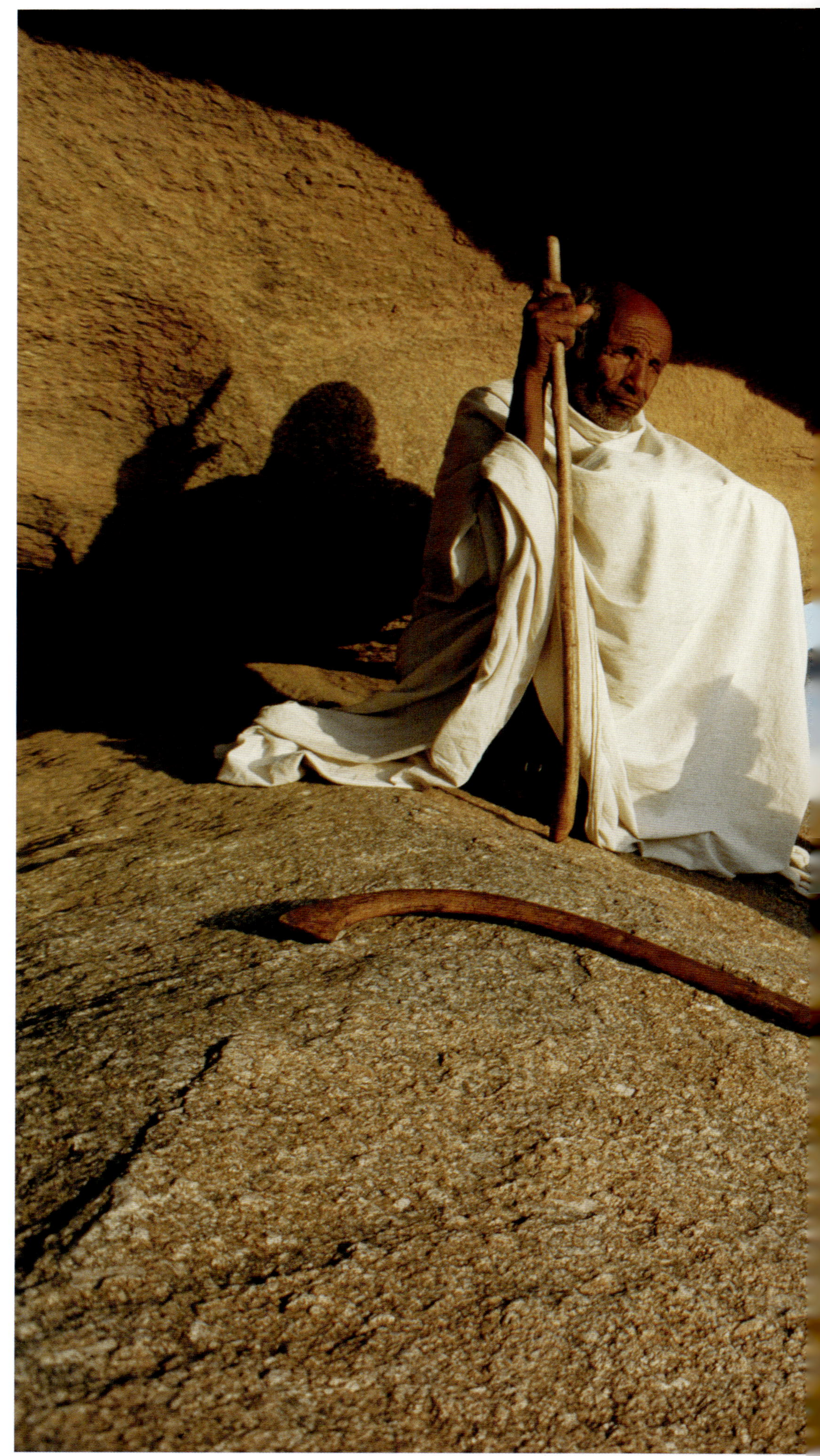

Selon l'anthropologue Colin Turnbull, la contribution des anciens peut résider dans leur façon de pratiquer « l'art d'être ». « Ils n'ont pas besoin de formation ou de talent particulier ; leur qualification, c'est l'âge. »

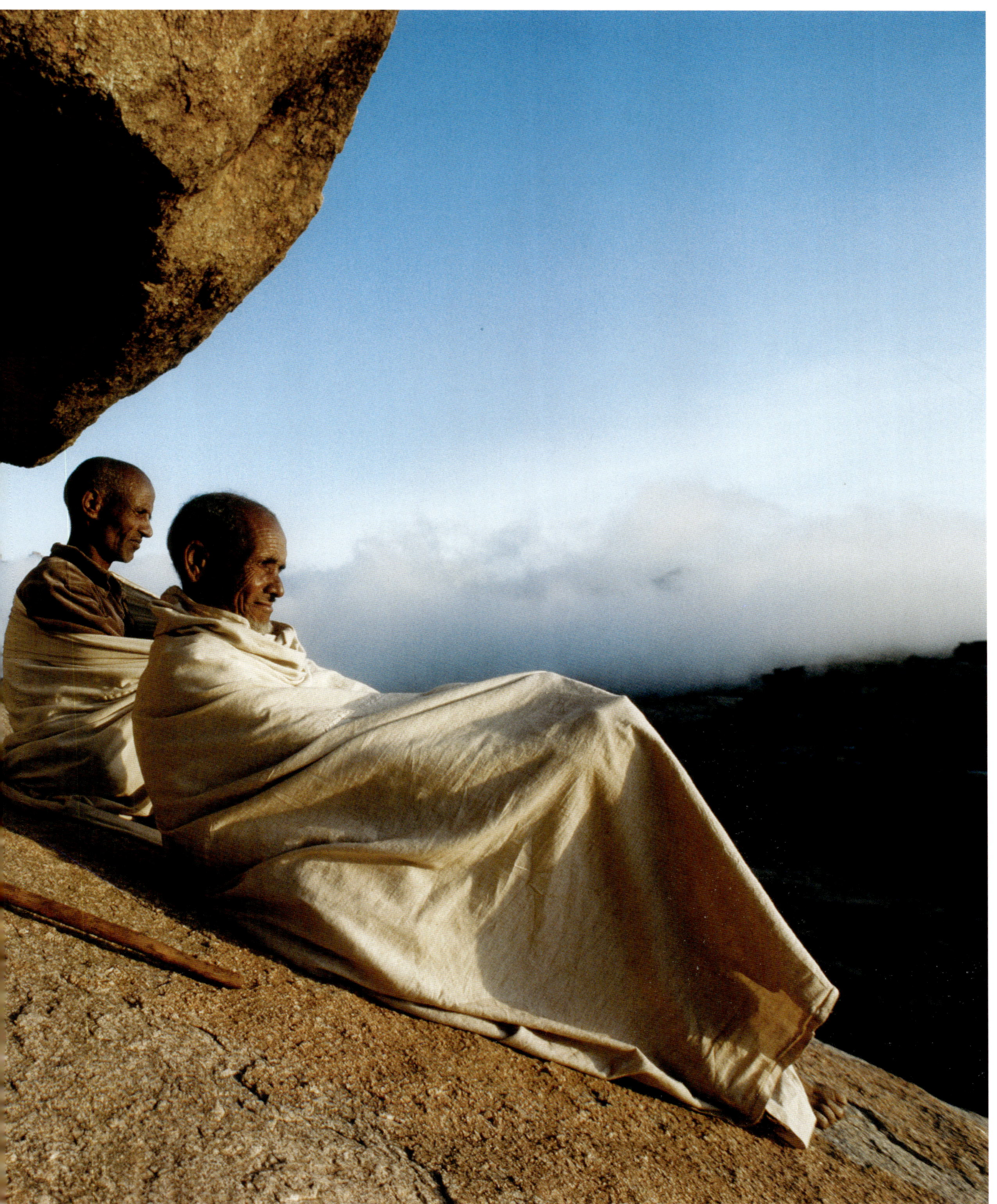

ROBERT CAPUTO | 1996 | ÉRYTHRÉE *Les anciens du village au crépuscule.*

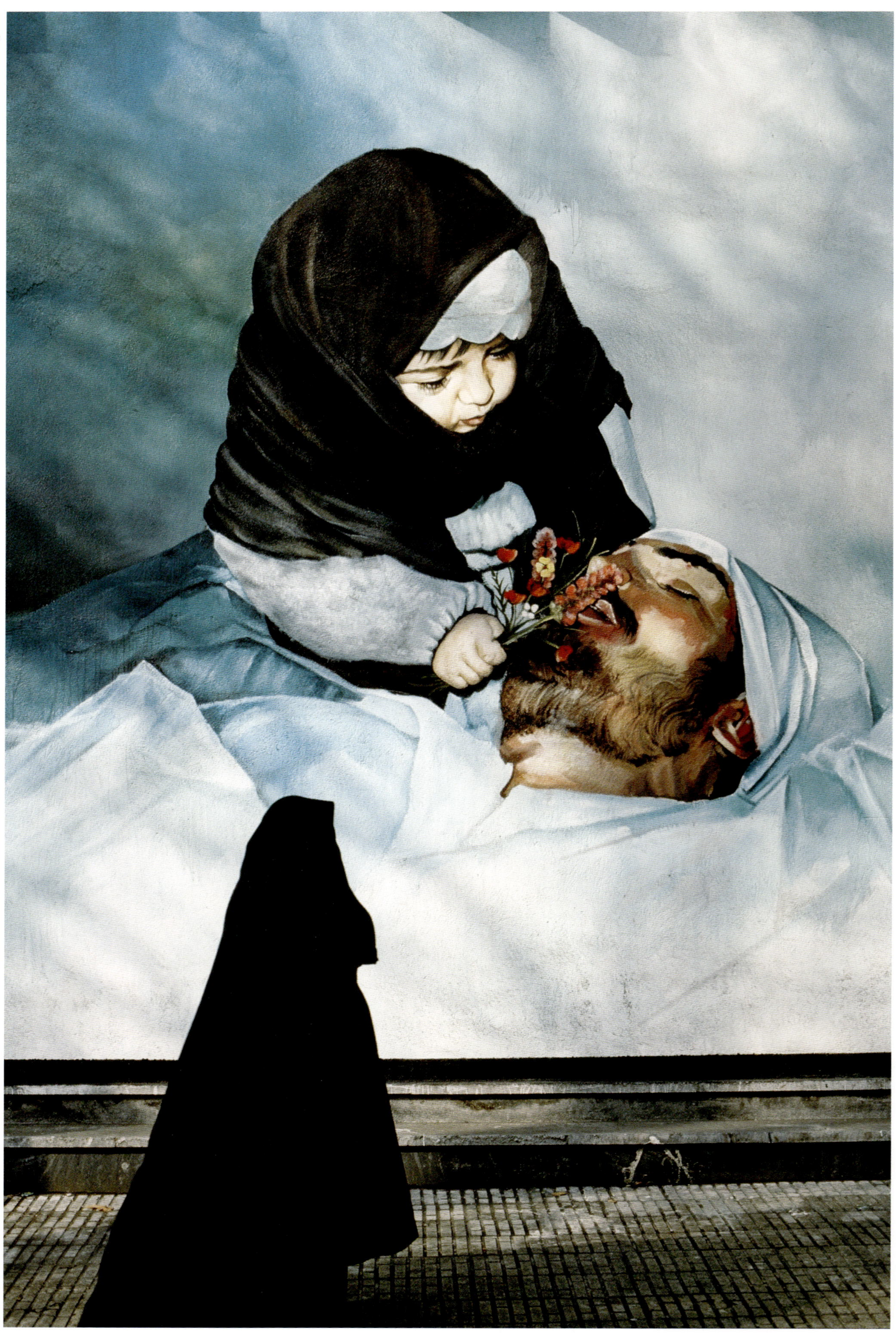

MICHAEL COYNE | 1983 | IRAN *Victimes de guerre.*

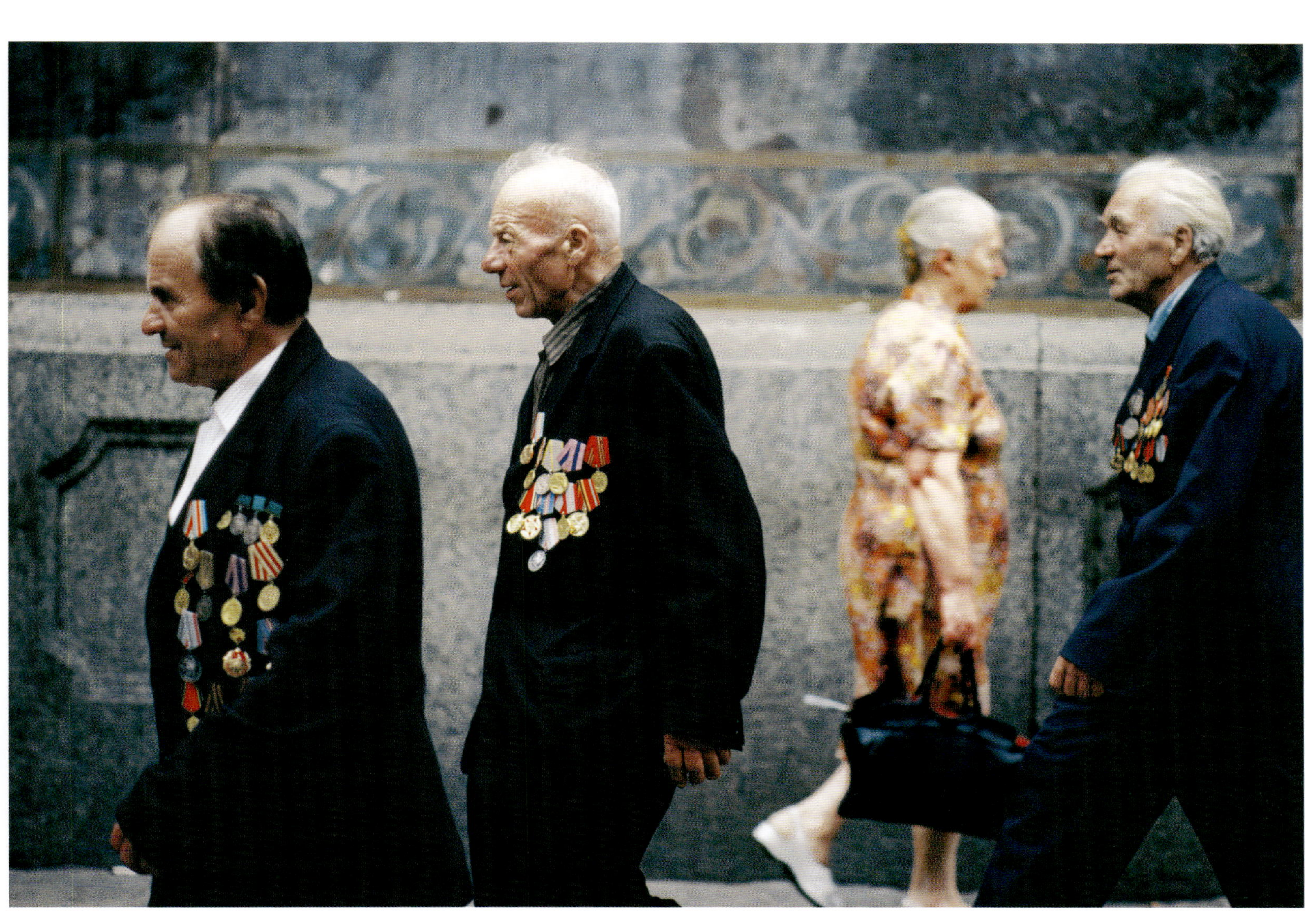

JIM BRANDENBURG | 1985 | UKRAINE *Rescapés de guerre.*

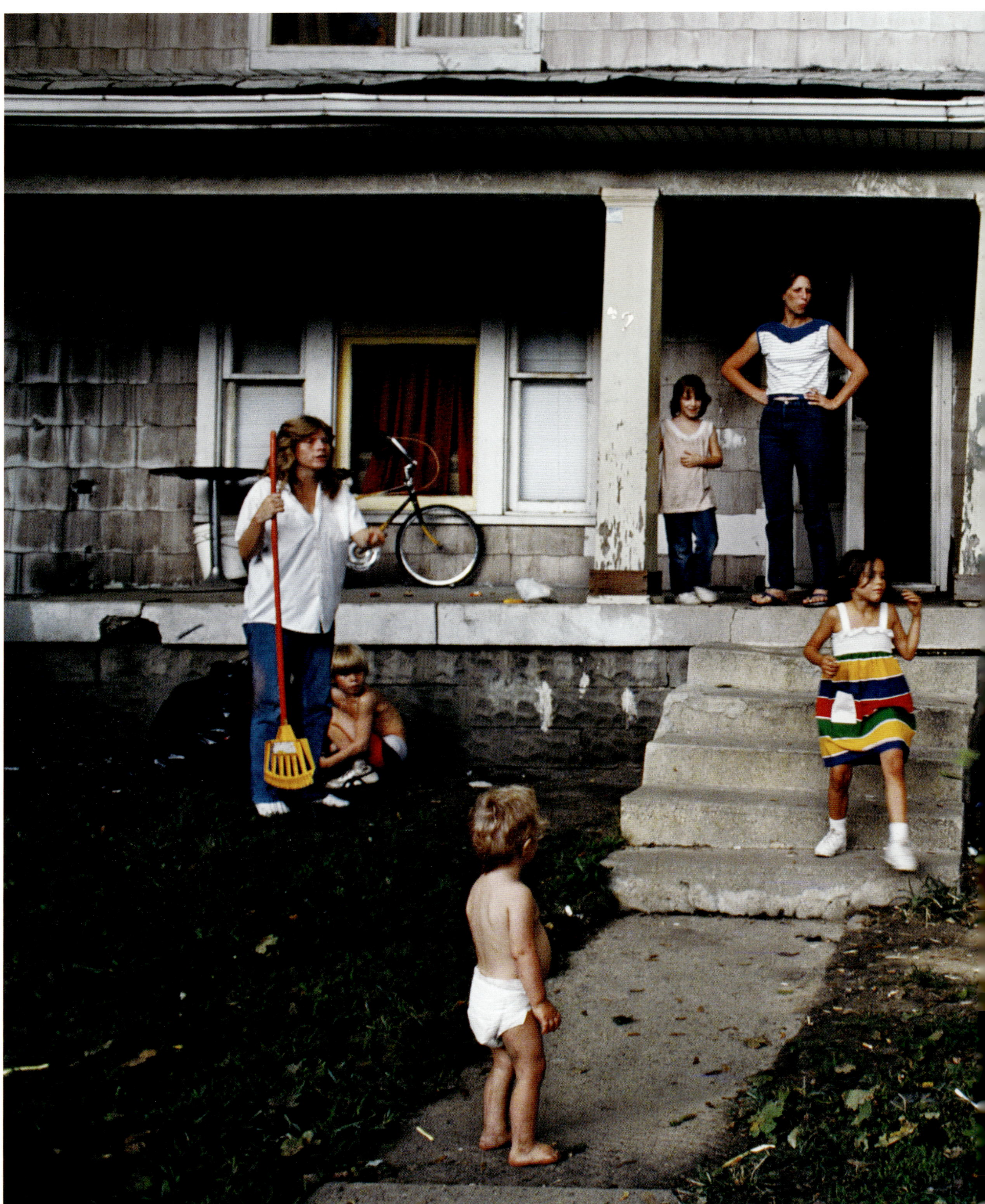

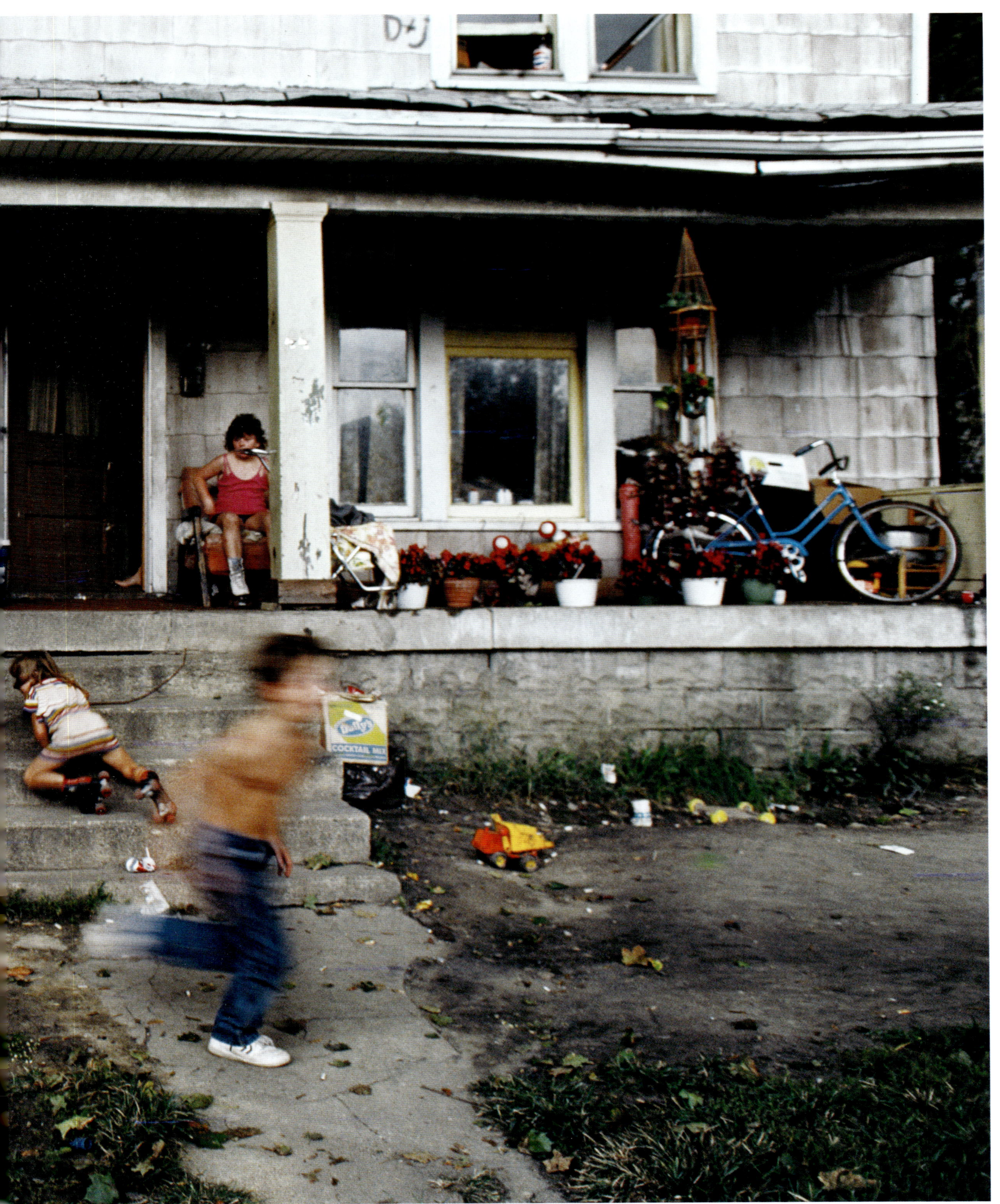

SANDY FELSENTHAL | 1987 | ÉTAT DE L'INDIANA, ÉTATS-UNIS *Les doux oiseaux de la jeunesse.*

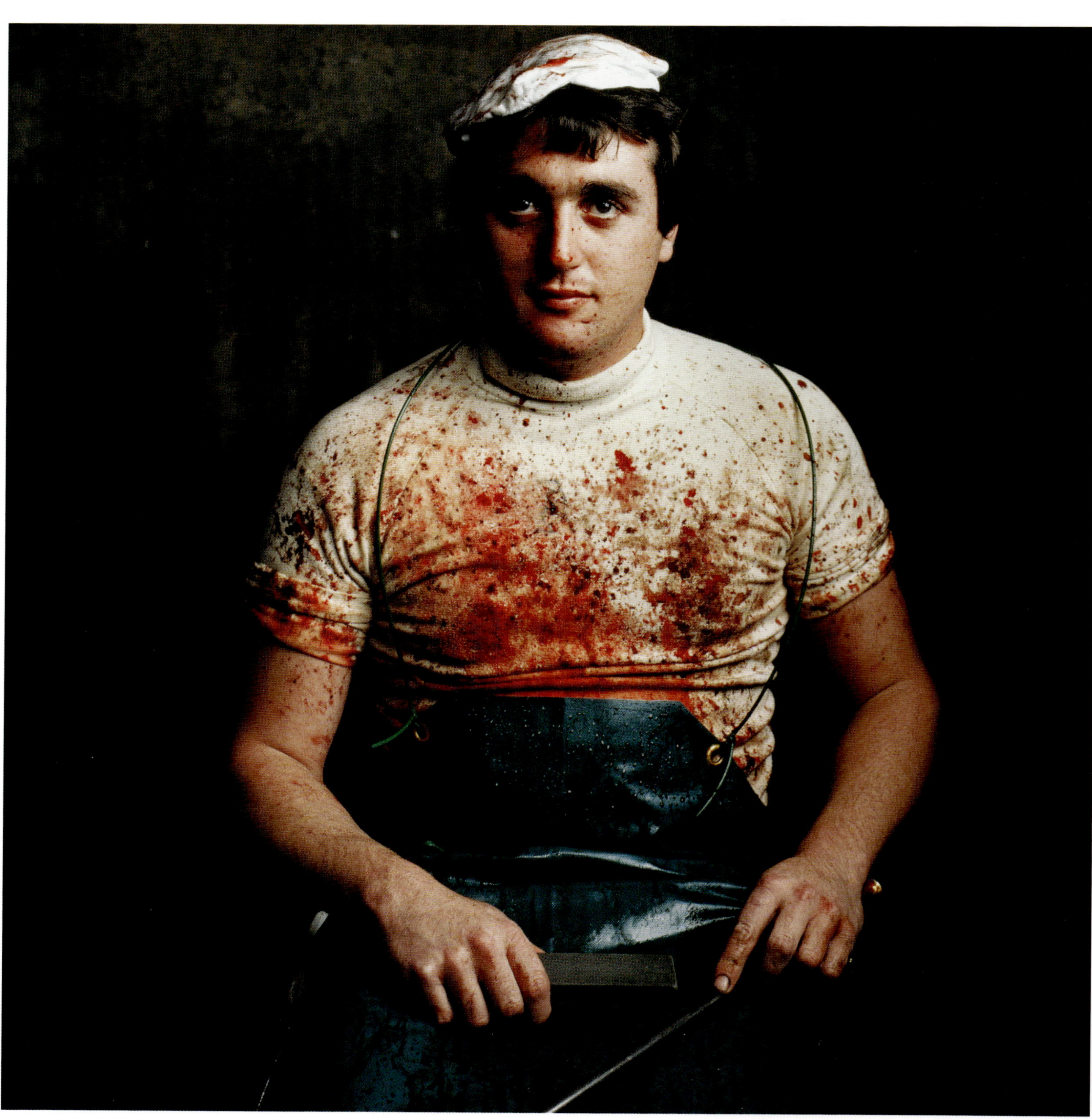

MICHAEL O'BRIEN | 1988 | AUSTRALIE *Portrait du boucher en jeune homme.*

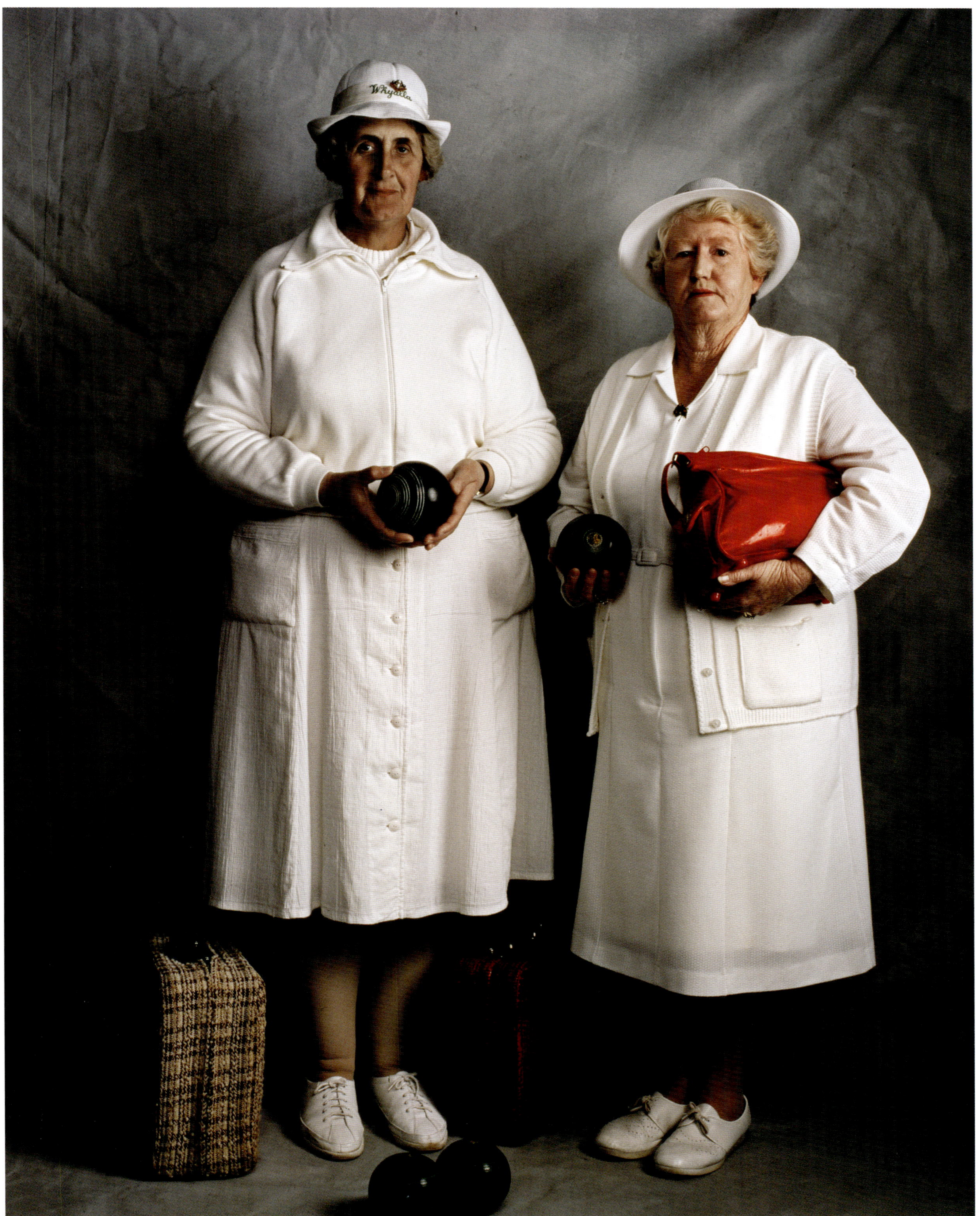

MICHAEL O'BRIEN | 1988 | AUSTRALIE *Joueuses de boules.*

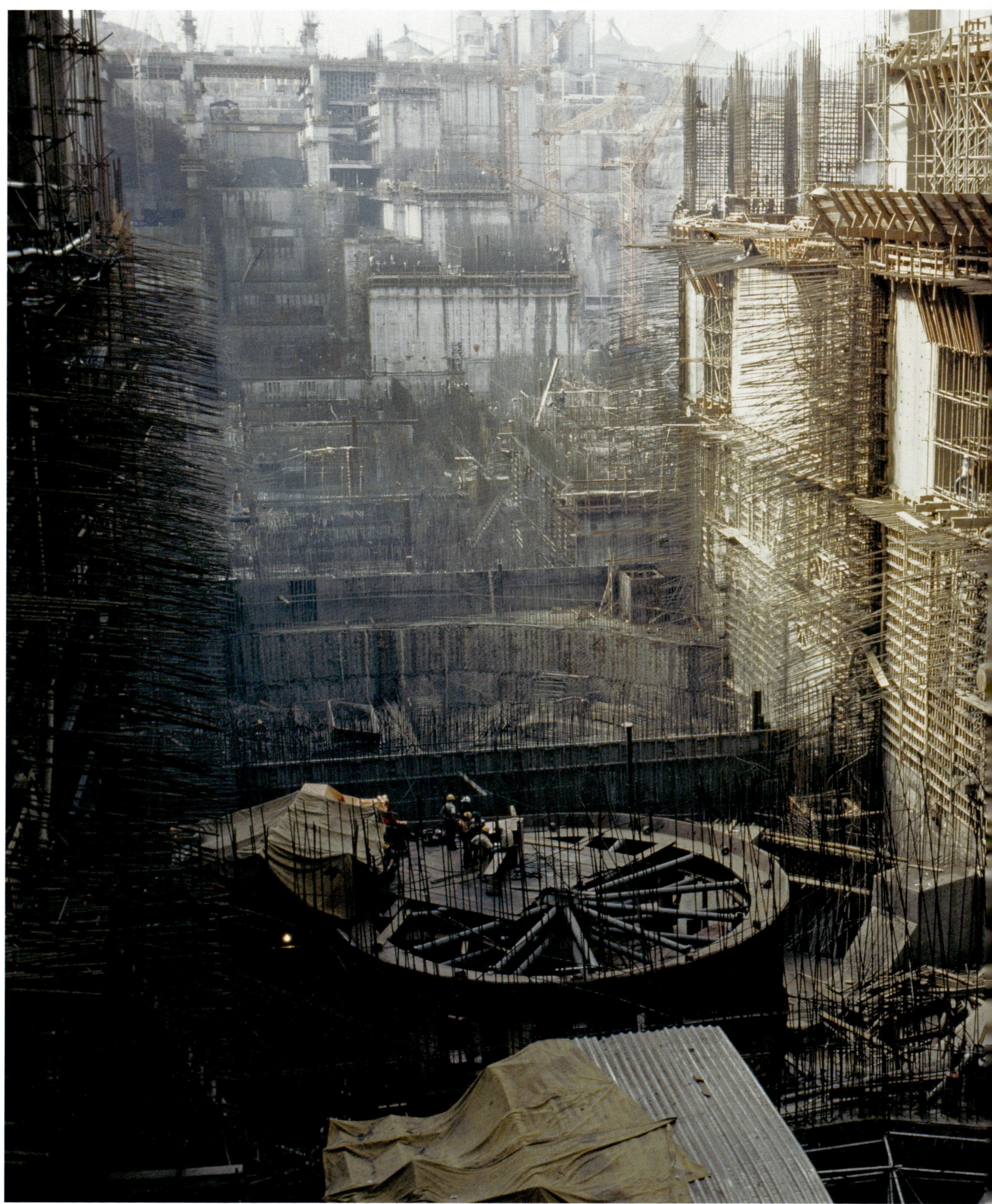

O. LOUIS MAZZATENTA | 1982 | PARAGUAY *Construction du barrage d'Itaipú.*

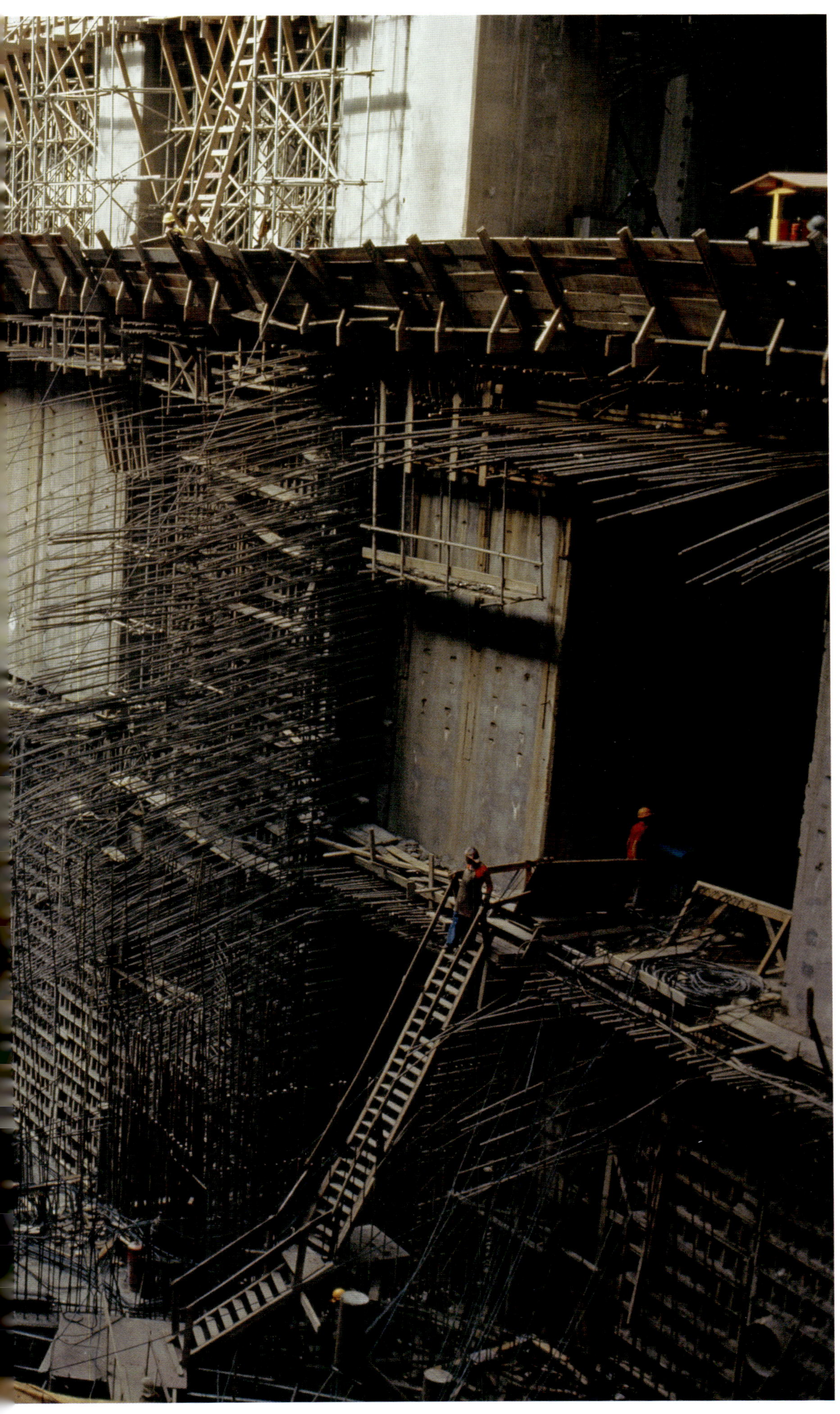

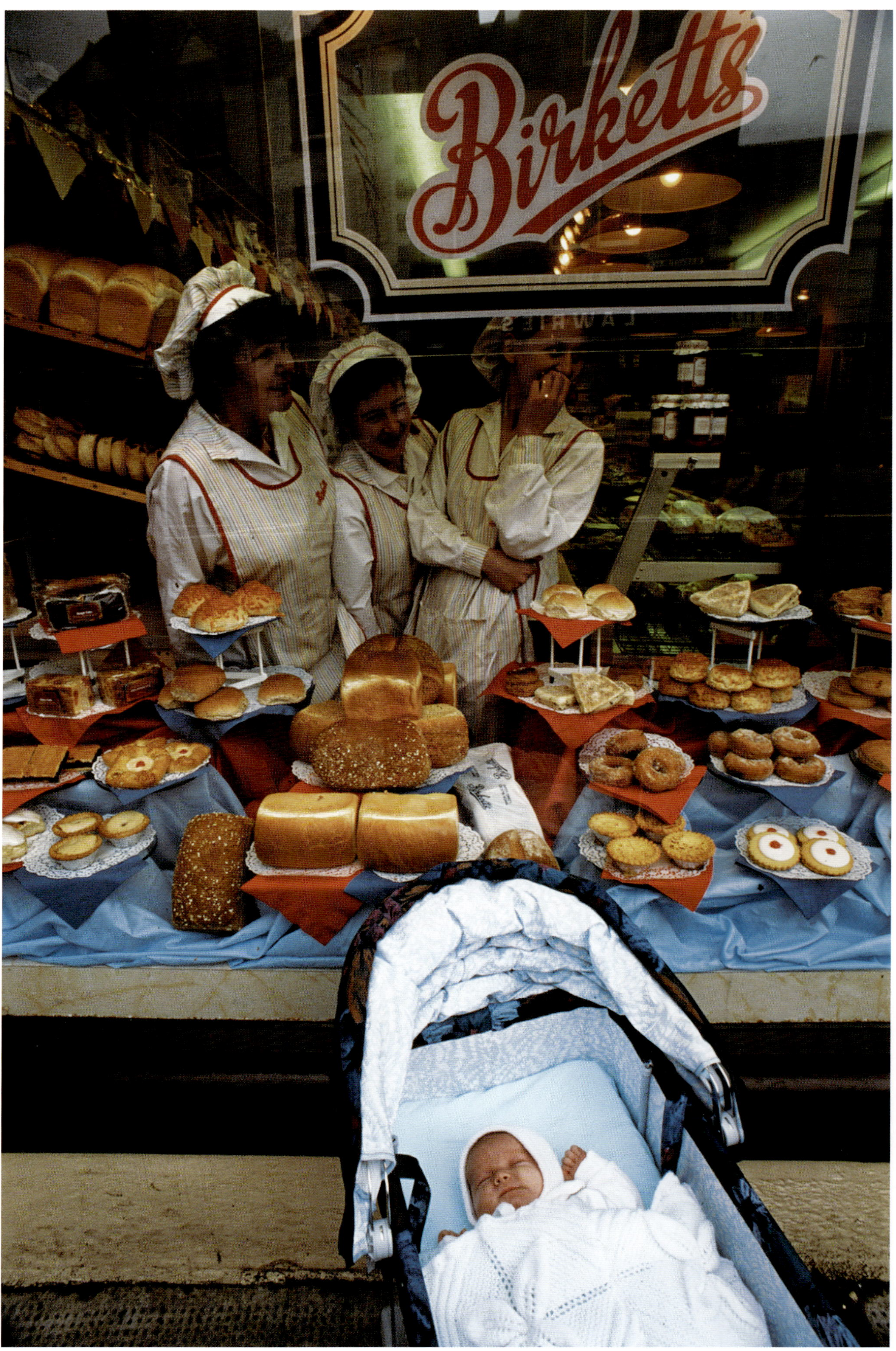

JIM RICHARDSON | 1996 | ÉCOSSE *Des douceurs pour une petite douceur.*

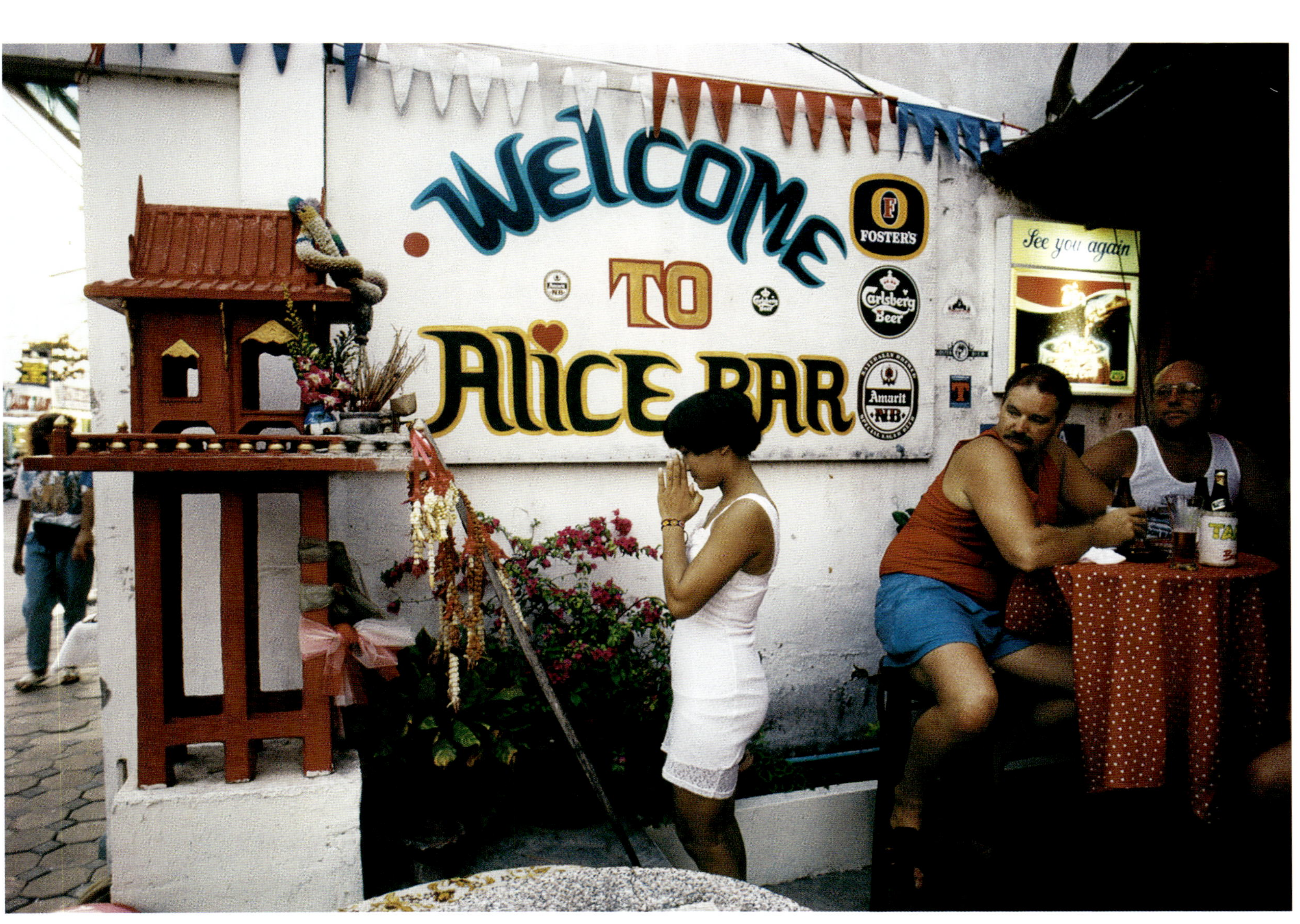

JODI COBB | 1996 | THAÏLANDE *Bénédiction avant le travail de nuit.*

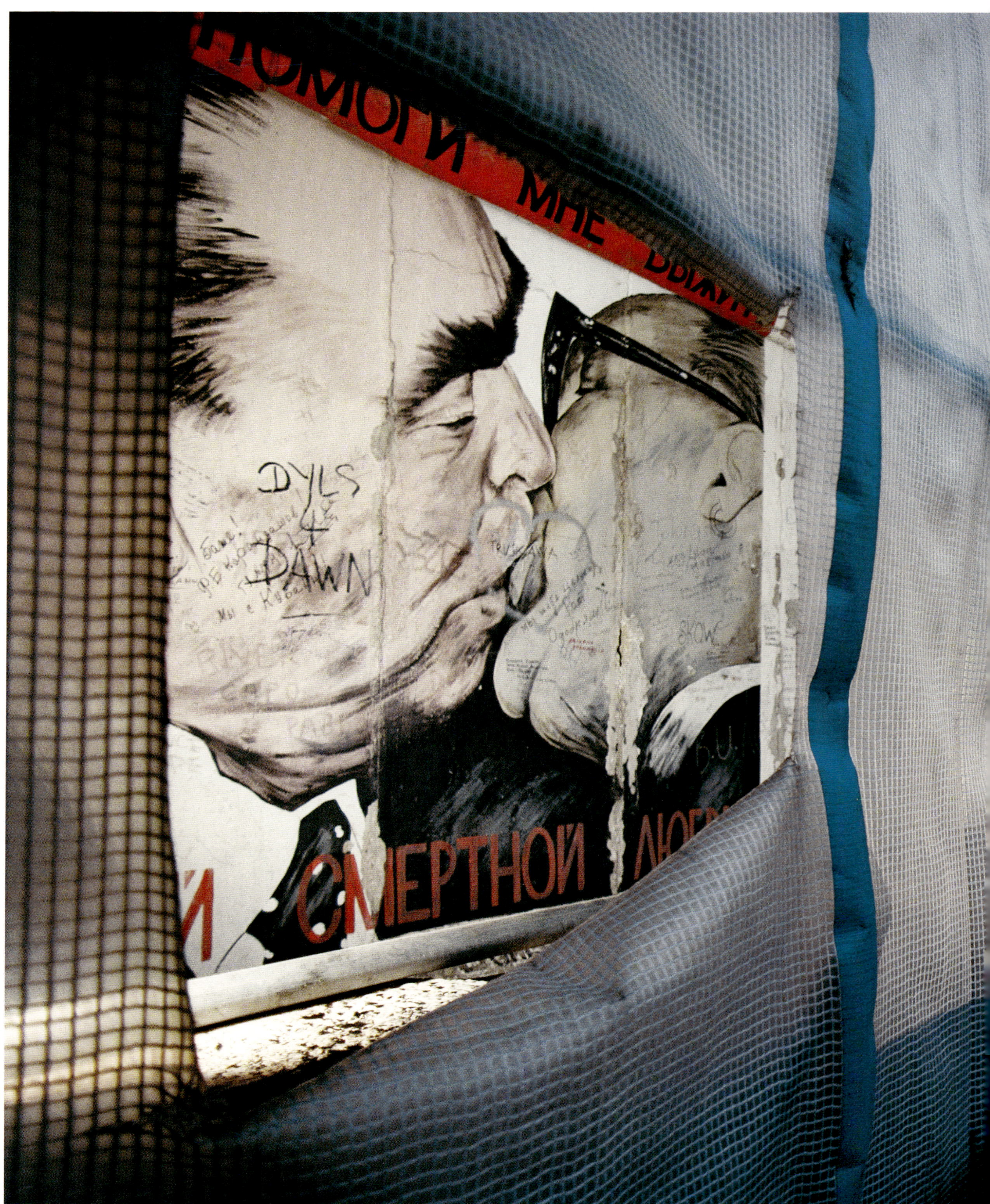
МНЕ
DYLS
4
DAWN
СМЕРТНОЙ

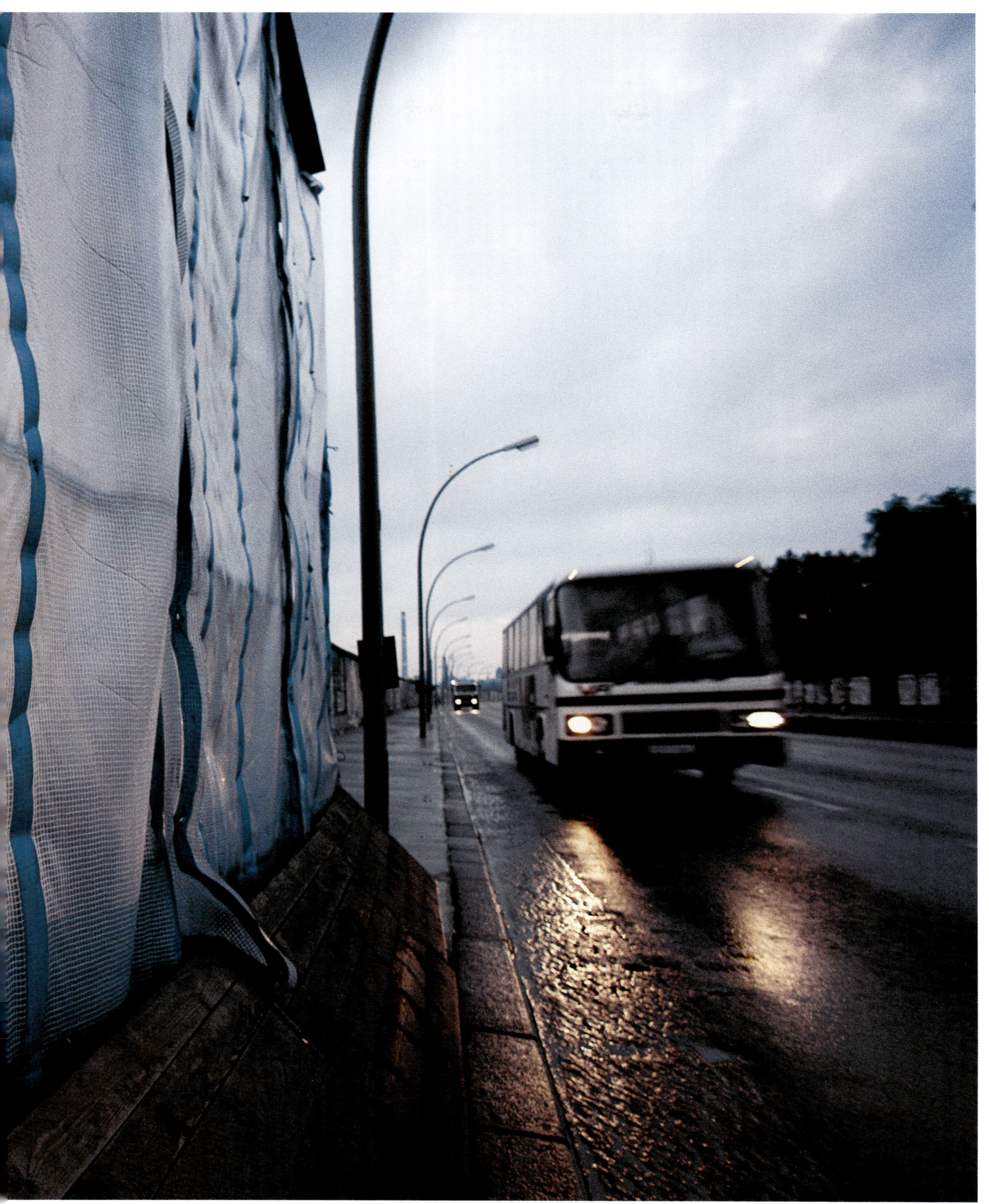

GERD LUDWIG | 1996 | ALLEMAGNE *Un drôle de tandem.*

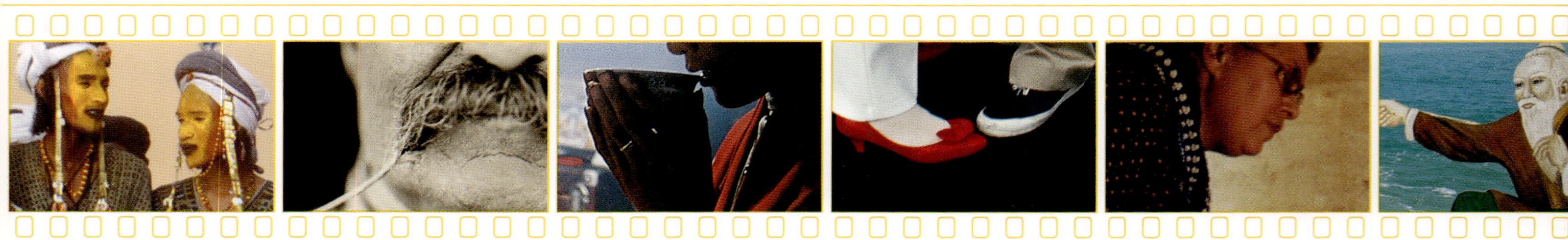

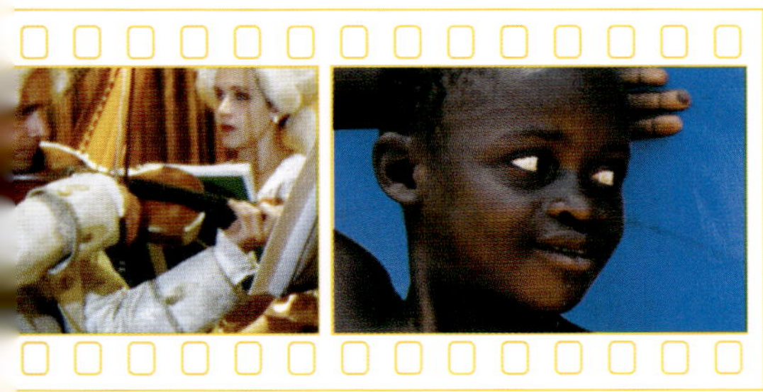

la gamme numérique

QU'ELLES SOIENT SAISIES SUR PELLICULE OU SUR CAPTEUR ÉLECTRONIQUE, les images que créent de nos jours les photographes possèdent une énergie et une vibration uniques. La technologie, qui permet de rendre une diversité de situations inégalée, n'en est que l'explication partielle : c'est la main de l'homme, avant tout, qui déclenche l'obturateur.

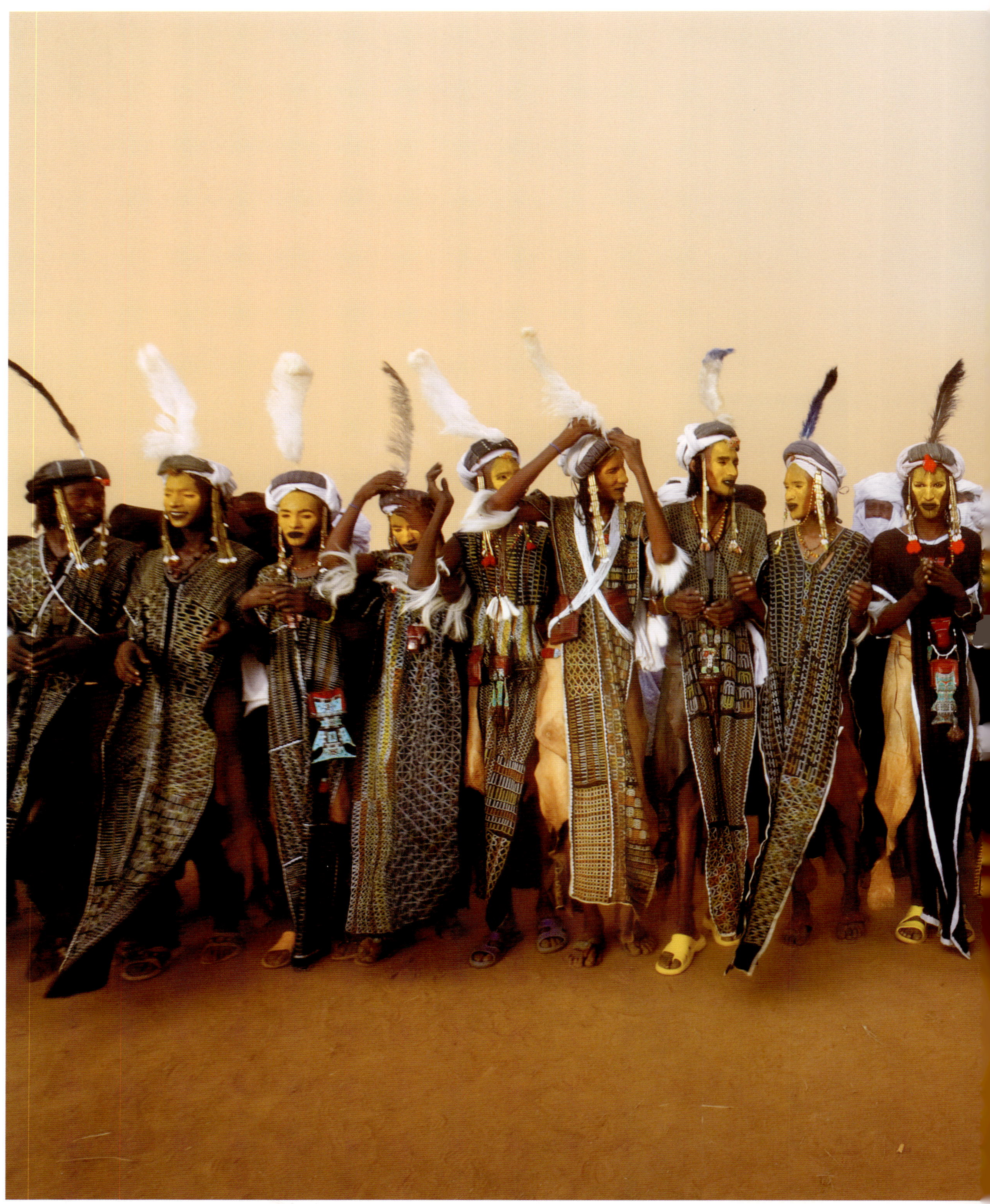

MIKE HETTWER | 1996 | NIGER *Les hommes Wodaabe revêtent leurs plus beaux atours à l'intention des dames.*

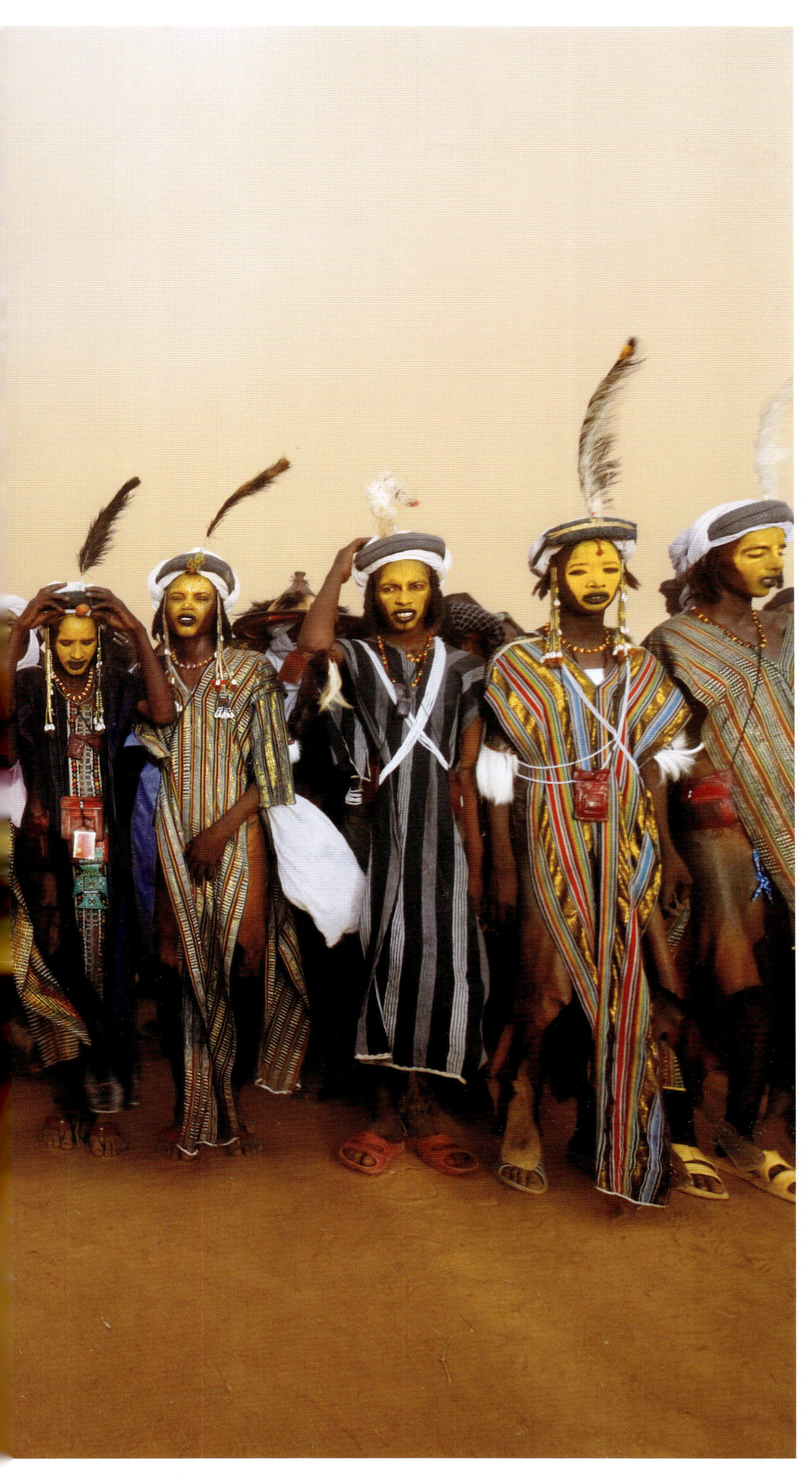

Pendant les fêtes, les hommes Wodaabe déambulent avant d'aller admirer les femmes, qui observent tous leurs gestes. Selon les anthropologues Carol Beckwith et Angela Fisher, « un homme capable de garder un œil droit en faisant rouler l'autre est jugé très séduisant... ».

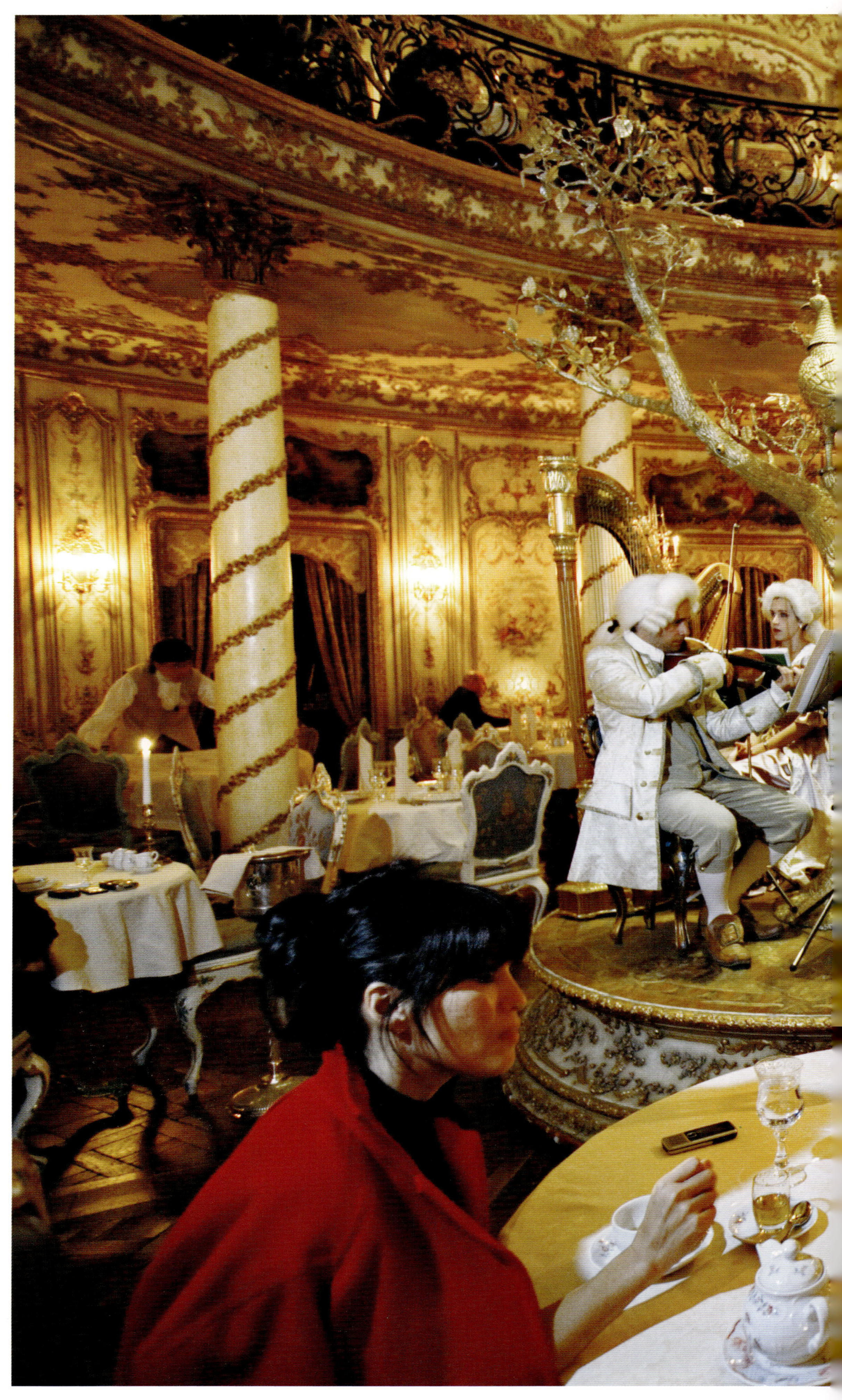

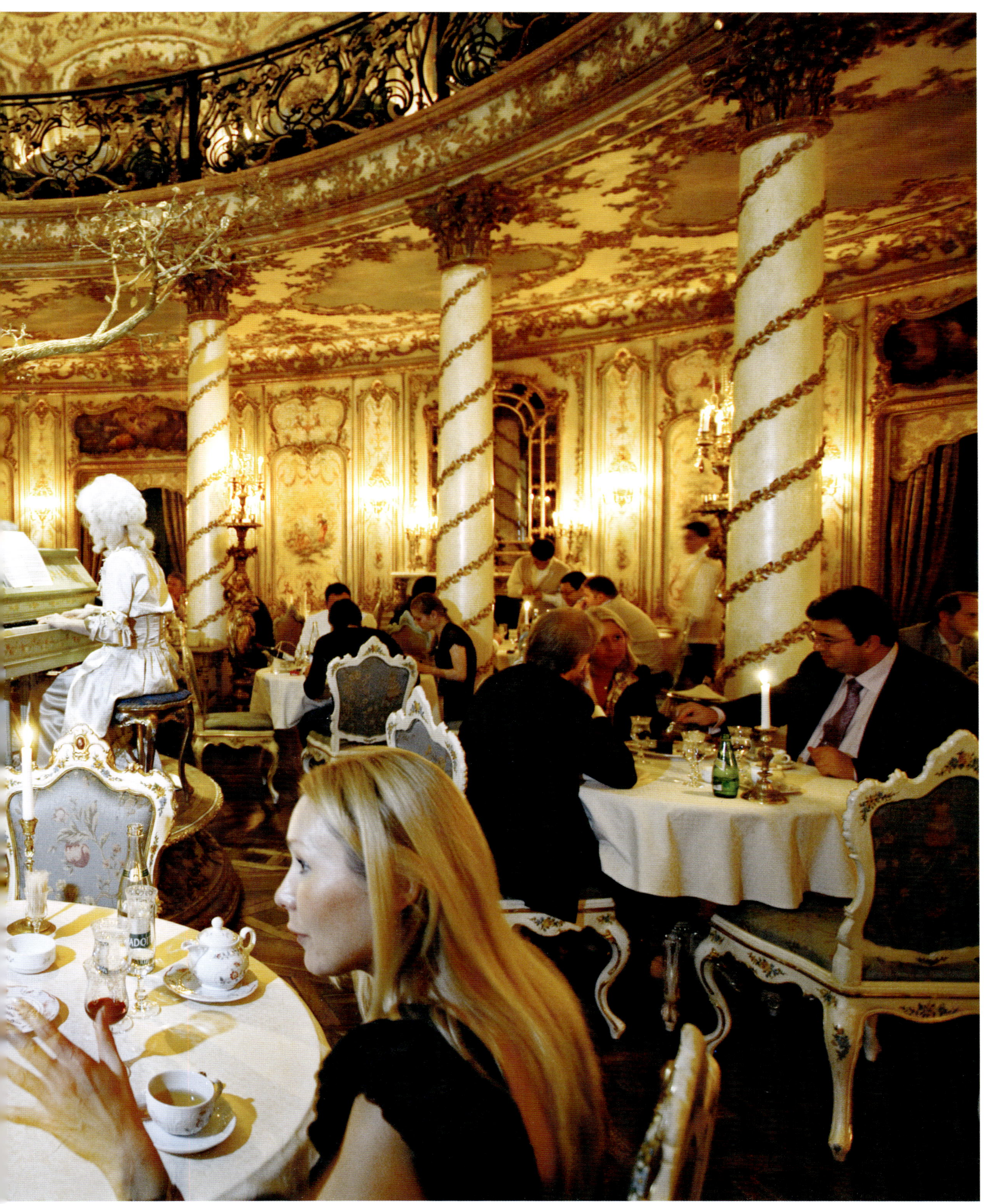

GERD LUDWIG | 2008 | RUSSIE *Un dîner à Moscou.*

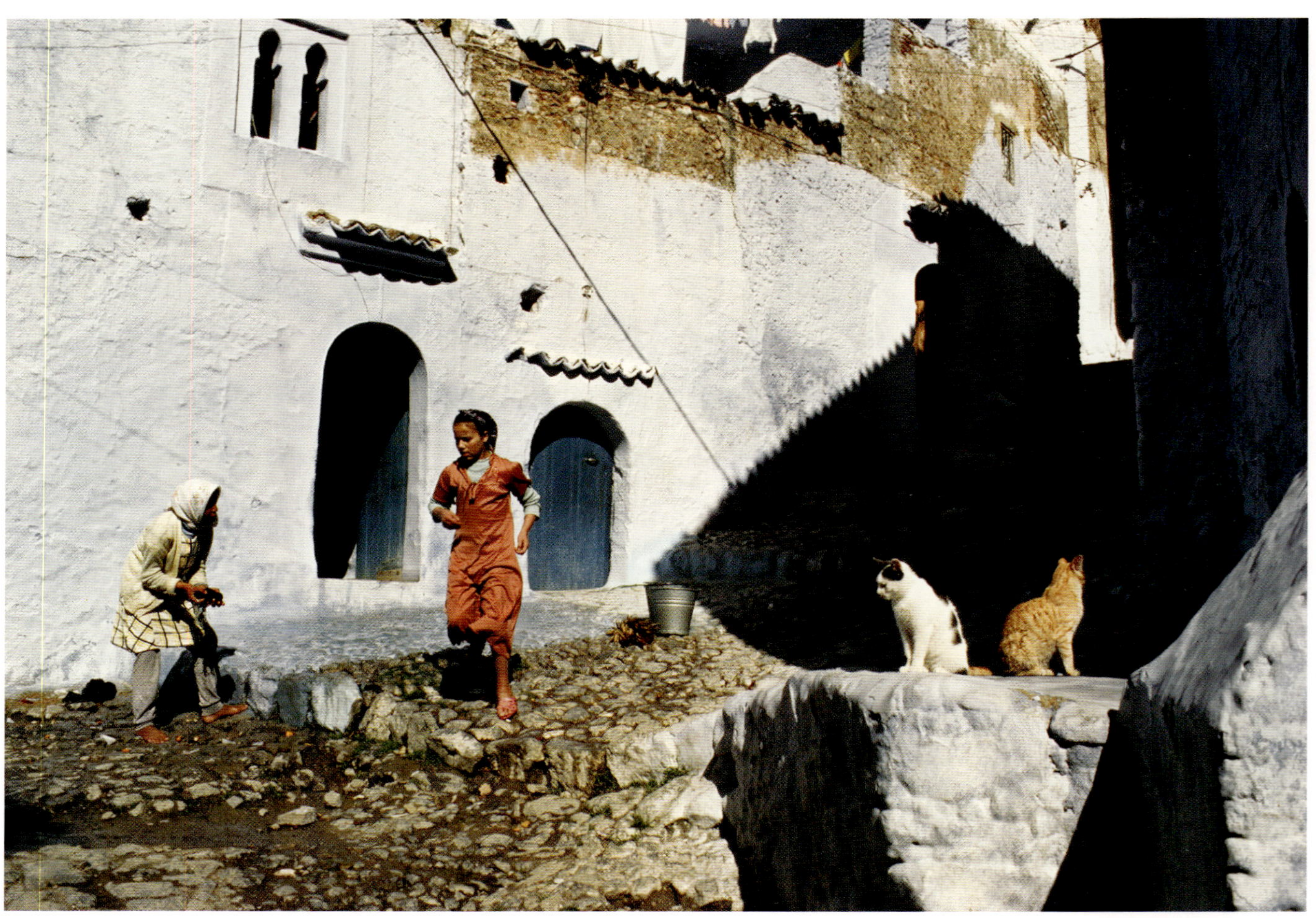

BRUNO BARBEY | 1998 | MAROC *Dans les montagnes du Rif.*

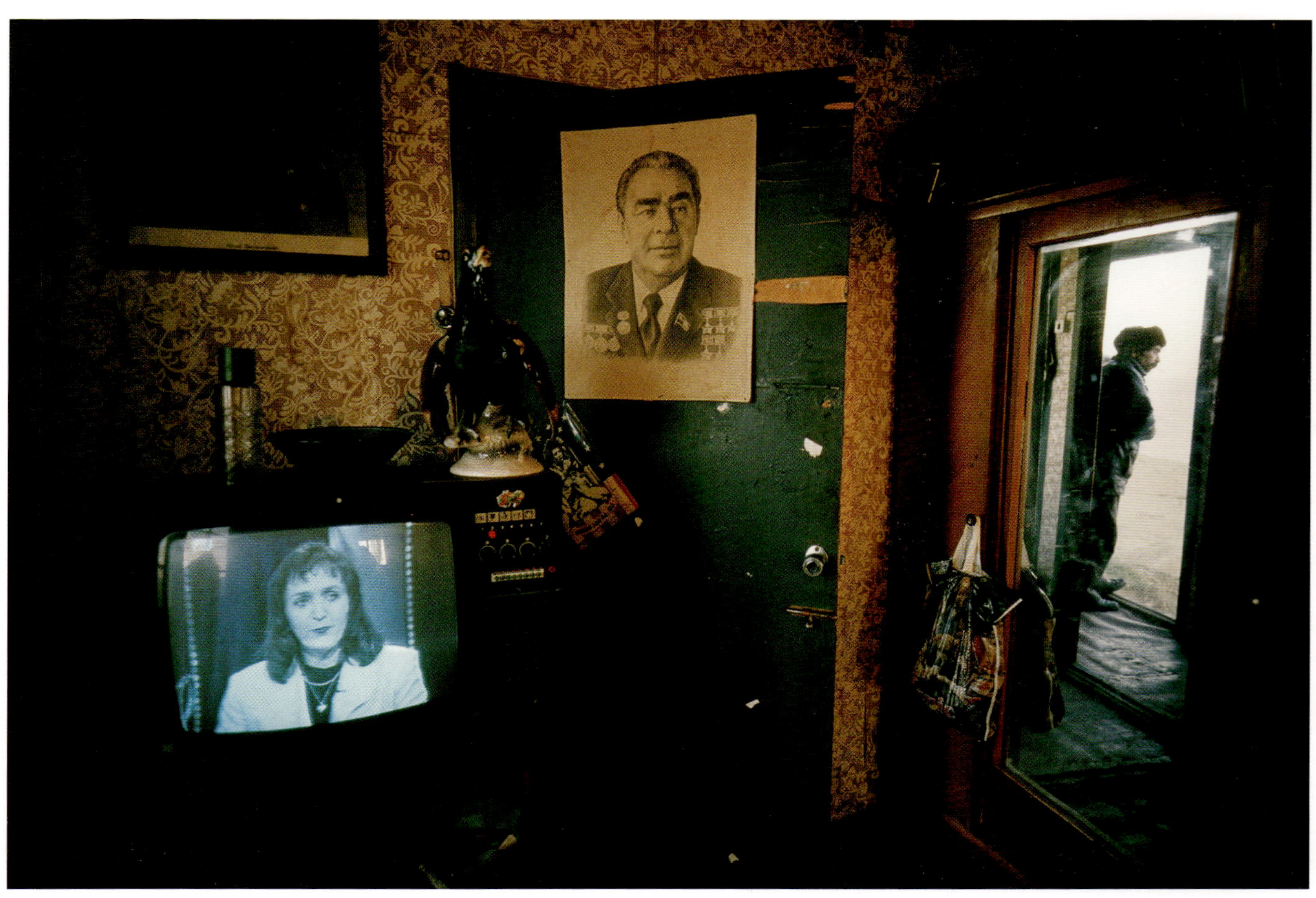

REZA | 1999 | KAZAKHSTAN *Sur les rives de la Caspienne.*

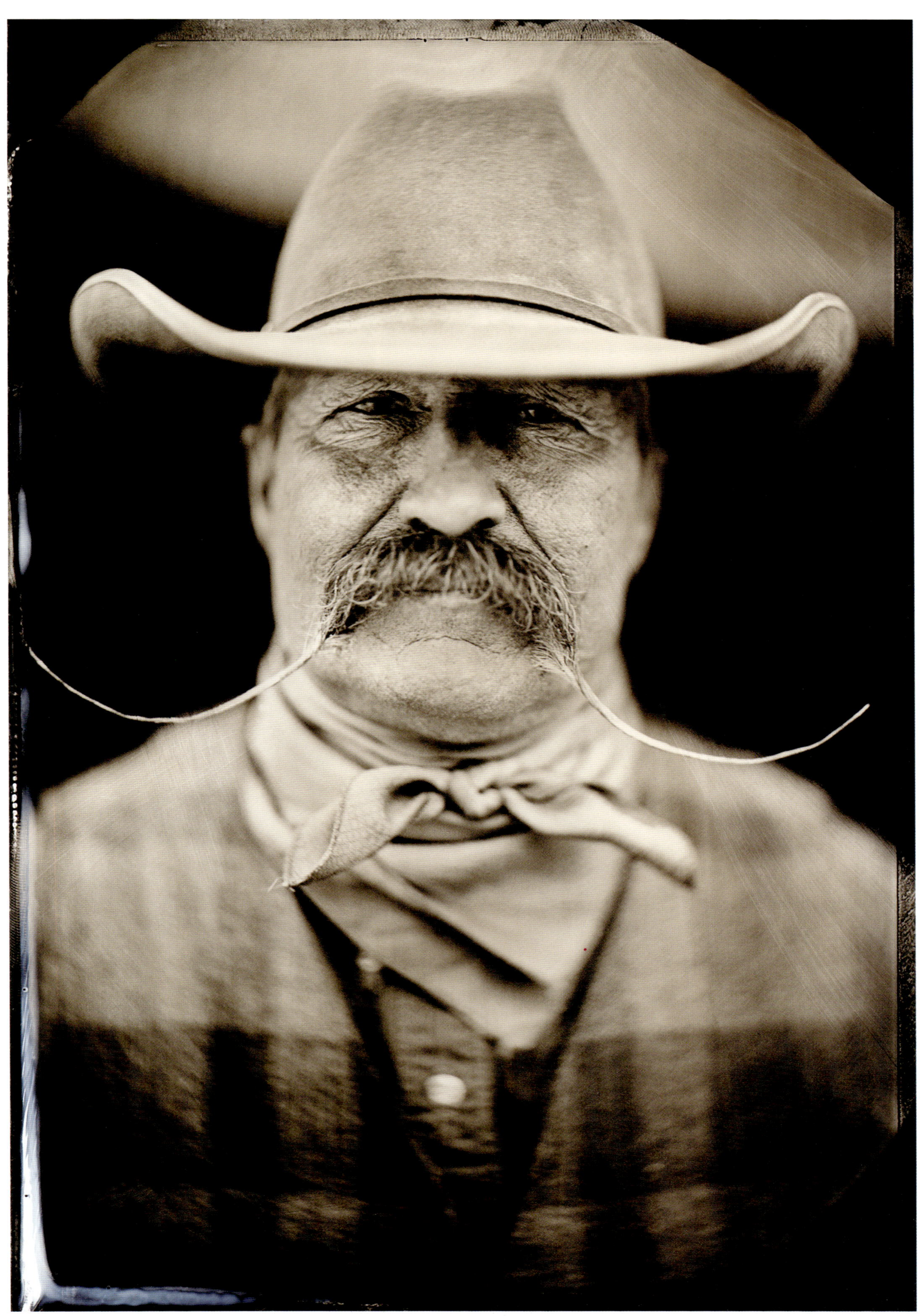

ROBB KENDRICK | 2007 | ÉTAT DE L'UTAH, ÉTATS-UNIS *Ferrotype moderne d'un cow-boy démodé.*

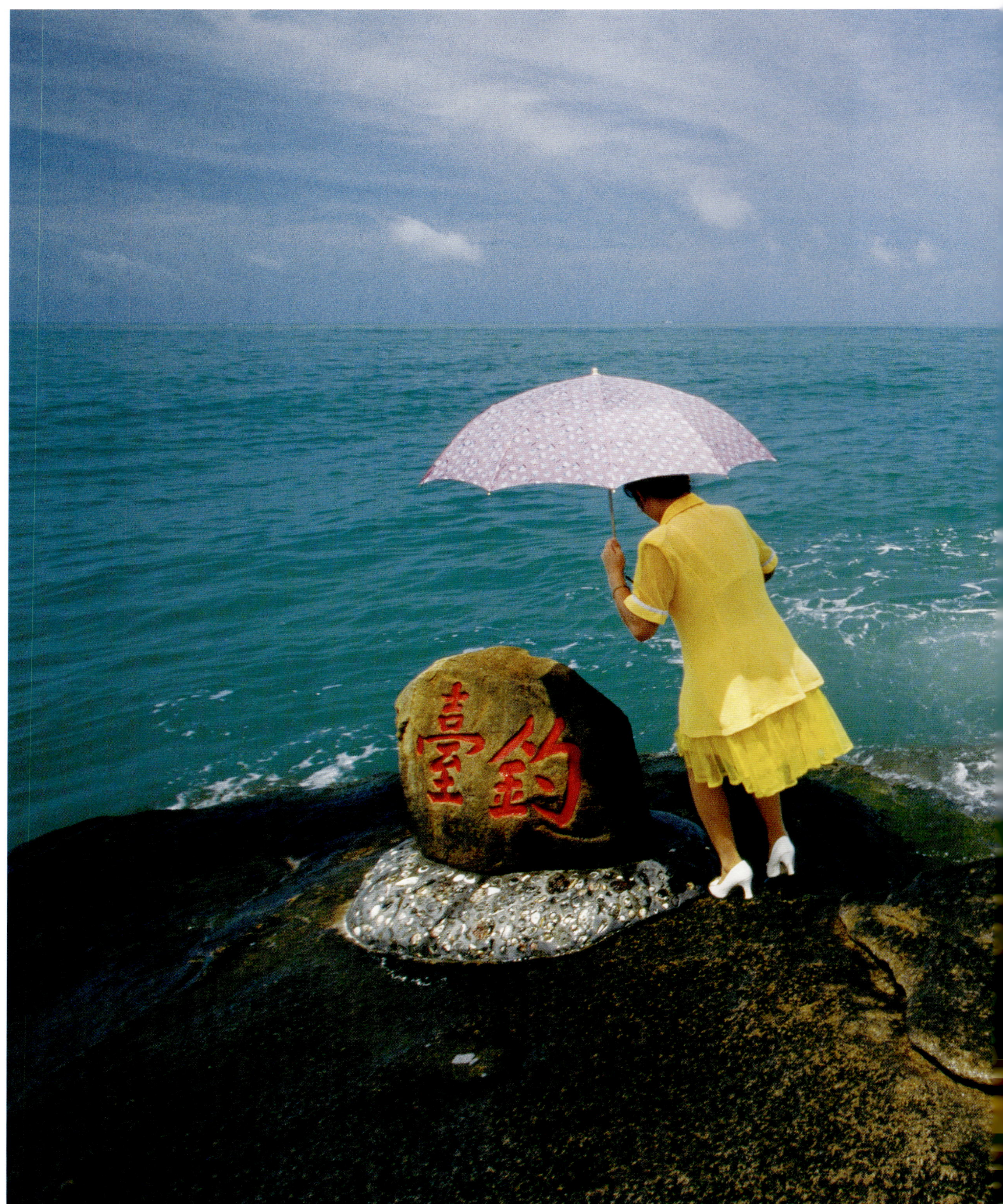
釣臺

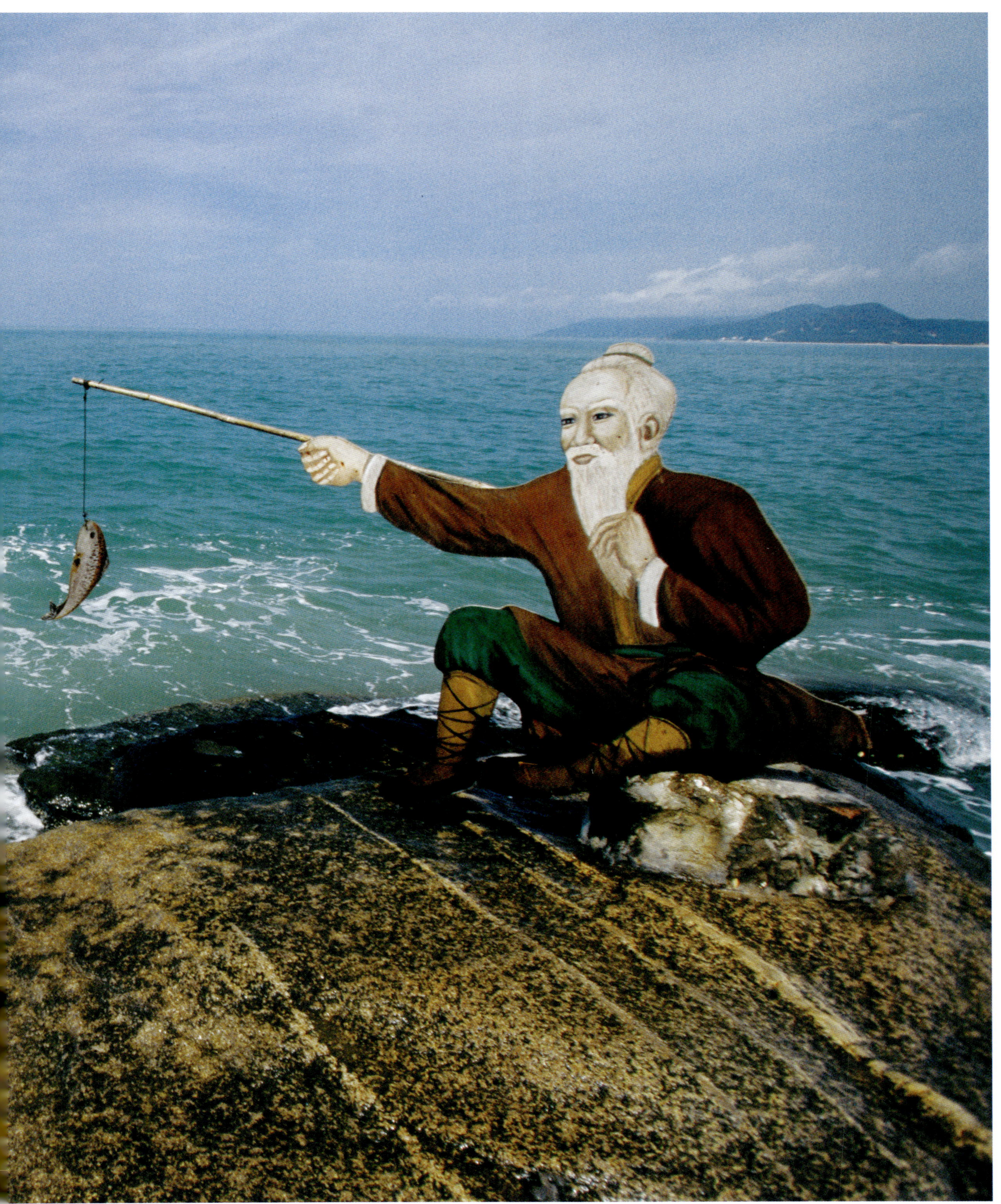

MICHAEL YAMASHITA | 1998 | CHINE *L'île d'Hainan, lieu le plus méridional de Chine.*

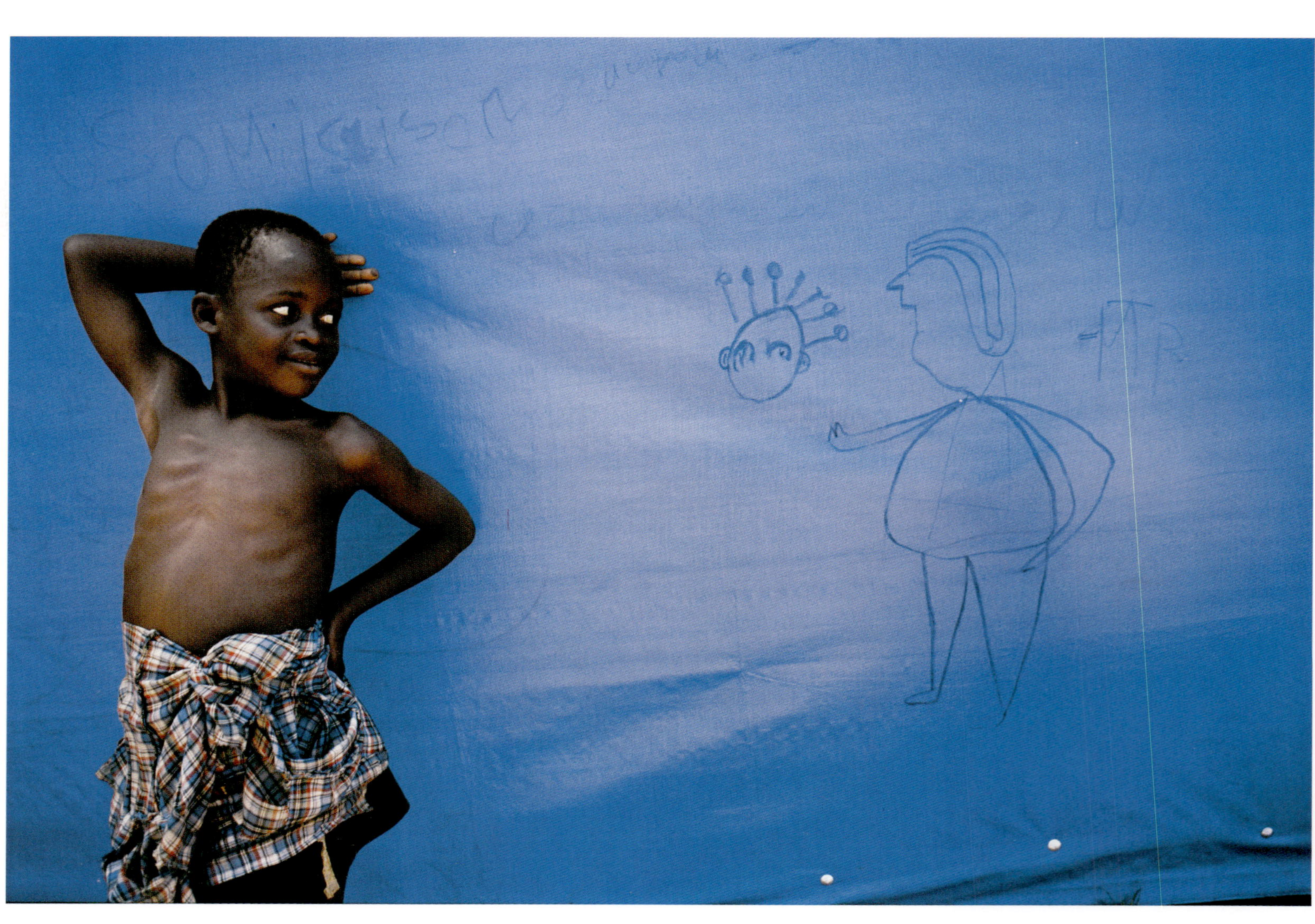

KAREN KASMAUSKI | 1998 | LIEU INCONNU *Étude en bleu.*

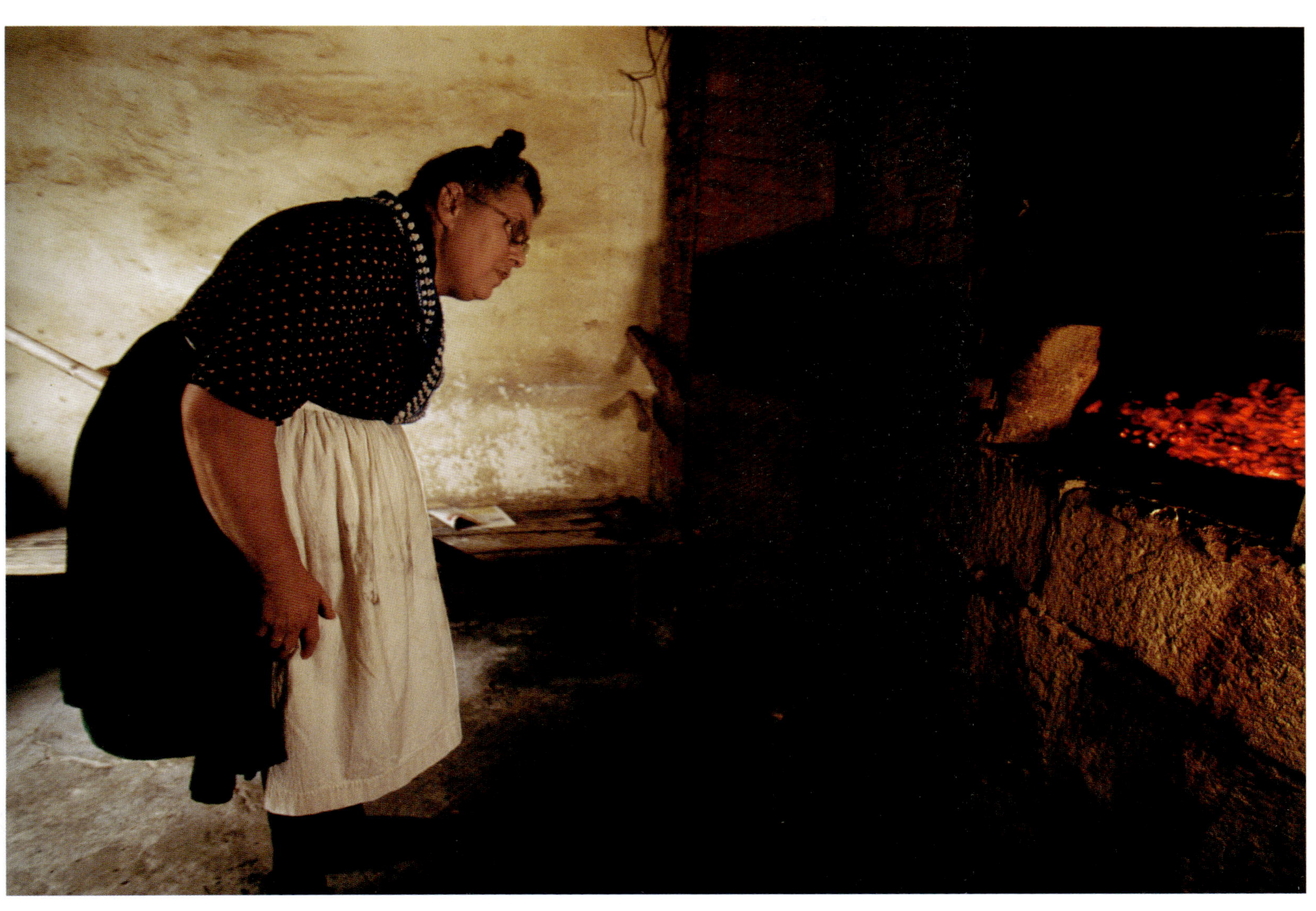

GERD LUDWIG | 1999 | ALLEMAGNE *Boulangère inspectant son pain.*

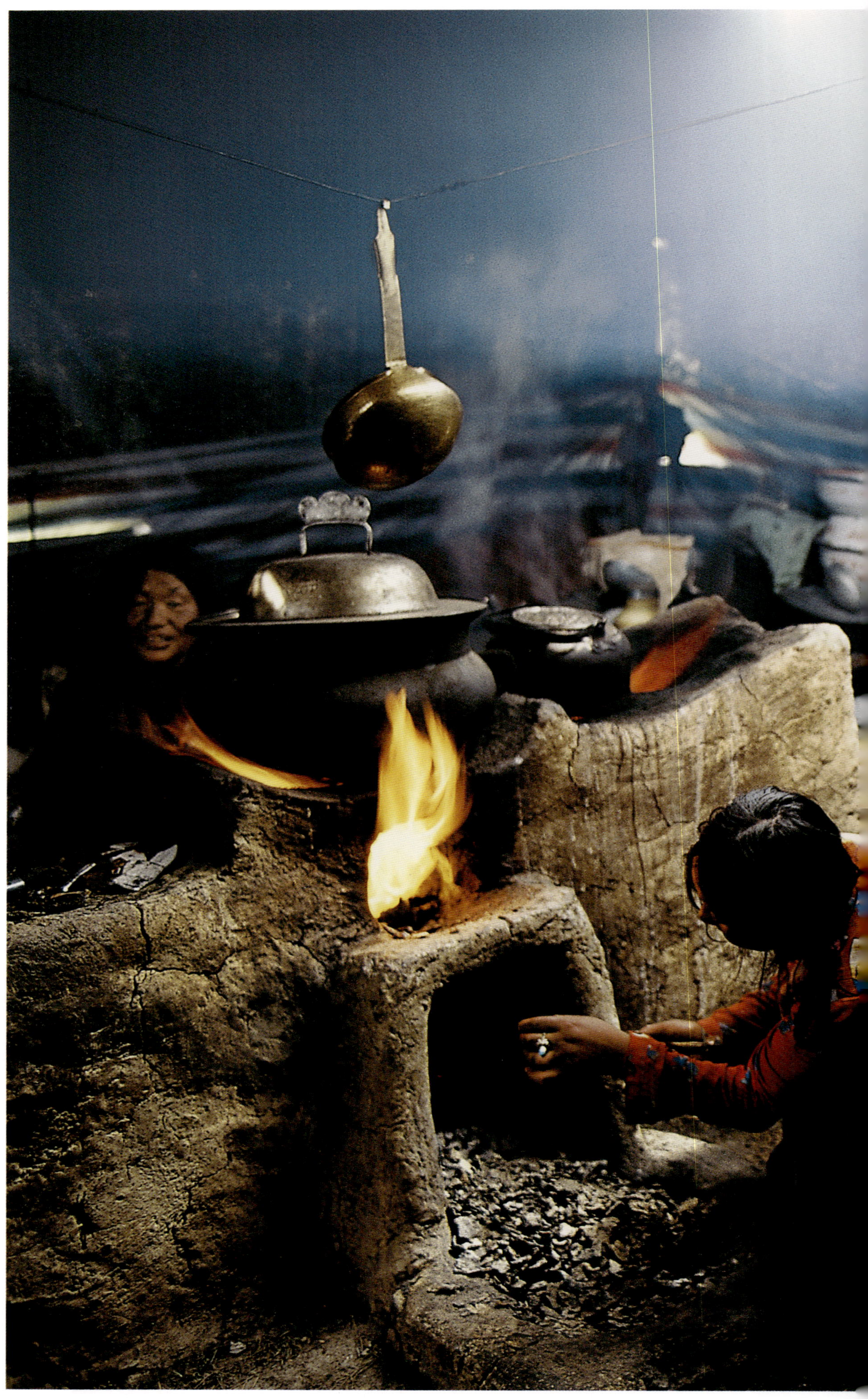

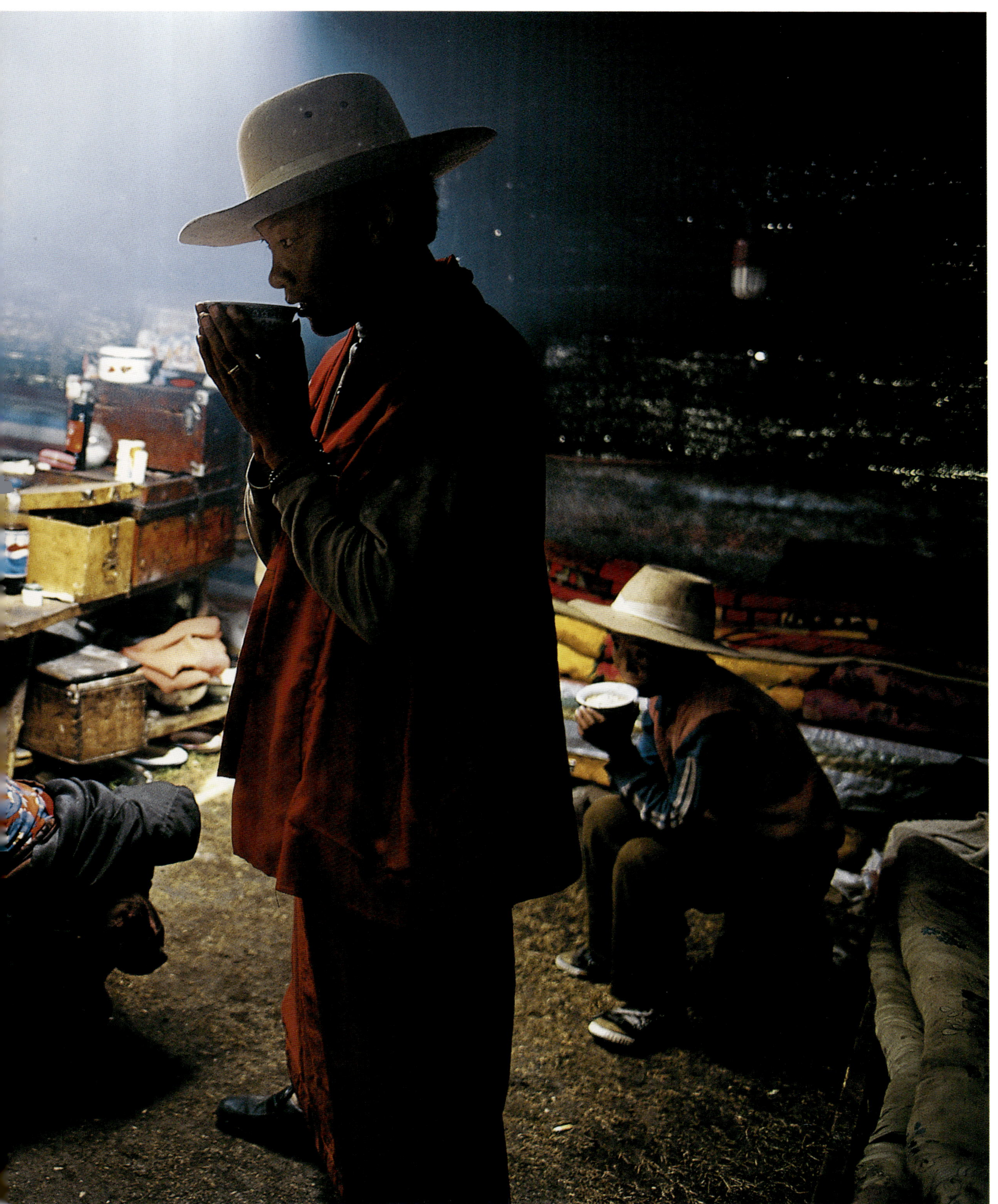

STEVE MCCURRY | 2002 | TIBET *Soupe chaude et feu de bois à la bouse de yack.*

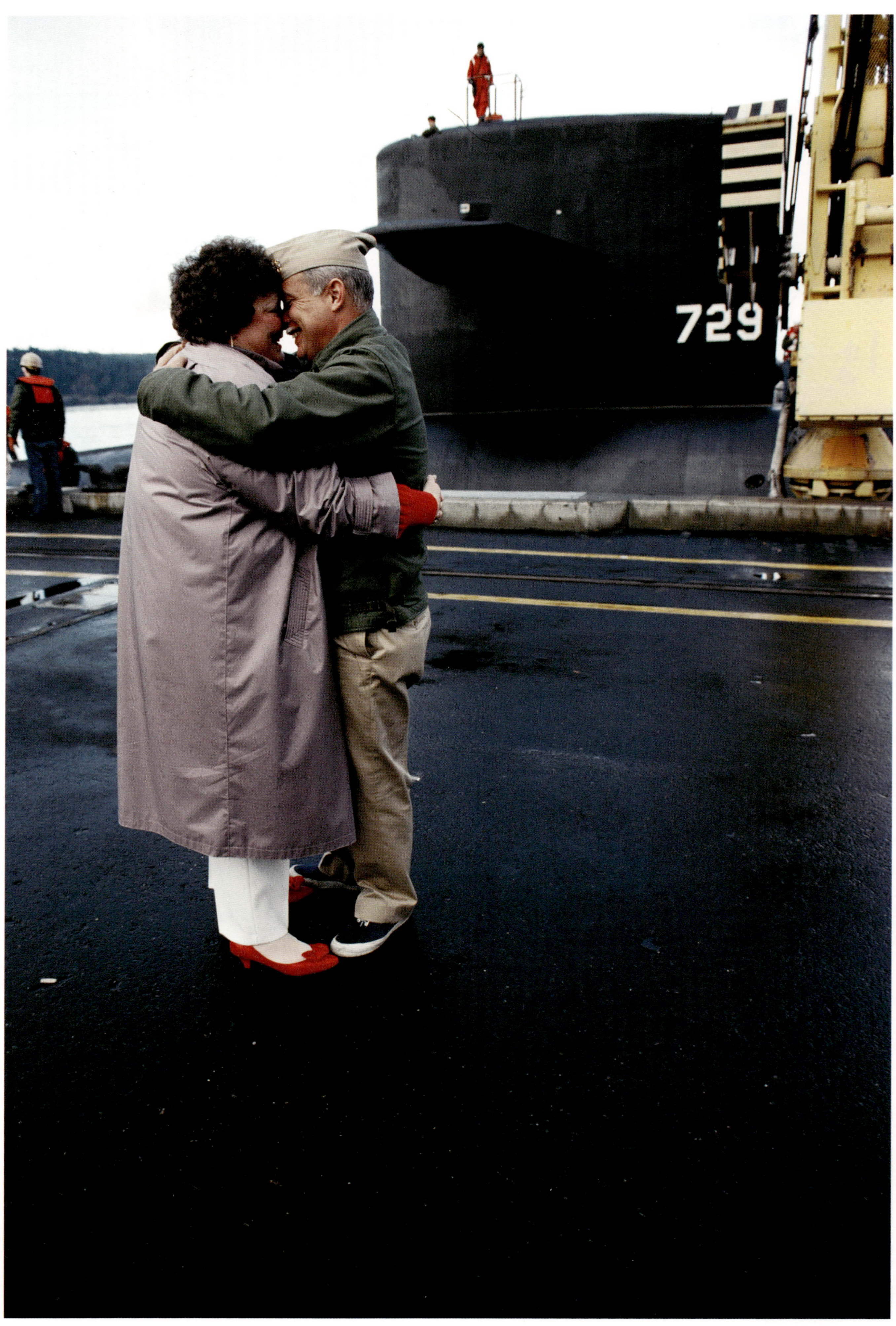

SANDY FELSENTHAL | 2001 | ÉTAT DU MAINE, ÉTATS-UNIS *Le retour du marin.*

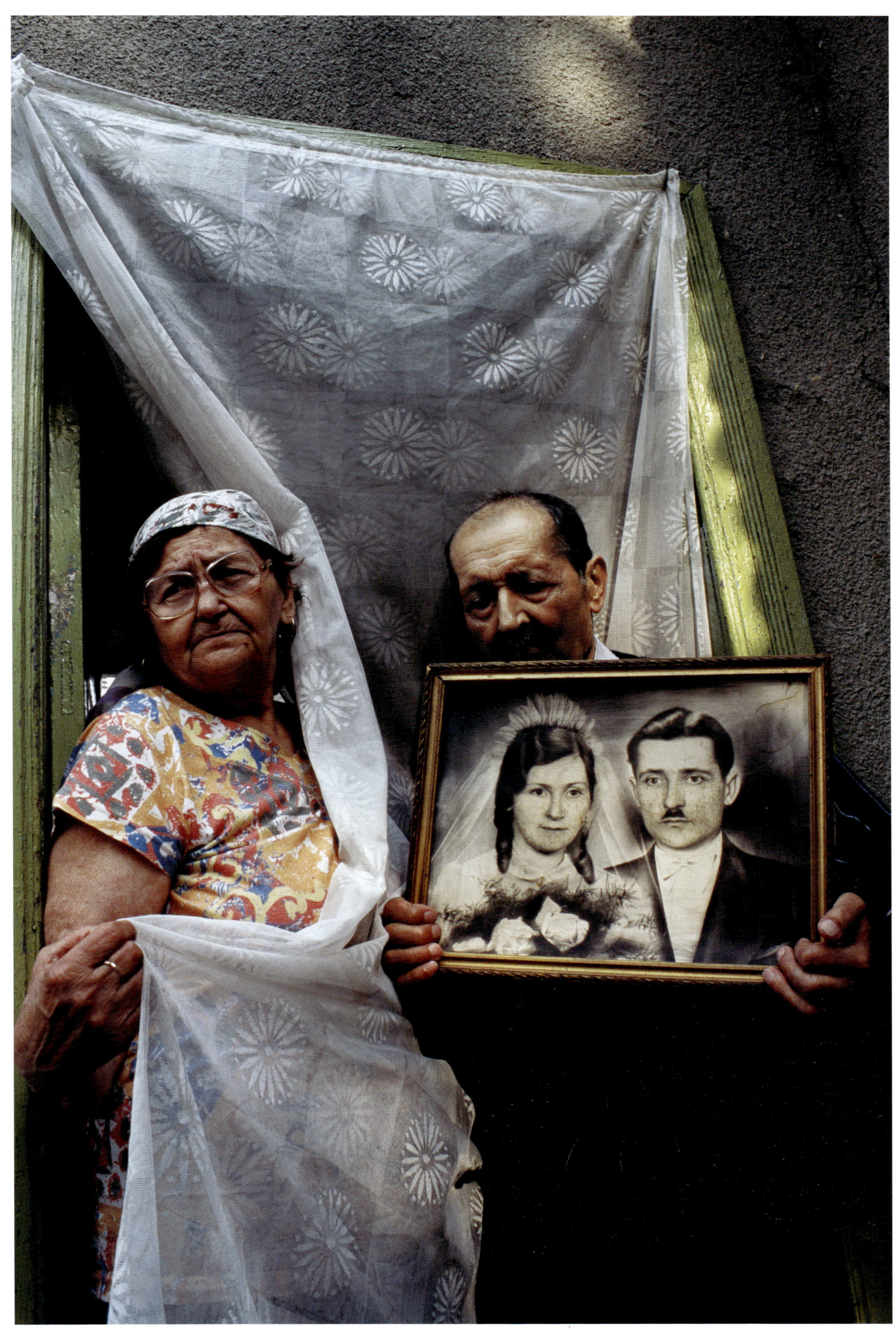

TOMASZ TOMASZEWSKI | 2001 | EUROPE DE L'EST *Tsigane pensif en compagnie de sa femme non-tsigane.*

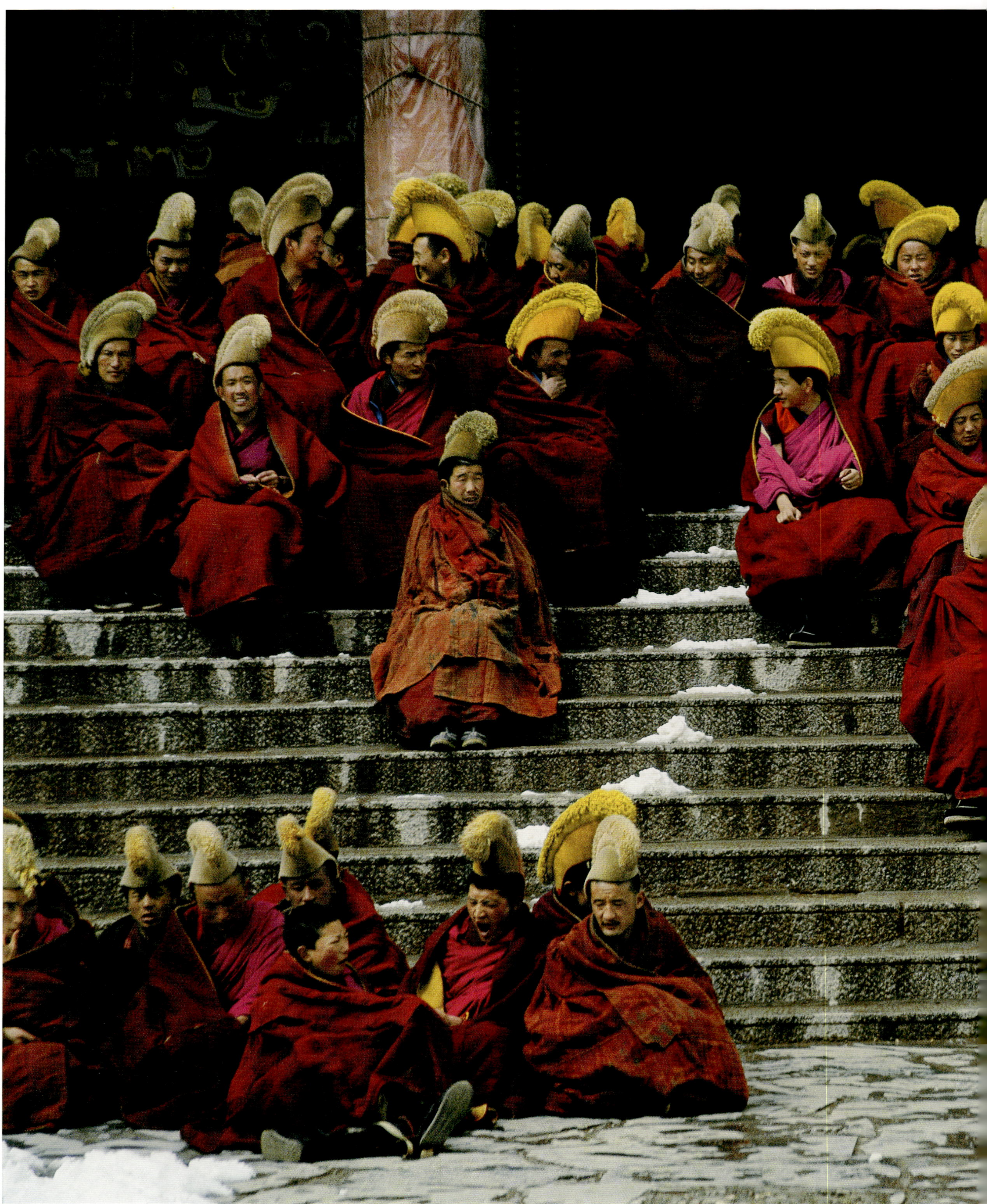

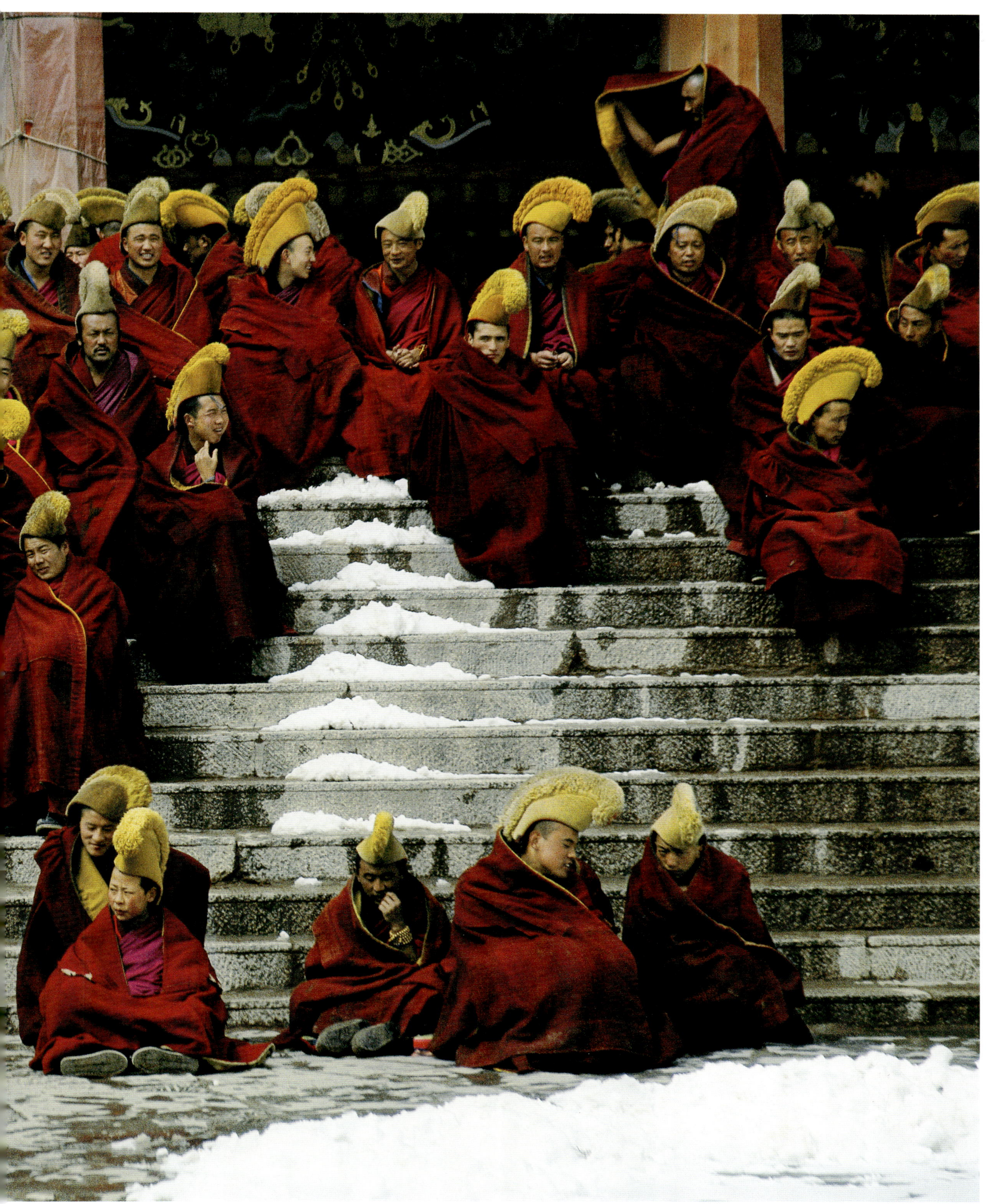

MICHAEL YAMASHITA | 2001 | CHINE *Attente de la prière du matin au monastère de Labrang.*

Selon Kazuo Ishiguro, romancier né à Nagasaki, « Il faut mentir aux enfants si l'on veut les voir grandir sans traumatisme. »

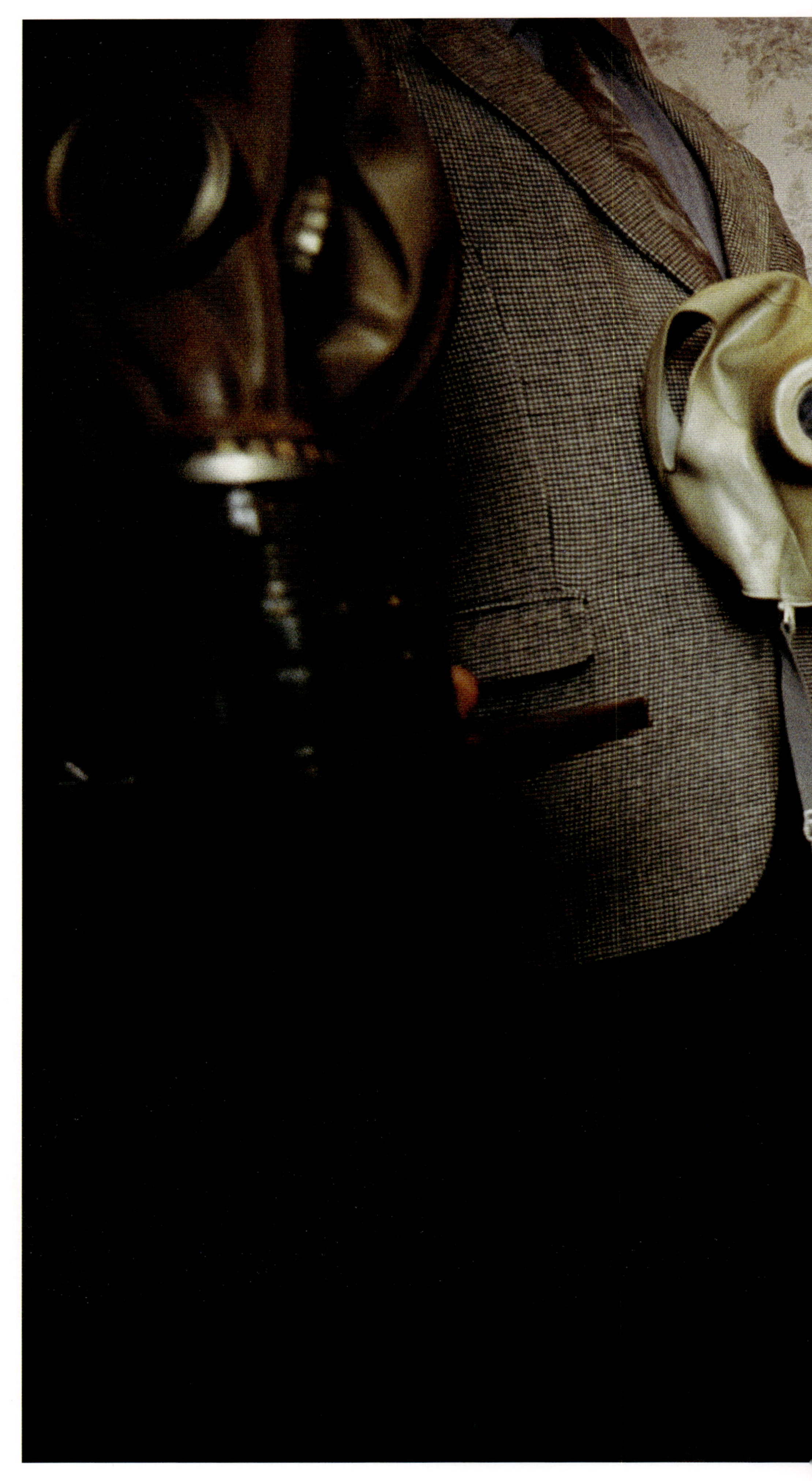

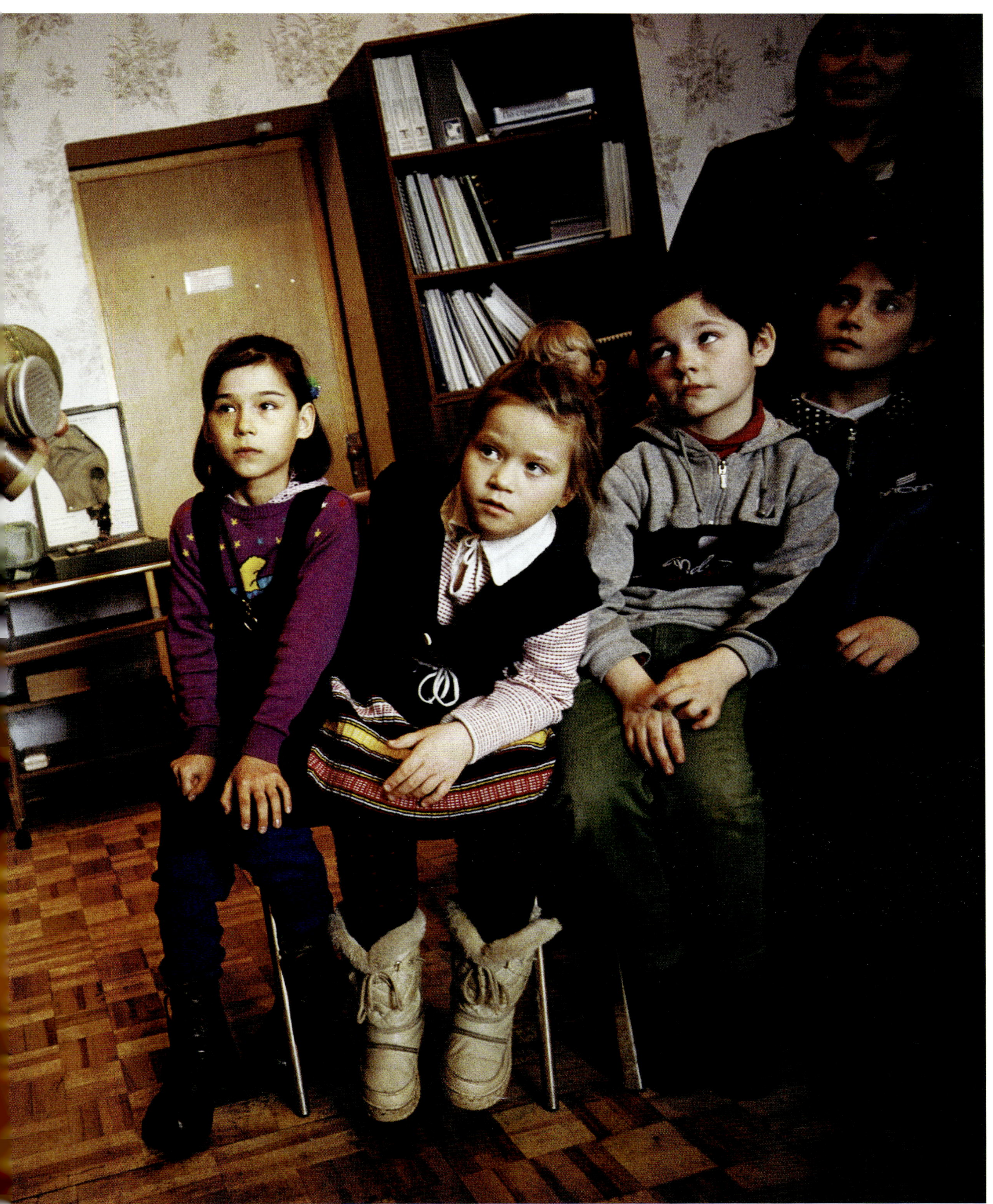

LYNN JOHNSON | 2002 | RUSSIE *Ces écoliers apprennent à se préparer à une attaque chimique.*

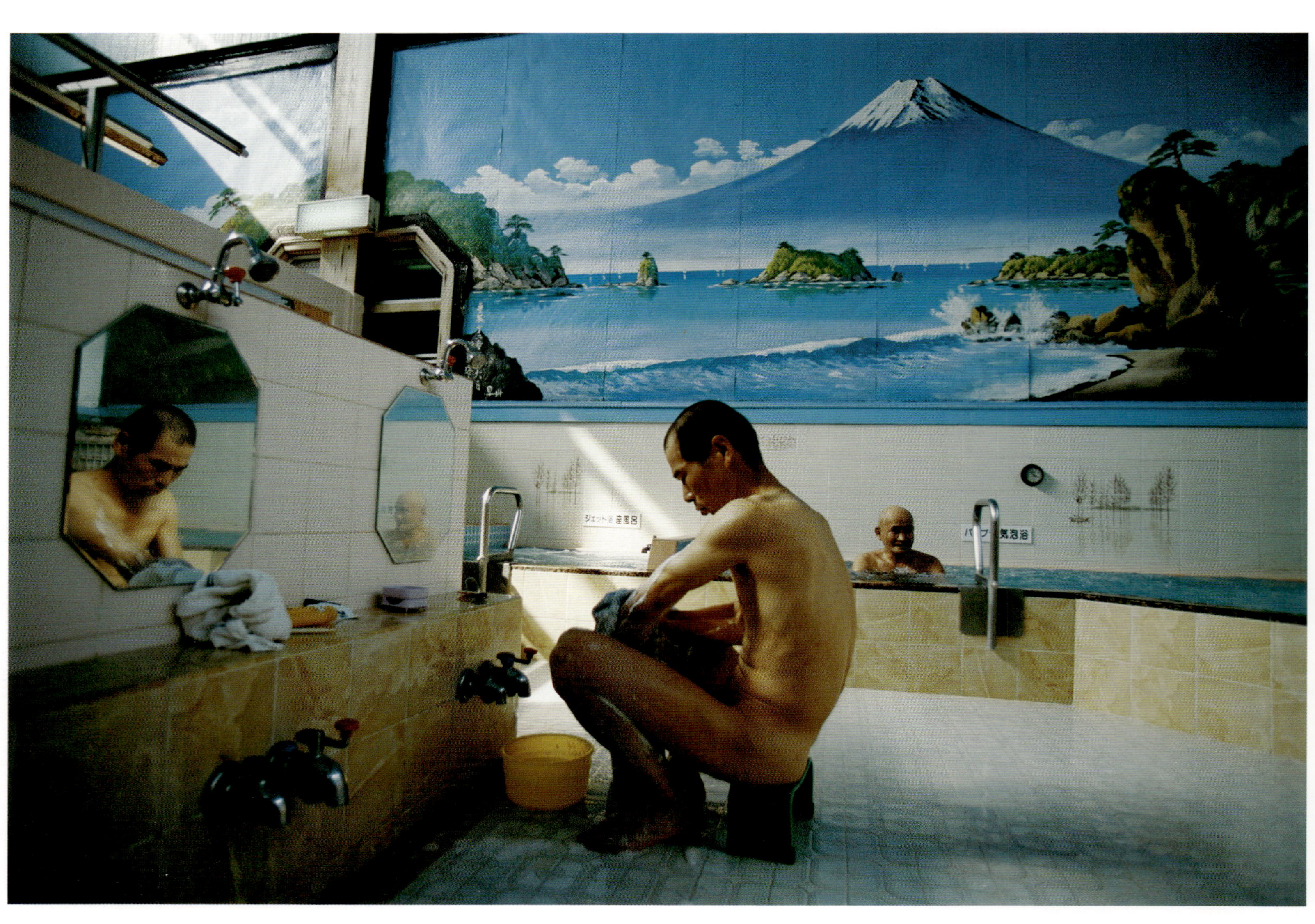

KAREN KASMAUSKI | 2002 | JAPON *Établissement de bains à Tokyo.*

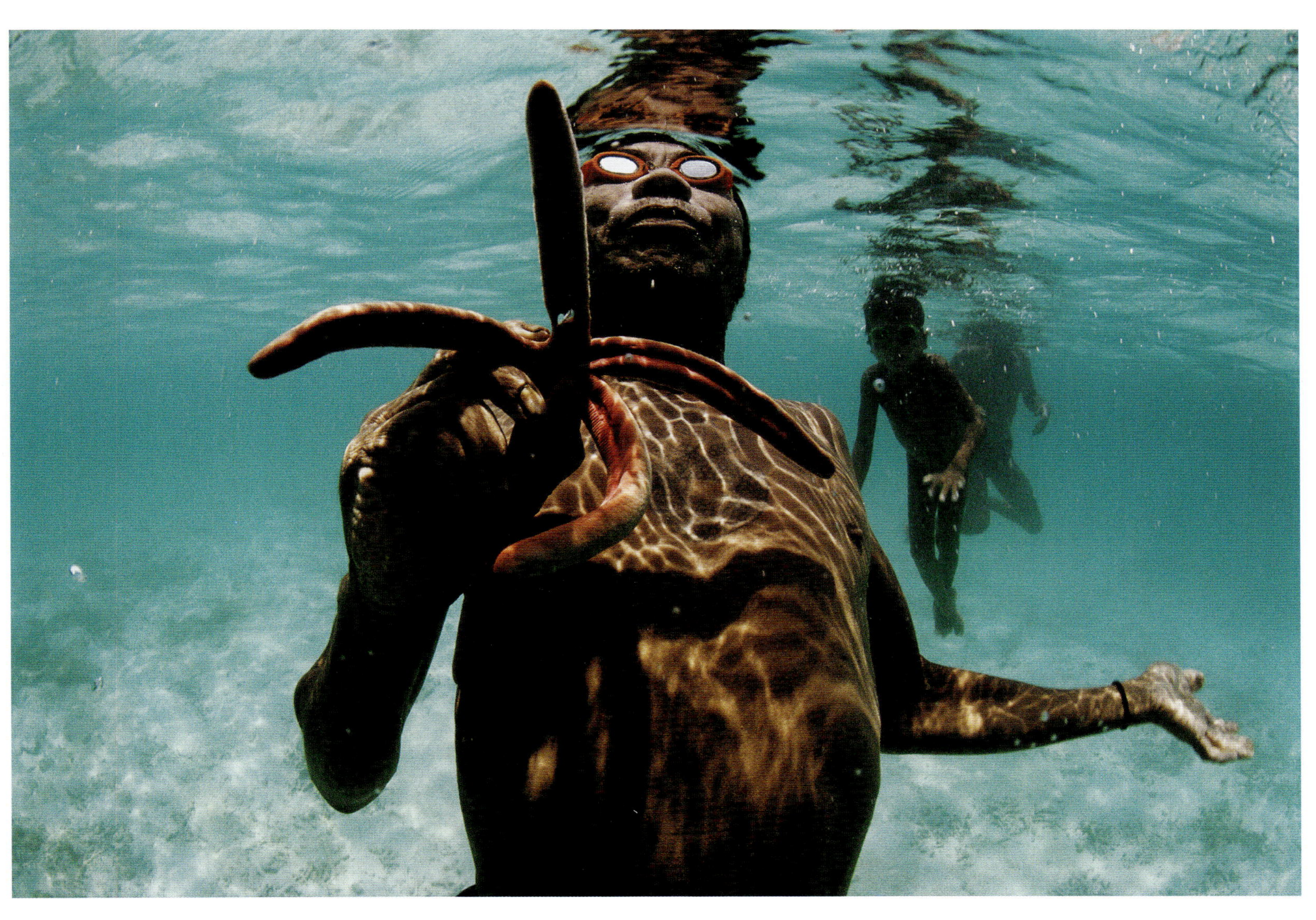

NICOLAS REYNARD | 2005 | MYANMAR *Plongeur moken et étoile de mer.*

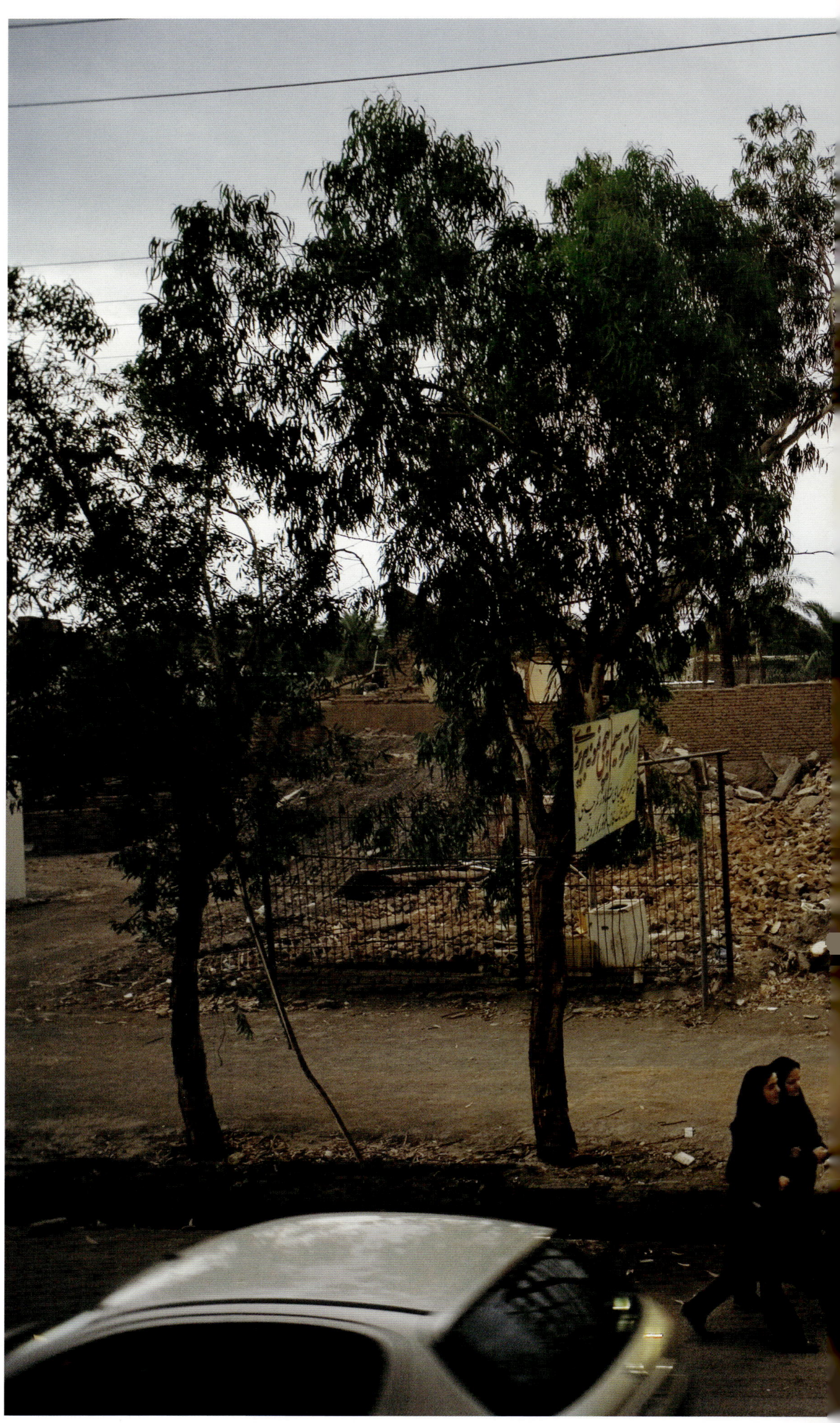

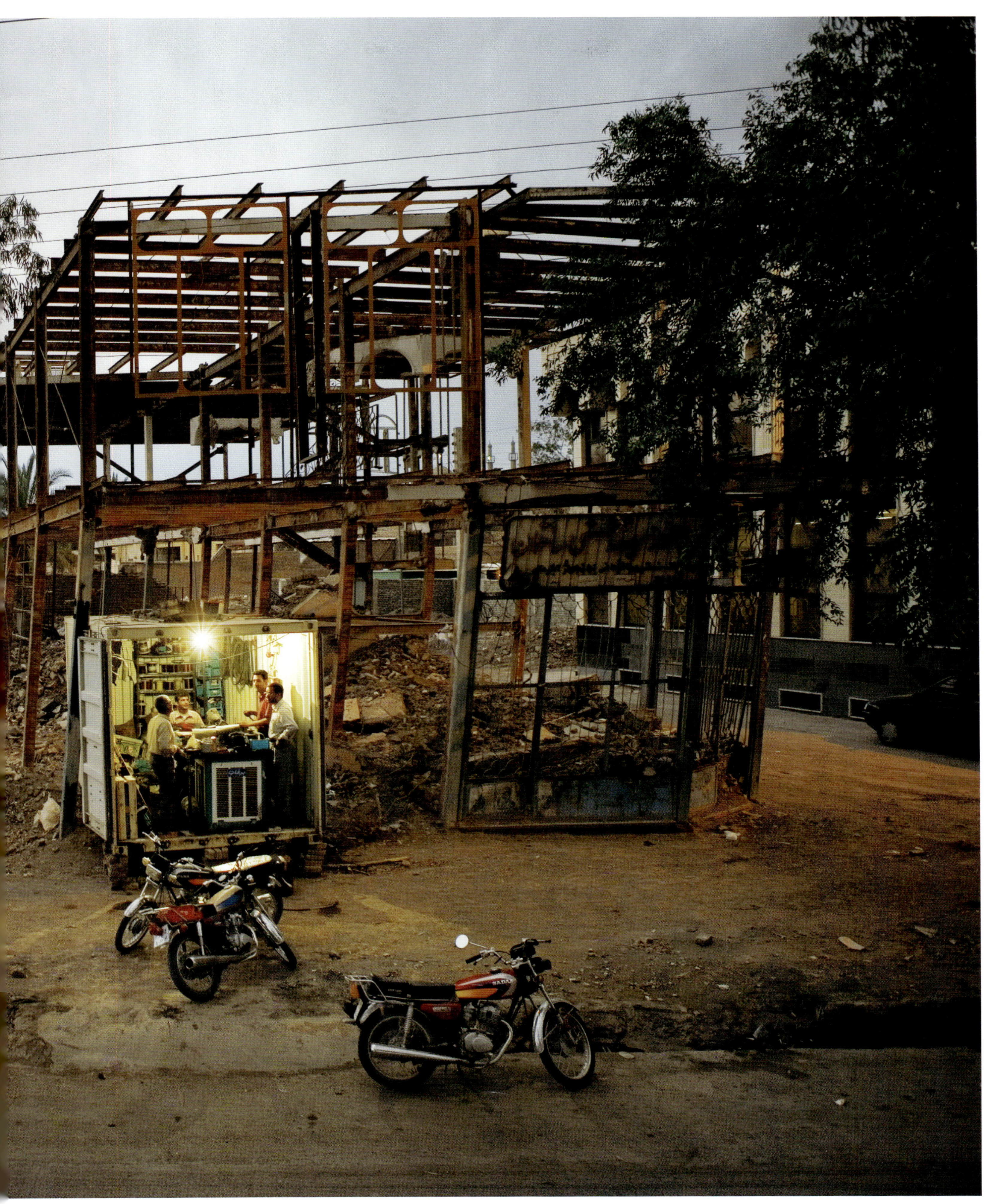

JOHN STANMEYER | 2005 | INDONÉSIE *Crépuscule.*

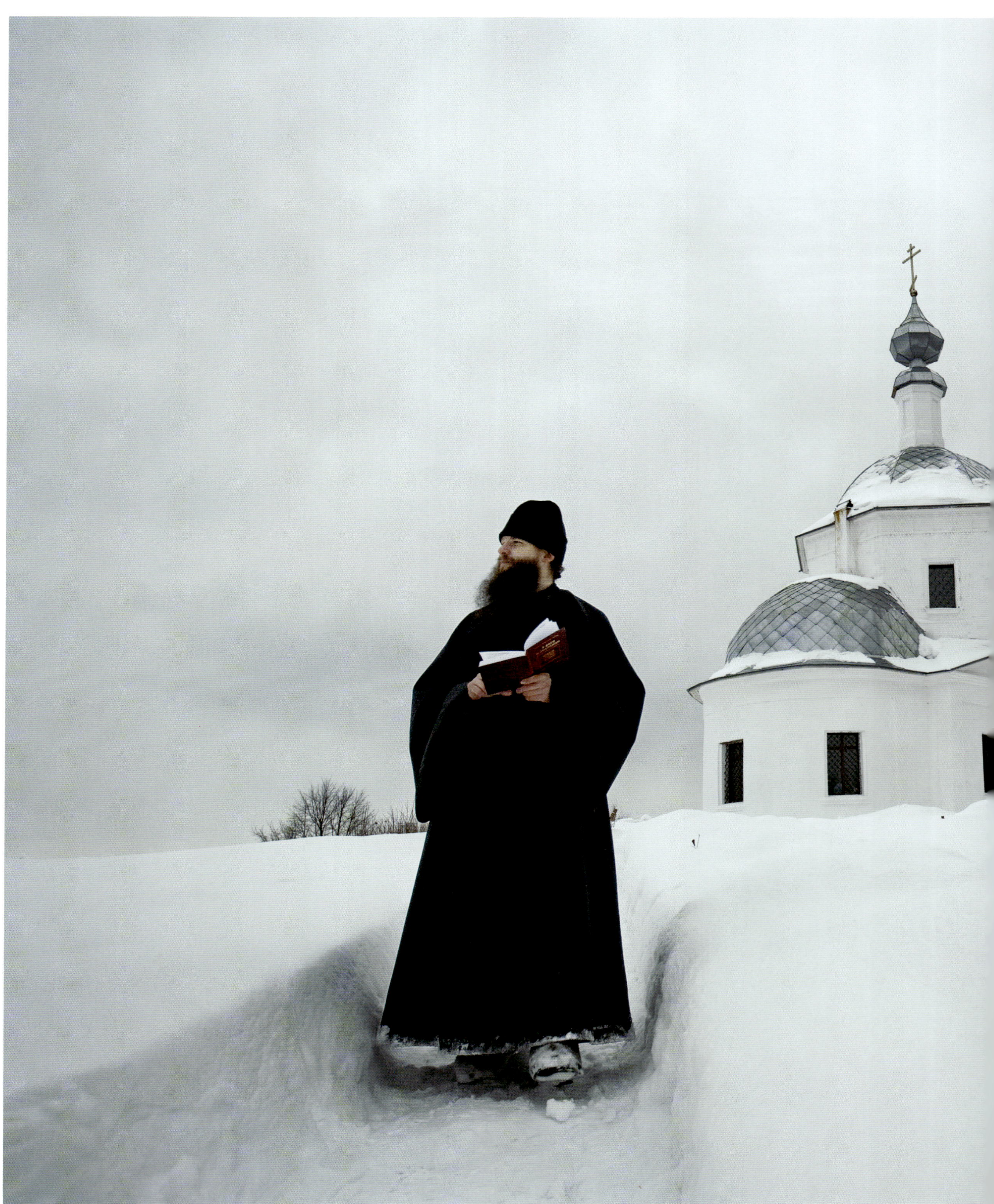

GERD LUDWIG | 2009 | RUSSIE *Prêtre orthodoxe durant sa promenade méditative.*

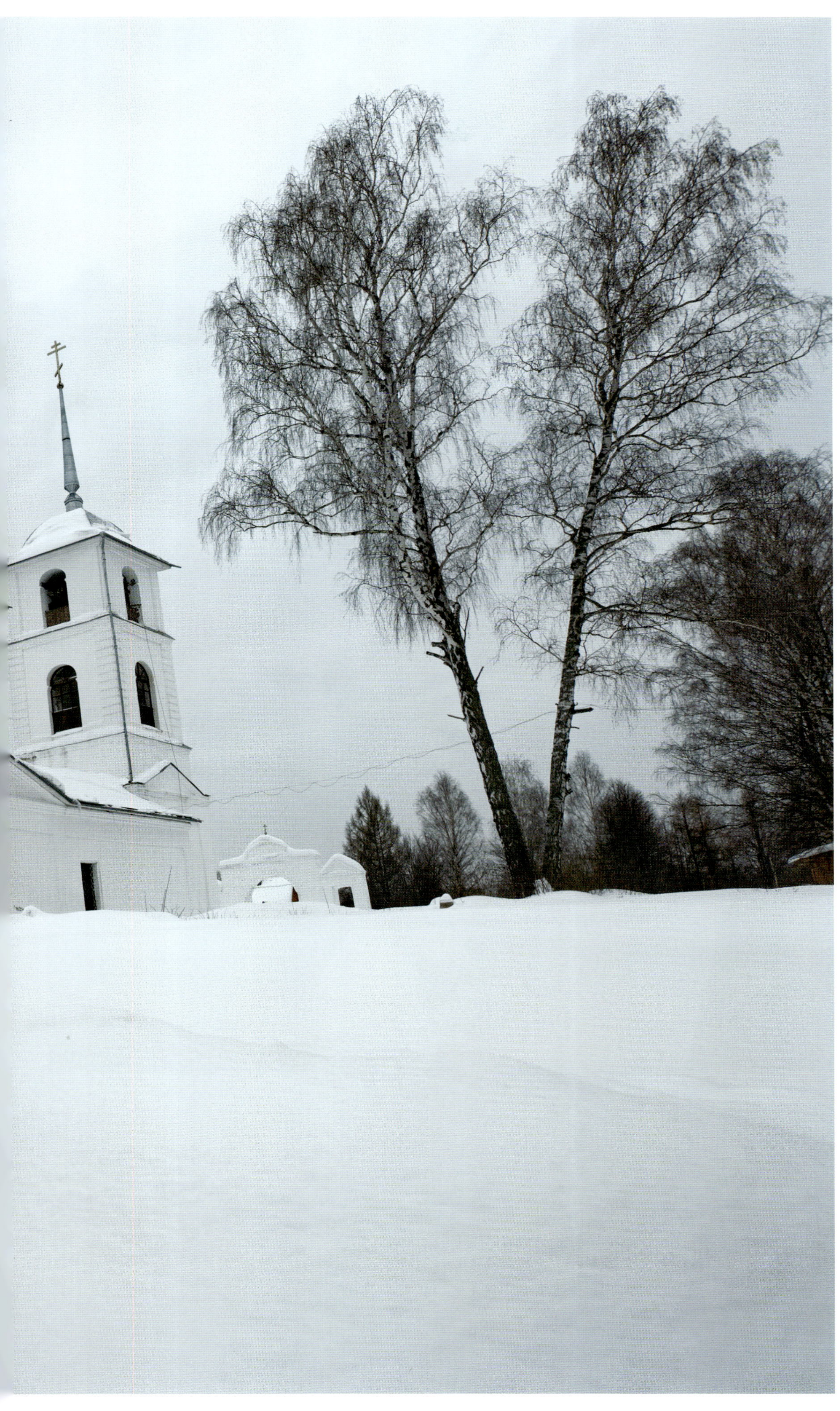

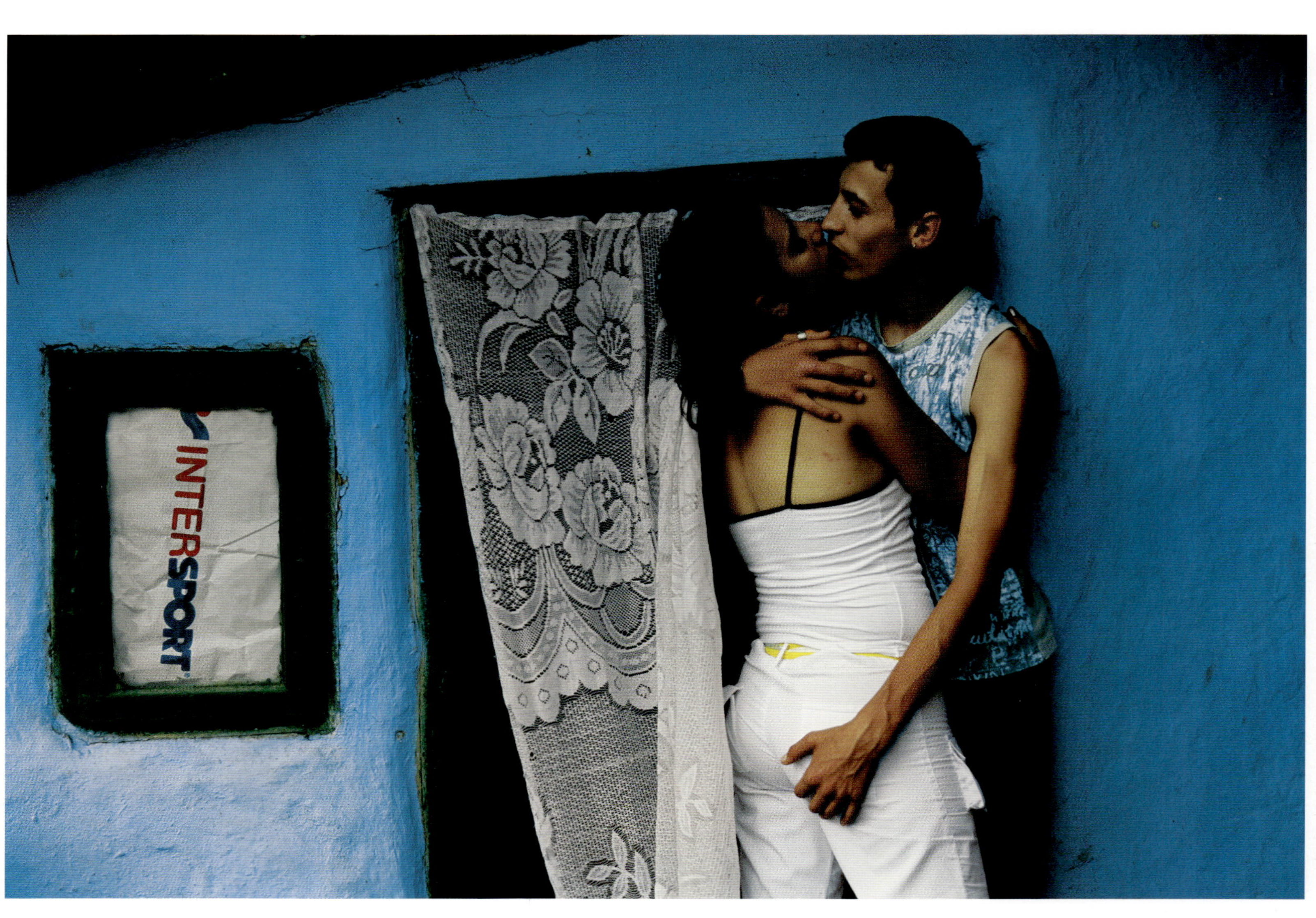

TOMASZ TOMASZEWSKI | 2005 ROUMANIE *Brève rencontre.*

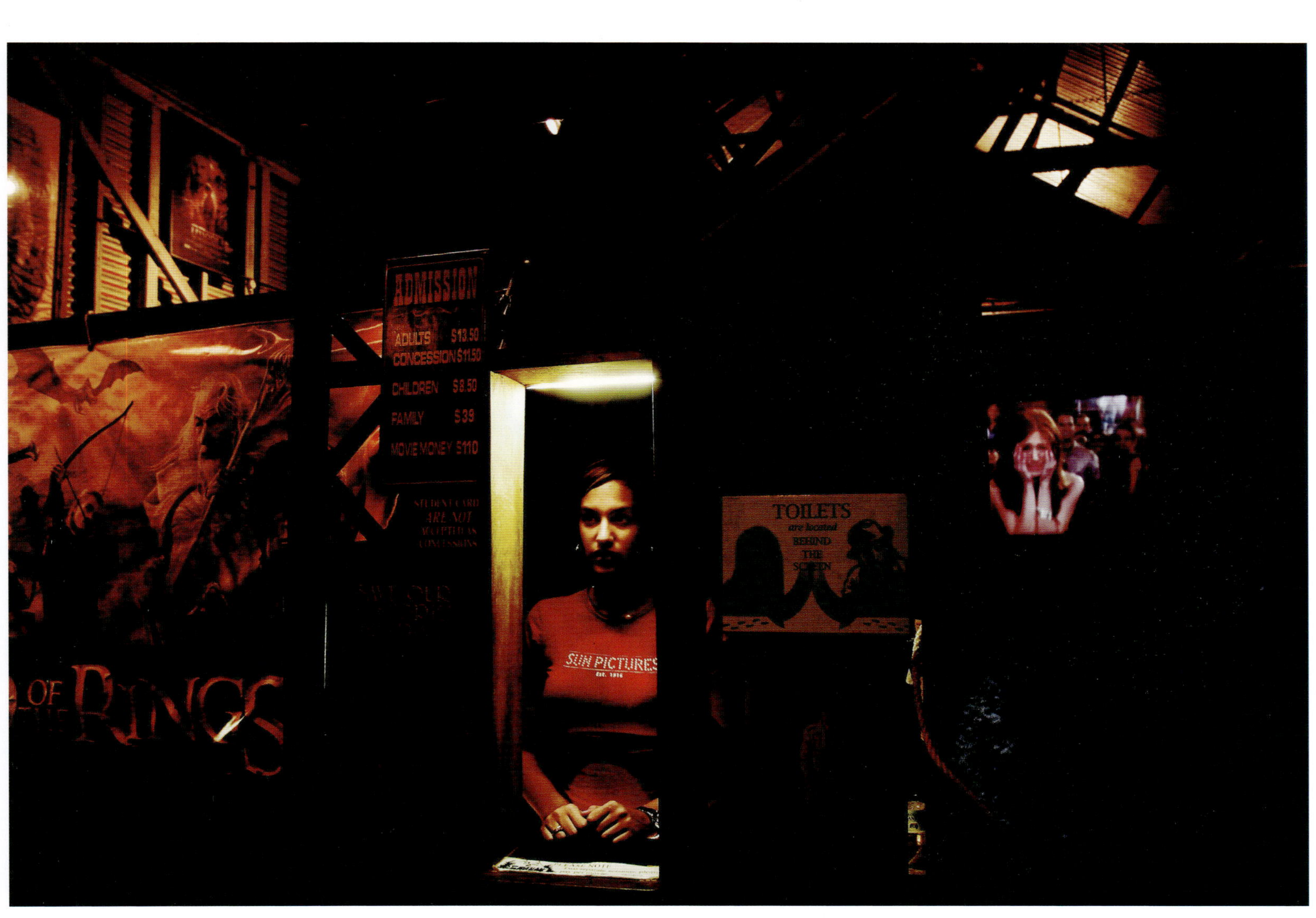

RANDY OLSON | 2004 | AUSTRALIE *Une nuit au cinéma.*

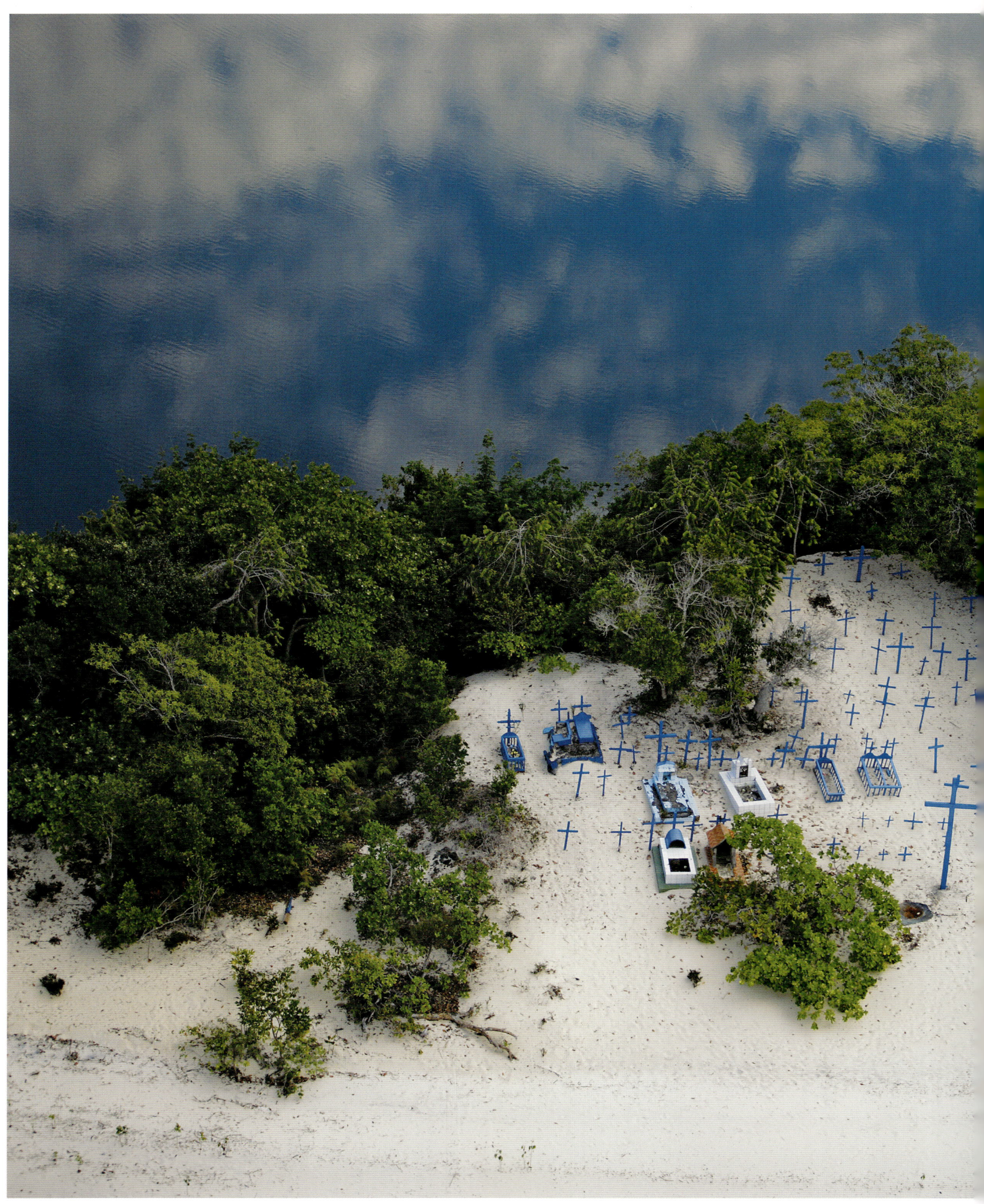

ROBERT HAAS | 2007 | BRÉSIL *Un cimetière sous-marin à Rio Negro*

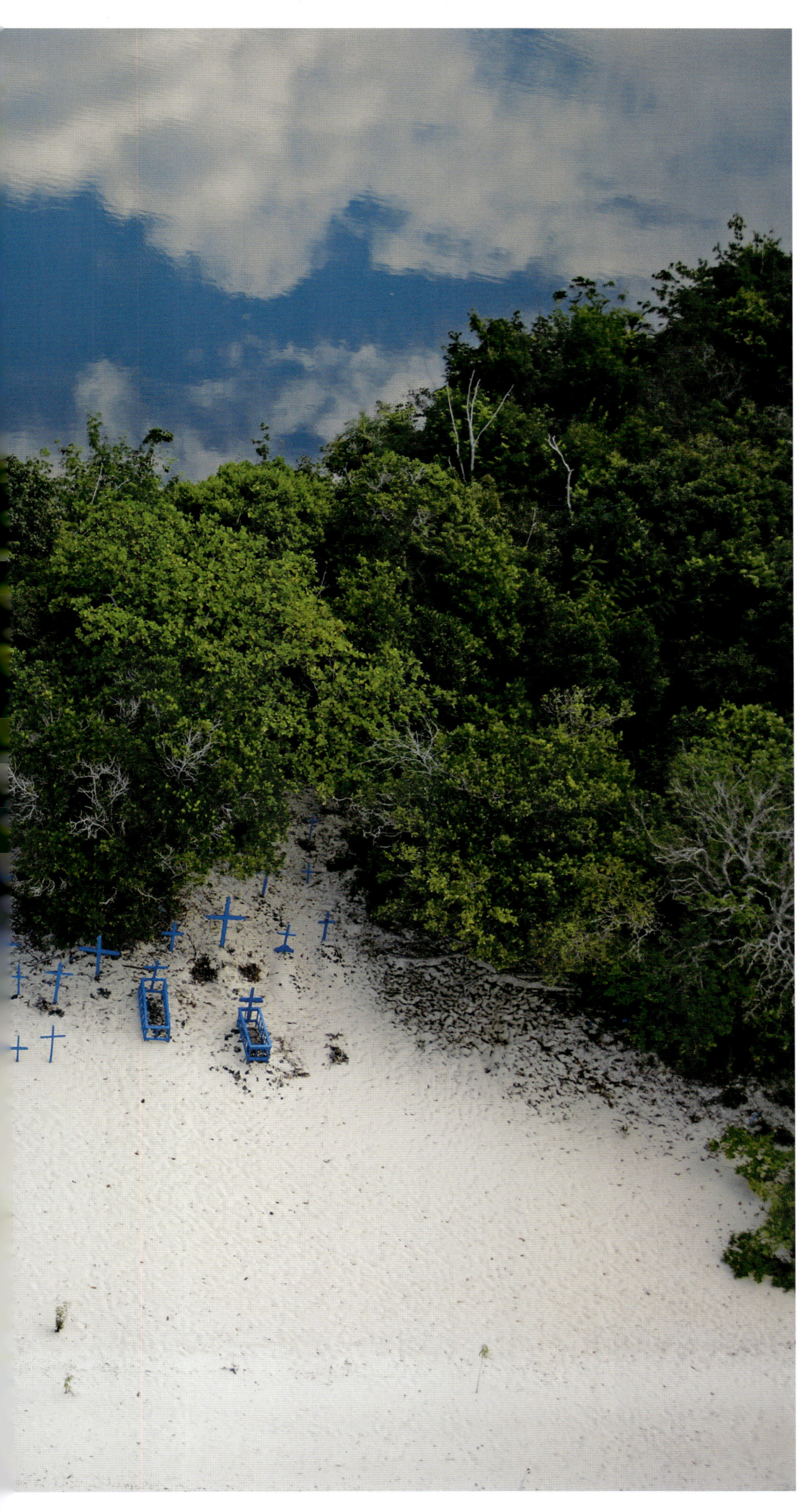

L'écrivain Marie Arana dit au sujet du photographe aérien Bobby Haas « J'ai compris que ce n'était pas l'histoire humaine qui l'avait attiré en Amérique latine, mais le spectacle de la terre, sa grandeur, parfois même sa dénaturation. »

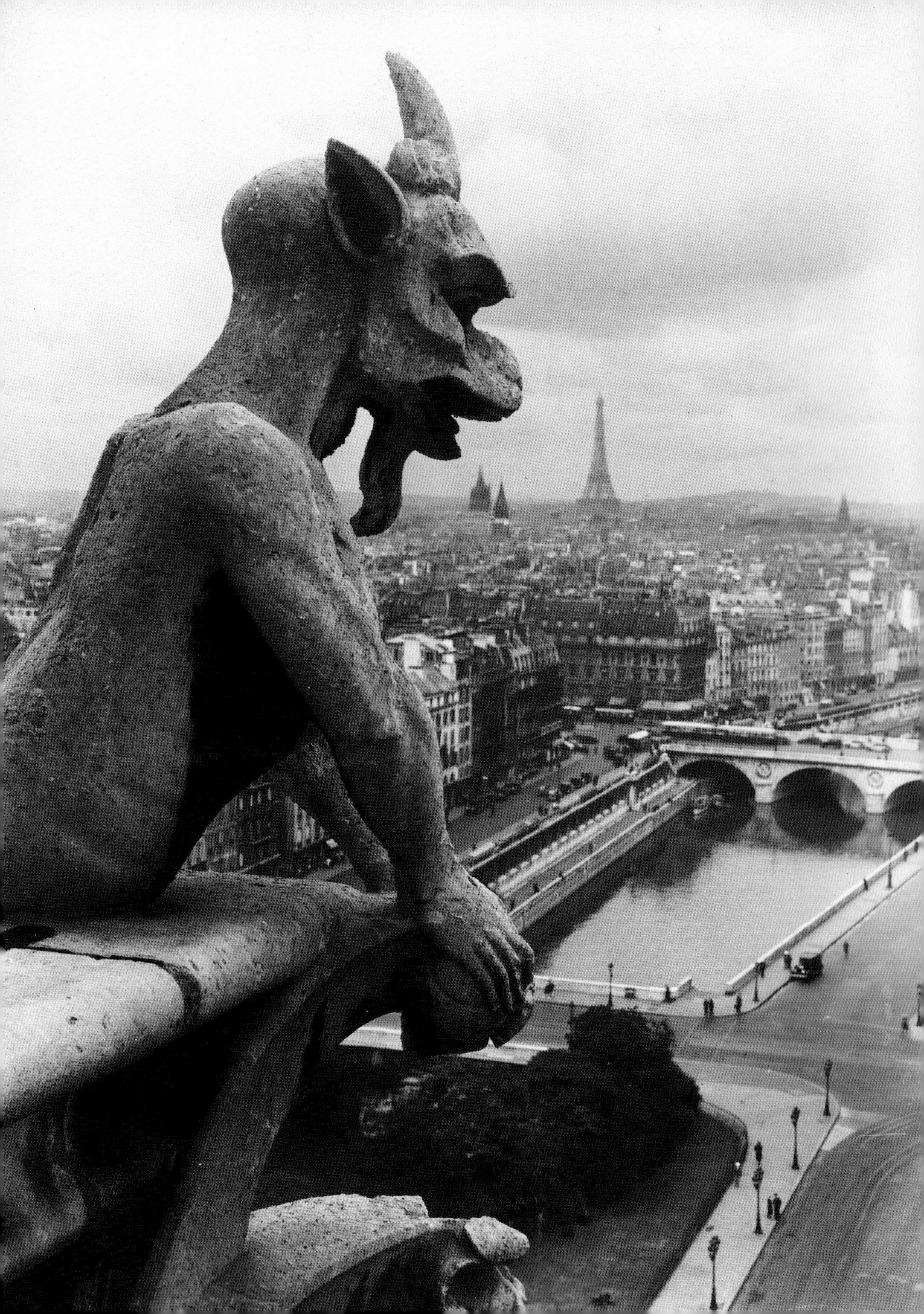

paris en noir et blanc

QU'EST-CE QUI REND LE PARIS DE L'ENTRE-DEUX-GUERRES si fascinant et si évocateur ? Sans doute le mélange singulier d'expatriés, d'écrivains, d'artistes et d'exilés qui hantait alors ses cafés. Mais aussi ses photographes, qui rendirent de façon inoubliable les nuances de noir et blanc.

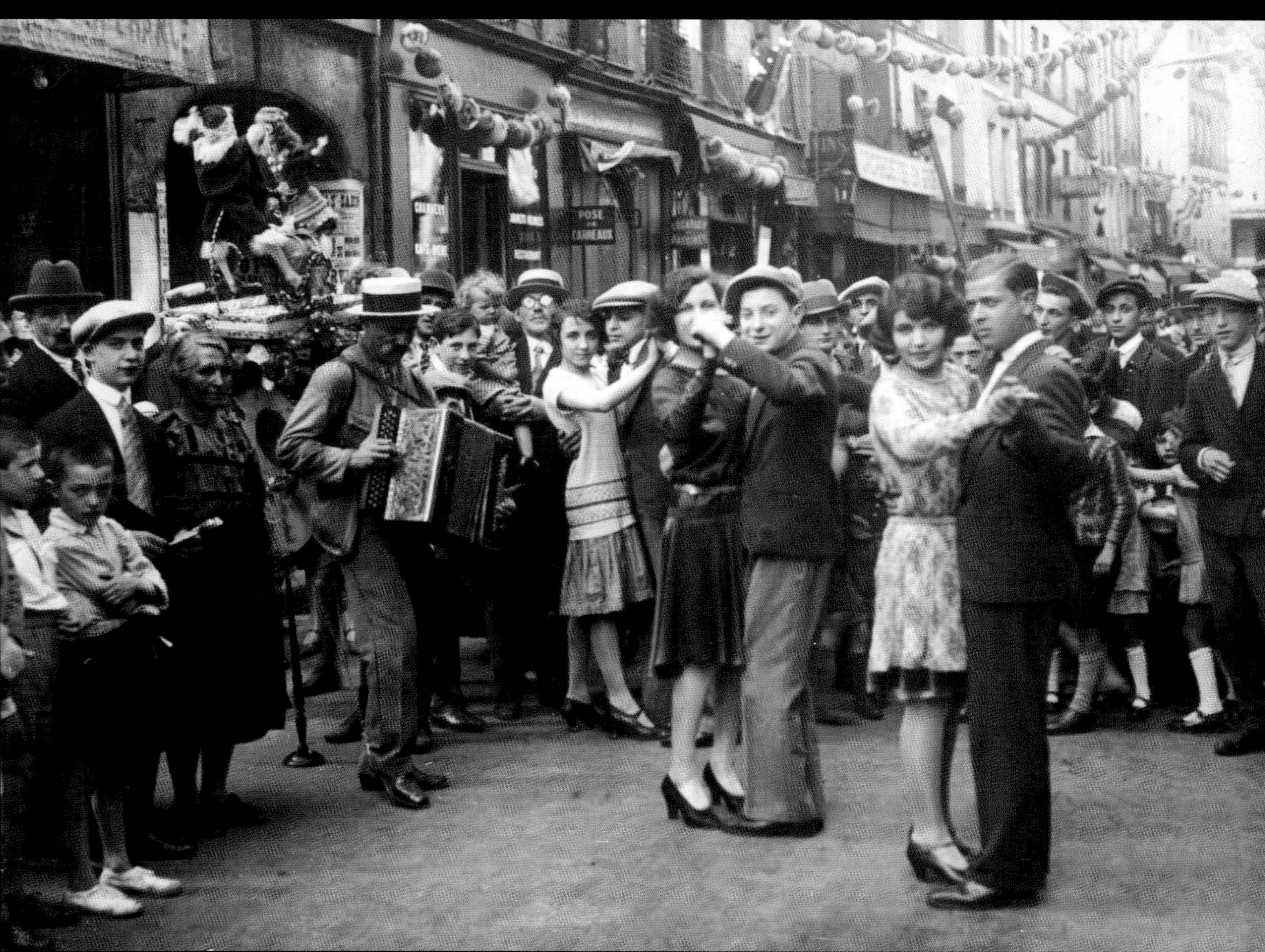

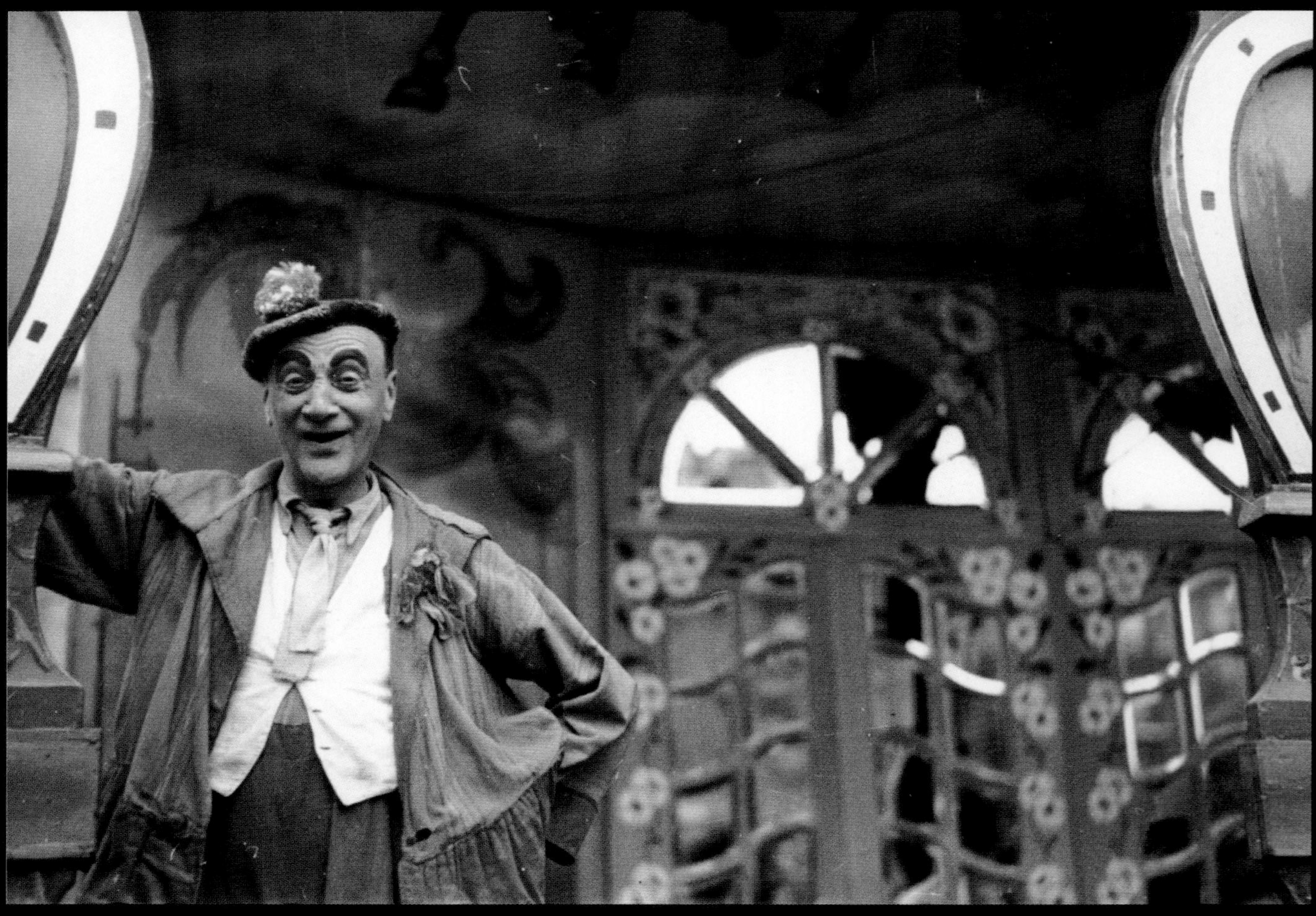

MAYNARD OWEN WILLIAMS | 1930 | PARIS *Fête du pain d'épice, place de la Nation.*

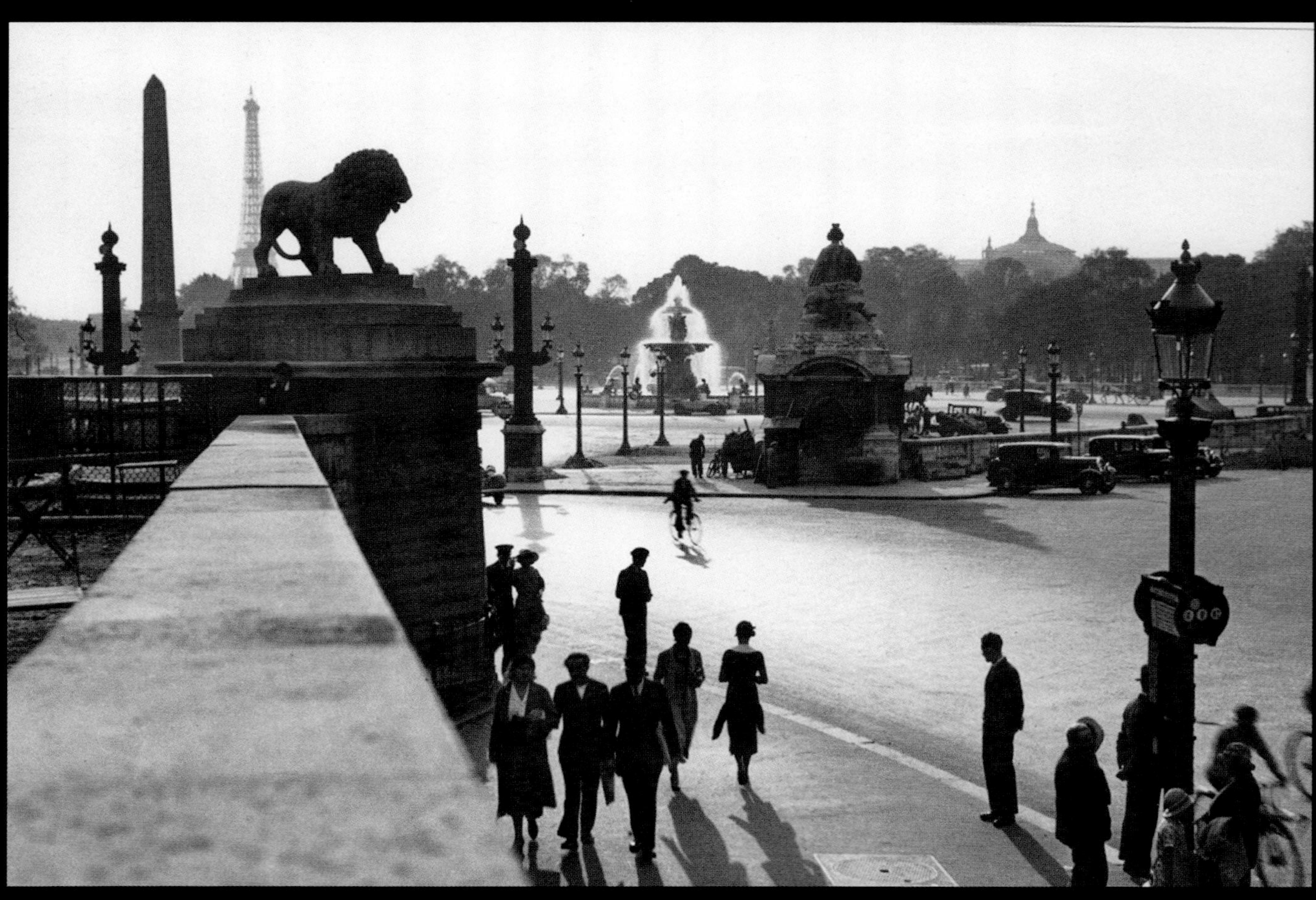

W. ROBERT MOORE ET RICHARD HANSEN | 1934 | PARIS *Ombres sur la place de la Concorde.*

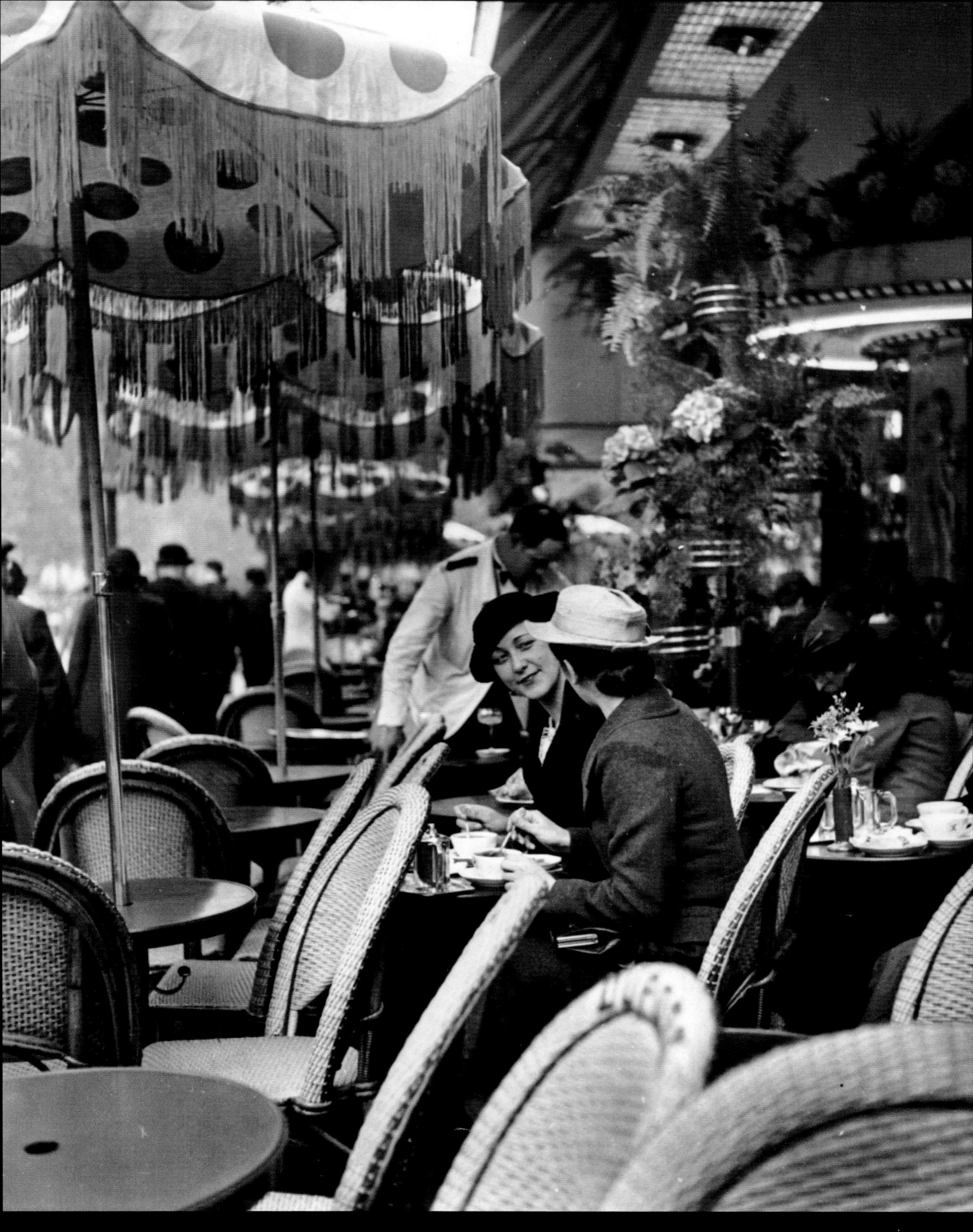

PHOTOGRAPHE INCONNU | 1930 | PARIS *Boulevard Saint-Michel.*

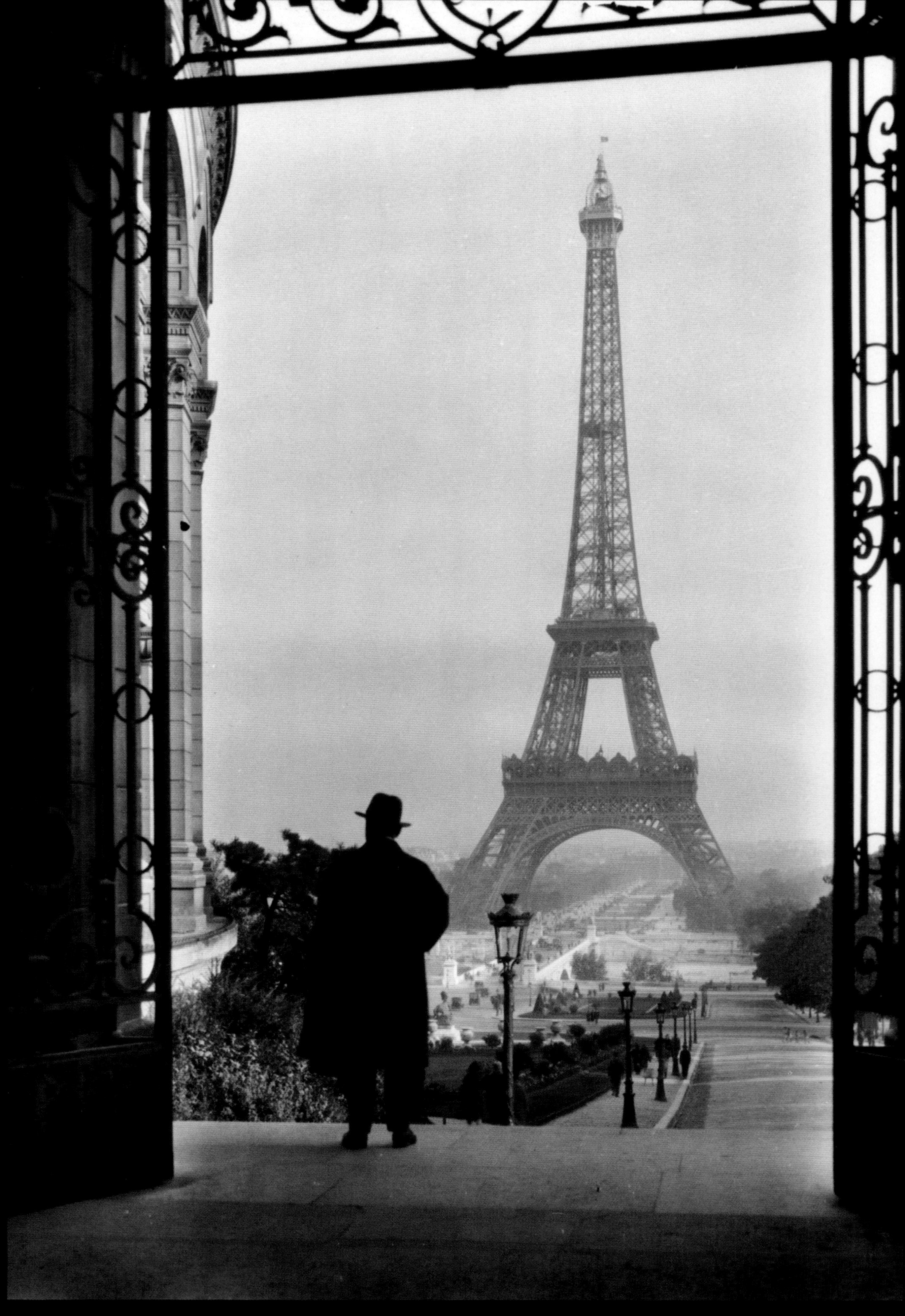

CLIFTON R. ADAMS | 1929 | PARIS *Vue depuis le palais du Trocadéro.*

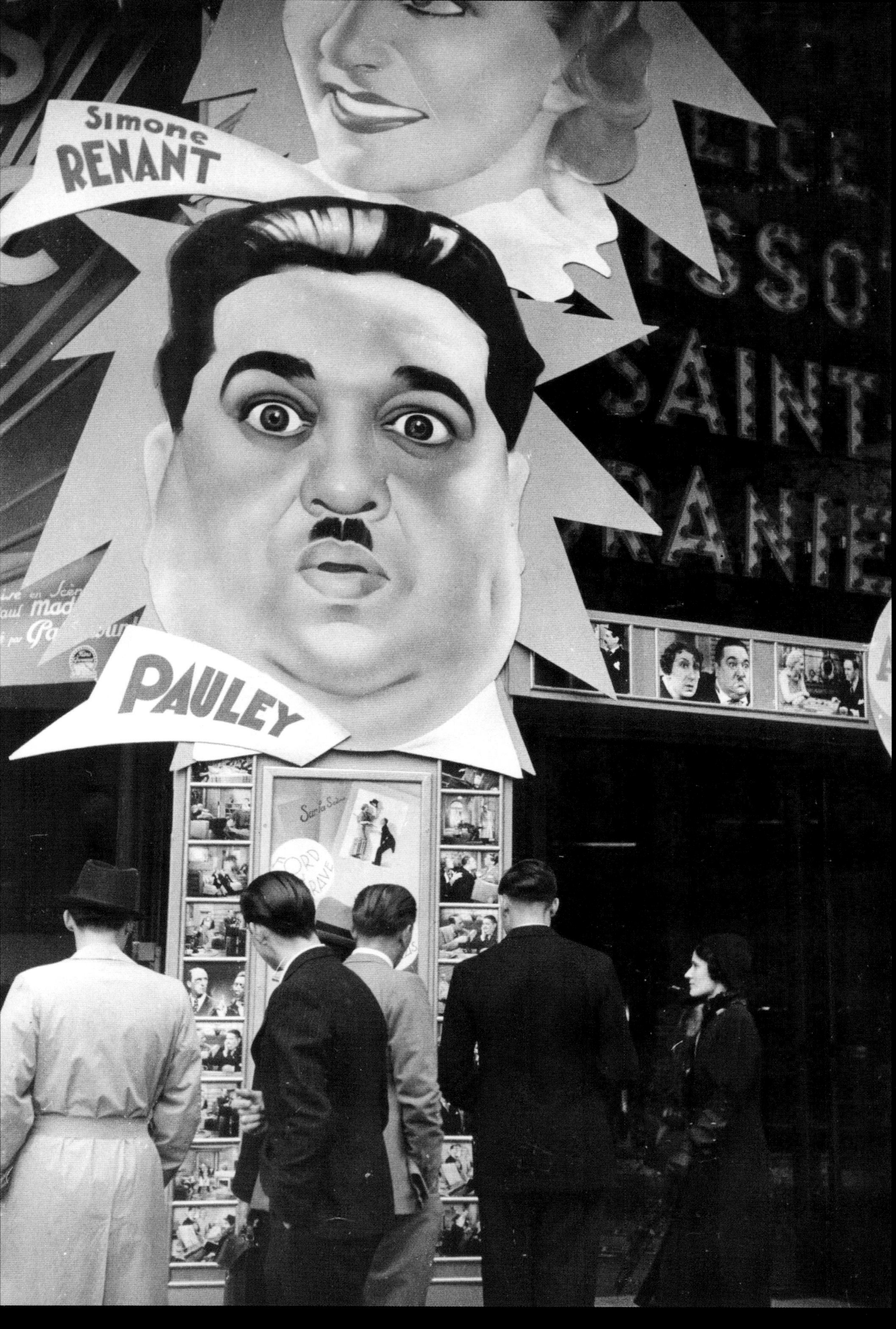

MAYNARD OWEN WILLIAMS | 1936 | PARIS *Boulevard des Italiens.*

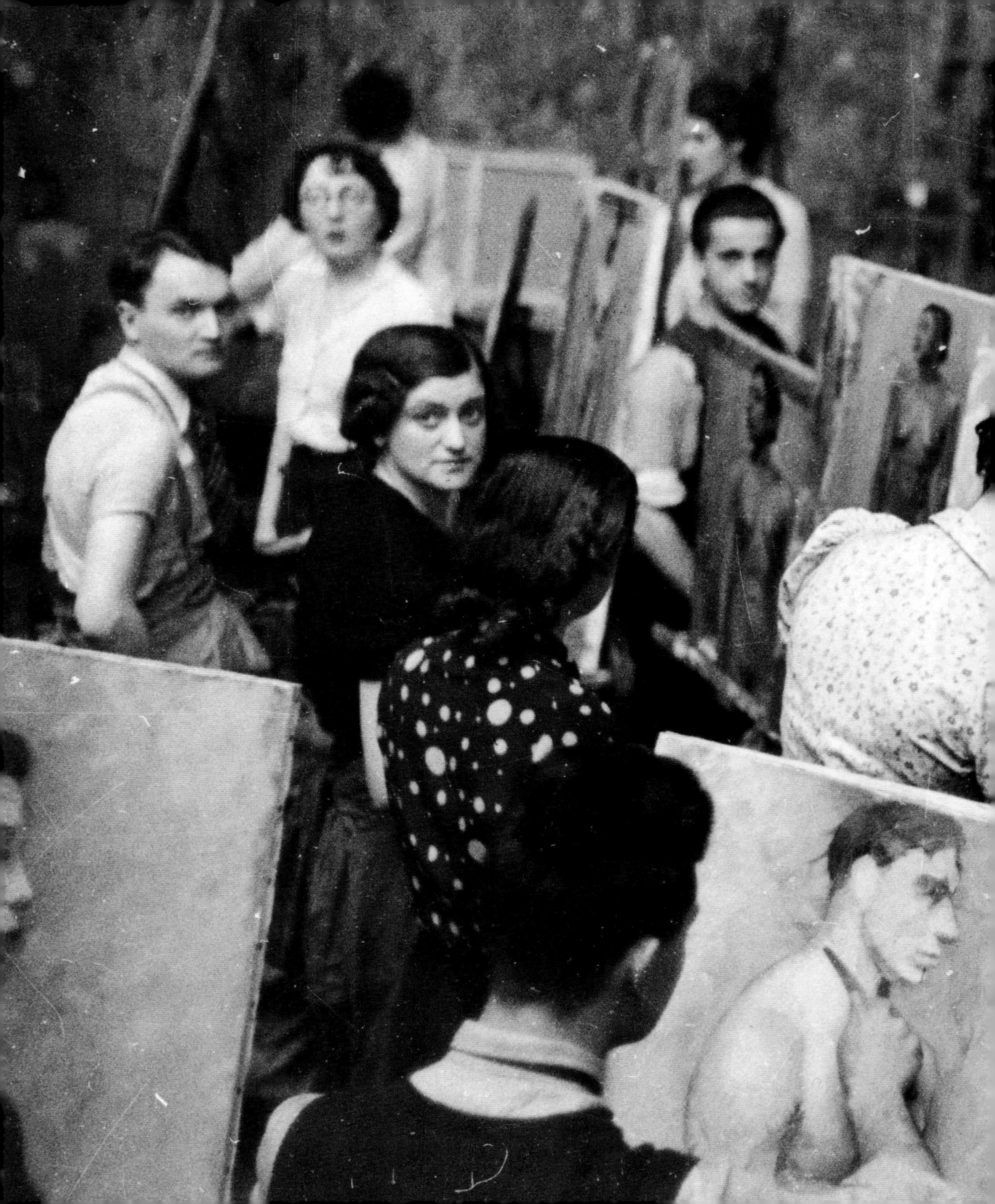

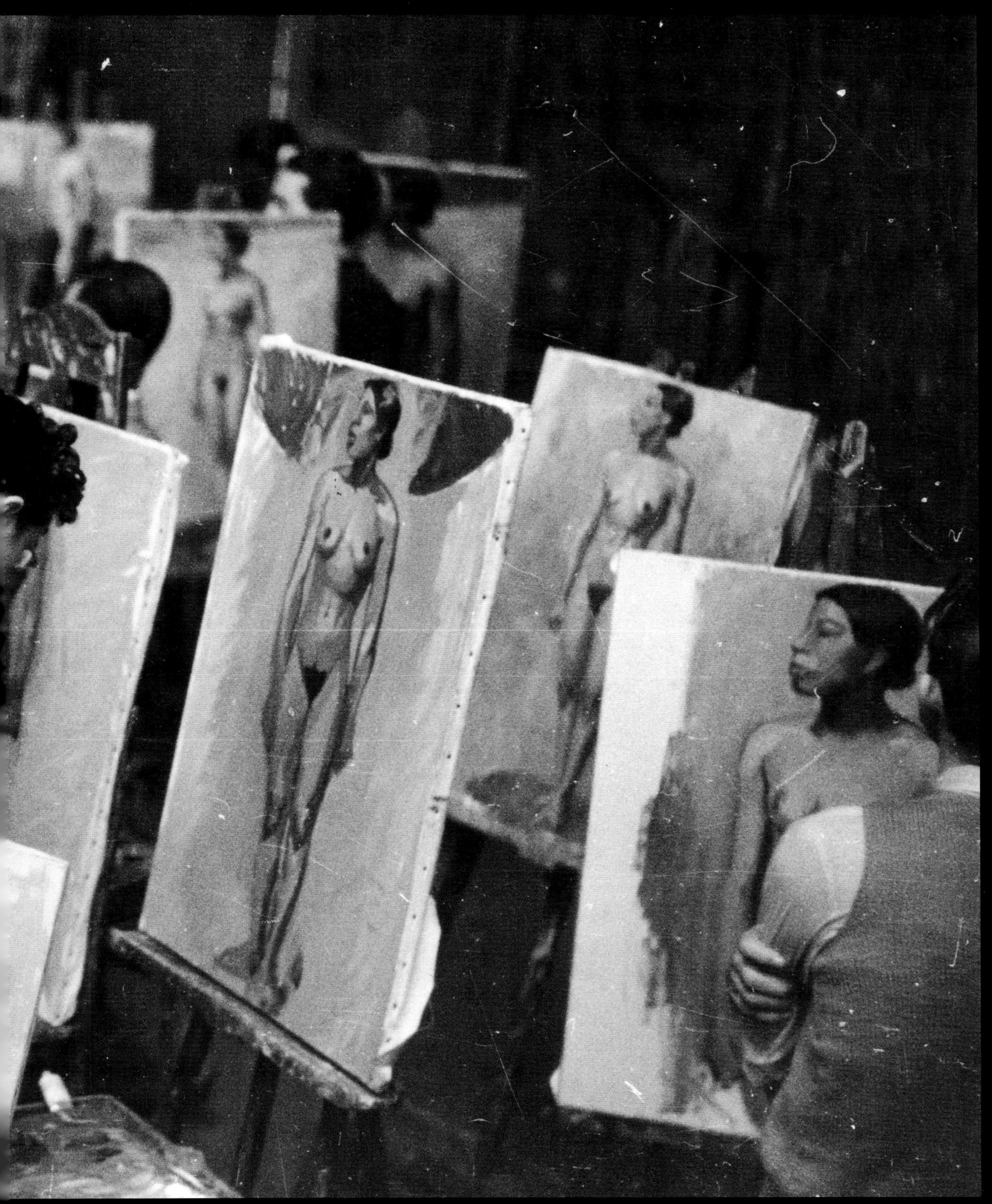

MAYNARD OWEN WILLIAMS | 1936 | PARIS *École des Beaux-Arts.*

SCIENCE ET CHANC

MENT CLIMATIQUE

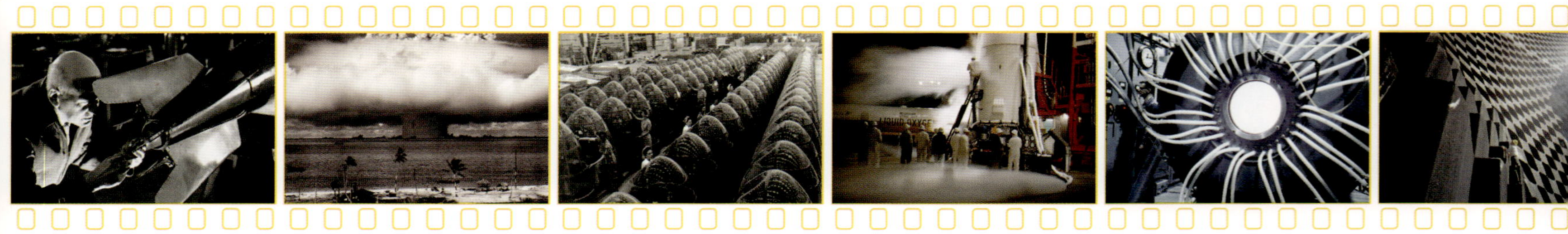

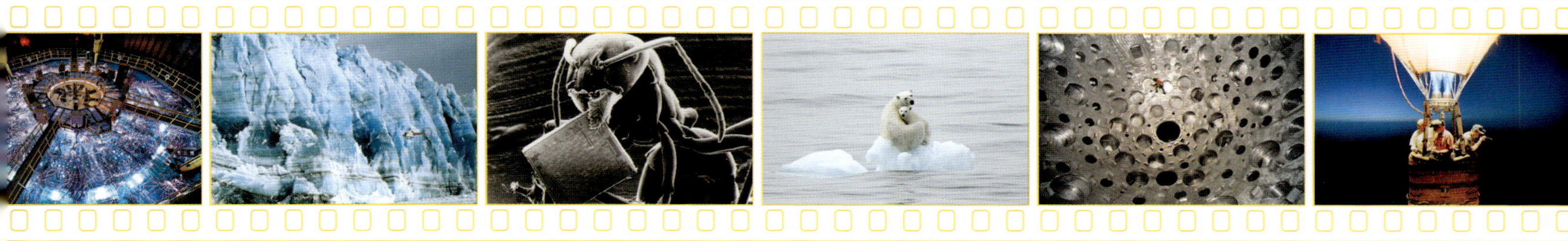

RÊVES ET IMAGINATION : ALEXANDER GRAHAM BELL POSSÉDAIT les deux en abondance. C'est l'imagination qui amena son gendre, Gilbert H. Grosvenor, à photographier, en 1903, les expérimentations aériennes de l'inventeur des cerfs-volants tétraèdres. Cette imagination poussa ensuite le jeune rédacteur en chef à collectionner ou à commander, pour *National Geographic*, des photos illustrant chaque étape de la conquête des cieux, chaque nouvel usage de l'électricité au service de l'industrie, chaque éclipse importante, chaque merveille technologique captée par l'objectif d'un appareil.

De fait, les photographes s'enflammaient face au romantisme des robots et des fusées nés des rêves de bouillants génies. Nombre de leurs images si soigneusement mises en scène possèdent, aujourd'hui encore, un étrange charme rétro – comme si tous les cadrans, jauges, leviers et tubes à vide baignant dans une lueur électronique vibrante et irréelle ne formaient qu'une seule « machine » colossale. Une « machine », pur produit de la science-fiction, étayant notre vie quotidienne, sans rapport avec le monde naturel et dont le déclin semblait impossible. Une vision joyeuse et réconfortante qu'un article publié par le *National Geographic* dans les années 1950 résuma. Il s'intitulait : « Le nouveau serviteur de l'homme : l'atome bienveillant. »

La technologie possédait pourtant un côté plus sombre. Ces cordes enroulées, ces câbles sinueux pouvaient paraître monstrueux et étranges, tandis que l'homme, dans son accoutrement prophylactique, évoquait une vision plus dystopique qu'utopique. Ces machines, après tout, étaient synonymes de destruction. Le nuage en forme de champignon en émanait. Des générations de photographes adoptèrent donc une approche plus nuancée, plus équilibrée, plus réaliste, parfois ironique. Ils réintroduisirent dans leurs clichés l'aspect routinier de la recherche et surtout, le monde naturel. Celui-ci, par sa beauté et sa complexité dépasse le monde créé par l'homme et à la longue prendra le dessus sur ce dernier. Les clichés de la fonte de glaciers ou des inondations dues aux cyclones, suggérant un déséquilibre accru des écosystèmes, témoignent avec force du changement climatique croissant induit par l'homme, et démontrent qu'un cauchemar global pourrait émerger de nos rêves.

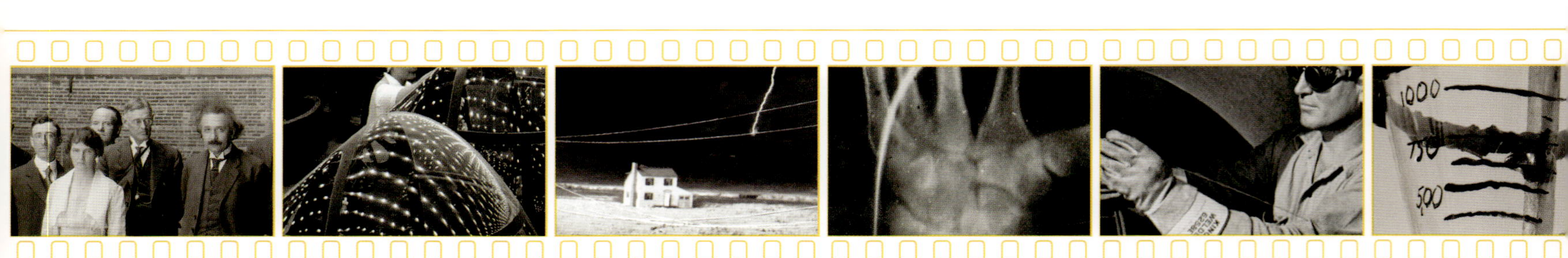
1000
750
500

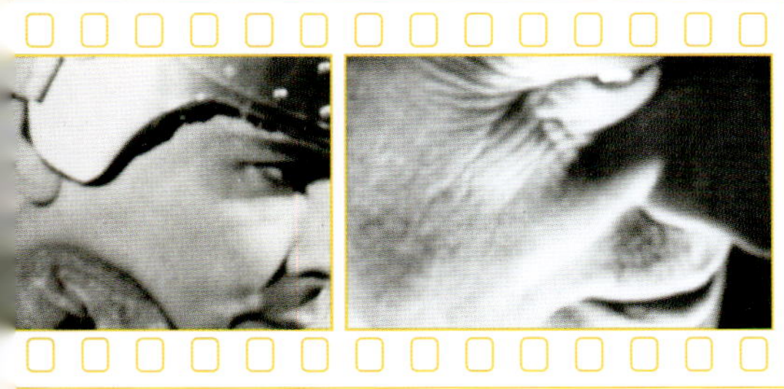

les premières photographies

LES PHOTOGRAPHES, DONT L'ART FUT ENFANTÉ PAR LA TECHNOLOGIE, disposaient dès le début du XXe siècle d'un œil perçant pour les merveilles et découvertes scientifiques. Outre les télescopes géants et les machines volantes, leurs clichés captaient la capacité de la technologie à créer destruction ou exploitation – ambiguïté que les nuances du noir et blanc font ressortir.

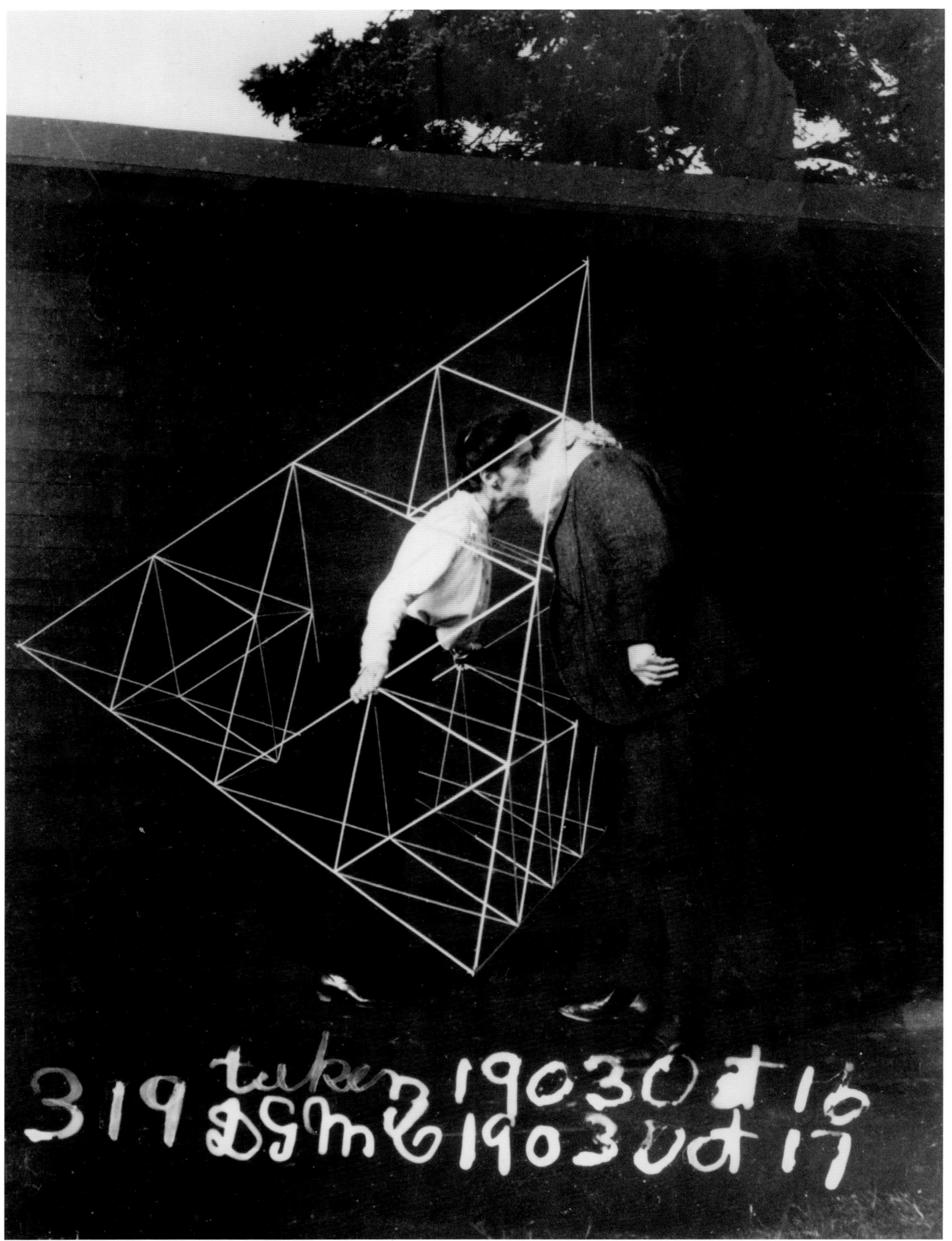

 GILBERT H. GROSVENOR | 1903 | CANADA *Mabel et Alexander Graham Bell cadrés dans un cerf-volant tétraèdre.*

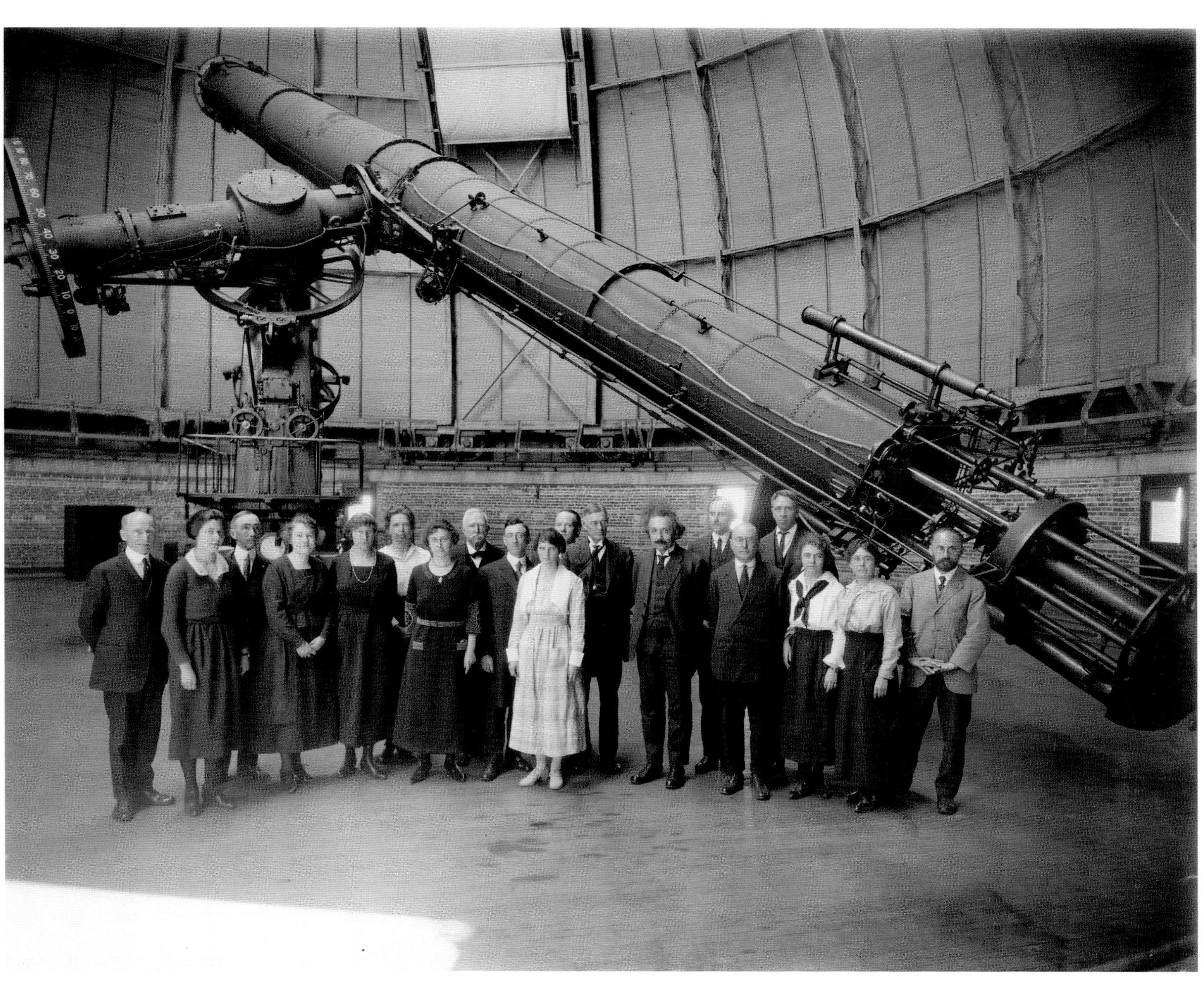

OBSERVATOIRE DE YERKES | 1921 | ÉTAT DE L'ILLINOIS, ÉTATS-UNIS *Albert Einstein et les techniciens de l'observatoire de Yerkes.*

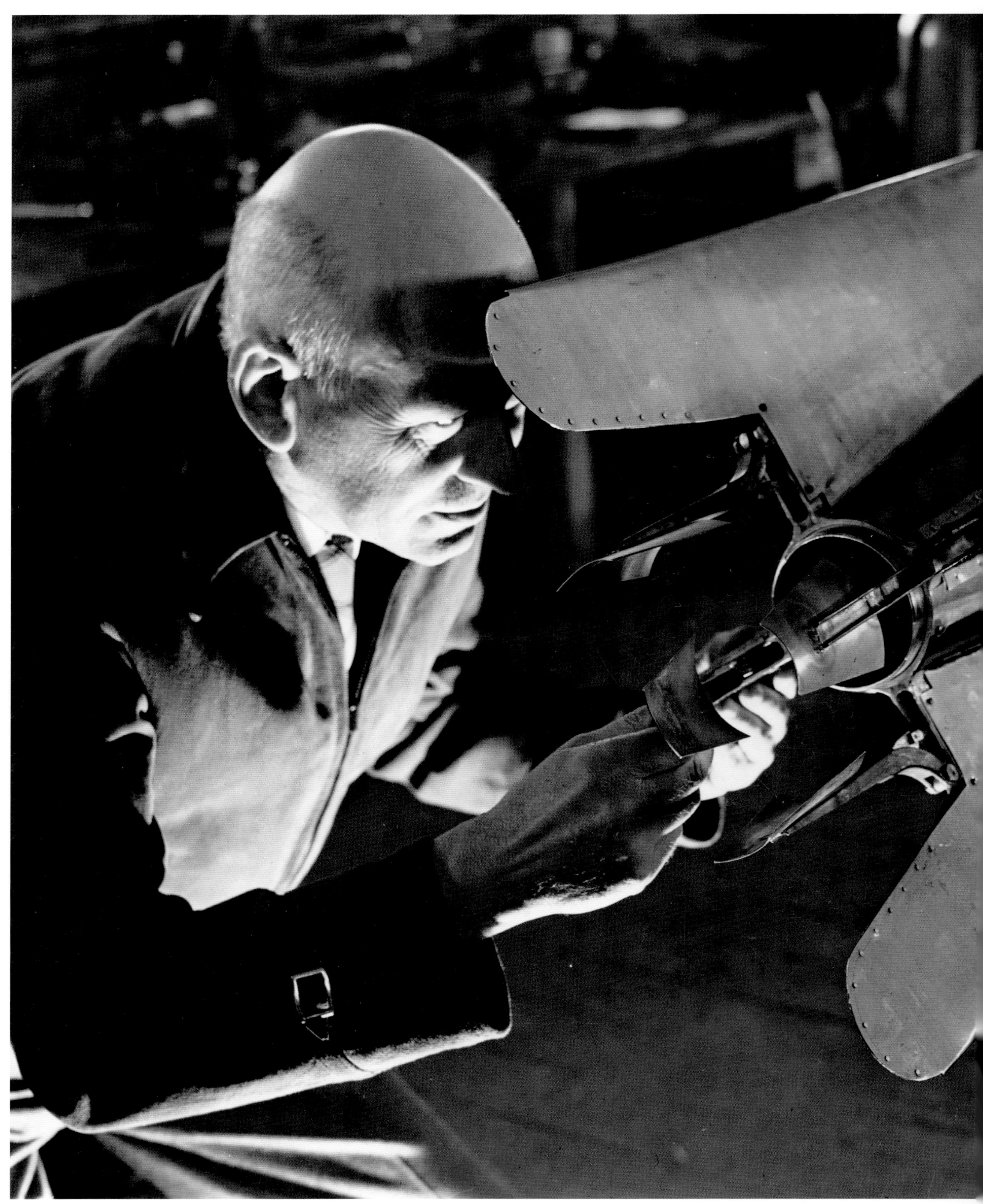

 B. ANTHONY STEWART | 1940 | ÉTAT DE L'ARIZONA, ÉTATS-UNIS *Robert Goddard réglant une ailette.*

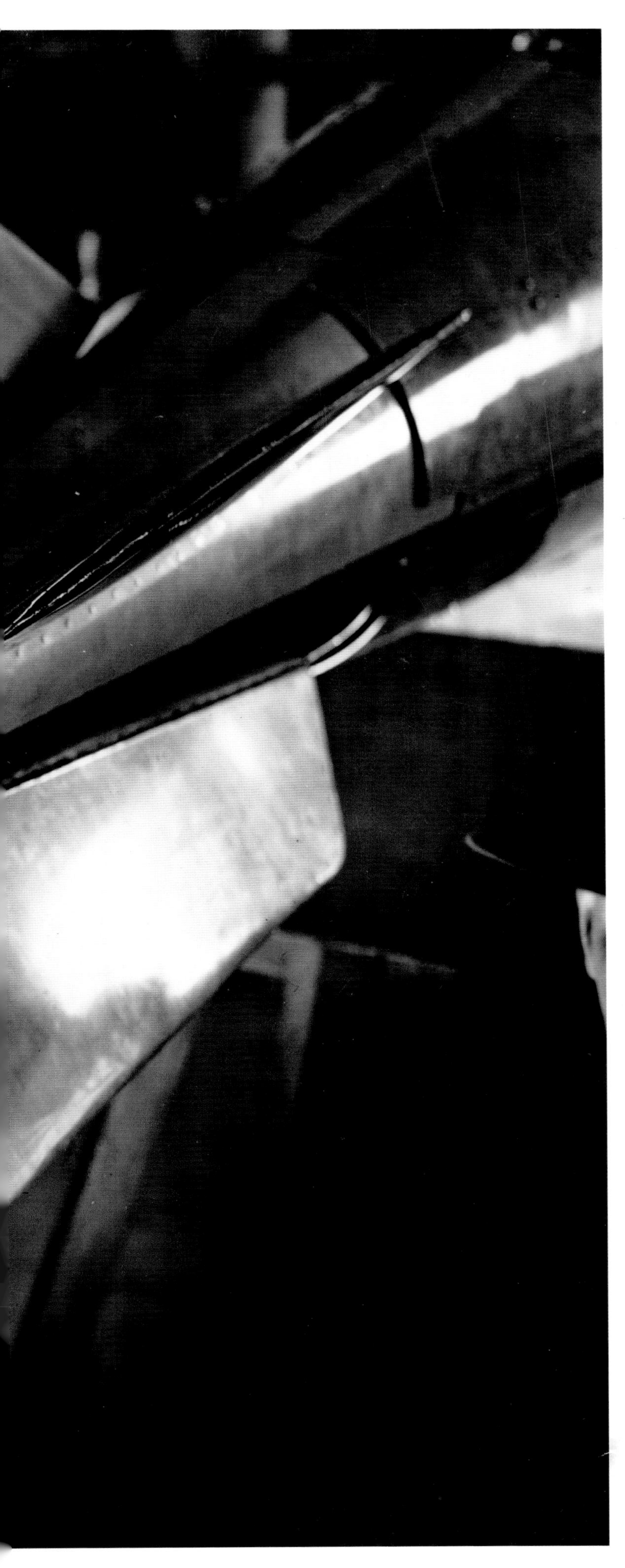

« C'était sans doute
la personne la plus
conventionnelle que j'aie
jamais rencontré, se
souvient un proche de
Robert Goddard, précurseur
de l'astronautique : très
conservateur en tout,
sauf dans son obsession
interstellaire débridée. »

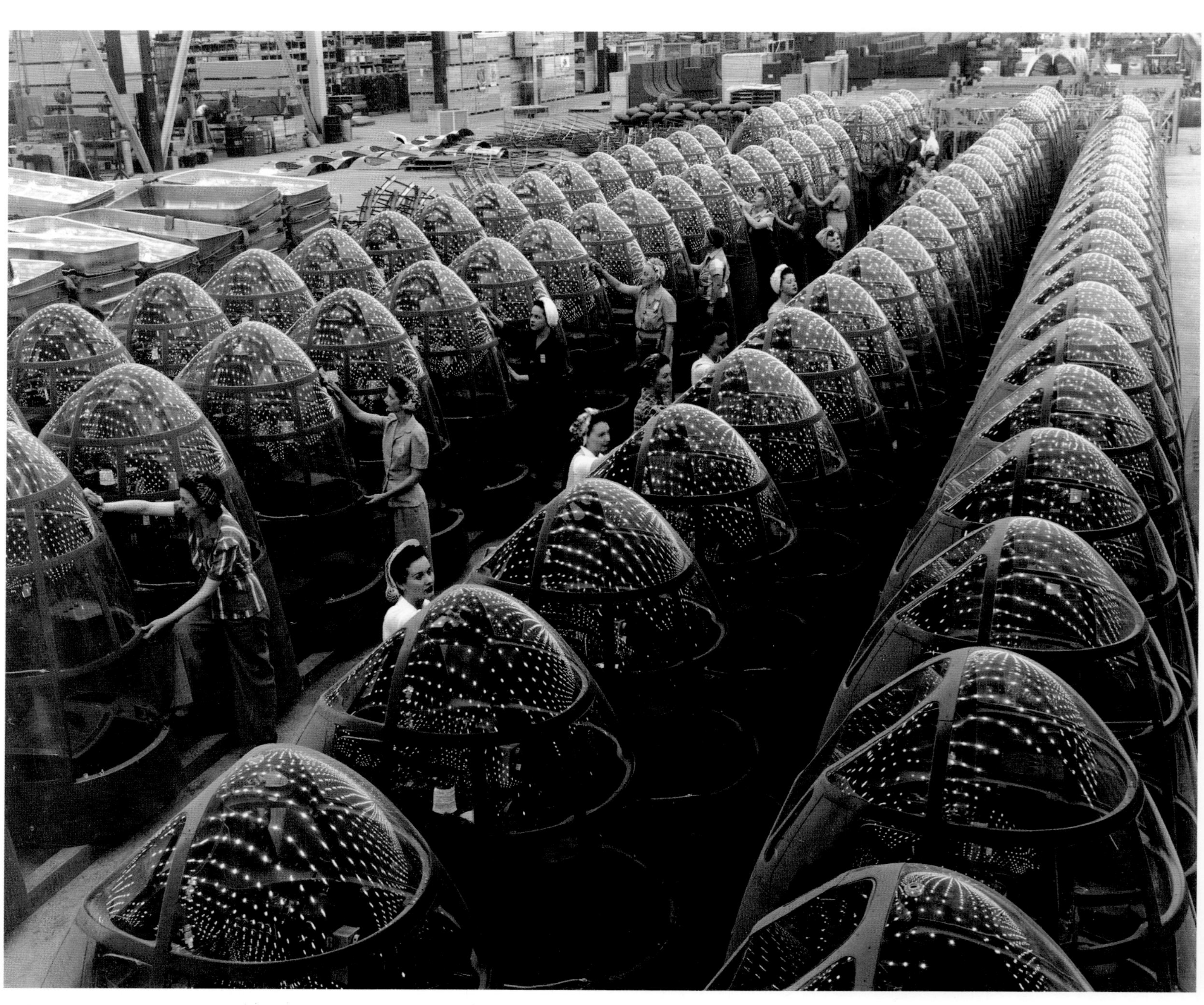

DOUGLAS AIRCRAFT COMPANY | 1942 | ÉTAT DE CALIFORNIE, ÉTATS-UNIS *Assemblage du fuselage de bombardiers Douglas A-20.*

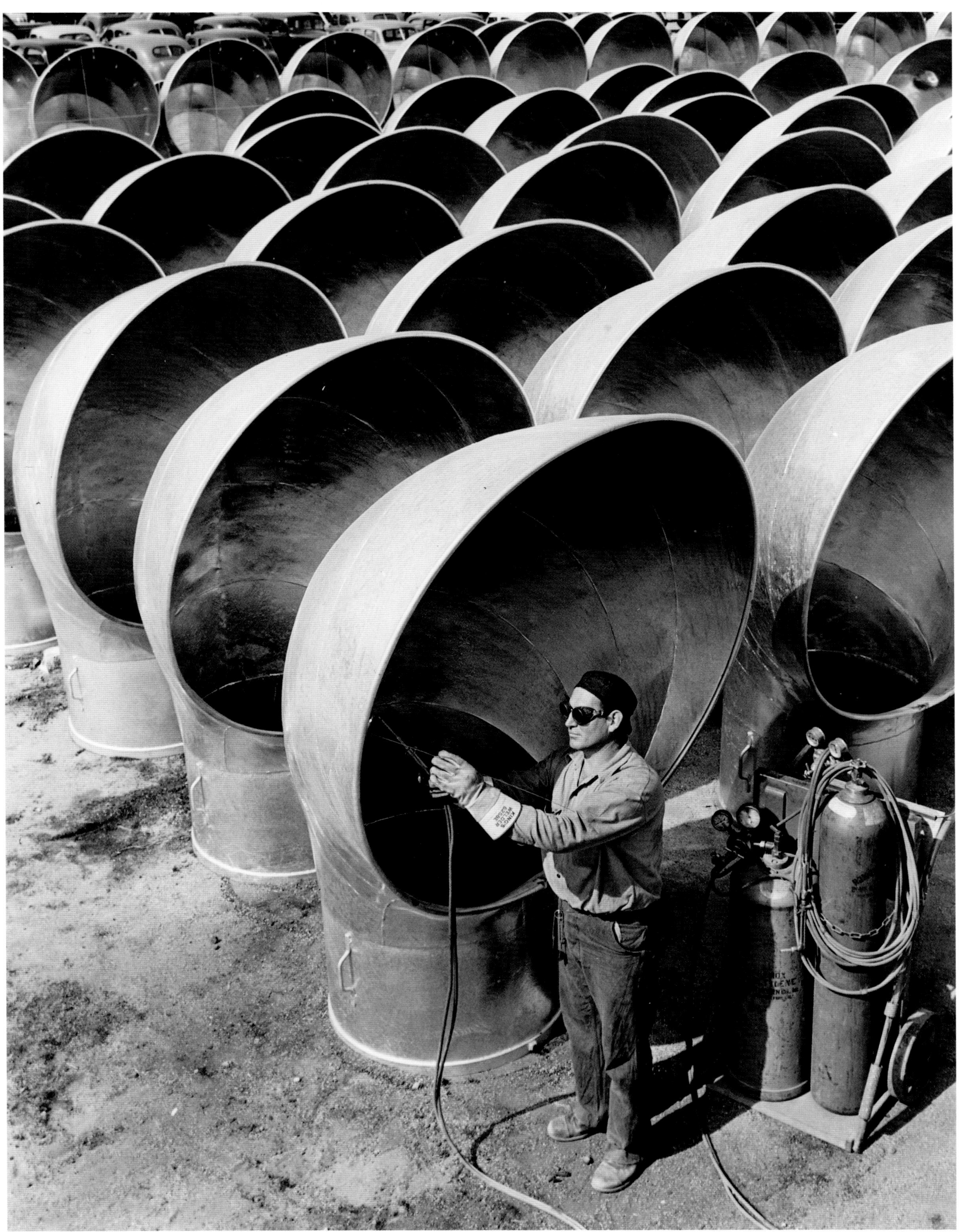

ACME NEWSPAPERS INC | 1942 | ÉTAT DE CALIFORNIE, ÉTATS-UNIS *Cheminées de cargos Liberty ships.*

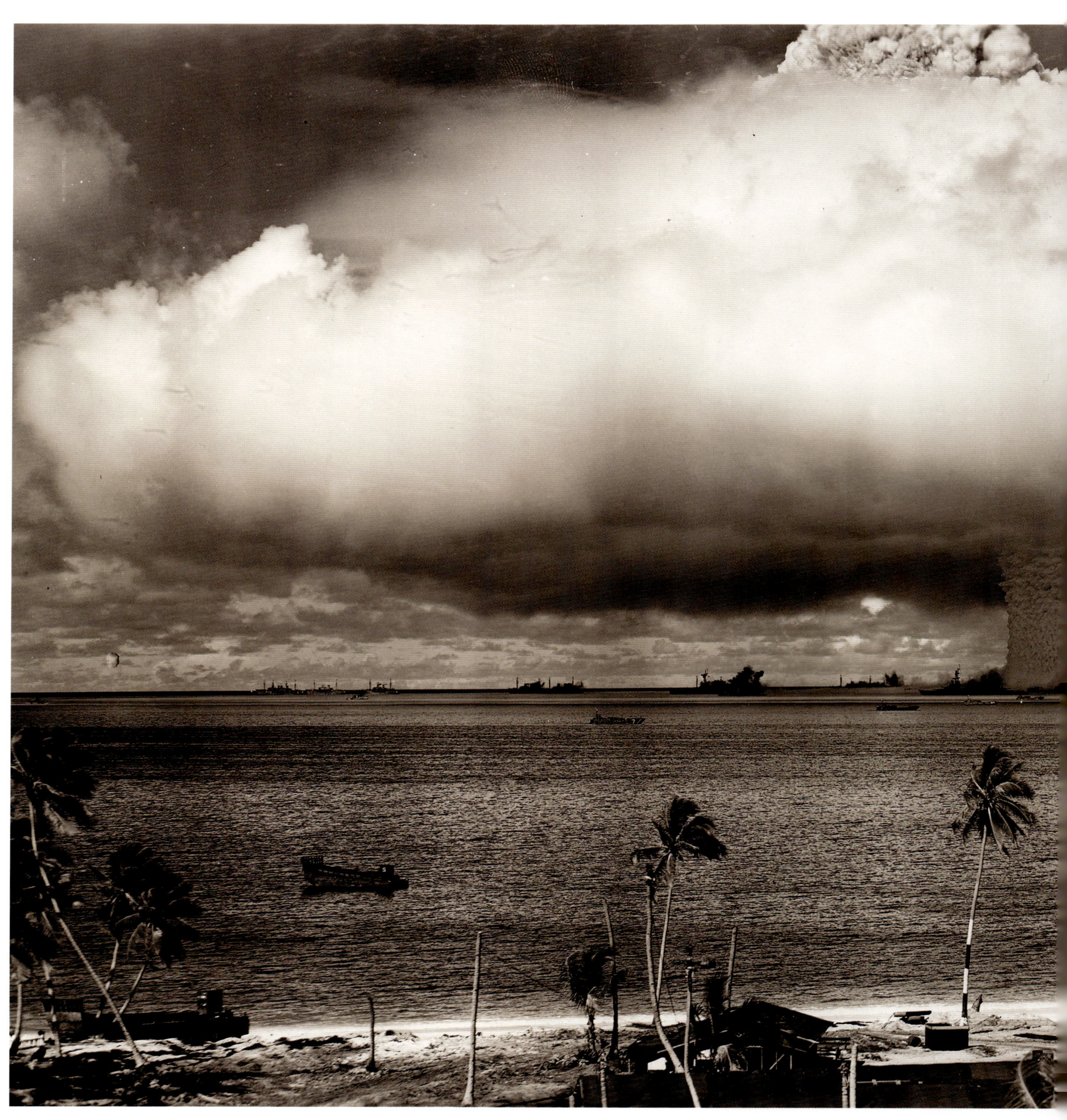

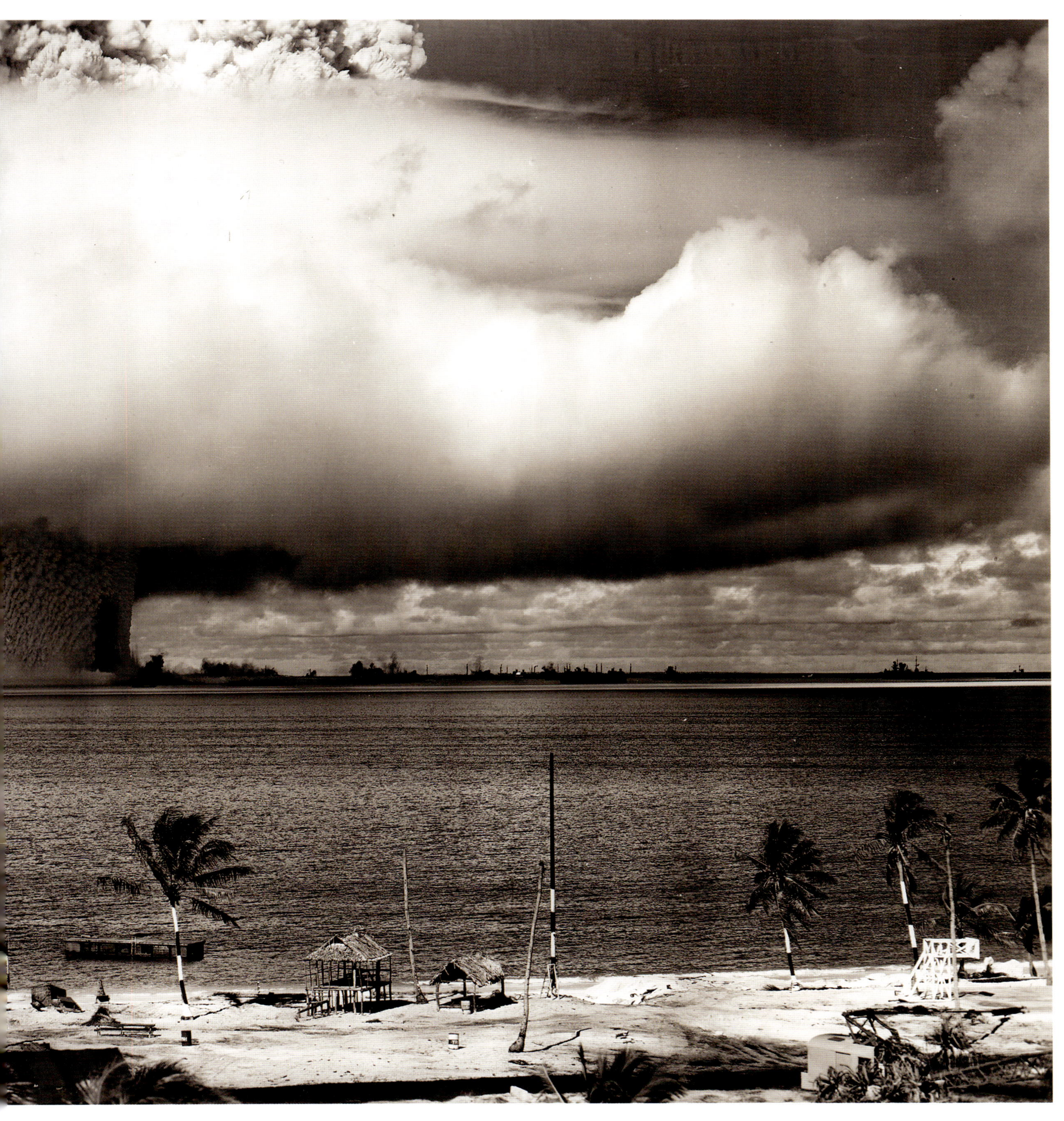

U.S NAVY | 1946 | ATOLL DE BIKINI *Deuxième bombe atomique testée dans l'opération Crossroads (premiers essais nucléaires après la Seconde Guerre mondiale).*

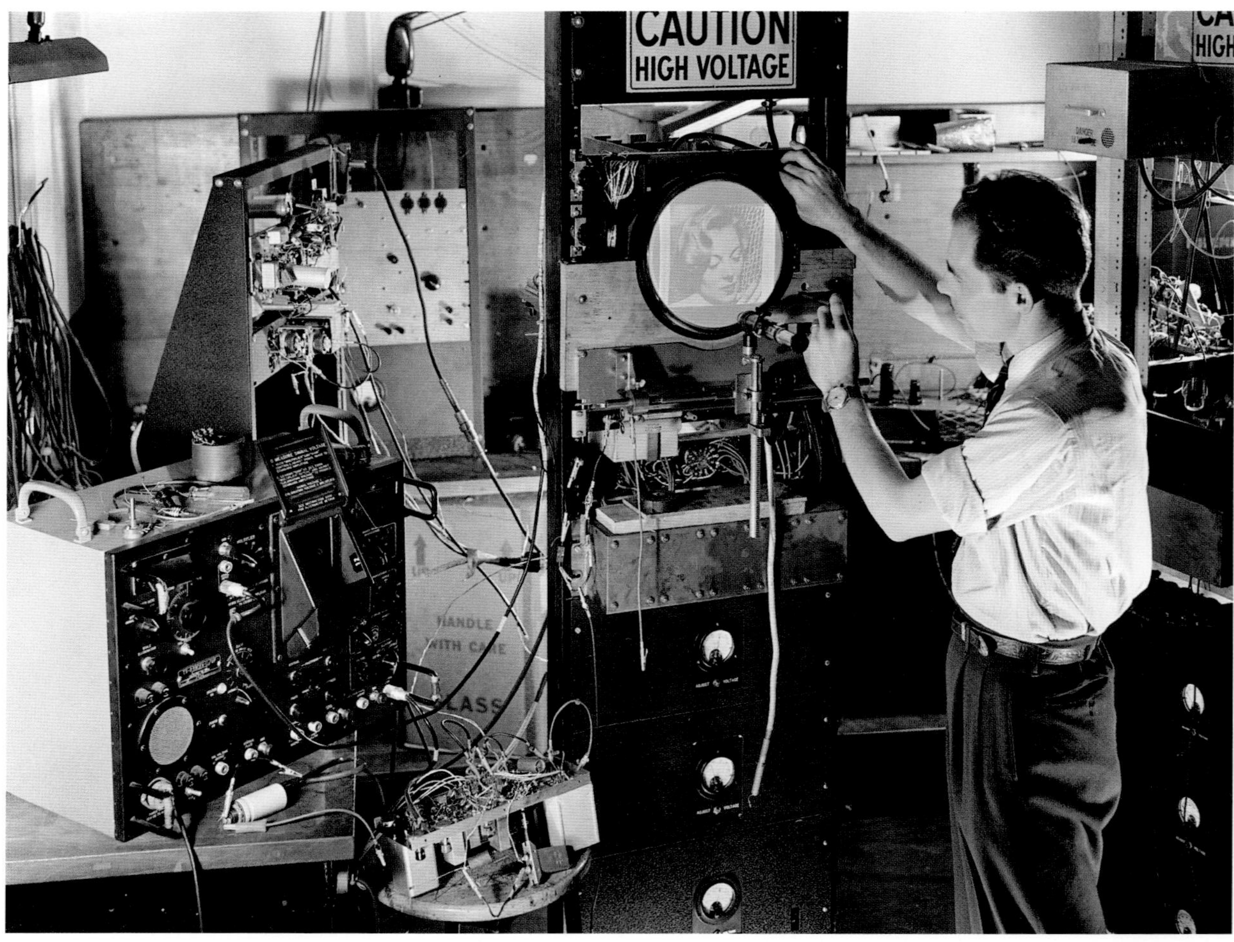

WILLARD CULVER | 1946 | NEW YORK, ÉTATS-UNIS *Test effectué sur l'un des tous premiers téléviseurs.*

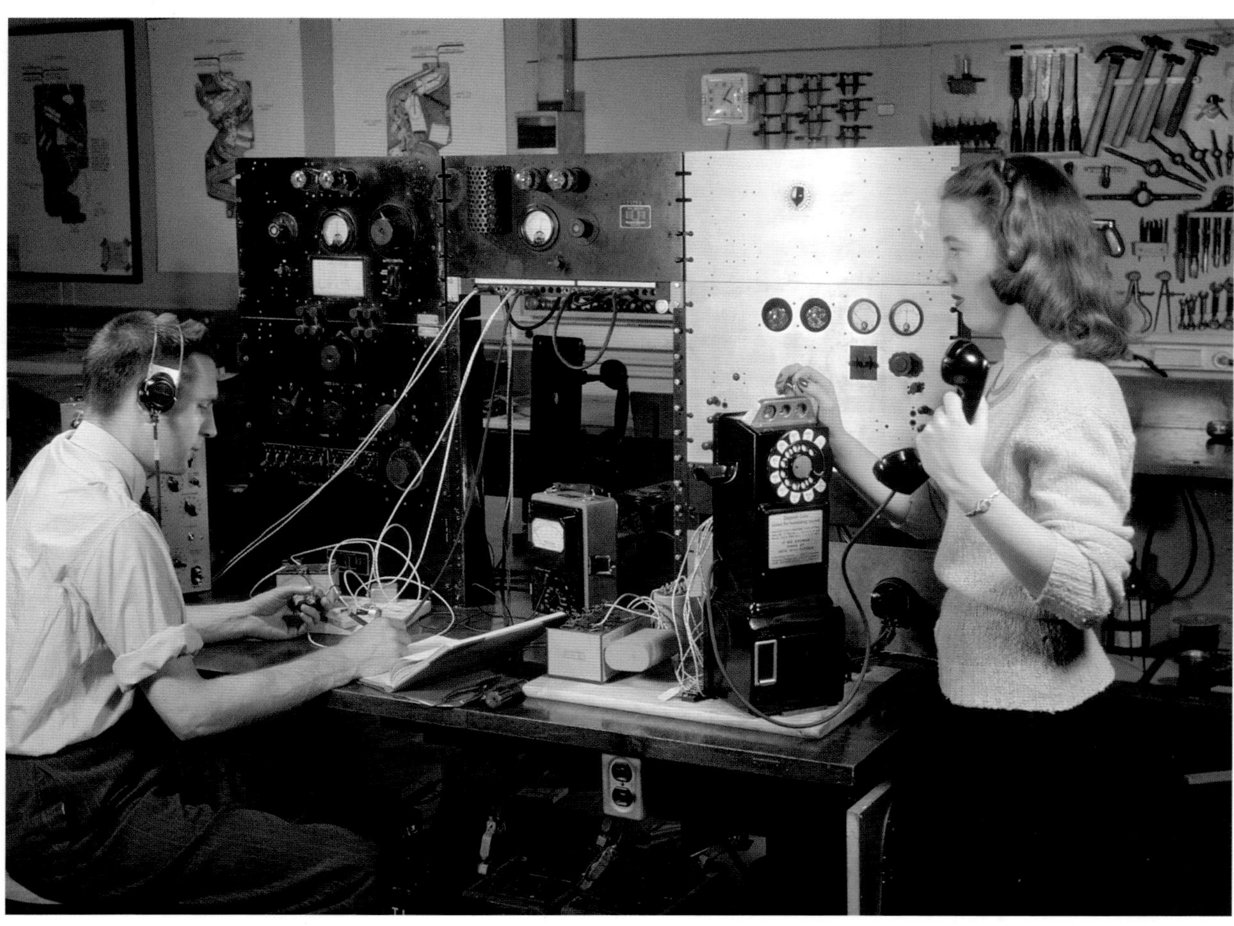

 WILLARD CULVER | 1947 | ÉTAT DU NEW JERSEY, ÉTATS-UNIS *Amélioration du design d'un téléphone public à pièces chez Bell.*

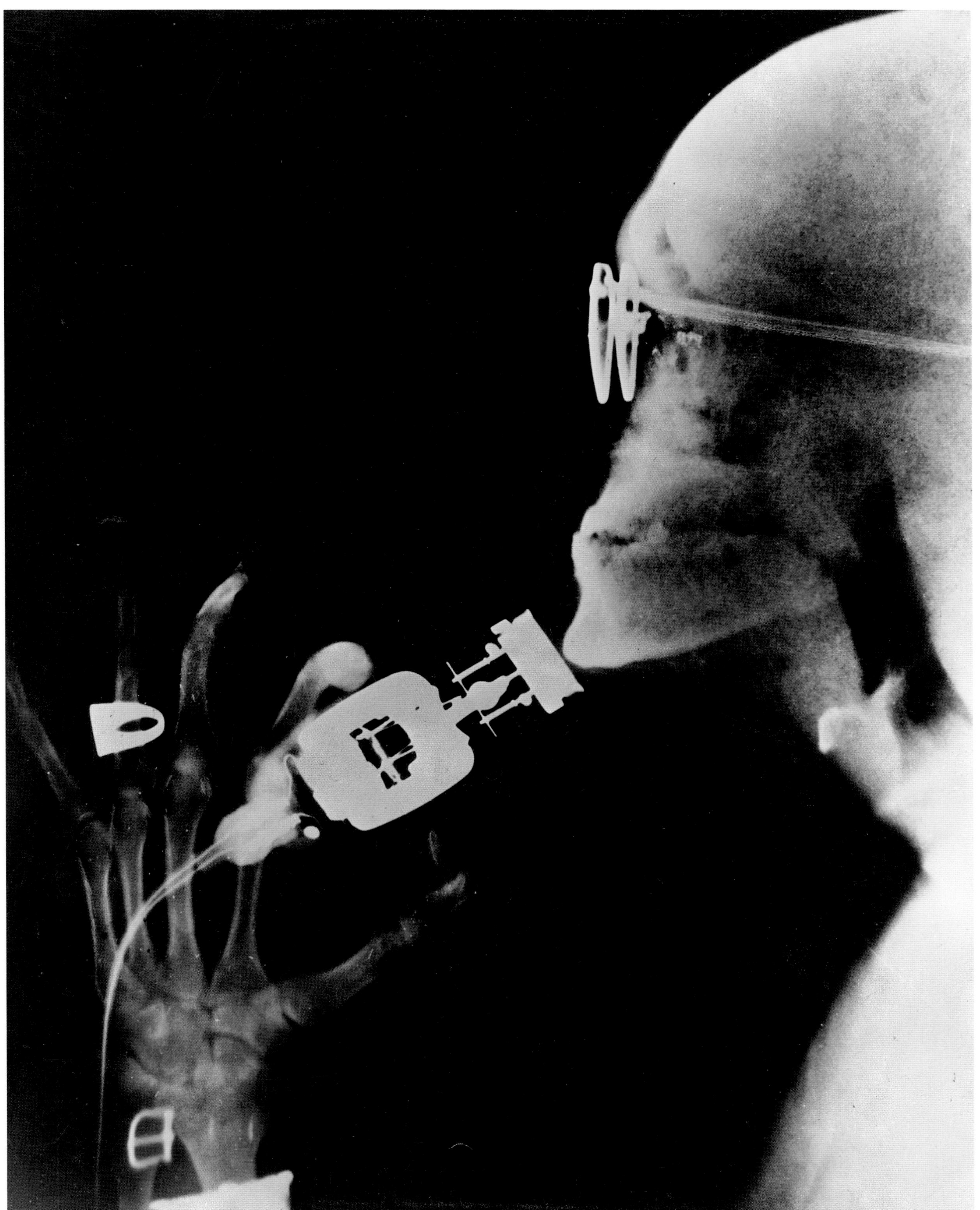

WESTINGHOUSE ELECTRIC CORP | 1947 | ÉTAT DU NEW JERSEY, ÉTATS-UNIS *Radiographie d'un homme utilisant un rasoir électrique.*

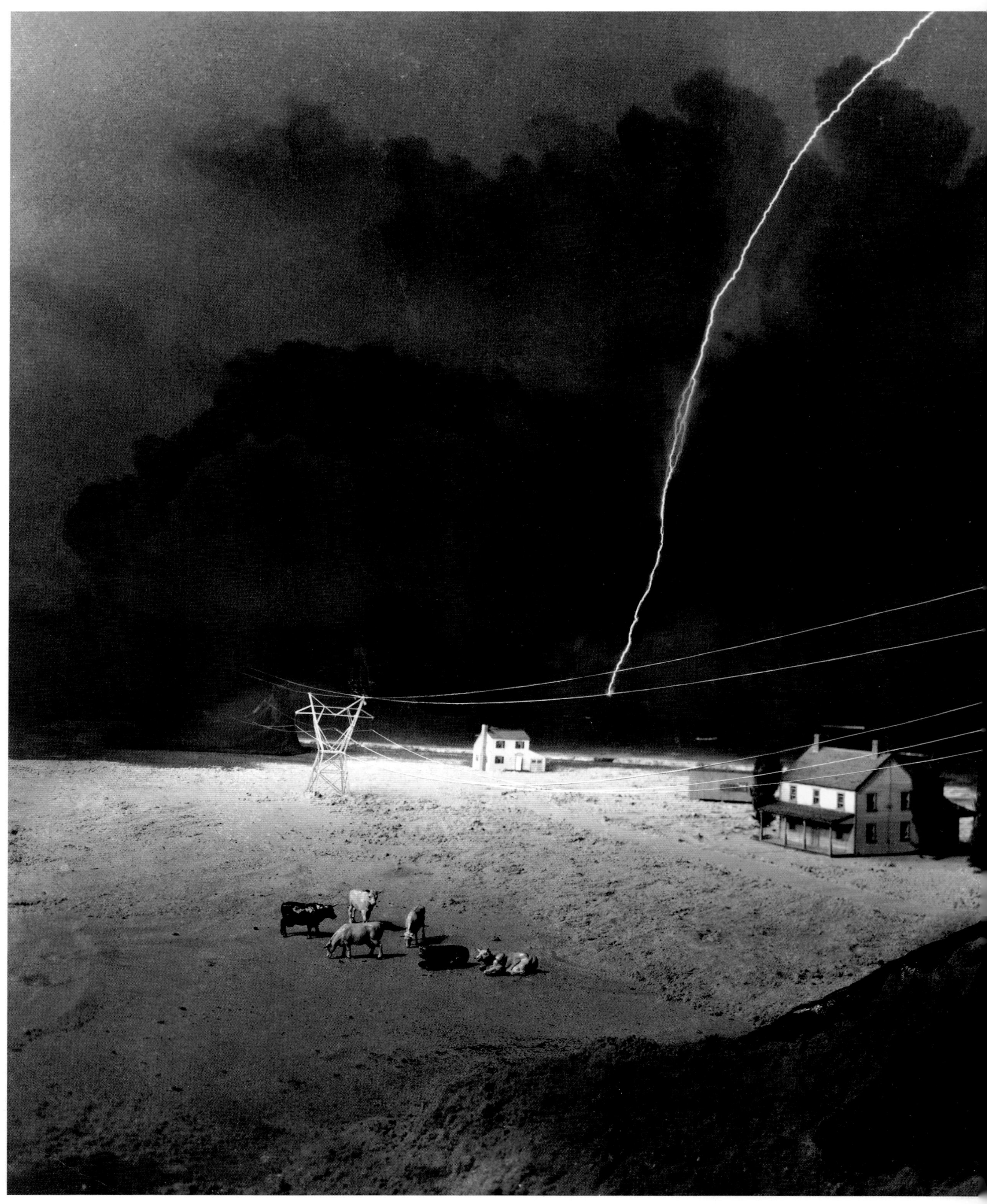

 WESTINGHOUSE ELECTRIC CORP | 1950 | ÉTAT DU NEW JERSEY, ÉTATS-UNIS *Les câbles électriques dévient la foudre vers le sol.*

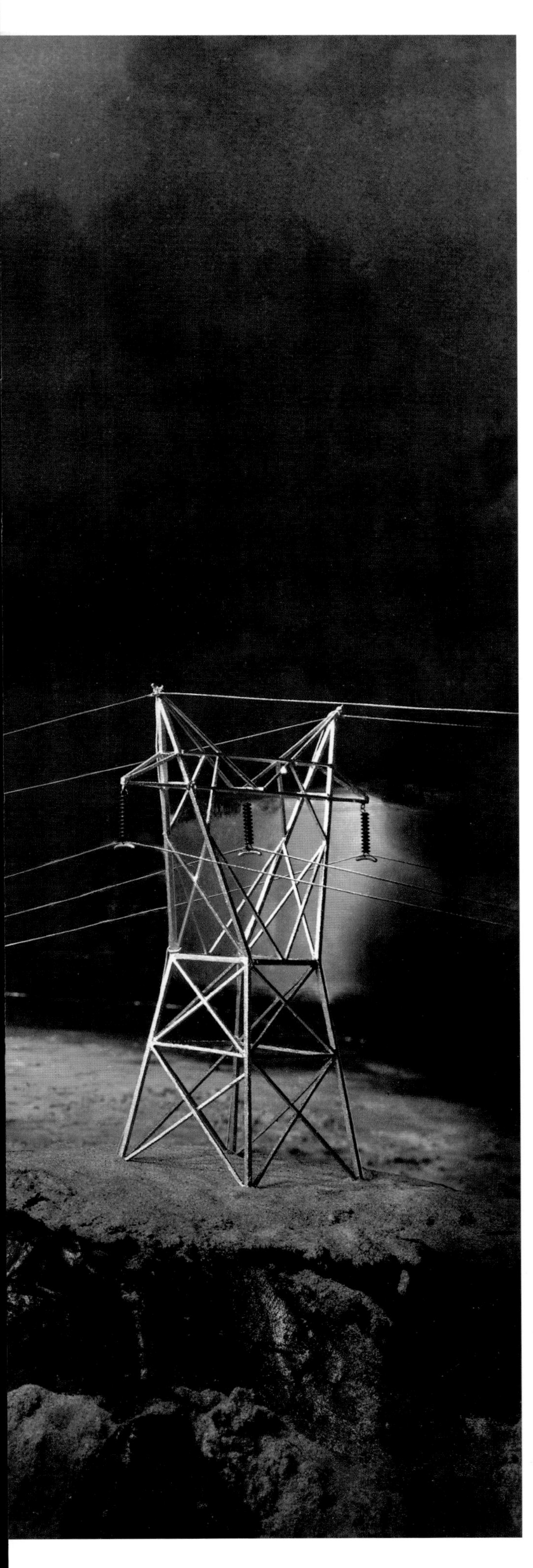

« Même les vaches y sont fabriquées par l'homme », disait la légende d'origine de cette image d'une ferme en modèle réduit construite pour la recherche sur la foudre. « Les ingénieurs de Westinghouse utilisent ce système pour leurs tests. »

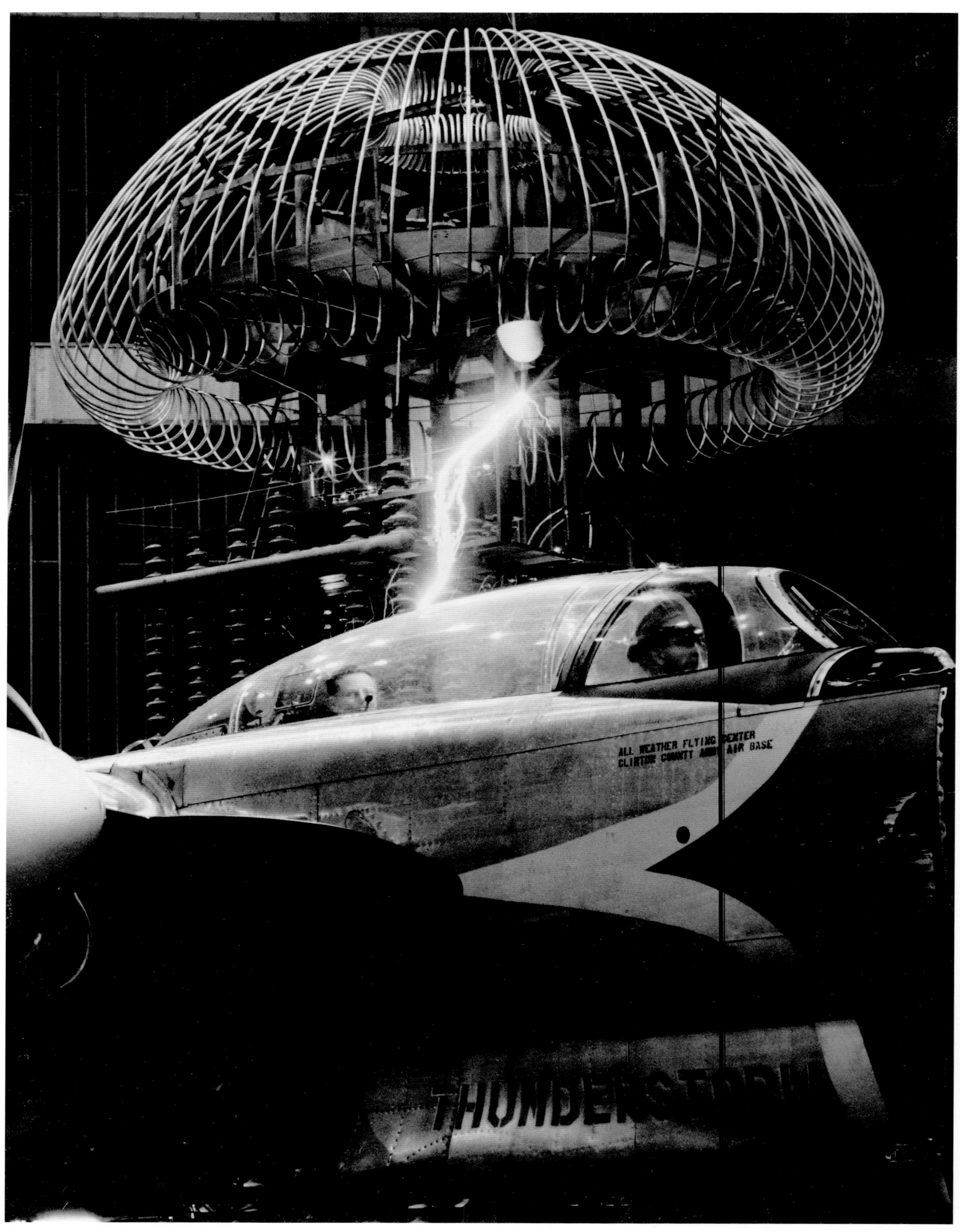

 U.S. AIR FORCE | 1950 | ÉTAT DE L'OHIO, ÉTATS-UNIS *Ces panneaux de métal d'un avion répandent la foudre.*

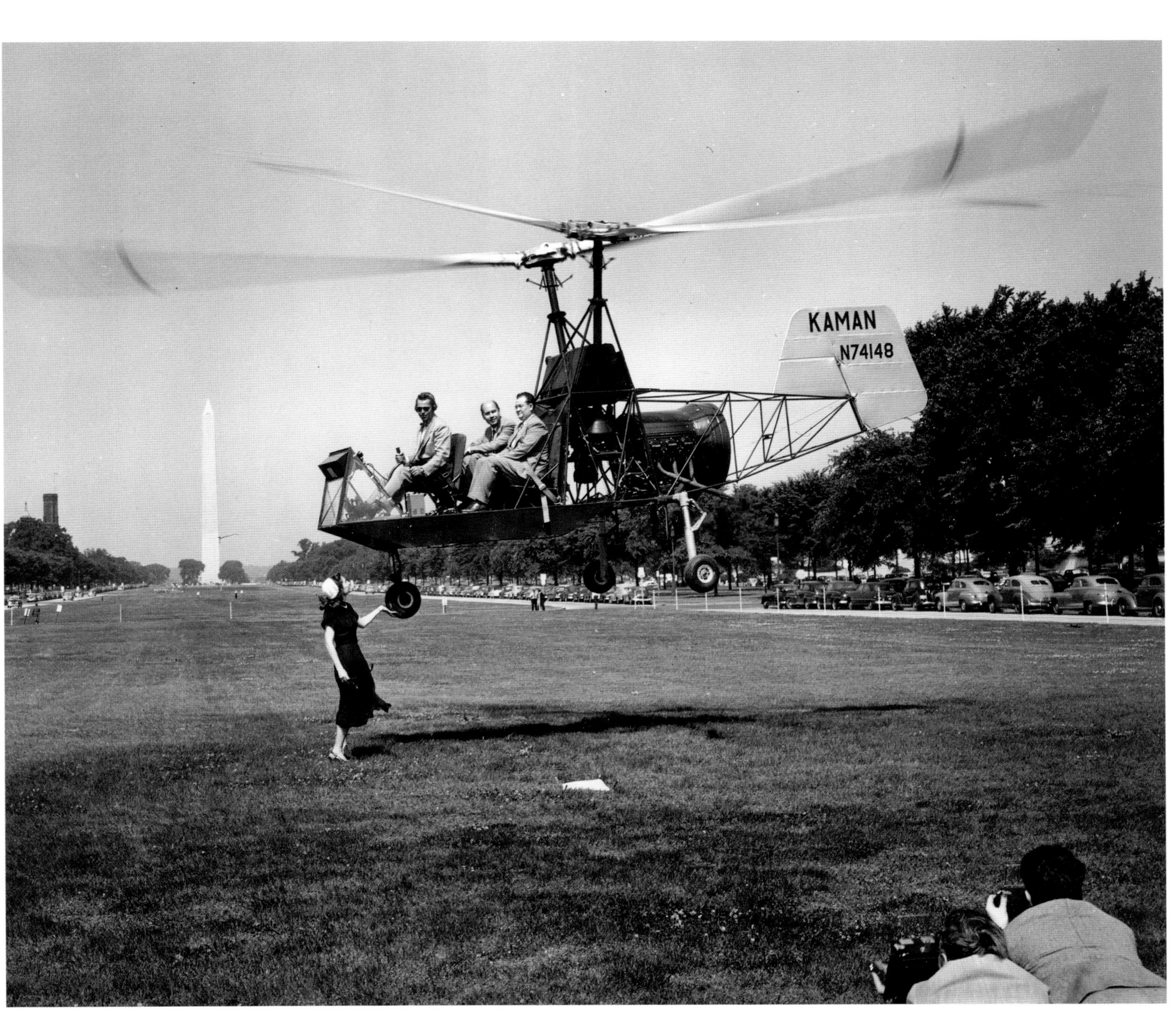

ERNEST J. COTTRELL | 1950 | WASHINGTON D.C., ÉTATS-UNIS *Démonstration d'un hélicoptère à double rotor devant les membres du Congrès.*

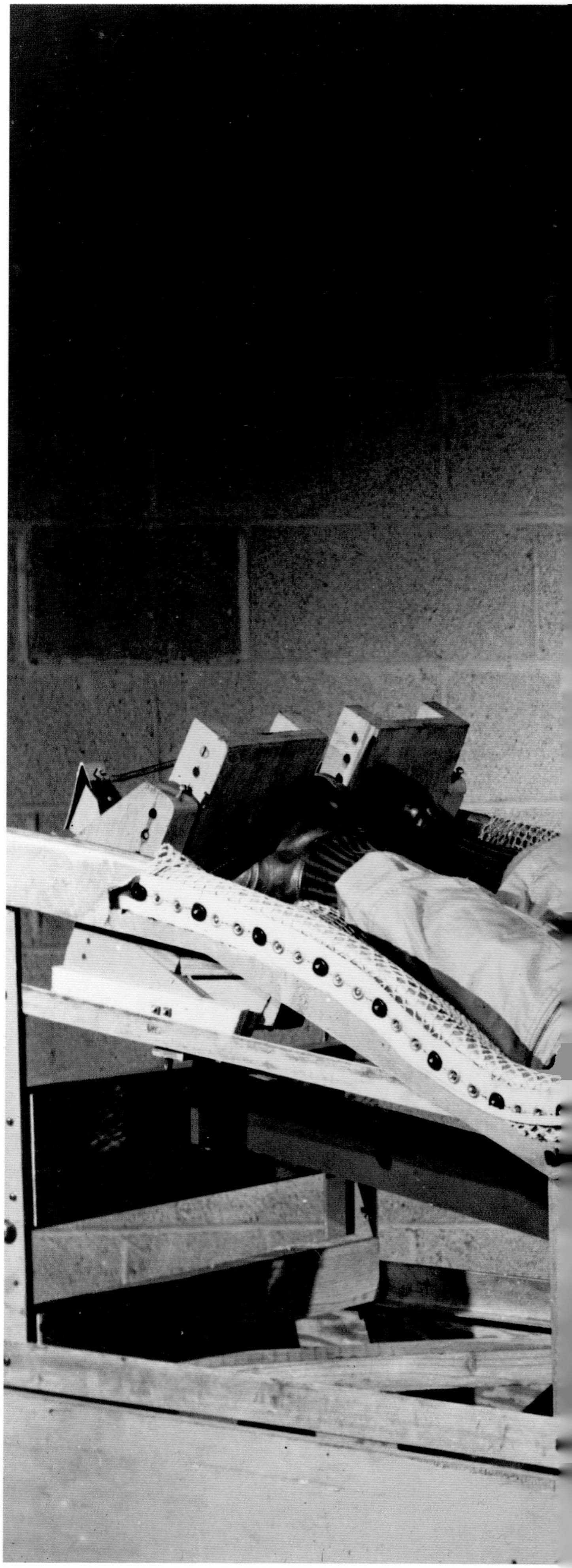

« Si l'avion à réaction, le missile guidé ou la fusée ne sont pas parfaits, nous pouvons les redessiner, écrivait le Dr Heinz Haber. On ne peut en dire autant de l'homme : c'est le maillon fort... qui ne peut, lui, être redessiné. »

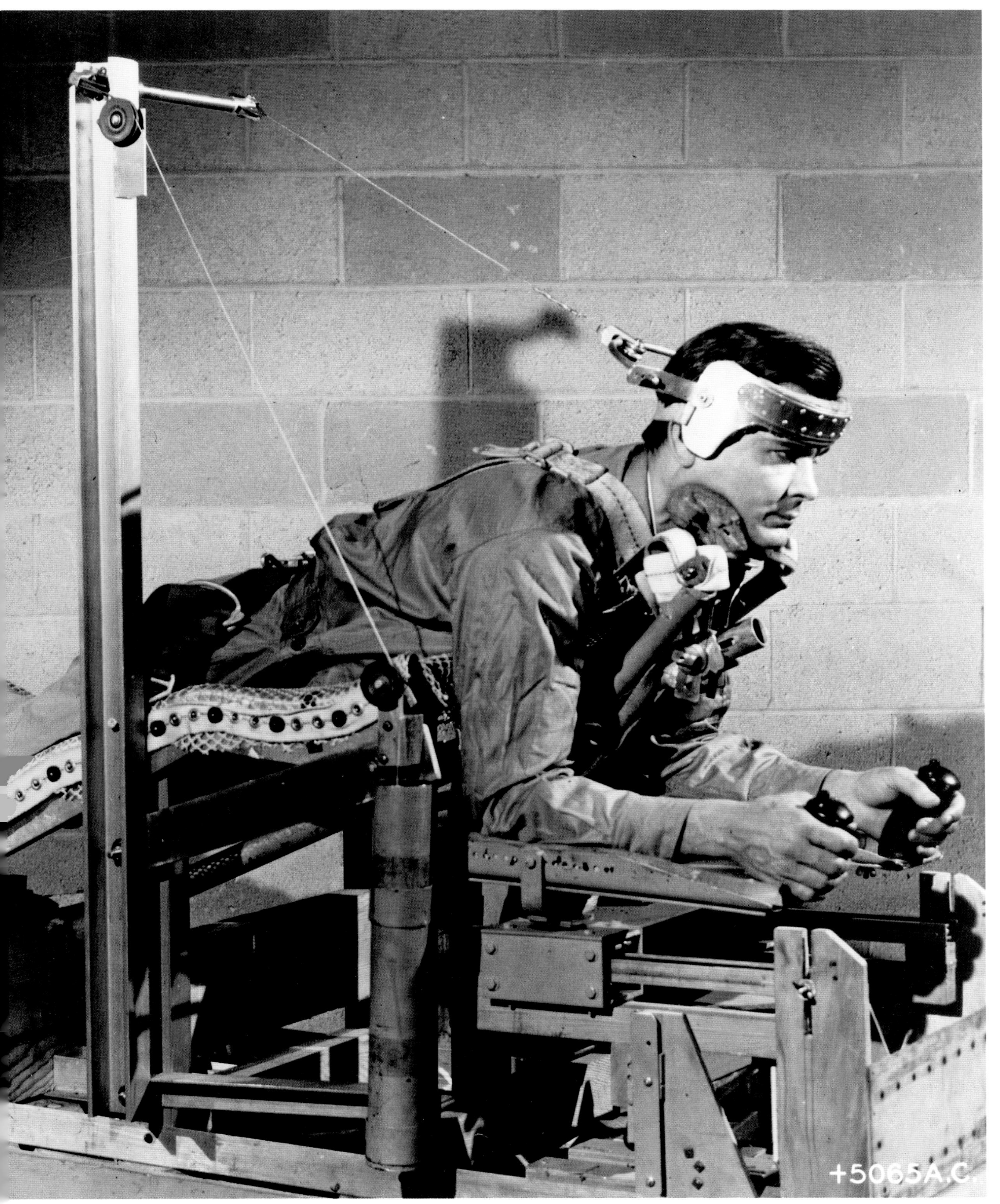

U.S. AIR FORCE | 1951 | LIEU INCONNU *Différentes positions sont testées pour les vols long courrier.*

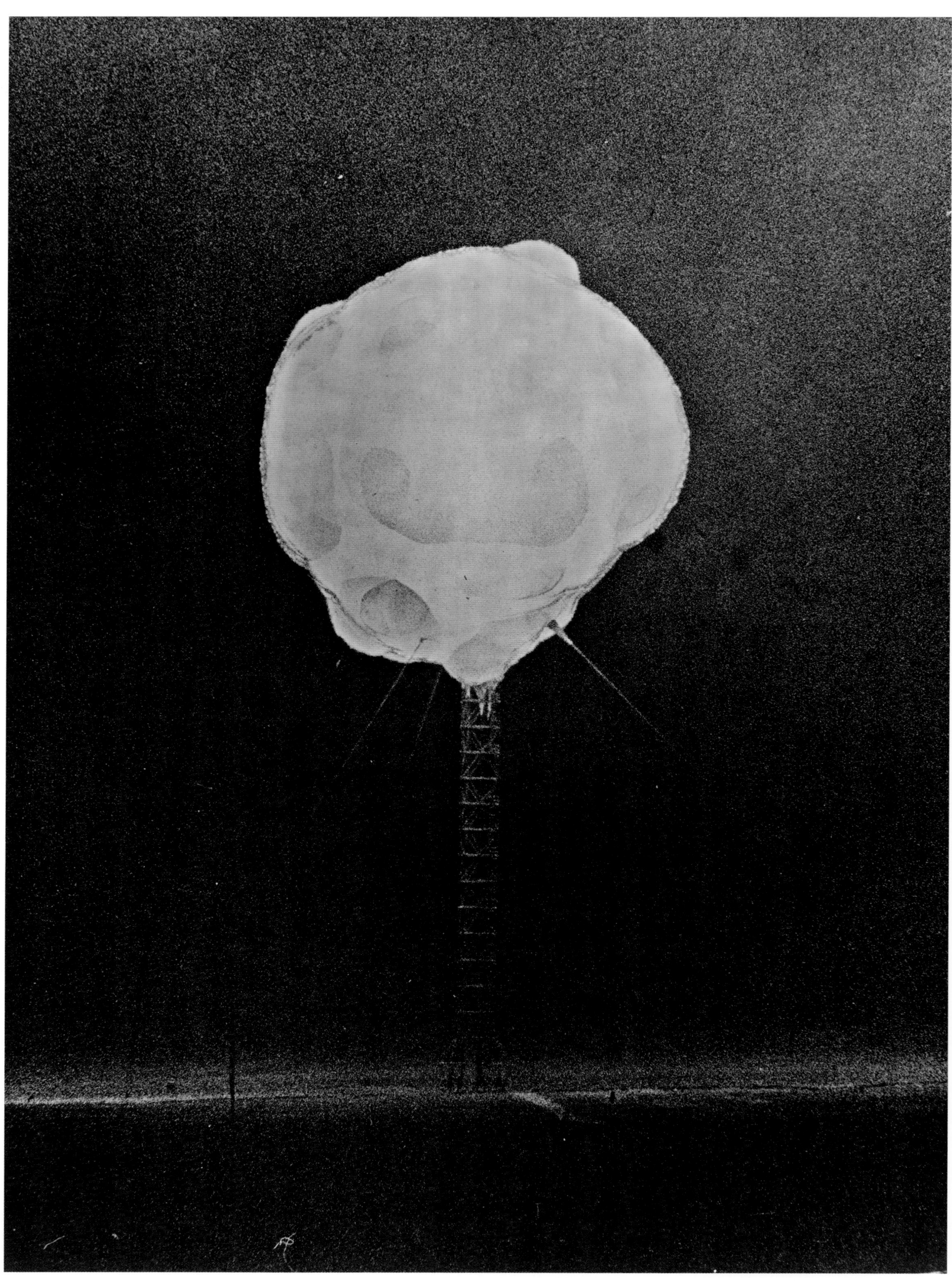

 EDGERTON GERMESHAUSEN & GRIER | 1953 | ÉTAT DU NEVADA, ÉTATS-UNIS *Fleur ardente d'une tige nucléaire.*

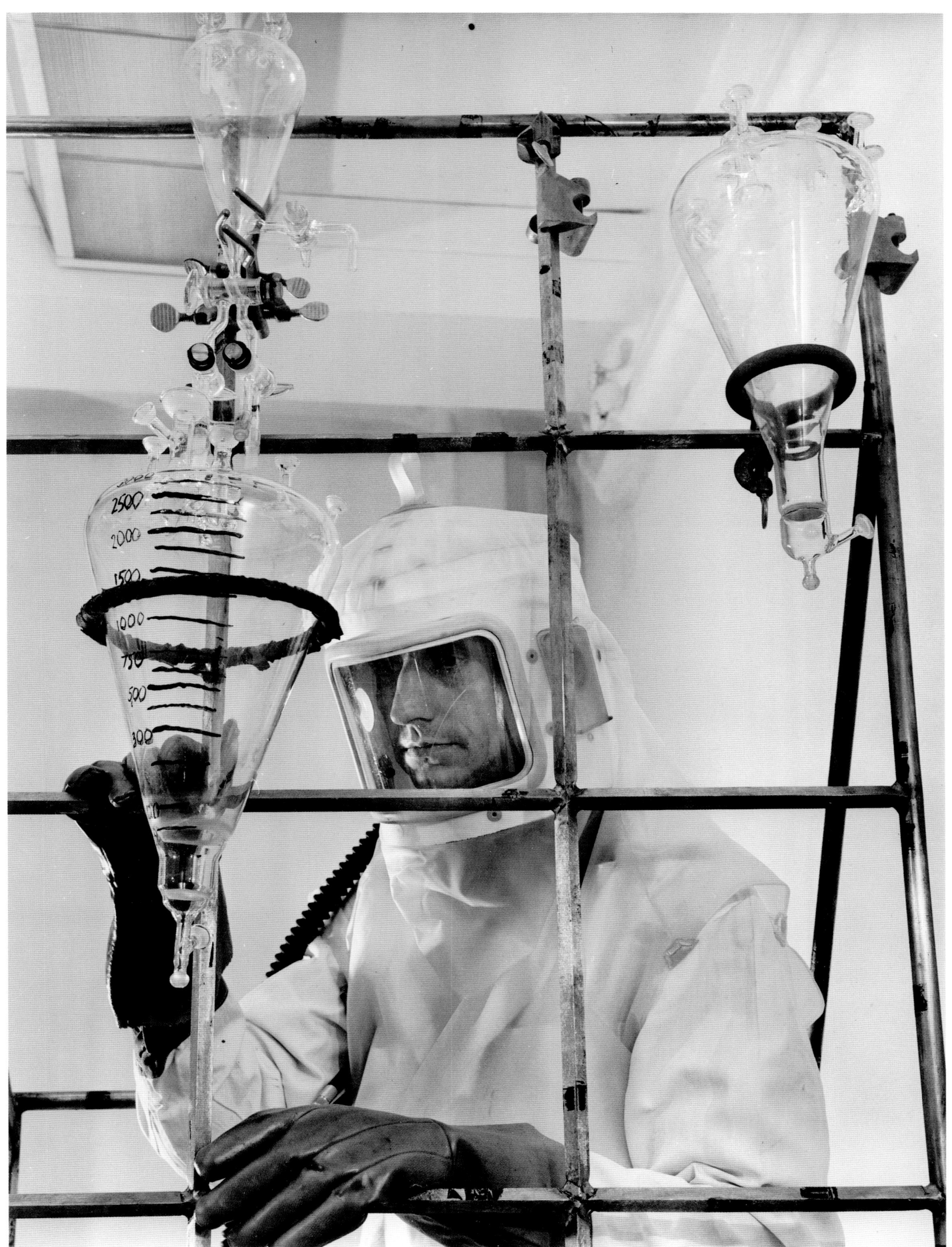

VOLKMAR WENTZEL | 1953 | NEW YORK, ÉTATS-UNIS *La chimie peut améliorer les conditions de vie.*

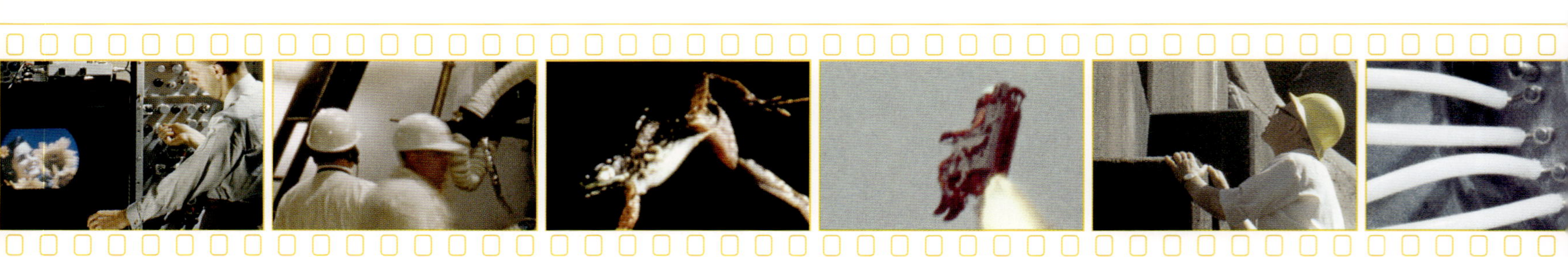

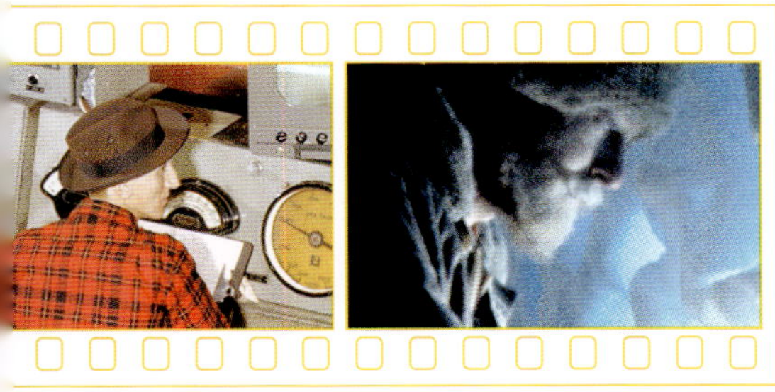

couleur et optimisme

AU MILIEU DU XXE SIÈCLE, L'AVÈNEMENT DE LA COULEUR A TOUT ILLUMINÉ, saturant des images marquées par la croyance de l'après-guerre selon laquelle les sciences et les technologies appliquées pouvaient améliorer le quotidien. Les clichés composés d'hommes et de machines exhalaient confiance et compétence. Une vision simple, idéalisant ce qui, peut-être, aurait pu être mais n'avait jamais existé.

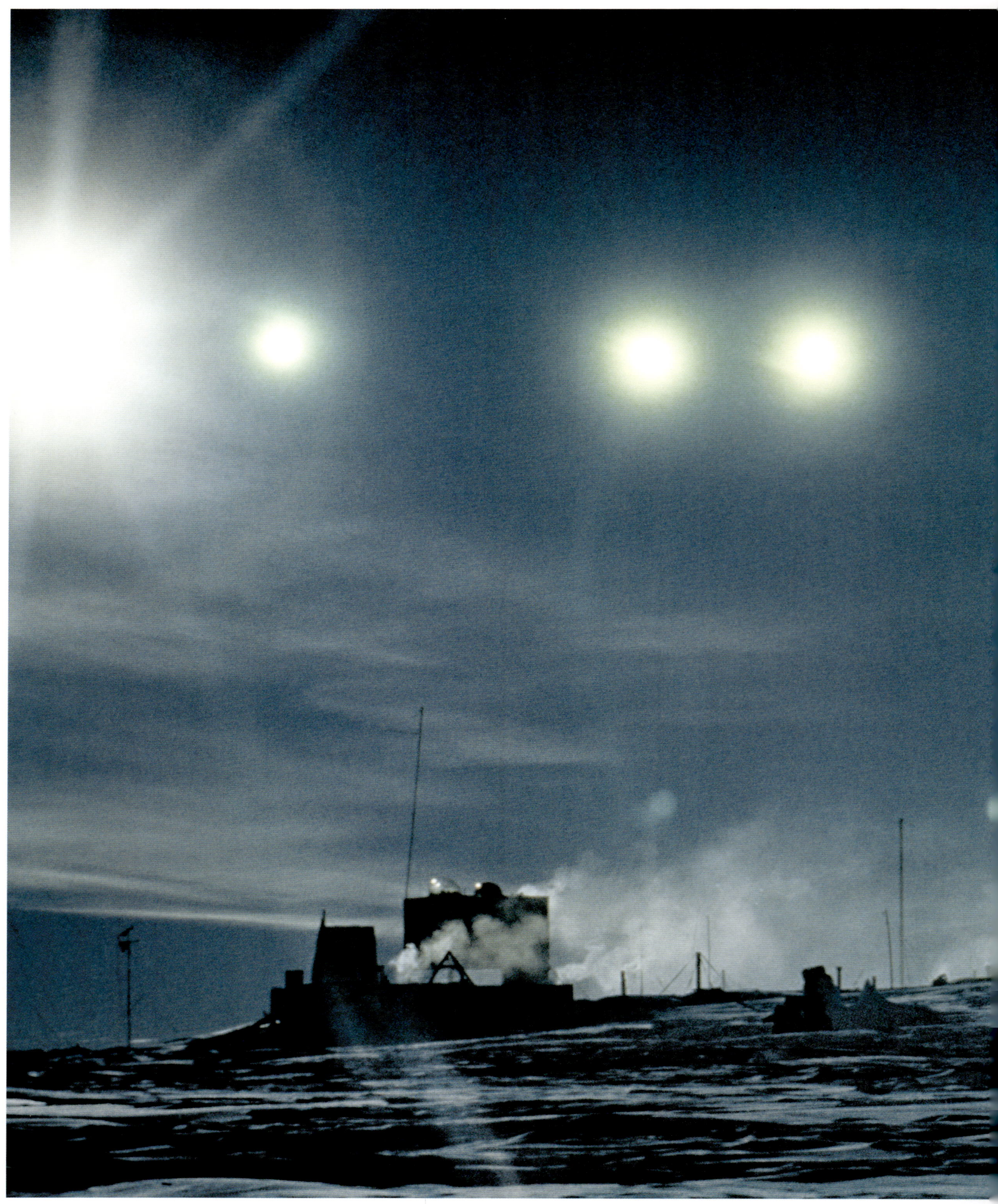

 THOMAS J. ABERCROMBIE | 1957 | ANTARCTIQUE *Temps de pose du soleil tournant autour du pôle Sud.*

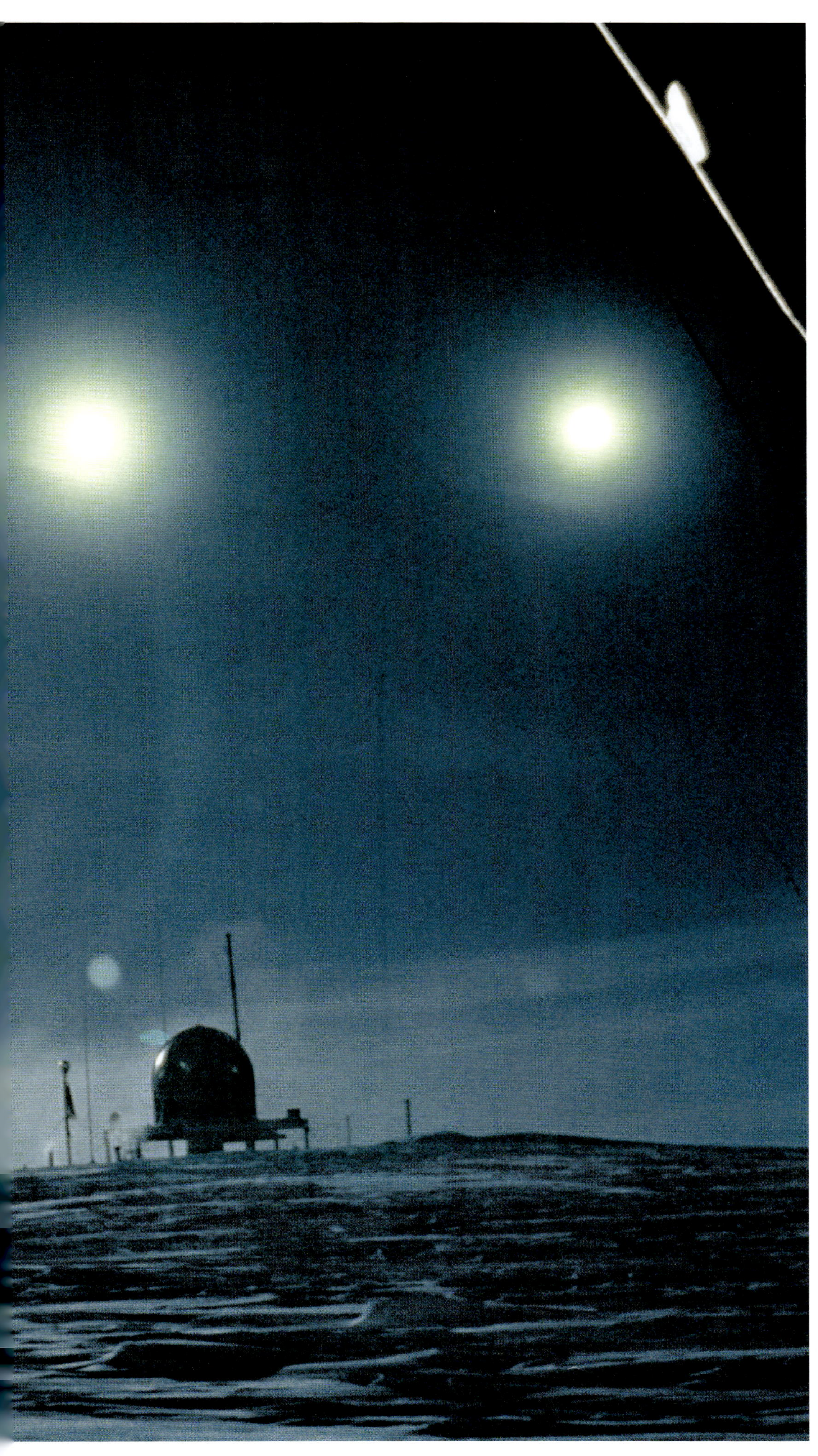

La disparition du soleil pendant l'automne antarctique impressionna beaucoup l'explorateur Ernest Shackleton. « Les nuages avaient les couleurs de l'arc-en-ciel. Les couchers de soleil étaient de véritables poèmes. »

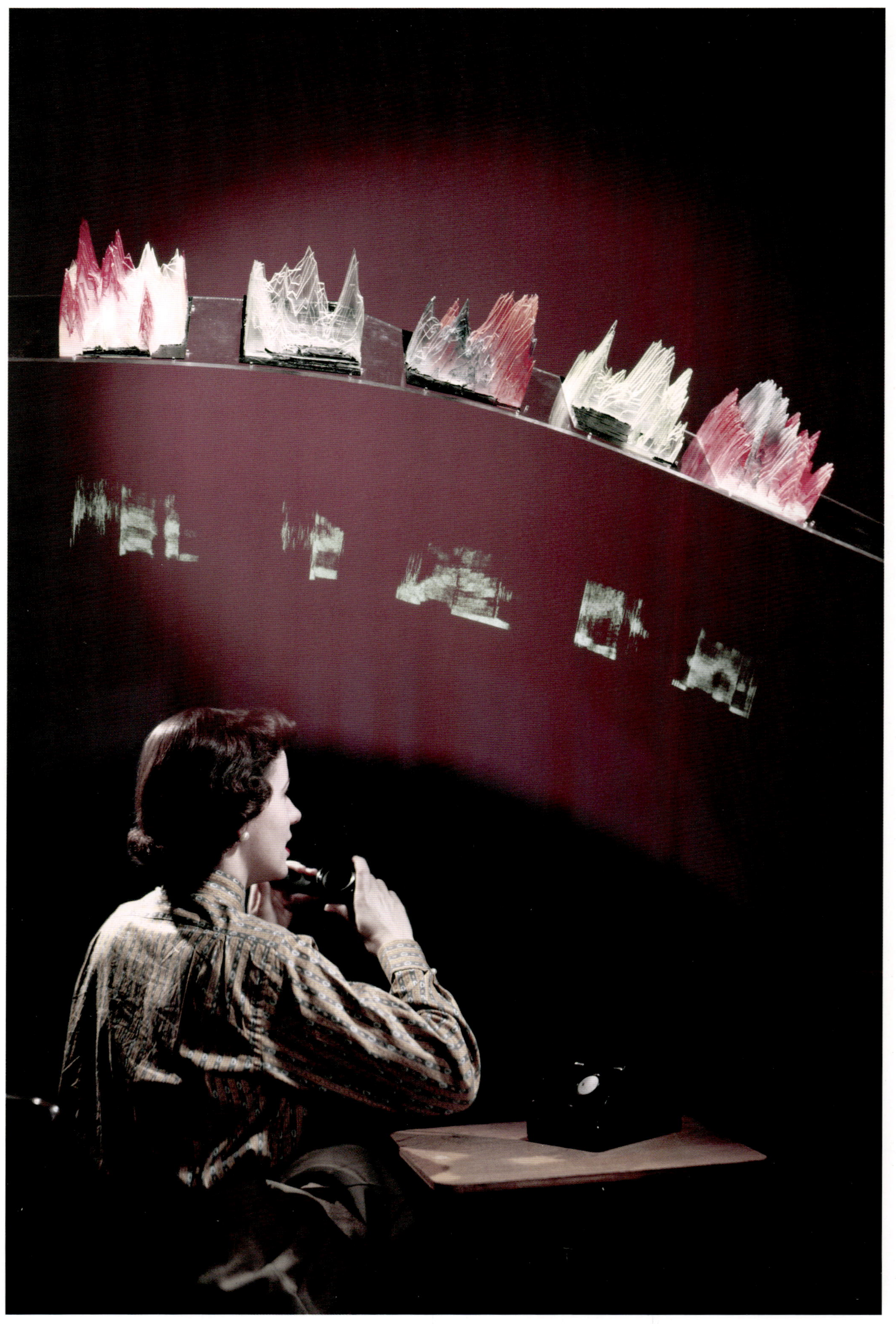

 WILLARD CULVER | 1954 | WASHINGTON D.C., ÉTATS-UNIS *Les paroles prononcées dans ces analogues en plastique deviennent visibles.*

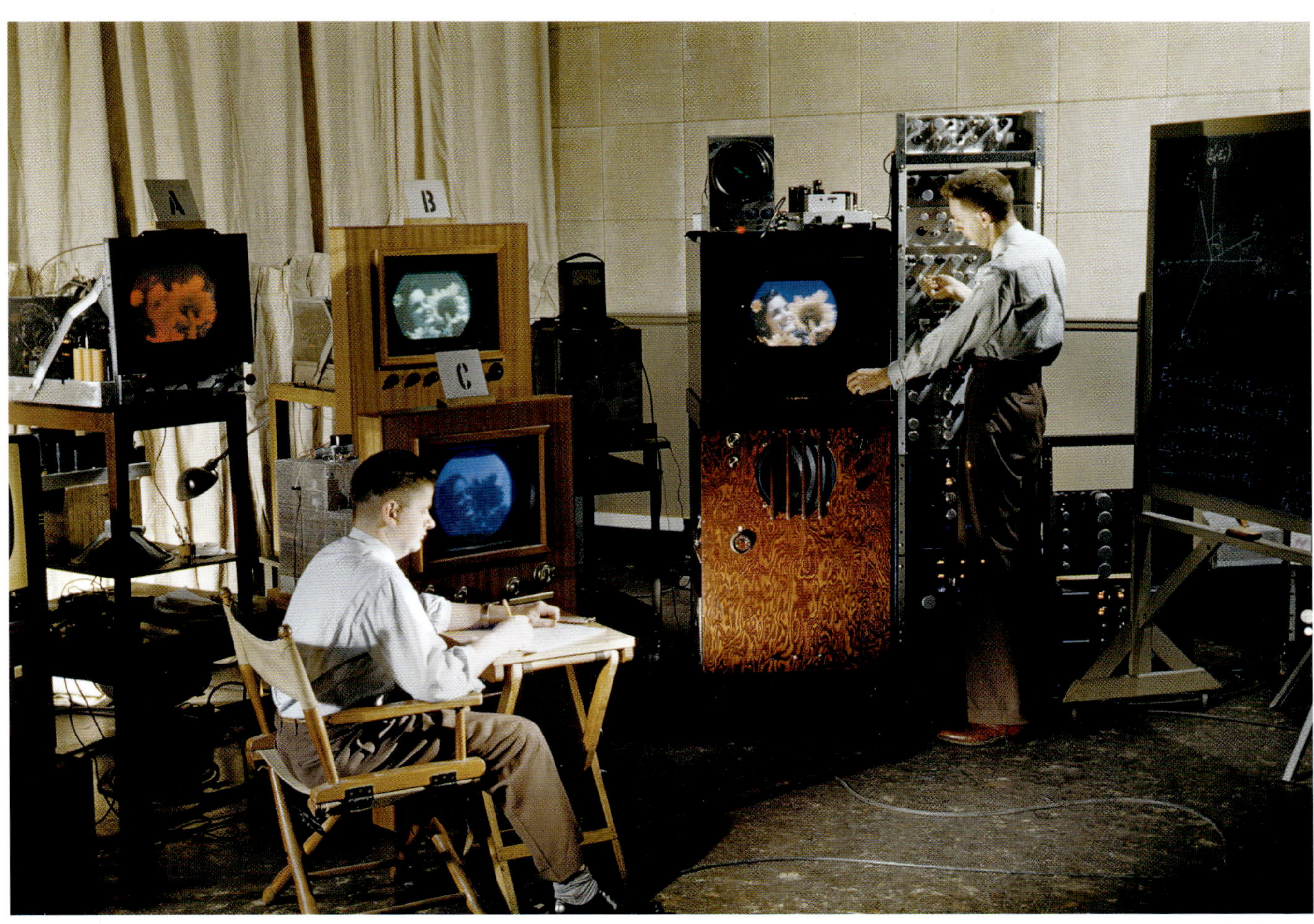

WILLARD CULVER | 1954 | ÉTAT DU NEW JERSEY, ÉTATS-UNIS *Réglage d'un prototype de télévision couleur dans les Laboratoires RCA.*

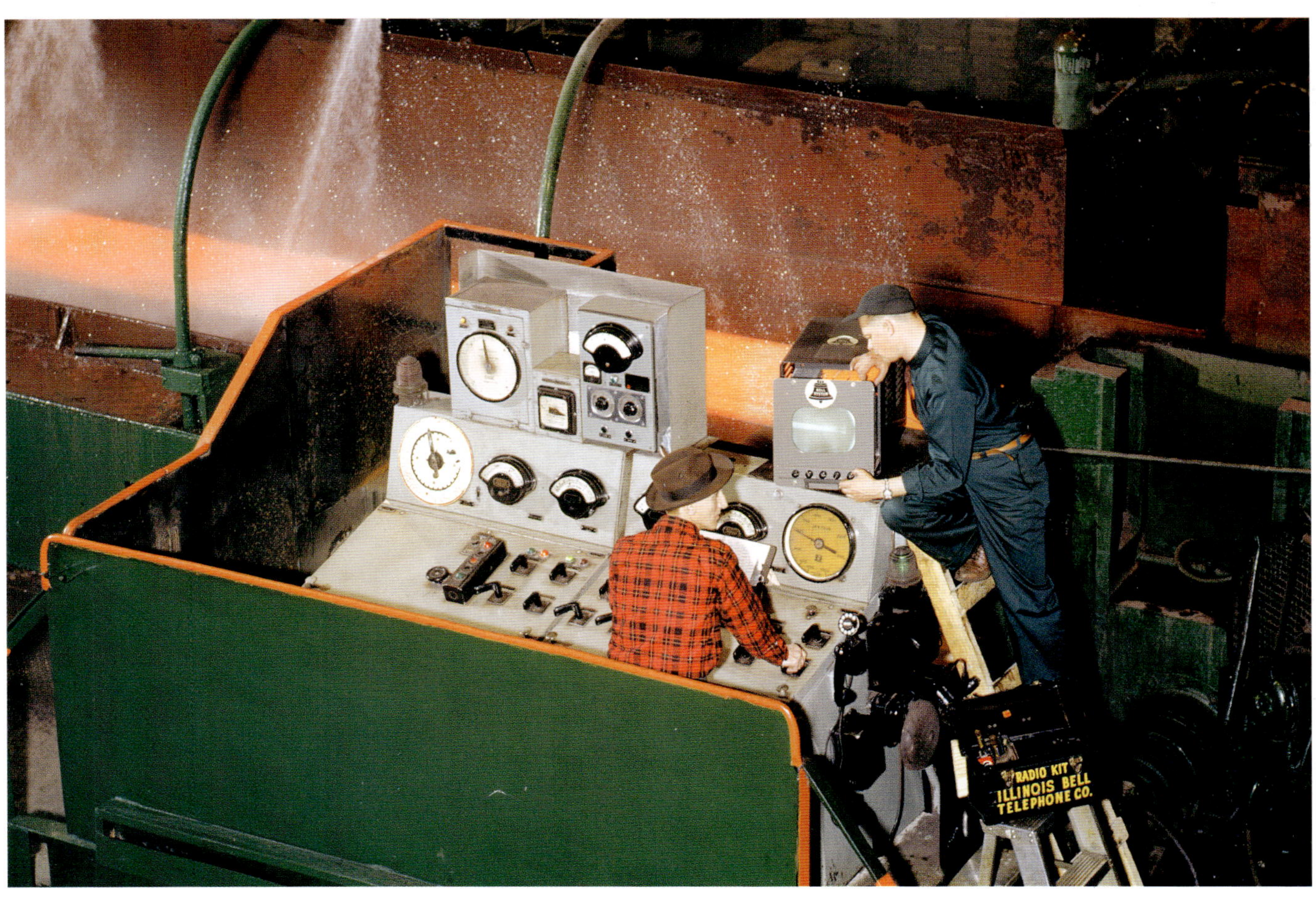

JOHN E. FLETCHER ET DONALD MCBAIN | 1954 | ÉTAT DE L'INDIANA, ÉTATS-UNIS *Contrôle qualité à distance sur une ligne de production de U.S. Steel.*

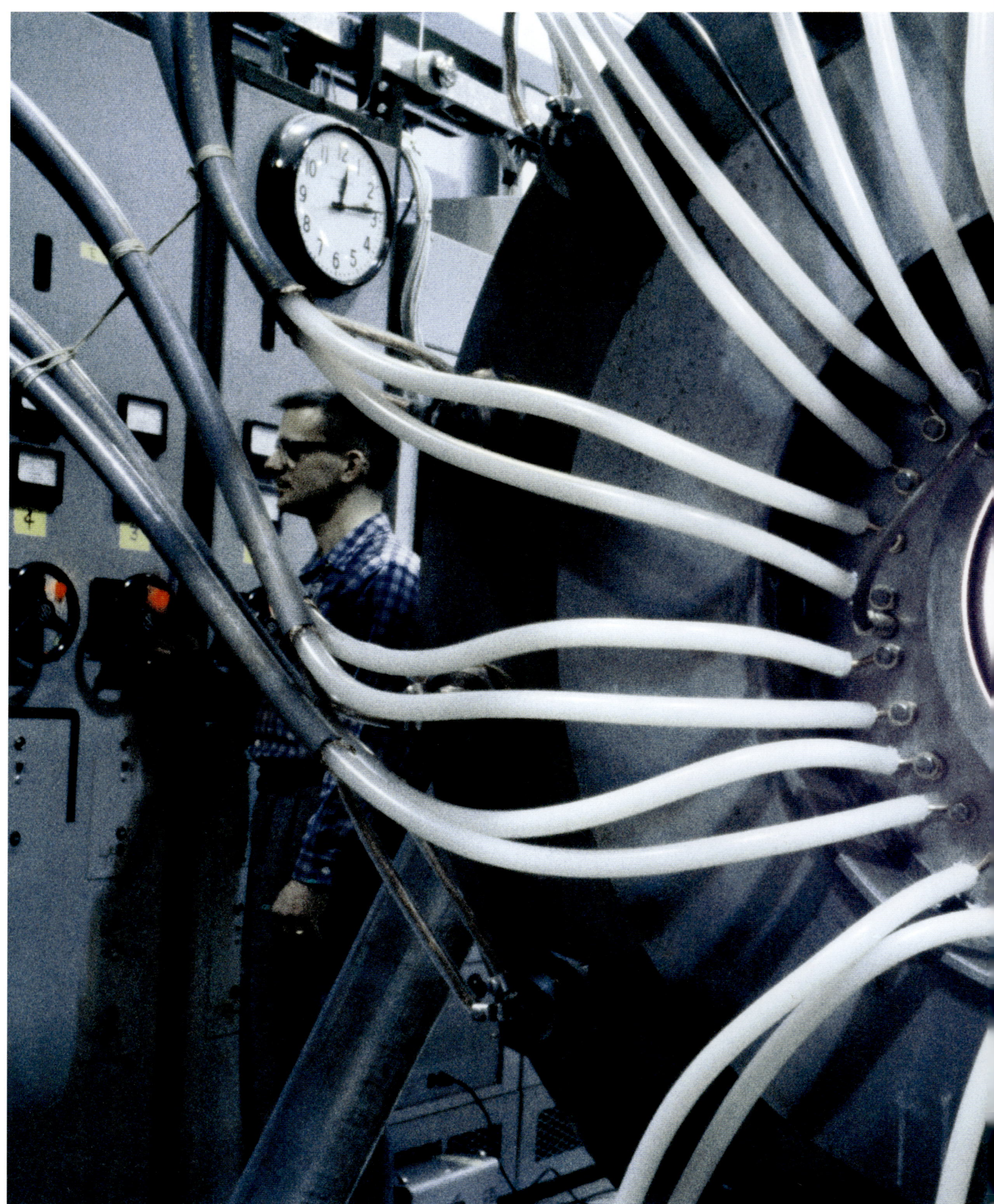

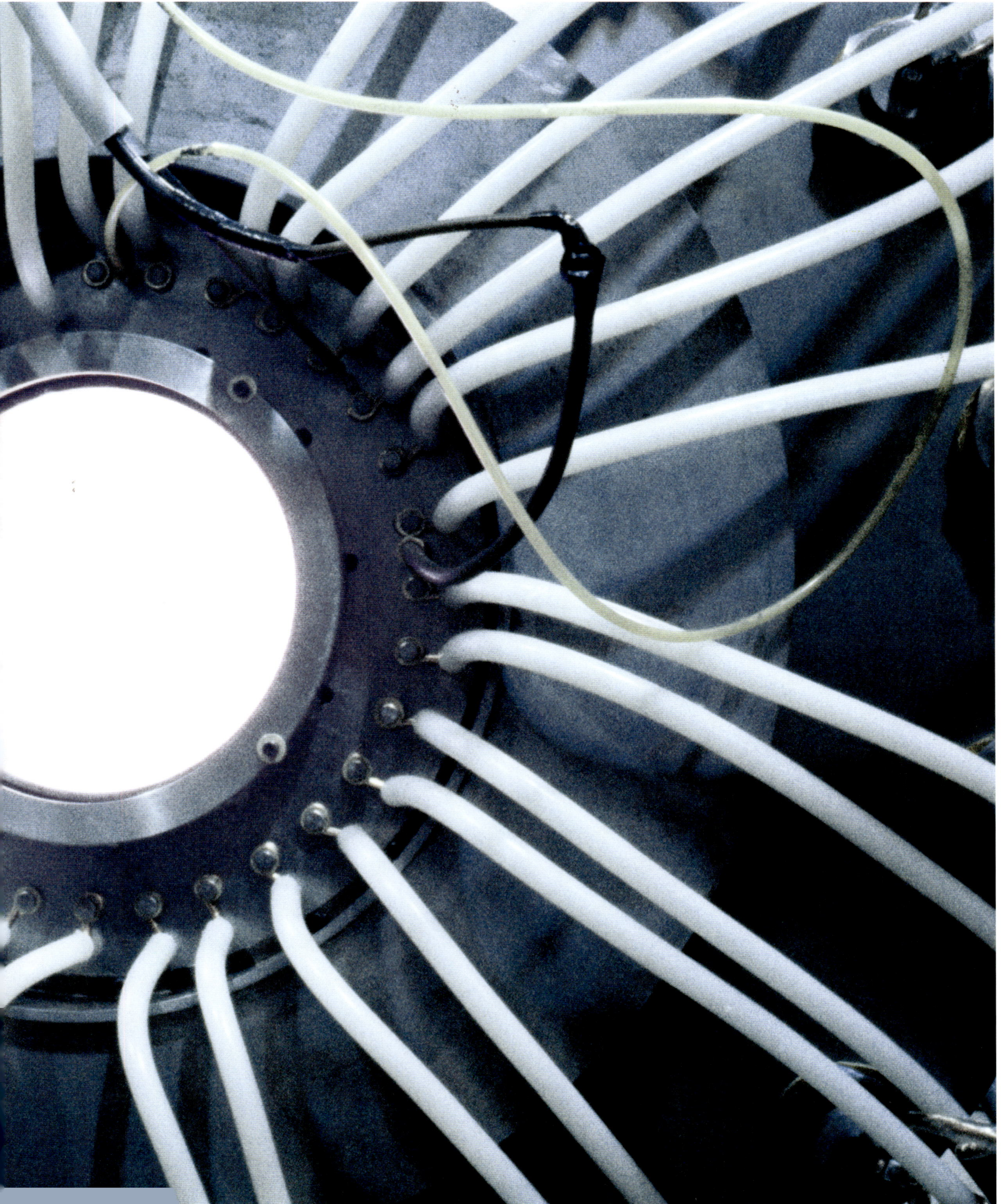

B. ANTHONY STEWART | 1958 | ÉTAT DU NOUVEAU-MEXIQUE, ÉTATS-UNIS *Des câbles à haute tension convergent dans une chambre à fusion nucléaire.*

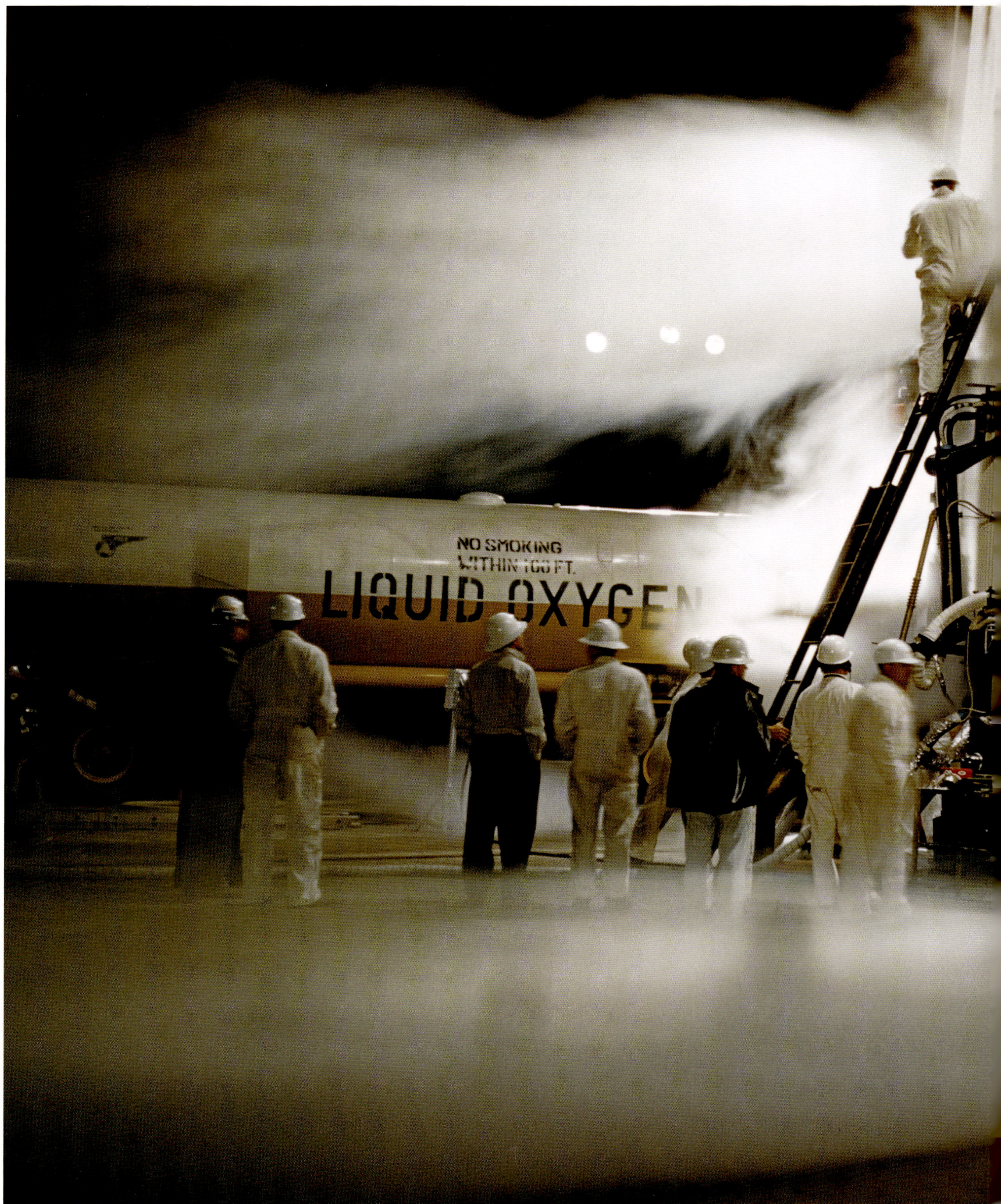

LUIS MARDEN | 1959 | ÉTAT DE LA FLORIDE, ÉTATS-UNIS *Pompage d'oxygène liquide dans le propulseur de Pioneer IV.*

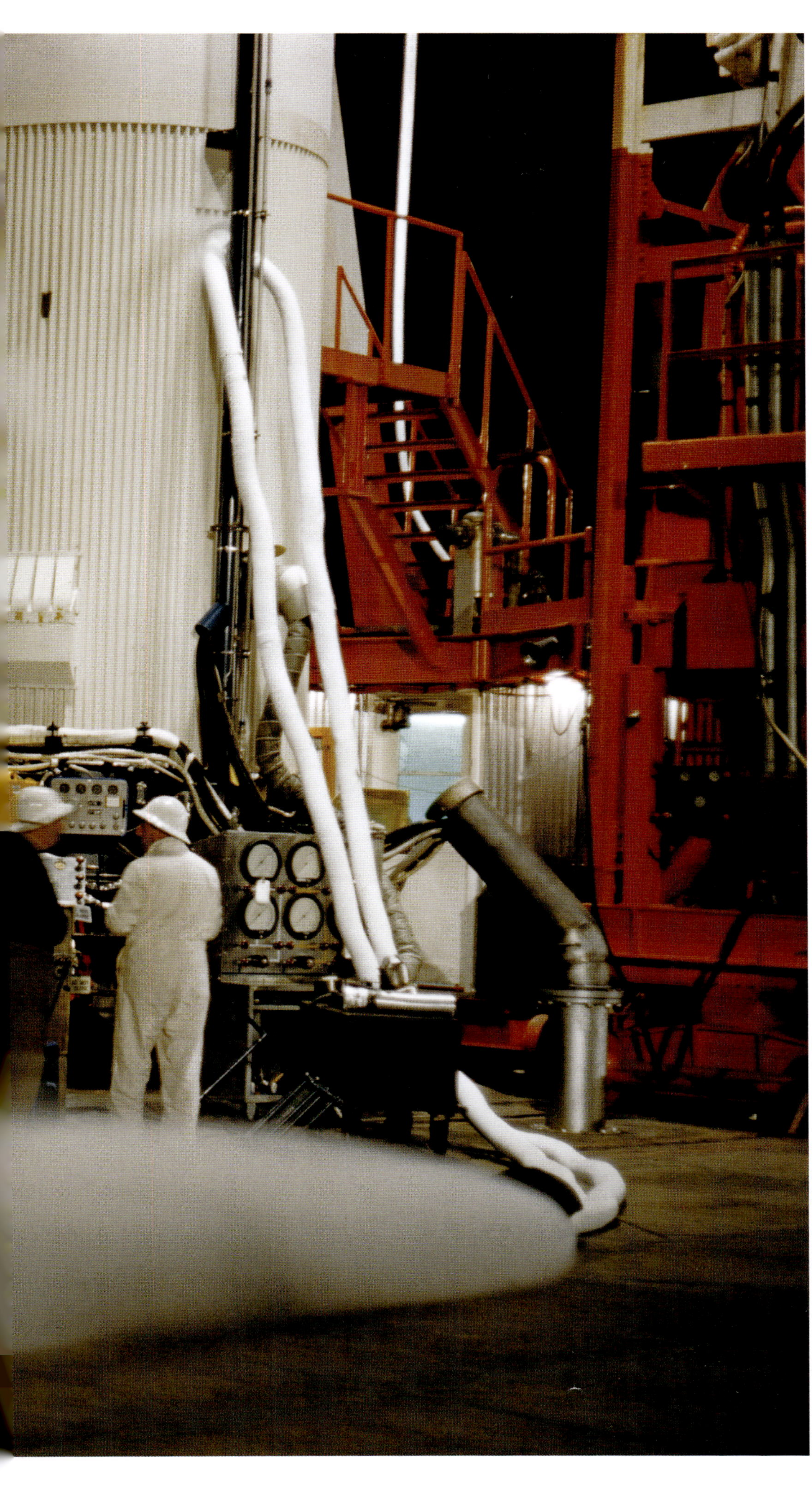

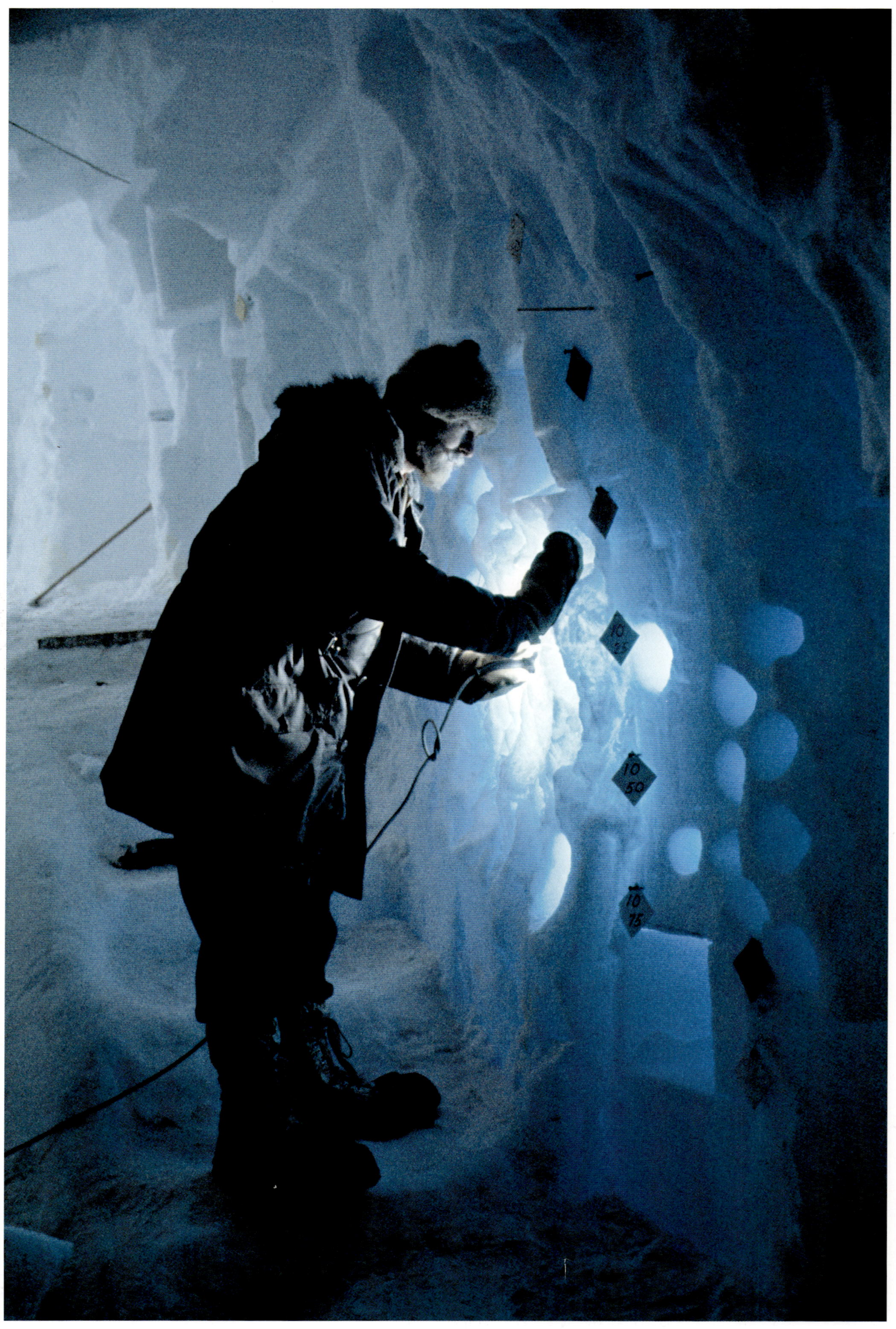

 ALBERT MOLDVAY | 1963 | ANTARCTIQUE *Récupération de carottes de glace à 27 mètres sous le pôle Sud.*

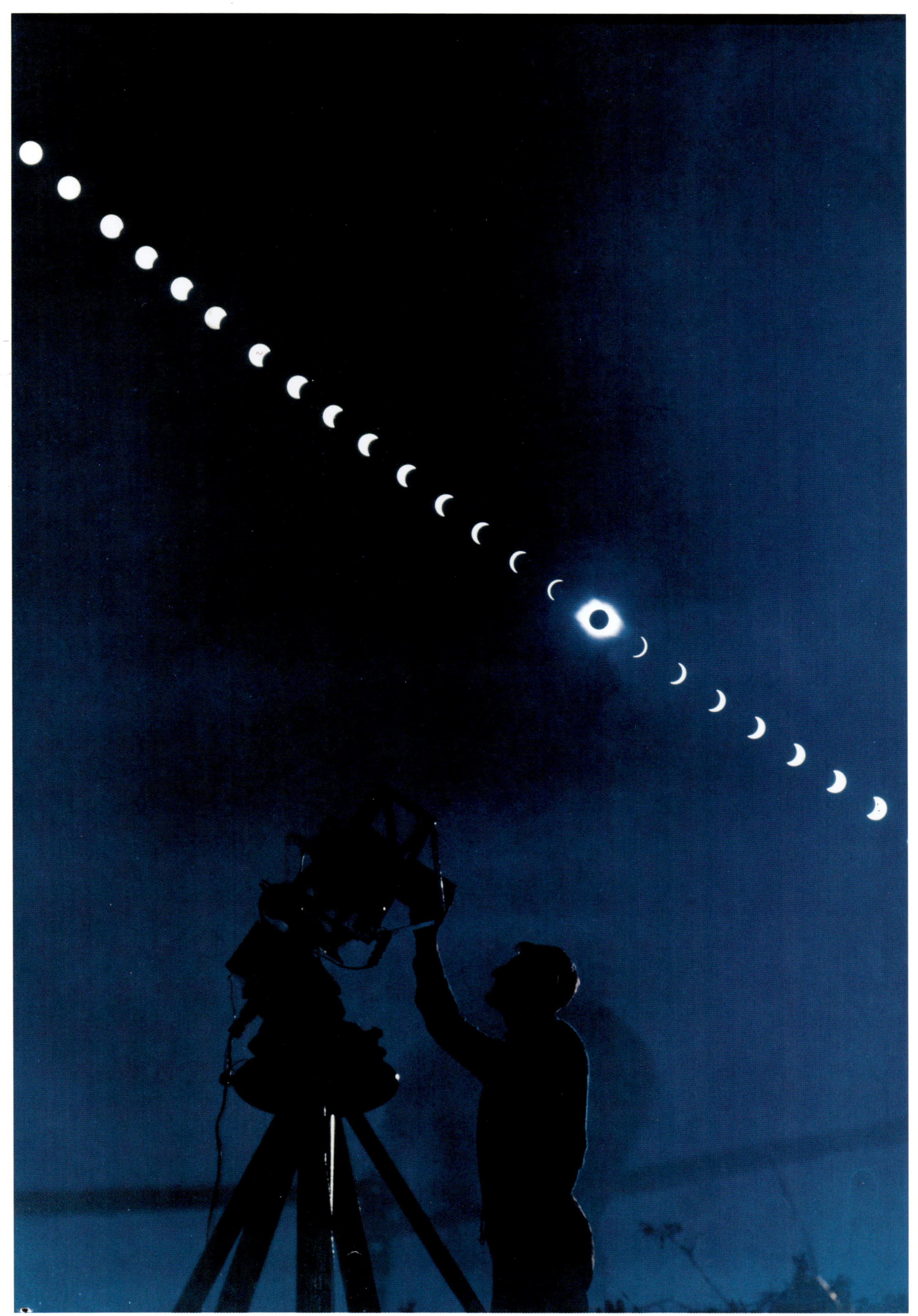

LAIRD BROWN | 1963 | CANADA *Progression d'une éclipse.*

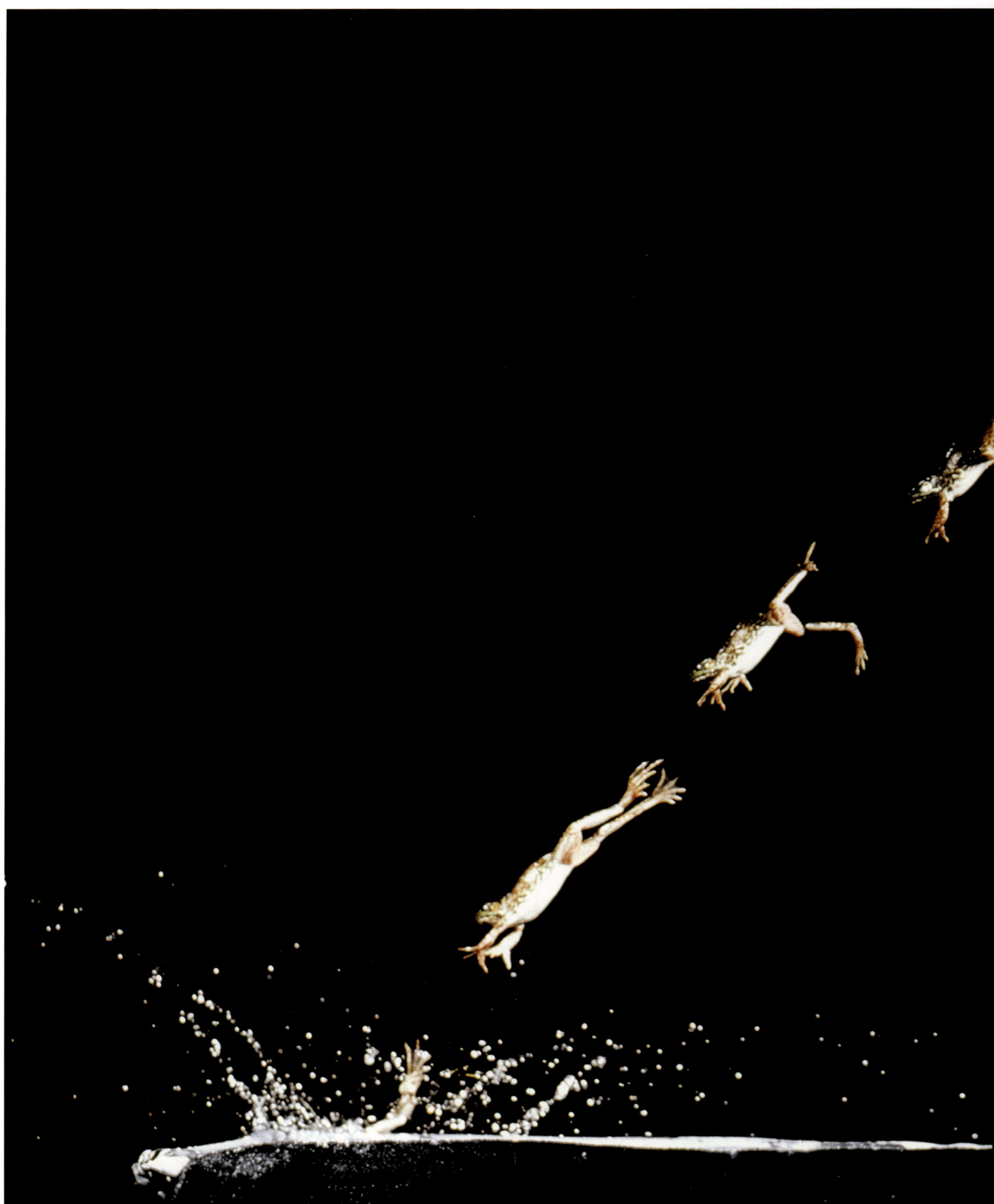

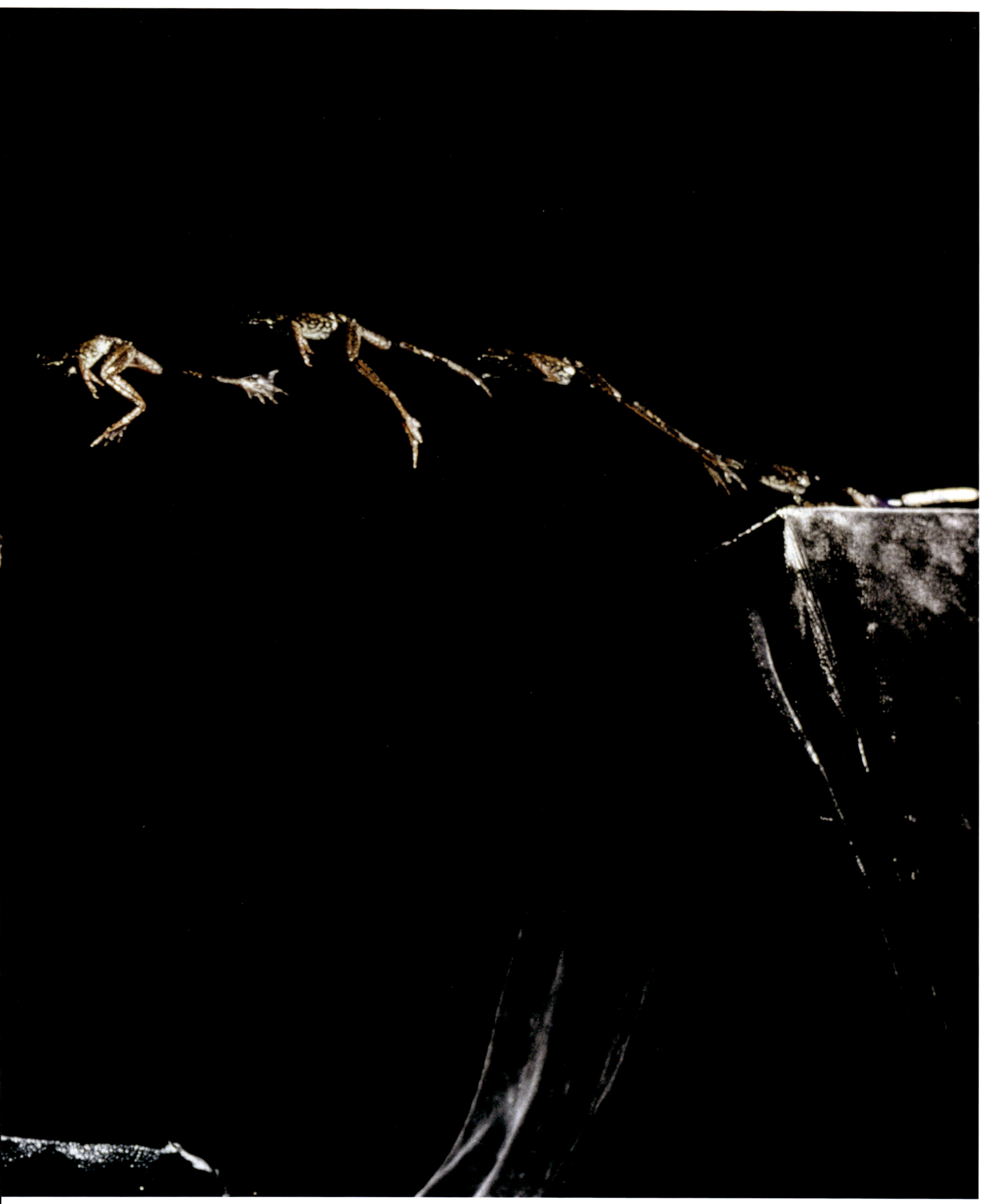

TREAT DAVIDSON | 1963 | ÉTAT DU MASSACHUSETTS, ÉTATS-UNIS *Le saut de la grenouille : décomposition des images.*

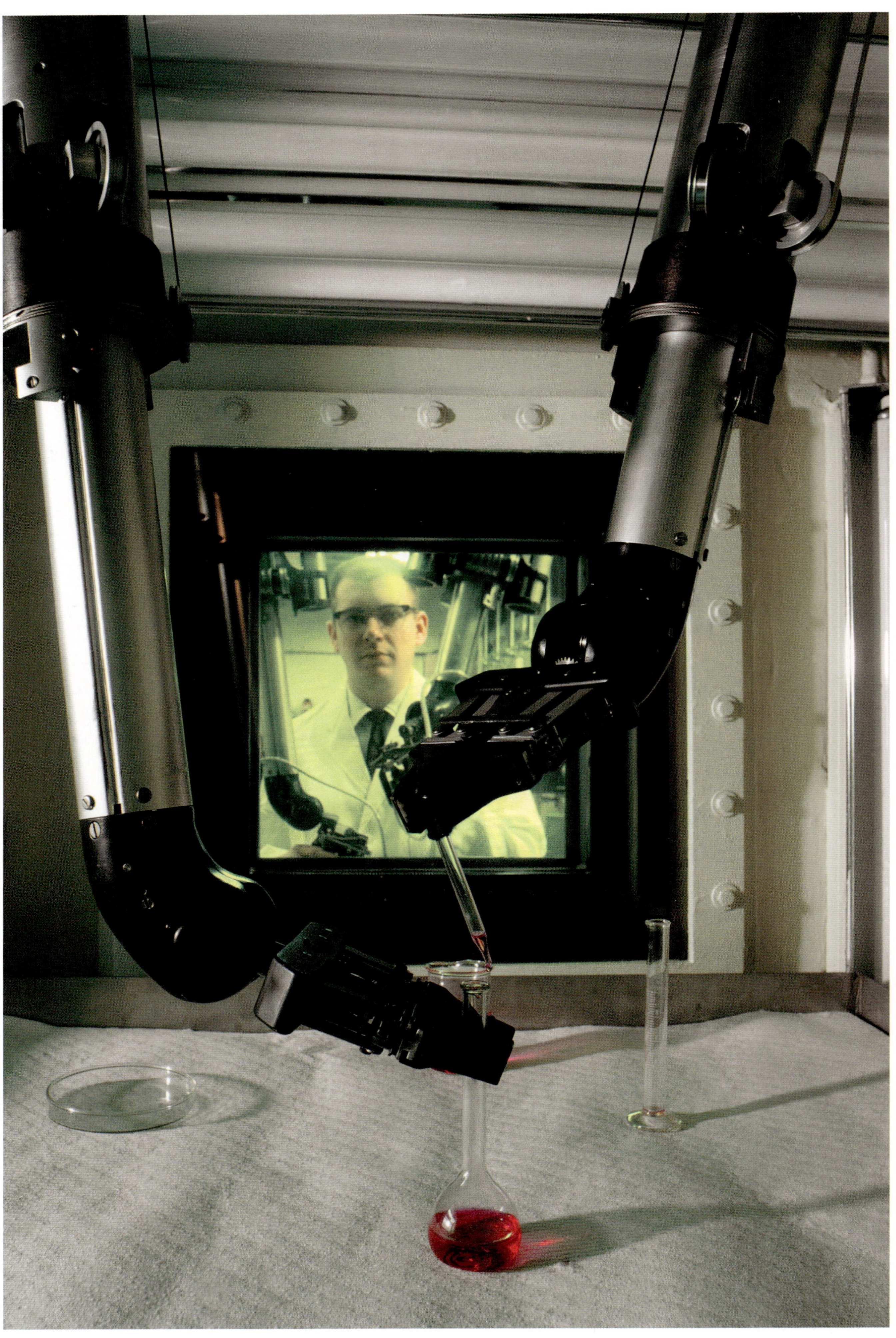

 WINFIELD PARKS | 1963 | ÉTAT DE LA FLORIDE, ÉTATS-UNIS *Manipulation de substances radioactives.*

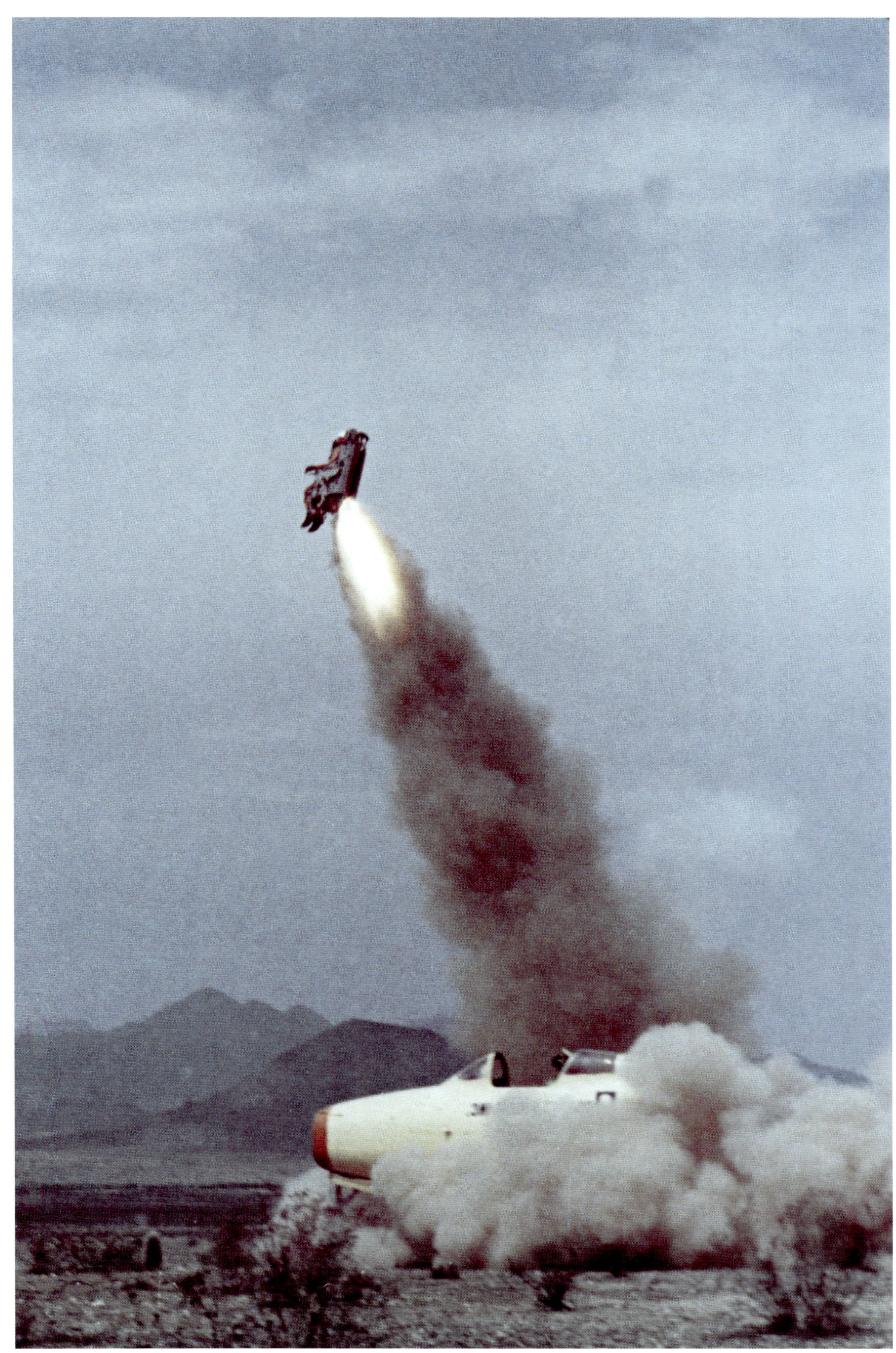

ROBERT F. SISSON | 1963 | ÉTAT DE L'ARIZONA, ÉTATS-UNIS *Test d'un système d'éjection propulsé par une fusée.*

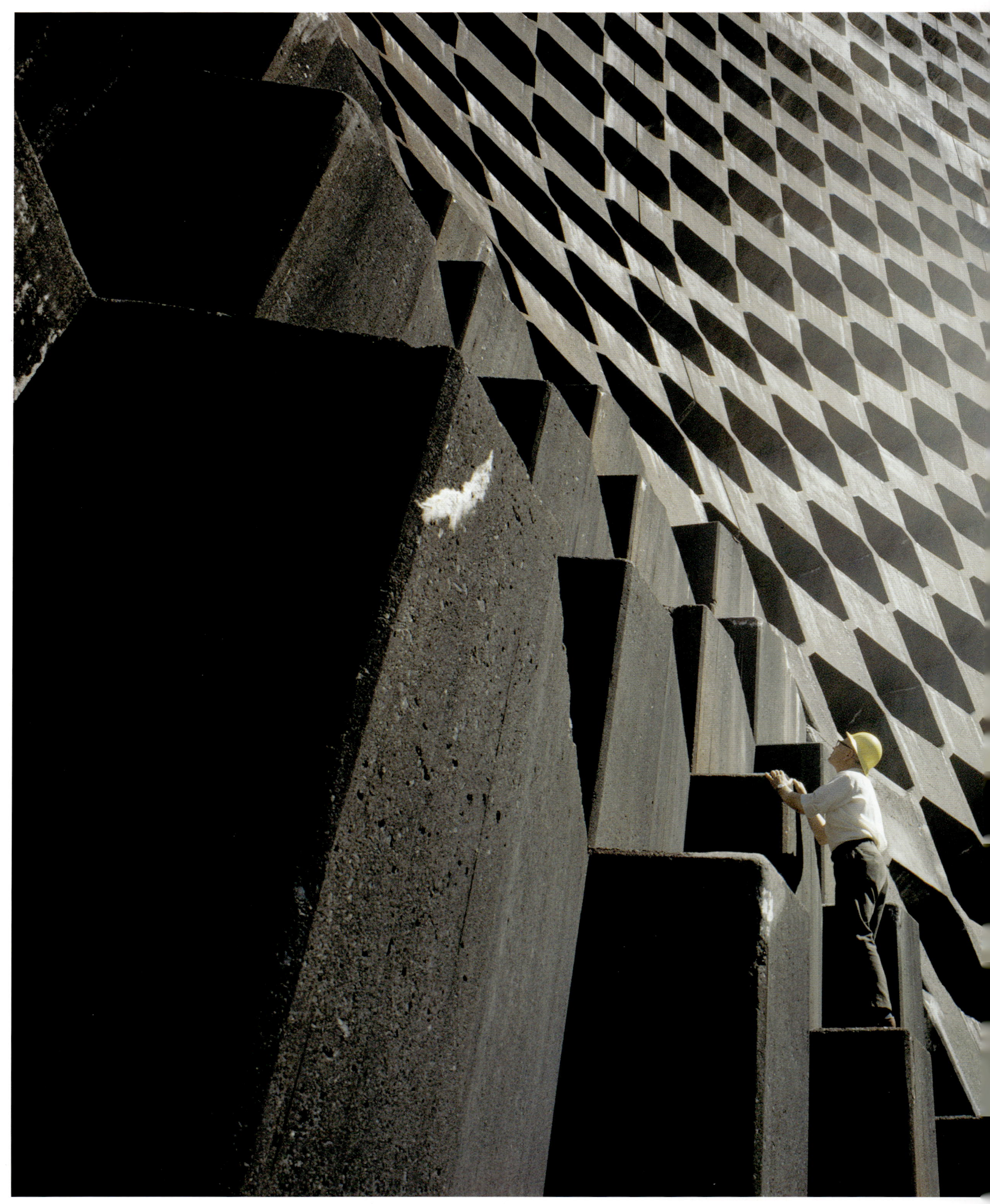

 JAMES P. BLAIR | 1968 | ÉTAT DE WASHINGTON, ÉTATS-UNIS *Le barrage Ross, bloc monolithique, semble rapetisser l'homme.*

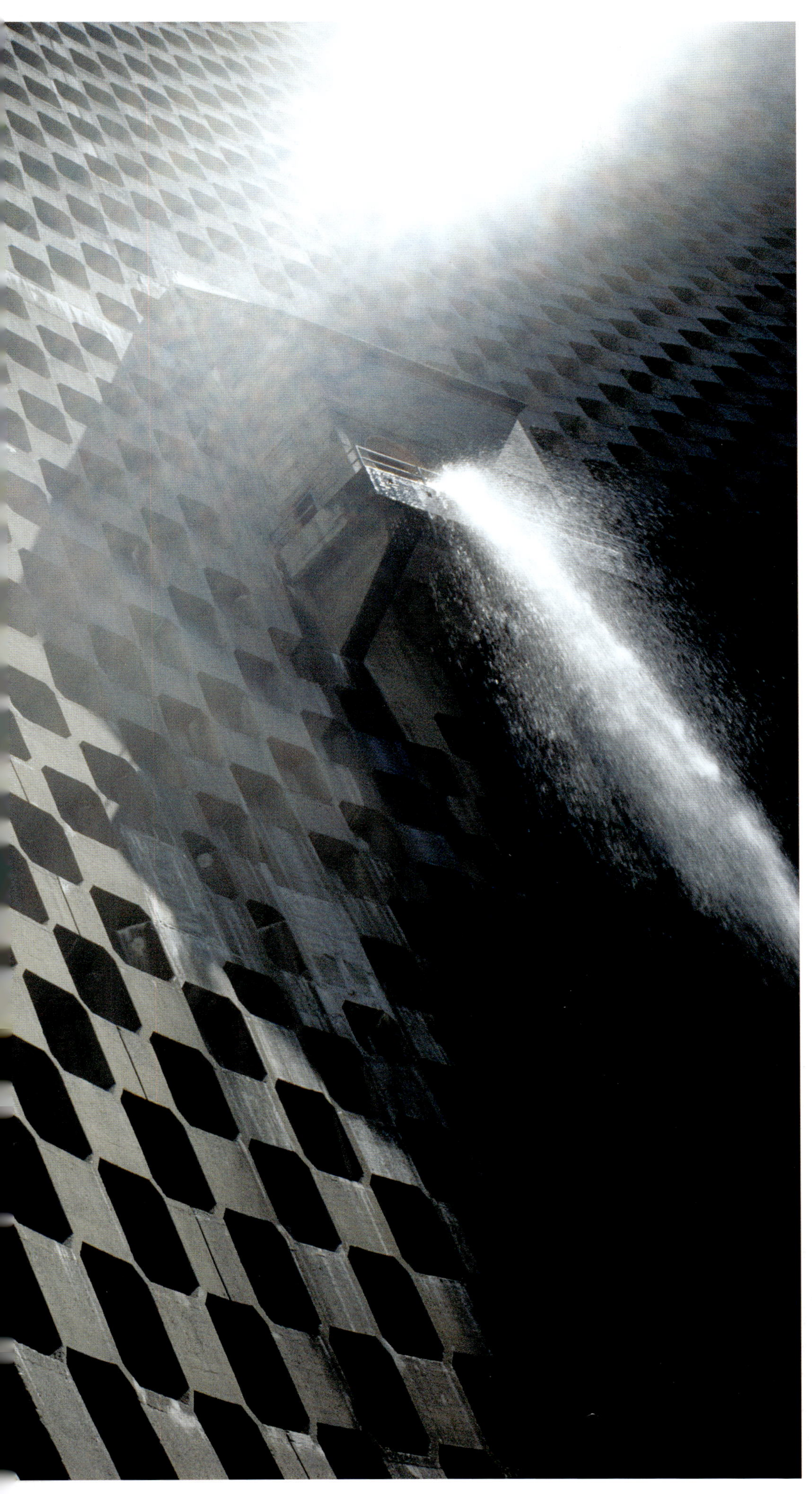

« Selon les écologistes,
a écrit le journaliste John
McPhee, les barrages
ont quelque chose de
particulièrement alarmant
sur un plan métaphysique. »

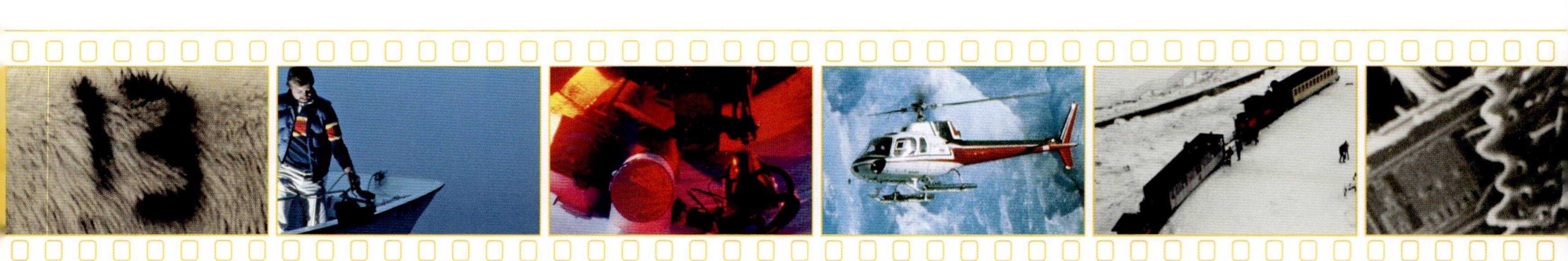

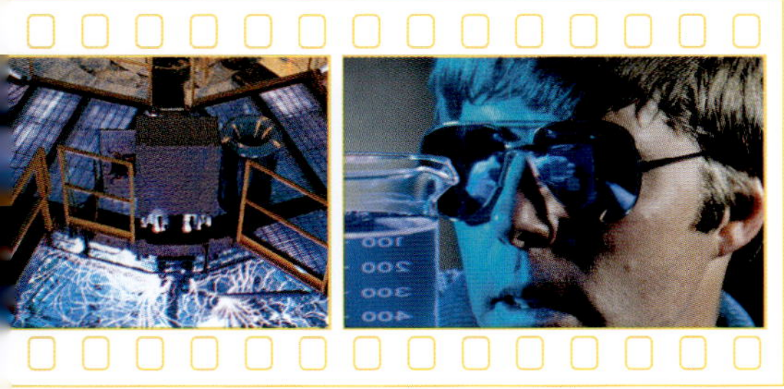

réalisme documentaire

CHAQUE TENDANCE DE LA MODE CÈDE LA PLACE À SON CONTRAIRE. Inévitablement, une nouvelle génération de photographes s'est mise à dépeindre les sciences appliquées de façon plus réaliste. Leurs clichés exposent plus fidèlement les complexités de la technologie ; ainsi révèlent-ils les sciences à travers l'objectif du quotidien, par définition plus limité mais, néanmoins, toujours excitant, essentiel – et imprévisible.

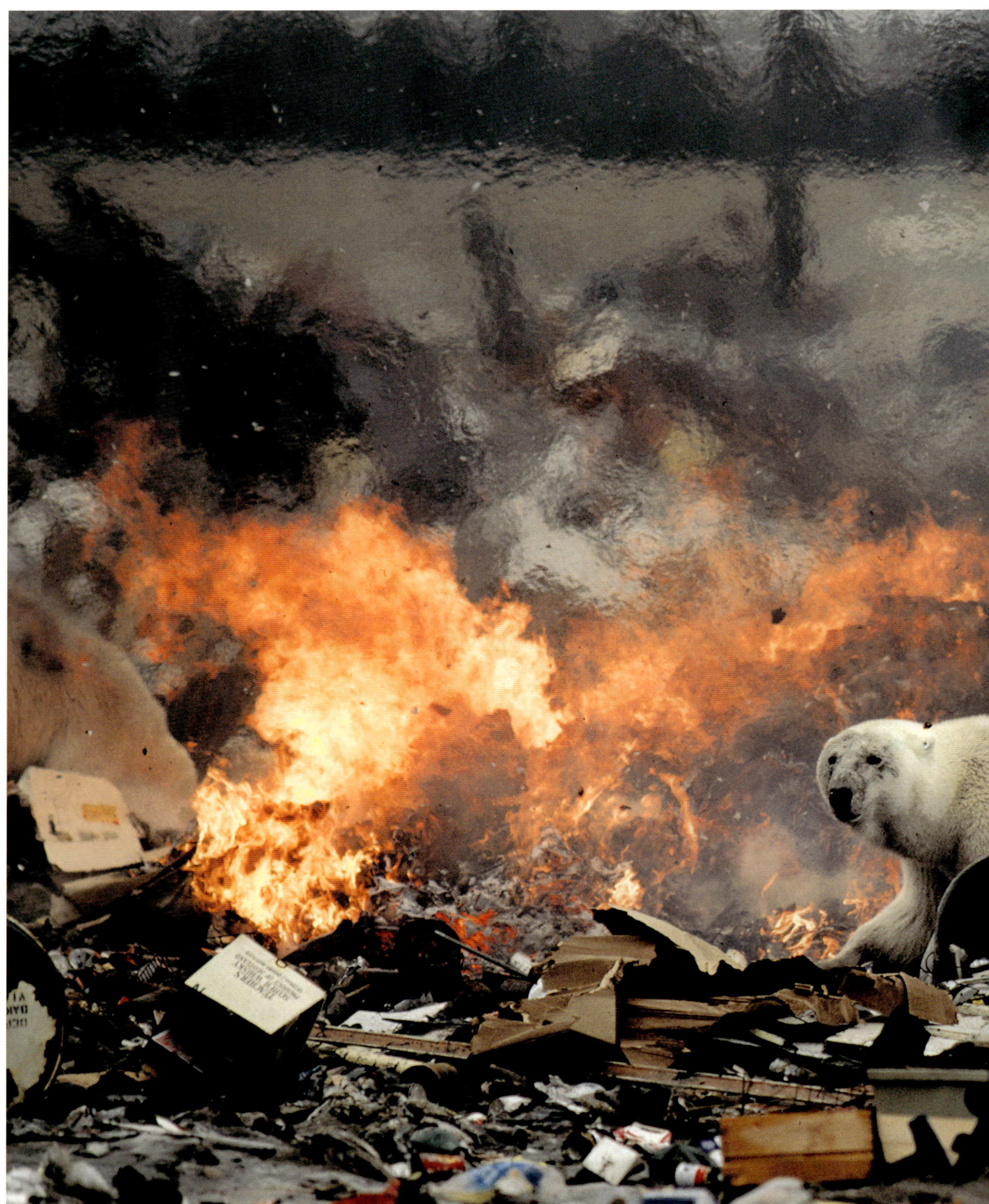

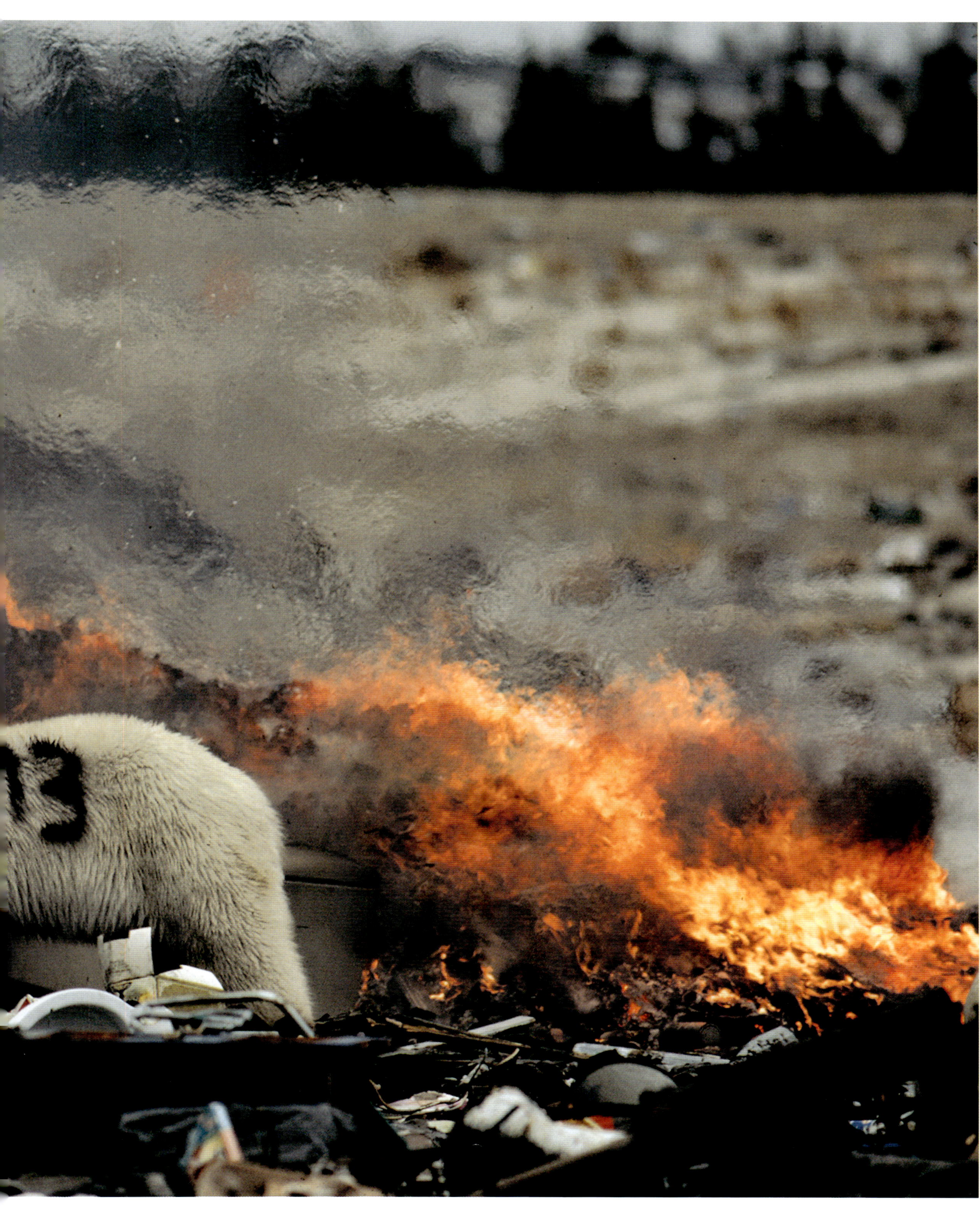

DAVID HISER | 1982 | CANADA *Cet ours polaire, particulièrement agressif, est étroitement surveillé dans la décharge municipale de Churchill.*

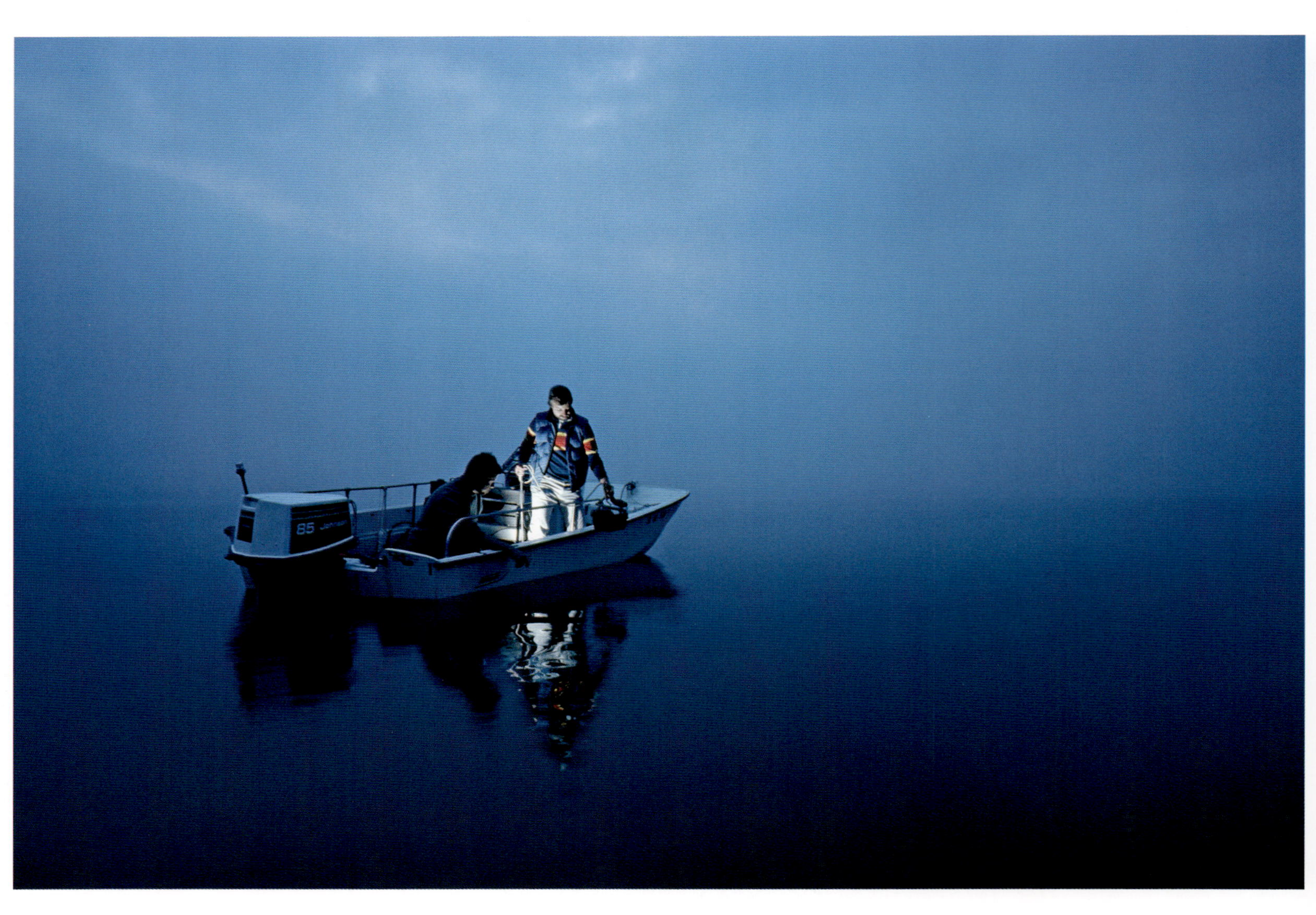

 WILLIAM T. DOUTHITT | 1985 | ÉTAT DU MARYLAND, ÉTATS-UNIS *Recherches, dans le fleuve Susquehanna, de traces radioactives rejetées par les centrales nucléair*

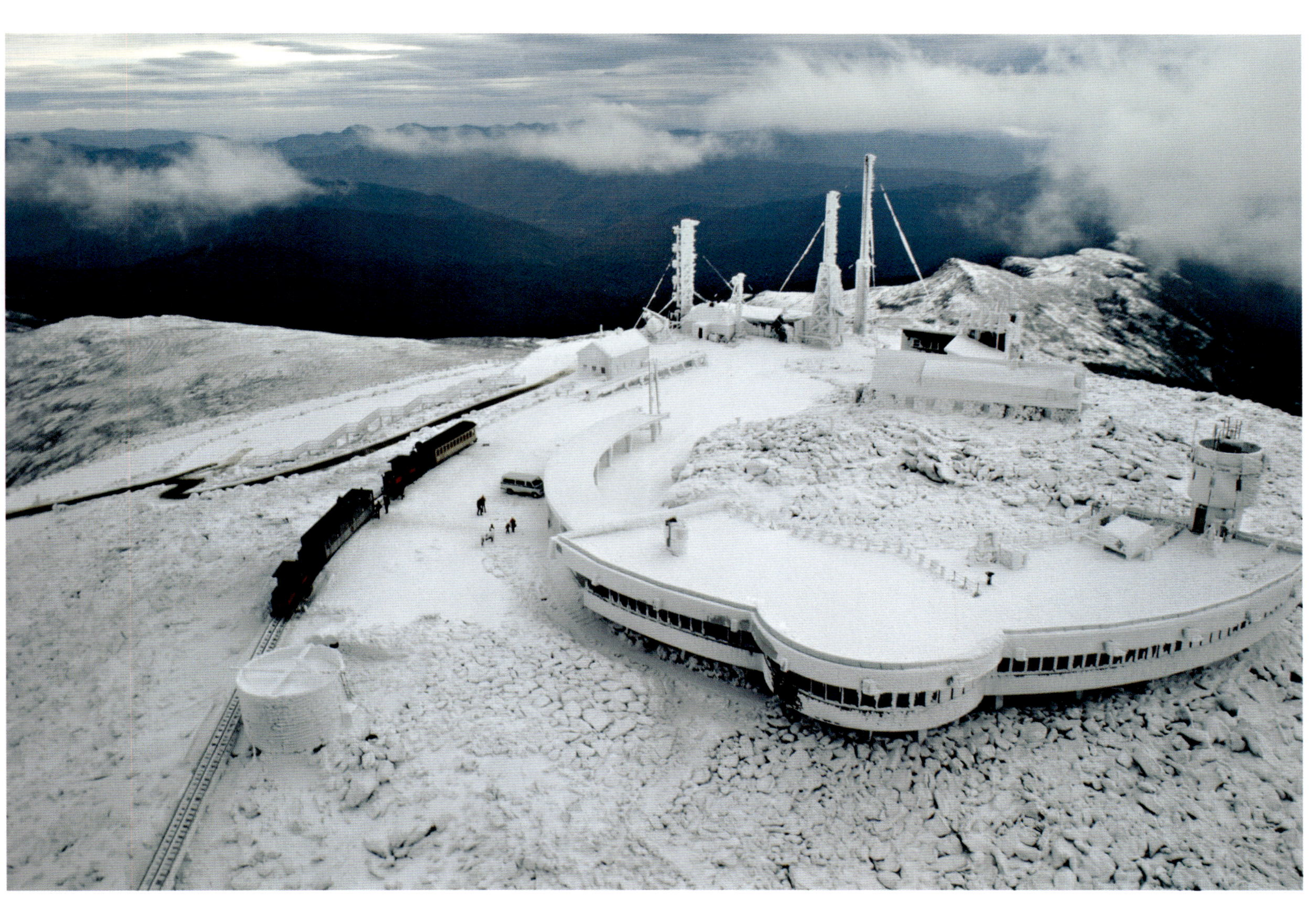

SANDY FELSENTHAL | 1982 | ÉTAT DU NEW HAMPSHIRE, ÉTATS-UNIS *Le mont Washington, poste avancé dans les nuages.*

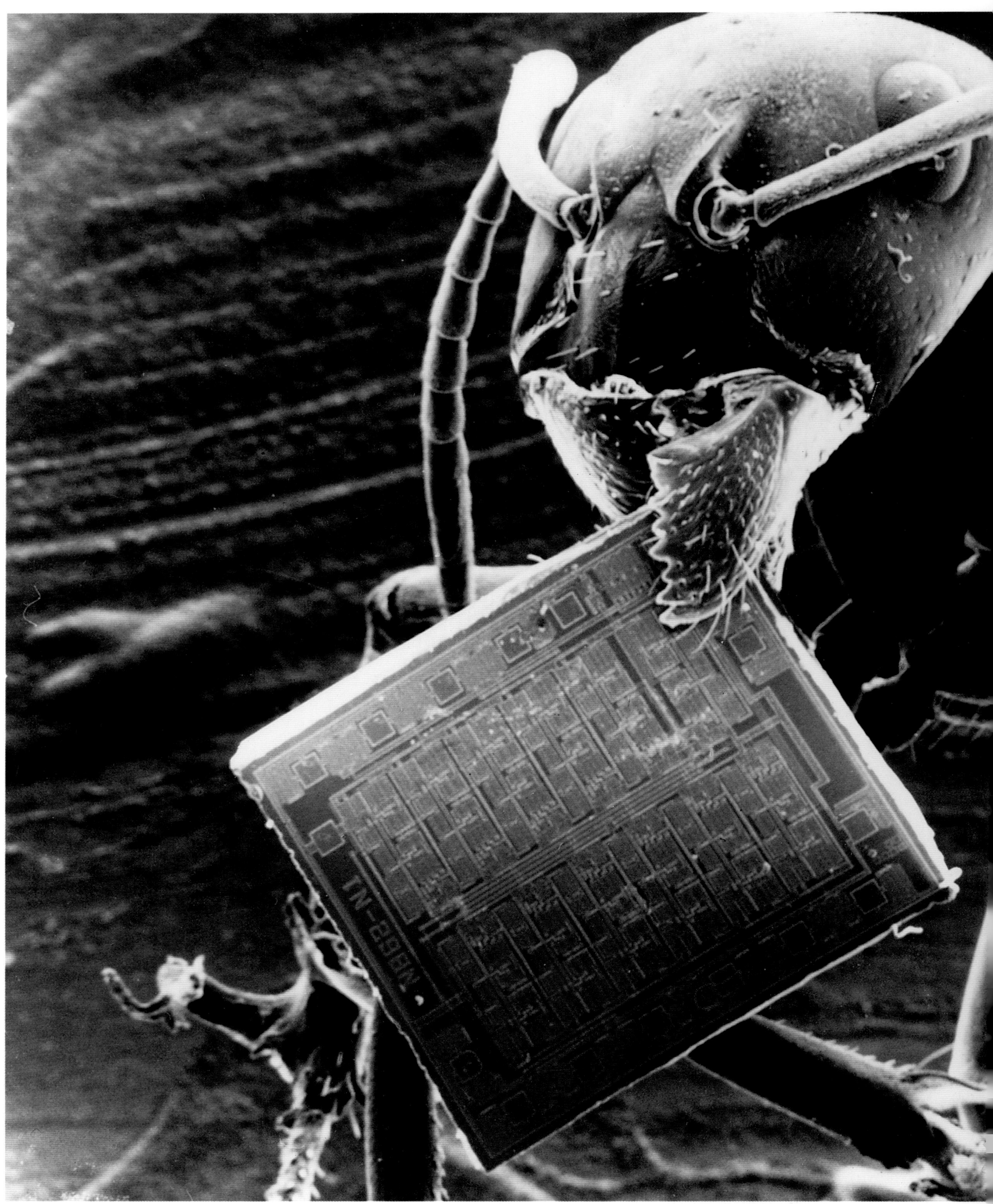

 PHILIPS ELECTRONICS COMPANY | 1982 | PAYS-BAS *Fourmi avec un microprocesseur.*

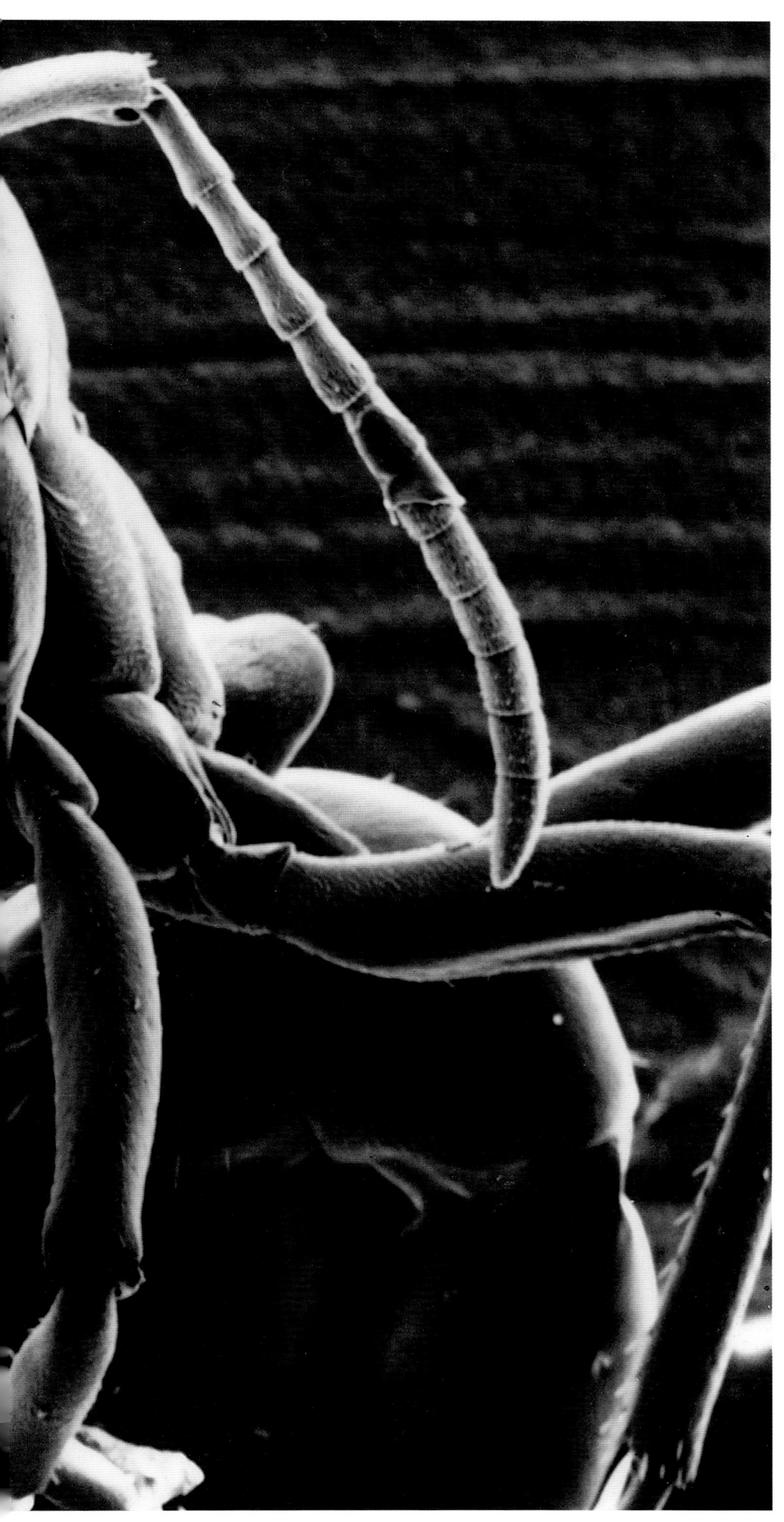

L'écrivain H. G. Wells imagina des fourmis parvenues à un tel stade d'évolution que leurs prouesses en ingénierie et leur « méthode organisée et détaillée de mémorisation et de communication » leur permettraient de terrasser la civilisation humaine.

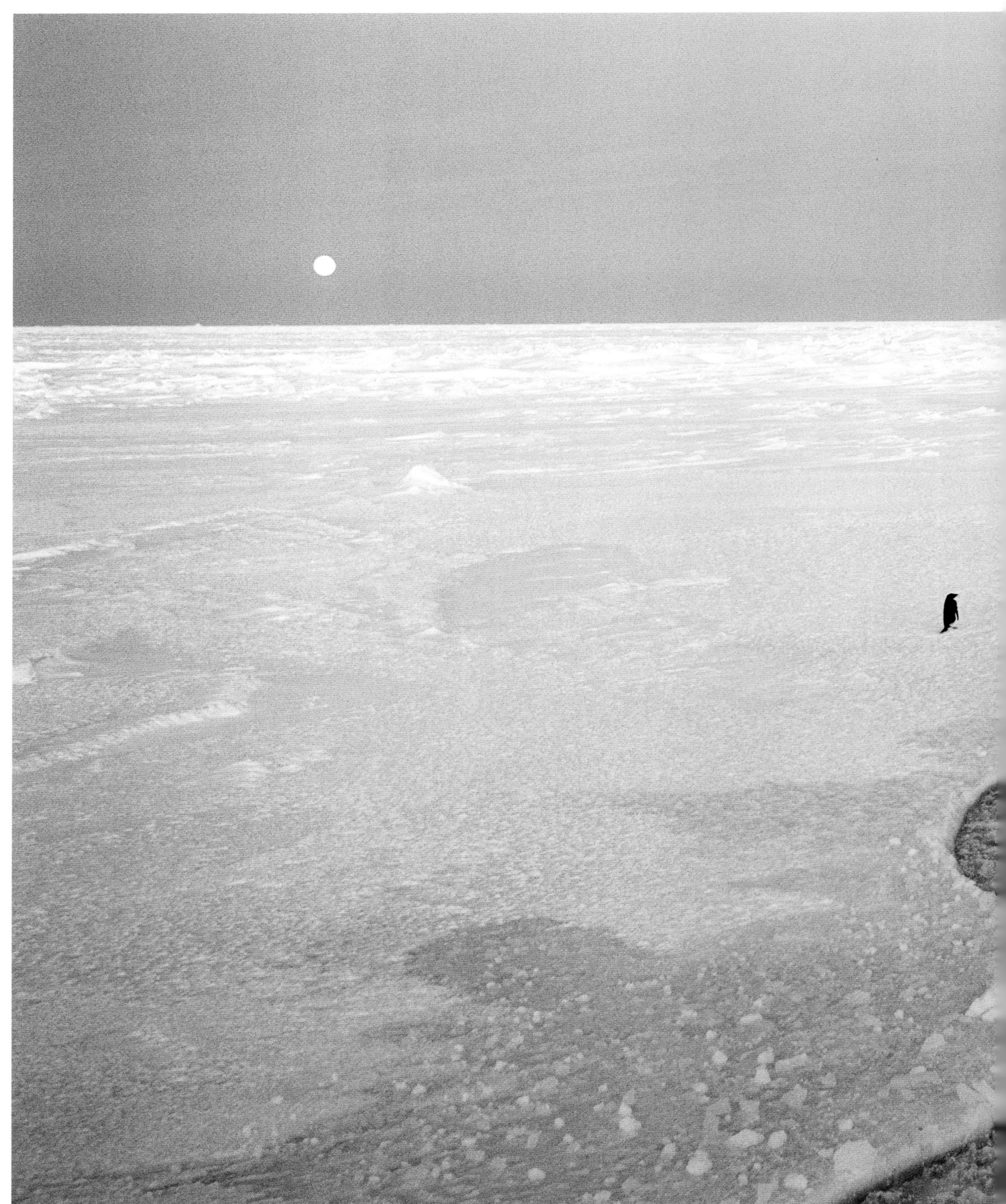

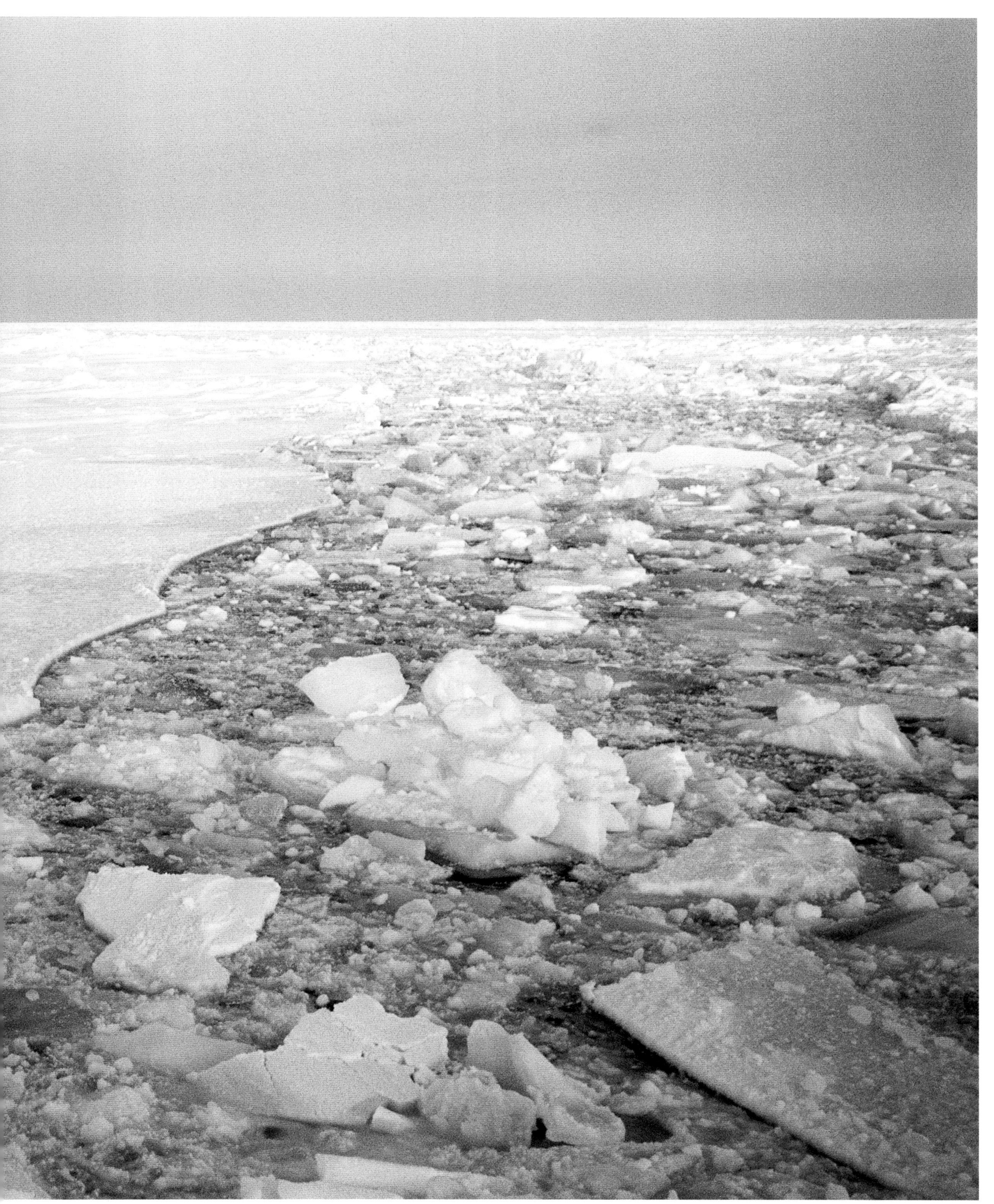

MARIA STENZEL | 1995 | ANTARCTIQUE *Sillage d'un brise-glace.*

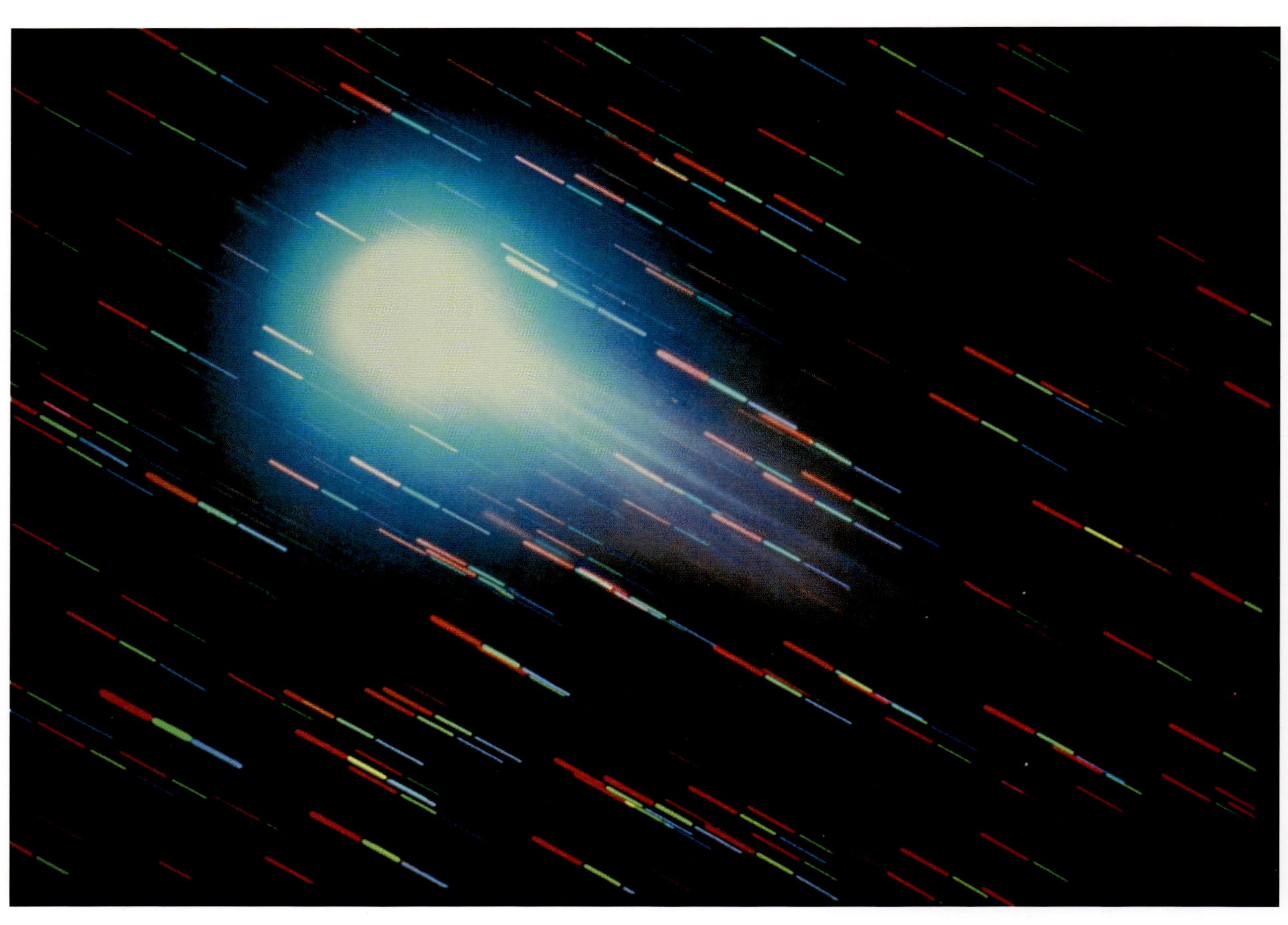

OBSERVATOIRE ANGLO-AUSTRALIEN DAVID MALIN | 1986 | AUSTRALIE *La comète de Halley.*

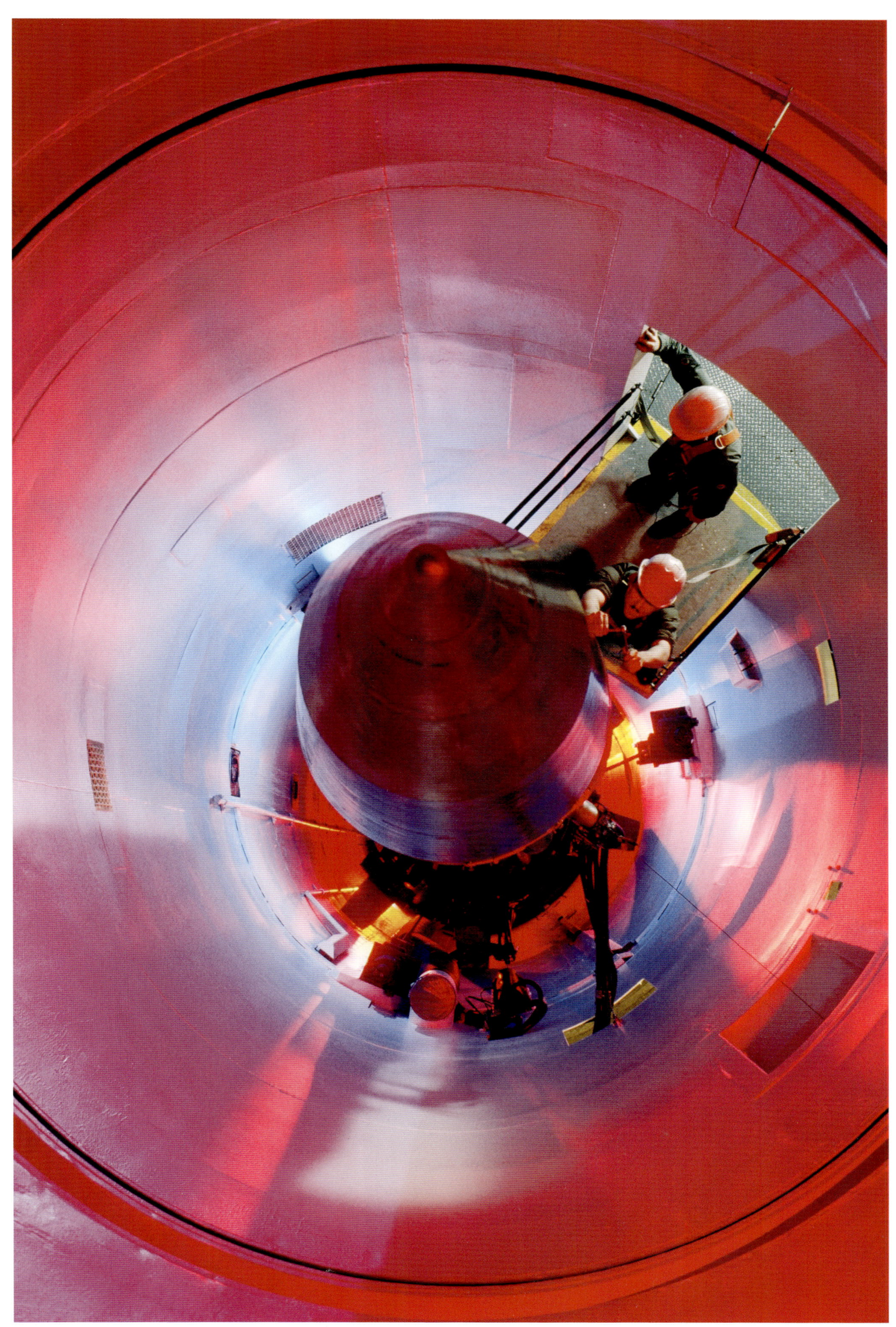

ANNIE GRIFFITHS BELT | 1987 | ÉTAT DU DAKOTA DU NORD, ÉTATS-UNIS *Dans le silo d'un missile Minuteman.*

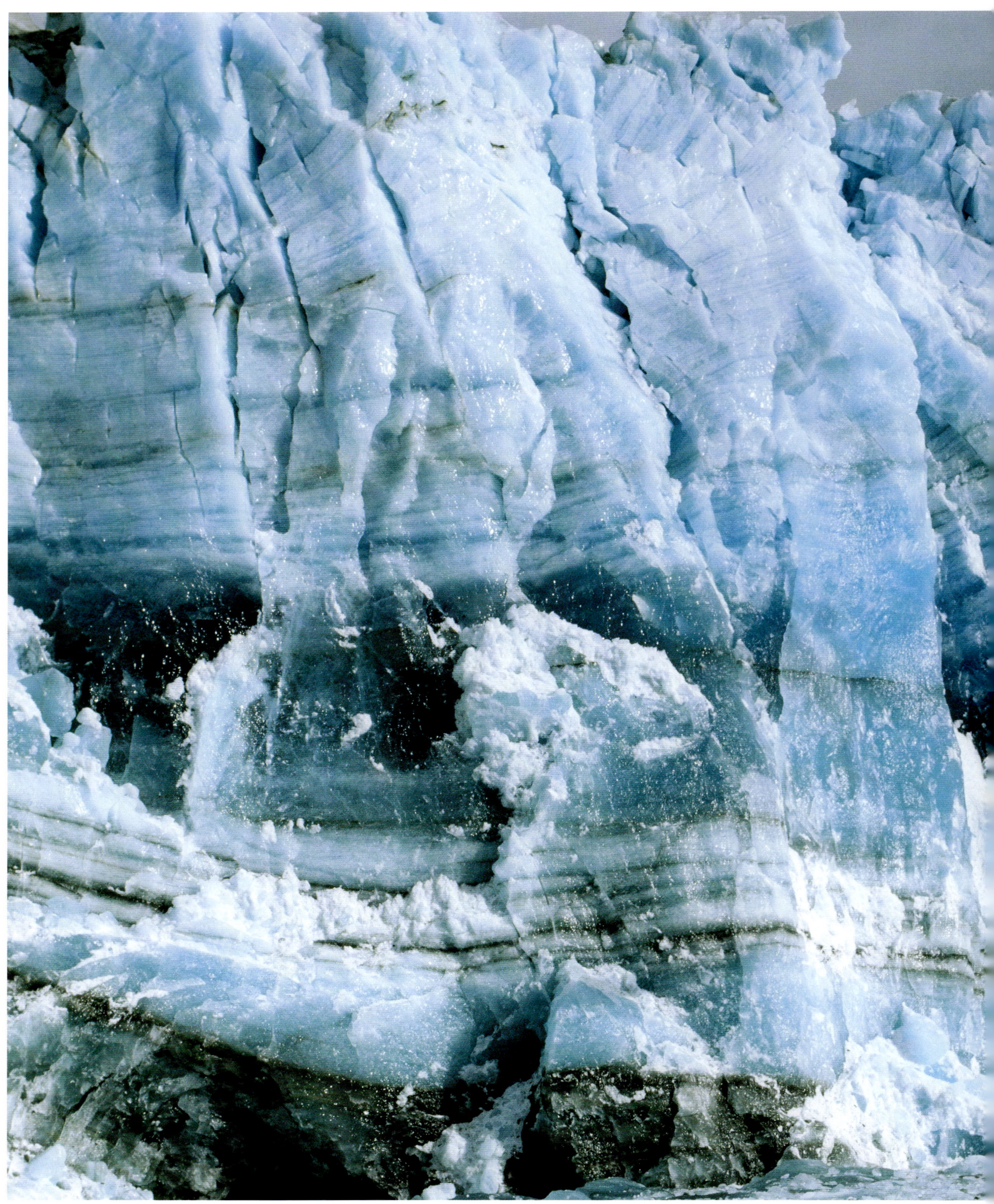

 CHRIS JOHNS | 1987 | ÉTAT DE L'ALASKA, ÉTATS-UNIS *Étude du glacier Hubbard.*

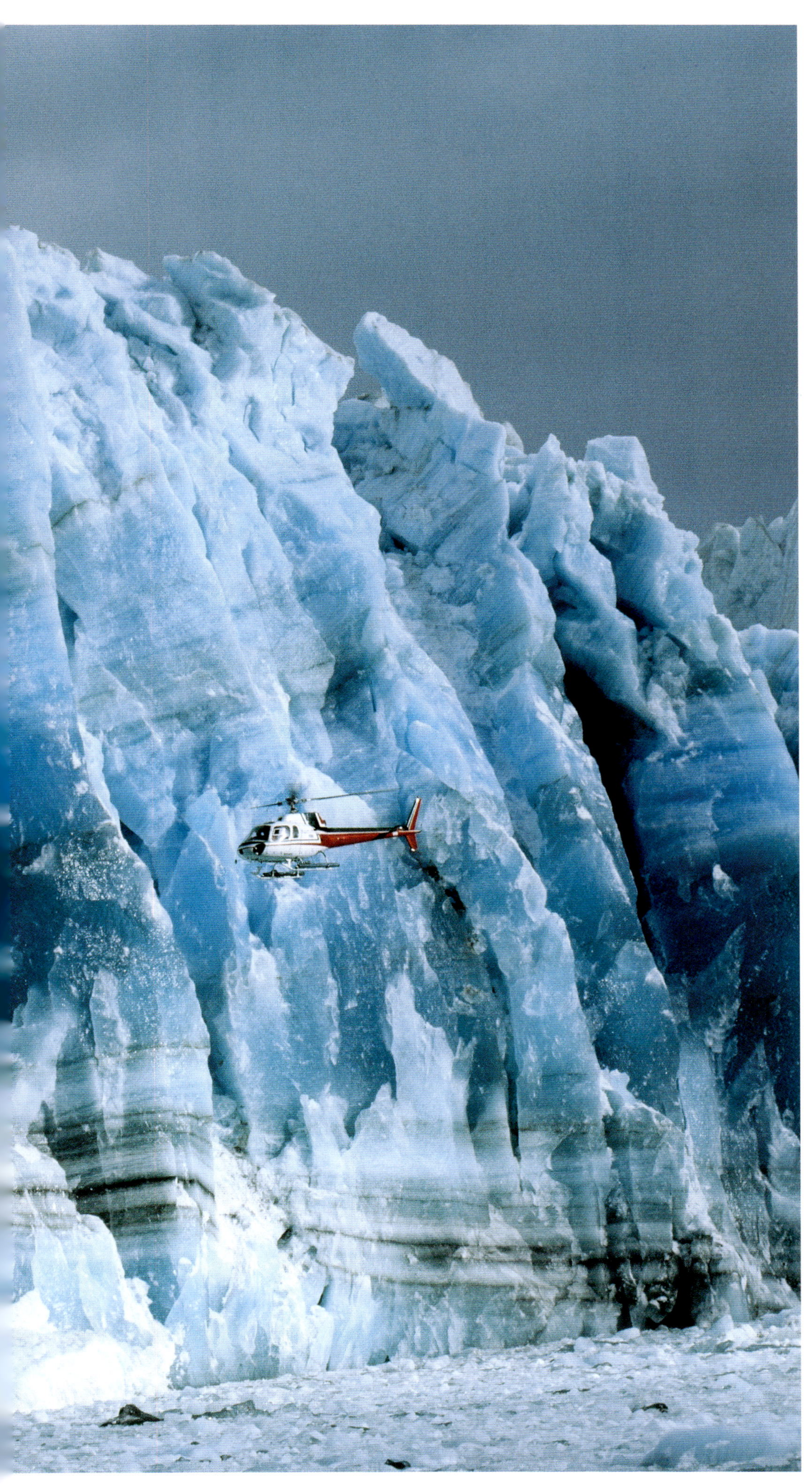

« Le glacier Hubbard s'écoule majestueusement dans une vallée profonde, écrivait le géologue Israel Russell, qui le découvrit. À l'endroit où les pentes subglaciaires sont abruptes, la glace se décompose en cimes et en tours d'une beauté extraordinaire. »

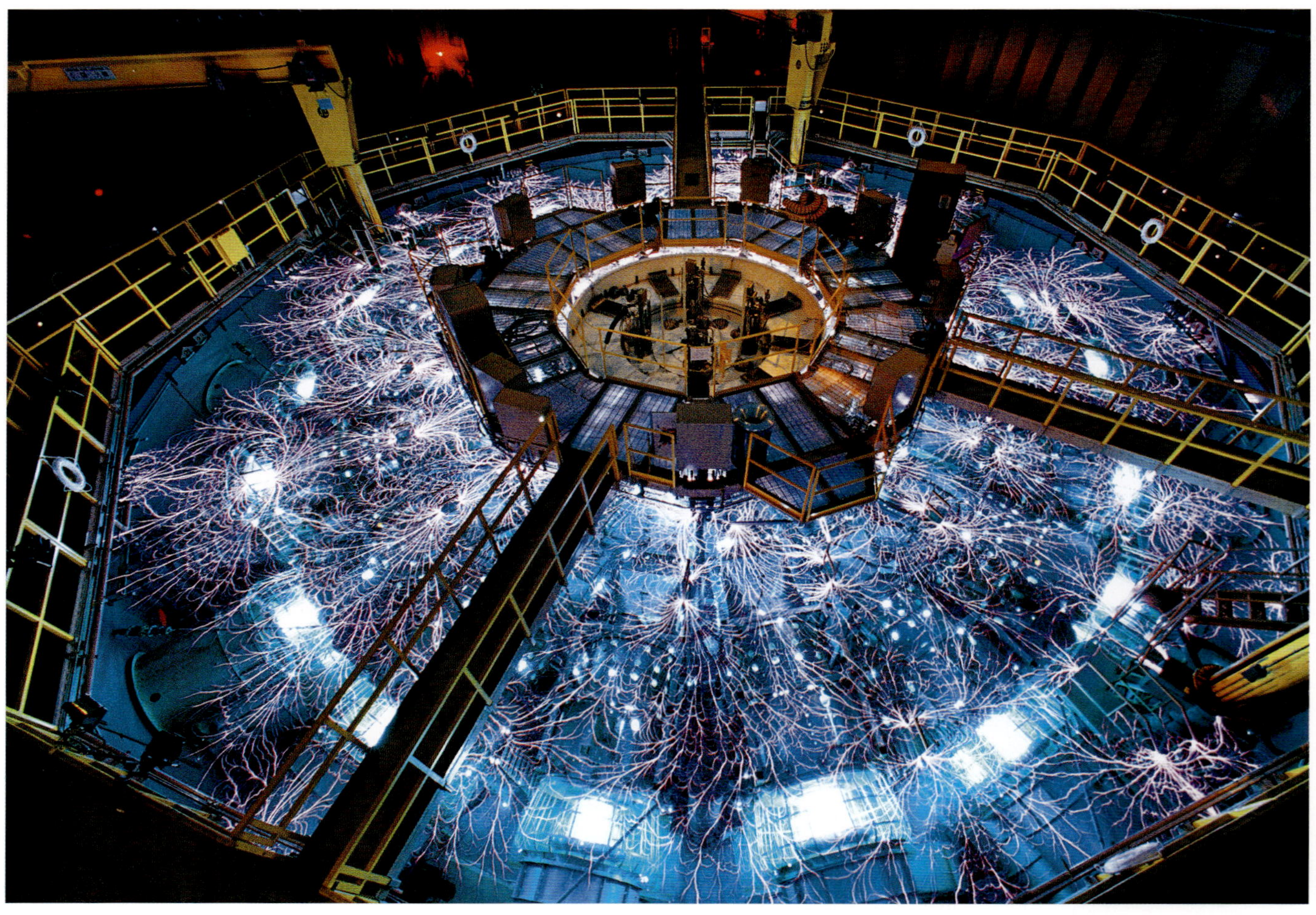

DANNY LEHMAN | 1987 | ÉTAT DU NOUVEAU-MEXIQUE, ÉTATS-UNIS *Accélérateur de faisceaux de particules, dans les laboratoires nationaux Sandia.*

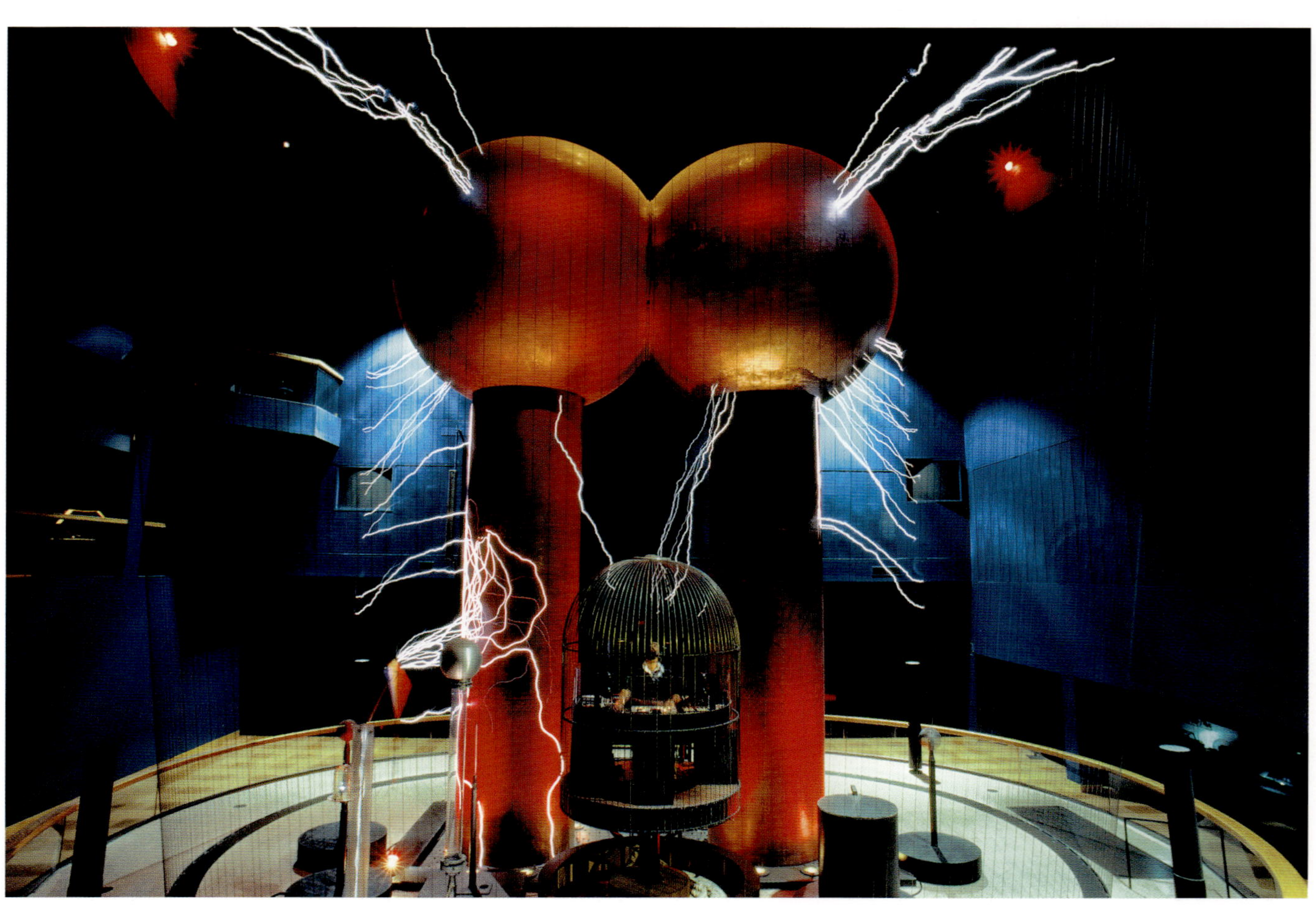

 PETER MENZEL | 1993 | ÉTAT DU MASSACHUSETTS, ÉTATS-UNIS *Le générateur Van de Graaff (1931) au Boston Museum of Science.*

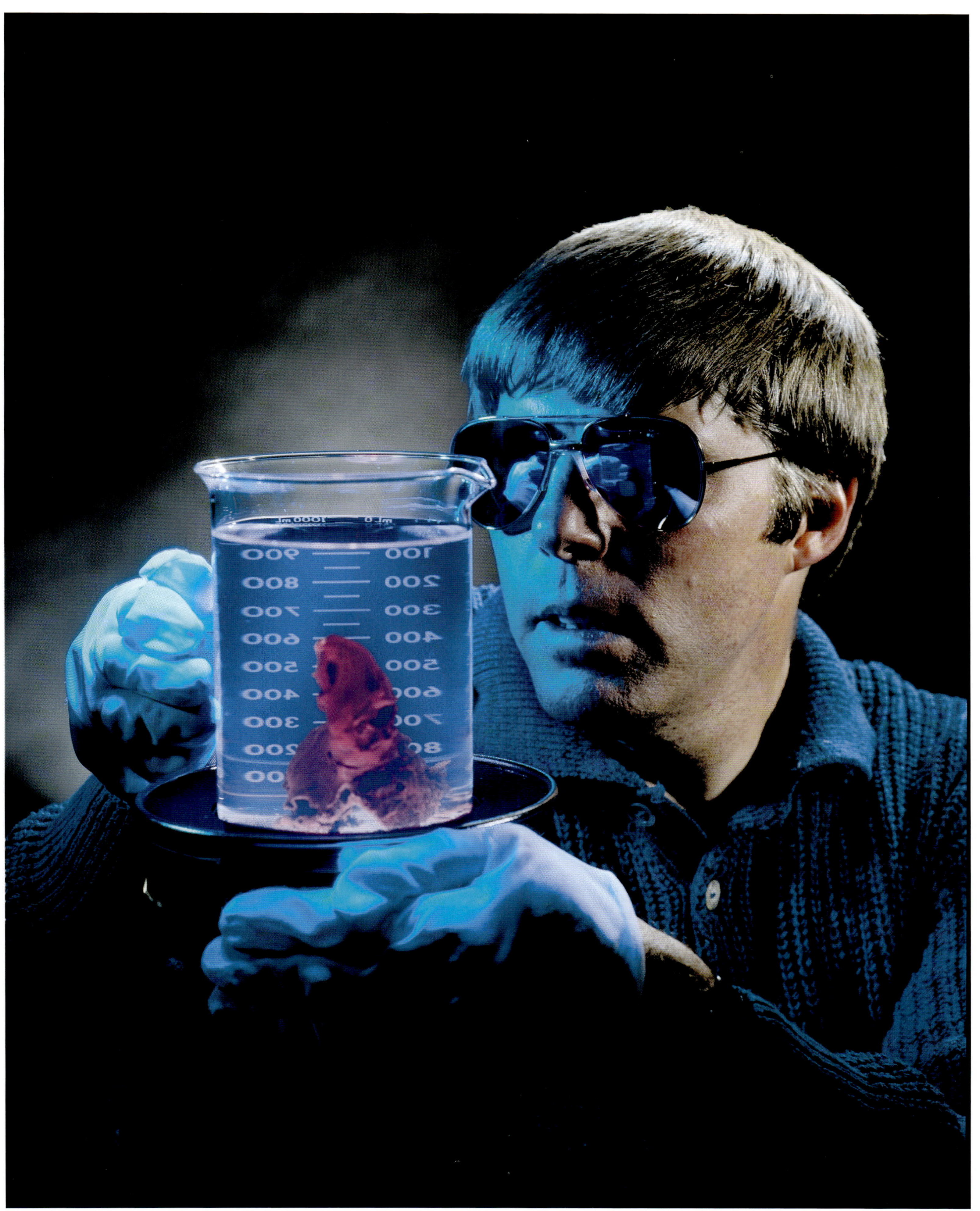

THAN BLAIR | 1987 | ÉTAT DU MONTANA, ÉTATS-UNIS *La chlorophylle continue de devenir fluorescente lorsque la cyanobactérie primitive est exposée aux ultraviolets.*

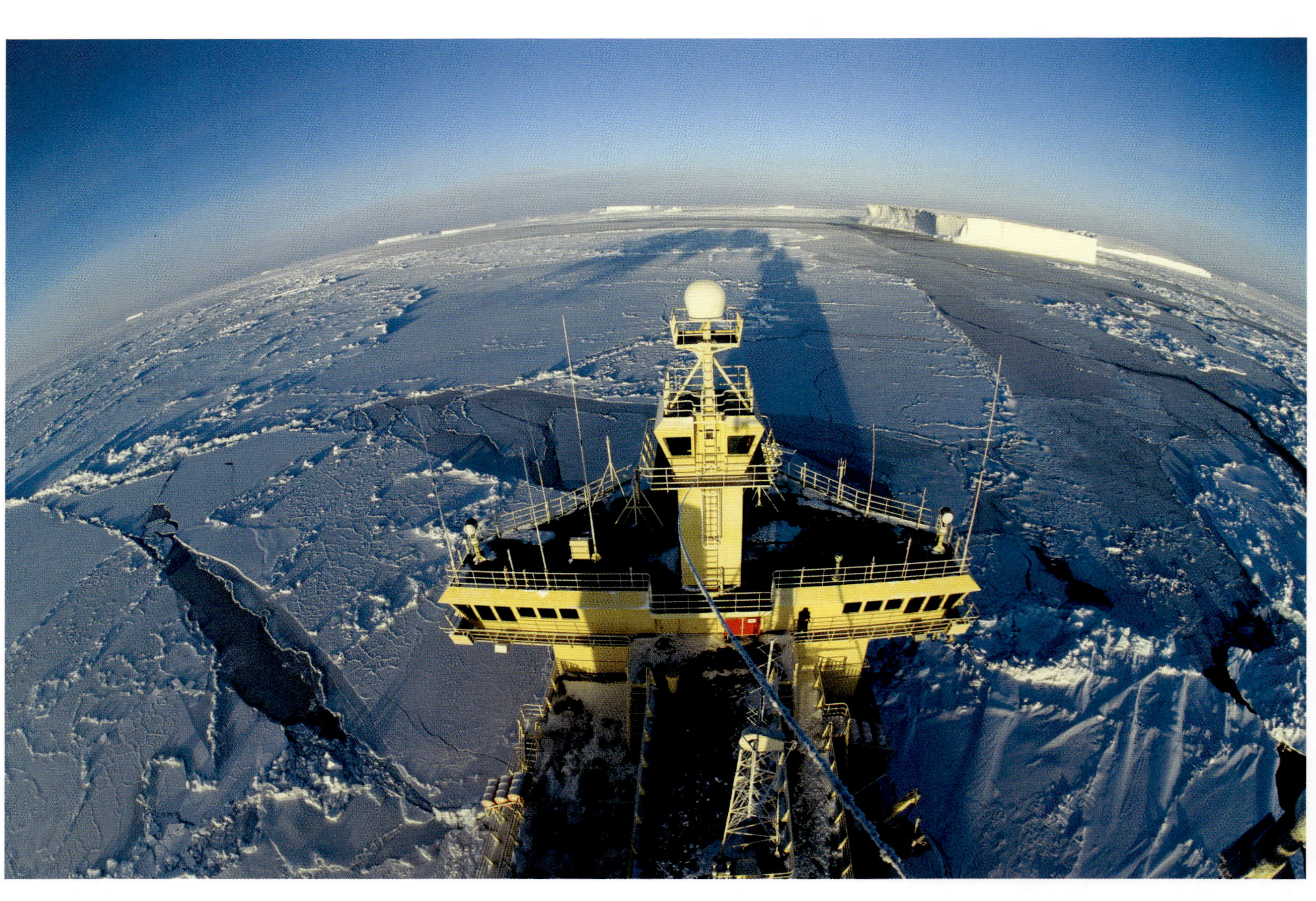

 MARIA STENZEL | 1995 | ANTARCTIQUE *Vue depuis un brise-glace.*

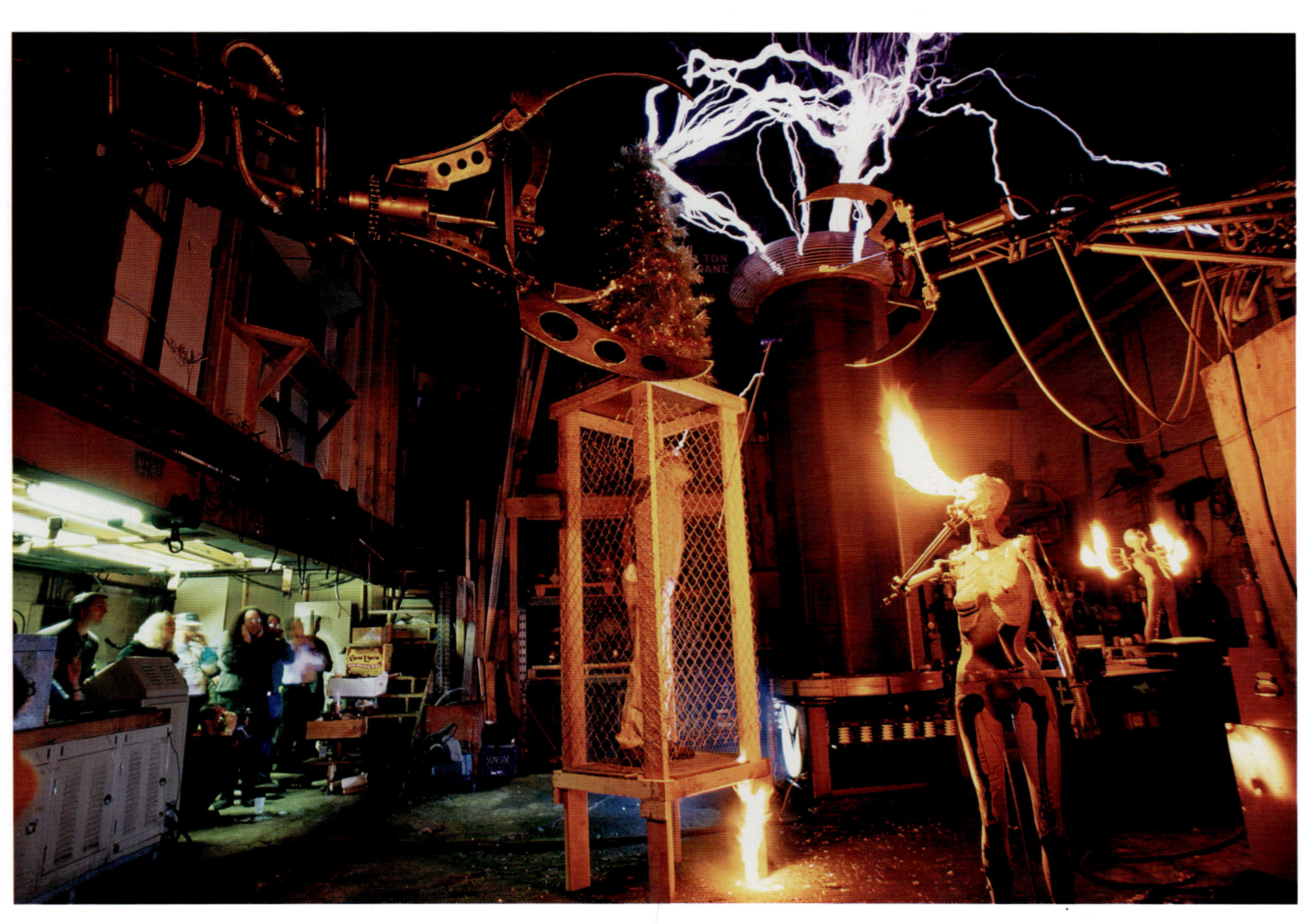

GEORGE STEINMETZ | 1997 | ÉTAT DE CALIFORNIE, ÉTATS-UNIS *Plus de un million de volts jaillissent d'une bobine de Tesla.*

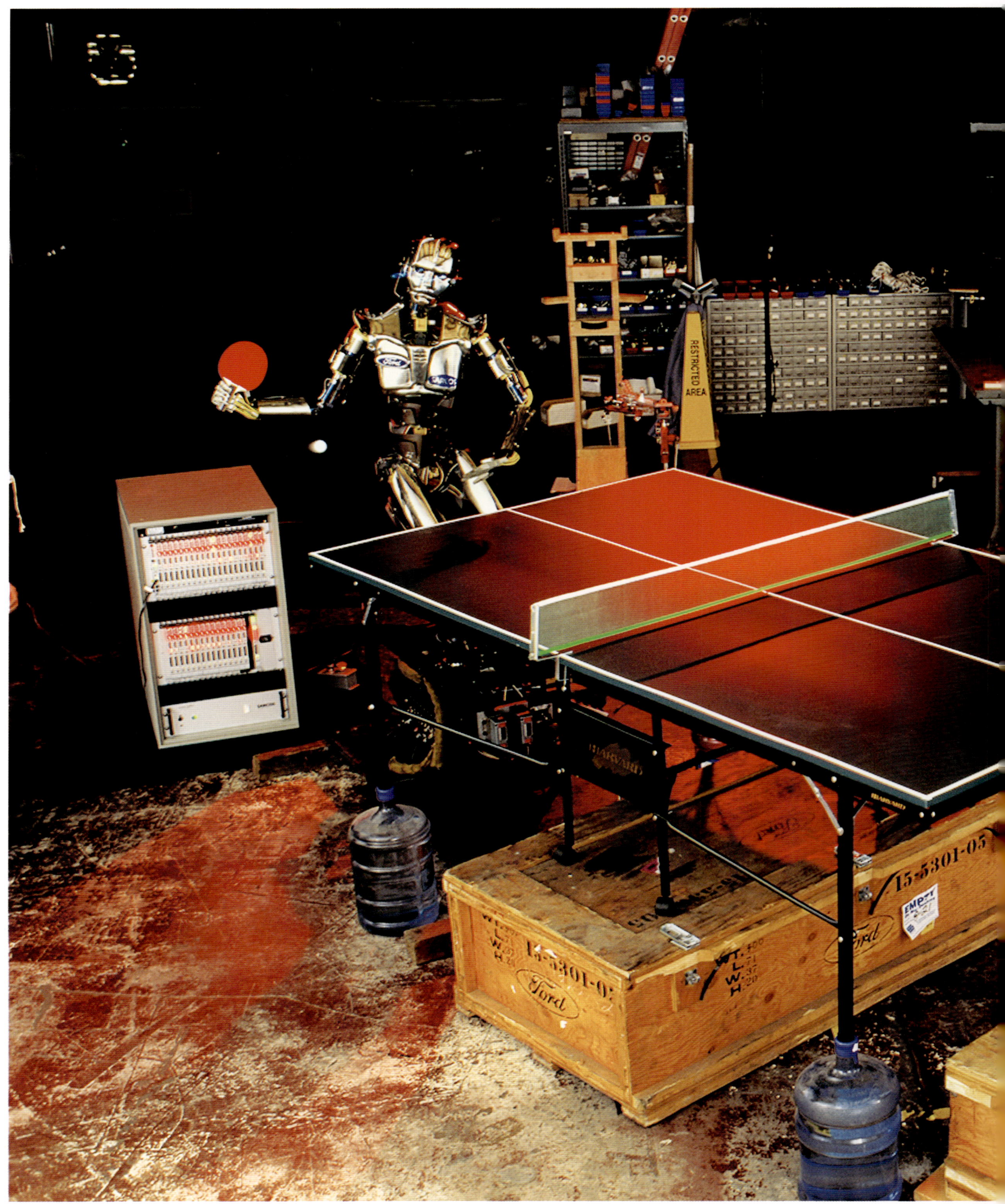

GEORGE STEINMETZ | 1997 | ÉTAT DE L'UTAH, ÉTATS-UNIS *Ce robot reflète chaque mouvement grâce à des capteurs et à des émetteurs informatisés.*

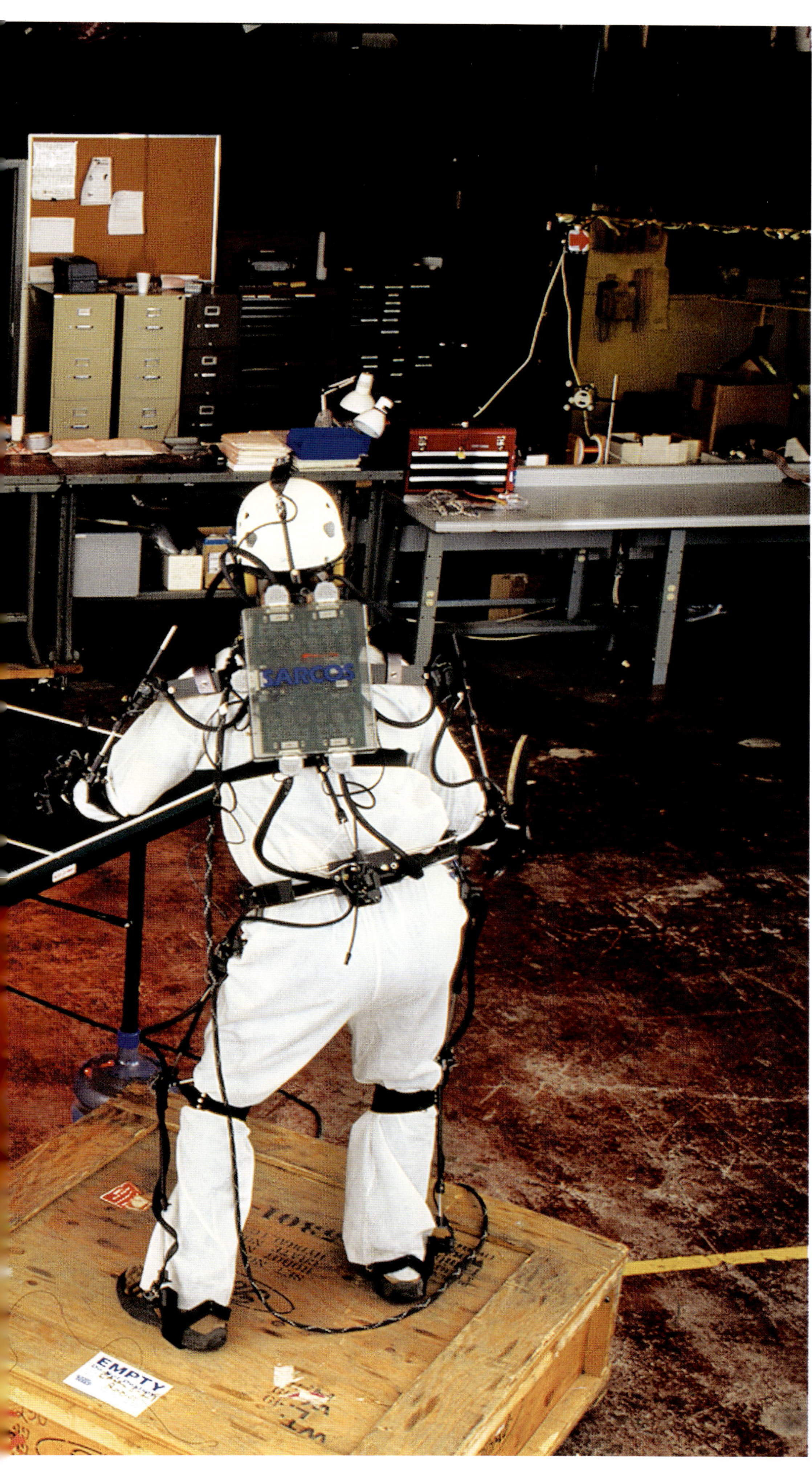
SARCOS
EMPTY

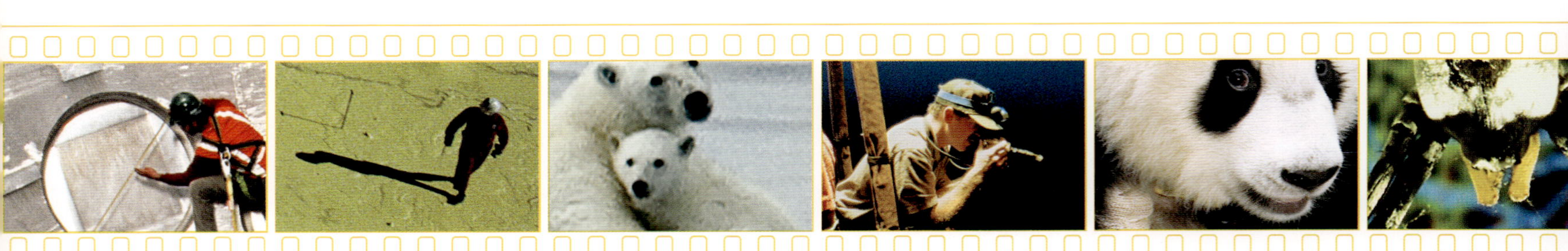

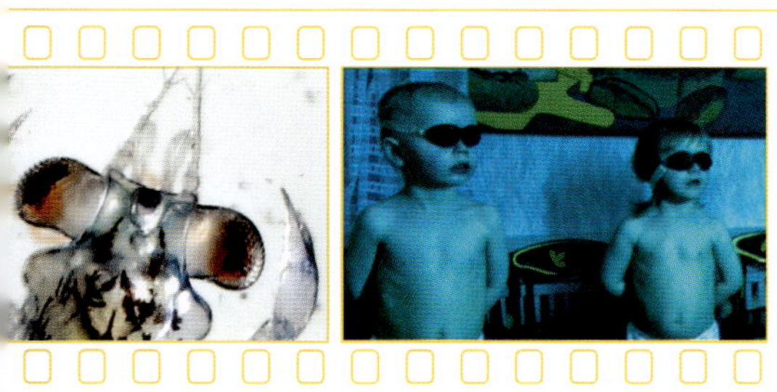

la gamme numérique

UN ÉVENTAIL PLUS VASTE POUR UNE VISION ÉLARGIE : les photographes contemporains dépeignent toutes les facettes et complexités des sciences et des techniques. Ils perçoivent également la fragilité de la vie sur la planète, et l'opportunité qui leur est offerte de nous informer sur les ravages que notre technologie démesurée pourrait infliger aux écosystèmes globaux.

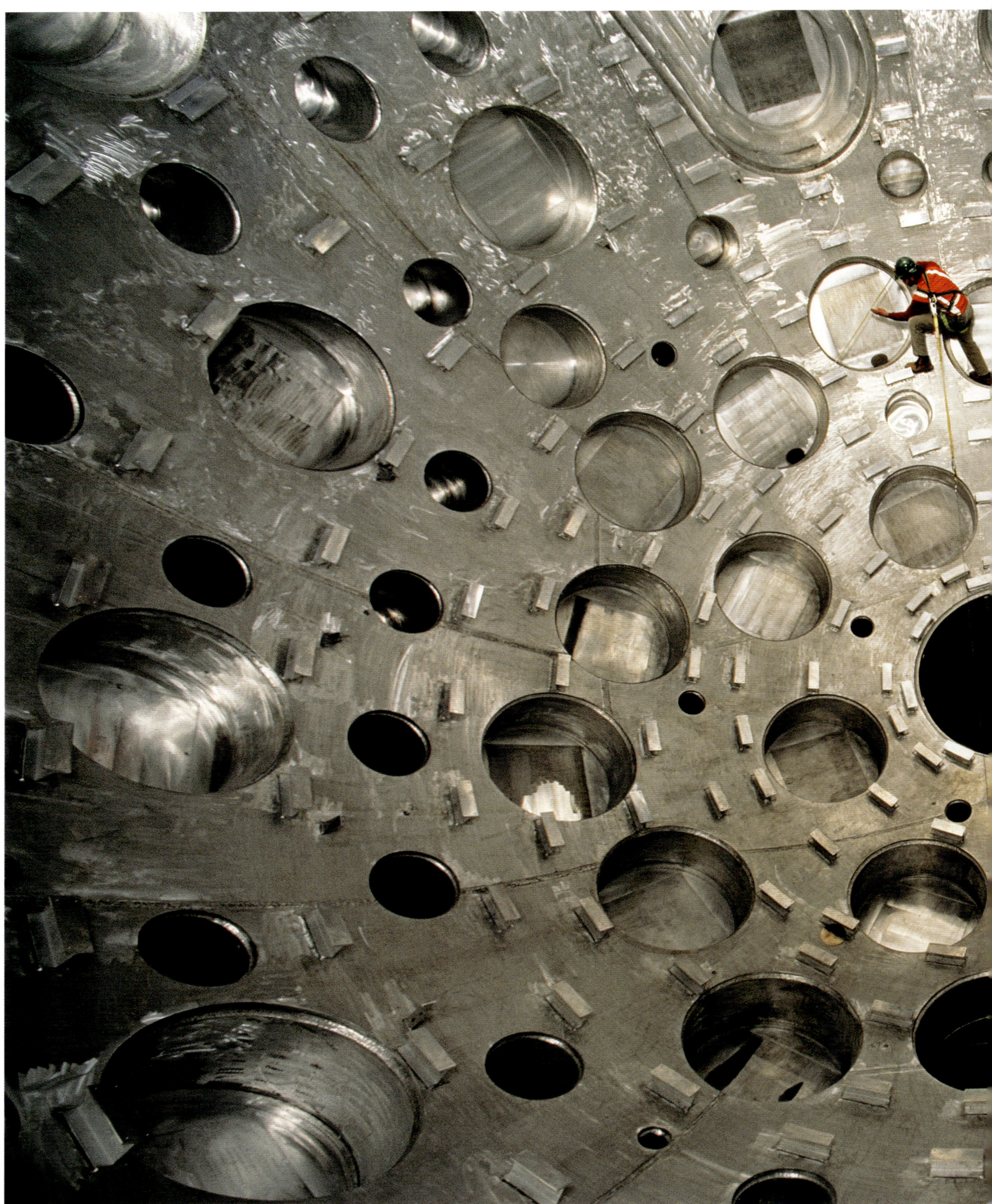

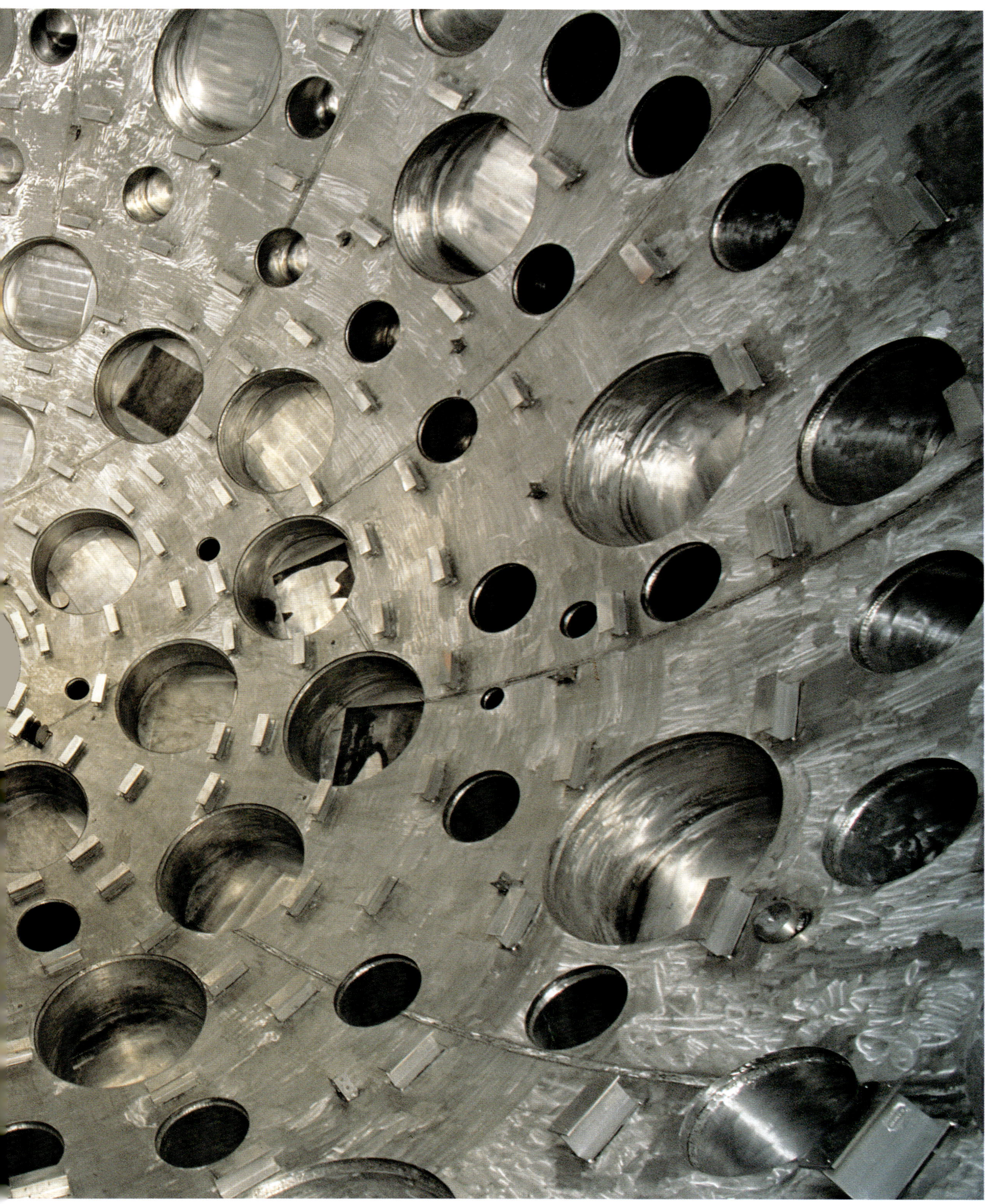

JOE MCNALLY | 2001 | ÉTAT DE CALIFORNIE, ÉTATS-UNIS *Zone de ciblage, à la National Ignition Facility, de la fusion nucléaire induite par la lumière.*

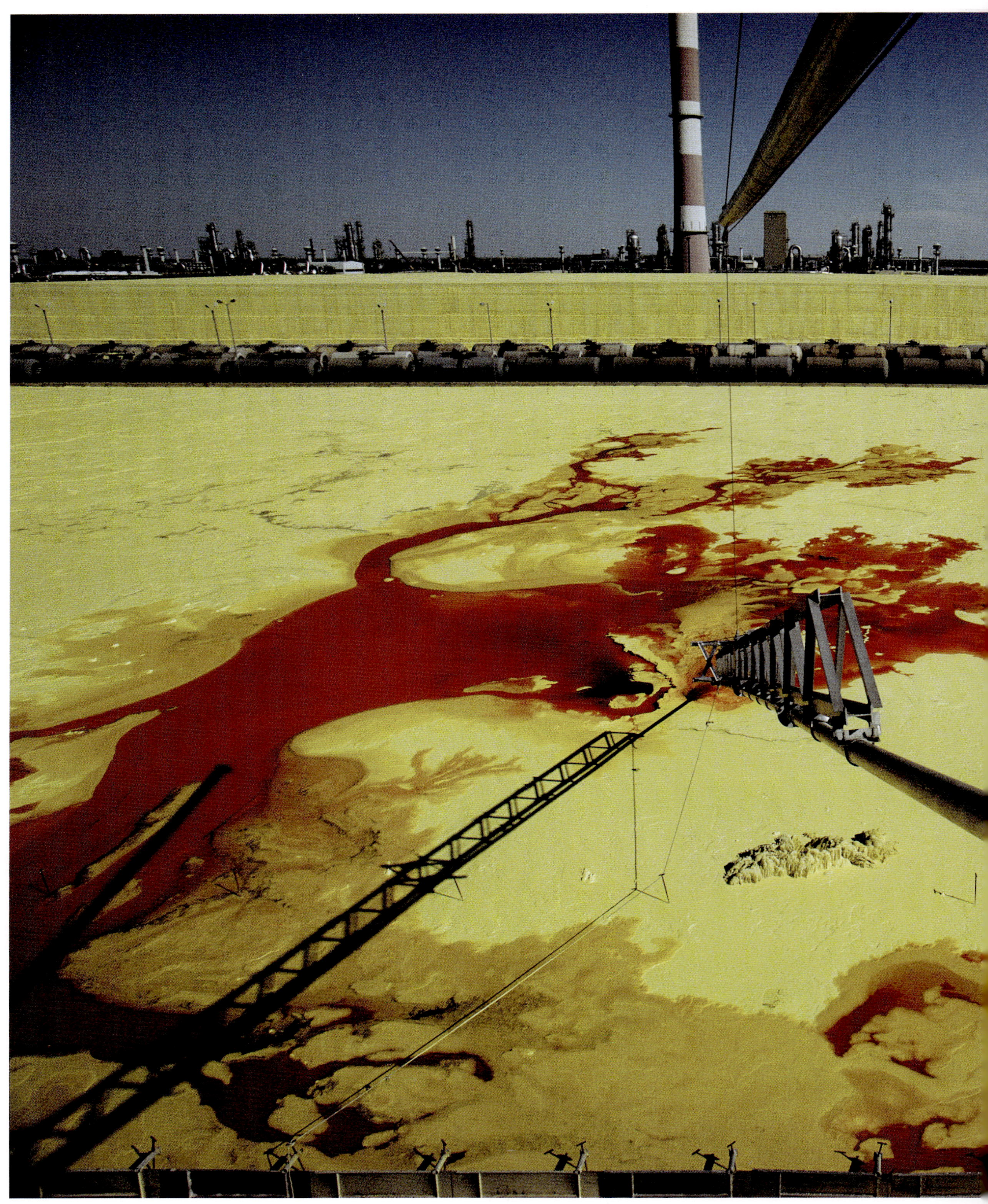

 REZA | 1999 | KAZAKHSTAN *Sables ensanglantés : le sulfureux produit dérivé de l'extraction du pétrole.*

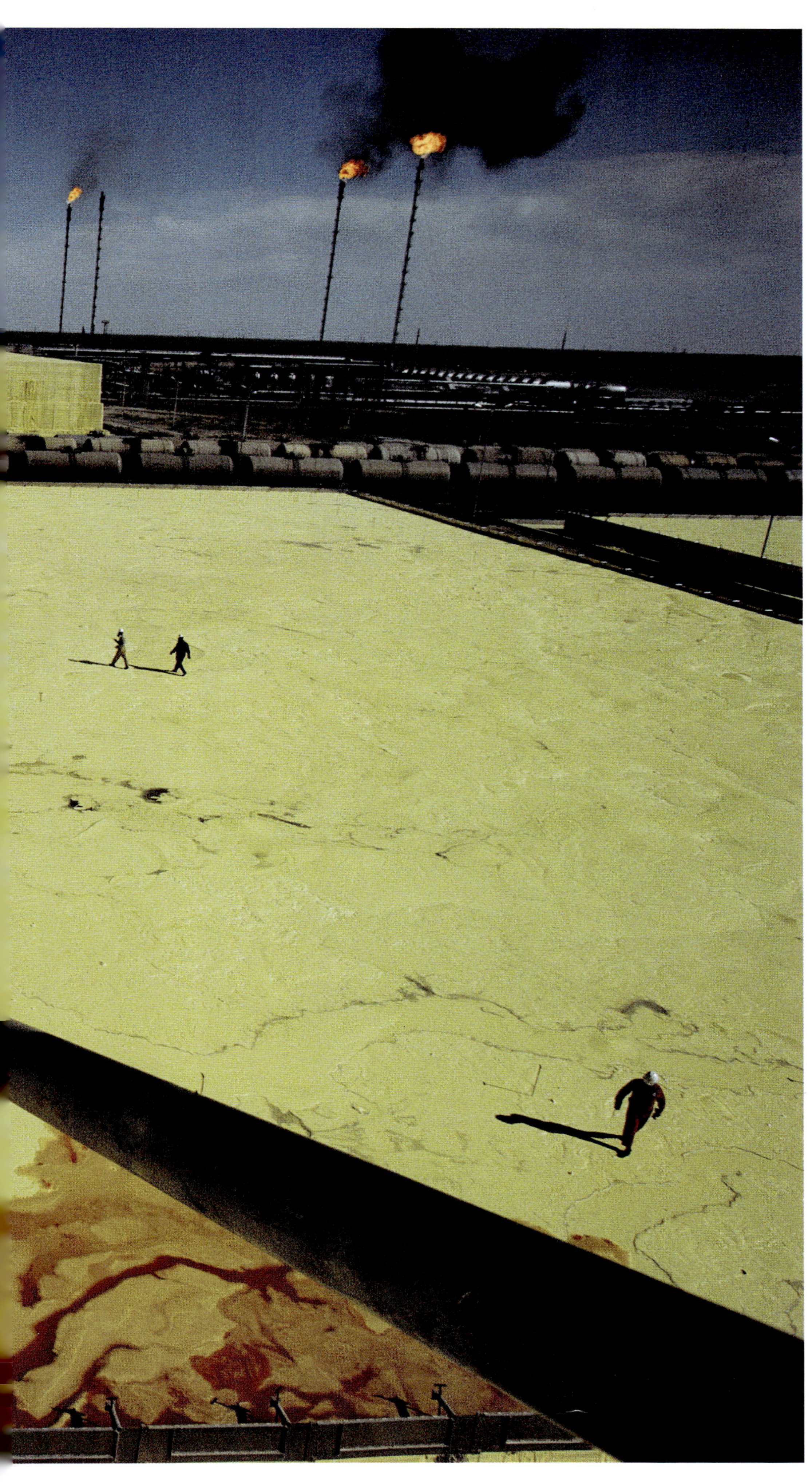

« Pour la première fois dans l'histoire du monde, écrivait Rachel Carson, l'être humain est en contact avec des produits chimiques dangereux, et cela, de sa conception à sa mort. »

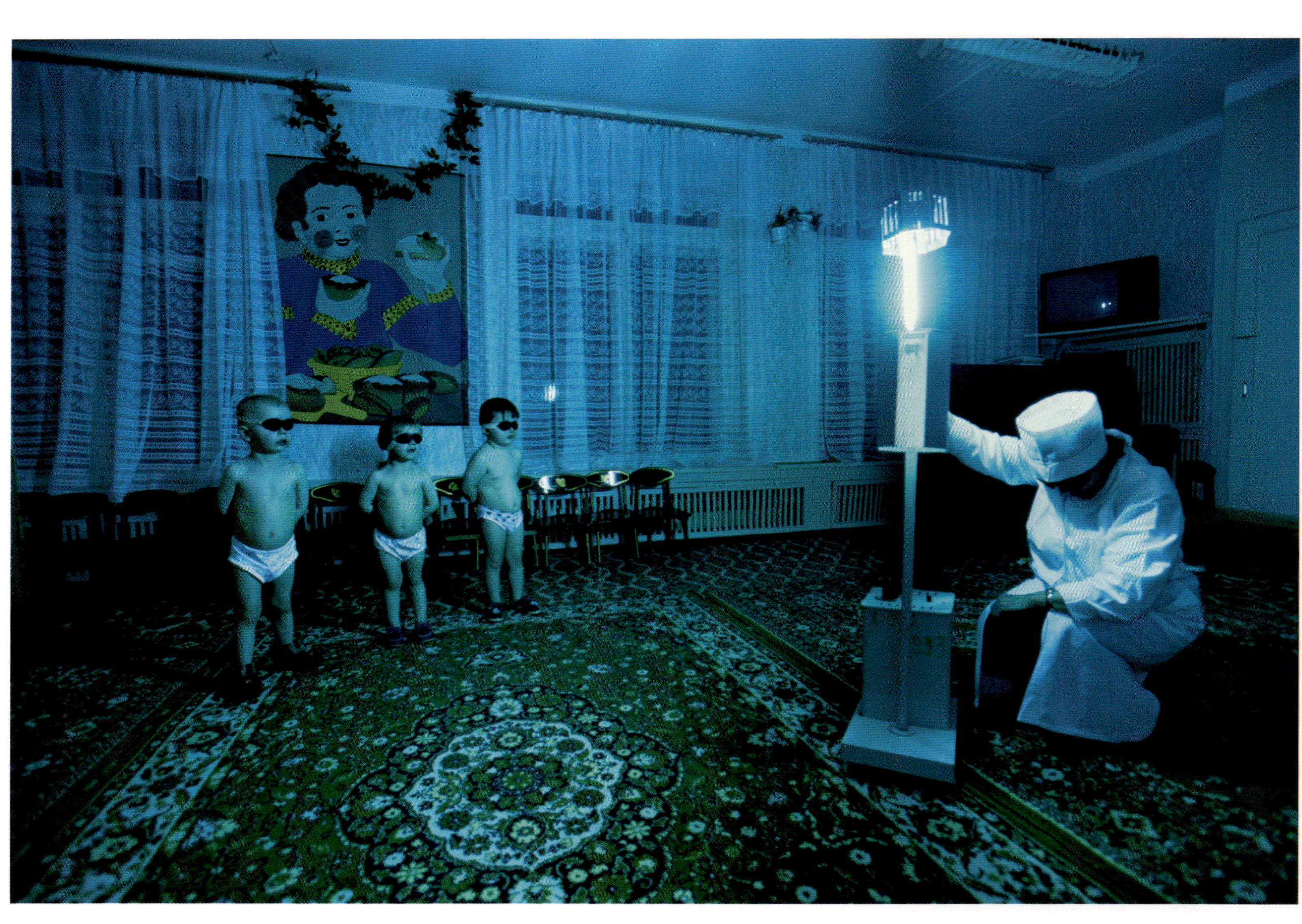

 JOE MCNALLY | 2001 | RUSSIE *Bain d'ultraviolets riches en vitamine D pour des enfants privés de lumière.*

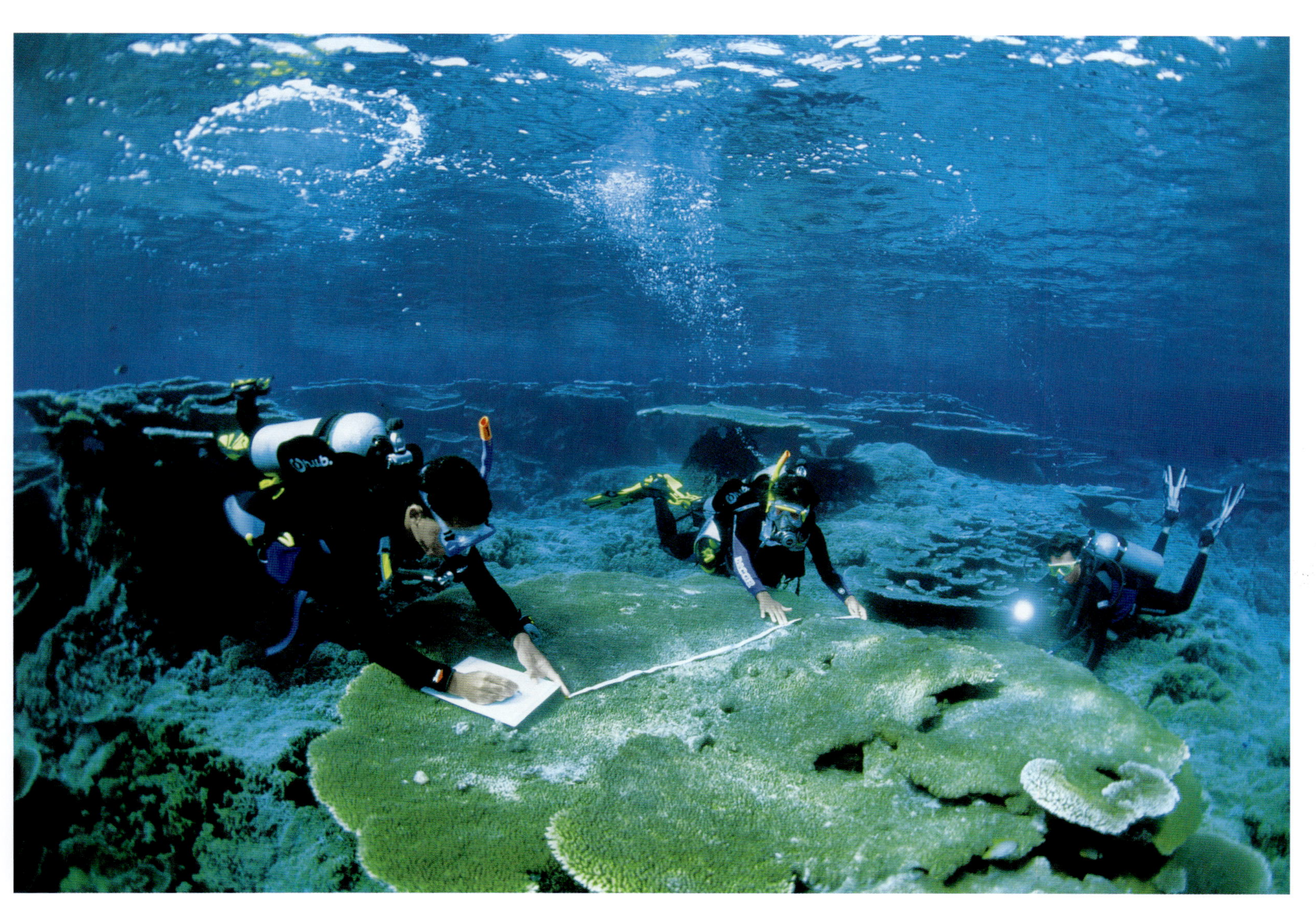

PAUL NICKLEN | 2004 | KIRIBATI *Fragilité d'un récif de corail.*

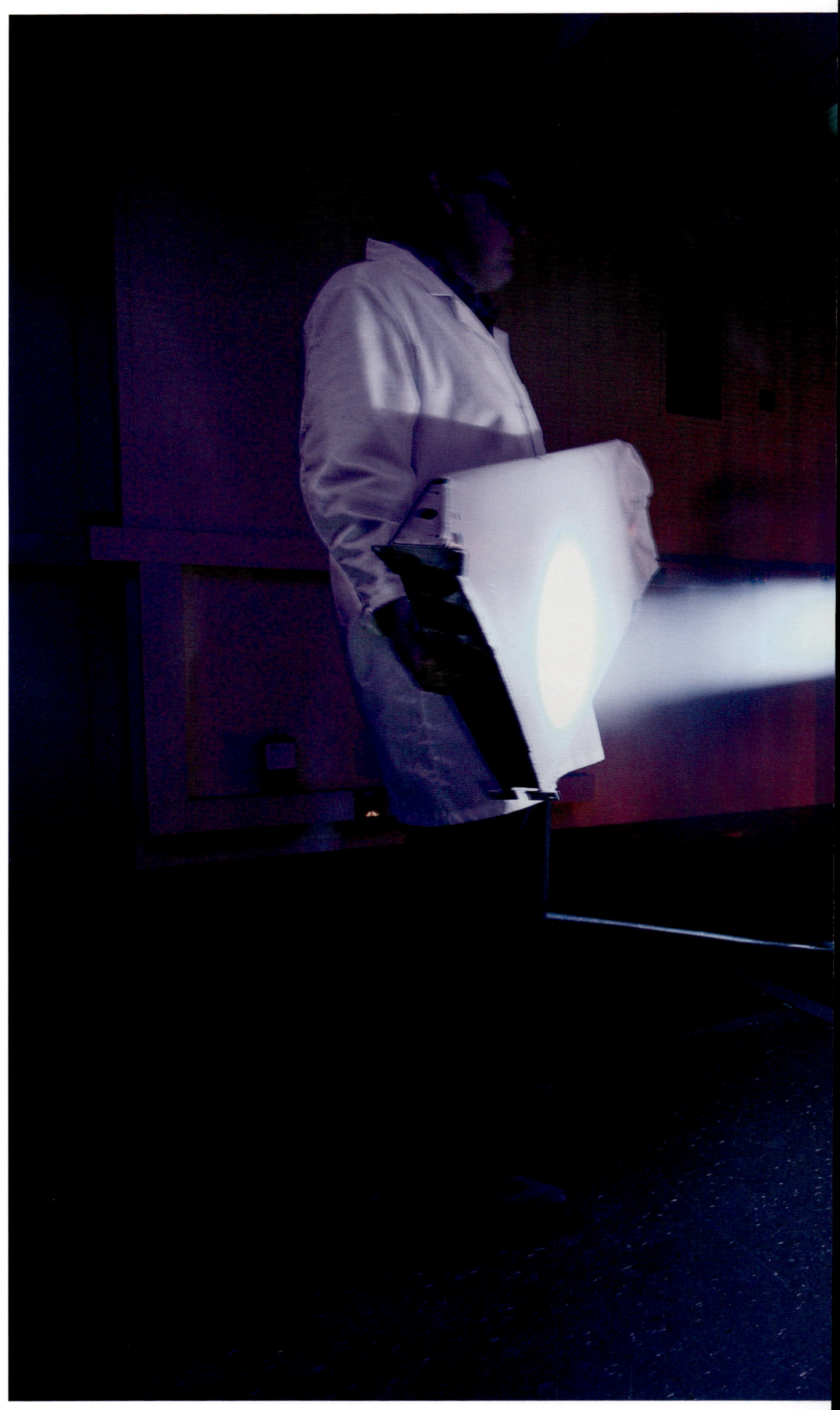

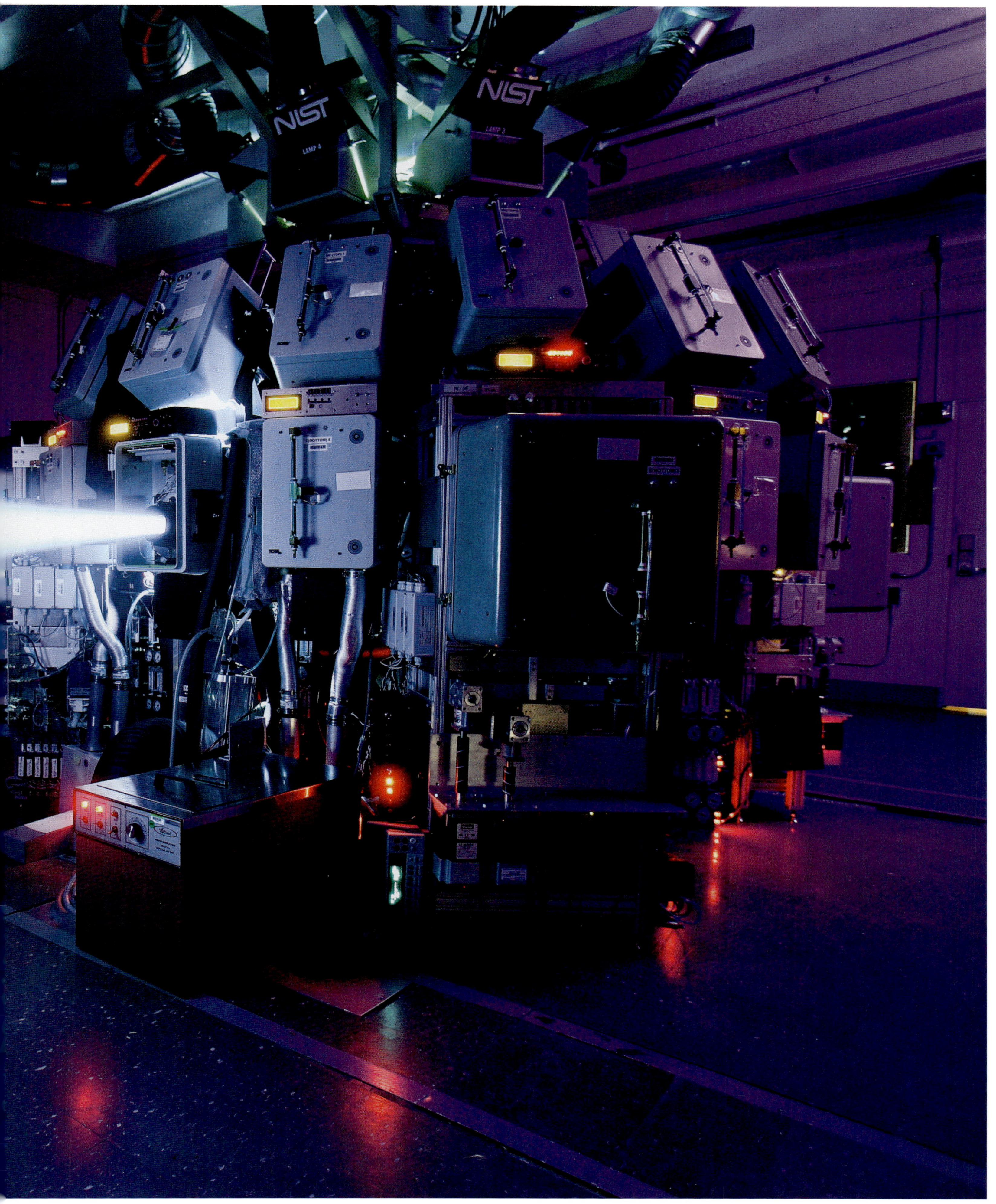

MARK THIESSEN | 2006 | ÉTAT DU MARYLAND, ÉTATS-UNIS *Test de matériaux nanotechniques avec une charge d'ultraviolets.*

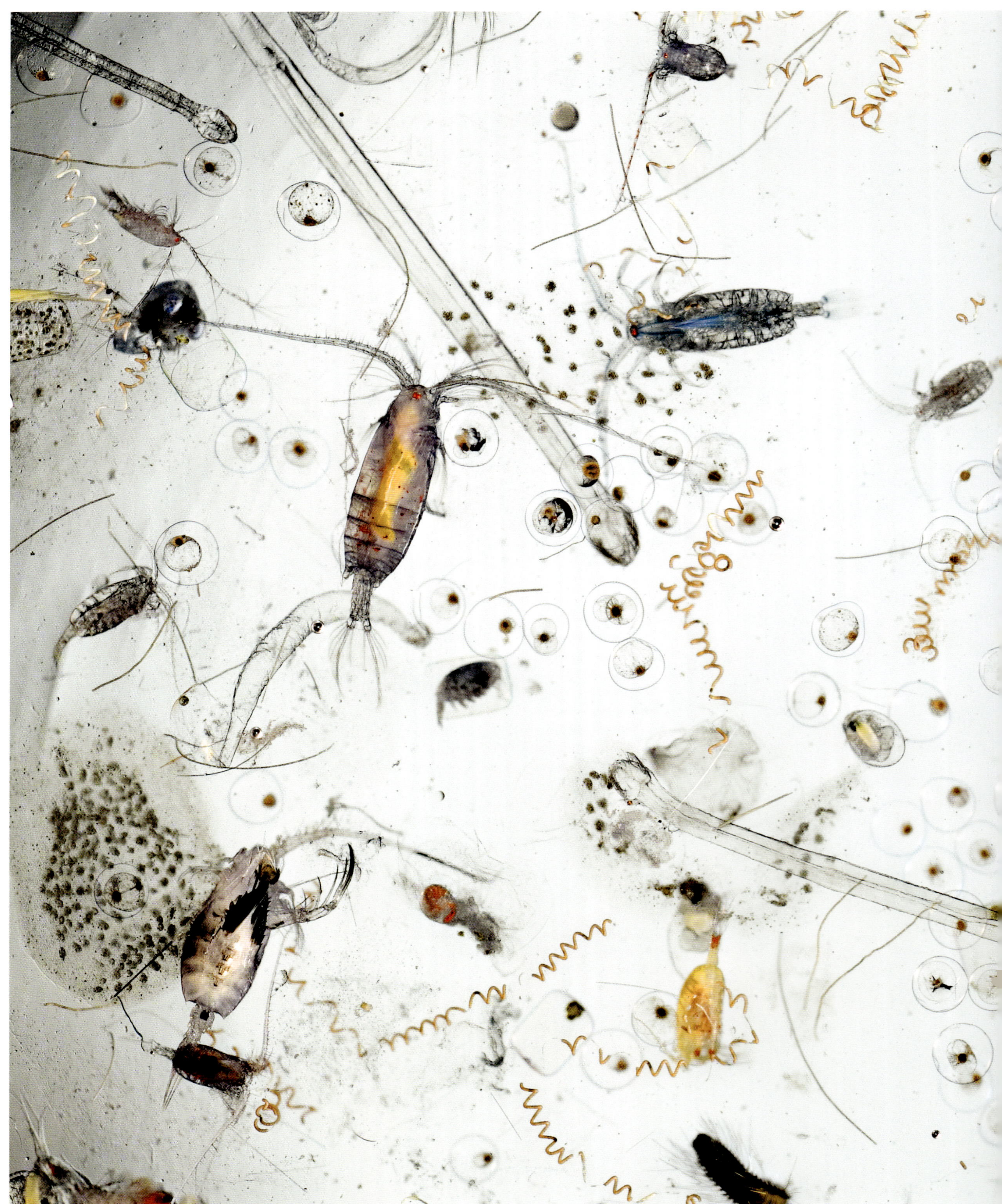

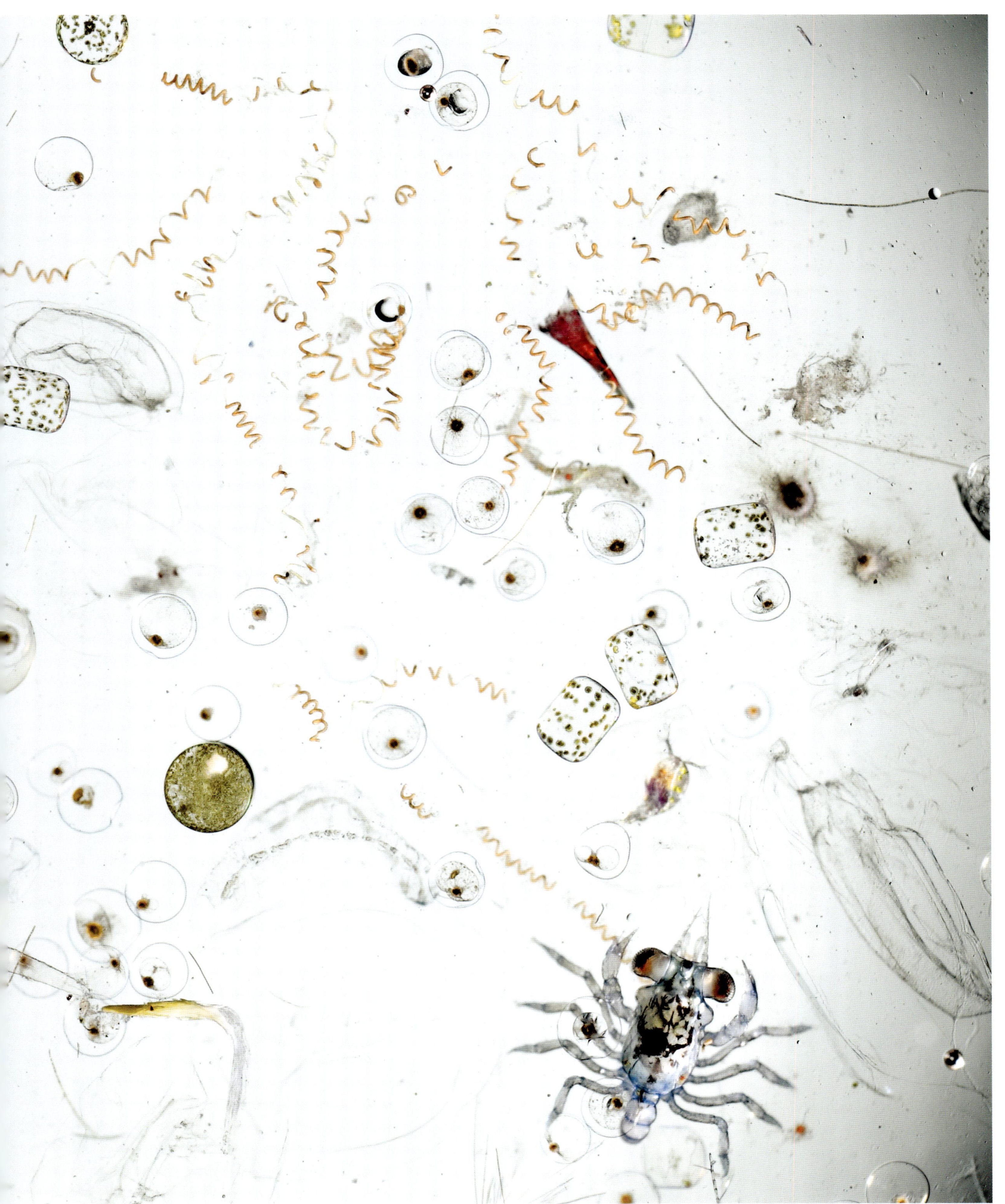

DAVID LIITTSCHWAGER | 2007 | HAWAII *Le monde dans une goutte d'eau de mer.*

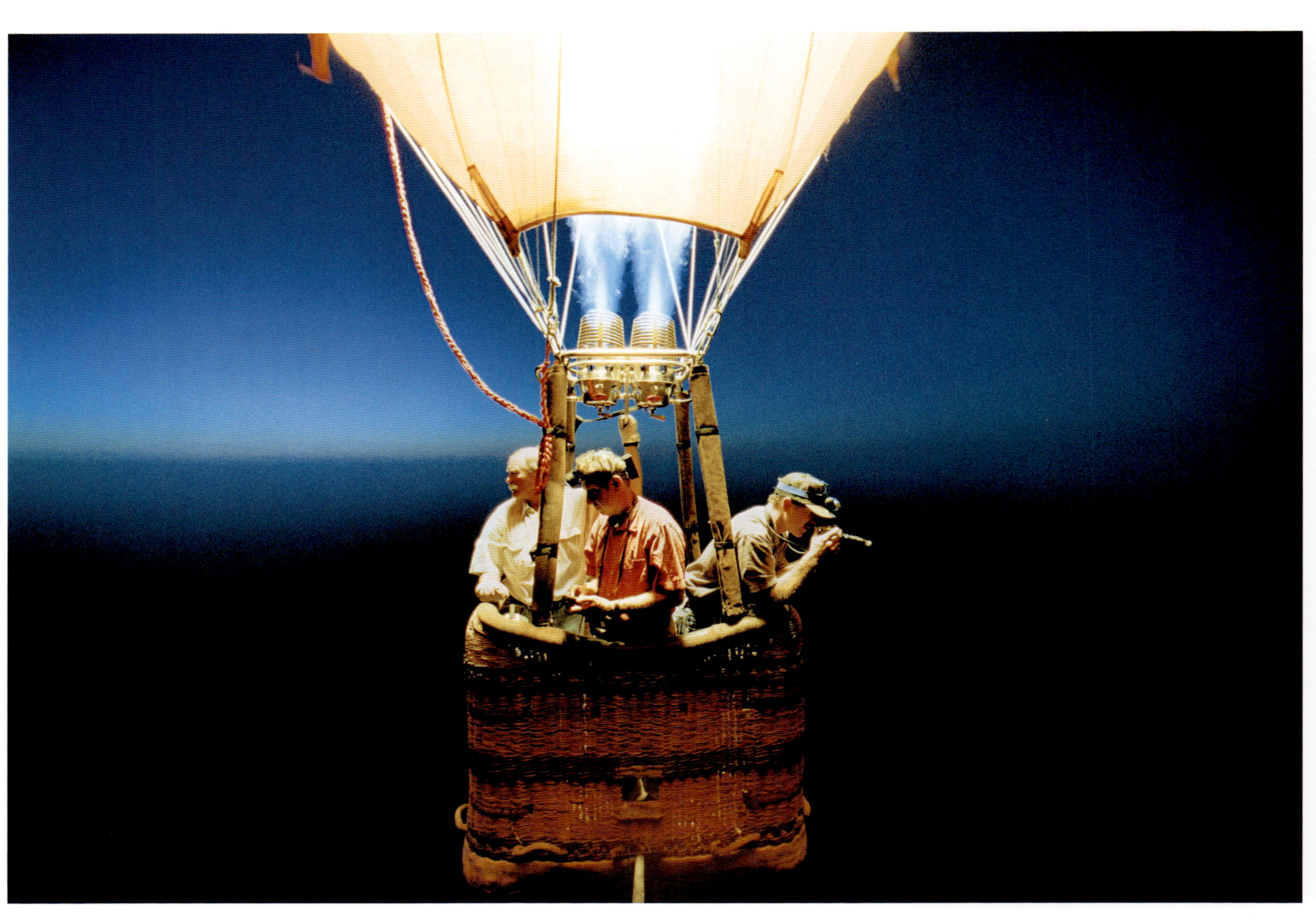

 JAY DICKMAN | 2002 | ÉTAT DU TEXAS, ÉTATS-UNIS *Chercheurs expérimentant une nouvelle approche sur des chauves-souris.*

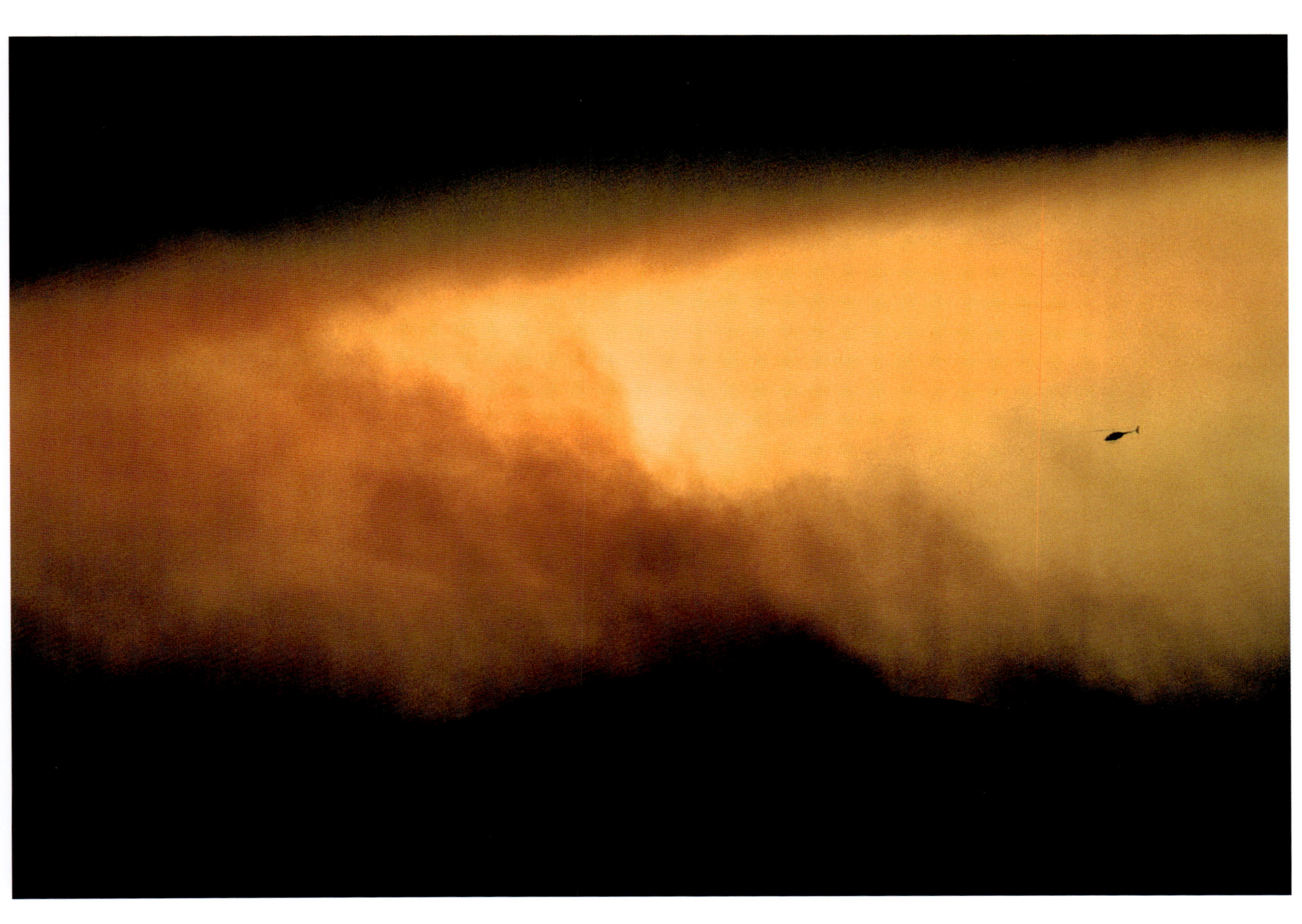

MICHAEL S. QUINTON | 2006 | ÉTAT DU WYOMING, ÉTATS-UNIS *Vol au-dessus des feux de forêt dans le parc de Yellowstone.*

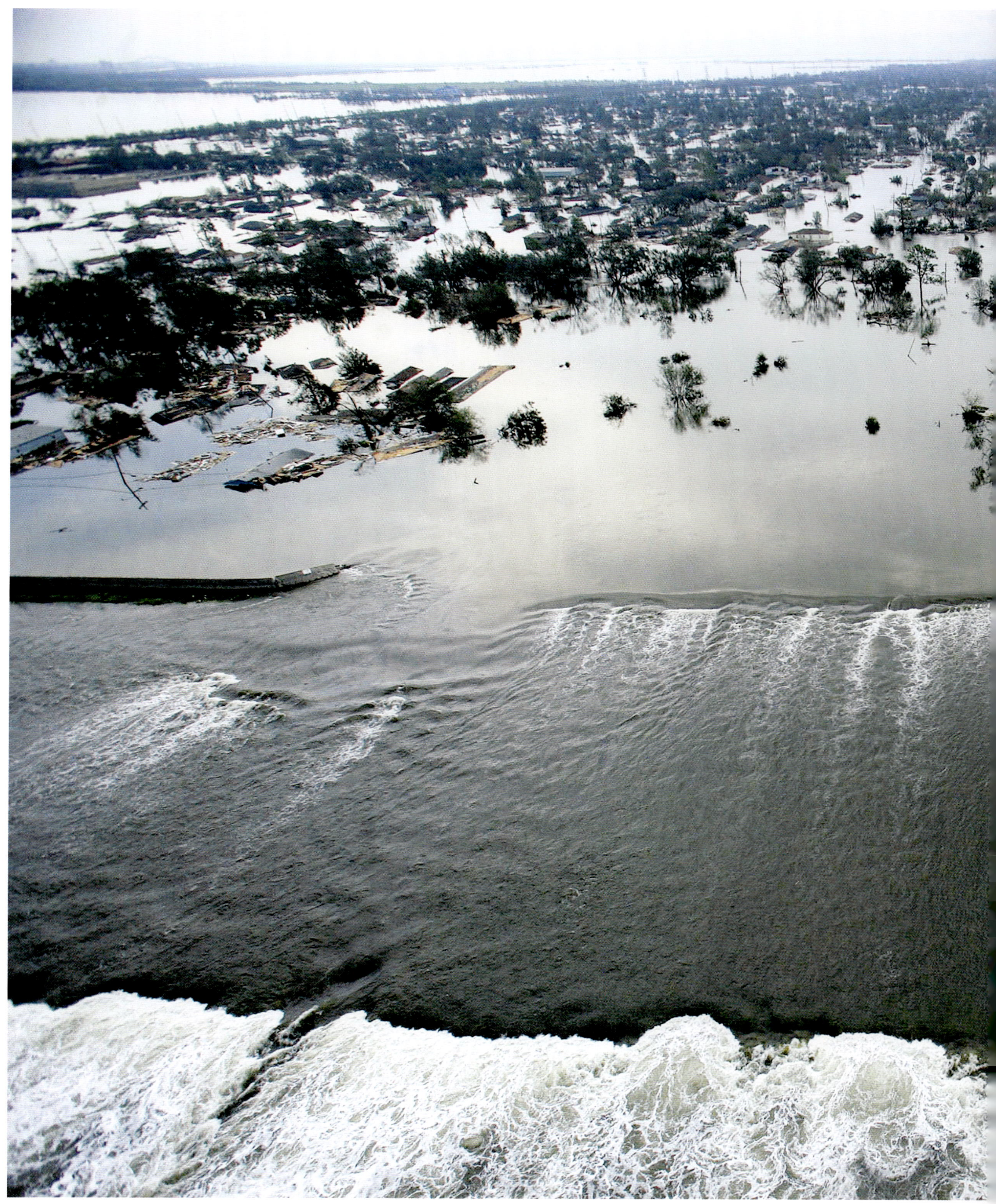

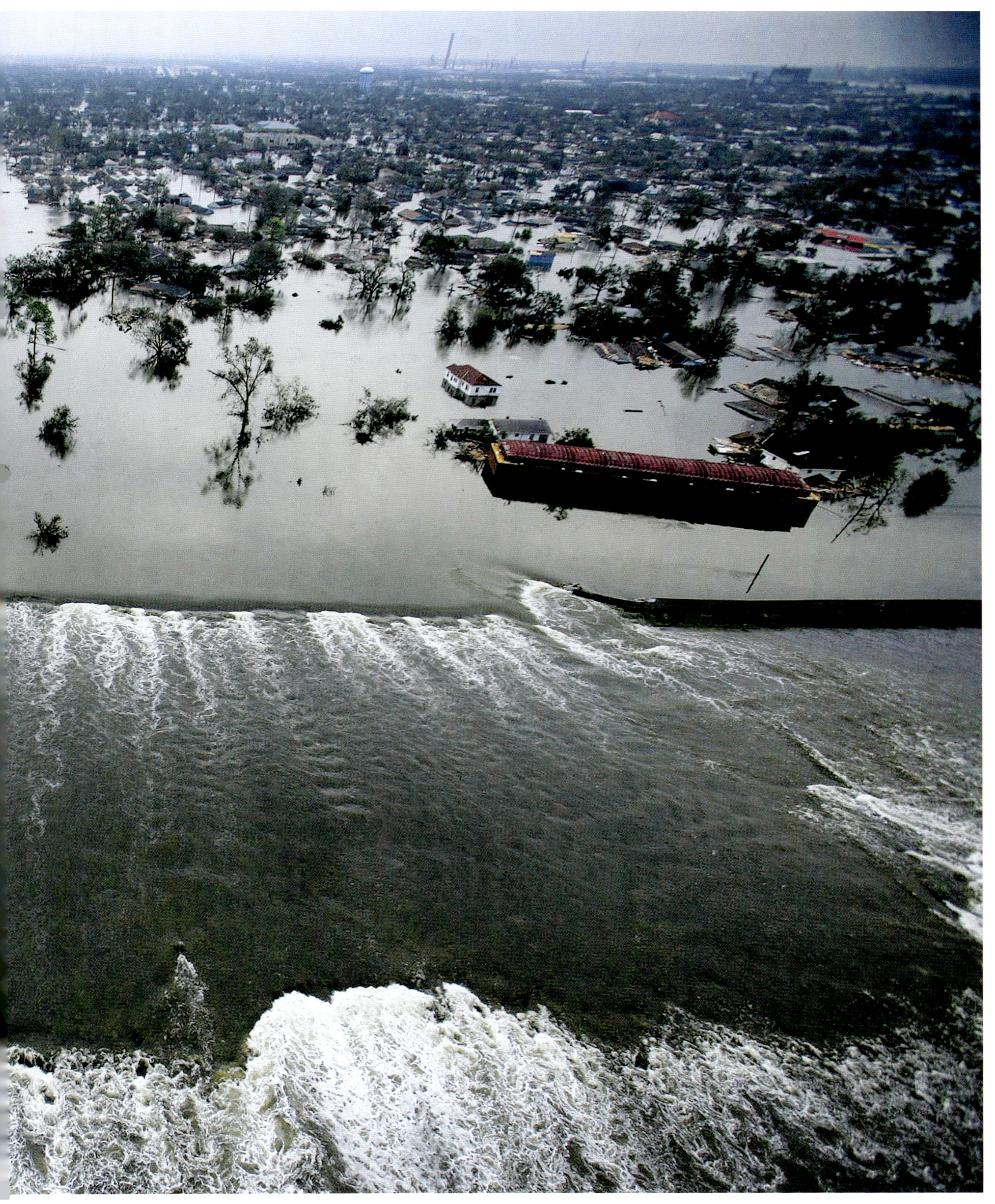

VINCENT LAFORET | 2005 | ÉTAT DE LA LOUISIANE, ÉTATS-UNIS *Le quartier Lower Ninth Ward lors du cyclone Katrina.*

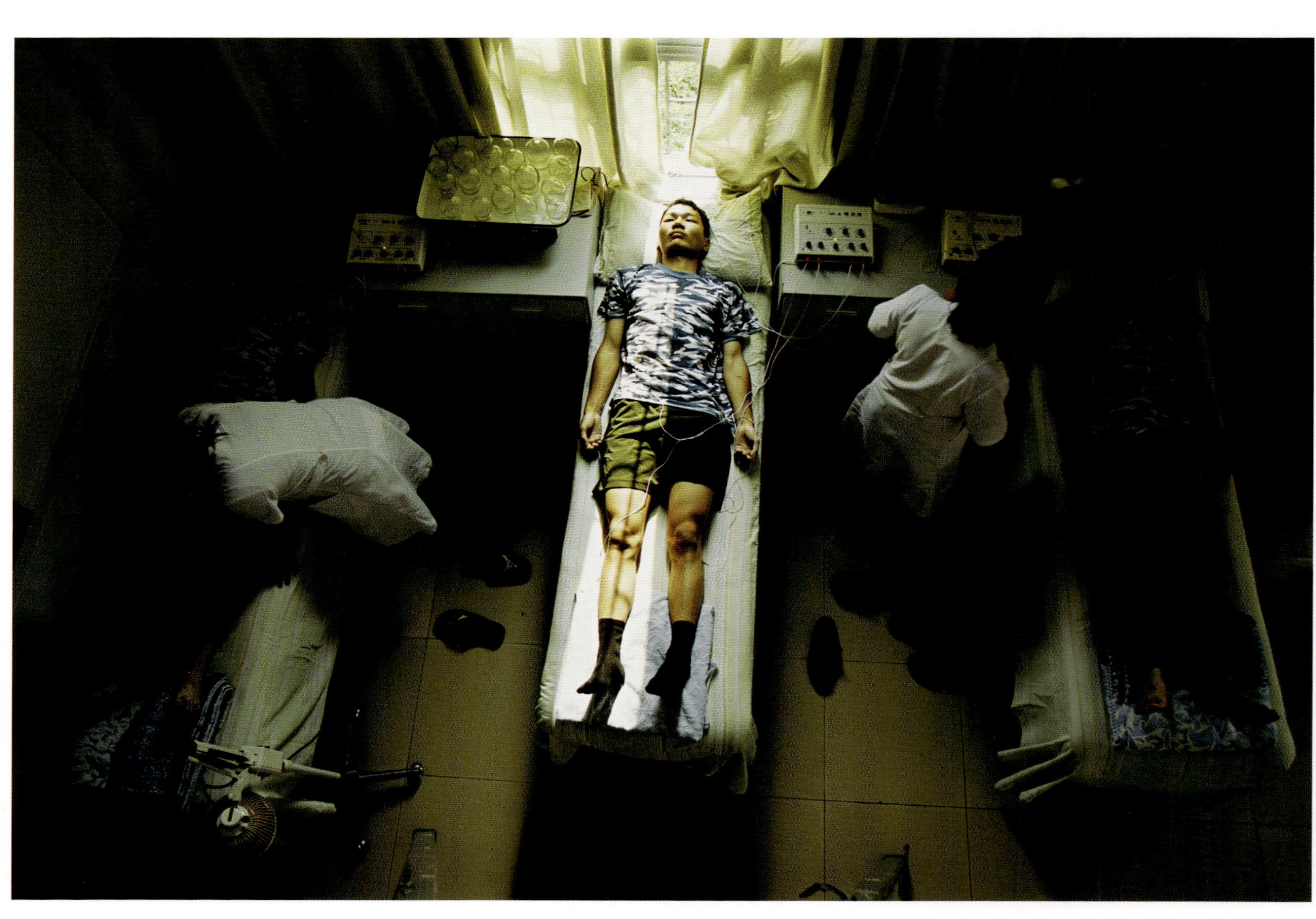

 FRITZ HOFFMANN | 2008 | CHINE *L'acupuncture est utilisée pour soulager l'addiction à Internet.*

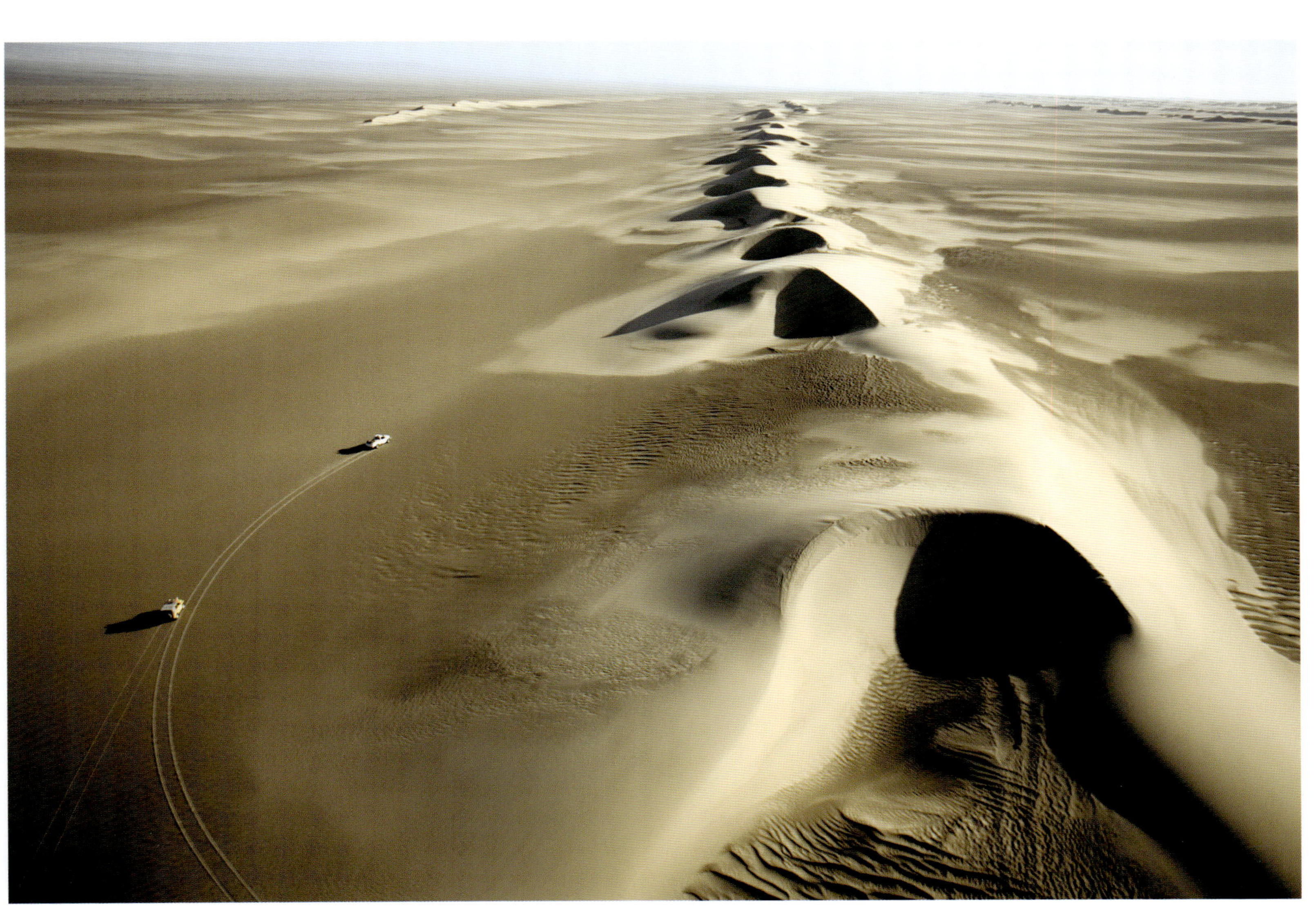

GEORGE STEINMETZ | 2008 | CHINE *Dunes soulevées par le vent dans le désert du Kumtag.*

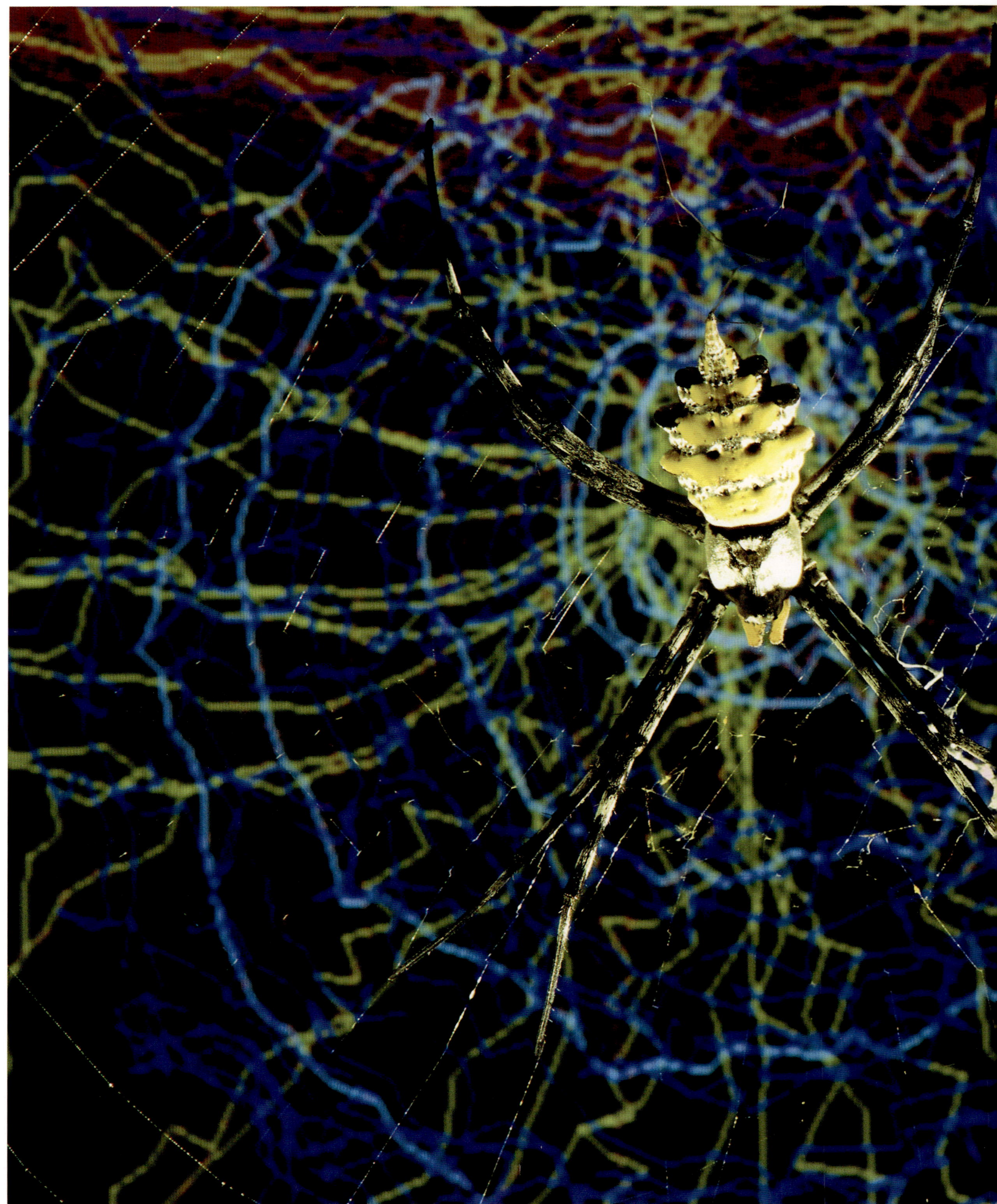

 HEIDI ET HANS-JURGEN KOCH | 2008 | DANEMARK *Gros plan d'une araignée en train de tisser sa toile.*

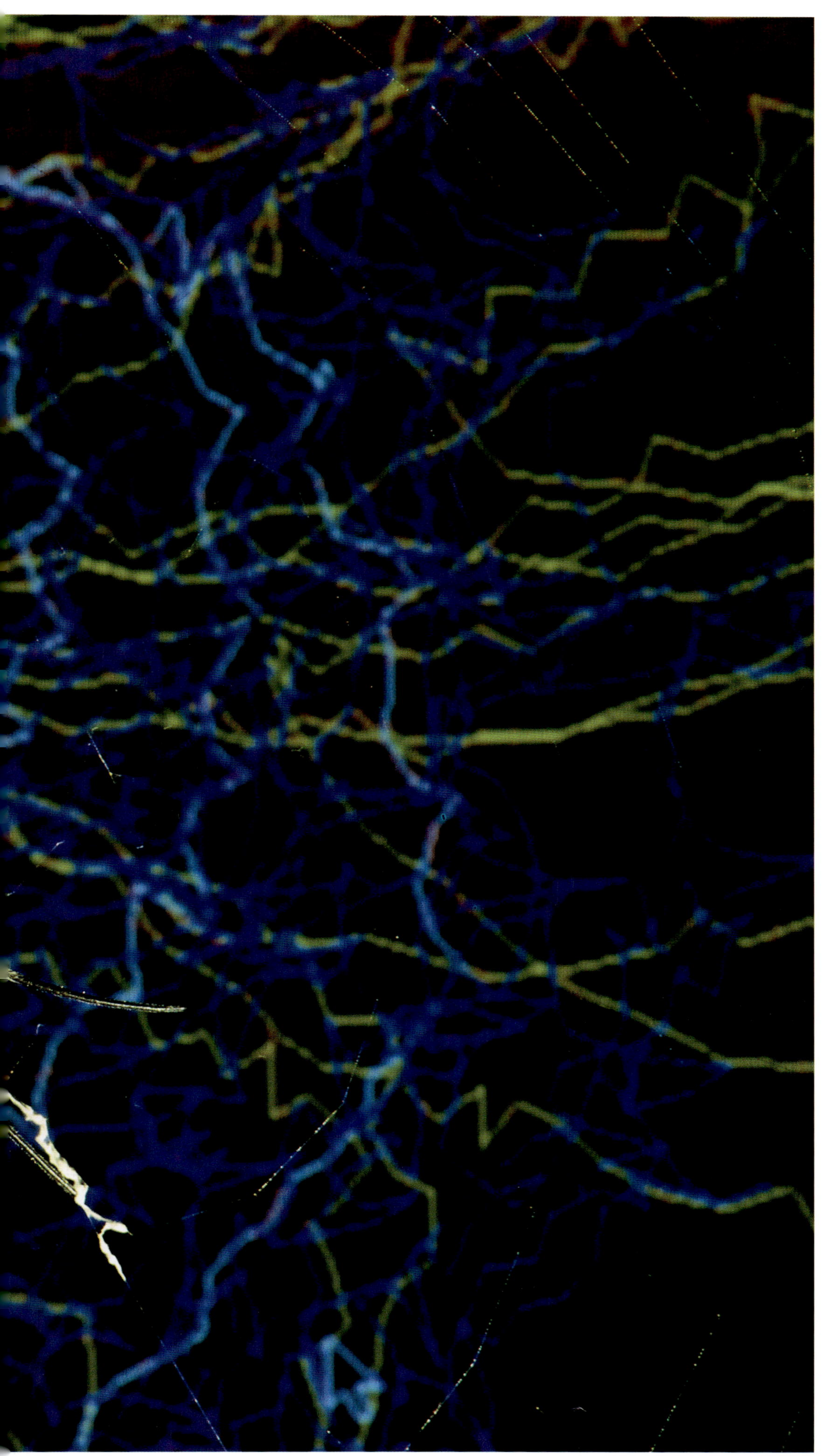

Selon sir Charles Sherrington, physiologiste lauréat du prix Nobel, le cerveau est un « métier à tisser enchanté », qui entortille sans interruption un « modèle soluble, toujours signifiant mais jamais durable ; une harmonie changeante de sous-modèles.»

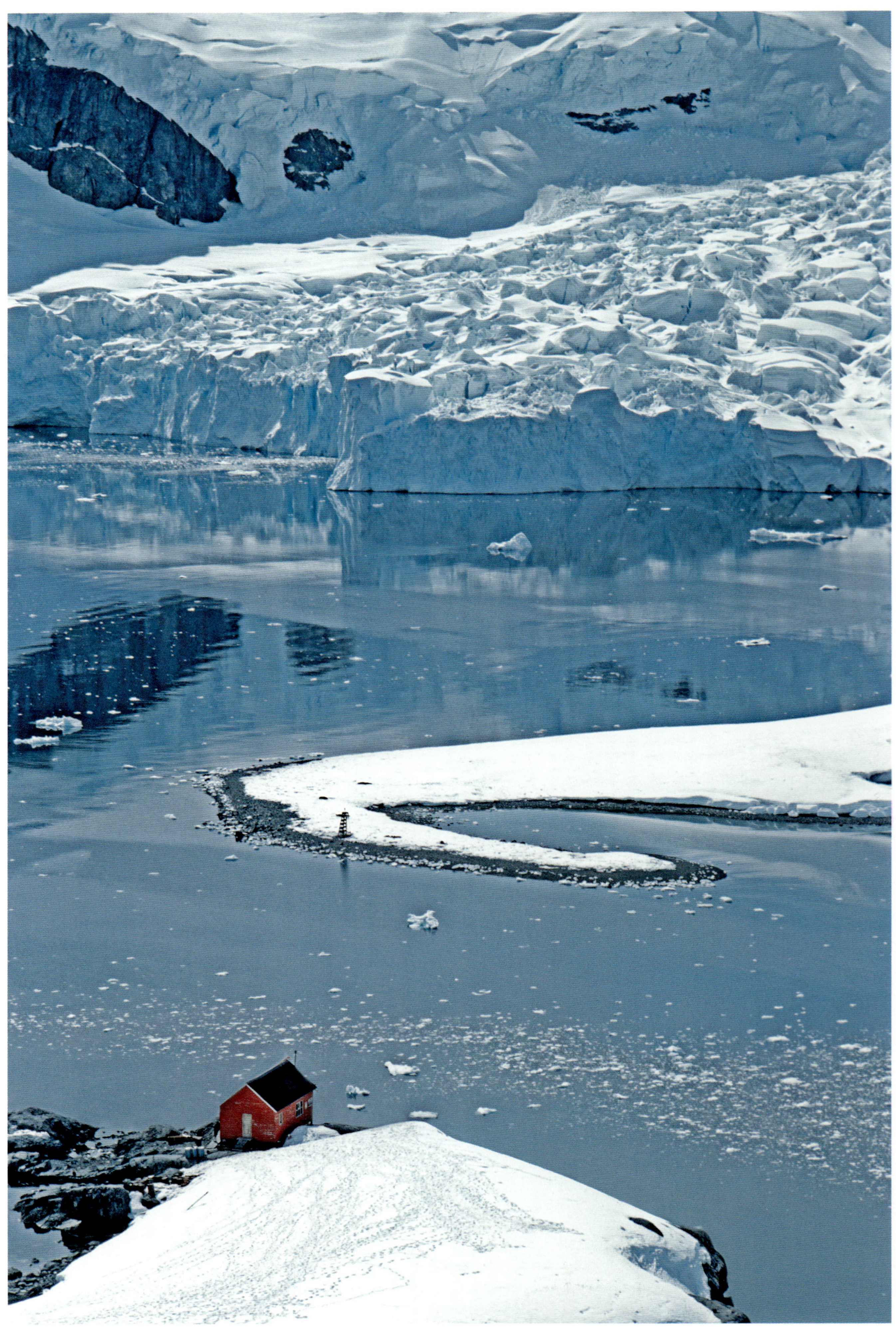

 GORDON WILTSIE | 2008 | ANTARCTIQUE *L'été s'évanouit sur la baie Paradise.*

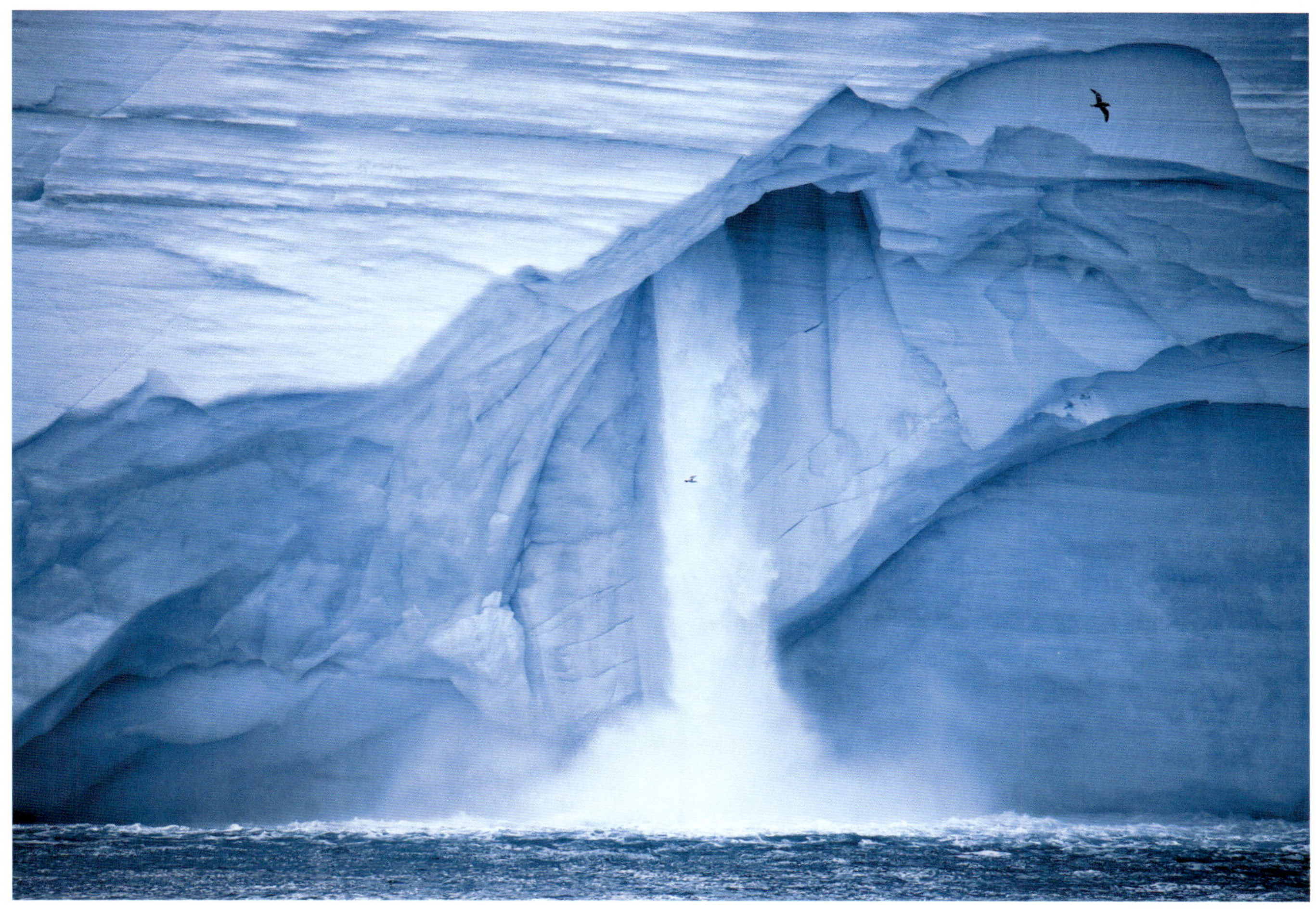

PAUL NICKLEN | 2009 | SPITZBERG *L'été s'évanouit sur la calotte glaciaire d'Austfonna.*

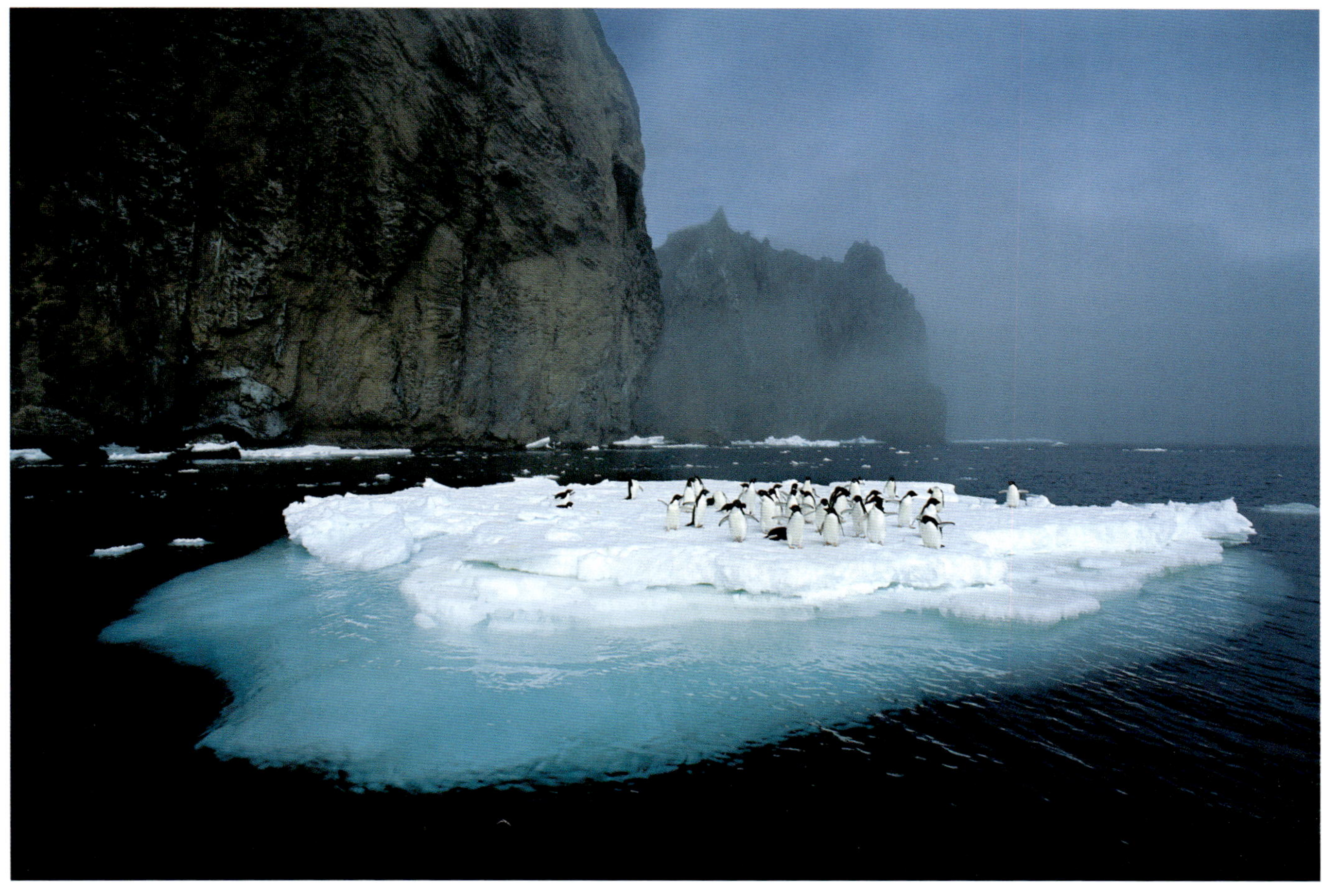

TUI DE ROY | DATE INCONNUE | ANTARCTIQUE *Manchots sur la banquise.*

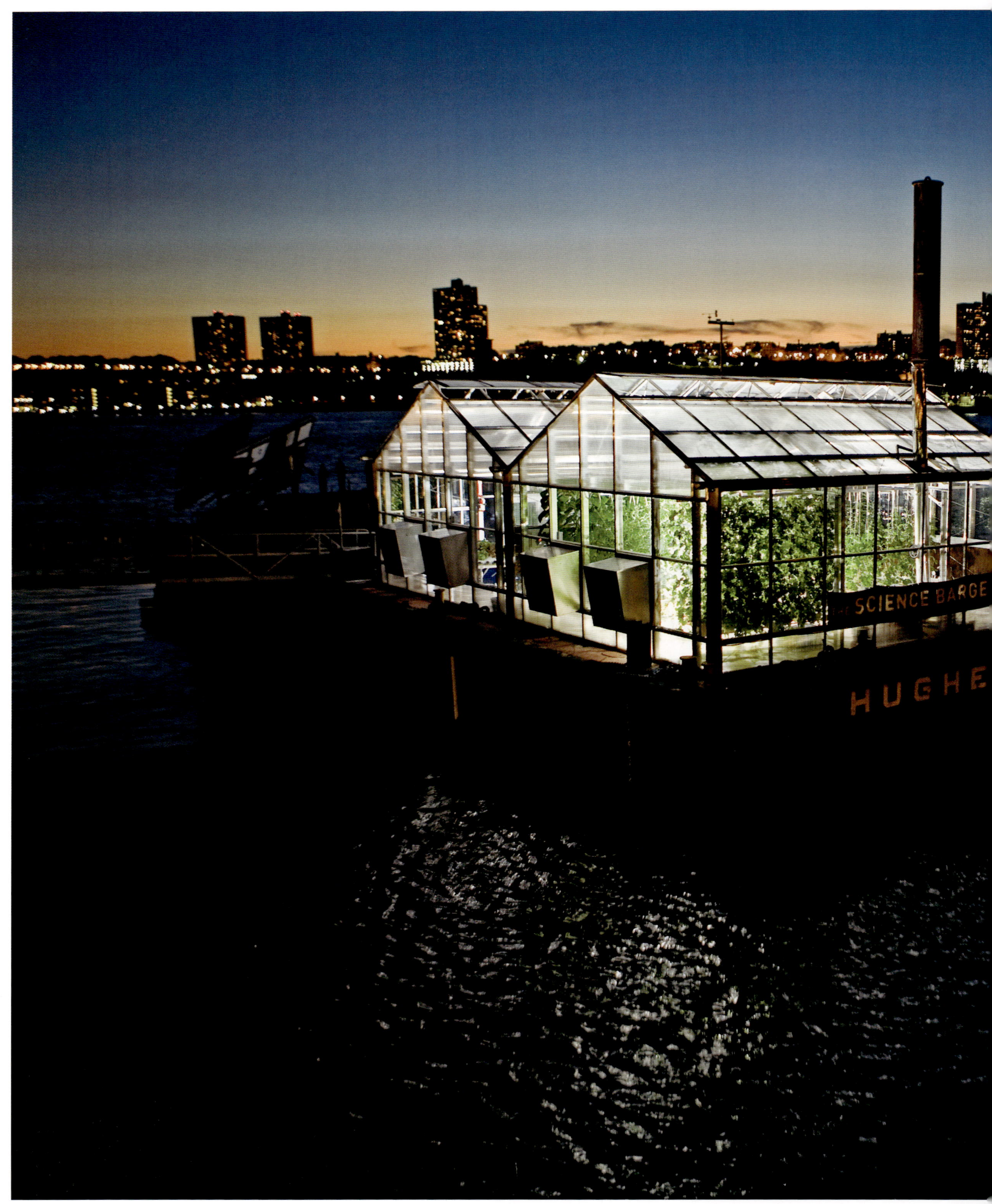

TYRONE TURNER | 2009 | NEW YORK, ÉTATS-UNIS *Crépuscule sur le monde vert.*

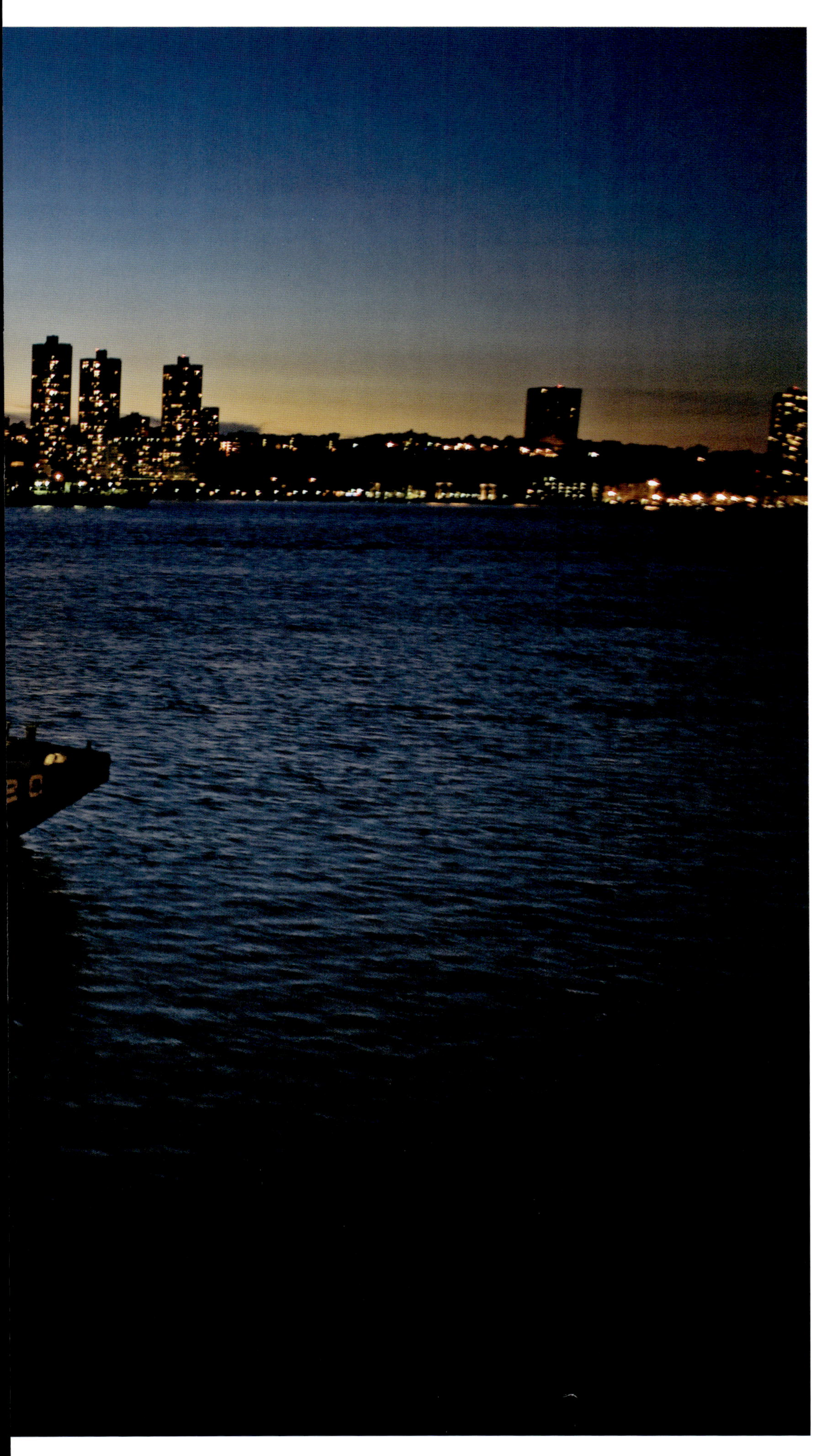

« Trop tard, dit le biologiste E. O. Wilson à ceux qui rêvent de la sérénité paléolithique des écosystèmes restaurés. Laissez tomber vos arcs et vos flèches, oubliez la récolte des baies. Le monde sauvage est devenu une réserve naturelle en péril. »

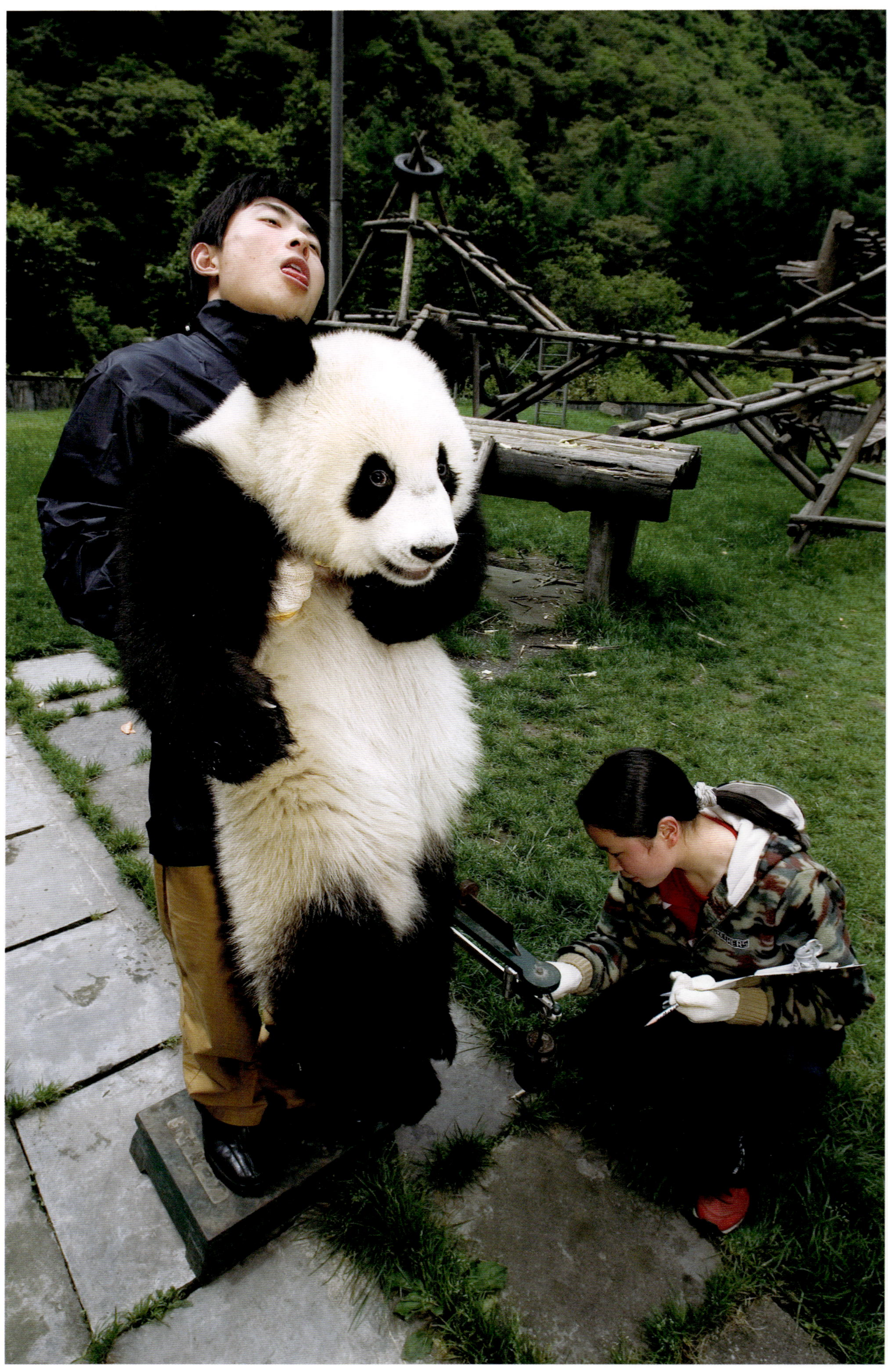

 KATHERINE FENG | 2008 | CHINE *Pesée d'un bébé panda.*

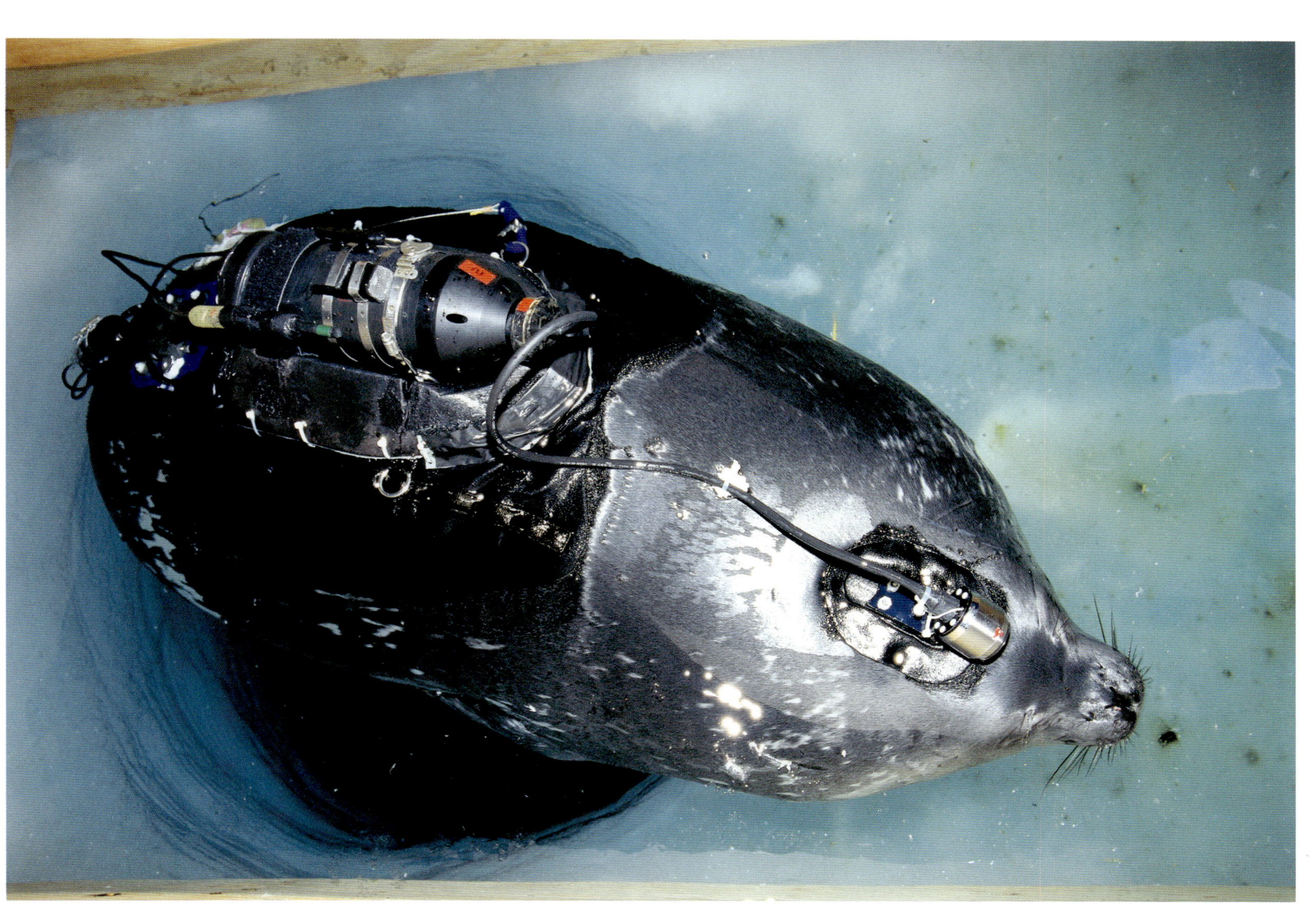

NORBERT WU | 2008 | ANTARCTIQUE *Un morse de Weddell équipé de procédés vidéo et télémétrique.*

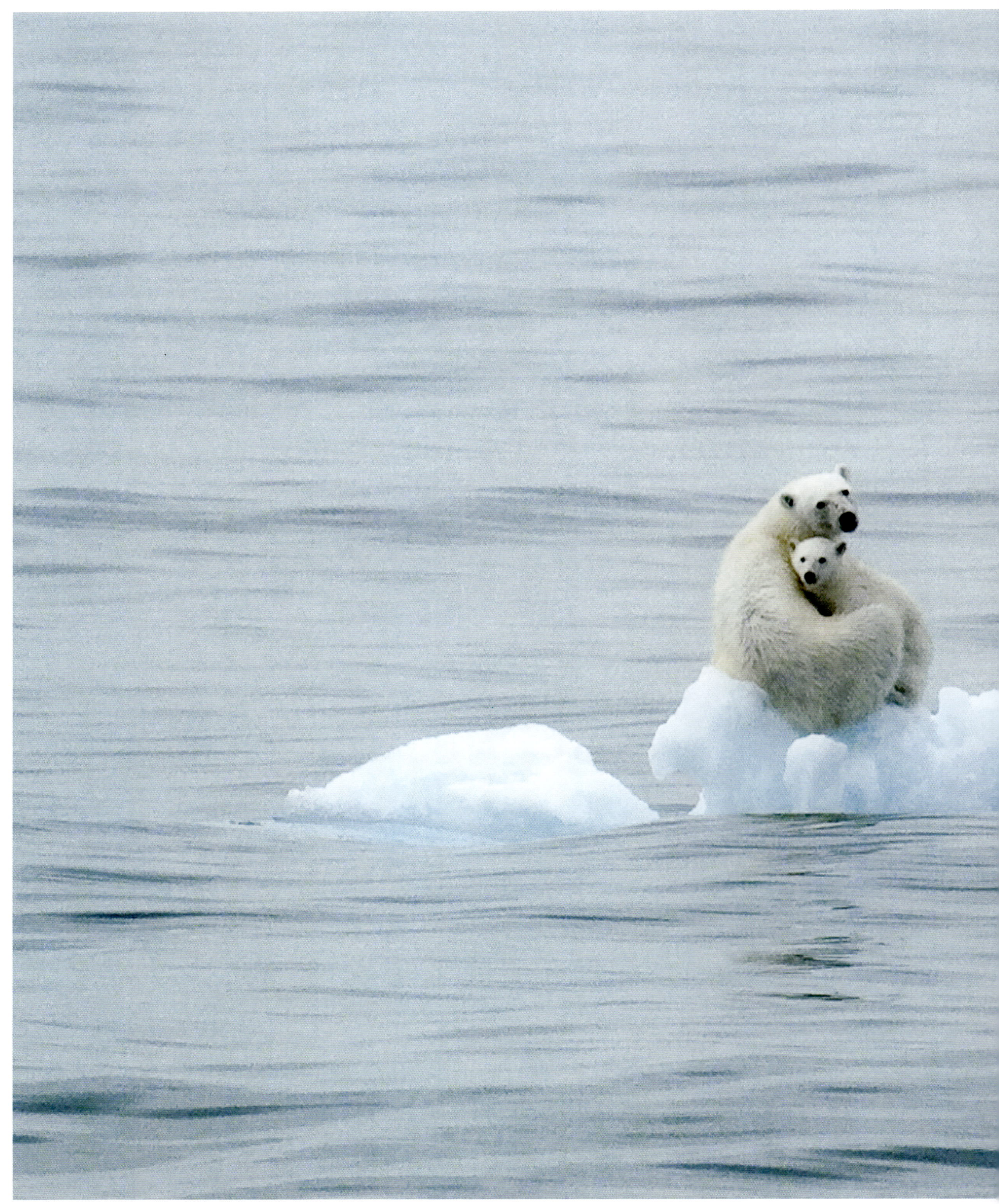

 IRA MEYER | 2008 | SPITZBERG *En voie de disparition.*

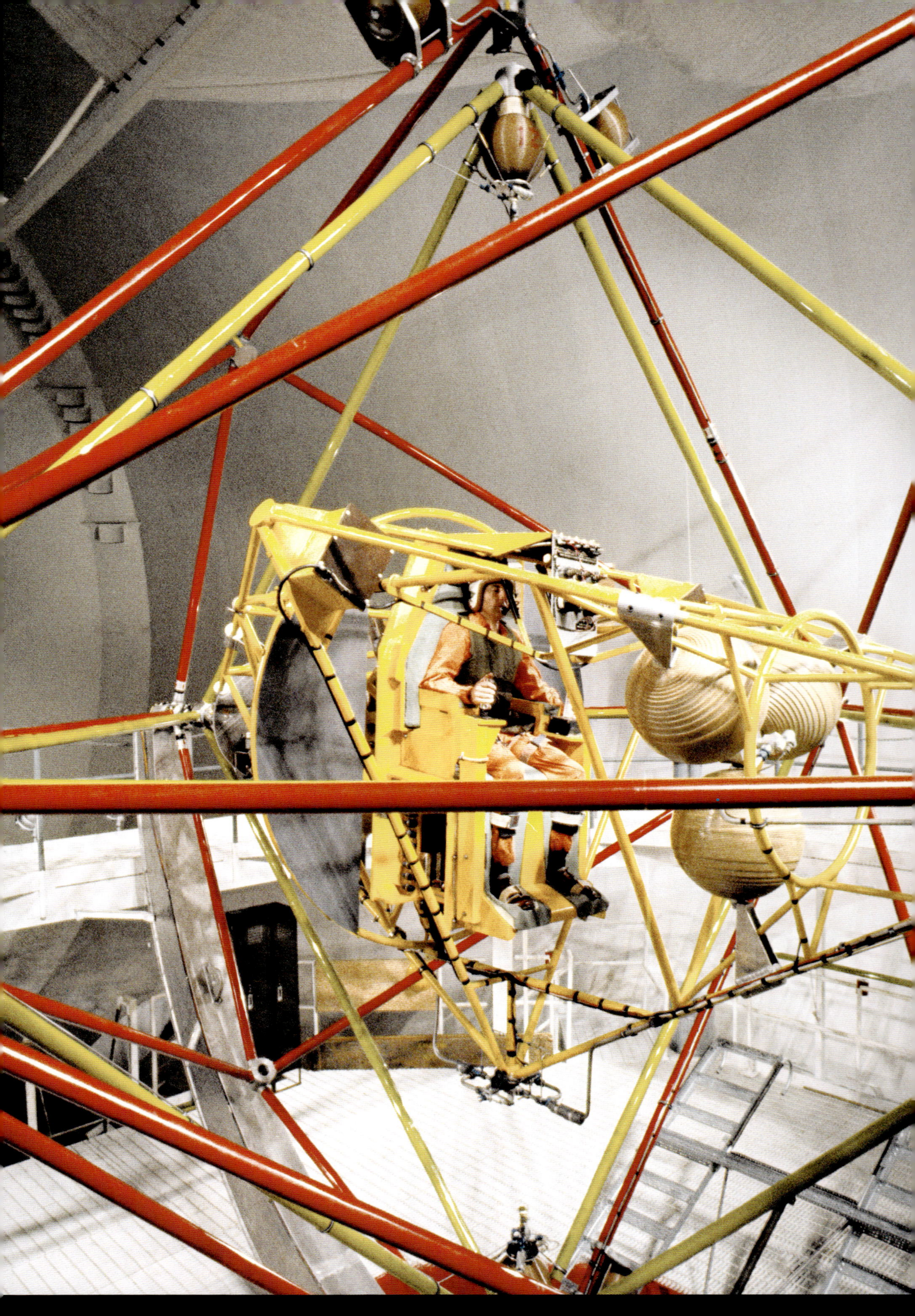

l'avenir de l'espace

LE RÊVE DU VOYAGE DANS L'ESPACE – ainsi que nous le dépeignent les mythes, les légendes et l'art, puis la photo – correspond à la vision de Willy Ley : « L'idée que nous pourrions et, donc, devrions nous détacher de notre planète et partir à la découverte des autres… »

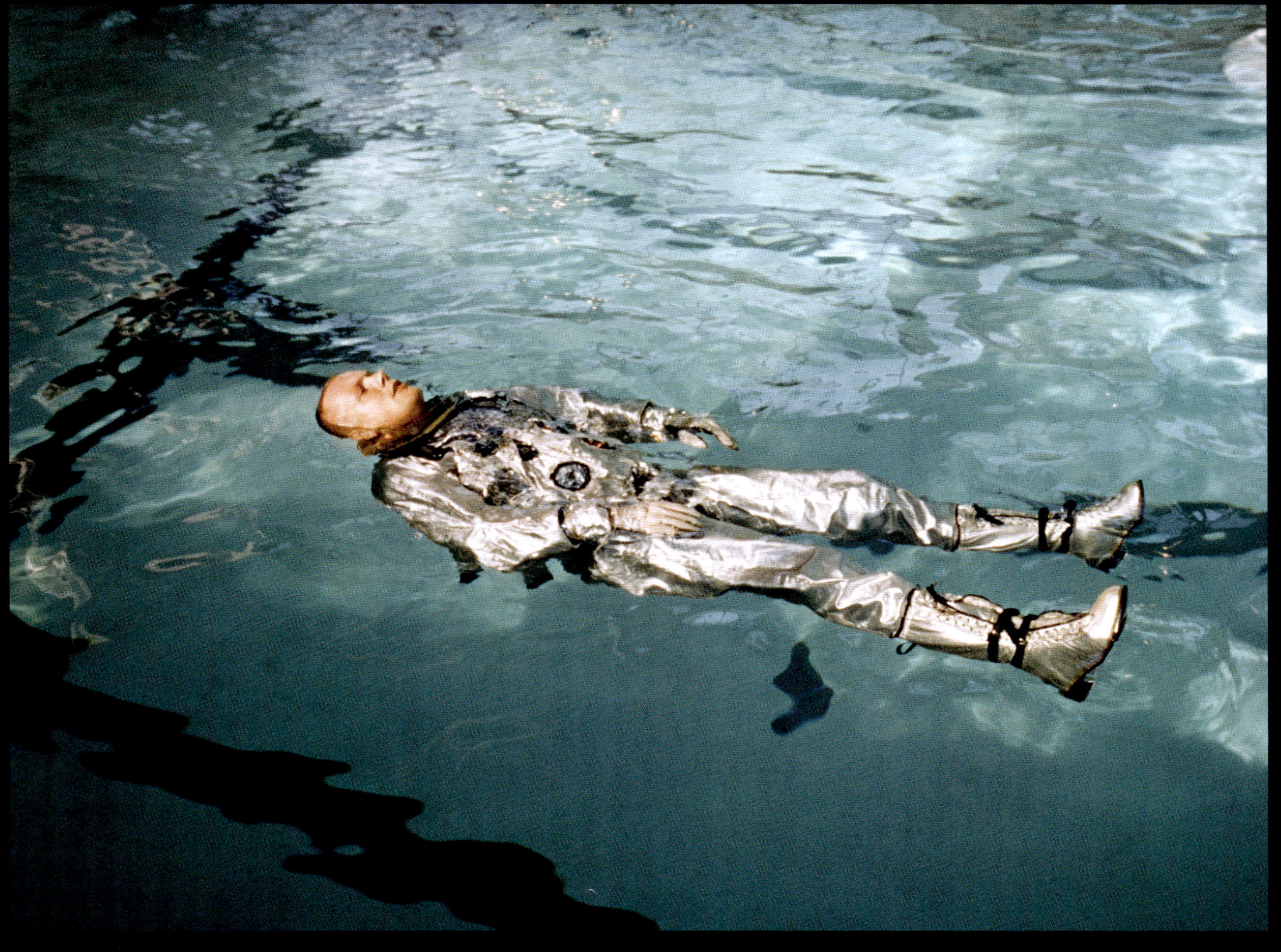

NASA | 1967 | LIEU INCONNU *L'astronaute Neil Armstrong, du programme Gemini, savoure l'apesanteur.*

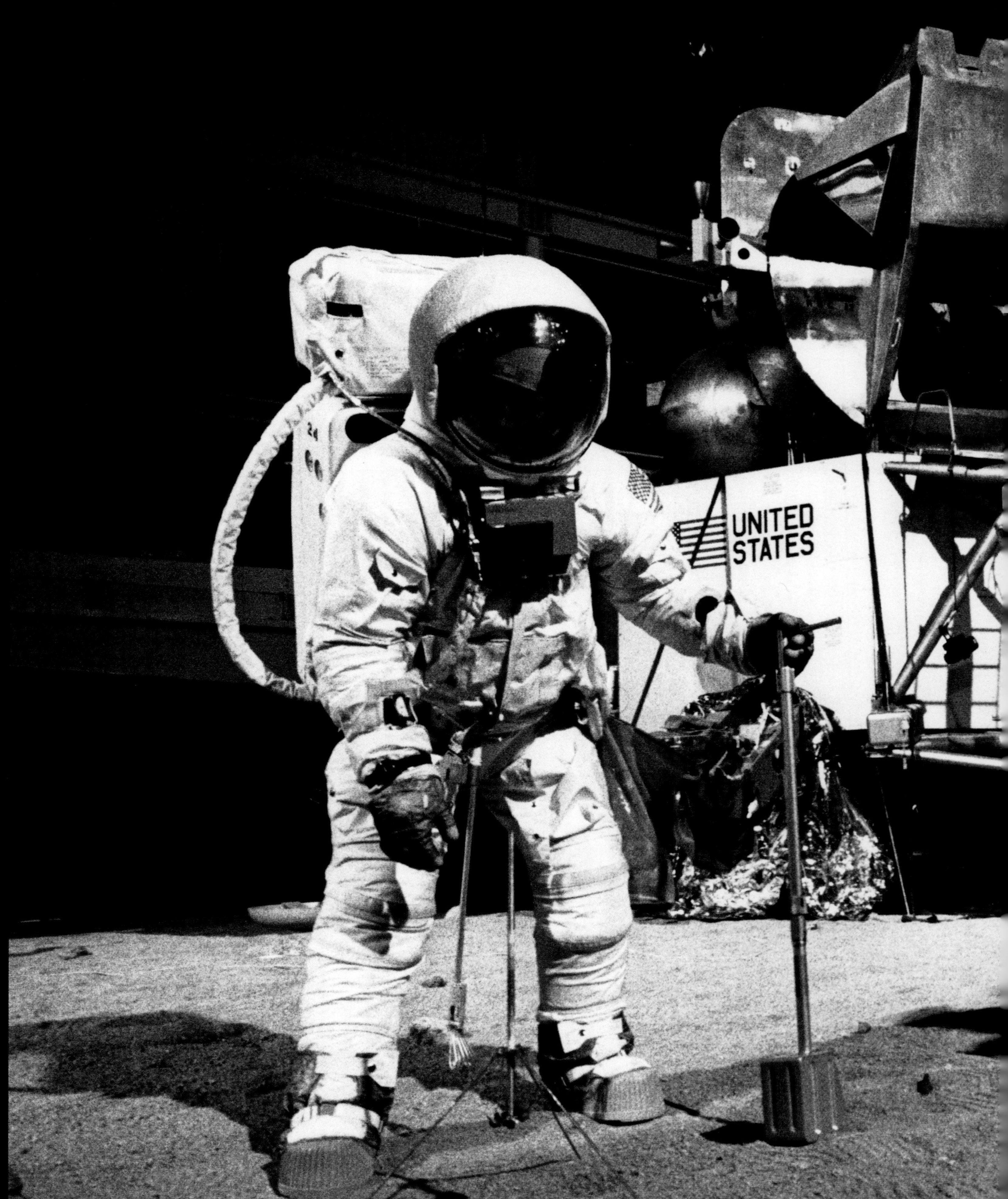
UNITED
STATES

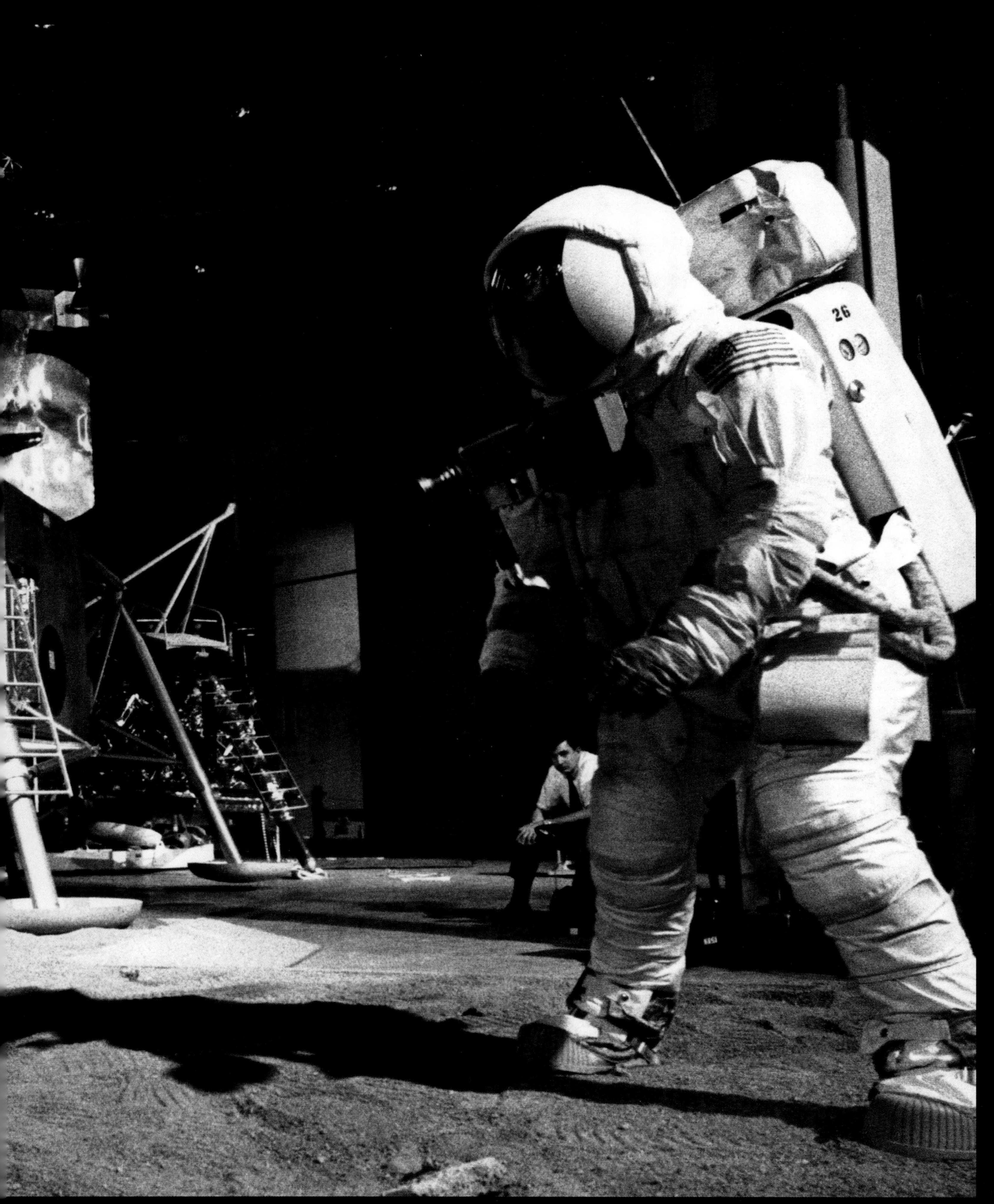

PHOTOGRAPHE INCONNU | 1969 | LIEU INCONNU *Comment marcher sur la Lune.*

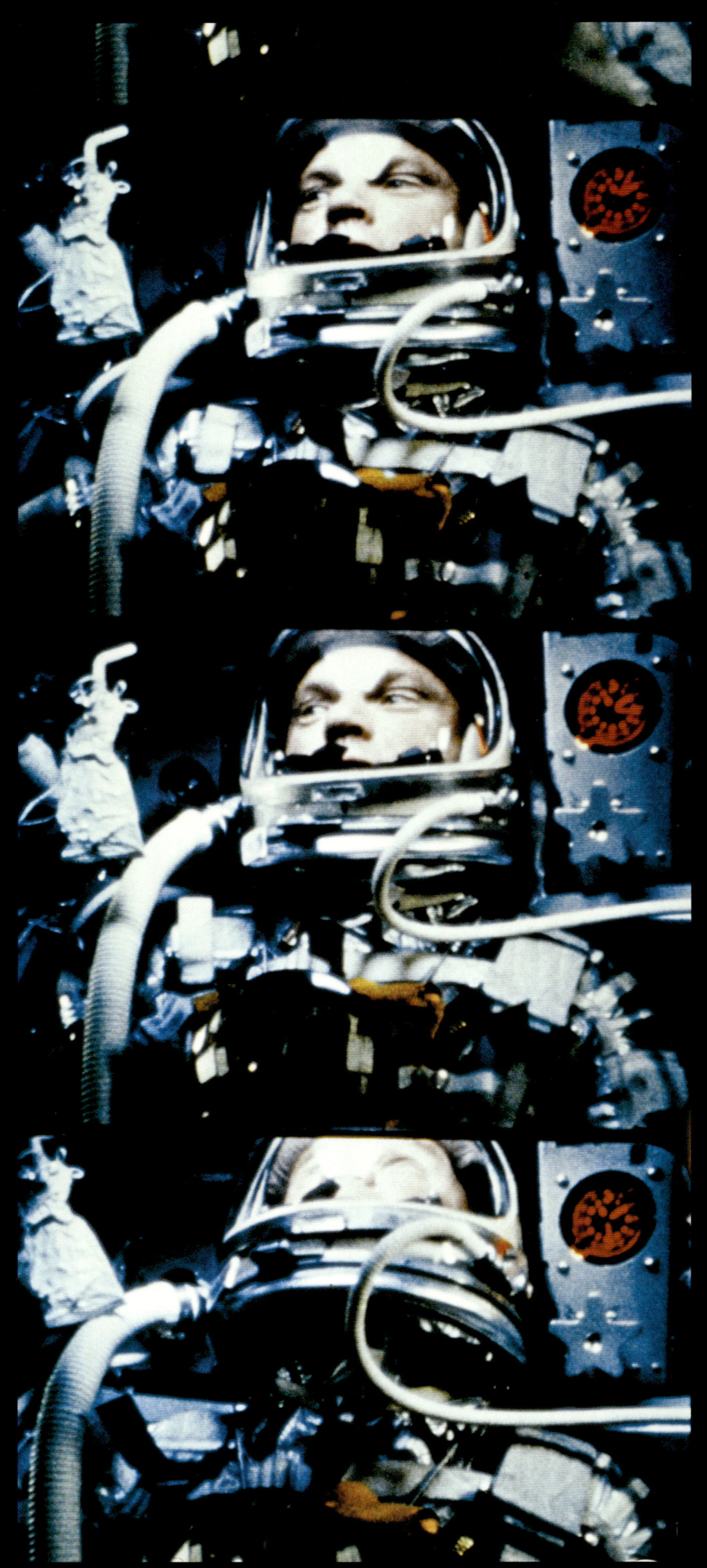

NASA | 1962 | ORBITE TERRESTRE *John Glenn en orbite autour de la Terre.*

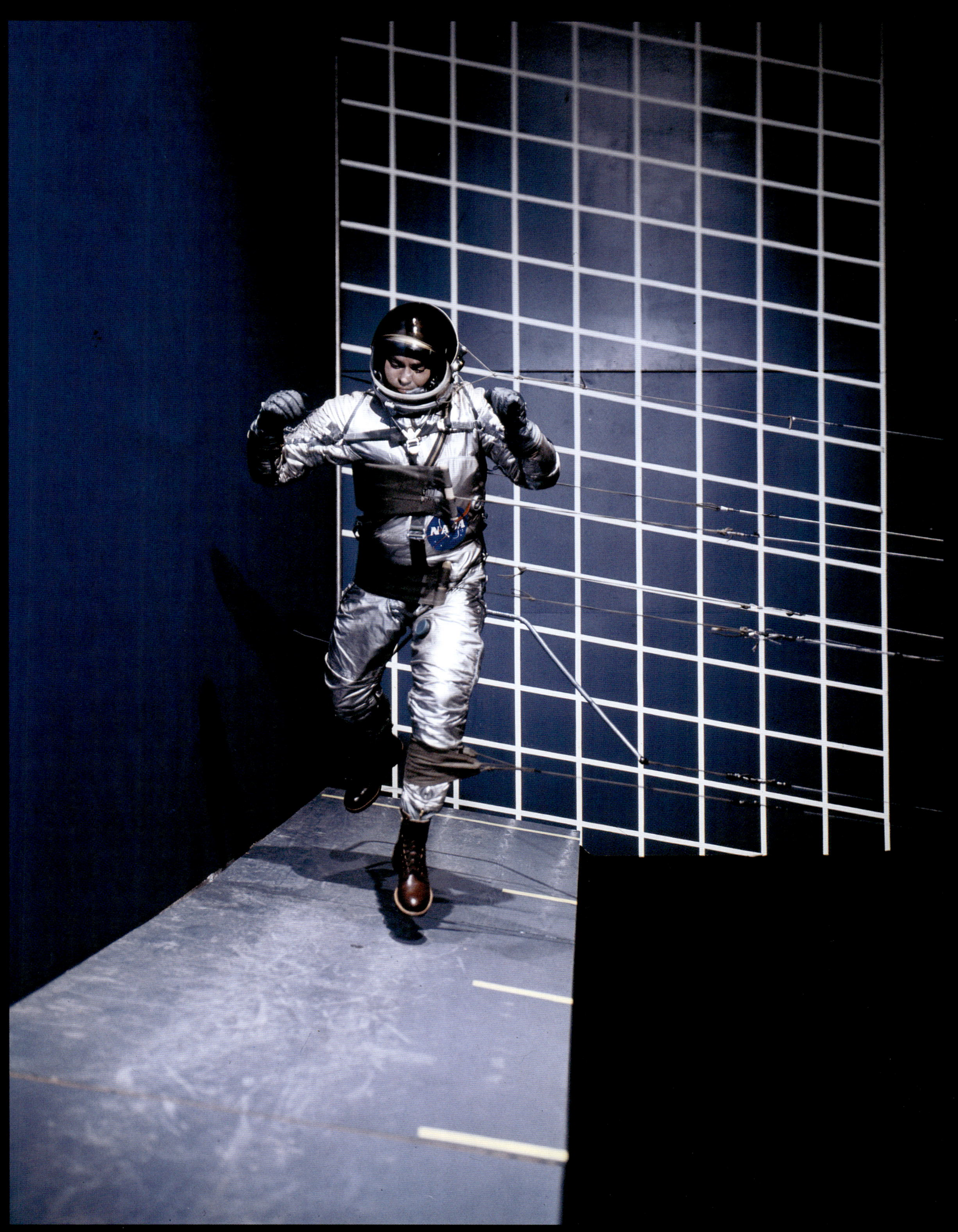

NASA | 1965 | ÉTAT DE VIRGINIE, ÉTATS-UNIS *Harnais conçu spécialement pour simuler la faible gravité.*

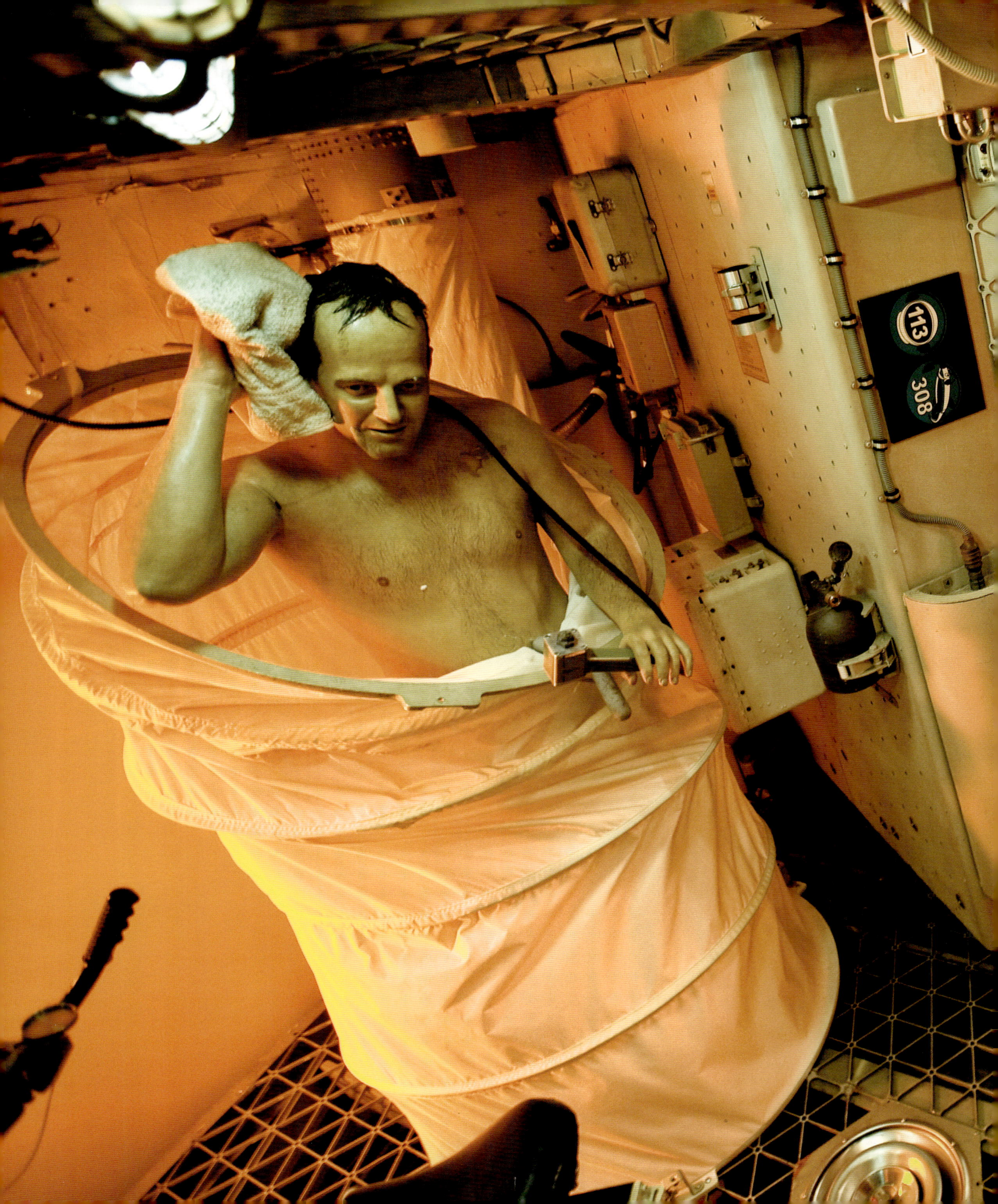
113
308

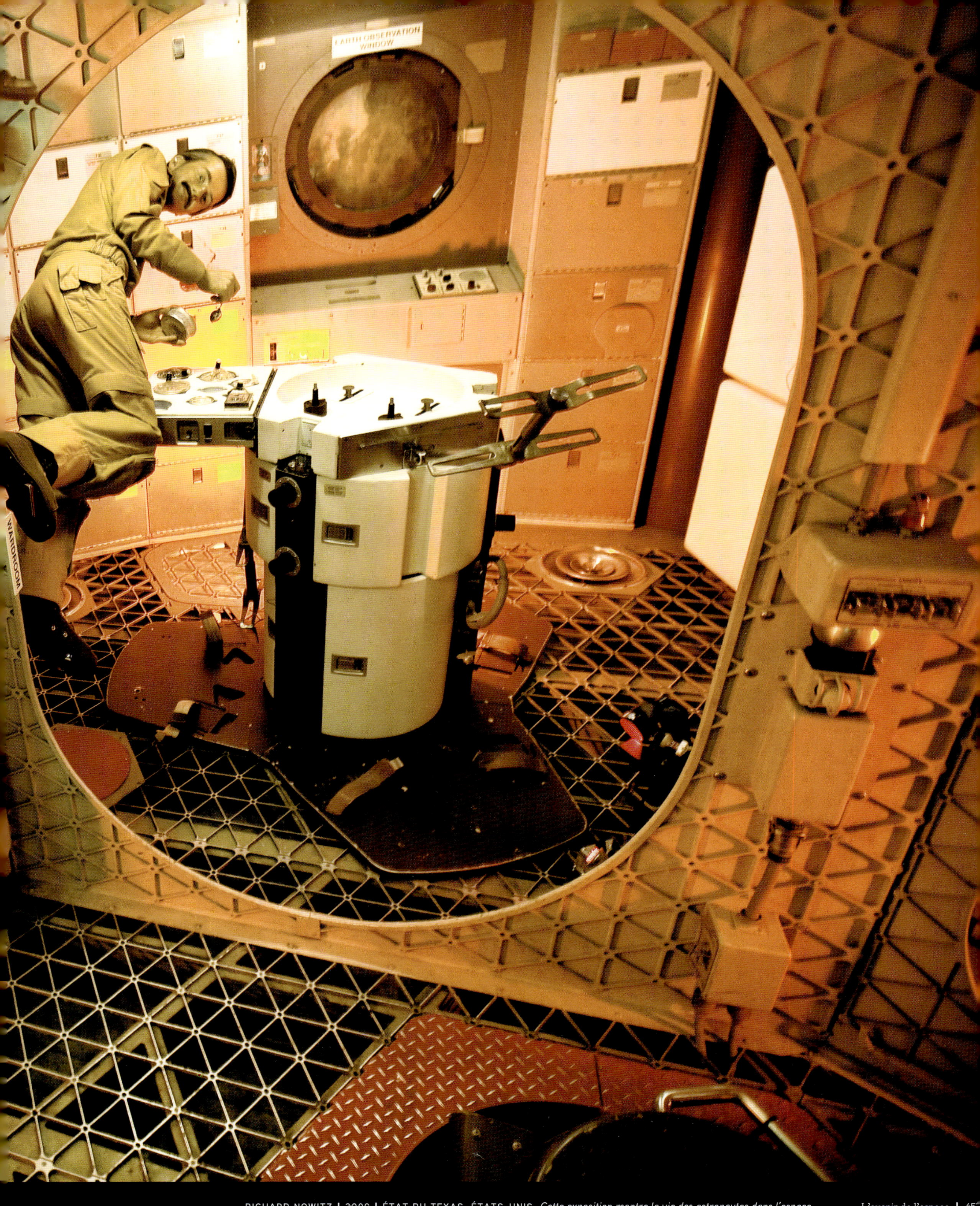

RICHARD NOWITZ | 2009 | ÉTAT DU TEXAS, ÉTATS-UNIS. *Cette exposition montre la vie des astronautes dans l'espace*

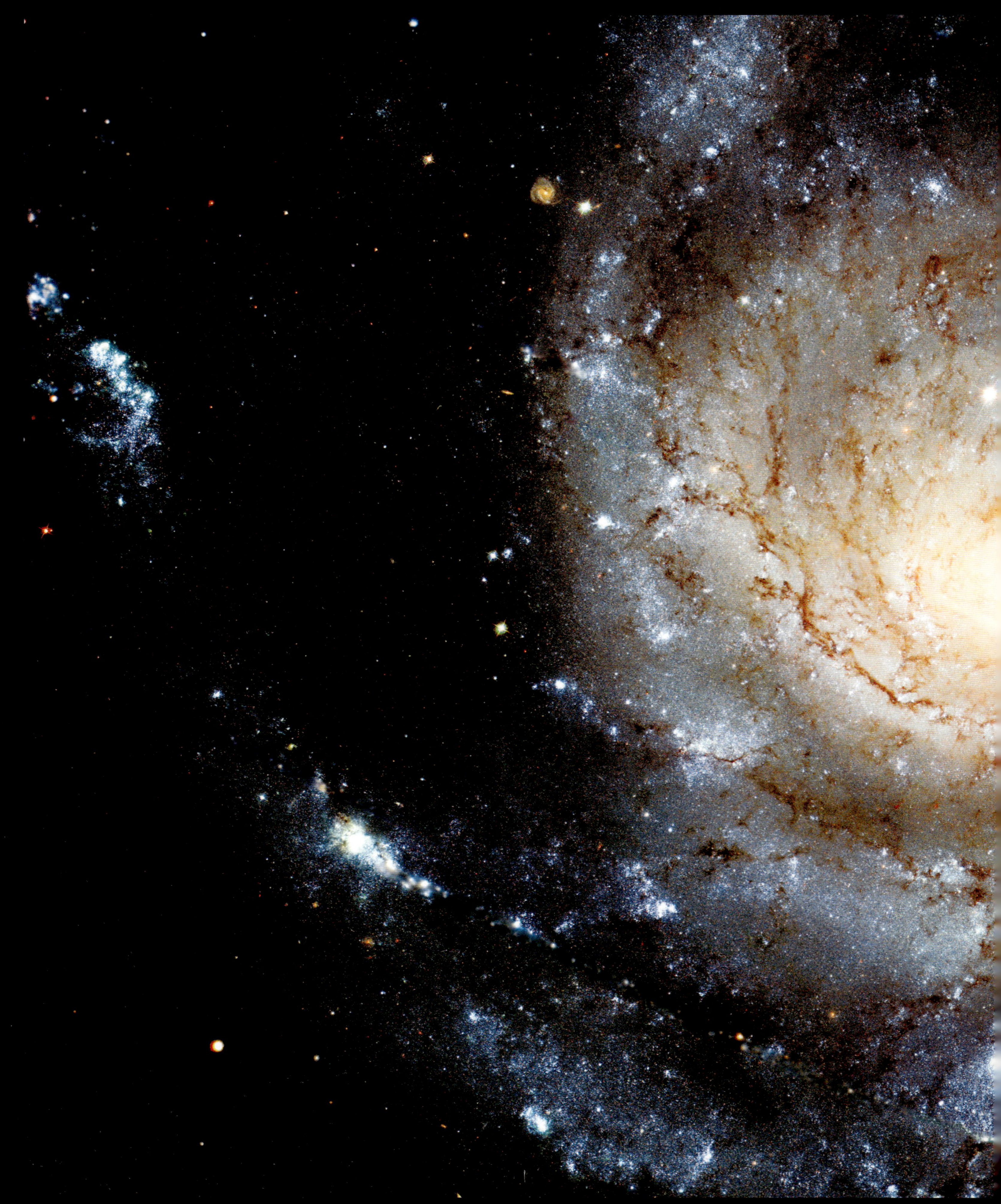

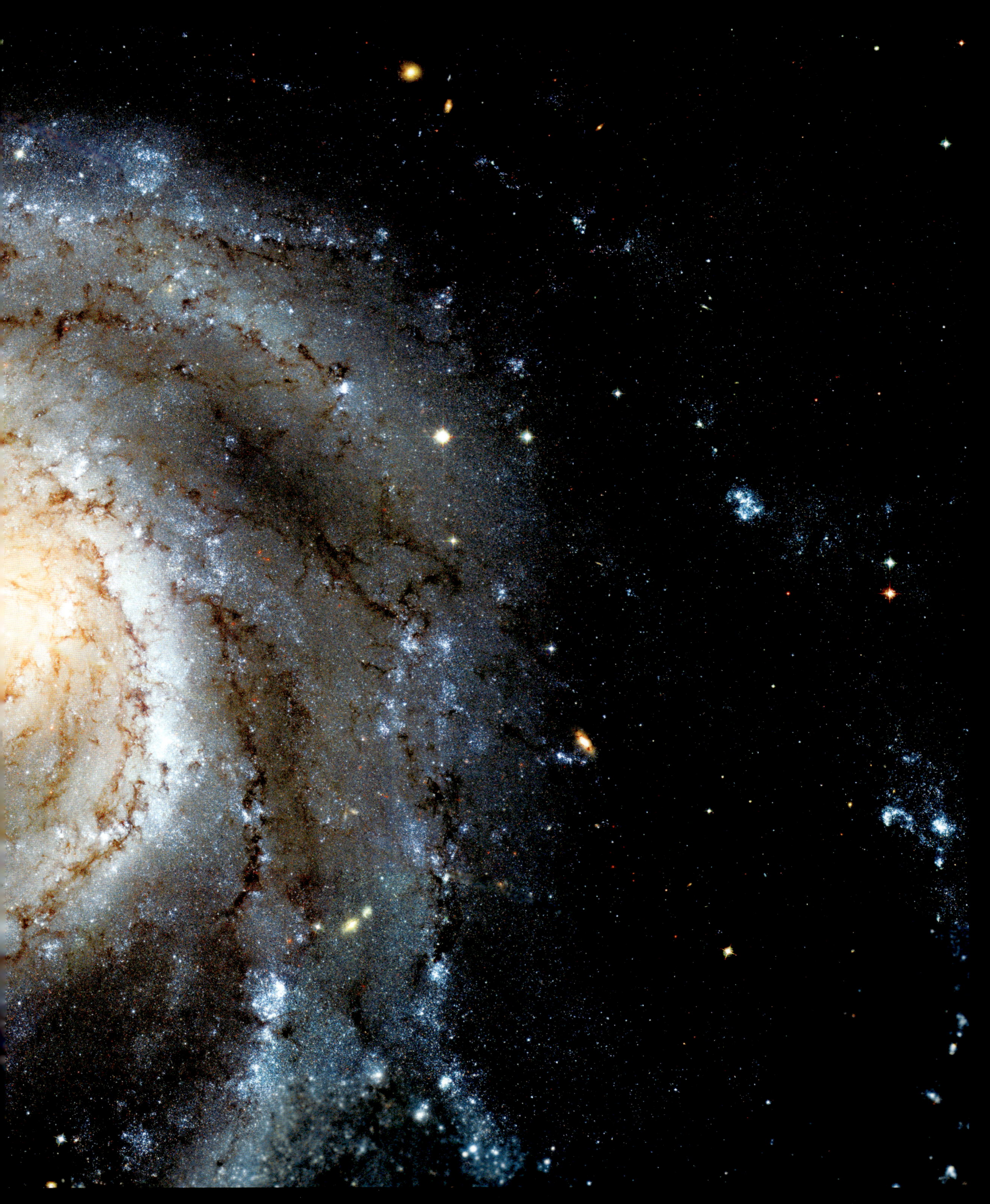

NASA | 2007 | COSMOS *La galaxie spirale M101.*

120 ANS D
DE LA PHOT

'HISTOIRE
OGRAPHIE

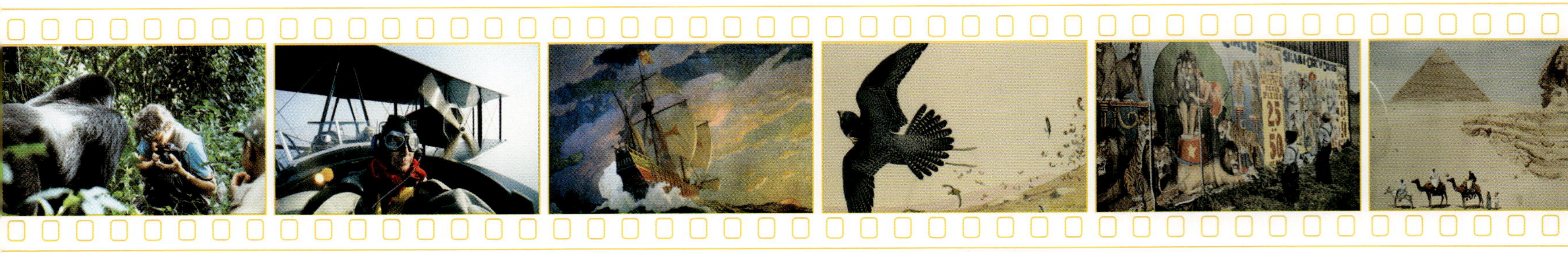

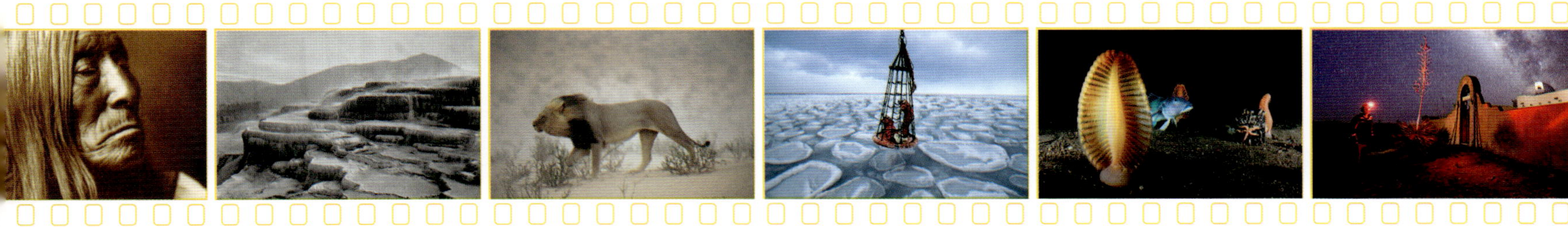

LES TIRAGES NOIR ET BLANC 500
LES DIAPOSITIVES COULEUR 504
LE NUMÉRIQUE 510

Conversation avec **Maura Mulvihill** par **Leah Bendavid-Val**

LBV : Avant de vous poser quelques questions sur l'Image Collection, j'aimerais que nous parlions de vous. Vous êtes au *National Geographic* depuis longtemps. D'où venez-vous ? Quel était votre secteur d'activité d'origine ?

M. M. : Lorsque j'étais étudiante, je n'imaginais pas que je passerais la plus grande partie de ma vie à l'Image Collection. J'ai étudié la philosophie et la rhétorique, puis l'histoire de l'art. Mon père souhaitant que j'aie une activité plus lucrative, je me suis formée à la diffusion radio télévision durant ma dernière année à Londres. J'ai trouvé mon premier emploi – chargée des études d'audience pour le département des achats télévisuels du groupe W Broadcasting – à New York. Au bout de trois mois, j'ai compris que je n'aimais pas la télévision. Mon mari (que j'avais rencontré à Londres, où il étudiait le droit) m'a dit qu'il existait de nombreuses possibilités d'emploi à Washington pour ceux qui avaient étudié dans le domaines des activités artistiques. J'ai repéré une petite annonce de l'agence photographique Image Bank, qui recrutait du personnel pour ses nouveaux bureaux de Washington. J'ai été embauchée, formée à New York, puis envoyée à Washington pour ouvrir l'agence locale. J'ai fait du porte-à-porte pour vendre les photos de l'Image Bank. Le *National Geographic* était le plus beau lieu que j'ai démarché : un parc superbe et des photos extraordinaires sur les murs. Un jour, j'ai demandé à un rédacteur en chef pourquoi la National Geographic Society (NGS) ne revendait pas ses clichés à d'autres éditeurs ; il me paraissait en effet étrange qu'elle achète mes clichés et ne vende pas les siens. Il m'a répondu que cela reviendrait à « vendre les bijoux de famille ».

LBV : Comment êtes-vous entrée au *National Geographic* ?

M. M. : La première fois que je suis venue au siège de la NGS, j'ai été frappée par ses dimensions et son esthétisme. La personne de l'accueil m'a demandé si j'avais rendez-vous. Je n'en avais pas, mais, jetant un coup d'œil sur son registre grand ouvert, j'ai repéré le premier nom de la liste : John Agnone, directeur de la photo. J'ai prétendu avoir rendez-vous avec lui. Lorsqu'ils l'ont appelé, j'ai respiré un grand coup. Courtois, il s'est excusé en venant à ma rencontre : « Désolé, j'avais oublié notre rendez-vous. Montez, je vais vous présenter quelques personnes. » Je suis tombée amoureuse du *National Geographic*, et j'ai vendu les clichés de l'Image Bank à John pour le compte de *World Magazine* et *Books*. À l'Image Bank, je travaillais à la commission et il était très tentant pour moi de trouver un emploi où je percevrais un salaire fixe, avec une assurance médicale et dentaire. En septembre 1979, un poste s'est libéré à l'Illustrations Library, – c'était le nom de l'actuelle Image Collection. Je me trouvais alors sur place. Fern Dame, la bibliothécaire chargée des illustrations, m'a demandé de le reprendre. Avant qu'elle ait réalisé que je n'avais jamais rempli un formulaire officiel, j'étais au travail !

LBV : Pouvez-vous décrire la collection ? Son état ? Son volume ?

M. M. : L'Illustrations Library faisait partie, à l'origine, de l'Illustrations Division du *National Geographic*. Quand j'y suis entrée, la plupart d'entre nous – il n'y avait que des femmes – travaillaient dans le même bureau. Dans la 16e Rue, la pièce qui est maintenant la salle de réunion renfermait les archives ; celle du bas, à la grande cheminée, était remplie de boîtes de pellicules. Nous nous considérions comme des employées de bureau : nous rentrions les photos, les catalogueuses tapaient à la machine des petites fiches vertes triées par sujet, et nous nous assurions qu'elles figuraient bien dans le dossier. À une courte distance, il y avait également les bureaux de Gaithersburg, dans l'État du Maryland, où étaient conservées les anciennes photos.

LBV : Quelles étaient les activités à Gaithersburg ? Le *National Geographic* y possédait-il des bureaux, ou était-ce juste un entrepôt ?

M. M. : Le bâtiment principal abritait des bureaux, mais nous ne travaillions pas là : les archives photos (et le personnel) se trouvaient près de l'entrepôt, à côté de l'aire de déchargement. Nous voyions arriver de gros camions ; les produits étaient ensuite placés sur des palettes. Le département chargé des relations avec nos membres était également situé ici, à Gaithersburg, dans le Membership Center Building (MCB).

LBV : Que deviez-vous conditionner et expédier ? Qu'entendez-vous par « produits » ?

M. M. : Les livres, les vieux numéros du magazine et les mailings promotionnels d'abonnement et de réabonnement aux magazines. Le service abonnements se chargeait de ce travail. Tout le sous-sol du MCB grouillait d'employés dont la tâche consistait à expédier et à poster. Dans l'entrepôt se trouvait un petit bureau, d'où l'on surveillait les allées et venues des camions – les archives photo étaient juste derrière. À l'origine, certaines photos, notamment les plaques de verre, étaient conservées dans l'entrepôt. Pour toute demande de photos, le personnel de l'Image Collection devait donc effectuer des recherches, puis sortir les clichés et les expédier au siège pour la supervision et l'envoi. Comme nous avions parfois des problèmes avec les souris, nous étions très attentifs à l'hygiène. Deux employées héroïques, remarquant que les autochromes, dans l'entrepôt, étaient exposés aux intempéries, les rapportèrent aux archives. Il est d'ailleurs incroyable que ces autochromes aient survécu aux éléments sans plus de dommage : jamais des diapositives 35 mm n'auraient résisté aussi bien dans les mêmes conditions pendant dix ou quinze ans. J'ignore durant combien de temps les plaques étaient restées dehors ; lorsque nous les avons découvertes, nous les avons classées dans les archives. L'un de mes premiers projets a été de rassembler les 12 000 autochromes et de les rapatrier dans nos bureaux du centre-ville pour les scanner en basse résolution et les passer sur vidéodisque. Nous avons dû les conditionner, les enregistrer et les numéroter. Nous produisions des vidéodisques et des disquettes qui contenaient des images scannées à très petite résolution, classées par sujet et par auteur. Avec une base de données et des vidéodisques, nous avons pu effectuer des recherches et passer en revue des milliers d'images sans manipuler des originaux délicats.

LBV : La collection visait-elle un objectif spécifique ?

M. M. : Les directeurs ne voulaient pas se séparer des clichés, mais ne souhaitaient pas non plus les conserver dans leurs bureaux. Les boîtes de pellicules, les fameuses « boîtes bleues » de l'époque, s'empilaient dans les couloirs. Les photos collectionnées par les Grosvenor étaient conservées dans un endroit donné, et les collections des différents rédacteurs en chef s'entassaient dans leurs bureaux. Il fallait enfin choisir un lieu central où préserver l'ensemble des photos et œuvres d'art et en conserver la trace, à l'instar d'une bibliothèque. C'est en 1919 que la National Geographic Society mit sur pied cette bibliothèque pour les « illustrations » photo et art du magazine, sous l'égide de l'Illustrations Editor. C'est pourquoi nous nous appelions l'Illustrations Library.

LBV : Est-ce parce que nous possédions tout ce matériau que nous en avons envisagé la gestion ?

M. M. : Même en l'absence d'un véritable projet de gestion, le *National Geographic* voulait s'assurer que l'on prendrait le plus grand soin de ses collections – non parce que nous étions conscients de l'immense valeur historique de ces œuvres ou avions un objectif précis en tête, mais parce que c'était notre attitude : nous prenions soin de nos objets, de nos locaux, de nos biens. À mon avis, c'est pour cela que, dans les années 1960, lorsque la NGS a ordonné que des coupes claires soient effectuées dans la collection à cause de l'encombrement des fichiers, personne n'a cherché à discuter cette décision sous prétexte que nous aurions eu la mission de préserver ces photos pour la postérité. Je ne crois pas en effet que nous voyions la collection sous cet angle. Le personnel éditorial a commencé à se débarrasser d'une partie de la collection comme le font tous les bibliothécaires : ce matériel a été jeté parce qu'il n'y avait jamais eu d'ordre contraire explicite.

LBV : Les boîtes bleues contenaient-elles des diapos, des tirages papier et d'autres supports visuels ?

M. M. : Ces boîtes « bleues », qui sont grises maintenant, contenaient des diapos 35 mm. Elles se sont entassées dès la fin des années 1930. Les photos noir et blanc étaient conservées dans des chemises qui remplissaient les tiroirs. Leur destruction s'est faite de manière discontinue, mais nombre de collections de tout premier plan sont ainsi passées à la poubelle. Personne ne sait exactement quel était le volume de la collection lorsqu'elle a été rassemblée en centre-ville et que sa destruction a cessé. Nous avons toujours dit que cela devait se monter à presque 11 millions d'images, et nous le maintenons... Les chiffres varient, car il existe plusieurs méthodes pour les comptabiliser : comment fait-on s'il existe cinq images sur une seule planche contact, les comptabilise-t-on comme cinq images ou comme une seule image ? Comptons-nous les doubles ? Nous avons mis en place un programme massif de duplication dans les années 1990, avant l'arrivée de la numérisation, parce que nous avons compris que nous ne pouvions plus simplement continuer à charger des originaux 35 mm – trop se retrouvaient perdus ou endommagés, n'étaient pas renvoyés ou étaient mal classés... Nous avons donc commencé à charger uniquement des doubles. Aujourd'hui, nous avons probablement deux ou trois millions de doubles 35 mm et nous ne savons qu'en faire. Nous n'effectuons que des scans numériques – plus personne n'utilise de doubles. Nous devrions sans doute nous en débarrasser. Mais les bibliothécaires et les archivistes ont du mal à le faire. Il a fallu quinze ans, après le passage à l'informatique, pour arriver à jeter les petites fiches vertes dont les armoires étaient pleines. Nous pensions à ce qui se passerait si un accident survenait durant la conversion, et nous faisait perdre, par exemple, les légendes de la série sur l'Angola : nous aurions alors besoin des métadonnées ! Alors, imaginez seulement transférer tous ces doubles 35 mm dans de gros sacs poubelles.

LBV : Même si ce sont des doubles, ils doivent avoir de la valeur.

M. M. : Imaginez : les mettre à la poubelle – c'est très dur. En outre, vous savez que, quelque part, il va vous manquer un original 35 mm et vous allez penser à ces doubles que nous avons jetés. Je laisserai tout cela à la personne qui va me succéder...

LBV : Comment s'est déroulée la suite de votre carrière ?

M. M. : J'ai travaillé dans la mise en circulation, traitant les demandes de photos pendant environ six mois, puis j'ai appris que nous allions automatiser le service. Cela m'a plu, car je tapais très mal : j'allais arrêter de saisir les petites fiches vertes, de tout conserver à l'aide des Rolodex et des fichiers à cartes. J'ai collaboré avec IBM sur leur audit et sur leurs premières tentatives d'automatisation. Ce poste m'a éloignée des photos, mais m'a permis d'œuvrer à un niveau plus élevé et de prendre part à chaque étape des opérations. Tout le monde pensait que l'informatique serait ennuyeuse ; pour ma part, j'ai trouvé cela intéressant. J'ai collaboré aux programmes d'automatisation, puis j'ai été nommée directrice des opérations parce que je les connaissais toutes.

LBV : Combien de personnes travaillaient ici à l'époque ?

M. M. : Le même nombre qu'aujourd'hui – en fait, peut-être davantage. L'Illustrations Library comptait 36 employés. Mais nous n'avions pas de service des achats, ne commercialisions pas nos images et n'avions pas de comptabilité financière. Nous n'avions pas de service d'acquittement des droits alors qu'aujourd'hui cinq ou six personnes y travaillent, achetant des droits photos pour la NGS. Au début des années 1980, tout prenait plus de temps. Chaque fois qu'une diapo arrivait, une catalogueuse rédigeait une légende à la main et établissait la liste des thèmes sous lesquels celle-ci devait apparaître. Puis la fiche était remise à une dactylo. Quelqu'un vérifiait le travail de la dactylo : si elle avait fait plus de deux fautes typographiques par fiche, elle devait la refaire. Jusqu'à deux fautes, elle pouvait se corriger avec du vert effaceur – plus de deux, elle devait tout retaper. Puis elle remettait la fiche à la personne chargée du classement, qui entrait une trentaine de fiches pour chaque légende. Nous ne laissions rien au hasard. L'employée chargée du classement faisait dépasser chaque fiche dans le classeur, pour visualiser d'emblée les nouvelles fiches et permettre au superviseur de s'assurer qu'elles étaient bien classées. Lorsque vous deveniez experte, vous pouviez devenir contrôleuse de fiches. J'ai fini par dire à chacun que nous ne pouvions plus exercer notre métier de cette façon. Mais il n'a pas été simple de renoncer à la perfection.

LBV : Combien de temps vous a-t-il fallu pour informatiser le service ?

M. M. : J'ai travaillé sur les processus de rationalisation des tâches et d'informatisation, de 1980 à 1985 environ. Au début, les catalogueuses traitaient 50 clichés par mois, c'est-à-dire deux clichés par jour ! Maintenant, nos salariés traitent 200 à 400 photos par semaine. Il n'y a donc aucune comparaison. Le changement a été difficile pour eux mais cette évolution se mettait aussi en place dans les autres services. En 1988, nous avons introduit le système du vidéodisque, qui a été, lui aussi, plutôt mal accueilli – beaucoup n'aimaient pas regarder les photos sur vidéodisque. Avant celui-ci, cependant, le processus était tout autre : si un rédacteur en chef demandait à voir, par exemple, des éléphants, il fallait faire une recherche dans toutes les petites fiches vertes, consigner les photos possibles puis les sortir toutes. Si quelqu'un écrivait un livre, nous pouvions facilement sortir 6 000 clichés… Le rédacteur en chef les passait en revue, en chargeait éventuellement un millier puis les emportait dans son bureau. Il pouvait décider de n'en utiliser aucun, et vous vous retrouviez avec un millier de photos sur les bras à traiter à nouveau. On évoquait les coûts que cette gestion faisait peser sur le service, l'éventualité de le fermer et de confier la gestion de la collection à un organisme tiers. J'ai alors suggéré les ventes d'images.

LBV : Vous avez proposé l'usage commercial des photos pour contribuer à l'équilibre financier du service…

M. M. : Je l'avais déjà suggéré à plusieurs reprises : lorsque l'on nous expliquait que ce département coûtait cher, je proposais de vendre les droits de nos photos. Mercantilisme de mauvais goût en se salissant les mains : telle fut la première réaction. Je pense qu'en haut lieu, personne ne s'apercevait que nos photographes vendaient déjà les clichés que la NGS leur avait rendus. Nous retournions leurs boîtes jaunes – la plupart des photos non publiées – à nos free-lances : ceux-ci revendaient aux agences les clichés qui, à l'origine, avaient été commandés par le *National Geographic*. Lorsque je travaillais à l'Image Bank, je vendais les photos du *National Geographic*. Tout le monde vendait les photos de la NGS, alors pourquoi pas nous ? Dans les années 1970 et 1980, nous avions une équipe importante de photographes et étions propriétaires de leur travail, que nous conservions intégralement. Au final, il a fallu en garder seulement un très petit nombre. Sur un reportage réalisé par un photographe indépendant (aux termes du contrat signé entre la NGS et lui), nous gardions les photos retenues pour publication et une sélection de clichés non publiés, accompagnés de droits concernant leur réutilisation. Mais la plus grande partie de la pellicule tirée du reportage – les chutes – était rendue au free-lance. Nous détenons plus de 10 millions de chutes, toute l'œuvre des photographes appartenant à notre petite équipe.

LBV : En quoi le passage à la photo numérique a-t-il changé la donne ?

M. M. : Le numérique étant bon marché et recyclable, nous ne savons pas combien de photos nous sont soumises chaque année. La quantité n'est plus un problème, car nous n'avons plus d'images matérielles à entreposer ou à rendre ; nous ne manipulons plus rien physiquement. Aujourd'hui, les photographes en reportage nous font parvenir des fichiers RAW. Les fichiers JPEG sont générés en scannant les RAW, les versions JPEG servant à passer les photos en revue. Puis les RAW sélectionnés sont convertis en TIFF, à leur tour reconvertis en CMJN, lesquels partent à la retouche avant publication. Puis les TIFF passent en haute résolution JPEG à des fins de recherche et de téléchargement. Dans le cas des images sélectionnées pour publication, les fichiers TIFF, JPEG à différents formats de fichiers et CMJN sont archivés sur un serveur photos.

LBV : Comment sélectionnez-vous les images pour les archives et pour vos clients de l'Image Sales ?

M. M. : Pour nos clients, nous choisissons des photos autres que purement éditoriales. Nous prenons une centaine d'images de chaque reportage. Les fichiers digitaux sont conservés ici. Dans la mesure où le photographe possède une copie de son travail, aujourd'hui rien ne peut se perdre. C'est assez rassurant d'ailleurs.

LBV : Quelle est l'histoire de la création des ventes d'images ?

M. M. : Au départ, on nous a dit que nous pouvions vendre les droits des photos à des tiers, de manière passive : nous ne pouvions pas les commercialiser, ou parler de leur commercialisation. Ainsi, si l'on nous appelait pour passer une commande, nous avions le droit de répondre à la demande et de compter des frais au titre des droits photos. Avant l'approbation de ce programme, la NGS ne prenait rien pour ses photos : nous étions submergés de demandes ! Lorsque nous avons réclamé des droits, les clients ont eu un choc. Nous avions bel et bien fait cadeau de nos droits – et souvent, à nos concurrents directs. Le processus a pris effet au milieu des années 1990, lorsque nous avons commencé à compter des frais, au titre des droits sur les œuvres artistiques. Puis nous sommes passés à la commercialisation des photographies. Cette nouvelle politique a été accueillie avec indignation, tant notre clientèle était habituée à la gratuité. Au début, nous n'avions pas le droit de vendre plus de cinq clichés à la même personne au cours de la même année. Cela signifie que si quelqu'un nous appelait pour illustrer un article, nous étions en droit de lui dire : « D'accord pour cinq photos, et en mars prochain vous en aurez cinq autres ». Nous avions également une longue liste de publications sous embargo, c'est-à-dire auxquelles nous ne pouvions pas vendre d'images, car nous les considérions comme concurrentes. Le public avait du mal à comprendre cette position. Nous étions incroyablement anti-mercantiles. Malgré tout, je crois que nous avons gagné plus de 100 000 $ pendant la première année de la commercialisation.

LBV : Les photos du *National Geographic* étant légendaires, je suppose qu'il n'y avait nul besoin d'en faire la publicité.

M. M. : En 1996, nous avons réalisé notre premier catalogue – notre première véritable entreprise publicitaire. Rétrospectivement, ce catalogue n'est pas extraordinaire. Comme nous avons cherché à y intégrer le plus de photos possible, elles ont toutes un format microscopique. En outre, nombre de nos photographes travaillant à la lumière naturelle, à un format si réduit les photos sont trop sombres. Nous avons investi autour de 250 000 dollars dans ce catalogue, chargé des commerciaux de le distribuer et d'en commercialiser les images à l'étranger, et obtenu grâce à lui plus d'un million et demi de dollars. Cela représentait une somme considérable – auparavant, jamais un département n'avait gagné d'argent. Nous avons donc formé des chercheurs à la vente. On nous a conseillé de ne pas transformer des chercheurs en vendeurs, mais je pense que cela ne s'applique pas au *National Geographic* : nos chercheurs étaient en poste depuis longtemps et connaissaient la collection par cœur. Ils étaient engagés corps et âmes dans la Society et c'était le genre d'employés sur qui l'on souhaite tomber si l'on appelle le *National Geographic*. Ils étaient extrêmement sérieux, adoraient la photo et la NGS. Nous étions fidèles à ce que nous sommes.

LBV : Maintenant que vous êtes une agence, en plus d'être une collection, comment comparez-vous la National Geographic Image Collection & Image Sales aux autres grandes collections ? Commençons par l'agence Magnum.

M. M. : Les photos de l'agence Magnum ont beaucoup de cachet du fait de la personnalité des photographes, des correspondants qui l'ont fondée. Si vous regardez son site Web, vous verrez qu'elle emploie aujourd'hui différents styles de photographes ; ce n'est donc plus l'agence Magnum de l'ancienne époque, mais je pense qu'elle continuera à traiter les questions politiques et sociales de notre temps. Le *National Geographic* me semble proposer un regard plus suave, un objectif plus doux. Nous couvrons également les événements de la scène mondiale, mais nous nous sommes toujours penchés sur la vie quotidienne partout dans le monde, sur cette « vie normale » qui suit son cours quels que soient les grands événements qui affectent notre planète. Nos photographes montrent ce que font les gens, un jour ordinaire de leur vie, en Afrique, en Amazonie, en Polynésie ou dans le Middle West américain. Ces images ont une valeur sociale et culturelle unique. Nous avons également documenté l'environnement, l'histoire naturelle, les sciences et la nature. Là, résident vraiment toute notre force et la spécificité de notre créneau.

LBV : D'accord, Magnum a sa personnalité et le *National Geographic* en a une autre. Mais qu'en est-il de la Collection ? Ce qui me semble unique, c'est cette combinaison d'agence commerciale et de collection photographique. Ces archives renferment l'histoire de la photographie, et le matériau entreposé constitue un véritable trésor historique.

M. M. : Oui, et, bien que les clichés historiques iconiques ne soient pas *a priori* notre meilleure image de marque, je pense que notre réputation et ces clichés iconiques constituent nos meilleurs outils de marketing. Il arrive que l'on nous demande des images banales, du simple fait de notre réputation et de la qualité de nos photographes. Je donne souvent l'exemple de ce client qui, après avoir souhaité des clichés de lions de Nick Nichols ou de Beverly Joubert, me rappela catastrophé pour me signaler que le lion arborait une dent ébréchée – et, donc, il désirait une réduction ! Ce client, venu au *National Geographic* pour nos photos documentaires, était déçu du résultat. Nous lui avons vendu les photos d'un lion en captivité à la dentition magnifique ; il a été ravi. La réputation de nos photographes l'a conduit chez nous, et j'espère que la qualité de notre service et l'adéquation entre nos images et ses besoins le feront revenir.

LBV : La collection dans son ensemble a-t-elle une mission ?

M. M. : Nous sommes l'un des dépositaires de la documentation de l'ensemble du XXe siècle et du début du XXIe. Nous n'avons pas centré nos efforts seulement sur les guerres ou les événements historiques, comme les épidémies ou les troubles politiques, mais plutôt sur la documentation sociale de la planète et de ses habitants. Les collections des musées sont les seuls endroits où vous pourriez trouver quelque chose de comparable et, même là, il faudrait fureter longtemps pour dénicher le réalisme à travers le symbolisme mythique et religieux qui nous indique comment vivaient les gens et dans quel univers.

LBV : Avez-vous une idée du futur ? Qu'imaginez-vous ? Comment souhaiteriez-vous construire l'avenir, le changer, le façonner ?

M. M. : Nous aimerions qu'un large public prenne connaissance de cette extraordinaire collection de photographies et s'en serve, les fasse circuler, en favorise l'accès à travers diverses expositions ou publications… Cet ouvrage, véritable vitrine de notre manière d'utiliser les images depuis 120 ans pour inciter les gens à prendre soin de leur environnement, est un début très prometteur.

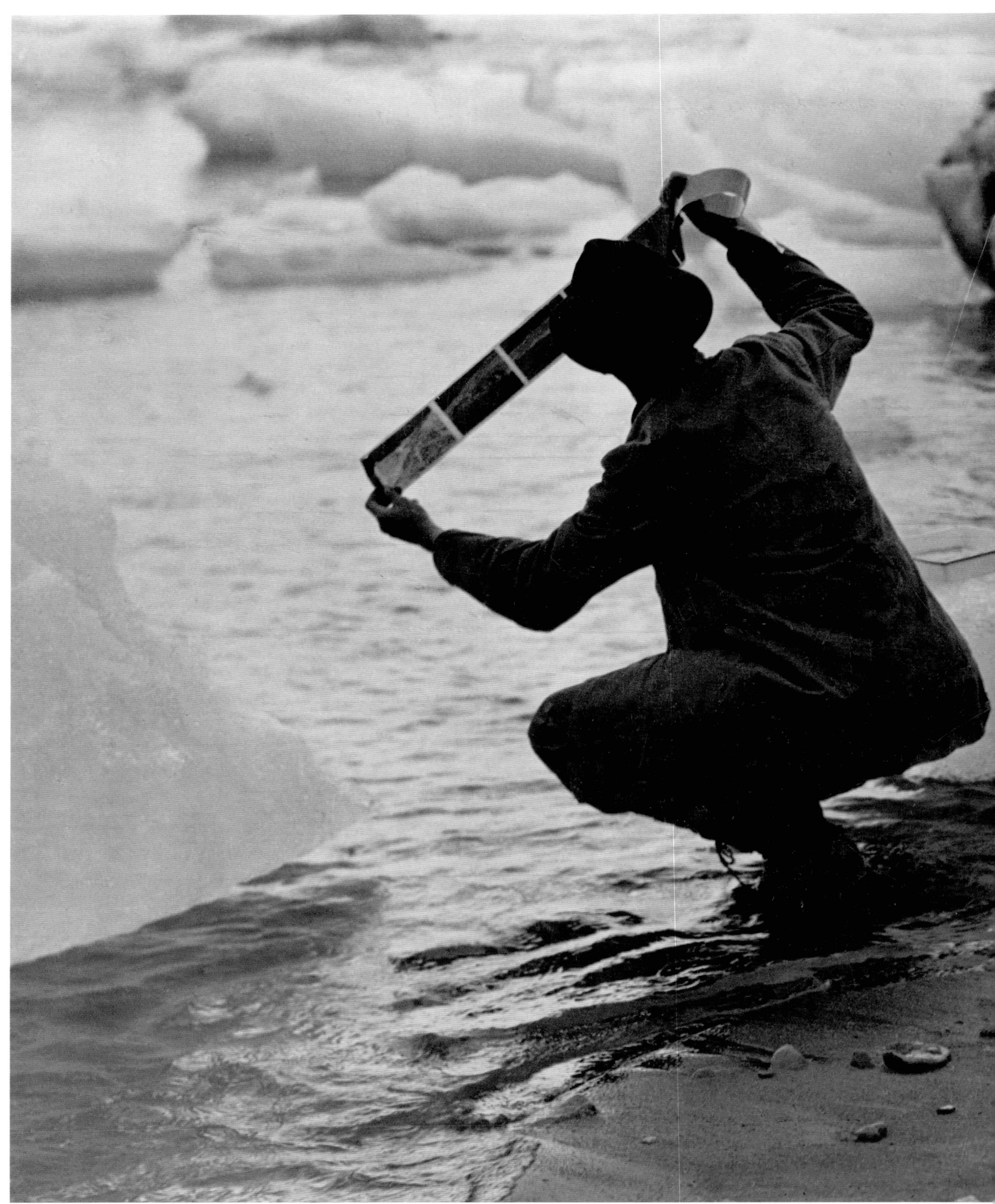

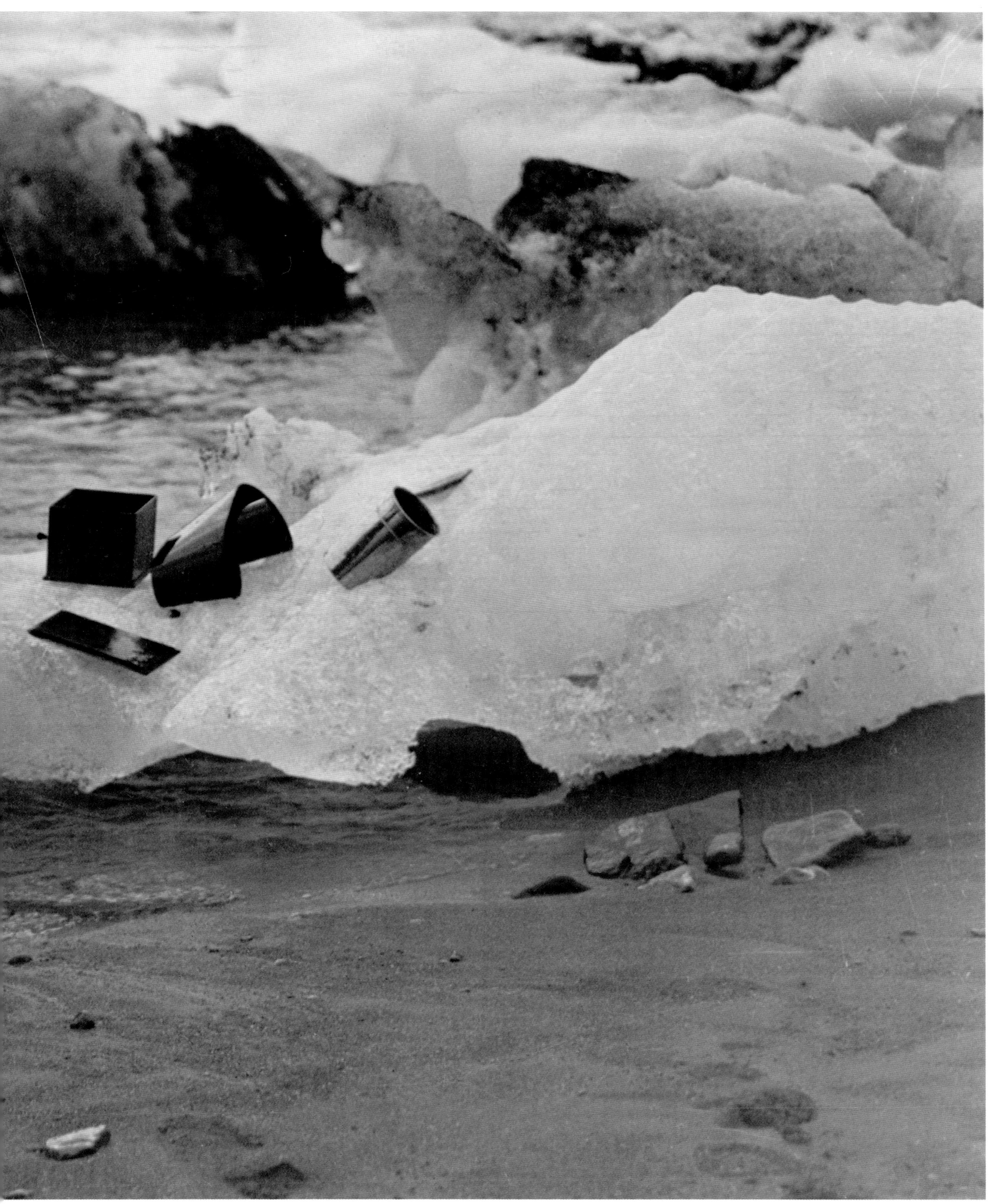

O. D. VON ENGELN. | 1909 | ÉTATS DE L'ALASKA, ÉTATS-UNIS *Traitement de la pellicule sur le terrain.*

LES PHOTOGRAPHES

ABELL, SAMUEL. Arrivé comme stagiaire en 1967, Samuel Abell a apporté une touche de magie au *National Geographic*. Ses clichés, que l'on retrouve dans de nombreux ouvrages et articles de la NGS, ont capté des lieux aussi différents que Terre-Neuve, l'Australie, le Japon et l'Ouest américain, ainsi que des personnalités comme Léon Tolstoï, ou Lewis Carroll. Ses photos sont unanimement louées pour leur puissance contemplative.

ABERCROMBIE, THOMAS J. Ce natif du Middle West (1930-2006) fit du Moyen-Orient son terrain d'élection. Il rejoignit le *National Geographic* en 1956 : il travaillait auparavant au *Milwaukee Journal*, où il venait de remporter le titre de Photographe de presse de l'année – auquel se rajouta, quatre ans plus tard, celui de Photographe de magazine de l'année. Après une carrière haute en couleur au bureau éditorial étranger du magazine, Abercrombie, musulman converti, se consacra à des reportages sur les terres lointaines de l'islam.

ADAMS, CLIFTON R. Adams (1890-1934) aurait pu devenir un des grands noms de l'épopée du *National Geographic* : il semblait en route vers les cimes quand il fut, à 44 ans, terrassé par une tumeur au cerveau,. Durant les 14 ans passés au magazine, il signa 30 reportages couleur, des centaines d'images noir et blanc et 30 portfolios couleur ; ses reportages le conduisirent aux États-Unis, au Mexique et en Europe.

ADAMS, HARRIET CHALMERS. L'infatigable Harriet (1875-1937), l'une des collaboratrices les plus fiables des débuts du *National Geographic*, publia 21 articles dans le magazine, explorant chaque recoin de la civilisation hispanique. Née en Californie, elle avait hérité de son père la passion des voyages, qui la mena notamment à faire un périple en solo en Espagne et au Proche-Orient via la Libye. Durant la Première Guerre mondiale, elle fut la seule femme correspondante de presse à être admise dans les tranchées.

ALDANA, GUILLERMO. Guillermo Aldana compte parmi les photographes les plus réputés du Mexique. Il axe ses efforts sur l'anthropologie et l'ethnographie de son pays natal. Il travaille au *National Geographic* depuis 1971, date à laquelle il a dépeint pour la première fois les rituels étranges auxquels se livrent les Indiens Cora de la Sierra Madre pendant la semaine sainte. Citons également ses reportages sur le séisme d'El Chichón en 1982 et le tremblement de terre désastreux à Mexico en 1985.

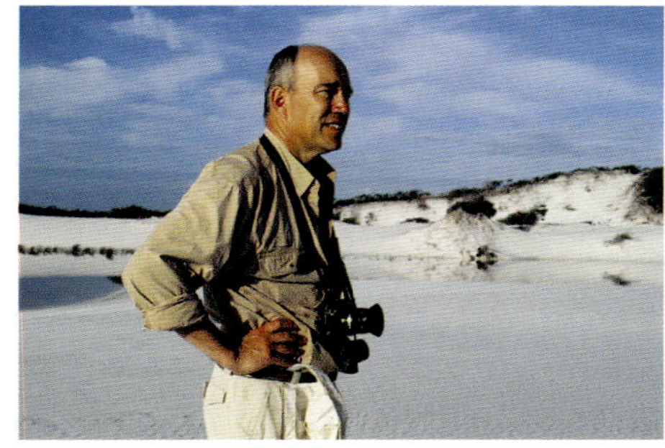

Abell, Sam.

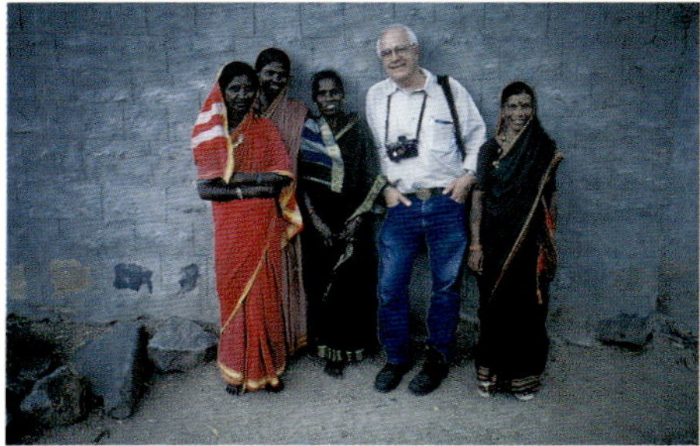

William Albert Allard.

ALLARD, WILLIAM ALBERT. Se délectant des « situations borderline », William Albert Allard a toujours conservé sa vision orgueilleusement indépendante depuis son arrivée au *National Geographic* comme stagiaire en 1964. Photographe en poste, free-lance ou sous contrat, il a signé quelque 30 reportages, de très nombreux ouvrages et une série d'images impérissables d'Amish et d'Huttérites, d'intouchables indiens ou de cow-boys de l'Ouest américain.

ALLMON, CHARLES. Né dans l'Ohio en 1921, Charles Allmon se rappelait la crise de 1929 de manière si indélébile qu'il effectua dans les années 1960 sa reconversion professionnelle. Il abandonna son « job de rêve » au *National Geographic* pour devenir un investisseur parmi les meilleurs et les plus respectés de Wall Street. Ses reportages enchanteurs aux Bermudes, à Rio et aux Caraïbes – neuf au total – ont pu devenir sa réalité.

ALVAREZ, STEPHEN. Connu surtout pour ses explorations spéléologiques, Stephen Alvarez a effectué son premier reportage *National Geographic* dans les Andes péruviennes, pour y photographier une momie inca vieille de cinq siècles. Il a poursuivi sur sa lancée et a visité les grottes de Bornéo, d'Amérique centrale, de Papouasie-Nouvelle-Guinée, d'Oman et du Caucase. Remontant parfois respirer en surface, ce natif du Tennessee a illustré des articles sur les anciennes migrations polynésiennes, l'île de Pâques et les conflits le long de la frontière soudano-ougandaise.

AMOS, JAMES L. Passionné de photo depuis son plus jeune âge, James L. Amos ne prit pas la voie la plus directe pour exercer ses talents. Diplômé du Rochester Institute of Technology, ce natif du Michigan exerça pendant 16 ans les fonctions de représentant technique auprès d'Eastman Kodak. À près de 40 ans, il rejoignit l'équipe du *National Geographic* – non sans avoir été nommé Photographe de magazine des années 1970 et 1971. Lorsqu'il prit sa retraite, en 1993, il totalisait 20 reportages portant sur divers thèmes technologiques et sur les régions d'Amérique.

AURNESS, CRAIG. Fils adoptif de l'acteur américain James Arness (qui joua dans le film *Gunsmoke*), Craig (1946-2004) fit son apprentissage dans le magazine *Look* avant de devenir, en 1977, photographe indépendant pour le *National Geographic*. Durant la décennie suivante, il signa les illustrations de huit reportages publiés et d'un ouvrage de la NGS sur les peuples, l'histoire et l'écologie de l'Ouest américain, sans compter nombre d'autres publications. Il fut le principal fondateur de l'agence photo West Light.

AZEL, JOSE. L'année 1998 a été celle de tous les dangers pour José Azel, qui couvrait alors le trafic de cocaïne pour le *National Geographic*. Né à La Havane (Cuba), il a découvert la photo alors qu'il étudiait à l'université Cornell. Diplômé de l'école de journalisme de l'université du Missouri, il a travaillé trois ans comme photographe au *Miami Herald*. Ses nombreux reportages l'ont mené de l'Antarctique à la Russie ; il a également enquêté sur le trafic illégal de la faune sauvage cubaine.

BAILEY, JOSEPH. Joseph H. Bailey (?-2001) fut technicien de labo à la NASA avant de rejoindre le *National Geographic* en 1972. Polyvalent, il signa de nombreux volumes, tel *Explore a Spooky Swamp* du programme pour enfants de la NGS, photographia les Bermudes et le parc de Yosemite, couvrit de nombreuses investitures présidentielles et photographia des dignitaires officiels.

BALOG, JAMES. « La relation entre l'homme et la nature est pour moi, et dans mon travail, un thème dominant » : James Balog use là d'un euphémisme, car ses descriptions innovantes d'animaux et de paysages, qui ont souvent paru dans les publications du *National Geographic*, illustrent une remise en cause des représentations traditionnelles de cette relation. Son projet le plus récent, baptisé l'Extreme Ice Survey, amène les scientifiques et les photographes à cartographier ensemble la progression des changements climatiques.

BARTLETT, DES ET JEN. Dans les années 1950, ce couple australien entama la carrière remarquable qui le propulsa au sein des réalisateurs de films animaliers les plus réputés au monde. Ils proposèrent également sept reportages au *National Geographic* (de la Patagonie à la Namibie), raflant au passage un Emmy Award.

BECKWITH, CAROL. Travaillant en étroite collaboration pendant plus de 25 ans, l'Américaine Carol Beckwith et l'Australienne Angela Fisher ont documenté un nombre très important de rituels, cérémonies et coutumes africains avant leur désagrégation par le monde moderne. Leurs

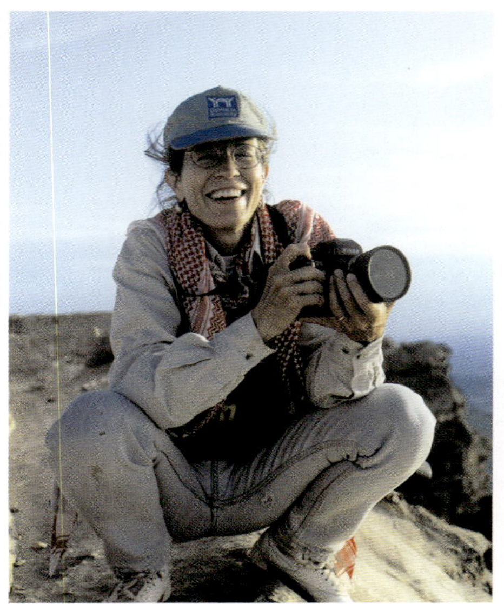

Annie Griffiths Belt.

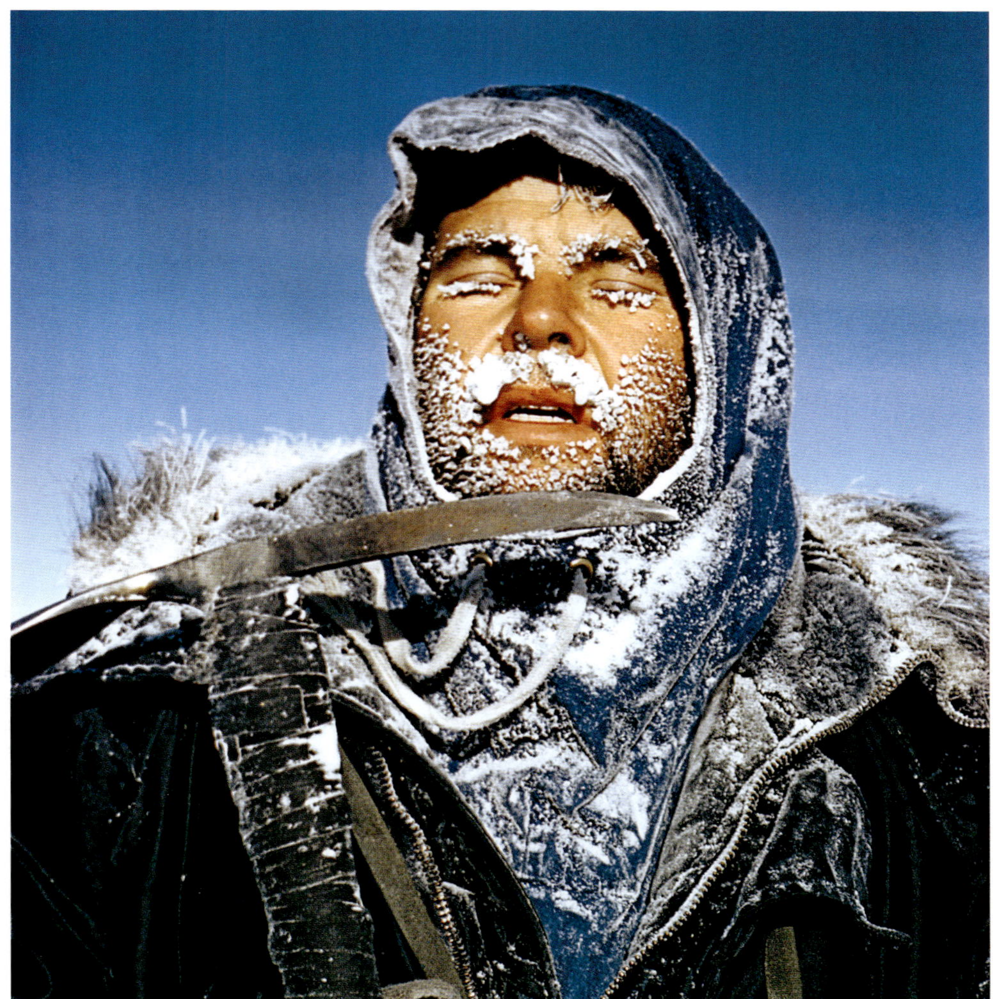

Thomas Abercrombie.

photographies, dont beaucoup ont paru dans les ouvrages et articles de la NGS, ont été saluées par les Nations unies et par nombre d'autres organisations sur la scène mondiale.

BELT, ANNIE GRIFFITHS. Née dans le Minnesota, Annie fit des études de journalisme avant de se lancer dans une carrière de photographe pour les journaux *Minnesota Daily* et *Worthington Daily Globe*. En 1978, elle entra sous contrat à la NGS, qui, pendant plusieurs décennies, l'envoya par monts et par vaux : du Moyen-Orient (Lawrence d'Arabie, Jérusalem, Petra, la Galilée) au Lake Country (Angleterre), en passant par les petites routes de l'Amérique profonde.

BENDIKSEN, JONAS. Jeune stagiaire norvégien de 19 ans, il se présenta un jour au bureau londonien de l'agence Magnum, avant d'emballer son matériel photo et de partir seul pour la Russie. Il publia par la suite un livre de photos qui lança sa carrière de photojournaliste. Depuis, il a réalisé des reportages photos sur l'Islande, la révolution népalaise et les bidonvilles de Mumbai, pour le compte du *National Geographic*.

BENN, NATHAN. Ancien président de l'agence Magnum, Nathan Benn se rappelle avec tendresse son passage en qualité de photographe indépendant pour le *National Geographic*, alors qu'il était « un jeune homme de 20 ans étudiant les humanités ». Ce Floridien, diplômé de l'université de Miami, réalisa son premier reportage en 1972. Par la suite, il effectua quelque 25 reportages pour les publications du *National Geographic*, couvrant la Nouvelle-Angleterre, Prague, le Pérou ou encore les mystères de l'Ancien Monde.

BINGHAM, HIRAM. De tous les rôles endossés par Bingham (1875-1956) – professeur, gouverneur de l'État du Connecticut, sénateur –, celui dont on se souvient le mieux est celui d'explorateur. Directeur des Expéditions péruviennes qui ont associé le *National Geographic* à l'université de Yale entre 1912 et 1915, il participa aux fouilles du site fabuleux de Machu Picchu – ses photos de l'événement stimulèrent l'imagination de millions de lecteurs dans le monde.

BLAIR, JAMES P. Les influences de Roy Stryker et Harry Callahan forgèrent le style photographique de James P. Blair. Pendant 32 ans (1962-1993) en poste au *National Geographic*, Blair signa une quarantaine de reportages allant des puces informatiques aux éclipses, tout en manifestant sa préférence pour les thèmes sociaux ou liés à l'environnement, ainsi que pour le photojournalisme – il fut d'ailleurs lauréat de l'Overseas Press Club Award en 1977 pour sa peinture saisissante de l'Afrique du Sud.

BLAIR, JONATHAN. En photographiant des étoiles à l'observatoire de la Northwestern University, Jonathan Blair fut captivé par cet art. Plus tard, ranger au parc national de Yosemite, il parvint à vendre ses clichés au *National Geographic*. Quatre décennies de reportages en free-lance conduisirent ce photographe polyvalent (dont les penchants allaient vers le monde sous-marin et l'archéologie) à Hawaii, en Méditerranée et vers les cimes himalayennes.

BLOCK, IRA. Photographe tout-terrain s'investissant de manière identique quel que soit le thème proposé, Ira Block se forma tout jeune à la photo, à Brooklyn. Dès 1977, il était devenu photographe indépendant pour le *National Geographic*, et pendant les décennies suivantes, il couvrit tous les sujets imaginables, de la géographie à l'archéologie en passant par l'histoire ou l'huile d''olive – car il cherche en reportage « les choses inhabituelles... pas seulement celles auxquelles on s'attend ».

BOSWELL, VICTOR R., JR. De 1961 à 1994, photographe au *National Geographic*, Victor Boswell se focalisa moins sur les gens et les lieux que sur les objets – les objets d'art en particulier, comme la chapelle Sixtine, la tapisserie de Bayeux et la Cène, ainsi que nombre de sujets d'étude dans des musées, galeries et sites archéologiques de par le monde. Il a aussi photographié Venise – un objet d'art en soi.

BOYER, DAVID S. Lorsqu'il rejoignit le *National Geographic* en 1952, David S. Boyer (1914 ?-1992) était déjà un reporter aguerri : il avait été auteur-photographe pour la *Salt Lake Tribune* et enseigné le photojournalisme à l'université de l'Illinois. Pendant 37 ans – jusqu'à sa retraite en 1989 –, il fut l'auteur ou le photographe de 42 articles pour le magazine. Ses reportages le menèrent aux quatre coins de la planète, de Londres à l'Antarctique.

BRANDENBURG, JIM. Même si le *National Geographic* l'a envoyé en reportage en Afrique ou au Japon, Jim Brandenburg a mené l'essentiel de sa carrière dans les prairies et les bois de son Minnesota natal. En 23 articles et plusieurs ouvrages, ce photographe de nature, réputé dans le monde entier, a dépeint la nature sauvage, les loups blancs de l'île d'Ellesmere ou Aldo Leopold, partisan de la préservation de l'environnement. En 1999, il a créé la Brandenburg Prairie Foundation pour éveiller une prise de conscience quant à cet écosystème en péril.

BRILL, DAVID L. Originaire de l'État du Wisconsin, David L. Brill travaillait pour *The Paper d'Oshkosh* lorsqu'il fut nommé Photographe universitaire national de l'année. Cela lui permit de faire un stage en 1970 au *National Geographic*. Depuis, il s'est spécialisé dans la photo archéologique et anthropologique, comme le montrent ses reportages sur les ruines de Chan Chan (Pérou) et d'Aphrodisias (Turquie), ainsi que sur les fossiles d'hominidés mis au jour dans les escarpements d'Afrique de l'Est.

BRIMBERG, SISSE. Sisse Brimberg, d'origine Danoise, avait son studio à Copenhague avant de partir aux États-Unis pour passer sous contrat avec le *National Geographic*. Depuis, son travail – où figurent, entre autres, des reportages sur les Vikings, la Grande Catherine, les grottes de Lascaux ou le chocolat – est paru dans plus de 30 numéros du magazine. Actuellement, elle codirige Keenpress Photography, au Danemark, avec son mari, Cotton Coulson.

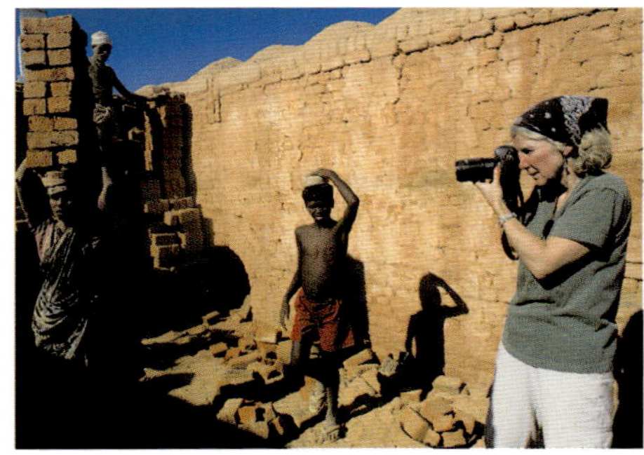

Jodi Cobb.

BROWN, NELSON. Nelson Brown intégra l'équipe photo du *National Geographic* dans les années 1960. Durant le programme Apollo, à Cap Canaveral, il participa à l'élaboration et à l'installation des appareils télécommandés pour les photos de lancement des fusées. Chef du matériel photo de la NGS, il était responsable de l'entretien des appareils photo, des caméras, de l'équipement électronique et des systèmes d'éclairage que les photographes de terrain installent ad hoc et adaptent de manière ingénieuse dans des conditions extrêmes, tant au fond des mers que très haut dans le ciel.

CAPUTO, ROBERT. La longue histoire d'amour entre Robert Caputo et l'Afrique commença à la fin de son parcours universitaire, lors de sa rencontre en Tanzanie avec le réalisateur Hugo van Lawick. Il apprit à tourner des documentaires animaliers, puis intégra l'école du film de l'université de New York. Il repartit ensuite en Afrique et, à partir de 1980, entama une carrière en free-lance pour le *National Geographic*. Ses articles traitent de la famine, de la guerre et de la nature sauvage à travers tout le continent : son expédition en amont du fleuve Zaïre a donné lieu à une publication et à un téléfilm.

CHAPELLE, DICKEY. Née Georgette Meyer, dans le Wisconsin, Dickey Chapelle (1918-1965) se fit connaître sous son nom de femme mariée. Après son divorce, elle abandonna son prénom pour adopter celui de « Dickey ». Excellente photographe de guerre pendant la Seconde Guerre mondiale, elle couvrit des nombreux conflits sur tous les continents. Le *National Geographic* publia plusieurs de ses articles sur le Vietnam, où, en 1965, elle se tua en marchant sur une mine antipersonnel.

CHESLEY, PAUL. Ce free-lance a traversé le Canada en train, fait de la randonnée le long de la faille continentale et exploré tous les recoins de l'Amérique du Nord pour le département Livres du *National Geographic*, mais il montre une prédilection pour l'Asie et le Pacifique. Né dans le Minnesota, il a entamé sa carrière de photographe en 1975, et signé jusqu'à présent 35 reportages pour le *National Geographic*.

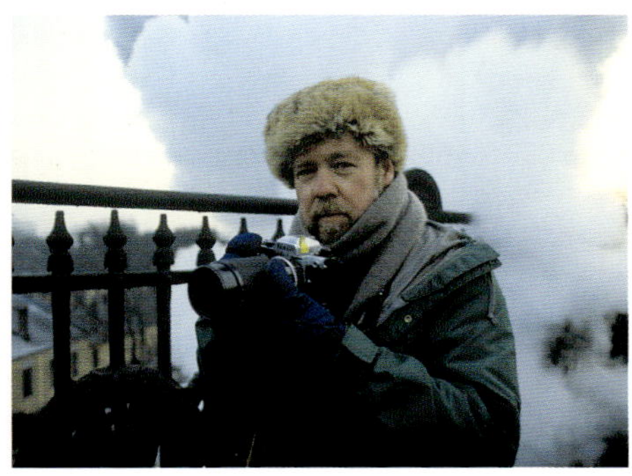

Bruce Dale.

CLARK, ROBERT. Du reportage sur le football américain dans une université du Texas à celui de l'attaque du 11 septembre 2001 sur le World Trade Center, Robert Clark est un photographe très polyvalent. Parmi ses reportages pour le *National Geographic*, citons ses nombreux articles historiques ou ses essais sur les chiens, les baleines, les mammifères et le darwinisme.

COBB, JODI. Sa connaissance du Moyen-Orient lui est naturelle : Jodi a grandi en Iran. Diplômée de l'université du Missouri, elle a intégré le *National Geographic* en 1977, signant depuis une trentaine de reportages, surtout sur le Moyen-Orient et l'Asie : les geishas, les Saoudiennes, l'amour, la beauté, l'exploitation des esclaves aujourd'hui...

CONGER, DEAN. Natif du Wyoming, Dean Conger travailla neuf ans comme photographe au *Denver Post* avant de rejoindre, en 1959, l'équipe du *National Geographic*. Attaché trois ans à la NASA, il illustra en couleurs le programme spatial habité Mercury et vit ses photos paraître dans le monde entier. Dans les années 1970, il effectua 29 voyages en Union soviétique, et prit des clichés sans précédent sur les coulisses de l'État communiste.

COULSON, COTTON R. Cotton Coulson n'avait que 21 ans lorsqu'il commença à prendre des clichés pour le magazine du *National Geographic*. Peu après, en 1977, il passa sous contrat, et réalisa une douzaine de reportages, principalement en Europe. Un temps directeur de la photo au *Baltimore Sun* et à l'*U.S. News & World Report*, Coulson reprit ses activités pour le magazine *Traveler* du *National Geographic*. il codirige avec son épouse Sisse Brimberg l'agence Keenpress Photography au Danemark.

COURTELLEMONT, GERVAIS. Jules Gervais-Courtellemont (1863-1931) fut le plus accompli et le plus prolifique des premiers autochromistes. Écrivain, explorateur, conférencier, éditeur et photographe, il éprouvait une passion romantique pour le Moyen-Orient et se convertit à l'islam. Ses photos de Terre sainte et d'Afrique du Nord, de France ou d'Inde, figurent parmi ses 24 reportages photo publiés par le *National Geographic* dans les années 1920 et 1930.

CRAIGHEAD, FRANK ET JOHN. Les jumeaux Craighead, alors adolescents, firent leur première apparition dans les pages du *National Geographic* dans les années 1930 en leur qualité de jeunes fauconniers. Devenus deux des biologistes de la faune sauvage les plus réputés au monde, ils contribuèrent de manière régulière aux pages du magazine pendant plus d'un demi-siècle, sur des thèmes allant de l'Inde des années 1930 aux grizzlis et aigles royaux du parc de Yellowstone.

CULVER, WILLARD R. « Culver et son objectif magique » : disait l'un de ses collègues de Willard R. Culver (1898-1986) – une description adéquate pour ce photographe de la NGS (en poste de 1934 à 1958), qui fut un magicien de la photo industrielle, scientifique et technologique. Né dans le Delaware, Culver collabora à des journaux de Baltimore avant de rejoindre la NGS, où il devint expert dans la synchronisation du flash pour l'éclairage de vastes zones.

CURTIS, EDWARD S. Photographe célébré des Amérindiens, Curtis (1868-1952), qui avait découvert enfant l'art de la photographie, s'établit comme portraitiste à la mode sur la côte nord-ouest du Pacifique. Au tournant du XXe siècle, il se lança dans le grand-œuvre de sa vie, qu'il allait mettre 30 ans à finaliser : une documentation monumentale sur les tribus en voie d'extinction à l'ouest du Mississippi. Son chef-d'œuvre, *The North American Indian*, comprend 20 volumes de textes, 1 500 plaques reliées et 20 portfolios de gravures.

CURTSINGER, BILL. Membre de l'unité photographique et diplômé de l'école de plongée de l'U.S. Navy, Bill Curtsinger était préparé à faire une carrière de photographe sous-marin. Ses clichés de baleines, alors sans précédent, lui permirent dès 1979 de passer sous contrat avec le *National Geographic* : depuis, ses photos de mammifères marins, de requins gris de récif, de tortues de mer, d'épaves de bateaux et des manifestations de la vie océanique arctique et antarctique enrichissent les publications de la NGS.

CUTLER, A. W. Cutler (décédé en 1922), de Rose Hill House (Angleterre), commença dès 1913 à vendre ses photos au *National Geographic*, qui avait trouvé « superbes » ses clichés détaillés de Grande-Bretagne et d'Irlande. Il fut ensuite envoyé en reportage au Portugal, et en Italie du Sud pour recueillir les « types de paysages et de paysanneries ». Il y mourut du paludisme. Il légua la totalité de sa collection de négatifs à la NGS.

DALE, BRUCE. Bruce Dale fit preuve d'une incroyable polyvalence dans sa carrière au *National Geographic* longue de plus de trente ans. Après avoir exercé au *Toledo Blade*, ce natif de l'Ohio rejoignit l'équipe du *National Geographic* en 1964. Outre plusieurs ouvrages, il réalisa plus de 40 articles pour le magazine. Loué pour ses paysages, mais aussi pour ses portraits de Roms ou de montagnards américains, cet artiste recourut à la photo à laser pulsé pour réaliser un hologramme de l'explosion d'une boule de cristal.

DE LOS SANTOS, PENNY. Élevée dans le melting pot culturel du Texas du Sud, Penny sortit diplômée de journalisme de l'université Texas A&M. Elle suivit également les cours de maîtrise en communication visuelle de l'université de l'Ohio, où elle fut nommée Photographe universitaire de l'année 1998. Après avoir fait l'expérience de plusieurs petits journaux de province, elle se lança rapidement dans un projet photographique de sept ans sur le mouvement latino, publié par le *National Geographic* en 2006.

DEGHATI, REZA. Né en Iran, aujourd'hui citoyen français, Reza Deghati – plus connu sous le nom de Reza – incarne le journaliste engagé. Ayant appris seul la photographie à l'âge de seize ans, il est devenu le correspondant à Téhéran de plusieurs revues d'informations hebdomadaires. Dans les années 1990, il a collaboré à l'Unicef en Afghanistan et s'est lancé dans la photo pour le compte du *National Geographic*, couvrant la Libye, le Pakistan, la Chine... Il a reçu nombre de récompenses pour son engagement en faveur des causes humanitaires et du service public.

DEVORE III, NICHOLAS. Lorsque tout allait bien, Nicholas Devore (1949-2003) était un photographe charismatique, extrêmement attachant, doué de cette « touche spéciale ». Né à Paris, élevé à Aspen, dans le Colorado, il illustra dès les années 1970 des articles du *National Geographic*, traitant de l'Ouest américain, de Bali ou de la Polynésie. Mais, souvent, rien n'allait bien, et il se suicida à 54 ans. Selon un proche : « Jamais il ne se satisfaisait des choses ennuyeuses. Jamais ».

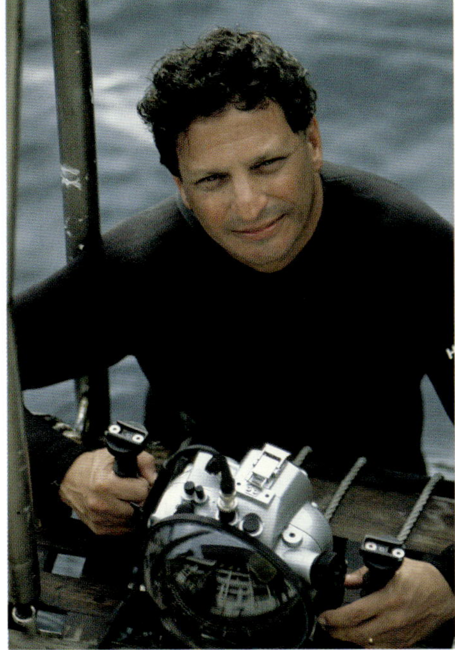

David Doubilet.

DOUBILET, DAVID. Connu comme l'un des meilleurs photographes sous-marins de sa génération, David affûte sa passion depuis l'âge de 12 ans. Son travail pour le *National Geographic*, ininterrompu depuis 1971, représente plus de 60 reportages pour le magazine, de nombreux ouvrages et des images spectaculaires de poissons, requins, récifs de corail, méduses et autres splendeurs marines.

DRY, DAN. À 16 ans, Dan faisait partie de l'équipe travaillant pour le rural *Ohio Athens Messenger*. Trois ans plus tard, il effectuait le premier de ses deux stages au sein du *National Geographic*, où il revint comme photographe sous contrat, après avoir travaillé un temps dans un quotidien. Pendant huit ans, il couvrit les régions américaines, particulièrement pour le magazine *Traveler* de la NGS et pour son département Livres.

DURRANCE, DICK S. II. Fils d'un champion olympique de ski alpin, Dick Durrance II grandit à Aspen, dans le Colorado, puis sortit diplômé de Dartmouth College avant de devenir photographe de l'U.S. Army. En 1969, il remporta un prix grâce à ses clichés du Vietnam. Cela lui permit d'être embauché au *National Geographic* et, pendant sept ans, de porter ses objectifs dans des lieux aussi divers que Leningrad, l'Afrique du Sud, la mer du Nord ou le sentier des Appalaches. Il donna sa démission en 1976 pour poursuivre une carrière dans la photo publicitaire.

EASTCOTT, JOHN. Elle venait de Pologne via New York, il venait de Nouvelle-Zélande via Londres. Quand Yva Momatiuk et John Eastcott se rencontrèrent dans le Wyoming, ils forgèrent le partenariat qui fit d'eux un couple hautement estimé d'auteurs-photographes, traitant des peuples indigènes et de l'histoire naturelle. En 1976, ils rejoignirent le *National Geographic*, travaillant sur les communautés inuit de l'Arctique ou les montagnes de leurs patries respectives.

EDGERTON, HAROLD EUGENE. Célèbre pour être parvenu à capter les danseurs en mouvement, Harold « Doc » Edgerton (1903-1990), qui fut durant de nombreuses années professeur d'ingénierie électrique au MIT, mit au point le flash stroboscopique à grande vitesse. Il travailla également en étroite collaboration avec le *National Geographic*, aidant Jacques-Yves Cousteau à améliorer ses caméras au grand large. C'est à bord de la *Calypso* qu'il reçut son surnom de « Papa Flash ».

EDWARDS, W. MEAYERS. Surnommé « Toppy » (son père dirigeait la *Topical Press Agency* à Londres), Walter Meayers Edwards (1908?-1994) émigra aux États-Unis, et intégra le *National Geographic* en 1933. Pendant les 40 années suivantes, il remplit les fonctions d'éditeur photos, éditeur maquette, chef de la division des illustrations, tout en soutenant l'exploration sous-marine et en signant des photos remarquées du désert du Sud-Ouest américain.

EIGELAND, TOR. Né en Norvège, formé au Mexique et au Canada, il commença sa carrière de photojournaliste en 1959. Peu de temps après, il entamait une collaboration avec les publications du *National Geographic* ; son premier reportage d'histoire naturelle traitait de l'Amérique du Sud. Une foule de thèmes suivirent : les tulipes de Hollande, les Alpes, l'Espagne mauresque...

ESSICK, PETER. En plus de 20 ans de collaboration sous contrat avec le *National Geographic*, Peter Essick a réalisé plus de 30 reportages pour le magazine. Après un premier article sur les maquettes d'avion, il a rapidement évolué vers des thèmes plus universels relatifs à l'environnement. Il a réalisé la plupart des photos d'un numéro spécial sur les ressources en eau, puis a traité des déchets nucléaires, des prévisions sismiques et du réchauffement planétaire.

FALCONER, DAVID. Pendant de longues années photographe en poste très admiré du *Portland Oregonian*, David Falconer, né à Vancouver, a fourni en images une grande quantité d'organismes. Le *National Geographic* a fait appel à ses clichés portant sur la biologie ou les feux de forêt pour ses ouvrages, magazines, supports éducatifs, etc.

FARLOW, MELISSA. Diplômée de l'école de journalisme de l'université du Missouri, Melissa Farlow a collaboré aux journaux *Pittsburgh Press* et *Louisville Times*, où elle a fait partie d'une équipe de reporters lauréate du prix Pulitzer. En une quinzaine d'années de reportages en free-lance pour le *National Geographic*, elle a visité les marécages de Floride et du New Jersey, descendu la Panaméricaine, traversé des chaînes montagneuses et des forêts, où elle a pris des clichés sur des questions criantes de répartition agraire.

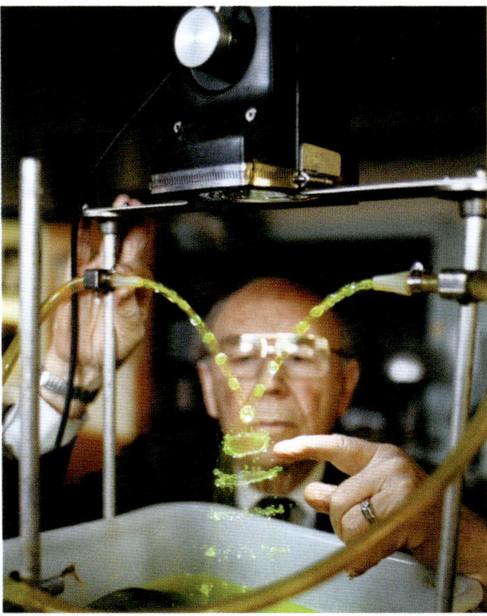

Harold Eugene Edgerton.

FELSENTHAL, SANDY. Photographe free-lance, il avait à peine quitté l'université qu'il collaborait déjà au *National Geographic*. Pendant les années 1980, il a illustré des articles sur la Nouvelle-Angleterre, la Gaspésie, Indianapolis et l'État de Washington. Puis il a raccroché ses objectifs pour reprendre l'affaire familiale dans l'Arkansas.

FISHER, ANGELA. Collaborant étroitement pendant plus d'un quart de siècle, l'Américaine Carol Beckwith et l'Australienne Angela Fisher ont documenté un grand nombre de rituels, cérémonies et coutumes africains avant leur désagrégation par le monde moderne. Leurs photos, dont beaucoup ont paru dans les ouvrages et articles de la NGS, ont été saluées par les Nations unies et nombre d'autres organisations sur la scène mondiale.

FLEMING, KEVIN. Ce free-lance natif du Delaware a travaillé pour le *National Geographic* durant les années 1980 sur des thèmes variés : Annapolis, dans le Maryland ; la guerre et la famine en Somalie ; l'histoire de la Compagnie de la baie d'Hudson... En 1981, en reportage au Caire, il a été l'un des rares témoins de l'assassinat du président égyptien Anouar el-Sadate.

FLETCHER, JOHN E. John E. « Jack » Fletcher (1917-2003), qui intégra le *National Geographic* en 1944, eut une carrière très diversifiée. Ses reportages le menèrent jusqu'à l'Antarctique ; il mit au point un système d'appareil photo télécommandé pour prendre le lancement des fusées, et devint un expert de l'éclairage de vastes surfaces : son « flash monstre » illumina ainsi Piccadilly Circus, l'Opéra de Vienne ainsi qu'une session du Congrès américain.

FRANKLIN, STUART. Ce Londonien se lança dans le photojournalisme en couvrant les combats de rue à Beyrouth, la guerre civile au Sri Lanka, les troubles en Irlande du Nord, la famine au Soudan et le massacre de 1989 sur la place Tian'anmen. Depuis, il a été l'auteur et le photographe de plus d'une douzaine de reportages du *National Geographic*, principalement sur les grandes métropoles mondiales, tout en passant un doctorat de géo graphie à Oxford. Il a également présidé l'agence Magnum Photos.

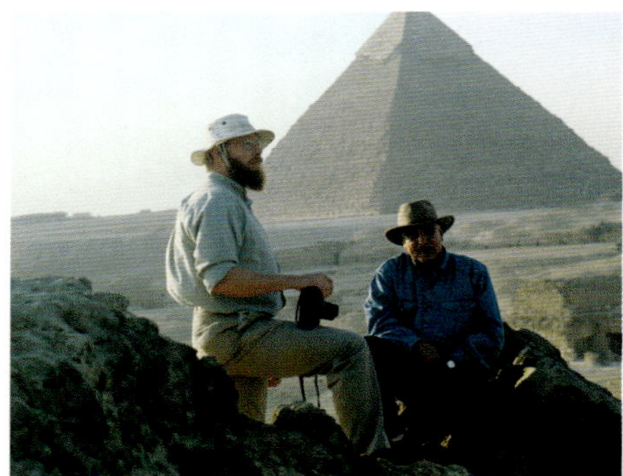

Kenneth Garrett.

GAHAN, GORDON. En sa qualité de photographe de l'U.S. Army au Vietnam, Gordon Gahan (1945-1984) récolta deux étoiles de bronze et un « Purple Heart ». Il obtint en 1972 un poste dans l'équipe du *National Geographic*. Pendant 10 ans, ses reportages traitèrent d'archéologie et d'histoire naturelle. En 1982, il se lança dans la photo publicitaire, mais il mourut deux ans plus tard dans un accident d'hélicoptère, alors qu'il prenait des photos aux îles Vierges.

GARRETT, KENNETH. En 1976, diplômé d'anthropologie de l'université de Virginie et doué d'un sens de la photo hérité de son père, Wilbur E. Garrett (qui avait été rédacteur en chef du *National Geographic*), Kenneth Garrett a opté pour la carrière de photographe indépendant, qu'il exerce toujours. Ses images spécialisées sur des thèmes historiques et anthropologiques ont illustré nombre de publications de la NGS – traitant notamment de l'Égypte ancienne, du monde maya et des découvertes archéologiques.

GARRETT, WILBUR E. Novateur et imaginatif, Wilbur E. Garrett, rédacteur en chef du *National Geographic* entre 1980 et 1990, contribua à l'implantation du photojournalisme dans le magazine. Né à Kansas City, il fut cameraman pour l'U.S. Navy en Corée, avant de retourner étudier à l'université du Missouri. Il rejoignit l'équipe du *National Geographic* en 1954, photographiant les « points chauds de la guerre froide » dans toute l'Asie. Sa couverture du Vietnam mérite une mention particulière. Il se fit également le chantre des initiatives de préservation écologique.

GAYER, JACOB. Jacob Gayer (1884-1969) fut un membre éminent de la première génération des photographes attitrés du *National Geographic*. Natif de l'Ohio, il suivit les cours de l'université de Heidelberg, en Allemagne. En 1921, il intégra la NGS, pour laquelle il travailla pendant 10 ans. Il alla dans des lieux reculés d'Amérique du Sud, sillonna les Caraïbes et s'aventura même en Arctique pour y prendre les premières photos couleur.

GEHMAN, RAYMOND. Dès sa plus tendre enfance dans l'État de Virginie, Raymond Gehman fut attiré par les activités d'extérieur : diplômé de l'école de journalisme de l'université du Missouri, il collabora à plusieurs journaux. Puis cet ancien stagiaire photo se lança en indépendant pour les publications de la NGS. Parmi ses reportages figurent ceux sur la faune sauvage, les marais, l'écologie du feu, les chiens de prairie et les destructions causées par le cyclone Andrew dans le sud-est des États-Unis et les Caraïbes, en 1992.

GEORGIA, LOWELL. Durant les deux années où il exerça les fonctions d'éditeur photos au *National Geographic*, Lowell Georgia vit se ranimer sa passion pour la photo : né dans le Wisconsin, il avait en effet été, jusqu'en 1967, cameraman primé au *Denver Post*. Après sa démission, il reprit ses objectifs et entama deux décennies de collaboration freelance avec la NGS. Il se pencha essentiellement sur le peuple américain dans son environnement.

GOODMAN ROBERT B. Photographe en poste au *National Geographic* entre 1961 et 1963, Robert B. Goodman publia ses premiers clichés dans le magazine, en illustration d'un article sur les volcans hawaïens. On le vit par la suite sous l'eau, réalisant des clichés d'archéologie marine, et sur l'eau, aux îles Samoa et en Australie. Il repartit ensuite à Hawaii et n'en bougea plus.

GRALL, GEORGE. Serpents, crapauds et autres créatures rampantes fascinent George Grall depuis qu'il a trois ans, et attendre une semaine dans une forêt pluviale de Nouvelle-Guinée pour prendre un cliché de grenouille lui était naturel. Des trésors de patience lui ont permis de photographier des hippocampes, des tortues serpentines, des invertébrés sur une rive du Chesapeake, et des créatures du désert de Chihuahua – et de voir cette petite faune paraître dans diverses publications du *National Geographic*.

GREHAN, FARRELL. Peintre et sculpteur à l'origine, Farrell Grehan a trouvé une nouvelle voie en photographiant la vie grouillante de New York. Après quelque temps de reportage local pour le magazine *Life*, il a travaillé une douzaine d'années en indépendant pour le *National Geographic*. Ses reportages ont illustré les hommages biographiques à Thoreau, Willa Cather et Teddy Roosevelt, ou le désert Mazatzal en Arizona.

GROSVENOR, GILBERT H. « Maître fondateur du *National Geographic* », Gilbert Hovey Grosvenor (1875-1966) fit de la NGS et de son magazine un succès mondial, et de la photographie un langage essentiel. Premier et unique salarié de la société à ses débuts en 1899, Grosvenor fut un éditeur de génie. Lorsqu'il prit sa retraite, en 1954, le *National Geographic* était déjà unanimement considéré comme une institution américaine.

GROSVENOR, GILBERT M. Comme son père, Melville Bell Grosvenor, et son grand-père, Gilbert H. Melville fut rédacteur en chef du *National Geographic* (1970-1980) et président de la NGS (1980-1996). Ayant rejoint l'équipe interne en 1954, il passa quelques années – lorsqu'il n'éditait pas les photos – en reportage entre Ceylan, Bali, la Yougoslavie, la mer Égée et l'Afrique de l'Est.

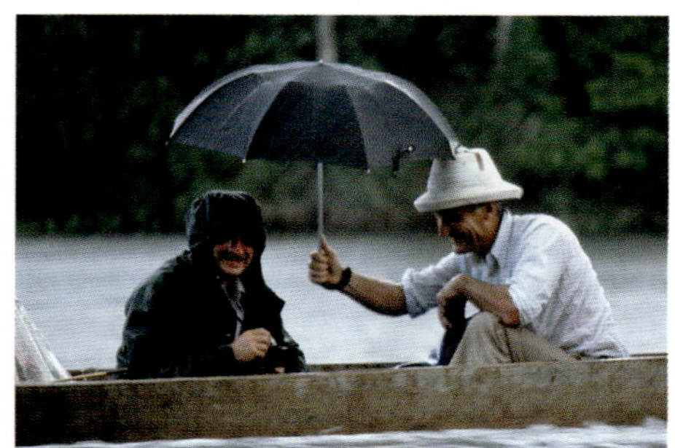

James P. Blair.

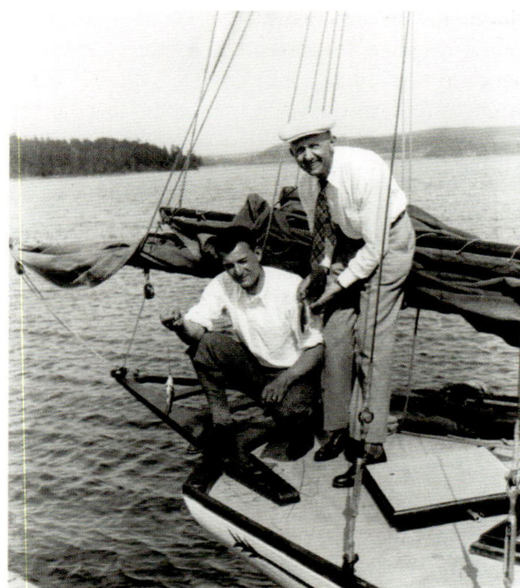

Melville Bell Grosvenor et Clifton Adams.

GROSVENOR, MELVILLE BELL. Fils de Gilbert H. Grosvenor, lui-même président et rédacteur en chef du *National Geographic*, Melville Bell (1902-1982) rejoignit la Society en 1924. En 1930, il réalisa les premiers clichés aériens, à l'aide de plaques Finlay, pris d'un ballon dirigeable relativement stable. La décennie qu'il passa à la barre de la Society correspond à une période d'épanouissement et de croissance, notamment avec l'introduction de la chaîne de télévision *National Geographic*.

GUARIGLIA, JUSTIN. Lors de ses études en Chine, dans les années 1990, Guariglia s'est passionné pour les philosophies religieuses orientales comme le taoïsme et le bouddhisme, visitant chaque montagne sacrée, pagode ou sanctuaire qu'il trouvait sur sa route. Les dix années suivantes, toujours en Asie, il a collaboré au *Traveler* du *National Geographic* – se rendant en Irlande, au Mexique ou aux Canaries aussi souvent que dans ses pays de prédilection : Taïwan, Japon et Chine.

HAAS, ROBERT B. Bobby Haas, financier réputé, a réussi ce dont nombre de gens rêvent : une seconde carrière professionnelle comme photographe pour le *National Geographic*, se lançant dans des expériences de photos aériennes. Ses images, spectaculaires, d'animaux de la savane africaine ou de paysages d'Amérique du Sud vus des airs ont été publiées par la NGS.

HARVEY, DAVID ALAN. Harvey reçut une bourse qui lui mit le pied à l'étrier, et le fit passer de la photo de presse noir et blanc à la photo couleur de magazine. Il est pourtant resté un photojournaliste. Durant les 40 ans où il a œuvré pour le *National Geographic* – comme photographe attitré, free-lance ou contractuel –, il a réalisé plus d'une soixantaine de reportages. On le considère comme un maître dans la profession.

HATCHER, BILL. Bill Hatcher sait qu'un bon photographe d'aventure doit être à la fois cameraman et acteur. Aussi, dès qu'il faut escalader, skier, faire du kayak, de l'alpinisme ou toute autre activité bourrée d'adrénaline, il reste en contact étroit avec le sujet. Son ascension des tours de Trango, au Pakistan, son raid en VTT dans la chaîne d'Alaska, son exploration des gorges d'Arizona figurent parmi les aventures dont il a rapporté des clichés pour le *National Geographic*.

HILDENBRAND, HANS. Hans Hildenbrand (1870-1957), né en Allemagne, fut un adolescent aux penchants artistiques, qui se lança très tôt dans la photo et devint le photographe de cour du roi Guillaume de Wurtemberg. Au début du XXᵉ siècle, il voyagea à travers l'Allemagne, la Pologne et les Balkans, et réalisa des autochromes de la Vieille Europe. La plupart furent publiés dans les pages du *National Geographic* – et une grande partie fut détruite lors d'un raid aérien pendant la Seconde Guerre mondiale.

HISER, DAVID. Pendant près de 20 ans, au début des années 1970, David Hiser, basé dans le Colorado, a été photographe indépendant pour le *National Geographic*. Il compte une trentaine de reportages à son actif, qui l'ont conduit parfois dans des lieux aussi reculés que les îles du Pacifique – mais, le plus souvent, il a pris des clichés des sentiers poussiéreux de l'Ouest américain, du Mexique profond aux canyons des Rocheuses.

HOFFMANN, FRITZ. Aucune école de photojournalisme ne lui a mis le pied à l'étrier : Fritz Hoffmann a appris la photo sur le tas, lequel pouvait être un bateau crabier d'Alaska ou un petit journal de province. En 1995, il est parti vivre à Shanghai (où il a été le premier photographe étranger accrédité en tant que journaliste-résident) et, de là, a voyagé aux quatre coins de la Chine. Depuis lors, il relate l'ascension de ce pays vers les cimes internationales.

HEURLIN, GUSTAV. Pionnier de la photo couleur, Gustav Heurlin (1862-1939), d'abord photographe amateur enthousiaste, devint le photographe de la cour suédoise. Entre 1919 et 1931, le *National Geographic* publia certains de ses autochromes de fjords norvégiens, de fermes danoises, de costumes suédois et autres portraits colorés de la vie scandinave.

IMBODEN, OTIS. Sitôt rejoint l'équipe du *National Geographic*, en 1961, Otis Imboden (?-2006) couvrit le programme spatial de Cap Canaveral, où il resta une grande partie de la décennie. Enfant du Tennessee, il avait une maîtrise en littérature anglaise. Il remporta le trophée *Apollo Achievement Award*, puis se tourna vers les galions échoués, les Everglades, les ruines mayas et les planeurs expérimentaux, jusqu'à sa retraite, en 1986.

JACKSON, WILLIAM HENRY. Doté d'un véritable talent de peintre, William Henry Jackson (1843-1942) partit pour Omaha (État du Nebraska), après la guerre de Sécession, et ouvrit un studio photo. Il devint le photographe de l'Ouest américain : ses clichés du parc national des Tetons ou du Mount of the Holy Cross entrèrent pour toujours dans l'imaginaire américain et ceux de Yellowstone contribuèrent à en faire le premier parc national au monde.

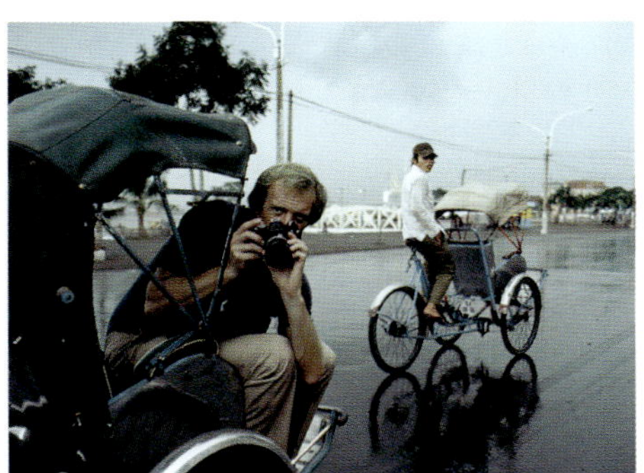

David Alan Harvey.

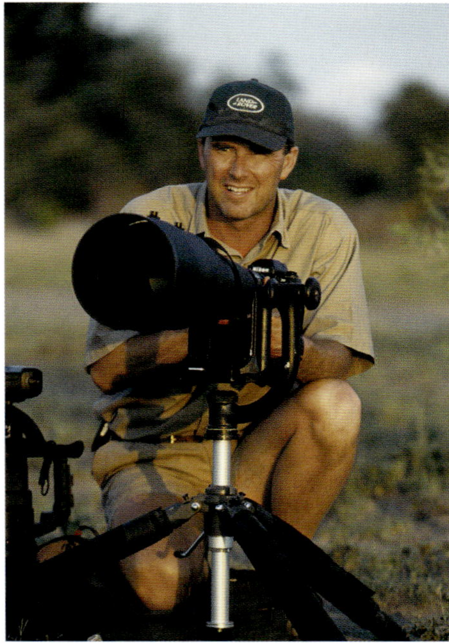

Chris Johns.

JOHNS, CHRIS. Rédacteur en chef du *National Geographic* depuis 2005, Chris Johns connaît par cœur les rigueurs des reportages sur le terrain. De la côte pacifique de l'Amérique du Nord au désert du Kalahari ou à la vallée du Rift, en Afrique, ce natif de l'État de l'Oregon a réalisé huit reportages photos sur les 20 que lui a confiés le magazine depuis ses premiers clichés de free-lance pour le *National Geographic*, en 1983.

JOHNSON, LYNN. Après environ 30 ans de photojournalisme, Lynn Johnson trouve qu'elle est maintenant en voie de « passer d'observatrice à avocate ». Selon elle, en effet, « les personnes sont bien plus importantes que les photos ». Dans la mesure où elle s'engage de manière absolue auprès des communautés avec lesquelles elle entre en contact, ses photos sont pleines de sensibilité – telles celles accompagnant les articles sur les menaces de pandémies ou les armes de destruction massive.

JONES, DEWITT. Pendant près de deux décennies, peu après être sorti de Dartmouth College en 1972, DeWitt Jones a contribué régulièrement au *National Geographic*, se spécialisant dans les articles élégiaques et évocateurs sur John Muir, la Nouvelle-Angleterre de Robert Frost, les majestueux séquoias sempervirens de Californie ou le mystérieux peuple Anasazi qui s'épanouissait jadis dans le désert du Sud-Ouest américain.

JOUBERT, BEVERLY. Le monde entier dans une seule image : c'est ce que Beverly, née en Afrique du Sud, cherche à insuffler dans ses photos de la nature sauvage – une seule image dotée du pouvoir de nous éveiller à ce monde et, donc, de favoriser une prise de conscience quant à notre environnement. Avec son mari Dereck Joubert, elle a réalisé durant de nombreuses années des films animaliers spectaculaires primés au Botswana. Tous deux sont aujourd'hui « explorateurs-résidents » du *National Geographic*.

KARNOW, CATHERINE. Catherine Karnow, fille du journaliste américain Stanley Karnow, née à Hong Kong, est diplômée de Brown University. Devenue photographe à part entière en 1986, elle a couvert, entre autres, les aborigènes australiens, la haute société du Connecticut, ou le retour du général Giap dans sa cachette vietnamienne près du champ de bataille de Dien Bien Phu. Elle collabore régulièrement au magazine *Traveler*, et a approché le prince Charles pour un article du *National Geographic* paru en 2006.

KASHI, ED. « Je pense que la photo a le pouvoir de changer l'esprit des gens », dit ce photojournaliste indépendant qui a utilisé ses objectifs pour explorer des terrains aussi explosifs que la Cisjordanie et l'Irlande du Nord. Sa collaboration avec le *National Geographic* (1990), a commencé avec un article sur les Kurdes en guerre. Ses reportages suivants ont traité de thèmes aussi complexes que la Syrie, l'agitation zouloue et le climat de violence qui règne dans le delta du Niger dû aux ressources pétrolifères locales.

KASMAUSKI, KAREN. Karen Kasmauski était une photographe de presse primée quand elle s'est lancée, en 1984, dans la photo free-lance pour le *National Geographic*. Elle est passée de thèmes culturels et régionaux à des études de plus en plus vastes, dérangeantes, sur la vieillesse, le sida, l'obésité, les radiations ou les virus – cette œuvre l'a conduite à rédiger un ouvrage proposé pour le prix Pulitzer.

KENDRICK, ROBB. Contrairement à nombre de ses pairs, ce free-lance n'explore pas la frontière numérique mais l'ancienne frontière, sur le plan territorial et photographique. Il est devenu un fervent de la photo au collodion humide qui donne des ferrotypes. Chacun est une image unique produite à la main et non un négatif. Ses ferrotypes évocateurs des cow-boys d'aujourd'hui ont trouvé preneur au *National Geographic*.

KLUM, MATTIAS. Se trouver nez à nez avec un lion dans la forêt de Gir, en Inde, est l'un des risques pris par Mattias Klüm dans sa remarquable carrière de photographe animalier. Né à Uppsala, en Suède, il était déjà free-lance à plein temps avant ses 20 ans. Publié dans le *National Geographic* dès 1997, il a réalisé des clichés depuis l'Afrique jusqu'à l'Antarctique, tout en concentrant ses efforts sur les forêts pluviales de Bornéo, qui se réduisent à vue d'œil et sont menacées par des risques liés à l'environnement.

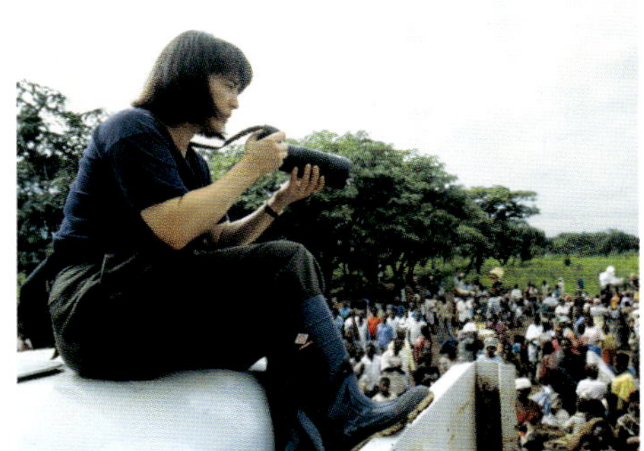

Karen Kasmauski.

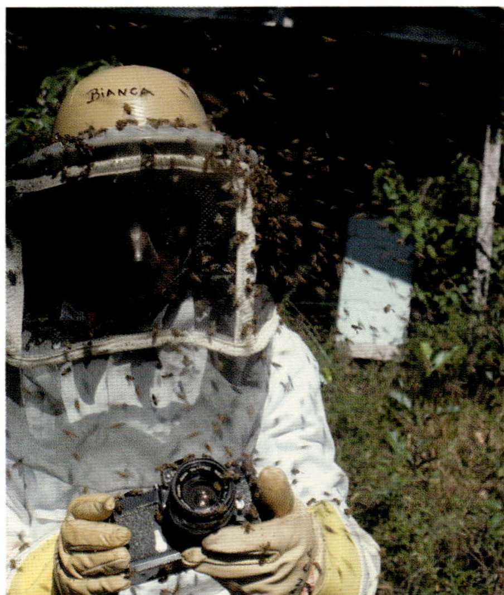

Bianca Lavies.

KNOTT, FRANKLIN PRICE. Maître américain de l'autochrome, peut-être le mieux connu de tous, Franklin Price Knott (1854-1930) avait dépassé la cinquantaine à l'avènement de cette technique, mais ce miniaturiste focalisa son énergie dans cette nouvelle direction. Il vendit plusieurs de ses autochromes au *National Geographic*, puis embarqua en 1927 pour un tour de l'Orient qui lui permit de fournir le magazine en centaines de plaques couleur sans précédent.

KRASEMANN, STEPHEN J. Photographe, auteur et artiste, Stephen J. Krasemann eut une carrière très diversifiée. Photographe publicitaire pour les Rolling Stones, réalisateur du programme TV *Sesame Street*, il collabora au magazine *Vogue* avant de se lancer pour la NGS dans des reportages axés sur l'histoire naturelle (faune de l'océan Arctique et des rivages du sud-est des États-Unis, oiseaux migrateurs des Grands Lacs) et des illustrations photographiques des aspirations et des activités de l'association américaine de protection de la nature.

KRISTOF, EMORY. Emory Kristof, pionnier de la photo en eaux profondes, rejoignit l'équipe photo du *National Geographic* de 1964 à 1994. À l'aide d'imageries contrôlées à distance, il réalisa des images innovatrices de la vie abyssale, dont les premiers clichés de monts hydrothermaux, ainsi que d'épaves gisant à de trop grandes profondeurs pour les plongeurs. Il a été reconnu en 2000 par Kodak comme « l'un des quatre grands visionnaires ayant porté la photo par-delà même la frontière numérique ».

LAMAN, TIMOTHY G. À la fois photographe et biologiste de terrain, Timothy G. Laman s'efforce de prendre des « images irrésistibles à même de transmettre la beauté, l'unicité et la fragilité de la forêt pluviale ». Né au Japon, il est titulaire d'un doctorat de l'université de Harvard, pour ses recherches sur les figuiers étrangleurs de l'île de Bornéo. Cette région demeure pour lui une aire de recherche de premier plan (il est marié à Cheryl Knott, connue pour ses études sur les orangs-outangs), même si le *National Geographic* lui confie des reportages aux quatre coins de la planète pour témoigner sur d'autres animaux rares et sur des écosystèmes menacés.

LANTING, FRANS. D'origine hollandaise, Frans Lanting est un photographe de la nature et de la faune sauvage, réputé, dont les reportages ont souvent paru dans les ouvrages et magazines du *National Geographic* : bonobos d'Afrique tropicale, lémuriens de Madagascar, volcans d'Hawaii, pingouins de l'Antarctique… Il a voyagé durant un an dans le monde entier pour un numéro spécial sur la biodiversité, publié en 1999.

LANZA, PATRICIA. Pat Lanza a commencé sa carrière à l'Image Collection du *National Geographic*, avant de se lancer dans la photographie en free-lance. Elle a fourni des centaines de clichés aux programmes de la NGS – films et supports multimédias éducatifs, VHS, matériel d'expositions, etc., photographiant les quatre coins de la planète et se penchant notamment sur la situation des Swazi Zoulous sous l'apartheid ou sur l'espèce menacée des tortues de mer des Maldives.

LAVENBURG, JOSEPH D. Arrivé au *National Geographic* au début des années 1960, Joseph D. Lavenburg travailla de nombreuses années au labo photo. Au Still Photo Pool de cap Canaveral, il a développé la pellicule des lancements de Gemini et d'Apollo, ensuite remise à la presse. Pendant 20 ans, avant sa retraite en 1994, il a travaillé essentiellement en studio, réalisant des clichés de personnalités officielles et d'objets figurant dans les musées et divers instituts.

LAVIES, BIANCA. Photographe de l'équipe de 1974 à 1987, Bianca Lavies avait pour spécialité les sujets d'histoire naturelle : plus ils étaient bizarres, plus elle les aimait. Elle se glissa parmi les serpents, s'aventura parmi les abeilles tueuses, explora l'univers des tas de compost et photographia des millions de monarques agglutinés dans leur havre hivernal mexicain. Née en Hollande, elle a sillonné la Nouvelle-Zélande et l'Afrique du Sud, avant de débarquer aux États-Unis suite à une traversée de l'océan Atlantique sur un voilier de neuf mètres.

LEEN, SARAH. Élue Photographe universitaire de l'année alors qu'elle étudiait à l'université du Missouri, aux États-Unis, elle était stagiaire au *National Geographic* quand son premier article – sur l'Ouganda – fut publié dans le magazine. Un coup de maître suivi de 27 ans de reportages en free-lance, géographiques (du lac Baïkal à la Macédoine) ou sur des thèmes aussi variés que la peau, le développement urbain et les énergies alternatives. Aujourd'hui, elle exerce les fonctions d'Illustrations Editor au sein du magazine *National Geographic*.

LARSEN, LENNART. Né au Danemark en 1924, Larsen fut longtemps photographe au musée national de Copenhague. On le connaît avant tout pour ses études de Tollund Man et de Graubelle Man, ces corps sacrificiels bien conservés mis au jour dans les années 1950, dans les tourbières danoises. En 1980, Lennart Larsen fut choisi pour faire le portrait officiel de la reine Margrethe II.

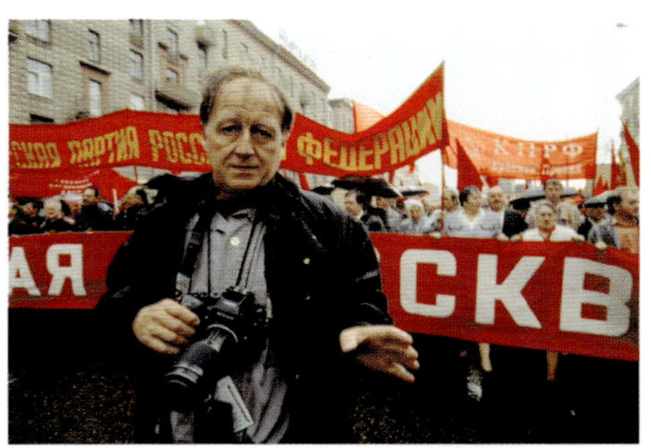

Gerd Ludwig.

LITTLEHALES, BATES. L'un des premiers maîtres de la photo sous-marine en 35 mm, Bates Littlehales, diplômé de l'université de Princeton, prit son premier cours de plongée peu après son embauche à la NGS en 1952. Il photographia les activités de Jacques-Yves Cousteau, ainsi que d'autres pionniers des fonds marins et archéologues marins. Il dessina même l'Oceaneye, un étui étanche très apprécié. Littlehales, retraité depuis 1989, est aujourd'hui un photographe ornithologique de premier plan.

LIITTSCHWAGER, DAVID. Photographe animalier issu du monde de la publicité, il a travaillé aux côtés de Richard Avedon à New York. Mettant à profit sa technique du portrait, il a réalisé des sujets d'un format aussi minuscule que le zooplancton. Il cherche à dépeindre l'animal le plus petit possible en tant qu'entité. Ses études de la microfaune marine ont paru dans maints ouvrages et articles de la NGS.

LOCKE, JUSTIN. Photographe salarié par le *National Geographic* entre 1947 et 1952, Justin Locke a effectué des reportages de Paris aux Pyrénées en passant par Porto Rico, axant ses efforts sur le territoire enchanteur qui va de l'Ancien-Mexique au Nouveau-Mexique (où il s'est installé) via le Grand Canyon et le plateau du Colorado. Il est également peintre.

LOUDEN, ORREN. Écrivain, artiste et photographe, Orren Louden (1903-1974), qui avait étudié à New York, fut en poste au *National Geographic* de 1925 à 1931. Il réalisa essentiellement des photos couleur autour de Washington et de la région mid-atlantique, et s'installa à San Diego, où il dirigeait le Village School of Art.

LUDWIG, GERD. Né en Allemagne, Gerd Ludwig travaillait comme photojournaliste free-lance à la chute du mur de Berlin. Il a donc été choisi par le *National Geographic* pour un reportage sur la réunification allemande. Ont suivi une série de reportages thématiques sur le démantèlement de l'Union soviétique, les répercussions de Tchernobyl, la pollution, les politiques en matière de pétrole, le nouveau Berlin et le nouveau Moscou. Ses images ont paru dans l'ouvrage du *National Geographic, Broken Empire*.

MADDEN, ROBERT. Diplômé de l'école de journalisme de l'université du Missouri, Robert W. Madden a commencé sa vie professionnelle en 1967, comme stagiaire photo au *National Geographic*. Il y est retourné en qualité de reporter en 1973. Pendant environ 10 ans, ses reportages l'ont mené dans tous les coins des États-Unis, dans l'Antarctique, et en Chine qui s'ouvrait à peine. Sa remarquable couverture du séisme de 1976 au Guatemala a été récompensée d'un *Overseas Press Club Award*.

MARDEN, LUIS. Pilier résolu de la NGS pendant un demi-siècle, Luis Marden (1913-2003) fut jadis

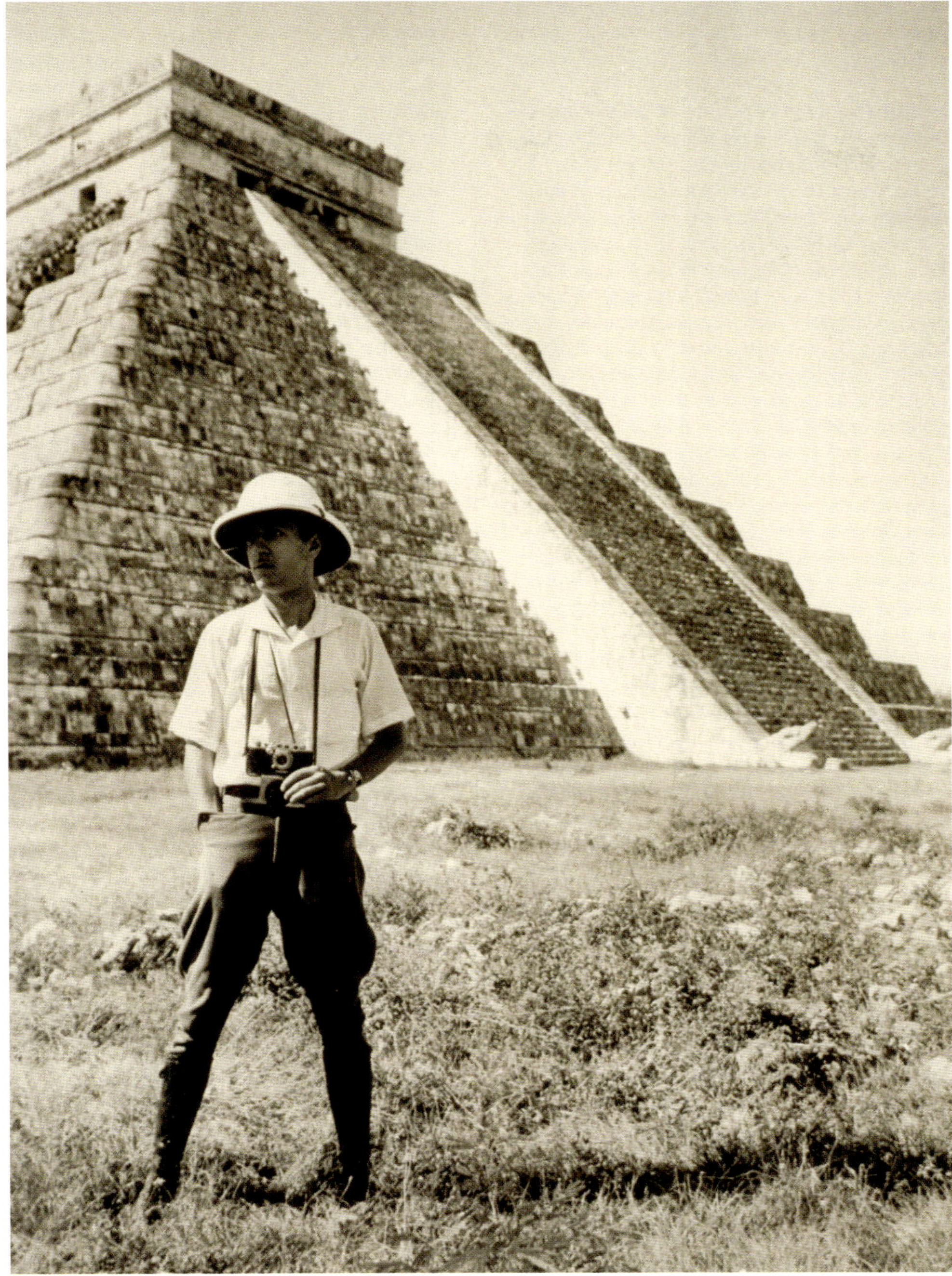

Luis Marden.

décrit comme l'incarnation de l'« homme de terrain du *National Geographic* ». Ayant commencé sa carrière en 1934 pour la poursuivre bien après sa retraite en 1976, Marden, prototype même d'« homme de la Renaissance », introduisit à la National Geographic Society le Kodachrome 35 mm, fut un défricheur de la photo sous-marine, couvrit les premiers programmes spatiaux et réalisa plus de 60 reportages pour le magazine, en qualité d'auteur ou de photographe.

MARTIN, CHARLES. Lorsqu'il devint, en 1915, le premier directeur du labo photo du *National Geographic*, Charles Martin (1877-1977) était un département à lui tout seul, qui séchait les tirages sur du papier à biscuits, dehors au soleil. Cet ancien sergent de l'U.S. Army s'était fait un nom en maniant un appareil photo aux Philippines. Véritable génie de la chimie photographique, il réalisa les premières photos couleur sous-marines. Il prit sa retraite en 1942.

MAZE, STEPHANIE. Née à New York, Stephanie a travaillé pour le *San Francisco Chronicle* avant de devenir photographe indépendante pour le *National Geographic*. Elle s'est spécialisée dans la culture de la péninsule ibérique, en particulier dans les zones reculées du Nouveau Monde portant la marque des Espagnols et des Portugais : l'Amérique latine, y compris le Brésil.

MAZZATENTA, O. LOUIS. Membre de l'équipe pendant 33 ans (de 1963 à 1994), O. Louis Mazzatenta – ou Ma Lao, « vieille face de cheval », comme le surnomment ses amis chinois, qui ne parviennent pas à prononcer son nom –, a été successivement Picture Editor, directeur de la maquette, photographe... Premier journaliste occidental à photographier l'armée miniature découverte dans le tombeau de l'empereur chinois Jin Di, il a pris inlassablement des clichés des légions en terre cuite, des os d'oracles et des fossiles de dinosaures mis au jour en Chine.

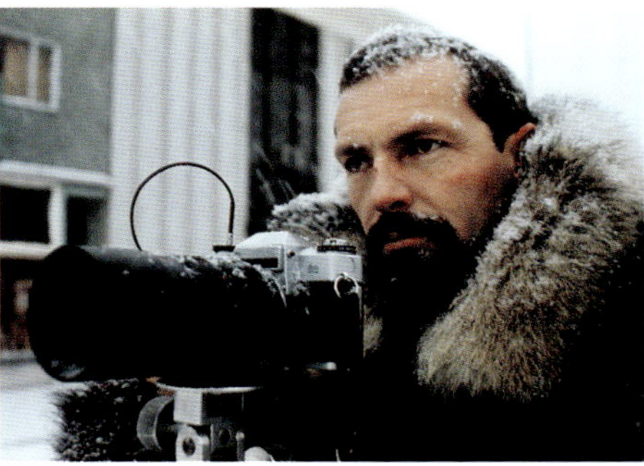

George F. Mobley.

MCCURRY, STEVE. Connu dans le monde entier, Steve McCurry couvre les guerres et les conflits depuis qu'il a endossé son costume pachtoun et basculé dans le champ de bataille afghan en 1980. Pourtant, il est plus qu'un photographe de guerre : c'est un photojournaliste que passionne l'exploration de « ce vaste paysage que l'on pourrait appeler la condition humaine ». Ses nombreux reportages pour le *National Geographic* lui ont permis de photographier les conséquences à long terme du stress sur les êtres humains.

MCINTYRE, LOREN. Loren (1917-2003) aperçut pour la première fois l'Amérique latine depuis le pont du cargo, à l'âge de 17 ans. Ce continent lui jeta un sort : dans les années 1960, il le couvrit en tant qu'auteur/photographe free-lance pour le compte du *National Geographic*. Pendant 20 ans, il escalada ses montagnes, repéra la source de son grand fleuve et fut kidnappé par des Indiens, ce qui ne l'empêcha pas de réaliser une douzaine d'articles sur les Andes ou le monde perdu de l'Amazonie.

MCLEISH, DONALD. Ce Londonien (1879-1950), las d'emmener les touristes en Suisse ou de réaliser des photos de cigarettes, se tourna en 1910 vers la photo en indépendant. Ses images d'Europe et du Moyen-Orient, avant et après la Première Guerre mondiale, parurent non seulement en Grande-Bretagne mais aussi dans le *National Geographic*. Ingénieux, il fabriqua son propre appareil photo, afin que ses tirages 8 x 10 puissent rendre « des détails d'une exceptionnelle finesse ».

MCNALLY, JOE. McNally souhaitait écrire sur le sport – mais lorsqu'il eut en main un appareil photo, il ne le lâcha plus et l'utilisa de manière de plus en plus habile et sagace. On a beaucoup fait loué ses clichés imaginatifs, qui ont illuminé de nombreux numéros du *National Geographic*, dans le trio vue-vol-lumière.

MELFORD, MICHAEL. Déchiré entre deux passions (l'ingénierie et l'art) alors qu'il étudiait à l'université de Syracuse, Melford se tourna vers la photo et résolut son problème. Photographe free-lance prolifique dont les clichés ont souvent trouvé preneur dans les publications de la NGS depuis 1990, il réunit dorénavant son goût pour la mécanique et son penchant créatif. Il a focalisé son art autour de lieux spectaculaires comme les parcs nationaux et les sites historiques, ainsi que dans les zones sauvages menacées.

MOBLEY, GEORGE F. Démobilisé de l'Air Force, George F. Mobley décida de devenir photojournaliste. Diplômé de l'université du Missouri, il fut

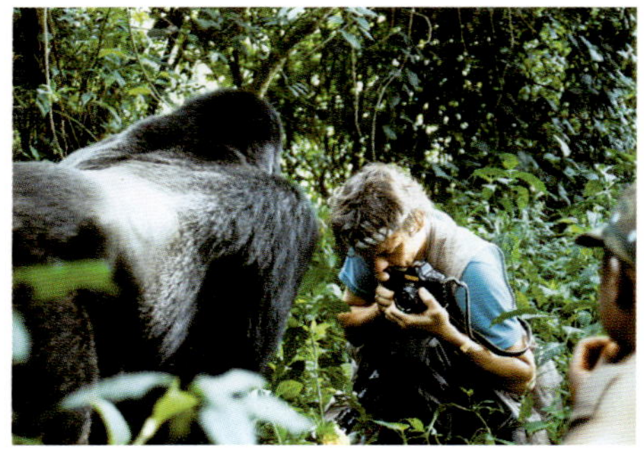

Michael Nichols.

embauché au *National Geographic* en 1961. Ses 33 ans de reportages l'ont conduit aux quatre coins du monde, mais aucun lieu ne l'a autant émerveillé que les régions auxquelles son travail est le plus souvent lié : l'Arctique et l'Antarctique.

MODEL, BOBBY. Au début, ce photographe du Wyoming a choisi comme sujets l'escalade et les sports d'action. Alors qu'il partait en reportage en Libye et en Iran pour le magazine *Adventure* du *National Geographic*, il s'est mis à pencher pour le photojournalisme, vers un travail qui apporterait « une nouvelle prise de conscience et contribuerait à faire évoluer les choses ». Puisse-t-il en avoir l'occasion : il a été grièvement blessé à la tête par un jet de pierre au Cap, en mai 2007.

MOFFETT, MARK. Mark s'est formé seul à la macrophotographie, pour mieux illustrer sa thèse de doctorat à Harvard sur les fourmis asiatiques. Son œil artistique superbe lui a valu cependant un poste au *National Geographic*. Depuis, il ajuste ses objectifs sur les fourmis de tous acabits, sur les araignées sauteuses, les grenouilles dendrobates, les mantoptères et les écosystèmes capables de recouvrir un seul arbre géant.

MOLDVAY, ALBERT. Hongrois émigré à Pittsburgh, Albert Moldvay (1921-1995) fut photographe au *Denver Post* avant d'intégrer la Society en 1961. Il passa ensuite cinq mois dans l'Antarctique, prélude à une décennie de reportages en Espagne, sur la Riviera italienne, à New York, sur l'U.S. Air Force au Vietnam... Il quitta la NGS en 1972 pour monter sa propre affaire, et rédigea une chronique régulière sur la photographie.

MOMATIUK, YVA. Elle venait de Pologne via New York ; né en Nouvelle-Zélande, il arrivait de Londres. Mais une fois que leurs chemins se furent croisés dans le Wyoming, Yva Momatiuk et John Eastcott entamèrent le partenariat qui allait faire d'eux des auteurs et photographes renommés, sur des thèmes traitant d'histoire naturelle et des peuples indigènes. En 1976, ils collaborèrent en free-lance pour le *National Geographic*, effectuant des reportages sur les communautés inuit de l'Arctique et jusqu'aux hauts plateaux et montagnes de leurs pays natals respectifs.

MOORE, W. ROBERT. W. Robert Moore (1899-1968) faillit baptiser ses mémoires « le premier million de kilomètres ». Ce petit paysan du Michigan avait collaboré à des journaux de Detroit et enseigné les sciences en Thaïlande avant que ses photos couleur ne lui valent un poste au *National Geographic*, en 1931. Son dernier emploi aura été celui de chef du bureau éditorial étranger. Il avait prêté son œil à près de 90 articles, voyageant des Amériques jusqu'en Afrique et en Asie, avant de prendre sa retraite en 1967.

MURAWSKI, DARLYNE A. Avec son doctorat en biologie de l'université du Texas et sa maîtrise de beaux-arts de l'Art Institute de Chicago, Darlyne A. Murawski a tous les atouts en main pour peaufiner son style particulier : la photo d'histoire naturelle. Après ses clichés de papillons de passiflore pour le *National Geographic* en 1993, elle a passé la planète au peigne fin en quête de chenilles, toiles d'araignées, vers marins, diatomées, et autres, que son goût pour la science lui permet de comprendre et son œil d'artiste de dépeindre.

MUSI, VINCENT J. Né en Pennsylvanie, Musi a trouvé son premier véritable emploi dans la presse, au journal Pittsburgh Press, où il est resté près de 10 ans. En 1993, il a entrepris des reportages en free-lance pour le *National Geographic*, sur une variété de sujets : la Route 66, les volcans des Antilles, les collines du Texas, l'intelligence animale, les catacombes de Palerme...

MYERS, TOM. « Nous prenons des photos de ce qui nous intéresse. Et presque tout nous intéresse... » En compagnie de sa femme et de son fils, Tom Myers photographie en free-lance. Les reportages qu'il a vendus au *National Geographic* reflètent cette universalité. Ses innombrables articles relatifs à l'histoire naturelle, aux sites, à la technologie ont trouvé asile sur tous les supports de la NGS : livres, magazines, médias éducatifs, calendriers, etc.

NACHTWEY, JAMES. Nachtwey conçoit son rôle de photojournaliste comme un rôle de témoin, ses photos étant ses témoignages. Depuis ses débuts, en 1980, il a photographié presque chaque guerre ou conflit. Ses clichés lui ont valu de nombreux prix ; il compte à son actif des reportages pour le *National Geographic* sur les blessés de la guerre en Irak et la pollution en Europe de l'Est.

NEBBIA, THOMAS. Photographe de combat en Corée, Nebbia travaillait pour le *Columbia State Record*, en Caroline du Sud, lorsqu'il fut recruté en 1958 au *National Geographic*. Ses reportages le conduisirent au cap Canaveral, à Berlin Ouest (le mur venait d'être érigé), dans la baie de Guantanamo sous le régime castriste, et dans maints autres lieux. Il prit sa retraite en 1966, mais poursuivit sa carrière en free-lance pendant quelques années.

NICHOLS, MICHAEL (NICK). Il a passé l'essentiel de sa carrière à travailler en Afrique pour le *National Geographic*. Pourtant, ses clichés démontrent la puissance du photojournalisme : ses descriptions de la magnifique forêt pluviale du Gabon ont conduit les autorités de ce pays à l'intégrer dans ses parcs nationaux ; et ses portraits des éléphants assiégés du Tchad ont permis une levée de fonds pour leur protection.

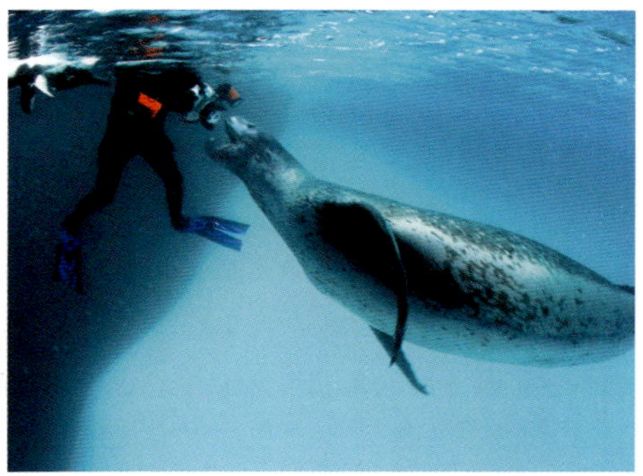

Paul Nicklen.

NICKLEN, PAUL. Nicklen, qui a grandi dans l'île de Baffin (Canada arctique), était partagé entre deux aspirations : devenir biologiste ou photographe. Les trois mois passés seul dans la toundra du Grand Nord l'ont persuadé que la meilleure manière d'aider les populations locales serait le photojournalisme. Ses portraits de la nature sauvage au-dessus et, surtout, en dessous de la surface gelée de l'océan Arctique ont fait depuis des apparitions régulières dans les publications du *National Geographic*.

NICKLIN, FLIP. Né à San Diego, fils d'un photographe sous-marin, Charles « Flip » Nicklin a appris seul à plonger avec les baleines, de manière à ne pas les effrayer avec les bulles émises par les bouteilles. Cela lui a permis d'obtenir des clichés jusqu'alors inégalés. Il a poursuivi cette activité pendant plusieurs décennies avec des baleines à bosse, des baleines bleues, des grands cachalots, des narvals, des orques, des bélougas, etc.

NIGGE, KLAUS. D'origine allemande, Klaus Nigge fut longtemps biologiste, avant de se lancer à plein temps dans la photo de nature. Il se décrit comme un « photographe de la lenteur », très patient dans son approche et ingénieux dans ses constructions. Il a photographié des ours, des bisons européens (une espèce très rare), des pélicans blancs, des pygargues de Steller et des aigles des Philippines (une espèce menacée), qui ont agrémenté les pages du *National Geographic*.

NOWITZ, RICHARD. Titré Photographe de voyage de l'année 1996 par la Société des écrivains-voyageurs américains, Richard Nowitz fournit les ouvrages et magazines du *National Geographic* en images depuis 1992. Nombre d'entre eux illustrent les publications destinées aux enfants, et il a été distingué pour son excellence dans le domaine de l'édition pédagogique.

OAKES, ROBERT S. Ce photographe (1922-2004) en poste au *National Geographic* de 1960 à 1985 se spécialisa dans les portraits officiels : présidents américains, juges de la Cour suprême, dignitaires étrangers, la reine Sophie d'Espagne, Haïlé Sélassié d'Éthiopie... Oakes, qui avait servi dans les Coast Guards pendant la Seconde Guerre mondiale, se rendit même à Alma Alta, en Union soviétique, pour y photographier des Russes pour le compte de l'U.S. Information Agency.

O'BRIEN, MICHAEL. Photographe free-lance, il a fait du portrait sa spécialité. Ce natif de Memphis prenait des photos pour le journal de son université afin de payer ses cours. Il a entamé sa carrière professionnelle au journal *Miami News* avant d'entrer dans le monde de la photo de magazine. Le *National Geographic* a publié ses portraits d'Australiens dans un numéro spécial sur le bicentenaire de ce pays, de même que ses articles sur les mines de charbon des Appalaches et sur Austin, au Texas.

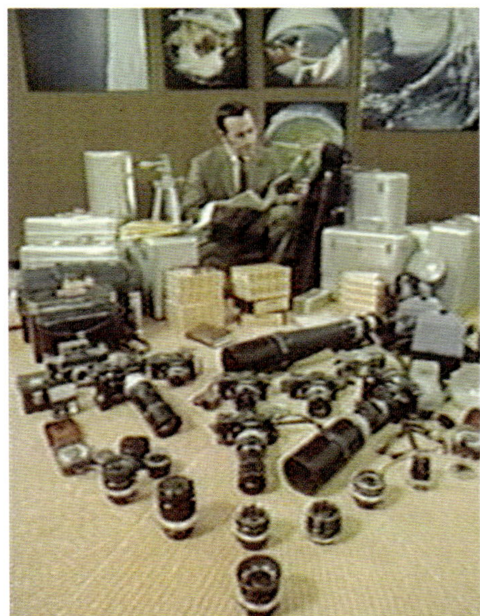

Winfield Parks.

O'REAR, CHUCK. C'est un reportage réalisé en 1978 dans la Napa Valley (Californie) qui fit découvrir à Charles O'Rear sa véritable vocation : les photos de vignobles. Avant de s'y dédier à plein temps, il avait consacré 25 ans à des reportages en free-lance pour le *National Geographic* sur des profils régionaux et géographiques : le Canada, l'Indonésie, mais aussi des thèmes technologiques aussi complexes que les puces informatiques, les lasers, l'holographie...

OLSENIUS, RICHARD. Photographe, réalisateur de films et musicien, Richard Olsenius est passionné par les paysages américains. Reporter de presse primé, il a effectué pour le *National Geographic* des reportages dans le Middle West et le Grand Nord canadien, et sur les chiens, et a rejoint Garrison Keillor dans sa quête du « véritable » lac Wobegon. De 1995 à 1999, il a exercé les fonctions d'Illustrations Editor au sein du magazine.

OLSON, RANDY. Photojournaliste polyvalent comptant à son actif une grande diversité de reportages, Randy Olson collabore à la National Geographic Society depuis 1990. Il est l'une des deux personnes ayant remporté le titre de Photographe de l'année dans les deux catégories (presse quotidienne et magazine). Il a travaillé sur la Sibérie, le consumérisme en Chine, les vieilles épaves de bateaux en mer Noire, l'épuisement des ressources de pêche et le conflit opposant les autorités du parc du Serengeti à ses habitants.

PARKS, WINFIELD. Natif de Rhode Island, cameraman de la Navy en Corée, Winfield Parks (1932-1977) était photographe au *Providence Journal Bulletin* avant de se voir offrir un poste au *National Geographic* en 1961. Il se lança alors dans une longue série de reportages qui, en 15 ans, allaient le conduire dans quelque 40 pays. Il décéda d'une crise cardiaque à 45 ans.

PEARY, ROBERT EDWIN. Robert Edwin Peary (1856-1920) fut l'un des personnages les plus célébrés – et controversés – de l'histoire de l'exploration des pôles. Vétéran de quelque huit expéditions arctiques, il détermina que le Groenland était une île. Il prétendit avoir atteint le pôle Nord le 6 avril 1909 : revendication âprement contestée, mais jamais réfutée. La collection de photos historiques datant de ses expéditions est désormais la propriété des archives de la NGS.

PETER, CARSTEN. S'aventurant hardiment là où aucune personne saine d'esprit n'aurait envie de se rendre, ce photographe allemand a réalisé des gros plans de tornades, fait du rappel dans des volcans en activité, bravé des gaz toxiques dans des grottes et des chutes d'eau acide, fait voler son parapente à des hauteurs vertigineuses. « Ce qui m'intéresse le plus, c'est l'inconnu. » Il a également pris des clichés sans précédent de phénomènes naturels que certains pensaient impossibles à photographier – et dont beaucoup sont parus dans les publications du *National Geographic*.

PELLERANO, LUIGI. Colonel italien énigmatique qui était censé vivre à Rome, Luigi Pellerano devait être un photographe amateur et autochromiste avide, car le *National Geographic* publia dans les années 1920 et 1930 huit de ses portfolios couleur. Nombre de ses plaques de verre et clichés noir et blanc sont aujourd'hui aux archives de la NGS.

PONTING, HERBERT G. Premier photographe professionnel en Antarctique, premier à y réaliser un film, inventeur du kinatome (sorte de projecteur portable) : Herbert Ponting (1870-1935) a sa place au panthéon de la photo d'expédition. Ses photos d'Extrême-Orient reçurent un accueil enthousiaste. Il s'engagea auprès de l'Expédition britannique de l'Antarctique, menée par le capitaine Robert Falcon Scott en 1910-1913.

PSIHOYOS, LOUIS. Photographier des sujets technologiques complexes pour un lectorat de magazine a toujours constitué un véritable défi, voire été considéré comme impossible. Louis Psihoyos a changé la donne avec ses photos créatives du sommeil et de l'odorat pour le *National Geographic*. Photographe sous contrat, il a également illustré des articles sur les décharges, la révolution de l'information et la chasse aux dinosaures fossilisés.

QUINTON, MICHAEL S. Ce photographe animalier réputé s'est initié seul aux rudiments de l'art photographique pendant sa jeunesse dans l'Idaho, afin de pouvoir mieux s'adonner à sa passion de la nature. Ayant vécu près de Yellowstone et en Alaska, il a réalisé des clichés de chouettes lapones, d'autours des palombes, de plongeons huards, de corbeaux et de picidés, tous parus dans le *National Geographic*.

RAYMER, STEVE. Une maîtrise de journalisme, des études à l'université de Stanford sur la Russie soviétique : Steve Raymer, lieutenant au Vietnam, n'eut aucun mal à intégrer le *National Geographic* en 1972 pour y couvrir les coulisses de l'événement qui faisait alors les gros titres. Pendant trois décennies, ses photos ont illustré des conflits, des famines, les problèmes des pays en développement et les défis posés par les suites de la guerre froide.

REVIS, KATHLEEN. Si elle ne fut pas la première femme à publier des photos dans le *National Geographic*, Kathleen Revis (1923-2006) fut la première à se faire embaucher dans l'équipe en 1953. De son enfance en Inde et à Charlottesville, en Virginie, elle avait conservé une passion pour l'équitation et la randonnée. Pour le *National Geographic*, elle illustra des articles sur les chiens et les chevaux, de même que sur des lieux touristiques comme l'Écosse, la Suisse, le Québec et les parcs nationaux du Canada et des États-Unis.

REYNARD, NICOLAS. Dès son enfance, Nicolas Reynard (1959-2004) rêvait de devenir photographe pour le *National Geographic*. Basé à Paris, ce journaliste réalisa son rêve en illustrant des reportages au Myanmar et au Gabon, et surtout en Amazonie, où il suivit l'expédition qui établit les premiers contacts amicaux avec la tribu totalement recluse des Korubo. C'est aussi en Amazonie, hélas, qu'il trouva la mort dans un accident d'avion, à l'âge de 45 ans.

RICHARDSON, JIM. Fils d'un fermier du Kansas, Jim Richardson n'oublia jamais ses racines, même après avoir sillonné la planète pendant plus de 25 ans pour le compte du *National Geographic*. Il a ainsi photographié Cuba et l'État du Kansas, et illustré des reportages sur les problèmes de l'eau dans les Great Plains, l'alimentation, l'Écosse, la Cornouaille, la pollution... et même, à l'occasion, sur les volcans, histoire de se dégourdir un peu les jambes.

ROBERTS, J. BAYLOR. Doux et effacé, Joseph Baylor Roberts (1902-1994) fut pourtant, avec près de 60 reportages à son actif entre 1936 et 1967, l'un des photographes du *National Geographic* les plus actifs du milieu du XXe siècle. À près de 60 ans, il fut choisi pour embarquer à bord du sous-marin *U.S.S. Triton* pour son premier tour du monde immergé.

ROCK, JOSEPH F. Il y eut peu d'expéditions aussi hautes en couleur que celles qu'il entreprit, dans les années 1920, jusqu'aux confins les plus reculés de la Chine. Ce botaniste viennois excentrique (1884-1962) passa 27 ans de sa vie sur les marches tibétaines, recueillant les plantes exotiques en esquivant les seigneurs de la guerre et les bandits, parlementant avec les lamas et photographiant des peuples et cérémonies jusqu'alors peu connus. La dizaine d'articles qu'il publia au *National Geographic* n'ont pas perdu leur popularité ; ses négatifs et ses tirages reposent dans les archives de la NGS.

ROGERS, MARTIN. Né en Caroline du Nord, Martin Rogers fut, dès ses 16 ans, reporter à plein temps au quotidien de la ville de Raleigh. Ayant décroché un stage photo au *National Geographic*, il devint dès 1972, à 23 ans, photographe sous contrat. Pendant 12 ans, ses reportages le menèrent de Baltimore en Belgique, en passant par la marée noire catastrophique de l'*Amoco Cadiz* sur les rivages bretons. Il lui arriva même de rechercher sur cinq continents des illustrations sur l'humble pomme de terre.

ROOT, ALAN. Pendant sa jeunesse, passée au Kenya au lendemain de la Seconde Guerre mondiale, Alan Root était un risque-tout en quête d'aventures – jusqu'à sa découverte de la photo animalière. Avec sa remarquable épouse Joan, aujourd'hui décédée, il réalisa une série de films animaliers sur l'Afrique, devenue un classique. Le

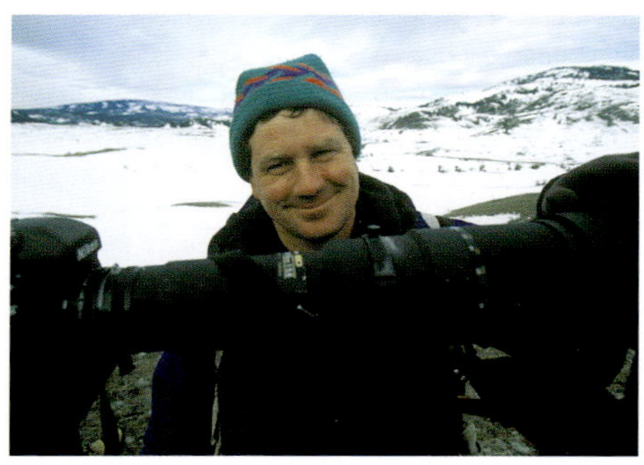

Joel Sartore.

couple fournit plusieurs reportages au *National Geographic*, notamment sur les flamants roses et les calaos à bec rouge d'Afrique, ainsi que sur l'abondante faune sauvage nichant aux alentours des Mzima Springs, au Kenya.

ROSING, NORBERT. Jeune photographe, Norbert Rosing est d'abord tombé amoureux de la Scandinavie, puis de l'Arctique. Il a ensuite photographié tous les animaux du Grand Nord : morses, bœufs musqués, baleines, renards de l'Arctique et ours polaires. Nombre de ses clichés ont paru dans les publications du *National Geographic*. Rosing, qui a également travaillé dans le parc de Yellowstone, montre une prédilection pour les parcs nationaux de son Allemagne natale.

ROWEL, GALEN. Cet alpiniste et photographe paysager légendaire (1940-2002) passa son enfance à escalader les sierras de Californie et s'initia seul aux arts et techniques de la photographie. Avec de nombreuses « premières » à son actif, Rowell fut également un écrivain prolifique. Sa collaboration avec le *National Geographic* le mena jusqu'au Brahmapoutre, au Baltistan et dans le Karakorum. Son dernier trek (442 km le long du plateau tibétain) fut également honoré dans le magazine, après qu'il eut trouvé la mort dans un accident d'avion en 2002.

RUSSELL, JAMES E. Né à Washington D.C., James Russell devint photographe dès ses études secondaires. Il travailla brièvement pour l'agence Associated Press, et fut recruté par le labo photo du *National Geographic*. Jeune homme jovial et très enthousiaste, superbe technicien, il réussit grâce à son talent à devenir photographe de l'équipe. Hélas, il décéda tragiquement d'une opération à l'abdomen à l'âge de 29 ans.

SARTORE, JOEL. Ce journaliste natif de l'État du Nebraska est passé sous contrat avec le *National Geographic* en 1992, axant ses nombreux reportages autour de sujets complexes de nature écologique. Dans chacun – les espèces en péril, les parcs menacés, le déclin des pics à bec ivoire, le compte à rebours avant l'extinction finale... Sartore voit la trace d'un monde en voie d'anéantissement : « C'est vraiment "la dernière de chaque chose" que je photographie... »

SCHERSCHEL, JOSEPH J. Lorsqu'il rejoignit le *National Geographic* en 1963, Scherschel (1920-2004) avait déjà fait carrière au légendaire magazine *Life*, pour lequel il avait photographié Truman et Eisenhower, Castro et la déségrégation... Pour le *National Geographic*, il approcha Louis Leakey, se rendit à Macao et dans sa patrie ancestrale, la Hongrie. Il couvrit les funérailles de Winston Churchill, déguisé en balayeur. Au moment où il prit sa retraite, en 1985, il était vice-directeur de la photographie.

SCHNEEBERGER, JON. C'est grâce à l'éditeur de photos Schneeberger (1938-2004) que fut assemblée la magnifique collection du *National Geographic* en matière spatiale. Ayant rejoint l'équipe en 1966, Schneeberger dirigea la couverture photo de toutes les missions de la NASA, tout en s'assurant des copies photographiques de chaque mission, depuis Apollo jusqu'à la navette spatiale. Avant de prendre sa retraite, en 1994, il avait également signé des articles NGS sur les peu-plades primitives, principalement en Amazonie.

SCHREIDER, FRANK ET HELEN. Les cinq années (1964-1969) que le couple Schreider passa au *National Geographic* furent un épisode important dans leur vie de voyageurs. En compagnie de leur fidèle berger allemand, ces irrésistibles auteurs-photographes effectuaient en jeep amphibie de longs vagabondages exotiques à travers l'Indonésie, la vallée du Rift et le Proche-Orient. Des reportages qui ont souvent été publiés par le *National Geographic*. Seul le décès de Frank, en 1994, mit fin à leurs périples.

SELLA, VITTORIO. Vittorio Sella (1859-1943) fut le premier à photographier les Alpes non de bas en haut, mais horizontalement. Né en Italie, il avait à peine 21 ans lorsqu'il décida de combiner son amour de la photographie à celui de l'alpinisme. Il prit des clichés jusque dans le Caucase, en Alaska, dans la chaîne de l'Himalaya ainsi que dans la chaîne Ruwenzori en Afrique.

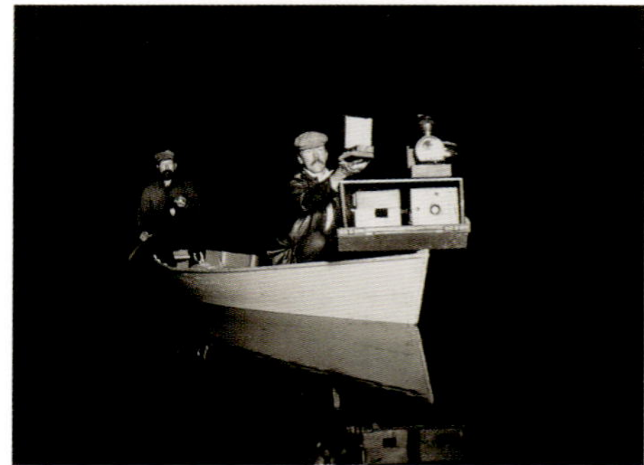

George Shiras III.

SHIRAS, GEORGE III. Dans les années 1880, George Shiras III (1859-1942), encore tout jeune homme, déposa son arme et se mit à « chasser à l'aide d'un appareil photo ». La photo animalière était encore inexistante, mais il mit au point des techniques de production d'images, notamment la photo nocturne au flash. À partir de 1906, et durant des décennies, ses images furent admirées.

SHOR, FRANC. Il parlait couramment le chinois et le turki et possédait sa cave à vins au Ritz. Shor (1914-1974), journaliste de talent avait servi derrière les lignes de feu japonaises pendant la Seconde Guerre mondiale. Après la guerre, il épousa Jean Bowie à Shanghai ; dès lors, le couple voyagea en Asie centrale, rédigeant pour le *National Geographic* des articles hauts en couleur sur les Kashgai ou les grottes des Mille Bouddhas. Shor devint par la suite éditeur adjoint du magazine.

SHOR, JEAN BOWIE. Jean Bowie Shor (1916-1998), qui avait travaillé pour la Croix-Rouge au Texas, épousa Franc Shor à Shanghai puis écrivit un livre, *After You, Marco Polo*, décrivant comment, au cours de leur lune de miel, son époux et elle avaient retracé le périple du grand explorateur à travers l'Asie. Elle collabora au *National Geographic* de 1955 à 1959. Après son divorce, elle épousa un guide de safaris et vécut à Nairobi.

SISSON, ROBERT F. Sisson (?-2002) rejoignit l'équipe du *National Geographic* en 1942. Tout au long de sa carrière, il s'essaya à une grande diversité de reportages (l'océanographie, la paléontologie, la révolution hongroise...) mais, de plus en plus intéressé par l'histoire naturelle, il devint le spécialiste des « petites choses de la vie », comme le passage des saisons dans sa ferme de Virginie ainsi qu'il le dépeint dans son ouvrage *The World in My Apple Tree* (Le Monde dans mon pommier).

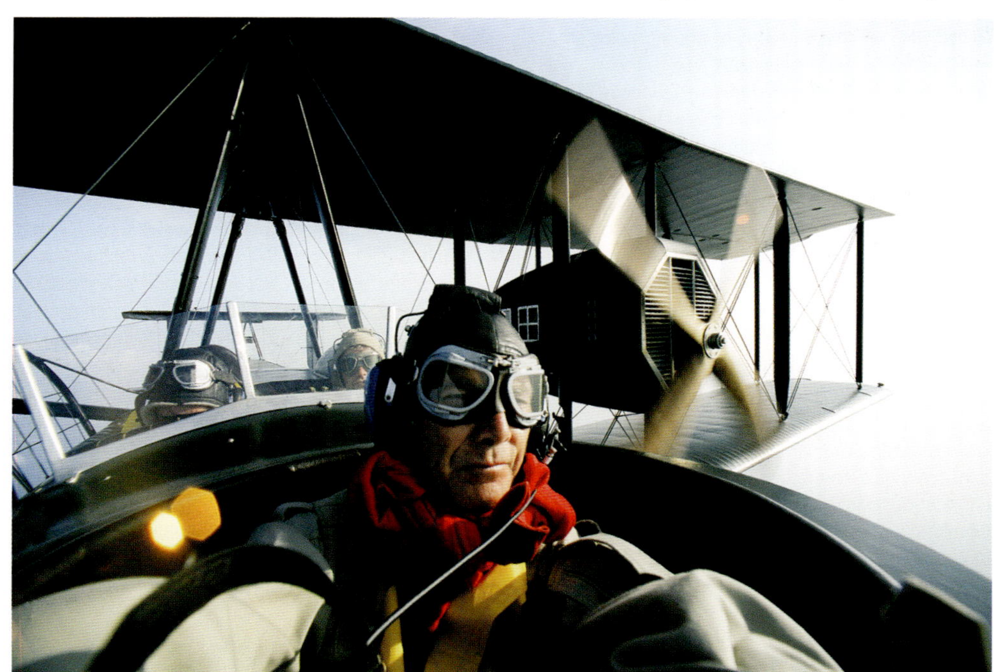

James Stanfield.

SKERRY, BRIAN. Lorsque la photo sous-marine n'était encore pour lui qu'un loisir, Brian Skerry, natif du Massachusetts, photographiait souvent des épaves de bateaux. Mais, après avoir rejoint le *National Geographic* en 1998, il a peu à peu modifié son orientation, prenant non seulement des clichés de phoques du Groënland, baleines, requins, tortues de mer, calmars, mais aussi de récifs de corail et zones de pêche en déclin – célébrant la mer, et mettant aussi en lumière les problèmes environnementaux du monde marin.

SMITH, KERBY. Basé en Californie, ce photographe a pris des clichés sur divers sujets, lasers, ordinateurs, montgolfières, astronomie, navettes spatiales, qui ont trouvé leur place dans nombre de publications et supports de la NGS (magazine, livres, supports éducatifs...).

SORIANO, TINO. Né à Barcelone, ce photojournaliste et photographe de voyage fait remonter sa passion aux diapos 35 mm et à la collection de *National Geographic* usée jusqu'à la corde de son grand-père. Après des années de préparation minutieuse, il est devenu photographe professionnel en 1992. Depuis, il a rédigé et illustré plusieurs ouvrages, notamment des guides de voyage sur Madrid, le Portugal et l'Italie. Ses clichés ont paru dans de nombreuses publications de la NGS.

SPIEGEL, TED. Après sa démobilisation, Ted Spiegel se retrouva avec un appareil photo dans une main et une canne à pêche dans l'autre. C'est le premier qui l'emporta : en 1959, il devint photographe free-lance. La majorité de ses travaux portait sur la vallée de l'Hudson : malgré cela – ou peut-être grâce à cela –, le *National Geographic* l'envoya plus d'une vingtaine de fois faire des reportages dans l'Arctique, ou couvrir des sujets de terrain aussi pointus que la diminution des ressources en eau, l'ingénierie génétique, les pluies acides, l'air...

STANFIELD, JAMES L. L'un des photographes attitrés les plus célèbres du *National Geographic*, Stanfield était légendaire, même parmi ses collègues, pour l'amour de son travail. Diplômé en journalisme de l'Université du Wisconsin, il avait aiguisé ses talents au Milwaukee Journal avant d'intégrer la NGS en 1967. Pendant 28 ans, il les exerça dans plus d'une centaine de pays, au fil de 65 reportages (le chocolat, les rats, l'or, la Birmanie, Gengis Khan, le pape Jean-Paul II...).

STANMEYER, JOHN. Ce photojournaliste expatrié vivant en Indonésie remarqua un jour, au sujet des désastres naturels, que « la presse occidentale les décrit comme des phénomènes des régions lointaines. Mais ces régions ne sont pas du tout lointaines pour les gens qui y résident ». Sa peinture frappante de la souffrance humaine en Asie, causée par les séismes, les tsunamis et les volcans a trouvé un écho très favorable. Le *National Geographic* a publié certaines de ces photos, et celles qui illustrent la piraterie dans le détroit de Malacca ou le fléau du paludisme.

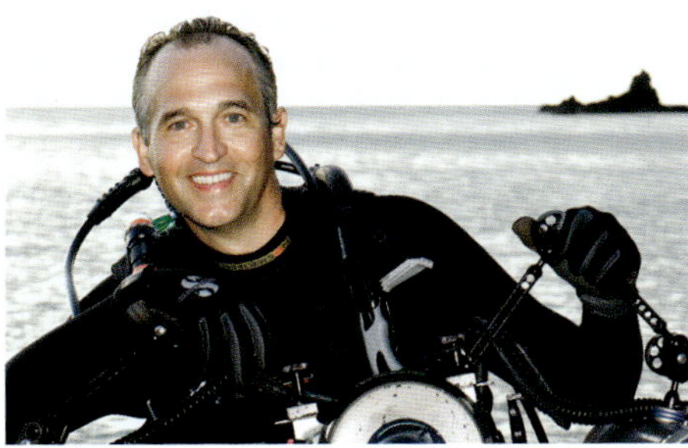

Brian Skerry.

STEBER, MAGGIE. « Je veux raconter la vie des gens, photographier leurs conflits et leurs luttes. » Cette photojournaliste texane, ancienne reporter de presse quotidienne, a donc passé plus de 20 ans à documenter la vie quotidienne à Haïti. Depuis 1991, elle illustre des articles du *National Geographic* en phase avec les combats de l'humanité, au nombre desquels le trafic des esclaves en Afrique, la nation cherokee, les lettres de soldats, la perte de mémoire des personnes âgées...

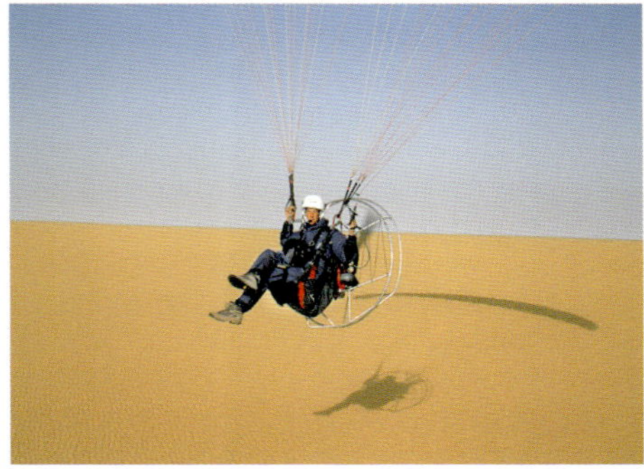

George Steinmetz.

STEINMETZ, GEORGE. Diplômé en géophysique de l'université de Stanford, George Steinmetz quitta son quartier natal de Beverly Hills pour faire le tour de l'Afrique en stop. Mais la géophysique le rattrapa : son premier article pour le *National Geographic*, en 1989, traitait du forage du pétrole. Depuis, il a signé des dizaines de reportages pour la Society : les tribus d'Irian Jaya, les ravages de l'alcoolisme, les déserts vus du haut de son parapente motorisé...

STENZEL, MARIA. En 1980, frais émoulue de l'université de Virginie, Maria Stenzel, incertaine de son projet professionnel, se présenta au *National Geographic* et y accepta un poste de base. Elle découvrit que le photojournalisme était sa vocation. Grâce à son talent et à un travail sans répit, elle parvint à se faire publier. En deux décennies et près de 30 reportages, elle a couvert de nombreux thèmes divers – avec une prédilection particulière pour l'Antarctique.

STEVENS, ALBERT W. Ce pionnier de la photo aérienne (1886-1949) était chef du labo photo de l'Army Air Corps, lorsqu'on lui proposa d'accompagner une expédition aérienne du *National Geographic* en Amérique du Sud. Il prit par la suite la première photo de la courbure de la Terre, et fut le premier à montrer l'ombre de la Lune pendant une éclipse. En 1935, il monta à bord d'un ballon stratosphérique Explorer II parrainé par le magazine, qu'il éleva à une hauteur dont le record demeura inégalé pendant 21 ans.

STEWARD, B.ANTHONY. Photographe du *National Geographic* sans doute le plus prolifique de son époque, Stewart (1904-1977) arriva à la NGS en 1927 comme comptable au labo photo. Rapidement, ce Virginien se montra si habile à manier des objectifs qu'en 1969, à sa retraite, il était devenu depuis longtemps le photographe en chef de la Society, avec à son actif un nombre de clichés publiés plus important que n'en rendent compte la centaine de reportages signés de son nom.

STEWART, RICHARD H. Frère aîné de Tony, Richard H. Stewart (1903-2004) établit précocement sa réputation de photographe d'expédition le plus aimable. Polyvalent de la NGS : dans les forêts d'Alaska, le Pacifique tropical ou les jungles d'Amérique centrale, il accepta toutes les corvées liées à ses reportages photo, faisant même souvent la cuisine du camp. Cela a dû lui porter bonheur : il a vécu jusqu'à 101 ans.

SUGAR, JAMES A. En 1967, Sugar était un jeune diplômé de l'université de Wesley. Son talent lui valut le poste convoité de stagiaire au *National Geographic*. Deux ans plus tard, ce natif de Baltimore était de retour avec un contrat en bonne et due forme de photographe à part entière. Pendant les 27 années suivantes, il photographia une variété de sujets, se concentrant toutefois principalement sur la technologie (l'aviation) ou les sciences (le Soleil, ou, mieux encore... l'Univers !).

SZENTPETERI, JOZSEF L. Originaire d'un village de Hongrie orientale, Jozsef Szentpeteri fut très tôt attiré par la nature environnante et obtint un doctorat en taxinomie des plantes de l'université de Pécs. Une grande part de cette passion d'enfance fut canalisée par la photo, et ses talents d'observation l'amenèrent à réaliser de stupéfiants clichés d'éphémères ou de libellules.

TAYLOR, MEDFORD. Natif de la rurale Caroline du Nord, Medford Taylor rejoignit l'U.S. Navy pour voir le vaste monde. Il en vit un peu plus lorsque, après avoir suivi les cours d'une école de journalisme, il collabora à divers journaux et magazines d'informations – et davantage encore à partir de 1984, lorsqu'il entama deux décennies de travail en indépendant pour la NGS à Terre-Neuve, aux Everglades, à Madère, dans les montagnes d'Asie centrale, en Islande, dans l'Outback australien...

THIESSEN, MARK O. Photographe du *National Geographic* depuis 1990, Mark Thiessen a signé dans la quasi-totalité des publications de la NGS une grande diversité de reportages, du Baseball Hall of Fame aux nanotechnologies. Mais son thème de prédilection demeure les activités quotidiennes des pompiers des zones sauvages de l'ouest des États-Unis – un projet pour lequel il s'est approché des lignes de front en de multiples occasions et qui lui vaut un diplôme de combattant du feu certifié.

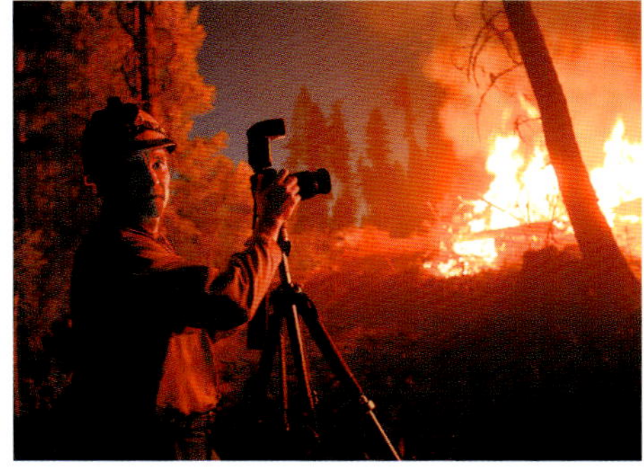

Mark Thiessen.

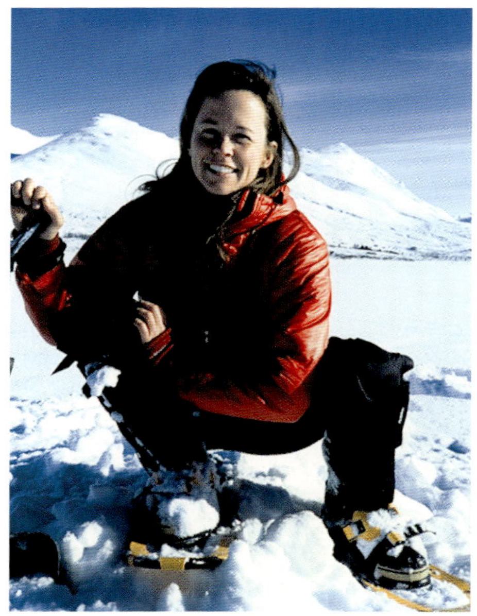

Amy Toensing.

THOMPSON, WILLIAM. Né dans un ranch à Fresno, en Californie, William Thompson est docteur en anthropologie, a tâté de la peinture, enseigné à l'université et dirigé pendant quinze ans un service de guides dans le parc des Grand Tetons. Devenu à 38 ans photographe professionnel, il a exercé ses talents dans les forêts pluviales, les déserts et les savanes. Le *National Geographic*, toutefois, l'a essentiellement envoyé dans l'Himalaya, où il a réalisé la première imagerie aérienne complète de l'Everest.

TOBIEN, WILHELM. Wilhelm Tobien (décédé en 1946) a fourni le *National Geographic*, dans les années 1920 et 1930, en autochromes et plaques de Finlay. Ces photos couleur des premiers temps dépeignaient pour l'essentiel des scènes et des villages d'Autriche, de Suède et de son Allemagne natale, mais aussi de Bulgarie, de Roumanie, des Açores et des Canaries.

TOENSING, AMY. Après s'être fait les dents sur son journal local de Hanover (New Hampshire), cette photojournaliste a passé trois ans à couvrir la Maison Blanche et Capitol Hill pour le *New York Times*. Décidant alors que son thème de prédilection serait « les gens ordinaires », elle a dépeint pour le *National Geographic* la vie quotidienne des habitants de Porto Rico, de l'île de Monhegan, du royaume de Tonga, et des Australiens en butte à une sécheresse sévère.

TOMASZEWSKI, TOMASZ. Originaire de Varsovie, Tomasz Tomaszewski lança sa carrière de photographe dans des magazines polonais, pour l'*Hebdo de Solidarnosc*, puis, lorsque *Solidarnosc* fut déclaré hors-la-loi, pour la presse clandestine. Après la chute du communisme, il eut la chance de voir son travail remarqué à l'étranger ; en 1986, il fut embauché au *National Geographic*. Il a couvert la Pologne et l'Europe de l'Est, l'Amérique centrale, l'Afrique du Sud et les États-Unis.

TURNER, TYRONE. Quittant la Nouvelle-Orléans, sa ville natale, ce photographe partit à Washington étudier les relations internationales à l'université de Georgetown. Il obtint ensuite une bourse de l'Institute of Current World Affairs pour aller passer deux ans à prendre des clichés dans le nord-est du Brésil. Ses missions pour le *National Geographic* l'ont ramené « à la maison » : il s'est intéressé à la vie mouvementée des bayous de Louisiane, avant de couvrir les ravages de l'ouragan Katrina et la reconstruction de sa ville. Il a également illustré un article sur l'efficience et la préservation des sources d'énergie.

TUTTLE, MERLIN. Véritable « Batman », Merlin Tuttle est mammalogiste et fondateur de l'organisme Bat Conservation International, qui œuvre pour « promouvoir une image positive des chauves-souris et encourager leur préser-vation sur la planète ». Tuttle est devenu un expert dans l'art de photographier ses sujets, et ses clichés de phy-llostomes à lèvres frangées au Panama, de ptéropus en Afrique, de sphingidés au Mexique et de membres de la famille rares ou menacés à travers le monde ont souvent orné les pages du *National Geographic*.

VAN LAWICK, HUGO. Connu de millions de gens, dans les années 1960 et 1970, comme le mari néerlandais de la célèbre primatologue, Jane Goodall, le baron Hugo van Lawick (1937-2002) fut un photographe et réalisateur animalier qui consacra sa vie à documenter la faune spectaculaire du Serengeti. Né en Indonésie, il avait grandi en Angleterre puis s'était embarqué pour son odyssée africaine : ses films lui valurent huit Emmy Awards.

VON GLOEDEN, WILHELM. Fuyant le climat froid et humide de son Allemagne natale, le baron Wilhelm von Gloeden (1856-1931) s'installa au soleil de Taormine, en Sicile. Il s'y établit comme photographe et réalisa de nombreux portraits des habitants. Ses nus de jeunes hommes, qui l'ont rendu célèbre, ne sont pas ses seuls sujets d'étude et nombre de ses clichés font l'objet de collections. La NGS possède une collection de ses tirages.

WALKER, HOWELL. Raffiné, élégant, Howell Walker (1910-2003) fut pendant 39 ans l'un des auteurs-photographes les plus appréciés du bureau étranger du *National Geographic*. En 1933, frais émoulu de Princeton, il s'était présenté à la NGS : on l'avait gentiment renvoyé. Deux ans plus tard, lorsqu'il se représenta après avoir fait le tour du monde, il fut embauché. Ses dizaines de reportages le menèrent d'Irlande à la Riviera italienne, et jusqu'en Australie, où il rencontra son épouse et, pour finir, prit sa retraite.

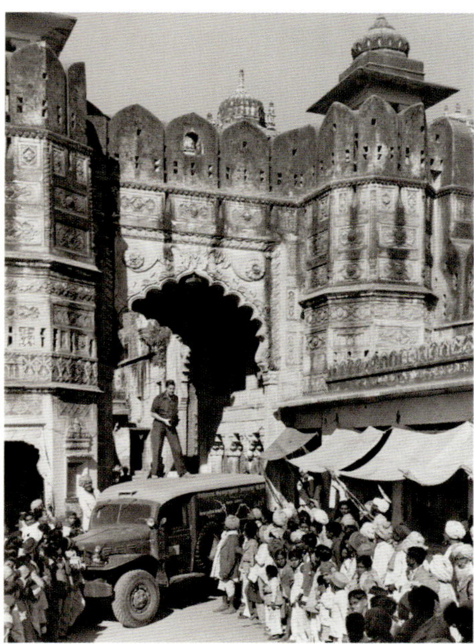

Volkmar Wentzel.

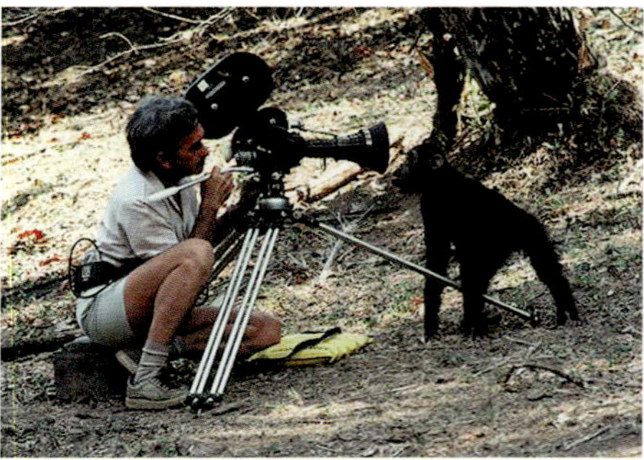

Hugo van Lawick.

WALL STEVE. Né en Caroline du Nord, Steve Wall exerça dans un journal de Chattanooga avant de se lancer dans la photo pour les agences Black Star et UPI. Devenu free-lance pour le *National Geographic* en 1978, il se pencha sur les questions sociales (les luttes des pêcheurs vietnamiens transplantés au Mississippi, les défis auxquels sont confrontés les Iroquois aujourd'hui, la désacralisation des sites funéraires indiens) et environnementales, comme le fleuve Chattooga (État de Georgie).

WARD, FRED. Ce photojournaliste free-lance, auteur-photographe talentueux, collabora au *National Geographic* dès 1964. Ses reportages, dans les années 1970 et 1980, portèrent sur des thèmes aussi complexes que les fibres optiques, les déchets sauvages et les pesticides. Il parvint à pénétrer dans des lieux alors très fermés, tels le Tibet et Cuba (où il vécut sept mois). Mais sa véritable spécialité fut sans doute les pierres précieuses : diamants, émeraudes, rubis…

WASHBURN, BRAD. L'un des alpinistes et cartographes américains les plus respectés, Bradford Washburn (1910-2007) apporta ses talents au *National Geographic* alors qu'il était étudiant à Harvard. Pionnier de plusieurs ascensions, il défricha une nouvelle route jusqu'au sommet du mont McKinley (Denali). Ses photos aériennes de la chaîne d'Alaska et du Territoire du Yukon, réalisées à l'aide d'un lourd appareil Fairchild qu'il trimbalait souvent jusqu'aux sommets, peignirent un monde scintillant de pics et de glaciers qu'il fut le premier à cartographier.

WEBB, ALEX. Il connut ses premiers succès avec le noir et blanc, mais une fois qu'il eut découvert la couleur, Alex Webb sut qu'il tenait le support idéal pour la riche palette tropicale qui le fascinait. Ainsi qu'il le prouva lors d'expositions et de publications, notamment celles du *National Geographic* (l'Amazonie, Haïti, Istanbul…), il alliait un œil de photographe de la rue à un œil d'artiste.

WEEMS, WILLIAM S. Diplômé de l'école des études internationales supérieures de l'université Johns Hopkins, Weems (1943-1987) fut l'assistant parlementaire du sénateur Daniel K. Inouye, puis se lança dans une carrière de photographe free-lance. Sa collaboration avec le *National Geographic* le mena dans sa ville natale d'Atlanta, ainsi qu'en

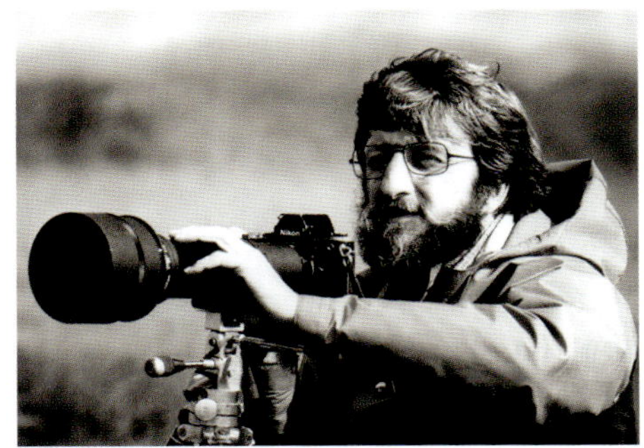

William Weems.

Caroline du Nord et en Hongrie. Il était sur la voie de la renommée quand il fut tué dans un accident d'hélicoptère à 44 ans.

WENTZEL, VOLKMAR. Né à Dresde, en Allemagne, Volkmar Wentzel (1915-2006) grandit dans l'État de New York et rejoignit le *National Geographic* en 1937 grâce à ses clichés nocturnes de la ville de Washington. Il partit en reportage dans de nombreuses régions du monde, mais son coup de maître demeure son odyssée de deux ans en Inde à la veille de son indépendance. Avant de prendre sa retraite, en 1985, il a œuvré à la protection et à la préservation de la collection inestimable d'autochromes de la NGS.

WILLIAMS, MAYNARD OWEN. Maynard Owen Williams (1888-1963) ouvrit le *National Geographic* au monde. Embauché en 1919 comme premier correspondant de terrain de la NGS, premier chef du bureau étranger, il rédigea et photographia une centaine d'articles jusqu'à sa retraite en 1953. Durant ses périples en Europe, au Moyen-Orient, aux confins les plus reculés d'Asie, dans l'Arctique, aux Amériques, il préféra « cultiver l'amitié, pas l'aventure » – mais eut pléthore des deux.

WILSON, STEVEN C. Photographe paysager de renom, Steven C. Wilson se lança en 1981 dans une collaboration en free-lance pour le *National Geographic* avec un reportage sur le Texas et le golfe du Mexique, « là où se mêlent pétrole et faune ». Ce natif de l'Iowa se tourna ensuite vers une description des îles Aléoutiennes, puis vers un sujet portant sur la préservation des sols.

WILTSIE, GORDON. Élevé dans les sierras de Californie, c'est tout naturellement que Gordon Wiltsie est venu à l'alpinisme, mais seul un travail acharné l'a amené à la photo. Il est reconnu comme l'un des meilleurs photographes d'expédition au monde, vétéran de nombreuses expéditions dans des lieux aussi reculés que l'Antarctique, l'Himalaya, le pôle Nord et les Andes. De nombreuses « une » du *National Geographic* portent son nom.

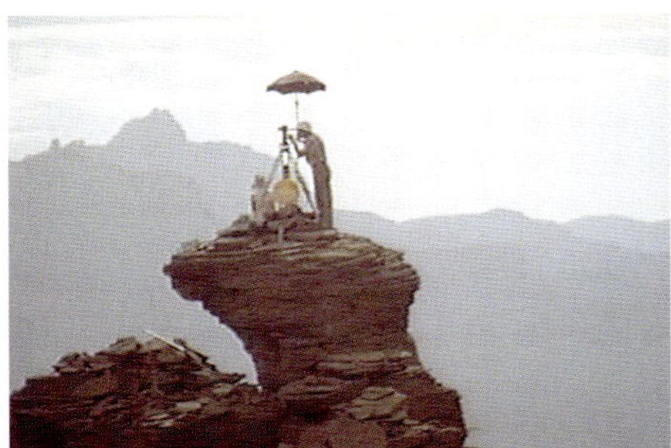

Brad Washburn.

WINTER, STEVE. Jaguars, tigres, ours, léopards des neiges : enfant, dans l'Indiana, Steve Winter rêvait de devenir photographe pour le *National Geographic*. Une fois son rêve devenu réalité, en 1991, il a fait ce type de rencontres. Il est également allé à Cuba et au Myanmar et dit avoir une double passion: « Je suis fasciné par les peuples et leurs cultures, et j'aime profondément la nature. »

WISHERD, EDWIN L. Peu versé en photographie lorsqu'il intégra le *National Geographic* en 1919 comme assistant au labo photo, Wisherd (1900-1970) apprit le métier si rapidement qu'il devint en quelques années l'un des premiers photographes en poste à traiter les plaques d'autochromes sur le terrain. Pionnier du 35 mm Kodachrome dans les années 1930, il fut le chef du labo photo de la Society, qui devint sous son égide l'un des meilleurs laboratoires de l'édition américaine.

WOLINSKY, CARY SOL. Né à Pittsburgh, Cary Sol Wolinsky prenait des photos pour le *Boston Globe* avant même de quitter l'université. Peu après, il entama une riche carrière de photographe free-lance et sous contrat avec le *National Geographic*. Des dizaines d'articles furent le fruit de cette collaboration : thèmes historiques (sir Joseph Banks), photojournalisme (le trafic illégal des diamants) ou encore angles imaginatifs de thèmes aussi passionnants que le poison.

WRIGHT, ALISON. Dotée d'une maîtrise en anthropologie visuelle et d'un amour jamais démenti pour la photo, Alison Wright a passé une vingtaine d'années à documenter les droits de l'homme et les cultures traditionnelles dans le monde, spécialement en Asie. Elle a créé la Faces de Hope Foundation pour rendre quelque chose aux communautés avec lesquelles elle travaille, car la photo « peut favoriser une prise de conscience capable de changer positivement la vie des gens ».

YAMASHITA, MICHAEL. Né dans le New Jersey, Michael Yamashita attrapa le virus de la photo en travaillant au Japon après ses études universitaires. Depuis, il a passé 25 ans à photographier l'Asie (surtout Chine et Japon) pour le *National Geographic*. Il s'est lancé sur les traces de Marco Polo et de Zheng He, amiral de la dynastie Ming. Il est l'auteur de nombreux ouvrages et films.

ZAHL, PAUL. Longtemps naturaliste attitré de la NGS, le Dr Paul Zahl (1910-1985) était titulaire d'un doctorat en biologie expérimentale de l'université de Harvard. Né dans l'État de l'Illinois, il se spécialisa dans la photo d'histoire naturelle. Ayant rejoint en 1958 le *National Geographic*, il a signé nombre d'articles et de photos sur des sujets minuscules comme les insectes et les créatures marines ou énormes comme le plus grand arbre du monde, la plus grosse fourmi ou la plus grosse fleur.

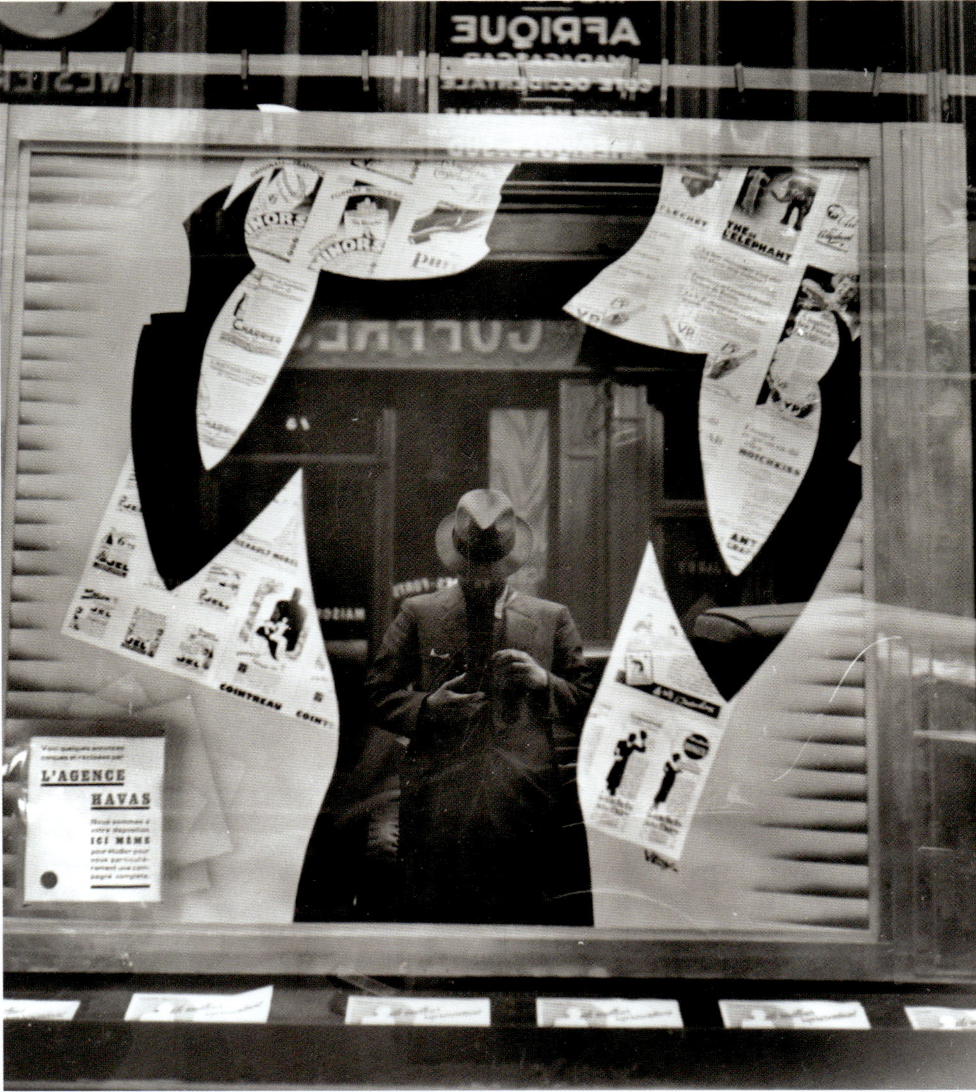

Maynard Owen Williams.

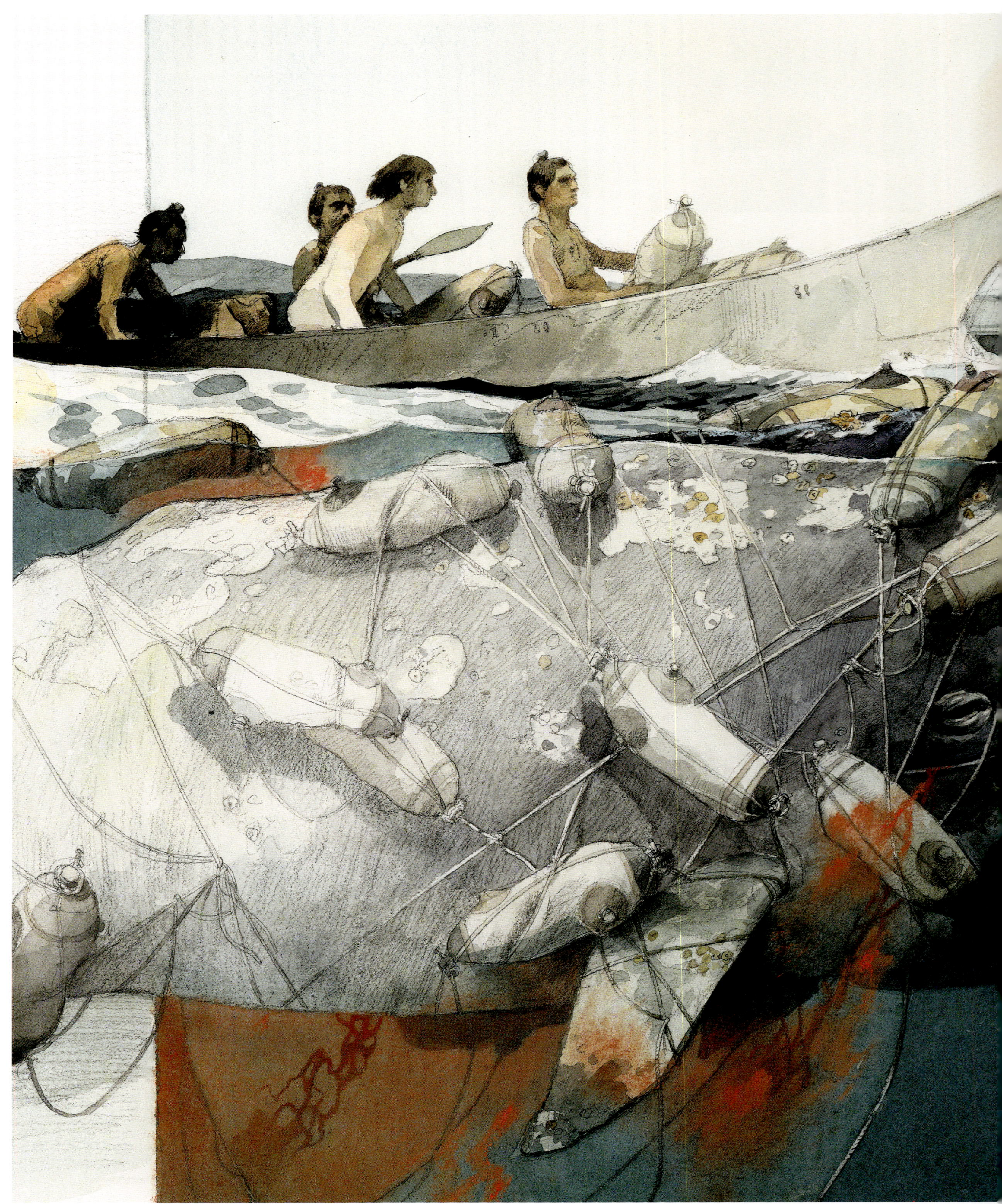

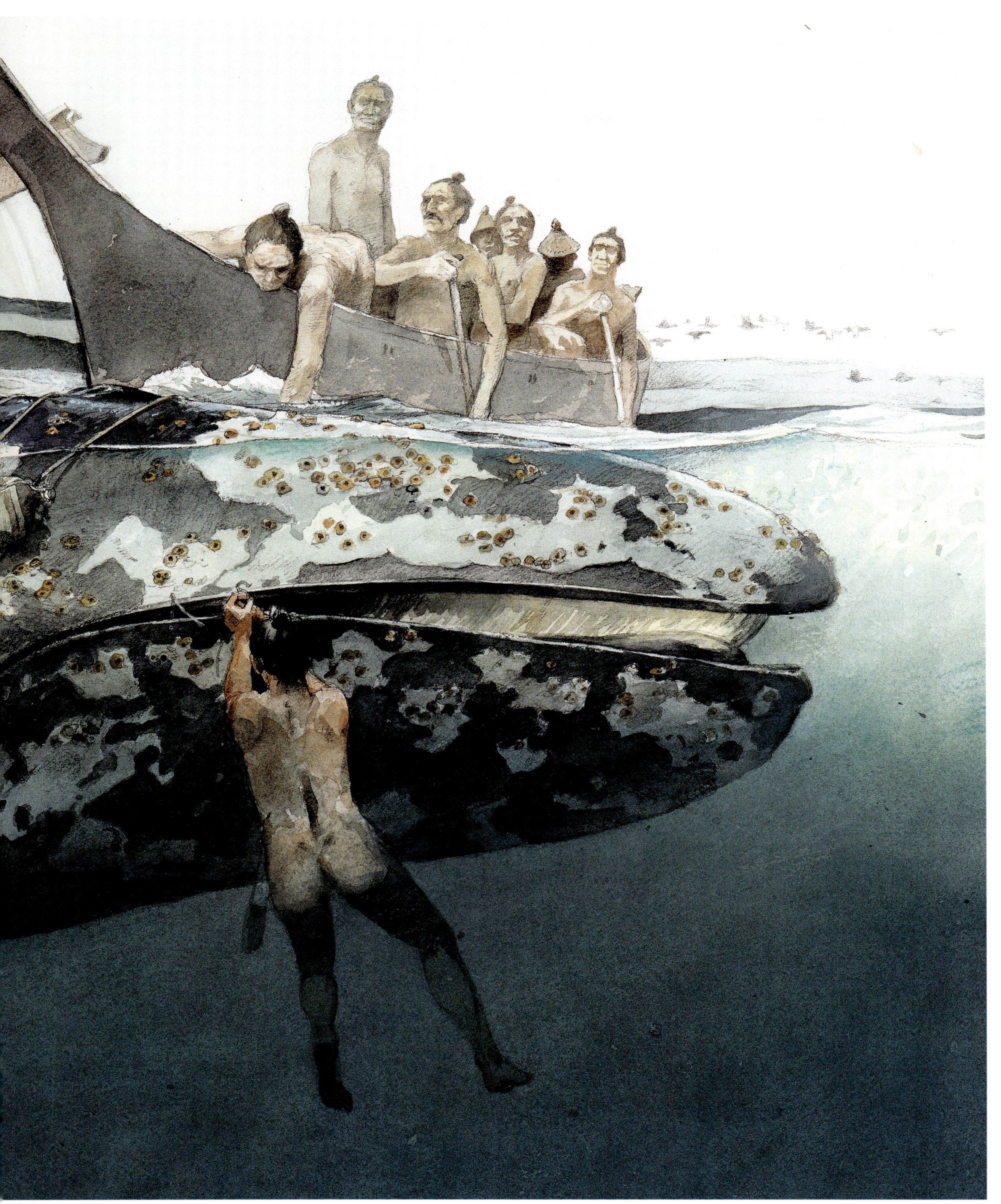

RICHARD SCHLECHT | 1991 ÉTAT DE WASHINGTON, ÉTATS-UNIS *Indiens Makah précolombiens chassant la baleine.*

LES ARTISTES

ANDERSEN, ROY. Andersen a poursuivi ses études à l'Academy of Fine Art de Chicago et à l'Art Center School of Design de Los Angeles. Un certain nombre de ses « unes » pour le magazine *Time* figurent à la National Portrait Gallery ; il a également réalisé une série d'illustrations pour l'*U.S. Postal Service*.

BEAUMONT, ARTHUR. Né en Angleterre, Arthur Beaumont (1891-1978) fut longtemps l'artiste officiel de l'U.S. Navy. Il peignit sur site des batailles de la Seconde Guerre mondiale. Ses tableaux firent l'objet d'une exposition à la National Gallery of Art, à la Maison Blanche et dans nombre de bases navales américaines.

BERANN, HEINRICH. Résidant en Autriche, Heinrich Berann (1915-1999) a peint des paysages européens, de l'Etna à la Forêt Noire. Pour préparer son illustration de l'Himalaya, il passa un mois en Inde et au Népal, consulta des cartographes et des spécialistes, puis travailla à sa table à dessin durant 600 heures. Ses reproductions des fonds océaniques, commandées par le *National Geographic*, eurent un impact majeur sur la cartographie.

BIANCHI, PETER. Cet illustrateur fut en poste au *National Geographic* pendant plus d'une décennie, dans les années 1950-1960. Spécialiste des re-créations historiques, il est aussi l'auteur de *Everyday Life in Bible Times*, *The Age of Chivalry* et *Great Adventures : Exploring Land, Sea, and Sky*.

BITTINGER, CHARLES. Né à Washington, Charles Bittinger (1879-1970) étudia la physique au MIT, puis fit les beaux-arts à Paris en 1901. Les œuvres de ce peintre à la carrière florissante furent exposées au National Arts Club, à l'Art Museum de St. Louis et au Metropolitan Museum of Art.

BLACKSHEAR, THOMAS II. Diplômé de l'American Academy of Art de Chicago, il a travaillé pour la Hallmark Card Company et pour Godbold/Richter Studio, avant de se lancer en 1982 comme illustrateur free-lance. Il a dessiné de nombreux timbres pour l'U.S. Postal Service, dont 28 portraits d'Afro-Américains célèbres, pour la série 1992 du Black Heritage.

BOND, WILLIAM H. Né à Londres, Bond débuta sa carrière après avoir servi dans la Royal Navy durant la Seconde Guerre mondiale. Diplômé de la Twickenham School of Art, il rejoignit le National Geographic en 1966. Auteur de timbres pour l'U.S. Postal Service, il se fit connaître par ses sujets d'histoire naturelle et de sciences physiques.

BOSTELMANN, ELSE. Else Bostelmann (1882-1961) étudia à l'université de Leipzig, en Allemagne, et à l'Académie grand-ducale des beaux-arts de Weimar. Elle partit vivre aux États-Unis et, de 1929 à 1934, accompagna des expéditions océanographiques aux Bermudes, réalisant des peintures à l'huile sous-marines, à l'aide d'un masque de plongée, à plus de quatre mètres de profondeur.

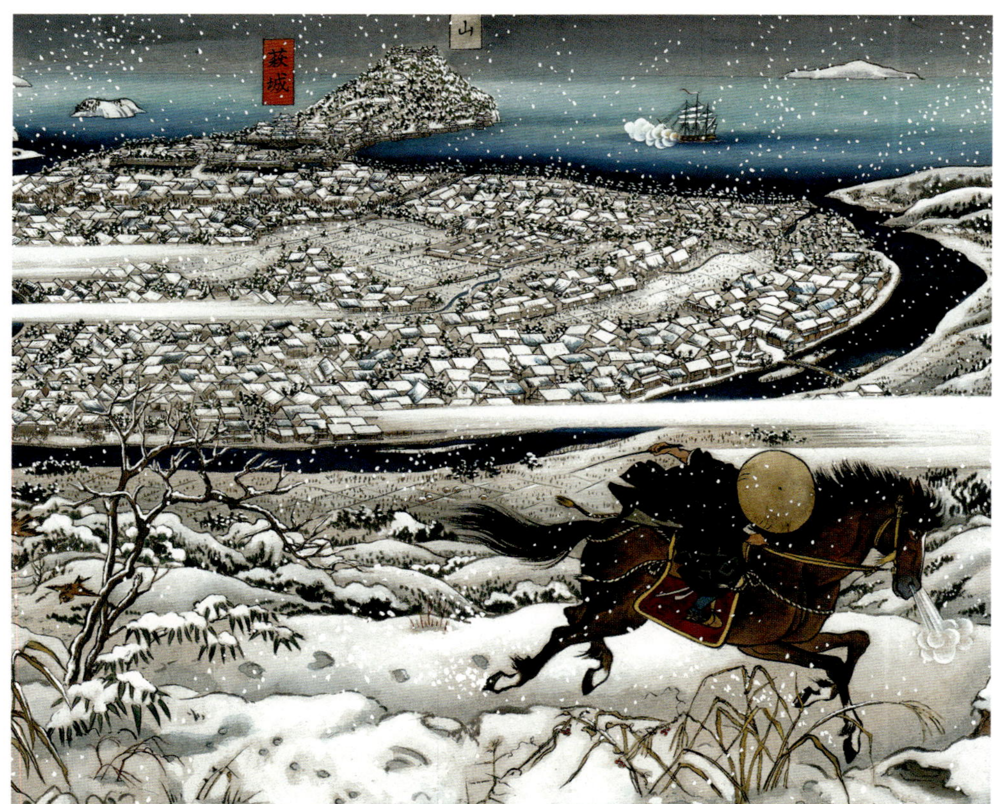

Kinuko Y. Craft, Messager porteur de nouvelles de la guerre, *1984.*

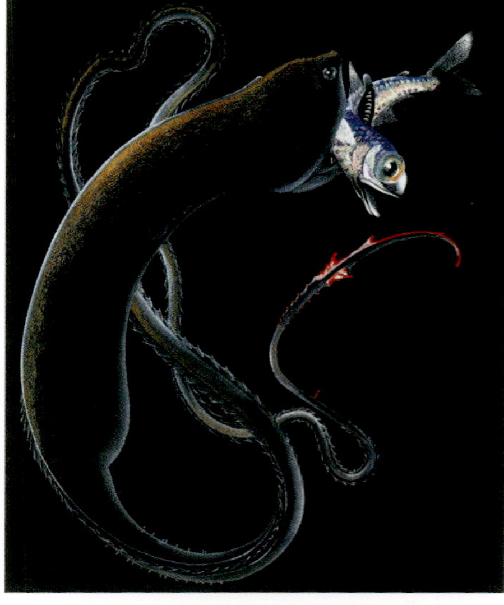

Else Bostelmann, La grande anguille abyssale, *1934.*

BROOKS, ALLAN. Né en Inde, Brooks (1869-1946) voyagea aux quatre coins du globe avant et après son service militaire au cours de la Première Guerre mondiale. Tandis qu'il vivait en Colombie-Britannique (Canada), dans les années 1930, la National Geographic Society lui commanda des centaines d'illustrations pour dix articles sur les oiseaux des États-Unis et du Canada.

CALLE, PAUL. Paul Calle, né à New York, étudia les beaux-arts au Pratt Institute. Artiste officiel du Fine Arts Program de la NASA, il est l'auteur du timbre américain commémorant la mission d'alunissage Apollo.

CHAFFEE, DOUG. Chaffee a illustré des thèmes relatifs à l'espace durant la majeure partie de sa carrière. Après avoir dirigé le département design d'IBM, il a illustré pour la NASA, l'armée et le magazine *National Geographic* – notamment un article sur la planète Mars, publié peu avant l'approche de la sonde Viking.

CHANDLER, DAVID E. Au chapitre des œuvres réalisées par David Chandler pour le *National Geographic* figurent les puces, les vecteurs de la peste bubonique, le désert d'Atacama au Chili, le développement de supports de cartes géographiques et des livres de géographie à colorier.

CHEVERLANGE, ELIE. Artiste spécialisé en vie marine et en nature, Elie Cheverlange vécut à Washington et dessina pour la NGS pendant les années 1930. Il rejoignit par la suite l'équipe du Communicable Disease Center comme graphiste, et passa de nombreuses années à Tahiti.

CLEMENTS, EDITH S. Edith S. Clements (1874-1971), originaire d'Albany, dans l'État de New York, obtint un doctorat de l'université du Nébraska en 1904. Après quelques années en Californie, elle revint dand le Midwest pour chercher les spécimens de fleurs nécessaires à ses dessins pour le *National Geographic*. Elle publia également deux livres d'illustrations : *Flowers of Mountain and Plain* (1925) et *Flowers of Coast and Sierra* (1928).

CRAFT, KINUKO Y. Kinuko Craft, née au Japon, suivit l'enseignement du Collège municipal des beaux-arts et arts appliqués de Kanazawa. Elle collabora aux magazines *Time*, *Atlantic Monthly* et *Sports Illustrated*. Ses dessins de *Madame Butterfly*, produit à l'Opéra de Dallas, reçurent une médaille d'or de la New York Society of Illustrators.

CROWDER, WILLIAM. Né en 1882, Crowder, spécialisé dans la vie marine, écrivit de nombreux ouvrages, tel *Dwellers of the Sea and Shore*, rédigeant et illustrant des articles pour le *National Geographic* sur les crabes, les aurores boréales, les méduses et les mycétozoaires.

DALLISON, KEN. Ken Dallison, né en Angleterre, étudia au Twickenham Art College et se forma à la cartographie à l'armée. En 1959, il se spécialisa dans le dessin de véhicules, principalement d'automobiles. Il est l'auteur de nombreux timbres américains dépeignant des classiques, comme la Stutz Bearcat ou la Stanley Steamer.

DAVALOS, FELIPE. Graphiste et photographe, il a réalisé un grand nombre de livres pour enfants et adolescents. Pour le *National Geographic*, il a illustré des articles sur les Aztèques, Tenochtitlan et la culture des Indiens Pueblo.

DAWSON, JOHN D. Dawson a poursuivi ses études à l'Art Center College of Design de Pasadena. Ses illustrations ont été publiées dans les magazines *Audubon* et *Ranger Rick*, et dans la *World Book Encyclopedia*. Il compte parmi ses autres clients le National Park Service et l'American Museum of Natural History. Il est, par ailleurs, co-auteur du livre *Grand Canyon : An Artist's View*.

DAWSON, MONTAGUE. Dawson (1895-1973) fut l'un des premiers artistes maritimes de Grande-Bretagne. Baigné dès l'enfance dans l'univers du yachting, il se spécialisa dans la peinture des voiliers des XVIIIe et XIXe siècles.

DI FATE, VINCENT. Auteur de plus de 3 000 illustrations, il a vu ses œuvres figurer dans de nombreux musées, notamment au National Air and Space Museum du Smithsonian. Il a reçu les récompenses Hugo et Frank R. Paul. Son ouvrage *Infinite Worlds : the Fantastic Visions of Science Fiction Art* est paru en 1997.

DURENCEAU, ANDRE. André Durenceau (1904-1985), formé aux beaux-arts et à l'école Germain-Pilon, à Paris, s'installa aux États-Unis, où il reçut commande d'hôtels, de paquebots, ainsi que de l'Exposition universelle de 1939 à New York. Il travailla comme muraliste pour des familles célèbres tels les Cornelius Vanderbilt Whitney.

DZANIKBEKOV, VLADIMIR. Dzanikbekov devint cosmonaute en 1970. Il effectua cinq vols dans l'espace, et reçut la médaille de héros de l'Union soviétique. Lorsqu'il prit sa retraite du programme spatial, il se mit à la peinture et se consacra à des thèmes liés à l'espace. Une petite planète porte aujourd'hui son nom.

EATON, MARY E. Née dans le Gloucestershire, en Angleterre, Mary Eaton (1873-1961) étudia les beaux-arts dans plusieurs écoles, notamment au Royal College of Art. Elle alla vivre aux États-Unis où elle réalisa un très grand nombre d'illustrations pour le New York Botanical Garden pendant plus de 21 ans, et 672 peintures pour la *National Geographic*. Quelque 200 d'entre elles furent publiées dans le magazine et dans l'ouvrage *Book of Wildflowers*, en 1924.

ELLIS, RICHARD. Diplômé de l'université de Pennsylvanie, Richard Ellis est célèbre pour ses illustrations du monde marin. Parmi ses publications figurent un *Book of Whales* (1985), un *Book of Sharks* (1989) et, en collaboration avec John E. McCosker et Al Giddings, *Great White Shark* (1995). Auteur de plus de 80 articles pour *Audubon* ou *Géo*, il a mené nombre d'expéditions en bateau jusqu'en Alaska et en Antarctique, pour le compte de l'American Museum of Natural History.

EMERSON, GILBERT. Artiste en poste au *National Geographic* pendant les années 1950 et 1960, il illustra des thèmes aussi variés que le général Hannibal traversant les Alpes, l'énergie atomique, les satellites, l'archéologie sous-marine, les manuscrits de la mer Morte ou encore les arbres extraordinaires.

ESTILL, ELLA. Peintre botaniste, aquarelliste, Ella Estill, née dans l'Ohio, a dessiné la flore désertique du sud-ouest des États-Unis. Elle a souvent réalisé des représentations de cactus pour le Smithsonian institution.

EUBANKS, TONY. Ce peintre de l'Ouest américain né au Texas, après avoir étudié à l'Art Center de Los Angeles, revint dans son État natal et y dessina des cow-boys, des paysages et des Indiens Pueblo.

FJELD, PAUL. Fjeld est un auteur et illustrateur dont les représentations d'Apollo, de Skylab et de la navette spatiale ont été reprises par la NASA, CBS News et nombre de publications, notamment le *National Geographic*. Il a été conseiller auprès de la série *From the Earth to the Moon* programmée par la chaîne télévisée américaine HBO.

FOSS, CHRIS. Natif du Devon (Angleterre), Chris Foss est célèbre pour ses illustrations d'avions, de

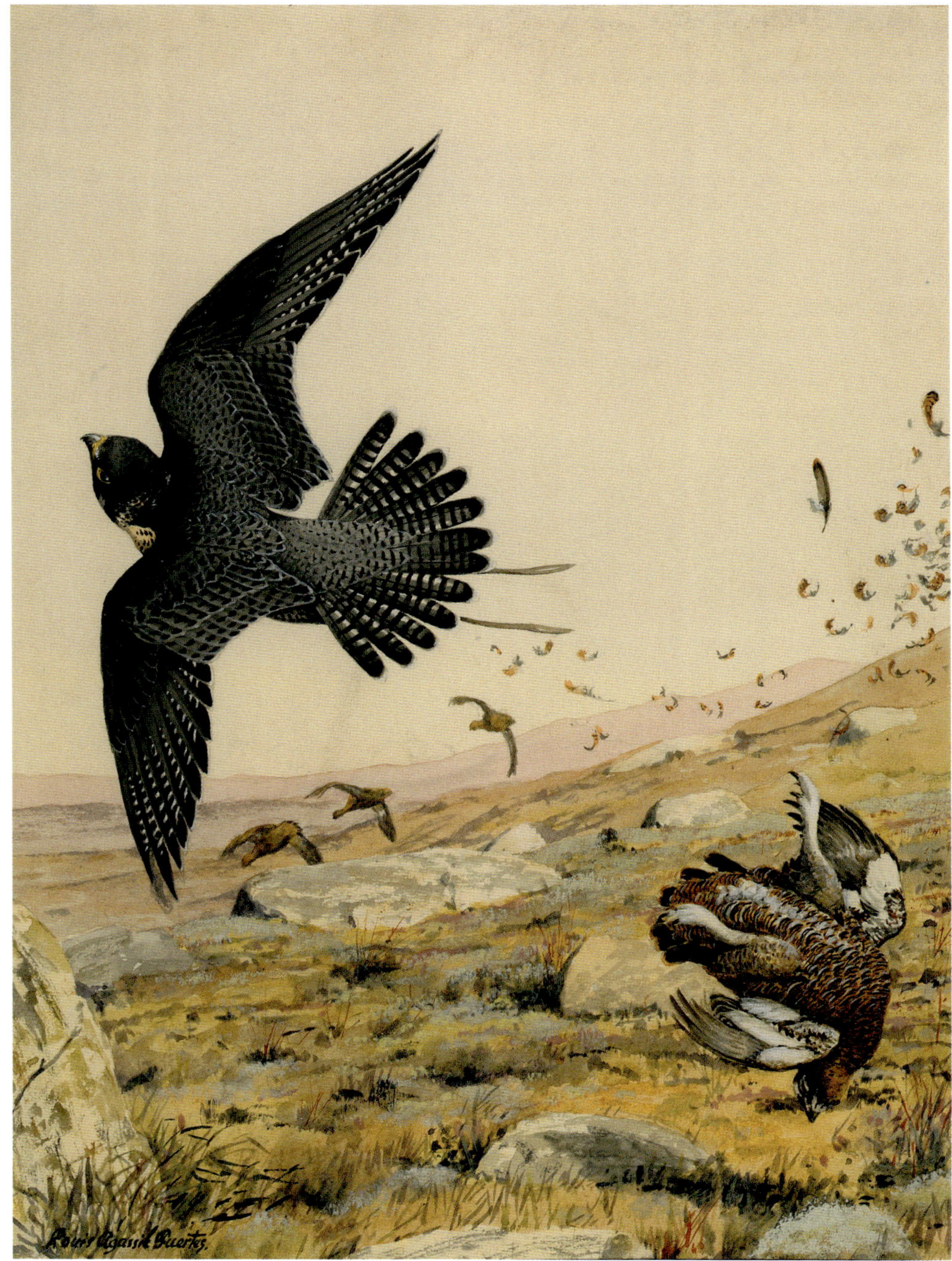

Louis Agassiz Fuertes, Un tir sur des grouses, *1920.*

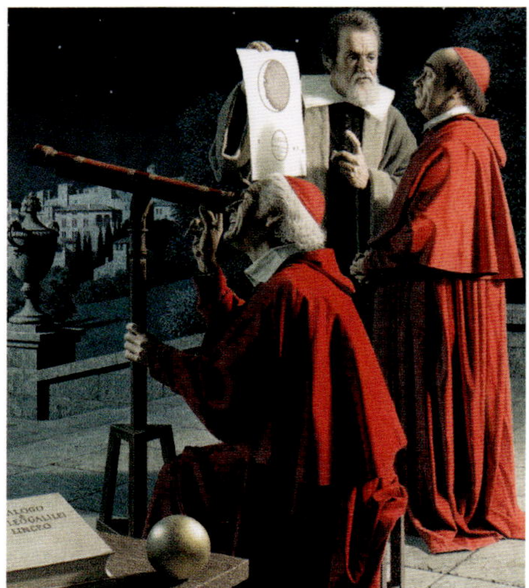

Jean-Leon Huens, Galilée : le premier à observer les cieux, *1974.*

bateaux et de véhicules spatiaux. Les esquisses qu'il a réalisées pour la première version cinématographique (jamais menée à terme) du roman *Dune* de Frank Herbert l'ont porté vers une carrière alliant futurisme et fantaisie.

FOSTER, LARRY. Larry Foster est l'un des peintres de baleines et autres mammifères marins les plus respectés du monde. Ses œuvres ont illustré de nombreux ouvrages et paru dans maintes publications du *National Geographic.*

FOUNDS, GEORGE. Ce designer graphique et illustrateur a collaboré à nombre de publications du *National Geographic*, de *Our Threatened Inheritance* et *Appalachian Trail* à des livres pour enfants, cartes et articles de magazine.

FUERTES, LOUIS AGASSIZ. Fuertes (1874-1927), né à Ithaca, dans l'État de New York, diplômé de l'université Cornell, illustra plus de 35 livres. Ses œuvres figurent dans les collections de l'American Museum of Natural History et de l'Academy of Natural Sciences de Philadelphie.

GESKE, ERICH J. Botaniste affilié au College of Medicine de l'université de Cincinnati, Geske écrivit et illustra deux articles pour le *National Geographic.* Ses aquarelles détaillées présentent leurs sujets comme le ferait un microscope.

GLANZMAN, LOUIS S. Glanzman, qui n'avait reçu aucune formation artistique, s'initia seul au dessin en étudiant les textes classiques sur l'anatomie, en lisant le magazine *Art Instruction* et en prenant des cours par correspondance. Après son service militaire, en 1948, il vendit ses premiers dessins au magazine *True* ; son œuvre parut également dans *Collier's*, le *Saturday Evening Post* et *Cosmopolitan.* Son portrait de Robert F. Kennedy fit la « une » de *Time* le 14 juin 1968.

GURCHE, JOHN. Alliant ses talents de sculpteur et d'illustrateur à ses diplômes en paléontologie et anthropologie, Gurche crée des images de sujets préhistoriques. Ses illustrations ont paru dans *Discover*, *Natural History* et *Smithsonian.* Ses peintures et sculptures sont exposées au Museum of Natural History de Denver, au Smithsonian et à l'American Museum of Natural History.

GURNEY, JAMES. M. Gurney a étudié l'anthropologie à Berkeley et les beaux-arts à l'Art Center College of Design de Pasadena. Connu pour *Dinotopia*, sa série d'ouvrages illustrés, il a aussi créé des illustrations de couverture pour de nombreux livres et Ace Paperbacks, ainsi que des arrière-plans de films d'animation et des timbres pour l'U.S. Postal Service.

GUSTAFSON, DALE. Il a collaboré à nombre d'articles du *National Geographic* sur des sujets techniques (les lasers, le développement de l'informatique, la navette spatiale, les progrès de l'astronomie...). Sa polyvalence lui a également permis de vendre des illustrations sur les épaves de bateaux ou... la pomme de terre.

HALL, H. TOM. Après avoir étudié les beaux-arts à la Tyler School of Fine Art et au Philadelphia College of Art, Hall a illustré des livres pour enfants pendant douze ans, puis s'est tourné vers les livres pour adultes et les magazines. Ses couvertures ont souvent orné les publications des éditions Bantam, Fawcett, Ballantine et Avon.

HALL, RICK. Hall a vendu ses illustrations au *National Geographic* durant les années 1960. Ses thèmes portaient sur la recherche sous-marine, les satellites dans l'espace et les navires ou l'Himalaya.

HALLETT, MARK. Artiste, naturaliste et enseignant, Mark Hallett a peint des fresques murales pour les musées d'Histoire naturelle de Los Angeles et San Diego, et illustré plusieurs livres sur les dinosaures.

HARLIN, GREG. Reconnu pour la qualité de ses aquarelles de scènes scientifiques et historiques, il a publié ses illustrations dans le *Smithsonian* et le *Kid's Discover* et reçu des récompenses de la New York Society of Illustrators, de Communication Arts et d'American Illustration.

HARTMANN, DR. WILLIAM K. Ce peintre est réputé pour ses sujets relatifs à l'espace et à l'astronomie. Spécialiste de l'origine et de l'évolution des surfaces planétaires, il a signé des œuvres dans nombre de publications de la National Geographic Society. Il est membre de l'équipe responsable de l'imagerie de Mars Global Surveyor.

HAVLICEK, KAREL. Havlicek, né à Prague, a suivi des cours d'enseignement artistique avant d'émigrer aux États-Unis en 1980. Ses illustrations ont eu la faveur d'institutions, tels que Sea World, à San Diego, et l'American Museum of Natural History à New York, et les compagnies Delta Airlines et Coca-Cola. Il a reçu une récompense de Clio en 1991.

HERGET, HERBERT MICHAEL. Herbert Michael Herget (1885-1950), originaire de St. Louis, dans le Missouri, a étudié les beaux-arts à la Washington University School of Fine Arts de sa ville natale. Son intérêt pour les Amérindiens l'a conduit à réa-

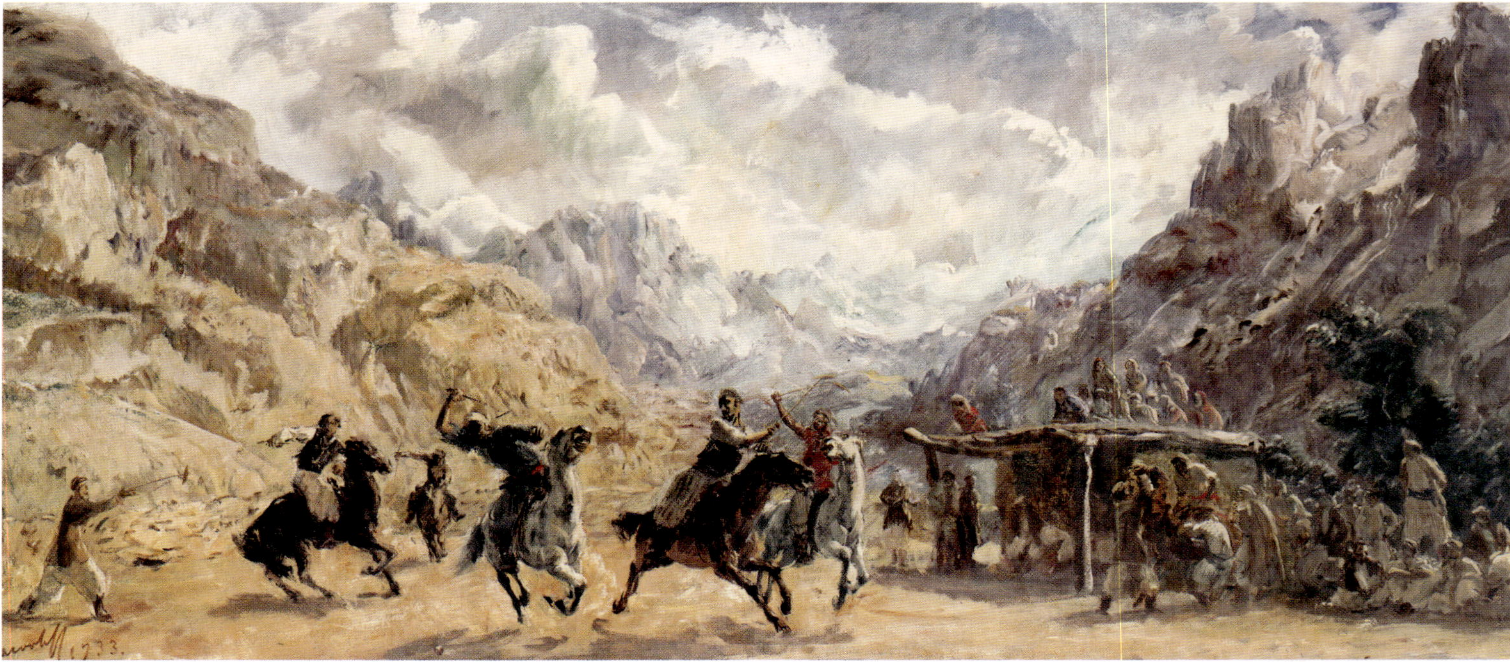

Alexandre Iacovleff, La course tire à sa fin, *1936.*

liser plus de 150 peintures sur les premiers habitants du Nouveau Monde pour la Society.

HSIEN-MIN, YANG. Né au Shandong, en Chine, Yang Hsien-Min a émigré aux États-Unis en 1975. Pour ses peintures de sujets historiques, il fait appel à des matériaux traditionnels comme le papier de riz et le bambou, développant un style tout à fait unique. Ses œuvres ont été exposées dans de nombreux musées américains, ainsi qu'à la Maison Blanche.

HUENS, JEAN-LEON. Né à Melsbroeck, en Belgique, Huens (1921-1982) suivit un cursus artistique à l'académie de La Cambre. Sa carrière d'illustrateur démarra en 1943 ; ses 600 peintures pour une compagnie de thé illustrent des siècles de l'histoire belge.

HYNES, ROBERT. Né à Washington, Hynes a étudié à la Corcoran School of Art et à l'université du Maryland. En récompense de son livre *Secret World of Animals pour la Society*, il a reçu en 1986 l'Outstanding Children's Book Award du Children's Book Council, parmi de nombreux autres prix. Il est l'auteur de 13 fresques murales figurant au National Museum of Natural History.

IACOVLEFF, ALEXANDRE. Né à Saint-Pétersbourg, Alexandre Iacovleff (1887-1938) se forma à l'Académie impériale des beaux-arts. Il quitta la Russie en 1917 pour voyager et s'adonner à sa passion artistique. Il fut nommé artiste officiel de deux treks moto-risés parrainés par Citroën : l'un dans le Sahara en 1924-1925, l'autre entre Beyrouth et Pékin en 1931-1932.

KIHN, W. LANGDON. Né à Brooklyn, Kihn (1898-1957) étudia à l'Art Students League de New York. Lors d'un voyage à travers l'ouest des États-Unis, il entama une série d'illustrations des cultures amérindiennes qu'il poursuivit toute sa vie. Un assortiment de ses clichés parut dans l'ouvrage de 1983 *Portraits of Native Americans by W. Langdon Kihn, 1920-1937*.

KLEIN, CHRISTOPHER A. Après avoir étudié les beaux-arts à l'université du Maryland et à la Cooper Union, à New York, Klein fut embauché au *National Geographic* en 1981. Ses peintures ont figuré dans un grand nombre d'expositions de la New York Society of Illustrators.

KNIGHT, CHARLES R. Son intérêt pour la faune sauvage a conduit Charles R. Knight (1874-1953) à une longue collaboration avec l'American Museum of Natural History. Il fut le premier artiste à reconstituer l'aspect des animaux disparus. Les fresques qu'il réalisa entre 1911 et 1930 furent placées, lors de la rénovation du musée, dans l'aile consacrée aux « mammifères et leurs cousins disparus », baptisée Lila Acheson Wallace Wing of Mammals and Their Extinct Relatives.

KRASYK, FRANCIS J. Cet illustrateur se rapprocha du *National Geographic* dans les années 1960, alors qu'il travaillait au Goddard Space Flight Center. Ses sujets liés à l'espace apparurent dans les ouvrages de la National Geographic Society ainsi que dans l'article sur l'alunissage d'Apollo 11. Par la suite, il traita de thèmes variés, allant des trous noirs aux tortues de mer.

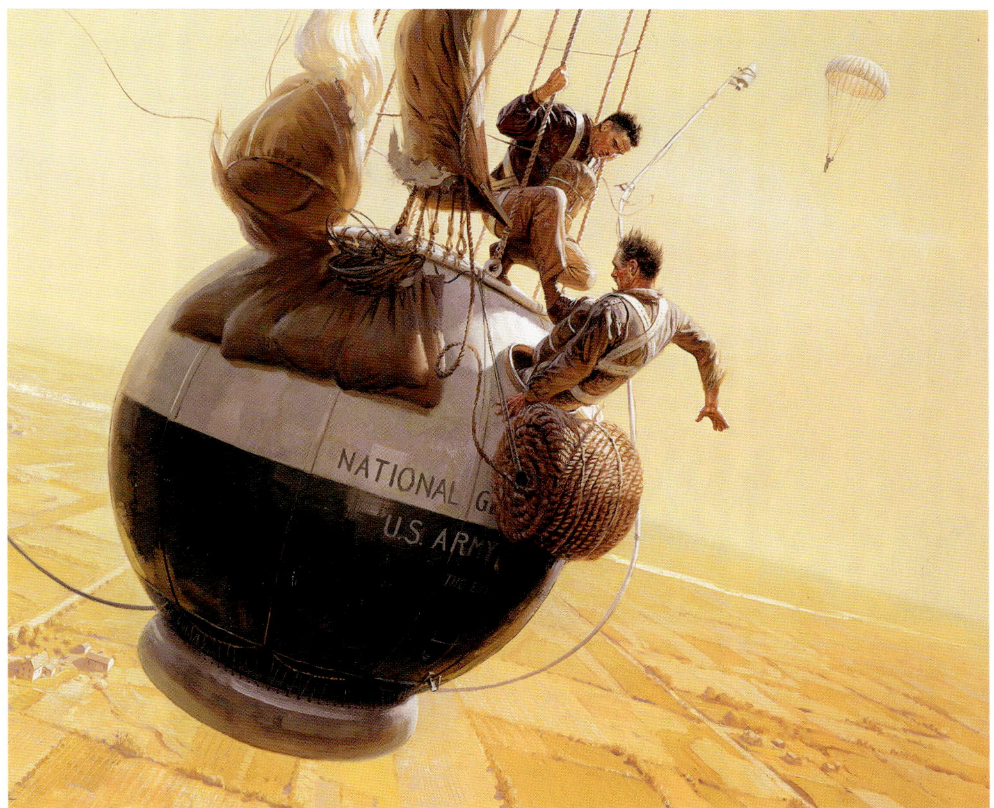

Tom Lovell, Sauvés par un simple coup de pied, *1963.*

KUNSTLER, MORT. Kunstler est spécialisé dans la guerre de Sécession depuis les années 1980. Il a appris son métier et gagné une réputation de grande précision pendant ses années au sein du *National Geographic*, illustrant des sujets historiques en collaboration avec des historiens et des chercheurs. Il est qualifié de « plus grand artiste de notre époque sur la guerre de Sécession ».

LIDOV, ARTHUR. Arthur Lidov (1917-1990) est l'auteur d'illustrations historiques, scientifiques et médicales pour des magazines comme *Fortune*, *Collier's*, *Saturday Evening Post*, *Good Housekeeping* et *Sports Illustrated*. Ses peintures ont été exposées au Museum of Modern Art de New York, à l'Art Institute de Chicago ainsi qu'à la National Gallery of Art.

LOUGHEED, ROBERT ELMER. Lougheed (1901-1982) peignit l'Ouest. Il a illustré nombre d'ouvrages, et des magazines comme le *Reader's Digest* et le *National Geographic*. Né au Canada, il adorait les paysages du Nouveau-Mexique.

LOVELL, TOM. Tom Lovell (1909-1997), né à New York, étudia les beaux-arts à l'université de Syracuse. Célèbre pour ses illustrations de l'histoire américaine et de l'Ouest, il fut élu au Society of Illustrators Hall of Fame en 1974 et récompensé par la National Academy of Western Art et le National Cowboy Hall of Fame.

MAK, KAM. Né à Hong Kong, Mak a émigré avec sa famille en 1971 à New York, où il a étudié à la School of Visual Arts. Ses œuvres ont paru dans le *New York Times Magazine* et *Rolling Stone*. L'ouvrage de Laurence Yep, *Dragon Prince*, qu'il a illustré, a reçu l'Oppenheim Platinum Award du meilleur livre pour enfants en 1997.

MANCHESS, GREGORY. Diplômé du Minneapolis College of Art and Design en 1977, il a pour clients Walt Disney Pictures et Polo/Ralph Lauren. Son œuvre a été reproduite dans les magazines *Scholastic* et *Atlantic Monthly*. Il a été récompensé lors de l'exposition 1996 de la Society of Illustrators à Los Angeles.

MATTELSON, MARVIN. Cet illustrateur primé est l'auteur de plus de 20 « unes » du magazine *Time*. Il a collaboré à la NGS, au Scientific American et à l'U.S. Postal Service, avant de devenir portraitiste à plein temps.

MATTERNES, JAY H. Né aux Philippines, Jay Matternes a étudié la peinture et le design à l'université Carnegie Mellon de Pittsburgh, dans l'État de Pennsylvanie. En se fondant sur les reconstructions des vestiges fossilisés, il est devenu spécialiste de l'évolution des premiers humains. Sa fresque de 1993 sur l'évolution des primates a été placée dans le tout nouveau Hall of Human Biology and Evolution de l'American Museum of Natural History ; il a depuis peint de nombreuses fresques et réalisé des dioramas pour un grand nombre de musées.

MEAD, SYDNEY. Diplômé de l'Art Center College de Los Angeles, il a monté en 1970 sa société, Syd Mead Inc., et travaillé pour de grandes compagnies cinématographiques et automobiles. Il a ainsi collaboré aux films *Tron*, *Star Trek* et *Bladerunner*.

MELTZER, DAVIS. Meltzer a réalisé des dessins pour le *National Geographic* pendant 25 ans et créé nombre de timbres pour l'U.S. Postal Service (portrait d'Eddie Rickenbacker, aérogramme sur les montgolfières et les 15 illustrations de la série « Celebrate the Century 1920-1929 »).

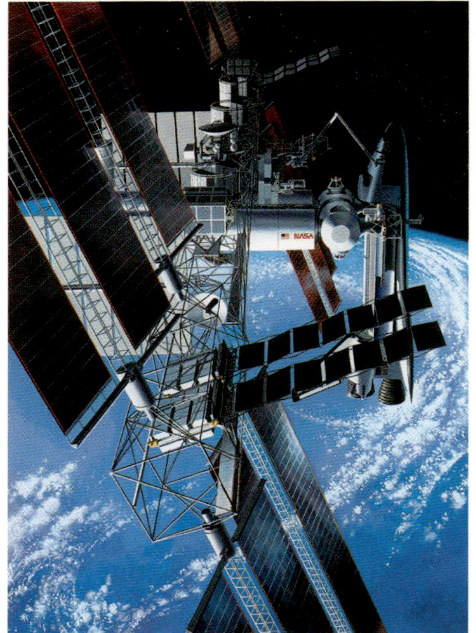

Davis Meltzer, Réduction de la Station spatiale, *1991.*

MELTZOFF, STANLEY. Meltzoff (1917-2006) créa plus de 60 « unes » pour le magazine *Scientific American.* Ses œuvres parurent aussi dans *Life* et le *Saturday Evening Post.* Meltzoff commença à peindre la vie sous-marine en 1969 ; il collabora aussi à d'autres magazines, comme *Sports Illustrated* et *Field and Stream.*

MINER, EDWARD HERBERT. Ce graphiste (1882-1941) se consacra à la vie sauvage américaine, dessinant des sujets (chiens, chevaux, bétail...) pour le *National Geographic* dans les années 1920 et 1930. Son travail parut dans de nombreuses publications.

MION, PIERRE. Mion étudia à l'université George-Washington et à la Corcoran School of Art. Ses dessins illustrèrent *Air and Space Magazine, Smithsonian* et le *Reader's Digest.* Mion se fit connaître pour son exécution, d'après des témoignages oculaires, du tsunami de la baie du Prince-William (Alaska) en mars 1964.

MURAYAMA, HASHIME. Murayama (1878-1955) rejoignit l'équipe de la NGS à une époque où la reproduction de la photo couleur était peu répandue. Attaché à la rigueur picturale, il était réputé pour avoir compté les écailles d'un poisson pour la précision de son dessin. Ses aquarelles parurent de manière régulière jusqu'à sa retraite, en 1940.

OAKLEY, THORNTON. Né à Pittsburgh, Thornton Oakley (1881-1953) étudia l'architecture à l'université de Pennsylvanie, avant de suivre une formation de graphiste sous l'égide de Howard Pyle. Il fut auteur et illustrateur pour les magazines tels que *Century, Collier's, Scribner's* et *Harper's Monthly.*

OTNES, FRED. Otnes suivit les cours de l'American Academy et de l'école de l'Art Institute de Chicago. Il travailla pour le Saturday Evening Post, Fortune et le Reader's Digest; et reçut des commandes de la NASA, d'Exxon et de la National Academy of Sciences.

PESEK, LUDEK. Pesek (1919-1999), né en Tchécoslovaquie, suivit l'enseignement de l'Académie des beaux-arts de Prague. Connu pour ses dons picturaux en matière d'astronomie, il illustra des ouvrages et des magazines en Europe et aux États-Unis. Au début des années 1980, il fit une série de 35 représentations de la planète Mars. Il écrivit et illustra également plusieurs romans de science-fiction.

PETERSON, ROGER TORY. Ce naturaliste (1908-1996) est particulièrement connu pour sa série *Peterson Field Guide,* en 50 volumes ; le premier, le *Field Guide to the Birds,* fut publié en 1934. Il mit sur pied le Roger Tory Peterson Institute à Jamestown en 1984, pour former les enseignants à la protection de la nature.

PINKNEY, JERRY J. Pinkney a reçu cinq médailles Caldecott pour ses illustrations de livres pour enfants, et nombre de récompenses de la Society of Illustrators. Son travail a été exposé aux États-Unis, au Japon, en Russie, en Italie, à Taiwan et en Jamaïque.

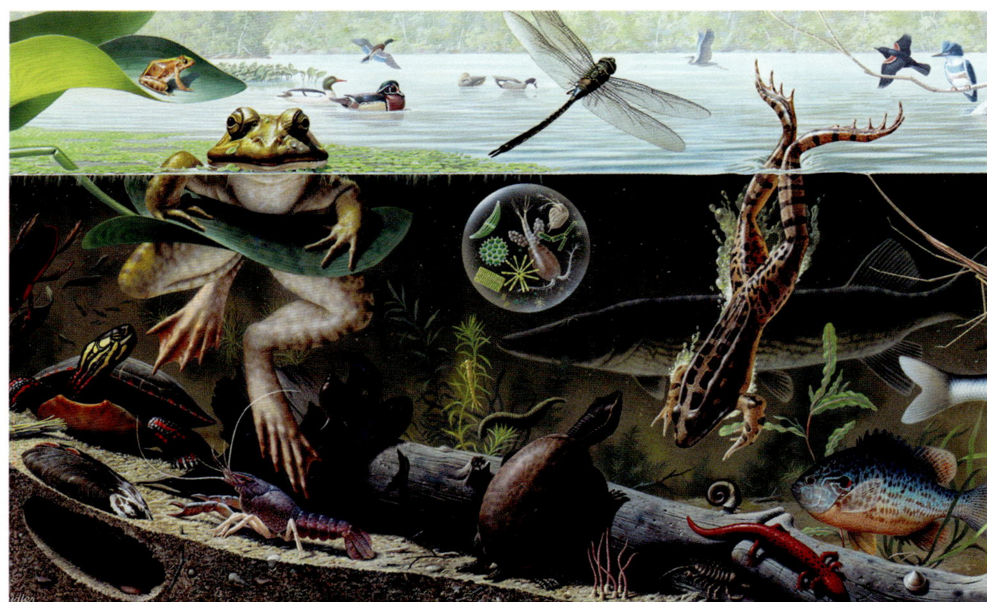

Ned M. Seidler, La vie grouillante dans une mare, *1970.*

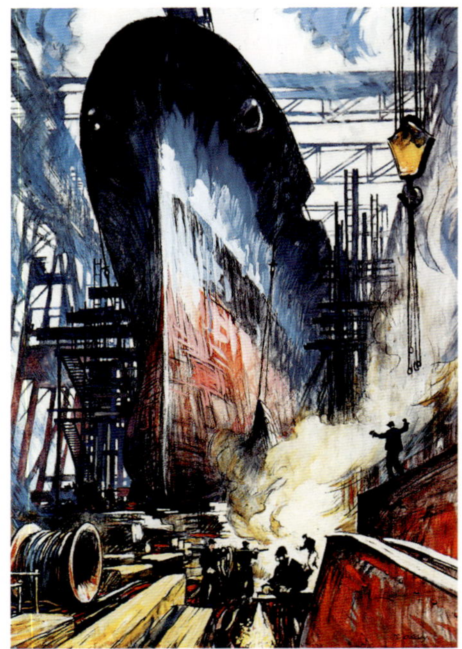

Thornton Oakley, Navire de guerre *Alabama, 1942.*

RIDDIFORD, CHARLES E. Charles Riddiford (1887-1968) fut cartographe à la National Geographic Society pendant de nombreuses années. Connu pour la fonte particulière utilisée sur les cartes du *National Geographic* pendant la majeure partie du XXe siècle, il est l'auteur des représentations sophistiquées de frontières apparues sur des cartes au cours des années 1930.

RILEY, KEN. Élevé dans le Colorado, il fut diplômé des beaux-arts de l'université du Colorado, à Boulder, en 1992. Exécutant toutes ses œuvres à la plume et à l'encre, il a subi diverses influences artistiques, notamment celle du Japon.

SANO, KAZUHIKO. Né au Japon, Kazuhiko Sano suivit des cours de peinture à Tokyo avant de s'installer à San Francisco en 1975 pour y suivre les cours de l'école de l'Academy of Art. Une quinzaine de ses illustrations sont reproduites sur la série « Celebrate the Century 1970-1979 » de l'U.S. Postal Service. Son travail a été présenté au musée central de Tokyo et au Museum of American Illustration de New York.

SANTORE, CHARLES. Né à Philadelphie, Charles Santore a vu son travail figurer dans les plus grandes publications. Vers le milieu des années 1980, il a illustré des contes classiques pour enfants, tels les *Fables d'Ésope* et *Le Magicien d'Oz.* Il a reçu de nombreuses récompenses, dont le prestigieux prix Hamilton King de la New York Society of Illustrators.

SCHALLER, ADOLF. Schaller, peintre des sujets liés à l'espace, travailla en étroite collaboration avec Carl Sagan. Écrivain, compositeur et peintre, il a collaboré à nombre de médias (films, magazines...) et reçu de nombreux prix.

SCHLECHT, RICHARD. Richard Schlecht a fait ses débuts de graphiste à l'armée, alors qu'il était basé dans la ville de Washington. Son travail a été publié par *Time-Life Books,* le service des Parcs nationaux et la ville coloniale de Williamsburg (État de Virginie). Il a dessiné plus de 24 timbres pour l'U.S. Postal Service, dont la série commémorant le premier voyage de Christophe Colomb.

SEIDLER, MARK. Ancien membre de la rédaction du *National Geographic*, Mark Seidler a collaboré aux publications de la Society en free-lance, illustrant des articles sur l'archéologie, les tremblements de terre, les éléphants, El Niño...

SEIDLER, NED M. Né à New York, formé au Pratt College et à l'Art Student's League, Seidler a travaillé comme graphiste free-lance pendant 21 ans avant d'être embauché au *National Geographic* en 1967. Depuis sa retraite, en 1985, il crée des designs pour les timbres de l'U.S. Postal Service. Son travail a été présenté à la New York Society of Illustrators et au Brandywine Museum, dans l'État de Pennsylvanie.

SIBBICK, JOHN. Né à Guildford (Angleterre), John Sibbick a commencé sa carrière comme artiste indépendant en 1972, après avoir illustré une encyclopédie pour enfants. Ses œuvres ont paru dans l'*Illustrated Encyclopedia of Dinosaurs*, en 1981, et dans la série télévisée de la BBC *Lost Worlds, Vanished Lives*.

SILVERMAN, BURTON. Né à Brooklyn, Burton Silverman a étudié les beaux-arts au Pratt Institute, à l'université de Columbia et à l'Art Students League. Il a exposé à New York, Boston, Philadelphie et Washington, et ses peintures ornent les collections du National Museum of American Art et de la National Portrait Gallery. En 1996, Silverman a été nommé au Hall of Fame de la New York Society of Illustrators.

STOREY, BARRON. Ses peintures ont été publiées dans *Smithsonian* et *Scientific American* ; il a vendu 14 « unes » à Time entre 1974 et 1984 et compte parmi ses clients la Paramount et McDonald's. Ses fresques de la forêt pluviale sud-américaine sont à l'American Museum of Natural History, à New York.

TAUSS, HERB. La seule formation artistique de Tauss a été celle de la High School of Industrial Arts de sa ville natale, New York. Il a dessiné pour le *Saturday Evening Post*, *Redbook* et *Good Housekeeping*. Ses œuvres récentes sont centrées sur l'Holocauste et la Piste des larmes. Il a été élu au Hall of Fame de la Society of Illustrators en 1996.

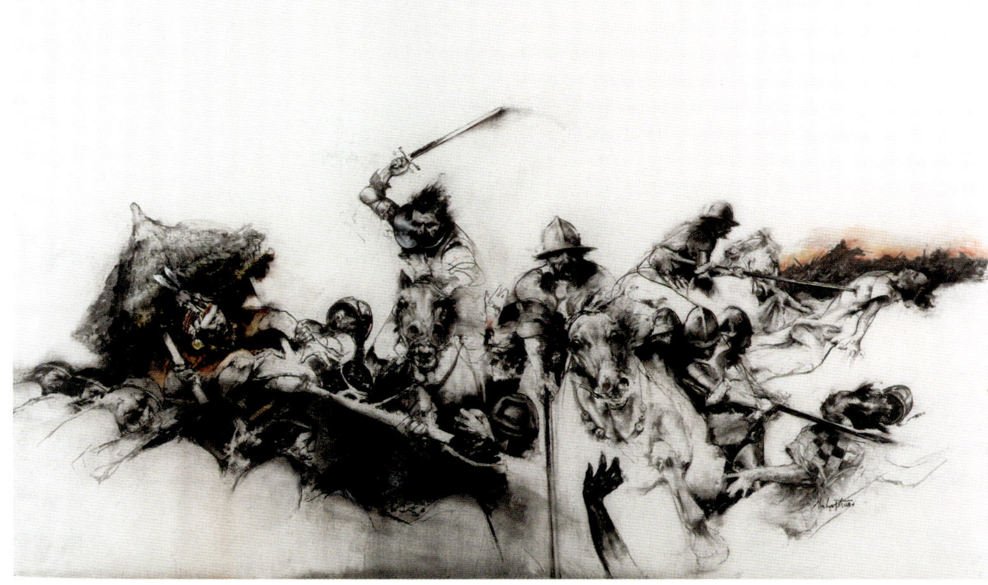

Herb Tauss, Pizarro, La conquête des Incas, *1992*.

UNRUH, JACK. Jack Unruh a suivi l'enseignement de l'université du Kansas et de l'université Washington de St. Louis dans l'État du Missouri. Son travail a figuré dans *Rolling Stone*, *Audubon* et *Sports Illustrated*, et il a reçu commande d'IBM, American Airlines et de la chaîne Nieman Marcus. En 1998, Unruh a obtenu le prix Hamilton King de la New York Society of Illustrators.

WEBER, WALTER A. Weber (1906-1979) travailla comme graphiste pour le *National Geographic* pendant environ 22 ans. Formé en biologie et en art, il décrocha son premier poste auprès du Field Museum of Natural History. Ses peintures d'aigrettes neigeuses furent reproduites en 1947 sur un timbre émis lors de la création du parc national des Everglades, en Floride ; ce timbre reparut sur une carte postale commémorant le 50e anniversaire du parc.

WYETH, ANDREW. La longue carrière d'artiste d'Andrew Wyeth (1917-2009) fut reconnue par la Presidential Medal de Freedom, en 1963, et par la Congressional Gold Medal en 1990. Son travail a été présenté dans le monde entier. Le Center for the Wyeth Family, ouvert dans l'État du Maine en 1998, contient environ 4 500 de ses œuvres.

WYETH, NEWELL CONVERS (N.C.). Wyeth (1882-1945) naquit à Needham, dans l'État du Massachusetts. Sa première vente commerciale, en 1903, fut celle de l'illustration d'une « une » pour le *Saturday Evening Post*, pour laquelle il toucha 60 $. De 1911 à 1939, il réalisa des illustrations très admirées pour plus de 25 ouvrage classiques pour enfants, publiés par Charles Scribner & Sons. Dans les années 1920, la National Geographic Society lui commanda cinq grandes fresques pour orner les murs de son siège de Washington.

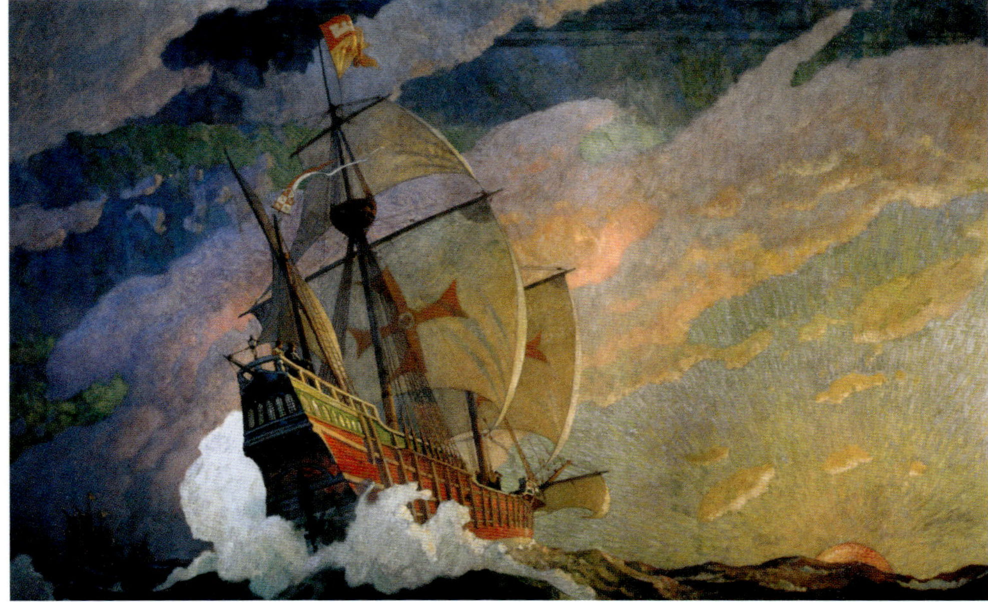

N. C.Wyeth, La caravelle de Christophe Colomb, *1928*.

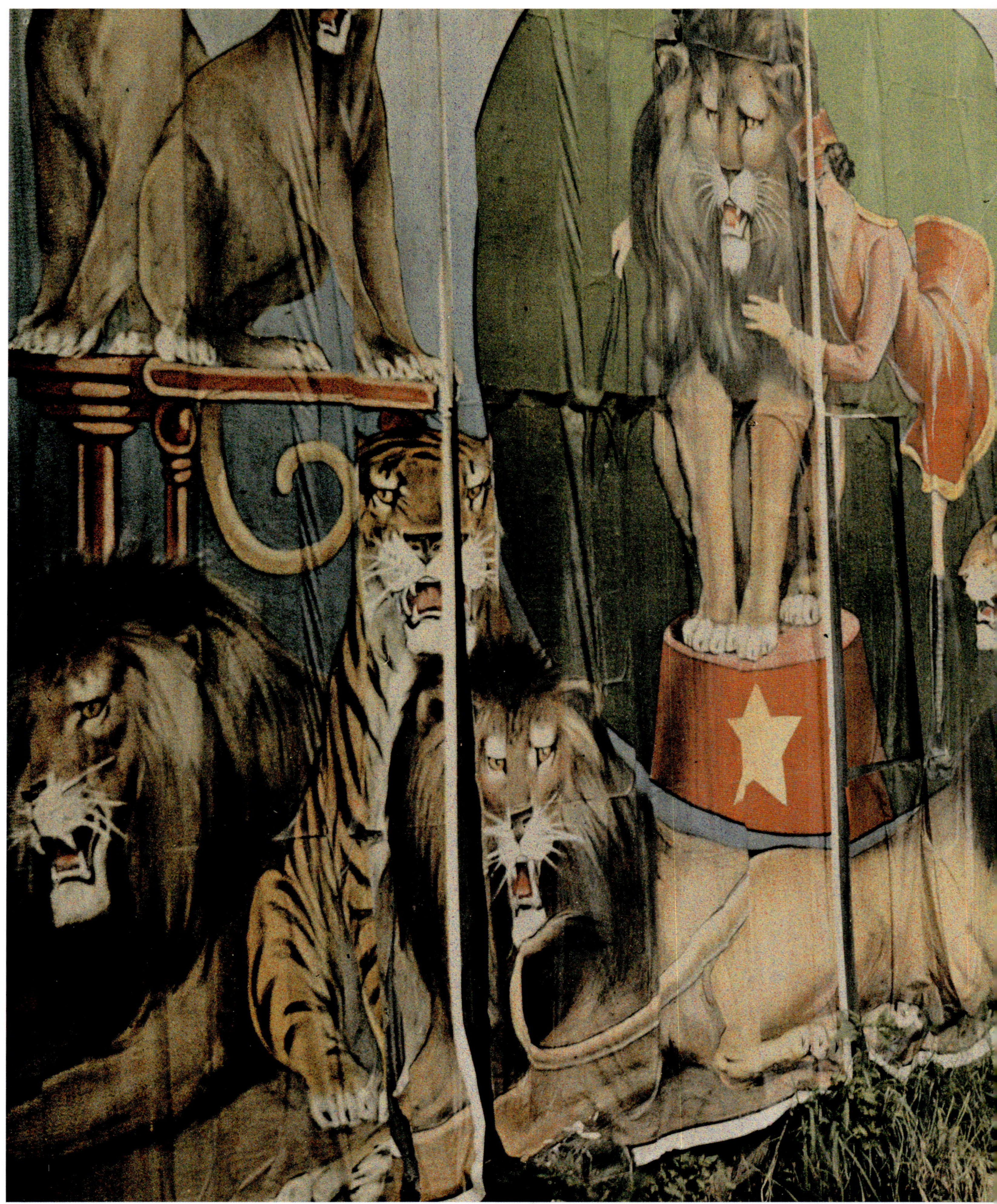

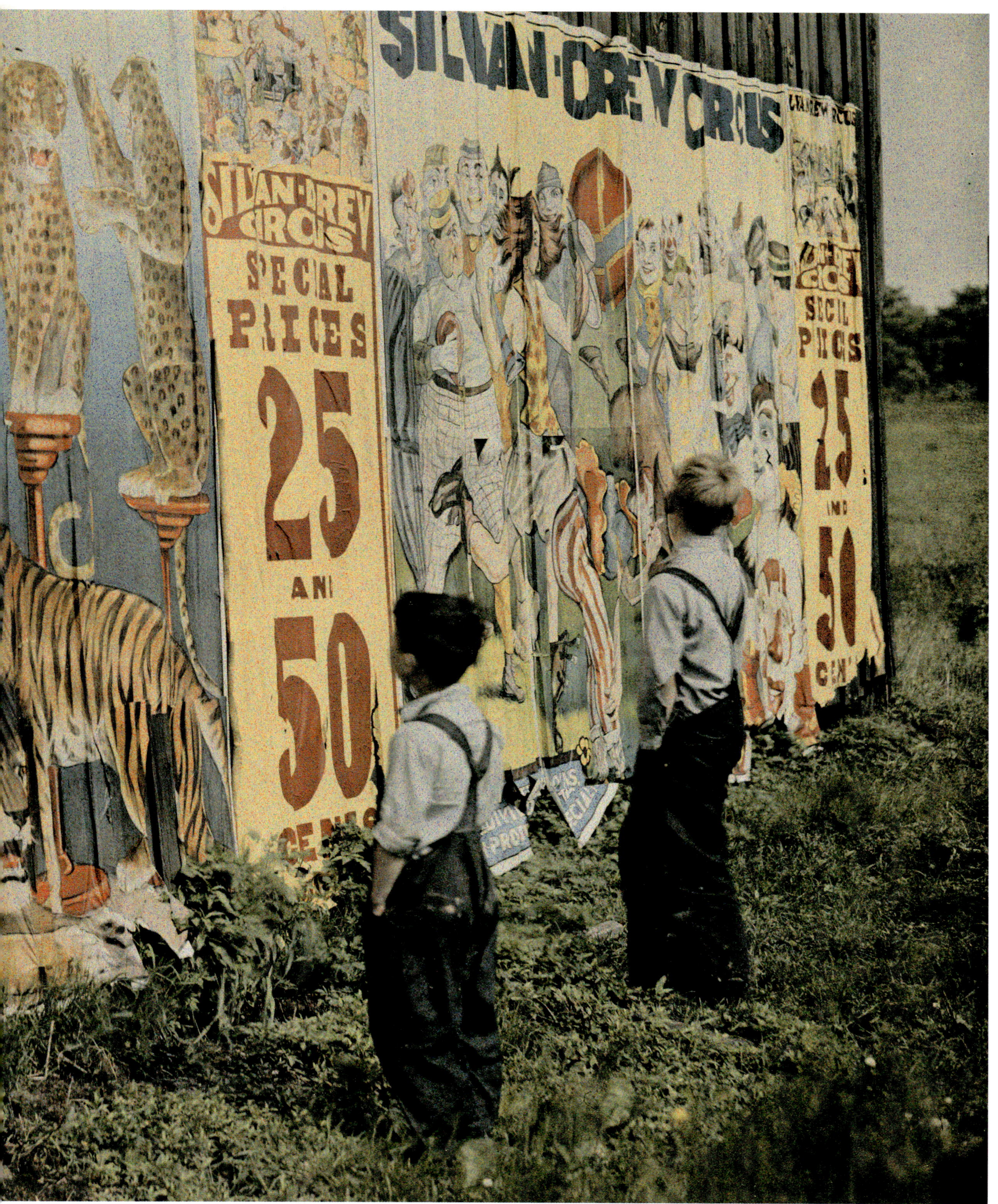

JACOB GAYER | 1936 | ÉTAT DE L'OHIO, ÉTATS-UNIS *Une scène haute en couleur.*

LES AUTOCHROMES

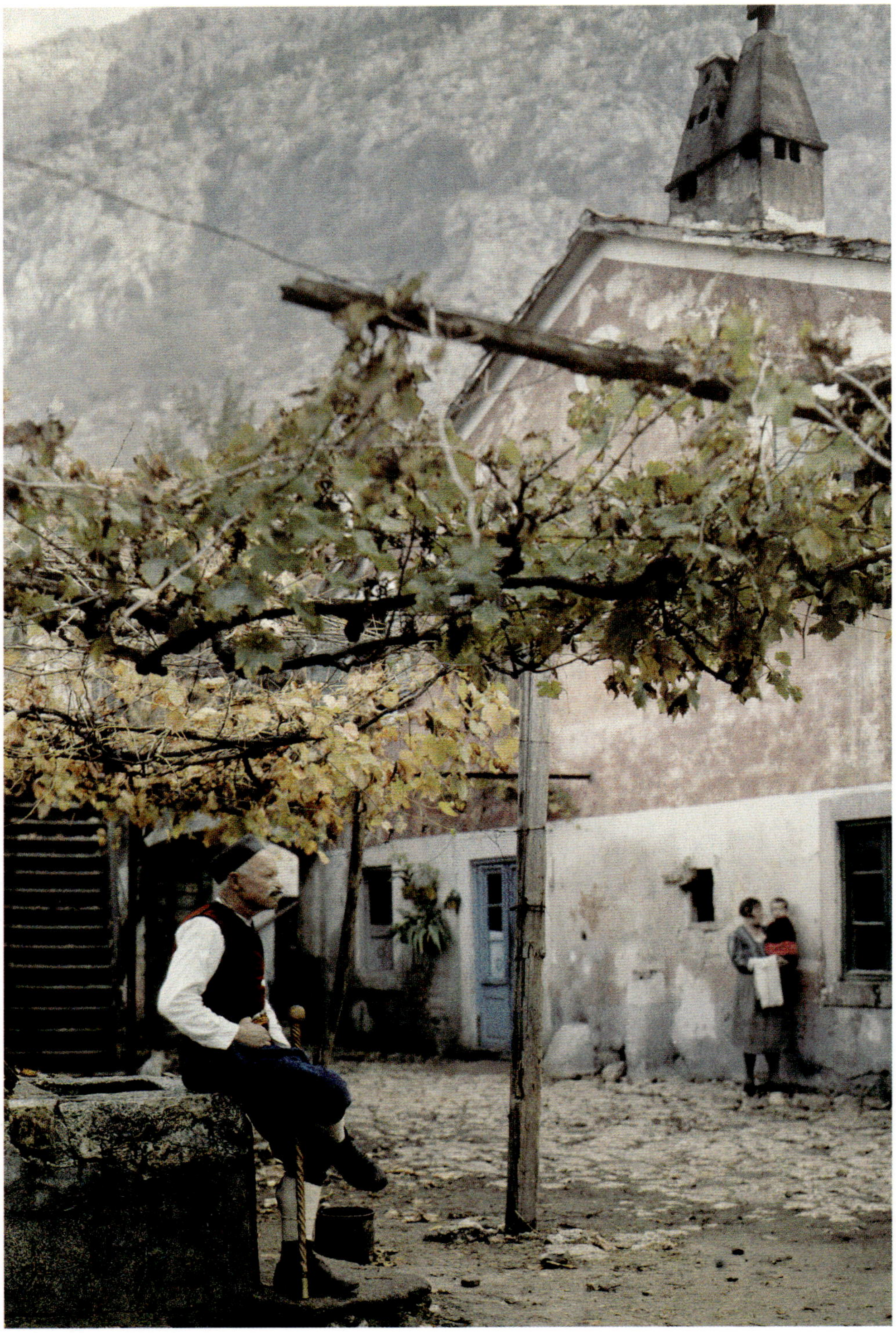

Wilhelm Tobien, 1930, Yougoslavie.

CHAQUE PLAQUE DE VERRE (il en existe près de 15 000) est une rescapée qui parcourut parfois des milliers de kilomètres, supporta les chutes, une manipulation négligente et un emballage bâclé avant d'atteindre sa destination. Chacune est conditionnée dans une chemise identique de papier marron, qui renferme un objet unique : non un négatif reproductible à l'infini, mais un positif lumineux, d'une couleur délicate aussi insaisissable que celle d'un souvenir. Telle est la magie de l'autochrome, la première technique de photo couleur, dont l'Image Collection renferme l'un des plus beaux assemblages du monde : dans les années 1920, en effet, le *National Geographic* était le principal pourvoyeur américain.

La quête de la photo couleur est presque aussi ancienne que la photo elle-même. La fin du XIXe siècle vit des progrès prometteurs, mais ces techniques nouvelles étaient si chronophages et encombrantes que la plupart des clichés colorisés étaient en fait teintés à la main. Ils pouvaient d'ailleurs être exquis, telles ces photos d'Extrême-Orient que Gilbert H. Grosvenor publia dans le numéro de novembre 1910 du *National Geographic*. Cette expérimentation connut un tel succès auprès des membres de la Society qu'il assura l'avenir de la couleur : il fallut juste un peu de temps pour voir les photos teintes à la main céder la place aux autochromes.

Inventé par les frères Auguste et Louis Lumière, l'autochrome originel, qui devint procédé industriel en 1907, se composait d'une plaque de verre standard 5 x 7 uniquement recouverte sur un côté d'une fine mixture de particules microscopiques de grains de fécule, subtilement teints de couleurs primaires (rouge, vert et bleu) fixées par de la résine. Une émulsion standard panchromatique était appliquée sur l'autre côté, et l'ensemble était recouvert d'une plaque protectrice. Inséré dans un appareil photo, le côté recouvert de fécule faisait face à l'objectif, l'émulsion faisant face au photographe. La lumière portant l'image atteignait la fécule en premier, filtrée à travers sa mosaïque colorée avant d'atteindre l'émulsion.

Le résultat, après développement, était un positif reflétant toutes les couleurs présentes dans la scène d'origine, adoucies et amorties. Les temps de pose étant trop lents pour capturer une action ou un mouvement, ces autochromes servaient à prendre des paysages, des natures mortes et des portraits, auxquels cette technique prêtait une sérénité envoûtante, un calme digne d'une peinture qui, couplé au murmure de la couleur, s'avérait enchanteur.

Le premier autochrome du *National Geographic* parut dans le numéro de juillet 1914. Le Salon botanique de Gand, de Paul Guillumette, était une orgie de couleurs : sa publication visait à montrer que la vraie couleur, « la couleur dans l'appareil photo », pouvait être gravée et imprimée dans le magazine.

Deux ans plus tard, plusieurs séries de plaques de couleur, réalisées par un ancien peintre miniaturiste, Franklin Price Knott, et dépeignant des scènes tirées de la vie des Américains, se faisaient le héraut de l'histoire d'amour du *National Geographic* avec l'autochrome.

Lorsque Gilbert Grosvenor, en 1920, mit sur pied un labo couleur (le premier dans l'histoire de

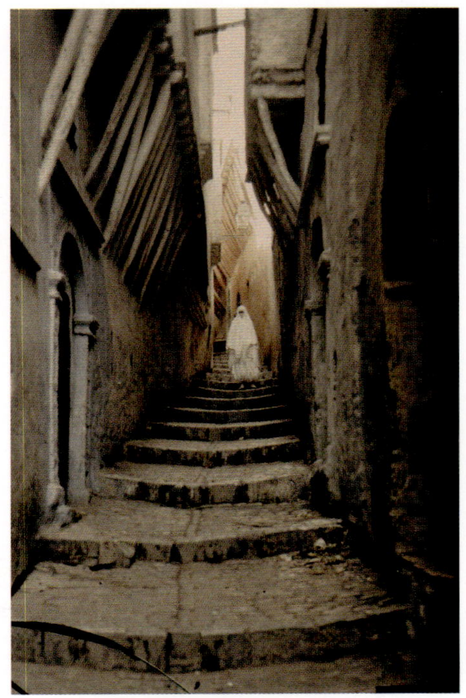

Joseph F. Rock, années 1930, Tibet.

l'édition des États-Unis), il inaugurait la décennie dorée qui vit les autochromes (plus de 1 800) régner sur les pages du *National Geographic*. Cette technique était alors utilisée uniquement par 15 photographes, qui écumaient la planète avec leurs appareils, leurs trépieds et leurs plaques de verre magiques, expédiées ensuite à Washington dans des malles et des caisses.

Helen Messinger Murdoch vit huit de ses autochromes d'Inde et de Ceylan publiés dans le numéro de mars 1921. Mais, très rapidement, Gilbert Grosvenor embaucha de nombreux « autochromistes », pour la plupart européens, pour couvrir les besoins éditoriaux.

Jules Gervais-Courtellemont par exemple, auteur, photographe, conférencier et voyageur orientaliste du début du XXe siècle, procura au *National Geographic* assez d'autochromes – campagne française, Espagne rêveuse, Afrique du Nord baignée de soleil, scènes exotiques de lointaines contrées telles l'Inde et le Cambodge – pour composer 24 séries couleur.

Hans Hildenbrand, ancien photographe de la cour du roi de Wurtemberg, et seul photographe allemand à avoir consigné la Première Guerre mondiale en couleurs, publia plus de 150 autochromes d'Allemagne, d'Europe centrale, des Balkans et d'Italie. Quelque 700 d'entre eux se trouvent toujours dans l'Image Collection, sans doute les seuls rescapés, car le reste de ses œuvres fut détruit lors d'un raid aérien sur Stuttgart en 1944. Son compatriote Wilhelm Tobien fournit assez de plaques pour 15 séries couleur, d'Europe, de Madère, des îles Canaries et des Açores. Gustav Heurlin prit quatre séries couleur de la Scandinavie, Luigi Pellerano, auteur d'un manuel sur les autochromes, publia 41 photos de Sicile, de Rome et de Libye.

Les Américains prenaient eux aussi des autochromes. Fred Payne Clatworthy, qui avait un studio photo dans le Colorado, prit pour le *National Geographic* des images des merveilles naturelles de l'Ouest américain. En 1927, à 73 ans, Franklin Price Knott parcourut 65 000 km en Asie, prenant, pour le *National Geographic*, des centaines d'autochromes d'Inde, de Bali, du Japon, etc.

Mais personne n'arriva à la cheville de Joseph Rock pour l'exotisme. Botaniste d'origine viennoise, il écuma durant les années 1920 et 1930 les collines escarpées du sud-ouest de la Chine pour y recueillir des essences rares à des fins scientifiques et – lorsqu'il ne fuyait pas des bandits – faire des milliers de photos (dont 888 plaques couleur) de tribus sauvages, de *lamas* détachés du monde et de cérémonies tibétaines.

Dès les années 1920, Grosvenor composa son équipe photographique : elle comprenait le légendaire Maynard Owen Williams, qui vivait à l'étranger et envoyait un important volume de matériau – d'Europe, de Méditerranée, du Proche Orient, de la Terre sainte ou de l'Inde – menaçant d'inonder le siège. Jacob Gayer fit des autochromes de l'Arctique, et fournit en outre des scènes colorées d'Amérique du Sud et des Caraïbes.

Le talentueux Clifton Adams installa ses trépieds dans tous les coins des États-Unis ainsi qu'aux îles Britanniques, au Mexique et en Haïti. Edwin L. « Bud » Wisherd, – avec ses photos de Louisiane jusqu'au désert du sud-ouest des États-Unis –, fut le premier du pool à développer des autochromes sur le terrain.

Le monde s'ouvrait à quiconque possédait un appareil photo, un trépied ainsi que des malles pleines de plaques.

Lorsque W. Robert Moore photographia le spectaculaire couronnement d'Haïlé Sélassié en Éthiopie – il avait obtenu que l'empereur reste immobile pendant 10 secondes, le temps nécessaire à la pose –, il fut le seul à immortaliser la scène avec des photos couleur.

Dans cette ère de « premières », fièrement proclamées dans le magazine à chaque occasion – les premières « couleurs naturelles » souterraines, dans les grottes de Carlsbad, ou dans le Groënland arctique, où une poudre de flash fut nécessaire sous ces cieux de plomb –, une série de plaques représente alors un réel exploit.

En 1926, dans les îles Dry Tortuga, au large de la Floride, le scientifique William Longley et le chef du labo du *National Geographic*, Charles Martin, prolongèrent le temps de pose de la plaque de l'autochrome en la recouvrant d'une émulsion spéciale : ils la rendirent ainsi assez rapide pour que, lorsqu'il fut mis feu à un quart de livre de poudre de magnésium sur un radeau, l'explosion, éclatante, illumina même les fonds sous-marins. Ces clichés couleur, publiés en 1927, furent les tout premiers réalisés sous la surface de l'eau.

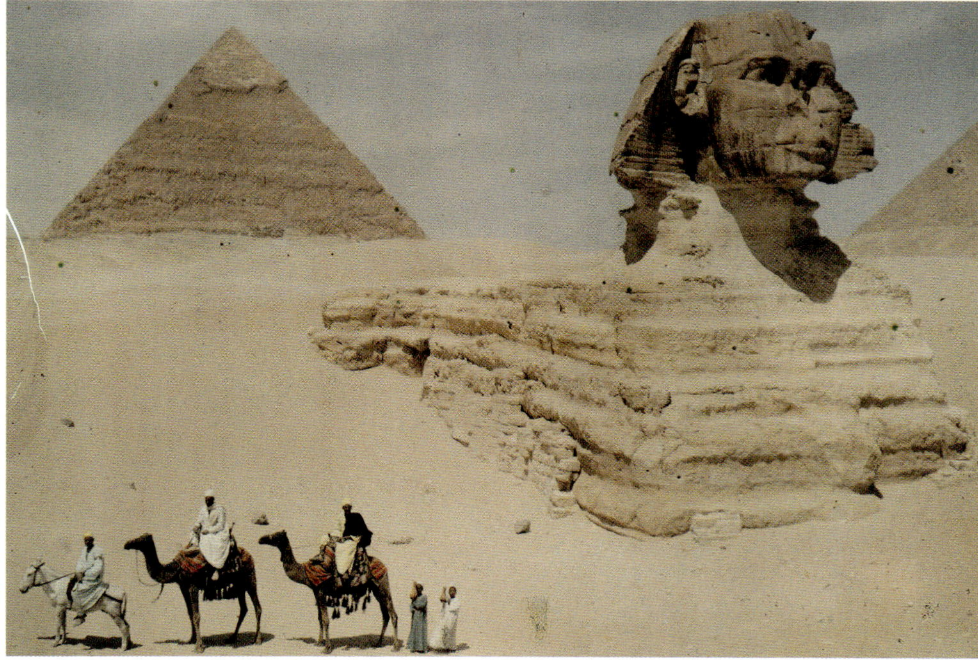

Franklin Price Knott, date inconnue, Égypte.

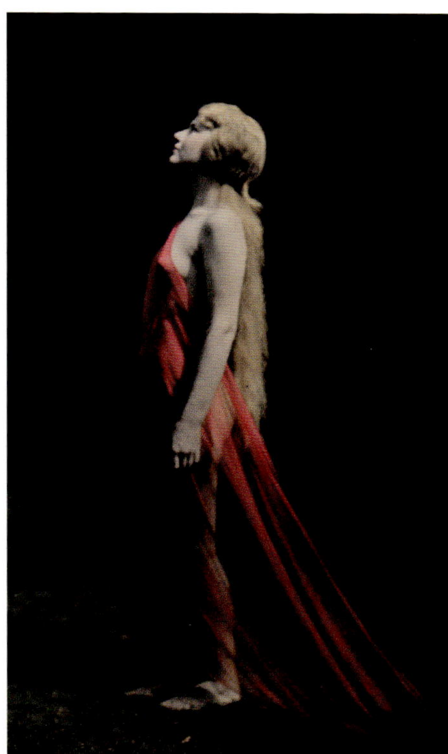

Franklin Price Knott, date et lieu inconnus.

Et pourtant, quelques années plus tard, en 1930, lorsque les premières photos de l'air furent réalisées, elles furent exposées sur des plaques de Finlay, non sur des autochromes. Les Finlay, qui recouraient à une émulsion plus granuleuse et à un écran tramé, étaient un peu plus rapides, en tout cas assez rapides pour être utilisées sur la plate-forme relativement stable d'un dirigeable. Peu après, les Finlay remplacèrent les autochromes, puis furent supplantées par les Dufaycolor, avant que le Kodachrome ne l'emporte, ouvrant ainsi une nouvelle ère.

Au *National Geographic*, l'autochrome était tombé dans les oubliettes ; le dernier parut dans les années 1940. Plus de 2 300 avaient été publiés dans les quelques vingt-cinq dernières années de leur règne.

Aujourd'hui, les plaques Finlay ont disparu, ne laissant que le noir et blanc. Mais, nichés dans leurs chemises en papier, les autochromes, les premiers à apporter à des millions de gens le monde en « couleurs naturelles », se sont avérés remarquablement résistants. L'Image Collection en contient près de 15 000. Beaucoup ont encore leur couleur magique, la couleur idéale pour représenter un monde disparu : un monde sans guerre, sans tumulte ; un monde calme et serein.

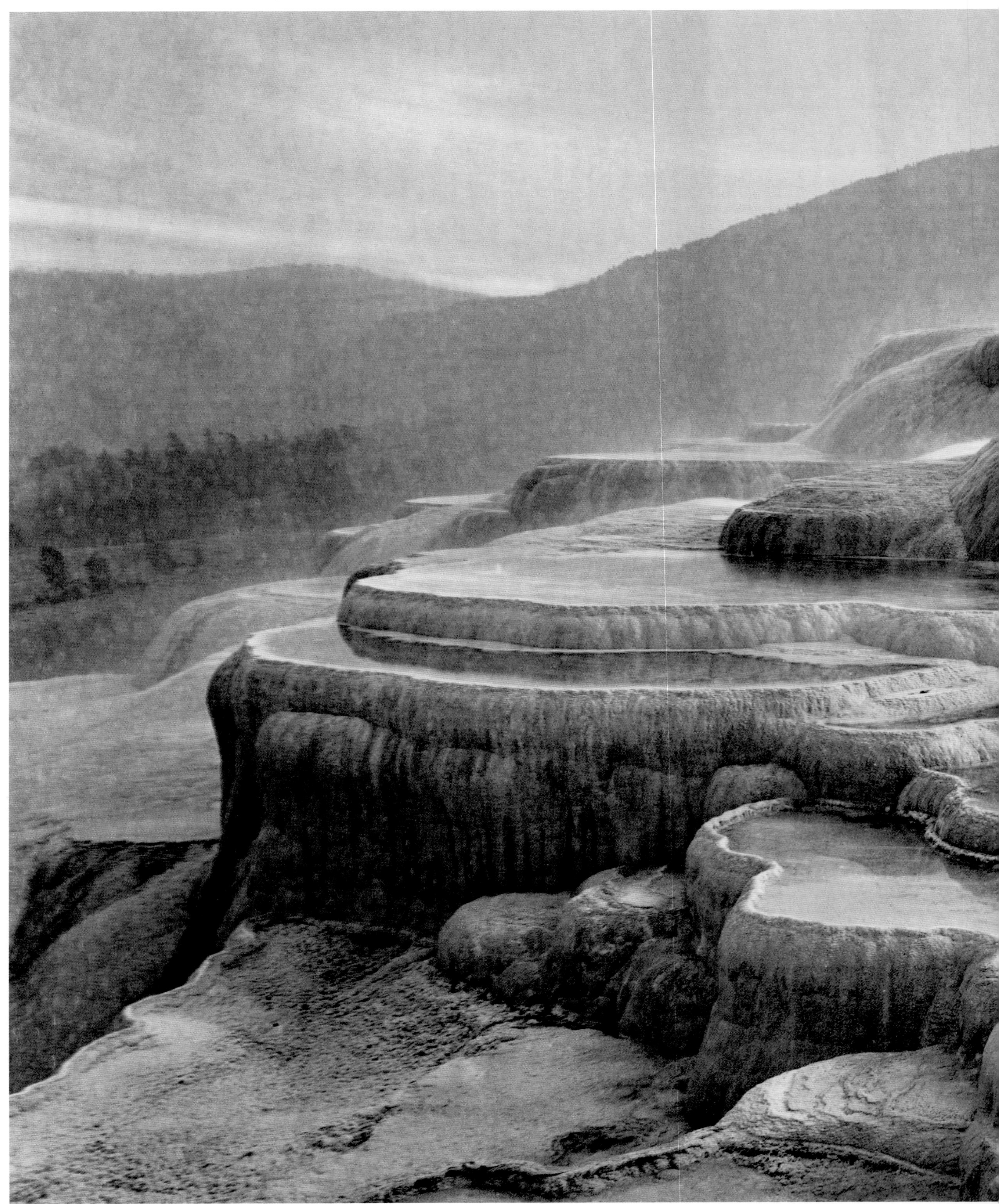

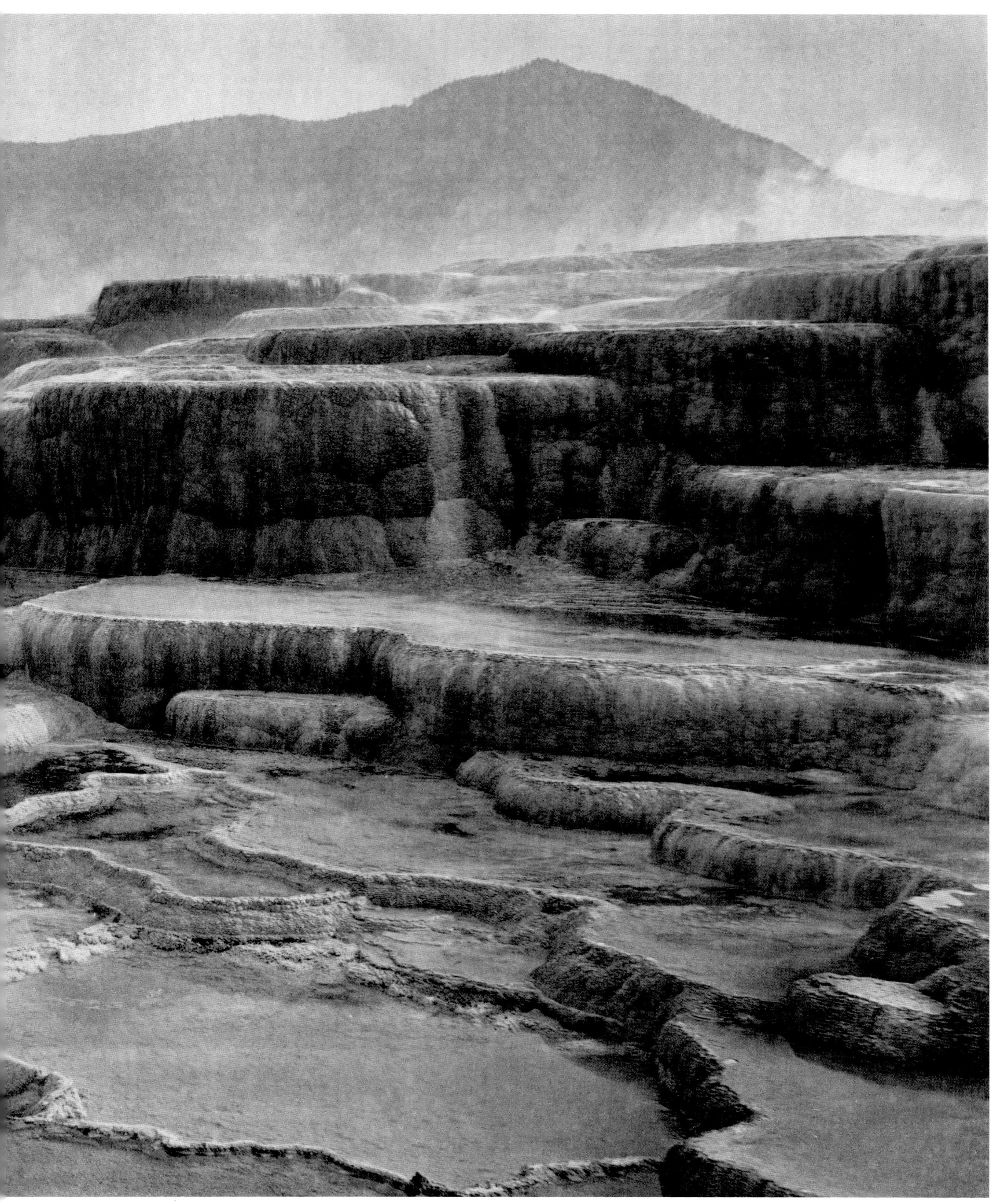

WILLIAM HENRY JACKSON | 1871 | ÉTAT DU WYOMING, ÉTATS-UNIS *L'édifice naturel* Mammoth Hot Springs, *dans le parc national de Yellowstone.*

LES TIRAGES NOIR ET BLANC

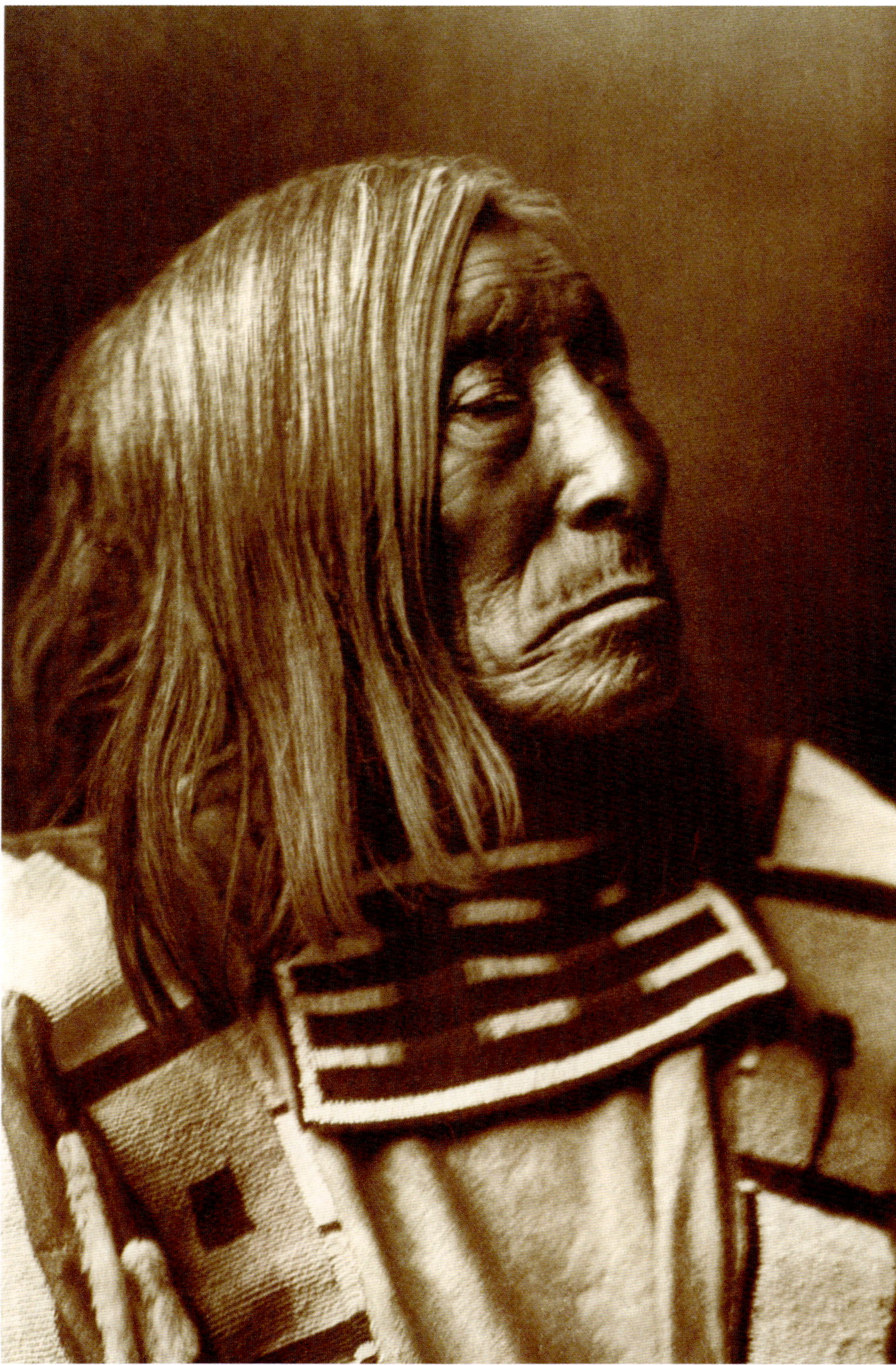

Edward S. Curtis, date inconnue, État du Montana.

SUR DES ÉTAGÈRES ATTEIGNANT une hauteur d'environ quatre mètres, trônent une multitude de classeurs marron en accordéon, renfermant les nombreux tirages noir et blanc de la National Geographic Society. Agencés par ordre géographique, ils arborent généralement les noms que portaient jadis les pays et les continents. Se plonger dans cette collection signifie se fondre dans le passé – peut-être pour très longtemps : elle comprend en effet quelque 500 000 tirages, dont seule une infime partie a été publiée.

Cherchez n'importe où et vous verrez que les tirages sont montés sur des cartons affichant au dos des légendes, des dates, des crédits, une indexation ad hoc, ainsi que, parfois, un commentaire mystérieux. Ces tirages symbolisent une époque où les photos provenaient d'innombrables sources, une époque qui prend ses racines dans les premières années du XXe siècle et dans le génie éditorial de Gilbert Hovey Grosvenor.

Une fois que Grosvenor et son beau-père Alexander Graham Bell eurent mis le magazine *National Geographic* en orbite photographique, le jeune rédacteur en chef décida de créer un stock de photos, une collection où piocher selon les besoins, un dépôt renfermant plus de matériau qu'il n'en serait jamais publié. Il acquit des collections connues et inconnues, recueillit des clichés lors de ses voyages, exploita le stock illimité archivé dans les ministères et, surtout, reçut des clichés, de toute la planète, d'un groupe polyglotte de voyageurs, militaires, diplomates, journalistes, scientifiques, explorateurs – voire quelques bandits de grand chemin. Ce stock constitua le noyau de ce qui allait devenir, au fil des années et des décennies, la collection de noir et blanc.

Toutes les photos ne reposent pas douillettement dans leurs accordéons : il existe aussi des « collections dans la collection », des portfolios et des albums renfermant assez de clichés connexes pour justifier un statut à part. Nombre d'entre eux furent amassés au fil du temps. Ainsi, cinq gros albums contiennent des tirages originaux de William Henry Jackson, considéré comme le pionnier de la photographie de l'Ouest américain : dans les années 1870, accompagnant l'une des grandes études topographiques réalisées dans cette région (dont les directions allaient fusionner pour devenir l'U.S. Geological Survey – les tirages, de ce fait, sont montés sur des pages arborant le sigle U.S.G.S.), il photographia les États du Nebraska, du Wyoming et du Colorado. De même, la salle des livres rares de la Society renferme un jeu complet (276 des 300 imprimés) des *North American Indian* d'Edward Curtis, somme monumentale en 20 volumes qui, avec les 20 portfolios de gravures, composent 2 000 portraits de 80 tribus indiennes, vivant à cette époque encore à l'ouest du Mississippi.

Alexander Graham Bell obtint à l'origine le premier volume ; le grand inventeur est luimême honoré dans la Collection Bell, qui renferme quelques 1 600 images de cerfs-volants tétraèdres et autres fantastiques machines volantes, ainsi que de l'Aerial Experimental Association, ou encore de la vie familiale dans la résidence d'été des Bell, en Nouvelle-Écosse.

À la fin des années 1870, Charles Harris Phelps, diplômé de Harvard, partit deux ans en lune de miel autour du monde. Contrairement à son mariage, ses photos ont perduré : 26 portfolios de vues, sites, villes, campagnes, ruines, cérémonies, de Java au Japon, d'Inde à l'Italie, des Balkans à la mer Baltique. Des décennies plus tard, l'énigmatique A. W. Cutler, de « Rose Hill House, Worcester, Angleterre », réalisa de splendides photos de Grande-Bretagne et d'Irlande ; Grosvenor, l'envoya en reportage au Portugal et en Italie, où il décéda du paludisme en Calabre. Il légua malgré tout la totalité de sa collection au *National Geographic*, et Grosvenor conserva ces négatifs pendant des années.

Parfois, la manie de collectionner atteint des sommets. Les archives renferment ainsi 200 tirages du baron Wilhelm von Gloeden, expatrié allemand du début du XXe siècle dont les portraits de jeunes Siciliens, uniquement vêtus de couronnes de l'ère classique, furent longtemps appréciés des cognoscenti. Ils furent recueillis par l'amiral Chester Colby, membre vétéran du conseil d'administration de la NGS, plus par zèle que par souci esthétique.

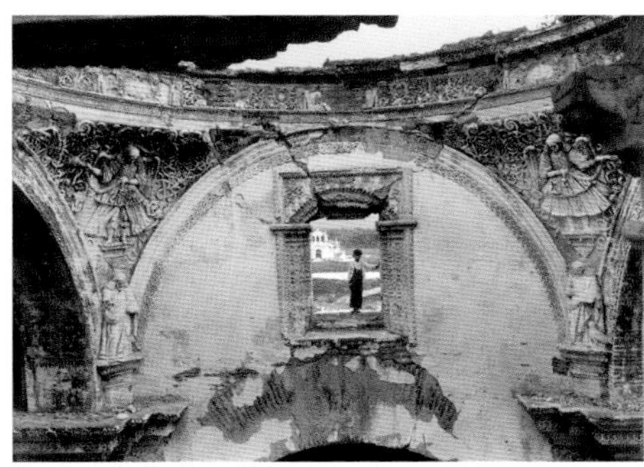

Luis Marden, 1936, Guatemala.

La plupart de ces photos ne parurent jamais dans le magazine *National Geographic*, mais les malfrats de Mussolini ayant détruit une grande partie des négatifs de Von Gloeden, leur valeur a augmenté.

La collection noir et blanc permet de voyager à travers un monde disparu, et à travers les premières années du *National Geographic* lui-même. Les clichés de Lhassa furent ainsi à l'origine, à leur parution en janvier 1905, de l'immense renommée du magazine. Par ailleurs, les négatifs originaux sur plaques de verre de George Shiras, où figurent les images les plus importantes de l'histoire de la photo animalière (des images nocturnes de cerfs effrayés, prises au flash, publiées en 1906) lancèrent le *National Geographic* dans une direction qu'il n'a jamais quittée.

Enfin, ces étagères renferment l'histoire romantique des premières expéditions de la NGS. Longtemps avant d'accompagner Theodore Roosevelt dans une expédition au Brésil – d'où le nom, rio Roosevelt, donné à un fleuve jusque là inconnu – l'explorateur Anthony Fiala mena plusieurs expéditions avortées vers l'Arctique ; ces Ziegler Polar Expeditions de 1901-1902 et 1903-1905 n'atteignirent jamais le pôle Nord, mais on ne le devinerait pas en regardant les images pour lanterne magique, plaques de verre et négatifs de Fiala, clichés classiques d'expéditions en chiens de traîneau pris à l'apogée de « l'âge héroïque » de l'exploration des pôles. Même chose pour les 7 000 clichés composant la collection Robert E. Peary, qui va d'étranges études « ethnographiques » d'Inuits aux images prises au pôle Nord, très controversées.

Quand Grosvenor entendit, en 1911, Hiram Bingham lui décrire le site de Machu Picchu, dans les Andes péruviennes, le *National Geographic* et l'Université de Yale y parrainèrent plusieurs séries de fouilles. La fascination que suscite depuis le Machu Picchu est due aux 9 000 clichés de la collection Bingham, qui documentent avec soin les étapes des fouilles (chaque mur dégagé, chaque fragment de maçonnerie mis au jour, chaque marche d'escalier s'écroulant le long d'une pente à couper le souffle) et captent également l'excitation de l'« exploration à l'ancienne » dans ce lieu spectaculaire.

La « vallée des Dix Mille Fumées » est le nom évocateur donné à l'étrange pays volcanique découvert par Robert F. Griggs en Alaska après la gigantesque éruption du mont Katmai, en 1912. Cette vallée évasée emplie de fumerolles brûlantes offre un spectacle auquel aucun objectif ne pouvait rendre justice, malgré les 7 000 clichés de l'Image Collection. Ceux qui parurent dans le magazine incitèrent néanmoins le président Woodrow Wilson à conférer à la vallée le statut de monument national.

En cherchant encore, vous trouverez les 22 albums de tirages illustrant le lancement des dirigeables stratosphériques Explorer I et Explorer II, résultat d'une collaboration entre le *National Geographic* et l'U.S. Army. Ils relatent aussi le site de lancement, le « Strato-Bowl », dans l'État du Dakota du Sud, les dirigeables aussi hauts que des immeubles de 10 étages, les aéronautes aux casques de football américain – bref, toutes les facettes de ces événements aujourd'hui oubliés et qui pourtant sont à l'origine du programme spatial.

De l'autre côté de la planète, 500 clichés étiquetés « Byrd Antarctic Expedition » illustrent les assauts mécanisés de l'amiral Richard E. Byrd (1928-1930 et 1933-1935) que parraina le *National Geographic* sur le grand continent blanc. Les petites armées d'hommes et de machines que l'on voit vaquer à leurs occupations marquent la fin effective de l'âge héroïque de l'exploration. Cependant, à la même période, Grosvenor décrochait deux jeux des clichés d'Herbert Ponting illustrant la célèbre expédition dans l'Antarctique, en 1910-1912, du capitaine Robert Falcon Scott. Il ne pouvait en publier aucun, mais pour leur valeur historique, le *National Geographic* se devait de les posséder. Il existe neuf albums des photos prises par Bradford Washburn lors de son expédition de 1936 dans le Yukon – un univers de glaciers majestueux, que l'on commençait tout juste à cartographier. Dix de ses articles parurent dans le *National Geographic* dans les années 1920 et 1930, contrairement aux 2 500 photos de Joseph Rock prises sur « le territoire que le temps a oublié », aux confins du sud-ouest de la Chine.

La photo noir et blanc fut perpétrée dans le magazine jusqu'à la fin des années 1950. Les négatifs grand format pris au Linhof, ceux de format moyen, carré, pris au Rolleiflex, démontrent le charme durable du noir et blanc. S'il demeura le support préféré des photographes d'art et des photojournalistes, en revanche, la photo couleur régnait en maître. Après avoir joué un rôle pendant si longtemps, le noir et blanc disparut des pages du magazine après 1962, date de l'avènement de la photo couleur.

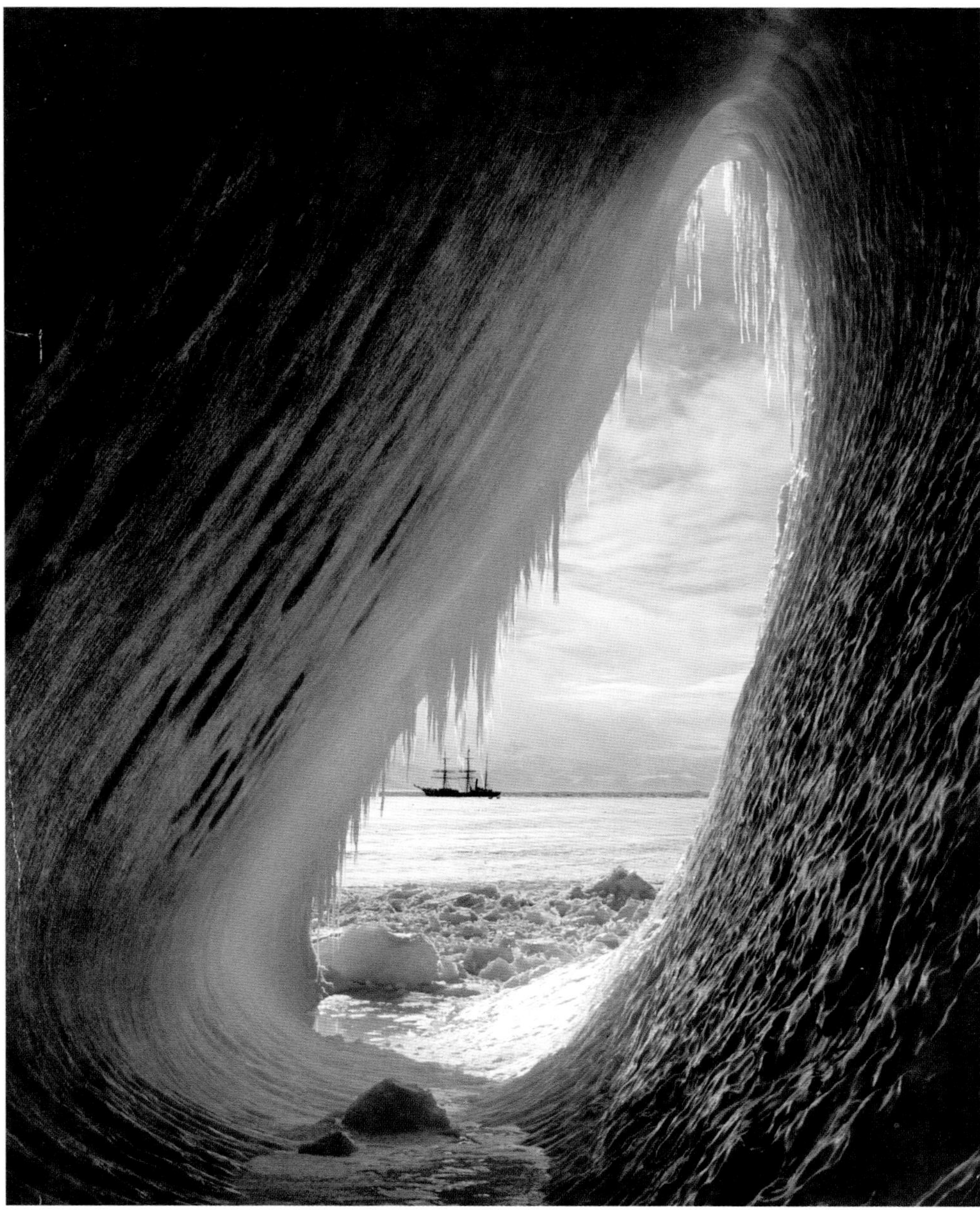

Herbert G. Ponting, 1922, Antarctique.

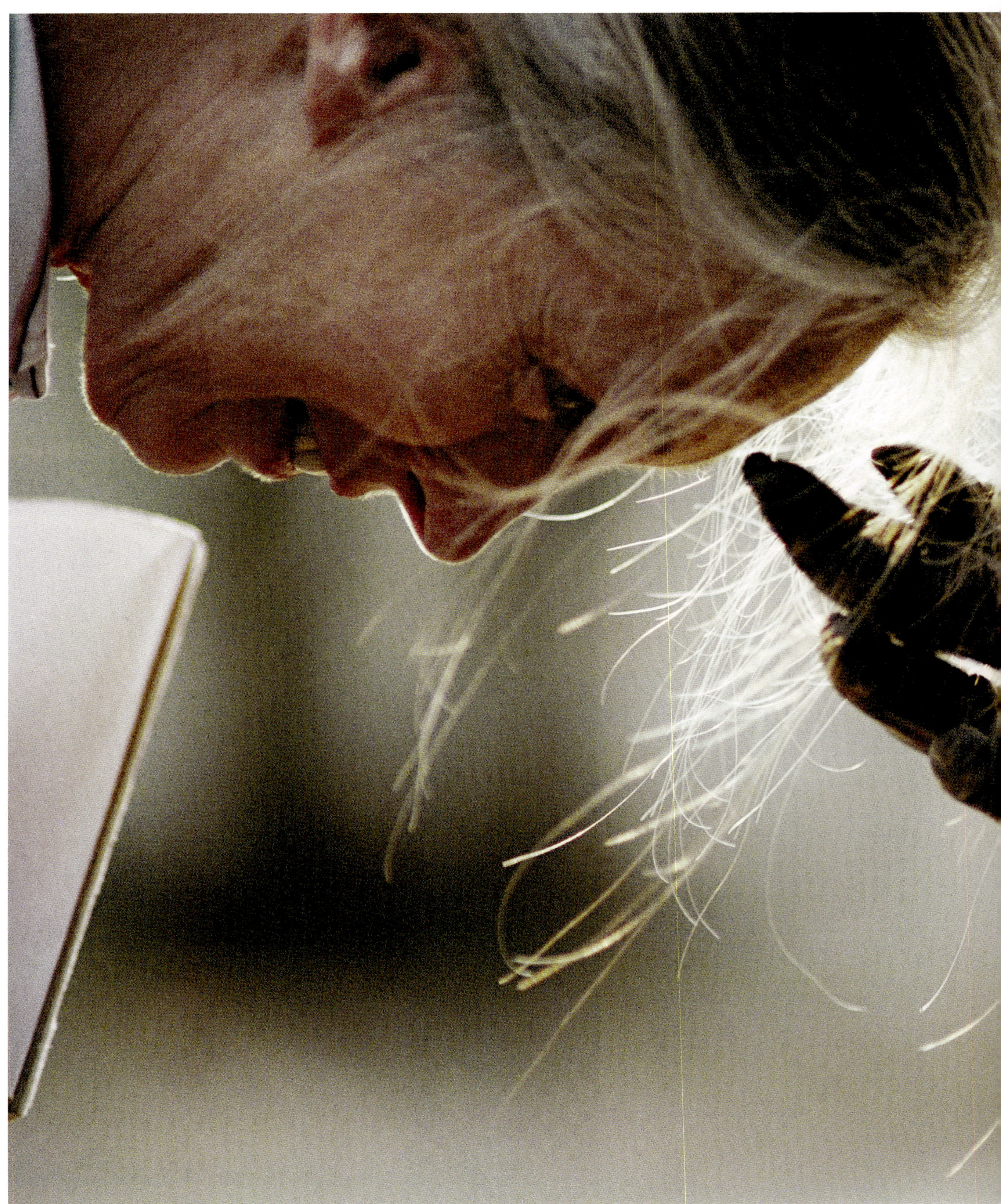

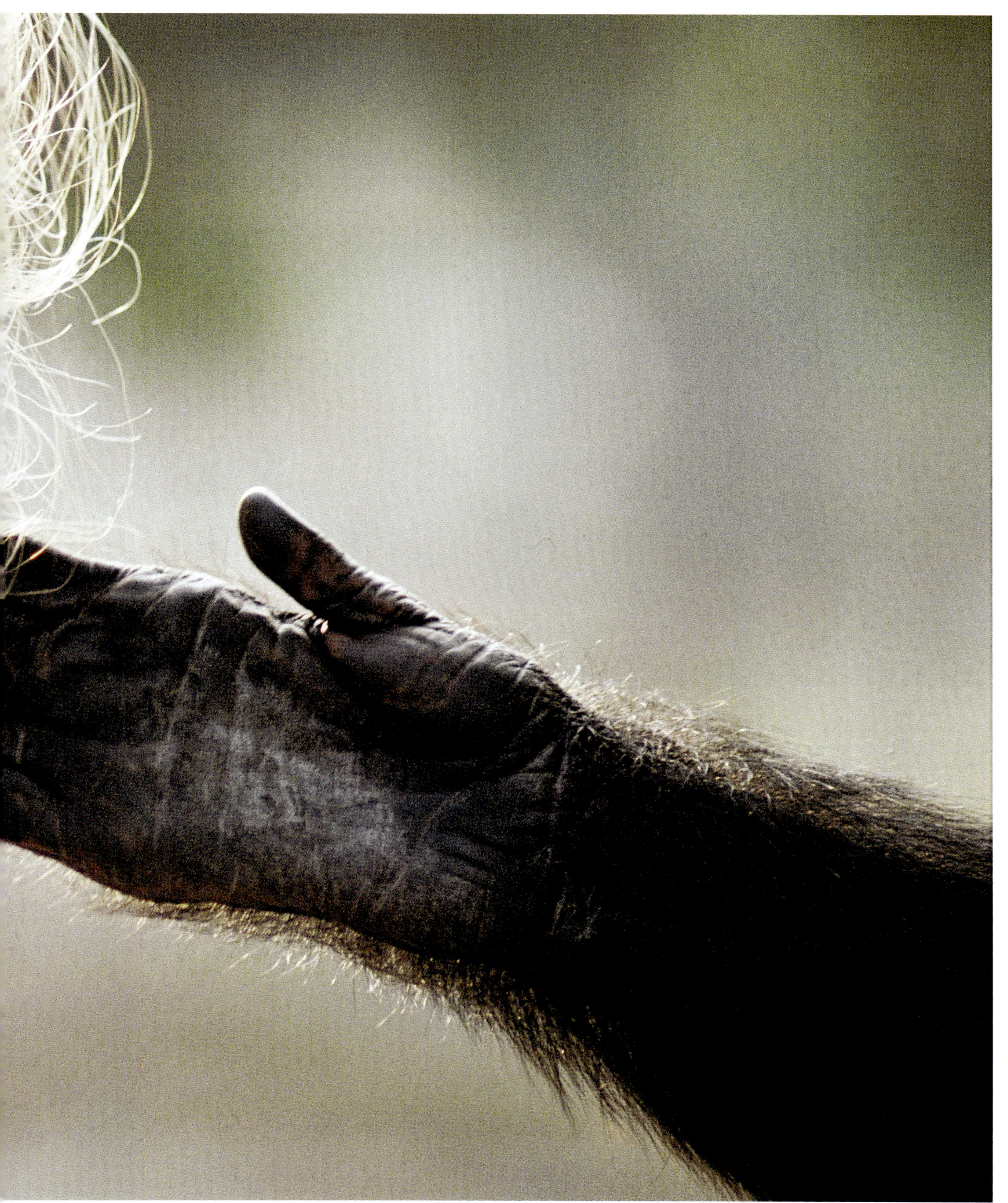

MICHAEL K. NICHOLS | 1990 | RÉPUBLIQUE DU CONGO *La magie du geste de Jane Goodall.*

LES DIAPOSITIVES COULEUR

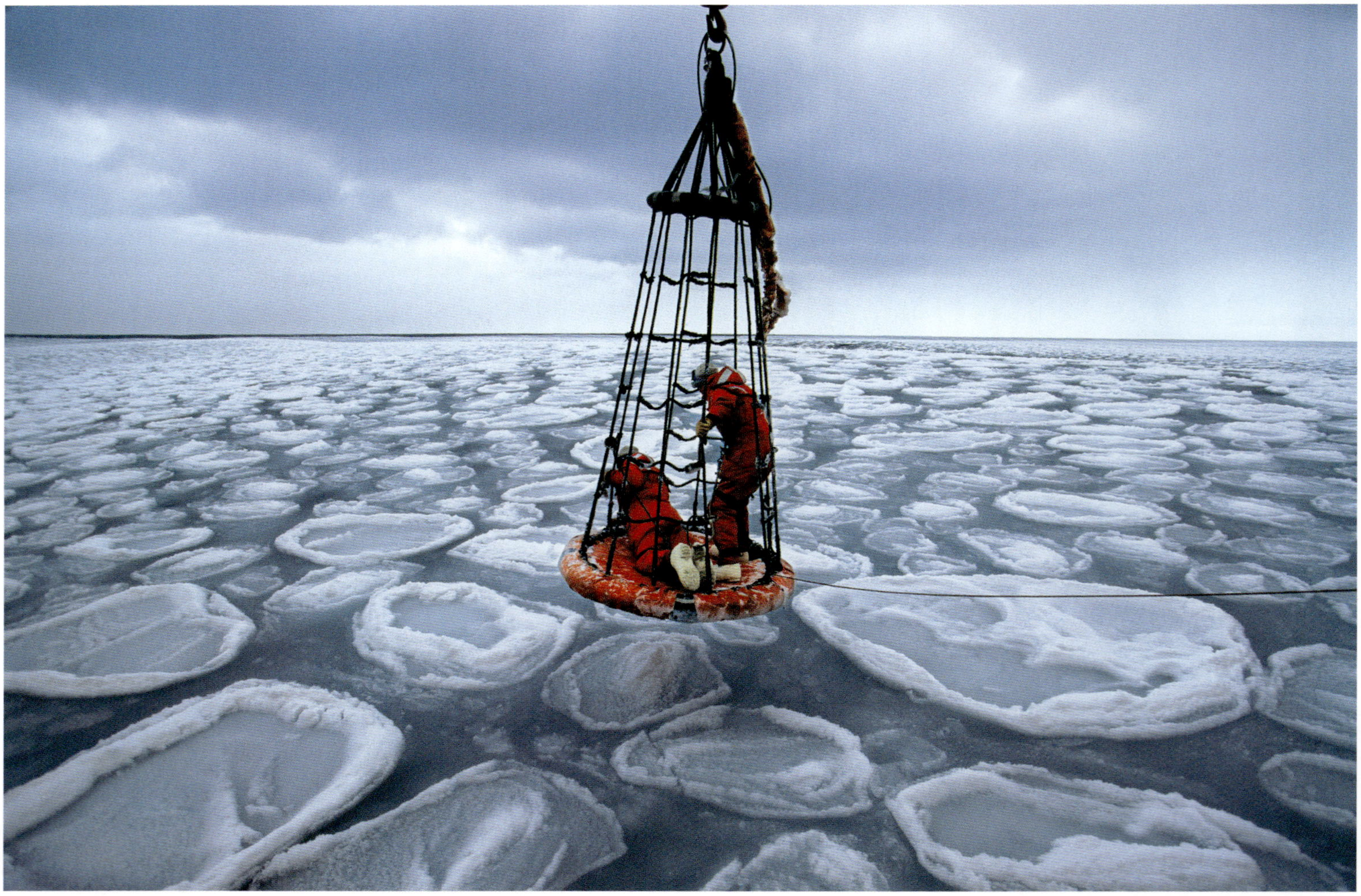

Maria Stenzel, 1996, Antarctique.

EN APPARENCE, CE SONT DES CLONES qui se différencient par des notes et des commentaires gribouillés sur leurs cadres : des millions de diapos s'alignent dans de longs tiroirs métalliques, fichiers, entrepôts frais et obscurs. Chacune, cadre compris, mesure environ cinq centimètres et enserre un œil rectangulaire de 24 x 36 mm monté en un ratio 3/2, ce qui est très proche des proportions du « rectangle d'or » ; cette forme géométrique, censée être la plus agréable à l'œil, se retrouve sur la façade du Parthénon, de même que sur le vortex du nautile.

Outre la ressemblance fortuite entre le rectangle d'or et le logo de la NGS (un rectangle jaune), la diapo 35 mm a joué un rôle capital dans l'évolution de la photo du *National Geographic*. Et même si l'émulsion présente dans ces dimensions est variable – de l'Ektachrome ou de l'Ansochrome, par exemple –, la majorité de ces cohortes 35 mm est du Kodachrome. Le texte le plus souvent reproduit dans le magazine apparut au bas d'innombrables clichés : « Kodachromes de ______ ».

En 1925, lorsque la société E. Leitz de Wetzlar, en Allemagne, introduisit le Leica (une contraction de « Leitz camera »), on n'aurait pu prévoir que cet « appareil miniature » 35 mm, utilisant de minuscules fragments de pellicule et dont le cadre, pas plus grand qu'un timbre-poste, devait être considérablement agrandi avant de pouvoir servir (or un agrandissement trop important entraînait habituellement une déperdition dans la qualité), allait provoquer une véritable révolution. Peu après, le premier Leica apparut au *National Geographic*, acheté non par un photographe, mais par un auteur.

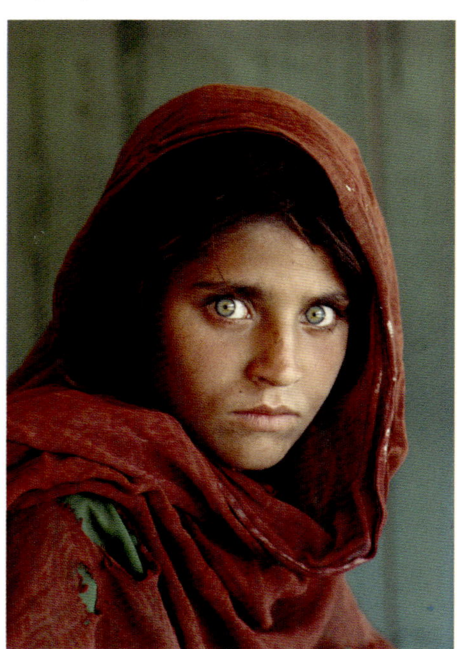

Steve McCurry, 1985, Afghanistan.

En haut lieu, on était trop partisan du format traditionnel, apte à produire des négatifs faciles à traiter pour une reproduction optimale, pour traiter le Leica autrement que par le mépris. Pourtant, hors du *National Geographic*, celui-ci commença à connaître la faveur des professionnels, auxquels son maniement aisé et son obturateur silencieux semblaient les garants d'une discrétion qui leur ouvrait les portes d'une photo plus naturelle et plus spontanée. Luis Marden se présenta au *National Geographic* pour sa première journée de travail, en 1934, un Leica autour du cou. Auteur d'un livre d'illustrations couleur prises à l'aide de l'« appareil miniature », il avait eu peu d'occasions de s'en servir jusqu'au jour, deux ans plus tard, où il testa deux rouleaux de Kodachrome, la nouvelle pellicule d'Eastman Kodak. Il comprit instantanément qu'il tenait là un film (relativement) rapide, presque sans grain : la voie royale vers un avenir radieux au *National Geographic*, obsédé par la couleur. Il se fit ainsi le premier champion de la combinaison 35 mm-Kodachrome qui allait devenir la signature la plus durable du magazine.

Au départ assez sceptiques, ses patrons constatèrent la richesse des couleurs qu'offrait le Kodachrome et, une fois résolu le défi technique que constituait l'impression à partir du minuscule négatif, adoptèrent le nouveau format. Ce fut une époque intense et très excitante, car Marden et ses collègues (W. Robert Moore, B. Anthony Stewart, Volkmar Wentzel...) se sentaient libérés de la tyrannie du trépied. Les premiers Kodachromes parurent en 1938 ; deux ans plus tard seulement, sur les 393 photos publiées dans le magazine, 350 étaient des Kodachromes 35 mm.

Lorsqu'éclata la Seconde Guerre mondiale, le *National Geographic* était le leader de l'utilisation éditoriale de la couleur 35 mm. Ses photographes abandonnaient progressivement leurs Linhof et Graflex grand format et Rolleiflex moyen format en faveur du Leica, réservé à la couleur. À l'occasion, cependant, la pellicule Kodachrome étant trop lente, avec son ASA 8, pour capter une action spectaculaire, sauf en pleine lumière, le photographe laissait le Leica sur le trépied et gardait à la main son Rolleiflex chargé de pellicule noir et blanc.

L'action des photographes de terrain, dans les années 1940 et 1950, était entravée par les exigences des éditeurs, prompts à réclamer la couleur pittoresque caractéristique de la « géographie humanisée ». Les avantages du 35 mm étaient souvent gaspillés en faveur de mises en scène travaillées où les modèles se voyaient parer d'écharpes ou de pulls over rouges, qui faisaient partie de la trousse de voyage des photographes, le rouge étant censé faire « éclater » le Kodachrome.

Il fallut attendre la nouvelle génération pour renverser l'ancien diktat et oser tirer le maximum de la polyvalence du 35 mm. En 1957, Melville Bell Grosvenor, le fils de celui qui avait été si longtemps le guide spirituel de la National Geographic Society, Gilbert Grosvenor, prit les rênes – il allait les garder durant la décennie suivante, recrutant de jeunes photographes aguerris au contact des exigences du travail dans un journal quotidien ou à l'école de journalisme de l'université du Missouri, comme Bill Garrett, Tom Abercrombie, Dean Conger, Win Parks, George Mobley, Jim Blair, Bruce Dale et Jim Stanfield. La magie de la petite diapositive couleur était le « noyau dur de son système, se remémorait Garrett au sujet de Grosvenor, tel le cœur du réacteur nucléaire ».

On se mettait en quatre pour elle : les nouvelles presses étaient censées fournir une capacité suffisante pour la quadrichromie, de nouvelles pellicules – notamment le Kodachrome II et le High-Speed Ektachrome – étaient testées pour être à sa hauteur. On adopta de nouveaux appareils reflex à objectif unique de préférence aux anciens télémètres Leica. Au début des années 1960, les photographes de la National Geographic Society, équipés d'appareils reflex mono-objectif, prenaient environ 20 % de clichés de moins à chacun de leurs reportages – ce qui était très important, car la vague de diapos 35 mm déferlait : en 1961, par exemple, furent exploités quelques 3 600 rouleaux de 36 poses de Kodachrome, sans mentionner les Ektachromes et autres formats. Ces chiffres allaient encore exploser par la suite.

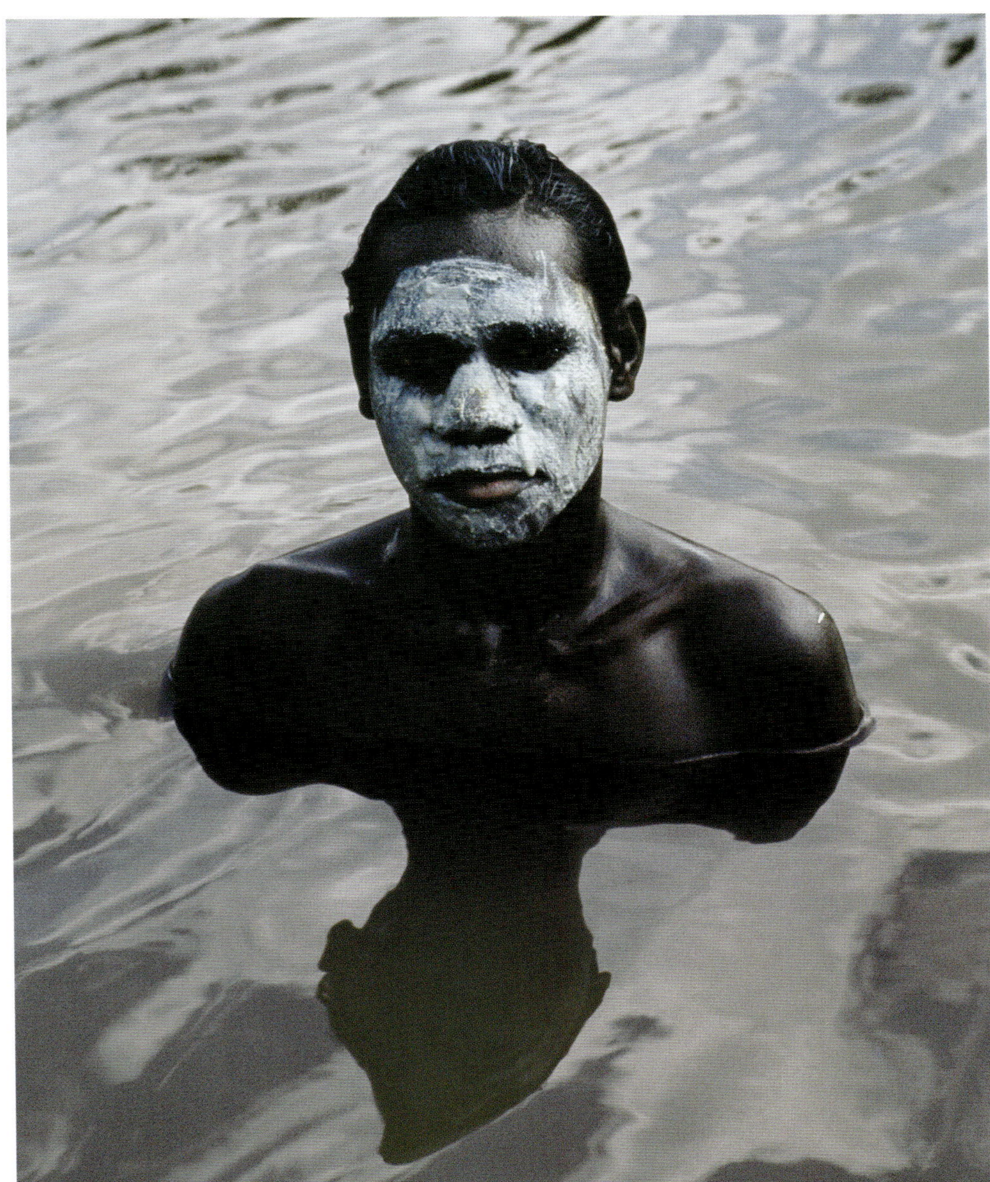

Sam Abell, 1996, Australie.

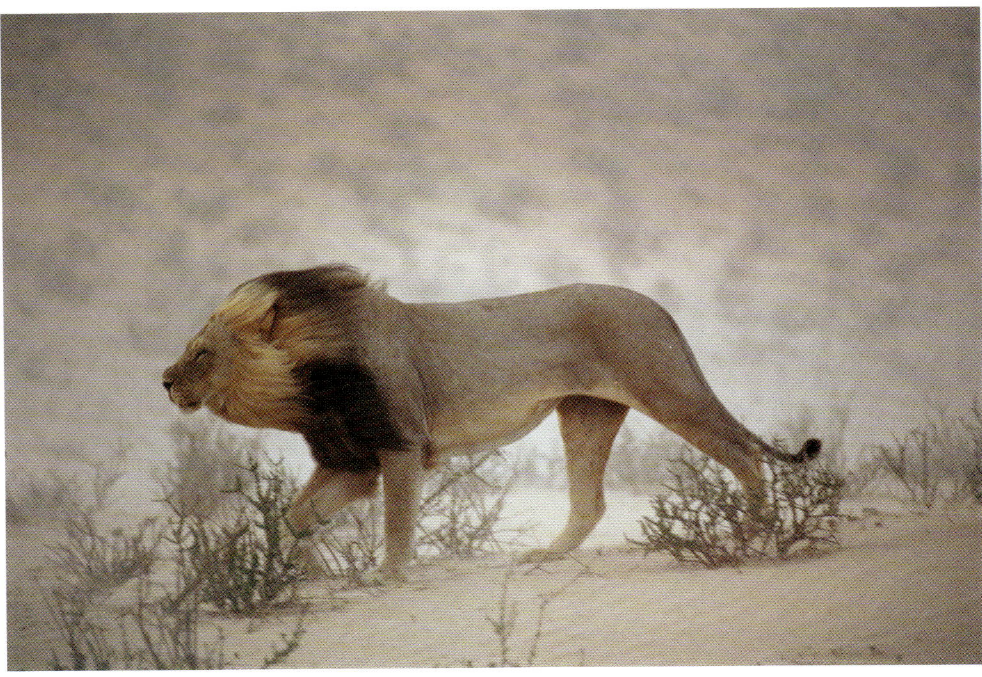

Chris Johns, 1995, Afrique du Sud.

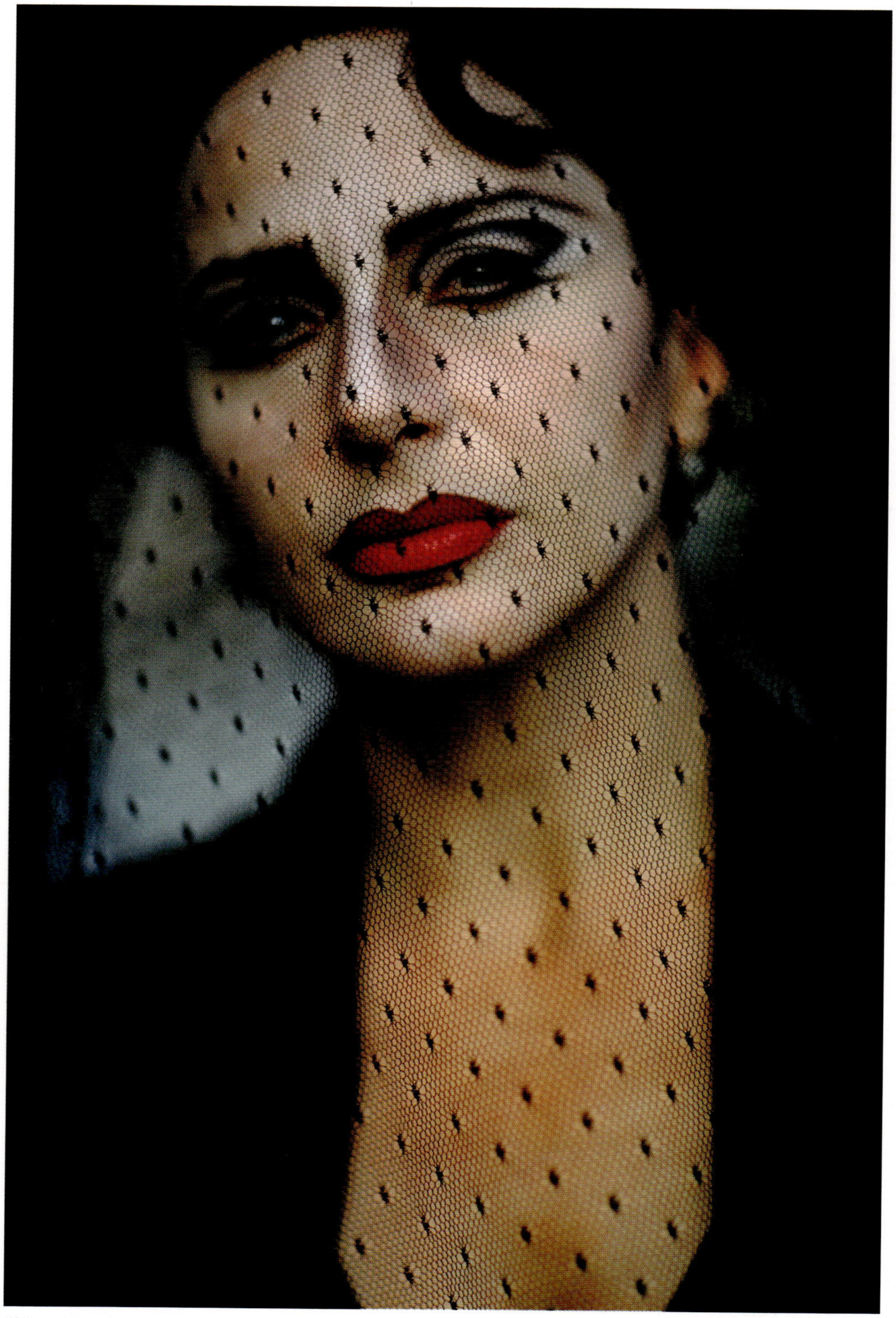

William Albert Allard, 1994, Italie.

La trousse de voyage, dans les années 1960, avait évolué en conséquence : les appareils grand format qui, jadis, contenaient le harnachement nécessaire au noir et blanc avaient disparu. Sauf dans certaines occasions, et mis à part le Polaroïd (pour contrôler les prises de vue), tout était en 35 mm : on emportait de un à trois Nikon F, avec un jeu complet d'objectifs de 21 mm à 400 mm, et quelques Leica pour faire bonne mesure.

Les images se multiplièrent dans le magazine, chassant la vieille couverture désuète « chêne et laurier ». Les articles, baignés de Kodachrome, mêlaient de façon enivrante des documentaires de voyage, des images du Vietnam, d'archéologie et de personnages photogéniques comme Louis Leakey, Jane Goodall ou Jacques-Yves Cousteau. Les appareils 35 mm pouvaient être transportés jusqu'aux cimes des hautes montagnes, et la pellicule rapide permit l'épanouissement de la photo animalière ; on pouvait désormais faire des images d'oiseaux en plein vol et d'animaux en mouvement, avec plus de style et de précision. Luis Marden et Bates Littlehales repoussèrent les frontières de la photo sous-marine moderne ; ils passèrent le flambeau, ou plutôt l'étui étanche Oceaneye 35 mm que Littlehales avait contribué à mettre au point, à leur acolyte David Doubilet, aujourd'hui maître en la matière. Nombre de photographes enregistraient pour le *National Geographic* chaque aspect du

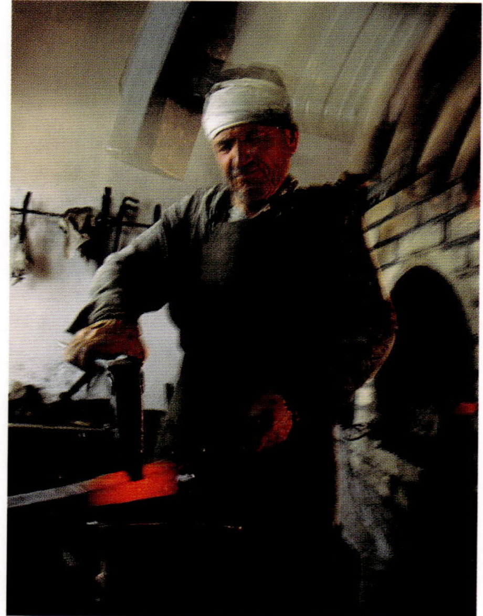

James L. Stanfield, 1996, Ouzbékistan.

programme spatial habité, de Mercury à Apollo. Deux vastes placards renferment ce que l'on appelle la collection de l'espace, un trésor de 80 000 images – diapos 35 mm, négatifs moyen format, tirages noir et blanc... –, rassemblées par l'éditeur photos Jon Schneeberger : lancements de fusées, entraînement des astronautes, aérospatiale ainsi que des clichés réalisés par les astronautes eux-mêmes, car Schneeberger s'assura que le *National Geographic* recevait de la Nasa un fichier original de toutes les photos de reportage, d'Apollo à la navette spatiale.

Dans les années 1970 et 1980, sous la direction des rédacteurs en chef Gilbert M. Grosvenor (troisième de la famille au *National Geographic*) et Bill Garrett, la vague de la photo documentaire 35 mm ne fit que croître. Les photographes engrangèrent un nombre stupéfiant de prix et de récompenses. Robert E. Gilka, légendaire directeur de la photo, recruta une équipe talentueuse ainsi que des contractuels et des free-lances, notamment Sam Abell, Bill Allard, Jodi Cobb et Dave Harvey, dont beaucoup développèrent des styles distincts et personnels qui parfois entraient dans les normes traditionnelles du magazine, parfois s'en écartaient. Tous étaient équipés de 35 mm.

Des appareils sophistiqués, équipés de moteurs à piles, prises de vue automatiques, autofocus, flashs électroniques perfectionnés, offraient une plus grande flexibilité dans l'illustration des articles scientifiques et technologiques. Déjà polyvalent, le 35 mm s'améliora encore grâce au bricolage ingénieux mis au point sur commande à la NGS. Il n'y avait donc aucun sujet qu'un photographe ne fût à même de couvrir grâce à lui.

Un photojournalisme « adulte » prit enfin son envol. Les images accompagnant les articles sur l'Afrique du Sud, Haïti ou Harlem s'opposaient à l'ancien schéma : là, la pauvreté, le désespoir et l'injustice pouvaient coexister avec des visages souriants ou la beauté des paysages. L'importance de l'écologie conduisit à des études en profondeur sur la pollution, les pesticides, les défis énergétiques, les ressources en eau, la déforestation et le déclin de

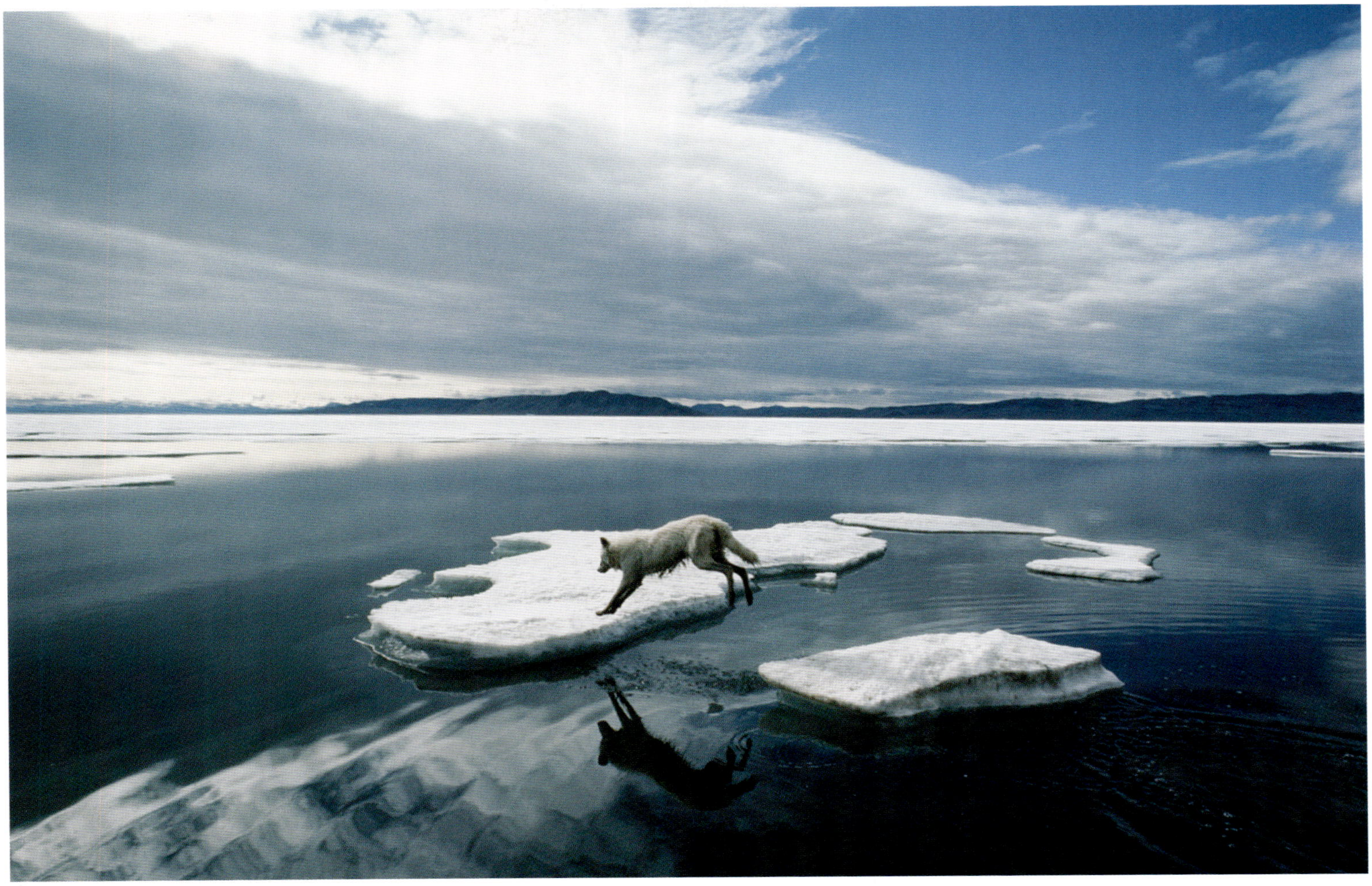

Jim Brandenburg, 1987, Canada.

la biodiversité. Tout était capté sur les petites diapos magiques.

En général, le magazine ne couvrait pas l'actualité (sauf, parfois, une catastrophe naturelle), mais décrivait le contexte géographique qui l'avait favorisée. Les articles sur le Moyen-Orient, par exemple, dépeignaient Beyrouth ravagé par la guerre, ceux sur l'Afghanistan le coût humain de l'invasion soviétique. L'image « symbole » du magazine *National Geographic* – le portrait de Sharbat Gula, « la petite fille afghane » de Steve McCurry, en 1985 – fut prise en 35 mm Kodachrome.

La vague du 35 mm était à son apogée. Chaque jour, des milliers de diapos arrivaient par camions de chaque coin de la planète, sur des thèmes variés. Une fois traitées, elles étaient injectées dans le flux sanguin de la NGS puis disposées sur des tables lumineuses où l'on décidait de leur sort : écartées, sélectionnées pour classement, secondes, premières. Des images à la qualité exceptionnelle pouvaient ne pas être publiées. Les heureuses élues étaient introduites dans les différents médias de la NGS : livres, magazines, films éducatifs, supports pédagogiques. Une fois publiées, elles partaient dans le vaste monde, tandis que les diapos rejoignaient la cohorte de leurs congénères, à la place qui leur avait été attribuée dans les tiroirs métalliques.

Tout cela est du passé. L'usurpatrice a été détrônée à son tour. Son règne a été long – six décennies – et même si, de nos jours, la diapo décline, faisant place aux images électroniques, son rival et successeur, le numérique, a adopté nombre de ses traits : ses appareils sont souvent carénés comme des 35 mm, et ceux qui sont équipés de capteurs grand angle descendent en ligne droite du rectangle d'or.

Avant l'entrée en scène du numérique, Luis Marden, qui avait joué un rôle crucial dans l'avènement du Kodachrome, a été le témoin de l'omniprésence triomphante de la couleur 35 mm, depuis les photos de famille jusqu'aux applications scientifiques, en passant par les murs des galeries. Un photographe, dit-il, pouvait s'estimer heureux d'avoir vécu « la plus grande révolution de la photographie depuis l'invention de la pellicule ».

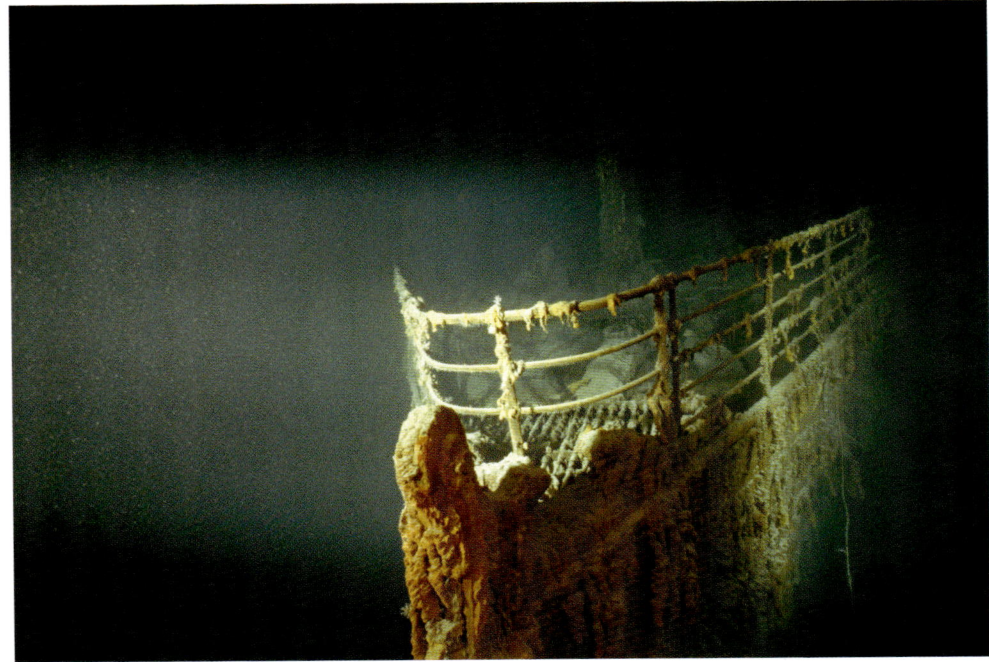

Emory Kristof, 1991, Océan Atlantique.

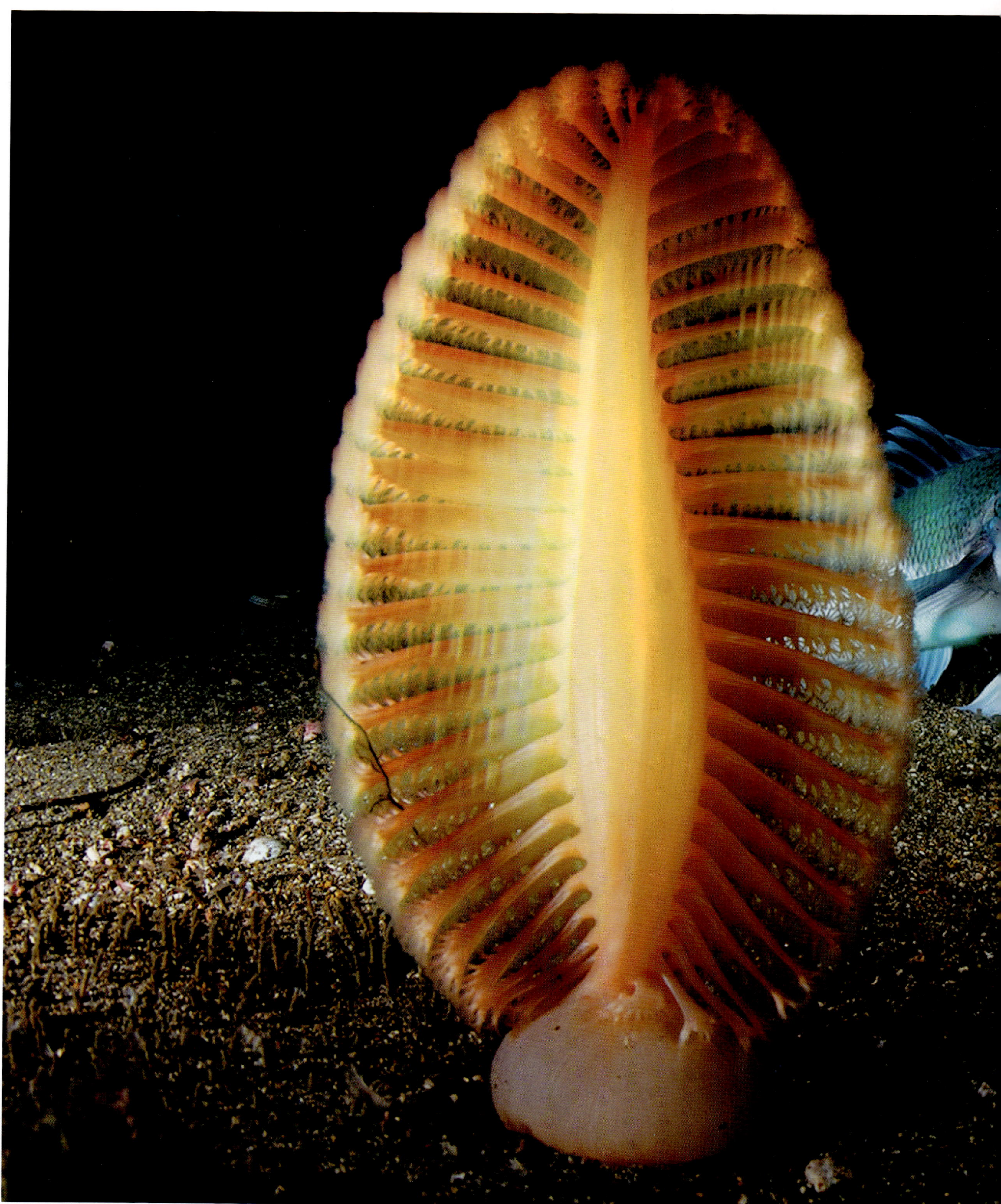

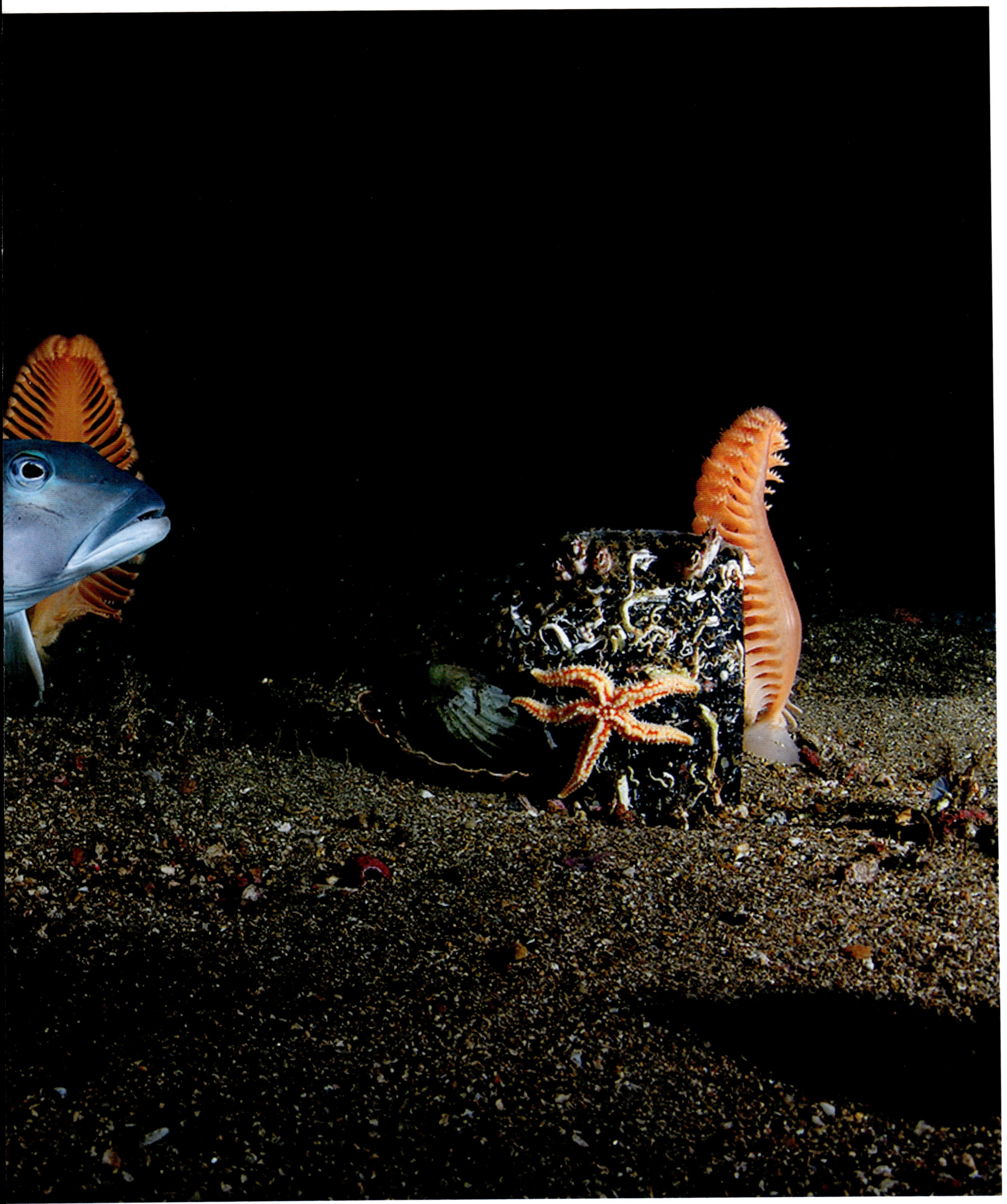

BRIAN SKERRY | 2007 | NOUVELLE-ZÉLANDE *Pennatules et morue bleue.*

LE NUMÉRIQUE

LORSQUE, DANS LES ANNEES 1970, Emory Kristof se lança dans l'exploration photographique de la haute mer, à laquelle il s'adonna durant toute sa carrière, il mit au point des appareils 35 mm qu'il plongea sous l'eau. Depuis, il a toujours attaché ou monté ses procédés d'imagerie ingénieux à de longues perches, des submersibles ou des robots sous-marins télécommandés, réalisant ainsi des images inédites d'épaves de bateaux et de créatures marines enfouies dans les abysses obscures. En 1997, une caméra vidéo numérique guidée par ordinateur, plongée à 1 600 m au large de la Nouvelle-Zélande, a filmé un calmar attaquant un requin. Parues dans le numéro de juin 1998, ces images sont les premiers clichés numériques publiés dans le magazine.

Mais pas les derniers. En décembre 2003, les illustrations du grand article sur l'avenir de l'aviation étaient programmées d'emblée comme tout-numérique. Pour Joe McNally, magicien du 35 mm, le numérique captait l'émerveillement procuré par les nouveaux avions supersoniques et offrait aussi d'autres avantages : une plus grande magnitude des images possibles, une plus grande liberté pour les prendre.

Les photographes sous-marins, tels Brian Skerry et Paul Nicklen ne sont plus limités à une pellicule de 36 poses d'une sensibilité ISO donnée avant de remonter à la surface pour la changer. Ils peuvent désormais prendre des centaines de clichés au cours d'une seule plongée, et, suivant la lumière, changer d'ISO. Ils peuvent aller de portraits de créatures marines à des descriptions d'écosystèmes avec une relative facilité.

Même chose pour les photographes animaliers, comme Beverly Joubert qui photographie des léopards dans le soleil et l'ombre mouchetée de la savane. Elle ne court plus le risque de devoir changer de pellicule, ratant ainsi de magnifiques clichés ; ni de tâtonner pour trouver une pellicule de sensibilité différente lorsque la proie s'enfonce dans l'ombre. Pouvoir aller de haut en bas de l'échelle ISO lui permet de changer sa focale instantanément, en gardant la bonne prise de vue. Résultat : de meilleures photos et une meilleure compréhension de ces animaux fascinants.

On ne sait pas ce que George Shiras, posant ses chausse-trapes de fortune en 1900, aurait donné pour posséder les billebaudes que Nick Nichols mit au point pour réaliser ses clichés d'éléphants. Ce pionnier de la photo animalière du siècle dernier avait à sa disposition un seul cliché pour chaque animal qui tombait de nuit dans ses affûts – un flash, puis le développement de l'unique plaque le lendemain matin, en espérant avoir réussi. Le numérique, lui, permet des centaines de clichés dans divers éclairages, donc une peinture plus exhaustive des activités des éléphants : Nichols obtient des photos étonnantes nous permettant de parfaire nos connaissances.

En 1971, le naturaliste George Schaller réalisa les premières photos de léopards des neiges en liberté, à travers un téléobjectif et un écran de neige tourbillonnante. Steve Winter, avec un affût numérique, a pris des gros plans à couper le souffle de cet animal d'habitude insaisissable.

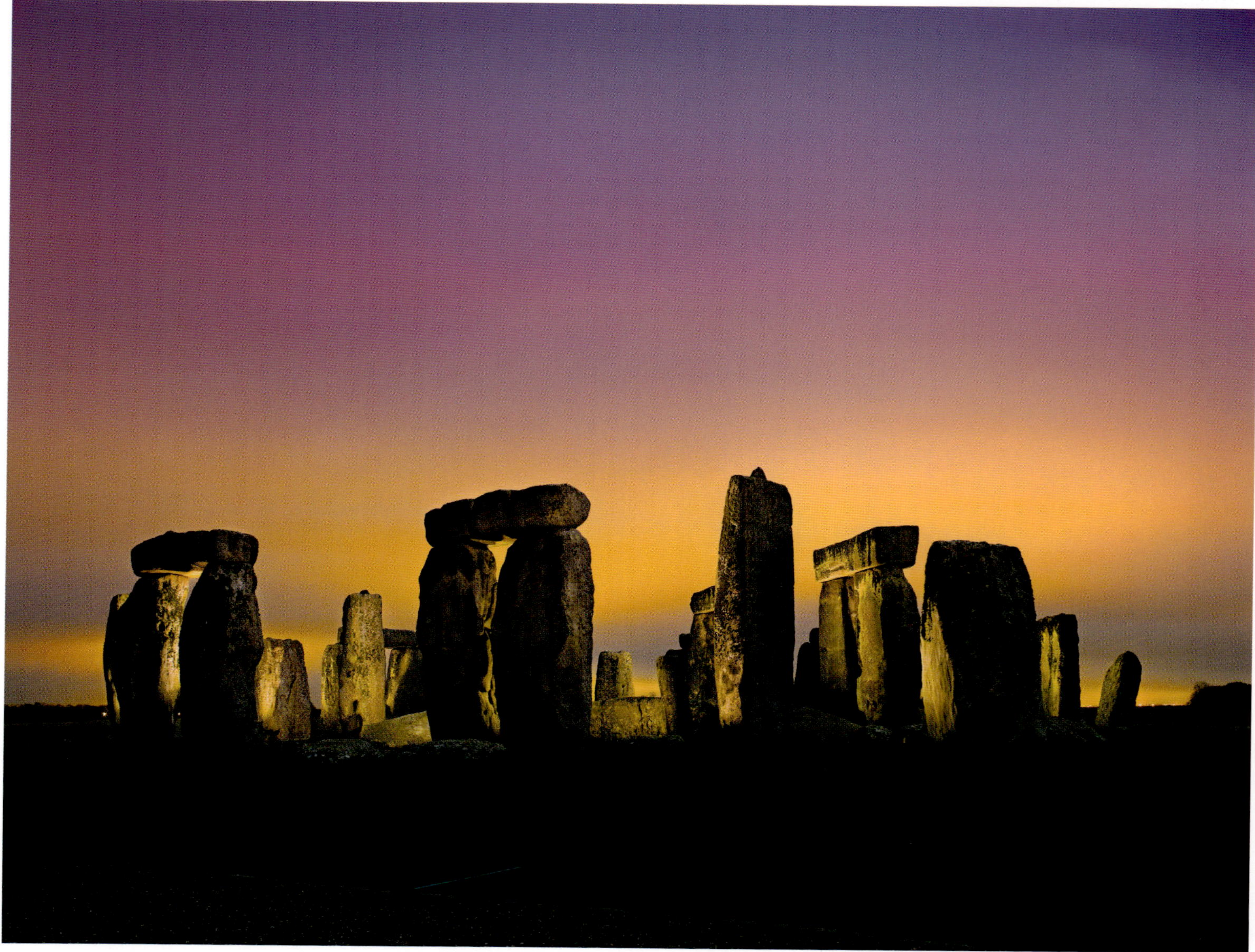

Ken Geiger, 2008, Angleterre.

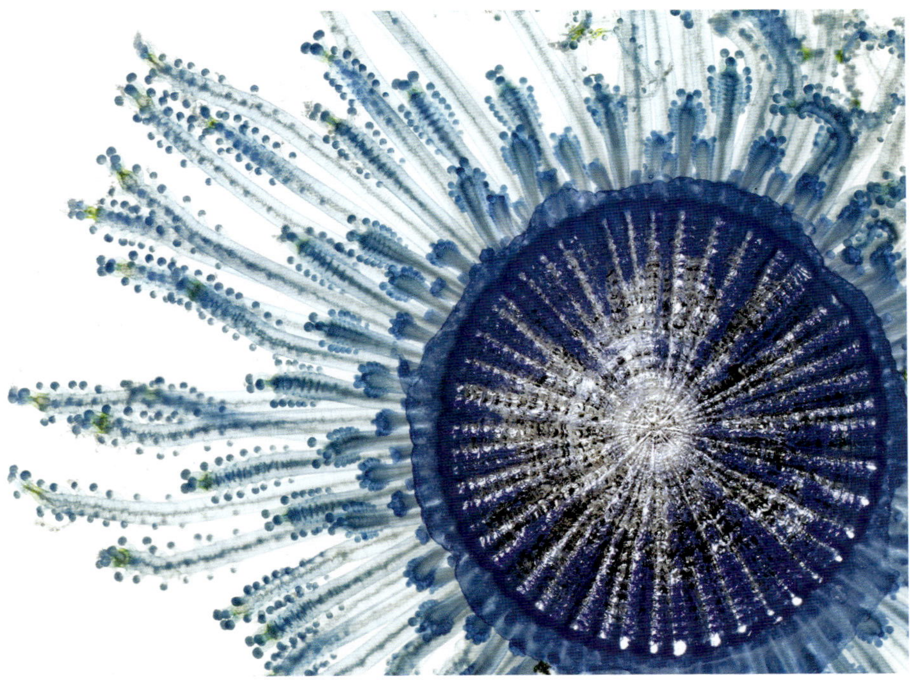

David Liittschwager, 2007.

Les photojournalistes et les photographes de rue reconnaissent aussi les avantages du numérique, et pas seulement pour la capacité de passer de l'intérieur à l'extérieur sans se soucier du changement de pellicule ou des effets du flash. Pire : jadis, les photographes de terrain travaillaient à l'aveuglette, et dépendaient de rapports périodiques qui les informaient de la qualité de leurs prises de vues. Aujourd'hui, ils jouissent du luxe de pouvoir la vérifier de leurs propres yeux en temps réel ; ils sont réconfortés à l'idée que plus jamais, après avoir pris des dizaines de pellicules lors d'un reportage, ils ne recevront un câble leur annonçant que leur appareil semble dysfonctionner, que les clichés pour lesquels ils se sont donné tant de mal sont, par exemple, surexposés. Ils passent de longues semaines dans des endroits reculés et sont également libérés de l'un des fardeaux les plus pénibles du 35 mm : l'énorme quantité de mallettes bourrées de pellicules, qu'il leur fallait autrefois trimballer depuis l'aéroport jusqu'au milieu de nulle part, puis protéger de la chaleur, de l'humidité et de la pluie. De nos jours, leur trousse de voyage ne comporte que les appareils photo, les cartes mémoires, les objectifs et un ordinateur portable.

Pour certains, la pellicule a un aspect et un toucher que le numérique, malgré ses avantages, ne peut concurrencer. Mais ils sont soumis aux techniques actuelles : leurs diapos seront scannées numériquement, lors du processus d'impression. Pour une très grande partie, cependant, le flot de pellicule qui inondait le siège s'est tari : on parle aujourd'hui de disques durs et de serveurs informatisés.

Avec chaque nouvelle image publiée et chaque nouveau fichier numérique classé, s'ouvre un nouveau chapitre dans l'histoire de l'Image Collection. Les archives numériques sont de taille réduite, mais en plein essor – et c'est un avantage par rapport au petit stock de photos que la Collection possédait à l'origine. Elle se gonfle quotidiennement d'images scannées, tirées du vaste entrepôt de la Collection, héritage de plus d'un siècle de photographie au *National Geographic*.

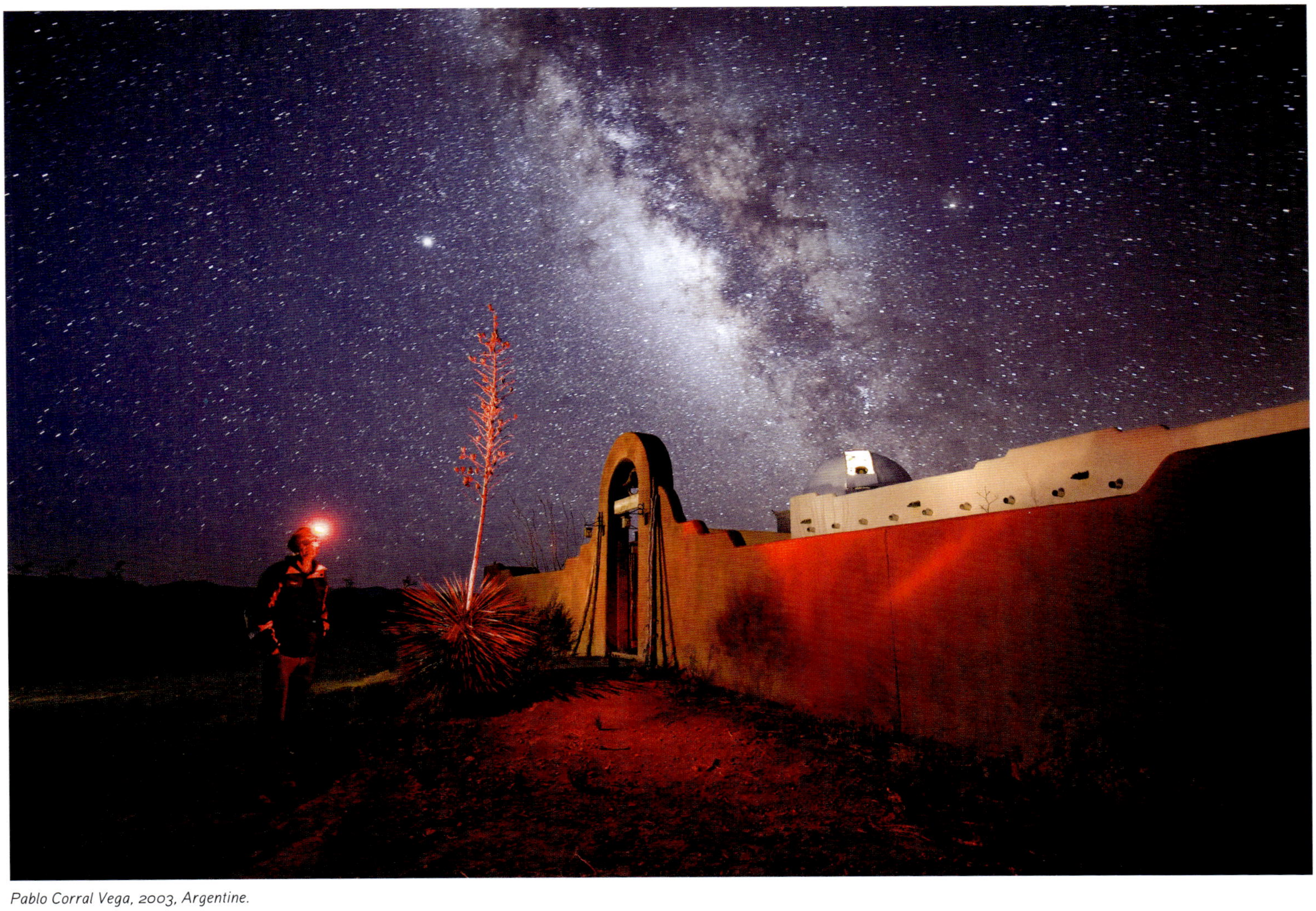

Pablo Corral Vega, 2003, Argentine.

NATIONAL GEOGRAPHIC
120 ANS D'IMAGES

Publié par la National Geographic Society
Président-directeur général : John M. Fahey, Jr.
Président du Conseil d'administration : Gilbert M. Grosvenor
Président du Département Media : Tim T. Kelly
Vice-président et président de l'édition : John Q. Griffin
Vice-présidente et présidente du Département livres : Nina D. Hoffman
Vice-présidente Image Collection and Image Sales : Maura Mulvihill

Préparé par le Département livres
Vice-présidente et directrice éditoriale : Barbara Brownell Grogan
Directrice de la photographie et des illustrations : Leah Bendavid-Val
Directrice de la création : Marianne R. Koszorus
Directeur de la cartographie : Carl Mehler
Directeur de la fabrication : R. Gary Colbert
Responsable éditoriale : Jennifer A. Thornton
Directrice administrative, illustrations : Meredith C. Wilcox

Pour cet ouvrage
Éditrice : Leah Bendavid-Val
Responsable de l'iconographie : Adrian Coakley
Iconographes : William Bonner, Steve St. John
Directrice artistique : Melissa Farris
Éditrice : Rebecca Lescaze
Auteur : Mark Collins Jenkins
Responsable de la fabrication : Mike Horenstein
Spécialiste des illustrations : Marshall Kiker
Assistant graphiste : Al Morrow
Contribution à la direction artistique : Michael J. Walsh

Gestion de la production et de la qualité
Directeur financier : Christopher A. Liedel
Vice-président : Phillip L. Schlosser
Directeur technique : Chris Brown
Managers : Nicole Elliott, Rachel Faulise

L'ouvrage *120 ans d'images* est publié parallèlement à une exposition sponsorisée par Eastman Kodak Company, au siège de *National Geographic*, à Washington D.C. Pendant plus d'un siècle, *National Geographic* et Kodak ont mené conjointement leur avancée dans les spères de la photographie traditionnelle et numérique. De nombreuses images reproduites dans cet ouvrage ont pu exister grâce à la technologie propre à Kodak. La fabrication de l'ouvrage lui même a bénéficié des techniques d'impression numérique de Kodak.

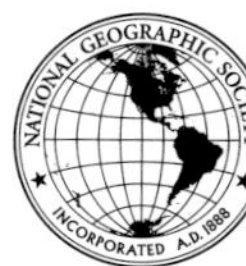

Fondée en 1888, la National Geographic Society est l'une des premières institutions scientifiques et pédagogiques à but non lucratif du monde. Elle touche chaque mois plus de 325 millions de personnes dans le monde par le biais de ses magazines, son canal TV, de ses films, ses documentaires télévision, ses vidéos et DVD, ses programmes radio, ses cartes et ses médias interactifs. La National Geographic Society a participé à plus de 9 000 projets de recherche scientifique, et soutient un programme éducatif pour promouvoir les connaissances géographiques.

© 2009 par la National Geographic Society.
Tous droits réservés.

Édition française
© 2009 NG France

Direction éditoriale : Françoise Kerlo
Responsable d'édition : Marilyn Chauvel
Responsable de production : Alexandre Zimmowitch

www.nationalgeographic.fr

ISBN : 978-2-84582-287-0
Toute reproduction intégrale ou partielle de l'ouvrage, par quelque procédé que ce soit, est strictement interdite sans l'autorisation écrite de l'éditeur.

Focal Point © National Geographic Society.
Dépôt légal : octobre 2009

Imprimé en Italie.